Histoire de la Langue
et de la
Littérature française

des Origines à 1900

ORNÉE DE PLANCHES HORS TEXTE EN NOIR ET EN COULEUR

PUBLIÉE SOUS LA DIRECTION DE

L. PETIT DE JULLEVILLE
Professeur à la Faculté des lettres de l'Université de Paris.

TOME III

Seizième siècle

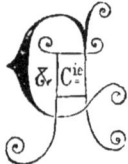

Armand Colin & Cie, Éditeurs
Paris, 5, rue de Mézières

Histoire de la Langue

et de la

Littérature française

des Origines à 1900

COULOMMIERS

Imprimerie PAUL BRODARD.

Droits de traduction et de reproduction réservés pour tous les pays,
y compris la Hollande, la Suède et la Norvège.

Histoire de la Langue
et de la
Littérature française

des Origines à 1900

PUBLIÉE SOUS LA DIRECTION DE

L. PETIT DE JULLEVILLE

Professeur à la Faculté des lettres de l'Université de Paris.

TOME III

Seizième siècle

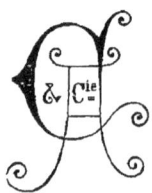

Armand **Colin** & Cie, Éditeurs

Paris, 5, rue de Mézières

1897

Tous droits réservés.

SEIZIÈME SIÈCLE

CHAPITRE I

LA RENAISSANCE [1]

I

Dans les premières années du xvie siècle, un esprit nouveau commence à régner en France; une nouvelle manière de concevoir la vie, la science, la politique, l'art et la poésie, se fait jour; et bientôt s'impose, sans trouver presque aucune résistance. Tout ce qui est puissant par la naissance, les dignités, le savoir, le génie, les richesses; rois, princes, prélats, érudits et artistes; jusqu'à l'opulente bourgeoisie des grandes cités commerçantes, semble gagné d'avance à cette attrayante entreprise de rajeunir et de renouveler le monde.

Les hommes n'ont pas toujours le sentiment exact des révolutions qu'ils subissent; ni même de celles qu'ils accomplissent. Ainsi le nom de Renaissance, entendu au sens où nous l'entendons aujourd'hui, ne se rencontre pas au xvie siècle. Mais toutefois, les plus intelligents et les plus attentifs parmi ceux qui vivaient alors, ont remarqué le changement dont ils étaient témoins ou auteurs; et, sans lui donner un nom distinct, ils ont eu, pour ainsi dire, conscience de la Renaissance. « Hors de cette épaisse nuit gothique, nos yeux se sont ouverts à l'insigne flambeau du soleil [2]. »

---

1. Par M. Petit de Julleville, professeur à la Faculté des lettres de l'Université de Paris.
2. Lettre de Rabelais à André Tiraqueau en tête d'une édition des Épîtres de Manardo. (Édit. Marty-Laveaux, t. III, p. 311.)

Aujourd'hui notre imagination met encore une auréole de joie et de lumière autour de ce nom, la Renaissance, d'ailleurs vague autant que charmant : « L'aimable mot de Renaissance, dit Michelet, ne rappelle aux amis du beau que l'avènement d'un art nouveau, et le libre essor de la fantaisie [1]; pour l'érudit, c'est la rénovation des études de l'antiquité; pour le légiste, le jour qui commence à luire sur le discordant chaos de nos vieilles coutumes. » On pourrait continuer à l'infini cette énumération.

A la place où nous l'étudions ici, la Renaissance est surtout pour nous l'éveil de l'Europe chrétienne à l'étude intelligente, et à l'imitation passionnée de l'Antiquité. Ce qui *renaît* au XVIe siècle, c'est l'Antiquité; ce n'est pas l'humanité. On a renoncé à croire que l'humanité avait dormi pendant tout le Moyen Age.

On renoncera de même à penser que le Moyen Age ait fini tout d'un coup à l'époque des guerres d'Italie, et que la « nuit gothique » se soit subitement dissipée dans les rayons du soleil antique. Écartons d'abord cette erreur que le XVIe siècle a fait ou a laissée naître et se propager par son indiscrète adoration des Anciens.

Il y a deux choses que nous ne devons plus croire : la première c'est que rien du Moyen Age ne se soit prolongé dans la Renaissance; et la seconde, c'est que rien n'ait amené, préparé la Renaissance durant le Moyen Age, longtemps avant le XVIe siècle.

Il est faux que la Renaissance ait brusquement rompu avec le Moyen Age, et que, d'une époque à l'autre, il n'y ait ni traditions persistantes, ni filiation continue d'une foule d'idées et de sentiments. Ces prétendues ruptures dans la chaîne des générations n'existent pas en réalité : ce sont les historiens qui les inventent pour la commodité de leurs études et la netteté de leurs cadres.

S'il était possible de mesurer et de peser tous les éléments dont se compose notre littérature française classique, on trouverait, j'en suis certain, que, tout compte fait, elle renferme

---

1. Définition singulière. Il y a plus de fantaisie dans l'art du Moyen Age que dans celui de la Renaissance.

encore plus de choses directement héritées du Moyen Age, que de choses vraiment antiques, même romaines. Dans une tragédie de Racine, faites la part de tout ce qui appartient à ces deux éléments que l'antiquité n'a point connus : le christianisme et la chevalerie.

Cette disproportion nous échappe ; c'est parce que, dans notre civilisation, ce qui nous frappe le plus est ce qui est le moins traditionnel. Le reste est dans le sang depuis trente générations.

Mais l'illusion qui exagère à nos yeux ce que nous devons aux anciens, semble dater du jour où l'esprit français s'ouvrit largement au commerce de l'Antiquité. Tel fut l'éblouissement qu'il en reçut, que, dès l'aurore du XVIe siècle, plusieurs s'imaginèrent que tout recommençait avec eux, et qu'un monde, nouveau tout entier, sortait de l'Antiquité reconquise. Dès lors on déclara nulle et non avenue toute l'œuvre du Moyen Age. Fâcheuse erreur, et bien préjudiciable à une saine conception des lois qui semblent régner sur le développement et l'évolution des choses humaines. Car la Renaissance, en restaurant l'Antiquité, comblait sans doute une lacune immense dans l'histoire de l'esprit humain ; mais, d'autre part, en supprimant le Moyen Age, elle en ouvrait une autre, qui, peut-être, n'eût pas été moins large et moins profonde ; et, des deux parts, après comme avant la Renaissance, la chaîne des idées et des événements, des effets et des causes, restait incomplète et brisée.

Si le Moyen Age s'est prolongé, en partie du moins, dans la Renaissance, croyons d'autre part, qu'on peut trouver, dans le Moyen Age, les germes de la Renaissance. L'histoire humaine, comme l'histoire naturelle, ne connaît pas les brusques évolutions. Tout y existe en germe avant d'exister en fruits. L'antiquité, du moins l'antiquité latine, et même, à travers celle-ci, l'antiquité grecque, n'avait pas été totalement ignorée du Moyen Age. J.-V. Le Clerc a pu écrire, sans paradoxe : « Peu s'en fallait qu'on n'eût déjà la littérature latine, au Moyen Age, telle que nous l'avons aujourd'hui. Ce mot trop légèrement employé de Renaissance des lettres ne saurait s'appliquer aux lettres latines ; elles n'ont point ressuscité, parce qu'elles n'étaient point mortes [1]. »

1. *Histoire littéraire de la France*, t. XXIV, p. 326.

Si c'est posséder la culture latine que d'avoir en main les textes latins, les lire, en comprendre à peu près les mots, le jugement de J.-V. Le Clerc est rigoureusement exact. La littérature française au Moyen Age est comme saturée des souvenirs de l'antiquité latine, et même à travers le latin, reçoit quelques échos de l'antiquité grecque. « Ceux qui ont dit que l'on ne connaissait avant l'imprimerie que très peu d'auteurs anciens et se sont amusés à en compter quatre-vingt-seize (*ce serait déjà quelque chose*) n'ont pas bien compté. Les poètes surtout, Virgile, Ovide, Lucain, sont allégués à tout moment. Les écrivains en prose sont moins lus; encore parmi les plus célèbres nous ne voyons guère que Tacite qui paraisse oublié [1]. » Cicéron, en revanche, est cité partout, connu presque en entier.

Accordons que les témoignages, les souvenirs, l'autorité des anciens a hanté l'esprit et encombré les ouvrages des hommes du Moyen Age. Il n'en demeure pas moins vrai, contre les conclusions de J.-V. Le Clerc, que l'Antiquité (je ne parle pas de l'antiquité grecque; Aristote lui-même, étudié à travers le latin, l'arabe, l'hébreu, et les gloses sans fin des commentateurs, n'était plus un grec, un ancien, n'était plus Aristote), mais l'antiquité même latine, avait été mal connue au Moyen Age parce qu'elle avait été mal comprise : ni la pensée, et le raisonnement scientifique ou philosophique des anciens n'était profondément pénétré; ni la beauté esthétique de leur forme et de leur style n'était vivement sentie et goûtée. On les admirait, même à l'excès, sur parole; on leur prêtait, de confiance, toute sagesse et toute vertu; on était modestement convaincu de leur supériorité sur les modernes; un écrivain du Moyen Age ne croit avoir tout à fait raison que lorsqu'il peut citer un ancien à l'appui de son opinion. Mais toutes les preuves qu'on pourra donner du profond respect du Moyen Age envers l'Antiquité, n'empêcheront pas que l'opinion vulgaire ne soit encore la plus vraie : le Moyen Age a ignoré l'Antiquité. Pour la connaître, ou du moins pour la comprendre, il lui a manqué d'abord le sentiment historique des choses. Le Moyen Age s'est toujours représenté le monde à toutes les époques, tel, à peu près, qu'il le voyait. Comme un

---

[1]. J.-V. Le Clerc, *id.*, *ibid.*

enfant, lorsqu'il s'essaie à dessiner, il mettait tout sur le même plan. Priam ou Alexandre lui apparaissaient semblables à des rois féodaux, entourés de leurs barons. Voilà pourquoi les *romans* de Troie, d'Enéas, de Thèbes, tout remplis de héros antiques travestis en chevaliers, nous font aujourd'hui l'effet de parodies, comme celles de Scarron : mais rien n'était plus loin de la pensée des auteurs qu'une pareille témérité. Leur bonne foi était entière; leur ignorance, absolue. Ils n'avaient pas conscience de toutes les différences qui les distinguaient des anciens. Comprenaient-ils mieux la beauté de l'art antique? En aucune façon. Non que toute beauté ait manqué aux œuvres du Moyen Age; non que j'accède au dédain de ceux qui vont répétant que le Moyen Age est le règne de la laideur. Le Moyen Age a eu son idéal de beauté, différent de l'idéal antique. Il l'a cherchée, il l'a trouvée dans l'expression de l'idée, plutôt que dans la perfection de la forme, où l'antiquité demeure supérieure à tout. Au Moyen Age la beauté poétique, ou littéraire (comme celle de leurs admirables enluminures) n'a, pour ainsi dire, point de *corps*; ou plutôt, n'a point de style. N'ayant point de style eux-mêmes, ils n'ont ni compris ni goûté le style merveilleux des anciens. Ont-ils mieux compris leurs idées? Ont-ils pénétré au fond de la pensée antique? Ont-ils saisi quelque partie au moins de l'esprit scientifique et philosophique des anciens? Je ne le crois pas. Le Moyen Age, aussi fécond en grands hommes qu'aucune autre époque, en a produit plusieurs dont la vaste intelligence fait honneur à l'humanité. Mais ont-ils été des *savants*, au sens où nous entendons ce mot aujourd'hui? Ils *savaient* immensément, c'est vrai; mais avaient-ils l'esprit que nous appelons *scientifique*, et auquel nous réservons étroitement cette qualité, qui ne se confond ni avec la sagesse, ni avec le génie. Il semble bien qu'ils furent tous trop destitués de sens critique et de méthode exacte pour être appelés par nous des savants. Ils furent de merveilleux dialecticiens, de très ingénieux constructeurs de synthèses et de systèmes; mais leur œuvre appartient-elle proprement à la *science*? au moins selon l'idée que nous nous faisons de la science; il ne me semble pas.

Quelle que soit donc la valeur propre du Moyen Age, et sa

fonction dans l'histoire de l'humanité, s'il est démontré qu'il n'a jamais bien compris et pénétré l'Antiquité, ni dans sa vérité historique, ni dans son esprit scientifique et philosophique ; il en résulte assurément que la Renaissance n'est pas un mot vide de sens, une illusion ; elle est bien un retour dans des voies depuis mille ans abandonnées ; elle est bien un réveil d'une partie au moins de l'esprit humain, depuis mille ans engourdi dans certaines de ses facultés.

Mais ce retour ne se fit pas en un jour ; ce réveil ne fut pas brusque et subit. Des essais, des tâtonnements précédèrent, annoncèrent, préparèrent le grand mouvement de la Renaissance.

Si l'on désigne par ce mot l'essor d'un goût plus vif et plus éclairé pour l'Antiquité, les premières lueurs de la Renaissance avaient brillé, en France, durant la seconde moitié du xiv° siècle, sous les règnes de Charles V et de Charles VI. Cette lumière nous vint d'abord d'Italie, où Pétrarque (mort en 1374) avait fondé, par son exemple, par ses œuvres, et par l'autorité de son immense renommée, le culte à la fois tendre et raisonné, érudit et chaleureux, des lettres anciennes. Son influence fut très grande, en France, sur un petit nombre d'esprits, dont l'œuvre de Renaissance, discrète, un peu timide, mais sincère, éclairée, généralement judicieuse, n'a pas été assez reconnue et admirée : Jean de Montreuil, qui sème ses lettres latines de souvenirs antiques, lit et relit Cicéron, Térence, Virgile ; Gonthier Col, comme lui, secrétaire du roi Charles VI ; comme lui, humaniste et admirateur passionné des anciens ; Pierre Bersuire, qui traduit Tite-Live ; Nicolas Oresme, qui traduit Aristote (sur le latin, car on ignore encore le grec en France)[1] ; Nicolas de Clamenges, chanoine de Lille, recteur de l'université en 1393, studieux lecteur de Cicéron et de Quintilien ; il se félicitait, dans ses lettres à Gonthier Col, d'avoir réveillé le goût des lettres anciennes, avec un accent de confiant orgueil qui devance le xvi° siècle. La guerre civile et la guerre étrangère vinrent étouffer cette première Renaissance avant qu'elle eût porté ses

---

1. Guillaume Filiastre, du Mans, doyen de Reims, mort cardinal à Rome en 1428, a peut-être su le grec et traduit Platon sur le texte ; mais on n'en est pas sûr.

fruits : Jean de Montreuil et Gonthier Col furent massacrés tous deux, en 1418, à cette rentrée sauvage des Bourguignons dans Paris. L'humanisme rétrograda vers l'Italie, sa patrie, où la France devait, quatre-vingts ans plus tard, l'aller chercher de nouveau; cette fois avec plus de bonheur. Mais le culte des anciens, dès sa première apparition en France, avait montré trop d'ardeur et trop de passion pour ne pas soulever déjà quelques scrupules. Laurent de Premierfait reprochait à Jean de Montreuil tant d'heures et tant de jours dépensés aux lettres profanes. Jean de Montreuil s'excusait en répondant qu'il y a temps pour tout; et qu'on peut bien, après avoir psalmodié exactement les heures canoniques, donner à Cicéron le reste du jour. Ce partage de l'âme entre Jésus-Christ et Cicéron, c'est déjà tout l'esprit de la Renaissance.

II

Ce grand fleuve de la Renaissance a plusieurs sources, et coule en plusieurs courants, qui, tour à tour, divisent leur lit, puis mêlent leurs eaux, puis de nouveau se séparent. D'où la complexité singulière de cette histoire, où les contradictions abondent, dans les faits d'abord, et surtout dans le récit qu'on en a donné, aussi bien de nos jours qu'au xvie siècle. Ainsi tel historien verra dans la Renaissance et la Réforme deux mouvements parallèles, travaillant au même effet par un effort commun. D'autres les opposeront l'une à l'autre, comme deux forces, non seulement rivales, mais opposées, et, dans leur principe au moins, irréconciliables.

En France, la Renaissance nous arrive à la fois du Nord, avec les livres d'Érasme (les *Adagia*, où le père de l'humanisme a recueilli la fleur de la sagesse antique, paraissent juste en 1500, comme pour saluer l'aurore du nouveau siècle), elle nous arrive du Midi, de l'Italie, qui nous renvoie nos rois et nos armées, et, derrière eux, franchit elle-même les Alpes, et, à sa façon, fait la conquête de la France. Il ne faut pas oublier, toutefois, que dans plus d'un de ses éléments la Renaissance, en France, est française et nationale [1]; que chez Rabelais, Henri Estienne, Montaigne, Pasquier, même chez les poètes, même dans la Pléiade, on rencontre bien des choses qui sont purement indigènes, sans appartenir, pour cela, à la tradition propre du Moyen Age. Cette renaissance proprement française, on en a distingué l'œuvre et l'esprit dans l'histoire de l'art; beaucoup moins dans l'histoire des lettres; parce qu'ils y sont, en effet, plus mêlés d'éléments empruntés. Aucune œuvre de la Renaissance, en prose ou en vers, n'est purement indigène; mais il y a des éléments bien français jusque dans les *Odes pindariques* de Ronsard.

Ronsard n'apparaît pas avant le milieu du siècle. Avant lui la Renaissance existe et fleurit, mais sous une forme assez différente de la forme purement *artiste* que la Pléiade voudra lui donner. Chez nous la Renaissance fut d'abord érudite; elle reprit la tradition au point où l'avaient laissée, cent ans plus tôt, les premiers *humanistes* dont nous parlions tout à l'heure, ceux du temps de Charles V et de Charles VI. Elle n'a pas, non plus qu'eux, un sentiment très délicat de l'art antique; et toutefois c'est bien dans sa forme que les humanistes chérissent surtout l'antiquité.

L'*humanisme* [2] vénère et fréquente les anciens comme une école où l'on apprend à polir, orner, assouplir son propre esprit dans le commerce des plus beaux génies que le monde ait jamais connus. A ce régime, on devient plus homme, et « honnête homme », ainsi qu'on dira bientôt (*humaniores litteræ*). Mais l'humaniste ne se croit pas obligé de pénétrer jusqu'au fond de la pensée antique; et encore moins d'y adhérer; la plupart du temps, il demeure chrétien, chrétien sincère. Il s'efforce de penser comme saint Paul ou saint Augustin; mais il voudrait écrire comme Platon ou Cicéron.

Tel me semble l'état d'esprit d'un Guillaume Budé au commencement du XVIe siècle. Budé ne veut pas du tout ébranler le

---

1. On a bien exagéré l'influence que les Grecs venus de Constantinople en Occident après la conquête turque ont pu exercer sur le mouvement de la Renaissance. L'histoire en nomme à peine une dizaine, dont plusieurs furent d'assez pauvres hères sans talent ni notoriété.

2. Le mot est tout moderne, si la chose est ancienne. Il manque encore dans le *Dictionnaire* de Littré, même au *Supplément*.

christianisme ; il veut l'orner, pour le fortifier : si la théologie a pour objet d'exposer les choses de Dieu, il croit que l'éloquence peut les embellir. « En affectant de la mépriser et de la dénigrer, quelques-uns espèrent cacher leur lourde rusticité, leur honteuse barbarie... Qui empêche aujourd'hui que les bonnes lettres, l'antique érudition, la philosophie soient transportées des poètes aux prophètes sacrés ; des fables impies dans l'histoire des vérités éternelles ; des mystères menteurs d'Éleusis dans l'interprétation de la vraie sagesse, à présent révélée aux mortels ? L'Antiquité a pu recommander par le bien dire, des fins et des biens temporels, et faire qu'on s'y attachât. Quoi d'absurde à faire valoir l'importance des biens et des maux éternels par le même mérite du style ou de la parole [1] ? »

N'est-ce pas là, au fond, la doctrine même de saint Basile (dans son fameux traité sur l'étude des auteurs profanes)? et Budé lui-même fait ce rapprochement (dans ses *Annotations sur les Pandectes*). La Renaissance, après mille ans écoulés, reprenait les choses au point où les premiers chrétiens les avaient trouvées au lendemain de leur victoire sur le paganisme. Elle disait, après saint Basile : il faut orner par tous moyens l'esprit de l'homme, il faut former son cœur par le concours de tout ce qui est bon et beau ; il faut associer les lumières naturelles aux vérités révélées.

Que chez quelques-uns ce langage fût un artifice et cachât une hostilité secrète contre le christianisme, il est possible. Mais chez la plupart, ce désir de concilier le culte de l'antiquité avec la religion, Socrate avec l'Évangile, et la mythologie avec la théologie, était parfaitement sincère ; et il ne faut pas se hâter de le déclarer chimérique et vain, s'il est vrai que l'œuvre magnifique du xviie siècle repose en grande partie sur cette conciliation de la tradition profane et de la tradition chrétienne, sur cet harmonieux mélange d'une double antiquité [2].

---

1. *De studio litterarum recte et commode instituendo.*
2. On est aujourd'hui beaucoup trop porté à croire que la religion avait perdu, au commencement du xvie siècle, une grande partie de son empire sur les hommes. Un récent historien de la Réforme et de la Renaissance écrivait naguère avec plus de vérité : l'attachement à la religion « c'est le point d'honneur que le Moyen Age a su inscrire dans toutes les âmes ; il est encore tout-puissant au xvie siècle. Si le Moyen Age a fait de la chevalerie une sorte de religion des nobles, il faut bien convenir qu'il a produit une autre merveille : il a su faire

François Ier, qui commit tant de fautes (même décousues et contradictoires), fut, du moins, bien inspiré en favorisant les humanistes. Leur sincère reconnaissance a protégé sa mémoire contre un jugement trop sévère de la postérité. Déjà, quand il mourut, Théodore de Bèze voulait que les réformés lui pardonnassent pour avoir « chassé du monde la barbarie, et mis à la place les trois langues (le grec, le latin, l'hébreu) et les belles-lettres ».

Joachim Du Bellay, dans la *Défense et Illustration*, qu'il écrit à vingt-quatre ans (âge où l'on est ordinairement plus sévère pour les rois qui viennent de mourir), parle de lui avec une sorte de vénération : « Nostre feu bon Roy et Pere, François premier de ce nom et de toutes vertus (*ceci était exagéré*). Je dy premier, d'autant qu'il a en son noble royaume premierement restitué tous les bons ars et sciences en leur ancienne dignité. »

Heureux monarque, à qui le Collège de France, annoncé plutôt que fondé, a fait pardonner tout, et même Pavie. Dès 1520, il promettait à Budé cette fondation magnifique. « Depuis que j'ay eu cet honneur d'haleiner le Roy, il luy est souvent advenu de declarer publiquement, non par hazard, ains de bon sens et propos deliberé, qu'il vouloit bastir dedans Paris les villes de Rome et d'Athenes, pour y planter à bon escient la langue latine et la grecque, et tout d'une main immortalizer sa memoire dedans la posterité. » Au seul bruit de cette promesse, tout l'humanisme avait frémi de joie : « Je croy facilement, écrit Budé à Tusan (depuis professeur du roi en la langue grecque), ce que m'escrivez, que la promesse faite par le Roi d'eriger un nouveau college, a resveillé en vous et vos semblables un desir indicible d'estude. Et combien que depuis on n'en ait rien fait ny parlé, toutesfois je ne fais aucune doute que ce nouveau project

---

de la religion une sorte de chevalerie du peuple : manants ou lettrés, jeunes et vieux, femmes et enfants, tous sont égaux par le baptême et par le catéchisme; et tous savent qu'un chrétien meurt pour sa foi. Si c'est là un préjugé, il est de noble origine. L'humaniste de la Renaissance ne s'en est pas affranchi; peut-être reculera-t-il devant la torture et le bûcher, mais, à moins d'être un cynique bouffon, il ne s'en glorifiera pas. » (F. Buisson, *Sébastien Castellion*, Paris, Hachette, 1891, p. 94.) L'auteur fait ici allusion à Rabelais, qui, comme on sait, se déclarait prêt à soutenir ses opinions jusqu'au feu *exclusivement*. Mais en effet beaucoup d'humanistes eurent moins de prudence, ou plus de courage, soit du côté des catholiques, soit du côté des réformés.

sortira son effect tel que je souhaiterois, sinon qu'il advienne quelque desastre generalement à la France, et à moy particulierement, et à ceux qui avec moy ont embrassé ceste affaire [1]. » Le désastre, en effet, « advint » ; la défaite, la prison du roi. La grande fondation n'eut jamais lieu. On nomma seulement quelques professeurs royaux, dont le premier choisi fut, selon Pasquier, Pierre Danès « ès lettres grecques », vers 1529 ou 1530 [2].

A défaut de faveurs solides, François Ier prodigua du moins aux humanistes les encouragements et les bonnes paroles qui méritent déjà qu'on les loue, lorsqu'elles sont un témoignage éloquent du sincère amour que le Roi et ses conseillers portaient aux « bonnes lettres » et de la part prépondérante que leur clairvoyance, encore plus que leur science réelle, attribuait à l'hellénisme en particulier dans le mouvement de la Renaissance. A ce titre, le *privilège* [3] accordé par François Ier, en 1539, à Conrad Néobar, premier imprimeur royal pour les impressions grecques, renferme des choses très dignes de remarque : « Nous voulons, dit le roi, qu'il soit notoire à tous et à chacun que notre desir le plus cher est, et a toujours été d'accorder aux bonnes lettres notre appui et bienveillance spéciale et de faire tous nos efforts pour procurer de solides études à la jeunesse. Nous sommes persuadé que ces bonnes études produiront dans notre royaume des théologiens qui enseigneront les saines doctrines de la religion ; des magistrats qui exerceront la justice ; non avec passion, mais dans un sentiment d'équité publique ; enfin des administrateurs habiles, le lustre de l'État, qui sauront sacrifier leur intérêt privé à l'amour du bien public. Tels sont en effet les avantages que l'on est en droit d'attendre des bonnes études presque seules. C'est pourquoi nous avons, il n'y a pas longtemps, libéralement assigné des traitements à des savants distingués, pour enseigner à la jeunesse les langues et les sciences, et la former à la pratique non moins précieuse des bonnes mœurs. » Mais le roi n'avait rien fait jusque-là pour

---

1. Je cite les lettres de Budé dans la traduction qu'en donne Estienne Pasquier (*Recherches*, col. 926).
2. Voir Abel Lefranc, *Les origines du Collège de France*. Revue internationale de l'Enseignement, 15 mai 1890, 15 octobre 1891.
3. En latin. Traduit par E. Egger dans l'*Hellénisme en France*.

favoriser l'impression correcte des livres grecs. Cependant « des hommes distingués dans les lettres nous ont représenté que les arts, l'histoire, la morale, la philosophie et presque toutes les autres connaissances découlent des écrivains grecs, comme les ruisseaux de leurs sources ». Pour répandre à profusion, par des impressions correctes, ces livres grecs « source de toute instruction », le roi conférait un privilège royal pour les impressions grecques à Conrad Néobar ; sans autre vue, en ce faisant, que l'intérêt des lettres. Il voulait que son royaume ne le cédât à aucun autre « pour la solidité donnée aux études, pour la faveur accordée aux gens de lettres, et pour la variété et l'étendue de l'instruction ; afin que la jeunesse studieuse, connaissant notre bienveillance pour elle, et l'honneur que nous nous plaisons à rendre au savoir, se livre avec plus d'ardeur à l'étude des lettres et des sciences ; et que les hommes de mérite, excités par notre exemple, redoublent de zèle et de soin pour former la jeunesse à de bonnes et solides études. »

C'était là un noble langage, en grande partie nouveau sur les lèvres des rois. Il témoigne que le prince et ses conseillers avaient pleine conscience des besoins de leur temps, et des devoirs que leur imposait cette passion pour l'étude, qui est la marque et l'honneur du xvie siècle. Lui-même était fier de ce rôle qu'il avait adopté de monarque ami des lumières ; et parfois, le prix qu'il attachait à cette gloire, lui-même l'a déclaré avec une ostentation qui semble mieux convenir aux habitudes de cour du xviie et du xviiie siècle qu'à l'humeur libre du xvie : il s'était fait peindre à Fontainebleau, dans une vaste fresque, ouvrant la porte du temple des Muses, à une foule d'hommes et de femmes, qui, les yeux bandés, se dirigeaient à tâtons, vers l'asile de lumière où le roi les appelait. « Par cet emblème, dit un vieil historien, on peut voir le soin qu'a pris cet illustre monarque à chasser l'aveuglement de l'ignorance, qui estoit de son temps [1]. » Celui qui écrivait ces lignes, en 1642, était un moine mathurin, le Père Dan. Soixante-dix ans plus tard, Fénelon écrivait encore [2] (en 1714) : « Nous sortons à peine

---

1. Le Père Dan, mathurin, *Trésor des merveilles de la maison royale de Fontainebleau*, 1642, in-folio.
2. Lettre à La Motte, 4 mai 1714.

d'une étonnante barbarie. » Ainsi l'Église ne se considérait ni comme solidaire et responsable de l'ignorance du Moyen Age; ni comme en rien menacée par l'humanisme, en tant que celui-ci se bornait à emprunter des anciens la beauté de leur forme et les procédés de leur raisonnement; à condition qu'il leur laissât leurs idées, et surtout cette tendance au naturalisme, qui est au fond de toute la doctrine antique, et par où, quoique imprégnée de mythologie, elle se passe de révélation; et finit par trouver dans l'homme seul la raison suprême de l'humanité. Rien ne semblait plus aisé aux humanistes du xvi° siècle que d'arracher à ces idées, qu'ils repoussaient (pour la plupart), le beau vêtement dont les anciens les avaient recouvertes, et d'en parer la morale et les idées chrétiennes. Voilà comment les Jésuites, fondés tout exprès pour défendre et sauver la foi du Moyen Age, attaquée de deux côtés par l'hérésie et le scepticisme, furent, à leur façon, des hommes de la Renaissance, et d'excellents humanistes.

III

Auprès des humanistes, amoureux surtout de la forme, et satisfaits, s'ils dérobaient à l'antiquité des mots et des maximes, il y eut ceux, en plus petit nombre, que l'esprit de la Renaissance pénétra plus profondément, et qui voulurent exhumer du trésor des anciens, non seulement les phrases, mais l'idée; une philosophie, presque une religion nouvelle.

Un hasard apparent, qui peut-être a ses causes profondes, fit coïncider la Renaissance avec deux découvertes, dont les conséquences furent très grandes : l'Amérique révélée; le système du monde entrevu. La découverte de l'Amérique agrandit la terre habitable, et offrit aux Européens une fortune illimitée dans l'avenir et la domination du monde. En même temps la terre, dépossédée du centre qu'elle croyait tenir dans l'univers, n'était plus qu'un point perdu quelque part dans l'espace illimité. Ces deux nouveautés, le monde à la fois agrandi et diminué, ouvert à l'esprit de conquête et d'entreprises, et ravalé, aux yeux du philosophe, à n'être qu'un grain de poussière dans l'infini, bouleversaient singulièrement les proportions traditionnelles des choses. Elles disposaient les esprits au goût des aventures, les uns poursuivant la fortune aux Iles; d'autres, la science et la vérité dans les conceptions libres et hardies d'une philosophie affranchie de l'autorité.

L'appétit de savoir, de tout savoir, de tout embrasser, éclata brusquement, impérieux, violent, insatiable. Les siècles précédents avaient déjà vu de laborieux chercheurs, qu'aucune fatigue ne rebutait, et qui vivaient et vieillissaient penchés sur des livres. Tel scolastique a travaillé plus d'heures qu'aucun homme de la Renaissance; et son œuvre énorme remplit dix volumes in-folio. Mais une science unique, la théologie, usait leur existence; ou s'ils traitaient des autres sciences, c'était, en général, par rapport à celle-là, et plutôt en compilateurs qu'en chercheurs. L'idée proprement scientifique et critique est étrangère à leurs esprits, toujours préoccupés du dessein arrêté de conclure à une synthèse, et à une synthèse chrétienne. Ils cherchent dans la science des arguments nouveaux à l'appui de principes fixes, dont ils sont persuadés d'avance. Ils ont ainsi plus ou moins de savoir; ils n'ont pas de curiosité.

La curiosité scientifique, voilà bien la grande nouveauté de la Renaissance. Elle trouve son expression la plus ardente et la plus naïve chez Rabelais, qu'elle dévora, surtout pendant sa jeunesse. La science n'est-elle pas la seule chose que ce grand railleur ait toujours respectée? La foi en la science n'est-elle pas sa seule foi, au moins solide et constante? Nullement poète, nullement artiste, écrivain merveilleux, mais purement français (c'est-à-dire qu'il ne doit rien, au moins de ses qualités, ni à la Grèce, ni même à Rome), Rabelais demande à l'Antiquité, non de lui enseigner les prestiges du style ou le charme du nombre et de l'harmonie, mais de lui enseigner la science, qu'il croit encore que l'Antiquité détient, comme Delphes détenait la sagesse et les secrets de l'avenir. Pure illusion, sans doute; et nous le savons aujourd'hui, nous qui ne doutons plus guère que la science ne soit jamais *faite*; elle se fait aujourd'hui, elle se refait demain. Elle est, comme la recherche, relative et changeante; est-elle plus que la recherche elle-même? Et puisque ceux qui cherchent, passent, ceux qui viendront après eux chercheront à leur tour, et ils auront raison. Ainsi les hommes du xvi° siècle, en croyant s'affranchir lorsqu'ils s'inféodaient aux anciens, ne faisaient guère, au fond, que changer d'autorité ; mais c'est la plus chère erreur de l'homme et la dernière dont il se défasse, qu'il croit devenir libre en passant d'un maître à un autre.

Nulle part la joie de cet affranchissement, vrai ou faux, n'est célébrée avec plus d'orgueil que dans cette très belle et très fameuse lettre[1] que Gargantua écrit à Pantagruel son fils, étudiant à Paris, pour le féliciter du bonheur qu'il a d'être né dans un temps si favorable aux études, et plaindre sa propre jeunesse où lui avaient manqué les mêmes secours : « Le temps n'estoit tant idoine ne commode es lettres, comme est de present, et n'avoys copie de tel precepteurs, comme tu as eu. Le temps estoit encore tenebreux, et sentant l'infelicité et calamité des Goths, qui avoient mis a destruction toute bonne literature. Mais par la bonté divine, la lumiere et dignité a esté, de mon eage, rendue es lettres; et y voy tel amendement que, de present, a difficulté, seroys-je receu en la premiere classe des petitz grimaulz, qui en mon eage virile, estoys (non a tord) reputé le plus sçavant du dict siecle... Maintenant toutes disciplines sont restituees, les langues instaurees; grecque, sans laquelle c'est honte que une personne se die sçavante; hebraicque; caldaicque; latine. Les impressions tant elegantes et correctes en usance, qui ont esté inventees de mon eage par inspiration divine (comme a contre fil l'artillerie par suggestion diabolicque). Tout le monde est plein de gens savans, de precepteurs tres doctes, de librairies très amples; qu'il m'est advis que, ny au temps de Platon ny de Ciceron, ny de Papinian, n'estoit telle commodité d'estude qu'on y veoit maintenant. Et ne se fauldra plus doresnavant trouver en place, ny en compaignie, qui ne sera bien espoly en l'officine de Minerve. *Je voy les brigans, les boureaulx, les avanturiers, les palefreniers de maintenant plus doctes que les docteurs et prescheurs de mon temps.* Que diray-je? Les femmes et filles ont aspiré à ceste louange et manne celeste de bonne doctrine. Tant y a que, en l'eage ou je suis, j'ay esté contrainct de

---

1. *Pantagruel*, chap. viii (édit. Marty-Laveaux).

apprendre les lettres grecques, lesquelles je n'avoys contemné, comme Caton, mais je n'avoys eu loysir de comprendre en mon jeune eage. »

Ne peut-on dire, sans aucune hyperbole, que cette page est vraiment le chant de triomphe de la Renaissance, prenant conscience d'elle-même, et présageant sa victoire? Nulle part le mépris du passé ne s'est déclaré plus franchement; de ce passé dont les docteurs étaient « des ignorants au prix des palefreniers d'aujourd'hui ». En aucun temps (non pas même en 1789) ne s'est étalée une plus naïve confiance dans la puissance de la raison humaine; et dans l'avènement prochain d'un siècle de lumière et d'universel progrès.

Pour arriver à cette terre promise, à cet âge d'or, que la foi avait placés derrière eux, et que la science allait transporter devant eux, un effort suprême est nécessaire. Ils sont prêts à le faire avec une allégresse héroïque. Dans son robuste appétit, le XVIe siècle, semblable à un adolescent vigoureux, veut dévorer la science avec plus d'avidité que de choix. Rappelons-nous l'effroyable plan d'études que Gargantua trace à Pantagruel : « J'entends, et veux, que tu apprennes les langues parfaitement. Premierement la grecque, comme le veut Quintilian, secondement la latine; et puis l'hebraïque pour les saintes lettres; et la chaldaïque et arabique pareillement. » Pantagruel y joindra l'histoire universelle, et puis l'arithmétique, la géométrie, la musique; et puis l'astronomie, le droit civil et toute l'histoire naturelle, zoologie, botanique et géologie; et puis la médecine, étudiée ensemble dans les livres grecs, latins, arabes « sans contemner les talmudistes et caballistes », et par fréquentes anatomies. N'oublions pas les saintes lettres, et le Nouveau Testament, lu en grec; le Vieux, lu en hébreu. « *Somme, que je voie un abîme de science.* » Et tel est bien le cri de la Renaissance : « un abîme de science ». On voulait d'abord tout dévorer : plus tard, on digérerait, on s'assimilerait ce savoir, absorbé en hâte. Il nous est facile aujourd'hui de railler cette avidité sans scrupule et sans choix; mais peut-être est-il nécessaire que ces grandes révolutions de l'esprit humain se fassent par l'ardeur, par l'enthousiasme; et non par la critique et la mesure.

A l'exemple de Pantagruel, tout le siècle eut « son esprit,

FRANÇOIS Ier OUVRANT A UNE FOULE AVEUGLE ET IGNORANTE
LE TEMPLE DU SAVOIR

GRAVURE DE RENÉ BOIVIN, D'APRÈS LE TABLEAU DU ROSSO (GALERIE FRANÇOIS Ier A FONTAINEBLEAU)

Bibl. Nat., Cabinet des Estampes, Ed. 3

entre les livres, comme est le feu parmi les brandes », tant il l'avait « infatigable et strident ». L'énormité du travail auquel ces hommes ont dû se livrer, s'appliquant sans guides, sans traditions, sans secours d'aucune sorte, à cette étude entièrement nouvelle de l'Antiquité reconquise (mais non expliquée); la constance, la volonté, la pénétration qu'ils durent déployer, en s'avançant, à tâtons, par ce domaine inexploré; tant de feu, de confiance et de dévouement étonne notre prudence, et mérite bien notre admiration. C'est le temps où Henri de Mesmes [1], écolier à Paris, puis à Toulouse, debout dès quatre heures, travaillait seize heures par jour, apprenait « Homère par cœur d'un bout à l'autre », et pendant qu'il étudiait « en lois », n'avait d'autre récréation que la lecture des poètes grecs. Tel était, en 1542, le programme d'un écolier, qui n'était pas un géant, comme Pantagruel. Cette exaltation de la première heure ne dura pas longtemps; et peut-être qu'il faut nous en féliciter. La durée d'une telle fièvre fût devenue funeste à la race, et eût mal servi la science elle-même.

Où tendait cependant l'effort scientifique de la Renaissance? Allait-il, dans l'intention de ces admirateurs passionnés de la philosophie antique, jusqu'à rendre le christianisme inutile, ou même jusqu'à le traiter en ennemi? Qu'il soit difficile de concilier logiquement le naturalisme antique avec le surnaturalisme chrétien, c'est ce qu'on aurait tort de nier. Mais les hommes ne sont pas toujours logiques, heureusement; et jamais ils ne le furent moins qu'au XVIᵉ siècle, époque où, dans tous les sens, on agit par fougue et par enthousiasme, beaucoup plus que par froide raison. Donc, les plus épris de savoir, les plus hardis à la recherche de la « substantifique moelle », n'ont pas toujours pressenti la portée de leurs audaces. Ils jouent avec les idées antiques, comme les enfants avec le feu, sans bien prévoir ce qui en pourrait résulter. Ainsi La Boétie, tout imprégné des discours républicains de Tite Live et de Tacite, écrit son traité *De la servitude volontaire*. Ce fidèle royaliste, cet excellent catholique [2] ne prévoyait guère que les protestants révoltés s'armeraient un jour de son livre, contre le roi et contre l'Église.

---

1. En 1542-48. Voir Rollin, *Traité des Études*, liv. II, chap. II.
2. Voir, dans les lettres de Montaigne, l'admirable récit de sa fin.

Rabelais non plus ne prévoyait pas, sans doute, tout ce qu'on a lu, ou cru lire, dans *Pantagruel*. Il semble bien avoir cru sincèrement en Dieu et en la Providence; et j'imagine, quant à moi, qu'il serait surpris qu'on trouve aujourd'hui, dans son livre, la négation radicale du christianisme. Elle y est, je le veux bien; mais peut-être à l'insu de l'auteur, qui l'y a mise en germe, sans le voir, et sans le vouloir. Ceux qui allèrent jusqu'au bout dans le scepticisme, et finirent par tout nier, ou du moins le laisser entendre, un Bonaventure Des Périers, un Étienne Dolet, firent peur et firent scandale, et furent désavoués par tout le monde (y compris leurs anciens amis et protecteurs), même plus sincèrement qu'on ne pense. Nous n'admettons plus aujourd'hui qu'un homme puisse être supplicié pour un délit d'opinion; mais cette violence, qui nous fait horreur, n'étonnait pas le XVIᵉ siècle. Les « philosophes » eux-mêmes, s'ils acceptaient la liberté pour eux, ne la demandaient pas pour tout le monde. Chacun limitait la tolérance à celle dont il avait besoin. Nul n'avait l'idée même de la tolérance absolue. Il faut toujours s'en souvenir pour bien comprendre que les audaces philosophiques du temps sont plutôt des tendances que des doctrines; et, pour ainsi dire, des jalons posés vers un but inconnu, non une route frayée vers un but déterminé.

Quoi d'étonnant si le dernier mot du siècle fut une profession de foi sceptique et chrétienne ensemble : « Il est impossible et monstrueux que l'homme monte au-dessus de soi et de l'humanité; car il ne peut voir que de ses yeux, ni saisir que de ses prises. Il s'élèvera, si Dieu lui prête extraordinairement la main; il s'élèvera, abandonnant et renonçant à ses propres moyens, et se laissant hausser et soulever par les moyens purement célestes. C'est à notre foi chrétienne, non à la vertu stoïque, de prétendre à cette divine et miraculeuse métamorphose. » Ceux qui sont encore aujourd'hui surpris de lire ces lignes à la dernière page de ce manuel du scepticisme qui s'intitule *Apologie de Raimond de Sebonde* [1]; ceux qui seraient tentés d'y voir (bien injustement) un acte de prudence et d'hypocrisie (qui donc l'eût dicté, imposé à Montaigne?), ceux-là,

---

1. *Essais*, liv. II, chap. XII.

dis-je, n'ont pas pensé que plus les espérances du siècle naissant avaient été magnifiques, plus avait été crédule ou démesurée sa confiance dans les bienfaits futurs de la science, plus, en revanche, la déception du siècle vieilli devait être profonde, en pesant le peu qu'il avait fait pour le bonheur de l'humanité. Car, ce n'est pas seulement de nos jours, c'est périodiquement, que la science fait « faillite ». Heureusement, comme un négociant avisé, après chaque banqueroute, la science « reprend les affaires ».

IV

La renaissance de la poésie s'est accomplie la dernière (au moins en France). Un homme tel que Rabelais a déjà ressaisi l'esprit de l'antiquité; mais il n'en sent pas encore la poésie. Marot, qui rime d'ailleurs avec tant de grâce et quelquefois même avec force ou du moins avec trait, n'a jamais senti jusqu'au fond la beauté de l'*Enéide*. Virgile lui aurait appris l'harmonie s'il eût tout à fait compris Virgile. De spirituelles épîtres, de fines épigrammes ne sont pas de la grande poésie, de celle qui nous remue, nous échauffe, nous ravit, nous transporte; Marot, tout charmant qu'il est dans ses meilleures pages, n'est pas ce poète que demandait Du Bellay et que Ronsard a en partie réalisé, au moins pour ses contemporains éblouis : « Celuy sera véritablement le poète que je cherche en nostre langue, qui me fera indigner, apayser, éjouir, douloir, aimer, haïr, admirer, étonner; bref qui tiendra la bride de mes affections, me tournant çà et là à son plaisir. Voilà la pierre de touche où il faut que tu épreuves tous poèmes et en toutes langues. » Admirable définition, et, après tout, la seule vraie. Car les cadres et les genres sont changeants et passagers; les procédés de versification varient à l'infini; on définit le rimeur par les règles qu'il observe. Mais on ne définit le poète que par le charme qu'il exerce, et par l'émotion qu'il excite.

Le siècle ne fit pas toujours la distinction que nous faisons ici entre le simple humaniste et le poète. Il se plaisait à confondre dans une commune admiration tous les soldats qui livrèrent « cette belle guerre contre l'ignorance », suivant le mot d'Étienne Pasquier. Exhumer un manuscrit grec, ou composer une belle ode, c'était toujours « honorer les Muses, qui sont sœurs ». Et, dit le même Pasquier, « ce sont choses qui fraternisent ensemble que la poésie et la grammaire »[1]. Ainsi loin d'opposer le lettré au philologue, le xvie siècle aurait voulu croire qu'ils ne pouvaient être séparés. Et sans doute il serait bon que tous les grammairiens sentissent la beauté des vers; et surtout que les poètes sussent toujours la grammaire. Mais quels que soient sur ce point les désirs et les sentiments d'une époque, il sera vrai, de tout temps, que certains hommes savants ont le sentiment de l'art, et que certains autres ne l'ont pas.

Dans la Renaissance française, les premiers qui se soient largement abreuvés aux sources antiques, qui aient pénétré jusqu'au fond dans l'intelligence de la poésie grecque et latine, qui aient non seulement compris les mots, mais goûté l'âme et senti la beauté; pour tout dire, les premiers qui aient contemplé Homère face à face, ce sont les hommes de la Pléiade, et avant tous, Ronsard, le maître, le *chorège*, enfin vengé aujourd'hui, et redevenu classique[2], après trois siècles d'ineptes dédains. N'était-ce pas en effet la plus grande ingratitude dont l'histoire littéraire fasse mention? la poésie classique française bannissait celui qui l'avait fondée.

Chez lui, comme chez Chateaubriand, cet autre père et fondateur, la forme est supérieure au fond. Il a bien eu quelques parties d'un poète du premier ordre : une magnifique imagination, un don très singulier de faire jaillir des choses, même les plus humbles, l'étincelle de poésie qu'elles renferment. Mais, quoi qu'en ait dit Boileau, ce qu'il y a eu de plus précieux chez lui et de plus étonnant, c'est sa langue, dont rien ne surpasse la richesse, la variété, la souplesse, la force, et quelquefois la précision. C'est bien lui qui a dénoué le rythme du vers français, et nos grands poètes classiques, Molière aussi bien que Corneille; et Racine, autant que Boileau lui-même, sont, sans le savoir, ses disciples et ses héritiers. Sans doute, leur style est

---

1. *Recherches de la France*, liv. III, chap. IV (édition de 1723, 702 C).
2. En 1895, quinze Facultés des lettres ont rédigé, pour la première fois, le programme des examens de licence qu'on subira devant elles en 1896 et 1897. La *Pléiade* est représentée sur onze de ces quinze programmes.

à eux, et après Ronsard, ils ont, pour ainsi dire, remis le vers français à la forge; mais le métal dont ils l'ont forgé leur vient de Ronsard, à qui reste l'honneur d'avoir créé en français la langue poétique [1].

Il faut donc distinguer deux choses dans l'œuvre de la Pléiade : l'inspiration et le style. L'inspiration n'est pas assez personnelle, sauf dans leurs heures trop rares de naïve et sincère émotion. Ils ont trop cru aux livres, aux modèles, aux ressources de l'imitation. Trop érudits eux-mêmes, comme tout leur temps, ils ont à la fois recueilli les fruits et porté la fatigue de l'immense travail accompli par leur siècle à la conquête de l'antiquité. Mais ces laborieux furent aussi des poètes, et de vrais artistes; avant tous, Ronsard et Du Bellay; et quelquefois la Muse a vraiment parlé par leurs lèvres. Leur part ainsi reste belle dans la Renaissance, et peut-être la plus belle. Car enfin tout le reste vieillit et meurt; ce savoir infini, si péniblement acquis, il est dépassé à son tour, et, depuis longtemps, ne compte plus dans la science. Cette philosophie qui fut neuve et hardie, ne dit plus rien à l'esprit des hommes nouveaux. Une seule chose ne vieillit jamais, la beauté, enchâssée par des mains artistes dans l'or pur d'un vers immortel. J'ai peur qu'on ne dise : c'est vraiment faire trop d'honneur à la Pléiade! et la mettre si haut, n'est-ce pas avouer que la poésie française, épuisée à la fin du xvie siècle, ne pouvait plus vivre et fleurir encore qu'à condition de se retremper dans les sources antiques? C'est là ce que des admirateurs passionnés, un peu indiscrets, du Moyen Age ne voudront jamais accorder.

Toutefois, jetons un regard en arrière et rappelons (la liste n'en est pas longue) les œuvres qui comptent dans la littérature, et qui ont paru dans la seconde moitié du xve siècle, c'est-à-dire un peu avant la Renaissance. Mettons à part Villon, qui n'eut ni maître, ni disciples; Villon, cet isolé, poète de génie, mais qui ne sait que son âme, n'hérita de personne et ne fonda rien. Nommons Guillaume Coquillart; le roman du *Petit Jehan de Saintré*; les *Quinze joyes de mariage*; les *Cent Nouvelles nouvelles*; l'excellente farce de *Pathelin*. Faut-il nommer Com-

---

1. Voir *Lexique de Ronsard*, par L. Mellerio, Préface.

mines? Il n'a rien d'un littérateur; il est mieux que cela, si l'on veut; mais surtout il est autre chose. Il est un homme d'affaires qui dit ce qu'il a fait, conte ce qu'il a vu, et raisonne fort solidement sur les choses dont il a été témoin ou acteur. Mais il n'est pas même historien au sens général du mot; il a fait le seul livre qu'il pouvait faire, l'histoire politique des rois qu'il avait servis. On ne se figure pas Commines racontant Louis XI ou la guerre de Cent ans. Lui-même a cru modestement qu'il ne faisait que rassembler des matériaux pour les historiens futurs.

Commines à part, le trait commun de tous ces écrivains, poètes et prosateurs, du demi-siècle avant la Renaissance, est un esprit continu de sarcasme et d'ironie. Certes un large courant de satire avait traversé toute la poésie du Moyen Age; mais à côté, un autre coulait; un flot de poésie héroïque et chevaleresque. Après Charles d'Orléans, la poésie française ne sait plus que railler, et même avec une pointe d'amertume jusque dans la gaieté. Il y a une satire généreuse, ardente, passionnée, qui est autant de la grande poésie que les plus belles effusions lyriques. Mais la satire de Coquillart n'a ni âme, ni essor : elle est mesquine, étroite et bornée. A la veille de la Renaissance, la littérature et surtout la poésie semble tourner toujours dans le même cercle, et ce cercle allait toujours en se rétrécissant. Plus une seule idée large, humaine ne s'y fait jour; plus rien d'étendu ni de supérieur, même à l'état de tendance et d'aspiration. Enfin la sève allait manquer, quand la Renaissance, le souffle antique vint rajeunir notre poésie menacée de sécheresse et d'épuisement. Il est aisé de dire que jamais rien d'original n'est sorti de l'imitation. Mais, après tout, l'*imitation* dans l'œuvre poétique du XVIe siècle n'a été qu'une sorte de gymnastique où s'est réveillé l'esprit français; et les plus belles parties de cette œuvre ne sont pas du tout imitées. A qui Ronsard doit-il ses *Discours sur les misères*; Du Bellay les *Regrets*; d'Aubigné quelques pages merveilleuses qui sont dans les *Tragiques*? A leur génie, et à la Renaissance qui élargit l'âme poétique, et rapprit aux écrivains le sentiment de l'art.

Au même titre, et par le don de beauté qui leur appartient, les œuvres d'art de la Renaissance ont continué d'exciter l'admiration ; depuis Chambord jusqu'au moindre objet d'usage domestique, plat, coupe, meuble, tout ce qu'a touché la grâce de la Renaissance est beau ou est charmant. Mais ce n'est pas ici le lieu de traiter de l'œuvre plastique du xvi° siècle. Elle veut son histoire à part, assez séparée de l'histoire des lettres, des idées, des doctrines à la même époque. En fait l'influence de la littérature sur les beaux-arts a été peu considérable au xvi° siècle; et l'influence des beaux-arts sur la littérature paraît avoir été tout à fait nulle dans le même temps. Ceci s'applique à la France et serait probablement moins vrai d'autre pays, particulièrement de l'Italie, où plus d'un grand artiste fut un homme universel. Mais chez nous les artistes furent généralement peu lettrés, assez indifférents à toute esthétique autre que celle de leur art. De leur part, les écrivains, les poètes, entièrement étrangers à la technique des beaux-arts, paraissent, au moins pour la plupart, n'avoir senti et goûté la beauté des œuvres que par un vague instinct plutôt que par une connaissance réfléchie [1].

C'est peut-être dans les beaux-arts que la France avait le moins besoin d'une renaissance. N'avait-elle pas créé ses cathédrales, ses châteaux, ses hôtels de ville, avant d'avoir évoqué Vitruve? Toutefois, c'est dans les beaux-arts que l'inspiration et la tradition nationale furent à la fin le plus violemment comprimées par l'influence et l'imitation étrangère. Là l'Italie exerça sur nous une maîtrise un peu trop despotique sous prétexte de nous révéler et de nous enseigner le beau antique; et nous eûmes longtemps le malheur de le contempler seulement au travers de l'imitation italienne; en un mot, d'imiter des imitateurs. Beaucoup des artistes italiens que la faveur royale appela en France n'étaient eux-mêmes que des élèves dans leur pays. Mais le prestige attaché alors au seul nom de l'Italie leur assura chez nous une influence considérable; ces écoliers firent école; et leurs doctrines absolues altérèrent fort malheureusement les anciennes et excellentes traditions de notre art national. La plus belle époque de l'art français, au temps de la Renaissance, est celle où le culte du modèle antique cherche à se fondre harmonieusement avec l'inspiration proprement fran-

---

1. On trouvera dans les volumes suivants de cette *Histoire* plusieurs chapitres sur les rapports de la littérature avec les arts : il ne nous a pas paru qu'il y eût lieu d'écrire un chapitre de ce genre dans le tome III, consacré à la Renaissance.

çaise : alors on cherche encore le beau par l'étude et la reproduction du naturel et du vrai. Plus tard le culte des modèles devint idolâtre et tyrannique ; et l'art, asservi à des *canons* rigoureux, perdit trop souvent toute originalité par l'abus de l'imitation.

V

Tandis que la renaissance de la philosophie et des sciences, des lettres et des arts s'accomplit ainsi par toute l'Europe avec une force irrésistible, et, pour ainsi dire, avec la complicité de tous les esprits éclairés, sans excepter les chefs les plus illustres de l'Église, un mouvement distinct et tout différent se produit et jette un bouleversement profond dans l'œuvre de rénovation jusque-là paisiblement accomplie : c'est la Réforme.

On a voulu confondre et associer l'œuvre de la Réforme et l'esprit de la Renaissance ; à notre avis, on s'est gravement trompé en voulant presque identifier ces deux révolutions, à peu près contemporaines par la date, mais profondément divergentes par leur essence même et dans leurs résultats. Par leur essence : car la Renaissance est un retour à l'antiquité, un retour à la nature, au lieu que la Réforme se propose elle-même comme un retour au christianisme primitif, c'est-à-dire une réaction violente contre la nature. Dans leurs résultats : car, enfin la Renaissance a triomphé, en France, en Italie, où la Réforme a échoué ; tandis que la Renaissance a été étouffée ou retardée partout où la Réforme a triomphé.

A la vérité, ces deux forces rivales ont quelquefois agi de concert, parce qu'elles avaient un ennemi commun, la tradition du Moyen Age. Mais partout où leur ennemi commun s'est trouvé ou vaincu ou écarté, elles se sont divisées et combattues. Il n'est donc pas étonnant que d'abord attiré vers Luther, Érasme ait fini par lui déclarer une guerre ouverte, et qu'il ait même écrit ces lignes : « Servir pour servir, j'aime mieux être l'esclave des pontifes et des évêques, quels qu'ils soient, que de ces grossiers tyrans plus intolérants que leurs ennemis » ; ni que Zwingle écrivît sèchement à Érasme : « Les choses que tu sais nous sont inutiles; les choses que nous savons ne le conviennent pas »; ni que Rabelais, après avoir penché vers Calvin (dans *Gargantua*), l'ait durement injurié dans la suite de son roman [1]; ni que Calvin lui-même, éclairé sur les malentendus de la première heure, ait écrit à la fin contre tout l'esprit de la Renaissance ces lignes décisives : « Que toutes les sciences soient plutôt exterminées de la terre si elles doivent refroidir le zèle des chrétiens. » Sans doute un très grand nombre d'illustres érudits ont plus ou moins penché vers la Réforme. Mais il faut bien comprendre que la Réforme les a avoués seulement dans la mesure où ils se servaient de leur science pour combattre le « papisme ». Dès qu'ils ont paru se servir de la Réforme pour favoriser l'essor de la Renaissance, au lieu de mettre la Renaissance au service de la Réforme, les réformés les ont haïs et désavoués aussi violemment que pouvaient faire les catholiques : tels Des Périers, Dolet, Henri Estienne lui-même, et Rabelais dont Calvin dénonça l'alliance en termes injurieux. Tout le monde sait que Calvin a fait brûler Michel Servet; mais ce qui est moins connu et bien plus significatif, c'est qu'avant de le tenir à Genève, Calvin avait dénoncé Servet aux magistrats du Dauphiné, et appelé sur lui la rigueur du bras séculier des « papistes ».

On a dit souvent : la grande pensée commune à la Réforme et à la Renaissance, c'est « le retour aux sources ». Soit, mais non pas aux mêmes sources. Sans doute, on peut revenir, dans le même esprit, à la Bible et à Homère, si l'on cherche, dans l'une et dans l'autre, matière d'érudition ou d'admiration esthétique; mais ce que les réformés cherchaient dans la Bible, c'était un dogme et une morale; et la Bible, lue dans cet esprit, ne conduit pas à Homère. Que beaucoup de protestants, un Mélanchthon par exemple, aient sincèrement chéri les lettres profanes en même temps que l'étude des Livres Saints, nous n'y contredisons pas. Mais il n'est question ici que de tracer les lignes générales. Or on ne peut guère contester que la Réforme ait arrêté ou du moins retardé en Allemagne l'essor de la Renaissance.

Les humanistes français de la Renaissance n'ont été, pour la plupart, ni catholiques soumis, ni franchement luthériens ou calvinistes. Marguerite de Navarre est la protectrice, l'inspi-

---

[1]. Calvin lui rendit la pareille et l'anathématisa dans le livre *de Scandalis*.

ratrice et l'idole d'une petite cour de lettrés et de savants qui n'aiment pas beaucoup le pape de Rome et qui n'aiment pas davantage celui de Wittemberg, ni celui de Genève. Est-ce à dire que ces hommes aient cessé d'être chrétiens d'aucune sorte; qu'ils se soient refaits païens par un aveugle amour de l'antiquité trop chérie, ou bien qu'ils inclinent au scepticisme absolu ou même à l'athéisme? Cela est vrai de quelques-uns, mais non du plus grand nombre : ils étaient chrétiens, ils croyaient l'être, ils voulaient l'être ; ils aspiraient seulement à une réforme profonde dans les études, la discipline et les mœurs ; ils n'allaient pas à renverser l'autorité établie.

Mais ne manquons pas à faire observer que la Réforme et la Pléiade, souvent ennemies entre elles, se sont trouvées d'accord en France pour favoriser l'essor et la diffusion de la langue française, au détriment du latin, relégué au rang de langue morte. Des motifs très différents concoururent à amener le même résultat; si l'on peut dire de Calvin que, dans un certain sens, il émancipa la langue française en montrant à tous qu'elle était désormais capable de traiter de toutes choses et même de théologie, remarquons en même temps qu'il fut un latiniste excellent, et que son français même fut puisé aux sources latines. N'en faut-il pas conclure que la préférence de Calvin pour l'idiome vulgaire tenait moins à des causes littéraires ou esthétiques qu'à des motifs tout politiques et religieux? « Il préféra le français comme l'instrument qui lui paraissait désormais le plus efficace et le plus puissant à répandre sa doctrine; avide de parler à tous, il voulut user de la langue que tous entendaient. Tandis que Joachim Du Bellay, dans la *Défense et illustration de la langue française*, prend parti pour le français contre les latinisants, par préférence d'artiste, et pour avoir très bien senti qu'on n'a jamais un style original en écrivant dans une autre langue que dans celle de son pays; Calvin, fort détaché de tout scrupule d'art, arrive, avant Joachim Du Bellay, aux mêmes conclusions, conduit par d'autres motifs; et toute la Réforme française à sa suite n'use presque plus d'un autre idiome que le français. [1] »

---

1. Voir *Histoire générale du IV° siècle à nos jours*, t. IV, p. 227-228.

Ainsi, dans plus d'une partie de leur action, la Renaissance et la Réforme ont combattu le même combat, et tendu au même but, quoique avec des intentions différentes. Mais, à bien examiner le fond des choses, les deux mouvements sont très séparés.

Tant d'éléments variés composent la Renaissance que, quoiqu'on puisse dire que tous les hommes du xvie siècle appartiennent à la Renaissance, ils ne lui appartiennent pas tous de la même façon, n'y apportent pas le même esprit, n'en attendent pas les mêmes fruits. Ne sait-on pas que Calvin, Ignace de Loyola et François Xavier, peut-être aussi Rabelais, se sont rencontrés à Paris, au pied des mêmes chaires, dans ces collèges de Cambrai, de Tréguier, berceau du Collège de France? Le même siècle a vu naître la Réforme, et fondé les jésuites, brisé l'unité chrétienne, et consolidé le catholicisme au concile de Trente. Les jésuites et les réformés, Calvin et saint Ignace appartiennent tous à la Renaissance, quoique non aux mêmes titres. C'est assez dire, pour bien marquer la diversité des éléments qui composent ce grand mouvement, ou plutôt cette révolution des esprits au xvie siècle.

Chacune des forces qu'elle met en jeu a son originalité propre et ne doit être confondue avec aucune des autres forces qui tantôt la servent, tantôt la contrarient. Mais la plus fâcheuse erreur, et j'y insiste encore, parce qu'il paraît trop que beaucoup d'historiens l'ont plus ou moins commise, serait de regarder la Renaissance et la Réforme comme une même évolution sous deux noms différents et, pour ainsi dire, comme deux faces du même esprit.

La Renaissance était une reprise partielle de l'homme par l'antiquité, c'est-à-dire par la nature. Elle ne détruisait pas le Christianisme, mais tendait à placer la religion dans la conscience individuelle; tandis que le Moyen Age, où tout aspire à l'unité, sous l'apparence d'une variété infinie, avait tendu, au contraire, à soumettre à la religion l'homme tout entier. La Renaissance, avec une apparence d'harmonie, aboutit réellement à un dualisme; elle assied l'homme présent dans la vie purement humaine, et restreint la religion à une espérance future. On exagère la vérité en l'enfermant dans ces formules absolues; mais tel est bien le sens général et l'esprit des deux époques. La Renaissance ne prétendait pas affranchir l'homme de la foi, mais le partager entre la foi et la *raison* (c'est-à-dire la philosophie antique). A la raison de régler la vie présente et terrestre, la politique, le droit, la paix et la guerre, le travail, la richesse. A la religion de l'entretenir d'espérances immortelles, et de lui ouvrir le ciel. Jamais les hommes de la Renaissance ne voulurent cesser d'être chrétiens; mais ils prétendaient dérober au christianisme le règlement de la vie présente et lui laisser seulement la préparation de la vie future.

Et c'est en France surtout que la Renaissance eut ce caractère; et parce que la Réforme ne se prêtait pas mieux, et même (du moins dans son ère initiale et ardente) se prêtait moins encore à ce partage, que le catholicisme; les humanistes, après avoir paru incliner du côté de la Réforme, revinrent pour la plupart à leur ancienne foi, mieux éclairés sur la nature de l'absolutisme religieux où Calvin, après Luther, prétendait les entraîner [1].

Mais cette entreprise et cette prétention de philosopher sur terre, et de croire en vue du Ciel, était-elle sage, était-elle illusoire? C'est une trop grave question pour nous permettre ici de la traiter. Qu'il nous suffise de la proposer aux méditations de nos lecteurs; il n'en est pas de plus capitale. Est-il plus sage, est-il plus logique, quand on s'est soumis à une foi, de s'y soumettre tout entier? Ou, au contraire, le christianisme, fondé par le Messie qui a dit « Mon royaume n'est pas de ce monde », a-t-il pour ambition et pour objet d'ouvrir le ciel aux hommes, non de gouverner la terre? Chacun résout ce dilemme selon sa conscience; mais la réponse différente qu'on y peut donner exprime précisément la divergence profonde, essentielle, qui sépare le Moyen Age de la Renaissance.

1. Parmi les premiers « professeurs royaux » du futur Collège de France, Pierre Danès, qui suivait les prêches luthériens en 1534, finit, en 1577, évêque de Lavaur; Vatable fut d'abord du petit groupe réformé de Briçonnet à Meaux; il mourut laissant des bénéfices que recueillit Amyot. Paradis fut tour à tour le familier de Marguerite de Navarre et celui de Henri II. On aurait tort d'expliquer ces palinodies par l'intérêt seul ou la timidité.

CHAPITRE II

RABELAIS

LES CONTEURS AU XVIe SIÈCLE [1]

I. — *Rabelais.*

Notes biographiques. — La vie de Rabelais est pleine d'incertitudes, d'obscurités, de légendes, de problèmes délicats, qui ne sauraient être exposés et encore moins discutés ici. Nous nous proposons seulement de rappeler en quelques lignes les faits certains et les dates généralement adoptées, afin de rendre plus intelligible l'étude qui va suivre.

Il importe avant tout d'admettre que l'existence de Rabelais diffère complètement de l'idée que son roman pourrait nous en donner. Quoique semée d'aventures assez romanesques, elle est au fond très sérieuse et occupée presque tout entière par un infatigable labeur.

Sa naissance est généralement fixée à 1483, année indiscutable de celle de Luther. Peut-être est-ce l'attrait de ce rapprochement, de ce synchronisme à effet, qui a décidé de l'adoption de cette date, assez peu en rapport avec diverses circonstances de sa vie. Ses biographes récents, qu'elle gênait, ont pris le parti commode de n'en tenir aucun compte : ils affirment tous que Rabelais est né en 1495, se fondant sur des calculs plus ou moins spécieux, qu'aucun indice ne vient d'ailleurs confirmer.

1. Par M. Ch. Marty-Laveaux.

A ces deux dates il serait peut-être sage d'en préférer une troisième, 1490, qui permet à peu près de faire disparaître toutes les difficultés, et a le mérite d'avoir été fournie par le président de Thou.

La maison de Chinon dans laquelle Rabelais est né était devenue un cabaret, à ce que nous apprend le même historien ; c'est sans doute de cette destination, pourtant bien postérieure à la mort du satirique, qu'on a conclu que son père était aubergiste.

On croit qu'il fit ses premières études à l'abbaye de Seuillé et les continua à celle de la Basmette, près d'Angers, où il connut les frères Du Bellay, Angevins, et Geoffroy d'Estissac. Il quitta Seuillé pour le couvent de la Fontaine-le-Comte ou Fontenay-le-Comte en bas Poitou, et semble y avoir passé par tous les degrés du sacerdoce, comme l'indique l'acte d'achat de la moitié d'une auberge, daté du 5 avril 1519, où nous voyons sa signature figurer parmi celles des notables du couvent. Il ne devait pas y demeurer longtemps en paix. Il y avait trouvé un jeune religieux nommé Pierre Amy, presque aussi passionné que lui pour l'étude des littératures antiques et notamment de la langue grecque, alors très mal vue des théologiens, et fort capable de compromettre les ecclésiastiques qui avaient la hardiesse de s'en occuper. Nous voyons dans quelques fragments récemment publiés de l'active correspondance grecque et latine qu'ils entretenaient avec Budé la trace des tracasseries qu'on leur faisait subir à ce sujet, tracasseries que certains biographes ont transformées d'une façon trop dramatique en véritables persécutions, mais qui furent suffisantes toutefois pour les décider à quitter ce couvent.

Vers 1524, Rabelais obtient de Clément VII un indult l'autorisant à passer dans l'ordre de Saint-Benoît et à entrer dans l'abbaye de Maillezais, et il devient bientôt le commensal de l'évêque Geoffroy d'Estissac. Non seulement celui-ci le recevait dans son château de Ligugé, mais Rabelais y avait sa demeure, et c'est de sa « petite chambre [1] » qu'il date une lettre adressée à Jean Bouchet pour l'inviter à venir l'y rejoindre.

---

1. Édition Lemerre, t. III, p. 302.

Nous le retrouvons bientôt à Montpellier, où les précieux registres de la Faculté de Médecine nous ont conservé des renseignements officiels plus certains et plus suivis que tous ceux que nous avons eus jusqu'à présent. C'est d'abord en 1530, sous la date du 17 septembre, l'immatriculation de Rabelais comme élève ; le 1er décembre, son baccalauréat, enfin, en 1531, la mention de ses leçons sur les *Aphorismes* d'Hippocrate et sur l'*Art médical* de Galien.

Au mois de novembre de cette même année 1531, il entre comme médecin à l'hôtel-Dieu de Lyon, ainsi que le constate le règlement de compte du premier trimestre de ses appointements.

Aussitôt arrivé il commence la publication des ouvrages les plus divers : chez Sébastien Gryphe il fait paraître des livres de médecine et de droit; en juin 1532, un second recueil des lettres médicales de Manardi de Ferrare, dédié à André Tiraqueau; en juillet, une revision de quelques livres d'Hippocrate et de Galien, fruit de son professorat de Montpellier, dédié à Geoffroy d'Estissac, évêque de Maillezais; en septembre, le prétendu testament de Lucius Cuspidius, dont on ignorait alors la fausseté, et qu'on regardait comme un curieux document pour l'histoire du droit romain. Ce dernier opuscule est adressé à Aymery Bouchard, conseiller du roi et maître des requêtes du Palais.

Parallèlement à ces travaux de haute érudition, Rabelais publiait dans une librairie d'ordre secondaire, celle de François Juste, des livrets d'une nature toute différente. Nous trouvons les traces d'une assez longue série d'almanachs populaires dont on n'a guère que les titres et de courts extraits. Dans celui de 1533, le premier dont l'existence soit constatée avec certitude, Rabelais, tout en s'intitulant sur le frontispice : « Professeur en Astrologie », a grand soin de protester contre « la Prognostique et judiciaire partie » de cette prétendue science. Il reprend du reste ce thème avec plus de développements et de vivacité dans la *Pantagrueline prognostication... pour l'an perpetuel*, qui n'est autre chose qu'une amusante parodie des écrits de « ces sots Astrologues de Lovain, de Nurnberg, de Tubinge et de Lyon ».

On devine plutôt qu'on ne sait que Rabelais refit pour ce même libraire *Les grandes et inestimables cronicques du grant et enorme geant Gargantua*, qu'il y prit plaisir, y ajouta comme suite son *Pantagruel*, et substitua enfin au premier et informe livret un nouveau et définitif *Gargantua*; mais ce sont là des questions de bibliographie et d'histoire littéraire si obscures qu'on ne peut essayer de les résoudre en passant et qu'il faut se borner à les signaler à l'attention et à la curiosité des lecteurs.

Jean, cardinal Du Bellay, d'abord évêque de Bayonne, puis de Paris, chargé par François Ier d'une mission diplomatique près du Saint-Siège, s'attacha Rabelais comme médecin. Son séjour à Rome se prolongea pendant les trois premiers mois de 1534. Le Milanais Marliani publia, peu après ce voyage, une *Topographie de Rome* pour laquelle Rabelais et ses amis avaient fourni des matériaux. Aussitôt qu'elle parut, Rabelais se la fit envoyer à Lyon, siège de ses études[1], et en donna chez Gryphe, au mois d'août 1534, une édition précédée d'une curieuse épître latine au cardinal Du Bellay, qui commence par ce remercîment chaleureux : « Ce que j'ai le plus désiré depuis que j'ai eu quelque intelligence des belles-lettres, parcourir l'Italie et Rome, vous m'en avez fourni le moyen par une merveilleuse bienveillance, et vous m'avez mis à même, non seulement de visiter l'Italie… mais de la visiter avec vous. » Ensuite viennent d'intéressants détails relatifs à son voyage, au plan d'études qu'il avait tracé avant son départ, et aux documents qu'il a réunis.

Bientôt il repart pour Rome, où il reste depuis juillet 1535 jusqu'à mars 1536. Pour cette période les documents datés sont assez abondants. Rabelais entretenait alors avec l'évêque de Maillezais une correspondance fort suivie, lui écrivant au moins chaque semaine, mais ne lui adressant ses lettres que lorsqu'il en trouvait l'occasion. Nous avons trois séries de ces envois, appartenant à la fin de son séjour, et datées du 30 décembre 1535 et des 28 janvier et 15 février 1536. Il y est question de tout : de politique, de diplomatie, de bruits de ville, d'horticulture; mais principalement des démarches faites par Rabelais pour obtenir une absolution lui permettant de reprendre

---

1. « Lugduni, ubi sedes est studiorum meorum. »

l'habit de Saint-Benoît et d'exercer la médecine, à l'exception des opérations sanglantes. L'indult qui lui est accordé le 18 janvier 1536 est conçu dans les termes les plus flatteurs. Paul III déclare vouloir récompenser en lui le zèle de la religion, la science des lettres, l'honnêteté de la vie et des mœurs, la probité et la vertu. On pourrait croire qu'il ne s'agit là que de formules pour ainsi dire officielles, mais, dans une de ses lettres[1], Rabelais insiste longuement sur l'extrême bonne grâce dont la chancellerie pontificale a fait preuve à son égard, et surtout sur le *gratis* qu'on lui a exceptionnellement accordé.

Est-ce avant ou après cette absolution que se place un curieux épisode de la vie de Rabelais, attesté d'une façon irrécusable par huit petites pièces de vers latins de Boissonné, professeur à l'université de Toulouse? La première a pour titre : *Sur Théodule Rabelais, enfant de deux mois défunt*. Le père y est déclaré docte, érudit, pourvu de toutes les connaissances qui conviennent à un homme bon, pieux, et honnête. Une autre pièce nous apprend que le fils était né à Lyon, une troisième qu'en son vivant il a eu pour serviteur des pontifes romains. En voilà assez pour exciter vivement notre curiosité, beaucoup trop peu pour la satisfaire. Nous sommes surpris des vers que Boissonné adresse à cet enfant dont la naissance nous semble un scandale; nous le sommes plus encore de voir des princes de l'Église lui prodiguer des caresses et l'entourer de soins; mais il ne faut pas oublier que plusieurs cardinaux, en 1537, inclinaient à vivre suivant les principes dont Rabelais faisait profession dans ses écrits, et que l'un d'eux, Odet de Coligny, devait plus tard se marier, après avoir adopté la Réforme.

En quittant Rome, Rabelais traverse Paris et prend part, au mois de mars 1536, à un banquet en l'honneur de Dolet, qui, poursuivi au sujet d'un meurtre commis à Lyon, le 31 décembre 1536, venait d'obtenir sa grâce de François Ier. Dolet lui-même prend soin de nous faire en vers latins le récit du repas, et ne manque point de citer parmi les convives « François Rabelais, l'honneur de la médecine, qui peut rappeler les morts des portes du tombeau et les rendre à la lumière[2] ».

---

1. *Œuvres de Rabelais*, éd. Lemerre, t. IV, p. 394.
2. *Doleti carmina*, 1538. *Cædis a se factæ et sui deinde exilii descriptio*, p. 59.

Rabelais, toutefois, sans s'attarder à Paris, s'empresse d'aller reprendre à Montpellier ses occupations médicales. Les registres nous le montrent passant sa licence le 3 avril 1537, son doctorat le 22 mai de la même année et interprétant le 27 septembre le texte grec des pronostics d'Hippocrate [1].

En 1540, le cardinal Du Bellay le fait entrer au couvent de Saint-Maur-les-Fossés, « lieu, ou (pour mieulx et plus proprement dire) paradis de salubrité, amenité, sereñité, commodité, delices, et tous honestes plaisirs de agriculture, et vie rusticque [2] ». Une difficulté se présentait : l'indult de Paul III avait autorisé Rabelais à entrer dans un couvent de Bénédictins; Saint-Maur, devenu collégiale, était destiné à recevoir non des moines, mais des chanoines. Rabelais adressa donc à Paul III une nouvelle supplique pour lui demander la confirmation et l'extension de son premier indult et notamment le droit d'exercer partout la médecine et de posséder régulièrement ses bénéfices ecclésiastiques, présents ou à venir. Nous n'avons point la pièce répondant à cette requête, mais il est certain que les grâces sollicitées par Rabelais lui furent accordées. Il en profita surtout, suivant sa coutume, pour reprendre sa vie errante; des vers de condoléance que Boissonné le charge de lire à Guillaume de Langey à l'occasion de la mort de sa femme, survenue en juillet 1541, prouvent qu'à cette époque Rabelais était à Turin. Il avait rédigé en latin un ouvrage militaire traduit en français par Claude Massuau, sous le titre suivant, que nous a conservé Du Verdier : *Stratagemes, c'est à dire prouesses et ruses de guerre du pieux et tres celebre chevalier de Langey, au commencement de la tierce guerre Cesariane*. 1542. Par malheur, ni l'original ni la traduction ne sont parvenus jusqu'à nous.

La protection de Langey dut être fort utile à Rabelais. M. Heulhard, à qui l'on doit la découverte de tant de précieux détails qui précisent et complètent sa biographie, signale le pre-

---

[1]. Voici la transcription de l'acte autographe dont la planche ci-contre donne un facsimilé :

Ego franciscus Rabelæsus diocesis Turonensis suscepi gradum doctoratus sub D. Antonio gryphio in præclara medicinæ facultate die vicesima secunda mensis Maii. Anno domini millesimo quingentesimo trigesimo septimo.

RABELÆSUS.

[2]. Épître *A Odet, cardinal de Chastillon*, en tête du *quart livre*.

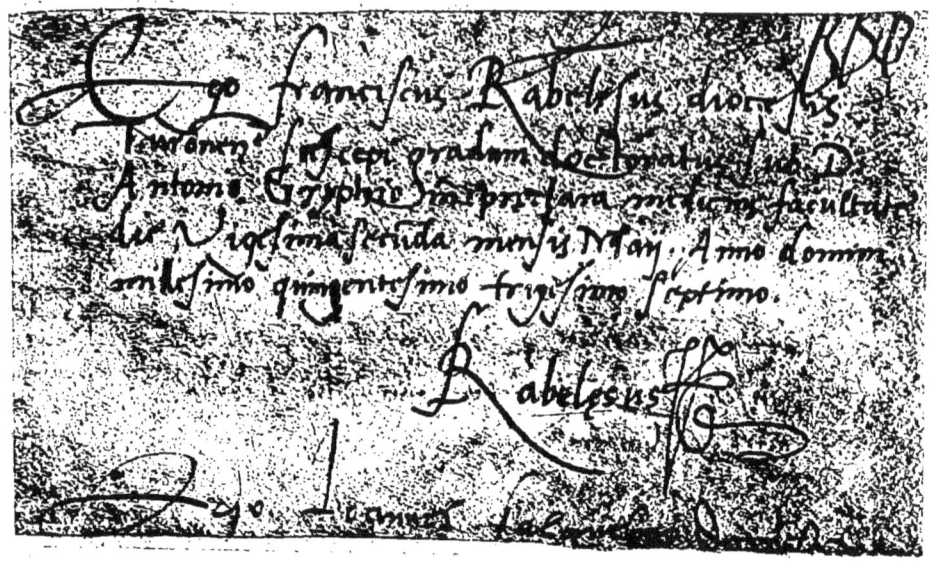

1 — AUTOGRAPHE DE RABELAIS
ACTE DE PROMOTION AU DOCTORAT
Registres des anciens actes de l'Université de Médecine de Montpellier
1523-1559, fol. 32, 2°

2 — PORTRAIT DE RABELAIS
GRAVURE DE LÉONARD GAULTIER
Bibl. Nat., Cabinet des Estampes, Ed. 12 (Chronologie collée)

mier, dans le *Discours de la Court présenté au Roy par M. Claude Chappuys*, publié en 1543, une liste de *maistres des requestes* où figure :

> ... Rabelais à nul qu'à soy semblable
> Par son savoir partout recommandable.

Le précieux appui de Langey devait bientôt lui manquer ; il fait allusion en plusieurs endroits de son roman à la mort de son protecteur, qui l'avait vivement frappé. Pantagruel, parlant du don que possèdent les mourants de prédire l'avenir, dit[1] : « Seulement vous veulx ramentevoir le docte et preux chevallier Guillaume du Bellay seigneur jadis de Langey, lequel on mont de Tarare, mourut le 10 de Janvier... de nostre supputation l'an 1543. Les troys et quatre heures avant son décès il employa en parolles viguoureuses, en sens tranquil et serain nous prædisant ce que depuys part avons veu, part attendons advenir. » Ailleurs Eudemon rappelant les « prodiges tant divers et horrificques » qui signalèrent cette mort, cite « Rabelays » parmi les « amis, domesticques, et serviteurs du deffunct[2] ». Guillaume de Langey avait songé à Rabelais dans son testament, qui renfermait un article ainsi conçu : « Au sieur de Rabelais et à messire Gabriel Taphenon medecins, veult et ordonne ledit sieur testateur qu'il leur soit donné oultre leurs sallaires et vaccations c'est assavoir audict Rabelais cinquante livres tournois par an jusques à ce que ses héritiers l'ayent pourveu ou fait pourveoir en l'église jusques à trois cents livres tournois par an ; audit Taphenon, cinquante escuz sol, une foys payés[3] ».

Le 19 septembre 1545, François Ier accorde au *tiers livre* et aux deux précédents un privilège dans lequel l'auteur est traité d'une façon très flatteuse ; néanmoins, privé de son protecteur immédiat, il se sent pris d'appréhensions fort légitimes ; les libres penseurs étaient chaque jour poursuivis avec plus de rigueur. Le 3 août 1546, Dolet est torturé, étranglé et brûlé à la place Maubert : Rabelais, qui faisait profession de soutenir ses doctrines jusqu'au feu *exclusivement*, juge indispensable de fuir

---

1. *Tiers livre*, chap. XXI.
2. *Quart livre*, chap. XXVII.
3. Heulhard, p. 167.

et se réfugie à Metz, d'où il écrit au cardinal Du Bellay : « si vous ne avés de moy pitié je ne sache que doibve faire, si non en dernier desespoir me asservir à quelqun de par deça avec dommage et perte evidente de mes estudes [1]. »

Des extraits de comptes établissent qu'en 1547 Rabelais était médecin aux gages de la ville [2]. Au commencement de 1548 le cardinal Du Bellay, qui avait été envoyé à Rome, l'y fit venir. Le 3 février 1549 naissait au château de Saint-Germain-en-Laye Louis, duc d'Orléans, second fils de Henri II et de Catherine de Médicis; dès que cette nouvelle fut officiellement connue, Du Bellay organisa une fête dans son palais. Rien n'y manqua : tournoi, combat de taureaux, danses, souper. Gryphe en publia la relation intitulée : « *La sciomachie et festins faits à Rome au Palais de mon seigneur reverendissime Cardinal du Bellay, pour l'heureuse naissance de mon seigneur d'Orleans*. Le tout extraict d'une copie des lettres escrites à mon seigneur le reverendissime Cardinal de Guise, par M. François Rabelais, docteur en medecine. »

Du Bellay ne tarda guère à être rappelé en France, et peu après son arrivée, le 18 janvier 1550, Rabelais fut nommé à la cure de Meudon. Quant au cardinal Du Bellay, « pour recouvrement de santé après longue et fascheuse maladie », il s'était retiré à Saint-Maur. Un jour que le cardinal Odet de Châtillon était venu lui rendre visite, il y trouva Rabelais et l'entretint longuement des dispositions favorables du roi Henri II à son égard. Réconforté par cette bonne nouvelle, Rabelais n'hésite plus à publier le *quart livre*; néanmoins, soit de son propre mouvement, soit sur le conseil de ses protecteurs et amis, il croit devoir résigner d'abord par deux actes signés le même jour, le 9 janvier 1552, ses deux cures de Saint-Christophe de Jambet et de Saint-Martin de Meudon. Il adresse ensuite, le 28 du même mois, la dédicace du *quart livre* à Odet de Châtillon, sous la protection officielle duquel il se place. « Præsentement hors de toute intimidation, lui dit-il, je mectz la plume au vent : esperant que par vostre benigne faveur vous me serez contre les calumniateurs comme un second Hercules

---

2. *Mémoires de l'Académie de Metz*, 1869, p. 592.
2. Éd. Lemerre, t. III, p. 390.

Gaulloys »; et il termine ainsi en attribuant audacieusement à son nouveau défenseur toute la responsabilité de son œuvre : « Au surplus vous promettant, que ceulx qui par moy seront rencontrez congratulans de ces joieulx escriptz, tous je adjureray, vous en sçavoir gré total... par vostre exhortation tant honorable m'avez donné et couraige et invention : et sans vous m'estoit le cueur failly, et restoit tarie la fontaine de mes esprits animaulx. »

Des poursuites ordonnées par le parlement suspendirent momentanément la vente de l'ouvrage, qui néanmoins reprit bientôt son cours, mais les incertitudes et les obscurités qui avaient enveloppé le berceau de Rabelais s'épaississent de nouveau autour de sa tombe. Sa mort paraît toutefois devoir être rapportée à l'année 1553 ; quant au lieu de sa sépulture, le plus sage semble de s'en tenir à l'opinion de Colletet, qui termine ainsi sa biographie : « Il mourut non point à Meudon, comme l'a dit Scévole de Sainte-Marthe et comme la plus part des escrivains le croyent, mais à Paris, en la rue des Jardins, sur la paroisse de Saint-Paul, au cymetierre duquel il fut enterré, et proche d'un grand arbre, que l'on voyait encore il y a quelques années. »

Les commentateurs. — Rabelais est un grand satirique ; il se moque de tous, sans même épargner ses lecteurs : dans un dizain qui précède *Gargantua*, il leur dit :

> Vray est qu'icy peu de perfection
> Vous apprendrez, si non en cas de rire,

puis, le feuillet tourné, le *prologe de l'auteur* leur promet « doctrine... absconce, laquelle... revelera de treshaultz sacremens et mysteres horrificques, tant en ce qui concerne nostre religion, que aussi l'estat politicq et vie œconomicque ».

Chacun, suivant son tempérament et sa tournure d'esprit, s'est exclusivement attaché à l'une de ces deux déclarations contradictoires : les uns n'ont voulu voir dans Rabelais qu'un bouffon vulgaire, et se sont contentés de s'amuser de son livre, sans en approfondir les doctrines ; les autres ont pris au sérieux, et même au tragique, la parabole du chien qui trouve un « os medullare » et, après plus de trois cents ans, ils le sucent encore.

Bien des interprétations successives, tour à tour abandonnées, n'ont pu épuiser le courage ni ébranler la confiance des commentateurs, qui s'acharnent toujours à poursuivre quelque décevante chimère.

Longtemps l'ouvrage de Rabelais a été considéré comme une histoire allégorique du xvie siècle. De ce livre si touffu, si débordant, on a fait un roman à clé, la plus froide invention des littératures de décadence. Gargantua, a-t-on dit, est la personnification de François Ier; donc Pantagruel, son fils, n'est autre que Henri II. Si l'on a le malheur de faire la plus légère concession, on ne sait où s'arrêter dans cet engrenage, et le système s'impose tout entier avec une apparente rigueur. Dans cette épopée fantaisiste aucune place n'est plus laissée à la fantaisie, et l'on se trouve en face d'une insipide parodie.

L'interminable commentaire d'Esmangard et d'Éloi Johanneau est consacré presque en entier à la pénible démonstration de cette hypothèse. Fort discréditée aujourd'hui, elle a laissé néanmoins plus de traces qu'on ne le croirait dans nos meilleurs livres d'enseignement. Ce n'est point, par exemple, sans quelque surprise qu'on lit dans le *Dictionnaire* de Littré, au mot *Pantagruélion* : « Nom plaisant donné par Rabelais au chanvre, parce que Pantagruel représentant un roi de France et la corde servant à pendre, le pantagruélion figurait un droit régalien. »

Ce qu'il faut chercher dans le livre de Rabelais, ce ne sont pas des allusions plus ou moins déguisées aux menues actions de chaque prince, mais un tableau animé des personnages de toutes conditions, de leurs mœurs, de leurs coutumes, de leur langage. Son ouvrage est un document historique inappréciable, mais n'est point l'histoire elle-même.

Le lion a parfois, chez La Fontaine, l'allure et les procédés autoritaires de Louis XIV; cela ne suffit pas pour qu'il soit permis de transformer notre fabuliste en un historien à la manière de Saint-Simon, ainsi que Taine s'est efforcé de le faire.

Nous aurions tort du reste de nous montrer trop sévère pour le système d'Éloi Johanneau. Il est parfaitement sensé en comparaison de celui qui a été exposé en 1879 dans la *Revue britannique*[1]. Le texte de Rabelais ressemble, d'après ce nouvel interprète, à « ces champs de pierres sous chacune desquelles s'abrite un scorpion [2] », mais les scorpions ne l'effraient guère, car il est persuadé que la clé de l'ouvrage peut être retrouvée en s'appuyant sur les règles bien connues aujourd'hui du déchiffrement des cryptographies [3]. Quant à Rabelais, il le considère comme le grand maître de la maçonnerie des corporations ouvrières de son temps.

C'est à la même conclusion qu'arrive l'auteur d'une brochure assez récente, qui cependant n'a point connu, à ce qu'il semble, les deux articles de la *Revue britannique* : « La doctrine plus absconce, dont Rabelais parle dans son prologue, est la maçonnerie elle-même [4]. »

Les études sur l'ensemble et la portée de l'œuvre de Rabelais sont loin d'être toujours aussi chimériques, mais elles reposent en général sur une thèse préconçue, et ont pour but exclusif l'apologie d'une doctrine religieuse ou politique.

Les littérateurs s'entendent-ils mieux que les philosophes et les politiciens sur l'appréciation du roman de Rabelais?

Pas le moins du monde.

Les uns le rejettent en entier; les autres, le traitant comme Horace faisait Lucile, reconnaissent qu'il est des choses qu'on voudrait recueillir dans le courant de cette eau bourbeuse, mais n'admettent les flots du torrent que clarifiés par le filtre Pasteur.

C'est la doctrine résumée dans le célèbre jugement de La Bruyère : « Où il est mauvais... c'est le charme de la canaille; où il est bon... il peut être le mets des plus délicats [5]. » Mais ces *délicats* du XVIIe siècle qu'ils étaient exclusifs et dégoûtés!...

Comment auraient-ils supporté Rabelais, quand ils toléraient

---

1. *Esthétique, Curiosités archéologiques, Cryptographie. Rabelais et les quatre premiers livres de Pantagruel*, p. 214-250, 536-567. Signé : G. D'Orcet.
2. 246.
3. 235.
4. *La vie et l'œuvre de Rabelais étudiées au point de vue maçonnique*, par le F.·. Janet, R.·. C.·. — Nevers, imp. Bellanger, in-8° de 23 pages, p. 15.
5. *Caractères*, chap. I, *Des ouvrages de l'esprit*.

à peine La Fontaine, qui s'écrie, non sans une pointe de malice [1] :

> Les délicats sont malheureux,
> Rien ne saurait les satisfaire !

Leur point de vue est diamétralement opposé à celui de l'auteur de *Pantagruel*. Gens de goût, ils ne veulent voir qu'une partie des choses, et de ces choses, choisies et mises à part, qu'un seul aspect; Rabelais, lui, ne choisit point; il reproduit tout ce qu'il voit, mais la sincérité de sa vision, bien différente en cela de notre naturalisme contemporain, n'a nulle préférence pour ce qui est abject; il admet tout, même le beau, dans l'ensemble, je n'ose dire dans l'unité, de son œuvre, qui nous montre la nature et la société dans leur agitation, dans leur pêle-mêle, dans leur grouillement.

Si Rabelais a été si peu et si mal compris de la postérité, à qui demanderons-nous la signification de ses œuvres?...

A ses contemporains et surtout à lui-même.

Les contemporains. — L'épitaphe badine que Ronsard lui a consacrée [2] et une tradition tardive et suspecte ont fait considérer le poète comme l'adversaire du satirique. Il est difficile de se prononcer avec certitude sur ce point, que nous avons cherché à éclaircir ailleurs [3], mais il demeure du moins incontestable que les autres poètes de la Pléiade, si soumis à leur chef, donnaient hautement leur approbation à Rabelais.

Dans les vers suivants Baïf le cite sans le nommer [4] :

> Riez votre soul : je scay comme
> Le rire est le propre de l'homme;

quant à Du Bellay qui l'appelle d'ordinaire « le bon Rabelais [5] » il le désigne ailleurs ainsi : « celuy qui fait renaître Aristophane et faint si bien le nez de Lucian [6] », et tout en lui reprochant

---

1. *Fables*, II, 1.
2. Éd. Lemerre, t. VI, p. 253.
3. *Notice sur Pierre de Ronsard*, Œuvres de P. de Ronsard, éd. Lemerre, t. I, p. XIX-XXI.
4. Éd. Lemerre, t. III, p. 51.
5. Éd. Lemerre, t. II, p. 230.
6. T. I, p. 61.

cette indication indirecte, l'auteur du *Quintil-Horatian* n'hésite pas un moment à comprendre de qui il est question.

Pour Du Bellay l'assimilation de Rabelais à Lucien est un éloge; d'autres la transformeront en blâme, mais sans trouver une comparaison plus juste : « Qui est donc celui, dit Henri Estienne [1], qui ne sçait que nostre siecle a fait revivre un Lucian en un François Rabelais, en matiere d'escrits brocardans toute sorte de religion? »

Voilà le satirique nettement défini par ses amis comme par ses adversaires; s'ils s'étaient contentés d'appréciations de ce genre, on pourrait croire qu'uniquement frappés de la verve comique de Rabelais, ils ont méconnu le côté sérieux de ses railleries et la haute portée de ses conceptions philosophiques, mais, dans deux autres endroits de ses œuvres, Du Bellay lui décerne un éloge beaucoup plus en rapport avec nos opinions actuelles. Empruntant à Horace sa définition demeurée classique de la perfection littéraire, *utile dulci*, il en forme, en faveur de notre grand comique, un de ces adjectifs composés que la Pléiade affectionnait, et le proclame

L'utile-doux Rabelais [2].

Ailleurs, adressant à Salmon Macrin un *Discours sur la louange de la vertu et sur les divers erreurs des hommes* [3], il retourne la même épithète, et déclare modestement que sa

. . . . . Muse petite
Ce doulx-utile n'immite,
Qui si doctement escrit
Ayant premier en la France
Contre la sage ignorance
Faict renaistre Democrit.

Hugues Salel va encore plus loin dans un dizain que Rabelais a eu soin de placer en tête de *Pantagruel*. Non content de l'assimiler à Démocrite et d'insister sur l'utilité de son œuvre, il lui

---

1. *Apologie pour Hérodote*, chap. xiv.
2. Éd. Lemerre, t. I, p. 145.
3. Éd. Lemerre, t. II p. 35.

promet que s'il n'obtient pas de récompense en ce monde il en sera bien dédommagé en l'autre :

> Or persevere et si n'en as merite
> En ces bas lieux : l'auras au hault dommaine.

Ces témoignages, qu'il serait facile de multiplier, reconnaissent Rabelais pour un philosophe profond sous une apparence badine. Plus tard on en jugea autrement, et l'on ne voulut voir en lui qu'un bouffon ; mais il est évident que l'admiration dont il est aujourd'hui l'objet, bien que considérée d'abord comme une fantaisie littéraire, n'est en réalité qu'un retour à l'opinion des contemporains.

Documents fournis par Rabelais. — C'est maintenant Rabelais lui-même que nous allons interroger.

Pour le faire avec quelque chance de succès, jetons d'abord un coup d'œil sur les matériaux dont nous disposons.

Les quatre premiers livres du roman de Rabelais ont seuls été imprimés de son vivant et sous ses yeux. Le cinquième, publié après sa mort par un éditeur anonyme, renferme quelques chapitres excellents, mais beaucoup d'autres ne peuvent être lus sans ennui.

Donner les premiers à Rabelais, lui retirer les seconds, est un procédé séduisant et facile ; mais il repose sur une hypothèse toute gratuite. Il faudrait admettre qu'on a trouvé dans ses papiers des fragments auxquels il n'avait pas mis la dernière main, soit qu'il les destinât à terminer son œuvre, ou qu'il les eût rejetés à cause de leur trop grande hardiesse, et qu'on les a ensuite grossièrement complétés pour les donner au public.

Quoi qu'il en soit, il est impossible d'accepter comme un témoignage des doctrines de Rabelais un écrit qui n'est certainement pas de lui sous la forme où il nous est parvenu. Il ne doit être consulté qu'avec une extrême réserve, à titre de simple renseignement, et sur les seuls points où il paraît d'accord avec l'ensemble des idées de l'auteur.

C'est précisément le contraire qui a eu lieu.

Quand l'autorité de Rabelais est alléguée, c'est neuf fois sur dix le témoignage de ce cinquième livre, récusable à tant d'égards, qui est invoqué comme le dernier mot, comme la substance même de ses doctrines.

Les quatre premiers, d'une authenticité incontestable, nous présentent des difficultés d'un autre ordre. Les opinions qui s'y trouvent exposées sont placées dans la bouche des personnages du roman, et doivent être considérées plutôt comme la peinture du caractère que leur prête l'auteur, que comme l'expression de ses idées personnelles.

Les grands comiques se plaisent aux débats contradictoires : dans le *Misanthrope*, qui a raison? Alceste ou Philinte? dans les *Femmes savantes*, qui est dans le vrai? Philaminte ou Chrysale? On se l'est souvent demandé, et l'on a fini par s'apercevoir que l'opinion de l'auteur est précisément la seule qui ne soit pas exprimée, et qu'il se tient à une égale distance des exagérations opposées portées par lui sur la scène.

Dans le roman, il est vrai, l'art n'arrive point au degré d'illusion qui est le propre du théâtre. L'auteur se laisse quelquefois entrevoir derrière ses personnages, et l'on ne court point risque de s'égarer ou de faire tort à Rabelais en pensant que ses braves géants expriment ses idées de prédilection. Quant à considérer, comme on l'a fait souvent, Panurge comme son porte-parole, j'avoue que, pour ma part, j'y répugnerais fort.

Rien de plus faux, du reste, que de se représenter, dans ce livre, la vérité continuellement dissimulée sous des plaisanteries et des équivoques : elle a sa place à part, se montre sans aucun voile, et parle souvent le plus fier langage. Le sérieux et le comique n'y sont pas, comme on l'a prétendu, superposés l'un à l'autre, ils se succèdent en des morceaux alternatifs : il y a juxtaposition, non enveloppement.

Pour nous assurer que les doctrines émises par l'auteur dans son roman sont l'expression de ses idées personnelles, il est indispensable de les contrôler à l'aide de trois sortes de documents assez peu cités jusqu'ici : ses *lettres*, les *préfaces* latines de ses œuvres médicales, et ses *almanachs*.

Quant aux propos vulgaires, qui constituent proprement ce *charme de la canaille*, si amèrement reproché à Rabelais, c'est un vieil héritage de plaisanteries populaires, qu'il n'a point dédaignées, mais dont il n'est point l'auteur; elles sont de tous, et de toutes provenances : proverbes rustiques, litanies obscènes chuchotées dans les cloîtres, jurons de reîtres, gaîtés de bazochiens. Peut-être Rabelais en devait-il quelques-unes aux bateleurs de Chauny[1], dont il semble avoir été l'auditeur assidu et amusé. Plusieurs ont persisté dans les parades de Tabarin, non très probablement par voie d'emprunt direct, mais par une simple tradition de tréteaux.

Ce genre de littérature relève d'une poétique particulière, qui n'est ni celle d'Aristote ni celle d'Horace, et n'a sans doute jamais été écrite. Les coq-à-l'âne, les allitérations, les amphigouris, les énumérations grotesques en font tous les frais.

C'est plaisir d'entendre ces ragots incompréhensibles, qui nous représentent le pédantisme du savant, la faconde de l'avocat, le charlatanisme de l'opérateur. Pour restituer toute leur force comique à ces enfilades de mots, qui n'ont plus d'analogues que dans certaines charges d'atelier, il faudrait qu'elles fussent dites avec cette volubilité de débit, cette intempérance de gestes, et surtout cette intrépidité de bonne opinion, déjà si répandue au XVIe siècle, avant que Molière en eût fait l'apanage de Trissotin. Les tirades patoises récitées par Pathelin pendant sa fièvre semblent à la lecture beaucoup plus froides que ces morceaux de Rabelais; l'acteur Got a bien su pourtant, de nos jours, leur rendre la vie, et faire comprendre à un public peu préparé le genre de comique qu'elles renferment. Carpalin, après le discours basque de Panurge[2], s'écrie avec une satisfaction mêlée de surprise : « J'ay failly à entendre. » Ne nous piquons pas d'être plus habiles que lui. Que dirions-nous d'un commentateur qui trouverait un sens très suivi dans la consultation du *Médecin malgré lui*, ou, pour parler d'une œuvre plus voisine de nous, dans le chapitre de la *Physiologie du mariage* de Balzac, relatif à l'influence du confesseur? L'agrément de pareils morceaux consiste précisément dans leur obscurité. Ce genre de comique, que nous apprécions mal, et qui nous impatiente un peu, était fort du goût de nos pères. Résignons-nous donc à ne voir dans les *fan-*

---

1. « Alloit veoir les basteleurs, trejectaires et theriacleurs, et consideroit leurs gestes, leurs ruses, leur sobressaulx, et beau parler : singulierement de ceulx de Chaunys en Picardie, car ils sont de nature grands jaseurs et beaulx bailleurs de balliverness en matiere de cinges verds. » (*Gargantua*, chap. XXIV.)

2. *Pantagruel*, chap. IX.

freluches antidotées qu'une parodie des prophéties alors si répandues, une gaie critique de Nostradamus, dont Rabelais, en sa qualité de faiseur d'almanachs, était l'adversaire naturel, et ne nous donnons pas le ridicule de chercher à comprendre l'incompréhensible.

Souvent, d'autres énumérations, d'une nature différente, concourent seulement à l'effet d'un récit, d'une peinture, et produisent une impression qui serait moins vive, moins complète, sans l'emploi de ce procédé.

Rabelais veut-il nous faire entendre que Gargantua perd son temps en de futiles amusements ? il nous transcrit l'interminable liste de ses jeux. Pour opposer l'activité de frère Jean pendant la tempête à l'abattement et à l'inertie de Panurge, il nous fait assister à la manœuvre, dont il ne nous épargne pas un seul terme. Le lecteur ne les comprend pas tous, l'auteur lui-même, à ce que disent les gens du métier, commet quelques bévues; peu importe, l'effet est obtenu et le tableau achevé.

Jacques de Thou trace en quelques lignes, dans l'*Histoire de son temps*, une saisissante analyse de l'œuvre de Rabelais [1] : « Il publia un écrit ingénieux où, sous des noms imaginaires, il produisit, comme sur un théâtre, toutes les conditions de la vie humaine et du royaume, et les offrit aux rires du peuple. »

La description de cette société du XVIᵉ siècle, encore imparfaitement connue, est en effet l'attrait principal du roman de Rabelais. C'est surtout par là qu'il nous attache, qu'il nous captive, car nous y trouvons accumulés, tantôt à dessein, tantôt inconsciemment, d'inappréciables matériaux dont nous n'aurions les équivalents nulle part.

Il est à peu près admis que ce qui caractérise cette époque, c'est la lutte des idées nouvelles contre les anciennes doctrines; peut-être serait-on moins loin de la vérité en affirmant précisément le contraire. Il y a en réalité dans le monde un nombre fort restreint d'idées effectivement nouvelles : presque toujours celles qui sont regardées comme telles sont tout au plus des idées renouvelées. Aux yeux des érudits épris de la Renaissance des lettres, le christianisme, ou du moins l'interprétation que le

---

[1] « Scriptum edidit ingeniosum, atque vitæ regnique cunctos ordines, quasi in scenam, sub fictis nominibus produxit et populo deridendos propinavit. »

moyen âge en avait donné, parut moins en rapport avec la dignité de l'entendement humain que les spéculations philosophiques de Socrate et de Platon. La raison antique fut opposée à la foi moderne, et Rabelais se montra au premier rang, non pas des novateurs, l'expression ne serait pas juste, mais des restaurateurs du paganisme éclairé.

Nul n'était mieux préparé à ce rôle.

Sans prétendre reconnaître dans les productions de l'esprit, comme dans celles du sol, le goût du terroir; sans se piquer d'apprécier en gourmet les divers crus littéraires, ainsi que s'y est appliquée, avec un peu trop de subtilité, une certaine école critique, il est permis de supposer que ce doux pays de Touraine a eu sa part d'influence sur le bon sens railleur de Rabelais, comme plus tard sur la perspicacité de Descartes, sur la verve de Courier, sur l'esprit d'observation raffinée d'Honoré de Balzac. Mais si le lieu d'origine d'un auteur n'est pas sans quelque importance, les milieux qu'il a traversés en ont une plus grande encore.

Quand Le Sage entreprend de décrire les diverses conditions humaines, il imagine le personnage de *Gil Blas*, qui, changeant à chaque instant de profession, se trouve sans cesse à même d'observer une nouvelle classe de la société de son temps.

Par un semblable artifice Beaumarchais crée un peu plus tard Figaro, à qui il fait raconter dans un monologue célèbre les singulières péripéties de son existence.

Ces conceptions imaginaires avaient eu, au XVIᵉ siècle, une incarnation réelle et vivante. Rabelais est un Gil Blas de génie.

Rabelais moine. — Au XVIᵉ siècle ce n'était pas seulement une grâce spéciale d'en haut ou du moins le libre élan d'une volonté sincère qui ouvrait aux néophytes les portes des cloîtres: Des conditions tout extérieures suppléaient à la vocation : les derniers rejetons des nombreuses familles, les êtres disgraciés de la nature [1], ceux qui reculaient à exercer un état manuel, y étaient destinés d'avance par une sorte de nécessité fatale. Nous avons vu comment Rabelais, en butte, dans le couvent de Fontenay-le-Comte, à la malveillance qu'excitait son ardeur pour

---

1. *Gargantua*, chap. LII.

l'étude du grec, obtint de Clément VII de passer de l'ordre de Saint-François dans celui de Saint-Benoit et de quitter le couvent de Fontenay pour l'abbaye de Maillezais.

Ce fut le séjour forcé du cloître qui lui inspira ses plus grandes violences contre les religieux : « ... Si entendez pourquoy un cinge en une famille est tousiours mocqué et herselé, vous entendrez pourquoi les moynes sont de tous refuys, et des vieux et des jeunes. Le cinge ne guarde poinct la maison, comme un chien : il ne tire pas l'aroy, comme le bœuf : il ne produict ny laict, ny laine, comme la brebis : il ne porte pas le faiz, comme le cheval... Semblablement un moyne (j'entends de ces ocieux moynes) ne laboure, comme le paisant : ne garde le pays, comme l'homme de guerre : ne guerist les malades, comme le medicin : ne presche ny endoctrine le monde, comme le bon docteur evangelicque et pedagoge : ne porte les commoditez et choses nécessaires à la republicque, comme le marchant. Ce est la cause pourquoy de tous sont huez et abhorrys [2]. » Ce morceau, qui semble d'une verve si originale et si personnelle, est pourtant une imitation. Ce que Rabelais dit ici du moine, Plutarque l'appliquait au flatteur ; Voltaire, qui n'apprécia jamais complètement notre grand satirique, se laissa néanmoins séduire par un sujet si propre à le tenter ; il le mit en vers pimpants, mais un peu secs, qui se terminent ainsi [3] :

> Un trafiquant, un commis est le bœuf ;
> Le peuple est l'âne, et le moine est le singe.

Rabelais médecin. — Si Rabelais avait été moine par hasard, ce fut par choix et de propos délibéré qu'il se fit médecin.

L'implacable nécessité de la division du travail appliquée à la science n'avait pas créé les spécialistes, et bien que le bibliophile Jacob ait restreint le rôle de Rabelais à celui d'un Ricord anticipé, il est incontestable que le savoir des docteurs d'alors, infiniment moins profond, il est vrai, que celui des praticiens de nos jours, reposait toutefois sur une conception plus générale de la vie et de la société.

---

1. *Gargantua*, chap. XL.
2. *Comment on pourra discerner le flatteur auec l'amy*, chap. LXI.
3. *Le Pauvre diable.*

Quelques vieillards peuvent avoir encore entrevu, surtout en province, ce médecin de jadis, complètement inconnu aux générations présentes.

Son arrivée impatiemment attendue suffisait à calmer les douleurs du malade et rendait l'espoir à toute la famille. On se rassurait rien qu'à voir son visage ouvert : lorsqu'il ressentait quelque crainte, il aimait mieux la dissimuler que d'étaler son savoir en la dévoilant. Malgré ses incertitudes, il prenait un air décisif, non par charlatanisme ou par amour-propre, mais afin d'encourager le malade et, comme il le disait, de « lui remonter le moral ». Tout en écrivant son ordonnance, il racontait les nouvelles du voisinage, accusant l'humanité plus que les humains, mais ne ménageant point leurs faiblesses. Il avait vu trop souvent ce peu qu'est notre vie, et quel chétif accident suffit à nous l'enlever, pour ne pas incliner au matérialisme, mais, vivement frappé de l'ordre merveilleux du monde physique, des ressources inespérées de la nature, qui avaient parfois sauvé ses malades contre sa propre attente, il se sentait saisi à ses heures d'une vive foi dans la Providence et dans la bonté infinie du Créateur. C'était, malgré ses incohérences philosophiques, un précieux conseiller en toutes choses, s'occupant au besoin de pourvoir la fille de la maison, non sans lui prodiguer les plaisanteries d'usage, auxiliaire inappréciable pour le repas de noces, dégustant les vins en connaisseur, aussi expert à indiquer la recette d'un mets recherché que la composition d'un médicament, tout disposé à égayer le dessert de ses récits, et même de ses chansons.

Cet homme bon quoique égoïste, sobre et frugal malgré bien des écarts de régime, serviable et dévoué en dépit de l'assez méchante idée qu'il avait de l'espèce humaine, c'était le médecin d'autrefois, de capacité moyenne. Si on le suppose joignant à ces qualités courantes un mérite hors ligne, le caractère propre à la profession ne disparaîtra point pour cela, il sera porté, au contraire, à sa plus haute puissance ; c'est précisément ce que nous trouvons chez Rabelais. A l'en croire, il n'a écrit que pour divertir les malades, et c'est avec une conviction bien sincère qu'appuyé sur la double autorité de Platon et d'Averroès il soutient que tous les efforts du médecin à l'égard de celui qu'il soigne doivent « tendre à une fin, c'est le resjouir sans offense de Dieu, et ne le contrister en façon quelconques [1] ».

Il attaque avec la plus grande violence ceux qui se cramponnent à des traités arriérés. « Les naufragés près de périr, dit-il, qui se sont saisis d'une poutre, d'un vêtement, d'une paille, au moment où le vaisseau se disjoignait et allait sombrer, tiennent ce débris dans leurs mains serrées, sans songer à nager, tranquilles pourvu qu'ils ne lâchent pas ce qu'ils ont dans les mains, jusqu'à ce qu'ils soient engloutis au fond du gouffre ; il en est à peu près de même de ces gens, nos amours : ils ont beau voir l'esquif du mensonge brisé et faisant eau de toute part, ils retiennent par force, par violence, les livres auxquels ils sont accoutumés dès l'enfance. Si on les leur arrache, ils croient qu'en même temps on leur arrache l'âme... Une chose est bonne cependant, c'est que dans presque toutes les classes on commence à sentir que certains hommes, qui sont parmi les médecins et passent pour tels, se trouvent, si on les examine à fond, vides de science, de bonne foi et de prudence, mais pleins d'arrogance, d'envie et d'ordures. Ils font leurs expériences en tuant les gens (comme Pline s'en est plaint jadis [2]) ; et par eux on est menacé de plus de péril que par la maladie elle-même. »

« Maintenant enfin, ceux que recommande leur attachement à la médecine ancienne et épurée font leur chemin auprès des grands. Si cette opinion se fortifie et se répand, on verra bientôt réduits à la besace ces charlatans et ces aventuriers qui avaient entrepris d'appauvrir de long en large le corps humain. »

Nous voyons que même dans ce domaine médical, où Rabelais était à la tête du mouvement anatomique, il se rattachait pour la doctrine à la médecine *ancienne et épurée*, et qu'il se montrait en cela, comme en tout le reste, l'adversaire déclaré du moyen âge et le disciple de l'Antiquité.

Rabelais légiste. — Rabelais était très familier avec les études de droit. Non seulement il s'égaye à l'égard des magistrats de son temps et de leurs suppôts les *chicanous*, mais il propose de fort sages réformes.

---

1. Épître au cardinal de Chastillon, en tête du *Quart livre*.
2. *Histoire naturelle*, XXIX, 8.

Il nous raconte que Pantagruel, qui avait acquis une grande réputation de prudence et d'intégrité, fut chargé d'éclaircir l'affaire de deux plaideurs « desquelz la controverse estoit si haulte et difficile en droict que la court de Parlement n'y entendoit que le hault Alemant[1] ». On lui en apporta « les sacs et pantarques entre ses mains, qui faisoyent presque le fais de quatre gros asnes... Mais Pantagruel leur dist : Messieurs, les deux seigneurs qui ont ce proces entre eulx, sont ilz encore vivans? A quoy luy fut respondu, que ouy. De quoy diable donc (dist il) servent tant de fatrasseries et copies que vous me bailliez? N'est ce le mieulx ouyr par leur vive voix leur débat, que lire ces babouyneries icy... si voulez que je congnoisse de ce proces, premierement faictez moy brusler tous ces papiers : et secondement faictez moy venir les deux gentilz hommes personnellement devant moy, et quand je les auray ouy, je vous en diray mon opinion sans fiction ny dissimulation quelconques. » Notre droit moderne a donné en grande partie raison à Pantagruel ou plutôt à Rabelais, mais par malheur on est loin encore de la simplicité de sa méthode.

Un des premiers ouvrages qu'il ait publiés est le *Testament de Cuspidius*, document supposé, mais qui avait d'abord trompé les plus habiles jurisconsultes. Il était intime avec André Tiraqueau, auteur du Traité *De legibus connubialibus*, où, suivant les habitudes d'alors, les poètes comiques sont cités presque aussi souvent que les légistes, et qui présente plus d'un point de contact avec le *tiers livre*, consacré tout entier à la grave question du mariage. On comprend comment Rabelais, moine, médecin, et très versé dans la jurisprudence, n'eut pas grand' peine à faire parler congrument le théologien Hippotadée, le médecin Rondibilis, et même le juge Bridoye, prototype du Bridoison de Beaumarchais.

Rabelais érudit. — L'érudition si variée de Rabelais alimente son œuvre comique de pensées élevées et sérieuses qui la transportent dans une sphère supérieure, bien au-dessus des bouffonneries vulgaires. Homère, Plutarque, Hippocrate, Galien, Virgile y sont cités plus fréquemment qu'Aristophane ou Lucien.

---

1. *Pantagruel*, chap. x.

Inutile d'insister sur l'abondance de ces emprunts, qui ne peuvent échapper à personne; mais il n'est peut-être pas sans intérêt de signaler les procédés que l'auteur emploie pour les introduire, et l'usage qu'il en fait.

Quand les érudits du xvi⁰ siècle allèguent l'antiquité, ce qu'ils font presque à chaque page, c'est surtout pour y chercher des autorités ou des preuves. Rabelais, lui, s'approprie plus étroitement ces témoignages, les fond dans ses œuvres, les y incorpore; ici c'est une simple allusion, là un vers détourné de son sens par raillerie; ailleurs un passage qui appuie un paradoxe ou prévient une objection; il joue avec les autorités et les citations comme avec tout le reste, et loin de donner quelque lourdeur à son style, elles en augmentent l'agrément, tant elles s'enchâssent d'une façon naturelle dans l'ensemble du morceau.

Malgré ces habiles renouvellements, Rabelais n'aurait peut-être pas échappé au reproche de pédantisme s'il n'avait demandé souvent son point de départ à nos traditions populaires.

Il met sur le même pied le poème de l'Arioste, nos chansons de gestes et les contes de nos veillées, et cite pêle-mêle dans une même énumération : « Fessepinte, Orlando furioso, Robert le Diable, Fierabras, Guillaume sans paour, Huon de bourdeaus, Montevieille et Matabrune [1]. »

Notre ancien théâtre n'est pas moins familier a Rabelais que nos vieux romans.

Il nous fait connaître la cruelle vengeance exercée par Villon contre des ecclésiastiques qui, contrairement à une habitude alors assez répandue, avaient refusé de lui prêter des costumes religieux pour une diablerie [2].

Il nous raconte la farce de la *Femme mute* jouée à la Faculté de médecine de Montpellier, et il a grand soin de nous dire qu'il y remplissait un rôle [3].

Enfin dans un passage où il fait l'éloge du *sot*, qu'on ne doit pas confondre avec le *niais*, et qui n'est autre que le *fou*, il remarque que pour ce personnage les jongleurs choisissent

---

1. *Prologue de Pantagruel.*
2. *Quart livre*, chap. xii.
3. *Tiers livre*, chap. xxxiv.

toujours « le plus perit et parfaict joueur de leur compaignie[1] ».

Tous les genres de railleries accumulées depuis des siècles contre le vieil état social viennent se réunir et se concentrer dans son œuvre. Rien ne lui échappe : les crudités des fabliaux, les hardiesses de la farce, les quolibets des cloîtres, trouvent leur place tour à tour dans cette immense satire, dont la signification devient plus claire quand on s'aperçoit que Rabelais, procédant de l'antiquité par l'étude, et du moyen âge par la tradition populaire, a réuni dans son œuvre, avec autant d'érudition que de verve, les audaces comiques de tous les temps et de tous les pays.

II. — *Profession de foi du curé de Meudon.*

Notre ambition serait de démêler, à travers l'exposé sérieux ou ironique d'un si grand nombre d'opinions, les doctrines qui appartiennent en propre à l'auteur, afin d'esquisser la profession de foi du curé de Meudon. Elle serait à coup sûr beaucoup plus féconde et plus réellement morale que celle que Rousseau a prêtée à son vicaire savoyard, et dont l'éloquence puritaine a un instant charmé la société corrompue du xviiie siècle.

La religion et la science. — Passant tour à tour en revue les éternels problèmes que se pose l'humanité, nous nous demanderons comment y a répondu ce bouffon, et ce ne sera pas sans étonnement que nous le trouverons toujours en avant des plus sages et des plus expérimentés de son époque, et souvent même de la nôtre.

Le premier chapitre de la *Pantagrueline prognostication*, publiée vers 1532, s'ouvre par une protestation énergique contre l'astrologie, assez surprenante de la part d'un faiseur d'almanachs du xvie siècle, et par un magnifique tableau de la puissance divine, d'autant plus digne d'attention qu'il a été tracé en toute liberté et de pleine abondance de cœur, car nulle habitude consacrée, nul scrupule de prudence ne semblait l'exiger en tête d'un ouvrage de ce genre. En voici le début :

---

1. *Tiers livre*, chap. xxxvii.

« Quelque chose que vous disent ces folz Astrologues de Lovain, de Nurnberg, de Tubinge, et de Lyon, ne croyez que ceste année y aie autre gouverneur de l'universel monde que Dieu le createur, lequel par sa divine parole tout regist, et modere, par laquele sont toutes choses en leur nature, et proprieté, et condition : et sans la maintenance, et gouvernement duquel toutes choses seroient en un moment reduictes à neant, comme de neant elles ont esté par luy produictes en leur estre. Car de luy vient, en luy est, et par luy se parfaict tout estre, et tout bien : toute vie et mouvement, comme dict la trompette evangelicque monseigneur sainct Paul. »

Cette doctrine est constamment celle de Rabelais. C'est à lui que Pascal a emprunté sa fameuse définition de Dieu : « C'est une sphère infinie dont le centre est partout, la circonférence nulle part. » On la trouve déjà dans ce passage du *Tiers livre* sur les songes (chap. xiii) : « Nostre ame lors que le corps dort... s'esbat et reveoit sa patrie, qui est le ciel. De là receoit participation insigne de sa prime et divine origine, et en contemplation de ceste infinie et intellectuale sphære, le centre de laquelle est en chascun lieu de l'univers, la circunference poinct (c'est Dieu scelon la doctrine de Hermes trismegistus) à laquelle rien ne advient, rien ne passe, rien ne déchet, tous temps sont præsens. »

Cette définition revient à la fin du cinquième livre, et c'est là sans doute que Pascal l'a recueillie, car sa rédaction présente avec celle-ci une ressemblance de détail encore plus frappante, mais je préfère avoir recours le moins possible à cette partie de l'œuvre de Rabelais, dont l'authenticité est, on le sait, des plus contestables.

Dans un morceau célèbre, Panurge fait l'éloge des dettes et montre le continuel échange de bons offices qui a lieu entre tous les éléments, et même entre les diverses parties du corps humain, ce qui l'amène à nous raconter la fable des membres et de l'estomac.

La Fontaine se contente de tirer de cet apologue une conception idéale de la Monarchie :

> Ceci peut s'appliquer à la grandeur royale,
> Elle reçoit et donne et la chose est égale.

Rabelais s'élève plus haut, et, passant avec une merveilleuse facilité du comique au sublime, il nous expose dans un morceau tout empreint, si l'on ose ainsi parler, d'un panthéisme providentiel, les mystères de « celle grande ame de l'univers, laquelle, scelon les Academicques, toutes choses vivifie [1] ».

C'est ordinairement d'un ton plus simple et plus enjoué, mais fort sincère et même ému sous son apparente gaîté, que Rabelais célèbre « cellui Grand Bon Piteux Dieu, lequel ne crea onques le Karesme, oui bien les Sallades, Harancs, Merluz, Carpes, Brochets, Dars, Vmbrines, Ablettes, Rippes, etc. Item les bons vins [2]. » Il lui parle avec cette familiarité confiante, dont Béranger retrouvera le secret, en lui donnant le nom de *Dieu des bonnes gens*, que Rabelais eût de grand cœur adopté.

De cet incontestable sentiment religieux à l'orthodoxie catholique, il y a fort loin. Aussi paraît-il probable que Rabelais se laissa d'abord séduire par la Réforme, qui attirait alors tous les esprits aventureux; quelques passages des premières éditions de *Gargantua* et de *Pantagruel*, et certains témoignages contemporains semblent l'indiquer. Calvin et Rabelais se rencontraient en un point : la haine du moyen âge. C'était le sentiment dominant de notre grand satirique ; mais sa perspicacité ne tarda guère à redouter pour l'avenir une sorte de moyen âge protestant s'élevant sur les ruines du moyen âge catholique et un mysticisme d'un genre inattendu, menaçant de nouveau l'âme humaine un instant émancipée.

Alors, étendant aux croyances mêmes les idées de Renaissance que ses contemporains n'appliquaient qu'aux lettres, il porta sa réforme plus loin que Calvin, au delà même de l'Évangile, et s'efforça de restaurer les pures doctrines des philosophes de l'antiquité. Il ne fut ni un hérétique ni un réformé, mais un païen, et se montra dans notre pays le premier défenseur de la libre pensée, entendue dans un sens scientifique.

Calvin restreignait le christianisme, Rabelais voulait l'élargir en y faisant pénétrer la sagesse antique et l'adoration de la

---

1. *Tiers livre*, chap. III.
2. *A Antoine Hullet*, éd. Lemerre, t. III, p. 380.

nature, ainsi que l'essaya J.-J. Rousseau, mais avec cette différence que le culte de Rousseau est morose, et celui de Rabelais joyeux. La recherche de la vérité est sa préoccupation constante ; pour y parvenir tous les chemins lui sont bons ; il ne la demande pas exclusivement, soit à la religion, soit à la science. Son génie compréhensif concilie tout dans l'unité d'une doctrine dont le principe suprême est la tolérance, résolument proclamée à une époque où elle n'avait pas encore de nom dans notre langue.

D'après cette vaste synthèse l'homme doit à la révélation, suivant le théologien, à l'intuition, au dire du philosophe, les principes nécessaires à la vie des peuples et à la conduite des individus ; ils constituent un indispensable minimum, qui, à la rigueur, peut suffire au plus grand nombre, mais que les esprits curieux veulent compléter par le contrôle et la consécration de la science. Expliquer de plus en plus sûrement, à l'aide de l'ensemble des connaissances humaines toujours en progrès, l'ordre admirable de l'univers, semble à Rabelais la plus haute fonction des intelligences d'élite ; c'est de lui en réalité que date l'idée de cette science-religion, dont on a de nos jours annoncé bruyamment la faillite, mais qui n'est pas près de déposer son bilan, et si le nom des *encyclopédistes* n'a été créé qu'au XVIIIe siècle, c'est lui du moins qui a francisé le mot d'*encyclopédie*. Ces opinions hardies n'ont jamais fait le moindre tort à Rabelais auprès de la cour de Rome ; on ne lui a reproché que certains écarts de conduite, dont il a reçu la complète absolution et qui n'ont pas empêché sa nomination à la cure de Meudon.

La diplomatie et la politique. — Pour assurer la diffusion de ses doctrines, il n'hésite pas à s'enchaîner et à s'asservir en apparence ; il devient le médecin, le protégé, le commensal, ou plutôt, comme on disait alors, le domestique du cardinal Jean Du Bellay, qui l'emmène dans ses ambassades de Rome ; d'Odet de Coligny, dont l'orthodoxie était si problématique qu'il se prononça pour la Réforme et finit par se marier ; de Geoffroy d'Estissac, évêque de Maillezais, avec lequel il entretenait une correspondance fort suivie et à qui il écrit un jour : « Je suis contrainct de recourir encores à vos aulmosnes, car les trente Escus qu'il vous pleust me faire icy livrer sont quasi venus à leur fin, et si n'en ay rien despendu en meschanceté ny pour ma bouche, car je bois et mengeue ordinairement chez Mons' le Cardinal Du Bellay, ou Mons' de Mascon. Mais en ces petites barbouilleryes de despesches et louage de meubles, de chambre, et entretenement d'habillemens s'en va beaucoup d'argent, encores que je m'y gouverne tant chichement qu'il m'est possible. Sy vostre plaisir est me envoyer quelque lettre de change, j'espere n'en user que à vostre service, et n'en estre ingrat. »

Rabelais, on le voit, ne s'enrichissait point à la solde des grands, et croyait quelquefois indispensable de leur parler sur un ton d'humble soumission auquel il ne nous a pas accoutumés, et qui nous afflige un peu pour lui. Nous aurions tort cependant de nous apitoyer sur son sort, car cette déférence fait partie de l'ensemble des moyens par lesquels il parvenait à conquérir le seul bien qui lui importât : l'indépendance intellectuelle.

Il existait d'ailleurs sur certains points entre lui et ses protecteurs une sorte d'unité de vues et d'entente commune, dont ils se rendaient bien compte, quoiqu'ils ne s'en soient peut-être jamais expliqués nettement.

Quand Rabelais exposait *comment par la vertus des Decretales est l'or subtilement tiré de France en Rome* [1], quand il faisait dire à Homenaz « qu'il fault ribon ribaine, que tous Roys, empereurs, potentatz et seigneurs... viegnent là boucquer et se prosterner a la mirificque pantophle [2] », le pouvoir royal se montrait tout disposé à favoriser ces opinions, qui n'auraient pu être exprimées avec autant d'audace et de succès, si elles n'avaient eu dans notre pays un public puissant, aristocratique, se tenant éloigné de la Réforme, faisant officiellement profession de catholicisme, mais fort peu disposé à subir en aveugle les exigences indéfinies de la papauté.

C'était là un appui, une force morale qu'on n'était pas fâché de montrer à la cour de Rome ou du moins de lui laisser entrevoir. Les tendances qui prirent plus tard le nom de *gallicanes* commençaient dès lors à se produire dans les rangs de la diplomatie française, et principalement parmi les cardinaux et les

---

1. *Quart livre*, chap. LIII.
2. *Quart livre*. chap. LIV.

évêques. *Tutti li prelati reconoscono piu il re che il papa*, dit expressément Marino Cavalli [1].

Cette complicité tacite est l'explication la plus naturelle de la faveur dont Rabelais jouissait à la Cour et des approbations constantes données par plusieurs de nos souverains à ses ouvrages.

Il s'en montra reconnaissant, mais cette reconnaissance ne lui coûta guère, car elle était dans un complet accord avec ses convictions. Bien qu'il se soit constamment appliqué, comme nous l'avons vu, à transporter l'idéal de la Renaissance, du domaine des arts et des lettres, où il était d'abord confiné, dans la région bien autrement féconde des idées religieuses et morales, il montre néanmoins un éloignement invincible, à l'égard des doctrines républicaines, considérées aujourd'hui comme le produit naturel, comme le résultat presque forcé des littératures antiques.

Nous sommes contraints d'insister un instant sur ce fait, peu conforme, nous le reconnaissons, à l'opinion courante.

D'éminents écrivains de notre temps, qui avaient fait du livre de Rabelais leur étude de prédilection, n'ont pas hésité à le considérer comme un démocrate. Dans la réunion préparatoire du comité chargé de recueillir des souscriptions pour lui élever une statue dans sa ville natale, Edmond About voulait absolument le présenter comme le promoteur des idées républicaines dans notre pays, et l'on eut toutes les peines du monde à l'en empêcher.

Il faut convenir que cette erreur remonte assez loin.

En 1791, au moment où l'ancienne société s'écroulait, où le pouvoir royal menaçait ruine, un homme d'esprit et de sens, Ginguené, en quête de parrains pour ce qu'on appelait alors les idées nouvelles, publia une brochure intitulée : *De l'autorité de Rabelais dans la révolution présente*. Il y prouvait, ce qui n'était pas fort difficile, que Rabelais avait stigmatisé les abus de la papauté, de la royauté, de la noblesse, de la magistrature. Il aurait pu ajouter, ce qu'il n'eut garde de faire, que, dans ce livre, les classes pauvres et laborieuses n'étaient pas

---

[1]. *Relation des ambassadeurs vénitiens*, p. 300.

plus ménagées que les autres. En le ravalant au rôle de simple avocat de la cause populaire, il lui a enlevé son grand caractère d'écrivain de génie et de peintre de l'humanité.

On n'est pas demeuré longtemps dans les limites, relativement sages, où Ginguené avait su se maintenir : ce thème de Rabelais démocrate a fourni peu à peu des développements tout à fait inattendus. Pour ceux qui parlent sans rire du phalanstère de Fourier et de l'*Icarie* de Cabet, le *Gargantua* est devenu un livre grave. On s'est senti ému, touché en le lisant. On a considéré son auteur comme ayant rempli un sacerdoce, on a fait de lui un druide, un pontife, un apôtre; d'épreuve en épreuve et de retouche en retouche le portrait est arrivé à s'éloigner complètement de l'original, et je ne serais vraiment pas surpris que le naïf lecteur d'un de ces panégyriques austères d'un homme qui l'était si peu, en vînt à voir dans Rabelais une sorte de Calvin démagogue, un prêcheur morose que rien n'a jamais déridé.

Si le bruit de ces louanges solennelles et graves lui parvient dans cet enfer tout rempli de « diables bons compagnons » où les philosophes jouissent d'une éternité si douce, comme il doit se divertir des lourdes dissertations *calfretées* à son sujet! Quelle matière à raillerie que ces « benevoles lecteurs » qui prenant au sérieux le conseil de « soy reserver à rire au soixante et dixhuitieme Livre [1] », ont si parfaitement mérité l'épithète d'*agelastes*, la plus cruelle de celle que l'auteur réservait à ses ennemis.

On a peine à s'expliquer comment on a pu méconnaître à ce point les doctrines de Rabelais. Pour éviter de pareilles méprises il suffisait d'ouvrir son livre; mais, par malheur, c'est ce qu'on fait le moins aujourd'hui. Jamais on n'a aussi peu lu nos grands écrivains; on se contente, la plupart du temps, de connaître les opinions nouvelles que les critiques hasardent sur eux.

La vérité, c'est que si Rabelais exige de grandes qualités des souverains, il ne met nulle part en question le principe même de la monarchie.

---

1. Frontispice du *tiers livre*, édit. de 1552.

Il pense, avec Platon, que les peuples seraient heureux « quand les roys philopheroient ou les philosophes regneroient[1] ». Mais loin de limiter la puissance des princes, et de faire d'eux, comme plus tard Fénelon ,dans sa chimérique Salente, des espèces de souverains constitutionnels ou de présidents à vie, il veut que leur pouvoir très absolu s'appuie sur une aristocratie intelligente et forte ; il rêve un Auguste plus ferme, un François Ier plus énergique, ou plutôt ce « bon tyran » que, de nos jours encore, Renan appelait de tous ses vœux.

Il consent à ce que le souverain soit un père pour ses sujets, mais il ne demande pas un père indulgent, un père qui « frappe à côté », comme dit La Fontaine ; il le veut sévère et même dur. Il a traité les émeutiers de Paris avec une rigueur qu'on a eu soin de ne point faire ressortir, parce qu'elle courait risque de modifier l'attitude qu'on est convenu de lui faire prendre : « Toute la ville feut esmeue en sedition, comme vous sçavez que à ce ils sont tant faciles, que les nations estranges s'esbahissent de la patience des Roys de France, lesquelz aultrement par bonne justice ne les refrenent : veuz les inconveniens qui en sortent de jour en jour[2]. »

La paix et la guerre. — Si Rabelais conseille aux rois la fermeté contre les troubles intérieurs, il les adjure de maintenir la paix, au prix des plus grands sacrifices.

De tout temps les poètes, d'accord en cela avec la multitude, ont glorifié le guerrier, le conquérant, qu'il se nomme Achille ou Alexandre, Roland ou Charlemagne ; si même, comme un Attila ou un Genséric, il inspire de la répulsion, il s'y mêle un certain respect, une sorte d'admiration tremblante.

Les rois pacifiques n'éveillent point de pareils sentiments : leur prudence est taxée de crainte, parfois de duplicité. Les foules seront toujours pour Ajax contre Ulysse, pour Turnus contre le pieux Enée.

La satire rabelaisienne a eu la hardiesse de s'attaquer à ces antiques adorations. Celui qui projette des conquêtes, Picrochole, l'homme à la bile amère, l'acariâtre, n'est pas seulement haïssable, il est grotesque ; quant à ces capitaines ce sont de purs

---

1. *Gargantua*, chap. XLV.
2. *Gargantua*, chap. XVII.

fantoches, tandis que le véritable héros est Pantagruel, le roi sage, calme, indulgent, qui ose dire : « Toute ma vie n'ay rien tant procuré que paix [1] ».

Ici Rabelais se sépare avec éclat, non seulement du moyen âge, comme il a coutume de le faire, mais aussi de l'antiquité, pour se rattacher aux préceptes les plus impérieux, mais les moins observés du pur christianisme. De peur qu'on ne nous accuse d'une interprétation arbitraire, nous allons rapporter sa déclaration même, écrite dans cette langue éloquente, solennelle, dépourvue d'obscurités et d'ambages, à laquelle il s'élève instinctivement, quand il s'agit d'exprimer des idées supérieures, qui s'étendant au delà des limites de son époque, s'adressent à la postérité tout entière : « Le temps n'est plus d'ainsi conquester les royaulmes avec dommaige de son prochain frere christian : ceste imitation des anciens Hercules, Alexandres, Hannibalz, Scipions, Cesars et autres telz est contraire à la profession de l'evangile, par lequel nous est commandé guarder, saulver, regir et administrer chascun ses pays et terres, non hostilement envahir les aultres. Et ce que les Sarazins et Barbares jadis appelloient prouesses, maintenant nous appellons briguanderies, et meschancetez [2] ».

On le voit encore ici devançant de plusieurs siècles les opinions modernes et rêvant l'extinction de la guerre, c'est-à-dire le dernier progrès que, suivant toute apparence, il sera donné à l'homme de réaliser.

Par malheur il ne put caresser longtemps sa douce chimère. Dès 1552, au moment où paraît le *Tiers livre*, il ne lui est plus permis de tenir le même langage que dans *Gargantua*. La France, menacée de toutes parts, doit pourvoir à la fois à l'attaque et à la défense. Henri II, après avoir pris Metz, Toul et Verdun, est contraint de venir réprimer les ravages que fait sur la frontière de Picardie Marie d'Autriche, reine de Hongrie, sœur de Charles-Quint et gouvernante des Pays-Bas.

Rabelais, dans son *prologue*, nous fait assister à ces agitations. « Quoy que soys hors d'effroy, ne suis toutesfoys hors d'esmoy... consyderant par tout ce tresnoble royaulme de

---

1. *Gargantua*, chap. XXVIII.
2. *Gargantua*, chap. XLVI.

France, deçà, delà les mons, un chascun aujourdhuy soy instantement exercer et travailler : part à la fortification de sa patrie, et la defendre, part au repoulsement des ennemis, et les offendre. » Alors le patriote l'emporte sur le philosophe, il espère que la victoire nous donnera ce qui, en tout temps, a toujours été le rêve des plus sages : une frontière solide et la sécurité. Là-dessus le voilà se laissant entraîner à faire l'éloge de la guerre, et à convenir qu'elle a parfois son utilité : « peu de chose me retient, que je n'entre en l'opinion du bon Heraclitus, affermant guerre estre de tous biens pere : et croye que guerre soit en Latin dicte belle, non par Antiphrase, ainsi comme ont cuydé certains rapetasseurs de vieilles ferrailles Latines, par ce qu'en guerre gueres de beaulté ne voyoient : mais absolument, et simplement par raison qu'en guerre apparoisse toute espece de bien et beau, soit decelée toute espece de mal et laidure. »

Les peuples peuvent se fier en toute sûreté aux géants que Rabelais place à leur tête. Pleins de courage, mais aussi de prudence, ils ne font la guerre qu'à leur corps défendant, et ne la poursuivent jamais au delà du besoin par une simple soif de conquête; ils laissent de tels sentiments à leur adversaire, l'insensé Picrochole, dont les folies font ressortir leur sagesse.

Grandgousier, Gargantua, Pantagruel réalisent successivement l'idéal de la royauté, mais à chaque génération cet idéal se complète et s'élève, de telle sorte que Pantagruel, le dernier, est, de beaucoup, le plus parfait des trois.

La confiance absolue de Rabelais dans la royauté repose uniquement sur une conviction réfléchie; l'idée mystique, si répandue alors, du droit divin d'une famille privilégiée, n'a aucun accès dans son esprit. Il s'en explique fort crûment : « Je pense que plusieurs sont aujourd'hui empereurs, Roys, ducz, princes, et Papes, en la terre, lesquelz sont descenduz de quelques porteurs de rogatons et de coustretz[1]. »

Les passages de ce genre ont été invoqués, non sans quelque apparence, par les critiques qui ont travesti Rabelais en adversaire déclaré de toute aristocratie. Ils n'ont pas assez remarqué

---

1. *Gargantua*, chap. I.

que le hardi satirique ne cherche à détruire celle de la naissance que pour la remplacer par une autre. Ce qu'il admire chez les rois, ce sont leurs qualités bien plus que l'éclat de leur rang. Il s'incline devant le mérite, qui devrait, suivant lui, être le véritable souverain du monde; mais ses projets d'amélioration et de réforme ne concernent que les intelligences supérieures, ou tout au moins les esprits cultivés. Il souhaite l'aisance et la liberté, pour lui d'abord, et autour de lui pour une élite d'érudits et de penseurs.

Il y a dans la déclaration suivante un incontestable fond de vérité agréablement déguisé sous un badinage plein d'enjouement : « Oncques ne veistes homme, qui eust plus grande affection d'estre roy et riche que moy : affin de faire grand chere, pas ne travailler, poinct ne me soucier, et bien enrichir mes amys et tous gens de bien et de sçavoir [1]. »

Son horizon de charité ne s'étend pas plus loin ; il ne dépasse pas la portée d'une généreuse camaraderie.

Thélème. — Le Pantagruelisme. — Qu'on ne dise point que ce n'est là qu'une simple boutade, car la description de l'abbaye de Thélème, où l'idéal du poète prend une forme si complète et si séduisante, est le développement d'une pensée analogue.

On a dit cent fois, et rien n'est plus juste, que Thélème est l'exacte contrepartie du cloître et que l'austérité de la règle y est remplacée par ce seul précepte : *Fay ce que vouldras.*

On a montré Rabelais faisant de la liberté le point de départ de la vertu, « car nous entreprenons toujours choses deffendues et convoitons ce que nous est dénié [2] », et l'on n'a pas manqué à cette occasion de nous le signaler comme le précurseur de Jean-Jacques Rousseau.

Seulement, de peur sans doute de troubler l'économie de ces théories philosophiques, très ingénieusement construites, mais bien fragiles, on s'est gardé de nous rappeler à qui s'applique cette précieuse liberté de Thélème.

Ce n'est pas faute que Rabelais l'ait dit, qu'il l'ait répété sur tous les tons avec l'insistance la plus gênante pour ceux qui

---

1. *Gargantua*, chap. I.
2. *Gargantua*, chap. LVII.

cherchent d'une façon assez puérile à dissimuler sur ce point son témoignage si formel.

Impossible d'établir un rapprochement quelconque entre la *République* de Platon ou l'*Utopie* de Thomas Morus, et Thélème. Ici la liberté, loin d'être le domaine de tous, n'existe que sous la protection d'un prince fastueux, et forme le privilège d'une élite aristocratique.

« Le... bastiment estoit cent foys plus magnificque que n'est Bonivet, ne Chambourg, ne Chantilly [1]... »

L'*Inscription mise sus la grande porte* [2] nous fait connaître ceux à qui il est interdit d'en franchir le seuil et ceux à qui l'entrée de cette demeure privilégiée est permise. Parmi ces derniers figurent :

>. . . . . tous nobles chevaliers
>. . . . .
>En general tous gentilz compaignons.

Une place honorable y est faite aux prédicateurs de la Réforme :

>Cy entrez, vous qui le sainct evangile
>En sens agile annoncez, quoy qu'on gronde.

L'accès est plus difficile encore pour les femmes que pour les hommes. On n'admet à Thélème que les « dames de hault paraige ».

>Fleurs de beaulté, à celeste visaige,
>A droict corsaige, à maintien prude et saige ;
>En ce passaige est le sejour d'honneur.

Les Thélémites jouent, se promènent, chantent, chassent à l'oiseau, mais la littérature et l'érudition les charment plus encore que les divertissements, ils écrivent en vers et en prose et fréquentent assidûment « les belles grandes librairies en Grec, Latin, Hebrieu, Francoys, Tuscan et Hespaignol : disparties par les divers estaiges selon iceulx langaiges [3] ».

Si douce que fût cette demeure nul n'était tenu d'y rester. Quand un habitant de l'abbaye voulait la quitter, il pouvait

---

1. *Gargantua*, chap. LIII.
2. *Gargantua*, chap. LIV.
3. *Gargantua*, chap. LIII.

emmener la dame qui l'avoit « prins pour son devot et estoient ensemble mariez. Et si bien avoient vescu à Theleme en devotion et amytié, encores mieulx la continuoient ilz en mariaige, d'autant se entreaymoient ilz à la fin de leurs jours, comme le premier de leurs nopces [1]. »

Quelque bonne volonté qu'on y mette, il semble bien difficile de surprendre là une aspiration démocratique, une peinture anticipée du phalanstère ou même de la Maison du Peuple.

On y trouverait tout au contraire un tableau assez fidèle de la société si raffinée, mais si cruellement exclusive de la Renaissance, qui ne pouvait supporter ni la sottise des hommes ni la laideur des femmes, et qui avait en horreur la vie médiocre.

Si j'osais hasarder une hypothèse, je serais tenté de supposer que nous avons ici une description embellie et amplifiée jusqu'à l'idéal de cette petite cour que Marguerite de Navarre tint successivement autour d'elle à Alençon et en Béarn, où les poètes étaient protégés, les réformateurs accueillis, et où sous les noms de *frères* et *sœurs d'alliance* on s'abandonnait doucement à des sentiments fort tendres sans que la morale parût avoir à en souffrir.

N'imaginant pas un instant, même dans ses fantaisies les plus osées, la nécessité d'un changement dans la condition du peuple, Rabelais se contente de souhaiter que ses maîtres n'abusent pas trop de leur pouvoir arbitraire; il fustige les

Clers, bazauchiens, mangeurs du populaire [2]

et les « petitz Janspill'hommes de bas relief [3] »; mais, dans ces attaques mêmes, il y a plus de haine contre les oppresseurs que de pitié pour les opprimés. Nous le disons à regret, Rabelais n'avait pas de charité dans le cœur; son comique était implacable, sa gaîté parfois cruelle; il suffit pour s'en convaincre de relire le récit des noces de Basché [4]. Ces atrocités mêlées de plaisanteries joyeuses, si fréquentes au moyen âge, ont été, il faut en convenir, un des plus tristes côtés du caractère

---

1. *Gargantua*, ch. LVII.
2. *Gargantua*, ch. LIV.
3. *Prologue du Quart livre*.
4. *Quart livre*, ch. XII-XV.

national dont, par là encore, Rabelais se montre le peintre fidèle, mais notre bienveillance un peu banale, fille de la sensibilité, et, avouons-le, de la sensiblerie du xviiie siècle, ne peut ni les comprendre, ni même les excuser.

Pantagruel étant le personnage du roman qui exprime le plus fidèlement les idées de l'auteur, Rabelais a donné à sa conception de la vie humaine, le nom de *Pantagruelisme*. C'est surtout des actes et des paroles de son héros qu'il faut la dégager ; cependant une lecture un peu attentive prouve qu'il en a donné plusieurs fois la définition. Assez vague d'abord, et même un peu grossière, elle se complète, s'éclaircit, s'épure et s'élève, c'est comme une initiation successive dont le mot est tenu en suspens.

A la fin de *Pantagruel*, il donne du mot *Pantagrueliste* une glose tout épicurienne : « ... estre bons pantagruelistes (c'est a dire vivre en paix, joye, santé, faisant tousjours grand chere). » Dans le *prologue* du *Tiers livre*, des qualités morales très relevées, telles que la bienveillance et la bonne foi, viennent s'y joindre comme des conditions indispensables. Rabelais voulant indiquer à quel point il compte sur l'approbation de ses lecteurs nous dit : « Je recongnois en eulx tous une forme specifique et proprieté individuale, laquelle nos majeurs nommoient Pantagruelisme, moienant laquelle jamais en maulvaise partie ne prendront choses quelconques, ilz congnoistront sourdre de bon, franc, et loyal courage. »

Dans le *prologue* du *Quart livre* il est encore plus explicite : « Je suys, moienant un peu de Pantagruelisme (vous entendez que c'est certaine gayeté d'esprit conficte en mespris des choses fortuites) sain et degourt. » Voici le vrai secret : une sagesse faite de beaucoup d'enjouement allié à une forte dose d'indifférence et à une certaine énergie. Là est le point ferme de cette doctrine ondoyante, qui se résume à jouir complètement des joies légitimes de la vie et à en supporter les maux avec calme et patience.

L'amour et l'autorité paternelle. — Le xviie siècle, encore si rigide à nos yeux, se signale déjà, sur plus d'un point important, par une détente dans les caractères.

La grande réforme dans les mœurs que Molière, et, après

lui, tous nos comiques ont le plus contribué à faire triompher, c'est l'émancipation de l'amour.

En toute occasion ils réclament pour les enfants la liberté de se marier à leur gré, et ne craignent point d'ébranler, de ridiculiser même l'autorité paternelle, quand elle cherche à s'imposer avec trop de rigueur.

En cela ils s'éloignent complètement de Rabelais, qui fut si souvent leur modèle.

Celui-ci demeure tout imbu des principes de la législation romaine, qu'il avait étudiée de fort près avec son ami Tiraqueau, auteur d'un traité sur les lois conjugales (*De legibus connubialibus*). Pour lui le père est le maître absolu des alliances de ses enfants, et il doit se décider exclusivement par des raisons de famille, de santé, de convenance et de fortune.

Faisant allusion à des faits qu'il n'a pas osé spécifier, mais qui devaient être alors connus, il nous dénonce certains religieux (les pastophores Taulpetiers, comme il les appelle) mariant des jeunes gens à l'insu de leurs parents, et nous peint des couleurs les plus vives le chagrin de ceux-ci, qui « se sont noyez, penduz, tuez » de désespoir. Il nous en montre même d'autres mettant en pièces le ravisseur et le religieux son complice, et s'écrie avec une éloquence indignée : celui qui les trouve « sa fille subornant, et hors sa maison ravissant, quoy qu'elle en feust consentente, les peut, les doibt à mort ignominieusement mettre, et leur corps jecter en direption des bestes brutes, comme indignes de recepvoir le doulx, le desyré, le dernier embrassement de l'alme et grande mere, la Terre, lequel nous appelons Sepulture ».

Une telle punition lui paraît à peine suffisante quand « voyent les dolens peres et meres hors leurs maisons enlever et tirer hors par un incongneu, estrangier, barbare,... cadavereux, paouvre, malheureux, leurs tant belles, delicates, riches, et saines filles, lesquelles tant cherement avoient nourriez en tout exercice vertueux, avoient disciplinées en toute honesteté : esperans en temps oportun les colloquer par mariage avecques les enfans de leurs voisins et antiques amis nourriz et instituez de mesme soing, pour parvenir à ceste félicité de mariage, que d'eux ilz veissent naistre lignaige raportant et hæreditant non moins aux mœurs de leurs peres et meres que, à leurs biens meubles et hæritaiges [1] ».

Par un accord tacite fort remarquable, les biographes et les critiques qui se sont occupés de Rabelais, ont passé tout ceci sous silence, de crainte d'altérer en quelque chose la figure conventionnelle et populaire du curé de Meudon, invariablement représenté dans les vaudevilles et les chansons de cafés-concerts comme le protecteur-né des amoureux.

Le mariage. — Le *Tiers livre*, d'où ce morceau est tiré, est consacré tout entier à une enquête approfondie sur cette question du mariage. Non seulement Panurge consulte à ce sujet les sorts, les sibylles, les muets, les poëtes, les fous, mais Pantagruel, pour le satisfaire, « fait assemblée d'un Theologien, d'un Medicin, d'un Legiste et d'un Philosophe » et le mariage est examiné par chacun au point de vue de sa profession. Deux de ces personnages, Bridoye le légiste, qui est devenu le Bridoison de Beaumarchais, et Trouillogan, « philosophe ephectique et pyrrhonien » dont Molière a tiré le Marphurius du *Mariage forcé*, sont de véritables caricatures, mais le théologien Hypothadée, et Rondibilis, le médecin, ne manquent ni de raison ni de sens. « Jamais vostre femme ne sera ribaulde, dit Hypothadée, si la prenez issue de gens de bien... aymant complaire à Dieu par foy et observation de ses sainctz commandemens : craignant l'offenser et perdre sa grace par default de foy et transgression de sa divine loy, en laquelle est rigoureusement defendu adultere, et commendé adhærer unicquement à son mary, le cherir, le servir, totalement l'aymer apres Dieu. »

Hypothadée considère du reste la bonne conduite de la femme comme la conséquence de celle du mari : « Vous, de vostre cousté... luy monstrerez bon exemple, vivrez pudicquement, chastement, vertueusement en vostre mesnaige, comme voulez qu'elle de son cousté vive [2]. »

Il est difficile d'imaginer un plus parfait modèle d'union conjugale; cela ne touche guère Panurge, qui répond en ricanant : « Vous voulez doncques que j'espouse la femme forte descripte par Salomon? Elle est morte sans poinct de faulte. » Mais la

1. *Tiers livre*, chap. xlviii.
2. *Tiers livre*, chap. xxx.

leçon d'Hypothadée n'en subsiste pas moins, et il serait difficile de tourner en raillerie la justesse de ses pensées et l'élévation de son langage.

« Je trouve, dit Rondibilis, en nostre faculté de Medecine, et l'avons prins de la resolution des anciens Platonicques, que la concupiscence charnelle est refrenée par cinq moyens [1]. » Le quatrième est « fervente estude ». Ce devait être le plus familier à Rabelais : le travail était la passion dominante de sa vie, et elle ne laissait guère de place aux autres. Cependant la solitude lui causait parfois du découragement; je n'ose dire, en parlant de ce rieur, de la mélancolie.

Il prête cette réflexion à Panurge : « Le saige dict : Là où n'est femme, j'entends mere familes, et en mariage legitime, le malade est en grand estrif. » Ce n'est là qu'une paraphrase de l'*Ecclésiaste* (XXXVI, 27) : *Ubi non est mulier ingemiscit egens*. Mais ensuite vient la réflexion suivante : « J'en ay veu claire experience en papes, legatz, cardinaulx, evesques, abbez, prieurs, presbtres, et moines. » Ici Rabelais se trahit. Cette dernière observation, prise sur le vif, lui appartient en propre, et avait dû plus d'une fois lui venir à l'esprit dans les froides et solitaires demeures ecclésiastiques où il était appelé comme médecin.

On est un peu choqué de voir Rabelais confiner la femme dans les fonctions de garde-malade, mais il est évident qu'il comprenait que son attachement et sa tendresse amenaient encore plus de guérisons que ses pansements et ses remèdes.

L'éducation de Gargantua. — Dans ces derniers temps, où l'on a poussé si loin l'étude de la pédagogie, on a recherché, bien au delà de Jean-Jacques Rousseau et de son *Émile*, les principes d'éducation de Montaigne et surtout de Rabelais.

Ils sont exposés dans deux morceaux :

La lettre de Gargantua à Pantagruel [2];

L'histoire de l'éducation de Gargantua [3].

Si nous adoptons pour les citer un ordre différent de celui qu'ils occupent dans l'ouvrage, c'est pour nous conformer à la date de leur composition. Beaucoup d'indices semblent prouver

---

1. *Tiers livre*, chap. XXXI.
2. *Pantagruel*, chap. VIII.
3. *Gargantua*, chap. XIV, XXIII, XXIV.

que *Pantagruel* a été publié avant *Gargantua* ; l'examen des deux morceaux qui nous occupent vient encore appuyer cette conjecture.

La lettre de Gargantua, empreinte d'un sentiment religieux des plus élevés et d'un vif amour paternel, ne contient qu'un magnifique éloge de l'étude et l'esquisse d'un programme assez indéterminé. « Somme que ie voy un abysme de science », s'écrie le père, mais ce but comment l'atteindre ? C'est ce qu'il indique assez vaguement. Quelques mots sur les études de Pantagruel les présentent comme prématurées et superficielles : « Des ars liberaux, Geometrie, Arismeticque et Musicque. je t'en donnay quelque goust quand tu estoys encores petit en l'eage de cinq à six ans. » Rien de plus alors sur ce sujet ; mais après l'incroyable succès obtenu par *les Grandes et inestimables chroniques de l'énorme géant Gargantua*, dont, à en croire le *prologue* du second livre, « il a esté plus vendu par les imprimeurs en deux moys qu'il ne sera acheté de Bibles en neuf ans », Rabelais voulut mettre ce premier ouvrage plus en rapport avec le *Pantagruel* qu'il venait de publier, et remplaça la *Chronique Gargantuine* par le *Gargantua* que nous possédons maintenant.

Parmi les sujets qu'il y traite, l'éducation est au premier rang. Mettant en pratique sous nos yeux le programme qu'il s'était contenté d'esquisser dans le *Pantagruel*, il stigmatise les procédés d'enseignement du moyen âge et nous expose en détail la méthode qu'il veut y substituer. Conformément à sa constante habitude, au lieu de s'attarder en de longs discours, il met sa thèse en action. C'est par le tableau satirique de l'éducation ancienne qu'il débute : Gargantua est confié d'abord aux soins de Thubal Holoferne, sophiste, ou, comme le disent les premières éditions, théologien en lettres latines, et ensuite de « maistre Jobelin bridé ». Ils le laissent adonné à la paresse et à la gourmandise, ne demandent rien à son intelligence, surchargent sa mémoire, exigeant comme résultat suprême de ses études qu'il répète ses leçons au rebours. Il y a là non seulement une vive critique des procédés suivis dans l'éducation, mais un piquant catalogue des livres qu'on y employait : le Facet, Théodolet, Alanus in parabolis, Marmotret, etc.

A la fin son père « aperceut que vrayement il estudioit tresbien et y mettoit tout son temps, toutesfois qu'en rien ne prouffitoit. Et que pis est, en devenoit fou, niays, tout resveux et rassoté. »

Alors, sur le conseil d'un de ses amis, il confie son fils à un nouveau précepteur, Ponocrate (celui qui triomphe de la fatigue), assisté d'un médecin, Théodore (le présent de Dieu), désigné dans la première édition par le nom plus caractéristique encore de Séraphin Calobarsy, anagramme de Phrançois Rabelays, ce qui marque avec insistance combien l'auteur tient à prendre la responsabilité complète du plan d'éducation qu'il propose.

De même que l'abbaye de Thélème, cet idéal de société affectueuse et intellectuelle, est précisément l'opposé du cloître, ainsi l'éducation nouvelle sera, point pour point, le contraire de l'enseignement scolastique.

Gargantua, qui sous la direction de ses premiers maîtres « s'esveilloit entre huyt et neuf heures, feust jour ou non [1] », se levait alors « environ quatre heures du matin [2] », il n'entendait plus « vingt et six ou trente messes », mais « ce pendent qu'on le frotoit, luy estoit leue quelque pagine de la divine escripture ». « Il ne perdoit heure quelconque du jour. » Il ne faut pas croire qu'il devait résulter de cette multiplicité d'occupation une grande fatigue, car il y avait beaucoup d'instants où l'esprit se reposait et où le corps seul était exercé. Un maître dont nous n'avons pas encore parlé : « l'escuyer Gymnaste.... luy montroit l'art de chevalerie. »

Rabelais médecin inaugure l'éducation physique, diminue par la variété des exercices la fatigue intellectuelle, et enseigne toutes choses sans aucun appareil pédantesque, et autant que faire se peut, par la contemplation directe des objets. L'astronomie, par exemple, n'est pas d'abord étudiée dans les livres. L'état du ciel, considéré matin et soir, en est le point de départ. Pendant les repas, le maître et l'élève s'entretenaient « de la vertu, proprieté, efficace, et nature de tout ce que leur estoit servy à table. Du pain, du vin, de l'eau, du sel, des viandes, poissons, fruictz, herbes, racines, et de l'aprest d'icelles. » Chaque mets donnait lieu de la sorte à une étude d'ensemble. Le plat

1. Chap. XXI.
2. Chap. XXIII.

de légumes dont on venait de manger était examiné tour à tour au point de vue de la botanique, de l'hygiène et de la cuisine. Ce n'était que plus tard que venait l'étude scientifique, qu'on lisait Pline ou Galien; la science succédait à la connaissance pratique des choses : avant de vouloir devenir un astronome on en savait autant que les bergers, et on n'abordait la botanique que lorsqu'on était certain de ne pas s'exposer aux moqueries du jardinier ou du maître d'hôtel. Partout et en tout, au lieu de descendre des principes au détail des choses de la vie, le savoir présenté dans l'ordre naturel, s'élève par degré du fait à la cause et de l'idée particulière à l'idée générale. Les simples comprennent mieux ainsi, et si, comme il arrive souvent, leurs études ne s'achèvent pas, ils demeurent du moins en possession de précieuses notions pratiques, plus utiles qu'un enseignement vague et abstrait.

Pris dans son ensemble, le vaste cadre de ces études dépasse bien l'étendue de nos catégories officielles, et, comme l'a fait spirituellement remarquer Sainte-Beuve, convient beaucoup mieux à un géant qu'à un homme. En tout cas les plus laborieux d'entre nous peuvent y trouver de quoi occuper leur vie entière.

Le malheur est que de nos jours, dans le premier enthousiasme causé par la lecture de ce programme, on l'a imprudemment appliqué aux pauvres petits des écoles primaires, qui s'y trouvent aussi empêtrés au moral qu'ils le seraient au physique dans la casaque du roi géant.

Il est un autre point sur lequel ce plan, même appliqué avec prudence, laisse fort à désirer.

Comme la plupart des infatigables savants du XVIe siècle, Rabelais ne comprend pas d'autre intérêt dans la vie que l'étude, et chaque minute a son emploi déterminé d'avance avec une rigueur qu'on est un peu surpris de trouver chez cet indépendant, si ennemi de la règle et de la contrainte. Nous ne saurions mieux nous faire comprendre qu'en rapportant un passage sur lequel nous n'aurions certes pas insisté s'il n'était si caractéristique.

Le matin, Gargantua « alloit es lieux secretz faire excretion des digestions naturelles. Là, son precepteur repetoit ce que auoit esté leu : luy exposant les poinctz plus oscurs et difficiles. »

Ceci, je l'avoue, est de nature à faire regretter Thubal Holopherne et Jobelin bridé.

Rabelais défenseur de notre langue et de notre littérature. — On se vante aujourd'hui de pratiquer le patriotisme littéraire qui consiste à défendre l'intégrité de notre génie propre et de notre langue.

Rabelais le premier l'a mis en usage : passionné pour les littératures antiques, singulièrement habile à enrichir notre vocabulaire par des emprunts dont il ne s'est jamais vanté, mais qui n'ont guère laissé à la Pléiade d'innovations véritablement utiles à introduire, il a eu le rare mérite de dévoiler lui-même le danger et l'abus du procédé qu'il employait, mais auquel il se gardait de s'abandonner, et il a écrit à l'adresse de l'écolier limousin une vivante et impérissable satire contre ceux qui s'éloignent de ce qu'il a si bien nommé « notre maternel langage ».

Ce n'est pas seulement cet écorcheur de latin qu'il stigmatise, mais, à travers lui et après lui, le pindarisme de Ronsard, les concetti des précieuses, la subtilité des décadents, l'obscurité des symbolistes. Son génie comique semble avoir prévu et atteint d'avance tous les attentats contre la langue, et son rire éclatant et sain demeure encore, à trois cents ans de distance, le meilleur préservatif contre les fantaisies maladives de notre époque.

Il nous resterait beaucoup de choses à dire sur ce sujet inépuisable ; le texte même de Rabelais y suppléera. Nous avons cherché à en faciliter, non à en remplacer la lecture. L'histoire littéraire serait une étude bien funeste si elle dispensait de pratiquer les auteurs qu'elle doit avoir seulement pour but de rendre plus abordables.

III. — Les conteurs.

Les bibliographes et les critiques ont jadis enfermé Rabelais dans la catégorie des conteurs, mais l'importance de son œuvre a brisé l'étroitesse de ce compartiment.

Conteur, il l'est certes, mais par occasion, sans le faire exprès, quand son sujet amène des épisodes amusants, qu'il est loin de dédaigner; d'ordinaire il est surtout narrateur, et ses récits se trouvent si intimement liés à la trame même de son œuvre que c'est à peine si La Fontaine a pu en détacher quelques-uns : *Les coignées et Mercure, l'Anneau d'Hans Carvel, le Diable de Papefiguière.*

Ses contemporains procèdent d'une tout autre façon; ils content de propos délibéré et uniquement pour conter. Quelques-uns placent tout simplement leurs récits les uns à côté des autres, mais d'ordinaire ils emploient certains artifices pour les grouper.

Nicolas de Troyes. — Le plus ancien recueil de contes du xvie siècle est *Le Grand parangon des nouvelles nouvelles*, de Nicolas de Troyes. On n'en connaît qu'un manuscrit, divisé en deux volumes, dont le second nous est seul parvenu; publié pour la première fois en 1869, il contient cent quatre-vingt contes. Sur ce nombre, cinquante-cinq sont tirés de Boccace. *Le violier des histoires romaines* en a fourni dix autres; *Les cent nouvelles*, soixante; *Les quinze joies de mariage*, deux; Froissart une, le roman de *Merlin* une également, soit, en tout, cent vingt récits; ce qui réduit à une cinquantaine ceux qui peuvent être considérés comme appartenant en propre à Nicolas de Troyes, peu porté du reste à revendiquer le titre d'auteur, car voici comme il s'exprime, en tête de son second volume : « Je ne veuil pas dire que de mon entendement j'aye fait toutes lesdites nouvelles, mais je les ay retirées de plusieurs livres, les autres j'ay ouy racompter à plusieurs bons compaignons. » Le manuscrit, d'après la mention qui le termine, a été achevé le premier jour de mars 1536, mais comme une des nouvelles, la seizième, s'est passée « en l'an XVXXXVI, au mois de may », il faut en conclure que le copiste commençait l'année à Pâques et que sa transcription n'a été réellement terminée qu'en 1537.

Quant à l'auteur nous ne connaissons de lui que ce qu'il nous en dit lui-même, à savoir qu'il était « simple sellier, natif de Troyes en Champaigne, demorant Tours ».

Le plan général de son recueil, qui n'est pas fort clair, était probablement expliqué dans l'introduction du premier volume, que nous n'avons plus.

L'Heptaméron. — Jusqu'alors le *Décaméron* de Boccace n'était connu en France que par des versions fort imparfaites. Il faut voir dans la préface de l'*Heptaméron* avec quel enthousiasme fut accueillie à la cour la traduction de Le Maçon, publiée en 1543, et dédiée à Marguerite de Valois, reine de Navarre.

L'engouement fut tel que le dauphin Henri, sa femme Catherine de Médicis et plusieurs dames songèrent à former une réunion de dix personnes qui raconteraient chacune dix histoires, afin de composer un recueil du même genre.

Ce plan, si promptement conçu, mais aussi vite abandonné, fut repris plus tard par Marguerite [1], qui entreprit de le mener seule à bonne fin; mais elle fut détournée de l'achèvement de son projet par le chagrin que lui causa la mort de François Ier; le recueil interrompu parut d'abord sous le titre d'*Histoires des amans fortunez*, puis, divisé plus tard en sept journées, il prit le nom d'*Heptaméron*.

Le *Décaméron* s'ouvre, on se le rappelle, par un récit très émouvant de la peste noire de Florence, en 1348. Pour s'y soustraire et se maintenir en belle humeur, sept dames et trois jeunes cavaliers se retirent dans une riante campagne afin d'y raconter des histoires, dont le ton badin et licencieux forme un contraste singulier avec les scènes de douleur et de deuil qui leur servent de préface.

Dans l'*Heptaméron* il s'agit d'un autre fléau. Des malades, des oisifs, des galants accompagnant les dames qui leur tiennent au cœur, se mettent en marche, au mois de septembre, après un séjour aux eaux de Cauterets, afin de regagner leurs demeures; mais le retour est impossible : le pays est inondé, les voyageurs dispersés sont emportés par les eaux, assaillis par des ours, attaqués par des bandoliers; enfin la petite troupe, cruellement décimée, se trouve réunie au monastère de Notre-Dame de Serrance, où elle se consulte sur le parti à prendre. Le gave n'est point guéable, les ponts sont emportés et, pour en rétablir un, il faut dix ou douze jours, juste le temps de

---

[1]. Sur Marguerite d'Angoulême, reine de Navarre, voir ci-dessous, p. 123.

faire un *décaméron*; c'est à ce parti que tous ces affligés s'arrêtent.

Nos pères, il faut en convenir, prenaient les choses plus philosophiquement que nous : quelques-uns des voyageurs, dont les valets ont été tués, « louent le créateur, qui, se contentant des serviteurs, a sauvé les maîtres et les maîtresses » : et Lingarine, une jeune veuve dont le mari a été enterré la veille, ou tout au plus depuis deux jours, approuve fort le projet de se divertir en racontant des histoires. « Sans cela, dit-elle, nous deviendrons fâcheuses, qui est une maladie incurable, car il n'y a personne de nous, s'il regarde sa perte, qui n'ait occasion d'extrême tristesse. » A quoi Emarsuite, qui, à ce qu'il paraît, a vu périr un de ses soupirants, répond en riant : « Chacun n'a pas perdu son mari comme vous; et, pour perte de serviteurs ne se faut désespérer, car l'on en recouvre assez. »

Le point capital sur lequel la reine de Navarre s'est séparée de Boccace, est son parti pris de « n'écrire nouvelle qui ne fût véritable histoire ». Restreindre, dans le conte, le rôle de la fantaisie, est une bien fâcheuse inspiration. Joignez à cela les prêches protestants de dame Oisille, « femme veuve de grande expérience », fort semblable à la mère de Marguerite ou à Marguerite elle-même par ses côtés les plus monotones, et le parti pris de ne considérer chaque conte que comme le point de départ d'une discussion philosophique et morale; vous comprendrez alors la singulière déception causée par ce livre, souvent triste sans en être plus édifiant, et beaucoup moins français dans son esprit que celui de l'Italien Boccace, fils d'une mère parisienne, parisien de naissance, et puisant à pleines mains dans la fleur de nos fabliaux.

On a prétendu que la reine de Navarre n'avait eu qu'une part assez restreinte à la rédaction de ce recueil, mais il est difficile de récuser le témoignage si formel de Brantôme [1] sur ce point : « Elle composa toutes ses nouvelles, la plupart dans sa lityère en allant par pays; car elle avoit de plus grandes occupations, estant retirée. Je l'ay ouy ainsin conter à ma grand'mère, qui alloyt toujours aveq' elle dans sa lityère, comme sa dame d'hon-

---

[1] T. VIII, p. 126, éd. Lalanne.

neur, et luy tenoit l'escritoire dont elle escrivoit, et les mettoit par escrit aussi tost et habillement, ou plus que si on lui eust ditté. »

Non seulement Marguerite de Navarre écrivait des contes, mais elle faisait éclore, elle couvait, pour ainsi dire, des poètes, des lettrés, des conteurs. Le témoignage très frappant d'un de ses contemporains, Charles de Sainte-Marthe, nous fera peut-être pardonner cette expression : « Les voyant, dit-il, à l'entour de cette bonne dame, tu eusses dit d'elle que c'estoit une poulle qui soigneusement appelle et assemble ses petits poullets et les couvre de ses ailes. »

Ils étaient formés à sa cour par cette méthode d'entretiens réglés à l'avance, tour à tour graves et légers, naturels et subtils dont l'*Heptaméron* nous offre tout à la fois le résultat et le modèle.

Les noms des principaux personnages de ce recueil : Nomerfide, Emarsuite, Dagoucin, Saffredan, Hircan, sentent le travestissement et l'anagramme; il est probable qu'ils désignent des personnages de la petite cour des châteaux de Pau ou de Nérac; mais ce sont des énigmes qui restent encore à deviner.

Bonaventure Des Périers. Noël du Fail. — Il faut citer, parmi les favoris de la reine, Bonaventure Des Periers [1], auteur des *Nouvelles récréations et joyeux devis*, récits détachés,

1. Bonaventure Des Periers, né à Arnay-le-Duc, en Bourgogne, au commencement du XVIe siècle, traduisit le *Lysis* de Platon, collabora sous le nom d'*Eutychus* (Bonaventure) à divers travaux sur les livres saints et travailla aux *Commentarii linguæ latinæ* d'Étienne Dolet. Son *Cymbalum mundi en François*, publié en 1537, est précédé d'une dédicace de Thomas du Cleuier (ou plutôt du Clenier, Thomas l'Incrédule) à Pierre Tryocan (Pierre Croyant) qui en fait pressentir l'esprit. Déguisant sous des obscurités affectées d'assez grandes hardiesses, l'ouvrage, également attaqué par les catholiques et les réformés, fut condamné par le Parlement, et son auteur se donna, dit-on, la mort, dans un accès de fièvre chaude. Voici en quels termes Henri Estienne, fort animé contre lui, raconte en deux endroits de son *Apologie pour Hérodote* (chap. XVIII et XXVI) cette fin tragique du conteur : « Je n'oublieray pas Bonaventure Des Periers, l'auteur du détestable livre intitulé *Cymbalum mundi*, qui, nonobstant la peine qu'on prenoit à le garder (à cause qu'on le voyoit estre désespéré et en deliberation de se deffaire), fut trouvé s'estant tellement enferré de son espée, sur laquelle il s'estoit jetté, l'ayant appuyée le pommeau contre terre, que la pointe, entrée par l'estomac sortoit par l'eschine. » Il n'y a aucune raison pour révoquer en doute, comme on l'a fait plus d'une fois, ce récit contemporain. Le plus difficile est de déterminer l'année de cette mort. Les uns la placent en 1539, les autres en 1543. La première date doit être écartée, car Leroux de Lincy, dans sa *Notice sur Marguerite*, en tête de l'*Heptaméron*, mentionne un ordre de la reine de Navarre enjoignant de payer à des Periers ses gages de l'année écoulée 1541.

souvent imités par Bouchet et quelquefois par La Fontaine, notamment dans la fable du *Pot au lait* et dans le conte des *Lunettes*. Ajoutons que sa double devise « Bien vivre et se réjouir; loysir et liberté » nous révèle en lui un vrai pantagruéliste.

Valet de chambre de Marguerite, ses fonctions principales étaient celles de copiste; il était chargé, comme le prouve la pièce suivante, de lui préparer des manuscrits qu'elle revisait dans ses fréquentes excursions [1] :

> Pour vostre licliere presente
> Je n'ay rien que je vous presente,
> Sinon ce vostre immortel livre,
> Lequel pour lire je vous livre,
> Par tel si que me le rendrez,
> Et mes faultes y reprendrez :
> Mes faultes (dis-je) d'escrivain,
> Qui fais souvent maint escript vain,
> Car leans la mienne escriture
> Faict grand tort à votre facture;
> Mais du tout me corrigeray,
> Quand temps, loysir et lieu j'auray.

Un certain rapport entre le style de ses récits et celui de l'*Heptaméron* a fait supposer, sans beaucoup de vraisemblance, qu'il y avait travaillé.

Noël du Fail, seigneur de la Herissaye, juge au présidial de Rennes, conseiller au parlement de Bretagne [2], a publié, sous l'anagramme de Léon Ladulfi, ses *Baliverneries ou contes nouveaux d'Eutrapel*, auxquels ont succédé, après sa mort, les *Contes et discours d'Eutrapel*, amusants et vifs, mais qu'il ne se pique guère d'enchaîner. Sa devise « Jouyr ou rien » est aussi épicurienne que celle de Bonaventure des Periers, mais dans les *Propos rustiques* il nous révèle des qualités que ce dernier n'a jamais connues. Cet ouvrage mérite une place tout à fait à part en dehors de cette littérature un peu grossièrement facétieuse; c'est un tableau intéressant et naïf de la vieille terre

---

1. *Oraison funèbre de Marguerite*, p. 84.
2. Né vers 1520, à Château-Létard, manoir patrimonial de sa famille, sur la paroisse de Saint-Erblon, à trois lieues de Rennes, il fit, comme volontaire, en 1543-1544, une campagne en Italie; étudia tour à tour le droit à Angers, Poitiers et Bourges, fut nommé le 14 octobre 1571 conseiller au Parlement de Bretagne, et mourut à Rennes le 7 juillet 1591.

bretonne où sont « les plus forts hommes, les plus forts chiens et les plus forts vins qu'on puisse voir [1] ».

On trouve là des pages qui respirent l'amour de la campagne, et un attendrissement bien rare à cette époque. Rien, par exemple, de mieux exprimé que la colère de Thenot du Coin, à qui les oiseaux mangeaient les trois quarts de ses fèves, et toutefois « prenoit plus de plaisir à voir leur grâce de venir, d'espier et de s'en retourner chargez, qu'il ne faisoit à les chasser [2] ».

Si ces personnages nous paraissent si vraisemblables, c'est tout simplement parce qu'ils sont vrais. M. Arthur de la Borderie a retrouvé leurs noms dans des registres officiels, ce qui prouve que du Fail a réellement connu ceux qu'il nous peint avec tant de sincérité.

Jacques Tahureau. Nicolas de Cholières. — Nous ne citerons que pour mémoire un jeune poète, Jacques Tahureau[3], dont un livret, curieux pour l'histoire des mœurs du temps, et souvent réimprimé, a été assez mal à propos rapproché des recueils des conteurs. Son titre seul, qui en indique le but, suffirait à le classer ailleurs : *Dialogues non moins profitables que facecieux où les vices de chacun sont repris fort âprement pour nous animer davantage à les fuir et à suivre la vertu.* C'est une étude morale, presque une prédication ; j'accorde qu'elle contient des anecdotes, mais les prêcheurs du temps ne les épargnaient guère à leurs ouailles. *Démocritic* le censeur du monde, et *Cosmophile* son apologiste, sont d'intéressants prédécesseurs d'Alceste et de Philinte, et Démocritic conclut, comme un prédicant d'alors : « Heureux celui duquel l'espérance est au nom du seigneur Dieu, et qui ne s'est point arrêté aux vanités des fausses rêveries du monde. »

Nicolas de Cholières [4] nous apprend comment furent composées

1. Introduction, xxij.
2. I, 59.
3. Né en 1527 dans le Maine et mort en 1555. Il était gentilhomme et appartenait, dit-on, à la famille de Du Guesclin, mais il quitta de bonne heure la carrière militaire pour celle des lettres. C'était un des suivants de Ronsard, qui le nomme dans le dénombrement des poètes du temps contenu dans la pièce intitulée *Les isles fortunées*. De la Porte, qui lui consacre dans ses *Epithètes* une petite notice fort louangeuse, nous apprend que s'étant retiré « en son païs (où de malheur il fut empestré des liens d'une femme)... la mort envieuse d'un si gentil personnage... » lui silla « les yeux d'un sommeil irréveillable, peu apres la solennité de son mariage. »
4. Avocat au parlement de Grenoble, qui vivait dans la seconde moitié du xvi⁰ siècle, et dont les ouvrages ont été publiés de 1585 à 1600.

ses *Neuf matinées*. C'est la reproduction, dit-il, de « plusieurs gentilles conférences que j'ay eues avec quelques miens amys, lesquels ayant senty que j'avoie pris l'air par l'advis du medecin... se vouerent à courir mesme fortune que moy... le nombre de neuf qu'icy j'ay retenu n'est pas sans mystère. Ç'a esté une neuvaine qui m'a guery de mes douleurs. » Chaque réunion a un sujet déterminé : *De l'or et du fer, Des loix et de la médecine*, etc., sur lequel chacun fait quelque récit, ou rapporte son opinion.

Il y avait dans l'antiquité, pour les entretiens de ce genre, un cadre commode, le *banquet*. Platon, Xénophon, Plutarque, Athénée, Lucien, et bien d'autres, l'ont fort heureusement employé. Rabelais, contre toute attente, ne s'en est jamais servi. Ses *Propos des bienyvres*, d'une crudité toute réaliste, abondent en plaisanteries vulgaires, en dictons, en quolibets, mais ne contiennent pas de contes, à proprement parler.

Guillaume Bouchet. Béroalde de Verville. — Plusieurs de ses successeurs ont au contraire eu recours à ce procédé. Entre autres, Bouchet [1] et Béroalde de Verville [2].

Les *Sérées* du premier sont des colloques familiers entre voisins, sur toutes sortes de sujets : *le vin, l'eau, les femmes*, etc. L'auteur, qui dédie son livre *A Messieurs les Marchands de la*

---

1. La vie de Guillaume Bouchet, sieur de Brocourt, est peu connue. Il était fils de Jacques Bouchet, imprimeur à Poitiers. Le second livre des *Sérées*, dont le privilège est daté du « dernier jour de juin 1597 », ne parut qu'après la mort de l'auteur. On la place, avec assez de vraisemblance, vers 1593 ou 1594. Les vers suivants d'un sonnet qui figure sous le titre de *Tombeau* parmi les pièces liminaires du troisième livre des *Sérées* prouvent qu'il ne mourut qu'à quatre-vingts ans bien comptés :

*Huit fois dix ans complets en ce monde inconstant
Sans peine et sans douleur, il a vescu contant)*

(Ce qui fixe aux environs de 1513 la date de sa naissance.

2. François Béroalde, fils de Mathieu de Béroalde, ministre protestant, naquit à Paris le 28 avril 1556. Doué d'un goût très vif pour les sciences, il publia plusieurs ouvrages de mathématiques. Ayant abjuré le protestantisme pour entrer dans les ordres, il ajouta à son nom celui de Verville, probablement de peur d'être confondu avec son père. Les registres de la cathédrale de Tours renferment à la date du vendredi 3 novembre 1593 l'acte de sa réception comme chanoine dans le chapitre de Saint-Gatien. Il publia, dans le cours de cette même année, un ouvrage religieux et moral intitulé : *De la Sagesse, livre premier auquel il est traité du moyen de parvenir au parfaict estat de bien vivre...* Il est assez curieux de voir figurer ici dans le titre d'un ouvrage édifiant cette dénomination *Le Moyen de parvenir...* que l'auteur devait appliquer plus tard à un livre d'une nature si différente. Sa mort, dont la date est incertaine, est rapportée d'ordinaire à l'année 1629.

ville de Poictiers qui l'ont « constitué en la charge et dignité de... Juge et Consul... », se propose, non seulement de les divertir, mais aussi de les instruire «... les propos doctes et recreatifs des banquets, dit-il dans un *Discours sur son livre*, resjouissent les corps et les esprits, autant ou plus que faict le vin. Outre laquelle refection de l'esprit et du corps, ces mediocres et familiers convis et banquets... servent encores pour acquerir la congnoissance de plusieurs sciences... Escole vrayement Pythagoricque... estant tres certain qu'un homme de lettres faict plus de profict en une heure qu'il employe à discourir et raisonner avec ses semblables, qu'il ne feroit en un jour se tenant solitaire et renfermé en une estude. »

Le Moyen de parvenir de Béroalde est d'une tout autre envergure. Il nous fait assister à un de ces immenses banquets comme on les rêvait au xvie siècle, et dont les *Noces de Cana* de Paul Véronèse ne donnent qu'une idée imparfaite. Le bout de la table est occupé par *Bonne-Intention*, vêtue d'une robe de président; sur les côtés les héros antiques, les empereurs, les rois, les réformateurs, les poètes, les écrivains anciens et modernes : Agamemnon, Alexandre, Platon, Luther, Savonarole, Rabelais, Ronsard, cent autres de tous temps, de tous pays, illustres ou obscurs. Alors les contes, les histoires, les railleries, les impiétés, les apophtegmes, les coq-à-l'âne se succèdent sans interruption; les croyances diverses sont passées en revue et bafouées, les mots, travestis, perdent leur sens propre pour revêtir celui qu'ils reçoivent de l'équivoque et du calembour; c'est la débauche intellectuelle la plus vive, la plus animée, parfois aussi la plus lassante.

Depuis cinquante ans les auteurs du xvie siècle ont été fréquemment réimprimés.

Les éditions de Rabelais, en particulier, se sont multipliées, à ce qu'il semblait, outre mesure; les unes luxueuses, les autres modestes et populaires; celles-ci s'étalant à l'aise en un grand nombre de volumes, celles-là s'efforçant de se condenser en un seul; plusieurs interprétées d'une façon nouvelle par des dessinateurs dont le grand satirique tentait la fantaisie; après les éditions sont venues les biographies, les études; tout cela s'est vendu, et, ce qui n'arrive pas toujours, s'est lu.

La gloire de Rabelais s'en est fort accrue, et, de leur côté ses lecteurs ont considérablement profité de cette intelligence plus complète et surtout plus intime des œuvres de ce grand génie si propre à nous inspirer la gaîté, la patience et la sagesse.

Il est de ceux qui, suivant une expression populaire, « gagnent à être connus », et tel qui ne savait guère à son sujet que le mal qu'il en avait entendu dire, est, comme Voltaire, revenu sur son compte à de meilleurs sentiments et a été capable de mieux apprécier cet ample génie si définitivement caractérisé par le nom d'Homère bouffon.

Si j'ose dire toute ma pensée, il en a été un peu autrement des conteurs.

Autrefois on ne les trouvait que dans les vitrines des bibliophiles. Ils en étaient la joie et l'orgueil ; on ne pouvait se les figurer que reliés en maroquin et garnis de moire et de tabis ; la banalité du fond et la grossièreté de la forme disparaissaient sous l'éclat des dorures, leur rareté les rendait presque respectables ; leur cherté faisait croire à leur valeur. Peu à peu ils se sont démocratisés ; les Techener, les Gosselin, les Jannet, les Jouaust les ont rendus abordables, et comme la spéculation n'a pas toujours été bonne, les volumes ont passé des devantures des librairies aux boîtes des étalages, où ils ont été affichés au rabais.

Tout au contraire de Rabelais, ils ont perdu à cette diffusion de leurs œuvres. Murger disait parfois en plaisantant à ses amis qu'il écrivait « en marge de la société » ; cela s'applique bien plus rigoureusement à eux. Ils ne sont pas arrivés à conquérir une place définitive dans notre littérature.

Sur leur réputation, les amateurs d'ouvrages libres se sont mis à les lire, mais les ont bientôt délaissés, car ils ne les ont trouvés ni aisés à comprendre ni suffisamment licencieux, seules qualités auxquelles cette classe de lecteurs soit sensible.

Au moment où ils semblaient près de tomber dans un discrédit qui risquait de devenir définitif, les historiens, les archéologues, qui les eurent plus facilement à leur portée, se convainquirent des services de premier ordre qu'ils pouvaient rendre pour la connaissance des mœurs bourgeoises et campagnardes, du mobilier, du costume, de tant de détails fugitifs qui composent la vérité relative du moment, et qui dans les œuvres sérieusement historiques sont négligés de parti pris.

Quant à nous, nous sommes particulièrement frappé de l'ensemble considérable de documents qu'ils fournissent à l'étude du langage parlé, dont l'histoire, si curieuse à faire, n'a pas même été essayée jusqu'ici.

Les conteurs ont donc, à leur insu, préparé à plusieurs classes d'érudits des matériaux intéressants, fort dignes d'être utilisés et, après avoir été les amuseurs de leurs contemporains, ils sont appelés à devenir, en plus d'une matière importante, des témoins irrécusables et naïfs de l'histoire intime de leur temps.

BIBLIOGRAPHIE

RABELAIS

Une bibliographie de Rabelais fournirait facilement la matière d'un volume. Nous n'essaierons donc pas de décrire les éditions originales.

Rappelons seulement que les quatre livres du roman ont été imprimés successivement; le *Pantagruel*, dont la première édition datée est de 1533, semble antérieur au *Gargantua*, qui ne paraît avec une date qu'en 1535.

La première édition des quatre livres réunis est de 1553.

Quant au dernier livre, dont l'authenticité est fort douteuse, il ne parut qu'après la mort de Rabelais, d'abord en seize chapitres seulement, avec le titre de *L'Isle sonnante* et la date de 1562, puis en 1564, sous cette dénomination, qui a pour but de le rattacher, en quelque sorte officiellement au reste de l'ouvrage : *Le cinquiesme et dernier livre des faits et dicts heroïques du bon Pantagruel*, composé par M. François Rabelais, docteur en médecine.

Éditions annotées de Rabelais, classées chronologiquement d'après la date du premier volume :
1711. LE DUCHAT, BERN. DE LA MONNOYE.
1823. ESMANGART, ELOI JOHANNEAU.
1841. L. JACOB, Bibliophile.
1857. BURGAUD DES MARETS, RATHERY.
1868. A. DE MONTAIGLON, LOUIS LACOUR.
1870. CH. MARTY-LAVEAUX.
1873. P.-J. (PIERRE JANNET).
1881. LOUIS MOLAND.

Ouvrages sur la vie et les œuvres de Rabelais. — (Nous n'indiquons pas les nombreuses monographies qui ont paru dans des *Mélanges*, des *Revues* et des *Journaux*.) — **Alfred Mayrargues**, *Rabelais*, 1868. — **R. Gordon** (Le Dr), *F. Rabelais à la Faculté de médecine de Montpellier*, 1876. — **J. Fleury**, *Rabelais et ses œuvres*, 1877. — **Emile Gebhart**, *Rabelais, la Renaissance et la Réforme*, 1877. (Ouvrage réimprimé avec de grands changements en 1895.) — **Arthur Heulard**, *Rabelais chirurgien*,

1885 ; — *Rabelais, ses voyages en Italie, son exil à Metz*, 1891. — **Paul Stapfer**, *Rabelais, sa personne, son génie, son œuvre*, 1889.

LES CONTEURS

Ouvrages généraux. — *Les conteurs français*, Paris, 1874-1883, 10 vol. — **Pietro Toldo**, *Contributo allo studio della novella francese del XV et XVI secolo, considerata specialmente nelle sue attinenze con la litteratura italiana*, Roma, 1895. — **Gaston Paris**, *La nouvelle française aux XV° et XVI° siècles* (*Journal des savants*, mai et juin 1895. Compte rendu de l'ouvrage précédent).

Éditions séparées. — (Nous donnons en général : 1° le titre de l'édition originale, 2° le titre d'une édition récente annotée.) — **Nicolas de Troyes**, *Le grand parangon des nouvelles nouvelles, publié d'après le manuscrit original, par* **Émile Mabille**, Paris, 1869. — **Marguerite de Navarre**, *Histoires des amans fortunez...* Paris, 1558 (Le livre est anonyme; la dédicace est signée : **Pierre Boaistuau** surnommé **Launay**), Paris, 1558 ; — *L'heptameron des nouvelles de* **Marguerite de Valois, Royne de Navarre**, *Remis en son ordre confus au paravant en sa première impression... par* **Claude Gruget** *Parisien*, Paris, 1559. (La première édition ne renfermait que soixante-sept nouvelles, celle-ci en contient soixante-douze.) — *L'heptameron... Texte des manuscrits, avec notes variantes et glossaire par* **Frédéric Dillaye**, *Notice par* **A. France**, Paris, 1879, 3 vol. — **Bonaventure des Periers**, *Les nouvelles recreations et joyeux devis...* Lyon, 1658. — *Œuvres françoises... annotées par* **Louis Lacour**, Paris, 1856. — **Noël du Fail**, *Discours d'aucuns propos rustiques de Maistre* **Léon Ladulfi**, *Champenois*, Lyon, 1547 ; — *Baliverneries ou contes nouveaux d'*Eutrapel, *autrement dit* **Léon Ladulfi**, Paris, 1548 ; — *Les contes et discours d'*Eutrapel, *par le feu Seigneur* **de la Herissaye**, *gentil-homme breton*, Rennes, 1585 ; — *Les propos rustiques avec des notes par* **M. Arthur de la Borderie**, Paris, 1878. — *Les baliverneries et les contes avec une notice par* **E. Courbet**, Paris, 1895, 2 vol. — **Tahureau (Jacques)**, *Les dialogues avec notice par* **F. Conscience**, Paris, 1871. — **Cholières**, *Les neuf matinées*, Paris, 1585 ; — *Les Apres disnees*, Paris, 1587 ; — *Œuvres, Notes par* **Jouaust**, *Préface par* **P. Lacroix**, 1879, 2 vol. — **Guillaume Bouchet**, *Premier livre des serees*, Poitiers, 1584 ; — *Les serees avec notice et index par* **C.-E. Roybet** (**Charles Royer, Ernest Courbet**), Paris, 1873, 6 vol. — **Beroalde de Verville**, *Le moyen de parvenir, œuvre contenant la raison de ce qui a été, est et sera. Imprimé cette année* (1612 ? 1620 ?). — *Avec notice, variantes, glossaire par* **Charles Royer**, Paris, 1876, 2 vol.

CHAPITRE III

MAROT ET LA POÉSIE FRANÇAISE

De 1500 à 1550 [1].

I. — *Les prédécesseurs de Marot.*

Les grands Rhétoriqueurs. — Entre le moyen âge, qui eut tant de peine à mourir, et la Renaissance dont les pleins effets se faisaient attendre en France, l'histoire de notre poésie pendant la première moitié du xvie siècle serait une période confuse et assez aride à parcourir, s'il ne s'y rencontrait un poète qui la résume presque à lui seul, et offre déjà plus qu'une ébauche de l'esprit national, dans ce qu'il a de grâce aimable et légère, de délicatesse et de bon sens. Mais Clément Marot ne saurait être isolé de ceux qui l'ont précédé, de ses contemporains et de ses successeurs immédiats : il importe de le replacer au milieu d'eux, ne fût-ce que pour goûter pleinement tout ce qu'il y a de personnel dans son exquise et libre allure.

Le xve siècle avait vu fleurir deux poètes d'un génie différent et d'un mérite inégal : l'un, attaché au système allégorique du *Roman de la Rose*, mais sans gaucherie, déjà plein de raffinements et presque de préciosité; l'autre, plus grand et plus vivant, poussant parfois jusqu'au cynisme sa hardiesse et sa verve native, vrai et profond malgré tout, auquel n'ont pas

[1]. Par M. Bourciez, professeur à la Faculté des lettres de l'Université de Bordeaux.

même manqué quelques mélancoliques accents. Cependant ni l'un ni l'autre n'eurent une influence décisive, semble-t-il, sur la littérature de leur temps : Villon était d'une originalité trop puissante pour avoir des héritiers dignes de lui; de Charles d'Orléans, on n'imita que ce qu'il avait eu de pire, le symbolisme obscur. Et même ne l'avait-on pas oublié? Si, vers la fin du xv° siècle, les poètes allaient à l'école, c'était bien plutôt à celle d'Alain Chartier, « doux en ses faicts et plein de rhétorique ». Sous l'influence d'Alain Chartier, il s'était formé une école savante qui fleurit d'abord à la cour de Bourgogne et, un peu plus tard, dans les Flandres, gouvernées par Marguerite d'Autriche. Les représentants de cette école eurent presque tous la prétention d'être à la fois orateurs, historiens et poètes : mais leur éloquence ne fut qu'une emphase ridiculement boursouflée; leur poésie rampa au milieu d'allégories morales froidement délayées; d'historiens, ou même d'historiographes, ils n'eurent que le nom, et furent des apologistes aux gages des princes qui les rémunéraient. Leur groupe est connu sous un nom qu'ils s'étaient décerné eux-mêmes comme un titre d'honneur, et qui caractérise bien leur manière : ce sont « les grands Rhétoriqueurs ».

Le premier en date, et l'un des plus illustres, avait été le chroniqueur Georges Chastelain, qui mourut en 1475, conseiller et panetier des ducs de Bourgogne. Parmi ses successeurs directs, les plus en vue furent Meschinot et Jean Molinet, qui par la fin de leur carrière appartiennent déjà au xvi° siècle, car à quoi bon nommer ici la tourbe des imitateurs secondaires et des ridicules disciples? Ce n'est point que Meschinot et Molinet échappent, eux aussi, à ce reproche de ridicule. Le premier se fit connaître par un bizarre recueil de poésies intitulé les *Lunettes des Princes*, qui eut vingt éditions en moins d'un demi-siècle, et dut ce succès à tous les tours de force alors en vogue, rimes allitérées, vers rétrogradant à droite ou à gauche : un des huitains de son livre peut se lire de trente-huit façons différentes, en offrant toujours « rime et sens »; c'est le chef-d'œuvre du genre. Quant à Jean Molinet, il se distingue par son pédantisme solennel et une sorte d'abondance stérile : il plie sous le poids d'une érudition indigeste et de mauvais aloi; il aborde tous les sujets, sacrés ou profanes, moraux ou licencieux, et les noie tous sous les flots d'une éloquence verbeuse. Ses *Oraisons*, ses *Complaintes*, son *Chapelet des Dames*, son *Temple de Mars*, son fameux *Débat de la chair et du poisson* sont également illisibles. S'il invente, c'est dans le genre allégorique, et son suprême effort est d'aboutir au cliquetis puéril des mots, tel qu'on le trouve, par exemple, dans cette complainte sur la mort d'une princesse :

> O Atropos, trop ton ardure dure,
> Quand m'as osté de ma semblance blance
> Marguerite par la laidure dure.

Crétin et la poétique de Jean Fabri. — Meschinot vécut en province; Molinet peut à la rigueur être considéré seulement comme le type du bel esprit flamand et des poètes qui fleurissaient, vers la fin du xve siècle, sur les rives de l'Escaut. Avec Guillaume Crétin, trésorier de la chapelle de Vincennes et chantre de la Sainte-Chapelle, chargé par François Ier de rimer en douze livres une *Chronique de France* (qui est restée manuscrite), c'est bien Paris même et la Cour qui sont infectés de la contagion. Les rhétoriqueurs ont tout envahi, et règnent partout en maîtres. Nul ne fut plus admiré, loué, presque vénéré de ses contemporains, que Crétin; Marot reçoit ses leçons, et le proclame « souverain poète françois »; lorsqu'il meurt en 1525, chargé d'ans et d'honneurs, son nom survit, et son œuvre semble promise aux plus glorieuses destinées.

Cette œuvre se compose de chants royaux, ballades, rondeaux et dizains, où la pensée est constamment reléguée au dernier plan, où l'unique souci de l'auteur a été de produire un fracas de mots étourdissant et de faire rimer entre eux des membres de phrase entiers. Il serait superflu d'en rien citer. Du reste, pour se faire une idée de l'art des rhétoriqueurs, il suffit de jeter un coup d'œil sur les poétiques du temps et sur les préceptes dont elles sont farcies. Molinet, dès 1493, avait composé la sienne; un auteur, qui s'est caché sous le pseudonyme d'*Infortunatus*, en rédigea une autre en latin, vers 1502 : mais la plus complète de toutes est celle de Pierre Fabri, qui parut à Rouen en 1521, sous le titre de *Grand et vray art de pleine*

Rhétorique. Cette poétique se divise en deux parties, et la première n'a trait qu'à l'éloquence : dans la seconde même, on trouve bien des détails qui sont plutôt du ressort de la grammaire que de celui de la poésie. Quant aux genres décrits par le menu, ce sont le lai, le virelai, le rondeau, le chapelet, la palinode, l'épilogue, le refrain branlant, la ballade, le chant royal, le servantois. Fabri paraît soupçonner la règle de l'*e* muet placé à la césure, mais il l'explique mal. Le mètre à la mode est évidemment le vers de dix syllabes : l'alexandrin, au contraire, est si bien tombé en désuétude, que deux mots en passant lui sont à peine consacrés, et qu'il est dédaigneusement traité d' « antique manière de rithmer ». L'effort de l'auteur a porté sur les préceptes multiples qu'il donne pour entrecroiser les rimes, et c'est là aussi qu'apparaissent dans toute leur niaiserie puérile ces jeux de la forme auxquels les rhétoriqueurs prétendaient réduire la poésie. Que de façons de rimer, et que de complications inutiles ! Voici d'abord la rime *léonine,* la plus noble de toutes ; puis vient la rime *équivoquée,* excellente, elle aussi, et qui suppose à la fin du vers des mots de sens différent mais composés de syllabes identiques. Quant aux rimes *enchaînées, entrelacées, annexées,* elles ont de grands rapports entre elles : toutes consistent plus ou moins à commencer le second vers par un mot qui reproduit la fin du premier ou en rappelle quelque syllabe. Dans le dernier mot d'un vers, on peut aussi retrouver la syllabe qui termine l'avant-dernier : c'est la rime *couronnée,* dont une expression comme *jardinet net* donne le type. Que dire enfin de la rime *rétrograde,* de ces vers qui peuvent se lire de gauche à droite ou de droite à gauche, en offrant le même sens, comme celui-ci :

A mesure ma dame ruse ma !

Pierre Fabri décrit encore la rime *croisée,* la *fraternisée,* l'*emperière,* la *rime d'écho,* etc. On devine qu'au milieu de ces complications de la forme, de ces procédés enfantins — allitérations, répétitions ineptes de syllabes, batteries de mots plus ou moins sonores, — il n'est nulle part question du fond. Voilà où l'on en était encore pendant les premières années du règne de François Ier : le moyen âge se survivait au milieu de ces raffinements du mauvais goût, et la pensée risquait à son tour de se stériliser, grâce à cette ridicule technique, à tous ces préceptes que Marot lui-même a parfois trop docilement suivis.

Cependant quelques poètes, tout en acceptant en principe la discipline des rhétoriqueurs, savaient déjà à l'occasion s'en affranchir. Octavien de Saint-Gelais, le père de Melin, et qui mourut en 1502 évêque d'Angoulême, mérite d'être mentionné parmi eux. Sa *Chasse* ou *Départ d'amour* n'est, à vrai dire, qu'un recueil de rondeaux et de ballades dans le goût du temps, où il a épuisé toutes les variétés de rythmes connues. Mais le *Séjour d'honneur* est une œuvre qui vaut mieux, et renferme au moins avec des sentiments vrais quelques descriptions intéressantes. Là, sous les allégories de la forme, Octavien de Saint-Gelais a laissé percer des souvenirs personnels, et les regrets qu'il exprime sur sa vie, follement dissipée dans les plaisirs, ne sont ni sans grâce ni sans mélancolie.

Jean Le Maire de Belges. — La petite cour de Malines — où Marguerite d'Autriche, poète elle-même, se peignait « bannie de tout desbatement », languissant « près de mort véhémente » — vit aussi éclore un poète qui sut à la fin s'élever au-dessus des puérilités pédantesques, et dont l'œuvre est traversée par un souffle précurseur. Jean Le Maire était né à Belges, dans le Hainaut; il remplit près de Marguerite des fonctions diverses, séjourna entre temps à Lyon, à Venise, à Rome, et finit par être attaché à la maison d'Anne de Bretagne. Après le règne de Louis XII, il tomba (volontairement, semble-t-il) dans une obscurité profonde : la date de sa mort, longtemps incertaine, a été récemment fixée avant 1525. Marot ne fut pas sans profiter de ses conseils et de ses exemples. Neveu de Molinet, successeur en quelque sorte des historiographes de la maison de Bourgogne, Jean Le Maire semblait destiné à perpétuer la tradition des grands rhétoriqueurs. En fait, il n'a pas complètement rompu avec elle : il s'y rattache par le besoin de sermonner pompeusement, et par les moralités allégoriques dont il a rempli son œuvre capitale, les *Illustrations de Gaule et Singularitez de Troie*. C'est une œuvre étrange et diffuse que ces *Illustrations*, sorte de chronique en prose, où l'on voit réapparaître toutes les légendes déjà recueillies au xiie siècle par Benoît de Sainte-More; où la maison d'Autriche, comme celle de France, se trouve rattachée à la lignée d'Hector; où se déroule la suite de nos rois depuis Francus jusqu'à Charlemagne, en passant par Pharamond; où Homère lui-même, mais surtout Dictys de Crète et Darès le Phrygien ont été mis à contribution; où l'antiquité nous apparaît trop souvent travestie sous les couleurs du xve siècle. Malgré tant de défauts, tant de fables sérieusement compilées, le livre est attachant par endroits, et on y trouve le charme imprévu d'un tour fleuri et d'une prose poétique. Le sentiment de la beauté antique n'en est même pas toujours absent. Le jugement des trois déesses, par exemple, y est retracé avec art : rien de plus voluptueux que l'apparition de Vénus, éblouissante dans sa nudité, avec « ses lèvres coralines et bien jointisses, qui d'elles mesmes sembloient semondre un baiser ». Le récit des amours de Pâris et d'Œnone est une pastorale toute imprégnée d'un parfum délicat, encadrée dans les lignes d'un paysage vraiment grec, et qui, par sa grâce en fleur, fait songer à *Daphnis et Chloé*. Enfin Le Maire est le premier qui, à travers la traduction latine de Laurent de Valla, ait déjà vaguement senti Homère : le premier il lui a emprunté quelques épithètes, des expressions et des comparaisons qui se déroulent en périodes sonores.

L'œuvre poétique de Jean Le Maire n'est pas moins mêlée que sa chronique romanesque. Elle se ressent, surtout au début, de l'éducation première et du voisinage des rhétoriqueurs flamands. Dans son *Temple d'honneur et de vertu*, le poète s'était proclamé « disciple de Molinet ». Dans la *Plainte du Désiré*, où dame Nature et ses « deux damoiselles », Peinture et Rhétorique, viennent verser des pleurs sur le tombeau de Louis de Luxembourg, il suit encore avec complaisance le système des abstractions allégoriques; il n'y avait pas renoncé lorsqu'il écrivit en 1512 ses *Couplets de la Valitude et Convalescence*, à propos d'une maladie d'Anne de Bretagne. Cependant, il valait mieux que les équivoqueurs : il ne sacrifia pas comme eux le fond à la forme, et songea à mettre un sens dans ses vers. Ses deux épîtres de l'*Amant Vert*, au milieu d'amples et poétiques périodes, offrent des idées ingénieuses et délicates, un sentiment parfois profond de la nature et de ces vagues rapports qu'a le monde avec nos joies et nos douleurs. Il était poète, celui qui a dépeint un amant songeant à la mort, puis aux bergers qui viendront le soir sur sa tombe :

> . . . . . . De pitié, peult estre ploureront
> Et semeront des branches verdelettes
> Sur mon tumbel, et fleurs et violettes,
> Quand tout repose et que la lune luit.

Enfin, dans les *Contes de Cupido et d'Atropos*, on retrouve la couleur antique des *Illustrations*. Partout d'ailleurs, Jean Le Maire a mis à profit les souvenirs de son érudition classique, comparant volontiers ses héros modernes à Achille, à Scipion, à Annibal : c'est déjà le procédé de Ronsard. Il devance même la Pléiade, il l'annonce par des détails de style et par le choix de ses expressions : on remarque chez lui beaucoup de ces diminutifs qui furent en honneur plus tard, et quelques-unes des épithètes composées dont on devait abuser. Ne nous étonnons donc point que Pasquier ait salué en lui « le premier qui à bonnes enseignes donna vogue à notre poésie », et qu'il l'ait loué, peut-être avec une arrière-pensée malicieuse, « pour avoir grandement enrichy nostre langue d'une infinité de beaux traicts, tant en prose qu'en poésie, dont les mieux escrivans de nostre temps se sont sceu quelquefois bien aider [1] ».

La poésie morale et les héritiers de Villon. — Cependant, sur ses contemporains immédiats, Jean Le Maire de Belges ne semble avoir eu qu'une influence médiocre : Marot ne lui est redevable que d'une leçon de versification, et sans doute aussi de l'allure antique qu'il donna à quelques-unes de ses églogues. Sa réputation fut inférieure à son mérite, et rien ne nous donne une plus pauvre idée du goût de l'époque. Celui qui fut à côté de Crétin, et plus tard à côté de Marot, sinon au-dessus de lui, considéré comme le grand poète du temps, c'est Jean Bouchet, cet insipide et plat versificateur, qui pendant sa longue carrière n'a pas aligné moins de cent mille vers, tout en ne consacrant à la poésie (comme il s'en vante) qu'une heure par jour, et en exerçant fort exactement sa charge de procureur.

---

1. Pasquier, *Recherches de la France*, VII, 5.

Bouchet est digne en tous points des rhétoriqueurs qui l'ont précédé, dont il a reçu les leçons et suivi les exemples : il est comme eux verbeux et lourd, il cultive comme eux les rimes équivoquées, et ne les surpasse que par sa puissance de travail et sa malheureuse fécondité. On le voit, dès le début du XVIᵉ siècle, prendre le nom allégorique de *Traverseur des voies périlleuses*, puis produire, sans trêve ni merci, des ouvrages aux titres pompeux et bizarres : *Les Renards traversant les voies des folles fiances du monde*; l'*Amoureux transi*; le *Temple de bonne renommée*; le *Labyrinthe de Fortune*; le *Chapelet des Princes*, etc. Pur fatras que toutes ces productions, et on peut en dire autant des *Epîtres morales et familières*, qui valurent à leur auteur le surnom de « chaste et chrétien scripteur » : car les suffrages les plus illustres ne lui ont pas fait défaut, et, sans parler de celui de Marot, il faut bien rappeler (fût-ce pour le regretter) que Rabelais lui aussi a vanté les « écrits tant doux et melliflues » du procureur de Poitiers. Pour être resté en province, la renommée de Bouchet n'en fut pas moins universelle : s'il ne vécut pas à la Cour, ce fut uniquement prudence de sa part, et parce qu'on s'y voit, comme il le dit, « tres bien monté, puis soubdain sans cheval ».

La poésie qu'on goûta le plus vivement vers la fin du règne de Louis XII était en somme très pédantesque d'allures. Elle avait aussi, sous ses perpétuelles allégories, des intentions moralisatrices, et aboutissait volontiers à de vagues et générales satires sur la société. C'est là ce qu'on trouve, par exemple, au fond de ce *Livre de la diablerie*, publié en 1508 par un prêtre de Béthune, Eloy d'Amerval, et dans lequel le vieux Satan prétend instruire des malices du monde, Lucifer, jeune diablotin naïf. Dans le *Catholicon des Maladvisés*, Laurent Desmoulins raconte que, s'étant endormi un soir sous le porche désert d'une église, il a vu en songe les morts soulever le couvercle de leurs tombes, envahir la nef, et lui faire un long récit de leurs misères, de leurs vices, de leurs folies. La liste des poètes qui ont écrit à cette époque, et se sont traînés dans ces ornières banales serait fastidieuse à dresser [1] : leurs conceptions,

---

1. On trouvera leurs noms groupés par régions, avec quelques détails sur chacun d'eux, dans les *Poètes Français* (Recueil Eug. Crépet), t. I, p. 497-579.

quelquefois originales, ne les ont point sauvés d'une ennuyeuse monotonie. Si le poète dramatique Pierre Gringore ne s'était acquis par ailleurs des titres plus solides, ses deux poèmes allégoriques du *Chasteau d'Amour* et du *Chasteau de Labour* ne le feraient guère sortir de la foule ; il ne mériterait pas cette sorte d'auréole qui, dans notre siècle, s'est attachée à son nom.

Mais, à côté de cette école moralisatrice, dont Jean de Meun est toujours l'ancêtre direct, il est juste d'observer que, en dépit de la rhétorique, la tradition gauloise de Villon, continuée d'abord et non sans éclat par Coquillart, ne fut jamais complètement interrompue. Nous la voyons représentée par des poètes faméliques, comme ce Jean d'Ivry, qui endossait au besoin la livrée des pédants « pour fuir Plate-Bourse », mais revenait vite au naturel et à la satire narquoise : si ses *Estrennes des Filles de Paris* ne sont que de maigres distiques d'une honnêteté trop plate et sans sel, il y a de la gaîté en revanche et une verve presque licencieuse dans les *Secretz et Loix du mariage*, qu'il composa en s'intitulant « le Secrétaire des dames ». Jean de Pontalais est de la même famille : simple bateleur des Halles, jetant d'ordinaire ses tréteaux au petit pont des Allès, près de la pointe Saint-Eustache, il eut son heure de célébrité, et plus tard Rabelais, Marot, Des Periers n'ont pas dédaigné de mentionner son nom. Si les *Contredicts de Songe-Creux* sont bien son œuvre, on ne peut lui refuser ni la fougue, ni l'audace de la pensée ; il ne lui a même pas manqué une langue nette et colorée, capable de mettre en relief ses réflexions satiriques et ses peintures bouffonnes.

Villon, pendant la première partie du XVIe siècle, eut aussi en province des héritiers plus ou moins avoués, et qui ne furent pas toujours indignes de lui. A vrai dire, il faut en rabattre de l'admiration que paraît avoir Sainte-Beuve pour la *Légende de maistre Pierre Faifeu*, lorsqu'il déclare que l'esprit gaulois « y a fait des miracles »[1]. Ce Pierre Faifeu était un écolier d'Angers, qui avait laissé dans le pays la réputation d'un joyeux drille et d'un bon compagnon : vers 1531, un ecclésiastique angevin, du nom de Charles de Bourdigné, entreprit de rédiger

---

1. Sainte-Beuve, *Tableau de la poésie française au* XVIe *siècle*, p. 43.

la chronique scandaleuse de ses hauts faits. Triste héros, en vérité! Ses farces patibulaires sont loin d'avoir le sel qu'on a voulu y trouver. Faifeu n'est qu'un escroc vulgaire qui, après s'être exercé dans son enfance à dérober de « petites choses », vole plus tard un cheval, auquel il fait couper la queue et les oreilles. Il vole, vole sans cesse : une robe à un abbé qui l'a gagné au jeu; de l'argent dans le coffre de sa tante, à laquelle il laisse en place un renard vivant. Qu'y a-t-il donc de si divertissant à lui voir gober des mouches devant les seigneurs de la Cour? Le récit de ses amours avec des chambrières ou quelques dames trop faciles et qui deviennent vite ses dupes, n'offre guère plus d'intérêt. Ne parlons pas de ses démêlés vulgaires avec les sergents du guet. Le trait le plus heureux du livre est peut-être celui du dernier chapitre, où l'on voit Faifeu finissant par se marier, entouré d'une femme acariâtre et d'une belle-mère, mourant de « mérencolye ». Tel est le fond de ce livre assez pauvre, qui ne rappelle guère Villon et n'annonce point davantage Panurge : quant à la versification, elle est d'une platitude rare et partout au-dessous du médiocre.

Le bourguignon Roger de Collerye était tout autrement poète que Charles de Bourdigné. C'est à Auxerre que s'écoula la plus grande partie de sa vie : il y fut secrétaire de plusieurs évêques, puis, à un âge avancé, accablé de misère, il semble être entré dans les ordres. Mais au temps de sa jeunesse, plus tard même, il eut un esprit jovial et fut le type du poète sans soucis, compagnon-né de tous ceux qui voulaient rire et boire, hantant les suppôts de l'abbé des Fous d'Auxerre, et menant au milieu des chansons et des mascarades le grand train de la bohème provinciale d'alors. On trouve aussi dans sa vie un épisode d'amour, et même assez relevé, semble-t-il : il nous a trahi le nom de Gilleberte de Beaurepaire, cette « fleur d'amour redolente », dans son épître douzième, dont le commencement forme un acrostiche. C'est à cette époque que Collerye, abandonnant le style gras pour un langage plus à la mode, inclinait visiblement vers les fadeurs de la rhétorique et parlait de « se plonger au lac des pleurs ». Un peu plus tard, il alla chercher fortune à Paris, et n'y éprouva que des déceptions : il ne put point pénétrer à la Cour, comme il l'avait espéré, et, réduit à la société des basochiens, ne rencontra dans la capitale que des amours d'occasion. Alors, il reprend le chemin d'Auxerre; dans son âge mûr, il revient au vin, il s'incarne dans ce type de *Bon Temps*, mari de la Mère Folle, personnage traditionnel chez les vignerons de la Bourgogne :

> Or qui m'aymera si me suyve!
> Je suis Bon Temps, vous le voyez.

Il s'y est si bien incarné, qu'il lui a donné son prénom de Roger, et jouit encore ainsi d'une gloire anonyme. C'est par des mots gras et cyniques que se distingue d'ordinaire la poésie de Collerye; elle est d'une gaîté goguenarde, celle qui éclate, par exemple, dans le *Dialogue des Abusez*, ou dans le *Sermon pour une Noce*. Cependant, à côté des gravelures et des gaillardises, il y a trace aussi dans ses rondeaux d'une sorte de philosophie amère : car il eut ses heures de tristesse et de mélancolie, ce joyeux, qui, sur la fin, regrettait d'avoir « peu mangé, encore moins humé », et déclarait un jour si énergiquement que « Povreté l'a couvé ». Son grand ennemi, celui contre lequel il eut toujours à lutter, c'est *Faulte-d'Argent*, terrible personnage, qui rend l'homme « triste et pensif, tremblant comme la fueille ». Faulte-d'Argent a été l'adversaire de bien d'autres poètes du temps, qui n'ont eu ni la sincérité d'accent, ni la verve originale de Roger de Collerye.

On trouverait encore quelques-unes de ces qualités chez Germain Colin Bucher, poète angevin, qui sut s'abstenir de l'allégorie, quoique ami de Jean Bouchet et des rhétoriqueurs, et se place avec trop de modestie au-dessous d'eux, lorsqu'il dit :

> Plume n'ay pas essorante si hault,
> Franc Colin suys, non sacre ne gerfault.

Bien lui en prit, car il dut à cette absence de pédantisme le ton mordant de ses épigrammes et la vive allure de quelques pièces bachiques. Mais il faut reconnaître aussi la monotonie et les subtilités assez gauches de ses poésies amoureuses. Quoique Colin Bucher ait eu son moment de notoriété et qu'il ait même été invoqué comme arbitre lors de la fameuse querelle entre Sagon et Marot, on ne doit point en faire le disciple de ce dernier, et encore moins le poser comme son émule [1]. Les réhabilitations littéraires n'ont été que trop à la mode de notre temps, et le xvi° siècle s'y est prêté plus que toute autre période : elles n'ont point cependant toujours tourné au profit de ceux qui en ont été l'objet. Lorsqu'il s'agit de poésie surtout, il importe de strictement maintenir les limites qui séparent du génie la facilité plus ou moins heureuse, le talent souvent un peu banal des versificateurs. Si quelques poètes après Villon se sont, en dépit des rhétoriqueurs, efforcés de maintenir la tradition gauloise, l'auteur du *Grand Testament* n'eut cependant qu'un héritier direct et de sa race : Clément Marot.

II. — Clément Marot.

Jean Marot. — Parmi les poètes que la reine Anne de Bretagne avait groupés autour d'elle, il en est un qui ne serait aujourd'hui ni plus ni moins connu que beaucoup de ses contemporains, si son fils par la suite ne s'était chargé d'illustrer le nom. Il s'appelait Jean des Mares, dit Marot. Originaire des environs de Caen, ce normand avait été s'établir dans le Quercy : son nom se trouve mentionné dès 1471 sur les rôles consulaires de la ville de Cahors. Jean Marot se maria deux fois, et c'est de sa seconde femme, choisie sans doute dans la bourgeoisie du Quercy, qu'il eut en 1495 ou 1496 un fils nommé Clément. Il quitta ensuite Cahors, mena quelque temps une vie de poète errant, rimant aux foires de Lyon ou d'Anvers, à celles du Lendit : il put enfin se faire recommander à Anne de Bretagne, et lui fut attaché vers 1507 en qualité de « facteur et escrivain ». A partir de ce moment jusqu'à sa mort (1526), Jean Marot ne quitta plus guère la Cour : sa protectrice disparue, il se tourna du côté du duc d'Angoulême, qui devait bientôt monter sur le trône, et sut l'intéresser à son dénûment dans une ballade où il se dépeignait « mince de bien et povre de santé ».

En 1507, Anne de Bretagne avait donné ordre à son poète

---

[1]. C'est ce qu'a fait M. Joseph Denais en publiant pour la première fois les *Poésies de Germain Colin Bucher* (Paris, Techener, 1890).

d'accompagner Louis XII dans l'expédition dirigée contre
Gênes; deux ans après, il suivit encore le roi pendant la fameuse
campagne contre Venise. De cette double expédition au delà
des monts, Jean Marot rapporta les *Deux heureux Voyages de
Gênes et Venise*, qui forment la portion la plus considérable de
son bagage poétique. On y a loué parfois l'exactitude historique, l'ordre et l'invention, des descriptions justes : de tels
éloges ne vont pas sans exagération, et ces poèmes assez plate-
ment versifiés ne supportent guère la lecture. Le *Voyage de
Gênes* est un récit de quarante pages, émaillé de rondeaux et de
morceaux d'apparat d'un goût douteux : tel le grand discours
que Gênes au début tient à ses enfants, leur rappelant son titre
de « Royne de la mer » et se vantant de pouvoir armer cent
vaisseaux. Dans le *Voyage de Venise*, beaucoup plus long que
le précédent, le poète a commencé par versifier l'histoire de la
ville en remontant jusqu'à Attila; puis il raconte, avec une prolixité monotone, la campagne, la bataille d'Agnadel, l'entrée
de Louis XII dans Brescia, et ne nous fait grâce ni des arcs de
triomphe, ni des draps d'or, ni des pierreries qui étincellent sur
les costumes des seigneurs. Les poésies morales de Jean Marot
ne sont pas supérieures à ses récits historiques. Dans le *Doctrinal des Princesses et nobles Dames*, il a réuni vingt-quatre
rondeaux assez ternes, prêchant aux femmes l'*honnêteté*, le *beau
maintien*, la *chasteté*, les engageant à « aimer un Dieu et un
homme seulement ». Mais ce qu'il recommande par-dessus tout
à ces grandes dames, c'est la *libéralité*, c'est « de fuyr Avarice »,
et le poète quémandeur laisse bien ingénument percer le bout de
l'oreille, lorsqu'il s'écrie :

> O quel horreur! c'est de chiche Avarice.
> Royne ou Princesse, hélas, fuyez ce vice !

Sous François Ier, l'ancien poète d'Anne de Bretagne changea
un peu de ton; pour plaire sans doute à la nouvelle Cour, il
essaya de rajeunir sa manière. De là la gaillardise assez naïve
de l'*Epître des dames de Paris*, certaines comparaisons risquées
ou complaisamment indécentes : la pièce n'en reste pas moins
médiocre. Ce qu'on est avant tout, semble-t-il, tenté de chercher
dans l'œuvre de Jean Marot, c'est la trace de qualités qu'il ait

pu léguer à Clément, tout en lui enseignant le mécanisme de la versification ; ce qu'on aimerait à trouver chez le père, c'est la promesse, pour ainsi dire, de l'esprit que devait avoir le fils. On s'aperçoit vite qu'il n'y faut pas trop compter. Cependant, à tout prendre, c'est dans les *Cinquante rondeaux* écrits sur des sujets divers qu'on peut espérer faire quelque découverte de ce genre. Il y a déjà, avec la pointe d'émotion, une certaine grâce aimable et légère dans le neuvième de ces rondeaux, celui qui débute par le joli vers :

> Entre voz mains m'ont attiré voz yeulx...

et se termine ainsi :

> Car d'autre aymer onc ne fuz curieux,
> Ny ne seray, encor' que mourir deusse
> Entre voz mains.

Dans son troisième rondeau, le poète avait au contraire esquissé une théorie de l'inconstance assez spirituelle, et donné une leste leçon, que maître Clément devait suivre plus d'une fois, soit en rimant, soit dans la pratique de la vie :

> Plus tost que tard ung amant s'il est saige,
> Doit à sa dame en petit de langaige
> Dire son cas, et puys s'il apparçoit
> Qu'il perde temps, et qu'Amour le deçoit,
> Quitte tout là, cherche ailleurs avantaige.

Les débuts de Marot. — De tels vers annoncent bien un peu la manière de rimer de Marot ; ils suffisent peut-être à prouver que la poésie fut chez lui un don héréditaire [1]. Ce qu'il y a de sûr, c'est que son père lui apprit au moins le métier, la technique de l'art, lui donna de bonne heure quelques leçons, auxquelles se joignit ensuite l'influence de Crétin et celle de Jean Le Maire, les grands poètes de l'époque. Marot a toujours conservé un tendre souvenir de ces leçons paternelles, et plus tard c'est presque avec des larmes dans les yeux qu'il en parlera :

> Le bon vieillard apres moy travailloit,
> Et à la lampe assez tard me veilloit...
> Bien est il vray que ce luy estoit peine,
> Mais de plaisir elle estoit si fort pleine [2]...

---

1. On sait que plus tard Michel Marot, fils de Clément, écrivit lui aussi quelques poésies.
2. Marot, *Eglogue au Roi*, t. I, p. 41 (édit. P. Jannet).

En revanche, il n'a gardé qu'un médiocre souvenir de ses autres maîtres, les *régents du temps jadis*, qu'il appelle irrévérencieusement de « grands bêtes », et qu'il accuse d'avoir « perdu sa jeunesse ». Ce fut en partie de sa faute, à vrai dire : par insouciance et paresse naturelle, il ne mordit guère au latin, encore moins au grec; de son enfance, qui s'était écoulée à vagabonder librement dans les campagnes du Quercy, le jeune Clément avait conservé les goûts de « l'arondelle qui vole ». Au reste, nous ne savons pas exactement quels furent ces maîtres, dont il fait la satire. Lorsque son père, devenu poète en titre de la reine Anne, l'amena à Paris avec lui, il le fit entrer sans doute dans quelque école de l'Université : l'enfant se contenta d'oublier son patois du Quercy, et d'apprendre la langue française, en lisant surtout le roman de la Rose. On voit déjà combien il avait profité de ses lectures dans le petit poème du *Temple de Cupido*, qu'il offrit en 1515 à François Ier. Marot avait alors vingt ans. Son père avait d'abord songé à faire de lui un clerc de la Basoche : l'étude des lois n'était guère son fait; il se dégoûta promptement de la chicane, et ne fut assidu qu'aux mascarades et aux joyeuses folies des *Enfants sans Souci*. Quittant ensuite le Palais pour la carrière des armes, il devint page chez un des puissants seigneurs du temps, Nicolas de Neuville. Mais il avait des visées plus hautes, et, le premier feu de sa « jeunesse folle » une fois apaisé, guidé et soutenu par l'exemple paternel, il songea à entrer lui aussi dans ce qu'il appelle « le droict chemin du service des princes » : c'était sa vocation, il était né poète de cour. Grâce à une recommandation directe du roi, présenté par un gentilhomme du nom de Pothon, et tenant à la main son *Epistre du Despourveu*, il entra en 1518 au service de Marguerite de Valois, et fut attaché comme secrétaire à cette princesse.

C'est de cette époque que date le vrai Marot; c'est à partir de là qu'il prit conscience de lui-même, de ses aspirations et de son talent. Dans les années qui suivirent, il écrivit ses meilleures pièces : presque toutes celles qu'on lit encore, et qui lui ont assuré l'immortalité, furent composées entre 1520 et 1530, — moment vraiment privilégié de sa vie, car il n'était pas doué de cette raison supérieure, qui fait que l'homme arrive à produire ses chefs-d'œuvre seulement dans l'âge mûr. Ses poésies d'ailleurs, quoique d'une valeur inégale, furent toujours liées d'une façon très intime à sa vie, dont elles reflètent les circonstances diverses : nées de l'à-propos, on sent qu'elles sont un écho des sentiments plus ou moins fugitifs de l'auteur, parfois un aveu naïf de ses pressants besoins. Il est donc difficile de séparer l'œuvre de Marot de sa vie elle-même : l'une et l'autre s'éclairent mutuellement, et le poète — surtout dans ses épîtres, mais ailleurs aussi — a trop souvent parlé de lui, pour qu'on ait besoin de puiser à d'autres sources, lorsqu'on veut tracer sa biographie.

Vie de Marot. — Pendant qu'il était au service de Marguerite de Navarre, Marot ne renonça pas complètement à ce métier des armes qu'il avait appris étant page. On le voit apparaître en 1521 au camp d'Attigny, dont il nous a laissé une description ; quatre ans après, il était sur le champ de bataille de Pavie, y jouant un rôle actif, car il fut blessé au bras « tout oultre rudement », fait prisonnier avec le roi, mais bientôt relâché par les Impériaux embarrassés de leur butin. C'est alors que commencèrent pour lui les mauvais jours, la longue série de traverses, au milieu desquelles devait s'altérer vers la fin la délicatesse aimable de son esprit. Mais les atteintes du malheur furent assez légères au début, et ne firent pendant longtemps qu'exciter sa verve et l'alimenter. De retour à Paris, il eut à constater d'abord l'indifférence et la froideur de la maîtresse qu'il avait laissée en partant pour l'Italie. Quelle était cette femme, dont le poète a toujours tu le vrai nom avec discrétion, laissant le champ libre aux hypothèses de ses biographes à venir? On a longtemps supposé, et non sans vraisemblance, qu'elle n'était autre que la fameuse Diane de Poitiers. Grande dame à coup sûr, fantasque et perfide, car elle ne se contenta pas de repousser les protestations d'amour de Marot : elle paraît n'avoir pas été étrangère à l'accusation d'hérésie qui fut lancée contre lui en 1526. La régente Louise de Savoie s'était décidée à sévir contre les idées nouvelles, cause des maux de la France, au dire des théologiens; elle venait d'instituer des inquisiteurs de la foi : sur les indications de l'un d'eux, le docteur Bouchart, le poète fut arrêté et enfermé au Châtelet. C'est à cet emprisonnement que nous devons l'ingénieuse épître à Jamet [1], la jolie fable *le Lion et le Rat*, d'une naïveté si dramatique que La Fontaine devait renoncer à la développer à son tour. Grâce à l'intervention de l'évêque de Chartres qui le réclama et parvint à le soustraire au bras séculier, Marot, transféré dans une prison plus douce, eut tout le loisir d'y exercer sa verve satirique et d'y décrire en vers vengeurs le lieu « plus mal sentant que soufre ». D'ailleurs François Ier, dès son retour en France, signa un ordre d'élargissement définitif. L'année suivante, Marot fit une seconde fois connaissance avec le Châtelet : il s'était trouvé mêlé, on ne sait comment, à une bagarre nocturne, et, sans doute en compagnie de ses anciens amis les basochiens, avait rossé le guet pour délivrer un prisonnier. Sa captivité ne dura que quinze jours. Il sut encore cette fois désarmer la colère royale par cette épître écrite de verve [2], où il dépeint les « trois grands pendarts » qui sont venus l'arrêter « à l'estourdie » en plein Louvre, et raconte l'histoire du procureur qu'il a essayé de corrompre par ses présents :

> Il a bien prins de moy une beccasse,
> Une perdrix, et un levraut aussi :
> Et toutesfoys je suis encor icy.

François Ier ordonna de rendre la liberté à « son cher et bien amé valet de chambre ». Depuis la mort de son père, Marot faisait en effet partie de la maison du roi ; mais ce ne fut pas sans peine qu'il put se faire inscrire définitivement sur les rôles, et toucher ses modestes gages de 250 livres : il y fallut une épître, du genre ému, où était mis en scène « le bon vieillard mourant », adressant à son fils ses recommandations suprêmes. Il y eut alors quelques années d'accalmie dans la vie du poète : il est de la Cour, il prend part à ses fêtes et à ses déplacements ; on le trouve successivement à Cambrai, à Bordeaux, et aussi à Lyon, où il se lie d'amitié avec les principaux membres de la société littéraire de l'*Angélique*. C'est l'époque où, sous le titre d'*Adolescence Clémentine*, il publie un premier recueil encore bien incomplet de ses poésies de jeunesse [3].

---

1. Marot, *Épître* XI, t. I, p. 154.
2. *Épître* XXVII, t. I, p. 190.
3. Une édition de l'*Adolescence Clémentine* semble avoir paru dès 1529. La plus

La peste de 1531 fut pour lui le signal de traverses nouvelles : après avoir déploré dans une églogue mythologique la mort de Louise de Savoie, Marot se vit à son tour atteint du mal. Il se tira d'affaire : mais le « valet de Gascogne » avait profité de la maladie de son maître pour lui dérober les cent écus d'or reçus à l'occasion du mariage de François Ier avec Eléonore d'Autriche. C'est vers ce temps aussi que le poète semble s'être marié, avoir épousé cette « bergerette Marion », dont il nous a si peu parlé. D'ailleurs, il n'eut guère de répit. Comptant trop sur l'appui du roi, il lâcha un peu la bride à sa verve railleuse : ses ennemis étaient à l'affût, implacables et patients. La terrible accusation d'hérésie n'avait pas cessé de planer sur sa tête : en 1532, il fut convaincu d'avoir mangé « du lard en carême », il faillit être emprisonné, et dut invoquer sa qualité de convalescent.

Marot ne se sentit plus en sûreté à Paris : l'année suivante, il accompagna en Béarn le roi et la reine de Navarre. Il allait revenir cependant, malgré les bûchers qui commençaient à s'allumer, lorsqu'il apprit qu'on avait fait une perquisition à son domicile : alors il rebrousse chemin, et de Blois revient à Bordeaux, où il n'échappe aux gens du roi qu'à l'aide d'un déguisement, et en se faisant passer pour « courrier d'État ». Le Béarn n'était même plus un refuge suffisant : il reprit sa course errante, traversant le midi, remontant jusqu'à Lyon, et on le voit enfin passer les Alpes, s'enfuir jusqu'à Ferrare où régnait Renée de France, fille de Louis XII, mariée au duc Hercule d'Este. Il devait séjourner plus d'un an dans cette ennuyeuse petite cour, toute peuplée de théologiens et de poètes latins, où il n'eut que la consolation de retrouver son ami Lyon Jamet. Dès 1535 l'air manquait à Marot, il étouffait dans cette atmosphère pédantesque : après avoir composé ses deux blasons du *Beau et du laid tetin* [1], il se rendit à Venise. Mais c'est vers la France que ses yeux étaient tournés, il adressait des épîtres suppliantes au roi et au dauphin. Il ne put revenir qu'après avoir solennellement abjuré à Lyon et reçu, en présence du

---

ancienne qu'on ait est celle qui parut chez Pierre Rofet, avec un achevé d'imprimer du 12 août 1532 : c'est un petit in-8, lettres rondes.

1. Voir *Épigrammes* LXXVIII et LXXIX, t. III, p. 33.

cardinal de Tournon, les coups de baguette qui accompagnaient cette humiliante cérémonie.

La querelle avec Sagon; nouvelles persécutions. — Le poète, du reste, ne jouit que d'une tranquillité relative. Il était à peine de retour à Paris, lorsqu'éclata cette querelle avec Sagon qui, sous des allures de guerre littéraire, semble avoir été au moins attisée par la haine et la rancune des « Sorboniqueurs ». Ce Sagon, pédant ambitieux et vulgaire, avait eu déjà maille à partir avec Marot, après s'être prétendu son ami et son disciple : des paroles vives avaient été échangées entre eux, et les dagues tirées du fourreau. Pendant l'exil de Marot, Sagon n'avait pas craint de publier contre lui son *Coup d'essai*, diatribe extravagante et en tout cas peu généreuse; au *Dieu gard* que le poète adressa à la Cour en revenant, Sagon répondit par un autre *Dieu gard* de sa façon, rempli d'allusions blessantes et de mots désagréables. Alors la querelle s'envenima, dégénéra en guerre ouverte, menée sans retenue de part et d'autre; on s'accabla de mots grossiers et d'épithètes malsonnantes. Marot, il faut bien le dire, ne resta pas en arrière : il travestit en *Sagouin* le nom de son adversaire, et feignant de ne pas daigner prendre lui-même la parole, il mit ses réponses dans la bouche de son valet *Fripelippes*[1], et le chargea d' « escorcher cet asne mort », de fustiger d'importance les « jeunes veaux », qui lui servaient d'acolytes. Tout cela n'est point d'une urbanité exquise, mais n'avait rien qui choquât les contemporains. Dans cette guerre, Sagon avait pour lieutenant un certain La Hueterie, qui s'intitulait lui-même « le poëte champestre », et avait cherché à supplanter Marot dans sa charge de valet de chambre; d'autres alliés non moins obscurs, Mathieu de Boutigny, Vaucelles, Jean le Blond. Marot, quoi qu'on ait dit, fut au contraire soutenu par tous les poètes de quelque renom, qui se proclamaient ses disciples, Des Periers, Brodeau, Melin de Saint-Gelais, Charles Fontaine, Scève, Héroët. On échangea pendant quelques mois beaucoup d'épigrammes, de rondeaux, de triolets plus ou moins satiriques : mais, si l'on excepte les pièces vigoureuses malgré tout, où Marot s'est défendu lui-même, tous ces

---

[1]. *Épître* LI, t. I, p. 240.

opuscules n'ont plus qu'une valeur documentaire, leur mérite littéraire n'a rien qui puisse les sauver de l'oubli [1]. La querelle risquait de s'éterniser : elle fut terminée vers la fin de 1537, grâce à l'intervention de la célèbre confrérie des *Conards* de Rouen. Sagon l'avait imprudemment appelée à son secours : dans une pièce allégorique, où *Honneur* joue un grand rôle, la compagnie rendit son arrêt, donna en somme gain de cause à Marot, et le pria d'accorder « paix et pardon » à son adversaire.

Ainsi, le poète sortait victorieux de cette lutte, où son talent même avait été mis en cause. La faveur du roi, qui ne se démentait pas, et se traduisait au besoin par des effets [2], semblait l'assurer désormais contre les retours de la fortune. Il n'en fut rien. Marot, de nouveau, donna prise aux soupçons d'hérésie et aux fureurs de la Sorbonne par sa traduction des *Psaumes*, entreprise sur les conseils et avec l'aide de l'hébraïsant Vatable. Cette traduction est une œuvre de longue haleine, dont on pourrait encore extraire quelques beaux vers : cependant, elle est froide et pénible dans son ensemble; restant trop au-dessous du modèle, elle n'ajoute rien à la gloire de son auteur, du moins aux yeux de la postérité, car les contemporains l'accueillirent avec enthousiasme. Lorsque les premiers psaumes parurent, la vogue en fut immense à la Cour : les dames et les princes se mirent à les apprendre par cœur, à les chanter sur des airs profanes; on les fredonnait le soir au Pré-aux-Clercs. Marot, avec l'agrément du roi, les offrit à Charles-Quint qui traversait Paris, et cet hommage lui valut 200 doublons d'or. Mais la Sorbonne ne tarda pas à protester : elle s'émut de voir ainsi vulgariser les textes sacrés, et découvrit des hérésies dans la traduction. François Ier résista aux premières remontrances qui lui furent adressées, et le poète, comptant trop sur cette protection, crut pouvoir continuer son œuvre. Les théologiens ne lâchaient pas prise; ils réitérèrent leurs plaintes, et le roi eut enfin la faiblesse de céder : la vente des *Psaumes* fut interdite, Marot fut privé de son emploi à la Cour, et sentit encore une fois sa

---

[1]. La plupart ont été réunis et publiés dès 1537 dans un in-16 de 144 feuillets non chiffrés, intitulé : *Plusieurs traictez, par aucuns nouveaulx poètes, du differend de Marot, Sagon et la Hueterie*.

[2]. En juillet 1539, le roi fit présent à Marot d'une maison sise au faubourg Saint-Germain-des-Prés.

liberté menacée. Il reprit alors le chemin de l'exil, et, vers la fin de 1543, se retira à Genève : les démêlés qu'il y eut avec les protestants rigoristes, une accusation plus ou moins fondée d'adultère, le forcèrent bientôt à quitter la sombre cité de Calvin. Il erra encore quelques mois en Savoie, en Piémont; puis, après avoir visité le champ de bataille de Cérisolles glorieusement illustré par nos soldats, après avoir célébré dans une de ses dernières pièces cette victoire, il mourut à Turin dans l'automne de 1544. Son fidèle ami Lyon Jamet le fit inhumer dans l'église Saint-Jean, et sur son tombeau on grava pour épitaphe un dizain, qui se terminait par la devise connue du poète : *La mort n'y mord.*

Telle fut la vie de Marot. Lorsqu'on songe qu'il fut deux fois enfermé au Châtelet, qu'il dut traîner par toute la France sa course vagabonde, s'enfuir à deux reprises sur la terre étrangère, où il finit par mourir; lorsqu'on songe à son abjuration publique, aux visites domiciliaires opérées chez lui, aux persécutions et aux vexations dont il fut l'objet, on ne peut s'empêcher de reconnaître que lui aussi, comme son grand contemporain Rabelais, il a mené « une vie inquiète, errante, fugitive, celle du pauvre lièvre entre deux sillons [1] ». Entre temps, il faisait un rêve, précisément dédié à Rabelais, celui d'une existence large et pleine de loisir, s'écoulant dans les chambres et les galeries d'une sorte d'abbaye de Thélème, avec « dames et bains » pour passe-temps [2]. Rêve de poète, et formant un singulier contraste avec les orages qu'il eut à traverser! Il sut du moins jusqu'à la fin conserver assez de liberté d'esprit pour rimer, et c'est avec justice qu'en 1543 encore il se rendait à lui-même ce témoignage :

> On m'a tollu tout ce qui se peut prendre :
> Ce néantmoins, par mont et par campagne
> Le mien esprit me suit et m'accompagne.
> Malgré fascheux j'en jouy et en use.
> Abandonné jamais ne m'a la Muse;
> Aucun n'a sceu avoir puissance là [3].

---

1. Michelet, *Hist. de France, Renaissance*, liv. II, chap. XIX.
2. *Epigramme* CCXXVI, t. III, p. 92.
3. *Épître* LVI, t. I, p. 261.

PORTRAIT DE CLÉMENT MAROT

GRAVURE DE RENÉ BOIVIN

Bibl. Nat., Cabinet des Estampes, Ed. 3

Caractère de Marot. — C'est probablement à sa légèreté native, à un fond d'insouciance et de belle humeur que maître Clément dut cette liberté d'esprit. Il eut ses heures de découragement, surtout pendant l'exil, mais il se reprit toujours assez vite. Les sentiments profonds et durables n'étaient point son fait, quoiqu'il fût à l'occasion capable de les éprouver. C'est ainsi qu'à côté des amitiés littéraires il en eut aussi quelques-unes de plus intimes, et dont il était digne : tel semble avoir été son commerce avec Lyon Jamet, et on aime encore à voir le poète prendre la parole en faveur de son ami Papillon, le recommander à la générosité royale, dont il avait tant besoin pour lui-même. Cet incorrigible étourdi ne manquait point de cœur. On doit avouer cependant qu'il fut, d'après toutes les apparences, un père et un mari assez médiocre. Lorsqu'on a fait sa part à la discrétion qui est de mise en ces matières, on trouve que, malgré tout, Marot a parlé un peu sèchement de Marion « son humble bergerette » : il éprouve bien le vif désir de « reveoir ses petits Maroteaulx », mais c'est au moment où il commence à s'ennuyer fort en Italie. Sa vocation véritable était la galanterie, l'amour de tête, où le cœur n'entre en jeu que par un dernier raffinement. Il fut cependant épris sincèrement, une fois au moins ; c'est de cette maîtresse à laquelle il s'adresse dans ses premières élégies avec une tendresse d'expression où l'on ne se trompe guère, et dont il a dit plus gaîment dans un rondeau :

> Il n'en est gueres de plus belle
> Dedans Paris.
> Je ne la vous nommeray mie,
> Sinon que c'est ma grand'amye [1].

Au retour de Pavie, le poète ne retrouva plus qu'un amour fait de calcul et de réticences prudentes, qui tantôt semblait se donner, tantôt hésitait, et finit par se refuser tout à fait. Il en conçut un dépit, et cette amère leçon explique sans doute en partie le laisser-aller des années qui suivirent, les fantaisies qui se multiplièrent sans autre idéal que la satisfaction d'un désir

---

1. *Rondeau* XXXIX, t. II, p. 149.

passager ; enfin le libertinage presque sénile où Marot se laissa glisser — libertinage de tête plus encore que de cœur, a-t-on dit, — réel cependant, et dont on trouve des traces peu équivoques jusque dans les vers écrits aux derniers jours de l'exil.

Comment un homme d'un tel caractère, insouciant et léger, avec ce goût inné du plaisir, presque épicurien, s'est-il engagé, et assez avant, dans les voies austères de la Réforme? Il y a là un problème psychologique qui ne laisse pas d'être piquant. Rien de plus dissemblable au fond que cet aimable génie du poète et le grand courant d'idées chrétiennes qui circulait dans la société de son temps. Marot, au début, n'a dû comprendre ni la gravité de la révolution qui se préparait, ni la portée de son adhésion. Il a sans doute incliné vers ces nouveautés parce qu'elles étaient de mode parmi les dames, surtout à la cour de Marguerite, et qu'il y avait aussi en lui un peu d'esprit frondeur. La persécution a fait le reste : la prison et l'exil ont donné corps à ses opinions encore flottantes, et à force d'entendre répéter qu'il était calviniste, il a fini par le croire et par confesser sa foi. Il l'a fait non sans véhémence, quelquefois avec des accents éloquents. Cependant les pièces directement écrites sous cette inspiration ne forment point la meilleure partie de son œuvre, et ne sauraient servir à la caractériser que dans une faible mesure.

L'œuvre de Marot : pièces allégoriques et influence de l'antiquité. — Ce qui frappe tout d'abord dans cette œuvre, c'est moins encore sa variété que les contradictions qu'elle renferme. C'est l'œuvre d'un poète qui a vécu à une époque de transition et s'est, pour ainsi dire, trouvé aux confins de deux mondes, entre l'esprit du moyen âge qui meurt, et un esprit nouveau qui ne prendra conscience de lui-même qu'après un retour inconsidéré aux idées et aux sentiments de l'antiquité. Marot est entre ces deux courants qui se croisent, et se confondent parfois dans le cerveau des hommes de sa génération. Par ses premières œuvres, il appartient au système de la vieille poésie française, lyrique et didactique, issue presque tout entière du *Roman de la Rose*, et qui se faisait remarquer par la sécheresse de la forme, la prolixité décourageante du détail, l'abus des abstractions et des allégories.

Lorsque Marot commença à écrire, les rhétoriqueurs venaient de donner à cette poésie sa dernière forme, et le jeune homme parut tout d'abord leur disciple : en 1520, il dédiait l'épigramme placée en tête de son recueil « A monsieur Cretin, souverain poète françoys », et avait bien soin de la composer en rimes équivoquées ; en 1525, il saluait d'une façon émue le tombeau de Crétin, et qualifiait hardiment son œuvre de « chose éternelle ». Tout en subissant ces influences, Marot d'ailleurs avait été puiser à la source même : le poème de Guillaume de Lorris et de Jean de Meun fut son bréviaire; plus tard, il éprouva le besoin d'en donner une édition et d'en rajeunir le style. Il s'en est visiblement inspiré dans son *Temple de Cupido* [1], petit poème allégorique, peuplé d'abstractions traditionnelles, et où l'on voit un pèlerin amoureux reçu par *Bel-Accueil*, tandis que *Faux-Danger* se cache plus loin. Singulier temple! Le bénitier est un lac plein d'herbes et de fleurs, gonflé de toutes les larmes qu'ont versées les vrais amants; les saints qu'on invoque s'appellent *Beau-Parler*, *Bien-Aimer*, *Bien-Servir*, et tout au fond le dieu apparaît, couronné d'un « chapelet » de roses que Vénus elle-même a cueillies. Le reste est à l'avenant : Ovide, Alain Chartier, Pétrarque et Guillaume de Lorris sont les missels et les psautiers du lieu, et ce qu'on y chante au lutrin, ce sont des rondeaux, des ballades et des virelais. On reconnaît là cette adaptation du rite à des idées érotiques, que Saint-Gelais devait pousser si loin. Lorsque Marot fut présenté à Marguerite de Navarre, il n'avait point renoncé au système allégorique : l'épître adressée à la princesse [2] pour obtenir près d'elle une place de « petit servant » est conçue tout entière dans cet esprit, malgré des traits de gentillesse qui percent çà et là. C'est une pièce d'une ingéniosité forcée, avec apparition du « grand dieu Mercure », qui vient dans un songe exhorter le poète et lui donner du cœur, tandis qu'une vieille à la face blême, *Crainte*, le dissuade à son tour par un rondeau symétrique. *Bon-Espoir* arrive à la rescousse : le poète alors s'enhardit, et, sous le nom de *Despourveu* — un de ces titres pompeux que Jean Bouchet avait mis à la mode, — il se peint égaré dans la forêt de *Longue-Attente*; il

---

1. Marot, t. I, p. 8.
2. *Epître* II, t. I, p. 134.

implore la protectrice qui doit le tirer de « la mer d'infortune » et le faire aborder « en l'isle d'honneur ». Tout cela est puéril : on y sent un Marot qui ne vole pas encore de ses propres ailes, timide, et qui craint de rompre avec les formes consacrées par la mode.

Mais si Marot se relie au moyen âge par les traditions de la *Rose* et ce culte de l'allégorie dont on retrouve chez lui des traces jusqu'à la fin, il fut aussi de la Renaissance, il eut à sa façon les yeux tournés vers l'antiquité. Malgré les lacunes non comblées de son éducation première, quoique sachant fort peu le latin et point du tout le grec, Marot entreprit des traductions. Son premier essai d'adolescent, lorsqu'il s'exerçait à rimer sous les yeux paternels, avait été une version de la première églogue de Virgile; la paraphrase du *Jugement de Minos* imité de Lucien vint ensuite, et plus tard, aidé sans doute des secours de Jacques Colin, l'érudit secrétaire de François Ier, il aborda les *Métamorphoses* d'Ovide, et vint à bout d'en traduire deux chants. En dédiant cet ouvrage au roi, il déclare même avoir été vivement touché par « la gravité des sentences » : rien ne nous force à le croire sur parole, nous en serions plutôt empêchés par les jeux de mots dont il accompagne sa déclaration, et l'aveu sans artifice des difficultés qu'il a eues à comprendre le texte.

Médiocre traducteur, Marot, à défaut d'idées générales, tira de son commerce avec les anciens quelques métaphores et quelques ornements mythologiques. D'ailleurs, c'est par l'art que devait rentrer en France ce sentiment de l'antiquité, qui, dans la poésie, n'éclata avec force qu'au milieu du siècle. Marot ne ressent encore que les effets précurseurs de cette fièvre. Toutefois, à l'époque où il traduisait Ovide, Primatice et Rosso esquissaient de leur côté sur les murs du palais de Fontainebleau les principaux épisodes des *Métamorphoses* : rapprochement significatif, et qui prouve bien qu'entre l'art et la littérature proprement dite il commençait à s'établir des relations. Déjà, dans certains passages, Jean Le Maire avait annoncé l'inspiration et la flamme toute païenne de la Pléiade : Marot suivit de loin ses traces, et fit intervenir quelquefois dans ses vers les dieux de la Fable. Dès 1517, la naissance d'un Dauphin de France lui fournit, par un facile jeu de mots, l'occasion de mettre en scène Neptune et les divinités de la mer. Plus tard, il reprit encore ce tableau dans l'épithalame composé pour le mariage de Madame Madeleine avec le roi d'Écosse ; il conseillait à la princesse d'attendre le printemps pour traverser la mer sur sa flotte triomphante :

> Et si verras des Dieux de mainte forme,
> Comme Egéon monté sur la balaine ;
> Doris y est, Protheüs s'y transforme,
> Triton sa trompe y sonne à forte alaine [1].

Le suprême effort que fit Marot pour atteindre l'inspiration antique se trouve sans doute dans l'églogue composée lors de la mort de Louise de Savoie « la mère au grand berger ». Malgré des longueurs et des allitérations puériles, on ne saurait nier qu'il y ait de la douceur et de l'émotion dans quelques passages des plaintes de Colin ; il y a du mouvement aussi dans la façon dont le poète convie la nature tout entière à s'associer à ce grand deuil, — la nature peuplée de ces antiques divinités qui la faisaient vivre et palpiter, nymphes des sources et des bois :

> Que faictes-vous en ceste forest verte,
> Faunes, Sylvains ? Je croy que dormez là !
> Veillez, veillez, pour plorer ceste perte [2]...

Ces vers, après tout, ne sont pas si loin des fantaisies pastorales un peu laborieuses où Ronsard devait mettre en scène ses Perrot, ses Bellot, et le grave Michau chargé de juger les chants que modulent les bergers.

Développement de son génie naturel; ses lacunes. — Cependant, si Marot s'est dégagé de l'école des rhétoriqueurs et de leurs froides équivoques, ce n'est point grâce au souffle de la Renaissance : il le doit surtout à son génie naturel, qu'il avait d'une souplesse aimable et légère. Il s'est rarement guindé. Dans ce qu'il a fait de mieux on trouve je ne sais quoi de délié, un éveil de l'intelligence, beaucoup de finesse et de belle humeur. Son rire est délicat : ce n'est pas le large rire de Rabelais, c'est le « badinage » dont a parlé Boileau, au fond duquel

---

1. Marot, t. II, p. 99.
2. Marot, t. II, p. 265.

il y a tant de bon sens incisif et de raison ingénieuse. Que ce badinage ait été « élégant », on n'en saurait non plus disconvenir, et l'on ne voit pas trop pourquoi Laharpe voulait lui refuser cette épithète d'une justesse si parfaite. Sans doute, chez Marot, il y a encore des gaillardises d'expression, des pièces d'une crudité trop forte ; il est d'une licence grossière dans certaines épigrammes, surtout lorsqu'il met en scène ses paysans, comme Martin et Alix, Robin et Catin. Mais doit-on oublier qu'à côté de cela il a fait des pièces dignes d'Anacréon, et à une époque où Anacréon n'avait pas encore été retrouvé ? N'y a-t-il pas toutes les grâces un peu mièvres, tous les raffinements de l'alexandrinisme dans l'épigramme *De Cupido et de sa dame* :

> Amour trouva celle qui m'est amère...
> « Bonjour, dict-il, bonjour, Venus, ma mère [1]. »

Et dans le titre seul de certaines pièces légères : *D'Anne qui lui jecta de la neige*, ou bien : *D'Anne jouant de l'espinette*, ne sent-on pas, avec quelque chose de libre et de dégagé, une allure déjà pleine de politesse ?

C'est à la Cour, cette incomparable « maistresse d'escolle », que se développèrent et purent fleurir les qualités natives de son esprit. La Cour, avec ses fêtes brillantes, ses parades somptueuses, son train d'amour, était le terrain favorable et le climat propice à ce délicat poète. Marot le savait bien, qu'il lui fallait cet air pour respirer ; il sentait tout ce qu'il avait gagné d'élégance à cet incessant frottement, et il l'a dit un jour indirectement, lorsqu'écrivant une préface pour l'édition des œuvres de Villon (1532), et parlant de « son gentil entendement », il ajoute : « Et ne fay doubte qu'il n'eust emporté le chappeau de laurier devant tous les poëtes de son temps, s'il eust été nourry en la court des roys et des princes, là où les jugemens se amendent et les langages se polissent. » Marot, lui, fut à tel point poète de cour, qu'il connut jusqu'à l'art un peu futile, mais malaisé, de rimer pour ne rien dire et sans sujet apparent[2]. Il apprit surtout à quémander avec une ingéniosité naïve et une

---

1. *Épigramme* CIII, t. III, p. 44.
2. Voir notamment l'*Épigramme qu'il perdit contre Hélène de Tournon* (t. III, p. 38).

verve qui ne se démentent en aucune circonstance : que de requêtes au roi, et combien variées de tour, quoique le fond en soit identique! Le poëte a déployé là une aisance, une bonne grâce exempte de servilité, dont le secret semble s'être perdu après lui. C'est que la nature lui avait départi le goût, la mesure et une légèreté de touche dont il avait pleinement conscience. Lorsqu'il publia en 1538 la première édition complète de ses œuvres, il s'indignait que les imprimeurs eussent mêlé des « lourderies » à ses vers, et il se plaignait à Étienne Dolet du tort « outrageux » qu'on lui avait ainsi causé. Rien en effet n'est sorti de sa plume qui ne soit limpide et d'un tour aisé. Marot s'est exprimé d'une façon claire, et il a eu de l'esprit dans une langue qui est presque encore la nôtre : à deux cents ans de distance, le mot de La Bruyère reste toujours vrai [1].

Il y eut toutefois des insuffisances et des lacunes dans son génie : il faut en tenir compte, si l'on veut arriver à définir son esprit et à bien en saisir la portée. Ainsi, on a justement constaté chez Marot une certaine inaptitude à décrire, une absence d'impressions profondes en face de la nature ou des grands déploiements de l'activité humaine : il voit court, et rapetisse comme à plaisir les objets. Quand il veut, dans une épître, décrire à Marguerite de Navarre la tenue du camp d'Attigny [2], il aboutit à de froides énumérations, qui rappellent les *Voyages* composés par son père : il ne trouve à signaler que la « corpulence » des hommes, la façon dont on leur apprend à manier la pique, la terreur qu'on éprouve en entendant « bruyre l'artillerie ». Plus tard, il ne sera point touché davantage des spectacles qu'a dû lui offrir cette Italie princière de la Renaissance. A Venise, il se contente d'énumérer sèchement les palais « authentiques », les « chevaulx de bronze », et l'Arsenal qui lui paraît une « chose digne de poix » : il couronne le tout par une métaphore d'un goût médiocre, en appelant « mules de boys » les mille gondoles qui glissent silencieuses ou emplies de chansons à travers les canaux de la féerique cité [3]. Quant à la

---

1. « Marot, par son tour et par son style, semble avoir écrit depuis Ronsard : il n'y a guère, entre ce premier et nous, que la différence de quelques mots. » (*Ouvrages de l'esprit*, § 44.)
2. *Épître* III, t. I, p. 140.
3. Épître publiée pour la première fois par Guiffrey (t. III, p. 428). Cf. l'édition Voizard, p. 132.

nature elle-même dans sa pleine majesté, on sait assez qu'en face des Alpes il n'a trouvé d'autre expression que « les grandz froides montaignes » pour les caractériser : son impression se réduit à celle du voyageur pressé, que rendent maussade les chemins difficiles et couverts de neige. Au retour, plus libre d'esprit, puisqu'il n'est plus fugitif, il dira simplement que ces « roches hautaines » lui ont semblé des « préaux herbus » : et de là, arrivant à Lyon, il jugera avoir donné du Rhône et de son cours impétueux une idée suffisante en l'appelant le « mignon » de la Saône [1]. Tout cela est très pauvre. Il semble pourtant qu'une fois au moins le poète ait eu la sensation plus juste d'une nature à vrai dire moyenne, et qui lui avait été longtemps familière : au début de l'églogue adressée, en 1539, à François Ier, il il a parlé avec une heureuse simplicité des causses du Quercy, et de l'enfance paresseuse et vagabonde qu'il avait menée là au grand soleil, tantôt traversant les rivières à la nage, tantôt s'enfonçant dans les forêts pour y cueillir le houx, et puis grimpant aux arbres pour y dénicher les oiseaux, jeter les fruits mûrs à ses petits compagnons ; s'aventurant enfin dans les sentiers rocailleux :

> Pour trouver là les gistes des fouynes,
> Des herissons ou des blanches hermines;
> Ou pas à pas le long des buyssonnetz
> Allois cherchant les nidz des chardonnetz [2].

Il y a de la fraîcheur dans ces souvenirs, et l'on sent que le poète, arrivé à l'âge mûr, a conservé très vivace encore l'impression de ces insouciantes années de pleine liberté. Il était sur la grande voie qui conduit à sentir la nature.

On a parfois aussi reproché à Marot de rester faible et médiocre, lorsque, sortant de ce « badinage », auquel semble le condamner la formule de Boileau, il a voulu s'élever à un ton plus grave, s'essayer dans ce qu'il appelle lui-même le « haustyle ». Le reproche n'est pas sans fondement, mais il ne faudrait point l'exagérer. Passons condamnation sur ses compositions mythologiques, sur ses derniers efforts, lorsqu'après Céri-

---

1. Voir *Épîtres* XLVIII et XLIX, t. I, p. 234 et 236.
2. Marot, t. I, p. 40.

solles il parle d'emboucher « la trompette bellique » d'Homère et de Virgile. C'était, de sa part, une erreur qu'il avait toujours plus ou moins caressée : dans ses pièces légères, certains traits semblent indiquer qu'il rêvait d'entreprendre « quelque grand' œuvre », un « œuvre exquis ». Il se trompait lorsque, dans une épigramme à l'évêque de Tulle, Castellanus, il souhaitait de trouver un Mécène en jouant sur son nom de Marot, et attribuait aux rigueurs de la fortune son incapacité d'aborder les grands genres[1]. Il était mieux avisé quand, du temps de son exil, faisant au dauphin une promesse de ce genre, et lui laissant entrevoir un grand poème en son honneur, il ajoutait prudemment : « Si ma muse s'enflamme[2] ». Ces longues œuvres, dont il croyait entrevoir en imagination le plan et les contours, ne convenaient guère à ses allures capricieuses.

Les tirades graves de Marot, et le choix à faire dans ses œuvres. — Mais, cette réserve une fois faite, il est juste aussi de reconnaître qu'il n'a ni partout ni toujours manqué d'élévation. Et d'abord, où trouver un ton plus grave et plus mâle, un plus beau sens enfermé en peu de mots que dans la fameuse épigramme de huit vers[3] où il nous montre le lieutenant Maillart conduisant Samblançay à Montfaucon? Ce qui est vrai, c'est qu'il avait l'haleine courte : lorsqu'il voulut reprendre en le développant ce thème de la mort de Samblançay, il eut l'idée malheureuse de donner la parole au cadavre lui-même, et fit une médiocre élégie, plate au début, presque macabre vers la fin, sans les traits de force que Villon trouvait en de pareils sujets. Marot a fait mieux, et si, dans le genre grave, il n'a rien laissé d'absolument complet, on peut cependant çà et là dans son œuvre relever des développements puissants et des tirades d'une éloquence émue. Il y en a déjà dans cet *Enfer*[4] qu'il composa lors de sa première incarcération au Châtelet. Après la satire mythologique du début, l'apparition de « Cerberus » à trois têtes, le poète, en poursuivant sa route, traverse les premiers cercles, les « faubourgs » de cet Enfer, remplis de plaintes

---

1. Voir *Épigramme* CLIX, t. III, p. 65.
2. Voir *Épître* XLIII, t. I, p. 219.
3. *Épigramme* XL, t. III, p. 19.
4. Voir Marot, t. I, p. 49-63.

et de murmures ; il pénètre enfin dans cette salle où siège le terrible juge Rhadamantus :

> Plus enflammé qu'une ardante fournaise,
> Les yeux ouverts, les oreilles bien grandes,
> Fier en parler, cauteleux en demandes.

Il nous retrace l'appel de « l'âme damnée », le coup de marteau, l'interrogatoire accompagné de cette torture qui « fait allonger veines et nerfs », et arrivé à ce moment pathétique, il oublie toute sa mythologie de convention pour pousser le cri du cœur :

> O chers amys, j'en ay veu martyrer,
> Tant, que pitié m'en mettoit en esmoy !

Le calviniste qui s'était éveillé, vaguement d'abord, puis affirmé peu à peu au fond de Marot, a eu lui aussi quelques graves accents, et qui ne sont dépourvus ni de beauté, ni d'une sorte de tendresse austère. On les trouve, par exemple, dans l'épître adressée au roi durant l'exil à Ferrare. C'est là que, tout en se défendant d'avoir adopté les erreurs de Luther, Marot en arrive à cette invocation :

> O Seigneur Dieu, permectez moy de croire
> Que reservé m'avez à vostre gloire !...
> Et vous supply, pere, que le tourment
> Ne luy soit pas donné si vehement
> Que l'âme vienne à mettre en oubliance
> Vous, en qui seul gist toute sa fiance ;
> Si que je puisse avant que d'assoupir
> Vous invocquer jusqu'au dernier souspir [1].

Le développement ne manque pas d'une sorte de hardiesse imprudente, encore soulignée par l'artifice oratoire qui l'accompagne : il est, à coup sûr, d'une belle venue et d'une mâle sobriété. Marot a peut-être fait des vers où se montre plus manifestement encore sa foi calviniste, il n'en a point écrit de plus beaux et de plus pleins. Et si l'on songe que le poète, qui parlait ainsi, est aussi celui qui composait des épigrammes pour les dames de la Cour et racontait l'histoire de son valet de Gascogne, on ne peut lui refuser, semble-t-il, d'avoir su varier le ton, et d'avoir parfois atteint l'élévation morale.

[1]. Marot, t. I, p. 246.

Hâtons-nous d'ajouter que s'il arrive à ces hauteurs, il ne s'y maintient guère. Les grandes pensées ne lui sont point familières : il n'est vraiment à l'aise que dans les genres moyens, ceux où son ironie légère peut librement se jouer autour des choses. C'est là qu'il a créé ces petits chefs-d'œuvre de grâce qui l'ont mis hors de pair et caractérisent sa manière dans ce qu'elle a de meilleur et de plus personnel. Et même quel départ à faire dans son œuvre ! Combien est petit le nombre des pièces vraiment achevées et parfaites, où il n'y a aucune trace de rouille, où rien ne nous choque, où rien ne languit ni dans l'expression, ni dans la suite des idées ! Voltaire, quand il faisait tenir Marot tout entier en huit ou dix pages, se montrait peut-être d'un purisme exagéré. Mais cet excès de sévérité n'est pas après tout pour lui nuire. Il y a chez Marot une vingtaine d'épigrammes dont la délicatesse tendre et enjouée ne laisse rien à désirer : il faut y ajouter trois ou quatre chansons, quelques rondeaux, et si l'on y joint encore les épîtres adressées au roi « pour avoir esté dérobé » et « pour le délivrer de prison », celle où il raconte à Jamet la fable *le Lion et le Rat*, une ou deux autres peut-être, on aura les modèles vrais, impérissables de sa facilité naïve et de son naturel aimable. Il a semé çà et là bien d'autres traits ingénieux, mais dans des pièces parfois prolixes, parfois plates ou traînantes malgré leur brièveté. Plus ou moins large, plus ou moins sévère, un choix s'impose.

Définition de son esprit et de son badinage. — Lorsqu'on a fait ce choix aussi scrupuleusement que possible, que trouve-t-on, en définitive, au fond de « l'élégant badinage » ? Un peu de cœur sans doute, et certainement beaucoup d'esprit. C'est à une exacte évaluation de l'un et de l'autre que doit se ramener l'analyse du génie de Marot.

Sur le dernier point d'ailleurs, on es assez d'accord. Personne n'a jamais songé à refuser au poète une large dose de cet esprit naturel, qui s'est développé à la double école de la vie et de la Cour, s'est dégagé des entraves d'une rhétorique banale, et s'est enfin victorieusement affirmé par tant de saillies imprévues et très personnelles. Il s'agit à présent d'en mesurer la portée. L'esprit à vrai dire, suivant une remarque souvent faite, ne se laisse guère enfermer dans le cercle étroit d'une définition : peut-être y doit-on voir avant tout une certaine finesse, un je ne sais quoi de délié qui permet d'apercevoir, d'établir entre les idées des rapports délicats et subtils. Mais il n'est pas question d'en donner ici une définition générale, et tout doit se réduire à comprendre à peu près ce qu'il fut chez Marot.

L'esprit, souvent, se montre dans ses œuvres sous une forme qui le rend particulièrement accessible et saisissable, celle du *trait*. Ces traits sont dans toutes les mémoires : ils ne sont pourtant ni du même genre ni de la même valeur, et il semble qu'à tout prendre on doive les répartir au moins en deux classes. Rangeons dans la première tous ceux qui n'attestent qu'un travail de la pensé roulant sur elle-même et arrivant à rebondir par une sorte d'antithèse. On hésite à ne voir qu'une symétrie de mots, s'appelant réciproquement, dans le vers célèbre qui termine le dizain adressé à une inconnue :

> Je l'ayme tant que je ne l'ose aymer [1].

Mais il est déjà plus difficile de trouver autre chose à la fin des vers pourtant très gracieux composés sur « le ris de madame d'Albret » :

> Il ne fauldroit pour me resusciter
> Que ce rys là duquel elle me tue [2].

Ce sont des traits d'un raffinement presque excessif, tendus sous leur apparente aisance, amenés en un mot, et auxquels vient trop visiblement aboutir tout ce qui précède. On y sent un esprit presque acquis, artificiel, et qui n'est pas exempt déjà d'une pointe de préciosité : c'est l'esprit dont, un siècle plus tard, Voiture devait être le héros à l'hôtel de Rambouillet. Marot a des traits d'une saveur tout autre et bien plus naturelle, ceux qu'il a semés par exemple avec une sorte de profusion dans ses meilleures épîtres. Là, rien d'apprêté ni de convenu, l'esprit jaillit de source; la réflexion n'est ni préparée, ni amenée; sous sa forme pleine de bonhomie ou de malice ingénue, elle paraît d'autant plus piquante qu'on la rencontre plus à l'improviste, et, pour ainsi dire, au détour du vers. Rien ne

---

1. Marot, t. III, p. 38.
2. Marot, t. III, p. 23.

vaut ses explications naïves, données avec un apparent sérieux, et piquantes à force d'évidence inutile. Tantôt, écrivant au roi pour être tiré de prison, Marot s'excusera dans un post-scriptum de n'avoir pas été présenter lui-même sa requête :

> Je n'ay pas eu le loysir d'y aller...

Tantôt, racontant comment son valet de Gascogne lui a dérobé « en tapinois » cette bourse qui, par hasard, « avoit grosse apostume », il ajoutera sans se déconcerter :

> Et ne croy point que ce fust pour la rendre,
> Car oncques puis n'en ay ouy parler.

Que de désinvolture enfin dans le dernier trait :

> Soyez certain qu'au partir du dict lieu
> N'oublia rien fors qu'à me dire adieu.

Marot, lorsqu'il riait avec tant de bonne grâce de ses mésaventures, sentait, à vrai dire, qu'il avait besoin d'en faire rire les autres, le roi surtout. Mais n'a pas qui veut ce tour alerte et dégagé : ces traits et beaucoup d'autres sont d'un naturel exquis, ils ont de l'imprévu et toute l'ingénuité malicieuse qu'on retrouvera plus tard au fond de la bonhomie de La Fontaine.

A côté de celui qui éclate ainsi en mots d'une justesse inattendue, en saillies et en réserves piquantes, il est un autre genre d'esprit, plus rare encore, et d'une portée supérieure. C'est l'esprit qui se répand dans une œuvre, quelles qu'en soient les dimensions, qui en soutient tous les détails et en éclaire toutes les parties comme d'une lumière égale. Marot l'a possédé. Car, enfin, c'est une façon d'être spirituel, et la meilleure sans doute, que de conter clairement et avec aisance, de trouver successivement, dans une chanson ou un rondeau, les tours les plus justes, ceux qui doivent donner aux pensées tout leur relief et les traduire en vives expressions. De ce qu'aucune idée ne dépasse les autres, de ce qu'aucun mot ne se trouve en saillie, on ne doit pas conclure que la dépense d'esprit a été moindre, et il en faut assurément beaucoup pour tourner, par exemple, un rondeau comme celui de *l'Amour du siècle antique*[1]. Lorsqu'on

---

1. Voir Marot, t. II, p. 162.

relit cette aimable petite pièce, lorsqu'on voit le poète regretter le « bon vieux temps » et ce qu'il a appelé ailleurs « le train d'amour joly », opposer à la constance d'antan les manèges de la coquetterie contemporaine, et déclarer qu'il faut qu'on « refonde l'amour », pour qu'il se mette de nouveau sur les rangs, on sent une grâce enjouée et spirituelle également répandue dans tous ces vers. D'où naît-elle, sinon d'une parfaite convenance entre le ton et le fond des idées exprimées?

Maintenant, mettez à côté de celui-là un autre rondeau non moins célèbre, celui où il est question d'une « alliance de pensée », alliance toute platonique, conclue au milieu d'une fête masquée entre le poète et une grande dame, qui semble bien être Marguerite de Navarre :

> . . . . Laquelle à voix baissée
> M'a dit : « Je suis ta pensée féale,
> Et toy la mienne à mon gré cordiale. »
> Nostre alliance ainsi fut commencée
>   Un mardy gras [1].

Il y a de l'esprit encore, et du plus fin, du plus discret, sans traits marqués, dans ce « badinage » de carnaval. Mais n'y a-t-il que de l'esprit? N'y sent-on pas percer déjà quelque autre chose, qui n'est plus seulement le rire délicat ou la bonne humeur enjouée? C'est bien le cœur, semble-t-il, qui entre ici en jeu. Si personne ne conteste à Marot l'esprit, on est moins d'accord sur la sensibilité dont il a fait preuve, et quelques-uns la lui refusent volontiers. Il en eut cependant. Ce don d'être ému, c'est-à-dire d'être vrai, ce don sans lequel il n'existe pas de poète digne de ce nom, il l'a possédé. Son émotion est légère, mais non pas toute de surface ; le ton grave, que nous lui avons vu prendre dans quelques passages de l'*Enfer*, ou dans des pièces écrites pendant l'exil, en donnent déjà la mesure. Mais cette sensibilité naît ordinairement de circonstances moins solennelles, elle peut éclore au milieu du rire, à la suite de quelque impression immédiate et fugitive. En fait de sentiments aussi, Marot a été l'homme de l'à-propos. Dans l'expression de ses désirs ou de ses regrets amoureux, il a presque toujours eu la sincérité du

---

1. Marot, t. II, p. 148.

moment où il parlait : ne lui en demandez pas davantage. Et ces émotions légères, comme il a su joliment les traduire, dans de courtes pièces dont les contours sont bien arrêtés! Il a su mettre de l'ordre et de la grâce dans ses sentiments comme dans ses idées, et il y est parvenu d'autant plus facilement peut-être qu'ils étaient moins profonds, vrais cependant. De là cette délicatesse en fleur, cette éphémère mais vivante émotion du désir, qui n'a point vieilli, que nous retrouvons encore dans un dizain comme celui du *Baiser volé* [1], et dans tant d'autres. De là ces raffinements sans préciosité, ces traits d'une spirituelle tendresse, comme celui qui termine le petit chef-d'œuvre intitulé *De Ouy et Nenny* :

> Mais je vouldrois qu'en le me laissant prendre
> Vous me disiez : « Non, vous ne l'aurez point [2]. »

C'est encore du badinage, si l'on veut, mais c'est le badinage du cœur. Cette grâce lumineuse, d'autres en France la posséderont après Marot, et, dans notre siècle, nul sans doute à un plus haut degré qu'Alfred de Musset : elle naît, semble-t-il, du caprice, mais aussi d'une sorte de tempérament, d'équilibre entre le cœur et l'esprit. La prédominance exclusive de l'esprit donne à une œuvre je ne sais quelle sécheresse et quelle uniforme aridité; on ne s'y trompe guère, on sent vite qu'il y manque une goutte de rosée : l'esprit seul n'a jamais fait que des poètes médiocres. D'autre part, l'intensité tyrannique du sentiment entraîne l'homme très haut; si cet homme est un poète, elle le fait se répandre en exclamations passionnées ou en images d'un luxe désordonné. Il semble qu'entre les deux il y ait place pour une sensibilité moyenne, exempte d'exaltation, compensant par sa délicatesse ce qui lui manque en profondeur. C'est là celle qu'avait Marot, se prenant aux choses plus qu'on ne le croirait à première vue, se prenant à ses propres sentiments, mais toujours assez maître de lui pour les traduire nettement et les exprimer avec grâce. Il faut aboutir, en définitive, à voir en lui un homme qui fut capable de ressentir légèrement des émotions vraies, tout en conservant le libre usage de son

---

1. Voir Marot, t. III, p. 107.
2. Marot, t. III, p. 29.

esprit : c'est peut-être la formule dernière de son génie, et c'est la plus équitable.

Il ne paraît pas qu'au XIXe siècle les maîtres de la critique aient toujours fait à Marot la part assez large. Sainte-Beuve [1], qui l'a pourtant finement jugé, ne lui accorde en somme qu'une « causerie facile, semée par intervalles de mots vifs et fins »; il lui refuse le génie, et ajoute, après avoir démêlé les liens multiples qui le rattachent à son époque : « Il était trop naïvement de son siècle, pour n'en être pas goûté. » Mais nous, pourquoi le goûtons-nous encore, et d'où vient que Voiture et La Fontaine l'aient pris parfois pour modèle avoué; qu'au XVIIIe siècle, deux cents ans après sa mort, comme l'observait déjà Laharpe, il ait séduit les esprits par son tour naïf, et suscité toute une école qui voulut relever de lui? Nisard [2], probablement, l'explique mieux, en faisant ressortir, au contraire, ce qu'il y a de « national » dans son œuvre, où « rien ne dépasse une certaine mesure qui est déjà le goût », dans le tour de sa galanterie qui trahit « beaucoup de passion de tête avec un peu d'amour ». Cependant, Nisard ne veut pas lui non plus que notre sympathie pour Marot soit « l'effet d'une conformité intime et immédiate » : ce qu'il lui dénie, c'est d'avoir exprimé des vérités générales, et ce qu'il a l'air de regretter, c'est que le poète, par insouciance et défaut d'éducation première, n'ait pas été à même de puiser pleinement dans les trésors de l'antiquité grecque et latine. N'est-ce point là lui chercher une querelle inutile? D'après les tentatives mêmes qu'a faites Marot pour s'assimiler les modèles anciens, nous ne voyons pas trop ce qu'il aurait gagné à un commerce plus prolongé avec eux, mais nous voyons bien ce qu'il eût risqué d'y perdre, c'est-à-dire l'allure libre, la spontanéité, la grâce un peu capricieuse. C'est Sainte-Beuve qui, sur ce point, paraît avoir raison, en estimant qu' « avec un esprit d'une portée plus ambitieuse... il n'eût fait que s'élancer un peu plus tôt que Ronsard vers ces hauteurs poétiques, inaccessibles encore »

---

1. Cf. *Tableau de la poésie française au* XVIe *siècle*, p. 21 et suiv.
2. Cf. *Histoire de la littérature française*, t. I, p. 270 et suiv.

III. — *Les successeurs de Marot.*

L'école de Marot. — Marot eut-il une école? C'est une question à laquelle il n'est peut-être pas aussi facile de répondre qu'on le fait d'ordinaire. On parle volontiers de cette école : mais quels en sont les traits distinctifs, et de quels poètes se compose-t-elle? Ce qui distingue Marot, c'est la grâce légère, l'émotion délicate, beaucoup de netteté dans la pensée, une sorte de malice ingénue et d'imprévu piquant dans l'expression : toutes ces qualités sont très personnelles, il n'en fut redevable qu'à son propre génie, heureusement développé par les circonstances. Y avait-il là quelque chose qui pût se transmettre à des disciples? Il est permis d'en douter. Le mot d'« école » suppose un ensemble de préceptes, des règles d'écrire fixes et déterminées, des aspirations très nettes, de la cohésion dans les efforts, et un but poursuivi en commun, bref tout ce qui se trouvera chez les poètes de la génération suivante : on peut donc parler de « l'école de Ronsard », dire ce qu'elle a voulu, et dans quel sens elle a marché. Mais il convient d'être plus réservé en ce qui concerne Marot et ses successeurs immédiats.

Ce qui est certain, c'est qu'il fut, de son temps, et presque sans contestation, considéré comme le premier parmi les poètes. Ses contemporains, à quelques exceptions près, lui rendirent justice. Lors de la querelle avec Sagon, les poètes que Marot appelle à la rescousse, entendent cet appel, viennent se grouper autour de lui, et rompent tous une lance : il semble en effet y avoir à ce moment-là un chef et des disciples, quelque chose qui donne l'illusion d'une école proprement dite. On éprouve encore cette impression dans une autre circonstance. Quand Marot, pour tromper les ennuis de son exil à Ferrare, eut composé les épigrammes du *Beau* et du *Laid Tetin*, ces deux petites pièces furent accueillies avec une sorte d'enthousiasme par les poètes de France, et devinrent le point de départ de cette menue littérature des *Blasons*, dont le goût se répandit avec une si prodigieuse rapidité. On se mit à célébrer à l'envi toutes les parties du corps féminin : Victor Brodeau, Eustorg de Beaulieu, Michel d'Amboise, Lancelot Carles « blasonnèrent » qui la *Bouche* ou l'*Oreille*, qui la *Langue*, la *Dent*, le *Pied*, tandis que d'autres cherchaient à subtiliser, comme le poète lyonnais Maurice Scève dans ses blasons de l'*Œil* et du *Sourcil*. Mais le premier blason de Marot eut l'honneur de rester le type et le modèle du genre, « élégant badinage » également éloigné du détail cynique et des affectations d'une recherche puérile.

C'est ce badinage en effet, si plein de délicatesse, que cherchaient à imiter ceux qui se proclamaient ses disciples; c'est à ce libre tour d'esprit, alerte et dégagé, qu'ils s'efforçaient d'atteindre avec des fortunes diverses. Quelques-uns en ont approché. Tel ce Victor Brodeau, qui mourut jeune, dès 1540, et avait été, pour la gentillesse de son esprit, le disciple préféré, le « fils » de Marot. Il n'a guère laissé qu'un petit poème religieux, *Les Louanges de Jésus-Christ*, et quelques pièces la plupart restées manuscrites. Mais il eut un jour la bonne fortune de tourner son huitain sans défaut sur les *Deux frères Mineurs*, qui pratiquent l'art de « disner pour un grand merci » :

> Car le vœu qui l'argent vous oste,
> Il est clair qu'il défend aussi
> Que ne payez jamais vostre hoste.

Il y avait si bien là l'allure de Marot, son style coulant et son ingéniosité malicieuse, que les plus fins « divineurs » s'y trompèrent, et n'hésitèrent pas à lui attribuer la paternité de ces vers. Cependant, lorsqu'après avoir lu le gracieux rondeau sur *l'Amour du siècle antique*, on voit la réponse facile, mais un peu terne et sans portée, qu'y fit Brodeau, on ne peut s'empêcher de reconnaître combien il restait d'ordinaire loin de son modèle. Il en fut ainsi des autres, de tous ces prétendus disciples, auxquels le maître put enseigner l'art de rimer clairement, mais sans leur léguer pour cela le secret de son heureux génie.

Il ne faut donc pas chercher à définir de trop près ce que fut l'esprit de cette école, si tant est qu'il y en ait eu une, et qu'il y ait eu aussi une discipline acceptée. La vérité, c'est qu'autour de Marot tout le monde faisait des vers, et que beaucoup tentèrent de copier son allure. La menue poésie de cour était si fort à la mode, que le souverain lui-même, à l'occasion, ne dédaigna pas de prendre la plume pour rimer une chanson ou une ballade. Marot nous a signalé le fait dans une de ses églogues, et François Ier a adressé à la duchesse d'Étampes quelques vers au moins qui ne manquent ni d'ingéniosité ni de politesse :

> Faire le puis et ne puis le vouloir.
> Que plus taschez ma liberté me rendre,
> Plus m'empeschez que ne la puisse avoir,
> En commandant ce que voulez desfendre.

Marguerite de Navarre : ses poésies mystiques. — Si le roi de France s'amusa à tourner des petits vers, sa sœur, la reine de Navarre, eut de plus hautes prétentions : elle fit presque métier d'auteur, et mérite sa place parmi les poètes de l'époque. Mais, en dépit des relations littéraires qui purent exister entre Marguerite et Marot, malgré la fameuse « alliance de pensée », il est en somme peu légitime de voir dans cette princesse un disciple de maître Clément. Marguerite eut son originalité. Plus savante que son frère, et que bien des contemporains, elle savait l'italien, l'espagnol, le latin, le grec, aborda même l'étude de l'hébreu sous la direction de Paul Paradis. Sa petite cour — qu'elle promena d'Alençon à Pau, de Fontainebleau à Nérac, sur les bords fleuris de la Baïse — fut un centre d'études sérieuses et de conversations morales, auxquelles la princesse elle-même donnait le ton. A côté de seigneurs comme François de Bourdeilles et sa femme Anne de Vivonne, à côté de la sénéchale de Poitou, de Jean de Montpezat, de Nicolas Dengu, tous ceux qui sous des pseudonymes ont été les « devisants » de l'*Heptaméron*, on y rencontrait des littérateurs et des poètes : quelques-uns ne firent qu'y passer, mais d'autres, comme Des Periers, Brodeau, Du Moulin, Jean de la Haye, Charles de Sainte-Marthe, séjournèrent près de la princesse, furent attachés à sa personne en qualité de « valets de chambre ». On a dit parfois que ces secrétaires, tout en écrivant sous la dictée de Marguerite, collaboraient aussi à ses œuvres et l'aidaient à les composer : rien ne le prouve. Ce qui donne à ces œuvres une sorte d'unité, malgré leur diversité apparente, c'est la constante préoccupation morale qui perce même dans l'*Hep-*

taméron, à travers les libres récits empruntés à Boccace. Dans les poésies de la reine, si vantées par les contemporains et si oubliées depuis [1], on trouve aussi, à côté de sentiments délicats, des pensées viriles, sévèrement exprimées. Il y a toute la tendresse d'une âme aimante dans les petites pièces que Marguerite adressa à son frère, et qui sont si pleines d'une admiration naïve. Il y a de l'érudition et des ornements mythologiques dans la composition sur *les Satyres et les Nymphes de Diane*. Néanmoins, ce qui fait l'intérêt capital des vers contenus dans les *Marguerites de la Marguerite des Princesses*, c'est, à travers les lourdeurs et les archaïsmes, la platitude même de la forme, je ne sais quel parfum subtil et mystérieux qui s'en dégage.

Même en laissant de côté dans ce recueil quatre comédies pieuses, écrites selon le goût naïf du moyen âge, on pourrait, à l'aide de deux poèmes comme le *Miroir de l'Ame pécheresse* et l'*Oraison de l'Ame fidèle*, se retracer l'histoire de ce mysticisme de Marguerite, qui avait pour emblème la fleur du souci, et pour devise : *Non inferiora secutus* (traduisez : je ne m'arrête pas aux choses d'ici-bas). On retrouve dans ces vers toutes les phases de la vie mystique. Et d'abord le sentiment profond de la faiblesse humaine, des fautes que la chair fait commettre, mêlé à l'écrasante pensée de la grandeur de Dieu :

> Laissé vous ay pour suyvre mon plaisir...
> Laissé vous ay en rompant le lien
> De vraye amour et loyauté promise :
> Laissé vous ay : mais où me suis-je mise [2] ?

Il y a beaucoup de grandeur dans cette description de Dieu qui de « ses bras enclôt le firmament », dont la voix est « effroyable plus qu'un tonnerre », dont l'œuvre enfin « est toujours bonne ». Et quelle ardente volonté de s'anéantir, dans l'*Oraison de l'Ame fidèle*! Quelle tendance de l'être tout entier vers cet amour qui doit « mettre à sec la mer de nos péchés »! Beaucoup d'images fortes et puissantes éclatent ainsi à l'improviste, couronnant de lourds développements prosaïques. Et Marguerite n'a pas eu des accents d'une tendresse moins émue

---

1. Ce qui le prouve bien, c'est que M. A. Lefranc vient d'en retrouver et d'en publier tout récemment une portion considérable. Voir plus bas.
2. *Les Marguerites*, etc., t. I, p. 19 verso (édition de 1554).

HIST. DE LA LANGUE & DE LA LITT. FR.   T. III, CH. III

UN AUTEUR PRÉSENTANT SON LIVRE
A MARGUERITE DE NAVARRE
D'APRÈS UNE MINIATURE DU « MYROER DES DAMES »
Bibl. Nat., Mss. Fds. français, 1189

pour peindre la phase dernière, celle où l'âme a conquis enfin son Dieu, et se retrouve dans son sein, fortifiée, régénérée :

> O Pere doux, plein de dilection...
> Tu es en nous vivant et nous vivons...
> Tu es la voye et le chemin tres ample
> Par où l'on va au grand' celeste temple [1] !

Vers la fin de sa vie, Marguerite reprit le douloureux voyage, et voulut en tracer encore une fois les étapes. Dans les *Prisons*, qui sont le morceau capital de ces *Dernières Poésies* de la reine de Navarre, récemment retrouvées et remises en lumière [2], elle décrit sous un voile allégorique les crises morales qu'elle a traversées, les geôles où elle a séjourné — prisons de l'Amour, de l'Ambition et de la Science — avant d'arriver à la délivrance finale. Elle y apparaît dégagée, non sans peine, de ces liens terrestres, dont le plus fort venait d'être rompu par la mort de son frère bien-aimé ; lasse de la politique, lasse de la conduite des affaires du monde, et même de ce savoir encyclopédique, auquel elle avait aspiré avec tant de ferveur comme tous les grands esprits de la Renaissance. C'est Dieu qui est le refuge suprême, c'est dans ce « grand Tout » qu'il faut anéantir notre faible « Rien » :

> O feu ardant, doulx esprit d'amour plain,
> Qui ayant mys Rien à rien, dans le sein
> Du puyssant Tout, du grand Tout l'a remis !
> O forte amour, à qui Tout est soubzmys
> De recevoir ce Rien par ton mistere ! [3]

On sent dans de tels passages une tout autre allure que dans les psaumes traduits par Marot. Beaucoup de poètes ont, à cette époque, abordé des sujets sacrés : aucun ne l'a fait avec la conviction et, malgré certaines obscurités, avec l'ampleur majestueuse qu'y apporta la reine de Navarre. C'est ce qui lui donne une place à part, ne permet guère de la ranger à la suite de Marot, et rend peu vraisemblables aussi les collaborations dont on a parlé.

---

1. *Les Marguerites*, etc., t. I, p. 46 recto.
2. Ce nouveau recueil de douze mille vers comprend essentiellement : 1° des Épîtres ; 2° deux comédies pastorales, la *Comédie sur le trespas du Roy*, et la *Comédie jouée au Mont de Marsan* (1547) ; 3° les *Prisons*, poème en trois chants ; 4° des poésies lyriques (chansons spirituelles, élégies, dizains, etc.).
3. *Dernières Poésies*, p. 297.

Parmi ses secrétaires, c'est à Bonaventure Des Periers que la critique a surtout dévolu ce rôle de collaborateur. Mais, à bien examiner les choses, Des Periers semblerait plutôt avoir subi l'influence et l'ascendant de la reine. Auprès de Marguerite, qui lui était apparue pour la première fois dans une église de Lyon, et qu'il appelle la « princesse pure autant que colombelle », ce Bourguignon bon vivant, ce satirique malin et caustique, auteur des *Joyeux Devis*, devint un poète d'une sensibilité presque mélancolique. Il ne se contenta pas de traduire des psaumes et des cantiques : dans ces œuvres qu'il était occupé à mettre en ordre, lorsqu'il se donna la mort au printemps de 1544, on rencontre des vers qui ont de la grâce à défaut de force, et se distinguent par la richesse de la rime et le soin de l'épithète. Nulle trace d'archaïsme, rien de ces développements laborieux et touffus où se complaît le mysticisme de la reine de Navarre : au contraire, une certaine légèreté, qui n'est cependant pas celle de Marot. Dans sa pièce sur les *Roses*, imitée d'Ausone, et dédiée à la jeune Jeanne d'Albret, il y a des détails exquis, et tous les traits que Ronsard devait plus tard condenser dans la fameuse odelette à Cassandre. Des Periers avait l'âme d'un poète, quoiqu'il ait eu la modestie de se refuser à lui-même ce titre : en essayant d'assouplir le rythme, et de combiner des strophes nouvelles, il s'éloigna de la manière de Marot et devança la Pléiade.

Les traductions et le retour à l'allégorie. — Des Periers s'était aussi exercé à faire passer en français quelques-unes des œuvres de l'antiquité. Si la traduction de l'*Andrienne* lui a sans doute été faussement attribuée, il traduisit du moins le *Lysis* de Platon, et fit encore une paraphrase en vers blancs de la première satire d'Horace. D'ailleurs, dans cette première moitié du XVIe siècle, où la France sentait enfin les atteintes de la Renaissance italienne, la vogue était aux traductions. A partir d'Octavien de Saint-Gelais, cherchant à « tourner » quelques chants de l'*Enéide* et de l'*Odyssée* ; à partir de Marot lui-même, dont la muse bégayante s'était exercée sur la première églogue de Virgile, et qui devait aborder plus tard les *Métamorphoses* d'Ovide, — la liste serait longue à dresser, de tous ceux qui tentèrent de faire passer dans notre langue quelques fragments des œuvres grecques et latines. En 1548, Thomas Sibilet devait faire, dans sa *Poétique*, un genre à part de la traduction : lui-même traduisit l'*Iphigénie* d'Euripide. Héroët, sans parler de l'*Androgyne* de Platon, tourna en rimes françaises l'*Art d'aimer* d'Ovide ; Pelletier s'exerça sur l'*Art Poétique* d'Horace, sur un livre des *Géorgiques* et les deux premiers chants de l'*Odyssée*. Le souffle, en général, manque à tous ces traducteurs : ils sont ambitieux, enthousiastes quelquefois au début, mais la patience leur fait défaut pour aller jusqu'au bout, et ils ne produisent guère que des fragments, où l'antiquité médiocrement comprise apparaît toujours un peu raide sous les plis de la version française. Celui qui eut le plus d'haleine fut Hugues Salel : il alla jusqu'au dixième chant de l'*Iliade*, et en 1545 dédia le tout à François Ier. Il en fut récompensé par des charges et des bénéfices ; il mourut grand maître d'hôtel du roi, conseiller et aumônier de la reine, abbé commandataire de Saint-Chéron. Quant à sa traduction, elle ne manque pas d'une certaine exactitude matérielle, mais la couleur antique et la vie en sont absentes ; elle ne reproduit ni l'ampleur ni l'harmonie du texte grec.

D'ailleurs, il faut bien le reconnaître, les défauts si sensibles des traductions d'alors ne tiennent pas seulement à ce qu'on s'était encore mal assimilé l'antiquité : ils se rattachent à des causes plus profondes et plus générales. Pendant cette espèce d'interrègne qui s'étend de la mort de Marot jusqu'à l'apparition de la Pléiade, il y a dans notre littérature comme un retour offensif de cette vieille poésie française aux allures plates, sèche et d'une prolixité si désespérante. L'école des rhétoriqueurs, dont Marot s'était si heureusement dégagé, n'a point disparu tout entière : Jean Bouchet vit encore, et près de lui on voit surgir d'autres poètes qui semblent reprendre la tradition et la continuer. Nul n'eut plus de vogue à cette époque que François Habert d'Issoudun, qui dès 1541, encore étudiant à Toulouse, avait pris le surnom de *Banni de liesse*. Aux applaudissements de la Cour, encouragé par Henri II, qui, à peine monté sur le trône, lui octroya le titre de « poète royal », cet insipide rimeur ramenait le faux goût des allégories mythologiques, compliquées d'allusions, et délayées sans verve. Dans sa *Fable des trois Déesses*, on voit apparaître à travers un symbolisme obscur et prétentieux une Junon qui est certainement Catherine de Médicis; une Pallas qui personnifie Jésus-Christ, mais sous des traits empruntés à Marguerite de Navarre; enfin une Vénus nouvelle, qui est le type de l'amour purement spirituel. Un peu plus tard, en 1549, Habert publia un *Temple de Chasteté*, non moins plat, non moins allégorique, et qui était la contre-partie voulue de ce *Temple de Cupido* offert en 1515 à François Ier. Ainsi, on revenait au point de départ. Lorsqu'on songeait à Marot, c'était pour se rappeler les œuvres médiocres et indécises du début, pour tenter de les refaire ou de les travestir en retombant dans les erreurs de la rhétorique. N'est-ce pas là ce qui prouve combien peu, malgré tout, maître Clément avait fait école, et combien quelques-uns de ceux qui reconnaissaient sa souveraineté et se proclamaient ses disciples, avaient mal hérité de ses grâces légères ?

Le Platonisme et l'école de Lyon. — Il faut cependant reconnaître qu'à cette époque l'allégorie prenait un tour spécial, et qu'au milieu du verbiage des vieux genres poétiques circulait une inspiration nouvelle, que Marot n'avait guère connue. Peu à peu, sous des influences venues d'Italie et dues à la diffusion des idées platoniciennes, il s'était formé toute une théorie sur l'amour spirituel et dégagé des liens de la matière. On l'entrevoit à travers le fatras symbolique de François Habert; on la saisit plus nettement dans une courte pièce comme le *Conte du Rossignol*[1], ce joli récit attribué à Gilles Corrozet, où Yolande enseigne à Florent le moyen de « changer l'amour en amitié honneste », interprète à son usage l'énigmatique réponse faite par Sagesse, où l'on voit la raison triompher du désir, l'amant s'agenouiller enfin devant sa maîtresse :

> Et l'amour fol, lequel souloit avoir,
> S'esvanouit comme un songe menteur.

Du vivant même de Marot, et sous ses yeux, cette tendance à faire de l'amour une pure idée intellectuelle avait éclaté dans la *Parfaicte Amye* d'Antoine Héroët, ce livre publié en 1542, et

---

1. A Lyon, chez Jean de Tournes, 1547. (Cf. de Montaiglon, *Rec. de Poésies fr. des* XVe *et* XVIe *siècles*, t. VIII.)

dont Pasquier, à la fin du siècle, faisait encore si grand compte, « petit œuvre, mais qui en sa petitesse surmonte les gros ouvrages de plusieurs ». Héroët y expliquait, non sans raffinements, comment deux esprits liés au ciel auparavant peuvent se reconnaître ici-bas, et ressentir une passion où les sens n'ont aucune part. Mais à ce portrait idéalisé, La Borderie, le « mignon » de Marot, répondit en disciple plus fidèle à l'esprit du maître par son *Amye de Cour* : il y peignait une femme beaucoup plus positive, et ramenait l'amour à un manège de coquetterie. Charles Fontaine, l'auteur médiocre des *Ruisseaux*, prit à son tour la plume, et riposta par une *Contr'amye de Cour*. Il y eut là une véritable joute poétique; au fond, c'étaient des conceptions très différentes, l'une assez terre à terre, l'autre infiniment plus subtile, qui se trouvaient en présence.

Nulle part peut-être, les théories platoniciennes (déjà favorisées, semble-t-il, à la cour de la reine de Navarre) ne furent plus en honneur que parmi les poètes lyonnais de l'époque. Dans cette grande cité de Lyon, opulente et adonnée au négoce, à la fois opiniâtre et passionnée, inclinant malgré tout vers le mysticisme, il s'était formé une école poétique qui eut son caractère propre. Cette école avait pour centre la société de l'*Angélique*, qui se réunissait à Fourvières. Marot, à plusieurs reprises, y fut reçu avec honneur, et resta en commerce de vers avec quelques-uns de ses membres : mais il ne faudrait point se hâter d'en conclure que le cénacle lyonnais marchait à sa suite. On n'y fut pas exempt d'une certaine préciosité provinciale, et on releva surtout, à l'occasion, des Italiens et de Pétrarque. Le grand homme de la société de l'*Angélique* était Maurice Scève, d'origine italienne, et qui, de passage à Avignon, avait retrouvé en 1533 cette sépulture plus ou moins authentique de la belle Laure de Noves, dont la découverte fit tant de bruit. Conseiller échevin de Lyon, et en même temps peintre, architecte, musicien, c'est-à-dire universel comme beaucoup des hommes de la Renaissance, Maurice Scève était par surcroît poète érudit, et même trop érudit : de là l'allure pénible et souvent tourmentée de ses vers, leur obscurité quintessenciée. Avant les poètes de la Pléiade, il eut de hautes ambitions et le dédain des sentiers battus; avant eux, il eut le culte des mots nouveaux, des épithètes rares, et, cherchant à fixer des nuances subtiles, il appela parfois à son aide des images bizarres, empruntées à la métaphysique, à l'astrologie, à la géométrie. Les quatre cent cinquante dizains, publiés en 1544, et dans lesquels il célébrait platoniquement sa *Délie* « object de plus haute vertu [1] », sont devenus illisibles. Cependant, au milieu de cette œuvre, dont le « sens est si ténébreux », comme disait Pasquier, certains traits sont d'un poète, quelques vers ont une simplicité relative, tels ceux-ci :

> Ta beauté fut premier et doulx tyrant,
> Qui m'arresta très violentement :
> Ta grâce après peu à peu m'attirant
> M'endormit tout en son enchantement [2].

A côté de Scève viendrait se placer Claude de Taillemont, son disciple et son ami, qui a inséré dans le petit roman des *Champs Faez* (1553) quelques pièces non dépourvues d'une grâce mélancolique et des strophes frémissantes malgré leur facture un peu raide. Mais l'originalité de cette petite école lyonnaise fut d'avoir aussi ses femmes érudites et poètes. On y vit fleurir Jeanne Gaillarde, que Marot égala à Christine de Pisan, et dont il célébra dans un rondeau connu [3] la « science et doctrine », la « plume dorée »; puis la « vertueuse et gentille » Pernette du Guillet, dont les *Rimes* furent publiées en 1545; enfin Clémence de Bourges. Toutes ont été effacées par la célèbre Louise Labé, femme docte et libre d'allures, qui revint dans sa ville natale après des aventures de jeunesse romanesques, y épousa Ennemond Perrin, riche fabricant de cordages, et se contenta dès lors de trôner au milieu d'une société bourgeoise et lettrée, entourée de poètes et de toutes celles qui savaient « élever un peu leurs esprits par-dessus leurs quenouilles et fuseau ». Son œuvre est d'une étendue médiocre. La plus longue pièce qu'elle composa est une sorte de comédie allégorique en prose, *le Débat de Folie et d'Amour*, d'une ingéniosité un peu tendue, où l'on retrouve, semble-t-il, des souvenirs de la lecture

---

1. Que cette maîtresse de Maurice Scève ait ou non existé, il est facile de remarquer une intention dans le nom choisi, anagramme de *l'idée* platonicienne.
2. *Délie*, dizain cccxvi.
3. *Rondeau* xx, t. II, p. 138.

d'Erasme et quelque chose aussi de la manière de Marot. La
« belle Cordière » est surtout connue par ses trois élégies et
ses vingt-cinq sonnets (dont un en italien), où l'on ne saurait
méconnaître des accents de passion vraie, parfois même une
sorte d'exaltation sensuelle, qui lui fait souhaiter que son
amant :

> Sente en ses os, en son sang, en son ame,
> Ou plus ardente, ou bien egale flamme [1].

Louise Labé aboutit aussi parfois à une mélancolie mystique;
mais c'est bien par l'intensité du sentiment qu'elle se rapproche
de la Sapho antique à laquelle on la comparait, c'est par la
fièvre de « sa pauvre âme amoureuse », et ses invocations à
« la clere Venus qui erre parmi les cieus ».

Louise Labé, non plus que les autres poètes de Lyon, ne doit
donc point être rangée parmi les purs disciples de Marot. Il faudrait en dire autant de ce Jacques Tahureau, original à coup
sûr, et d'une volupté si licencieuse dans ses *Sonnets et Mignardises*; de Jacques Pelletier, ce mathématicien poète, qui sut
peindre quelquefois avec fraîcheur la nature, et se préoccupa
de la technique du vers français. D'ailleurs, ces hommes vivent
et écrivent déjà à l'époque de la révolution tentée par Ronsard
et ses disciples, ils en reçoivent le contre-coup, et appartiennent
plutôt à la nouvelle génération.

Melin de Saint-Gelais. — Il n'y eut plus, à partir de 1550,
qu'un poète qui, à quelques nuances près, continua fidèlement
l'esprit de Marot, et en resta, même en face de la Pléiade victo-
rieuse, le représentant officiel, comme il en avait été le successeur direct et l'héritier : ce fut Melin de Saint-Gelais. Plus âgé
que Marot, il lui survécut de quatorze ans, ne connut jamais les
déboires et les persécutions qui avaient traversé la vie de maître
Clément, et acheva paisiblement sa carrière au Louvre, grand
aumônier de la cour de France, rimant jusqu'au bout de petits
vers.

Saint-Gelais n'est point un poète de haute volée. Il est évidemment inférieur à Marot. Il le rappelle quelquefois par l'ai-

---

1. *Elégie* III.

sance et la clarté du tour : mais il n'en eut ni la malice ingénue, ni l'imagination fertile, rarement la grâce légère et sans apprêt. Sa gentillesse incline trop souvent vers la mièvrerie; il oscille toujours entre la gaillardise très crue qu'on trouve dans une pièce comme, le *Désir des belles*, et le pétrarquisme un peu fade de sa *Description d'amour*, le morceau de plus longue haleine qu'il ait composé. Cependant, avec l'âge, il semble avoir affiné sa manière. Il était né poète de cour lui aussi, et sut le rester jusqu'à la fin, se mêlant peu aux intrigues des partis, se complaisant dans une sorte de galanterie sénile et d'épicurisme mondain. Habile à saisir au vol les plus futiles occasions de rimer, c'est dans l'impromptu qu'il excelle, et il sème ses vers au hasard, accommodant le vieux fond à la mode du jour, multipliant les quatrains et les huitains sans préoccupations d'artiste, content de se mêler au caquetage des femmes ou des courtisans. C'est par là qu'il le cède à Marot, dont la pensée est souvent réfléchie sous son apparente négligence, par là qu'il devait se distinguer plus encore de ces nouveaux poètes, dont les visées furent très hautes et le labeur opiniâtre.

La satire du *Poète Courtisan*, qu'écrivit Du Bellay, renferme trop de traits qui s'appliquent à Saint-Gelais, pour qu'on ne la suppose pas dirigée tout entière contre lui. Il ne s'en émut qu'à demi, et continua ses improvisations faciles. C'était « de petites fleurs et non fruits d'aucune durée », a dit un peu sévèrement Pasquier, constatant que l'impression fut l'écueil. La vérité, c'est que Melin manque de souffle et de variété : lorsqu'il quitte le ton licencieux, il tombe, sans transition, de l'épigramme gauloise dans la mignardise et même la préciosité. Ses vers tournent au compliment qui répète : il en inscrit sur des bracelets, des luths, des miroirs; il en compose surtout pour les psautiers des filles d'honneur de la reine, et fait dans ces quatrains le plus équivoque mélange de galanterie et de dévotion, se comparant tantôt à un saint Laurent sur son gril ardent, tantôt à un saint Michel qui combat sans pouvoir terrasser ses désirs. L'ingéniosité de ces impromptus n'en rachète pas toujours le mauvais goût. Cependant, il y a mieux aussi dans l'œuvre de Saint-Gelais. Quelques-unes de ses bluettes sont empreintes d'une grâce aimable, dont le parfum ne s'est pas évaporé. Telle la jolie pièce où, « au beau premier jour de mai », offrant des cerises aux demoiselles, il ajoute galamment :

> Ne say, quand l'une à l'autre touche,
> Quelle est la cerise ou la bouche,
> Tant sont également vermeilles [1] !

Telle encore cette plainte délicate qu'il adresse à « sa dame »; celle-ci a perdu « douze baisers au jeu »; elle veut les lui compter trop avarement, et le poète de s'écrier :

> Vistes-vous onc, en un pré où l'eau vive
> Seme de fleurs et l'une et l'autre rive,
> Qu'on s'amusast à vouloir compte rendre
> Combien de brins il y a d'herbe tendre? [2]

Saint-Gelais, dans son culte de la mignardise, n'a donc manqué ni d'esprit, ni même de délicatesse. Il est un produit de l'oisiveté polie des cours, et n'a jamais en vieillissant cessé de mériter le surnom de « créature gentille », que lui avait donné Marot. Plus versé que son maître dans les lettres antiques, mais se plaisant mieux à la lecture de Catulle ou d'Ovide qu'à celle d'Homère et de Pindare, il continua la vieille tradition, rima ses quatrains au jour le jour, et resta obstinément à mi-côte.

Progrès de la versification. — Tous ces poètes qui viennent clore la première moitié du XVIe siècle, et Marot lui-même, il faut bien le répéter, n'ont guère cherché à s'élever plus haut. Leur pensée ne fut pas ambitieuse, si l'on met à part quelques-unes des visées platoniciennes de l'école lyonnaise; leurs sentiments sont d'une grâce où perce toujours la naïveté; chez eux, c'est la clarté du tour et de l'expression qui fait souvent valoir la gentillesse un peu ténue du fond. Car Marot déjà avait été à sa façon un artisan de style, plus préoccupé qu'on ne s'y attendrait de la pureté de sa langue et même de questions techniques. Chose curieuse, il y avait au fond de ce poète délicat un grammairien, un puriste, qui discutait à l'occasion sur l'emploi et le sens exact des termes [3], et sut formuler un jour la règle d'accord des participes passés, à peu près telle qu'elle s'est

---

1. Saint-Gelais (édition P. Blanchemain), t. I, p. 243.
2. Saint-Gelais, t. I, p. 202.
3. Voir la discussion sur le mot *viser* (*Épigramme* XLII, t. III, p. 20).

établie en français[1]. Il y avait surtout en lui un railleur impitoyable pour toutes les modes capricieuses et passagères, qui risquaient d'altérer la langue : il s'est moqué des formes provinciales comme *il chantit, il allit*[2], aussi bien que des courtisans qui changeaient à son époque toutes les *r* en *z*, et affectaient de prononcer *Pazy* pour *Paris*[3].

La versification aussi fit quelques progrès entre les rhétoriqueurs qui avaient eu la prétention de tout lui subordonner, et la Pléiade qui allait en établir les règles à peu près définitives. Marot, à vrai dire, n'évita point l'hiatus, et n'observa pas non plus cette alternance des rimes masculines et féminines dont Jean Bouchet eut l'honneur de soupçonner l'importance vers 1537. Dans les vers de dix syllabes, qu'il cultiva, comme tous les contemporains, avec une prédilection trop exclusive, il s'était même permis au début de laisser un *e* muet à l'hémistiche : mais il fut repris de cette licence par Jean Le Maire de Belges, et sut se corriger à temps. Cette règle de la césure est formellement imposée aux auteurs dans l'*Art poétique françois*, que Thomas Sibilet publia en 1548. C'est dans ce livre qu'on peut se faire une idée juste de ce qu'était, vers le milieu du XVIe siècle, la technique de notre poésie, et aussi des progrès qui s'étaient accomplis depuis une trentaine d'années, depuis le moment où Pierre Fabri avait publié le code ridicule des rhétoriqueurs. Sibilet parle bien encore des rimes *fratrisées*, *annexées*, etc., de tous ces jeux pédantesques dont Marot ne s'est pas assez abstenu, et qui avaient un moment fait retomber notre poésie dans l'enfance : mais tout cela est relégué à la fin, dans le dernier chapitre du livre, et l'auteur nous avertit que c'est « de vieille mode ». L'énumération que fait Sibilet des divers genres n'est pas moins instructive à consulter. Ce qu'il peut dire, en tirant de Marot ses exemples, sur l'*épigramme*, l'*épître*, l'*élégie*, et même l'*églogue*, nous apprend, il est vrai, peu de chose. Mais n'est-il pas curieux de l'entendre avouer déjà que « les poetes les plus frians ont quitté le *rondeau* à l'antiquité »? Même ton de dédain à propos des *lais* et des *virelais*. En

---

1. Voir *Épigramme* LXXVII, t. III, p. 32.
2. Voir *Épigramme* CCLXXIII, t. III, p. 110.
3. Voir *Épître* LVII, t. I, p. 262.

revanche, il insiste longuement sur le *sonnet*, que Saint-Gelais, ou peut-être Marot lui-même, venaient d'importer d'Italie, et qui jouissait déjà d'une grande vogue ; enfin, il introduit décidément le mot d'*ode*, dont Pelletier avait usé dans son recueil de 1547, et dont Saint-Gelais, selon lui, a déjà donné des modèles, tout en se servant d'une autre appellation. Il semble donc bien que, par endroits, cet Art poétique soit comme traversé d'un souffle nouveau ; quoiqu'on n'y voie d'ordinaire que le « testament » de la vieille école, publié au moment où le livre de Du Bellay était déjà sous presse, il n'est pas sans offrir quelques signes précurseurs de la révolution littéraire qui se préparait. Sibilet est nourri de l'antiquité, et s'il se fait de l'épopée une faible idée, ne distinguant pas encore nettement Homère et Virgile du *Roman de la Rose*, il exhorte déjà les poètes à introduire dans leurs vers des mots grecs et latins.

Il leur donnait un autre conseil, et d'une portée bien plus générale — un précepte d'une vérité éternelle, — en leur recommandant de mettre le fond au-dessus de la forme. Tout en préférant que les rimes fussent riches, il laissait cependant quelque latitude à cet égard : mieux vaut, d'après lui, une rime médiocre qu'une allitération sonore, obstinément poursuivie, sans aucun souci de la pensée. C'est en partie pour avoir suivi d'instinct, et par avance, ce conseil, que Marot a surnagé au milieu du naufrage des écoles littéraires ; c'est pour avoir librement obéi à son génie naturel, en dehors de toute préoccupation trop exclusive ou trop ambitieuse, qu'il mérite de personnifier dans ce qu'elle eut de meilleur la poésie de son temps, et que Bayle a pu dire de lui plus tard, sans trop d'injustice : « Dans toute la suite du XVIe siècle, il ne parut rien qui approchât de l'heureux génie, des agréments naïfs et du sel de ses ouvrages. Les poètes de la Pléiade sont de fer en comparaison de celui-là. »

BIBLIOGRAPHIE

Sur les poètes de cette période, on pourra consulter :
Parmi les ouvrages de critique littéraire : **Sainte-Beuve**, *Tableau historique et critique de la Poésie française et du Théâtre français au XVIe siècle*, Paris, 1843 (p. 5-45). Cf. dans les *Causeries du Lundi* : Marguerite de Valois (t. VII, p. 434 et suiv.). — **Nisard**, *Histoire de la Littérature française*

(liv. II, chap. I et chap. IV, § 1). — **Lenient**, *La Satire en France au XVI° siècle* (passim). — **É. Faguet**, *XVI° siècle. Études littéraires*, Paris, 1894 (art. sur Marot). — **Fr. Thibaut**, *Marguerite d'Autriche et Jehan Lemaire de Belges*, Paris, 1888. — **A. Chenevière**, *Bonaventure des Périers, sa vie, ses poésies*, Paris, 1885. — **E. Bourciez**, *Les Mœurs polies et la Littérature de cour sous Henri II*, Paris, 1886 (liv. I, chap. IV et liv. III, chap. II). — **E. Voizard**, *De disputatione inter Marotum et Sagontum* (thèse latine), Paris, 1885. — **P. Bonnefon**, *Le différend de Marot et de Sagon* (dans la Revue d'Histoire littéraire de la France, t. I, p. 103-138 et p. 259-285). — **G. Pellissier**, *L'Art poétique de Vauquelin de la Fresnaye*, Paris, 1885. — — **A. Darmesteter** et **Hatzfeld**, *Le XVI° siècle en France, tableau de la littérature et de la langue, suivi de morceaux en prose et en vers*, Paris, 1878. — *Les Poètes français*, recueil publié sous la direction de **Eug. Crépet**, Paris, 1861, 4 vol. (t. I, où la partie relative aux poètes de la première moitié du XVI° siècle, p. 497-668, est de *Ch. d'Héricault*). — **F. Godefroy**, *Histoire de la littérature française depuis le XVI° siècle jusqu'à nos jours*, 2° édit. Paris, 1878 (t. I, p. 383 et suiv.).

Parmi les éditions ou réimpressions faites en ce siècle : *Œuvres complètes de Clément Marot*, édit. P. Jannet (Paris, 4 vol. in-18, 1868-72). — Une *édition savante* de Marot avait été entreprise par M. Guiffrey ; 2 volumes sur 6 ont paru (t. II et III, Paris, 1875-81). — *Œuvres choisies de Clément Marot*, édit. E. Voizard, Paris, 1890 (avec une biographie étendue de Marot, p. XI-LII). — *Œuvres de Lemaire de Belges*, 3 vol., édit. J. Stecher, Louvain, 1882-85. — *Œuvres complètes de Melin de Sainct-Gelays*, édit. P. Blanchemain, Paris, 1873, 3 vol. — *Les Marguerites de la Marguerite des princesses*, édit. F. Franck, 4 vol., Paris, 1873. — *Les dernières poésies de Marguerite de Navarre*, publiées pour la première fois avec une introduction et des notes par **A. Lefranc**, Paris, 1896. — *Molinet, Chroniques et Poésies*, édit. Buchon, 5 vol., Paris, 1827. — *Œuvres de Roger de Collerye*, édit. Ch. d'Héricault, Paris, 1855 (avec une introduction étendue). — *Un émule de Clément Marot, les Poésies de Germain Colin Bucher, Angevin*, publiées pour la première fois par **J. Denais**, Paris, 1890. — *La Légende joyeuse de Pierre Faifeu par Charles de Bourdigné* (réimpr. d'après l'édit. de 1532), Paris, 1883. — *Œuvres de Louise Labé*, Lyon, 1823.

CHAPITRE IV

RONSARD ET LA PLÉIADE [1]

I. — *Formation de la Pléiade.*

Première jeunesse de Ronsard. — Le groupe de poètes connu sous le nom de Pléiade se compose de Daurat, Ronsard, Du Bellay, Belleau, Baïf, Jodelle, Pontus de Thyard. Ronsard en fut le chef unanimement reconnu.

Pierre de Ronsard naquit au château de la Poissonnière, dans le Vendômois, en 1524 :

> L'an que le Roy François fut pris devant Pavie [2],
> Le jour d'un Samedy Dieu me presta la vie,
> L'onziesme de Septembre [3].

Sa famille, si nous l'en croyons, était originaire de la Hongrie, et remontait à un certain Baudoin, qui vint s'établir en France sous le règne de Philippe VI [4]. Le père du poète, Louis de Ronsard, avait épousé Jeanne de Chaudrier, apparentée aux La Trimouille, aux Du Bouchage, aux Rouaux, toutes maisons des plus illustres. Ces détails généalogiques ont leur intérêt. Remarquons dès maintenant que Ronsard, Du Bellay, Baïf [5], étaient de

---

[1]. Par M. Georges Pellissier, docteur ès lettres, professeur au lycée de Janson de Sailly.
[2]. La bataille de Pavie eut lieu le 24 février 1525 ; en ce temps-là, l'année commençait à Pâques.
[3]. *Élégie à Remi Belleau.*
[4]. De nouveaux documents permettent de la supposer originaire des Flandres et anoblie seulement au xv° siècle.
[5]. Fils naturel, mais reconnu, et, d'ailleurs, traité par son père en fils légitime.

bonne, sinon de haute noblesse. Cela explique peut-être certains côtés de la réforme qu'ils entreprirent, et, par exemple, leur conception aristocratique de l'art. Il y aura de l'érudit, du « scolaire », il y aura, si l'on veut, du pédant, ou même du cuistre, dans le Ronsard tout frais émoulu de Coqueret; mais son mépris du « vulgaire », mépris qui d'ailleurs lui joua d'assez mauvais tours, et la haute idée qu'il se fit de la poésie, doivent tenir en partie à son origine et à son éducation, qui le distinguèrent tout d'abord des Villon, voire des Marot.

Ses huit premières années se passèrent à la campagne; il y a lieu de le noter chemin faisant, puisque le sentiment de la nature est un de ceux qu'il devait exprimer avec le plus de charme et de grâce. A l'âge de neuf ans il fut mis au collège de Navarre : il ne paraît pas y avoir pris beaucoup d'inclination pour l'étude, et lui-même nous dit qu'il en sortit après « un demy-an de peine » et « sans rien profiter [1] ». Son père l'emmena ensuite « en Avignon », et, dès lors, il reste pendant plusieurs années au service des princes; six jours page du Dauphin, qui mourut brusquement; puis « donné » au duc d'Orléans, accompagnant Madeleine de France quand elle épousa Jacques Stuart, envoyé deux ou trois ans plus tard en Flandre, et, de nouveau, en Écosse, mis hors de page en 1540 et suivant à Spire l'ambassadeur Lazare de Baïf, à Turin Guillaume de Langey, seigneur du Bellay, vice-roi du Piémont. Il rentre en France à l'âge de dix-huit ans. Tout semble lui promettre une belle carrière dans la diplomatie ou les armes, et rien n'annonce en lui le futur réformateur du Parnasse. Non pas qu'il fût indifférent à la poésie. Lui-même se montre possédé, dès son jeune âge, du démon des vers :

> Je n'avois pas douze ans, qu'au profond des vallées,
> Dans les hautes forests des hommes reculées,
> Dans les antres secrets, de frayeur tout couverts,
> Sans avoir soin de rien je composois des vers.
> . . . .
> Et le gentil troupeau des fantastiques fées
> Autour de moy dansoient à cottes agrafées [2].

---

1. *Élégie à Remi Belleau.*
2. *Poèmes*, liv. II, *à Pierre L'Escot.*

Peut-être exagère-t-il la précocité de sa vocation poétique; mais nous savons du moins qu'il étudiait Virgile, qu'il lisait pour son agrément le *Roman de la Rose*, Marot, Jean Le Maire. Toutefois le Ronsard d'alors ne ressemble guère à celui qui va bientôt s'enfermer dans un collège. C'est un Ronsard fait pour la vie active, pour les plus brillantes compagnies, un Ronsard de belle mine, de noble maintien, alliant l'élégance à la vigueur, adroit dans tous les exercices du corps et y trouvant son plaisir [1].

Une surdité lui survint, qui le contraignit de renoncer à ses premières ambitions.

> . . . . Une aspre maladie
> Par ne sçay quel Destin me vint boucher l'ouïe,
> Et dure m'accabla d'assommement si lourd
> Qu'encores aujourd'hui j'en reste demi-sourd [2].

Cette surdité le rendant « malpropre à l'entretien » et le confinant dans une espèce de solitude, il se mit à écrire des vers, ne voyant là, d'abord, qu'un passe-temps agréable, puis « s'y échauffant et s'y affectionnant », cherchant enfin dans la poésie cette gloire qu'il avait rêvée jusque-là dans les grandes affaires ou dans les camps.

> Puisque Dieu ne m'a fait pour supporter les armes
> Et pour mourir sanglant au milieu des alarmes,
> En imitant les faits de mes premiers ayeux,
> Si ne veux-je pourtant demeurer ocieux,
> Ains, comme je pourray, je veux laisser memoire
> Que les Muses jadis m'ont acquis de la gloire [3].

La surdité de Ronsard devint par la suite un thème poétique, à peu près comme la cécité d'Homère. On le félicita d'être ainsi plus à même de se recueillir, car, comme le dit Du Perron [4], « il n'y a point d'objets qui détournent tant l'esprit de l'imagination

---

[1]. « Il se rendoit merveilleux par-dessus tous ses compagnons fust à tirer des armes, à monter à cheval, à voltiger, à lutter, à jetter la barre, et autre tels efforts, où l'avantage de la complexion est principalement requis. Car ceux qui l'ont cogneu en sa premiere fleur racontent que jamais la nature n'avoit formé un corps mieux composé ny proportionné que le sien, tant pour l'air et les traicts du visage qu'il avait tres-agréable que pour sa taille et sa stature extremement auguste et martiale », etc. (*Oraison fun. de Ronsard*, par le cardinal Du Perron.)
[2]. *Élégie à R. Belleau*.
[3]. *Poèmes*, liv. II, *à Pierre L'Escot*.
[4]. *Oraison funèbre de Ronsard*.

et de la contemplation, que ceux de l'ouïe »; — on le compara au Jupiter Crétois, dont les statues « destituees d'oreilles font entendre que celui à qui il appartenoit de savoir toutes choses de lui-mesme, n'avoit point besoin d'ouïe pour recueillir aucune instruction de la bouche des autres »; et, Du Bellay étant atteint de la même infirmité, on la célébra comme un signe d'élection et comme un privilège des poètes [1].

En 1543, le père de Ronsard lui permit de recommencer ses études, jusque-là fort négligées. Le jeune homme demeurait alors au palais des Tournelles, exerçant une charge dans les écuries royales. Toutes les fois que cette charge le laissait libre, il en profita pour aller chez le fils de son ancien ambassadeur, Jean-Antoine de Baïf [2], et recevoir en sa compagnie les leçons du savant Daurat.

Comment se forme la Pléiade. — Ronsard et Baïf, avec leur maître Daurat, furent « le premier noyau » de la Pléiade. Jean Daurat (Disnemandy, de son vrai nom) a bien écrit des vers français, mais fort médiocres [3]. Ce qui recommande sa mémoire, c'est qu'il fut, comme l'écrit le biographe de Ronsard, Claude Binet, « la source qui a abreuvé tous nos poëtes des eaux pieriennes », ou, suivant les expressions de Ronsard lui-même, « le premier qui a destoupé la fontaine des Muses par les outils des Grecs et le reveil des sciences mortes [4] ». Nous n'aurons rien de plus à dire de lui : il ne mérite une place dans notre histoire littéraire que pour avoir instruit la Pléiade aux lettres antiques.

Quant à Baïf, Ronsard le connut sans doute dès qu'il fut en relation avec son père, Lazare; Jean-Antoine, né en 1532, n'avait alors que huit ans. On sait que Lazare de Baïf était un homme des plus lettrés, non seulement un savant, qui laissa plusieurs traités d'archéologie classique, écrits en latin, mais aussi un poète, qui, sans compter un grand nombre de pièces inédites,

---

1. Cf. *Hymne à la surdité* de Du Bellay.
2. Qui demeurait à l'entrée du faubourg Saint-Marcel.
3. Il était réputé comme excellent dans l'anagramme. Peut-être faut-il s'expliquer par là que Du Bellay, dans sa *Défense*, fasse tant de cas d'un genre aussi mince.
4. Cf. l'Ode de Ronsard :

> Puissé-je entonner un vers,
> Qui raconte à l'Univers,
> Ton los porté sur son aile, etc.
>   (*Odes retranchées* 1550.)

traduisit l'*Électre* de Sophocle (1537) et l'*Hécube* d'Euripide (1550). Il prit un grand soin de l'éducation de son fils, lui donna comme précepteurs, dès le jeune âge, Charles Étienne pour le latin, Ange Vergèce pour le grec, puis, quand l'enfant entra dans sa douzième année, Jean Daurat, qui vint habiter avec son élève. C'est à ce moment que Ronsard obtint de prendre part aux études du jeune Baïf.

Daurat fut quelque temps après nommé principal du collège de Coqueret (rue des Sept-Voies), et Ronsard, ayant su qu'il allait y établir une académie, délibéra, nous dit Binet, de ne perdre une si belle occasion et de se loger avec son maître. « Ayant esté comme charmé par Daurat du philtre des bonnes lettres, il vit bien que pour savoir quelque chose, et principalement en la poesie, il ne falloit puiser l'eau es rivieres des Latins, mais recourir aux fontaines des Grecs. Il se fit compagnon de Jean-Antoine de Baïf et commença par son émulation à estudier; vray est qu'il y avoit grande différence, car Baïf estoit beaucoup plus avancé en l'une et l'autre langue, encore que Ronsard surpassast beaucoup Baïf d'âge. Néanmoins la diligence du maistre, l'infatigable travail de Ronsard et la conférence amyable de Baïf, qui à toutes heures lui desnouoit les plus fascheux commencements de la langue grecque, comme Ronsard, en contre-eschange, lui apprenoit les moyens qu'il sçavoit pour s'acheminer à la poésie françoyse, furent cause qu'en peu de temps il récompensa le temps perdu..... Nous ne pouvons oublier de quel désir et envie ces deux futurs ornements de la France s'adonnoient à l'étude; car Ronsard, qui avoit esté nourri jeune à la cour, accoustumé à veiller tard, continuoit à l'estude jusques à deux ou trois heures apres minuict, et se couchant reveilloit Baïf qui se levoit et prenoit la chandelle et ne laissoit refroidir la place. » Cette « contention d'honneur » dura sept ans. Binet nous donne quelques détails sur les travaux auxquels Daurat exerçait ses élèves : d'abord, lecture et commentaire des poètes anciens, puis traductions ou imitations. Par exemple Ronsard mit en français le *Plutus* d'Aristophane et le fit représenter publiquement sur la scène du collège. C'est, comme le note Binet, la première comédie française, ou plutôt en français, qui ait été mise au théâtre.

Outre Marc-Antoine de Muret, Lancelot de Carles, Antoine de Carnavalet et Odet de Turnèbe, nous trouvons encore à Coqueret Jodelle et Remi Belleau, qui devaient faire partie de la Pléiade. Le premier appartient surtout à la littérature dramatique ; il fut le restaurateur de la tragédie et de la comédie. Le second, né à Nogent-le-Rotrou en 1528, avait suivi en Italie le marquis d'Elbœuf, général des galères, comme précepteur de son fils : c'est au retour de ce voyage qu'il entra dans le cénacle. Nommons encore Pontus de Thyard, né en 1511, qui, avant même de se lier avec les futurs réformateurs, avait, ainsi que d'autres poètes, ses contemporains, d'une génération antérieure à celle de Ronsard — Héroët, par exemple, et Maurice Scève, — tenté d'ouvrir à la poésie une nouvelle voie. Dans la dédicace de ses *Erreurs amoureuses*, dont le premier livre parut en 1549, avant le manifeste de la Pléiade, il se donne comme ayant voulu, dès sa jeunesse, « embellir et hausser le stile de ses vers plus que n'estoit celuy des rimeurs qui l'avoient precedé ». Le second et le troisième livre des *Erreurs amoureuses* parurent, en 1554 et en 1555, sous les auspices de Ronsard.

Quant à Joachim Du Bellay, il naquit à Liré, en Anjou, l'année 1525 [1]. Il appartenait à une illustre famille, étant le cousin des trois frères Du Bellay, le cardinal, qui représenta longtemps la France à Rome, le célèbre homme de guerre Langey Du Bellay, qui composa d'intéressants Mémoires, en grande partie perdus, et Martin Du Bellay, qui les compléta. Orphelin de très bonne heure, et sans fortune, il eut une jeunesse assez pénible. Il se plaint quelque part de son frère, qui fut, paraît-il, un tuteur peu consciencieux, et qui, notamment, ne lui fit donner qu'une éducation des plus médiocres [2]. Quand il atteignit l'âge d'homme, la mort de ce frère laissa à sa charge un jeune enfant avec le souci d'une succession fort embrouillée. Puis, il fut malade pendant deux années entières. Ces deux années, il les employa du moins à l'étude ; retenu dans sa chambre, il en profitait pour s'instruire aux lettres grecques et

---

1. Tu me croiras, Ronsard, bien que tu sois plus sage,
Et quelque peu encor (ce crois-je) plus âgé. (*Regrets*.)

2. Cf. *Préface de l'Olive* : « J'ay passé l'âge de mon enfance et la meilleure partie de mon adolescence assez inutilement. » — Cf. encore l'*Élégie* latine à Jean Morel.

latines. Remarquons ici que Ronsard et Du Bellay, les deux poètes de la Pléiade qui se signalèrent entre tous comme les plus ardents promoteurs de la Renaissance, furent initiés tardivement à l'antiquité classique. Par là doit en partie s'expliquer ce que leur zèle semble justement avoir eu de dévotion particulière et de ferveur passionnée. Tous deux furent pour ainsi dire rappelés par la maladie (et l'un comme l'autre par une surdité) à la retraite et à l'étude. Mais, tandis que la première jeunesse de Ronsard avait été mondaine et brillante, des difficultés et des peines de toute sorte contristèrent celle de Du Bellay. Le génie poétique de Ronsard aura plus de hardiesse, plus de puissance aussi et plus d'éclat; l'auteur des *Regrets* devra sans doute aux disgrâces de son existence cette sensibilité délicate et cette secrète mélancolie qui donnent à ses vers un charme si pénétrant.

Vers 1545, Du Bellay alla étudier le droit à Poitiers « pour parvenir dans les emplois publics à l'exemple de ses ancestres ». On peut croire que son oncle le cardinal lui en avait donné le conseil, dans l'intention de se l'attacher plus tard. Il y passa environ trois années, et, tout en se préparant, nous dit-on, à être « un grand jurisconsulte », il continuait de lire les poètes antiques, peut-être même qu'il s'essayait à les imiter en vers français, et ce qui est en tout cas très présumable, c'est qu'il avait déjà conçu les projets de réforme poétique que mûrirent bientôt ses entretiens avec Ronsard.

« Comme environ l'an 1549, raconte Colletet, J. Du Bellay retournoit de l'université de Poitiers, il se rencontra dans une mesme hostellerie avec Ronsard, qui, revenant du Poitou, s'en retournoit à Paris aussi bien que lui. De sorte que comme d'ordinaire les bons esprits ne se peuvent cacher, ils se firent connaître l'un à l'autre, pour être non-seulement alliez de parentage, mais encore pour avoir une mesme passion pour les muses, ce qui fut cause qu'ils achevèrent le voyage ensemble, et, depuis, Ronsard fit tant qu'il l'obligea de demeurer avec lui et Jean-Antoine de Baïf, au collège de Coqueret, sous la discipline de Jean Daurat, le père de tous nos plus excellents poètes. »

Dès lors est constituée la *Brigade*, qui, bientôt après, prit le nom de *Pléiade*[1]. « Ronsard, dit Binet, ayma et estima sur tous, tant pour la grande doctrine et pour avoir le mieux escrit que pour l'amitié à laquelle l'excellence de son sçavoir les avoit obligez, J.-A de Baïf, J. Du Bellay, Pontus de Thyard, E. Jodelle, Remy Belleau, qu'il appelloit le peintre de la nature, la compagnie desquels avec luy et Daurat, à l'imitation des sept excellents poëtes grecs qui florissoient presque d'un même temps, il appela la Pléiade; parce qu'ils estoient les premiers et les plus excellents, par la diligence desquels la poësie françoise estoit montée au comble de tout honneur. »

II. — *Programme de la Pléiade.*

« **Défense** » **et** « **illustration** » **de la langue.** — Le premier ouvrage que publia la Pléiade eut pour auteur, non Ronsard, qui n'en était pas moins considéré dès ce moment comme le « maître du chœur », mais Du Bellay, le dernier venu, et pour cette raison même, le plus impatient : c'est en février 1549 que parut la *Défense et illustration de la langue française*. Ajoutons tout de suite que si Du Bellay écrivit le manifeste des novateurs, les vues qu'il y expose étaient aussi celles de Ronsard. Dans sa préface des *Odes*, Ronsard déclare que Du Bellay et lui sont « presque semblables d'esprit, d'invention et de labeur ». Mais, si nous voulons apprécier justement l'influence que le chef de la Pléiade exerça sur son ami, nous pouvons nous en faire une idée par les vers suivants dans lesquels il prête la parole à l'ombre de Du Bellay :

> . . . . Ronsard, que sans tache d'envie
> J'aimay quand je vivois comme ma propre vie,
> Qui premier me poussas et me formas la vois
> A celebrer l'honneur du langage françois,
> Et compagnon d'un art tu me montras l'addresse
> De me laver la bouche és ondes de Permesse, etc. [2]

Il n'y a point lieu de suspecter ce témoignage, et, quoique Du Bellay, après tout, ait eu la priorité apparente et publique, une

---

[1]. On sait qu'il y avait déjà eu une *Pléiade* à Alexandrie, du temps des Ptolémées.
[2]. *Discours à Louis Desmasures*.

part très considérable doit être attribuée à Ronsard dans les idées dont il se fit tout d'abord l'interprète.

La *Défense et illustration de la langue française* est un ouvrage capital par sa signification historique. Ce petit livre marque la rupture définitive avec la poésie du moyen âge, avec l'esprit « gothique », et inaugure, ou, si l'on préfère, augure ce qui s'appellera le classicisme. Nous le voudrions sans doute moins « jeune », c'est-à-dire plus mûr, plus substantiel, plus approfondi ; il est gauche, il est confus, mal proportionné ; on y trouve aussi beaucoup d'incertitudes, et, parfois même, des contradictions. Mais il faut le prendre pour ce qu'il fut. Ce que fut la *Défense*? une déclaration de guerre et un appel : déclaration de guerre à l'école gauloise, appel à ceux que Du Bellay lui-même nomme les « amis des Muses francoyses », à ceux qui, non contents d'admirer les chefs-d'œuvre antiques, ont été saisis par la noble envie de les imiter dans notre langue. Ne demandons pas à l'auteur un traité régulier et méthodique. Mais, quoique ses vues soient encore un peu vagues sur certains points, il n'en a pas moins conscience de la rénovation qui se prépare, il sait fort bien ce qui manque à notre poésie, quels exemples elle doit suivre, quels modèles imiter, et la générosité de ses ambitions, l'ardeur de son enthousiasme, lui prêtent d'ailleurs une éloquence entraînante. Si nous mettons un peu plus d'ordre dans les idées qu'il expose, si nous les complétons çà et là par l'Avertissement qui est en tête de son premier recueil, l'*Olive*, publié quelques mois après, par l'*Abrégé d'art poétique*, que Ronsard écrivit en 1565, et par les deux préfaces de la *Franciade*, si nous les éclaircissons enfin, quand il y a lieu, en nous reportant aux œuvres qui vont suivre, la *Défense* nous fournit en ses traits essentiels le programme, sinon de ce que fit la Pléiade, car elle ne fut pas heureuse en tous ses desseins, au moins de ce qu'elle prétendit faire et de ce qu'on peut appeler sa doctrine.

Le livre annonce par son titre même deux parties distinctes. Du Bellay va d'abord défendre notre langue contre ceux qui la considèrent comme incapable de toute élocution grave et élevée ; ensuite il indiquera les moyens de lui donner cette richesse, cet éclat, cette ampleur, cette fermeté, qui lui manquaient encore, mais dont il vient de montrer qu'elle est capable.

La langue française, déclare Du Bellay, n'est « si copieuse et si riche que la grecque ou latine », elle ne fait encore que « commencer à fleurir, sans fructifier ». Mais si pauvre et nue qu'elle soit, il ne faut pourtant pas la croire aussi méprisable que le prétendent les « latiniseurs ». Dans son *Quintil Horatian*, qu'il composa contre la *Défense*, Charles Fontaine [1] (ou Barthélemy Aneau [2]) demande : « Qui accuse ou qui a accusé la langue françoise? » Et il répond : « Nul certes, au moins par escrit. » Mais n'était-ce pas vraiment l'accuser, ou plutôt la condamner, et justement par écrit, que d'écrire en latin? Tout en reconnaissant les défauts de notre langue, Du Bellay ne veut pourtant pas qu'on en exagère la faiblesse et la pauvreté. Elle commence à fleurir, avait-il déjà dit; elle n'est pas, ajoute-t-il, si vile et si abjecte, elle n'est pas infertile au point de ne pouvoir produire quelques fruits de bonne invention. Et ne lui reprochons pas de se contredire. Ce qu'il veut, c'est établir d'abord que la langue a besoin d'être cultivée, ensuite qu'elle profitera de cette culture. Sur le premier point, il se sépare de l'école gauloise, à laquelle cette langue avait suffi; sur le second, il se sépare des latiniseurs, qui la jugeaient indigne de soin. Mais il reste conséquent avec lui-même. Si la langue n'était pas insuffisante, il n'y aurait point lieu de la réformer; si elle était irrémédiablement « vile et abjecte », il n'y en aurait pas moyen. En la montrant faible et pauvre, mais susceptible de perfectionnement, il montre qu'une réforme est souhaitable et que cette réforme est possible.

Pourquoi notre langue est-elle si pauvre et si faible? Est-ce « pour le défaut de nature? » Non pas, c'est « pour la coulpe de ceux qui l'ont eue en garde et ne l'ont cultivée à suffisance ». Toutes les langues, d'ailleurs, ont une même origine, et, à leur

---

1. Un disciple de Marot, poète lui-même. Le titre de son ouvrage est emprunté au nom de ce Quintilius qu'Horace, dans son *Art poétique*, nous présente comme le type du bon « censeur ». Du Bellay le nomme dans sa *Défense*, partie II, chap. xi.

2. Poète et principal du collège de la Trinité à Lyon. Fontaine se défend très vivement, dans une lettre à Jean de Morel, d'être l'auteur du *Quintil*, et prie Morel de soutenir envers et contre tous que le libelle est de Barthélemy Aneau. — Voir le recueil des *Lettres de Joachim du Bellay*, publiées par M. de Nolhac, Paris, Charavay, 1883. Pour la question d'attribution, cf. un article de M. Tamizey de Larroque, *Revue critique*, 1883, t. II, p. 6 et suiv.

naissance, se valent les unes les autres. Elles ne sont pas nées d'elles-mêmes comme des herbes ou des racines, celles-ci infirmes et débiles, celles-là saines et robustes; leur vertu procède du vouloir et arbitre des mortels, et, si certaines sont devenues riches, ce n'est point à leur « félicité » naturelle qu'elles le doivent, mais à l'artifice, à l'industrie de ceux qui les parlaient et les écrivaient.

Une telle théorie ne doit pas être admise sans réserves. Répudions-en du moins ce qu'elle contient de rationaliste à l'excès. Toutes les langues n'ont point à l'origine la même valeur, et leur développement est bien en relation avec le génie particulier de chaque peuple, mais ne saurait se subordonner à ce que Du Bellay appelle la fantaisie des hommes, entendant par là la fantaisie d'un petit nombre d'hommes. L'erreur capitale, et qui devait compromettre sur ce point la réforme de la Pléiade, c'était de croire que cette réforme se ferait révolutionnairement, qu'il suffirait de quelques années et du vouloir de quelques novateurs pour en assurer la réussite. Trompés par cette fausse vue, et, d'ailleurs, cédant à l'impatience de leur zèle, Ronsard et ses disciples firent avorter leur entreprise en osant trop d'un seul coup, en se figurant qu'ils avaient plein droit sur la langue et pouvaient à leur guise, sinon en transformer les lois, du moins en violenter les habitudes traditionnelles.

C'est là une question de mesure, et, si la mesure manqua aux réformateurs, Du Bellay ne se trompait point en soutenant que le français était susceptible « d'illustration », et en conviant les écrivains à l' « illustrer ». Il cite fort justement l'exemple du latin. Est-ce que la langue latine « a tousjours esté dans l'excellence qu'on l'a vue » du temps d'Auguste? Mais comment cette langue, si dure primitivement et si sèche, a-t-elle fait de tels progrès, sinon grâce au traitement que lui appliquèrent les Romains? Prenons autant de soin de la nôtre, qui « commence encore à jeter ses racines », et le temps viendra sans doute, où, étant sortie de terre, « elle s'eslevera en telle hauteur et grosseur qu'elle se pourra egaler aux Romains et Grecs ». Cette prédiction de Du Bellay s'accomplira au siècle suivant : les poètes de la Pléiade auront si bien enrichi notre langue que, pour la rendre classique, il suffira à leurs successeurs de l'épurer.

D'écrire en français. — La condition qui s'impose tout d'abord est, bien entendu, d'écrire en français. Du Bellay a deux chapitres là-dessus : il conclut la première partie de son livre en montrant qu'on ne saurait égaler les anciens dans leurs idiomes et en s'élevant contre « ces reblanchisseurs de murailles qui jour et nuict se rompent la teste, non pas même à imiter, mais à transcrire un Virgile et un Ciceron » ; il conclut la seconde par une « exhortation aux François d'escrire en leur langue »[1]. C'est ce que Ronsard redira bien des fois. Dans son *Abrégé d'art poétique*, par exemple, rendant hommage à ceux qui « depuis quinze ans ont illustré notre langage » : « Quiconques, dit-il, furent les premiers qui oserent abandonner la langue des anciens pour honorer celle de leur pays, ils furent veritablement bons enfants, et non ingrats citoyens, et dignes d'estre couronnés sur une statue publique, et que d'âge en âge on fasse une perpétuelle mémoire d'eux et de leurs vertus ». Et dans sa préface de la *Franciade* : « C'est un crime de leze-majesté d'abandonner le langage de son pays, vivant et florissant, pour vouloir deterrer je ne sçay quelle cendre des anciens et abbayer les verves des trespassez, et encore opiniastrement se braver là-dessus, et dire : J'atteste les Muses que je ne suis point ignorant, et ne crie point en langage vulgaire comme ces nouveaux venus qui veulent corriger le *Magnificat*, encores que leurs escrits estrangers, tant soient-ils parfaits, ne sçauroient trouver lieu qu'aux boutiques des apothicaires pour faire des cornets. »

On a souvent, non sans raison d'ailleurs, accusé la Pléiade d'un respect aveugle pour l'antiquité. Ce qu'il faut remarquer ici, c'est qu'elle a définitivement affranchi notre littérature de la langue latine, à laquelle tant d'écrivains, prosateurs ou poètes, confiaient encore l'expression de leur pensée. La *Défense* est, à son moment, une œuvre d'émancipation, et l'enthousiasme de Du Bellay pour les lettres antiques ne l'empêche pas d'appartenir au parti des « modernes ». On trouve dans son livre plus d'indépendance sur bien des points que chez tel ou tel « ancien » du XVIIe siècle, Boileau par exemple. On y trouve un sens très

---

[1]. Une de ses pièces, *A Mme Marguerite*, traite le même sujet.

vif de ce que j'appellerais le « progrès » ou la « perfectibilité »,
si je ne craignais de faire un anachronisme. Du Bellay soutient
catégoriquement que, loin de le céder aux Grecs et aux
Romains, nous avons sur eux l'avantage d'une civilisation plus
avancée. « Quand la barbarie des meurs de notz ancestres eust
deu les[1] mouvoir à nous appeller Barbares, si est-ce que je ne
voy point pourquoy on nous doive maintenant estimer telz, veu
qu'en civilité de meurs, equité des loix, magnanimité de cou-
raiges, bref en toutes formes et manieres de vivre non moins
louables que profitables, nous ne sommes rien moins qu'eux;
mais bien plus, veu qu'ils sont telz maintenant que nous les
pouvons justement appeller par le nom qu'ilz ont donné aux
autres ». Et ne voyons pas dans ces lignes une boutade sans
conséquence. Du Bellay exprime plus d'une fois la même idée
qui lui tenait évidemment au cœur. Ses arguments en faveur
des modernes sont d'ailleurs à peu près ceux que devaient faire
valoir, un siècle après, Charles Perrault et Fontenelle, sans
compter Pascal. « L'architecture, l'art du navigage et autres
inventions antiques, certainement sont admirables; non toutefois, si on regarde à la necessité, mere des ars, du tout si
grandes qu'on doyve estimer les cieux et la nature y avoir
dependu toute leur vertu, vigueur et industrie. Je produiray
pour tesmoins de ce que je dy l'imprimerie, seur des Muses et
dixiesme d'elles, et ceste non moins admirable que pernicieuse
foudre d'artillerie, aveques tant d'autres non antiques inventions
qui montrent veritablement que par le long cours des siecles
les espris des hommes ne sont point si abatardiz qu'on voudroit bien dire. » Sans doute, Du Bellay ne nie pas la supériorité
des anciens pour ce qui est du « savoir » et de la « faconde »;
mais, ajoute-t-il, « que nous ne puissions leur succeder aussi
bien en cela que nous avons desjà fait en la plus grand' part de
leurs ars mecaniques et quelquefois en leur monarchie, je ne
le diray pas, car telle injure ne s'etendroit pas seulement contre
les espris des hommes, mais contre Dieu ».

Ce côté de la *Défense* devait être mis en lumière. Avant de
reprocher aux novateurs ce qu'il y eut de superstitieux dans leur

---

[1]. Les Grecs.

imitation des Grecs et des Latins, il fallait reconnaître que le culte de l'antiquité se conciliait fort bien avec une généreuse confiance dans l'avenir de notre langue et de notre poésie [1]. Ici encore, Du Bellay semble se contredire ; mais l'inconséquence n'est qu'apparente. Rappelons-nous le mot de La Bruyère : « On ne saurait en écrivant surpasser les anciens que par leur imitation. » L'auteur de la *Défense* dit exactement la même chose.

L'imitation des anciens. — Ce n'est pas, nous y reviendrons tout à l'heure, la langue des anciens que Du Bellay veut imiter, c'est leur art. Quel autre moyen d'illustrer la langue que de faire des chefs-d'œuvre? Aussi consacre-t-il toute la première moitié de son second livre à une sorte de poétique. Et c'est ici qu'il conseille d'imiter les anciens. « La plus grand' part de l'artifice », ne craint-il pas de dire, est « contenue en l'immitation. » Commençons par reconnaître ce qu'il y a d'étroit dans cette théorie. Mais n'oublions pas que, si Du Bellay recommande l'imitation, c'est pour la substituer à la traduction. Il y a progrès. Les poètes français n'avaient fait pour la plupart, antérieurement à la Pléiade, que s'exercer dans les petits sujets, auxquels suffisaient la légèreté, l'élégance, la grâce ; ils n'abordaient la haute poésie que comme traducteurs des anciens et n'osaient pas encore voler de leurs propres ailes. La « version » était, Th. Sibilet nous l'apprend dans son *Art poétique*, publié en 1548, « le poëme le plus frequent et mieux receu des estimez poëtes et doctes lecteurs ». Ce que prétend la Pléiade, c'est de donner maintenant à la France des œuvres originales qui se puissent comparer à celles de la Grèce et de Rome : au lieu de traduire les anciens, elle les imitera, elle rivalisera avec eux.

A vrai dire, l'imitation de l'antiquité, chez Ronsard et ses disciples, n'est pas assez libre. « O imitateurs, troupeau servile! » s'écrie éloquemment Du Bellay. Mais il ne fait encore là qu'imiter Horace [2] ; et d'ailleurs cette servilité dont il accuse ceux qui

---

1. Cf. Ronsard dans son *Abrégé d'art poétique* : « Il vaut mieux servir à la vérité qu'à l'opinion du peuple, qui ne veut sçavoir sinon ce qu'il void devant ses yeux, et croyant à credit, pense que nos devanciers estoient plus sages que nous et qu'il les faut totalement suivre, sans rien inventer de nouveau, en cecy faisant grand tort à la bonne nature, laquelle ils pensent pour le jourd'huy estre brehaigne et infertile en bons esprits.

2. *O imitatores, servum pecus!* (*Épit.*, I, XIX.)

écrivaient en latin ou ceux qui traduisaient les anciens dans notre langue, on pourrait bien la lui reprocher à lui-même ainsi qu'à tous les poètes dont il est dans la *Défense* le porte-parole, et, pour ainsi dire, l'introducteur. La *Défense* nous rappelle à chaque instant tels passages de Cicéron, d'Horace, de Quintilien, que l'auteur s'est contenté de traduire, sans compter une infinité d'autres dont nous avons, en le lisant, la réminiscence plus ou moins lointaine. Et Du Bellay ne recommande-t-il pas lui-même dans sa conclusion de piller sans conscience les Grecs et les Latins? « Là donques, Françoys, marchez couraigeusement vers cete superbe cité romaine, et des serves depouilles d'elle (comme vous avez fait plus d'une fois) ornez vos temples et autelz. Ne craignez plus ces oyes criardes, ce fier Manlie et ce traitre Camille... Pillez moy sans conscience les sacrez thesors de ce temple delphique », etc. Il y a là sans doute une contradiction, et l'auteur du *Quintil Horatian* prend plaisir à la relever. « Je ne veuil reprendre en cest endroit [1] (ce que neanmoins tu defens aux autres de faire) tout le commencement de ceste epistre estre emprunté et translaté de Horace, ne ton œuvre quasi total estre rapiecé et rapetacé d'iceluy decousu de son ordre. Car telles usurpations bien appropriees en leur lieu sont tres bonnes et louables. Cecy me desplaict qu'au 6ᵉ chapitre du premier tu defendz aux autres, par adventure non moins entendans les langues que toy, la translation des poëtes, laquelle te permettant, ou tu attribues à toy plus que aux autres, ou tu es juge inique. » Rien de plus juste en soi; mais, si Du Bellay tombe dans le défaut qu'il reprend chez les autres, c'est qu'il ne pouvait du premier coup rompre avec des habitudes invétérées, et c'est aussi que l'art d'imiter en restant original suppose une patience, une délicatesse, une mesure dont il n'était pas encore capable.

Ronsard et Du Bellay, pour ne parler que d'eux, auront, après leur première effervescence, une seconde manière, beaucoup plus discrète. Dès maintenant, il importe de le bien marquer, ce que combat la *Défense*, c'est l'imitation servile des anciens, et ce qu'elle recommande, c'est une imitation qui s'assimile les

---

[1]. Il s'agit de la Dédicace au cardinal Du Bellay.

modèles et ne les copie point, qui s'en inspire librement sans s'y assujettir. Nous n'avons qu'à voir de quelle façon Du Bellay nous explique que les Latins aient enrichi leur langue. Imiter les meilleurs auteurs grecs, se transformer en eux, les dévorer, et, après les avoir bien digérés, les convertir en sang et en nourriture, voilà, nous dit-il, ce que les Latins ont fait; et ce qu'ils ont fait en prenant les Grecs pour modèles, c'est ce que nous, Français, nous devons faire en prenant pour modèles et les Grecs et les Latins. Le passage est de lui-même assez significatif; complétons-le cependant par quelques lignes de la préface de *l'Olive*, dans lesquelles Du Bellay exprime la même idée avec plus de précision : « Si par la lecture des bons livres je me suis imprimé quelques traicts en la fantasie, qui apres, venant à exposer mes petites conceptions selon les occasions qui m'en sont donnees, me coulent beaucoup plus facilement en la plume qu'ils ne me reviennent en la memoire, doit-on pour ceste raison les appeler pieces rapportees? » Nous avons là, exactement, la théorie classique. Ronsard et ses disciples peuvent bien, surtout au début, imiter avec hâte, avec violence; mais c'est le défaut de leur art, non de leur méthode. La méthode qu'ils recommandent ne diffère en rien de celle que pratiquèrent après eux nos classiques depuis Malherbe jusqu'à Chénier. Seulement le génie français n'avait pas en leur temps pleine conscience de lui-même, et ne faisait encore que s'essayer à la haute poésie : de là ce que l'imitation a si souvent chez eux de gauche et de contraint.

La Pléiade et les traditions de la poésie nationale. — On s'est plaint que Ronsard et ses amis abolissent nos traditions nationales pour se vouer au culte des anciens. Il faut regretter sans doute qu'ils aient prétendu tout refaire, ou, pour mieux dire, tout faire, comme si la poésie française allait dater d'eux. Mais le leur reprocher serait injuste : ils ignoraient la belle époque de notre moyen âge poétique et n'en connaissaient que le déclin. « De tous les anciens poëtes françoys, dit J. Du Bellay, quasi un seul, Guillaume du Lauris et Jean de Meun sont dignes d'estre leuz, non tant pour ce qu'il y ait en eux beaucoup de choses qui se doyvent immiter des modernes, comme pour y voir quasi comme une premiere imaige de la langue françoyse, venerable pour son antiquité. » A l'époque de la Pléiade, et depuis longtemps déjà, le *Roman de la Rose* était universellement réputé le plus considérable et le plus ancien monument du génie national. Or, l'influence prédominante que cette œuvre exerça pendant plus de deux cents ans, et qu'elle exerçait encore vers le milieu du xvie siècle malgré l'intervention momentanée de François Villon et malgré ce que Marot, qui la traduisit lui-même et s'en inspira, venait d'introduire dans notre poésie de plus aisé, de plus libre et de plus vif, cette influence n'avait pas été assez heureuse pour qu'on puisse faire un crime à la Pléiade de nous en affranchir; bien au contraire, ce fut aux novateurs un de leurs titres les plus méritoires que de rompre décidément et définitivement avec ces lieux communs d'allégorie froide et pédantesque dans lesquels le *Roman de la Rose* avait pour si longtemps fourvoyé toute invention poétique.

Quant aux poètes immédiatement antérieurs, peut-être la Pléiade ne leur rendit-elle pas justice. C'est ce que le *Quintil* reproche à Du Bellay : « Tu accuses à grand tort et tres ingratement l'ignorance de noz majeurs..., lesquels... n'ont esté ne simples n'ignorans ny des choses ny des parolles. » Mais ceux que le *Quintil* défend contre les novateurs, qui sont-ils donc? Des poètes qui comme Meschinot, Molinet, Crétin avaient réduit tout leur art à de vaines et laborieuses puérilités. Quant à Marot, s'il plaît à certains, ainsi que le dit la *Défense*, « pour ce qu'il est facile et ne s'esloigne point de la commune maniere de parler », les novateurs, eux, sont plutôt disposés à voir dans cette aisance même et dans cette familiarité un défaut d'élévation, de noblesse et de grandeur. C'est à de plus fortes qualités qu'ils visent, et l'on avouera que Marot, avec toute sa grâce et son élégant badinage, ne pouvait satisfaire leur besoin de ce que Du Bellay nomme « quelque plus hault et meilleur style », leurs instincts et leur pressentiment d'une poésie grave, ample, relevée, digne en un mot de soutenir la comparaison avec celle des anciens.

Aussi faut-il leur pardonner s'ils ont trop dédaigné leurs prédécesseurs. Pas tous, au surplus. Nous venons de dire pourquoi la Pléiade se montra si sévère à Marot; mais il y a d'autres poètes contemporains de Marot qu'elle ne nomme jamais qu'avec respect, ceux qui avaient déjà, avec plus ou moins de bonheur, tenté d'ennoblir notre poésie, et que l'on doit considérer à bien plus juste titre que Marot et ses disciples comme les vrais précurseurs de la réforme. C'est Jean Le Maire, dont la *Défense* dit qu'il a le premier illustré les Gaules et la langue française; c'est Héroët, dont « tous les vers sont doctes, graves, elabourez [1] »; c'est Jacques Pelletier, que Ronsard, dans la préface de ses *Odes*, appelle « un des plus excellents poëtes de notre âge »; c'est Maurice Scève, que Du Bellay surnomme le « Cygne nouveau », auquel il va bientôt écrire ces vers :

> Gentil esprit, ornement de la France,
> Qui, d'Appollon sainctement inspiré,
> T'es le premier du peuple retiré
> Loin du chemin tracé par ignorance [2].

Tous ces poètes, la Pléiade les honore et se fait honneur en reconnaissant ce qu'elle leur doit.

Chez Marot lui-même, les symptômes de la Renaissance sont déjà bien manifestes. Mais justement c'est se contredire que de nous montrer en Marot le délicat imitateur des anciens, que d'insister même sur les rares passages où il a montré quelque élévation, pour accuser ensuite la Pléiade d'avoir inauguré hors de lui, voire contre lui, une tradition nouvelle. Tout ce que Marot pouvait faire avec son savoir insuffisant, avec son talent aimable et gracieux, il le fit, avant l'avènement de la Pléiade; mais, comme le dit Sainte-Beuve, « pour remettre les choses de l'esprit en digne et haute posture, il était besoin d'une entreprise, d'un coup de main vaillant dont Marot et ses amis n'étaient pas capables [3] », et il n'y a pas lieu de s'étonner si l'auteur de la *Défense* indique ce qui restait à faire plutôt que ce qui avait été déjà fait.

L'idée essentielle, dans la poétique de Du Bellay, c'est qu'il faut abandonner les genres du moyen âge et restaurer ceux de l'antiquité. Sur le premier point nous remarquons que beau-

---

1. *Défense*, II, I. Cf. encore l'*Ode* XIII du *Recueil de poésie*, que Du Bellay adresse à Héroët.
2. L'*Olive*, sonnet CV.
3. *Nouveaux lundis*, t. XIII, p. 292.

coup de ces « vieilles poésies françaises » pour lesquelles il professe un tel mépris, ou bien n'étaient déjà plus en vogue, comme le virelai et le rondeau, ou bien, comme le chant royal, ne méritaient nullement le nom d' « espisseries ». Sur le second, il ne faut pas oublier que la plupart des genres antiques dont il recommande l'imitation étaient déjà renouvelés. Le sonnet, « docte invention italienne », avait été introduit dans notre poésie par Marot et Saint-Gelais, — l'épigramme, par Marot, et même « cette plaisante épigramme à l'exemple d'un Martial », puisqu'une trentaine des pièces qu'il a publiées en ce genre sont imitées du poète latin, — l'églogue, par Jean Le Maire, par Crétin, par Hugues Salel, par Maurice Scève, par Marot encore, — l'élégie et l'épître, par le même Marot, qui porta dans l'une, sinon beaucoup de sentiment, du moins une élégance et une précision de style fort louables, et dans l'autre tous les plus heureux dons de son aimable talent. Il n'y a pas jusqu'à l'ode qui, en dépit de ce qu'en dit Ronsard [1], n'eût été restaurée et mise en honneur. C'est au point que, si l'on se rend compte des innovations qu'avaient déjà faites les prédécesseurs de la Pléiade, on est presque tenté de se demander à quel titre Ronsard et ses amis se posèrent en rénovateurs. Aussi le *Quintil Horatian* accuse-t-il Du Bellay tantôt de mépriser injustement les vieux genres domestiques en laissant « le blanc pour le bis », tantôt de préconiser sous le nom d'Odes ce qu'il rejetait sous celui de Chansons ou de rejeter sous le nom de Coq-à-l'Ane ce qu'il préconisait sous celui de Satires.

Mais si nous considérons l'auteur du *Quintil* comme le représentant de l'école antérieure à Ronsard, il suffit de lire son livre pour voir que la *Défense* instaure véritablement quelque chose de nouveau. Quoiqu'il reproche aux réformateurs de répudier les traditions gauloises et de rendre leur poésie et leur langue inaccessibles au vulgaire, il n'en réserve pas moins son admiration pour ce qu'il y avait dans les poètes précédents de plus laborieux et de plus ardu en même temps que de plus vain ; et rien ne légitime mieux la tentative de la Pléiade, rien n'en montre mieux la nouveauté que de la voir se réclamer des Crétin et des Molinet, et recommander encore les rimes équivoques

---

1. Dans la préface de son premier recueil.

comme « la plus excellente forme » de la poésie française.

D'autre part, les genres que l'école marotique avait renouvelés des anciens étaient les moins élevés. Ne parlons pas de l'ode, car si Thomas Sibilet en introduit le nom dans notre langue, la seule ode qu'il connaisse et dont il cite des exemples est celle qui exprime « les affections tristes ou joyeuses, craintives ou esperantes de l'amour », et il n'a aucune idée d'un lyrisme supérieur. L'épigramme, le sonnet, l'élégie, l'églogue, l'épître, c'est quelque chose sans doute, mais ce n'est pas la haute poésie que conçurent tout d'abord les novateurs. Ces genres, après que lui-même et ses amis les auront pourtant illustrés et amplifiés, Ronsard, dans sa préface de la *Franciade*, les appellera « menus fatras ». Et, quand ils n'avaient encore été cultivés que par l'école de Marot, comment donc la Pléiade devait-elle les juger? C'est ce que nous pouvons voir dans la *Défense* : Du Bellay renvoie les faiseurs d'épigrammes à l'école de Martial, les faiseurs de chansons à celle d'Horace, il dédaigne l'épître, dans laquelle Marot avait laissé des chefs-d'œuvre, « pour ce qu'elle est volontiers de choses familieres et domestiques ». Ce sont les grands genres dont Ronsard et ses disciples veulent doter notre poésie, et, s'ils cultivent aussi les genres inférieurs, ils prétendent y porter une noblesse, une élévation, une dignité que leurs devanciers ne soupçonnaient même pas.

Nouvelle conception de la poésie. — Et voilà sans doute ce qu'il y a de vraiment nouveau dans la tentative de la Pléiade. Comme le dit Du Bellay, la Pléiade a cherché une « forme de poësie plus exquise ». Ce qui la distingue surtout de l'école antérieure, c'est la conception haute et grave de l'art. Nous aurons tout à l'heure mainte occasion de reprocher à Ronsard et à ses disciples leur érudition, leur enflure, le galimatias sublime dans lequel ils se sont trop souvent égarés. Mais il faut aussi rendre hommage à la générosité de leurs ambitions et à la noblesse de leur idéal. La *Défense* est déjà, sur ce point, assez significative; l'*Abrégé d'Art poétique* l'est encore plus. Jusqu'à Ronsard et Du Bellay, la poésie avait été considérée soit comme un délassement ingénieux, soit comme un exercice de patiente industrie. Ils sont les premiers qui en conçoivent la grandeur et la dignité morale. Voyez quel portrait Du Bellay nous trace des « poètes courtisans » dans la *Défense* elle-même, et, plus tard, dans une satire célèbre. Les poètes courtisans, ce sont tous ces rimeurs à la mode qui font consister la poésie dans « quelques petits sonnets petrarquisés ou quelques mignardises amoureuses »[1]. Ceux-là, Du Bellay leur conseille de se retirer au bagage avec les pages et laquais, ou, du moins, aux palais des grands seigneurs, entre les dames et demoiselles. Il est bien vrai que ce dédain de la « cour », et, si l'on pouvait dire, des « salons », indique déjà ce qu'aura la réforme de pédantesque et de rébarbatif. Mais nous remarquons en ce moment combien la doctrine des novateurs est supérieure à celle de l'école marotique, pour qui son art n'est qu'un badinage. Pour Ronsard et Du Bellay, le poète est vraiment un élu, un inspiré. Ils croient à je ne sais quel génie divin qui anime ceux dont le ciel a fait choix.

> Le don de poësie est semblable à ce feu
> Lequel aux nuits d'hiver comme un présage est veu
> Ores dessus un fleuve, ores sur une prée,
> Ores dessus le chef d'une forest sacrée,
> Sautant et jaillissant, jetant de toutes pars
> Par l'obscur de la nuit de grands rayons espars[2].

Dans une autre pièce, Ronsard rencontre une troupe de femmes errantes dont le visage triste et fatigué porte cependant comme le sceau d'une origine royale. Il leur demande leur nom : ce sont les Muses. Une d'elles lui répond par ces vers :

> Au temps que les mortels craignaient les deitez,
> Ils bastirent pour nous et temples et citez ;
> Montaignes et rochers et fontaines et prées
> Et grottes et forests nous furent consacrées.
> Notre mestier estoit d'honnorer les grands rois,
> De rendre venerable et le peuple et les lois,
> Faire que la vertu du monde fust aimée
> Et forcer le trespas par longue renommée,
> D'une flame divine allumer les esprits,
> Avoir d'un cœur hautain le vulgaire à mespris,
> Ne priser que l'honneur et la gloire cherchée
> Et tousjours dans le ciel avoir l'âme attachée[3].

---

1. Ronsard, *Préface des Odes.*
2. *Poèmes*, Disc. à J. Grévin.
3. *Bocage royal. Dialogue entre les Muses deslogees et Ronsard.*

Et voici les nobles traits dont il marque les poètes :

> Dieu les tient agitez et jamais ne les laisse ;
> D'un aiguillon ardant il les picque et les presse.
> Ils ont les pieds à terre et l'esprit dans les cieux.
> Le peuple les estime enragez, furieux :
> Ils errent par les bois, par les monts, par les prées,
> Et jouissent tous seuls des Nymphes et des Fées [1].

Quel que doive être le succès de leur tentative, les novateurs se distinguent déjà de l'école précédente par une tout autre notion de la poésie ; ils ne tinrent pas à la vérité les promesses du début, ou même ne restèrent pas fidèles aux premières ambitions ; mais, pour que l'avènement de la Pléiade marque une ère nouvelle, il n'est pas nécessaire qu'elle réalise son idéal, il suffit qu'elle l'ait conçu.

Moyens d'illustrer la langue. — C'est afin d'illustrer la poésie que Ronsard et ses amis veulent illustrer la langue ; mais plutôt les deux réformes n'en sont réellement qu'une : ils ont besoin de se créer une langue pour renouveler la poésie, une langue plus riche, plus noble, plus ferme, et cette langue, d'autre part, ils ne la créeront qu'en faisant œuvre de poètes. Après avoir exposé sa poétique, Du Bellay, revenant à la langue, indique les innovations par lesquelles il se propose de l'enrichir et de la fortifier. Pour ce qui est de la prose, il nous renvoie au traité d'Étienne Dolet sur l'*Orateur français* : en étudiant cette partie de la *Défense*, souvenons-nous qu'il ne parle que de la langue du poète, car on s'expose autrement à lui faire d'injustes critiques. Aussi bien, le but des novateurs est de donner à la poésie une langue distincte de la prose. Sans doute ils ne devaient pas y réussir : cinquante ans après la *Défense*, Malherbe renvoyait aux crocheteurs du Port-au-Foin ceux qui voulaient apprendre à bien parler, et si lui-même conserve encore nombre de formes et de tours qui n'ont rien de populaire, il n'en est pas moins vrai que la langue des poètes tendra chez nous de plus en plus à se confondre avec celle des prosateurs. Mais c'est ce que la Pléiade ne pouvait prévoir, et chez la plupart des autres peuples, comme chez les anciens,

---

[1] *Bocage royal. Dialogue entre les Muses deslogees et Ronsard.*

qu'elle imitait encore en cela, il y a pour la poésie un langage particulier, très différent, chez certains, du langage de la prose.

Indiquons brièvement les procédés d'illustration que recommanda la Pléiade et qu'elle pratiqua. D'abord pour le vocabulaire, ensuite pour la syntaxe.

1° Vocabulaire. — Pour le vocabulaire, elle l'enrichit soit par des emprunts aux langues étrangères, vivantes et mortes, soit en restaurant ou en inventant des mots français.

Du Bellay commence par revendiquer pour le poète le droit d'innover. « Vouloir oter la liberté à un scavant homme qui voudra enrichir sa langue d'usurper quelquefois des vocables non vulgaires, ce seroit retraindre notre langue soubz une trop rigoureuse loi. » De même, Ronsard, dans la préface de la *Franciade* : « Davantage, je te veux bien encourager de prendre la sage hardiesse d'inventer des vocables nouveaux... Il est fort difficile d'escrire bien en nostre langue, si elle n'est enrichie autrement qu'elle n'est pour le present de mots et de diverses manieres de parler. » Et plus loin : « Il ne se faut estonner d'ouir un mot nouveau, non plus que de voir quelque nouvelle jocondalle, nouveaux tallars, royales, ducats de sainct Etienne et pistolets. Telle monnoye, soit d'or ou d'argent, semble estrange au commencement, puis l'usage l'adoucit et domestique, la faisant recevoir, lui donnant authorité, cours et credit, et devient aussi commune que nos testons et nos escus au soleil. » Et, dans son *Abrégé d'Art poétique*, il fait remarquer avec raison que « les poëtes, comme les plus hardis, ont les premiers forgé et composé les mots, lesquels, pour estre beaux et significatifs, ont passé par la bouche des orateurs et du vulgaire, puis finablement ont esté receus, louez et admirez d'un chacun ». D'ailleurs, Ronsard et Du Bellay sont aussi d'accord pour recommander la discrétion : le premier veut qu'on se montre « tres avisé », que les mots dont l'on enrichit le vocabulaire soient « moulez et façonnez sur un patron dejà receu du peuple », et le second qu'on procède « avec modestie, analogie et jugement de l'oreille ».

La langue italienne et l'espagnole fournirent à notre vocabulaire du xvie siècle un grand nombre de mots dont beaucoup ont été employés par les poètes de la Pléiade. Mais le rôle de Ronsard et de ses amis fut plutôt, sur ce point, de défendre l'idiome national contre l'invasion des langues étrangères, notamment contre l' « italianisation » : ils sont des Celtophiles et non des Philausones [1].

Quant aux langues anciennes, les emprunts qu'ils y firent sont peu nombreux : presque tous les mots grecs ou latins dont ils se servirent étaient déjà en usage chez leurs prédécesseurs. En fait de termes savants, Du Bellay ne recommande que ceux de science ou de philosophie, qui seront dans notre langue « comme estrangers en une cité ». A part ces termes techniques, que nous avons toujours, au fur et à mesure de nos besoins, demandés aux langues anciennes, surtout à la grecque, l'œuvre de la Pléiade consista bien plutôt à débarrasser le vocabulaire d'une foule de barbarismes savants que les « rhétoriqueurs » y avaient fait entrer. « Use de mots purement francoys », dit Du Bellay dans la *Défense*. Et Ronsard, de son côté, ne perd pas une occasion de s'élever contre les écumeurs de latin. Il admet sans doute les termes savants qui « sont déjà receus et estimez d'un chacun », mais il répudie ceux que l'usage n'a pas déjà francisés et défend aux poètes d'en créer de nouveaux. « Je te veux encore advertir de n'écorcher point le latin, comme nos devanciers qui ont trop sottement tiré des Romains une infinité de vocables estrangers, veu qu'il y en avoit d'aussi bons en nostre propre langage [2]. » Et nous avons encore le témoignage de d'Aubigné, rappelant ce que Ronsard lui répétait souvent, à lui et à ses autres disciples : « Mes enfants deffendez vostre mere de ceux qui veulent faire servante une damoyselle de bonne maison. Il y a des vocables qui sont françois naturels, qui sentent le vieux, mais le libre françois... Je vous recommande par testament que vous ne laissiez point perdre ces vieux termes, que vous les employiez et deffendiez hardiment contre des maraux qui ne tiennent pas elegant ce qui n'est point escorché du latin et de l'italien, et qui aiment mieux dire *collauder*, *contemner*, *blasonner*, que *louer*, *mespriser*, *blasmer* : tout cela est pour l'escolier limousin [3]. » La Pléiade n'a point parlé grec ou latin

---

1. On sait que Philausone et Celtophile sont les deux interlocuteurs du dialogue de Henri Estienne sur *Le langage français italianisé*.
2. *Abrégé d'Art poétique*.
3. Avertissement des *Tragiques*.

en français. Sa poésie est trop souvent grecque et latine par l'érudition, par les souvenirs mythologiques, par la pensée ou même par le sentiment, et c'est sans doute ce que Ronsard veut faire entendre quand il dit :

> Les François qui mes vers liront,
> S'ils ne sont et Grecs et Romains,
> Au lieu de ce livre, ils n'auront
> Qu'un pesant faix entre les mains [1].

Mais rien de plus faux que de se représenter les Ronsardistes comme des écorcheurs de grec et de latin. Au point de vue du vocabulaire, ils ont illustré la langue française en usant des ressources qu'elle mettait à leur disposition. Si l'idiome poétique qu'ils se façonnèrent était artificiel dans sa formation, il était tout national par ses éléments.

Les nombreux mots d'origine française dont la Pléiade enrichit le vocabulaire sont des archaïsmes, des termes dialectaux, des emprunts faits aux langages « mécaniques », enfin des néologismes, formés surtout par dérivation.

Du Bellay invite le poète à « usurper quelquefois et quasi comme enchasser ainsi qu'une pierre precieuse et rare quelques mots antiques en son poëme », et lui conseille de lire les vieux romans, où il trouvera des termes comme *ajourner* pour *faire jour*, *anuyter* pour *faire nuyt*, *assener* pour *frapper*, *isnel* pour *leger*, « et mil' autres bons motz que nous avons perduz par notre negligence ». Et il ajoute : « Ne doute point que le moderé usage de telz vocables ne donne grande majesté tant au vers comme à la prose, ainsi que font les reliques des sainctz aux croix, et autres sacrez joyaux dediez aux temples. » De même, Ronsard, dans son *Abrégé d'Art poétique* : « Tu ne rejetteras point les vieux mots de nos romans », etc. Et, dans la préface de la *Franciade* : « Je t'adverti de ne faire conscience de remettre en usage les antiques vocables, et principalement ceux du langage wallon et picard, lequel nous reste par tant de siecles l'exemple naïf de la langue françoise... »

L'un et l'autre, Du Bellay et Ronsard, s'accordent d'ailleurs à

---

1. En tête des poésies en l'honneur de Charles IX.

recommander, ici encore, beaucoup de mesure, et, comme dit le dernier, « une mûre et prudente election ».

Sur les termes dialectaux, nous ne trouvons rien dans la *Défense*, mais voici ce qu'en dit Ronsard dans l'*Abrégé d'Art poétique* : « Tu sçauras dextrement choisir et approprier à ton œuvre les mots les plus significatifs des dialectes de nostre France, quand mesmement tu n'en auras point de si bons ny de si propres en ta nation ; et ne se faut soucier si les vocables sont gascons, poictevins, normands, manceaux, lionnois, ou d'autres païs, pourveu qu'ils soient bons et que proprement ils signifient ce que tu veux dire. » Et, dans la préface de la *Franciade* : « Je te conseille d'user indifferemment de tous dialectes ; entre lesquels le courtisan est tousjours le plus beau, à cause de la majesté du prince ; mais il ne peut estre parfait sans l'aide des autres, car chacun jardin a sa particuliere fleur, et toutes nations ont affaire les unes des autres, comme en nos havres et ports la marchandise bien loin cherchee en l'Amérique se debite partout. Toutes provinces, tant soient-elles maigres, servent aux plus fertiles de quelque chose, comme les plus foibles membres et les plus petits de l'homme servent aux plus nobles du corps [1]. »

Quant aux métiers et arts mécaniques, Du Bellay et Ronsard en parlent surtout pour inviter le poète à y chercher la matière de « belles comparaisons » et de « vives descriptions » ; nous aurons tout à l'heure l'occasion d'y revenir. Mais la Pléiade en emprunta aussi bien des mots qu'elle fit passer des idiomes techniques dans la langue de la poésie [2].

Restent les néologismes, que les novateurs forment presque tous au moyen du « provignement » [3]. « De tous vocables, quels qu'ils soient, lit-on dans l'*Abrégé d'Art poétique*, en usage ou hors d'usage, s'il reste encores quelque partie d'eux, soit en nos verbe, adverbe, participe, tu le pourras par bonne et certaine analogie faire croistre et multiplier... Puisque le nom de *verve* nous reste, tu pourras faire sur le nom le verbe *verver* et l'adverbe *vervement* ; sur le nom d'*essoine*, *essoiner*, *essoinement*, et mille autres tels ; et quand il n'y auroit que l'adverbe,

---

1. Voici quelques termes dialectaux que la Pléiade restaura : *bers* (berceau), *harsoir* (hier soir), *besson* (jumeau).
2. Par exemple : *creuset, coupelle, gaignage, erre, siller*, etc.
3. Voir ci-dessous pour les mots composés.

tu pourras faire le verbe et le participe librement et hardiment ; au pis aller tu le cotteras en la marge de ton livre pour donner à entendre sa signification ; et sur les vocables receus en usage, comme *pays, eau, feu,* tu feras *payser, ever, fouer, evement, fouement* ; et mille autres tels vocables qui ne voyent encores la lumiere, faute d'un hardy et bienheureux entrepreneur. » Même conseil dans la préface de la *Franciade* : « Outre plus, si les vieux mots abolis par l'usage ont laissé quelque rejetton, comme les branches des arbres coupez se rajeunissent de nouveaux drageons, tu le pourras provigner, amender et cultiver, afin qu'il se repeuple de nouveau ; exemple : de *lobbe*, qui est un vieil mot françois qui signifie mocquerie et raillerie, tu pourras faire sur le nom le verbe *lobber*, qui signifiera mocquer et gaudir, et mille autres de telle façon. »

Il n'y a rien, on le voit, de subversif dans ces divers procédés, rien même qui n'indique chez Ronsard et ses amis une très juste intelligence des ressources comme des besoins de la langue. C'est tout au plus si l'on peut leur reprocher de n'en avoir pas usé avec assez de discrétion. Encore le reproche s'adresserait-il beaucoup moins à Ronsard et à Du Bellay qu'à certains poètes de la génération postérieure, qui eurent le tort de renchérir sur leurs devanciers. La plupart des mots ainsi formés restèrent dans la langue, et plusieurs, qui en furent exclus, y avaient figuré avec honneur.

2° **Syntaxe**. — Pour ce qui est de la syntaxe, nous nous bornerons à signaler les plus notables innovations de la Pléiade. Ce sont : l'emploi de l'infinitif pris substantivement, l'emploi de l'adjectif comme nom ou comme adverbe, l'emploi d'épithètes composées, enfin l'inversion.

Des trois premières, il suffira d'indiquer quelques exemples, ceux-là justement que cite la *Défense* même. « Use hardiment, dit J. Du Bellay, de l'infinitif pour le nom, comme *l'aller, le chanter, le vivre, le mourir.* De l'adjectif substantivé, comme *le liquide des eaux, le vuyde de l'air, le fraiz des umbres, l'epez des forestz, l'enroué des cimbales,* pourveu que telle maniere de parler ajoute quelque grace et vehemence... Des noms pour les adverbes, comme *ilz combattent obstinez,* pour *obstinement, il vole leger,* pour *legerement.* »

L'emploi de l'infinitif comme substantif n'a rien que de conforme au génie de notre idiome, et l'on pourrait en citer un grand nombre d'exemples dans la langue actuelle. L'emploi de l'adjectif comme nom n'est pas moins fréquent, et nous avons vu d'ailleurs les restrictions qu'y fait Du Bellay. Enfin l'emploi de l'adjectif comme adverbe se conserve jusque vers le milieu du xvii° siècle, et, quoiqu'il paraisse un peu dur, certains écrivains de notre temps ont essayé de le remettre en honneur.

« Tu composeras hardiment des mots à l'imitation des Grecs et des Latins, dit Ronsard dans son *Abrégé d'Art poétique*, pourveu qu'ils soient gracieux et plaisants à l'oreille. » C'est ce qu'il avait fait lui-même, et, avec lui, tous les poètes de la Pléiade. D'abord, les composés par juxtaposition, comme *chèvrepied*, *cuissené*, etc., ou comme *aigredoux*, dont J. Du Bellay, dans la *Défense*, fait honneur à Lazare de Baïf, et autres semblables. Ces mots-là ne semblent guère heureux ; mais les Ronsardistes n'en formèrent qu'un très petit nombre. Ensuite, et surtout, les adjectifs comme *chasse-peine*, *rase-terre*, *porte-flambeau*, etc. Il y avait eu de tout temps dans notre langue des mots composés de la sorte ; seulement les poètes de la Pléiade emploient ces mots comme épithètes et non plus comme substantifs, c'est là leur innovation. Ils en furent trop prodigues, et leurs disciples, en particulier du Bartas, les discréditèrent par l'abus qu'ils en firent ; mais on peut croire que de tels mots n'étaient point déplacés dans la langue poétique. Fénelon les regrettera plus tard, en remarquant qu'ils « servaient à abréger et à faciliter la magnificence des vers ». Il y en a plusieurs, et de très pittoresques, dans La Fontaine ; par exemple, la gent *trotte-menu*. On en trouve encore de loin en loin quelque exemple chez nos auteurs modernes [1]. Sainte-Beuve a dit : « des écrivains *porte-sceptre* [2]. »

Pour l'inversion, Ronsard semble en blâmer l'usage quand il dit dans la préface de la *Franciade* : « Tu ne transposeras jamais les paroles ny de ta prose ny de tes vers, car nostre langue ne le peut porter, non plus que le latin un solecisme. Il faut dire : Le roy alla coucher de Paris à Orléans, et non pas : A

---

1. Cf. A. Darmesteter, *De la formation des mots composés*.
2. *Nouveaux lundis*, II, 1402.

Orléans de Paris le roy coucher alla. » Les poètes de la Pléiade et Ronsard lui-même n'en firent pas moins de l'inversion un fréquent emploi. Ils lui durent d'heureux effets, mais elle les embarrassa trop souvent dans des constructions pénibles ou obscures. Leur tentative ne pouvait réussir, parce qu'elle était en opposition avec le caractère analytique de notre langue moderne. Pourtant la poésie continua pendant toute l'époque classique à admettre certaines inversions qui lui étaient propres. C'est de nos jours seulement qu'a triomphé définitivement la théorie opposée à celle de la Pléiade et que la langue poétique s'est sur ce point comme sur les autres réduite à celle de la prose.

Les constructions qu'innovèrent Ronsard et ses amis étaient calquées sur les langues anciennes. C'est ici qu'on pourrait justement leur reprocher leurs latinismes et leurs hellénismes. « Tout ainsi, disait déjà la *Défense*, qu'entre les aucteurs latins les meilleurs sont estimez ceux qui de plus pres ont imité les Grecs, je veux aussi que tu t'eforces de rendre au plus pres du naturel que tu pouras la phrase et maniere de parler latine, en tant que la proprieté de l'une et l'autre langue le voudra permettre. Autant te dy-je de la greque... » Remarquons pourtant la réserve que fait l'auteur. A vrai dire, la plupart des procédés de construction dont usèrent les novateurs n'avaient rien qui répugnât à la langue française, et l'on ne peut guère leur reprocher que l'abus des épithètes composées et des inversions.

3° **Style poétique**. — Ce n'est pas seulement la langue de la poésie que les Ronsardistes voulaient réformer; c'en est aussi le style. Cette partie de la réforme réussit le mieux par ses côtés les plus contestables, notamment l'usage de la mythologie et la formation de ce qu'on appelle le style noble.

Jean Le Maire de Belges, mêlant les légendes de l'antiquité classique avec celles du moyen âge, introduisit un des premiers la mythologie antique dans notre littérature. Ce qu'il avait fait sans idée préconçue, en se laissant aller aux souvenirs de sa vaste érudition, Ronsard le fait de parti pris avec le dessein de rehausser et d'embellir la poésie française. Nous savons aujourd'hui que le merveilleux païen fut le produit direct de l'esprit religieux, enclin, dans les temps primitifs de l'humanité, à personnifier toutes les forces physiques, toutes les manifestations de la vie. Les réformateurs du xvie siècle, n'y voyant que des fictions poétiques, crurent imiter l'antiquité en se les appropriant, en puisant à pleines mains dans ce dictionnaire de métaphores toutes prêtes. Nous aussi, nous avions eu notre mythologie. Le moyen âge, dans cet état de foi instinctive et de naïve croyance qui avait favorisé en Grèce la création et le développement des mythes, s'était formé un merveilleux populaire qui tient une place considérable dans sa poésie. N'ayant que du dédain pour le passé de la nation, la Pléiade proscrivit de notre littérature non seulement les légendes des fées et des génies, mais même le merveilleux chrétien, pour y substituer la mythologie olympique. Cette réforme est une de celles qui eurent le succès le plus durable. Des protestations, cependant, ne tarderont pas à s'élever. Non que de plus clairvoyants admirateurs de l'antiquité réclament en faveur d'une inspiration plus originale et plus franche. Ceux qui seront sur ce point en opposition avec Ronsard protesteront au nom du christianisme, menacé par les divinités de l'Olympe : ce sont Du Bartas, Guy du Faur de Pibrac, enfin Vauquelin de la Fresnaye, qui, dans son *Art poétique*, où il expose en général les idées de la nouvelle école, veut que nos poètes abandonnent les héros païens et que le fond même des épopées soit emprunté au christianisme. La lutte entre les partisans de la mythologie et ceux du christianisme poétique aura surtout du retentissement vers le milieu du xviie siècle. Mais les épopées des Chapelain, des Saint-Sorlin, des Coras, feront beau jeu à Boileau pour consacrer définitivement le triomphe du merveilleux païen : son *Art poétique* donne de l'épopée une définition en vertu de laquelle la « fable » en est un élément essentiel.

Sous prétexte que, comme dit Ronsard, le style de la prose est « ennemi capital [1] » du style de la poésie, la Pléiade eut le tort d'introduire certaines pratiques de style qui devaient fourvoyer notre poésie dans la fausse rhétorique. Notons surtout l'emploi de la périphrase. « Entre autres choses, dit la *Défense*, je t'averty user souvent de la figure antonomasie, aussi

---

1. Préface de la *Franciade*.

fréquente aux anciens poëtes comme peu usitée, voire incongnue des Francoys. La grace d'elle est quand on designe le nom de quelque chose par ce qui luy est propre, comme le *Pere foudroyant* pour *Jupiter*, le *Dieu deux fois né* pour *Bacchus*, la *Vierge chasseresse* pour *Dyane*. Cete figure a beaucoup d'autres especes, que tu trouverras chés les rhetoriciens, et a fort bonne grace, principalement aux descriptions, comme : *Depuis ceux qui voyent premiers rougir l'aurore jusques la ou Thetis recoit en ses undes le filz d'Hyperion,* pour *depuis l'Orient jusques a l'Occident*. Tu en as assez d'autres exemples és Grecz et Latins, mesme en ces divines experiences de Virgile, comme du fleuve glacé, des XII signes du Zodiaque, d'Iris, des XII labeurs d'Hercule, et autres. » Et, de même, Ronsard, dans la préface de la *Franciade* : « Les excellens poëtes nomment peu souvent les choses par leur nom propre. Virgile, voulant descrire le jour et la nuict, ne dit point simplement et en paroles nues : Il estoit jour, il estoit nuit ; mais par belles circonlocutions :

> Postera Phœbea lustrabat lampade terras
> Humentemque Aurora polo dimoverat umbram.

Puis :

> Nox erat, et placidum carpebant fessa soporem
> Corpora per terras, silvæque et sæva quierant, etc.

Ceste virgiliane description de la nuict est prise presque de mot à mot d'Apolloine Rhodien. Voy comme il descrit le printemps :

> Vere novo gelidus canis cum montibus humor
> Liquitur, et zephyro putris se gleba resolvit.

Labourer, *vertere terram*. Filer, *tolerare vitam colo tenuique Minerva*. Le pain *dona laboratæ Cereris*. Le vin, *pocula Bacchi*. Telles semblables choses sont plus belles par circonlocutions que par leurs propres noms ; mais il en faut sagement user, car autrement tu rendrois ton ouvrage plus enflé et boufi que plein de majesté. »

Ronsard a beau recommander la discrétion : le précepte qu'il donne n'en est pas moins des plus fâcheux, et les classiques, surtout les pseudo-classiques, mais les classiques aussi, Boileau et Racine lui-même, ne le suivront que trop. Ce style noble est quelque chose de presque nouveau dans notre poésie, et l'auteur du *Quintil Horatian* ne manque pas de railler là-dessus Du Bellay, un peu grossièrement peut-être, mais non sans raison. « Monstre donc aucun exemple de ce plus hault et meilleur stille. Quel est-il? Est-ce... periphraser où il n'est besoing, en disant *fils de vache* pour *veau* ou *beuf?* » Le point de vue auquel se mettent les novateurs quand ils préconisent la périphrase n'est pas celui de l'école proprement classique : l'école classique veut surtout éviter des termes bas qui choquaient les oreilles délicates, tandis que Ronsard et ses disciples sont préoccupés de donner à la poésie plus d'ampleur et de pompe [1]; il n'en faut pas moins leur reprocher ce goût pour les « antonomasies », et, en général, pour la diction noble, dont ils furent les premiers initiateurs.

Mais ce que nous ne devons pas oublier, c'est qu'ils furent aussi les premiers « illustrateurs » du style poétique. La langue du poète peut bien être la même que celle du prosateur, le style de la poésie, surtout de cette haute poésie à laquelle visait la Pléiade, diffère essentiellement du style de la prose. C'est ce dont ne s'étaient pas avisés Marot et son école; ou plutôt les genres dans lesquels ils avaient surtout excellé, l'épigramme et l'épître familière, par exemple, s'accommodaient fort bien d'un style tout pédestre. Le style de Marot est net, agile, vif, mais il est maigre, il est sec. Ronsard et ses amis inaugurent la poésie du sentiment et de l'imagination, une nouvelle poésie, à laquelle il faut un style plus brillant et plus pittoresque. Dans sa *Défense* même, Du Bellay multiplie les figures. Et c'est de quoi l'auteur du *Quintil* le censure pédantesquement en lui faisant remarquer que « l'oraison solue », c'est-à-dire la prose, n'en souffre pas un tel abus; et il le compare à ces enfants « qui estiment plus bel habillement un hocqueton orfaverizé d'archier de la garde qu'une saye de velours uniforme avec quelques riches boutons d'or clair semez ». Même reproche aux sonnets de l'*Olive*, que Du Bellay publia peu après : « Tu es trop battologie,

---

1. Voici quelques lignes de Ronsard qui montrent combien lui sont inconnus les préjugés classiques : « Tu imiteras les effects de la nature en toutes tes descriptions suivant Homere. Car s'il fait bouillir de l'eau dans un chauderon, tu le verras premier fendre son bois, puis l'allumer et le soufler, puis la flame environner la panse du chauderon, etc. Car en telle peinture... consiste toute l'ame de la poësie heroïque. » (Préface de la *Franciade*.)

qui en quatre feuilles de papier, repetes plus de cinquante fois *ciel* et *cieux*, tellement que tu peux sembler tout célestin. Semblablement tu redis mesmes choses et paroles, comme *armees, ramees, oiseaux*, des *eaux*, fontaines *vives* et *leurs rives, bois, abois, Orient, Arabie, perles, vignes, ormes*, et belles paroles et choses par trop souvent redites en mesme et petit œuvre, et quasi en mesme forme. » Il y a bien quelque chose de juste dans cette critique ; mais, quoique les novateurs aient souvent manqué de retenue, il faut les louer aussi d'avoir donné au style poétique un lustre, une richesse de ton, qui lui avaient jusque-là trop fait défaut. Si le dernier représentant de l'école marotique peut avec raison reprendre chez eux l'excès de couleur et d'opulence, les derniers défenseurs de la Pléiade n'auront pas tort non plus d'opposer cette opulence et cette couleur à la sécheresse de Malherbe, en exaltant, comme Mlle de Gournay, les œuvres des anciens maîtres, ces « œuvres plantureuses, reluisantes d'hypotyposes ou peintures, dont la vive, floride et poétique richesse autoriserait trois fois autant de licences ». Malherbe moissonnera dans sa fleur cette brillante foison d'images qui embellissait de mille couleurs les vers de Ronsard. Au xviie siècle, sous son influence et celle de Boileau, la poésie se fera essentiellement « raisonnable ». Et certes on ne peut qu'admirer la mesure parfaite, l'exquise sobriété de nos grands classiques ; mais il est permis de regretter ce que le style poétique de la Pléiade avait eu de plus imagé, de plus riche et de plus « reluisant ».

4° **Versification**. — Nous indiquerons très succinctement les innovations que Ronsard et ses amis apportèrent dans la métrique. Ce qu'il faut marquer tout d'abord, c'est qu'ils voulurent donner au poète le plus de liberté possible. Avec Malherbe triomphera une théorie de la versification beaucoup plus stricte. La Pléiade n'éprouve point comme lui le besoin de tout fixer par des règles inflexibles ; elle laisse au goût, au sens rythmique, au jugement de l'oreille, autant de latitude que peuvent le permettre les nécessités de la métrique.

Les novateurs déconseillent l'hiatus, mais seulement s'il est désagréable et « âpre ». Ils tolèrent maintes licences, autorisent une foule de syncopes, d'apocopes, de diphtongaisons, etc., que Malherbe devait proscrire, que Regnier défend encore contre

Malherbe. Ils sont beaucoup moins exigeants sur la rime que ne l'avait été l'école antérieure : Du Bellay dans sa *Défense* et Ronsard dans son *Abrégé d'Art poétique*, recommandent bien qu'elle soit riche, mais ils s'attachent à exempter le poète des règles superstitieuses auxquelles les rimeurs d' « équivoques » l'avaient assujetti. Notons en particulier qu'ils ne regardent pas à l'orthographe, et riment non pour l'œil, mais seulement pour l'oreille. C'est à Ronsard que remonte, il est vrai, la règle en vertu de laquelle les vers féminins alternent avec les vers masculins ; tout au moins c'est Ronsard qui l'établit d'une façon définitive. Du Bellay, pourtant, dans la *Défense*, rappelant que Marot a observé cette règle pour ses *Psaumes*, ne veut pas que le poète en « fasse religion » ; dans son *Abrégé d'Art poétique*, Ronsard lui-même la recommande sans l'imposer, et, d'ailleurs, il s'en est souvent affranchi. Quant à la constitution rythmique du vers, les poètes de la Pléiade, rompant avec l'uniformité de l'ancien alexandrin, n'ont aucun scrupule à enjamber, soit d'un hémistiche sur l'autre par suppression de la césure médiane [1], soit d'un vers sur le vers suivant par suppression de la césure finale. Cette liberté, ils n'en usent guère, reconnaissons-le, que pour se donner tout simplement plus d'aise ; mais, si leur vers manque trop souvent de consistance et de fermeté, du moins il n'a pas cette monotonie, cette raideur, qu'on peut reprocher à celui de Malherbe.

Deux points sont essentiels dans leur réforme de la métrique : invention de rythmes, restauration du grand vers.

Nous ne pouvons entrer ici dans le détail des rythmes qu'inventa Ronsard, c'est une question beaucoup trop technique. Contentons-nous de dire qu'il enrichit la versification d'une foule de strophes qui n'avaient jamais été en usage ou dont l'usage s'était depuis longtemps perdu. Cette réforme se liait naturellement à celle de la poésie : une poésie plus élevée, plus noble, plus riche, devait nécessairement inventer des rythmes nouveaux, les rythmes, bien peu nombreux au surplus, de Marot et de son école, étant trop minces et trop courts pour que l'imagination et le sentiment pussent s'y déployer. On a compté que

---

1. Cet enjambement intérieur est pourtant bien plus rare que l'autre au xvi⁰ siècle.

Ronsard en créa une centaine. Tous ne méritent pas sans doute les mêmes éloges ; aussi un grand nombre n'étaient-ils pour lui que des essais, dans lesquels il ne persista pas : mais, fournissant aux inspirations les plus diverses du lyrisme une infinité de cadres nouveaux, il a eu presque toujours le mérite de choisir pour chacune celle qui lui convenait le mieux.

Quant à la restauration de l'alexandrin, on sait que ce mètre était depuis longtemps tombé en désuétude. Fabri, dans son *Art poétique*, l'appelle « antique maniere de rithmer », Thomas Sibilet le déclare lourd et peu maniable. Marot l'a fort peu employé, Du Bellay lui-même, dans la *Défense*, réserve au décasyllabe le nom de vers héroïque. Ce sont les poètes de la Pléiade qui remirent l'alexandrin en honneur, et c'est Ronsard qui, le premier, le reconnut comme mètre de l'épopée. Il est vrai que la *Franciade* fut écrite en décasyllabes, et le poète déclare même dans sa préface que les grands vers « sentent trop la prose facile et sont trop enervés et flasques » ; mais quelques lignes de l'*Abrégé d'Art poétique* montrent quel cas nous devons faire de cette déclaration : « Si je n'ay commencé ma *Franciade* en alexandrins, il s'en faut prendre, dit-il, à ceux qui ont puissance de me commander, et non à ma volonté [1]. » Quoi qu'il en soit, ce vers de douze syllabes qui, durant la première partie du XVIe siècle, était d'un si rare emploi, prend, avec Ronsard et grâce à lui, possession de tous les genres élevés auxquels ne pouvaient convenir les strophes lyriques, et, dans ces strophes mêmes, les poètes de la Pléiade en font le plus fréquent usage. Depuis trois siècles, il est le mètre par excellence de la versification française, et parmi toutes les réformes des Ronsardistes, il n'en est peut-être aucune dont notre poésie doive leur savoir plus de gré que de cette restauration.

Le résumé précédent des idées qui présidèrent à la Renaissance poétique et des innovations que tenta la Pléiade montre assez en quoi l'école nouvelle s'opposait à celle de Marot. J. Du Bellay publia son premier recueil de vers l'année même de la *Défense*, et Ronsard fit paraître ses *Odes* en 1550. Les vues des réformateurs répondaient si bien à l'attente générale, qu'ils

---

[1]. Préface de la *Franciade*, édition de 1573 ; ces lignes furent retranchées dans les éditions postérieures.

triomphèrent sans avoir presque à combattre. L'auteur du *Quintil Horatian* fut le seul qui les attaqua, et son libelle, quoiqu'on y trouve des critiques justes, parfois même assez fines, ne produisit pas plus d'effet que n'en devaient produire, deux cent cinquante ans après, les attaques de Morellet contre Chateaubriand et le *Génie du christianisme*. Melin de Saint-Gelais tenta bien de tourner en dérision les nouveaux venus qui commençaient par supprimer tout ce qui les avait précédés : son persiflage, ses pointes les plus acérées, ne purent rien contre l'enthousiasme qu'avaient soulevé les Odes de Ronsard. Il eut beau, devant la cour, parodier une de ces pièces en la débitant sur un ton ridicule : Marguerite de Savoie [1], la sœur de Henri II, lui arracha le livre des mains, et, relisant la même pièce avec une gravité pénétrée, fit partager son admiration à tous les assistants. Dès lors la Pléiade a cause gagnée : Melin cède la place à son jeune vainqueur, et cherche une consolation dans les vers latins. Quant aux autres poètes de la génération précédente, les uns tombent dans l'oubli, les autres se rallient à la nouvelle école.

III. — *Ronsard.*

Après avoir examiné le programme commun des novateurs, il nous faut maintenant voir comment ils le remplirent, et, pour cela, les prendre chacun à part.

La carrière poétique de Ronsard peut se diviser en trois périodes. Dans la première, qui va de 1550 à 1560, il donne les *Odes*, les *Amours de Cassandre*, les *Amours de Marie*, les *Hymnes*, le *Bocage royal*, les *Mélanges*. Il faut y distinguer deux « manières », l'une ambitieuse et hautaine, l'autre plus aimable, plus aisée, plus légère. La seconde période, depuis 1560 jusqu'à 1574, est celle du « poète courtisan » et celle aussi du poète national ; nous appelons Ronsard poète courtisan dans ses *Mascarades*, dans ses *Bergeries*, dans beaucoup de ses *Élégies* ; nous l'appelons poète national soit dans sa *Franciade*, soit dans certaines pièces de circonstance, l'*Institution pour*

---

1. Ronsard lui a adressé l'*Ode pindaresque* IV.

FRONTISPICE DE L'ÉDITION DES ŒUVRES DE RONSARD

DONNÉE CHEZ BUON EN 1609

Bibl. Nat., Imprimés, Inventaire Ye 15

l'adolescence du roi, les *Discours des misères du temps*, la *Remontrance au peuple de France*, qui sont ce qu'il a fait de plus éloquent et de plus fort. Enfin, la troisième période, de 1574 à 1584, beaucoup moins féconde que les deux autres, à laquelle appartiennent les dernières pièces du *Bocage royal*, les *Sonnets à Hélène*, les dernières *Amours* : si le poète ne s'y élève pas à la même hauteur, il n'a jamais rien fait d'aussi personnel que certaines pièces de ces recueils, ni, peut-être, d'aussi pénétrant.

Première période de Ronsard. — Première manière. — Ronsard s'attaqua tout d'abord à ce que l'antiquité lui offrait de moins accessible. Il débuta par quatre livres d'*Odes*, dont le premier est presque entièrement « pindaresque ». Dans la préface qu'il mit en tête du recueil, lui-même revendique la gloire d'inaugurer chez nous la poésie lyrique, et, comme il dit, de guider les autres au chemin de si honnête labeur. Sans remonter jusqu'aux troubadours et aux trouvères, dont les œuvres étaient depuis longtemps tombées dans l'oubli, il y avait eu avant Ronsard, au XVIe siècle même, des essais d'odes qui ne manquaient pas de valeur[1]. Ce qu'on ignorait encore, c'est l'ode « pourtraite selon le moule des plus vieux » et qui s'adresse « aux gentils esprits, ardents de la vertu ». Ronsard se vante avec raison d'avoir remonté la lyre au ton de la plus haute poésie.

> Heureuse lyre! honneur de mon enfance!
> Je te sonnay devant tous en la France
> De peu à peu ; car, quand premierement
> Je te trouvay, tu sonnoys durement;
> Tu n'avois point de cordes qui valussent,
> Ne qui respondre aux loix de mon doigt peussent.
> Moisi du temps, ton fust ne sonnoit point;
> Mais j'eu pitié de te voir mal en-point,
> Toi qui jadis des grands roys les viandes
> Faisois trouver plus douces et friandes.
> Pour te monter de cordes et d'un fust,
> Voire d'un son qui naturel te fust,
> Je pillay Thesbe et saccageay la Pouille,
> T'enrichissant de leur belle despouille[2].

Il avertit les lecteurs, dans sa préface, de ne pas croire, si quelques traits de ses vers se trouvaient chez tel poète français

---

[1]. C'est ce que remontrait l'auteur du *Quintil Horatian*.
[2]. *Odes*, I, XXII.

antérieur, qu'il ait rien emprunté à autrui : « L'imitation des nostres, ajoute-il, m'est tant odieuse, que, pour cette raison, je me suis esloigné d'eux, prenant stile à part, sens à part, œuvre à part. » Clément Marot avait fait une sorte d'ode en l'honneur du comte d'Anguien, vainqueur à Cérisoles : trouvant que les vers de Marot manquent de gravité, d'ampleur, d'éclat, Ronsard reprend le même thème sur un mode plus élevé :

> L'hymne qu'après tes combats
> Marot fit de ta victoire,
> Prince heureux, n'égala pas
> Les merites de ta gloire;
> Je confesse bien qu'à l'heure
> Sa plume estoit la meilleure
> Pour desseigner simplement
> Les premiers traits seulement;
> Mais moy, nay d'un meilleur âge,
> Et plus que lui studieux,
> Je veux parfaire l'ouvrage
> D'un art plus laborieux [1].

Le chef de la Pléiade prétendit pour son coup d'essai donner à la France un nouveau Pindare. Initié par Daurat aux odes du lyrique thébain, ce qu'elles ont d'obscur, d'abrupt, de peu conforme à notre génie national, ne fit sans doute que rendre son admiration pour lui plus fervente et plus vif son désir de l'imiter. En choisissant Pindare comme guide, il se séparait avec éclat de l'école antérieure et rompait du coup toute attache avec notre poésie domestique, qu'une première « renaissance », sous les auspices de Marot, venait pourtant de polir, de rendre plus élégante et plus délicate. Ce n'est pas à la délicatesse et à l'élégance que vise Ronsard; c'est, dans son premier enthousiasme de néophyte, à la sublimité du lyrisme le plus ardu.

Disons tout d'abord qu'il imite Pindare avec une intelligente fidélité, qu'il s'approprie fort bien tout ce qui pouvait s'en reproduire, les cadres, les formes, la méthode de composition. Cette fidélité même fait de ses Odes quelque chose d'artificiel et de contraint. Il y avait un anachronisme flagrant à calquer l'ode pindarique, qui ne pouvait être chez nous qu'une industrieuse contrefaçon d'archéologue. Sans doute Ronsard

---

1. *Odes*, I, vi.

prétendait que ses vers fussent chantés; dans la préface de son premier recueil, nous lisons que douze ou treize morceaux du *Bocage* portent « autre nom que d'odes » parce qu' « ils ne sont mesurés ni propres à la lyre »; il fit mettre en musique un grand nombre de ses pièces, et en nota lui-même quelques-unes. Mais ce n'était vraiment pas assez pour croire qu'il pût imiter la structure technique des odes pindaresques comme il cherchait à en rendre la magnificence de style et l'élévation d'accent. Le chœur antique lui manquait, d'abord, et il lui manquait aussi la mise en scène, le spectacle, la pompe des cérémonies au milieu desquelles se chantaient, se jouaient, se dansaient pour ainsi dire les odes de Pindare. Mieux avisé, Horace, en un temps où l'Ode n'avait plus de public, ne se hasarda jamais jusqu'à prendre en main la lyre du poète grec. *Pindarum quisquis*, etc. Ronsard ne fut pas aussi prudent : il restaura le pindarisme dans son savant appareil, sans voir que la différence des conditions et du milieu social le condamnait d'avance à ne faire que des pastiches froids et raides.

Toutes factices par leur forme extérieure, ses odes ne le sont guère moins dans leur fond. Sans doute Ronsard y chante des personnages et des événements de son époque, et l'on peut même dire en ce sens qu'il fait déjà fonction de poète national, si l'on ne préfère le traiter de poète lauréat. Mais il les chante en « nourrisson de la Muse grégeoise », en érudit barbouillé de souvenirs antiques, hérissé d'un docte fatras qui nous déroute et nous rebute. Voici, par exemple, l'Ode à Michel de l'Hôpital, qui était considérée comme son chef-d'œuvre, et, Richelet n'hésite pas à le dire, « comme un chef-d'œuvre de poésie ». Le poète y célèbre l'Hôpital d'avoir favorisé la renaissance littéraire, autrement dit d'avoir ramené en France les filles de Mnémosyne. Prenons garde à cette figure : l'ode tout entière n'en est que le développement. Cette ode nous raconte (car la narration, comme dans presque toutes les odes pindaresques, y tient plus de place que le lyrisme) la naissance des Muses, leur voyage chez l'Océan pour y voir leur père, comment, ayant obtenu de lui « plusieurs choses excellentes, dignes de leur profession », elles reviennent sur la terre et y inspirent les poètes, ceux de la Grèce, puis ceux de Rome, comment l'ignorance les contraint à se refugier dans le ciel, comment, après plusieurs siècles de barbarie, Michel de l'Hôpital « les ramène une autre fois et les rétablit en terre pour toujours ». Et ce n'est pas là l'ode la plus mythologique de Ronsard ; il y en a d'autres, jusque dans les non pindaresques, où la mythologie se fait en tout cas beaucoup plus compliquée et minutieuse, au point qu'un galant homme, pour les comprendre, est à chaque instant obligé de consulter quelque dictionnaire spécial. Ajoutons que l'obscurité s'accroît encore, bien souvent, du désordre de la composition, désordre qui peut bien être chez Pindare un signe et un effet de la « fureur », mais qui, chez Ronsard, n'est que vaine rhétorique. Lui-même, d'ailleurs, nous explique candidement les secrets et les procédés de son art : il se représente « brouillant industrieusement ores ceci ores cela », préméditant les « digressions vagabondes », et machinant à loisir les « mouvements » et les « transports ». C'est le triomphe de l'artifice et du pédantisme.

A vrai dire, si nous passons condamnation sur ce qu'a d'excessif sa manie pindarisante, l'idée qu'il se forme de l'ode est tout à fait celle que s'en formeront nos classiques, Malherbe en tête, sauf le « beau désordre », puis, après Malherbe, Boileau, le « beau désordre y compris », et, après Boileau, les rhéteurs du xviiie siècle. J.-B. Rousseau, Le Franc de Pompignan, Lebrun-*Pindare*, enfin Victor Hugo lui-même à ses débuts. Chez tous, l'ode aura quelque chose d'officiel et de factice : selon la poétique du genre, tous simuleront des effets de lyrisme, s'échaufferont à froid, déroberont sous de beaux mots, sous de brillantes figures, le vide de la pensée et la sécheresse du sentiment, iront enfin chercher leurs plus riches décors dans les antiquailles de la mythologie. N'accusons pas Ronsard d'avoir figé la veine lyrique. Ce lyrisme, non plus impersonnel et compassé, mais intime et vibrant, qui est celui de nos poètes modernes, nous le trouverons chez lui dans d'autres recueils, et, s'il s'est trompé en essayant de restaurer l'ode pindaresque, il ne se trompait pas du moins en l'appliquant à des sujets d'intérêt général.

Le pindarisme de Ronsard eut, de son temps, un grand succès. Après les mièvreries et les futilités de Marot, après ses psaumes eux-mêmes, d'une inspiration si vite essoufflée, les odes pindaresques étaient bien faites pour ravir d'admiration les érudits auxquels elles s'adressaient. Il y a dans leur structure même, dans la succession régulière des strophes, des antistrophes et des épodes, il y a dans la splendeur des images, dans l'ampleur du rythme, dans l'éclat des mots, dans la noblesse du style, je ne sais quelle grandeur spécieuse et quel magnifique apparat qui expliquent l'enthousiasme du public lettré. Et les défauts mêmes qui nous en rendent aujourd'hui la lecture rebutante passaient alors pour autant de qualités. Pindare était si peu accessible qu'on aurait su mauvais gré à Ronsard de l'être beaucoup plus. Ajoutons d'ailleurs qu'il s'y trouve des passages dans lesquels le poète allie l'aisance à la gravité ; et, si elles sont presque toujours gâtées par l'emphase, la raideur, la contrainte, surtout par un pédantisme indigeste et fastueux, la poésie française y atteint une dignité qu'elle n'avait pas encore connue.

A la première manière de Ronsard peuvent encore se rattacher la plupart des *Hymnes* et les *Amours de Cassandre*. Pour les *Hymnes*, il imite surtout Callimaque, et, comme son modèle, encadre le plus souvent dans quelque légende antique l'éloge d'un grand personnage contemporain. Ces pièces n'ont pas un caractère bien déterminé : quelquefois lyriques, elles sont le plus souvent descriptives, comme l'*Hymne aux Saisons*, l'*Hymne à la Mort*, ou épiques, comme l'*Hymne de Castor et Pollux*, l'*Hymne à la Justice*. Nous y retrouvons les mêmes défauts que dans ses grandes odes ; mais quand il s'affranchit d'une imitation trop servile, quand il se débarrasse des froides allégories qui le gênent trop souvent, nous n'avons plus qu'à louer, soit, chez le poète épique, la puissance et l'élévation, soit, chez le poète descriptif, la sincérité du sentiment et l'éclat de la forme.

Les *Amours de Cassandre* s'inspirent de Pétrarque. Ces sonnets sont eux-mêmes gâtés par le pédantisme des *Odes* et des *Hymnes*, et, notamment, par l'abus inévitable des souvenirs mythologiques. Pourtant, Ronsard change de ton en changeant de genre et de sujets ; ce n'est plus ici la solennité laborieuse et guindée du genre pindarique. Mais si Pindare a son « galimatias », comme disait Malherbe, Pétrarque a aussi le sien, dont Ronsard ne se défendit point. Le pédantisme des premières *Amours* est moins « scolaire » que celui des *Odes* ; il n'est pas moins fastidieux. Ronsard a mitigé en général et tempéré la conception pétrarquiste de l'amour; néanmoins on trouve encore dans quelques pièces l'expression de ce platonisme transcendant et mystique qui dégénère si aisément en un inintelligible jargon. « Lisez la *Cassandre*, dit Étienne Pasquier, vous y verrez cent sonnets qui prennent leur vol jusqu'aux cieux. » L'éloge se tournerait aisément en critique. Mais ce que nous reprochons surtout à ce recueil, c'est l'affèterie des sentiments et du langage, c'est un singulier mélange de recherche et de banalité, ce sont, déjà, tous les défauts de la galanterie précieuse avec son inépuisable répertoire de métaphores subtiles et de factices antithèses. Du reste, il faut y louer l'élégance quand elle ne dégénère pas en raffinements et la grâce quand elle ne tourne pas en fadeur. Et il faut y louer encore une tendresse élevée et délicate qui, faisant contraste avec la grossièreté des purs Gaulois, ne ressemble d'ailleurs pas du tout au frivole badinage de l'école marotique.

Seconde manière. — Cependant Ronsard s'était déjà engagé dans une voie nouvelle. Il ne faut pas croire en effet que cette période de sa carrière se divise en deux parties si nettement tranchées. Avant de rien publier, il avait écrit un grand nombre de pièces diverses, *Odes, Amours* ou autres, dont les unes se rattachent à ce que nous avons appelé sa première manière, mais dont les autres procèdent d'une veine plus facile. Ce qui paraît certain, c'est qu'il commença par imiter Pindare. Mais lui-même nous dit qu'il « se rendit familier d'Horace, contrefaisant sa naïve douceur, dés le mesme temps que Marot se travailloit à la poursuite de son psautier [1] ». Voici probablement ce qui arriva : tout d'abord, ne prenant conseil que de son généreux enthousiasme, il voulut égaler la Muse française aux plus sublimes accents de la grégeoise; à ce moment-là Horace lui semblait un poète inférieur, une sorte de Marot, latin, il est vrai, et plus docte, plus fort de sens et de style, peu digne, en somme, d'être imité par qui prétendait, comme lui-même, à la plus haute poésie.

> Horace, harpeur latin,
> Estant fils d'un libertin,
> Basse et lente avoit l'audace [2].

1. Préface de la *Franciade*.
2. *Odes*, I, xi.

Un peu plus tard, lorsque son feu se fut un peu calmé, il sentit ce que l'ode pindaresque avait chez nous de factice, et que, si son génie poétique pouvait même en faire passer dans notre langue la magnificence et la sublimité, il n'était pas capable de restaurer ce milieu tout grec, tout mythologique, dans lequel elle avait naturellement fleuri, ce cadre formé de traditions nationales et de symboles religieux qui ne pouvaient dans notre pays et dans notre temps avoir rien de populaire et que nos érudits eux-mêmes ne débrouillaient qu'avec peine. C'est alors qu'il se détourna de Pindare et que, continuant à faire des odes, il prit modèle sur Horace. Sa veine se tempère, et, pour ainsi dire, s'humanise. Il traite des sujets moins ardus et d'un ton plus aisé. Il porte dans l'odelette philosophique un élégant épicurisme, il célèbre avec une grâce familière et charmante les ombrages de Gâtines, la fontaine Bellerie, les rives du Loir, il chante l'amour et « Mignonne », et si, plus d'une fois encore, l'imitation le gêne, donne à ses pièces quelque chose de laborieux et de tendu, il lui arrive aussi, bien souvent, de rendre les plus aimables qualités d'Horace, surtout lorsqu'il abandonne ses inspirations à leur pente naturelle sans plus s'embarrasser d'aucun modèle.

À l'influence d'Horace s'ajouta bientôt celle d'Anacréon, qu'Henri Estienne venait de retrouver et qu'il publia en 1554[1]. Rien n'était plus propre à rabattre l'emphase pindaresque que les odes de ce poète, dont la simplicité fine et légère fait contraste avec le ton sibyllique du lyrisme thébain. Ronsard, qui trouvait tout à l'heure Horace trop lent et trop bas, se retourne maintenant contre Pindare, auquel il reproche sa rudesse et son obscurité.

> Mais loue qui voudra les replis recourbés
> Des torrens de Pindare à nos yeux embourbés,
> Obscurs, rudes, fascheux, et ses chansons connues.
> Je ne sais bien comment, par songes et par nues :
> Anacreon me plaist, le doux Anacreon[2].

Ce n'est pas seulement Horace, c'est Anacréon qu'il oppose à Pindare :

---

[1]. Non pas le véritable Anacréon, mais des poésies *anacréontiques*.
[2]. En tête de la traduction d'Anacréon par Belleau.

> Verse donc et reverse encor
> Dedans cette grand' coupe d'or;
> Je vais boire à Henri Estienne
> Qui des enfers nous a rendu
> Du vieil Anacreon perdu
> La douce lyre teienne, etc. [1].

Beaucoup d'autres poètes du xvie siècle s'inspirèrent d'Anacréon, parmi lesquels Baïf, Olivier de Magny, Vauquelin de la Fresnaye, et, le premier, Remi Belleau, qui le traduisit avec une fidélité nette, mais sèche. Entre tous, Ronsard, quoiqu'il y ait dans ses imitations de la mollesse et du délayage, est celui qui réussit le mieux à nous rendre la délicate saveur de l'original, et si nous ne retrouvons pas chez lui cette brièveté précise et pure qui caractérise l'ode anacréontique, non seulement les pièces directement imitées, mais, çà et là, toute une partie de son œuvre, la plus aimable, nous rend quelque chose de l'élégante naïveté, de la grâce exquise dont Anacréon lui avait communiqué le secret aussi bien que le goût. Et sans doute l'on peut bien dire [2] que l'Anacréon était chez nous préexistant, que Villon et Marot « prévinrent le genre »; mais ce genre a chez Ronsard une couleur autrement poétique, je ne sais quoi de plus frais et de plus vif, et ni Marot ni Villon ne respirent ce léger parfum de l'Anthologie grecque.

Si grande que soit dans Ronsard la part de l'imitation, ce serait lui faire tort que de l'expliquer tout entier par les influences diverses qu'il subit. Horace et Anacréon le déprennent fort heureusement de Pindare, mais non pour l'asservir, et ce dont Ronsard leur est surtout redevable, c'est que, lui faisant sentir le prix du naturel et de l'aisance, ils le rendent à lui-même.

Ronsard élégiaque. — Parmi toutes les inspirations auxquelles il se livra tour à tour, les plus naturelles, chez lui, et les plus sincères sont celles du poète élégiaque et celle du poète, ne disons pas idyllique, disons plutôt champêtre.

L'élégiaque, chez Ronsard, il faut le chercher non seulement dans ses élégies [3], mais dans ses sonnets, dans ses odes, et

---
1. *A mon laquais.*
2. Sainte-Beuve, *Anacréon au* xvie *scièle.*
3. Ronsard fait entrer dans ses élégies des satires, des dialogues, des moralités, des chansons, même des chansons bachiques, etc.

même ailleurs. Comme aux odes pindaresques avaient succédé les odes horatiennes et anacréontiques, aux *Amours de Cassandre* succédèrent les *Amours de Marie*, dans lesquelles il y a beaucoup moins d'artifice. Ronsard n'y affecte pas un pétrarquisme subtil et quintessencié ; leur tendresse plus naïve, sinon plus sincère, moins préoccupée en tout cas de raffiner son expression, donne à ces sonnets un charme de « simplicité[1] » qui les distingue du précédent recueil. Nous n'y trouvons pas autant de fadeurs, de mièvreries, de figures alambiquées et précieuses. Le poète y prête souvent à l'amour soit une délicatesse que ne gâte plus l'affèterie, soit une élévation exempte des sublimités factices où Pétrarque l'avait d'abord égaré. Dans ce recueil, dans celui des *Élégies*, maintes pièces expriment avec une ferveur généreuse les transports et les ravissements de la passion, d'autres sont des chefs-d'œuvre de grâce plaintive, de langueur attendrie et de volupté songeuse. « Chacun, dit Étienne Pasquier, donne à Ronsard la gravité et à Du Bellay la douceur ; et, quant à moi, il me semble que, quand Ronsard a voulu doux-couler, comme vous voyez dans ses elegies, vous n'y trouverez rien de tel en l'autre. » Ce qui nous touche peut-être le plus chez Ronsard élégiaque, c'est l'accent mélancolique qui rend si pénétrantes des pièces telles que l'*Élection de mon sépulcre* ou la *Mort de Marie*. Du Bellay lui-même n'a rien de plus doux, comme disait Pasquier ; et il n'a rien de plus moderne : une partie de ce qu'on appelle le romantisme est déjà là, dans ce lyrisme tout intime, voilé de tristesse et de rêverie.

Ronsard ne se rapproche pas moins des poètes de notre siècle par son amour de la nature. Sans doute le souci des modèles nuit parfois à sa sincérité ; en outre, il faut faire la part de certaines conventions, la convention mythologique notamment, qui, çà et là, donne à ses plus charmants tableaux quelque chose d'artificiel. Mais il a un vif sentiment de la poésie rustique ; quand l'imitation de Virgile et de Théocrite ne le préoccupe pas, ce sentiment est un de ceux qui l'ont le mieux inspiré. Élevé aux champs, il les aima dès l'enfance, et, dans la suite, soit lorsqu'il travaille sous la direction de Daurat, soit lorsque la faveur de

---

1. C'est le mot de Binet.

Charles IX l'attache à la cour, toutes les fois que ses obligations lui laissent quelque loisir, c'est aux champs qu'il va chercher de quoi récréer sa veine et entretenir ses songeries. « La demeure ordinaire de Ronsard, dit Binet, estoit ou à Saint-Cosme, lieu fort plaisant et œillet de la Touraine, ou à Croix-Vals, recherchant ores la solitude de la forest de Gastines, ores les rives du Loir et la belle fontaine Bellerie, ores celle d'Hélène, où, bien souvent seul, mais toujours en la compagnie des Muses, il s'egaroit pour rassembler ses belles inventions. Quand il estoit à Paris et qu'il vouloit s'esjouir avec ses amis ou composer à requoy, il se delectoit ou à Meudon, tant à cause du bois que du plaisant regard de la riviere de Seine, ou à Gentilly, Hercueil, Saint-Cloud et Vanves, pour l'agréable fraischeur du ruisseau de Bievre et des fontaines que les Muses aiment naturellement. » La nature fleurit toute l'œuvre de Ronsard. Même dans ses pièces les plus artificielles, on trouve des vers qui la peignent tantôt avec une grâce délicate, tantôt avec une imposante majesté. S'il la peuple de Sylvains et de Nymphes, nul n'en a mieux que lui connu les harmonies intimes, les tendresses, les magnificences. Il l'anime, il l'associe à ses joies et à ses tristesses, il en fait la confidente de ses songes. Elle est pour lui ce qu'elle sera pour nos romantiques, qui, après tout, ne se trompèrent pas tellement en revendiquant ce premier des classique comme un de leurs ancêtres. Nous trouvons dans le classicisme effervescent du xvie siècle bien des éléments dont se débarrassera le classicisme plus mûr et plus ferme, plus étroit aussi et moins libéral, du siècle qu'inaugure Malherbe. Sous Louis XIV, la littérature, la poésie elle-même devient uniquement mondaine, c'est-à-dire psychologique et sociale; le poète ne sort guère de son cabinet que pour observer la cour et la ville, il est surtout un moraliste. On ne se représente guère Corneille ou Racine errant dans les bois de Meudon. Dira-t-on qu'ils sont des poètes dramatiques? Justement; et, si Ronsard a quelque chose de moderne, c'est comme poète lyrique, personnel, élégiaque, c'est, en particulier, quand il exprime ce sentiment de la nature auquel son lyrisme doit de si heureuses inspirations.

Mais, avec le poète qui sent la nature, il y a l'artiste qui la peint. Ronsard n'excelle pas seulement à traduire des émotions morales, à exprimer ce que les choses évoquent en lui de mélancolique, de joyeux, de tendre, de vague et de troublant; il sait rendre les choses elles-mêmes dans toute la netteté de leurs contours et dans tout l'éclat de leur coloris. « Élocution, dit-il quelque part, n'est autre chose qu'une propriété et splendeur de paroles bien choisies qui font reluire les vers comme les pierres precieuses bien enchâssées les doits de quelque grand seigneur[1]. » Il a le secret des mots significatifs et pittoresques, qui nous donnent des objets non pas une définition incolore et abstraite, mais une réelle et vivante image.

Seconde période. Ronsard poète de cour et poète national. — Dans la deuxième partie de sa carrière, Ronsard devient le poète de la cour et du roi. Charles IX, monté sur le trône en 1561, n'était encore qu'un enfant. Mais son goût pour la poésie fut très précoce; à peine âgé de quatorze ans, il composa une pièce bien connue, dans laquelle il rendait justement hommage au génie de Ronsard :

> Ton esprit est, Ronsard, plus gaillard que le mien[2].

Le jeune roi témoignait au poète non moins d'amitié que d'admiration. Entre tous ceux qu'il envoyait quérir en son cabinet, comme dit Brantôme, et avec lesquels il se plaisait à « passer le temps », aucun ne lui était aussi cher. Il le logea au Louvre, le combla de pensions et de bénéfices, alla même, insigne honneur, lui faire une visite à son prieuré de Saint-Cosme. Favori de Charles IX, le chef de la Pléiade remplit son office de poète courtisan comme, avant lui, Marot et Melin de Saint-Gelais. A cette période de sa vie se rapportent une foule de pièces officielles, composées bien souvent sur commande, pour des anniversaires ou des morts, cartels, mascarades, épitaphes, madrigaux et même élégies, sur lesquelles nous n'insistons pas.

Quelques mots seulement des églogues. Les *Bergeries* de Ronsard sont en général des poèmes de circonstance, des pané-

---

1. *Abrégé d'Art poétique*.
2. On sait que presque tout le reste de cette pièce est apocryphe.

gyriques ou des épithalames auxquels il a mis un cadre rustique. Marot et plusieurs autres poètes antérieurs à la Pléiade avaient déjà cultivé le genre. Ce n'est pas dans Théocrite, le plus naturel et le plus sincère des bucoliques, qu'ils en avaient cherché le modèle, mais dans Virgile, qui avait fait de l'églogue une sorte d'allégorie politique. Thomas Sibilet la définissait « un dialogue entre bergers, traitants sous propos allegoriques morts de princes, calamités publiques, mutations d'Estats ». La nouvelle école resta fidèle à cette fausse conception du poème pastoral. Boileau aura bien tort de reprocher leur grossièreté aux *Bergeries* de Ronsard ; ce qui en était le vice, c'est bien plutôt une élégance ou une pompe qui jurent avec le caractère du genre. Pourtant, toutes faussées qu'elles soient par les intentions et les allusions, on y rencontre maints passages du plus heureux naturel, surtout des tableaux champêtres qui ont beaucoup de fraîcheur et de grâce. D'ailleurs, il arrive souvent que les allusions et intentions nous échappent, et alors, si nous prenons naïvement ces « Bergeries » pour ce qu'elles ne sont pas, sans nous inquiéter de ce qu'elles veulent être, notre candeur a sa récompense dans le charme que nous y trouvons.

Le rôle officiel de Ronsard ne se borna pas à chanter les princes, leurs favoris et leurs maîtresses. Il y eut en lui comme un orateur public exerçant par son éloquence une sorte de magistrature supérieure. En 1562 il fit paraître l'*Institution pour l'adolescence de Charles IX* :

> Sire, ce n'est pas tout que d'estre roy de France,
> Il faut que la vertu honore votre enfance, etc.

Cette pièce, où il expose en beaux vers les devoirs d'un roi, a un caractère d'originalité franche et forte qui la met à part de tout ce qu'il avait jusque-là publié. On reproche à Ronsard non sans raison d'avoir créé une poésie qui n'a rien de contemporain ni de national : ici, et dans d'autres poèmes de la même époque, les deux *Discours sur les misères du temps*, la *Remontrance au peuple de France*, nous le voyons au contraire se dégager de l'attirail classique, répudier la mythologie et les souvenirs livresques, pour être de son siècle et de son pays.

L'*Institution pour l'adolescence du roi* faisait déjà allusion au protestantisme,

> Aux curieux discours d'une secte nouvelle.

Dans les trois poèmes suivants, il l'attaque avec véhémence. Sans doute, les restaurateurs de l'ancien Olympe semblaient mal qualifiés pour se faire les champions de la foi catholique. Ronsard, notamment, fut d'abord assez tiède en matière religieuse. Il dit dans une de ses odes :

> Ne romps ton tranquille repos
> Pour papaux ny pour huguenots ;
> Ny amy d'eux ny adversaire,
> Croyant que Dieu, père tres doux,
> Qui n'est partial comme nous,
> Sçait ce qui nous est necessaire [1].

Ni protestant ni catholique, on peut croire qu'il était avant tout dévot à Apollon et aux Muses. Un moment arriva pourtant où il fallut bien prendre parti. Les protestants espérèrent d'abord le gagner ; mais l'esprit même de la réforme avait quelque chose d'antipathique à Ronsard par son austérité froide, par sa tendance individualiste, par son caractère démocratique. Lui-même se considérait d'ailleurs comme une sorte de poète national et royal appelé par destination officielle à prendre la défense de l'État, et, par conséquent, celle de l'Église établie. Les deux *Discours des misères du temps* n'en sont pas moins remarquables par une modération relative, surtout le premier, où Ronsard déplore bien plutôt les querelles intestines dont souffre le royaume qu'il ne s'emporte en injures contre les protestants. Et le second même, quoique la satire y ait plus de place, est surtout inspiré par un sentiment de patriotisme qui fait souhaiter au poète l'union de tous les Français. Enfin, dans la *Remontrance au peuple de France*, Ronsard n'hésite pas à dénoncer les vices du clergé et à reconnaître la nécessité d'une réforme.

> Vous-mesmes, les premiers, Prelats, reformez-vous,
> Et, comme vrais pasteurs, faites la guerre aux loups ;
> Otez l'ambition, la richesse excessive, etc.

---

1. *Odes*, V, XXVIII.

Toutefois, il y avait dans ces pièces, surtout dans la dernière, assez d'invectives pour justifier la colère des protestants : ceux-ci l'attaquèrent avec violence, et parmi eux, des disciples, des amis de la veille. Au *Temple de Ronsard*, outrageant libelle qui le calomniait dans ses mœurs et dans sa vie intime, il répondit par un nouveau discours contre *Je ne sais quels prédicatereaux et ministereaux de Genève*, qui nous frappe en maint passage par l'élévation de la pensée et la gravité de l'accent. Jusque dans cette réponse à un abominable pamphlet, le poète, s'il lui arrive aussi de rendre injure pour injure, s'élève plus volontiers au-dessus des haines sectaires et des ardeurs fanatiques pour ne considérer que le bien de la France et pour hâter de ses vœux la paix religieuse.

Voilà donc quatre ou cinq pièces des plus considérables où Ronsard se montre à nous sous deux aspects tout nouveaux. Nous y trouvons un poète satirique, qui, lorsqu'il s'abandonne à sa passion, ne le cède pas à d'Aubigné lui-même pour l'éclat et la véhémence des invectives; mais nous y trouvons surtout un poète didactique, ou, pour mieux dire, un « discoureur », auquel sa conviction et sa hauteur de vue prêtent une éloquence noble, ferme, sobre à la fois et puissante. Et ce qui fait à l'un et à l'autre leur originalité particulière, c'est justement la franchise d'une inspiration toute personnelle que ne gêne aucun cadre factice et que ne gâte aucun souci de « littérature ».

Ronsard épique. — Ni ses devoirs de poète courtisan, ni son intervention dans la mêlée politique et religieuse, ne détournaient Ronsard d'un grand projet qu'il avait formé tout jeune encore, au collège même de Coqueret. Son ambition, dès lors, était de donner à la France un Virgile aussi bien qu'un Pindare. Plusieurs de ses odes promettent, vingt ans d'avance, une épopée dont il indique déjà le sujet. Dans la pièce par laquelle s'ouvre le recueil, il se déclare tout prêt à amener les Troyens sur les bords de la Seine, si Henri II veut payer « les frais de leur arroi ». Dans la première ode du troisième livre, nous trouvons comme une esquisse de son poème : Ronsard ne demande au roi qu'un encouragement, et, s'il ébauche le plan de la *Franciade*, c'est sans doute pour lui montrer qu'elle est bien digne de quelque faveur. Mais Henri II resta sourd aux sollicitations réitérées du poète : il fallut attendre que Charles IX prît sous son patronage la nouvelle *Énéide*. Ronsard eut d'ailleurs à reconnaître cette protection en faisant au goût du jeune prince des concessions qui durent lui coûter ; il fut, par exemple, obligé d'employer le décasyllabe au lieu de l'alexandrin, et dans sa préface, quand il s'excuse de « parler de nos monarques plus longuement que l'art virgilien ne le permet », nous le voyons alléguer « la magnanime et genereuse candeur du roy, qui n'a voulu permettre que ses aïeux fussent preferés les uns aux autres ». Les quatre premiers chants de la *Franciade* parurent en 1572. Deux ans après, Charles IX mourait, et Ronsard ne se remit jamais à son poème.

Si la *Franciade* est une œuvre manquée, cela tient beaucoup moins au sujet en lui-même qu'à la manière dont Ronsard le traite. La *Franciade* a pour héros Francus ou Francion, fils d'Hector, ancêtre de Pharamond et de Mérovée, qui, après la ruine de Troie, va chercher en Occident une nouvelle patrie, et, conduit par les dieux, aborde sur les côtes de la Gaule, dans laquelle il fonde la « monarchie française ». Voilà, sans doute, une étrange fable. Le poète épique, à vrai dire, n'est pas un historien ; il ne vise pas à la vérité, la vraisemblance lui suffit. Cependant, si Ronsard était l'inventeur de cette fable, ou même si, déjà connue, elle n'avait obtenu des contemporains aucun crédit, nous le blâmerions à juste titre de son choix. Mais le sujet de la *Franciade*, sinon dans le détail des épisodes, tout au moins pour le fond même, avait été popularisé de temps immémorial par nos chroniqueurs et par nos romanciers. Au commencement du xvie siècle, Jean Le Maire, dans les *Illustrations des Gaules et Antiquités de Troie*, qui eurent un immense succès, consacra définitivement ces antiques traditions, et c'est chez lui que Ronsard prit la première idée de son poème. Rappelons-nous d'ailleurs qu'à l'époque où se publia la *Franciade*, c'est à peine si quelques érudits commençaient à débrouiller nos origines : le *Franco-Gallia* de Hotman paraît en 1572 et les *Antiquités gauloises* de Fauchet sont postérieures de plusieurs années. Ronsard pouvait donc en toute vérité déclarer dans son Avertissement à la première édition qu'il s'était « fondé sur le bruit commun et sur une vieille créance ». Après tout, il n'a pas plus inventé que Virgile, et la donnée de son poème n'était pas moins populaire chez nous au xvi⁰ siècle que celle de l'*Énéide* ne l'avait été chez les Romains au siècle d'Auguste. Si l'on peut regretter que Ronsard n'ait pas choisi pour héros Godefroy de Bouillon, auquel il avait d'abord pensé, ce n'est pas tant que le sujet de la *Franciade* ne fût en soi « excellent », comme il le dit, c'est plutôt parce que la ressemblance même de ce sujet avec celui de Virgile l'induisait à de trop faciles imitations. Mais il faut voir là sans doute une des principales raisons qui déterminèrent son choix : la *Franciade* se modelait d'elle-même sur l'*Énéide*, et Ronsard n'avait qu'à suivre dévotement les traces de Virgile. *Vestigia semper adora.*

Comme tout son siècle d'ailleurs, il se faisait du poème épique une fausse idée. L'admiration de Ronsard pour Homère, qu'il lisait dans le texte même, était sincère et fervente ; elle lui inspira un sonnet célèbre, qui traduit bien ce que son enthousiasme avait de fougueux, et, pour ainsi dire, d'avide. Mais il ne le comprenait guère mieux que Pindare. L'épopée grecque est pour lui une composition tout artificielle ; il n'en saisit pas la nature intime, il n'en sent pas le charme d'heureuse ingénuité et de naïve grandeur. Il se représente Homère comme un poète savant et réfléchi qui a procédé suivant des vues méthodiques. Il voit dans l'*Iliade* une pure fable [1], il croit que « la guerre troyenne a été feinte par Homere, lequel, ayant l'esprit surnaturel, voulant s'insinuer en la faveur et bonne grace des Æacides, entreprit une si divine et parfaite poësie, pour se rendre, et ensemble les Æacides, par son labeur à jamais tres honorés [2] ». La mythologie elle-même n'est dans sa pensée qu'un répertoire d'ornements : il croit que les dieux olympiques sont éclos du cerveau d'Homère, et ce qui était vraiment la religion grecque lui apparaît comme un ensemble de contes forgés à plaisir par une imagination qui s'égaie. Ce qu'il admire surtout dans Homère, c'est l'adresse des « fictions », c'est l'industrie avec laquelle le vieux poète a combiné ses épisodes selon les règles exactes de l'épopée. Et si toutefois il peut bien reconnaître encore ce que l'*Iliade* a de primitif, sa prédilection pour Virgile

---

1. « Ce n'est qu'une fiction de toute l'*Iliade*. » (Préface de la *Franciade*.)
2. *Ibid.*

s'explique justement par ce que l'*Énéide* a de plus « artificieux » comme de plus approprié, quelle que fût son idée des poèmes homériques, à la conception qu'il s'était faite du genre. Presque tous les humanistes de son temps partagent au surplus cette préférence; Scaliger trouve l'*Iliade* aussi inférieure à l'*Énéide* qu'une femme du peuple l'est à une illustre matrone. Si l'on examine les préfaces de la *Franciade*, on voit que l'épopée est, aux yeux de Ronsard, une œuvre d'incubation patiente et de laborieuse industrie; il la ramène et la réduit tout entière à des procédés, à des recettes, à je ne sais quel ingénieux mécanisme. Ajoutons que notre siècle classique ne comprendra pas le genre autrement : nous aurions peine à dire en quoi diffère de la *Franciade* l'épopée dont Boileau nous a donné la poétique.

Ronsard n'était nullement, comme nous l'avons déjà vu, incapable de soutenir le ton héroïque. Ne croyons point d'autre part que l'âge eût déjà refroidi sa verve : certaines pièces qui datent de la même époque que la *Franciade*, l'hymne de l'*Hiver*, l'élégie d'*Orphée*, renferment de fort beaux passages, et jusques dans le *Discours sur l'équité des vieux Gaulois*, qui fut composé plus tard, nous en trouvons de vraiment épiques. La médiocrité du poème doit, nous le disions tout à l'heure, s'expliquer par la fausse idée que Ronsard se faisait de ce genre et par la préoccupation constante des modèles antiques, surtout de l'*Énéide*, qu'il se croit obligé de calquer. Ce qui est certain, c'est que la *Franciade* n'ajoute rien à sa gloire. Si le fond de la légende était populaire, Ronsard n'a pas su, comme le fit Virgile avec un art si délicat, rattacher ses différents épisodes aux souvenirs et aux traditions de notre histoire nationale, et nous ne trouvons dans le poème à peu près rien que de fictif et de purement romanesque. La composition en est d'ailleurs factice : un naufrage, des cérémonies funèbres, une prophétie, un combat singulier, la peinture d'un amour jaloux, ce sont là « motifs » qui n'ont entre eux aucun lien intime et dans la succession desquels se sent trop l'industrie d'un imitateur qui emprunte à ses devanciers comme des « morceaux choisis ». Joignons à ces défauts l'abus du merveilleux mythologique auquel se mêle bizarrement, dans certains passages, un merveilleux chrétien plus que déplacé. Enfin l'emploi d'un mètre étriqué et monotone contribue sans doute pour beaucoup à la faiblesse du poème. C'est à peine s'il s'y rencontre de loin en loin quelque page dans laquelle nous puissions louer, non pas même le poète épique, mais plutôt le descriptif ou l'élégiaque.

Troisième période. — Deux ans après la publication de la *Franciade*, Charles IX meurt. Henri III, dit Binet, aima bien Ronsard, mais ne le caressa pas aussi familièrement qu'avait fait son frère. Assailli d'ailleurs par des « gouttes » fort douloureuses et sentant le besoin du repos, le poète se retira dans ses prieurés vendômois, Croix-Val et Saint-Cosme, et, sauf quelques rares et courts séjours à Paris, y passa les dernières années de son existence.

Dans cette troisième période, la veine de Ronsard n'est plus aussi riche, aussi prompte. Mais, s'il n'a ni la même ardeur ni la même puissance, certaines poésies de sa vieillesse prématurée sont peut-être ce qu'il composa jamais de plus touchant; par exemple quelques-uns des sonnets pour Hélène, trois ou quatre, pas davantage, et celui-ci surtout, d'une si mélancolique douceur :

> Quand vous serez bien vieille, au soir, à la chandelle, etc.

L'âge n'a fait encore là qu'attendrir ses inspirations, que leur prêter un charme de tristesse rêveuse. Beaucoup d'autres pièces trahissent visiblement le déclin. Les dernières qu'il ait écrites sont faibles, languissantes, déjà séniles. Quand il donne, en 1584, une nouvelle édition de ses œuvres, la plupart des corrections qu'il y fait se ressentent elles-mêmes de sa lassitude. « Deux ou trois ans avant, dit Pasquier, estant affoibli d'un long aage, affligé des goutes et agité d'un chagrin et maladie continuelles, ceste vertu poetique qui luy avoit auparavant fait bonne compagnie l'ayant presque abandonné, il fit reimprimer toutes ses poesies en un grand et gros volume, dont il reforma l'economie générale, chastra son livre de plusieurs belles et gaillardes inventions qu'il condamna à une perpetuelle prison, changea des vers tout entiers, dans quelques-uns y mit d'autres paroles qui n'estoient de telle pointe que les premieres, ayant par ce moyen osté le garbe qui s'y trouvoit en plusieurs endroits. Ne considerant que, combien qu'il fust le pere et par consequent estimast avoir toute authorité sur ses compositions, si est-ce qu'il devoit penser qu'il n'appartient à une fascheuse vieillesse de juger des coups d'une gaillarde jeunesse [1]. »

Ronsard mourut un an après, le 27 décembre 1585. On sait quelle fut sa gloire. Partout en Europe il était reconnu comme le prince des poètes. Les Italiens eux-mêmes le préféraient à leur Pétrarque, et le Tasse, venu à Paris en 1571, sollicitait son approbation pour les premiers chants de la *Jérusalem délivrée*. Marie Stuart se consolait de sa captivité en le lisant, et lui envoyait un Parnasse d'argent avec cette inscription : *A Ronsard, l'Apollo de la source des Muses*. Ses œuvres étaient traduites dans toutes les langues littéraires, expliquées dans les universités de Flandre, d'Angleterre, de Pologne. De Thou considère sa naissance comme une compensation au désastre de Pavie. Aucun poète en aucun temps ne fut entouré d'une égale admiration. « Nul alors, dit Pasquier, ne mettoit la main à la plume, qui ne le celebrast par ses vers; sitost que les jeunes gens s'estoient frottés à sa robe, ils se faisoient accroire d'estre devenus poëtes. » Sa mort fut considérée comme une calamité publique, et le cardinal Du Perron lui fit une oraison funèbre qui tourne à l'apothéose.

Vingt ans après, Malherbe biffait tout Ronsard d'un trait de plume, et cette gloire si éclatante sombrait dans l'oubli. Nos deux siècles classiques le dédaignèrent. C'est seulement à notre époque qu'il retrouva quelque honneur. Sainte-Beuve, dans son *Tableau de la poésie au XVIe siècle*, le réhabilita sans parti pris et sans exagérations.

> Qu'on dise : Il osa trop, mais l'audace était belle.
> Il lassa sans la vaincre une langue rebelle,
> Et de moins grands, depuis, eurent plus de bonheur.

Et ce n'est pas une des moindres étrangetés de sa fortune que le fondateur du classicisme ait été méprisé par les classiques et que les romantiques l'aient célébré comme un des leurs.

IV. — *Du Bellay.*

Les premiers recueils. — Joachim Du Bellay, dont nous avons plus haut analysé la *Défense*, publia très peu après un

---

[1]. *Recherches de la France*, VII, vi.

recueil de vers intitulé l'*Olive et quelques autres œuvres poétiques*[1]. L'*Olive*, dans l'édition complète, renferme cent quinze sonnets adressés à une demoiselle de Viole[2] que le poète avait élue pour sa maîtresse platonique. Si ce n'est pas Du Bellay qui introduisit le sonnet en France[3], c'est lui du moins qui l'y acclimata, qui le mit en honneur. Ronsard avait tout d'abord pindarisé ; Du Bellay, lui, commença par pétrarquiser. Quelques sonnets de son recueil sont même des traductions plutôt que des imitations ; mais tous s'inspirent, fond et forme, du chantre de Laure. Malheureusement il n'emprunte guère à Pétrarque que ses mignardises et ses subtilités. L'amour qu'il célèbre n'a, on le sent trop, rien de sincère : amour de tête, simple prétexte aux laborieux raffinements d'une galanterie entortillée et quintessenciée. Nous retrouvons toujours, d'un bout à l'autre du recueil, les mêmes figures, antithèses recherchées, métaphores prétentieuses, comparaisons banales et factices. Ce ne sont que lis, roses, ivoire, neige, corail, perles, marbre, porphyre, albâtre, etc. De la « face » d'Olive, il fait régulièrement un soleil, de ses yeux deux étoiles, et l'on trouve l'un et l'autre dans le même sonnet. Nombre de pièces sont absolument vides : il emploie quatorze vers à nous dire que les vertus de sa maîtresse ne peuvent se compter ; il les compare successivement aux fleurs du printemps, aux fruits de l'automne, aux trésors de l'Inde, aux étincelles de l'Etna, aux flots de la mer, et — ma foi ! c'est fait. Ou bien encore, il énumère tout ce qui peut se produire de plus étrange, le chien couchant avec le loup, le feu ne brûlant plus, les forêts n'ayant plus d'ombre, etc., pour conclure au dernier vers qu'on verra plutôt cela que de le voir infidèle à Olive. Notons encore, presque partout, une dureté, une contrainte, d'autant plus significatives dans ce premier recueil que Du Bellay sera dans les autres plus souple, plus libre, et, comme on disait, plus doux-coulant. Il faut avouer que l'*Olive* ne répond guère aux promesses de la *Défense* et que le généreux appel du poète faisait espérer mieux. Pourtant, ne nous

---

1. Ce recueil fut augmenté dans l'édition de 1550 ; la première édition ne contenait que cinquante sonnets.
2. Anagramme d'*Olive*.
3. Marot et Saint-Gelais en avaient fait quelques-uns.

hâtons pas de revenir à Marot. L'auteur du *Quintil Horatian* raille avec raison le bariolage et l'affectation de ces sonnets : il ne voit pas que, si Du Bellay n'a point l'aisance, le naturel, la grâce aimable de maître Clément, son recueil, quelles qu'en soient les obscurités, les afféteries et les rudesses, n'en contient pas moins le germe d'une poésie nouvelle, d'une poésie plus étoffée, plus colorée, plus riche, où la sensibilité et l'imagination trouveront leur déploiement. Et il y a aussi dans l'*Olive* une gravité dont Marot ne se doutait même pas : outre ce fameux sonnet de l'*Idée*, maint autre se recommande, sinon par la même hauteur d'inspiration, tout au moins par une noblesse d'accent, un éclat de style, une sobriété forte et vive que notre poésie n'avait pas encore connue [1].

Le Du Bellay de l'*Olive* est un Du Bellay première manière. Celui de la seconde manière, nous le pressentons déjà dans les *Vers lyriques* ou *Odes* qu'il imprima à la suite des sonnets. Les *Odes* parurent avant celles de Ronsard, et ce fut, paraît-il, entre les deux poètes, le sujet d'une querelle, ou même d'une brouillerie passagère. Mais si Ronsard put d'abord accuser son ami de l'avoir plagié, les Odes de Du Bellay étaient trop différentes des siennes pour qu'il ne reconnût pas bientôt l'injustice d'un pareil grief. Tandis que Ronsard imite Pindare, les ambitions de Du Bellay sont beaucoup plus modestes. Il semble, d'ailleurs, n'avoir jamais eu grande inclination pour le lyrisme pindarique. Voici une strophe de son ode au prince de Melphe :

> Si je voulois suivre Pindare,
> Qui en mille discours s'egare
> Devant que venir à son point,
> Obscur je brouillerois cette ode
> De cent propos : mais telle mode
> De louange ne me plaist point.

Cette pièce est postérieure au premier recueil du poète ; mais les odes publiées en 1550 se font déjà remarquer par leur facilité tout unie, notamment l'ode à Salmon Macrin *Sur la mort de sa Gélonie*, l'ode à Ronsard *Sur l'inconstance des choses*,

---

1. Par exemple, celui qui commence ainsi :
   Desjà la nuit en son parc amassoit, etc.

l'ode à Madame Marguerite sur la *Nécessité d'écrire en sa langue*, l'ode à Bouju sur les *Conditions du vrai poète* [1]; beaucoup, peut-on dire, sont moins des odes que des épîtres familières. De même pour la plupart des pièces que Du Bellay intitule *Poésies diverses*; on leur reprocherait, non plus de la raideur comme aux sonnets de l'*Olive*, mais plutôt ce qu'elles ont parfois d'un peu lâche et prosaïque dans leur aisance.

Les Antiquités de Rome. — Un an après, Du Bellay partit pour Rome, où l'appelait le cardinal, son cousin, dont il fut comme qui dirait l'intendant. C'est alors que l'originalité du poète se fait jour. Un moment séduit par les doctes subtilités du pétrarquisme, il revient décidément à son naturel, qui est le naturel. Le recueil qu'il fit d'abord s'intitule *Premier livre des Antiquités de Rome* [2]. On y trouve bien encore des choses fausses. Le sonnet suivant, par exemple, qui n'est pas sans beautés, procède tout entier d'une sorte de jeu de mot très vain :

> Ces grands monceaux pierreux, ces vieux murs que tu vois
> Furent premierement le clos d'un lieu champestre,
> Et ces braves palais dont le temps s'est fait maistre
> Cassines de pasteurs ont esté quelquefois.
>
> Lors prirent les bergers les ornements des roys,
> Et le dur laboureur de fer arma sa dextre :
> Puis l'annuel pouvoir le plus grand se vit estre
> Et fut encor plus grand le pouvoir de six mois :
>
> Qui, fait perpétuel, crut en telle puissance,
> Que l'aigle imperial de lui prit sa naissance.
> Mais le ciel, s'opposant à tel accroissement,
>
> Mit ce pouvoir és mains du successeur de Pierre,
> Qui sous nom de pasteur, fatal à cette terre,
> Monstre que tout retourne à son commencement.

Nous pourrions encore relever çà et là des traces d'enflure ou même de préciosité, comme un retour à la première manière. Mais l'impression que nous laisse le recueil dans son ensemble est celle d'une poésie vraiment sincère, à la fois simple et forte. Du Bellay a rompu avec le pétrarquisme, et paraît même en vouloir à Pétrarque de l'avoir d'abord fourvoyé dans les bigar-

---

1. Ces deux dernières sont dans un nouveau recueil, publié en 1550, la même année que la deuxième édition de l'*Olive*.
2. Ce recueil parut en 1558; il n'y eut pas de second livre.

rures et les mièvreries de l'*Olive*. La plus juste critique que l'on puisse faire des défauts de ce recueil, c'est lui-même qui la fait dans la pièce intitulée *Contre les pétrarquistes*, une de ses meilleures, du reste, comme une de celles qui font le plus d'honneur à son goût. Critique de l'amour factice ou purement cérébral :

> Ce n'est que feu de leurs froides chaleurs,
> Ce n'est qu'horreur de leurs feintes douleurs,
> Ce n'est encor de leurs soupirs et pleurs
>   Que vent, pluye et orages,
> Et, bref, ce n'est, à ouïr leurs chansons,
> De leurs amours que flammes et glaçons,
> Fleches, liens, et mille autres façons
>   De semblables outrages.

Critique de la phraséologie galante :

> De vos beautés ce n'est que tout fin or,
> Perles, cristal, marbre et ivoire encor,
> Et tout l'honneur de l'Indique tresor, etc.

Critique de la métaphysique amoureuse :

> Quelque autre encor la terre dedaignant
> Va du tiers ciel les secrets enseignant,
> Et de l'amour, où il va se baignant,
>   Tire une quinte essence.

Et plus loin :

> Changez ce corps, objet de mon ennuy ;
> Alors je crois que de moy ni d'autruy,
> Quelque beauté que l'esprit ait en luy,
>   Vous ne serez cherchees.

La première « ébullition » une fois calmée, Du Bellay a répudié tout ce qu'il y avait d'artificiel et de guindé dans son premier recueil : il n'en a gardé pour les suivants que ce qui peut donner de l'accent et de la trempe à sa facilité naturelle.

Les *Antiquités de Rome* s'inspirent de deux sentiments, tantôt distincts, tantôt associés, celui de la grandeur romaine, et celui du néant de toute grandeur. Comme il le dit lui-même, Du Bellay est le premier des Français qui ait chanté

> L'antique honneur du peuple à longue robe,

et son livre renferme quelques pièces dignes d'un tel sujet. Non que les plus belles soient elles-mêmes exemptes de défaillances ; mais, si nous y trouvons parfois des duretés et parfois des faiblesses, c'est que la langue n'est pas encore formée à ce ton, et justement il faut savoir gré au poète de l'avoir par instants trouvé. La sincérité de son enthousiasme défend Du Bellay de toute rhétorique, et l'émotion fervente qu'il éprouve devant la Ville éternelle, maint sonnet l'exprime avec une grandeur simple et mâle. Celui-ci par exemple :

> Telle que dans son char la Berecynthienne
> Couronnee de tours et joyeuse d'avoir
> Enfanté tant de dieux, telle se faisoit voir
> En ses jours plus heureux cette ville ancienne, etc.

Ces restes dont la vue évoque en son imagination l'antique Rome et toutes ses merveilles, lui inspirent aussi le sentiment des vanités terrestres, le font songer à l'irrémédiable caducité des plus grandioses, des plus imposantes œuvres de l'homme.

> Le Tibre seul, qui vers la mer s'enfuit,
> Reste de Rome. O mondaine inconstance !
> Ce qui est ferme est par le temps destruit,
> Et ce qui fuit au temps fait resistance.

Ces vieux palais, ces arcs rongés par le temps, ces « théâtres en rond ouverts de tous côtés » attestent l'antique orgueil de Rome, mais aussi sa déchéance. Il en sort une impression de mélancolie grave et pénétrée, que plusieurs sonnets du recueil ont très fortement traduite :

> Pâles esprits, et vous, ombres poudreuses, etc.

Ou bien encore :

> Qui a vu quelquefois un grand chesne asséché, etc.

Le poète y exprime pour la première fois dans notre langue cette poésie des ruines, que nous ne retrouverons plus au xviie siècle, sinon peut-être chez quelque disciple attardé de la Pléiade [1], et que nous rendra le romantisme avec Chateaubriand et Lamartine.

---

1. Cf. par exemple la *Solitude* de Saint-Amand, qui est une pièce toute « romantique ».

Enfin, çà et là, Du Bellay fait un retour sur lui-même. Devant tant de superbes monuments qui sont peu à peu devenus « fable du peuple et publiques rapines », le sentiment lui vient de ce qu'il y a d'éphémère et d'illusoire dans ses ambitions, dans ses joies et dans ses peines.

> Tristes desirs, vivez doncques contents,
> Car si le temps finit chose si dure,
> Il finira la peine que j'endure.

L'âme troublée du poète s'apaise, se console, trouve en sa tristesse elle-même je ne sais quelle sérénité méditative et doucement attendrie.

Les Regrets. — Cette note personnelle domine dans les *Regrets* [1], son meilleur recueil. Étienne Pasquier dit que Du Bellay s'y surmonta; disons de préférence qu'il y fut lui-même plus qu'il ne l'avait encore été, qu'il y fut tout à fait lui-même. Ce que nous trouvons ici, ce n'est plus l'admiration enthousiaste de la Rome antique, ce n'est pas davantage la « méditation historique et poétique » sur les ruines d'une grandeur déchue; les *Regrets* sont, avant tout, la confession sincère et touchante d'une âme tendre, susceptible, un peu ombrageuse, que la délicatesse même de sa sensibilité prédisposait à souffrir. Le découragement et le désenchantement sont vite venus. A Rome, il n'y a plus pour lui que tracas et soucis quotidiens.

> Panjas, veux-tu savoir quels sont mes passe-temps? etc.

Et ailleurs :

> Flatter un crediteur pour son terme allonger, etc.

De tels emplois lui répugnent et l'humilient; il tâche de s'y faire, mais il souffre, et il exhale sa peine. Ce qui lui est le plus amer, c'est de renoncer à ses ambitions de poète, à cet « honnête désir » de la gloire qui l'avait d'abord exalté. Il se dit bien par instants que sa facilité même a quelque mérite :

> Et peut-être que tel se pense bien habile,
> Qui trouvant de mes vers la rime si facile,
> En vain travaillera me voulant imiter.

---

[1]. Publiés en 1559.

Mais combien de fois ne l'entendons-nous pas se plaindre que les ennuis dont il est abreuvé glacent sa veine et que la Muse se retire de lui!

A vrai dire, Du Bellay baisse le ton. Nous ne trouvons plus dans son nouveau recueil ce que les *Antiquités* avaient de magnifique et d'altier.

> Je ne peins mes tableaux de si riche peinture
> Et si hauts arguments ne recherche à mes vers.

Le malheur, comme il dit, l'a fait rentrer en lui-même. Mais c'est par là tout juste qu'il nous plaît, et, si nous devons plus d'admiration au génie audacieux et puissant de Ronsard, la poésie intime des *Regrets* nous touche davantage, elle a un charme de familiarité douce et tendre qui la rend particulièrement aimable. *Dulcia sunto*.

Ces *Regrets* sont comme le journal d'un poète. D'autres font des tableaux, et lui, il fait un « portrait », son portrait.

> Je me plains à mes vers si j'ay quelque regret,
> Je me ris avec eux, je leur dis mon secret,
> Comme estant de mon cœur les plus seurs secretaires.

Et ailleurs :

> Je me contenteray de simplement escrire
> Ce que la passion seulement me fait dire.

Et plus loin :

> J'escris naïvement tout ce qu'au cœur me touche.

Cette naïveté, voilà justement par quoi Du Bellay nous intéresse et nous touche. Ce que nous connaissions chez lui jusqu'ici, c'est l'artiste, un artiste dur et contourné dans l'*Olive*, moins tendu déjà dans les *Antiquités*, et qui, par moments, y atteint à la vraie grandeur; mais, dans les *Regrets*, l'homme lui-même se livre à nous dans l'intimité de son âme. Il n'écrit plus pour « mériter ce laurier »; il ne « s'accourcit pas le cerveau », il ne « se consume pas l'esprit », il ne « peigne » pas et ne « frise » pas des vers ingénieux; il se contente de chanter, ou plutôt de pleurer ses ennuis.

> Ainsi voit-on celui qui sur la plaine
> Picque le bœuf ou travaille au rempart
> Se resjouir et d'un vers fait sans art
> S'evertuer au travail de sa peine [1].

Et, dans un sonnet bien connu :

> Ainsi chante l'ouvrier en faisant son ouvrage, etc.

Dès ses débuts, Du Bellay prétendait ne point se travailler en ses écrits à « ressembler autre que soi-même »; il déclarait que les vers étaient pour lui un passe-temps, un « labeur peu laborieux ». « Je te prie, amy lecteur, disait-il, me faire ce bien de penser que ma petite Muse, telle qu'elle est, n'est toutesfois esclave ou mercenaire; elle est serve tant seulement de mon plaisir [2]. » Mais il ne faut voir là sans doute que la préoccupation d'un gentilhomme qui ne veut pas être confondu avec les pédants ou les rimeurs à gages [3]. C'est ici, dans ce recueil des *Regrets*, que Du Bellay se montre vraiment au naturel, qu'il trouve en lui-même la matière de sa poésie, qu'il répudie tout artifice et toute contention. Et certes, il lui en coûte beaucoup de quitter ses ambitions premières, de ne plus suivre Ronsard « par les champs de la grace », dans « ce penible sentier qui meine à la vertu », qui mène aussi à l'immortalité; mais pourtant ces *Regrets* tout familiers et tout simples, où il n'y a trace d'aucun effort, ont mieux servi sa gloire que n'eussent pu faire des œuvres plus hautes de ton, dans lesquelles il se serait guindé au sublime, et, parmi tous les recueils poétiques du xvie siècle, aucun autre n'est demeuré aussi vivant et aussi frais.

Outre les ennuis et les dégoûts de sa vie à Rome, Du Bellay souffre encore du mal de l'absence, et les plus touchantes pièces des *Regrets* sont celles où s'exhale la nostalgie de son âme pieuse et fidèle. Il regrette la France, Paris, ses amitiés quittées, les souvenirs de sa jeunesse mêlés à l'image des lieux où elle s'écoula.

---

1. Pièce liminaire à M. d'Avanson.
2. Préface de *l'Olive*.
3. Cf. Préface de *l'Olive* : « N'ayant où passer le temps et ne voulant du tout le perdre, je me suis volontiers appliqué à nostre poësie, excité et de mon propre naturel et par l'exemple de plusieurs gentils esprits françois, mesme de ma profession, qui ne dedaignent point à manier et l'espee et la plume, outre la fausse persuasion de ceux qui pensent tel exercice des lettres deroger à l'estat de noblesse. »

> Je me promeine seul sur la rive latine
> La France regrettant, et regrettant encor
> Mes antiques amis, mon plus riche tresor,
> Et le plaisant sejour de ma terre angevine.

Et encore :

> Malheureux l'an, le mois, le jour, l'heure et le point,
> Et malheureuse soit la flatteuse esperance,
> Quand pour venir icy j'abandonnay la France,
> La France et mon Anjou dont le desir me point.

Attaché à une besogne ingrate, souffrant dans sa tendresse, dans sa dignité, dans ses légitimes espérances, il se retourne vers le doux pays natal, vers les amis qu'il voit sur l'autre bord lui tendre les bras, il se retourne aussi vers l'âge déjà lointain des nobles ardeurs et des fiers projets. Cette Italie où il était arrivé le cœur plein d'enthousiasme ne lui apparaît plus que comme un dur lieu d'exil, une terre avare et cruelle, habitée par un peuple inhumain.

> France, mere des arts, des armes et des loix,
> Tu m'as nourry long temps du laict de ta mamelle :
> Ores, comme un aigneau qui sa nourrisse appelle,
> Je remplis de ton nom les antres et les bois.
>
> Si tu m'as pour enfant advoüé quelquefois,
> Que ne me respons-tu maintenant, ô cruelle !
> France, France, respons à ma triste querelle.
> Mais nul, sinon Echo, ne respond à ma voix.
>
> Entre les loups cruels j'erre parmy la plaine.
> Je sens venir l'hyver, de qui la froide haleine
> D'une tremblante horreur fait herisser ma peau.
>
> Las ! tes autres aigneaux n'ont faute de pasture,
> Ils ne craignent le loup, le vent ny la froidure :
> Si ne suis-je pourtant le pire du troppeau.

Et ce n'est pas seulement la France qu'il regrette ; c'est, dans la France, un petit coin de terre auquel tant de chers liens l'attachent, ce Liré qu'il préfère au mont Palatin, ce Loyre Gaulois qui plus lui plaît que le Tibre. Son regret de la France, de la grande patrie, lui inspirait tout à l'heure des vers pathétiques ; mais il y a quelque chose de plus intime peût-être et de plus délicatement ému dans ceux où il chante la petite patrie, son pays angevin, le fleuve paternel, les bois, les vignes, les champs blondissants qui ont fait un doux horizon à ses jeunes années. De là, le charme délicieux du sonnet « unique » entre tous par la tendresse caressante qui s'en exhale :

Heureux qui comme Ulysse a fait un beau voyage, etc.

Voilà un trait bien propre à caractériser Du Bellay, que dans sa plus célèbre pièce, et digne de l'être, il chante, non pas les palais romains au front audacieux, mais l'humble village qui l'a vu naître et le clos de sa pauvre maison.

Si le poète des *Regrets* est surtout un élégiaque, il y a aussi en lui un satirique. Ronsard le surnomme « grand Alcée angevin » et Richelet le loue quelque part d'avoir fortement « taxé » les mœurs de son temps. Nous signalions tout à l'heure sa pièce *Contre les pétrarquistes*, une très fine satire. Citons encore le *Poète courtisan*, où il raille avec une ironie des plus délicates les beaux esprits à la mode, les faiseurs de dizains ou de rondeaux, qui n'avaient d'autre mérite que d'aduler fadement les grands seigneurs, et qui, du haut de leur ignorance fringante, tournaient en ridicule les efforts des novateurs vers une poésie docte et grave. Nous retrouvons cette veine dans les *Regrets*, nous l'y retrouvons plus piquante, et, parfois, d'une âcre véhémence. Dans l'*Olive*, Du Bellay s'efforçait, il nous le dit, « de finir ses sonnets par cette grace qu'entre les autres langues s'est fait propre l'épigramme françois »[1] : ici, un grand nombre de pièces *sentent leur épigramme*, comme le remarquait Vauquelin dans son *Art poétique*, ou même sont de mordantes satires. Qu'on ne s'étonne pas de « rencontrer quelque risée » parmi les regrets et les plaintes : si le poète rit, c'est d'un « ris sardonnien ».

Pour peindre la dissolution des mœurs romaines, les intrigues de la cour pontificale, les ambitions et les cupidités qu'excite et que met aux prises l'ouverture d'un conclave, pour stigmatiser ce qu'une pompe orgueilleuse dissimule de corruption, de bassesse et de turpitude, il a des railleries sanglantes, d'autant plus cruelles qu'aucune déclamation n'en affaiblit l'effet, que toute leur force consiste dans une rectitude expressive et dans

---

[1]. Préface de l'*Olive*.

une précision crue. Ce Du Bellay satirique n'est pas moins vrai, moins franc que l'élégiaque; telle de ses pièces nous fait songer à Régnier, et, dans telle autre, il égale d'Aubigné lui-même en vigueur pittoresque et en âpre relief.

Les *Jeux rustiques*, nouveau recueil en partie original, en partie imité des églogues latines du Vénitien Naugerius, nous montrent un côté de son talent qui n'est pas le moins aimable. L'amour des champs et de la vie champêtre avait déjà inspiré de jolis vers à Du Bellay; dans une de ses plus heureuses pièces du début [1], il nous représentait le vrai poète recherchant non les superbes colisées et les palais ambitieux,

> Mais bien les fontaines vives,
> Meres des petits ruisseaux,
> Autour de leurs vertes rives
> Encourtinez d'arbriseaux.

C'est dans les *Jeux rustiques* qu'on trouve la chanson bien connue du *Vanneur de blé*, et plusieurs autres pièces du recueil se recommandent par leur grâce légère, leur discrète sensibilité, leur délicate harmonie.

Du Bellay était rentré en France vers 1555. Il continua quelque temps à s'occuper des affaires du cardinal, mais sa santé le força deux ans après de quitter un service trop fatigant. La publication des *Regrets* irrita contre lui son protecteur, qui craignait sans doute d'être compromis. Il passa ses deux ou trois dernières années dans les soucis d'une existence précaire, miné par la maladie et par le chagrin, vieux avant l'âge, et mourut le 3 janvier 1560.

L'auteur de la *Défense* avait pris tout d'abord dans ce fameux manifeste un ton trop haut et qu'il n'était pas capable de soutenir. L'ascendant de Ronsard sur son ami est là bien visible. Après un premier moment d'exaltation, Du Bellay revint à son caractère propre, qui était modéré, discret, enclin à la douceur. Lui qui dans sa *Défense* attaque si vivement la plupart des poètes antérieurs, il lui arrive dans ses vers de louer non pas seulement Heroët ou Scève, comme fait Ronsard, mais Saint-Gelais, qu'il range parmi « les favoris des Grâces », Marot.

---

1. Sur les *Conditions du vrai poète*.

en l'honneur duquel il compose une épitaphe, Hugues Salel, qu'il appelle l'autre gloire de Quercy. On se tromperait toutefois en croyant que Du Bellay ne fut pas un ronsardiste convaincu. D'un bout à l'autre de son œuvre, et dès l'*Olive*, il ne manque aucune occasion de célébrer Ronsard, et de rendre hommage, lui chétif, à la supériorité d'un génie plus vigoureux et plus puissant. Les infractions de toute sorte qu'il fit à son propre programme, ne doivent pas s'expliquer par un changement de doctrine. Il reste toujours fidèle aux idées de la *Défense*; mais une certaine faiblesse de caractère le met parfois en contradiction avec lui-même, comme lorsqu'il compose des vers latins en s'excusant sur les circonstances [1]; et, d'autre part, ses goûts personnels ne sont pas entièrement conformes à ses opinions, ni ses moyens poétiques à ses visées du début. Aussi, tout en glorifiant Ronsard de réaliser les plus hautes promesses de la Pléiade, il proportionne bientôt ses ambitions à « la petitesse de sa Muse ». Rien de plus significatif à cet égard que la pièce du *Poète courtisan*. Ce poète dont se moque si finement Du Bellay, maints traits dont il le marque pourraient s'appliquer à Du Bellay lui-même. Ceci, par exemple :

> Je veux en premier lieu que, sans suivre la trace,
> Comme font quelques uns, d'un Pindare et Horace,
> Et sans vouloir comme eux voler si hautement,
> Ton simple naturel tu suives seulement.

N'est-ce pas Du Bellay qui disait dans ses *Regrets* :

> Je ne veux feuilleter les exemplaires Grecs,
> Je ne veux retracer les beaux traits d'un Horace, etc.

Ceci encore, s'il est vrai que, comme écrivain, Du Bellay se distingue entre tous les poètes de la Pléiade par sa retenue :

> . . . . Garde-toi d'user
> De mots durs et nouveaux qui puissent amuser
> Tant soit peu le lisant, etc.

Et ceci, enfin, dont il aurait pu faire sa devise :

> Le vers le plus coulant est le vers plus parfait.

---

1. Cf. le sonnet qui commence par ce vers :
    Ce n'est le fleuve Tusque au superbe rivage, etc.

Cette facilité coulante et ce naturel lui assignent une place à part. S'il n'est pas, comme Ronsard, « le commencement d'un *grand* poète », il est un vrai poète, qui ne manque ni d'élévation ni de vigueur, mais qui a surtout le charme, l'aménité, la grâce séduisante, et que sa sensibilité délicate, un peu maladive, rend particulièrement aimable ; il est, parmi tous ceux du siècle, le plus voisin de nous, le seul peut-être que nous goûtions sans effort, parce que lui-même ne s'est pas forcé, parce qu'il a tout simplement raconté son âme, et que cette âme était très fine et très tendre.

V. — *Baïf et Belleau.*

Jean-Antoine de Baïf. — Baïf est aussi un poète facile, mais non dans le même sens. Il ne fit guère que des improvisations : de là ses faiblesses, ses obscurités, ce que sa veine poétique a presque toujours de fluide et de prolixe. « Qui desire vivre en la memoire de la posterité, disait Du Bellay dans sa *Défense*, doit, comme en soi-mesme, suer et trembler maintes fois. » Baïf n'a jamais tremblé ni sué. Tandis que Du Bellay est déjà de ceux qui font difficilement des vers faciles, Baïf s'abandonne avec complaisance à sa facilité naturelle, et ses meilleures inspirations, qu'il faut chercher dans un énorme fatras, ne sont que d'heureuses rencontres. Esprit curieux, fertile, original, il ne fut pas un artiste. Du Perron le traitait de « tres mauvais poète », et Pasquier le jugeait « mal né à la poésie ». Il avait pourtant des qualités natives qu'il ne faut pas méconnaître, de l'imagination, de la sensibilité, une grâce nonchalante, une aimable bonhomie ; ce qui lui a manqué, c'est le goût, le tact, la mesure, c'est le travail, c'est le souci, et, peut-être, le sens de l'art.

Plus jeune de huit ans que Ronsard et Du Bellay, Baïf ne se laisse guère devancer par eux. Dès 1552 il fait paraître à leur exemple un recueil de sonnets, dans lesquels il chante une maîtresse platonique, Méline, comme ses deux aînés avaient célébré, l'un sa Cassandre, l'autre son Olive. Les *Amours de*

Méline sont dans le goût artificiel du pétrarquisme à la mode ; il n'y a rien à en dire de plus. Nous trouvons quelque sincérité dans son second recueil, les *Amours de Francine* (1555) ; mais les plus heureuses pièces en sont gâtées elles-mêmes par les négligences, les platitudes, la diffusion. Douze ans après (la trace de Baïf se perd très longtemps) paraît le premier livre des *Météores* [1], où il décrit d'après Virgile, Aratus, Manilius, les phénomènes du ciel et de l'atmosphère. On y trouve certains morceaux remarquables par une précision discrètement colorée et par une netteté pittoresque qui sont bien rares chez lui.

Vers la fin de 1567, Baïf conçoit la première idée de son Académie de musique et de poésie. De concert avec le musicien Thibaut de Courville, il présenta à Charles IX le plan de la future compagnie et obtint des lettres patentes dans lesquelles le roi s'en déclarait le protecteur et le premier auditeur. L'Académie se réunit dans la maison du poète, vraie maison d'érudit, sous chaque fenêtre de laquelle on lisait de belles inscriptions en gros caractères tirées d'Anacréon, d'Homère, de Pindare, etc., et qui, dit Colletet le fils, « attiraient agréablement les yeux du passant ». Le but principal de Baïf en fondant cette société était d'unir plus étroitement la musique et la poésie en leur imposant à toutes deux les mêmes lois. Rattachons à ce projet sa réforme orthographique, qui devait rapprocher l'écriture de la prononciation et distinguer par des signes convenus les syllabes brèves des syllabes longues. Rattachons-y surtout sa tentative d'introduire dans la versification française le système en usage chez les Grecs et les Latins. Baïf n'est pas d'ailleurs le premier qui ait eu cette idée. Agrippa d'Aubigné affirme avoir vu une traduction de l'*Iliade* et de l'*Odyssée* composée en *hexamètres* par un certain Mousset vers la fin du xve siècle. Ce qu'il y a de certain, c'est que Michel de Boteauville écrivait en 1497 un *Art de métrifier françois* et achevait en 1500 un poème en vers mesurés. Les poètes du xvie siècle, qui ne connaissaient pas les vrais principes de notre versification, ne pouvaient manquer d'être tentés par l'idée de donner à notre poésie l'harmonie sonore des vers grecs et latins. Rien de plus simple

---

1. Le poème ne fut pas continué.

d'ailleurs à leurs yeux, s'il n'y avait qu'à noter une fois pour toutes la prononciation longue ou brève des syllabes. « Quant aux pieds et aux nombres qui nous manquent, avait déjà écrit Du Bellay dans la *Défense*, de telles choses ne se font pas par la nature des langues. Qui eust empesché nos ancestres d'allonger une syllabe et accourcir l'autre? Et qui empeschera nos successeurs d'observer telles choses si quelques sçavants et non moins ingenieux de cet âge entreprennent de les reduire en art? » En 1553, Jodelle publie des distiques; en 1556, Pasquier écrit dans ce mètre toute une élégie; en 1562, Jacques de la Taille compose un traité sur la *Manière de faire des vers en français comme en grec et en latin*. La part de Baïf dans cette innovation se borna à y porter plus de suite et de méthode que ses devanciers. Rapin, Sainte-Marthe, Passerat, beaucoup d'autres érudits ou poètes, suivirent son exemple ou du moins y applaudirent. On a de Ronsard lui-même deux odes dans lesquelles, tout en conservant la rime, il calque de son mieux la strophe saphique.

Les mêmes vues sur l'union de la poésie avec la musique suggérèrent à Baïf l'invention du vers auquel est resté son nom. Le vers baïfin n'a rien de commun avec la métrique ancienne : c'est un mètre, tout français, de quinze syllabes, qui se divise en deux hémistiches, le premier de sept et le second de huit.

> Muse, reine d'Helicon, fille de Memoire, ô deesse,
> O des poëtes l'appuy, favorise ma hardiesse.
> Je veux donner aux François un vers de plus libre accordance
> Pour le joindre au luth sonné d'une moins contrainte cadence.

De tels vers n'ont rien de contraire à notre métrique. Comme on le voit, Baïf fait valoir en leur faveur cette raison bien juste qu'ils sont « de plus libre accordance »; ils donnent en effet au poète la pleine liberté de ses combinaisons rythmiques dans un ensemble de sept syllabes pour le premier hémistiche et de huit pour le second : de là, des coupes plus nombreuses, plus variées, que n'en comporte l'alexandrin, dont nos poètes du XVIe siècle respectent la césure médiane avec presque autant de scrupule que Malherbe lui-même ou Boileau. Le défaut des vers baïfins, c'est que leur longueur, éloignant trop les rimes, risque de nous faire perdre la sensation de l'unité métrique.

En 1573 Baïf donna les *Passe-temps*, où il réunit quantité de poésies diverses, épîtres, dithyrambes, épigrammes, chansons, mascarades, sonnets, etc. Plusieurs se recommandent par leur aimable enjouement, par leur gentillesse naïve ou piquante. Citons en particulier la chanson si connue du *Printemps*, qui est une gracieuse imitation de Méléagre.

Le dernier ouvrage de Baïf parut en 1575 ; il s'intitule *Mimes, enseignements et proverbes*. C'est un recueil de pièces en dizains octosyllabiques, satires, épîtres, odes même, « discours interrompus, comme il dit, et coupés de telle façon qu'en bien peu se trouve une suite de propos liée et continuée », véritable répertoire de morale pratique, où le poète, s'il emprunte de toutes mains, a mis aussi maintes réflexions et maximes que sa propre expérience lui suggère. Comme les autres, ce recueil pèche surtout par la négligence du style. Cependant il faut y louer dans quelques pièces une netteté ferme et concise, à laquelle leur forme sentencieuse a comme obligé le poète.

Baïf mourut en 1589, laissant de nombreux ouvrages inédits, dont le plus important est une traduction des *Psaumes*. Comme si les innovations dont il s'avisa ne suffisaient pas à sa renommée, on lui en a prêté dont il est innocent. C'est ainsi qu'il passe pour avoir introduit dans notre langue les comparatifs en *ieur* et les superlatifs en *ime* calqués sur le latin. Ceux qui l'en ont accusé prenaient texte d'une pièce dans laquelle il n'use de ces formes barbares que pour se moquer de Jacques Pelletier, leur inventeur authentique.

Remi Belleau. — Nous avons déjà nommé Remi Belleau. Sa vie n'offre aucune particularité notable ; il la consacra tout entière aux lettres et à la poésie. Le premier recueil de Belleau parut en 1557 sous le titre de *Petites inventions*. Il y décrit des fleurs, des fruits, des pierres, des insectes, etc. Plusieurs morceaux sont pour lui l'occasion d'allégories morales, et, par là, son ouvrage se rattache au symbolisme des anciens *Bestiaires* ou *Lapidaires*. Ce qu'il cherchait avant tout, c'étaient des thèmes de versification. Il faut le louer d'ailleurs pour la netteté élégante avec laquelle il les traite. La même année fut publiée sa traduction d'Anacréon, dont nous avons déjà parlé.

En 1565 il donne la première partie de sa *Bergerie* : la

seconde ne devait paraître que sept ans après. Au commerce du plus aimable des poètes grecs, Belleau avait sans doute gagné quelque chose de la légèreté, de la grâce anacréontique. Il montre en certains morceaux de ce recueil un sentiment délicat de la poésie rurale, et ce n'est pas sans raison qu'on le surnomma le peintre de la nature. Les bergers qu'il met en scène ne sont pas d'ailleurs plus vrais que ceux de Marot ou de Ronsard; mais ses descriptions ont en général de la fraîcheur, du coloris, de la vivacité. La pièce d'*Avril*, qui est pour lui ce qu'est pour Baïf la chanson du *Printemps*, et celle de *Mai*, beaucoup moins connue, mais qui ne mérite guère moins de l'être, se trouvent l'une et l'autre dans la *Bergerie*.

Un an après parurent les *Amours et nouveaux Échanges*[1] *des pierres précieuses*. Dans ces trente et un petits poèmes, Belleau ne se contente pas de décrire les diverses pierres avec une justesse expressive et pittoresque; il en expose aussi les vertus et les propriétés magiques d'après les légendes de l'antiquité ou du moyen âge, et lui-même invente plus d'une jolie fable. Le défaut d'un pareil recueil était la monotomie; mais Belleau y montre beaucoup de souplesse et de variété, soit dans l'invention, soit dans le style; il y réunit fort ingénieusement tous les genres, prenant tour à tour le ton du conte, de l'élégie ou de l'ode. C'est comme auteur des *Amours et Échanges* qu'il a sa physionomie originale parmi les poètes contemporains, et c'est aussi ce recueil dont Ronsard insérait le titre dans l'épitaphe qu'il fit en l'honneur du « gentil Belleau » :

> Ne taillez, mains industrieuses,
> Des pierres pour couvrir Belleau.
> Lui-mesme a basti son tombeau
> Dedans ses *Pierres precieuses*.

VI. — *L'œuvre de la Pléiade.*

Soit à propos de la *Défense et illustration*, soit en appréciant les poètes dont elle fut le manifeste, nous avons indiqué suffi-

---

[1] C'est-à-dire *Métamorphoses*.

samment quel fut le rôle de la Pléiade. Ronsard et ses amis ne réalisèrent pas sans doute tous leurs desseins. Mais quand nous nous demandons ce qui reste d'eux, quoiqu'il en reste, sinon des œuvres parfaites de haute poésie, du moins (sans compter ce qu'ils ont écrit de plus aimable, maints nobles essais dans lesquels ils atteignent parfois la grandeur) disons-nous toutefois que ce qui reste de la Pléiade n'est pas seulement ce qu'elle a fait, mais aussi ce qu'elle a rendu possible ; or, ce qu'elle a rendu possible, ou, pour mieux dire, ce qu'elle a inauguré, n'est rien de moins que la poésie classique.

Toutefois, si le classicisme a pour fondateurs les poètes de la Pléiade, il faut tout d'abord signaler chez eux une promptitude de verve, une variété de tons, une libéralité d'esprit, que nous ne retrouvons plus dans l'âge suivant. L'une des contradictions les plus bizarres en apparence de notre histoire littéraire, c'est que les réformateurs du xvie siècle, méconnus par cette école proprement classique dont ils furent les premiers maîtres, aient été remis en honneur par l'école romantique, qui voulut voir en eux comme de lointains précurseurs. Nous tenons de Sainte-Beuve que, son choix de Ronsard une fois terminé, le bel exemplaire in-folio dans lequel il avait pris ses extraits resta déposé aux mains de Victor Hugo et devint pour ainsi dire l'album de la moderne Pléiade. Le *Tableau de la poésie au XVIe siècle* était d'ailleurs destiné dans la pensée de son auteur à retrouver par delà Malherbe les ancêtres de la jeune école; non seulement Sainte-Beuve ne perd pas une occasion de rattacher cette étude aux discussions littéraires et poétiques de son temps, mais encore il prétend montrer aux adversaires des novateurs, toujours prêts à se réclamer du xviie siècle, que les titres de noblesse du romantisme remontent cent ans plus haut. Ce n'est pas ici le lieu d'examiner la question; notons seulement que, sur bien des points, les réformateurs de 1830 ne firent que revendiquer et ressaisir certaines libertés dont Malherbe avait privé notre poésie. Nous aurions dit ce qu'il y a de « romantique » dans la Pléiade si nous indiquions les retranchements et les corrections que Malherbe fit subir à Ronsard.

La poésie de la Pléiade est plus personnelle et plus intime que celle de Malherbe, plus libre aussi, plus diverse, plus riche;

elle fait beaucoup plus de place à l'imagination et à la sensibilité. On a dit que Malherbe avait tué le lyrisme, et on l'a dit avec raison, entendant par lyrisme l'expression du Moi, qui est tout juste celle de la sensibilité et de l'imagination. Or, ce lyrisme-là, c'est celui que les romantiques ont pour ainsi dire ressuscité après deux siècles, et si le romantisme pouvait être caractérisé par un seul trait, nul autre ne le résumerait mieux que d'avoir substitué le particulier au général. En passant de Ronsard à Malherbe, notre poésie perd tous les éléments de lyrisme qu'elle contenait. Avec Malherbe, la langue deviendra plus régulière, la versification plus symétrique, mais ni l'une n'aura la même richesse de mots et de tours, la même flexibilité, le même lustre, ni l'autre la même aptitude à modeler son rythme sur les émotions du poète. Avec Malherbe, le style gagnera plus de noblesse, plus d'ordre et de teneur; mais, en se faisant abstrait, impersonnel, moins poétique, dans le vrai sens du mot, qu'oratoire et rationnel, il renoncera à ce je ne sais quoi de vif, de mobile, d'accidenté, de capricieux, si l'on y tient, qui est la marque du Moi sensible. Avec Malherbe, la Muse sera réduite aux règles du devoir : ni fantaisie, ni verve, point de rencontres heureuses, point d'aimables nonchalances, rien de fortuit, de spontané, de naïf, d'inconscient; une poésie belle comme de la prose, ou qui ne s'en distingue que parce qu'elle enferme la pensée dans une forme plus stricte, une poésie essentiellement logique où l'inspiration n'a plus aucun rôle et dont le triomphe est dans sa parfaite rectitude.

Et néanmoins, quelque distance qu'il y ait de Malherbe à Ronsard, Malherbe n'est, à vrai dire, qu'un Ronsard assagi, expurgé, étriqué. Les mépris et les injures dont il charge ses prédécesseurs ne sauraient donner le change; il est bien leur héritier et leur disciple. Son œuvre, après tout, ne consistera qu'à trier, parmi les matériaux de tout genre qu'avait accumulés l'école de Ronsard, ceux qui sont le mieux en accord avec son idéal de noblesse un peu froide et d'harmonie un peu raide.

Puisque l'évolution de notre poésie se faisait dans le sens du classicisme, après avoir dit ce qu'elle devait perdre, disons ce qui lui manquait encore pour devenir classique. Ce qui lui manquait, c'était la règle. Il y avait en elle tous les éléments du classicisme, mais encore épars, tumultueux, mal équilibrés, attendant une discipline qui leur donnât l'unité et la cohésion, mêlés, d'ailleurs, à des éléments hétérogènes dont le classicisme ne pouvait s'accommoder. Dans cette luxuriante confusion, un choix était à faire; il fallait établir l'ordre, imposer la loi, refréner les caprices, les saillies, les écarts d'un individualisme exubérant et déréglé. Telle sera l'œuvre de Malherbe, et, après lui, de ce second Malherbe qui s'appelle Boileau.

Ne perdons pas de vue que la période qui s'étend depuis Ronsard jusqu'à Malherbe contient en germe tout ce qu'on est convenu de nommer le classicisme. Le xvii° siècle a renié le xvi°, mais après avoir recueilli son héritage. Des origines de notre poésie jusqu'en 1550, c'est le moyen âge, c'est un ensemble d'idées et de sentiments qui peuvent bien se modifier d'époque en époque, mais dont le fond reste le même; de 1550 jusqu'au début de l'école romantique, c'est une conception toute différente de l'art, une nouvelle doctrine, qui, avant d'être celle de Malherbe et de Boileau, fut celle de la Pléiade.

Quand on connaît le dédain que le xvii° siècle manifeste pour l'école antérieure, on se demande tout d'abord s'il n'y a pas eu, avec Malherbe, une rupture dans les traditions de la poésie française. Non, la rupture s'est faite de Ronsard à Marot; de Malherbe à Ronsard, il n'y aura pas une solution de continuité, il y aura seulement une mise au point, une rectification, un perfectionnement. Boileau tombe dans une grave erreur en faisant dater la poésie classique de Villon et de Marot, et rien n'est plus faux que le mot connu de La Bruyère, accusant Ronsard d'en avoir retardé les progrès et s'étonnant que les ouvrages de Marot, si naturels et si faciles, n'aient pas su faire de Ronsard un meilleur poète que Ronsard et que Marot. Pourquoi Ronsard manque-t-il souvent de naturel et de facilité? Justement parce qu'il y avait, après Marot, un effort à faire pour atteindre la grandeur, dont Marot n'a même pas le sens. Marot est un poète charmant; Ronsard, et voilà la différence, a été par instants un grand poète. S'il ne réussit pas à établir une tradition, la faute en est pour beaucoup aux circonstances politiques et sociales, qui, même s'il y avait eu en lui l'étoffe d'un Malherbe, ne lui eussent permis de rien organiser de définitif;

elle en est à cette première effervescence, à cette sorte de fermentation trouble en même temps que féconde, dont une société plus calme et plus rassise recueillera le bénéfice. Après la Pléiade, il ne reste plus à accomplir qu'un travail d'épuration et d'amendement. Si Ronsard et ses disciples n'ont peut-être rien laissé que l'on puisse égaler aux chefs-d'œuvre du siècle suivant, ils ont du moins amorcé la voie pour des génies plus favorisés.

Ne disons même pas que Ronsard, étant la première date du classicisme, n'en est pas la source. Sans doute le classicisme de Malherbe, qui le rature d'un bout à l'autre, celui de Boileau, qui ne voit en lui que son désordre et son faste pédantesques, cette discipline proprement classique, dans le sens étroit du mot, s'est formée en apparence contre la Pléiade. On aurait bien étonné Boileau en lui montrant ce qu'il doit à ce Ronsard envers lequel il est si dur. Il lui doit pourtant toute la doctrine littéraire dont son *Art poétique* est l'expression définitive, sauf ce que lui-même y introduit de plus rigoureux, de plus conscient et de plus méthodique. Quant à Malherbe, l'aurait-on étonné? Beaucoup moins sans doute, car il devait savoir à quoi s'en tenir; en tout cas, les défenseurs de la Pléiade auraient eu beau jeu à lui montrer tout ce qui entre de ronsardisme dans son œuvre, quand il se vante de ne plus ronsardiser. La question se posa fort mal au commencement du XVII° siècle, par exemple entre lui et Régnier, qui se borne à revendiquer contre ce « tyran » les libertés nécessaires de la poésie. Ce que Régnier aurait pu dire pour venger, non plus Desportes, mais Ronsard lui-même, c'est que, sans Ronsard, il n'y eût pas eu de Malherbe, et que Malherbe ne fit que soumettre Ronsard au joug de la grammaire, de la logique, de la raison. Seulement, la perspective, à cette époque-là, ne s'étendait pas encore sur un champ assez vaste : on ne voyait que l'antagonisme des deux écoles, se traduisant par de violentes polémiques; on n'apercevait pas les principes généraux qui leur étaient communs et sur lesquels ne portait pas la dissidence. Et plus tard, au temps de Boileau, la question ne pouvait même pas se poser du tout, puisqu'il ne restait plus du chef de la Pléiade qu'un nom ridicule. Mais peut-être Malherbe ne triompha-t-il si complètement de Ronsard qu'en lui dérobant tout ce qu'il pouvait s'en assimiler; il le « biffa », mais pour le recommencer avec plus de sagesse ; il se substitua à lui, mais en l'absorbant.

Ronsard n'est pas seulement la première date du classicisme, il en est bien aussi la source. Nous ne suspecterons pas Balzac de complaisance à son égard, et voilà justement le mot qu'il emploie : Ronsard, dit-il, « est une grande source ». Cette source, bourbeuse encore, deviendra, en se purifiant, le grand fleuve de la poésie classique, qui la méprisera ou l'ignorera.

Et l'on peut regretter, après tout, que Malherbe et Boileau aient trop étroitement encadré, ou, pour ainsi dire, canalisé l'idéal classique. Il y avait dans le classicisme de Ronsard, quelles qu'en soient les bigarrures, les irrégularités, les déviations, quelque chose de large, de généreux, de sympathique, qui répond mieux, sur bien des points, à notre conception de la poésie. Tout en rendant justice à la nécessité des réformes qu'y pratiquèrent Malherbe et Boileau, on voudrait qu'ils eussent pu concilier l'ordre avec un peu plus d'indépendance, la noblesse avec un peu plus d'ingénuité, la raison avec un peu plus de fantaisie.

BIBLIOGRAPHIE

Éditions. — *La Pléiade française*, par Marty-Laveaux, Paris. — **Ronsard**, 6 vol. in-8, 1887 et suiv. — **Du Bellay**, 2 vol., 1866-67. — **Jodelle**, 2 vol., 1868-79. — **Dorat et P. de Thyard**, 1 vol., 1876. — **Belleau**, 2 vol., 1879. — **Baïf**, 5 vol., 1885-90.

Ronsard, Œuvres, 1 vol. in-f°, Paris, 1584. — Œuvres, Biblioth. elzév., par Prosper Blanchemain, 8 vol. in-16, 1857-67. — **J. Du Bellay**, Œuvres, 2 vol. in-8, Paris, 1567. — **Remi Belleau**, Œuvres, 2 vol. in-12, Paris, 1578. — Œuvres, Biblioth. elzév., 3 vol. in-16, par Gouverneur, 1867. — Baïf, *Choix de poésies*, par Becq de Fouquières, 1 vol. in-12. — **Jodelle**, Œuvres, 1 vol. in-4, Paris, 1574. — **Pontus de Thyard**, *Les Erreurs amoureuses*, Lyon, 1549-50-55.

Ouvrages à consulter. — Sainte-Beuve, *Tableau historique et critique de la poésie française au XVIe siècle*, Paris, 1828; réédition en 1842, — Deux articles sur Ronsard, *Lundis*, t. XII. — Trois articles sur Du Bellay, *Nouveaux Lundis*, t. XIII. — **Gandar**, *Ronsard imitateur d'Homère et de Pindare*, Metz, 1854. — **A. Darmesteter et Hatzfeld**, *Le XVIe siècle en France*, Paris, 1878. — **E. Faguet**, *Études sur le XVIe siècle*, Paris, 1894. — **Egger**, *L'Hellénisme en France*, Paris, 1869. — **Marty-Laveaux**, *La Langue de la Pléiade* (Le t. I vient de paraître). — **P. de Nolhac**, *Lettres de J. Du Bellay*, Paris, 1883. — *Le dernier amour de Ronsard*, Paris, 1882. — **Léon Séché**, *Joachim Du Bellay*, Paris, 1880.

CHAPITRE V

LA POÉSIE APRÈS RONSARD[1]

La poésie en 1575 : deux courants. — En 1575, l'âge héroïque de la Pléiade est déjà passé. Du Bellay et Jodelle sont morts jeunes, en poètes aimés des Dieux; Belleau va mourir. Ceux qui restent ne font guère que se survivre à eux-mêmes : Pontus de Thyard a fini de chanter la belle Pasithée et met en ordre ses homélies épiscopales; Daurat, le vieux professeur, ne songe plus qu'à se remarier et à rimer des anagrammes; Baïf, une fois les *Mimes* publiés, sera tout à son Académie; Ronsard, enfin, se recueille après le demi-échec de sa *Franciade* et se prépare à comparaître devant la postérité : sa gloire est encore au zénith, mais son œuvre est presque terminée. D'ailleurs, l'esprit du temps n'est plus aux pures et olympiennes jouissances de l'art. Tandis que l'affreux succès de la Saint-Barthélemy a ressuscité la guerre civile et renflammé la foi des persécutés, au Louvre s'étale et brille l'élégante corruption du dernier Valois. C'est le cas de dire avec l'auteur des *Tragiques* :

> Ce siècle autre en ses mœurs demande un autre style.

A la cour de Henri III et au fond des provinces s'élève une seconde génération poétique, fille de celle qui avait si magnifiquement annoncé la révolution littéraire de 1549. L'école de

---

[1]. Par M. Paul Morillot, Professeur à la Faculté des lettres de l'Université de Grenoble.

Ronsard touche au moment critique, où l'on va enfin juger cette poésie, non plus à ses fleurs, mais à ses fruits, où l'on va vraiment éprouver la vertu des principes formulés. Quels disciples seront dignes de succéder aux vieux maîtres ? Quelles œuvres continueront la tâche commencée ? Que deviendra tout ce beau feu poétique ? N'y aura-t-il pas désaccord sur la voie qu'il faut suivre ? Ne se produira-t-il pas quelque sourde revanche des influences refoulées ? C'est proprement le sort de la Pléiade qui va se jouer durant les vingt-cinq dernières années du xvie siècle.

A considérer les poètes et les œuvres de 1550 à 1575, il est aisé d'y démêler deux tendances, qui, pour ne s'être pas ouvertement combattues, n'en sont pas moins fort distinctes. D'une part, en effet, la poésie de Ronsard nous apparaît élevée d'inspiration, impérieuse d'allure, s'égalant aux plus grands sujets, et violentant la langue pour la hausser à cet effort : les modèles qu'elle se propose sont l'ode de Pindare et l'épopée d'Homère. Le poète est digne de la poésie : il est supérieur aux autres hommes, aux rois même : Apollon lui a donné une mission divine :

> Ceux là que je feindrai poètes
> Par la grâce de ma bonté
> Seront nommés les interprètes
> Des dieux et de leur volonté.

Théorie présomptueuse, mais conception très morale et très pure, dont il ne faut pas sourire : c'est la partie la plus noble de la tâche inaugurée par la Pléiade, celle où elle passe pour avoir échoué, mais où elle était le plus digne de réussir, ne fût-ce que pour avoir eu cette généreuse audace : là est son meilleur titre de gloire. Mais à côté de cette veine ambitieuse en circule une autre, plus aimable, plus riante, plus molle, plus facile aussi, dérivée d'Anacréon et des Alexandrins, d'Horace, de Pétrarque, de Sannazar, et même de Marot et de Melin de Saint-Gelais. Cette poésie-là se contente d'être fraîche et gracieuse, parfois elle se laisse aller à être spirituelle : elle n'est pas encore tout à fait une poésie de salon, mais elle est une poésie de cour, pimpante, légère, exquise. Chez Ronsard ces deux inspirations se rencontrent sans se heurter ; elles se fondent même parfois en un tout harmonieux ; elles ont contribué toutes les deux à la mauvaise et à la bonne réputation de l'auteur : au regard de la postérité, le Vendômois est à la fois le poète au faste pédantesque qu'a dénoncé Boileau, et le délicat artiste de *Mignonne, allons voir si la rose....* qui a place dans toutes les anthologies. Après lui, ou même déjà pendant les douze ou quinze dernières années de sa vie, on assiste à la dissociation de ces deux éléments qui constituaient le génie complet du maître. Deux poètes surtout incarnent ce divorce de la grande poésie et de la poésie légère : Du Bartas et Desportes.

Du Bartas (1544-1590) : effort vers la haute poésie. — C'est du Midi que vient cette fois la note grave et austère : Guillaume de Saluste, seigneur du Bartas (près d'Auch), est un pur Gascon. Il ne l'est pas seulement par le fait de la naissance, il l'est aussi par l'ampleur de l'imagination, par l'emphase du verbe : il appartient à cette riche province, qui, nous dit-il, abonde

> En soldats, bleds et vins plus qu'autre part du monde.

Ce Gascon n'est pas du reste un étourdi ni un hâbleur, il n'a rien d'un Fæneste ni d'un Sigognac : sa grandiloquence naturelle recouvre un fonds sérieux et solide. Il faut dire que Du Bartas est fervent calviniste, non pas à la façon du batailleur et cruel baron des Adrets, mais aussi pacifique, aussi doux, aussi tolérant qu'il était loisible de l'être à cette dure époque. Il a la foi enthousiaste et profonde : nourri aux Saintes Écritures, il en a gardé une forte impression de gravité et de moralité, qui n'est pas la marque ordinaire des poètes du temps. Avec cela, beaucoup de science et d'étude : il aspire à tout apprendre et à tout comprendre, en vrai fils du XVIe siècle : c'est un savant, un poète, un soldat, un diplomate. Homme universel, mais par-dessus tout excellent homme ; sur ce point, les témoignages sont unanimes : De Thou loue sa candeur, Goujet sa sincérité et sa modestie, d'autres sa bonhomie, sa rondeur, tous la parfaite pureté et simplicité de ses mœurs. Le bruit de la gloire de Ronsard, parvenu au fond de sa province et jusque dans son cher Bartas, éveilla sa vocation poétique. Tout d'abord, comme il était jeune et timide, il se contenta d'adorer les vestiges de la Pléiade : il s'essaya dans la tragédie, dans l'ode pindarique, dans l'épopée homérique, dans la poésie amoureuse; mais bientôt il s'aperçut qu'il n'était pas fait pour ces profanes fictions. La Muse céleste, la docte Uranie, lui apparut et l'adjura de renoncer à ces « mignards écrits » tout remplis « de feints soupirs, de feints pleurs, de feints cris », auxquels se complaisaient les poètes du temps; elle lui révéla la mission à laquelle il avait été prédestiné, même avant sa naissance, et qui consistait à se faire « le sacré sonneur du los de l'Éternel ».

En assumant cette noble tâche, Du Bartas, sans rompre ouvertement avec la tradition, ouvrait à la poésie du siècle une voie nouvelle. L'idéal poétique de la Pléiade n'était pas renié, il se trouvait simplement élargi. Par ses essais de première jeunesse, par la discipline de son talent, par son enthousiasme, par sa science, par sa préoccupation du grand art, par le ton même auquel il hausse sa Muse, Du Bartas se rattache étroitement à la génération précédente. Du Bellay n'avait-il pas, vingt-cinq ans auparavant, recommandé le choix des grands sujets, des longs poèmes qui pouvaient illustrer la langue française ? N'avait-il pas souhaité la venue d'un poète « doué d'une excellente félicité de nature, instruit de tous bons arts et sciences principalement naturelles et mathématiques, versé en tous genres de bons auteurs grecs et latins, non de trop haute condition, non aussi abject et pauvre, non troublé d'affaires domestiques, mais en repos et tranquillité d'esprit, acquise par la magnanimité de son courage ? » Ronsard avait essayé d'être cet homme, en mettant sur le chantier sa *Franciade,* poème national. Du Bartas essaya de l'être à son tour, mais il alla plus loin : il osa aborder dans son grand œuvre un sujet religieux. Ronsard ne l'avait pas fait, parce qu'il ne pouvait pas tout faire, et que d'ailleurs, par la tendance générale de son esprit, il y était naturellement peu porté; mais, ni dans les Préfaces de la *Franciade*, ni dans l'*Art poétique* il n'a interdit le choix de pareils sujets; bien au contraire, il a commencé par porter Du Bartas aux nues pour sa belle audace : il ne l'a blâmé que lorsqu'il a découvert en lui un rival.

Du Bartas, poète et huguenot, a été amené à l'épopée religieuse par l'ardeur de sa foi. Au-dessus des exemplaires grecs et latins, il mettait cet autre livre, source de toute vérité et de toute beauté, la Bible. Par là seulement il se distingue de tous les autres poètes du temps, et il est vraiment original. Il agrandit le champ de la poésie, en même temps qu'il cherche à varier les moyens d'expression du poète : car la louange du vrai Dieu ne se peut célébrer sur le même mode qui a déjà servi à chanter Vénus ou Junon : un poète chrétien doit renoncer à la mythologie antique. Mais, sur ce point encore, Du Bartas n'innovait qu'à moitié, car le paganisme de Ronsard, si intempérant qu'il nous paraisse aujourd'hui, ressemblait déjà fort à un symbolisme chrétien, où les noms des Dieux de l'Olympe n'étaient employés que pour désigner les divers attributs de la puissance divine. Quant à Du Bartas, en dépit de ses belles professions de foi, il n'a pas eu non plus le courage de renoncer entièrement aux machines poétiques de la mythologie. Détail curieux : ce n'est pas un ange du Paradis qui vient lui ordonner de se faire le chantre de Jéhovah, c'est une des neuf Muses, filles de Jupiter et de Mnémosyne, c'est Uranie en personne. D'ailleurs, l'auteur s'est naïvement excusé de n'avoir pas banni de son œuvre les noms de Flore, d'Amphitrite, de Mars, de Vénus, de Vulcain, de Pluton : « Du moins, nous dit-il, je les ai clairsemés, et, quand j'en use, c'est par métonymie. » Belle excuse, qui aurait pu servir aussi à Ronsard.

Malgré cela, le poète gascon, en s'interdisant les sujets païens, en se réclamant de la Bible, corrigeait heureusement l'humanisme un peu étroit de la Pléiade et inaugurait, en pleine Renaissance, une œuvre qui eût pu être féconde. Créer une poésie vraiment nationale et chrétienne était une tâche digne de tenter les plus grands génies ; mais cette belle cause a toujours été en France une cause malheureuse. Desmarets et Chapelain l'ont perdue plus tard, au XVIIe siècle, et Du Bartas, à qui revient l'honneur de l'avoir défendue le premier, l'avait déjà gâtée plus qu'à moitié.

Judith. — Les six livres de la *Judith*, publiés en 1573, mais composés, semble-t-il, bien avant cette date, sont le premier essai de poème sacré, comme le proclame justement l'auteur, et peut-être même la première en date de nos épopées modernes. Du Bartas, avant d'oser aborder la Genèse, préludait par ce livre de la Bible, où est narré le dramatique exploit de la veuve de Béthulie. C'est le même sujet que devaient traiter, au siècle suivant, Marie Puech de Calages, dans un méchant poème, et l'abbé Boyer, dans une trop fameuse tragédie. Chaque fois « le pauvre Holopherne » se trouva fort à plaindre : mais ce n'est pas de notre huguenot qu'il eut le plus à souffrir. Le poème de Du Bartas, si lourd et si puéril qu'il nous paraisse, a du moins une qualité : il n'est pas ennuyeux ; il est même, çà et là, traversé de quelques beaux vers, et contient d'heureux mouvements de style, mal soutenus. Il pèche surtout par la stérilité de l'invention : l'auteur dit avoir imité Homère et Virgile, mais il n'y paraît guère ; les épisodes font longueur (par exemple l'énumération des plaies d'Égypte), et les dissertations morales viennent à chaque pas interrompre l'action : ce ne sont qu'apostrophes et objurgations pieuses ; tout cela sent trop son prêche. L'intention du poète était de célébrer les victoires de l'Église sur les infidèles ; on l'accusait de son temps d'avoir voulu légitimer le tyrannicide, au lendemain de la Saint-Barthélemy : mais il s'est si vivement défendu d'avoir eu cette pensée que nous devons l'en croire : sa candeur nous en est un sûr garant. Le moyen de douter de la parole d'un auteur qui a su se juger lui-même avec autant de modestie que de bonne foi : « Si tu ne loues ny mon style ny mon artifice, pour le moins seras-tu contraint de louer mes honnestes efforts et le saint desir que j'ay de voir à mon exemple la jeunesse françoise occupée à si saint exercice. »

Les Semaines, poème épique, religieux et scientifique. — Avec la *Semaine* (parue en 1578 et divisée en Sept Jours) Du Bartas entreprenait le long poème souhaité par Du Bellay, et à peine ébauché par Ronsard. Non seulement il conduisit jusqu'au bout ce grand œuvre de la Genèse, mais, arrivé à la fin du septième jour, il ne se reposa même pas, après le Seigneur : il entreprit une seconde *Semaine*, de dimension plus imposante encore, où chaque jour devait être célébré en quatre chants. De ces vingt-huit parties, une quinzaine furent achevées [*Eden*, l'*Imposture*, les *Furies*, les *Artifices*, l'*Arche*, *Babylone*, les *Colonies*, les *Colonnes*, la *Vocation*, les *Capitaines*, le *Schisme*, la *Décadence*, la *Loi*, les *Trophées*, la *Magnificence*], auxquelles on peut joindre un fragment sur *Jonas* et diverses autres pièces. L'auteur ne devait pas s'en tenir là : il voulait conduire son œuvre, non seulement jusqu'à la venue du Messie et l'établissement de l'Église, mais jusqu'à la consommation des siècles et au Sabbat des sabbats : seule, une mort prématurée l'empêcha de remplir ce vaste projet. Quelque jugement que l'on doive porter sur les *Semaines* de Du Bartas, il est juste de saluer en elles la tentative épique la plus vaste et la plus noble qui ait jamais été conçue par une tête française; les amis du poète ont pu dire avec orgueil qu'à cette date de 1579 il naissait quelque chose de plus grand que cette *Franciade* si magnifiquement annoncée.

Car les *Semaines* ne sont pas une simple paraphrase rimée des livres sacrés : elles ont l'ambition d'être une œuvre d'art, poème épique et poème didactique tout à la fois. On a pourtant reproché à Du Bartas d'y avoir enfreint les lois de l'épopée. Il est possible, en effet, qu'elles ne soient pas toujours parfaitement respectées : mais, à considérer l'œuvre dans son ensemble, elle est généralement conçue dans le goût de ce poème héroïque, un peu factice, dont Ronsard et Boileau nous ont laissé la formule. S'il faut un vaste récit d'une longue action, l'histoire de la Genèse en peut, semble-t-il, tenir lieu : la création du monde offre un majestueux pendant, pour ne pas dire plus, à l'établissement des lares troyens dans le Latium, et Jéhovah, comme personnage épique, ne fait pas moins bonne figure que le pieux Énée. Quoiqu'il n'y ait pas dans la première *Semaine* de « récits de bataille », il s'y trouve pourtant une action et un héros épiques. Quant aux procédés particuliers dont s'est servi Du Bartas, ils ne diffèrent pas sensiblement de ceux auxquels recourent les autres poètes : il n'a pas de « descente aux enfers », mais il a d'autres machines poétiques, des invocations, des prédictions, des énumérations; maint passage est emprunté aux anciens, à Lucrèce, à Virgile, à Ovide. Ce n'est guère que dans le choix du merveilleux que l'auteur rompt avec la poétique classique : des fictions et des fables de la mythologie, il n'a presque rien retenu; il leur substitue le grave récit de la Bible, c'est-à-dire à la place des « pierres fausses et empruntées et happelourdes » il met « de vrais diamants, rubis et émeraudes pris dans le sacré cabinet de l'Écriture ». Tout compte fait, la *Semaine* ressemble beaucoup plus à une épopée qu'elle n'en diffère. A ceux qui contestaient la valeur épique du *Paradis perdu*, Addison répondait : « Si ce n'est pas une épopée, c'est un poème divin. » Divine aussi est l'œuvre du Gascon Du Bartas, sinon par le génie, du moins par l'inspiration et par l'accent.

Un grand sentiment remplit et anime cette poésie : l'amour de Dieu. A ce titre, cette épopée n'est pas seulement un récit, elle est un acte de foi et de prosélytisme. Alors que Ronsard, jusque dans ses affectations de haute poésie, reste un fervent adorateur de la forme et en fait l'élément essentiel de l'art, Du Bartas, plus austère, se garde de semblable idolâtrie ; il n'a rien d'un « parnassien », ni d'un « dilettante » ; il ne conçoit pas la besogne des vers comme un pur divertissement ; il hait les auteurs qui cherchent seulement à plaire. Il faut, d'après lui, à la poésie une substance et une moelle : chanter pour chanter semble frivole et coupable ; c'est Dieu qu'il faut chanter, Dieu qui est le suprême intérêt de la vie humaine. Aussi n'a-t-il pas écrit un seul vers qui soit resté étranger à cette préoccupation de prêcher et de moraliser, qui l'obsède. Louable intention : c'est l'exécution qui a péché. Jamais poème ne fut plus lourdement moral ; dans le récit s'intercalent trop souvent des dissertations théologiques où l'auteur discute pied à pied les opinions des « athéistes » et ne nous fait grâce d'aucun des arguments que l'on peut alléguer ; ou bien il trouve le moyen de glisser, à propos de tout, un sermon à notre adresse. Parle-t-il de la création de la femme? Il nous prêchera sur les devoirs du mariage. Des premiers effets de la vigne sur Noé notre père? Il reprendra en termes fort crus l'horrible frénésie des ivrognes. Tout lui est motif à exhortations pieuses. D'ailleurs beaucoup des chants de la *Semaine* commencent ou finissent par une prière à Celui dont la gloire est l'unique sujet que s'est proposé le poète.

L'auteur ne se fait pas seulement professeur de dogme et de morale : il enseigne encore bien d'autres choses. Son livre traite ni plus ni moins *de omni re scibili* ; il est une véritable encyclopédie. Le XVIe siècle, tout fraîchement issu de l'ancienne scolastique et de l'esprit de la Renaissance, offre ainsi plus d'un point de ressemblance avec le XVIIIe : ce sont deux époques en proie à un orgueil intellectuel presque égal, où l'on veut et l'on croit tout savoir. La première, il est vrai, bâtit sur la ferme assurance de la foi; la seconde, sur la raison affranchie; mais, à cela près, il n'y a rien qui ressemble plus à la *Semaine* que le présomptueux et fragile *Hermès* d'André Chénier : l'une et l'autre sont un essai de cosmogonie et d'histoire de la Nature. Du Bartas renouvelait ainsi l'effort d'Hésiode ou d'Ératosthène. Mais, sans remonter aussi haut, on peut lui trouver quelques précurseurs plus directs : par exemple, un certain Pisidas, qui avait, au viie siècle, composé un *Hexahéméron* en vers grecs; Hermann de Valenciennes et Éverat, qui, au xiie siècle, avaient déjà mis la Genèse en vers français ; enfin, pour la partie exclusivement scientifique, tous les auteurs des *Lapidaires, Bestiaires* et *Volucraires* du moyen âge et surtout le Lyonnais Maurice Scève, dont le *Microcosme* avait paru moins de vingt ans avant la *Semaine*. Du Bartas connut peu toutes ces œuvres, sauf peut-être celle de Pisidas, qui venait d'être mise en iambes latins; mais il puisa largement dans Aristote, Pline et Plutarque, en les accommodant de son mieux à son pieux dessein. Astronomie, physique, médecine, histoire naturelle, toute la science des anciens, revue et augmentée, plutôt que vraiment corrigée, a passé dans son œuvre. Mais cette science est avant tout destinée à montrer, jusque dans les plus petits objets, la providentielle sagesse qui a présidé à la création. Le petit poisson qui guide la baleine à travers les gouffres de la mer apprend aux enfants ce qu'ils doivent aux vieillards; le pélican qui « brèche sa poitrine » pour nourrir ses petits donne un bel exemple d'amour paternel; les troupeaux de grues qui émigrent montrent aux capitaines comment on range une bataille; le coq est l'horloge du paysan, et ainsi de suite; Du Bartas se montre cause-finalier aussi intrépide que le sera Bernardin de Saint-Pierre dans les *Études de la Nature*. C'est le côté amusant, encore qu'un peu puéril, de ce grave et édifiant poème.

Fâcheuse réputation de Du Bartas. — Un autre motif, plus grave, explique la défaveur qui s'attache au nom de Du Bartas : l'auteur des *Semaines* passera toujours, à tort ou à raison, pour avoir été l'enfant terrible de la Pléiade, celui qui, par sa langue et son style, a définitivement compromis la réforme de Ronsard; on lui reprochera justement l'abus qu'il a fait des mots composés : le *feu chasse-ordures*, *Mercure échelle-ciel*, l'*autruche digère-fer*. On a dit pour sa défense qu'il n'avait guère créé que trois cents vocables de cette espèce ; n'est-ce donc rien, si l'on songe que certains d'entre eux reviennent à satiété sous sa plume ? Il s'est lui-même excusé de les avoir parfois semés « non pas avec la main, dit-il, mais avec le sac et la corbeille », et il a prétendu, pour sa défense, que chacune de ces belles épithètes lui épargnait un vers, quelquefois deux. Ce qu'il y a de sûr, c'est que par ces indiscrètes innovations, il a rendu impossible en France, ou peu s'en faut, l'emploi de ce procédé de composition qui en valait bien d'autres : c'est à peine si La Fontaine réussira à faire passer une douzaine de ces mots dans la langue. Du Bartas ne s'est pas rendu moins ridicule par ses harmonies imitatives, et par ses redoublements de syllabes au commencement des mots : *sousouflantes*, *floflottantes*, *pépétiller*, *babattre*, etc. Quant à l'usage des termes dialectaux, ou savants, au remploi des vieux mots français et au provignement (à l'aide de préfixes et de suffixes), il a usé et abusé de tous ces procédés d'enrichissement fort légitimes de notre langue. Mais pour réussir dans cette tâche, il lui eût fallu une légèreté de main, une sûreté de goût qui ont souvent manqué aux meilleurs poètes de la Pléiade et qui n'étaient certainement pas son lot. Car c'est par la façon, plus que par le fond, que pèche Du Bartas ; ce Gascon bien intentionné est le plus maladroit des écrivains : on sent trop qu'il n'a pas respiré le bel air de la cour des Valois, et qu'il est resté tapi au fond de sa province ; il n'a vu la création qu'à travers les fenêtres de son cher Bartas. Là est le plus grave défaut, là se trouve aussi la saveur singulière de cette poésie. Sans doute, il faut tenir compte à l'auteur, comme il le demande dans sa Préface, de la difficulté et de la nouveauté d'un pareil sujet ; il eût fallu être à la fois un Lucrèce et un Milton pour mener à bien une telle entreprise. Il n'en est pas moins vrai que pour la langue, le style, la versification, c'est-à-dire pour l'art et la science des vers, il y a décadence de Ronsard à Du Bartas.

Cela n'a pas empêché l'auteur des *Semaines* d'apparaître, aux yeux de beaucoup de ses contemporains, comme un Ronsard chrétien. Son œuvre fut éditée et commentée à l'égal d'un texte sacré. Sa gloire monta très haut, au point d'inquiéter celle du maître lui-même, qui jouissait alors en paix de ses triomphes passés. Ronsard piqué lança contre son rival le fameux sonnet : *Ils ont menti, Daurat...* ; et pourtant il lui rendit bientôt un involontaire et précieux hommage, en commençant un poème en alexandrins sur la *Loi divine*. Mais cette brillante réputation devait être peu durable ; on s'aperçut bientôt des énormes défauts de l'œuvre ; de plus, les tendances huguenotes de l'auteur déplaisaient à beaucoup, et la vogue croissante de la poésie de cour (avec Desportes et Du Perron) n'était pas faite pour rehausser le succès de la *Semaine*, qui resta vouée à l'admiration des provinces. Enfin, toute cette gloire sombra définitivement dans la catastrophe littéraire où s'engloutit sinon l'œuvre entière, du moins le bon renom de la Pléiade. Du Bartas n'eut même pas l'honneur d'être biffé comme Ronsard, ou déchiqueté comme Desportes ; Malherbe le dédaigna, et Boileau, suprême disgrâce, l'oublia dans ses mépris. Pour comble de malheur, ce qui a achevé de diffamer le pauvre homme aux yeux de la postérité, c'est la descendance plus ou moins authentique qui en est issue, à savoir tous les auteurs des *Moïse*, des *Saint Paul*, des *Jonas* et des *Job*, qui ont infesté la littérature pendant soixante ans : la *Semaine* a beaucoup pâti de ces fâcheux voisinages, elle a été confondue, dans la risée publique, avec tous ces méchants poèmes.

On s'est pourtant dit, dans notre siècle, qu'elle était digne d'un sort un peu meilleur. Gœthe, qui ne pouvait comme nous être sensible à certains défauts de Du Bartas, nous a fait du moins apercevoir de quelques-unes de ses qualités qui nous échappaient. En effet, ce Gascon a eu le très réel mérite de chercher à hausser le niveau de la poésie française, au moment où les poètes courtisans le rabaissaient et l'avilissaient ; en cela il restait fidèle au primitif esprit de la Pléiade qui avait dégénéré. Mais il a été plus loin : il a essayé de secouer le joug de l'antique mythologie, et de nous donner le poème chrétien qui nous manquera peut-être toujours. Il a échoué dans cette tâche, mais de tous ceux qui ont tenté l'entreprise, il a été le plus sincère, le mieux doué, le plus digne en somme de réussir. Il reste chez nous un des rares représentants de la haute poésie, trop vite désertée au xviie siècle, à cause de la peur bourgeoise du ridicule ; il est notre Milton manqué. C'est un titre suffisant à notre estime. Car il n'est pas équitable de répéter après Boileau, qu'un sonnet sans défaut vaut seul un long poème : non, le sonnet d'Arvers ne vaudra jamais l'*Iliade*. C'est précisément le contraire qui est vrai ; un grand poème, même imparfait, si l'auteur y a mis beaucoup de conscience et quelque peu de talent, vaudra toujours mieux que les quatorze plus beaux vers du monde. Voilà pourquoi il y a plus de vertu poétique dans cette puissante et rocailleuse *Semaine* que dans toute une kyrielle de sonnets, même des mieux tournés, en l'honneur de Diane ou de Cléonice.

Agrippa d'Aubigné (1550-1630) : le soldat, l'apôtre, le savant. — Du grave Du Bartas ne séparons pas son coreligionnaire d'Aubigné, plus hardi, plus aventureux, plus grand poète aussi, et dont la fortune littéraire n'a guère été plus heureuse. En effet, quoique d'Aubigné ait eu des parties d'un écrivain de génie, il a été peu connu de son temps, et tardivement apprécié du nôtre ; il est demeuré comme à la marge du xvie siècle, sans s'y être fait la place qu'il méritait. Cela provient sans doute de certaines circonstances que nous dirons, mais aussi de ce qu'il a été par excellence un poète de tempérament et non d'école. On sait à peu près d'où viennent Du Bartas, Desportes, Bertaut, et où ils vont : le d'Aubigné des *Tragiques* ne relève guère que de lui-même, et, en tout cas, il ne conduit directement à rien ; à le suivre, on s'engage dans une impasse. C'est pourquoi, si l'on réduit l'histoire de la littérature française à n'être que l'explication des influences subies et des influences exercées, on risquera fort de passer sous silence ce poète d'une si originale et si fière allure.

Homme d'épée et homme de plume, Agrippa d'Aubigné a été l'un et l'autre avec passion, on peut dire avec frénésie.

A seize ans et demi, il s'évade par une fenêtre du château où on le gardait, et il court au camp des huguenots pour conquérir sur les papistes sa première arquebuse ; à soixante-dix ans il se battra encore comme au premier jour. Il a assisté à presque toutes les batailles du temps, à Jarnac, à Casteljaloux, à la Rochelle, à Oléron, à Coutras : il y a été blessé douze fois, en pleine poitrine. Lorsque après cinquante-quatre années de luttes, la paix, la misère et l'exil l'ont contraint de mettre, bien à regret, « son épée au crochet », il se fait ingénieur militaire et il fortifie Genève et Berne. Tel il reste jusqu'à la fin de sa longue carrière de quatre-vingts ans, batailleur et chevaleresque. Ce soldat est aussi un apôtre : dès son enfance, il a fait le serment d'Annibal et juré de venger les victimes suspendues au gibet d'Amboise; il a failli lui-même être brûlé; un peu plus tard, il n'échappe que par miracle au massacre de la Saint-Barthélemy. Ainsi préparé aux guerres civiles, il n'y apporte pas l'âme d'un pacificateur ni d'un sage; il s'y rue avec fureur, avec allégresse, pour la victoire de la cause. Il est un de ceux qui « ont apporté Henri de Bourbon sur leurs épaules jusque dans les murs de Paris » et qui, toujours mécontents, ont rêvé la conquête protestante de la France : nul ne montrera dans la mêlée des partis plus de fanatisme et d'aveuglement, et aussi plus de force d'âme et de constance. Ce cœur meurtri et battu par l'orage sera vraiment inexpugnable; il supportera héroïquement, sans une défaillance, le double martyre que Dieu lui infligera : l'abjuration d'un roi bien-aimé, la trahison d'un fils unique.

Voilà une vie bien remplie; mais l'action n'a pas suffi à contenter cette âme ardente : il lui a fallu aussi la science et l'étude. D'Aubigné a été érudit, savant, et même pédant, autant qu'homme de son siècle. Il a défendu sa cause à coups de syllogismes aussi bien qu'à coups d'épée. Acharné discuteur, il s'est mesuré avec le premier controversiste du temps, l'évêque Du Perron, et il lui a tenu tête, en d'épiques tournois, à grand renfort de textes. Il connaît à fond non seulement la Bible, mais la patristique, et il sait les points faibles de saint Augustin. D'ailleurs il sait tout, tout ce qui s'enseigne et s'apprend alors. A sept ans et demi il a traduit le *Criton*, paraît-il, et à douze il se perfectionne dans la connaissance des dialectes de Pindare. Il fait des vers grecs; il lit couramment dans le texte les rabbins. Entre deux batailles, il compose un traité de *Logique* pour ses filles; à cheval il médite un vers latin sur l'emploi du terme moyen dans le syllogisme; blessé et en danger de mort, il dicte un poème, et quel poème! les *Tragiques*. Art militaire, politique, sciences mathématiques et naturelles, il disserte sur tout avec une égale aisance. Il s'occupe même de magie et d'astrologie ; il discute avec conviction une foule d'histoires de sorciers, de loups-garous et de tireuses de cartes ; il a d'ailleurs à son service un muet qui possède le don de double vue et qui prédit l'avenir.

Son caractère est aussi bien doué que son esprit : d'Aubigné a l'humeur franche, libre, railleuse (devenue un peu grondeuse dans les dernières années), l'imagination vive et colorée des Gaulois du Midi. Il abonde en brusques saillies, il a des enthousiasmes et des emportements à la Diderot, et avec cela beaucoup de fierté native, de piété vraie, une naturelle élévation de l'esprit et du cœur. Tel qu'il nous apparaît aujourd'hui dans sa prodigieuse complexité, il présente assez fidèlement l'image de son temps : il en a la foi, le courage, la curiosité d'esprit, l'orgueil, et aussi la présomption, l'aveuglement et même la puérilité. Il appartient bien en somme à ce puissant et fécond xvie siècle, où les hommes semblent avoir presque tous possédé, comme Gargantua, un cerveau plus vaste que le nôtre, des nerfs et des muscles plus forts, et où ils nous donnent l'impression d'une vie plus intense. D'Aubigné est le plus parfait spécimen de cette vigoureuse génération ; moins grave et moins pur que Du Bartas, il le dépasse par l'extraordinaire richesse de ses dons naturels. Ses défauts ne viendront même que de l'abus et du gaspillage qu'il fera d'un semblable trésor.

Vers de jeunesse. — Historien, controversiste, pamphlétaire, romancier, épistolier, d'Aubigné fut tout cela avec son âpreté et sa fougue habituelles, mais il fut par-dessus tout un poète : c'est là que l'entraînait son génie.

Encore adolescent, il avait salué la gloire de Ronsard, alors dans tout son éclat :

Je n'entends que Ronsard, Ronsard et sa louange.

Cette admiration ne se démentira jamais. Tandis que Du Bartas, en dépit des liens qui le rattachaient malgré lui à la Pléiade, cherchait des voies à côté et, sur le terrain de la poésie religieuse, s'affirmait chef d'école, d'Aubigné au contraire, malgré son calvinisme, malgré Malherbe, est demeuré jusqu'à la fin le disciple avoué du vieux maître. Dans une lettre écrite sous Louis XIII il le propose encore comme exemple aux jeunes gens : « Je vous convie à lire et relire ce poète sur tous. C'est lui qui a coupé le filet que la France avait sous la langue.... » ; et plus loin il le loue d'avoir possédé comme pas un le τὸ ποιεῖν, sans lequel nous sommes rimeurs et non poètes. C'est de lui qu'il fait dater la poésie elle-même et dépendre tous les écrivains du temps, qu'il divise en trois *volées*. L'une a Ronsard à sa tête, et va jusque vers la fin du règne de Henri III : c'est la Pléiade. La seconde est conduite par Du Perron et Desportes : ce sont les italianisants, les « doux-coulants », parmi lesquels nous sommes un peu surpris de voir ranger Du Bartas (sans doute à cause de ses affectations de style). Enfin, la troisième bande est celle des délicats, des grammairiens, qui chicanent sur les mots, qui critiquent les poèmes de la génération précédente, et se gardent bien d'en composer qui leur puissent être comparés : c'est l'école de Malherbe, en tête de laquelle d'Aubigné n'hésite pas à inscrire le nom de Bertaut. Tels sont, aux environs de l'année 1620, les jugements que porte sur les poètes de son temps un homme qui les avait connus de près et qui survivait à la plupart.

Il avait simplement commencé par imiter le maître. A vingt ans il ronsardise, il compose son *Printemps*, qu'il ne publiera jamais, et dans lequel il avouera plus tard qu'il se trouve bien des fleurettes. Il avait fait choix comme maîtresse poétique de Diane Salvati, nièce de Mlle de Pré, la Cassandre de Ronsard : jamais la poésie et l'amour ne s'accordèrent mieux. L'*Hécatombe à Diane*, qui consiste dans l'offrande expiatoire de cent amoureux sonnets (en souvenir des cent taureaux immolés à la déesse), ne vaut ni mieux ni moins que la plupart des exercices de ce genre : trois ou quatre sonnets vraiment charmants, çà et là quelques beaux vers marqués de la griffe du poète, mais perdus dans le chaos des feux, des flammes, des braises et des soupirs accoutumés, qui constituent le fond immuable de cette poésie. Les *Stances* et les *Odes* qui suivent sont plus variées. Au milieu des outrances et des raffinements de style circule parfois une veine gracieuse et fraîche, celle de Remi Belleau. Dans toutes ces poésies de jeunesse, d'Aubigné ne fait guère que suivre pieusement les traces de la Pléiade ; en 1574, il s'associe au deuil de la Muse et il publie des *Vers funèbres sur la mort d'Étienne Jodelle, prince des poètes tragiques*; vers le même temps, nous le voyons gagné aux aventureuses tentatives de Baïf, et composant des vers mesurés. Mais ces vers sont pour la plupart des psaumes : déjà se manifeste la tendance religieuse de sa poésie.

Car il y avait en lui un apôtre trop fervent pour qu'il se contentât longtemps de ne faire habiller à ses vers

> Que les folles ardeurs d'une prompte jeunesse.

D'Aubigné a senti de bonne heure qu'à côté de cette poésie d'amour frivole il en est une autre plus noble, et il y est allé d'instinct.

La Création. — C'est le moment où Du Bartas publie sa *Judith* et sa première *Semaine* : d'Aubigné compose alors sa *Création*, et conçoit les *Tragiques*. De 1573 environ à 1580, c'est-à-dire au lendemain de la Saint-Barthélemy, il y a toute une floraison spontanée du génie calviniste, et comme une poétique revanche de la conscience opprimée. D'Aubigné, qui avait affronté bien d'autres périls sur les champs de bataille, ne pouvait pas déserter ce nouveau poste d'honneur.

Le poème de la *Création* (resté inédit jusqu'en 1874) fut certainement composé peu après la publication de la *Semaine*, comme en témoignent la conception générale de l'œuvre et plus d'une trace évidente d'imitation. Mais d'Aubigné, malgré tout son génie, malgré la ferveur même de sa foi, a complètement échoué là où le robuste et candide Gascon avait, en partie du moins, réussi. Son poème est proprement illisible : l'on y fait même bien moins souvent qu'ailleurs ces trouvailles de beaux vers qui, chez d'Aubigné, illuminent souvent toute une page. Au lieu de conserver l'austère et poétique division de la Genèse en sept journées, l'auteur a traité son sujet en quinze chants, très courts, d'une rebutante sécheresse : aucun récit, aucun épisode, aucun effort d'imagination. Le poète, qui a ordinairement tant de mouvement et de couleur, s'est à peu près borné à une fastidieuse énumération de tous les animaux, poissons, oiseaux et insectes de la création. Les vers vont quatre par quatre, sans être pourtant disposés en quatrains comme ceux de Pibrac, et cette monotonie de rythme fait ressortir encore l'aridité du fond. On a dit avec raison que la *Création* de d'Aubigné n'est pas autre chose qu'une table des matières rimée de la *Semaine* de Du Bartas.

Les Tragiques, satire épique et lyrique. — Les *Tragiques* sont bien autre chose. Ce poème, dont les premiers vers furent dictés sur le champ de bataille de Casteljaloux en 1577, dont la suite fut écrite on ne sait pas au juste où ni quand, à travers mille aventures, et dont l'ensemble ne fut publié que très tard, en 1616, est une œuvre tout à fait originale et personnelle. En versifiant la *Création*, d'Aubigné ne faisait que singer Du Bartas; en composant les *Tragiques*, il était vraiment lui-même. Il a mis dans cette poésie ce qu'il y avait de meilleur et de pire en lui, ses rêves, ses enthousiasmes, ses indignations, ses colères, ses mépris, tout son génie et tout son cœur. Ouvrage unique dans notre littérature et vraiment indéfinissable, où vibrent à la fois toutes les cordes de la lyre, où la grandiose épopée se transforme subitement en une insultante satire, pour se fondre, quelques vers plus loin, dans la suavité d'un cantique. De quelque nom qu'on l'appelle, c'était en tout cas un nouveau spécimen de ce long poème réclamé par Du Bellay, à demi réalisé par Ronsard et par Du Bartas. C'était en même temps une protestation contre la poésie galante et frivole qui fleurissait à la cour de Henri III. Les neuf mille vers des *Tragiques* sont consacrés non plus à célébrer les douces rigueurs de quelque Iris, mais à exprimer ce qu'il y a de plus beau et de plus respectable au monde : la juste révolte d'une conscience blessée. On y trouve autre chose que de l'esprit, on y sent palpiter une âme, celle de la guerre civile elle-même, si féconde en sublimes héroïsmes et en inexpiables haines. Les titres seuls des chapitres déroulent déjà à notre imagination toute une suite de dramatiques tableaux. *Misères* : c'est d'abord la peinture de la patrie déchirée et de l'Église chancelante; puis nous assistons aux funestes effets de la guerre civile, nous voyons les grands de la terre avilis et corrompus (*les Princes*), la justice prostituée (*la Chambre dorée*), les confesseurs de la foi égorgés ou brûlés (*les Fers, les Feux*); mais voici que la vindicte céleste s'appesantit déjà ici-bas sur les principaux coupables (*Ven-*

geances), et, là haut, au dernier jour, Dieu saura châtier les méchants et donner la palme aux justes (*Jugement*). Donnée magnifique, qui égale en beauté celle de la *Divine Comédie*. Rien que la conception d'un pareil sujet annonce déjà un grand poète.

Les *Tragiques* s'offrent à nous sous un double aspect : œuvre à la fois de combat et de foi, de haine et d'amour.

De haine surtout. Jamais plus effroyable satire n'est sortie de la bouche d'un poète. L'auteur, cédant trop volontiers à la naturelle impulsion de son cœur, s'est laissé emporter à toutes les violences ; ce qu'il hait, il le hait trop fortement, aveuglément, jusqu'à l'injustice. Dans les *Princes* et dans la *Chambre dorée* il y a plus que de l'indignation, il s'y mêle de la rage et de la forcénerie. Car d'Aubigné n'est pas de ceux qui s'échauffent peu à peu dans la lutte ; il part d'abord en guerre avec une ardeur qui ne pourra plus être surpassée dans la suite ; dès le début, il brandit contre ses ennemis

> *Son* foudre rugissant, acéré de fureur.

Il prévient ses lecteurs qu'il va leur procurer de rudes émotions :

> Ceux qui verront cecy
> En bouchant les naseaux fronceront le sourcy.

Quant aux méchants, qui ont donné sujet à sa plume, leurs « pâles fronts de chiens » ne sauraient plus rougir, mais ils devront du moins pâlir encore et suer d'épouvante :

> Lisez-le, vous aurez horreur de votre horreur !

L'auteur a largement tenu toutes ces promesses : armé, comme il dit en son langage imagé, de la fronde de vérité, il vise et frappe au front le Goliath aux mille têtes, auquel il s'attaque : il immole ainsi à sa juste colère les exécrables flatteurs, les princes vicieux, que Dieu déchaîne comme un fléau pour la punition des peuples, Catherine, cette « femme hommasse », et Henri III, cet « homme-femme », toute la honteuse race des mignons, celle des poètes courtisans, contre lesquels il refait avec plus d'âpreté la satire de Du Bellay ; enfin, il nous peint la cour comme une Sodome impure, d'où la Vertu est exilée et où règne la cynique Fortune. De même il ôte leur masque aux juges qui siègent dans la chambre dorée, il déchire leurs robes, et découvre en eux de vieilles harpies ou d'infâmes courtisanes qui s'appellent l'Envie, l'Ambition, la Vengeance, l'Hypocrisie, la chauve Luxure. Tout cela ne va pas sans beaucoup d'injures et de gros mots, l'auteur se souciant toujours davantage de frapper fort que de frapper juste; mais il est impossible de ne pas admirer ce beau torrent d'invectives et l'éclat de cette verve à la fois classique et gauloise, où Juvénal s'allie à Rabelais. Jamais la poésie française n'avait encore parlé un tel langage : ce n'était pas la satire horatienne qui était retrouvée, mais, sous la forme un peu trop majestueuse d'un long poème, c'était la sauvage fureur d'Archiloque qui revivait dans ces vers. Les *Tragiques* dépassent tellement le ton des communes satires, qu'ils ne sauraient être comparés qu'à deux œuvres tout aussi exceptionnelles, et qui sont, comme eux, un cri de haine et de justice : les *Iambes* et les *Châtiments*. Les vers de Chénier, d'une inspiration plus noble, plus vraiment émouvante, sont pénétrés du même âcre parfum de guerre civile; ils sont encore tout saignants et palpitants d'horreur. Ceux de Hugo, d'une forme plus littéraire et plus achevée, nous offrent le même ruissellement d'images au service de la conscience indignée; dans la trame austère du poème calviniste, on peut d'ailleurs reconnaître, çà et là, une dizaine de pièces des *Châtiments* qui ne demandent qu'à prendre leur essor et à trouver leur rythme : il s'y rencontre notamment un *Caïn* et une *Expiation*. Ces deux œuvres se ressemblent encore par un autre côté : en dépit des beautés sans nombre dont elles resplendissent, elles nous laissent une secrète impression de lassitude et de tristesse. Tous ces cris furieux, ces malédictions, nous semblent comme un poids de plus ajouté au lourd fardeau des discordes civiles sous lequel la France a tant gémi; il y a trop de passion partisane dans cette poésie-là.

Il s'y trouve aussi, par bonheur, autre chose. Car il est arrivé que cet enragé batailleur, cet incorrigible insurgé, qui, dans la mêlée des partis, n'a pas toujours distingué le devoir et qui n'a fait grâce à ses ennemis ni d'un coup de langue ni d'un coup

d'épée, a pourtant aimé la France avec emportement, comme
il savait aimer et haïr. Il a souhaité parfois et célébré la paix,
à laquelle il ne contribuait guère; il a détesté ces luttes fratricides où il combattait toujours au premier rang; il a su exprimer, avec une force admirable, le sentiment patriotique qui
grandissait obscurément au fond de bien des âmes, et qui faisait
qu'au milieu même des combats bien des cœurs se cherchaient,
sans réussir à se trouver. Entre deux pages furieuses, on est
ravi de trouver sous la plume de d'Aubigné un éloquent appel
à la concorde et à la pitié :

> O France désolée, ô terre sanguinaire,... etc.

A ces moments-là, trop rares, hélas ! l'auteur traduit l'aspiration
de la France elle-même, et il le fait avec la sincérité et l'ardeur
qu'il apportait en toutes choses. De tous les cris de paix qui
retentissent à cette fin troublée du xvie siècle, aucun n'est plus
vraiment émouvant que celui que pousse d'Aubigné. Montaigne
mêle au sien un peu trop de scepticisme et de nonchaloir;
Ronsard, en détestant la guerre civile, lui en veut surtout de
détruire la douce et olympienne quiétude où se complaît son
génie; les auteurs de la *Ménippée*, en soutenant la meilleure des
causes, y mêlent un peu trop de calcul politique et d'intérêt
bourgeois : d'Aubigné, dans le pathétique tableau qu'il trace
des misères de la France, rend à la paix le plus précieux hommage qu'elle pût recevoir, celui d'un soldat qui fait trêve un
instant à sa fureur pour songer au deuil de la patrie.

Ces échappées sont malheureusement rares dans les *Tragiques* : mais si l'appel du patriotisme y est souvent étouffé sous
les clameurs de la guerre civile, du moins un autre noble sentiment, celui de la foi, nourrit l'œuvre entière, et en atténue
à nos yeux les déclamations et les violences. La même Muse
avait mis vers le même temps au cœur de deux poètes,
l'un pacifique et doux, l'autre plus bouillant et plus âpre, la
généreuse ambition de consacrer leur génie à la louange de
Dieu : les *Semaines* et les *Tragiques* viennent des mêmes
sources, c'est-à-dire de ce fond de croyances que le zèle fanatique de l'époque avait si profondément remué. L'œuvre de
d'Aubigné est, au même titre que celle de Du Bartas, un original

essai de poème sacré. Elle n'est pas une épopée régulière, puisqu'il n'y a ni héros principal, ni personnages agissants, ni récit composé : il s'y trouve pourtant un intérêt unique, savamment gradué depuis le premier chant, où sont dépeintes les misères de la France, jusqu'au dernier, où Dieu intervient en personne pour remettre toutes choses à leur place, pour juger souverainement ces méchants et ces bons dont l'auteur a déroulé devant nous le vice infâme ou l'héroïque constance. De plus on y trouve un merveilleux plus poétique et plus heureux que celui dont s'était servi Du Bartas : d'Aubigné, plus hardi, mieux inspiré, a osé chasser complètement de son poème l'antique mythologie païenne : à tous les artifices d'école, tant prônés par Ronsard, il substitue un merveilleux tout nouveau, que lui suggèrent sa foi de chrétien et son imagination d'artiste. Il emploie l'allégorie, dont il ne faut pas trop médire, et qui n'est un froid procédé qu'aux mains des mauvais poètes : les allégories de la *Pucelle* ou de la *Henriade* ne prouvent rien contre la beauté de celles qui animent le poème des *Tragiques*. Au seuil même de l'œuvre est assise la France, cette mère affligée, toute meurtrie des blessures de ses bessons ; puis sur les sièges de la Chambre dorée nous reconnaissons avec effroi les Passions et les Vices, dissimulés sous la toge des magistrats ; enfin, au jour du jugement, les Éléments eux-mêmes, l'Air, le Feu, la Terre et l'Eau, s'animent et reprochent aux méchants les souillures qu'ils leur ont faites. Voilà des allégories bien supérieures à celles dont Buffon préconisera plus tard l'emploi. Mais le poète a recouru à d'autres « figures » plus dignes encore de la sainteté de son sujet : il a osé faire vivre en ses vers ce merveilleux purement chrétien, si difficile à acclimater dans notre littérature, et dont Boileau proscrira impitoyablement l'usage. Il est vrai que d'Aubigné n'a pas cherché à égayer d'ornements apprêtés les graves mystères de la religion : il s'est contenté d'appliquer les forces vives de son génie à exprimer les conceptions les plus simples de la foi : et il a réussi, à force de sincérité, là où auraient échoué les plus grands artifices. C'est ainsi qu'il a pu écrire cette admirable scène du Jugement, vraiment unique dans notre poésie, vraiment digne de Bossuet, pour tout dire, où Dieu et les anges agissent et parlent, sans évoquer un sourire sur les lèvres même les plus railleuses, où nous assistons frissonnants au miracle de la résurrection des corps :

> Tous sortent de la mort comme l'on sort d'un songe ;

aux tortures de l'Enfer, d'où il ne sort, en réponse aux cris de rage des réprouvés,

> Que l'éternelle soif de l'impossible mort ;

enfin (tâche encore plus ardue) aux délices même du Paradis et aux joies ineffables des élus :

> Ils sont vêtus de blanc et lavés de pardon.

Le voilà trouvé de génie ce merveilleux chrétien que la timidité du goût classique jugera impossible et sacrilège, et grâce auquel notre poésie, à une époque de foi vive et de tragiques misères, a failli trouver son Dante Alighieri.

Beauté et chaos. — Elle ne l'a pas trouvé cependant, il s'en faut, en d'Aubigné, et il est temps de dire pourquoi. S'il suffisait pour être un très grand poète d'avoir eu quelques conceptions géniales et d'avoir écrit beaucoup de beaux vers, il n'y aurait guère, je pense, de poètes plus grands que d'Aubigné : c'est à lui en effet que nous sommes invinciblement amenés à songer, quand nous cherchons à Victor Hugo, non pas un pair ou un égal, mais un auteur qui lui puisse être comparé pour la richesse des images, l'éclat des antithèses, le ramassé vigoureux et sonore du style poétique. Il y a en effet, semés à travers l'œuvre de d'Aubigné, deux ou trois cents vers admirables, qui suffiraient presque à eux seuls à justifier cette grande et confuse poussée de la Pléiade. Oh ! la belle et bonne langue française, jadis défendue et illustrée par Du Bellay et Ronsard, où l'on a pu, sitôt après eux, écrire de pareils vers ! Malherbe aura beau venir : il n'empêchera pas que l'écho de cette fière poésie ne retentisse jusque vers le milieu du XVIIe siècle dans les héroïques alexandrins de Pierre Corneille. Pourtant Malherbe n'est pas venu pour rien non plus, et notre goût classique, formé à sa sévère école, ne laisse pas aujourd'hui d'être offusqué par certains graves défauts qui gâteront toujours à nos yeux le style de d'Aubigné. Si une hirondelle ne fait pas le printemps, un beau vers non plus, toute une gerbe de beaux vers ne font pas un chef-d'œuvre. Les meilleures trouvailles de d'Aubigné sont le plus souvent enfouies dans un obscur chaos. L'auteur se bat avec les mots pour leur faire exprimer coûte que coûte sa pensée. De là proviennent d'heureuses rencontres, mais aussi d'inextricables accumulations d'images bizarres et violentes : cette poésie, rude et heurtée, parfois incorrecte, manque d'air et de lumière. Elle manque surtout de mesure : tout y est énorme et comme poussé à la charge ; il se mêle tant de déclamation à cette éloquence, tant de pierres fausses à ces diamants, tant d'ombres à ces rayons, que le lecteur, d'abord transporté, finit pas être déconcerté, et bientôt s'arrête inquiet. Si d'Aubigné a incarné certaines des plus belles qualités du xvie siècle, on peut dire aussi que toutes les intempérances de cette confuse époque ont fermenté dans son œuvre et s'y sont librement déchaînées. A ce titre, les *Tragiques*, malgré leur beauté, ne pouvaient échapper au commun naufrage de la poésie du temps : il n'en subsiste plus aujourd'hui pour nous que de splendides épaves.

Ce poème a eu un autre malheur. Écrit trop tôt, il a été publié trop tard, en 1616. Que venait faire alors cette œuvre de discorde et de passion, toute chaude et fumante encore du sang de la guerre civile, après l'édit de Nantes, après Henri IV, dans un moment où les calvinistes ne luttaient plus pour les droits de la conscience mais pour le pouvoir politique, où les esprits et le goût étaient assagis, où l'hôtel de Rambouillet s'ouvrait, où Malherbe et Balzac régentaient la littérature ? Elle n'apparut plus que comme l'œuvre du passé, comme le cri impuissant d'un vaincu. On la dédaigna. Ni Malherbe ni Boileau n'en firent mention. Mme de Maintenon, très peu petite-fille d'Agrippa, quoi qu'elle ait prétendu, se garda bien de l'exhumer.

Voilà pourquoi le poème de d'Aubigné, isolé et tard venu, n'est qu'un glorieux accident dans l'histoire de notre littérature : il est le dernier feu, le plus éblouissant, de la Pléiade à son déclin ; il nous montre tout ce qu'il y avait de sève vigoureuse et jeune, et aussi d'élans désordonnés, dans la poésie française, au moment où elle allait s'astreindre au régime plus sain, encore qu'un peu frugal, imposé par Malherbe.

Desportes (1546-1606) et les Valois. — Pendant que Du Bartas au fond de sa chère Gascogne, et d'Aubigné au milieu de la fumée des mousquetades, nourrissaient les plus grandioses projets de poème sacré, à la cour des Valois fleurissait une autre poésie, bien différente de celle-là, plus gracieuse à coup sûr, mais infiniment moins noble, dont Philippe Desportes a été le plus brillant représentant.

La marque distinctive de ce charmant poète fut d'avoir cherché et d'avoir réussi à être parfaitement heureux, dans un temps si fécond en calamités publiques et privées : ce fut là son irrésistible vocation. Richesse, honneurs, réputation poétique, conquêtes amoureuses, tout lui vint à point et comme à souhait : sa vie nous offre l'image d'une suite presque ininterrompue de prospérités. Une première faute de jeunesse (une escapade galante) causa son premier bonheur, en le forçant à jeter aux orties la robe de clerc de procureur. Puis, comme il était allé, confiant dans son étoile, se poster sur le pont d'Avignon pour y attendre la fortune, elle lui apparut aussitôt sous la forme de la cour du roi de France qui passait par là, et en particulier de M. l'évêque du Puy, qui, frappé de la mine de ce jeune vagabond, en fit son secrétaire et l'emmena à Rome. L'Italie, cette patrie d'élection des artistes, des paresseux et des amoureux, convenait merveilleusement à Desportes : il ne s'y morfondit pas autour d'un conclave comme Du Bellay, mais il y apprit à fond toutes les tendresses, tous les manèges de sentiment et de style : il y trempa vraiment son génie de poète. Rentré en France, il s'insinue à la cour dans la familiarité des grands et des princes : il s'attache spécialement à la fortune de cet élégant et vicieux duc d'Anjou, qui allait être Henri III; il le suit en Pologne, il le ramène en France jusque sur le trône ; il devient alors un poète quasi officiel, chargé de célébrer les favorites et les favoris, Mlle de Châteauneuf et M. de Maugiron; il chante les amours royales, ce qui est une habile façon de les servir ; il est Apollon et il est aussi Mercure au besoin. Ce métier n'est pas des plus beaux, mais il est des meilleurs; en 1589 Desportes est abbé de Tiron, de Josaphat, de Bonport, des Vaux de Cernay, chanoine de la Sainte-Chapelle, etc. (une de ses abbayes lui avait été donnée, dit-on, pour un sonnet); il est le mieux renté de tous les beaux esprits du temps; de ces grasses prébendes il retire quelque trente ou quarante mille livres par an, et cela sans avoir charge d'âmes, ses moines, disait-il, n'ayant point d'âme. C'était un joli chemin parcouru depuis le jour où Philippe Desportes regardait couler le Rhône sous le pont d'Avignon! En même temps qu'il est un homme important dans le royaume de France, il devient aussi un grand personnage dans la république des lettres : il est le premier des écrivains par la réputation et par l'influence; généreux et serviable, il est la providence des poètes crottés et même des autres; les festins auxquels il conviait ses confrères sont restés fameux : Malherbe, qui n'aimait pas ses vers, a loué son potage. Tel est Desportes : il n'a rien d'un héros, mais rien non plus d'un méchant homme. Tous ses contemporains s'accordent à louer sa bonté, sa courtoisie, son esprit; il a possédé toutes les petites qualités qui font considérer un homme dans le monde; il a même poussé l'élégance et le parfait bon goût jusqu'à faire une mort tout à fait édifiante. Ce qui lui a manqué, c'est cette grandeur morale, qui est le lot d'un Du Bartas ou d'un d'Aubigné. L'abbé de Tiron s'est trop facilement accommodé des mœurs de son temps; bien plus, il en a tiré, encore qu'assez ingénument, gloire et profit. Tel qu'il est, malgré tout, on ne peut le haïr, mais on ne l'estimera jamais pleinement : cette chance-là du moins lui a été justement refusée.

Poésie de cour. — Tant vaut l'homme, tant vaut la muse. La poésie de Desportes est à la fois séduisante et un peu vaine; elle possède certaines qualités exquises, et il lui en manque d'autres, plus solides, vraiment essentielles.

Elle a ce premier tort d'être trop souvent une poésie de cour : ce qui n'est pas du tout l'équivalent d'une poésie royale. Virgile a loué Auguste, mais aussi il a visé plus haut, il a fait œuvre de poète national. De même Ronsard, malgré certaines compromissions, a généralement traité avec Charles IX de puissance à puissance, c'est-à-dire de poète à roi : sa *Franciade*, son *Bocage*, ses *Odes*, ses *Discours* témoignent d'un noble effort vers un idéal de grandeur qu'il propose aux monarques eux-mêmes. La poésie de cour a de moins vastes horizons : elle se confine tout entière dans un Louvre, ou dans une alcôve; elle ne traite guère que dès petites intrigues, des querelles, des galanteries, des fêtes, de tous les petits événements qui sont la principale occupation de cette étrange contrée qu'on nomme la cour, et qui n'intéressent guère le vrai pays que par le mal qu'ils peuvent lui causer. Cette poésie de cour est vite condamnée, surtout avec des princes comme les Valois, à devenir une poésie courtisanesque, on peut même dire courtisane. De celle-là il y a un peu trop dans l'œuvre de Desportes. Quand le poète emploie son talent à jeter Marie Touchet dans les bras de Charles IX, ou bien à raconter les voluptueux et effrontés rendez-vous, concertés entre princes et princesses du plus haut rang dans une salle retirée du Louvre, — ou bien quand, pour vaincre au profit de Henri III les derniers scrupules de la blonde Chateauneuf, il lui prêche ces belles maximes sur l'honneur des femmes :

> Car leur humeur ne gît qu'en vaine opinion,
> Et le plaisir consiste en chose qui s'éprouve ;

ou bien encore lorsqu'il entonne de honteux dithyrambes à la louange des Entragues, des Quélus, des Saint-Mégrin, des Joyeuse, et autres mignons du roi : alors il mérite bien la flétrissure que d'Aubigné imprime au front des poètes de cour, toujours prêts à prostituer leur muse. Mais en dehors de ces pièces, qu'on voudrait pouvoir rayer de l'œuvre de Desportes, on en rencontre d'autres, d'une inspiration plus innocente, quoique tout aussi frivole : des cartels et des mascarades, des sonnets *Pour un miroir* ou *Pour des pendants d'oreilles* ou *Pour une faveur donnée à M. le duc d'Anjou*. C'était une rechute dans la petite poésie que la Pléiade avait orgueilleusement proscrite sans parvenir à la supprimer : c'était la revanche du vieux Melin de Saint-Gelais tant honni. Voilà à quels sujets indignes ou futiles Desportes rabaisse la poésie moins de trente ans après la déclaration de Du Bellay. Il passe d'ailleurs à côté de sujets plus virils, sans les apercevoir. Le duc d'Anjou part-il en 1572 pour assiéger la Rochelle? Desportes ne met dans sa bouche que de fades et langoureux regrets à l'adresse de sa belle : on n'a qu'à rapprocher de ces vers la belle ode de Malherbe à Louis XIII, pour voir la différence qui sépare une poésie de cour d'une poésie vraiment royale.

Poésie d'imitation : le pétrarquisme. — La poésie de Desportes a un autre défaut : il lui arrive trop fréquemment d'être une poésie d'imitation. Ainsi se trouvait exagérée et comme pervertie l'une des tendances les plus dangereuses de la Pléiade. Ronsard déjà croyait trop aux livres et aux modèles; Desportes, plus paresseux, se dispense d'être un érudit, mais il trouve commode d'être un imitateur. Qui imite-t-il de préférence? Non pas les Grecs, trop simples; un peu les Latins, qui ont déjà imité les Grecs; beaucoup les Italiens, qui ont renchéri sur les Latins eux-mêmes. Ce système poétique a un nom, c'est l'alexandrinisme, qu'on voit toujours surgir au déclin de tous les cycles littéraires et qui, en dépit de toutes les jolies choses qu'il apporte avec lui, reste un sûr indice de décadence. Chez Desportes il s'appelle l'italianisme, mais il ne date pas de lui, il procède d'un ensemble de causes plus profondes : venue au Louvre d'une reine et d'une cour florentines, victoire définitive du catholicisme, irrésistible attrait exercé sur nos poètes par la brillante renaissance d'au delà des monts, antérieure à la nôtre. Ronsard déjà italianisait : mais chez lui cette périlleuse tendance trouvait un salutaire contrepoids dans la forte culture classique du poète, resté en continuel commerce avec les Latins et les Grecs. Après lui l'idéal classique va s'affaiblissant, et la poésie se laisse envahir par l'afféterie et les pointes : le mal est si grand que Malherbe lui-même n'échappa tout d'abord pas à la contagion, et que, jusqu'à la fin de sa carrière, il lui en resta toujours quelque chose, en dépit qu'il en eût. Quant à Desportes, il n'était pas homme à réagir, il se laissa aller sans regret, il puisa sans vergogne dans les livres italiens. En 1604 on crut lui jouer un mauvais tour en publiant les *Rencontres des Muses de France et d'Italie* où se trouvaient imprimés, à côté de quarante-trois sonnets de notre poète, les quarante-trois originaux italiens dont ils étaient très directement imités. A quoi Desportes répondit sans s'émouvoir « qu'il avait pris aux Italiens plus qu'on ne disait ». C'était parfaitement vrai et ses emprunts sont en réalité plus nombreux : mais il s'était bien gardé de le dire avant qu'on l'en fît apercevoir.

Il a imité Arioste, Bembo, Sannazar, Tansillo, Molza, mais il a surtout imité celui qui passait alors aux yeux de nos poètes

Armand Colin & Cie, Editeurs, Paris.

FRONTISPICE DE L'ÉDITION
DES ŒUVRES DE PHILIPPE DESPORTES
(ROUEN, RAPHAEL DU PETIT VAL, 1611)
Bibl. Nat., Imprimés, Inventaire Ye 7485

pour l'arbitre de toutes les élégances et de toutes les tendresses, Pétrarque. Desportes a été le plus habile de nos pétrarquistes. Il n'a pu emprunter au chantre de Laure ce qui constituait son génie propre, c'est-à-dire ce fond de passion ardente, encore que trop subtile, cette analyse raffinée, mais singulièrement pénétrante, du cœur humain, et surtout ce reflet d'idéal dont il sait colorer parfois sa tendresse. En revanche, il lui a pris tout ce qui était à prendre, c'est-à-dire ces procédés de composition et de style que Joachim Du Bellay avait déjà dénoncés et raillés dans sa satire *Contre les Pétrarquistes*, et auxquels ont eu recours, peu ou beaucoup, tous les poètes du temps, à la seule exception de Du Bartas. Ces recettes de beau style sont en somme assez simples. On célébrera d'abord les charmes de l'objet aimé à l'aide des métaphores les plus ingénieuses : ses yeux seront des soleils, ses dents des perles, ses joues des lys et des roses, ses cheveux des filets où se prennent les cœurs, etc. : provisions toutes prêtes pour les précieux et les précieuses du grand siècle. Puis le poète adressera des apostrophes enflammées à la nature, aux montagnes, aux plaines, aux bois, aux antres, aux fontaines, témoins de sa souffrance ; car l'amant doit toujours, par définition et par essence, être malheureux ; il souffre, il gémit, il se fond en eau, ou bien il se change en braise, en tout cas il n'omet jamais de mourir dans chaque sonnet : voilà qui nous mène tout droit aux Céladons et aux Polexandres des romans. Qu'on joigne à cela une certaine aspiration idéaliste, quelque vague confusion, savamment entretenue, entre la Vénus terrestre et la Vénus Uranie, et l'on aura en germe le galimatias métaphysique de l'*Astrée* et de la *Clélie*. Tels sont les principaux procédés du pétrarquisme : le dernier n'était pas fait pour plaire beaucoup à Desportes qui en a rarement usé ; mais il a porté tous les autres à leur perfection. Les *Amours de Diane*, d'*Hippolyte* et de *Cléonice* peuvent passer pour les modèles de ce genre faux et maniéré. Cela ne vaut pas pour le naturel la chanson du roi Henri que fredonnera Alceste, mais c'est plein d'ingéniosité et de grâce : Desportes y a fait une terrible dépense d'esprit.

Qualités charmantes de Desportes. — Au fond, il valait mieux que cette poésie-là. Il y a chez lui quelques veines originales et charmantes, bien qu'un peu minces, par où le pétrarquiste devient un vrai poète. Desportes n'est pas né pour rien dans le riant et gras pays de Chartres : il est un Beauceron mâtiné de Normand (par la possession de l'abbaye de Bonport), c'est-à-dire un Français de pure et bonne race : cela se reconnaît vite même à travers les afféteries italiennes où il s'attarde. Sa poésie est toujours claire, jusque dans ses raffinements ; si elle affectionne les gentillesses, elle répugne du moins aux imbroglios purs, elle se défie des pointes : c'est qu'elle a bien l'esprit français, gaulois même. Les hommes de la Pléiade se dispensaient d'avoir de l'esprit, ayant mieux que cela ; ou, quand ils en avaient, c'était le plus souvent celui de leurs modèles. Desportes, moins pédant, et aussi moins instruit, a de l'esprit naturel, comme Marot, et déjà des nonchalances, comme son neveu Regnier. Il a hérité de ses ancêtres une verve satirique, nullement âpre ni méchante, que son optimisme épicurien transforme en une innocente malice. C'est ainsi qu'il se garde bien de bafouer lourdement les femmes, comme fera Boileau : mais il médit gaiement du mariage (ce qui n'a jamais été pour leur déplaire) ; il leur montre tout ce qu'elles perdent à s'enchaîner : elles deviennent acariâtres, dépensières, et elles rendent leurs maris grognons. Tout cela n'est guère édifiant, mais est parfaitement conforme à la vieille tradition des fableaux et des farces : c'est en même temps un robuste préservatif contre la miévrerie italienne. Desportes excelle dans ces petits tableaux de genre mi-sérieux, mi-badins, où il met un peu de tout, un pittoresque paysage, une peinture familière, un grain de vive et franche sensibilité, une pointe de malice, le tout revêtu d'une forme poétique et d'un tour heureux. Telle de ces pièces, par exemple celle qui est intitulée *Contre une nuit trop claire*, est un pur petit chef-d'œuvre : elle annonce la *Ballade à la lune* de Musset, avec la gaminerie en moins, et je ne sais quelle pénétrante douceur en plus : c'est du meilleur Desportes.

Ces trouvailles poétiques ne sont pas rares chez Desportes : il y aurait un joli choix à faire dans son œuvre : on y recueillerait toute une gerbe de petites pièces, dont la signification est souvent assez médiocre, mais dont l'exécution et la facture sont à peu près irréprochables. Certains genres secondaires, déjà illustrés par la Pléiade, reçoivent de lui un enrichissement nouveau.

Ainsi le sonnet, où avaient excellé Du Bellay et Ronsard, perd de sa rudesse primitive, il devient plus souple, plus tendre surtout : aucun des sonnets de Desportes ne vaut le meilleur de Ronsard, mais il y en a bien une trentaine de vraiment finis et artistement ciselés : quelques-uns sont célèbres (celui d'Icare, par exemple, ou bien celui qu'a repris Desbarreaux et que Desportes avait emprunté lui-même à Molza), beaucoup sont charmants, d'un tour piquant, d'une chute heureuse : Desportes est un de nos meilleurs sonnettistes. De même ses *Bergeries* sont en progrès sur celles de ses prédécesseurs : Ronsard, dans ses églogues, a quelquefois dépeint la nature d'après les livres : Desportes, malgré son élégance, semble avoir possédé un peu de ce sens campagnard qui, n'en déplaise à Boileau, est la condition première de l'églogue : ce courtisan a soupiré vraiment après le calme et l'innocence des champs, et il a trouvé des accents émus pour les célébrer. Mais où il excelle, c'est dans les genres plus petits encore, qui demandent peu de souffle, peu de sincérité même, mais de l'esprit, de la bonne humeur et de la grâce : il est au XVIe siècle le maître de la chanson, semi-rustique, semi-mondaine, moins savoureuse peut-être que les Vaux de Vire composés vers le même temps par Jean Le Houx, mais plus leste et plus fine : sa villanelle *Rozette, pour un peu d'absence...*, que fredonnait le malheureux duc de Guise aux États de Blois, reste encore, après trois cents ans, son œuvre la plus populaire. Quelques-unes de ses épigrammes (au sens antique du mot) semblent détachées de l'Anthologie grecque, tant elles rappellent la fraîcheur et la grâce de leurs devancières. L'élégie a moins réussi à Desportes : il n'en a guère fait que sur commande, et d'assez fades, où il a mis peu de lui-même. Ce genre d'ailleurs n'a jamais prospéré chez nous : il a été étouffé entre le sonnet du XVIe siècle et la poésie lyrique du XIXe, qui lui ont pris toute sa substance : c'est seulement à la fin de l'âge classique que l'élégie française cherchera à avoir son Tibulle, avec Parny ou avec André Chénier : Desportes n'a pas sérieusement tenté de l'être.

Rapetissement de la poésie. — En somme l'auteur de tant de jolies pièces nous apparaît moins comme un grand poète que comme un habile ouvrier poétique. Il a appris à l'école de la Pléiade et il a perfectionné l'art de faire des vers, de les faire, non pas sans y penser et sans y peiner, mais avec beaucoup de goût, d'adresse et de vrai savoir. Comme tous les véritables artistes, il a chéri la forme, au point de sacrifier le fond : il l'a revêtue de légèreté, de finesse et d'harmonie plus qu'aucun de ceux qui l'ont précédé. Il a dépouillé la langue de ces rudesses qu'on reprochait au Vendômois; il l'a même, au contact des Italiens, rendue un peu molle et fluide ; il a certains raffinements morbides et des grâces inquiétantes. En tout cas il ne mérite pas le torrent de critiques, on pourrait dire d'injures, que Malherbe a déversé sur toutes ses gentilles fleurettes : si l'on en croyait le commentateur, ce ne seraient que *balourdises* et *oisonneries* : ces lourds ébats de régent en gaieté ont pu nuire jadis à la réputation de Desportes, mais ne lui causent plus aujourd'hui aucun dommage. On peut ne pas aimer l'abbé de Tiron, mais il est bien difficile de rester insensible à la svelte élégance, au charme voluptueux de sa poésie.

Pourtant, à considérer les choses de plus haut, Malherbe, qui d'ailleurs était incapable d'apprécier ce qu'il y a d'exquis chez Desportes, n'a peut-être pas rendu à ses contemporains un mauvais service en renversant l'idole à laquelle sacrifiait le goût public. De Ronsard à Desportes la poésie s'est affinée, mais elle s'est diminuée aussi : elle a renoncé aux belles audaces pour se complaire aux petits genres et aux sujets équivoques; elle ne chante plus Francus mais les mignons du roi; elle vit de galanterie et de courtisanerie ; elle engraisse et enrichit ceux qui savent le mieux l'exploiter : elle leur procure de belles rentes. On frémit à la pensée de la descendance que Desportes aurait pu avoir chez nous, si Malherbe n'était pas venu mettre son holà brutal. C'est pourquoi, tout en rendant dès aujourd'hui pleine justice au joli talent du plus charmant des abbés, il ne faut regretter qu'à moitié l'effondrement de sa gloire aux environs de 1605. En France, la race des poètes délicats et spirituels ne risque pas de s'appauvrir, ni de manquer jamais : en revanche il arrive souvent que dans le champ de la poésie, comme ailleurs, les petites herbes empêchent les grandes de pousser, et que les Desportes étouffent les Corneilles.

Bertaut (1552-1611) : un sage. — Il est impossible, après Desportes, de ne pas songer immédiatement à Bertaut, Boileau ayant accolé pour l'éternité leurs deux noms dans un vers fameux. L'un et l'autre ont mérité d'être loués pour leur retenue. Pourquoi? Sont-ils plus sages que d'autres et plus réservés dans la peinture des passions? Non pas : car si Desportes passe pour avoir le premier usé du mot *pudeur*, on ne saurait guère lui reprocher d'avoir abusé de la chose : et d'autre part il y a d'étranges chaleurs dans l'œuvre de M. Bertaut, évêque de Séez. Boileau a simplement voulu dire qu'ils se sont gardés tous deux de certains défauts qui avaient perdu Ronsard : en quoi il a vu juste. Mais hâtons-nous d'ajouter qu'ils se sont aussi gardés de presque tout ce qui rend aujourd'hui à nos yeux la poésie du Vendômois si hautaine et si belle. Et même à ce compte le plus retenu des deux n'est peut-être pas celui qu'on pense : il se trouve en effet que Bertaut, moindre poète que Desportes, a pourtant compris mieux que lui le sens vrai et la dignité de la poésie.

Il n'y a rien d'admirable, mais rien non plus de déplaisant, dans la vie et le caractère de Jean Bertaut. Comme Desportes, son aîné de quelques années, Bertaut a eu ce privilège d'assister aux plus sanglantes convulsions des guerres civiles sans en être autrement ému, sans cesser un instant de chanter sa belle et de chercher le fin du fin. Il n'était pas né courtisan, ni flatteur, ni ambitieux, mais plutôt poète officiel. Il célébra en conscience, sans flagornerie aucune, les Valois et les Bourbons; il évita soigneusement de se compromettre dans l'aventure de la Ligue; il eut le flair de rester toujours du bon parti : nous le voyons pleurer également la mort de Henri III et celle de Henri IV, chanter avec conviction les maîtresses qu'aiment les rois, les reines qu'ils épousent, les dauphins qu'ils engendrent. Il est l'ami des princes, des grands, des financiers, de tous les poètes. Il est pourvu de quelques bonnes charges, mais il n'est pas comblé d'abbayes comme Desportes; il se fait des rentes plus modestes : il est un sage. D'ailleurs il est aumônier de la reine, évêque de Séez, abbé d'Aunay, il a vraiment charge d'âmes, il prêche à l'occasion : il sait composer un sermon aussi bien qu'il sait tourner un sonnet. Ce Normand (Bertaut était né à Caen) nous offre le type assez rare d'un homme de cour parfaitement estimable, pondéré, avisé, prudent, justement considéré pour son aimable talent et son excellent caractère.

Galanterie et pointes : naissance du précieux. — Les prétentions de Bertaut à l'originalité sont des plus modestes. Dans son *Élégie sur le trépas de M. de Ronsard* il raconte comment dès sa jeunesse il prit pour patron ce grand homme, non qu'il espérât, nous dit-il,

> Avec mes vers de cuivre égaler les siens d'or,

mais seulement désireux de suivre ses traces et d'en recevoir quelques encouragements : Ronsard lui enseigna, paraît-il, le secret de la gloire poétique, qui consiste à « mourir dessus le livre », et, pour avoir un nom, à le poursuivre « d'un labeur obstiné ». Il adora aussi Desportes; il admira ses « beaux vers », sa « divine grâce », son art difficile et caché. Ce furent là, avec les auteurs grecs et latins fréquentés au collège, les seuls maîtres poétiques de Bertaut; il ne semble pas en effet qu'il ait beaucoup puisé aux sources italiennes. Il aspire surtout à imiter l'œuvre légère de Ronsard et les spirituelles galanteries de Desportes. Tel est le caractère du recueil de 1602, qui contient ses vers de jeunesse, publiés après les autres, sous le couvert du nom de son frère, pour satisfaire à la fois les scrupules du prêtre et l'amour-propre de l'auteur. Cette poésie ne vaut ni plus ni moins que celle de Desportes; il s'y trouve moins d'art, moins de charme peut-être, mais aussi moins de complaisances inavouables, moins de courtisanerie. Ce flot de stances, de sonnets, de chansons, d'élégies, de complaintes (sans compter les cartels, les fantaisies, les mascarades, etc.) sur l'éternel sujet d'amour est assez innocent en soi, bien qu'on s'étonne un peu de le voir couler si librement d'une plume épiscopale. Quelques titres suffisent à donner une idée du genre : *Stances du contentement que l'on reçoit servant une beauté.* — *Sonet sur une paire de gants tirez des mains d'une belle dame.* — *Sonet sur un baiser refusé puis donné*, qui se termine sur cette admirable pensée :

> Que si l'on baise au ciel, je crois qu'on baise ainsi.

C'est du Melin de Saint-Gelais moins grêle, du Desportes moins nonchalant, moins naturel aussi.

Nous touchons là à l'un des signes particuliers de la poésie de Bertaut, qui se trouve en même temps constituer son plus grave défaut : Bertaut ne se contente pas d'avoir de la finesse, de l'esprit, de l'affectation même : il fait des pointes. Malherbe disait de lui que, « pour trouver une pointe, il faisait les trois premiers vers insupportables ». Guillaume Colletet et Ch. Sorel lui reprochent aussi d'avoir abusé des pointes. Que vaut ce reproche ? La pointe n'est autre chose qu'une antithèse ou une métaphore imprévues, que l'auteur s'ingénie à aiguiser, et qu'il enfonce pour ainsi dire dans notre esprit, jusqu'à nous faire crier, crier de plaisir, si nous sommes Cathos ou Madelon, crier d'impatience si nous sommes Despréaux ou Alceste. D'où vient-elle ? Si elle ne vient pas du premier homme qui a écrit, elle doit venir du second, qui a voulu renchérir sur le premier. Elle naît en réalité du raffinement littéraire, du dilettantisme, de la préoccupation de trop bien dire, et surtout de dire autrement que les autres. Le labeur poétique de la Pléiade, une fois la fièvre classique tombée, devait y conduire fatalement ; qu'on ajoute à cela l'influence de l'Italie et de ses concetti, qui a exaspéré chez nous cette maladie : et l'on comprendra pourquoi la pointe fleurit spontanément dans notre poésie vers la fin du xvie siècle. Desportes, plus près que Bertaut des bonnes sources, plus indolent, plus vraiment artiste aussi, s'en était presque abstenu. L'évêque de Séez, plus candide, s'y adonnera avec amour ; il mettra des pointes partout, dans ses stances, dans ses élégies, principalement dans ses sonnets : ce petit poème s'y prête si bien par sa forme élégante, par ses arêtes vives et tranchantes, surtout par l'attente habilement ménagée de ce quatorzième vers, en vue duquel sont faits bien souvent les treize autres ! Voici quelques échantillons de la manière de Bertaut : *Sonet fait un jour des Cendres*. Le cœur du poète n'est que cendres ; mais que sa déesse ne s'avise point d'en épandre sur sa tête, elle se brûlerait :

    Car bien qu'il soit en cendre il est bruslant encore.

Signalons encore cette chute :

    Je perds incessamment le bien que je n'ai pas ;

ou cette antithèse :

> Et je meurs de désir en vivant d'espérance.

D'autres fois, la pointe est plus laborieuse, plus soutenue ; elle devient le motif principal de plusieurs vers ou de toute une pièce :

> Mes yeux, pleurez beaucoup, vous avez beaucoup veu,
> Et maintenant dans l'eau faictes la pénitence
> Puisque vous avez fait le péché dans le feu.

Le chef-d'œuvre du genre est la *fantaisie* où Bertaut, dont le teint est jauni par le désespoir, se compare à de la cire, cire animée sur laquelle sa maîtresse imprime une marque cruelle, cire qui brûle sans se consumer, cire amère, cire bouillie et fondue, cachetée à l'image de la beauté, etc. Ces gentillesses ont un nom : c'est le *précieux*, qui n'a pas spontanément poussé dans le salon de Catherine de Vivonne, mais qui vient de plus loin, des dernières années de la cour des Valois. La *Guirlande de Julie* a été précédée par la *Puce de Madame Desroches*. Voiture, Benserade, Godeau, auxquels on peut joindre Oronte et Trissotin, leurs caricatures, peuvent se réclamer tous, peu ou prou, de Jean Bertaut, le roi de la pointe. Aussi est-il arrivé que beaucoup de piécettes du digne évêque de Séez ont échappé au commun naufrage de la poésie du temps et figurent dans les *Muses ralliées* ou dans les *Délices de la poésie française*, à côté de celles de Du Perron, de Motin, de Porchères, de Malherbe lui-même. C'est par là surtout que Bertaut s'est survécu.

Poésie sentimentale. — Comment se fait-il que cet ecclésiastique bel esprit, si enclin aux pointes, si expert dans tous les manèges de tendresse et de style qui constituent le fond de la poésie galante et, semble-t-il, la négation du véritable amour, ait pourtant su trouver, à l'occasion, quelques accents émouvants et sincères? C'est un problème de psychologie plus piquant à poser que difficile à résoudre. D'abord il se peut fort bien que Jean Bertaut, avant d'être évêque, alors qu'il était précepteur du comte d'Angoulême, lecteur ordinaire du roi ou conseiller au parlement de Grenoble, ait éprouvé quelqu'une de ces passions qu'il s'est ingénié à décrire : plusieurs de ses pièces témoignent en effet d'une expérience amoureuse qui n'a point l'air emprunté, et il n'y a rien là qui doive nous surprendre de la part d'un jeune homme spirituel et bien fait, exposé aux bonnes fortunes de la cour des Valois. Mais pour expliquer ces heureuses rencontres de la muse de Bertaut, il suffit de croire à la sincérité purement littéraire de l'auteur, qui a fort bien pu exprimer des sentiments qu'il n'a, dans la réalité, éprouvés qu'à moitié : les œuvres imaginées sont parfois aussi vraies que les œuvres vécues, et nous ne croyons plus aujourd'hui, par bonheur, que tous les poètes soient des pélicans. C'est ainsi que Bertaut a su écrire quelques vers d'amour qui ne sentent point le libertin, ni le blasé, comme les voluptueux badinages de Desportes, mais l'artiste vraiment ému, qui laisse parler son cœur. Il y a par exemple dans telle élégie de Bertaut une éloquente apostrophe de seize vers qui, par la vigueur du tour, la chaleur du sentiment, l'harmonie douloureuse et plaintive du style, fait presque songer à du Musset :

> Ah! fille sans amour, ou du moins sans constance... etc.

Ailleurs, on sera tout ravi de rencontrer un beau vers romantique, digne d'avoir été forgé par un poète chevelu de 1830 :

> Le ciel dans l'Océan secouer ses étoiles !

Ces rencontres sont rares, il est vrai, dans l'œuvre de Bertaut; il faut savoir découvrir ces beautés qui reluisent sous bien des broussailles; mais il suffit qu'elles existent pour donner un prix singulier à l'ensemble. On dirait que chez Bertaut, à côté du bel esprit galant, qui se connaît trop et sacrifie au mauvais goût de l'époque, il y a un vrai poète qui s'ignore, et qui vaguement aspire à quelque chose de mieux.

Poésie officielle. — Cette tendance est surtout visible dans ce qu'on peut appeler la poésie officielle de Bertaut, dans les pièces qu'il a composées en l'honneur des princes et des grands, ou en commémoration de quelque événement fameux. Tandis que la muse de Desportes se fait alors coquette et voluptueuse, celle de Bertaut est infiniment plus grave. L'auteur semble d'ailleurs avoir affectionné les sujets tristes : il y a bien vingt pièces dans son œuvre, et non pas des moindres, consacrées à pleurer la mort de quelque personnage illustre, celle de Ronsard, de Jean Passerat, de Henri III, de Henri IV, de Catherine de Médicis, de Gabrielle d'Estrées, de la duchesse de Lorraine, du duc de Joyeuse, etc. D'autres fois pourtant, le thème est plus riant : il s'agira du mariage du roi, de la naissance ou du baptême d'un dauphin : *Pannarète, fantasie sur les cérémonies du baptême de Mgr le Dauphin.* Ou bien ce sont des stances politiques : *Sur la conversion du roi;* — *Pour le conjurer de revenir à Paris;* — *Sur la réduction d'Amiens,* etc. L'œuvre de Bertaut est donc un perpétuel commentaire de l'histoire intérieure de la France de 1585 à 1610 ; de simple chronique de cour ou d'alcôve, la poésie redevient vraiment nationale ou royale, comme le voulait Ronsard. Il est vrai que ces petits poèmes de Bertaut ne sont pas des plus attrayants; il leur manque souvent (non pas toujours) ces charmants défauts qui valaient à Desportes tant de succès ; mais, dans leur tenue sérieuse et un peu monotone, ils ne sont assurément pas sans mérite : ils témoignent d'un salutaire effort vers un art moins frivole. Bertaut d'ailleurs ne s'en est pas tenu là ; il a composé un *Hymne du roi saint Louis*, qui a peut-être donné au Père Lemoyne l'idée de son poème, et des *Poésies religieuses*, d'un accent moins personnel que celles de Desportes, mais qui annoncent déjà les belles paraphrases de Corneille. A tous ces signes, et à d'autres encore, on sent déjà qu'un siècle nouveau va naître, que la littérature des Valois finit, et que celle des Bourbons commence.

Indices de relèvement poétique. — Il se fait donc avec Bertaut comme un relèvement du ton de la poésie. Malgré la coupure que Malherbe a prétendu faire, sans y réussir toutefois, entre le xvie et le xviie siècle, il est curieux de voir comment la pensée et le style de l'âge suivant s'organisent déjà obscurément dans les œuvres des poètes, aux environs de l'an 1600. Bertaut en offre peut-être l'exemple le plus frappant. Chez lui, les beaux feux de la Pléiade sont éteints ; mais il a gardé le culte de la forme, qui restera au premier rang des préceptes formulés plus tard par Malherbe et par Boileau. Il nous offre déjà quelques modèles de ce style noble, un peu trop pompeux, un peu monotone, mais d'un dessin si ferme et d'une psychologie si exacte, qui sera celui de la tragédie française dans ses beaux jours : il y a bon nombre de vers de Corneille et de Racine qui se cherchent dans les petits poèmes de Bertaut. En même temps par son esprit un peu maniéré, par son goût des pointes, il est déjà un homme de salon, un précurseur immédiat des Sarrasins et des Voitures, dont la trace a si profondément marqué le grand siècle. Il se trouve donc que les héroïques et les précieux peuvent presque à égal titre se réclamer de lui. Bertaut a été essentiellement un poète de transition : rôle utile et intéressant, mais rôle ingrat entre tous. Aurait-il pu transmettre ainsi sans secousse et sans violence l'héritage poétique du passé au siècle naissant? Aurait-il pu nous épargner Malherbe, et nous donner la réforme modérée que les esprits souhaitaient? L'événement a prouvé que non ; d'ailleurs, en littérature comme en autre chose, les bonnes intentions suffisent rarement. Il fallait, après cette belle débauche poétique qui durait depuis Ronsard, un maître rude et sévère qui châtiât la Muse et la réduisît pour longtemps « aux règles du devoir ». L'évêque de Séez était trop fin, trop politique, trop timide, et aussi trop poète (quoiqu'il ne le fût pas avec excès), pour être cet homme-là. Aussi a-t-il passé, non pas inaperçu, mais sans éclat, à cette époque de révolution. Il n'a été ni adoré ni brûlé ; on s'est borné à l'estimer. C'est bien quelque chose, mais en poésie cela ne suffit pas toujours : car la Muse est femme, et elle se contente à regret d'aussi discrets hommages.

Du Perron (1556-1618) : un pur Normand. — Aux côtés de Bertaut s'est trouvé un autre poète, son contemporain, qui a vécu de la même vie poétique à la même cour, qui a chanté les mêmes princes, célébré bien souvent les mêmes événements, exercé, comme lui, de grandes charges civiles et ecclésiastiques, et qui semble former, presque en toutes choses, l'exact pendant de l'évêque de Séez. Il en diffère cependant beaucoup, au moins par le caractère. Autant Jean Bertaut était sage, modeste, retenu, autant Jacques Davy du Perron fut un personnage hardi, ambitieux et remuant. Aussi comme le succès ne vient guère qu'à ceux qui se donnent la peine d'aller au-devant de lui, tandis que Bertaut s'est contenté de l'estime universelle, Du Perron, plus heureux et plus habile, a connu la gloire, gloire éphémère, mais combien douce ! Pendant vingt ans au moins, il a passé pour un grand homme, le plus important peut-être du royaume de France et de la république des lettres ; au dire du candide Bertaut, et au regard de tous, il a été le « grand Du Perron, la gloire de son âge ». Il a été en réalité un grand homme d'intrigue, un politique retors et avisé, doué d'un merveilleux savoir-faire. Parti on ne sait au juste d'où, ce Normand (il n'y en a décidément plus que pour les Normands dans la poésie française, pendant près d'un siècle) trouva le moyen de s'élever aux plus hautes dignités de l'Église et de l'État. D'abord calviniste, converti plus tard au catholicisme et devenu convertisseur à son tour, distingué par Desportes qui se connaissait en finesse, Du Perron fait en quelques années, à la cour, une prodigieuse fortune. Henri III cherche-t-il un lecteur ? C'est Du Perron qu'il choisit. S'agit-il de célébrer le plus grand homme du siècle, de prononcer le panégyrique de Ronsard ? Seul Du Perron en est jugé digne. De Marie Stuart ? Encore Du Perron. Quand Henri de Bourbon se décide à « faire le saut », c'est Du Perron qui entreprend cette grande tâche de convertir le fils de Jeanne d'Albret, et, ce jour-là, quel service n'a-t-il pas rendu à la France ! Tous les beaux rôles semblaient lui revenir de droit, et il les remplissait en artiste consommé, dépourvu de convictions gênantes : ce panégyriste de Ronsard fut un ferme partisan de Malherbe, et cet évêque, cardinal de l'Église romaine, ne croyait pas en Dieu, ou n'y croyait guère, comme il s'en vantait effrontément.

Orateur expert, connaissant à fond toutes les ressources de la rhétorique, controversiste redoutable, capable de se mesurer victorieusement avec Duplessis-Mornay et avec d'Aubigné, Du Perron a été aussi un poète. Poète galant d'abord, comme le voulait la mode : son *Temple de l'inconstance* et sa *Confession amoureuse* appartiennent à ce genre langoureux et affecté où excellait Bertaut au temps de sa première manière. Mais après la Ligue et l'avènement des Bourbons, le caractère de son talent change : l'époque n'étant plus favorable à ces badinages, Du Perron devient poète officiel, héroïque, célébrant la venue de Catherine de Bourbon à Paris, le retour de Henri IV dans sa capitale, ou bien flétrissant l'attentat de Jean Châtel. Il se montre là comme partout plein d'ingéniosité et d'esprit ; mais en poésie ces qualités ne suffisent pas. Aussi la réputation de Du Perron a-t-elle été fragile, si fragile qu'il n'en reste rien ; elle n'a pas été battue par l'orage, comme celle de Desportes, elle s'est simplement et spontanément évanouie. Du Perron mérite cependant une mention ; il est, avec Bertaut, un clair exemple de la transformation poétique qui s'opère sourdement, mais sûrement, et qui relie l'école dégénérée de Ronsard à celle de Malherbe qui est déjà née.

Vauquelin de la Fresnaye (1536-1608) : un brave homme. — Avant que Malherbe vienne (et il n'est pas entré botté et cravaché dans la république des lettres, comme on l'a trop répété, mais Bertaut et Du Perron l'ont pour ainsi dire introduit par la main), la poésie du xvie siècle se recueille un instant, elle fait son examen de conscience, mélancolique, un peu désabusé, avec Vauquelin de la Fresnaye. Le beau printemps de la Pléiade est déjà loin ; l'heure des jeunes amours et des vastes projets n'est plus : voici l'hiver, et la vieillesse, non point grondeuse, mais souriante et aimable encore, qui vit du passé, mais qui, éclairée par l'expérience, se résigne facilement à l'avenir. L'*Art poétique* de Vauquelin, venu après les chefs-d'œuvre, comme la plupart des Arts poétiques, ferme le cycle ouvert par la *Deffence* de Du Bellay. Il le ferme sans éclat et sans bruit, au milieu de l'inattention générale. Composé on ne sait au juste quand, pendant le règne de Henri III, il ne paraît qu'à la fin du règne de Henri IV ; et, une fois publié, il passe inaperçu et disparaît dans le courant du grand siècle, au point qu'on a peine à retrouver sa trace. Ce livre est resté, comme les *Tragiques*, en dehors et comme à la marge de son temps : il n'en est pas moins curieux à étudier aujourd'hui pour qui veut bien comprendre l'évolution de la poésie française à cette époque.

Nul n'a été plus vraiment honnête homme, dans tous les sens du mot, que Jean Vauquelin, sieur de la Fresnaye. A la fois poète, magistrat, gentilhomme campagnard, ce fin Normand a rempli ces trois personnages avec une dignité et une convenance parfaites. Tout d'abord c'est le métier de poète qui lui a souri : au lieu d'étudier le droit, auquel le destinait sa famille, il compose des vers à dix-sept ans, et à dix-neuf il publie son premier recueil. Exilé de Paris, il va à Angers, mais pour y connaître Tahureau, et à Poitiers, pour s'y lier avec Scévole de Sainte-Marthe. Il est ainsi quelque temps tiraillé entre sa vocation et sa profession. La prose l'emporta momentanément sur la poésie : Vauquelin fut avocat du Roi au bailliage de Caen, puis lieutenant général, enfin président au siège présidial. Il traversa en cette qualité des périodes difficiles où il se montra fonctionnaire courageux et droit, et, qui plus est, bon citoyen. Cependant la poésie, toujours aimée, était revenue prendre place à son foyer. Vers la fin de sa carrière nous le trouvons retiré dans son « bocage », partageant sa vie entre son pays, ses enfants et sa muse, libre d'ambition, n'aspirant qu'au repos, au culte tranquille des lettres. C'est au fond un heureux et un sage; il a eu sa petite part de gloire poétique, trop petite pour rassasier une vanité d'auteur, mais assez grande pour contenter la modestie d'un honnête homme; il a occupé des charges importantes; il a vu la fortune lui sourire; il a eu beaucoup d'amis, très fidèles; il a aimé sa femme, et il n'a pas rougi de nous le dire; il a élevé ses huit enfants et les a convenablement établis; il est mort chargé d'ans et de philosophie. Tel a été Vauquelin, le bon Vauquelin, qu'il est presque impossible aujourd'hui, à cause de cette bonhomie même, de se représenter autrement que sous les traits d'un vieillard, tout comme Bernardin de Saint-Pierre, qui moralement était très loin de le valoir.

Foresteries et Idillies. — Ce vieillard a pourtant été jeune, très jeune même : il suffit, pour s'en convaincre, de jeter les yeux sur les *Foresteries*, publiées à Poitiers dès 1555. Vauquelin était alors un adolescent : il avait rencontré sur les bords du Clain toute une joyeuse bande d'écoliers, poètes et amoureux, férus de Ronsard et brûlant tous d'illustrer leur nom : il avait fait comme eux. Dans la préface de son livre, il dit avoir emprunté « les plus mignardes fleurettes » de Théocrite, de Virgile, et de Sannazar : mais il imite bien plutôt ceux qui ont déjà imité ces modèles, Ronsard, Baïf et Tahureau. Ces *Foresteries* ont quelque charme, si l'on songe « comme l'auteur est jeune et c'est son premier pas », mais en soi elles ne méritent guère d'être tirées de l'oubli. A part quelques gaillardises assez bien venues, cette poésie manque trop de naturel et de simplicité; l'inexpérience du style y est surtout choquante; cela ne vaut certes pas la *Bergerie* du gentil Belleau, ni les Vaux de Vire, qu'allait bientôt composer au fond de la Normandie un compatriote de Vauquelin, Jean Le Houx. L'essai n'ayant pas réussi, Vauquelin, repris par l'étude du droit et par la vie de famille, ne publie plus rien jusqu'à la veille de sa mort; il ne renonce pourtant pas aux lettres, ni à la poésie champêtre : il compose à loisir, sans souci du public ni du libraire, des *Idillies*, c'est-à-dire, « des imagetes et petites tablettes de fantaisies d'Amour », où il se plaît à nous « représenter la nature en chemise ». De vrais bergers il n'en est pas question, ainsi que dans presque toutes les pièces de ce genre : mais ce qui fait l'intérêt de ce recueil, c'est que sous ces mensonges pastoraux on découvre un recoin de sincérité très précieux. Le premier livre est consacré à l'amour de Philanon et de Philis : or ces deux bergers de convention ne sont autres que Vauquelin lui-même et sa femme Anne de Bourgueville. C'est donc un très véridique roman conjugal que l'auteur nous expose, non sans quelque indiscrétion, mais avec un tour gracieux et touchant. Il y a notamment tout à la fin un sonnet, ajouté après coup, qui est vraiment exquis, moins par la forme un peu gauche, que par le sentiment : quarante ans se sont passés depuis que Vauquelin a épousé Anne, et l'époux toujours heureux demande à Dieu d'augmenter encore cet amour resté jeune et vivace :

> . . . . . . O Dieu qui tiens unie
> De si ferme union notre amitié bénie,
> Permets que jeune en nous ne vieillisse l'amour :
>
> Permets qu'en t'invoquant comme jusqu'à cette heure
> Augmente notre amour d'amour toujours meilleure
> Et telle qu'au premier soit elle au dernier jour !

Voilà qui repose des maîtresses poétiques de la Pléiade, et surtout des équivoques tendresses de Desportes. On trouverait dans Vauquelin d'autres sonnets d'une belle venue, dus à une inspiration chrétienne, ou patriotique. Il faut de bons et de grands sentiments pour animer la muse de ce poète honnête homme.

Les Satyres françoises. — Vauquelin est donc surtout un moraliste, et par là il se rattache bien plus à la forte race des Du Bartas, des d'Aubigné et des Pibrac qu'à celle des poètes courtisans, comme Desportes. Il a d'ailleurs refusé de céder aux instances de l'abbé de Tiron qui voulait le présenter à a cour et lui promettait monts et merveilles dans ce pays de cocagne. Il avait alors quarante-cinq ans, et il pensait que c'était bien tard pour apprendre à courber l'échine. Il a préféré rester en Normandie, exerçant honnêtement sa charge, fidèle à sa femme, à son roi, à son Dieu. Au reste il a horreur, nous dit-il, des nouveautés :

> Ah! que je hay toutes choses nouvelles!
> Les vieilles mœurs me semblent les plus belles.

Voilà en résumé toute la philosophie des *Satyres françoises*, qu'il composa à loisir, comme il était déjà au versant de son âge : satires morales et littéraires, morales surtout, où il fait une vive peinture de la société du temps. Il n'y épargne ni les grands, ni les gens d'Église, ni les gens de lettres, tous avides et corrompus, que d'Aubigné flétrissait vers le même temps dans le livre des *Princes*. L'indignation de Vauquelin est plus calme; elle ne déborde pas en un beau torrent d'invectives, mais elle est tout aussi sincère, et elle échappe du moins au soupçon de haine partisane. Quelques pièces, plus gaillardes, concernant les femmes et le mariage, relient pour ainsi dire les *Stances* de Desportes à la dixième satire de Boileau. Les imitations d'Horace, de Perse, de Juvénal, d'Arioste sont fréquentes : et pourtant, par le tour et l'accent, ces satires sont bien françaises. On peut dire de Vauquelin, non pas qu'il est le créateur du genre (puisque le *Poète courtisan* de Du Bellay, et certains *Discours* de Ronsard ont précédé), mais qu'il l'organise vraiment et lui donne un des premiers sa forme régulière, aux côtés de Mathurin Regnier, qui à cette époque aiguisait déjà sa plume. Ce qui manque aux *Satyres* de Vauquelin, c'est le feu, l'audace, la colère inspiratrice des beaux vers : même quand Vauquelin se fâche, il reste toujours un peu trop bonhomme.

L'Art poétique : acheminement vers une réforme. — En revanche, cet homme du passé, ce spectateur clairvoyant, cet auteur modeste et sincère qui a pris part à l'essor poétique de son temps, sans aspirer cependant au premier rang, et qui a compté au nombre de ses amis Baïf, Tahureau, Sainte-Marthe, Pontus de Tyard, Robert Garnier, La Boderie, Desportes, Du Perron, Bertaut, et Malherbe lui-même, était admirablement placé, au seuil de l'âge classique, pour jeter un regard d'ensemble sur l'œuvre accomplie et pour juger l'état actuel de la poésie. Tel est le but de l'*Art poétique* de Vauquelin, commandé par Henri III, encouragé par Desportes, composé à partir de 1574, mais fini bien avant 1605, date à laquelle il paraît, trop tard pour exercer quelque influence. Le xvii° et le xviii° siècle le connaîtront à peine, Boileau ne le lira même pas. C'est d'ailleurs un livre diffus, mal ordonné, peu attrayant, malgré le ton débonnaire et familier où se complaît l'auteur : tel qu'il est, il n'en contient pas moins, jusqu'à un certain point, le bilan de la poésie française aux environs de 1585.

Placé entre Ronsard et Malherbe, duquel Vauquelin est-il le plus près ? De Ronsard assurément. Par nature il n'est pas un novateur, ni un révolutionnaire ; il se complaît dans le passé. Il reste un fervent disciple de la Pléiade, mais il n'est pas un partisan fanatique : son culte est éclairé, instruit sur bien des points par l'expérience. La *Deffence* avait été le signal de l'attaque, le premier coup de clairon, combien agressif et retentissant ! L'*Art poétique* est une sonnerie d'arrière-garde, qui couvre la retraite, le soir venu : il eût du moins été cela si l'auteur, moins discret, l'avait produit à son heure.

Vauquelin admet le principe fondamental de la Pléiade, celui dont elle a vécu et dont elle est morte (pour n'avoir rien cherché au delà), celui de l'imitation des modèles, surtout des modèles antiques. Il l'admet si bien pour son compte qu'il a fait passer dans son livre toute l'*Épître aux Pisons* d'Horace, et une bonne partie de la *Poétique* d'Aristote, sans les démarquer assez, ni les accommoder à son sujet : il appartient encore, on le voit de reste, à l'école du pillage littéraire, dont l'influence a si lourdement pesé sur notre poésie et jusque sur nos chefs-d'œuvre classiques. Il ne songe pas non plus à désavouer les points principaux de la doctrine du maître sur la résurrection des anciens genres, sur la constitution de l'ode et de l'épopée, sur l'élargissement de la langue, sur le provignement, sur la versification. Mais tout en professant ces théories, il les amende, les adoucit, les transforme déjà à son insu. A l'ode pindarique il préférera la mignarde odelette, dérivée d'Anacréon. De l'épopée il donnera une définition un peu vague, mais si vaste qu'elle se trouve en complète contradiction avec la *Franciade*. Il prêchera résolument l'abandon de la mythologie, le réveil de la poésie nationale et chrétienne. Il s'inquiétera des changements indéfinis que l'on fait subir à la langue : il blâmera tout haut les exagérations de Du Monin, et tout bas sans doute celles de Du Bartas. Il couvrira de fleurs Ronsard et toute sa bande ; mais, au fond, il plaidera déjà pour lui les circonstances atténuantes : tout en l'admirant, il lui arrivera de l'expliquer et de le corriger.

Où il a surtout raison, contre Ronsard, et aussi, il faut bien le dire, contre Malherbe et Boileau même, c'est dans l'effort sérieux qu'il tente pour renouer en littérature la tradition nationale et pour rattacher le présent au passé. Il est bien le contemporain de Hotman, de Du Haillan, de Du Tillet, d'Étienne Pasquier ; il n'a pas lu pour rien les *Antiquités* de Claude Fauchet, et son *Commentaire* sur l'origine de la langue et de la poésie française ; il sent bien que, malgré l'orgueilleuse prétention de la Pléiade, tout n'a pas commencé en 1549, et qu'il y a eu une France et des poètes avant cette date. Ses connaissances en pareille matière peuvent nous sembler aujourd'hui bien maigres : elles n'en sont pas moins très méritoires. Il en sait sur les trouvères, les troubadours, les jongleurs, et aussi sur nos vieilles chansons, nos mystères et nos moralités bien plus que n'en saura Boileau. Il ne rend pas encore pleine justice à ces premiers essais, mais il en mentionne un grand nombre, ce qui est déjà beaucoup. Par là il réintègre dans notre littérature l'élément traditionnel qu'on en avait banni, par là il est déjà presque un classique, au vrai sens du mot. Faire appel à la tradition nationale, n'est-ce pas déjà, indirectement, faire appel à cette raison, qui est la chose du monde la mieux partagée, la plus stable, la plus universelle ? Vauquelin cherche ainsi à donner une base solide à l'imitation des modèles dans laquelle s'enfermait pédantesquement Ronsard.

Gardons-nous cependant aujourd'hui de surfaire la valeur de cet *Art poétique*. Il n'a rien amené, ni rien empêché : commune destinée des livres de ce genre. Il n'a même pas le mérite d'exposer une doctrine ferme et arrêtée. Mais il nous montre du moins ce curieux travail d'accommodation des théories de la Pléiade aux théories classiques, qui se manifestait chez presque tous les poètes de cette fin de siècle. Chez Vauquelin cette évolution nous apparaît encore embarrassée et timide : car le bonhomme, malgré sa clairvoyance, a conservé beaucoup des fâcheuses habitudes poétiques avec lesquelles il va falloir rompre. Cette rude besogne demandera un autre ouvrier doué de moindres scrupules, d'un moindre souci de la justice, mais aussi qui possédera deux puissants outils de réforme : du caractère et de la grammaire. Cet ouvrier, c'est Malherbe, l'ancien auteur des *Larmes de saint Pierre*, revenu de ses péchés de jeunesse, Malherbe, que le fils de Vauquelin présente à la cour de Henri IV en 1605, en même temps que paraît l'*Art poétique* de son père. On peut dire que cette année-là un règne poétique a fini et un autre a commencé.

BIBLIOGRAPHIE

I. **Textes**. — *La Muse chrestienne de* **G. de Saluste**, seigneur du Bartas, Bordeaux, 1573. — *La Semaine ou Création du Monde de* **G. de Saluste**, seigneur du Bartas, Paris, 1578. — *Œuvres de* **G. Saluste du Bartas** (avec le commentaire de Simon Goulart), Paris, 1611. — *Les Tragiques donnez au public par le la rcinde Prométhée*, (par **Agrippa d'Aubigné**), 1616. — *Les Tragiques de* **d'Aubigné**, édités par Ludovic Lalanne, Paris, 1857. — *Les Tragiques de* **d'Aubigné**, édités par Ch. Read, 1872. — *Œuvres complètes de* **Théodore-Agrippa d'Aubigné**, publiées pour la première fois d'après les manuscrits originaux, par Eug. Réaume, F. de Caussade et Legouez, Paris, 1873-1892. — *Les Premières œuvres de* **Philippe des Portes**, Paris, 1575. — *Les Psaumes de David*, mis en vers françois par **Philippe des Portes**, avec quelques œuvres chrétiennes et prières du même auteur, Rouen, 1594. — *Œuvres complètes de* **Des Portes**, éditées par A. Michiels, Paris, 1858. — *La Rencontre des Muses de France et d'Italie*, Lyon, 1604. — *Recueil des Œuvres poétiques de* **Jean Bertaut**, abbé d'Aunay, et premier aumosnier de la Reyne, Paris, 1601. — *Recueil de quelques vers amoureux* (de **Bertaut**, publié sous le nom de son frère), Paris, 1602. — *Les Œuvres poétiques de* **M. Bertaut**, évesque de Sees, abbé d'Aunay, premier Aumosnier de la Royne, Paris, 1620. — *Œuvres de* **Jean Bertaut**, éditées par Ad. Chenevière, Paris, 1891. — *Oraison sur la mort de M. de Ronsard* (par **Du Perron**), Paris, 1586. — *Les Muses ralliées*, Paris, 1599. — *Nouveau recueil des plus beaux vers de ce temps*, Paris, 1609. — *Les Délices de la poésie françoise ou Recueil des plus beaux vers de ce temps*, Paris, 1618. — *Les deux premiers livres des Foresteries de* **J. Vauquelin de la Fresnaie**, Poitiers, 1555 (réédités par Julien Travers, 1 vol. Caen, 1872). — *Les diverses poésies du sieur de la* **Fresnaie Vauquelin**,

Caen, 1605 (rééditées par J. Travers, 2 vol., Caen, 1869). — *L'Art poétique de* **Vauquelin de La Fresnaye**, édité par A. Genty, Paris, 1862. — *L'Art poétique* (du même), édité par G. Pellissier, Paris, 1885. — *Recueil des œuvres poétiques de* J. **Passerat**, Paris, 1606. — *Cinquante quatrains* (de **Pibrac**), *contenant préceptes et enseignemens utiles pour la vie de l'homme, composés à l'imitation de Phocylides, Epicharmus et autres poètes grecs*, Paris, 1574. — *La Puce de Madame Desroches*, Paris, 1582.

II. **Critique**. — **Sainte-Beuve**, *Tableau historique et critique de la poésie française au XVIe siècle*, Paris, 1828 et 1842. — **Saint-Marc Girardin**, *Tableau de la Litt. française au XVIe siècle*, Paris, 1828 et 1862. — **Darmesteter et Hatzfeld**, *Le XVIe siècle en France*. Tableau de la littérature et de la langue.... Paris, 1878. — **Sayous**, *Études littéraires sur les écrivains de la Réformation*, Genève, 1842. — **Haag**, *La France protestante*, 1847-1859 (articles *Salluste* et *d'Aubigné*). — **Goethe**, *Werke*, en 36 volumes, Stuttgard, 1866-1868. (Dans le 25e volume, page 260, se trouve *Anmerkungen über Personen und Gegenstände, deren in dem Dialog* : Rameaus Neffe *erwähnt wird*, où Gœthe a jugé Du Bartas.) — **G. Pellissier**, *La vie et les œuvres de Du Bartas*, Paris, 1882. — **M. Lanusse**, *De l'influence du dialecte gascon sur la langue française*, Paris, 1893. — **Sainte-Beuve**, *Lundis*, t. X (17 et 24 juillet 1854, sur *d'Aubigné*). — **Ph. Chasles**, *Études sur le XVIe siècle*, Paris. — **L. Feugère**, *Caractères et portraits littéraires du XVIe siècle*, Paris, 1859 — **Eug. Réaume**, *Étude historique et littéraire sur Agrippa d'Aubigné*, Paris, 1883. — **Émile Faguet**, *Le XVIe siècle*, Paris, 1893. — **Postansque**, *Agrippa d'Aubigné, ses œuvres*, Paris, 1855. — **P. Morillot**, *Discours sur la vie et les œuvres d'Agrippa d'Aubigné*, Paris, 1884. — **Pergameni**, *La satire au XVIe siècle et les Tragiques d'A. d'Aubigné*, Bruxelles, 1882. — **Ch. Lenient**, *La satire en France au XVIe siècle*, Paris. — **A. Michiels**, *Philippe Desportes* (Introduction à l'Édition des *Œuvres* de Desportes), Paris, 1858. — **H. Martin**, *Notice sur les œuvres poétiques de Desportes, Bertaut, etc*. (Mémoires de l'Académie de Caen), 1840. — **Rathery**, *De l'influence de l'Italie sur les Lettres françaises*, Paris, 1853. — **Pieri**, *Pétrarque et Ronsard, ou de l'influence de Pétrarque sur la Pléiade française*, Paris, 1896. — **F. Robiou**, *Histoire de la littérature et des mœurs sous Henri IV*, Paris 1883. — **G. Allais**, *Malherbe et la poésie française de 1585 à 1600*, Paris, 1891. — **F. Brunot**, *La doctrine de Malherbe d'après son commentaire sur Desportes*, Paris, 1891. — **A. Chenevière**, *Introduction littéraire et Introduction biographique* (en tête de l'édition des *Œuvres* de Bertaut), Paris, 1891. — **Féret**. *Le cardinal du Perron*, Paris, 1877. — **Julien Travers**, *Essai sur la vie et les œuvres de Jean Vauquelin de la Fresnaie* (en tête de l'édition de ses *Œuvres diverses*), Caen, 1872. — **G. Pellissier**, *Notice sur Vauquelin de la Fresnaye* (en tête de l'édition de l'*Art poétique*), Paris, 1885. — **A.-P. Lemercier**, *Étude littéraire et morale sur les poésies de Jean Vauquelin de la Fresnaye*, Paris, 1887. — **A. Gasté**, *Jean le Houx et le Vau de Vire à la fin du XVIe siècle*, Paris, 1874. — **Cougny**, *Pibrac, sa vie et ses écrits*, Paris, 1869.

CHAPITRE VI[1]

LE THÉATRE DE LA RENAISSANCE

I. — *La lutte entre le théâtre de la Renaissance et le théâtre du moyen âge.*

Jusqu'au milieu du xvie siècle il n'y avait eu en France qu'une conception de l'art dramatique, qu'un *théâtre*, accepté de tous ; désormais deux théâtres rivaux vont se partager l'attention du public et lutter avec des armes différentes pour la domination : d'un côté le théâtre traditionnel, national, qui, après avoir produit avec éclat les miracles et les mystères, les moralités, les sotties, essaie de retenir un public populaire et grossier par l'attrait de ses *histoires* dramatisées et de ses farces : son histoire a été racontée dans un précédent chapitre ; — et d'autre part, un théâtre nouveau, d'importation et d'imitation, qui, se rattachant orgueilleusement aux théâtres glorieux de la Grèce, de Rome et de l'Italie moderne, présente à l'admiration des lettrés la tragédie et la comédie soi-disant ressuscitées : c'est de ce théâtre savant que nous avons maintenant à écrire l'histoire ; or, nous ne pourrons la comprendre et l'expliquer que si nous ne perdons pas de vue l'antagonisme, trop souvent méconnu, dont nous avons dû faire mention tout d'abord.

Les précurseurs du théâtre de la Renaissance. — L'histoire du théâtre de la Renaissance commence proprement

---

[1]. Par M. E. Rigal, professeur à la Faculté des lettres de l'Université de Montpellier.

en l'année 1552, avec là représentation des deux premières pièces de Jodelle ; mais cette histoire, comme toutes les autres, comporte une introduction, et, bien que la tentative de 1552 soit qualifiée par Pasquier de « chose nouvelle... et très rare », Jodelle n'en avait pas moins eu ses précurseurs.

Il ne saurait être question, pour les chercher, de remonter jusqu'au moyen âge : les pièces de vers qu'on appelait alors des tragédies et des comédies (*Patricida*, de Bernard de Chartres, *Pyramus et Thisbe*, de Mathieu de Vendôme, *Geta*, de Vital de Blois, *Alda*, de Guillaume de Blois, *Milo Constantinopolitanus*, de Mathieu de Vendôme, xii° siècle) devaient leurs noms simplement aux dénouements malheureux ou heureux des histoires racontées et n'avaient qu'en partie une forme dramatique. Mais au xvi° siècle, et après un long oubli de l'antiquité, un changement décisif se produit, qu'expliquent aisément les progrès de la culture générale et surtout l'influence de l'Italie. Dans la péninsule venaient de se produire successivement les traductions ou imitations en latin d'œuvres antiques, les traductions ou imitations d'œuvres antiques en italien, enfin les œuvres originales. Dans notre France du xvi° siècle, où les relations avec l'Italie étaient si étendues, où les comédiens italiens venaient se faire applaudir, où d'ailleurs, l'érudition ayant fait des progrès rapides et notables, le mouvement des esprits poussait à une réforme des genres dramatiques comme de tous les autres, une évolution analogue ne pouvait manquer de s'accomplir : seulement les phases en pouvaient cette fois être très rapides, presque indistinctes ; et, d'autre part, à l'imitation des modèles antiques l'imitation des modèles italiens devait se joindre.

Parmi les œuvres latines qui préparent ainsi le théâtre de la Renaissance, on peut signaler : le *Christus Xylonicus* de Nicolas Barthélémy (1537), qui déjà, sans se distinguer beaucoup du mystère, prétend au titre de tragédie ; les traductions d'*Alceste* et de *Médée*, par Buchanan, avec, du même auteur, le *Baptistes sive calumnia* (joué vers 1540, publié en 1578), et le *Jephtes sive votum* (joué vers 1542, publié en 1554), qui est sans doute le chef-d'œuvre de la tragédie latine du xvi° siècle ; enfin le fameux *Julius Caesar* de Muret (1544).

En français, Térence est traduit tout entier en 1539, peut-être par Octovien de Saint-Gelais, et l'*Andrienne* est en outre mise en vers par un auteur inconnu (1537 ou 1555) et en prose par Charles Estienne (1542) ; Lazare de Baïf traduit, à peu près vers pour vers, l'*Électre*, de Sophocle (1537), et l'*Hécube*, d'Euripide (1544) ; Bouchetel donne de nouveau l'*Hécube* en 1545 ; Thomas Sibilet traduit *Iphigénie à Aulis* en 1549. La même année, Ronsard met en vers le *Plutus* d'Aristophane et donne ainsi l'impulsion à son disciple Jean-Antoine de Baïf, dont nous aurons à parler plus loin, et qui est le meilleur traducteur en vers du XVIᵉ siècle.

Nous ne pouvons citer la plupart des traductions de la comédie italienne, parce qu'elles se distinguent mal des productions dramatiques regardées comme originales et ont avec elles des rapports intimes. Nommons seulement les plus anciennes : celle du *Sacrifice*, œuvre des académiciens de Sienne les *Intronati*, par Charles Estienne (1543), et celles des *Supposés* de l'Arioste, par Jacques Bourgeois (1545) et Pierre de Mesme (1552). Ajoutons la traduction en prose (les chœurs seuls en vers), par Melin de Saint-Gelais, de la première tragédie classique italienne, la *Sophonisbe* du Trissin (1559).

A cette collection de modèles, destinés à être suivis et imités par nos dramaturges français, l'Espagne ne fournit qu'une seule œuvre, mais dont l'influence devait être grande, la *Célestine* de Fernando de Rojas, cinq fois traduite de 1524 à 1578.

Ainsi les auteurs érudits n'avaient pas manqué pour frayer la voie aux futurs dramaturges de la Renaissance. Malheureusement, s'ils leur avaient indiqué des modèles et sans doute aussi suscité d'avance des partisans, ils ne leur avaient préparé ni une scène publique sur laquelle pussent se produire leurs œuvres, ni des acteurs qui pussent les représenter. Seuls, quelques auteurs de pièces latines avaient profité de l'usage où l'on était dans les collèges de faire jouer des œuvres dramatiques par les écoliers et avaient confié les rôles de leurs pièces à ces comédiens improvisés. Dès l'âge de douze ans, dit Montaigne, « j'ay soustenu les premiers personnages ez tragedies latines de Buchanan, de Guerente, et de Muret, qui se representerent en nostre college de Guienne avecques dignité ». Mais, à défaut d'autre, l'aide des collèges universitaires n'était pas à dédaigner ; ce que les écoliers faisaient pour les pièces latines, ils pouvaient et allaient le faire pour les pièces françaises : on était déjà en 1545 quand Montaigne atteignit l'âge de douze ans. Quatre ans après, en 1549, Ronsard, étudiant encore sous la discipline de Daurat au collège de Coqueret, représentait avec ses amis sa traduction de *Plutus* devant son maître. C'est là la première représentation d'une pièce écrite en français, non conforme à la poétique du moyen âge, et, si l'on ne fait pas commencer par elle l'histoire du théâtre de la Renaissance, c'est qu'elle eut lieu sans éclat et qu'elle s'appliqua seulement à une traduction. Mais à cette même date de 1549, Du Bellay, inspiré par Ronsard, publiait sa *Defense et inlustration de la langue françoise*, où on lisait : « Quand aux Comedies et Tragedies, si les Roys et les Republiques les vouloint restituer en leur ancienne dignité, qu'ont usurpée les Farces et Moralitez, je seroy' bien d'opinion que tu t'y employasses » : cet appel ne devait pas tarder à être entendu. Dès 1552, Jodelle faisait jouer, au collège de Reims d'abord, au collège de Boncourt ensuite, une comédie, *Eugène*, et une tragédie, *Cléopâtre*.

Comment se sont produites devant le public les œuvres dramatiques de la Renaissance. — Les provinces n'avaient pas alors de théâtres réguliers; Paris n'en possédait et n'en devait posséder pendant tout le siècle qu'un seul, celui de l'hôtel de Bourgogne, fondé par les Confrères de la Passion et consacré à l'art dramatique du moyen âge; un privilège authentique et qui devait être soigneusement maintenu jusqu'en 1629 assurait aux Confrères le monopole des représentations publiques « tant en la ville, faux-bourgs que banlieuë de Paris ». Force fut donc à Jodelle et à ses émules de se contenter d'abord, comme théâtre, de scènes improvisées dans des cours de collèges ou dans des châteaux, — comme acteurs, d'amis complaisants ou d'écoliers, — comme public, d'un auditoire choisi, mais restreint, de grands seigneurs et de lettrés. Ainsi furent jouées : *la Trésorière*, de Grévin, au collège de Beauvais, en 1558; la *Sophonisbe*, de Melin de Saint-Gelais, au château de Blois, en 1559; le *César* et *les Ébahis*, de Grévin, au collège de Beauvais, en 1560; l'*Achille*, de Nicolas Filleul, au collège d'Harcourt, en 1563; la *Lucrèce* et *les Ombres*, du même auteur,

SCÈNE DU THÉATRE COMIQUE AU XVIᵉ SIÈCLE
GRAVURE DE JEAN DE GOURMONT
Bibl. Nat., Cabinet des Estampes, Ed 5 g (réserve)

au château de Rouen, en 1566; *le Brave*, de Baïf, à l'hôtel de Guise, en 1567. Étaient-ce là des représentations assez nombreuses, assez normales, pour aider sérieusement au développement de l'art dramatique nouveau? Et pourtant les quinze années que nous venons de parcourir constituent l'âge d'or du théâtre de la Renaissance. Désormais les représentations dont une mention nous est restée se font de plus en plus rares et s'éparpillent de plus en plus (à Verceil en Piémont, à Plombières, à Poitiers, à Rouen, jamais à Paris); elles ne s'appliquent, par suite de circonstances particulières, qu'à des œuvres et à des auteurs sans importance [1]; ni de Jean de La Taille ni de Garnier nous n'avons appris qu'une œuvre ait été représentée au XVIe siècle; et, si M. de La Vérune, gouverneur de Caen, a entendu la *Sophonisbe* de Montchrestien, c'est, à ce qu'il semble, parce qu'on l'a récitée dans son hôtel.

Comment s'étonner de cet état de choses? Sans doute Henri II avait applaudi les pièces de Jodelle et de Melin de Saint-Gelais, Charles IX celle de Baïf; mais roi et seigneurs avaient trop de soucis politiques et trop de distractions mondaines pour accorder aux tentatives des réformateurs une efficace et persévérante protection. Sans doute encore, après les représentations de 1552, où de nobles poètes : Jodelle, Belleau, La Péruse, Grévin, avaient fait leur rôle, les écoliers avaient été flattés de servir d'interprètes au nouvel art; mais leur beau feu ne pouvait être durable, et leurs maîtres ne pouvaient les laisser longtemps au service d'auteurs étrangers. Souvent dramaturges eux-mêmes, tout au moins en latin, les maîtres tenaient à réserver à leur muse ses interprètes naturels; les écoliers, amis des pièces populaires et des satires mordantes contre les autorités universitaires ou politiques, avaient hâte de revenir à leurs divertissements traditionnels. Dès 1562, Grévin, récemment l'obligé des collèges, gémit des « lourdes fautes, lesquelles se commettent journellement ès jeux de l'Université de Paris ». A qui donc pouvaient s'adresser les nouveaux poètes? Aux Basochiens, qui jouaient sur la table

---

1. L'ami de Jodelle, Charles de la Mothe, dit pourtant que « Messire Charles, Archevesque de Dol, de l'illustre maison d'Epinay... estant en Bretagne... a fait tousjours cas des Poësies de cet Autheur jusqu'à faire quelquefois representer somptueusement aucunes de ses Tragedies ».

de marbre du Palais? Leurs représentations étaient fort rares et leur goût pour l'art classique on ne peut plus douteux. Aux troupes de comédiens qui, très peu nombreuses encore, parcouraient les provinces et parfois, bravant le privilège des Confrères, se montraient un instant à Paris? Elles aussi cultivaient les vieux genres, elles étaient fort peu stables et ne donnaient dans chaque ville qu'un petit nombre de représentations. Fallait-il enfin s'entendre avec les Confrères eux-mêmes et partager avec eux l'usage de l'Hôtel de Bourgogne? C'était là ce qu'il y aurait eu de meilleur assurément, mais c'était aussi ce qu'il y avait de plus difficile, et c'est ce qui ne fut jamais fait : les arguments pour le prouver ne manquent pas.

D'abord, les documents sérieux [1] qui nous parlent de l'Hôtel de Bourgogne n'y font représenter que des mystères, des *histoires*, des moralités et des farces. Puis, jusqu'en 1573, date où Garnier publiait déjà sa seconde pièce, les dramaturges de la Renaissance : Jodelle, Grévin, Jean de La Taille, ne perdent pas une occasion d'attaquer les Confrères et leur répertoire. Enfin l'incompatibilité est absolue entre les habitudes ou la constitution du théâtre populaire et le caractère ou la structure des pièces nouvelles.

Le débat porte ici spécialement sur les tragédies, car les comédies, étant souvent de simples traductions, sont construites à l'italienne plutôt qu'à la française, et l'on ne saurait rien inférer de leur structure particulière ; rappelant par quelques côtés les farces du moyen âge, elles auraient pu aussi ne pas trop déplaire aux spectateurs ordinaires de l'Hôtel de Bourgogne. Il en est tout autrement des tragédies, qui, elles, différeraient singulièrement des mystères. On se figure mal les artisans ignorants qui composaient la Confrérie récitant les vers d'*Antigone* ou de *la Troade*, plus mal encore le public grossier qui fréquentait leur théâtre, écoutant de pareilles œuvres! Est-ce pour ces acteurs et ces auditeurs que Garnier écrivait des actes formés par une seule scène, par un seul monologue? des pièces où les discours étaient interminables ; où les discussions portaient sur des questions de morale théorique, non sur

---

1. Et le *Journal du théâtre françois,* qu'on pourrait nous objecter, n'est pas du nombre; voir Rigal, *Alexandre Hardy*, p. 688 et suiv.

les intérêts et les actes des personnages en scène ; où le sujet était réduit au strict minimum ; où l'action se jouait dans la coulisse ; où les chœurs avaient une étendue et une place prépondérantes ; où les allusions à la mythologie étaient innombrables et souvent fort peu claires ? Objectera-t-on que, si les tragédies du xvie siècle sont ennuyeuses, les mystères du moyen âge, joués pourtant et applaudis, le sont également ? Les mystères du moyen âge, avec leurs sujets connus de tous, leur action animée, leurs parties comiques, leur décoration et leur machinerie, ne sont ennuyeux que pour nous : les tragédies du xvie siècle, avec leurs qualités de style et les germes qu'on y peut trouver de ce qui devait être les beautés de Corneille et de Racine, sont, au contraire, beaucoup moins ennuyeuses pour nous qu'elles ne devaient l'être pour le gros des contemporains.

Mais c'est surtout lorsqu'on cherche en vue de quelles dispositions scéniques étaient conçues les tragédies du xvie siècle, qu'on trouve, en faveur de la thèse que nous soutenons, un argument neuf et intéressant. A cet égard, en effet, les tragédies du xvie siècle se divisent en deux classes. Les unes ont été composées pour une scène qui ne représentât qu'un seul lieu, réel ou imaginaire, précis ou vague, le plus souvent vague et en quelque sorte abstrait, pour une scène unique et nue, encadrée de tapisseries ; dans les autres, les auteurs se sont contentés de broder des variations sur des thèmes plus ou moins brillants, sans s'inquiéter de savoir si l'ensemble en était *jouable*. Dans le premier cas, la mise en scène adoptée était incompatible avec la mise en scène en vigueur à l'Hôtel de Bourgogne : là on usait encore de la décoration multiple ou simultanée du moyen âge, c'est-à-dire qu'on avait sur la scène plusieurs lieux, supposés inégalement éloignés les uns des autres ; or, il n'est pas vraisemblable que les mêmes acteurs aient employé à la fois les deux systèmes et que les mêmes spectateurs les aient acceptés[1]. Dans le second cas, ce n'est pas seulement à l'Hôtel de Bourgogne que les tragédies ne pouvaient paraître, c'est sur un théâtre, quel qu'il fût. Il est fâcheux que l'examen de ces deux

---

1. Voir Rigal, *Alexandre Hardy*, liv. II, chap. III, *la Mise en scène*.

points exige des développements trop longs pour être présentés ici. Nous montrerions comment beaucoup de poètes au xvie siècle ont tenu à se conformer à la règle de l'unité de lieu, fût-ce aux dépens de la vraisemblance et du bon sens; comment, par exemple, la *Cléopâtre* de Jodelle, dont l'action aurait dû se passer dans trois lieux distincts, dans trois *mansions* de l'Hôtel de Bourgogne, avait été certainement conçue pour une scène unique; comment avait été conçu pour une scène unique le *César* de Grévin, qui aurait eu besoin de quatre *mansions*, et de même *Saül le furieux*, de Jean de La Taille, plus tard *Sophonisbe* et *Aman*, de Montchrestien. D'autre part, nous verrions que la plupart des tragédies de Garnier ont été écrites sans aucun souci des impossibilités scéniques, l'entrée ou la sortie des personnages étant souvent inexplicables, des scènes successives où figurent les mêmes interlocuteurs ne se tenant point, Porcie et Phèdre s'adressant aux cadavres de Brutus et d'Hippolyte, qu'elles *voient* et *touchent*, et qui pourtant n'ont point été apportés sur le théâtre. Pourquoi ces différences? Il y aurait lieu d'interroger sur ce point Jean de La Taille, qui, après avoir fait dans son *Saül* les plus curieux efforts pour donner à sa scène le don d'ubiquité, et pour la placer à la fois devant le « pavillon » de Saül et devant l'antre de la pythonisse d'Endor, sans qu'elle cessât d'être une et sans que ni pavillon ni antre fussent d'ailleurs représentés, — bientôt après, dans ses *Gabéonites*, a indiqué aussi confusément que possible les lieux où se déroulait son action et les allées et venues de ses personnages. Jean de La Taille répondrait sans doute qu'en écrivant *Saül* il espérait le faire représenter, tout au moins sur une scène de collège, mais que, cet espoir ayant été déçu [1], il avait composé *les Gabéonites* en poète écrivant des *Scènes historiques* ou un *Spectacle dans un fauteuil*, non en dramaturge voyant d'avance vivre et agir sur la scène ses personnages.

Cette histoire de Jean de La Taille est l'histoire même de la tragédie, — du théâtre tout entier de la Renaissance. Gênés par le privilège accordé à l'art du moyen âge, ne pouvant se

---

1. En 1562, Jean de La Taille priait déjà Charles IX de faire représenter son *Saül* (préface de la *Remonstrance pour le Roy*, 1563, privilège du 15 octobre 1562); en 1572, il publiait sa tragédie en la donnant comme une œuvre inconnue.

créer une nouvelle scène pour y produire régulièrement leurs œuvres, les jeunes auteurs avaient du moins réussi pendant quelque temps à les faire représenter — *réciter* serait un mot plus juste — sur des scènes improvisées. Bientôt cette ressource même fit défaut ; c'est pour l'impression que furent composées la plupart des œuvres, les comiques aussi bien que les tragiques, celles de Larivey aussi bien que celles de Garnier[1]. Les conséquences d'un tel état de choses se devinent aisément, et nous aurons ci-dessous à les montrer.

Séparons, pour plus de clarté, l'histoire de la tragédie de celle de la comédie.

II. — *La tragédie.*

De Jodelle à Jacques de La Taille. — Au moment où Jodelle écrivait sa *Cléopâtre*, il n'avait encore paru qu'un petit nombre d'ouvrages traitant de la nature et des règles de la tragédie ; mais les idées fondamentales qui devaient prévaloir à ce sujet étaient déjà, si je puis dire, dans l'air, et sans doute elles avaient fait l'objet d'entretiens fréquents entre Ronsard et ses disciples. Déjà la nouvelle école s'était choisi ses modèles et ses législateurs.

Le premier modèle, c'était la tragédie grecque, et ce que les novateurs se proposaient avant tout, c'était de « chanter françoisement la grecque tragedie ». Mais la connaissaient-ils vraiment ? et, s'ils l'avaient connue, auraient-ils pu faire revivre cet incomparable produit de tous les arts et de toutes les inspirations ? Entre leurs mains, la tragédie des Eschyle et des Sophocle ne pouvait que perdre son intérêt religieux ou patriotique, le charme de la musique et de la danse, l'éclat de la décoration et des costumes, la beauté des nobles attitudes

---

1. Les arguments donnés en faveur de la représentation des comédies de Larivey sont sans valeur ; les tragédies de Garnier sont appelées par lui des *traités*, ce qui est un singulier nom pour des pièces de théâtre (dédicace des *Juives*) ; quant à *Bradamante*, la seule vraiment dramatique des œuvres de Garnier, le poète, dans son *Argument*, se contente d'en signaler la représentation comme possible : la pièce fut en effet jouée au commencement du xviie siècle, notamment à la cour. (Voir Héroard, aux 27 avril 1609, 29 juillet et 2 août 1611 ; cf. Malherbe, lettre du 4 août 1611).

d'acteurs ou de figurants; et dès lors, la question se posait de savoir si la tragédie, privée de tant d'éléments de succès, pouvait rester construite comme l'avaient construite les Grecs, si elle ne devait pas étendre son sujet, ou renforcer son intrigue, ou presser sa marche, si elle ne devait pas devenir plus dramatique, faible compensation après tant de pertes. Cette question, Jodelle ne l'examina même point. Il ne s'inquiéta que de mettre dans son œuvre ce qu'il trouvait dans ses manuscrits ou dans ses éditions des tragiques grecs; encore ne pouvait-il en reproduire l'essentiel, c'est-à-dire la grande poésie, la connaissance profonde du cœur humain, et bien d'autres choses encore. Sophocle se contentait d'un sujet restreint, il ne craignait pas les longues narrations, il usait du dialogue antithétique : Jodelle se promit de choisir un sujet aussi restreint que possible, d'employer le dialogue antithétique et les longues narrations. Sophocle avait écrit des chœurs : Jodelle écrirait des chœurs. Et cela fait, Jodelle aurait ressuscité Sophocle.

A vrai dire d'ailleurs, les tragiques du xvi⁰ siècle devaient parler des tragiques grecs plus qu'ils ne devaient les imiter. Écoliers de talent, mais écoliers en somme, ils sentaient le besoin d'avoir un modèle moins inaccessible — et ils le trouvèrent dans les tragédies de Sénèque, — comme ils sentaient le besoin d'être guidés par des règles précises — et ils les trouvèrent dans *la Poétique* d'Aristote.

Sénèque avait pour eux l'avantage d'écrire en latin et, par conséquent, d'être plus facile à lire que les Grecs; et surtout, il était, lui aussi, un tragique sans théâtre, ayant peu d'instinct dramatique, ami des déclamations éloquentes, des dissertations morales et des sentences. L'Italie l'avait admiré, représenté, imité; l'école classique anglaise allait, dans quelques années, le traduire sans relâche; comment la tragédie française eût-elle échappé à son influence? Quant à Aristote, on l'a appelé « le premier en date des critiques dramatiques français [1] », et ce mot piquant ne laisse pas d'être justifié par les tendances et les goûts artistiques du philosophe, si différents des goûts et des tendances de l'époque classique grecque. De plus, bien qu'Aristote soit

---

1. Faguet, *la Tragédie française au XVI⁰ siècle*, p. 35.

surtout un observateur, il tire volontiers de ses observations des conclusions pratiques : il blâme, il loue, il recommande. Les commentateurs de la *Poétique* n'ont qu'à faire un pas de plus, et à formuler comme une règle ce qu'Aristote ne donne que comme une recommandation, et voilà les apprentis dramaturges pourvus de ce code qu'ils désiraient afin de pouvoir s'y conformer. Que les commentateurs enchérissent ensuite les uns sur les autres, précisent ce qui était encore un peu vague, rendent plus rigoureuses les règles qui laissaient encore à l'auteur un peu de liberté ; et le code soi-disant aristotélique n'en aura que plus de prestige, et la gloire de lui obéir paraîtra la plus grande des gloires que le poète tragique puisse rechercher. « La tragédie s'efforce le plus possible de se renfermer dans une révolution du soleil, ou du moins de dépasser peu ces limites », dit Aristote : on tire de ces mots la règle de l'unité de temps. « L'on a tort de faire un reproche à Euripide de ce que beaucoup de ses tragédies aboutissent au malheur; en effet, cela est convenable » ; on tire de cette remarque la loi suivante : il faut que la tragédie ait un dénouement malheureux. — Enfin une nouvelle autorité s'ajoute à celle d'Aristote : celle d'Horace ; toutes les œuvres dramatiques auront cinq actes, parce que l'auteur de l'*Épître aux Pisons* l'a voulu ainsi, et jamais le sang ne coulera sur le théâtre, parce qu'ainsi a-t-il paru le vouloir :
Ne pueros coram populo Medea trucidet.

Telles sont, avec les œuvres tragiques récemment produites par l'Italie, les premières sources de la doctrine classique du XVIe siècle; mais ni Trissino, ni Robertello, ni les autres auteurs de *Poétiques* n'avaient nettement formulé cette doctrine ; la règle de l'unité de lieu surtout ne se trouvait encore nulle part, et il est remarquable avec quelle netteté Jodelle a distingué dès l'abord et appliqué les principes que devaient adopter tous les tragiques suivants [1]. En cela sans doute, Jodelle était guidé par son instinct de révolutionnaire : il tenait à réagir énergiquement contre les mystères et les moralités. La scène des mystères représentait plusieurs lieux : il ne fallait donc pas plusieurs lieux

---

1. On a insinué que Jodelle avait peut-être traduit l'Italien Giraldi, auteur, lui aussi, d'une *Cléopâtre* et d'une *Didon*. Je n'ai pu trouver la *Cléopâtre* de Giraldi ; mais sa *Didon* ne ressemble en rien à celle de Jodelle et elle est conçue dans un esprit beaucoup moins classique.

sur la scène ; les mystères ne tenaient aucun compte des prescriptions d'Aristote et d'Horace : il fallait donc suivre ces prescriptions et enchérir sur elles.

C'est par ce caractère de classicisme intransigeant, et non point par sa valeur littéraire, que la tragédie de *Cléopâtre captive* est intéressante. L'auteur y voulait peindre « les desirs et les flammes de deux amans » ; mais comme il fallait, pour obéir à Horace, prendre l'action vers son milieu, sinon vers sa fin, il a fait mourir Antoine avant que la pièce commençât, et il a divisé avec régularité et méthode la matière insignifiante qui lui restait. Cléopâtre s'est promis de mourir, et c'est le premier acte ; Octave veut l'empêcher de mourir, et c'est le second ; Cléopâtre persuade à Octave qu'elle ne se tuera pas, et c'est le troisième ; mais elle est plus que jamais résolue à se tuer, et c'est le quatrième ; nous apprenons enfin qu'elle a tenu sa promesse, et c'est le dernier. Tout le sujet se ramène à la mort de l'héroïne, laquelle a lieu pendant un entr'acte ; l'unité d'action est si parfaite, qu'elle équivaut presque à la nullité d'action. Même décision en ce qui concerne les autres unités. Entre le jour naturel et le jour artificiel, dont on discutait si c'était l'un ou l'autre qu'avait indiqué Aristote, Jodelle a choisi le jour naturel pour se mettre un peu plus à la gêne, et il n'accorde guère à son action qu'une douzaine d'heures. Enfin il la laisse constamment dans le même palais, celui de Cléopâtre, et dans le même endroit — vague, il est vrai, et indéterminé — de ce palais.

Maintenant, que trouverions-nous, si nous analysions la pièce ? une apparition d'ombre et un songe ? c'étaient les débuts dont usait Sénèque pour se débarrasser d'une des parties les plus délicates de sa tâche, l'exposition ; de longs monologues, un long récit final, des banalités philosophiques débitées par le chœur, des dialogues où les répliques concises et sentencieuses affectent de se croiser comme des épées, puis, dans le style, des comparaisons, des répétitions voulues, des réminiscences innombrables de la mythologie et de la littérature ? tout cela aussi rappelle Sénèque et annonce les cinquante années de tragédie qui vont suivre. La nouvelle école pouvait applaudir ; elle pouvait offrir à Jodelle un bouc, à la façon antique, et, en son honneur, entonner un pæan triomphal : il était impossible de se mettre plus délibérément en contradiction avec l'art du moyen âge.

Et pourtant, on tient toujours par quelque endroit à ses devanciers. Jodelle, qui voulait pour sa pièce un ton constamment grave et noble et qui croyait rompre avec le mélange du tragique et du comique, habituel dans les mystères, n'a pas seulement abusé des mots bas et de la trivialité ; il a maladroitement développé, il a transformé en scène de farce l'épisode de Plutarque où Séleucus dénonce à Octave le mensonge de Cléopâtre et où celle-ci donne libre cours à sa fureur. Contraste curieux ! Shakespeare a presque glissé sur cette scène, bien que son idéal tragique fût tout autre que celui de Jodelle, bien qu'il eût peint Cléopâtre comme une femme capricieuse, une reine d'Orient tyrannique et au besoin brutale, une courtisane couronnée. — Jodelle, au contraire, y a pesamment insisté, dans une œuvre où Cléopâtre ne devait être qu'une amante fidèle et une vaincue héroïque.

De *Cléopâtre captive* à *Didon se sacrifiant* il n'y a de progrès que pour le style. Celui de *Cléopâtre* était généralement lâche, emphatique, incorrect ; celui de *Didon* garde les mêmes défauts, mais l'imitation de Virgile lui a souvent communiqué plus de netteté et d'énergie [1]. Jodelle a aussi fait un effort pour donner plus d'ampleur et de mouvement à la tragédie : les actes sont beaucoup plus longs, et les allées et venues des personnages y sont plus nombreuses. Mais, outre que ces personnages ne sont pas vivants, le sujet ici encore est trop restreint. A peine la pièce commence-t-elle qu'on nous présente Énée comme irrévocablement décidé à quitter Carthage, et Didon comme devant ressentir de ce départ une telle douleur qu'elle en perdra sans doute la vie. Dès lors, que nous reste-t-il à attendre ? La mort

---

[1]. La versification aussi a changé. Renonçant à la versification très variée et très savante du moyen âge, Jodelle, abstraction faite des chœurs, n'avait plus employé dans *Cléopâtre* que deux vers différents, l'alexandrin et le décasyllabe ; *Didon* ne contient plus que des alexandrins, et il en est de même du *Jules César* de Grévin. Jean de La Taille revient au mélange de l'alexandrin et du décasyllabe ; mais il pratique dans le *Saül* l'alternance régulière des rimes (déjà inaugurée par La Péruse dans sa *Médée*), et il y renonce dans *la Famine*. Enfin Garnier, montrant plus de décision et jouissant de plus d'autorité, établit définitivement au théâtre le triomphe de l'alternance des rimes et du vers alexandrin.

de la reine, et cette mort aura lieu dans la coulisse. Des plaintes élégiaques et des déclamations qui s'étendent jusqu'à former cinq actes, voilà ce que nous donne Jodelle sous le nom de tragédie ; encore son élégie n'est-elle pas ordonnée sous forme de dialogue : sauf en quelques endroits, où ils se renvoient les uns aux autres des antithèses et des sentences, les personnages n'échangent que de longs discours.

Il est fort douteux que Jodelle ait vu représenter sa *Didon* ; et, lorsqu'il mourut en 1573, âgé seulement de quarante et un ans, il laissait, « achevées ou pendues au croc », un certain nombre de pièces de théâtre qui ne furent même pas imprimées. Le triomphe de 1552 n'avait donc pas eu pour lui de lendemain ; mais les acteurs improvisés de *Cléopâtre* n'avaient pas laissé de continuer son œuvre. La *Médée* de Jean de La Péruse (mort à vingt-cinq ans en 1554) n'est qu'une traduction, çà et là abrégée, çà et là développée, parfois remarquable pour le style, de la tragédie de Sénèque qui porte le même titre. Le *Jules César* de Grévin (1560) n'est pas non plus une œuvre vraiment originale, puisque l'auteur y a suivi de près le *Julius Caesar* de Muret; néanmoins il accuse un réel progrès sur les œuvres dont nous avons parlé jusqu'à présent. Non que les caractères y soient plus étudiés, l'intérêt mieux ménagé, les actes plus remplis, l'ensemble plus dramatique : la tragédie, chez Grévin, reste purement oratoire ; mais l'éloquence en est souvent nette et chaude. Le découragement de César est fortement marqué dans sa conversation avec Marc Antoine au premier acte :

> C'est peu d'avoir vaincu, puis qu'il fault vivre en doute.
> — Mais s'en peult-il trouver un qui ne vous redoute?
> — Celuy qu'un chascun craint doit se garder de tous.

Les plaintes de Calpurnie après la mort de son époux sont touchantes, l'enthousiasme de Marc Brute communicatif, le discours d'Antoine aux soldats plein de mouvement :

> Et vous, braves soldats, voyez, voyez quel tort
> On vous a faict, voyez, ceste robbe sanglante
> C'est celle de Cesar qu'ores je vous presente ;
> C'est celle de Cesar magnanime Empereur,
> Vray guerrier entre tous, Cesar qui d'un grand cueur

S'acquit avecque vous l'entiere jouissance
Du monde : maintenant a perdu sa puissance,
Et gist mort estendu, massacré pauvrement
Par l'homicide Brute.

Ainsi Grévin montrait que le style tragique pouvait avoir de l'énergie; Florent Chrestien, dans sa traduction ou dans son imitation du *Jephté* de Buchanan (1567), allait montrer qu'il pouvait avoir de la souplesse, de l'agrément et de l'harmonie : ce n'est pas l'instrument qui manque aux poètes tragiques du xvie siècle, c'est le sens et l'expérience du théâtre.

Jacques de La Taille n'avait pas eu le temps de les acquérir quand, vers 1560 ou 1561, à la veille d'une fin prématurée (1562), il composait *la Mort de Daire* et *la Mort d'Alexandre*. Aussi les bizarreries ne manquent-elles pas dans ces pièces, et la jeunesse — on pourrait dire la naïveté — de l'auteur s'y sent-elle partout, dans le plan, dans la composition, dans les caractères, dans le style. Il est équitable pourtant de faire observer qu'on les a beaucoup trop jugées d'après quelques vers ridicules cités par les frères Parfaict et par Suard. Il y a au moins une chose estimable dans ces œuvres, c'est l'effort de l'auteur pour nous donner une étude historique sérieuse. Son Darius a des accès d'énergie suivis d'un prompt et profond découragement, des emportements terribles alternant avec des scènes d'un attendrissement tout féminin. Il se méfie de ceux qui lui veulent le plus de bien et se montre crédule jusqu'à la sottise vis-à-vis des traîtres. Surtout il croit inutile de lutter contre la fatalité et, sentant venir le malheur et la mort, les attend avec une passivité qui n'est pas sans noblesse. Ce caractère de despote oriental n'eût plu que médiocrement au théâtre : il est intéressant à la lecture.

La seule tragédie de ce temps où l'on trouve de l'action et du mouvement scénique, c'est la tragédie étrange et, à bien des égards, monstrueuse de Gabriel Bounin, lieutenant de Châteauroux en Berry, *la Sultane*. On y lit des vers de quatorze syllabes; les Turcs y jurent par Mahomet, Toutan, Souman et Jupiter; les procédés, déjà traditionnels, de la tragédie y sont tous mis en œuvre, d'une façon bouffonne; et les scènes de carnage y sont commentées par un chœur — un chœur qui chante dans le sombre palais de Soliman, peuplé d'eunuques et de muets! Malgré tout, les actes sont régulièrement coupés et assez pleins, le dénouement est saisissant, et c'était une idée hardie, en 1561, cinq années avant la mort de Soliman, que de mettre en drame les intrigues de Roxelane et l'assassinat de Moustapha. Par l'intermédiaire des tragédies à sujets turcs de Bonarelli, de Mairet et de Tristan l'Hermite — très indirectement, on le voit — il se pourrait que *la Sultane* eût donné à Racine l'idée de *Bajazet*.

Les essais de conciliation entre le mystère et la tragédie. — Une œuvre aussi bizarre que celle de Bounin ne pouvait exercer une sérieuse influence sur les destinées de la tragédie; mais celle-ci ne se laissa même pas détourner de sa voie par une tentative autrement estimable et intéressante.

Dès 1551, Théodore de Bèze avait publié une pièce, de composition peut-être antérieure et qui fut jouée à Lausanne et en France, la *Tragédie française du sacrifice d'Abraham*. Par certains côtés, l'*Abraham* est un pamphlet calviniste : il débute par une longue diatribe contre les moines; par d'autres, il est encore un mystère : le sujet en avait été longuement traité dans le *Mistère du Viel Testament*[1] et les mauvaises pensées d'Abraham s'incarnent dans le personnage de Satan; mais on y trouve déjà de la tragédie l'unité, la simplicité, la conduite régulière, l'étude psychologique. Si Abraham et Isaac sacrifient à l'obéissance qu'ils doivent à Dieu les sentiments les plus naturels du cœur humain, ils n'en éprouvent pas moins ces sentiments avec force et ils ne les en rendent pas moins avec vérité. Voyez comme le père, au moment où, venant de prier Dieu, il se croit le plus fort contre les passions et les affections humaines, tremble pourtant en révélant à son fils sa terrible mission :

> Or ça, mon fils!... helas que veux je dire!
> — Plaist-il, mon pere? — Helas, ce mot me tue.
> Mais si faut-il pourtant que m'esvertue.
> Isaac mon fils! Helas, le cœur me tremble.
> — Vous avez peur, mon pere, ce me semble.
> — Ha, mon ami, je tremble voirement.

---

1. L'épisode du *Sacrifice d'Abraham* avait été l'objet de plusieurs représentations et publications particulières quelques années avant que Théodore de Bèze écrivît sa *Tragédie française*.

> Helas, mon Dieu! — Dites-moy hardiment
> Que vous avez, mon pere, s'il vous plaist.
> — Ha mon amy, si vous saviez que c'est.
> Misericorde, ô Dieu, misericorde !
> Mon fils, mon fils, voyez vous ceste chorde,
> Ce bois, ce feu, et ce cousteau icy?
> Isaac, Isaac, c'est pour vous tout ceci.

Très remarquable comme peinture du cœur humain, la *Tragédie française* de Théodore de Bèze manque d'étendue et d'ampleur. Autrement considérable à cet égard est la suite de *tragédies saintes* publiée en 1556 par Loys Des-Masures : *David combattant, David triomphant, David fugitif*. Ici encore, et même ici plus que tout à l'heure, nous sommes en présence de mystères. Les trois pièces qui se font suite rappellent les *journées* de l'âge précédent ; chacune d'elles est divisée, non en actes et en scènes, mais en épisodes, de nombre variable, séparés par des *pauses* ; le système décoratif est celui des théâtres populaires aux nombreuses *mansions*, et nous voyons en effet par les *prologues* et les *épilogues* que ces pièces ont dû être jouées sur une place publique. En outre, l'auteur donne un rôle à Satan, et peut-être le rôle le plus étendu de tous ; il aime les scènes familières ou même plaisantes ; il nous montre David dans les champs, Goliath à la tête des Philistins rangés en bataille, le camp de Saül plongé dans l'obscurité et le sommeil. Rien dans tout cela ne rappelle la tragédie. En revanche, l'action pour chacune des trois pièces ne dure qu'une douzaine d'heures ; un chœur et un demi-chœur font entendre des chants alternés ; l'intrigue est plus régulière et moins lâche que dans la plupart des mystères précédents.

Il convient pourtant de se garder de toute exagération, et M. Faguet, auquel revient l'honneur d'avoir le premier signalé le mérite des *David*, en a trop dissimulé les parties archaïques et les faiblesses. En réalité, ce sont à peine des drames que *David combattant* et *David fugitif*, à moins qu'une grande scène, retardée plutôt que préparée par un grand nombre d'autres scènes médiocrement liées, ne suffise à constituer un drame. David pouvait triompher de Goliath sans tant de manœuvres et de délibérations militaires ; il pouvait épargner son ennemi Saül, sans que Des-Masures insistât aussi longuement sur l'amitié de

Jonathan pour David, sur les perfidies de Doëg, sur le complot des adversaires de David contre ses partisans, toutes choses qui ne produisent rien. Seul, *David triomphant* contient un drame — l'amour de la jeune Michol pour le vainqueur de Goliath, — et Des-Masures n'a pas su y ramener toute sa pièce; pour mieux dire, il ne l'a pas voulu, cette pièce, comme les deux autres, étant plutôt faite en vue d'une grande scène : l'entrée de David à Gabaa, les acclamations enthousiastes du peuple, et la jalousie subite, mais désormais incurable, de Saül. Entre le système des *journées* intimement unies dans un mystère unique et celui des tragédies distinctes se suivant pour former une trilogie, Des-Masures n'a pas su nettement choisir. Partout, d'ailleurs, c'est le même mélange de bonnes intentions et de maladresses. David, dans la Bible, avait deux fois épargné Saül : Des-Masures a compris qu'il ne fallait mettre à la scène qu'un de ces actes de clémence, mais, en rappelant l'autre à plusieurs reprises, il a compromis en partie l'effet de son dénouement. — David se montre à nous dans un grand nombre de situations et d'attitudes agréablement variées; mais partout et toujours il est le même esclave des volontés de Dieu, le même vainqueur de Satan — tentateur médiocre, il faut bien le dire, — le même prédicateur infatigable et, à la longue, fastidieux.

Si les faiblesses ne manquent pas dans les pièces de Des-Masures, les beautés n'y manquent pas non plus : la principale est le rôle délicieux de Michol. Fille cadette de Saül, Michol sent son cœur doucement ému quand on parle devant elle de la gloire récente de David, elle souffre sans savoir pourquoi si on déprécie devant elle le jeune vainqueur; et pourtant elle ne sait pas encore ce qu'est l'amour, elle n'a pas encore vu David, et elle ne saurait aspirer à l'épouser, puisqu'il est promis à Mérob, sa sœur aînée. Bientôt elle le voit, et ses sentiments se précisent. Elle le sait persécuté, et son cœur déborde à le sentir malheureux :

Mon Dieu, conforte moy, mais (*ou plutôt*) conforte David.

Outre cette délicate peinture de l'amour ingénu, il faudrait citer des passages où le sentiment religieux s'exprime avec grandeur; il faudrait surtout louer « une certaine aisance d'allure, un goût de naturel et de vrai, l'étendue du développement dramatique, l'importance du spectacle et le penchant à mettre les choses sous les yeux du spectateur ». Pourquoi donc la tentative de Des-Masures n'a-t-elle pas amené la tragédie du xvie siècle à emprunter au mystère ces qualités? Est-ce, comme le veut M. Faguet, parce que « le goût français n'était pas de son naturel enclin à comprendre ainsi la tragédie »? Cette explication me paraît incompatible avec les longs succès obtenus, en divers temps, par le mystère même, par la tragi-comédie et par le *drame*. Ne serait-ce pas plutôt parce que, la tragédie du xvie siècle n'arrivant pas devant le grand public et n'étant cultivée, applaudie, lue que par ses partisans, toute réforme sérieuse en paraissait inutile et toute tentative de conciliation faite par les partisans des mystères était repoussée d'avance? Les *tragédies saintes* de Des-Masures ne servirent qu'à faire adopter des sujets bibliques par Jean de La Taille ; elles ne firent rien changer ni à la pratique ni à la théorie de la tragédie soi-disant classique.

Les théoriciens de la tragédie : J.-C. Scaliger et Jean de La Taille. — Cinq ans après la publication des *David*, en 1561, la théorie de la tragédie trouvait dans la *Poétique* de Scaliger son expression, non pas la plus profonde, certes, ni la plus complète, mais la plus systématiquement étroite. Admirateur fervent de Sénèque, qu'il estimait supérieur à Euripide ; disciple fanatique d'Aristote, dont il érigeait les observations en lois et dont il comblait les lacunes vraies ou supposées avec une terrible logique, Scaliger était de tout point d'accord avec les tragiques qui l'avaient précédé ; il n'a formulé aucune règle que Jodelle et Grévin — un théoricien aussi, d'ailleurs — n'eussent appliquée déjà. Un sujet et un style graves, des personnages de condition élevée, un dénouement qui inspire l'effroi, cinq actes terminés par les chants d'un chœur, des sentences nombreuses, n'est-ce pas ce que Jodelle avait voulu mettre, dès 1552, dans sa *Cléopâtre*? Scaliger ne veut pas s'occuper de la mise en scène, et Jodelle l'avait supprimée ; Scaliger demande l'unité d'action et une fable très courte, il veut qu'on prenne le sujet par son milieu, qu'on commence tout près de la crise, et c'est bien ainsi que Jodelle avait entendu la composition d'une tragédie ; il demande que l'action dure cinq ou six heures, et Jodelle avait été à peine moins rigoureux. Pour l'unité de lieu, à laquelle Jodelle avait aussi voulu se soumettre, Scaliger, n'en trouvant pas trace dans Aristote, n'en parle point ; et pourtant, elle aussi, découlait de ce principe que Scaliger avait nettement posé : il faut respecter la vraisemblance.

Insistons sur ce principe : plus encore que l'imitation des anciens, plus encore que les règles des érudits, c'est lui qui battra en brèche et qui jettera à terre le théâtre du moyen âge. Le théâtre du moyen âge était le triomphe des conventions scéniques ; là, un décorateur posait cinq ou six *mansions* sur la scène, et il était convenu entre l'auteur et les acteurs d'une part, le public de l'autre, que ce dernier avait sous les yeux à la fois Rome, Paris, Antioche, Jérusalem, toute une mappemonde ; là, un personnage se transportait d'un bout de la scène à l'autre pendant qu'on récitait quelques vers, et il était convenu que tout le temps nécessaire à un long voyage, quinze jours, un mois, deux mois, s'était écoulé. Parler de vraisemblance, au sens étroit qu'on va si souvent donner à ce mot, c'était rejeter toutes ces conventions, et, lorsque le besoin de cette vraisemblance se sera emparé de tout le public, lorsqu'on ricanera au théâtre de procédés que personne autrefois ne songeait à contester, l'art dramatique du moyen âge n'aura plus qu'à disparaître et l'heure aura sonné pour le triomphe d'une formule artistique nouvelle.

Pour le moment, ce n'est qu'entre érudits et raffinés qu'il est question de vraisemblance, comme de règles et d'imitation des anciens. Aussi le théâtre du moyen âge poursuit-il sa carrière, pendant que la tragédie poursuit la sienne. A cette dernière Scaliger n'a donné aucune impulsion nouvelle, il a seulement contribué, avec l'autorité que lui donnaient sa science et son pédantisme, à lui maintenir le caractère qu'elle avait pris d'elle-même tout d'abord. En 1566, Nicolas Filleul faisait jouer une *Lucrèce* aussi régulière que vide ; la même année, André de Rivaudeau publiait un *Aman* aussi vide que régulier. Ce sont là, si l'on veut, les premiers fruits des doctrines de Scaliger, et ils ne sont pas plus nouveaux qu'elles. Seulement la théorie de la vraisemblance allait se précisant, et, en tête de son *Aman*,

Rivaudeau écrivait : « Ces tragedies sont bien bonnes et artificielles (*faites avec art*), qui ne traictent rien plus que ce qui peut estre advenu en autant de temps que les spectateurs considerent l'esbat. » Exiger tant de vraisemblance de l'action, quand d'ailleurs on ne mettait pas d'action dans ses pièces, c'était bien là le fait de raisonneurs et de logiciens! De vrais auteurs dramatiques eussent procédé tout autrement.

Un homme a plus fait que Scaliger, sinon pour répandre, du moins pour coordonner et pour compléter la doctrine classique sur la tragédie : c'est Jean de La Taille. Frère aîné de Jacques (il naquit entre 1532 et 1542 et mourut en 1611 ou 1612), fils d'un père ignorant, mais qui eut soin de le faire instruire, étant d'opinion « que le sçavoir est le seul parement d'un gentilhomme », Jean de La Taille partagea sa vie entre les armes et les lettres. D'abord huguenot peu farouche, puis catholique tolérant, politique toujours, il fut blessé à Arnay-le-Duc en 1570, à côté d'Henri de Navarre, se retira dans ses terres de Bondaroy, et, en 1595, ajouta à cet admirable pamphlet contre les fanatiques catholiques, la *Satyre Ménippée*, son petit pamphlet personnel : l'*Histoire abrégée des singeries de la ligue*. Comme poète, il composa des tragédies et des comédies, une satire vigoureuse : *le Courtisan retiré*, et un grand poème politique et patriotique resté inédit jusqu'à nos jours : *le Prince nécessaire*. *In utrumque paratus*, prêt pour les lettres comme pour les armes, telle était sa devise; et en effet, dans les camps il lisait et écrivait ; dans ses dissertations littéraires il bataille. L'*Art de la tragédie*, publié en 1572, en tête de la tragédie de *Saül*, contient des épigrammes contre les courtisans, contre les nobles, ennemis de la science, contre les représentations des collèges, contre les tragédies informes de son temps, contre les mystères surtout, les moralités et les farces.

Respect pour Aristote, Horace et Sénèque, mépris du drame populaire, telles sont ses deux sources d'inspiration. N'insistons pas sur les prescriptions qui lui sont communes avec Scaliger : les personnages de condition élevée, le sujet « piteux », pris « vers le milieu ou vers la fin », le dénouement funeste, les cinq actes, le chœur. De la théorie de la vraisemblance, il fait une application tout à fait imprévue : « il faut aussi se garder de ne faire chose sur la scene qui ne s'y puisse commodement et honnestement faire, comme de n'y faire executer des meurtres et autres morts ». Pourquoi cela ? parce que « chascun verra bien tousjours que c'est, et que ce n'est que faintise ». Pour l'intrigue, La Taille, après Aristote, y attache une grande importance : « C'est le principal point d'une tragedie de la sçavoir bien disposer, bien bastir, et la deduire de sorte qu'elle change, transforme, manie et tourne l'esprit des escoutans deçà delà, et faire qu'ils voyent maintenant vne joye tournee tout soudain en tristesse, et maintenant au rebours à l'exemple des choses humaines. Qu'elle soit bien entre-lassee, meslee, entre-couppee, reprise, et sur tout à la fin rapportee à quelque resolution et but de ce qu'on avoit entrepris d'y traicter. Qu'il n'y ait rien d'oisif, d'inutile, ny rien qui soit mal à propos. » Si à ce passage remarquable on ajoute la recommandation suivante : « il faut... faire de sorte que, la scene estant vuide de joueurs, un Acte soit finy, et le sens aucunement parfait », autrement dit : toutes les scènes doivent être liées dans l'intérieur d'un acte, et chaque acte doit avoir son unité propre dans la grande unité de la pièce ; si enfin on note l'insistance avec laquelle La Taille demande pour sujet de la tragédie une aventure terrible et extraordinaire, on se convaincra que la doctrine de La Taille eût frappé et séduit Corneille. Elle est couronnée par la règle des trois unités, complète cette fois : « Il faut tousjours representer l'histoire ou le jeu en un mesme jour, en un mesme temps, et en un mesme lieu. » *En un même jour* : La Taille combat ainsi les *journées* qui empêchent l'unité d'action dans les *jeux* du théâtre populaire ; *en un même temps* : La Taille, qui écrit des tragédies, a soin de ne pas préciser le temps autant que Scaliger, un simple érudit ; *en un même lieu* : c'est la première fois en France que l'unité de lieu est formulée, et La Taille n'a été devancé que de deux ans par Castelvetro [1].

---

[1]. Bien que la formule de Jean de La Taille ait été souvent citée, l'interprétation que nous en donnons est en partie nouvelle. Jusqu'ici on a paru admettre, sans s'en étonner, que *en un même jour* et *en un même temps* forment pléonasme. Le pléonasme serait singulier, et il n'existe pas ; La Taille songe ici aux mystères en général, et aux trois *David* de Des-Masures en particulier. Qu'on en juge. Le sujet d'une tragédie, dit-il, doit être « si pitoyable et poignant de soy, qu'estant mesme en bref et nument dit engendre en nous quelque passion : comme qui vous conterait d'un... qui ne pouvant trouver un bourreau pour finir ses jours et ses

Jean de La Taille poète tragique. — Comment Jean de La Taille a-t-il observé ses propres prescriptions? Comme un poète de talent doué d'un véritable instinct dramatique et parfaitement dépourvu d'expérience. Il a conduit sa pièce à peu près comme les pièces antérieures et, prenant son sujet vers le milieu, il a donné à son lecteur « ceste attente et ce plaisir d'en sçavoir le commencement, et puis la fin apres ». Il n'a pas su trouver l'intrigue forte dont il avait tant parlé, car c'est un métier de forger une intrigue comme de faire une pendule, et les secrets de ce métier ne se peuvent découvrir du premier coup. En revanche, après n'avoir parlé dans son *Art de la tragédie* ni de philosophie dramatique, ni de peinture des caractères, ni de poésie, il a mis dans sa pièce une grande pensée religieuse, un caractère vigoureusement tracé, des scènes rudement écrites et versifiées, mais belles en somme et saisissantes ; et c'est par là que tient une place éminente parmi les productions dramatiques du xvie siècle *Saul le furieux, tragedie prise de la Bible, faicte selon l'art et à la mode des vieux Autheurs tragiques.*

Voici l'idée très haute qui domine toute la pièce. Nous sommes tous dans la main de Dieu, qui nous mène selon des vues impénétrables, et c'est une folie, c'est un crime que de vouloir connaître ces vues et de lui en demander compte. Sachons que Dieu se sert de nous, mais persuadons-nous en même temps qu'il s'en sert peut-être à des fins tout autres que celles dont notre raison nous donne l'idée. Saül avait reçu de Dieu l'ordre de détruire tout ce qui vivait dans la ville d'Amalec, et non pas seulement les hommes, mais aussi les animaux; et pourtant Saül avait laissé la vie au bétail le plus gras et avait

---

maux, fut contraint de faire ce piteux office de sa main ». Quel sujet vante ici l'auteur? celui de son propre *Saül*; et quels sujets blâme-t-il comme « froids et indignes du nom de tragedie »? ceux justement qu'ont traités de Bèze et Des-Masures : « Celuy du sacrifice d'Abraham, où cette fainte de faire sacrifier Isaac, par laquelle Dieu esprouve Abraham, n'apporte rien de malheur à la fin : et d'un autre où Goliath ennemy d'Israël et de nostre religion est tué par David son hayneux, laquelle chose tant s'en faut qu'elle nous cause quelque compassion que ce sera plustost un aise et contentement qu'elle nous baillera. » Ainsi La Taille blâme Des-Masures d'avoir si mal choisi le sujet de *David combattant*, alors que, quelques pages plus loin, la Bible lui offrait l'excellent sujet de *Saül le furieux*. *David combattant* faisant partie d'un mystère en trois journées, comment se méprendre sur les intentions de notre auteur quand immédiatement après il ajoute : « Il faut tousjours representer l'histoire ou le jeu (le jeu, c'est le terme même du moyen âge) en vn mesme jour, en un mesme temps, et en un mesme lieu »?

épargné le roi Agag. Dès ce jour, l'esprit de Dieu l'avait abandonné, l'esprit malin était entré en lui, la défaite et une mort misérable allaient être la conclusion d'un glorieux règne. En quoi donc sa clémence avait-elle été un crime irrémissible? Pourquoi Dieu l'avait-il tiré de son obscurité, de sa tranquillité, s'il fallait que tant d'honneurs et de puissance aboutissent à cet effondrement? Saül se le demande en vain avec effroi. Il meurt, frappé par sa propre main, après avoir vu mourir ses fils; c'est David — ce David qu'il a poursuivi de sa jalousie et de sa haine — qui lui succède; et David n'accepte sa couronne qu'avec tremblement, car il sait, lui, que le roi est plus que tout autre un simple instrument dans la main de Dieu.

Un pareil sujet prêtait à des dissertations : Jean de La Taille a su les éviter pour consacrer tous ses efforts au développement du caractère de Saül, et M. Faguet, le premier, l'a bien fait voir dans la belle analyse qu'il a donnée de la tragédie. Ajouterai-je que M. Faguet l'a trop fait voir, et qu'il a prêté à *Saül le furieux* une partie de la grandeur soutenue, de la dramatique progression et surtout des effets de théâtre qu'il y signale? La Taille s'est condamné à beaucoup d'invraisemblances en faisant tenir son action dans un seul lieu et dans une douzaine d'heures, à beaucoup de lourdeur et d'obscurité en ne faisant son exposition qu'après être entré d'abord *in medias res*; les vers qui contiennent la conclusion morale de la pièce se dissimulent au milieu du cinquième acte; et les beaux effets du rôle de Saül ne sont souvent dus qu'à une imitation exacte de la Bible. Malgré tout, le roi maudit est bien l'âme de la pièce; il y a ici des intentions dramatiques auxquelles les poètes antérieurs ne nous avaient point habitués; ce sont de belles scènes, fortes et bien conduites, que celle où Saül est humilié, puis aidé, puis consolé par la pythonisse d'Endor, autrefois par lui proscrite, et celle où David pleure sur son ennemi Saül en acceptant une puissance qu'il redoute; enfin, de l'œuvre entière se dégage une tristesse poignante et noble, « cette tristesse majestueuse » qui, d'après Racine, « fait tout le plaisir de la tragédie ».

La Famine ou les Gabéonites (1573) est une œuvre moins estimable que *Saül le furieux* : la composition en est moins nette; il n'y a ni grande idée directrice ni peinture de caractère;

le fond, trop maigre, s'y réduit à une situation dramatique; l'originalité même fait souvent défaut à l'écrivain et au dramaturge.

Jean de La Taille voit dans la Bible que la mort de Saül ne suffit pas à apaiser la colère de l'Éternel ; une famine de trois ans sévit sur la Judée, parce que Saül a autrefois mis à feu et à sang le pays des Gabéonites et que satisfaction doit être donnée à ce peuple : la satisfaction exigée par lui est la mort des fils et des petits-fils de Saül. A la lecture de ce récit, La Taille se souvient des *Troyennes* de Sénèque, où Astyanax aussi doit être livré au supplice. Pourquoi la veuve de Saül ne cacherait-elle pas ses fils et petits-fils dans le tombeau de son époux, comme Andromaque avait caché Astyanax dans le tombeau d'Hector ? Pourquoi n'en seraient-ils pas arrachés par les ruses et la violence d'un général de David, comme Astyanax était arraché de son asile par les ruses et la violence d'Ulysse ? Ainsi Rezèfe va remplacer Andromaque, et Joab, Ulysse, ce qui fait que Mérobe, mère des petits-fils de Saül, n'aura pas d'équivalent dans la tragédie de Sénèque et embarrassera fort Jean de La Taille. Le troisième acte des *Troyennes* formera le centre de la pièce nouvelle ; le songe d'Andromaque, devenu le songe de Rezèfe, formera une exposition ; le récit final formera le dénouement ; et si la pièce n'est pas assez longue, il suffira d'ajouter une nouvelle exposition où paraîtra David. Par suite de ce plan, la double exposition, assez mal disposée d'ailleurs, forme environ deux actes ; le cinquième acte contient des passages émouvants, mais l'ensemble en paraît froid parce qu'il y a de la rhétorique et que Rezèfe, le personnage intéressant de la pièce, n'est pas là pour entendre le récit de la catastrophe ; les vraies beautés de l'œuvre forment donc deux actes, et je ne puis les louer toutes, car une bonne part en appartient à Sénèque. La Taille ne devient original qu'au moment où Rezèfe, désespérant d'attendrir Joab, se tourne vers ses fils et s'aperçoit qu'ils n'imitent ni ses plaintes ni ses fureurs :

> Mais vous, mes chers enfants,
> Vous n'estes point palles, mornes ny blesmes,
> Vous vous taisez ?

Le stoïcien Sénèque avait mis dans la bouche d'Astyanax un mot de supplication : « *Miserere, mater* »; La Taille, plus stoïcien que son maître, a mis dans l'âme des fils de Saül une fierté, une hauteur, une sérénité qui, moins naturelles peut-être, n'en sont pas moins d'un grand effet. Rezèfe n'a plus à lutter seulement contre Joab, mais contre ses fils; le dialogue devient pressant et, par la pensée du moins, presque sublime :

> Mais qui vous rend coupables de la mort?
> — Vaut-il pas mieux que nous mourions à tort
> Que justement? . . . . .
> — Mais vous mourrez par le mesme supplice
> Que meurent ceux desquels on fait justice,
> Comme meurtriers, faussaires et larrons.
> — Pensez, pensez, non comme nous mourrons,
> Mais pourquoi c'est.

Et, après une admirable scène d'adieux, ils marchent à la mort, et la mère est gagnée par leur héroïsme :

> Mais ils s'en vont. Que feray-je? où iray-je?
> Suyuon, suyuon : mais auray-je le cœur
> De regarder de leur tourment l'horreur?
> Et pourquoi non? puisqu'ils ont le pouvoir
> De le souffrir, ne le pourray-je voir?

On voit que dans le détail l'auteur de *Saül* se retrouve tout entier : il pense noblement et il sent en homme de théâtre. Nul doute qu'en d'autres temps et avec plus de style, Jean de La Taille n'eût été un poète tragique remarquable; tel qu'il est, et malgré son prompt découragement, il marque l'apogée de la tragédie du xvi⁰ siècle comme œuvre dramatique. L'apogée de la tragédie comme œuvre poétique va être marquée par Robert Garnier.

Robert Garnier (1534-1590). — Voici le plus grand nom de la tragédie du xvi⁰ siècle, le poète auquel, dès ses débuts, les contemporains sacrifièrent tous les tragiques, français ou grecs. Né en 1534, à la Ferté-Bernard, Garnier fut successivement avocat au parlement, conseiller et lieutenant criminel au siège présidial et sénéchaussée du Maine. Après s'être fait connaître par un volume de *Plaintes amoureuses*, il publia ses pièces de 1568 à 1583, et par conséquent de trente-quatre à quarante-neuf ans, dans toute la force de l'âge. Il en dédia le recueil au roi, ce qui montre toute l'estime qu'il avait lui-même pour ses tragédies. Et en effet Garnier est loin d'être sans mérite. C'est un orateur et un poète : un orateur souvent verbeux et d'une insupportable érudition, mais ne manquant ni de mouvement, ni d'éclat, ni même de grandeur, « quelque chose, a dit M. Faguet, comme Corneille en rhétorique »; — un poète d'un goût peu sûr, mais à l'occasion gracieux et touchant, ayant un sentiment très vif du rythme et surtout du rythme lyrique, excellant à frapper une sentence comme une médaille ou à moduler des strophes qui sont une musique.

On peut citer de lui un grand nombre de beaux vers :

> Qui meurt pour le païs vit eternellement.
> (*Porcie*, II.)

> Et quel plus grand honneur sçauroit-on acquerir
> Que sa douce patrie au besoing secourir?
> Se hazarder pour elle, et courageux respandre
> Tout ce qu'on a de sang pour sa cause defendre?
> (*La Troade*, I.)

> Le soldat ennemi la regarde (*la ville de Troie*) et s'estonne,...
> Tant elle apparoist grande et superbe en tombant.
> (*La Troade*, I.)

> Ne regardez au crime, ainçois à vostre gloire,
> Soyez fier en bataille et doux en la victoire,
> Vostre honneur est de veincre et sçavoir pardonner.
> (Sédécie à Nabuchodonosor, *Les Juifves*, IV).

ULYSSE
> On vous fera mourir d'un horrible trespas.

ANDROMACHE
> La mort est mon desir; si me voulez contraindre
> Venez-moy menacer de chose plus à craindre,
> Proposez-moy la vie.   (*La Troade*, II.)

> Hélas ! ce n'est pas tout, car tout soudain nous vismes
> Presenter vos enfans comme pures victimes.
> Si tost que Sedecie entrer les apperceut,
> Transporté de fureur se contenir ne sceut :
> Il s'eslança vers eux, hurlant de telle sorte
> Qu'une Tygre, qui voit ses petits qu'on emporte.
> Les pauvres Enfantets, avec leurs dois menus
> Se pendent à son col et à ses bras charnus,

> Criant et lamentant d'une façon si tendre,
> Qu'ils eussent de pitié faict une roche fendre.
> Ils luy levoyent les fers, et d'efforcemens vains,
> Taschoyent de luy saquer les menottes des mains,
> Les alloyent mordillant, et ne pouvant rien faire,
> Ils prioyent les bourreaux de deferrer leur pere.
>
> (*Les Juifves*, V).

On doit louer les chœurs de ses tragédies, qui sont généralement harmonieux et agréables : pourrait-on, par exemple, n'être pas touché par ces chants plaintifs des Juives exilées à Babylone?

> Comme veut-on que maintenant
> Si desolees
> Nous allions la flute entonnant
> Dans ces valees?
>
> Que le luth touché de nos dois
> Et la cithare
> Facent resonner de leur voix
> Un ciel barbare?
>
> Que la harpe, de qui le son
> Tousjours lamente,
> Assemble avec nostre chanson
> Sa voix dolente?...
>
> Hélas! tout soupire entre nous,
> Tout y larmoye :
> Comment donc en attendez-vous
> Un chant de joye?
>
> (*Les Juifves*, III.)
>
> Nous te pleurons, lamentable cité,
> Qui eut jadis tant de prosperité,
> Et maintenant, pleine d'adversité,
> Gis abbatue.
>
> Las! au besoing tu avois eu toujours
> La main de Dieu levee à ton secours,
> Qui maintenant de remparts et de tours
> T'a devestue?...
>
> Il t'a laissee au milieu du danger,
> Pour estre esclave au soudart estranger,
> Qui d'Assyrie est venu saccager
> Ta riche terre.
>
> Comme lon voit les debiles moutons
> Sans le pasteur courus des loups gloutons :
> Ainsi chacun, quand Dieu nous reboutons,
> Nous faict la guerre.
>
> (*Les Juifves*, II).

C'est donc un remarquable écrivain que Robert Garnier; mais si on étudie en lui l'auteur dramatique, comment ne pas mettre une sourdine à l'éloge?

Toutes les pièces de Garnier ne sont d'ailleurs pas construites de la même sorte. L'auteur avait assez de bon sens, écrivant des tragédies, pour comprendre en partie ce qu'une tragédie devait être et pour sentir que les œuvres qu'il appelait de ce nom auraient pu mieux le mériter. Il perfectionna ses procédés autant que le pouvait un homme auquel manquait la véritable expérience, celle de la scène. On distingue ainsi dans sa carrière plusieurs périodes, plusieurs *manières*, comme dirait un critique d'art. L'une comprend *Porcie*, *Cornélie* et *Hippolyte*; l'autre *Marc-Antoine*, *la Troade* et *Antigone*; les dernières *Bradamante* et *les Juives*.

Mettons à part la *Bradamante*, à laquelle Garnier a donné le titre de tragi-comédie. Pour les tragédies proprement dites, les différences que nous trouvons entre elles ne doivent pas nous empêcher de reconnaître qu'elles sont nées d'une commune inspiration : que le sujet en soit grec, romain ou biblique, elles doivent toutes beaucoup à Sénèque. *Hippolyte*, *la Troade*, *Antigone* sont faites sur des sujets que Sénèque avait déjà traités : Garnier en a donc calqué les plans sur ceux d'*Hippolyte*, des *Troades* et des *Phéniciennes* de Sénèque, en y introduisant seulement quelques imitations d'Euripide, ou de Sophocle, ou encore de Sénèque. — Oui, de Sénèque ! Pour ne pas toujours suivre l'*Hippolyte* du philosophe latin dans son *Hippolyte*, Garnier suit par endroits les tragédies d'*Agamemnon* et de *Médée* du même philosophe. Pour se délasser de suivre les *Troades*, il emprunte de temps en temps à *Médée* et à *Hercule sur l'Œta*. Quant à *Porcie*, à *Cornélie*, à *Marc-Antoine*, aux *Juives*, dont les sujets n'ont pas été traités par Sénèque, Garnier sait cependant les rendre tributaires de son auteur favori : *Cornélie* et *Marc-Antoine* rappellent fort *Octavie*; *les Juives* sont pleines de réminiscences d'*Octavie*, des *Troades* et surtout de *Thyeste*; *Porcie* est une mosaïque dont les pierres sont empruntées à *Thyeste*, à *Hippolyte*, à *Octavie*, à *Hercule furieux*, à *Hercule sur l'Œta*, aux *Troades*. « Comme la façon d'écrire de Sénèque semblait à Garnier plus juste et plus réglée que celle des Grecs, nous dit Scévole de Sainte-Marthe, il tâcha d'imiter cet excellent auteur, en quoi il réussit parfaitement. » Trop parfaitement, en effet. Au début surtout, les tragédies de Garnier sont une aggravation de celles de Sénèque; comme œuvres dramatiques, elles sont inférieures même à celles de Jodelle.

Les deux premières manières de Garnier. — La tragédie de *Porcie* (1568) est construite comme le discours de l'avocat général maître Jean de Broë, dont s'est moqué Paul-Louis Courier : elle est composée de quatre exordes et d'une conclusion, — je veux dire de quatre prologues et d'un dénouement. Après le premier acte, formé d'un monologue de Mégère, nous savons seulement qu'il va être question des guerres civiles de Rome. Dans le second, où se trouvent deux monologues encore, nous croyons voir que Porcie est le principal personnage et qu'elle craint la défaite et la mort de son mari Brutus. Mais le troisième ne contient, après un monologue philosophique d'un certain Arée, que des discussions de politique générale entre des personnages nouveaux : Octave, Antoine, Lépide, Ventidie. Au quatrième acte, Porcie reparaît, pour entendre un long récit de la mort de Brutus; or ce récit ne nous apprend rien, Octave nous ayant incidemment annoncé la mort de Brutus dès l'acte précédent; il n'amène rien non plus, Porcie ayant soin de ne pas se tuer pour laisser de la matière au cinquième acte. Celui-ci arrive enfin, on nous raconte en détail la mort de Porcie, et la tragédie finit... sans avoir commencé.

La marche d'*Hippolyte* (1573) est infiniment plus raisonnable que celle de *Porcie*. Le sujet est trop restreint, il se développe trop lentement, il oblige le poète qui veut remplir son cadre à trop de déclamations et de longueurs; mais il est net du moins, et la pièce entière est employée à le traiter. En dépit des grossièretés de sentiment et de langage, il y a ici un commencement de peinture de caractère qui nous permet de nous intéresser aux personnages de Phèdre et d'Hippolyte. Enfin nous trouvons une scène vraiment belle, celle de la déclaration. Malheureusement scène, caractères et plan sont également de Sénèque. Toute l'originalité de Garnier s'est bornée à réunir deux actes en un; à combler la lacune qui en résultait en plaçant en tête de la pièce un monologue dont l'idée était due à Sénèque lui-même; à mettre çà et là, et notamment dans son dernier acte, quelques beaux vers et quelques sentiments pathétiques.

Cornélie, en 1574, témoigne de plus d'indépendance, et, du coup, le décousu de *Porcie* est dépassé. Le premier acte ne nous nomme même pas Cornélie; le second nous la montre, mais ne nous laisse pas deviner le sujet de ses préoccupations; au troisième, il est un instant question de Métellus Scipion, père de l'héroïne, mais notre attention est vite attirée par les lamentations de Cornélie sur les restes de Pompée et par l'ardeur avec laquelle elle souhaite la mort de César; au quatrième nous n'avons plus de doute, et tout ce qui disent Cassius, Décimus

Brutus, César, Antoine nous confirme dans l'idée que le meurtre de César est le sujet de la tragédie; le cinquième acte nous détrompe : c'est de Métellus Scipion, non de César, que l'on nous raconte la mort, et nous ne voyons même pas se tuer Cornélie, ce qui serait un semblant de conclusion. De beaux vers, des discours éloquents, des répliques énergiques, des récits d'un beau mouvement épique, il y a de tout cela dans *Cornélie*; mais Garnier, en ce moment, ne songe pas qu'on puisse mettre dans la tragédie autre chose.

Il s'était ravisé, semble-t-il, quand, de 1578 à 1580, après un silence de quatre ans, il publie coup sur coup trois nouvelles pièces. Maintenant Garnier veut mettre dans ses tragédies de l'action et du mouvement; mais, comme il serait trop difficile de mettre le mouvement dans les âmes mêmes des personnages et de faire sortir naturellement l'action de l'opposition des caractères; comme il serait trop dur de renoncer aux monologues, aux déclamations et aux banales discussions philosophiques, il ne reste d'autre moyen pour rendre les tragédies plus pleines et plus intéressantes que d'en rendre les sujets plus vastes ou d'y juxtaposer plusieurs tragédies antiques. L'action, il est vrai, ne commencera plus « vers son milieu ou vers sa fin »; il n'y aura même plus d'unité d'action : tant pis! Garnier est résigné même à faire couler le sang pour animer ses pièces; dans le sentiment de son impuissance, le classicisme aux abois est prêt à atteindre les dernières limites de l'irrégularité.

Ces réflexions ne s'appliquent encore qu'en partie à *Marc-Antoine* (1578). Le sujet est le même que celui de la *Cléopâtre* de Jodelle; mais Garnier n'a pas voulu pour sa pièce d'une matière aussi pauvre que celle dont avait usé son devancier. Il fallait qu'Antoine fût vivant au début de l'œuvre nouvelle; que le dénouement fût formé par deux morts, et non plus par une seule; et qu'ainsi, la pièce comportant deux personnages essentiels au lieu d'un (ou, si nous comptons Octave, trois au lieu de deux), l'intrigue fût autrement forte et attachante. — Elle l'est moins, quelque invraisemblable que la chose puisse être, car Jodelle avait opposé Cléopâtre à Octave, et Garnier n'a opposé personne à personne. Cléopâtre ne rencontre jamais ni Octave ni Antoine; Octave et Antoine ne se voient point; Octave annonce qu'il accablera la reine de promesses trompeuses pour la décider à vivre, et il n'en fait rien : *Marc-Antoine* est le type même de la pièce où les *scènes à faire* ne sont pas faites. Des beautés de détail ne sauraient suffire à compenser de telles maladresses. Au troisième acte, le personnage d'Antoine ne manque pas de vérité, ni ses paroles de pathétique : on sent son humiliation, sa colère d'avoir été battu, lui vaillant soldat, par un homme sans force comme sans courage, et par-dessus tout sa passion, qui le domine plus que jamais, la crainte torturante que sa Cléopâtre n'appartienne un jour à Octave. Au cinquième acte, la scène est occupée par Cléopâtre elle-même, non par un messager : nous entendons des accents émouvants, nous voyons un tableau. Malgré tout, la tentative de Garnier était manquée; une plus grande hardiesse devenait nécessaire.

La Troade (1579) n'est plus une tragédie, mais une suite de tragédies. Un prologue servant d'exposition, l'enlèvement de Cassandre à sa mère, l'évanouissement d'Hécube : voilà une première pièce. L'enlèvement et la mort d'Astyanax, autrement dit toute *la Famine* de Jean de La Taille depuis le songe-exposition jusqu'au récit final : voilà la deuxième. Un songe encore, l'enlèvement et la mort de Polyxène, des imprécations : c'est la troisième pièce. Une quatrième a pour sujet l'histoire de Polydore et de Polymnestor. Et le tout ne saurait être considéré comme constituant une tragédie sur les malheurs d'Hécube, car le châtiment de Polymnestor ne serait pas un dénouement de cette tragédie, et la vieille reine ne paraît même pas quand se débat et se règle le sort d'Astyanax.

Antigone (1580) se compose de trois parties. Œdipe se fait conduire par Antigone dans les solitudes du Cithéron, puis envoie sa fille auprès de Jocaste pour la pousser à rétablir, s'il se peut, la paix entre ses fils. — Jocaste ne réussit pas dans ses efforts; Étéocle et Polynice meurent, Jocaste aussi. — Antigone ensevelit Polynice, à la grande colère de Créon; elle meurt, et, après elle, Hémon et Eurydice. Cela fait six morts, auxquelles il faudrait sans doute ajouter celle d'Œdipe, le pauvre vieillard aveugle oublié par sa fille — et par le poète — dans les solitudes du Cithéron. Garnier a voulu nous donner le change sur le manque d'unité de sa tragédie en l'intitulant *Antigone ou la*

Piété. Mais si la piété d'Antigone éclate dans la première partie de l'œuvre, c'est sa beauté qui cause les morts d'Hémon et d'Eurydice dans la troisième, et c'est Jocaste, non pas Antigone, qui joue un rôle important dans la deuxième, dans *la Thébaïde*.

Les Juives. — Après *la Troade* et *Antigone*, pourquoi ne pas faire un pas de plus dans la voie de l'irrégularité? et, s'il s'offrait un sujet agréable qu'on ne pût traiter sans admettre dans sa pièce du romanesque et du comique, choses peu dignes de la gravité de la tragédie, pourquoi s'interdire de le prendre? Deux ans après *Antigone*, en 1582, Garnier abandonnait donc les héros de Plutarque, de Lucain, de Sophocle et d'Euripide pour emprunter ceux de l'Arioste; il écrivait une pièce moins pompeuse, sans chœurs, et d'une inspiration tantôt chevaleresque, tantôt comique, à laquelle il donnait le titre de *tragecomedie* : la *Bradamante*. Puis, comme effrayé de son audace, Garnier revint à la tragédie pure, au même genre de tragédie, simple dans son sujet, lente dans son allure, oratoire dans sa forme, qu'il avait traitée à ses débuts. Mais ce ne pouvait être en vain qu'il avait fait effort pour mettre plus d'action dans son *Marc-Antoine*, dans sa *Troade*, dans son *Antigone*, et qu'il avait fait plus de place à l'imitation de la réalité et à l'étude des caractères, moins de place aux déclamations vaines et à la grandeur convenue dans sa *Bradamante*. *Les Juives*, en 1583, allaient être son chef-d'œuvre et le type le plus heureux peut-être de la tragédie du XVIᵉ siècle.

Sédécie, roi de Juda, s'est révolté contre Nabuchodonosor et a désobéi à Dieu : la punition de Sédécie par Nabuchodonosor, tel est le sujet des *Juives*. Mais l'Assyrien n'a vaincu Jérusalem et ne peut se venger de son roi que parce que l'Éternel l'a permis; lui-même est sous la main de Dieu et, s'il abuse de sa victoire, nous entendons bien que cette main s'appesantira à son tour sur lui. Ici comme dans *Saül*, c'est une grande idée religieuse qui domine la tragédie, et cette idée, Garnier a pris plus de soin encore que La Taille de la marquer : il a chargé un personnage spécial, « le prophète », de l'exprimer avec force au début et à la fin de l'œuvre, en même temps qu'il mettait dans l'âme de Sédécie une résignation et une confiance sublimes.

Quel tableau, lorsque, au dénouement, Sédécie s'avance avec ses yeux éteints, — ses yeux qui tout à l'heure ont vu le martyre de ses enfants, mais qui maintenant, crevés, laissent échapper deux ruisseaux de sang! Une plainte sort de sa bouche; ministre de l'Éternel, le prophète le reprend impérieusement, presque durement, et aussitôt le roi s'incline devant le Dieu qui l'a frappé :

> Voyez-vous un malheur qui mon malheur surpasse?
> — Non, il est infini, de semblable il n'a rien.
> Il en faut louer Dieu tout ainsi que d'un bien.
> — Tousjours soit-il benist . . . .

Et, plus haut encore, avec quelle humilité le vaincu acceptait les injures du vainqueur! avec quelle grandeur, au contraire, et en quels termes, dignes de Corneille, il ripostait aux blasphèmes contre Dieu!

> Le Dieu que nous servons est le seul Dieu du monde,
> Qui de rien a basti le ciel, la terre et l'onde :
> C'est luy seul qui commande à la guerre, aux assaus :
> Il n'y a Dieu que luy, tous les autres sont faux.

A ces personnages grandioses du Roi et du Prophète, Garnier en a avec bonheur opposé deux autres. C'est la douce Reine, femme de Nabuchodonosor, charitable, timide, regardant son mari avec une admiration mêlée de crainte et n'osant élever la voix devant lui que quand il blasphème grossièrement. Et c'est la triste et noble mère de Sédécie, Amital, si touchante quand elle supplie la femme du tyran et le tyran lui-même, si émouvante quand elle livre ses petits enfants, destinés, croit-elle, à vivre comme otages à la cour de l'Assyrien : elle leur prodigue ses conseils, elle leur dit comment ils pourront honnêtement et saintement vivre, — et les malheureux vont mourir!

Laissant de côté les défauts, que nous connaissons bien, nous pourrions louer d'autres beautés encore : un effrayant récit, des chants harmonieusement plaintifs du chœur. Mais il importe de le répéter : nous ne nous trouvons pas en face d'un nouveau genre de tragédie, d'une tragédie vraiment dramatique. La pièce ne commence qu'au second acte, le premier étant un court prologue. Dès le début nous savons que Nabuchodonosor se vengera cruellement de Sédécie ; à la fin nous apprenons ce qu'a été ce châtiment ; les deux actes et demi qui se trouvent entre l'exposition et la catastrophe n'amènent aucune péripétie, ne forment aucun nœud. Y a-t-il lutte entre des personnages? Sédécie ne s'oppose pas sérieusement à Nabuchodonosor, puisqu'il n'est en scène qu'un instant ; la femme du roi assyrien disparaît dès le début du troisième acte ; Amital, mère de Sédécie, ne fait que pleurer et gémir. Y a-t-il un combat de passions ou de sentiments dans l'âme de quelques héros de la pièce? Ils n'ont tous qu'une attitude : celle de la douleur chez Amital, de la soumission généreuse aux volontés de Dieu chez Sédécie, de la foi ardente et pressante chez le Prophète, de la férocité chez Nabuchodonosor. Certes il y a de la vie dans tout cela, et même un certain mouvement ; mais ce n'est pas la vie et le mouvement du théâtre moderne : *les Juives* sont une belle élégie dramatique, dont l'auteur a de temps en temps renouvelé avec habileté les motifs.

Décadence de la tragédie. — Dès lors, comment attendre des faibles contemporains et successeurs de Garnier une réforme que lui-même n'a pu accomplir? Et à quoi bon insister sur des œuvres sans intérêt? Citons seulement *Panthée* de Catherine des Roches ou de Gaye Jules de Guersens ; *Gaspard de Coligny* et *Pharaon* de Chantelouve ; *Adonis* de Guillaume Le Breton ; *Esther* (dédoublée ensuite de façon à former une *Vasthi* et un *Aman*), *Clytemnestre* et *la Guisiade* de Pierre Mathieu ; *Holopherne* d'Adrien d'Amboise ; *Isabelle* et *Cléopâtre* de Nicolas de Montreux ; *Régulus* de Jean de Beaubreuil ; *la Franciade* de Godard ; *Esaü le chasseur* de Behourt ; *Pyrrhe* et *Saint-Clouaud* de Jean Heudon. Une composition froidement régulière, une action nulle, une débauche de monologues, de discours, de songes, de *machines* tragiques de toute sorte, voilà ce qu'on trouve dans la plupart de ces œuvres ; et, par un mélange singulier, quelques-unes sont en même temps des pamphlets, comme *Gaspard de Coligny* et *la Guisiade*, ou des histoires romanesques, comme *Isabelle*. Même si nous laissons de côté pour le moment les œuvres proprement irrégulières, que d'extravagances ! Les auteurs de tragédies n'ayant pas de public pour les siffler, qui pourrait retenir ce « tas d'ignorants », dont parlait déjà Jean de La Taille, « qui se meslants aujourd'huy de mettre en lumiere (à cause de l'impression trop commune....) tout ce qui distille de leur cerveau mal tymbré, font des choses si fades, et malplaisantes, qu'elles deussent faire rougir de honte les papiers mesmes » ? Il n'est pas jusqu'aux théories classiques, si peu gênantes pourtant grâce aux accommodements qu'on avait toujours su trouver avec elles, qui ne soient peu à peu abandonnées. Jean de Beaubreuil, en 1582, déclare « avoir deu s'affranchir de la regle superstitieuse des unités » ; Pierre de Laudun d'Aigaliers, en 1597, repousse nettement la règle des vingt-quatre heures ; Vauquelin de La Fresnaye, dont l'*Art Poétique*, paru en 1605, était commencé dès 1574, demande qu'on ne proscrive pas les dénouements heureux. Jean de Hays, en 1598, publie une tragédie de *Cammate* en sept actes.

Ainsi la tragédie de la Renaissance se mourait, lorsque parut tardivement, au seuil même du xviie siècle, un de ses plus estimables représentants : Antoine de Montchrestien [1].

III. — *La Comédie.*

Tant que le répertoire comique de l'Italie au xvie siècle n'aura pas été entièrement étudié et comparé au répertoire comique français du même temps, il sera impossible de juger en toute assurance nos auteurs et d'apprécier en toute exactitude le développement du genre comique dans notre pays. Jean de La Taille paraît bien être autre chose qu'un traducteur dans ses *Corrivaux*, Odet de Turnèbe dans ses *Contents*; comment affirmer pourtant qu'on ne découvrira jamais à ces œuvres des originaux italiens? L'*Eugène* de Jodelle paraît tenir encore de la farce du moyen âge : qui pourtant oserait jurer que la comédie française n'a pas subi, dès ses débuts, l'influence de la péninsule? L'historien de la comédie française du xvie siècle doit se résigner à remplacer quelquefois les certitudes par les probabilités.

Sous le bénéfice de ces observations, nous diviserons l'histoire

---

1. Une mention est due à Luc Percheron, auteur d'une estimable tragédie de *Pyrrhe* (1592). Mais cette pièce, restée manuscrite, n'a été publiée qu'en 1845, à seize exemplaires. (Voir l'*Histoire littéraire du Maine* de M. Hauréau.)

SCÈNE DU THÉATRE COMIQUE AU XVIᵉ SIÈCLE
Bibl. Nat., Cabinet des Estampes (Collection Hennin, t. xii, p. 33)

de la comédie en trois périodes. Dans la première, les auteurs, qui sont représentés sur des scènes improvisées ou qui espèrent l'être, cherchent à amuser leur public en empruntant au moyen âge, si méprisé, ses procédés, son rythme comique et ses sujets même. Puis, les représentations cessant, commence le règne des traducteurs ou des imitateurs patients de l'Italie, des stylistes, des écrivains en prose. Enfin le découragement s'empare des auteurs, les comédies se font de plus en plus rares, et, par goût d'archaïsme sans doute, le vers de huit syllabes reparaît.

Première période : la comédie en vers. — Pour la comédie aussi bien que pour la tragédie, les auteurs de la Renaissance ont eu la prétention de rompre avec les traditions du moyen âge. Vous verrez ici une véritable comédie, disait Jean de La Taille dans son prologue des *Corrivaux*, « non point une farce ny une moralité : car nous ne nous amusons point en chose ne si basse ne si sotte, et qui ne monstre qu'une pure ignorance de nos vieus François. Vous y verrez jouer une comedie faite au patron, à la mode, et au pourtrait des anciens Grecs, Latins, et quelques nouveaux Italiens... » Des Italiens nous aurons à nous occuper bientôt; des *anciens Grecs* on parlait beaucoup plus qu'on ne s'en inspirait : la traduction du *Plutus* par Ronsard, une amusante et... gauloise imitation des *Oiseaux* donnée par Pierre Le Loyer sous le titre de *Népholococugie* (publication 1579, rédaction très antérieure), ce n'était pas assez vraiment pour que la nouvelle comédie pût se réclamer de ces illustres modèles. Les Latins lui ont servi davantage. Sans parler de nombreux souvenirs de détail, et en omettant aussi ce qui ne nous est venu de l'ancienne Rome que par l'intermédiaire des Italiens, nous devons citer avec estime les emprunts faits à la comédie latine par Antoine de Baïf. Traducteur infatigable comme son père, auteur de *Trachiniennes*, d'une *Médée*, d'un *Heautontimoroumenos*, qui sont perdus, et d'une *Antigone* agréable et naïve qui heureusement nous reste, Baïf a donné en outre *l'Eunuque* d'après Térence et *le Brave* d'après le *Miles gloriosus* de Plaute. *L'Eunuque* (rédigé en 1565, publié après revision en 1573) est une simple traduction que déparent quelques erreurs, quelques rajeunissements ou enjolivements étranges, une insuffisance évidente dans l'expression du sentiment et de la passion, mais qui est écrite avec clarté, avec facilité, avec esprit. *Le Brave* (1567), bien que s'écartant fort peu du texte de Plaute, est assez ingénieusement recouvert d'un vernis moderne et français : l'action a été transportée à Orléans; les personnages s'appellent Taillebras, Gallepain, Bontemps, Paquette, Fleurie; le soldat fanfaron s'est battu en Écosse; le valet menacé de la potence invoque la Vierge et tous les saints; Bontemps s'appuie sur *les Quinze joyes du mariage* pour célébrer les avantages du célibat. — En somme, l'influence directe de la comédie latine est peu importante, et, qu'ils l'aient voulu ou non, les novateurs doivent davantage à la farce si décriée du moyen âge.

Qu'y avait-il de si nouveau, en effet, dans cet *Eugène* de Jodelle, où, au dire de Ronsard, Ménandre eût pu apprendre, « tant fust-il sçavant »? La pièce, comme toutes celles que nous avons à étudier ici, est divisée en cinq actes; elle est mieux écrite et plus longue que la majorité des farces. Mais l'abbé Eugène, ce « puant sac tout plein de vices », qui marie sa maîtresse pour vivre avec elle plus commodément, qui tremble de tout son corps devant son rival le gentilhomme Florimond, qui se tire du péril en donnant en rançon l'honneur de sa propre sœur, qui paie tous les services rendus, même les moins avouables, avec des cures et des bénéfices, l'abbé Eugène et son chapelain Messire Jean, plus cynique encore, ne rappellent-ils pas ces audacieuses, ces incompréhensibles satires du clergé que l'on jouait au xve siècle devant les autorités civiles et religieuses des villes et qui préparaient, croyait-on, à l'audition des plus édifiants mystères? L'excellent Guillaume — j'allais dire : l'excellent Sganarelle — qui s'extasie sur la vertu de sa bonne pièce de femme est un des personnages traditionnels de la farce. Et c'est de la farce aussi que vient le vers de huit syllabes avec lequel la pièce est écrite.

Néanmoins, dans un prologue qu'il a sans doute récité lui-même devant son auditoire de l'hôtel de Reims, Jodelle s'enorgueillit de son entreprise; il se vante de n'emprunter son sujet ni à l'antiquité ni aux littératures étrangères, de parler un style qui est bien à lui, de rompre avec les traditions des farceurs et des auteurs de moralités. Il ajoute qu'il veut plaire à chacun et ne dédaigne même pas le plus bas populaire, mais que le ton de sa pièce paraîtra peut-être plus relevé qu'il ne convient pour une comédie. Négligeons les explications que donne Jodelle : l'observation elle-même est juste, et ce qui empêche de confondre *Eugène* avec les farces, c'est le caractère indécis qui s'y trahit partout. L'œuvre n'est pas fort amusante et tourne volontiers au *drame*; le personnage d'Hélène, sérieusement éprise de Florimond, sérieusement dévouée à l'abbé son frère, a une physionomie assez sévère; les personnages parlent de la Vierge Marie et de leur bréviaire comme des personnages de comédie qui se piquent de quelque réalité, mais en même temps ils apostrophent Jupiter comme de graves héros tragiques; la distinction des styles n'étant pas encore bien faite, *Eugène* emprunte quelquefois son emphase à *Cléopâtre*, laquelle, dans une scène, empruntait sa bassesse de ton à *Eugène*. Ce caractère indécis, la part trop grande faite à la convention, l'immoralité et la licence extraordinaire du style, l'abus des discours, des monologues et des apartés, à la fin une lourde faute contre l'unité du caractère de Guillaume, toutes ces taches ne sauraient nous empêcher de louer dans la première comédie de la Renaissance un certain nombre de traits de mœurs, une silhouette prestement dessinée, celle du créancier Mathieu, et une habileté de composition déjà notable [1].

Grévin a fait représenter ses comédies après « les jeux satyriques appelez communeement les Veaux », c'est-à-dire après une grossière parade du moyen âge, et ce n'a pas été sa seule concession aux traditions de l'art populaire. C'était un habile homme que ce jeune poète de vingt ans, bientôt lyrique, satirique, érudit, médecin. Il avait donné *la Maubertine* comme étant la mise en œuvre d'une aventure piquante arrivée près de la place Maubert; perdue ou supprimée par l'auteur, *la Maubertine* reparaîtra sous le nom de *la Trésorière* avec les mêmes prétentions à la chronique dramatisée; *les Ébahis*, à leur tour, prétendent mettre à la scène une histoire scandaleuse du « care-

---

[1]. On continue parfois à appeler la pièce de Jodelle *Eugène ou la Rencontre*. Tout porte à croire que *la Rencontre* était une pièce distincte, dont l'éditeur de Jodelle ne nous a pas transmis le texte.

four de Sainct-Sevrin ». Ainsi faisait et allait faire longtemps encore la farce. Mais Grévin, qui sur ce point devait faire école, ne suivait le procédé des farceurs qu'en apparence : il voulait assurer tout à la fois à ses pièces l'attrait du scandale, la réputation d'une originalité qui leur manquait, et la solidité que peut donner l'imitation de modèles qui ont fait leurs preuves. La soi-disant aventure du carrefour de Saint-Séverin est tirée de la *Comédie du Sacrifice* de Charles Estienne (1543 et, sous le titre *les Abusés,* 1548); la « gentille trésorière » de la place Maubert, c'est, revue et non corrigée pour les mœurs, tant s'en faut, la femme de Guillaume, la maîtresse de Florimond et d'Eugène, la délurée Alix de Jodelle.

Ainsi *la Trésorière* (1558) n'est qu'un remaniement de l'*Eugène* d'où le personnage d'Hélène et, par conséquent, l'élément sérieux a disparu, où, en revanche, contre les femmes, contre les financiers, la verve satirique et mordante de Grévin s'est donné carrière. Y avait-il là de quoi se poser (dans le *Brief discours* qui précède le *Théâtre* de Grévin, dans l'*Avis au lecteur,* dans les deux *Avant-jeu* des comédies) en adversaire déterminé des genres populaires, en réformateur donnant « aux François la comedie en telle pureté qu'anciennement l'ont baillee Aristophane aux Grecs, Plaute et Terence aux Romains » ? Le style de Grévin est aussi bien obscur, et ses procédés d'exposition bien conventionnels pour autoriser son fier programme de vérité artistique; du moins ce programme est-il remarquable, et le poète a-t-il fait quelques efforts pour s'y conformer : « Il n'est pas icy question de farder la langue d'un mercadant, d'un serviteur ou d'une chambriere, et moins orner le langage du vulgaire, lequel a plustost dict un mot que pensé. Seulement le Comique se propose de representer la verité et naïveté de sa langue, comme les mœurs, les conditions et les estats de ceux qu'il met en jeu : sans toutesfois faire tort à sa pureté, laquelle est plustost entre le vulgaire (je dy si l'on change quelques mots qui resentent leur territoire) qu'entre les Courtizans, qui pensent avoir faict un beau coup, quand ils ont arraché la peau de quelque mot Latin pour deguiser le François... »

Cet amour de Grévin pour le pur français et son antipathie pour les singes du langage, des modes et des manières de l'étranger se sont traduits par l'introduction dans *les Ébahis* (1560) du personnage de Panthaleone, vantard, trembleur, amoureux, et toujours, un luth à la main, exhalant sa passion dans des complaintes mi-italiennes mi-françaises. Mais cette caricature du caractère italien figure dans une comédie dont l'Italie précisément avait fourni le modèle. Grévin imite Charles Estienne, qui lui-même traduisait les académiciens de Sienne, *les Intronati*. Que trouvons-nous dans *les Ébahis*? Un vieillard doit donner sa fille à un autre vieillard; mais, par diverses machinations, la fille même, un avocat qu'elle aime, une intrigante et un valet savent bien rendre impossible une union qui les gêne tous. Au surplus, le vieux fiancé se croyait en droit de se marier parce qu'il avait perdu sa femme; on la lui ramène, et cet incident ne contribue pas peu à l'ébahissement général. Des quiproquos, des vieillards trompés, c'est, on le voit, une nouvelle variété de la comédie qui commence. Notre théâtre comique commence à s'inspirer de l'Italie; mais il ne l'avoue pas et semble au contraire se le reprocher : bientôt il n'aura plus les mêmes scrupules.

En dépit de ses hors-d'œuvre satiriques et de négligences trop fréquentes dans le style et la versification, cette œuvre de transition qui porte pour titre *les Ébahis* contient de bonnes scènes et un personnage plaisamment dessiné : celui du barbon fiancé Josse. Elle est animée, amusante, très supérieure à *la Trésorière*, et prouve que Grévin avait le sens du comique infiniment plus que Jodelle. On n'en saurait dire autant du docte et élégant Remy Belleau. La comédie que l'on trouva dans ses papiers après sa mort, en 1577, et qui sans doute était fort antérieure à cette date, *la Reconnue*, est pleine de maladresses et de longueurs; les personnages y bavardent intarissablement; le style manque de nerf et de vie. Mais, si Belleau est dépourvu d'instinct dramatique, il a du moins écrit quelques scènes ingénieuses; il a fait une satire spirituelle, sinon discrète, du monde de la chicane; et surtout il s'est montré un observateur curieux, un peintre exact de la réalité bourgeoise et vulgaire. Tout le début de la pièce est un tableau d'intérieur, presque à la mode flamande, qui pèche par la diffusion et le trop grand nombre des détails, mais qui ne manque pas de ragoût ni de piquant.

Par là l'œuvre a un caractère original, en même temps que, par son dénouement postiche et la reconnaissance inattendue qui la termine, elle accuse peut-être une influence italienne; *la Reconnue*, elle aussi, paraît être une œuvre de transition.

Deuxième période : la comédie en prose. — On a beaucoup déclamé contre l'emploi des vers dans la comédie, et le plus souvent on a eu tort. Je ne crois pas qu'il y ait beaucoup de sujets auxquels les vers ne puissent convenir, et, si le poète comique a à sa disposition une langue souple, flexible, familière, poétique malgré tout, et dont, pour m'inspirer d'un mot célèbre, on devine les ailes alors même qu'elle se contente de marcher, je ne sache pas qu'une telle langue soit pour empêcher ou pour déparer la simplicité de l'intrigue, la vérité des mœurs, la profondeur de l'observation psychologique. Seulement ce sont là bien des qualités à posséder à la fois, et l'on ne peut les demander toutes à tous les auteurs ni à tous les temps. Au XVIe siècle, les vers de huit syllabes, avec lesquels étaient écrites les comédies, étaient généralement agréables, faciles, — trop faciles sans contredit, et manquant au plus haut point de fermeté et de précision ; ce rythme courant et sautillant entraînait, roulait, noyait dans son flot chantant une pensée d'ailleurs mince et légère; l'abondance y était achetée par la prolixité, la facilité par la platitude, la vivacité par l'obscurité dans les tournures et les inversions. Quel remède à cet état de choses? Le plus énergique et le plus sûr était incontestablement la substitution de la prose aux vers. « La rithme », dit Larivey, n'est « requise en telle maniere d'escrire, pour sa trop grande affectation et abondance de parolles superflues. » En supprimant la versification, on se rendait capable de dire toutes choses sans les délayer. — Il ajoute : « Il m'a semblé que le commun peuple, qui est le principal personnage de la scene, ne s'estudie tant à agencer ses parolles qu'à publier son affection, qu'il a plustost dicte que pensée. » L'observation est bonne, et si les nouveaux auteurs, plus modestes que Grévin, ne croyaient pouvoir faire parler le commun peuple avec naïveté qu'à la condition d'employer la prose, ils avaient cent fois raison d'y recourir.

Ils y recouraient d'ailleurs pour un autre motif, plus simple et moins noble. Les comédies italiennes étaient pour la plupart écrites en prose; quand Estienne avait traduit la *Comédie du sacrifice* et Jean-Pierre de Mesme *les Supposés*, ils avaient conservé la prose des originaux; traducteurs aussi, ou imitateurs, pourquoi les Jean de La Taille et les Larivey auraient-ils pris plus de peine? C'est l'influence italienne avouée, proclamée, qui amène, comme une conséquence naturelle, l'emploi de la prose dans la comédie; et, par suite, l'avènement de la prose devait moins servir la vérité artistique que ne voulait bien le dire Larivey. Introduire en France la comédie italienne, c'était renoncer à peindre les mœurs de son pays, c'était même renoncer à peindre les mœurs, pour s'attacher uniquement à l'intrigue, aux quiproquos, aux travestissements fous ou licencieux, aux mauvais tours joués et subis. Le hasard et la ruse étaient les deux grands ressorts de la comédie italienne : *les Méprises* et *les Tromperies*, tels sont les deux titres qui conviendront à toutes nos comédies françaises. L'étude de l'homme n'y trouvera place qu'à titre d'heureuse exception.

Malgré tout, c'est une période de progrès pour la comédie française que celle à laquelle nous arrivons. Tout n'y paraît pas également emprunté pour le fond des œuvres; et, dans tous les cas, c'est une belle création que la forme même, cette prose comique où, bannis du fond, le naturel, la vérité, la saveur du terroir se retrouvent. De cette création c'est à Jean de la Taille, à Pierre Larivey et à Odet de Turnèbe que l'honneur revient.

Jean de La Taille. — Jean de La Taille, longtemps méconnu, mérite vraiment d'occuper une grande place dans l'histoire de notre théâtre au xvie siècle. Comme auteur comique, il a publié deux pièces. *Les Corrivaux*, loués par son frère Jacques au plus tard en 1562, publiés seulement en 1573, ont sans doute été fort retouchés et améliorés entre ces deux dates; *le Négromant*, au contraire, est resté une œuvre de jeunesse. Rien de moins intéressant que cette traduction servile, où des mots italiens ont été conservés, où le texte original se sent partout sous une prose traînante et embarrassée. Grande est notre surprise et grand notre plaisir quand nous passons du *Négromant* aux *Corrivaux*. L'auteur, qui tout à l'heure nommait lui-même son modèle l'Arioste, prétend maintenant s'être seulement inspiré des Grecs, des Latins et de quelques nouveaux

Italiens; or sa pièce est romanesque encore et l'étude des mœurs en est trop absente; mais l'action en est intéressante et animée; l'exposition est rapide, vive, naturelle; plusieurs scènes sont vraiment plaisantes; les invraisemblances, trop nombreuses, sont palliées par d'ingénieuses préparations; les personnages parlent d'une façon convenable à leur caractère. Enfin la langue, encore lente et embarrassée par endroits, est en général beaucoup plus alerte, elle est semée de locutions populaires amusantes, elle commence à devenir vraiment la langue de la comédie.

Veut-on bien sentir le progrès accompli? Voici un des meilleurs passages du *Négromant* : « En ceste prochaine maison est un jeune homme noble et honneste, nommé Cinthien, que ce Maxime a pris pour son fils, en intention, pour ce qu'il n'en a point d'autre, de le laisser son heritier. Or vers luy ce jeune fils a telle soumission et obeissance que tu dois imaginer que doyve avoir la personne qui s'attend d'avoir semblable heritage, quand ny par neu de sang, ny par obligation, ny par aucun respect, mais seulement de franche volonté, il est poussé à luy faire si grand bien. Car luy voyant Lavinie (ainsi se nomme la fille) et puis parlant telle fois à elle, comme à sa voisine, il advint qu'il s'enamoura d'elle outre mesure. » Et voici comment, dans *les Corrivaux*, parle à son valet le vieux Bénard, cherchant son fils à travers Paris qu'il ne connaît point : « BENARD. — Je disois que nous ne trouverions jamais le chemin, tant ceste ville est grande, et les rues fascheuses à tenir. Que t'en semble, Felix? N'es tu point bien las? — FELIX. Comment Diable ne seroy-je las, apres avoir tant tracassé parmy ceste ville, et apres avoir eu tant de maux à venir de vostre païs de Lorraine jusques icy? Encor si nous nous fussions rafreschis en l'hostellerie où nous sommes descendus : mais je n'ay jamais eu le loisir de me ruer tant soit peu en cuysine, tant vous aviez de haste de venir voir vostre fils. »

Larivey. — Prenons, à peu près au hasard, quelques phrases dans Larivey : on verra de quelle langue saine, populaire, savoureuse deux hommes de talent ont pourvu la comédie en quelques années. Guillemette craint de se compromettre pour Alexandre : « Au pis aller, il ne seroit chastié que de parolles;

mais je le serois auec le fouet, et peut-estre un bannissement au bout. La justice ressemble au filet d'une araigne : il retient les petitz moucherons, mais les grosses mouches le percent et passent à travers. » Plus loin : « Guillemette. — Laisse faire à moy. — Gourdin. Au moins vous sçavez ce qu'avez à dire? — Guillemette. Il ne me le faut recorder. Sçais-tu pas que dict le proverbe? Donne charge au sage et le laisse faire. » Enfin Constant est aimé par Anne, mais il veut obéir à son père qui lui destine une autre femme; là-dessus Guillemette : « Je suis marrye de ceste pauvre fille, et me faict mal que tu ne sçais user de ton bien. Va, va, tu cognoistras un jour que c'est se marier sans estre aymé. Oh! quel bon fils d'obedience est cestuy-cy, qui veult faire à la mode de son pere. Eh! petit garçonnet, cherche, de par Dieu, cherche t'accompagner avec qui t'aime : Car un morceau pris d'appetit fait plus de profit que cent mangez à contrecœur. » — Larivey a joui d'une immense réputation, tant qu'on lui a attribué le fond aussi bien que la langue de ses comédies. De telles citations montrent qu'on aurait tort de le dédaigner, bien qu'on ne puisse plus reconnaître en lui qu'un traducteur.

C'est en 1579 que Pierre de Larivey a publié ses *Six premieres Comedies facecieuses* : *le Laquais* d'après *il Ragazzo* de Lodovico Dolce; *la Veuve* d'après *la Vedova* de Nicolo Buonaparte; *les Esprits* d'après *l'Aridosio* de Lorenzino de'Medici; *le Morfondu* d'après *la Gelosia* de Grazzini; *les Jaloux* d'après *I Gelosi* de Vincenzo Gabiani, et *les Écoliers* d'après *la Zecca* de Razzi. Prêtre et âgé d'une quarantaine d'années (en 1603 on l'appelle un vénérable vieillard et il est chanoine en l'église royale et collégiale de Saint-Étienne à Troyes), Larivey ne sentait point en lui le démon du théâtre et ne songeait même pas à devenir proprement un auteur dramatique. Semi-Italien et semi-Français, puisqu'il était né en Champagne mais de parents qui appartenaient à la famille des *Giunti (les Arrivés)*, il s'était habitué à traduire des ouvrages italiens : il a donc traduit des comédies comme il avait traduit des contes plaisants, *les Facétieuses nuits du seigneur Straparole*, 1572, et des contes moraux, *la Philosophie fabuleuse* de Firenzuola et de Doni, 1577, comme il devait traduire des œuvres de philosophie morale, de philosophie religieuse, etc. : la *Philosophie et Institution morale* d'Alexandre Piccolomini, 1580, les *Divers discours* de Laurent Capelloni, 1595, l'*Humanité de Jésus Christ* de l'Arétin, 1604, et *les Veilles de Barthélemy Arnigio*, peut-être 1608. — Mais, dit-on, Larivey a apporté des modifications aux textes de ses pièces. — Autant en avait-il fait au texte de son *Straparole*. Il avait cherché à rendre plus piquantes les *Nuits facétieuses* en remplaçant certains contes et certaines énigmes par d'autres : il était naturel qu'il cherchât aussi à rendre ses comédies plus intéressantes en les adaptant mieux aux goûts et aux besoins des lecteurs français. On ne saurait prétendre d'ailleurs qu'il se soit mis pour cela en bien grands frais d'invention.

Voici comment Larivey procède [1]. Il prend une œuvre italienne et se met en devoir de la traduire depuis le prologue jusqu'au compliment final ; seulement il fait, chemin faisant, les changements qui lui paraissent les plus indispensables et les plus faciles. L'action se passait à Florence : elle se passera à Paris, et les personnages admireront le Louvre au lieu d'admirer le palais Pitti, parleront d'une bataille livrée en Flandre au lieu d'un combat livré en Lombardie ; ces personnages eux-mêmes s'appelleront Syméon et Valère au lieu de Messer Cesare et de Valerio, Hilaire et Élisabeth au lieu de Marc-Antoine et de Lucrezia ; de temps en temps une réplique sera abrégée, l'ordre de deux scènes interverti, un personnage sans importance supprimé. En aucun cas, Larivey n'ajoutera d'incident ou d'idée nouvelle. S'il arrive qu'après une suppression la suite des idées soit moins nette, qu'on sente une lacune, qu'on éprouve à la lecture une certaine gêne, tant pis! Larivey va toujours de l'avant ; il est économe de son imagination, si économe qu'il lui est arrivé d'écrire deux fois la même dédicace en tête de livres et pour des protecteurs différents.

Dans ces suppressions et modifications, quelles intentions le dirigent? Ceux qui ont voulu à tout prix que les pièces de Larivey fussent destinées à la représentation, ont remarqué qu'il avait retranché quelques rôles de femmes et ont expliqué

---

1. Je n'ai point encore vu, dit Larivey, de comédies en prose « françoises, j'enten qui ayent esté representees (*présentées*) comme aduenues en France ». Larivey oublie *les Corrivaux*, et beaucoup d'historiens les ont oubliés après lui.

ces retranchements en disant que, les rôles de femmes étant au xvi° siècle joués par des hommes, il en résultait une invraisemblance dont Larivey n'était pas satisfait. Mais sa réforme, en ce cas, a été bien timide, car il y a jusqu'à sept rôles de femmes dans une de ses pièces, cinq dans une autre, quatre dans plusieurs ; qui, d'ailleurs, songeait alors à cette invraisemblance ? Les suppressions de rôles de femmes, comme toutes les autres suppressions, s'expliquent par le désir d'éviter des longueurs et de faire disparaître des inconvenances trop fortes. Certes, les comédies de Larivey ne justifient guère ses prétentions à l'instruction et à la moralisation de ses lecteurs, il a encore trop gardé des situations scabreuses et de la grossièreté de langage de ses modèles ; cependant il cherche à les amender, et, par exemple, s'il met quelques mots malsonnants dans la bouche d'un ecclésiastique, le prêtre Anselme de *la Veuve*, ailleurs, dans *les Esprits*, il remplace par un sorcier le prêtre chargé par l'auteur italien de procéder à un ridicule exorcisme.

Les comédies de Larivey n'étant ainsi que des comédies italiennes à peine recouvertes d'un costume français, quelques mots sur chacune d'elles suffiront. *Le Laquais*, où se trouve un père rival de son fils, comme l'Harpagon de *l'Avare*, et où l'on peut remarquer quelques bons traits de caractère, paraît être la première des traductions dramatiques de l'auteur, et comme une traduction d'essai : le style en est inférieur à celui des *Corrivaux* et l'adaptation française en est insuffisante. — *La Veuve* est beaucoup mieux écrite, et la moitié de la pièce est très amusante ; l'autre moitié, trop compliquée d'ailleurs, est obscurcie par des coupures maladroites. Ce qui fait l'intérêt de l'œuvre, c'est surtout le personnage de Guillemette, l'expression la plus vigoureuse, avant la Françoise des *Contents*, du type que Régnier incarnera plus tard dans Macette. — *Les Esprits* sont la plus connue des pièces de Larivey, et celle peut-être où il a apporté le plus de modifications à son modèle ; inspirée par *les Adelphes*, la *Mostellaria*, l'*Aulularia*, elle constitue à la fois une *pièce à thèse* écourtée et insuffisamment logique, — une comédie d'intrigue folle, animée, habilement conduite, — une étude de caractère intéressante et, par endroits, profonde ; Regnard dans *le Retour imprévu* et Molière dans *l'Avare* paraissent également en avoir fait leur profit. — *Le Morfondu* (c'est un vieillard qui devient ainsi *morfondu* par une nuit glacée) est d'une complication extrême et d'un comique singulièrement cruel : qu'on se figure un *Chapeau de paille d'Italie* lugubre. — *Les Jaloux* contiennent quelques scènes plus gaies, mais sont, dans l'ensemble, peu intéressants et obscurs. — *Les Écoliers*, enfin, très clairs, animés, amusants, renferment un commencement d'étude de mœurs avec le personnage de Lisette, une *Madame Benoiton* toujours sortie, et avec ses gais étudiants à la philosophique devise : « Mille livres de soucy ne paieront pas une once de dettes ».

Ce théâtre, pour exotique qu'il soit, n'en constitue pas moins un important chaînon de notre histoire dramatique, car il a été lu et imité, même au xviie siècle, même par Molière, et il a fortement contribué à établir en France une tradition italienne à laquelle des chefs-d'œuvre classiques se rattachent. La langue aussi en a été fort utile, et sur ce point Larivey peut être proclamé original, car les moindres changements apportés à la forme suffisent pour attester un véritable écrivain : un mot de plus ou de moins dans une phrase suffit pour la transformer et la rendre, de terne expressive, de médiocre excellente. « Jamais mon frère ne fut plus heureux que quand sa femme mourut », dit l'auteur italien ; « que quand elle eut la terre sur le bec », traduit Larivey. « Tu as beaucoup d'affaires », — « tu as plus d'affaires que le légat [1] ». C'est peu de chose que chacune de ces modifications ; réunies, elles donnent au style le naturel, la vie, la force comique ; pour illuminer tout un passage et pour éclairer tout un caractère, il suffit parfois d'une image ou d'une locution populaire ajoutée à propos.

Odet de Turnèbe et « la Célestine ». — Odet de Turnèbe, l'auteur des *Contents*, garde intacte, si même il ne la rend pas plus souple, plus naïve, plus pittoresque, plus claire, la langue des *Esprits* et des *Écoliers* ; et, en même temps, il paraît avoir beaucoup plus d'originalité que Larivey pour l'invention et pour la disposition de son sujet. Il imite la comédie italienne avec indépendance et avec goût ; il combine cette imitation avec celle de la célèbre *tragi-comédie* espagnole de Fernando de Rojas, la *Célestine*.

1. Voir Émile Chasles, *La comédie en France au* xvie *siècle*.

Par ses défauts comme par ses qualités, *la Célestine* était faite pour plaire au xvie siècle ; aussi avait-elle eu en France le même succès qu'en Espagne, en Italie et dans les Pays-Bas. En 1578, Jacques de Lavardin en publiait une cinquième traduction, d'un style assez pur, avec quelques modifications de détail et surtout avec une conclusion moins amère, plus chrétienne que celle de l'original ; Jean de La Taille en avait imité un passage dans ses *Corrivaux* ; Larivey — ou, si l'on veut, Buonaparte — s'en était fort inspiré pour son personnage de Guillemette ; et c'est une Guillemette aussi qu'Odet de Turnèbe en a tirée.

Fils d'un des plus savants humanistes de la Renaissance, Adrien Turnèbe, Odet s'était de bonne heure fait apprécier comme savant, poète et homme d'esprit. Après avoir été avocat au Parlement de Paris, il venait d'être nommé premier président de la Cour des monnaies, lorsque la fièvre chaude l'emporta en 1581, âgé de moins de vingt-huit ans. Dans ses papiers se trouvait le manuscrit des *Contents*, qu'un ami publia en 1584. Dans leur ensemble, *les Contents* sont un pur imbroglio à l'italienne, dont l'intrigue est fort invraisemblable, mais amusante et claire ; on y trouve trois amoureux qui désirent la main d'une même jeune fille, des valets retors, un écornifleur, un soldat fanfaron ; et le premier rôle n'appartient même pas à l'un de ces personnages traditionnels : il est dévolu à un personnage muet et inanimé, au bel habit incarnat du jeune Eustache. Dix fois cet habit paraît, disparaît, reparaît, change de porteur, comme, inversement, il arrive que nos actrices changent de robe : il est infatigable. A côté de l'intrigue folle, *les Contents* nous offrent des parties plus sérieuses : de bons traits satiriques, des scènes pleines de naturel et de vérité, et l'exposition la plus vive, la plus franche, la mieux faite pour nous faire connaître les caractères et les sentiments des personnages en scène, qui sans doute ait été écrite en France avant Molière. Enfin *les Contents* renferment le type de Françoise.

Françoise, c'est encore Guillemette et c'est encore Célestine ; mais c'est une Célestine qui a renoncé à son bouge et que les honnêtes gens peuvent étudier avec moins de scrupules, c'est une Guillemette moins crapuleuse à la fois et plus saisissante.

Françoise est déjà un caractère peint avec la sobriété, l'ampleur et quelque peu la manière abstraite des caractères classiques. Qu'est-ce au juste dans le monde que cette vieille femme? quelle est son histoire? quelles sont ses occupations? Nous n'en savons rien : nous ne voyons que sa perversité, son incomparable talent pour l'intrigue et son hypocrisie. Macette, Frosine et Tartuffe sont ses descendants : Turnèbe, dans son esquisse rapide, mais déjà singulièrement remarquable, nous a indiqué d'avance les traits principaux de ces trois grandes figures classiques.

François d'Amboise. — *Les Contents* ont leurs défauts, mais *les Contents* sont le chef-d'œuvre de la comédie du XVIe siècle. La pièce des *Néapolitaines*, publiée par l'avocat au Parlement (depuis conseiller du roi) François d'Amboise en 1584, et, d'après lui, composée fort antérieurement, leur est de beaucoup inférieure. Un style sain et pur, mais où la vivacité et l'entrain sont rares ; une intrigue touffue, mais plus romanesque que plaisante, avec des scènes qui confinent à la comédie larmoyante ; peu d'étude des mœurs et des caractères, voilà ce qu'on trouve dans la dernière de nos comédies en prose. Le personnage le plus intéressant en est le gentilhomme don Dieghos, caricature de la morgue, de la galanterie et de la gueuserie espagnoles, pendant curieux de la caricature italienne de Grévin, Panthaleone. Comme Grévin, d'Amboise prétend avoir mis en scène une aventure parisienne, et, plus que Grévin, ce traducteur de Piccolomini et d'Ortensio Lando, cet ami de Larivey paraît avoir payé tribut aux Italiens.

Troisième période : encore la comédie en vers, décadence de la comédie. — Après Turnèbe et d'Amboise, le vers de huit syllabes reparaît, plus lâché, plus sautillant, plus inhabile que jamais à resserrer et à faire saillir la pensée. A vrai dire, d'ailleurs, il n'avait jamais été complètement abandonné, et son nouveau règne est loin d'être brillant. En 1576, il avait servi à Pierre Le Loyer pour son *Muet insensé*. En 1583, Gabriel Chappuis l'emploie pour sa traduction de *l'Avare cornu* de Doni. *Les Écoliers* sont peut-être antérieurs à cette dernière œuvre, si leur savant auteur, le chanoine et syndic de la cathédrale d'Autun François Perrin a dû les rechercher « parmi un grand fatras de vieux papiers » pour pouvoir les publier en 1589 ; et cette pièce, en effet, ne rappelle pas seulement celles de Jodelle et de Grévin par le rythme, mais aussi par certains détails du style, par la simplicité de l'intrigue, par son personnage du prieur Sobrin, dont le caractère, fort peu ecclésiastique, ressemble à ceux d'Eugène et du protonotaire de *la Trésorière*, enfin par certaines déclarations de son prologue, échos du prologue de 1552. Que reste-t-il donc pour toute la période qui va de 1583 à 1600? *les Déguisés* de Jean Godard (1594), imitation médiocre des *Supposés* de l'Arioste, où l'on ne peut louer qu'une qualité, à la vérité fort rare au XVIe siècle : la décence.

Caractère général de la comédie du XVIe siècle. — On voit combien, la scène lui manquant, la décadence de ce théâtre comique a été rapide. Mais, au temps même où il paraissait le plus florissant, il ne laissait pas d'avoir les défauts les plus graves : manque d'originalité, pauvreté de l'étude des mœurs, bassesse morale, monotonie. Tous ces défauts se tiennent et se ramènent à un seul. La comédie « montre la dextérité de l'esprit », disait Larivey, traduisant la pensée des Italiens ; mais c'est l'étude seule de l'homme qui donne à la comédie la variété vraie et toute la noblesse morale que peut comporter ce genre ; si la comédie ne cherche qu'à faire rire, elle le fait bientôt par les moyens les plus contestables ; si elle ne se pique que d'ingéniosité, il s'établit bientôt des recettes pour faire une pièce ingénieuse, et l'on tombe dans la convention. Aussi combien sont conventionnels les procédés de composition, conventionnelles les mœurs, conventionnels les caractères de cette comédie du XVIe siècle ! La plupart de ces personnages qui choisissent la rue pour y traiter les affaires les plus sérieuses ; qui, s'ils conversent, multiplient les apartés et, s'ils sont seuls, souffrent d'une extravagante incontinence de langage, nous les reconnaissons, quelques noms qu'ils portent : c'est le personnel de la comédie italienne ; c'est Léandre et Isabelle, les amoureux ; Scapin ou Arlequin, les valets ; Pantalon, le vieux marchand ; le Docteur, le pédant de Bologne ; et le capitan terrible aux mille noms retentissants : Fracasse, Tranche-Montagne ou Rhinocéros. Depuis Grévin, nos auteurs comiques se sont passé des uns aux autres ces *fantoches* : ils devraient être usés, et n'en serviront pas moins au siècle suivant.

IV. — *Le drame irrégulier et la pastorale.*

Tragédie et comédie ne constituent pas tout le théâtre de la Renaissance : l'œuvre la plus dramatique de Robert Garnier, la *Bradamante*, porte précisément le titre de *tragecomedie*.

Bradamante. — Cette fois Garnier a construit sa pièce tout autrement qu'il n'avait l'habitude de le faire. Sans doute il y a mis encore trop de monologues et de discours ; mais les *machines* tragiques ont disparu ; l'action se développe autant que possible sous nos yeux, d'une façon aisée et naturelle ; en règle générale, les personnages se rencontrent et s'opposent. Le second acte surtout est, à cet égard, caractéristique : Aymon et Béatrix s'y entretiennent de leur vif désir de marier leur fille Bradamante au fils de l'empereur de Grèce, Léon, et de la résistance qu'oppose leur fille à ce mariage ; — Renaud, frère de Bradamante, étant d'accord avec elle pour préférer Roger à Léon, vient combattre les intentions de son père ; — Béatrix essaie de gagner Bradamante à ses idées, et se laisse presque gagner à celles de sa fille. Et de même, dans la suite, Léon, qui ne peut obtenir la main de Bradamante qu'en triomphant d'elle en champ clos, compte, pour vaincre la guerrière, sur un chevalier inconnu, son obligé, qui lui a promis le secours de son bras, mais qui, hélas ! n'est autre que l'amant même de Bradamante, Roger : Roger et Léon sont mis en présence avant le combat. Vainqueur pour le compte d'autrui, Roger se désespère et fuit dans la solitude : mais Léon apprend son secret, et lui abandonne Bradamante ; nous avons une nouvelle scène entre ces deux rivaux généreux. Voilà enfin qui est vivant, voilà enfin qui convient au théâtre ; comment se peut-il que Garnier ait accompli de tels progrès depuis *la Troade* et *Antigone* ?

Nos dramaturges du xvie siècle sont toujours des écoliers, et, s'ils valent plus ou moins, c'est souvent selon les maîtres qu'ils suivent. En écrivant *Bradamante*, Garnier a renoncé à l'imitation de Sénèque pour s'attacher au poète le plus aimable et le plus naturellement créateur de l'Italie, à l'Arioste : et voilà surtout d'où vient la vie et l'agrément de sa nouvelle œuvre. C'est dans le *Roland furieux* qu'il a trouvé les scènes entre Aymon et Renaud, entre Béatrix et Bradamante, entre Léon et Roger. Et son imitation n'a pas toujours su s'arrêter à temps : pour avoir vu dans l'Arioste la magicienne Mélisse, il a aussi fait paraître Mélisse, que nous ne connaissons pas et dont nous n'avons que faire; pour avoir constaté que l'Arioste avait, pendant tout le temps de cet épisode, laissé inconnus l'un à l'autre Roger et Bradamante, il a eu grand soin, lui aussi, de les tenir séparés; mais le lecteur de l'Arioste avait souvent vu ensemble ces amoureux, et il n'en est pas de même de nous; et d'ailleurs le théâtre a ses lois particulières : on n'y admet pas que deux êtres qui s'adorent et qui sont forcés de se combattre se lamentent uniquement dans des monologues parallèles, on n'y veut pas d'un *Cid* « où manquent les deux duos immortels de Rodrigue et de Chimène [1] ».

Suivant de trop près l'Arioste par endroits, Garnier ne sait pas le suivre d'assez près ailleurs. Il a négligé l'excellent dénouement que lui fournissait le *Roland furieux* : Aymon consentant au mariage de sa fille avec Roger avant de savoir que les ambassadeurs de Bulgarie apportent à celui-ci une couronne, et l'honneur nouveau conféré à Roger servant seulement à dédommager Aymon et Béatrix du sacrifice fait par leur ambition. Dans *Bradamante*, c'est l'arrivée des ambassadeurs, et par suite c'est le hasard, qui décide du consentement d'Aymon et du dénouement. Enfin Garnier, incapable d'observer les nuances délicates et fines où se joue l'art de l'Arioste, a exagéré tantôt le côté tragique, tantôt le côté comique de son sujet. Au premier acte, ayant à faire parler Charlemagne, il n'a pu s'empêcher d'écrire un hors-d'œuvre emphatique, un prologue de tragédie; au second, montrant la colère et tout à la fois la faiblesse d'Aymon, il n'a pas su se priver du plaisir de faire parler le vieux duc comme un Rodomont ou un Taillebras.

Ainsi l'harmonie des tons et des couleurs manque dans *Bradamante*, et le défaut est grave. Mais les mérites de l'œuvre n'en sont pas moins incontestables. Garnier y a semé les beaux vers, il a ingénieusement distribué l'action, il a développé agréable-

---

1. Faguet, *La Tragédie franç. au XVIe s.*, p. 218.

ment quelques indications rapides de l'Arioste, et, mettant plus en lumière les caractères d'Aymon et de Béatrix, tels que ce poète les avait conçus, il a ajouté à son modèle toute une partie comique remarquable. Béatrix, entichée de grandeur, s'oppose bien à Aymon, flatté aussi de devenir le beau-père d'un futur empereur, mais plus préoccupé du bien-être matériel de sa fille et plus sensible à de mesquines considérations d'avarice. En même temps, elle est plus aimante que l'entêté vieillard, et elle a bien, en face de son mari et de sa fille, toute la faiblesse qui convient à une femme au rôle effacé : devant son mari elle se charge de faire entendre raison à sa fille, devant sa fille elle se charge de faire entendre raison à son mari, mais elle manque d'énergie devant la colère de l'un aussi bien que devant le désespoir de l'autre.

Citons la fin de ces deux scènes. Béatrix dit à Aymon :

> Je vay parler à elle, et feray si je puis
> Qu'elle me tirera des peines où je suis...
> Dieu me soit favorable;

puis à Bradamante, qui l'a effrayée en la menaçant de se faire religieuse :

> Plustost presentement puissé-je tomber morte,
> Que vivante, ô m'amour, je vous perde en la sorte!
> Ne vous auroy-je point en mes propos despleu?
> N'auroy-je imprudemment vostre courroux esmeu?
> Vous ay-je esté trop rude? helas! n'y prenez garde,
> Ne vous en faschez point, j'ay failli par mégarde.
> Plustost ayez Roger, allez-le poursuivant,
> Que vous enfermer vive aux cloistres d'un Convent.
> — Je ne veux espouser homme qui ne vous plaise.
> — Mon Dieu ne craignez point, j'en seray bien fort aise!
> Aymon le voudra bien, je m'en vay le trouver
> Pour l'induire à vouloir cet accord approuver.
> Las! ne pleurez donc point, serenez vostre face,
> Essuyez-vous les yeux et leur rendez leur grace :
> Vous me faites mourir de vous voir souspirer.
> Hé Dieu qu'un enfant peut nos esprits martyrer!
> (II, 1, et II, 3.)

Citons encore quelques vers piquants de la scène entre Renaud et Aymon :

Quoy? l'avez-vous promise? — Ouy bien. — Sans son vouloir?
Et s'il est autre? — Et puis? le mien doit prevaloir :
Je cognois mieux son bien que non pas elle mesme.
— Luy voulez-vous bailler un mari qu'elle n'aime?
— Pourquoy n'aimeroit-elle un fils d'un Empereur?

Quoi qu'il faille penser de l'originalité de Garnier, et quelle que soit la proportion des défauts et des qualités dans *Bradamante*, cette œuvre était digne de faire vivre le nom de tragi-comédie, jusque-là appliqué à quelques mystères et à quelques moralités sans valeur [1] : elle y a réussi ; — elle méritait d'être le point de départ d'un genre nouveau : elle y a échoué. L'*Isabelle* de Montreux est tirée de l'Arioste, mais, avec son apparition d'ombre au début et, à la fin, son suicide héroïque raconté par un messager, elle a la prétention d'être une tragédie régulière ; d'autres pièces sont irrégulières et romanesques, et sortent nettement des cadres tragique et comique, mais elles ne ressemblent en rien à *Bradamante*.

Le drame irrégulier. — Au milieu de cette anarchie, il est difficile de reconnaître quelles œuvres se rattachent au théâtre du moyen âge plus ou moins modifié, quelles œuvres appartiennent au théâtre de la Renaissance tombé « à cause de l'impression trop commune » aux mains d'auteurs d'une humeur indépendante et d'une imagination déréglée. L'étrange *Peste de la peste* de Du Monin (1584), dont parle Sainte-Beuve, est, en dépit de ses cinq actes et de ses chœurs, une « moralité religieuse digne du XVe siècle ». Mais est-ce une moralité aussi que *Philanire, femme d'Hippolyte*, drame sombre et grossier, avec des passages touchants, qu'un régent du collège de Bourgogne, Claude Rouillet, a publié en latin dès 1556 et en français dès 1563? Que penser d'*Akoubar ou la Loyauté trahie* de Du Hamel (1586), avec son magicien, ses sauvages du Canada, ses complications bizarres — et ses chœurs? L'auteur, avocat au Parlement de Normandie, a bien cru dédier à « Philippe Desportes, abbé de Tyron », une œuvre dans le goût de la Renaissance. La plus intéressante de ces pièces irrégulières est la *Lucelle* (1576), pour laquelle Ronsard et Daurat promettaient à l'auteur, Louis

---

[1]. Il faut pourtant accorder une mention spéciale à la *Lucelle* de Louis le Jars, « tragi-comedie en proze françoise », qui est de 1576. Voir au paragraphe suivant.

le Jars, la double couronne du tragique et du comique. Louis le Jars l'a écrite en prose pour les raisons mêmes que son ami Larivey allait invoquer trois ans plus tard [1]; il y a mêlé tous les tons, tous les styles et tous les genres; il en a fait une *pièce* comme nous en avons tant vu de nos jours, comme Larivey en devait écrire une dans sa *Constance* (1611). D'un étrange fatras de pédantisme, de préciosité, de pathétique romanesque et naïf, de grossière bouffonnerie, se détachent, dans la *Lucelle,* quelques scènes naturelles et bien conduites, quelques sentiments vrais assez délicatement exprimés.

La pastorale. — Pendant que se préparait ainsi le théâtre irrégulier du commencement du xviie siècle, un nouveau genre avait surgi, que le xviie siècle devait aussi voir fleurir : la pastorale. D'abord simple églogue imitée de Théocrite ou de Virgile, la pastorale avait bientôt pris en France la forme dramatique : dans ses *Ombres,* qu'il appelait une comédie (1566), Nicolas Filleul mettait un devin, un satyre et des bergères insensibles qui finissent par céder à l'amour. L'influence de l'Italie n'avait sans doute pas été étrangère à cette transformation; après l'*Aminta* du Tasse (1581), après le *Pastor fido* de Guarini (1590), après la première traduction de la *Diane* espagnole de Montemayor (1578), le mouvement se précipite. Nicolas de Montreux publie les trois pastourelles d'*Athlette* (1585), *Diane* (1592), *Arimène* (1597), pleines d'amours contrariés, de revirements de passion, de magie; Roland Brisset imite une pastorale de Luigi Grotto dans sa *Diéromène* (1592); Claude de Bassecourt suit de près le *Pastor fido* et surtout l'*Aminta* dans sa *Tragicomédie pastorale ou Mylas* (1594). Le genre avait déjà sa poétique, beaucoup trop précise et minutieuse : il ne lui manquait que d'avoir produit des œuvres de talent ou, plus simplement, des œuvres qui méritassent d'être lues.

1. « S'il est ainsi (Monsieur) qu'en la Tragedie ou Comedie on s'efforce de representer les actions humaines au plus pres du naturel : il me semble, soubz vostre meilleur advis, estre plus sceant les faire reciter en proze qu'en vers : parce que negociant les uns avec les autres on n'a pas accoustumé de parler en rithme, encore moins les valletz, chambrieres et autres leurs semblables, qui y sont souvent introduictz : et d'ailleurs la difficulté du vers contraint quelquefois de telle façon ceux qui n'ont la poesie de nature, et leur oste si bien la liberté du langage, et proprieté d'aucunes phrases, qu'ils sont contraincts se retrancher en plusieurs bons discours, propres à explicquer l'effect et le sens de ce qu'ils ont envie d'exprimer. » Dédicace *à Monsieur de Guillon, chevallier, conseiller du Roy et controolleur general de son artillerie.*

BIBLIOGRAPHIE

Textes : Réimpressions. — *Ancien théâtre françois*, de la Bibliothèque elzévirienne, t. IV-VII, 1855-6 (t. IV, Jodelle, Grévin : *les Esbahis*, Belleau; t. V et VI, Larivey; t. VII, Turnèbe, François d'Amboise, Godard). — **Édouard Fournier**, *Le théâtre français au XVI° et au XVII° siècle*, Paris, 1871, gr. in-8 (Jodelle : *Eugène*, Belleau, Larivey : *les Esprits*, Turnèbe, François d'Amboise, Perrin : *les Escoliers*). — *La pléiade françoise* de M. **Marty-Laveaux** (Jodelle, t. I; Belleau, t. II; Baïf, t. III et IV). — *Œuvres poétiques de Jean Bastier de la Péruse*, p. p. **Gellibert des Seguins**, Paris, 1867, in-8. — *Œuvres complètes de Melin de Sainct-Gelais*, p. p. **P. Blanchemain**, 3 vol. de la Bibl. elzév., Paris, 1873 (t. III, *Sophonisba*). — *J. Grevin's Tragödie « Caesar » in ihrem Verhältniss zu Muret, Voltaire und Shakespere*, hgg. von **Collischonn**, Marburg, 1886, in-8 (Ausgaben und Abhandlungen aus dem Gebiete der Rom. Phil., 52). — **Bounin**, *La Soltane*, hgg. von **Stengel** und **Venema**, Marburg, 1888, in-8 (Ausg. und Abhandl., 81). — **De Bèze**, *Abraham sacrifiant*, Genève, 1874, in-16. — *Œuvres poétiques d'André de Rivaudeau*, Paris, 1859, in-8. — *Œuvres de Jean de la Taille*, p. p. **René de Maulde**, 4 vol. in-12, Paris, t. IV, *Les comédies*, 1879). — *Robert Garnier, les Tragédies* (y compris *Bradamante*), hgg. von **Wendelin Fœrster**, 4 vol. in-12, Heilbronn, 1883.

Études générales. — Les ouvrages principaux sur la Tragédie sont : **Ebert**, *Entwicklungs-Geschichte der Französischen Tragödie, vornehmlich im XVI. Jahrh.*, Gotha, 1856, in-8, et **Faguet**, *La tragédie française au XVI° siècle*, Paris, 1883, in-8 (la partie critique de ce dernier ouvrage est extrêmement remarquable, mais la partie historique doit être contrôlée au moyen de **Rigal**, *Esquisse d'une histoire des théâtres de Paris de 1548 à 1635*, Paris, 1887, in-24; id., *Alexandre Hardy et le théâtre français à la fin du XVI° et au commencement du XVII° siècle*, Paris, 1889, in-8; id., *De l'établissement de la tragédie en France*, dans *Revue d'art dramatique*, 15 janv. 1892). — Sur la Comédie, le principal ouvrage est **E. Chasles**, *La comédie en France au XVI° siècle*, Paris, 1862, in-8. — Voir aussi **Fontenelle**, *Vie de P. Corneille, avec l'histoire du théâtre françois jusqu'à lui (1685)*. — **Suard**, *Coup d'œil sur l'histoire de l'ancien théâtre français (Mélanges de littérature*, t. IV, 1804). — **Sainte-Beuve**, *Tableau historique et critique de la poésie française et du théâtre français au XVI° siècle*. — **Edélestand du Méril**, *Du développement de la tragédie en France*, dans les *Études sur quelques points d'archéologie et d'histoire littéraire*, Paris, 1862, in-8. — **Alphonse Royer**, *Histoire universelle du théâtre*, 4 vol. in-8, Paris (t. I et II, 1869). — **H. Tivier**, *Histoire de la littérature dramatique en France depuis ses origines jusqu'au Cid*, Paris, 1873, in-8. — **Darmesteter** et **Hatzfeld**, *Le XVI° siècle en France*, Paris, 2° édit. 1883, in-12. — **Petit de Julleville**, *Le théâtre en France*, Paris, 1889, in-12. — On peut encore trouver d'utiles renseignements dans les meilleures compilations du XVIII° siècle : l'*Histoire du théâtre françois* des frères **Parfaict**, t. III; — la *Bibliothèque du théâtre françois* de **La Vallière**, t. I; — les *Recherches sur les théâtres de France* de **De Beauchamps**, t. I; — ainsi que dans les *Bibliothèques françoises* de **La Croix du Maine** et **Du Verdier**, et dans le *Catalogue de la Bibliothèque dramatique de M. de Soleinne*, t. I et II, et supplément du t. I, 1843-1844, in-8.

Études particulières. — **Chassang**, *Des essais dramatiques imités de l'antiquité au XIV° et au XV° siècle*, Paris, 1852, in-8. — **W. Cloetta**, *Beiträge zur Litteraturgeschichte des Mittelalters und der Renaissance*, I :

Komödie und Tragödie im Mittelalter, Halle, 1890, in-8. — **Egger**, *L'hellénisme en France*, 2 vol. in-8, Paris, 1869. — **L. Massebieau**, *De Ravisii Textoris comœdiis seu de comœdiis collegiorum in Gallia, præsertim ineunte sexto decimo sæculo*, Paris, 1878, in-8. — **Cougny**, *Des représentations dramatiques, et particulièrement de la comédie politique dans les collèges*, Paris, 1869, in-8. — **Boysse**, *Le théâtre des jésuites*, Paris, 1880, in-12. — **Petit de Julleville**, *Les comédiens en France au moyen âge* (ch. IX, *Les écoliers*). — **H. Breitinger**, *Les unités d'Aristote avant le Cid de Corneille*, Genève, 1879, in-12 (cf. *Revue critique*, 1879, II, p. 478). — **Antoine Benoist**, *Les théories dramatiques avant les discours de Corneille*, dans *Annales de la Faculté des lettres de Bordeaux*, 1891. — **Lintilhac**, *De J.-C. Scaligeri poetice*, Paris, 1887, in-8, et *Un coup d'état dans la République des lettres : J.-C. Scaliger fondateur du « classicisme » cent ans avant Boileau*, dans *Nouvelle Revue*, 15 mai et 1ᵉʳ juin 1890. — **Kulcke**, *Jean de la Taille's Famine im Verhältniss zu Seneca's Troades* (*Zeitschrift für franz. Sprache und Litt.*, Supplément-Heft III). — **Bernage**, *Étude sur Robert Garnier*, Paris, 1880, in-8. — **Paul Kahnt**, *Gedankenkreis der Sentenzen in Jodelle's und Garnier's Tragödien und Seneca's Einfluss auf denselben*, Marburg, 1887, in-8 (Aug. und Abhandl. 76). — **Hans Raeder**, *die Tropen und Figuren bei R. Garnier, ihrem Inhalt nach untersucht und in der römischen Tragödien mit der lateinischen Vorlage verglichen*, Wansbeck, 1886, in-8. — **Jules Lemaître**, Conférence sur *les Contents*, et **Doumic**, Conférence sur *les Esprits* (*Revue des cours et conférences*, 20 mai et 27 mai 1893). — **E. Roy**, « *L'Avare* » de Doni et « *L'avare* » de Molière, dans *Revue d'histoire littéraire de la France*, 15 janvier 1894.

.·.

Les gravures que nous avons reproduites hors texte ont été signalées par M. G. Bapst (dans son intéressant *Essai sur l'histoire du théâtre*, p. 145, n.), en même temps que deux autres, de Nicolas Le Blon (d'après Janet) et de Liefrink, qui n'en sont que des variantes. Mais le titre : *la Farce des Grecs*, employé par M. Bapst, provient d'une mauvaise lecture de la légende inscrite au bas des planches de Jean de Gourmont et de Le Blon :

> La farce<,> des Grecx decendue
> Hommes sur tous ingénieux,
> S'est par nostre France rendue
> Pour remonstrer jeunes et vieux...

Ces gravures représentant une scène dont la décoration consiste en un simple « fond d'étoffes flottantes accrochées par en haut », M. Bapst y voit une preuve que la décoration simultanée n'était pas en vigueur sur le théâtre public dans la seconde moitié du XVIᵉ siècle. Or, même si les auteurs des dessins avaient, en les composant, songé à l'Hôtel de Bourgogne, de courtes pièces comiques ne comportant pas de changements de lieux pouvaient être jouées devant un rideau sur une scène habituellement consacrée à la décoration simultanée ; mais surtout quel indice a-t-on qu'il s'agisse ici de l'Hôtel de Bourgogne ? La disposition même de ce fond flottant, l'absence de murs latéraux, ce plancher posé sur des tréteaux de bois, la composition et l'attitude du public, tout annonce une représentation en plein air et un théâtre improvisé. Nos dessins peuvent donner une idée des représentations données dans les collèges, alors qu'on y jouait *les Ébahis* de Grévin et qu'on les y faisait même suivre des *jeux satyriques* appelés *les Veaux*.

CHAPITRE VII

THÉOLOGIENS ET PRÉDICATEURS [1]

Calvin. — Farel, Viret, Th. de Bèze, Duplessis-Mornay.
Saint François de Sales. — Le cardinal Du Perron.

Jusqu'au xvi° siècle, la théologie catholique avait usé exclusivement du latin. Dès son origine, la Réforme, avide de persuader la foule encore plus que de réfuter les docteurs, employa la langue vulgaire. Après quelque hésitation, les catholiques se servirent du même idiome pour répondre et se défendre ; une littérature nouvelle naquit et se développa rapidement : la littérature religieuse. C'est celle que nous étudions dans ce chapitre, surtout dans les œuvres de ces deux grands auteurs, Calvin et saint François de Sales. Ce n'est pas le lieu de discuter les divergences théologiques : l'homme et l'écrivain nous occuperont seuls.

I. — *Calvin.*

Vie de Calvin. — Jean Cauvin, ou Calvin [2], naquit à Noyon, le 10 juillet 1509 ; deuxième fils de Gérard Cauvin, notaire apostolique, greffier de l'officialité, promoteur du chapitre. Ce

---

1. Par MM. Petit de Julleville, professeur à la Faculté des lettres de l'Université de Paris (p. 319-354), et Alfred Rébelliau, docteur ès lettres, bibliothécaire à l'Institut (p. 355-405).
2. Il s'appelait Cauvin, en latin *Calvinus*. Puis la forme française de son nom fut refaite sur la forme latine, connue la première par ses premiers écrits.

père si bien pourvu de charges dans l'administration des biens ecclésiastiques n'eut pas de peine à obtenir pour ses fils, encore en bas âge, une petite part aux richesses dont il avait la garde. Le puîné, Jean, avant sa douzième année, reçut un premier bénéfice le 19 mai 1521. Six ans plus tard, le 27 septembre 1527, à dix-huit ans, il fut pourvu de la cure de Saint-Martin de Martheville, près de Vermand (Aisne), qu'il échangea par la suite contre celle de Pont-l'Évêque (près de Noyon). La nécessité d'indemniser un prêtre qui remplissait à sa place ces fonctions dont il n'avait que le titre, réduisait sensiblement le produit réel de la cure et du bénéfice.

A quatorze ans (août 1523), Jean Calvin fut envoyé aux écoles à Paris. Au collège de la Marche, il fut élève du célèbre Mathurin Cordier, le meilleur professeur d'humanités de ce temps. Du collège de la Marche, il passa dans celui de Montaigu, dont l'austère et rebutante discipline contribua peut-être à lui inspirer le dégoût des traditions du passé. Partout ses succès furent brillants, ses progrès rapides. Cependant Gérard Cauvin, qui avait d'abord destiné son fils à l'Église, changeant ses vues, voulut en faire un juriste; il l'envoya, en 1528, étudier le droit, à Orléans, sous Pierre de l'Estoile; puis, en 1530, à Bourges, sous le fameux Alciat : là aussi Melchior Wolmar l'instruisit des lettres anciennes. Gérard Cauvin mourut l'année suivante (25 mai 1531), brouillé avec le chapitre de Noyon; ces difficultés domestiques, dont l'histoire est obscure, avaient dû éveiller ou du moins aigrir les premiers griefs de Jean Calvin, sinon contre le dogme, au moins contre la discipline ecclésiastique. Le commerce des luthériens, dont le nombre grossissait tous les jours, et particulièrement l'influence de Pierre Robert Olivetan, ami et parent des Calvin, lequel, ayant puisé à Strasbourg les idées de réforme religieuse, venait de les rapporter à Noyon, acheva de détacher peu à peu Jean Calvin de la communion catholique. La rupture ne se fit pas brusquement; l'évolution religieuse fut chez lui lente et graduée, méditée sans secousses, achevée sans déchirement; longtemps intérieure, elle éclata lorsqu'elle fut complète. Le fameux discours sur la justification par la foi qu'il inspira au recteur Nicolas Cop fut prononcé le 18 novembre 1533.

Jusque-là il s'était tenu en dehors des querelles religieuses; il étudiait le grec à Paris, sous Pierre Danès (1531); il publiait (4 avril 1532) son premier ouvrage, un commentaire sur le livre de Sénèque *De clementia*, où l'on ne trouve (quoi qu'on ait dit) aucune allusion au bûcher des premiers luthériens. Il passa à Orléans l'hiver de 1532 à 1533. Ces travaux semblaient promettre un juriste ou un humaniste, peut-être d'humeur assez libre, mais non un réformateur. Le discours de Nicolas Cop éclata comme un coup de tonnerre dans un ciel encore serein ; il fit scandale; le harangueur dut s'enfuir. Calvin, convaincu d'avoir inspiré Nicolas Cop, sinon fourni tout le discours, se réfugia en Saintonge, chez Louis du Tillet, curé de Claix. Mais bientôt l'orage se dissipe; Calvin reparaît tranquillement à Paris, et la même année (4 mai 1534) se démet de ses bénéfices, en désignant son successeur, ce qui semble prouver que la rupture n'était pas encore officielle. L'affaire des *placards* contre la messe insolemment affichés jusque sur la porte de la chambre royale (19 octobre 1534) inaugure une période nouvelle de répression violente. Calvin s'enfuit à Bâle, par Strasbourg. Au mois d'août 1535, c'est là qu'il termine l'*Institution chrétienne* dans sa première forme [1]. De Bâle, il gagne Ferrare, où la duchesse Renée de France, fille de Louis XII, avait ouvert dans sa cour un refuge aux réformés. Bientôt le duc, moins facile, s'inquiète, veut les éloigner; mais telle est à cette époque l'incohérence de la politique royale en France, que Calvin put encore reparaître, en 1536, à Paris et à Noyon, sans être inquiété (probablement à la faveur de l'édit de Lyon — 31 mai 1536 — qui suspendit les poursuites contre les hérétiques). La même année il s'éloigna définitivement; son pays ne le revit plus. Il entra dans Genève au mois d'août 1536. Cette ville venait de secouer tour à tour le joug de ses deux maîtres, le duc de Savoie et l'évêque (1533). Devenue république indépendante, Guillaume Farel l'avait convertie à la

---

[1]. L'édit de Coucy qui promulguait une sorte d'amnistie en faveur des hérétiques, ou du moins arrêtait les poursuites, est du 16 juillet 1535. La lettre-préface de Calvin à François Ier n'y fait aucune allusion, et ne parle que des rigueurs déployées contre les réformés. Elle est toutefois datée du 1er août 1535. Mais Calvin, à Bâle, a pu n'avoir pas connaissance à cette date de l'édit promulgué quinze jours auparavant.

Réforme (1535); mais Farel manquait, sinon d'énergie, du moins de talent politique, et se trouvait fort embarrassé pour gouverner sa conquête. Calvin, dont il devina le génie, lui parut envoyé de Dieu pour achever son œuvre. Il l'adjura de se fixer à Genève, et l'y décida, non sans peine. Calvin a toujours affirmé qu'il était naturellement timide; et plus porté par goût à l'étude qu'à l'action. Mais une fois engagé, il agit, contre son goût, et si vigoureusement que Farel et Calvin furent bannis de Genève en 1538. Calvin se retira à Strasbourg. Rappelé, dès 1540, par les Genevois, qui n'avaient su quoi faire de leur liberté, il se fit longtemps prier avant de revenir. Enfin il rentre en maître à Genève, le 13 septembre 1541. De 1541 à 1555 son autorité fut encore menacée souvent, contrecarrée quelquefois par le parti des *libertins* [1] ou patriotes, dévoués à l'indépendance de la cité, mais ennemis de la réforme rigoureuse inaugurée par Calvin. De 1555 à sa mort (1564) Calvin fut seul maître à Genève, et maître absolu, le parti *libertin* ayant été exilé ou décapité dans la personne de ses chefs. Quand il mourut, ce roi sans titre et sans gardes avait régné vingt-trois ans, longtemps contesté, menacé, mais, à la fin, toujours obéi.

L'œuvre politique et religieuse de Calvin. — Fixer strictement tous les points de sa doctrine, dont les grandes lignes seulement avaient été arrêtées dans la première édition de l'*Institution de la religion chrétienne*; soumettre absolument Genève à cette doctrine et y asservir non seulement la vie religieuse de la cité, mais sa vie politique et la vie privée des citoyens; étendre à tous les réformés français l'autorité de la même doctrine et (dans la mesure possible) de la même discipline, telle fut l'œuvre de ces vingt années, accomplie avec une ardeur, une activité, une constance extraordinaire. Rien ne l'arrêta : ni sa santé débile et languissante, ni les perpétuelles et incurables divisions de la Réforme, ni les obstacles que multipliaient sous ses pas les *libertins*, ni ceux que lui suscitaient,

---

1. Les *libertins* s'étaient d'abord appelés *huguenots* (confédérés, de l'allemand *Eidgenossen*). Ce nom figure déjà sous cette forme dans une *sottie* jouée à Genève en 1524 (voir notre *Répertoire du Théâtre comique en France au moyen âge*, p. 241). Littré indique une autre étymologie du nom de *huguenot* donné aux protestants français et croit que cette appellation date de 1560. Mais il n'a pas connu la sottie de 1524.

de loin, le duc de Savoie, le pape ou l'empereur. Il triompha de tout, et mourut en pleine victoire, maître incontesté de Genève, et, par Genève, de cent églises réformées qui, en plusieurs lieux, faisaient échec aux rois et aux princes, ailleurs les dominaient, ou les conduisaient absolument.

La grande originalité de Calvin dans l'œuvre de la Réforme, c'est que jusqu'à lui dans l'histoire, elle apparaît comme une sorte d'insurrection ; insurrection armée en Allemagne, insurrection d'abord pacifique en France. Lui premier essaya de faire de l'ordre avec ce désordre, et, en partie, il y réussit ; ayant surtout, entre toutes les formes de génie, le génie du gouvernement.

En 1538, Capiton traduisait ainsi vivement le langage que beaucoup de réformés tenaient à leurs ministres : « J'ai l'Évangile ; il suffit. Je sais lire, moi aussi. Nous n'avons pas besoin de vous. Allez prêcher à qui veut vous entendre ; mais laissez leur le libre choix d'en croire ce qu'ils voudront. » C'est contre cette façon d'entendre la religion et l'Église que Calvin combattit toute sa vie, par la plume et par la parole, par le glaive et par le feu [1].

La discipline de fer qu'il fit peser sur Genève étonne ou plutôt confond nos idées modernes. La cité est divisée en quartiers, qui forment autant d'inspections ; chaque quartier est visité par des examinateurs qui vont de maison en maison interroger chacun sur sa foi et ses mœurs [2], avec charge d'avertir les délinquants, d'admonester en public les opiniâtres, d'excommunier les endurcis, de bannir les rebelles, sans préjudice de peines plus graves pour les gens dangereux. Une tyrannie si pesante a-t-elle bien pu s'établir d'une façon durable, en si peu d'années, dans une ville jusque-là réputée, ou même diffamée, pour la liberté de ses mœurs ? La volonté d'un seul homme a fait cette merveille, et, chose plus étonnante encore, l'œuvre a longtemps survécu à l'homme, tant il en avait su consolider les fondements. Cette ville qui l'avait reçu pauvre et fugitif, étranger, sans amis, sans famille, il n'a pu parvenir à

---

[1]. Calvin déteste le désordre jusqu'à réprimer vivement le baron des Adrets, lorsque celui-ci s'avise de s'emparer de Lyon révolutionnairement. Voir *Lettres* publiées par Jules Bonnet, t. II, p. 468.
[2]. C'est ainsi que sous peine d'amende on était tenu d'appeler un ministre au chevet d'un malade dès le troisième jour de la maladie.

y dominer si lourdement sans soulever contre lui des haines formidables. Il les brave avec une audace intrépide, il les déjoue avec un bonheur qui ne s'est plus démenti depuis son rétour (en 1541). Ses amis de dehors s'épouvantent, le croient perdu ; il les rassure : « Souvent on me faict mort, ou bien navré. Mais tant y a que je n'en sens rien... Il y a bien eu quelques murmures et menaces des gens desbauchés qui ne peuvent porter le chastiement. » Une femme [1] « s'étoit eslevée bien fierement. Mais il a fallu qu'elle ait gagné les champs pour ce qu'il ne faisoit pas bon en la ville pour elle. Les aultres baissent bien la teste au lieu de lever les cornes. Il y en a un qui est en danger de payer un escot bien cher ; je ne sçay si la vie n'y demeurera point [2]. Il semble advis aux jeunes gens que je les presse trop. Mais si la bride ne leur estoit tenue roide, ce seroit pitié. Ainsi *il fault procurer leur bien, maulgré qu'ils en ayent* [3] ».

Ces dernières lignes [4] résument tout l'esprit de Calvin. Ceux qui lui ont reproché, comme une contradiction, d'avoir aussi bien que l'Église catholique, employé le « bras séculier » à « réprimer l'hérésie » n'ont pas compris Calvin ni la réforme du XVIe siècle. Ils se sont figurés qu'elle s'était faite au nom de la liberté, au nom de la tolérance. Rien n'est plus faux, on le verra bien à mesure qu'on étudiera ces temps avec moins de passion, favorable ou hostile. A l'exception d'un petit nombre d'isolés sans influence et sans autorité (tels que ce Castellion dont on nous racontait récemment l'intéressante histoire [5]), tous les chefs de la Réforme ont eu en horreur l'idée seule de la

---

1. C'était celle d'Amé Perrin, riche bourgeois qui avait le plus contribué à délivrer Genève du joug du duc de Savoie.

2. Il s'agit de Jacques Gruet qui fut condamné à mort et exécuté, douze jours après la date de cette lettre, le 26 juillet 1547, comme séditieux, blasphémateur et athée.

3. Lettre du 14 juillet 1547. Voir *Lettres* publiées par Jules Bonnet, t. I, p. 212.

4. Au reste, personne au XVIe siècle, et même au XVIIe, ne s'y était trompé, ni du côté des catholiques, ni du côté des réformés. Au XVIIe siècle encore, dans l'*Histoire des variations* (liv. IX), Bossuet écrivait, sans être, sur ce point, contredit de personne : « Je n'ai pas besoin ici de m'expliquer sur la question de savoir si les princes chrétiens sont en droit de se servir de la puissance du glaive contre leurs sujets ennemis de l'Église et de la saine doctrine ; puisqu'en ces points *les protestants sont d'accord avec nous*. Luther et Calvin ont fait des livres exprès pour établir sur ce point le droit et le devoir du magistrat. »

5. *Sébastien Castellion*, par F. Buisson, Paris, Hachette, in-8, 1894.

tolérance, tous ont écrit, à leur façon, le traité de Théodore de Bèze sur la nécessité de punir l'hérétique par l'autorité du magistrat civil [1]. Mais le plus net et le plus résolu sur ce point de doctrine et de conduite, c'est Calvin. Il exècre à ce point la liberté religieuse, qui n'est à ses yeux que la liberté d'être irréligieux ; il condamne si fortement l'interprétation individuelle de l'Écriture, qu'il va jusqu'à préférer les « erreurs » de l'Église romaine à cette liberté, qui apparaît à tant de gens aujourd'hui, comme l'idée mère du protestantisme. Une telle interprétation de la réforme eût paru monstrueuse à Calvin. Qu'a-t-il donc voulu faire? Substituer à l'autorité absolue d'une Église qui « errait », selon lui, l'autorité non moins absolue d'une Église en possession de la vérité. Cette Église, où est-elle? Elle est dans l'Écriture. Mais, il y a cent façons d'interpréter l'Écriture, et depuis que la réforme est commencée, ces interprétations se succèdent et se contredisent ; laquelle est la vraie? Calvin répond : la nôtre, n'osant dire la mienne. Mais en fait, tant qu'il vécut, l'Église de Calvin, ce fut Calvin lui-même ; et là sans doute est le point faible et ruineux de cette construction si serrée, si savante, si bien armée. L'infaillibilité que l'Église romaine attribuait au corps de l'Église, Calvin la transporte, non en droit, mais en fait, aux lumières d'un seul homme [2]. Mais, dira-t-on, il veut la liberté, puisqu'il veut la lumière ; tandis que l'Église romaine se contente d'une foi d'abandon, accordée, pour ainsi dire, en bloc, Calvin exige une foi raisonnée, éclairée. Mais en quel sens l'exige-t-il? Calvin veut qu'on le comprenne, mais il ne veut pas qu'on le contredise. La vérité qu'il enseigne est, pour lui, chose si évidente, que ses contradicteurs ne peuvent être qu'ignorants ou de mauvaise foi. S'ils sont ignorants, qu'ils viennent l'entendre et s'instruisent ; s'ils sont de mauvaise foi, ils sont coupables, et l'au-

1. Toutes les Églises consultées furent unanimes à condamner Servet. On a souvent accusé Calvin d'avoir sollicité les juges catholiques de Vienne pour obtenir d'eux la condamnation de Servet. Calvin a nié l'avoir fait lui-même ; mais en ajoutant que « s'il l'eût fait, il ne le voudrait pas nier, et ne croirait pas que cela pût lui tourner à déshonneur ». Dès 1546, il écrivait à Viret (lettre du 13 février, sept ans et demi avant l'exécution) : « Si Servet vient à Genève, je ne souffrirai pas qu'il en sorte vivant. »
2. C'est ainsi qu'il écrivait aux fidèles de Poitiers : « Castalion en m'attaquant « despite Dieu en ma personne (c'est à dire blasphème contre Dieu) et quasi le foule aux pieds. »

torité les frappe à bon droit de peines graduées ; l'autorité ecclésiastique les excommunie d'abord ; s'ils persistent, l'autorité civile les bannit ; s'ils deviennent dangereux, leur mort affranchira la société qu'ils menacent. Quoi ! le bûcher se dresse pour protéger une infaillibilité personnelle ! Pourquoi non, puisque Calvin est absolument convaincu qu'il détient personnellement la vérité ? sa doctrine, à ses yeux, a tous les caractères de l'évidence. Il ne l'a pas faite, il l'a vue et reconnue. Il ne l'impose pas sans l'expliquer ; mais une fois expliquée, on doit la croire. Tel un professeur de géométrie exige de ses disciples qu'ils comprennent ses théorèmes, au lieu de le croire sur parole ; mais, absolument persuadé de leur vérité, il ne souffre pas qu'ils mettent en doute des choses aussi évidentes. Calvin enseigne ainsi sa foi ; mais pour lui, l'enseigner, c'est l'imposer. Curieux et merveilleux exemple du plus formidable « égoïsme intellectuel », dont l'histoire de l'esprit humain fasse, je crois, mention. Je prie le lecteur de bien comprendre ces mots. Je n'accuse pas d'égoïsme un homme qui a dépensé toute sa vie au service des autres ; mais j'appelle « égoïsme intellectuel » l'état d'esprit d'un homme absolument incapable non seulement d'entrer dans des idées opposées aux siennes, mais même d'en admettre la bonne foi et la sincérité.

Ainsi persuadé que « l'hérétique » est celui qui pense autrement que Calvin, il a pu écrire avec une parfaite sérénité des pages qu'un autre eût tremblé d'écrire, en craignant que le bon sens vulgaire n'y crût voir la condamnation de ceux qui avaient déchiré l'unité chrétienne. Celle-ci par exemple, où, sans s'effrayer d'un rapprochement qui s'impose, Calvin loue, en si beaux termes, les saints prophètes qui sont demeurés immuablement attachés à l'Église de Jérusalem, toute corrompue qu'elle fût, attendant sa guérison de la grâce de Dieu, mais sans vouloir provoquer cette guérison par un schisme.

« C'est une chose horrible à lire [1] ce qu'escrivent Isaïe, Jeremie, Joel, Abacuc et les autres, du desordre qui estoit en l'Eglise de Jerusalem de leur temps. Il y avoit une telle corruption tant au commun peuple qu'aux gouverneurs et aux

---

1. *Institution de la religion chrétienne* ; Genève, Beroud, 1888, in-8 (p. 478).

prestres, qu'Isaïe ne fait point difficulté de les appeler Princes de Sodome et peuple de Gomorrhe. La religion mesme, en partie meprisée, en partie contaminée. Quant aux mœurs, il y avoit force pillages, rapines, desloyautez, meurtres et autres meschancetez semblables. Neantmoins *les Prophètes ne forgeoyent point nouvelles Eglises* pour eux, et ne dressoyent point des autels nouveaux pour faire leur sacrifice à part, mais quels que fussent les hommes, pour ce qu'ils reputoyent que Dieu avoit la mis sa parolle, et avoit ordonné les ceremonies dont on y usoit, au milieu des mechans, ils adoroyent Dieu d'un cœur pur, et eslevoyent leurs mains pures au ciel. S'ils eussent pensé tirer de là quelque pollution, ils eussent plustost aymé cent fois mourir que de s'y mesler. Il n'y avoit donc autre chose qui les induist à demeurer en l'Eglise au milieu des meschans que *l'affection qu'ils avoyent de garder unité*. Or si les Saints Prophetes ont fait conscience de s'aliener de l'Eglise, à cause des grans pechez qui regnoyent, et non point d'un seul homme, mais quasi de tout le peuple, *c'est une trop grande ontrecuidance à nous d'oser nous separer de la communion de l'Eglise* incontinent que la vie de quelcun ne satisfait point à nostre jugement, ou mesme ne correspond à la profession Chrestienne. » Mais à quelle Église doit profiter cette leçon? A l'Église de Genève. Elle ne s'applique pas à Rome, d'où il sait pertinemment que Dieu s'est retiré, avant Calvin lui-même.

Le bûcher de Michel Servet embarrasse, je ne sais pourquoi, les apologistes de Calvin, et toutefois le rôle qu'il tint dans cet événement mémorable est entièrement d'accord avec sa vie et sa doctrine. Un de ses récents historiens, F. Bungener [1], se plaint des « désagréments qu'a causés cette affaire » à l'Église calviniste. Les « désagréments » sont venus de la prétention tardive que le calvinisme a élevée, longtemps après Calvin, d'avoir apporté au monde la tolérance religieuse. Mais la chose et le mot même semblaient abominables à Calvin. Partout où il était le plus faible, il réclamait pour sa doctrine le droit d'exister et de s'étendre, non comme une tolérance octroyée, mais comme une justice qui lui était due. Partout où il était le

---

1. *Calvin, sa vie, son œuvre, ses écrits*, par Félix Bungener; Paris et Genève, Cherbuliez, p. 379.

plus fort (à Genève, en Béarn, en Angleterre), il établissait ou faisait établir l'extermination de toute doctrine opposée à la sienne [1]. Cette politique est formellement établie dans l'*Institution de la Religion chrétienne* :

« C'est bien raison [2], puisque les Princes et Magistrats Chrestiens sont les vicaires et officiers de Dieu, et qu'ils dominent par sa grace, qu'aussi ils s'employent à maintenir son honneur. Et les bons Rois que Dieu a choisis entre les autres, sont notamment louez de ceste vertu en l'Escriture, d'avoir remis au-dessus le service de Dieu, quand il estoit corrompu ou dissipé: ou bien d'avoir eu le soin que la vraye religion florist et demeurast en son entier. Au contraire l'histoire saincte entre les inconveniens qu'apporte le defaut d'un bon gouverneur, dit que les superstitions avoyent la vogue, pour ce qu'il n'y avoit point de Roy en Israel, et que chacun faisoit ce qu'il luy sembloit. Dont il est aisé de redarguer la folie de ceux qui voudroyent que les magistrats, mettans Dieu et la religion sous le pied, ne se meslassent que de faire droit aux hommes. Comme si Dieu avoit ordonné des superieurs en son nom pour decider les differens et procès des biens terriens, et qu'il eust mis en oubli le principal, a savoir qu'il soit deuement servy selon la reigle de sa Loy. Mais l'appetit, et convoitise de tout innover, changer et remuer sans estre reprins, pousse tels esprits meutins et volages, de faire, s'il leur estoit possible, qu'il n'y eust nul Juge au monde pour les tenir en bride [3]. »

Telle est, sur ce point délicat, la doctrine de Calvin, exposée par Calvin lui-même; et qu'on n'imagine pas qu'elle s'applique à la seule république de Genève, cité exceptionnelle, idéale, sorte de Rome protestante où ce Pape de la Réforme avait voulu lui aussi réunir les deux pouvoirs, pour renforcer d'autant son autorité spirituelle. La doctrine de Calvin s'applique en théorie à tous les États. Il écrit au Régent d'Angleterre, duc de Somerset :

---

1. Il faut lire dans les *Lettres de Jean Calvin* recueillies par Jules Bonnet, celles qui sont adressées au Régent d'Angleterre et à Jeanne d'Albret, reine de Navarre, t. I, p. 267, et t. II, p. 490 et 519.
2. Voir p. 684 de l'édition de Genève, Beroud, 1888, in-8.
3. Bossuet dit presque dans les mêmes termes : « Le plaisir de dogmatiser, sans être repris ni contraint par aucune autorité ecclésiastique ni séculière, était le charme qui possédait les esprits » (en Angleterre pendant la Révolution). *Oraison funèbre d'Henriette de France.*

« qu'il faut punir non seulement les crimes contre les hommes mais aussi, et surtout, les crimes contre Dieu. » Au même : « Les gens obstinez aux superstitions de l'antechrist de Rome meritent bien d'estre reprimés par le glaive qui vous est commis [1]. »

Ces citations montrent l'erreur de ceux qui ont soutenu que Calvin, Théodore de Bèze, et en général les docteurs réformés qui ont maintenu pour leur Église le droit et le devoir de faire appel au bras séculier, ne prétendaient pas punir l'hérétique, en tant qu'erroné dans sa croyance, mais seulement comme perturbateur de la société civile. En effet Calvin, comme l'Inquisition elle-même, pensait que l'hérésie pouvait troubler la société civile (et il serait en effet difficile de nier que cela pût arriver). Mais ce n'est pas seulement pour protéger les institutions que Calvin punit l'hérétique ; c'est, avant tout, pour venger l'injure faite à Dieu. La précision du langage qu'il a tenu cent fois (surtout dans l'*Institution* et dans ses *Lettres*) ne laisse aucun doute sur ses intentions [2].

Il mourut le 27 mai 1564, à cinquante-cinq ans ; le corps ruiné avant l'âge par les fatigues et la maladie ; l'esprit entier, ouvert et remuant jusqu'à la dernière heure. Diverses relations de ses entretiens suprêmes concordent entre elles, et témoignent qu'il ne regretta rien de son œuvre, et mourut fier de l'avoir créée lui tout seul : « Quand je vins premierement en ceste Eglise, il n'y avoit quasi rien. On preschoit, et puis c'est tout. On cerchoit bien les idoles et les brusloit-on ; mais il n'y avoit aucune reformation. Tout estoit en tumulte. Il y avoit bien le bonhomme, maistre Guillaume [3] ; et puis l'aveugle Couraut ;...

---

1. *Lettres françaises de Calvin*, publiées par Jules Bonnet, t. I, p. 267.
2. Lire dans les *lettres* recueillies par Jules Bonnet (t. II, p. 10) celle qui est adressée à l'Église de Poitiers ; Calvin y condamne Castellion pour avoir prêché la tolérance et osé dire : « Qui est-ce qui ne penseroit que Christ fût quelque Moloch s'il veut que les hommes luy soyent immolés et bruslés tout vifs ? » Blasphèmes insupportables, dit Calvin ; et il ajoute : Telles gens seroient contents qu'il n'y eust ne loy, ne bride au monde » (p. 18). Mais l'horreur du « désordre », c'est-à-dire de la tolérance religieuse, est si enracinée chez Calvin qu'il va jusqu'à écrire : « Castalio est si pervers en toute impiété que j'aimerois cent fois mieux estre papiste, comme la vérité est ». Toutefois Castellion, quant à la doctrine, ne s'écartait de Calvin que sur deux points très secondaires ; mais ce qui était bien plus grave, il enseignait la tolérance. (*Lettres*, t. I, p. 365.)
3. Guillaume Farel (voir ci-dessous, p. 349), Couraut, ancien moine, et Saulnier furent bannis de Genève avec Calvin en 1538. Froment, d'abord maître d'école, devint ministre, puis notaire.

d'advantaige il y avoit maistre Anthoine Saulnier et ce beau prescheur Froment, qui ayant laissé son devantier, s'en montoit en chaire, puis s'en retournoit à sa boutique, où il jasoit et ainsi il faisoit double sermon. J'ay vescu icy en combats merveilleux ; j'ay esté salué par mocquerie le soir devant ma porte de cinquante ou soixante coups d'arquebute. Que pensez-vous que cela pouvoit estonner un pauvre escholier timide comme je suis, et comme je l'ay toujours esté, je le confesse? Puis après, je fus chassé de ceste ville, et m'en allay à Strasbourg, où ayant demeuré quelque temps, je fus rappelé, mais je n'eus pas moins de peine qu'auparavant en voulant faire ma charge. On m'a mis les chiens à ma queue, criant *hère, hère*, et m'ont prins par la robbe et par les jambes. Je m'en alay au Conseil des Deux-Cents, quand on se combatoit... et en entrant, on me disoit : « Monsieur, retirez vous ; ce n'est pas à vous qu'on en veult » ; je leur dis : « Non feray, allez, meschans ; tuez-moy et mon sang sera contre vous et ces bancqs mesmes le requerront. » Ainsi le mourant rappelait ses anciens combats, avec des paroles lentes et le souffle embarrassé. Puis, content dans sa victoire, il ajoutait : « Je vous prie aussi ne changer rien, ne innover. On demande souvent nouveauté. Non pas que je desire pour moy par ambition que le mien demeure et qu'on le retienne sans vouloir mieux, mais parce que *tous changements sont dangereux et quelquefois nuisent*[1]. » Telles furent les dernières paroles de Jean Calvin.

L' « Institution de la religion chrétienne ». — L'*Institution de la religion chrétienne* est l'ouvrage capital de Calvin, et même tous les autres ouvrages de Calvin sont, en germe au moins, dans celui-là. Il y travailla toute sa vie et ne cessa de l'augmenter et de le développer, non par additions successives plus ou moins bien appliquées au premier corps de l'ouvrage, mais par une croissance harmonieuse de toutes les parties qui fit que le développement de l'*Institution* ressemble à celui d'un organisme vivant.

La première édition connue est celle de Bâle, en latin, datée

---

[1]. *Derniers discours de Calvin. Adieux aux ministres de Genève recueillis par le ministre Pineau*, dans *Lettres de Jean Calvin*, publiées par Jules Bonnet, Paris, Meyrueis, 1854, 2 vol. in-8 ; t. II, p. 574.

PORTRAIT DE CALVIN

D'APRÈS LA PEINTURE ORIGINALE
CONSERVÉE A LA BIBLIOTHÈQUE DE GENÈVE

de 1536. Une seconde édition latine, très augmentée, fut publiée à Strasbourg en 1539. La première édition française (sans lieu ni date) parut, croit-on, à Strasbourg en 1541. La lettre-préface à François Ier qu'on lit en tête de l'*Institution* est datée de Bâle, 1er août 1535 [1]. Comme le titre en fait foi, le texte français et le texte latin sont également l'œuvre de Calvin (*Institution de la religion chrestienne composée en latin par Jean Calvin, et translatée en françois par luy-mesme*). L'auteur dit, dans la préface : « Premierement l'ay mis en latin, à ce qu'il peust servir à toutes gens d'estude, de quelques nations qu'ils feussent ; puis après, desirant de communiquer ce qui en povoit venir de fruict à nostre nation Françoise, l'ay aussi translaté en nostre langue. »

Une édition latine, encore augmentée, fut donnée à Genève en 1559, et traduite également en français ; cette seconde traduction française parut à Genève en 1560. Est-elle exclusivement, et dans toutes ses parties, l'œuvre directe de Calvin? On a pu en douter pour d'assez bonnes raisons ; et plus d'un érudit, amateur de notre vieux langage, garde une préférence pour la première traduction de l'*Institution chrétienne*, celle de 1541. Toutefois, l'édition de 1560 a été avouée explicitement par Calvin et nous présente, en somme, l'état définitif de son grand ouvrage, tel qu'il a voulu le transmettre à la postérité. Il est de règle dans la critique, et cette règle est sage et bien fondée, d'étudier toujours un écrivain dans la dernière édition de son œuvre donnée par lui ; c'est sur celle-là qu'il veut et doit être jugé. Pour s'écarter de ce principe, il faut des raisons particulières, qui ne se rencontrent pas ici, comme un affaiblissement du génie chez un auteur vieilli, qui l'amènerait à gâter lui-même ses plus beaux ouvrages en voulant les remanier. Mais Calvin garda jusqu'au bout la vigueur de son esprit et la fermeté de son style ; il n'y a donc pas de motifs suffisants pour rejeter le texte accrédité, traditionnel, de l'édition de 1560. Rappelons que dans l'avis au lecteur, en tête de cette édition, l'auteur s'exprime ainsi, parlant de son livre : « Je confesse que jamais je ne me suis contenté moy-mesme, jusques à ce que je l'ay eu digéré en l'ordre que vous y verrez maintenant. »

---

[1]. Dans le texte latin *X calendas septemb.* (= 23 août). Dans les éditions françaises, la lettre est datée du 1er août.

La préface « au Roy de France ». — La *dédicace* de l'*Institution* est un morceau justement célèbre. « Au Roy de France très chrestien, François, premier de ce nom, son prince et souverain seigneur, Jean Calvin, paix et salut en Nostre-Seigneur Jésus-Christ. » Deux idées ont inspiré cette dédicace : l'auteur y veut déclarer hautement la foi réformée ; il veut persuader au Roi que la nouvelle Église ne menace pas son autorité royale, en dépit des couleurs odieuses dont on la lui dépeint. François Ier doit non seulement la tolérer comme inoffensive, mais l'accepter et la protéger, parce qu'elle détient seule le véritable évangile et le christianisme authentique. Il est bien remarquable que dans ces pages écrites à une époque où le protestantisme naissant comptait à peine, en France, quelques milliers d'adeptes partout disséminés, Calvin semble moins réclamer la tolérance comme une concession que la liberté comme un droit, le droit de s'imposer par la force de la vérité. « Au commencement que je m'appliquay à escrire ce present livre, je ne pensoye rien moins, sire, que d'escrire choses qui fussent presentees à votre Majesté : seulement mon propos estoit d'enseigner quelques rudimens, par lesquels ceux qui seroyent touchez d'aucune bonne affection de Dieu, fussent instruits à la vraye piété. Et principalement vouloye par ce mien labeur servir à nos François; desquels j'en voyoye plusieurs avoir faim et soif de Jesus-Christ et bien peu qui en eussent reçeu droite cognoissance... Mais voyant que la fureur d'aucuns iniques s'estoit tant eslevée en vostre royaume qu'elle n'avoit laissé lieu aucun à toute saine doctrine, il m'a semblé estre expedient de faire servir ce present livre, tant d'instruction à ceux que premierement j'avoye deliberé d'enseigner, qu'aussi de confession de foy envers vous : dont vous cognoissiez quelle est la doctrine contre laquelle d'une telle rage furieusement sont enflambez ceux qui, par le feu et par glaive, troublent aujourd'hui vostre royaume. Car je n'auray nulle honte de confesser que j'ai icy compris quasi une somme de ceste mesme doctrine, laquelle ils estiment devoir estre punie par prison, bannissement, proscription et feu : et laquelle ils crient devoir estre dechassée hors de terre et de mer. Bien say-je de quels horribles rapports ils ont remply vos oreilles et vostre cœur, pour vous rendre nostre cause fort odieuse : mais vous avez à reputer, selon vostre clemence et mansuetude qu'il ne resteroit innocence aucune, n'en dits, n'en faits, s'il suffisoit d'accuser... C'est force et violence que cruelles sentences sont prononcées à l'encontre d'icelle (doctrine) devant qu'elle ait esté defendue. C'est fraude et trahison que sans cause elle est notée de sedition et malefice. »

Ce ton grave et pénétrant ne se soutient pas d'un bout à l'autre de la préface ; pas plus qu'il ne régnera dans toutes les parties de l'ouvrage. Calvin (comme tous les écrivains de son temps) abonde en disparates de ton et de langage, qui choquent aujourd'hui les moins délicats. Au milieu de considérations graves et religieuses, des plaisanteries de fabliaux contre « le ventre » et la « cuisine » du clergé catholique nous paraissent lourdes et froides. Nous sentons bien que de tels arguments ne sont pas des raisons. Si l'Église tout entière n'eût songé, comme dit Calvin, qu'à ne pas laisser « refroidir son pot », l'attachement que lui conserva la plus grande partie des fidèles deviendrait inexplicable. Contre des adversaires si méprisables, la victoire de la Réforme eût été plus facile et moins limitée. Au reste, Calvin n'épargne pas même aux siens ces facéties amères. Il disait, en pleine chaire, parlant des prédicateurs de la Réforme, « qu'il y en a beaucoup à qui on feroit prescher aussi tost l'Alcoran de Mahomet que l'Évangile ; moyennant qu'ils aient escuelle dressée et leur souppe grasse, ce leur est tout un [1] ». Calvin, quand il voulut être plaisant, n'y déploya jamais la verve de Luther. Ainsi le traité des *Reliques*, où il prolonge interminablement le ton facétieux, laisse au lecteur une impression de lourde fatigue.

Son vrai génie est tout autre, et il éclate bien mieux lorsque Calvin se montre oratoire et véhément : alors il presse, il charge, il enveloppe les adversaires avec une remarquable puissance. On a souvent admiré, dans la préface, les pages où il a étalé avec une véhémence passionnée les contradictions théologiques des Pères et les embarras que ces contradictions apportent à la doctrine catholique. Mais cette véhémence mesure-t-elle toujours ses coups assez prudemment? en voit-

---

[1]. Troisième sermon sur la 2ᵉ épître à Timothée.

elle bien la portée, le péril ? Calvin n'a-t-il point pensé que ces arguments, quoi qu'ils vaillent contre la doctrine traditionnelle, pouvaient aussi bien se retourner contre la Réforme ? et que, à faire ainsi résonner aux oreilles des chrétiens le *tintamarre*, comme dira Montaigne, des mille opinions humaines, on risque d'amener leurs esprits non à la foi réformée, mais à la foi éteinte et au scepticisme ? Il est impossible de nier que Calvin excelle à s'armer du témoignage des Pères toutes les fois que ceux-ci semblent favorables à sa doctrine ; au contraire il les traite fort légèrement, même les plus anciens et les plus vénérés, lorsqu'ils ont le malheur de heurter ses idées ; par exemple, à propos du purgatoire et de la prière pour les morts, qu'il avoue avoir été en usage dès les premiers temps de l'Église, il dit bien que « saint Augustin, au livre des *Confessions*, recite que Monique sa mere pria fort à son trespas qu'on fist memoire d'elle à la communion de l'autel », et il ajoute : « Mais je dy que c'est un souhait de vieille, lequel son fils, estant esmu d'humanité, n'a pas bien compassé à la reigle de l'Écriture, en le voulant faire trouver bon. [1] » C'est peut-être traiter un peu légèrement saint Augustin, dont Calvin a soin de parler d'une tout autre façon quand il croit que saint Augustin s'accorde avec Calvin.

La fin de cette longue lettre en est assurément la partie la plus éloquente et, à la fois, la plus habile. Calvin avait très bien senti que François Ier, en réprimant les novateurs, se montrait jaloux de maintenir beaucoup moins l'orthodoxie que son autorité royale. C'est celle-ci qu'il veut rassurer, en protestant que la soumission de son Église à la puissance séculière ne sera jamais ébranlée, même par la persécution. « Vous ne vous devez esmouvoir de ces faux rapports, par lesquels noz adversaires s'efforcent de vous jeter en quelque crainte et terreur : c'est assavoir que ce nouvel Évangile, ainsi l'appellent-ils, ne cherche autre chose qu'occasion de seditions et toute impunité de mal faire... Quant à nous, nous sommes injustement accusez de telles entreprinses, desquelles nous ne donnasmes jamais le moindre souspeçon du monde. Et il est bien vraysemblable que nous, desquels jamais n'a esté ouïe une seule parole

---

1. *Institution*, p. 313.

seditieuse, et desquels la vie a toujours esté cogneue simple et paisible, quand nous vivions sous vous, sire, machinions de renverser les royaumes ! Qui plus est, maintenant estans chassez de noz maisons, nous ne laissons point de prier Dieu pour vostre prosperité, et celle de vostre regne... Et mesme je doute que je n'aye esté trop long : veu que ceste preface a quasi la grandeur d'une defense entiere : combien que par icelle je n'aye pretendu composer une defense; mais seulement adoucir vostre cœur, pour donner audience à nostre cause. Lequel, combien qu'il soit à present destourné et alienié de nous, j'adjouste mesme enflambé, toutes fois j'espere que nous pourrons regagner sa grace, s'il vous plaist, une fois hors d'indignation et courroux, lire ceste nostre confession, laquelle nous voulons estre pour defense envers vostre Majesté. Mais si au contraire les detractions des malveillans empeschent tellement voz oreilles, que les accusez n'ayent aucun lieu de se defendre ; d'autre part si ces impetueuses furies, sans que vous y mettiez ordre, exercent tousjours cruauté par prisons, fouets, gehennes, coppures, bruslures ; nous certes, comme brebis devouées à la boucherie, serons jettez en toute extremité : tellement neantmoins qu'en nostre patience nous possederons nos ames, et attendrons la main forte du Seigneur : laquelle sans doute se monstrera en sa saison, et apparoistra armée, tant pour delivrer les povres de leur affliction que pour punir les contempteurs qui s'esgayent si hardiment à ceste heure. Le Seigneur, Roy des Roys, vueille establir vostre throne en justice et vostre siege en equité ! De Basle, le premier jour d'aoust, mil cinq cent trente cinq. »

Ces protestations d'obéissance étaient beaucoup plus sincères que ne l'ont pensé les ennemis de Calvin. Sans doute le réformateur eût préféré qu'il lui fût possible de substituer, d'un seul coup, sur le trône de France, un roi réformé à un roi catholique : aucun lien personnel de fidélité ni d'affection ne pouvait l'attacher à François Ier. Mais ce qu'il haïssait par-dessus la monarchie ennemie, et par-dessus tout, c'était l'anarchie. C'est seulement après la mort de Henri II (vingt-cinq années après la lettre de Bâle) qu'on verra poindre les premiers germes du protestantisme républicain. Encore Calvin s'est-il toujours défendu d'avoir excité ni approuvé les conjurés d'Amboise. Au lieu d'abattre les trônes, il préférait y asseoir des rois selon son cœur.

Plan de l' « Institution ». — L'*Institution de la religion chrétienne* est le premier livre écrit en français qu'on puisse dire logiquement composé, d'après un plan suivi et proportionné. Aucun des écrivains qui ont précédé Calvin ne peut être loué pour le même mérite : il est le premier Français qui ait su et voulu « faire un livre ». Quatre parties composent l'ouvrage : Dieu, créateur et souverain gouverneur du monde ; — l'homme, déchu par le péché, racheté par Jésus-Christ ; — la grâce, fruit de la rédemption ; — l'Église, assemblée des fidèles, et ses véritables caractères ; les sacrements. Toute cette partie est presque entièrement polémique, et Calvin y attaque avec une âpre violence l'Église catholique et la papauté. Quelque talent qu'il déploie dans cette discussion agressive, les pages les plus belles du livre sont ailleurs ; là où son éloquence naturelle se déploie sans attaquer. C'est à peine si Bossuet lui-même a trouvé de plus beaux accents pour louer les livres saints. « Que nous lisions Demosthène, ou Ciceron, Platon ou Aristote [1], ou quelques autres de leur bande, je confesse bien qu'ils attireront merveilleusement, et delecteront et esmouveront jusques à ravir mesme l'esprit ; mais si de là nous nous transportons à la lecture des sainctes Escritures, vueillons ou non, elles nous poindront si vivement, elles perceront tellement nostre cœur, elles se ficheront tellement au dedans des moelles, que toute la force qu'ont les rethoriciens ou philosophes, au prix de l'efficace d'un tel sentiment, ne sera que fumée. Dont il est aisé d'apercevoir que les sainctes Escritures ont quelque propriété divine à inspirer les hommes, veu que de si loing elles surmontent toutes les graces de l'industrie humaine. » Et je ne sais si Pascal sera plus éloquent à conjurer les hommes de se reposer en Dieu seul au milieu de l'agitation du monde :

« Quand le ciel est brouillé de grosses nuées et espesses [2], et qu'il se dresse quelque tempeste violente, pour ce qu'il n'y a qu'obscurité devant nos yeux et le tonnerre bruit en nos oreilles, en sorte que tous nos sens sont eslourdis de frayeur, il nous

1. *Institution*, p. 38.
2. *Institution*, p. 97.

semble que tout est meslé et confus : toutes fois au ciel tout demeure paisible en son estat. Ainsi nous faut-il estre resolus, quant les choses estant troublées au monde, nous ostent le jugement, que Dieu estant separé loin de nous en la clarté de sa justice et sagesse, sait bien moderer telles confusions pour les amener par bon ordre à droite fin. »

Nous étudierons plus loin les qualités et les défauts du style de Calvin; et, quoiqu'il n'y ait rien en lui de l' « écrivain artiste », ainsi qu'on dit aujourd'hui, nous montrerons qu'il tient une grande place dans la littérature de son siècle; et qu'il a exercé sur la langue et les écrivains une grande et durable influence. M'attachant ici plutôt à la manière générale et à l'accent, je voudrais montrer, par une dernière citation, ce qu'il vaut, quand il est le meilleur. Je trouve plus de plaisir à admirer qu'à blâmer; et je laisse ainsi de côté tout ce qui dans son livre, choque aujourd'hui ses disciples, et embarrasse ses apologistes; tant d'injures, tant d'outrages, tant de grossièretés, tant de platitudes; il faut juger un écrivain sur ce qu'il offre d'excellent, non sur ses taches et sur ses faiblesses. Il arrive à Calvin d'atteindre à la plus haute éloquence, lorsqu'il met l'ardeur de sa conviction au service d'une idée noble et d'un sentiment généreux. Je citerai les dernières pages de l'*Institution chrétienne* :

« Mais en l'obeissance que nous avons enseignée estre deue aux superieurs, il y doit avoir tousjours une exception, ou plustost une reigle qui est à garder devant toutes choses : c'est que toute obeissance ne nous destourne point de l'obeissance de celuy sous la volonté duquel il est raisonnable que tous les edits des Roys se contiennent, et que tous les commandemens cedent à son ordonnance, et que toute leur hautesse soit humiliée et abaissée sous sa majesté. Et pour dire vray, quelle perversité seroit-ce, afin de contenter les hommes, d'encourager l'indignation de celuy pour l'amour duquel nous obeissons aux hommes. Le Seigneur donc est Roy des Roys, lequel, incontinent qu'il ouvre sa bouche sacrée, doit estre sur tous, pour tous, et devant tous, escouté. Nous devons puis après estre sujects aux hommes qui ont preeminence sur nous, mais non autrement, sinon en luy. S'ils viennent à commander quelque chose contre luy, il nous doit estre de nulle estime : et ne faut avoir en cela aucun esgard à la dignité des supérieurs; à laquelle on ne fait nulle injure, quand elle est submise et rengée sous la puissance de Dieu, qui est seule vraye au prix des autres.... (Et) tant s'en faut que la couverture de modestie que pretendent les courtisans merite louange, quand ils magnifient l'authorité des Roys pour decevoir les simples; disans qu'il ne leur est pas licite de rien faire contre ce qui leur est commandé. Comme si Dieu en ordonnant des hommes mortels pour dominer, leur avoit resigné son droit : ou bien que la puissance terrienne soit amoindrie, quand elle est abaissée en son rang inferieur sous l'empire souverain de Dieu au regard duquel toutes principautés celestes tremblent. Je say bien quel dangier peut venir d'une telle constance que je la requier icy, d'autant que les Roys ne peuvent nullement souffrir d'estre abaissez; desquels l'indignation (comme Salomon dit) est message de mort. Mais puisque cest edit a esté prononcé par le celeste heraut sainct Pierre : « Qu'il faut plustost obeir à Dieu qu'aux hommes » nous avons à nous consoler de ceste pensée, que vrayment nous rendons lors à Dieu telle obeyssance qu'il la demande, quand nous souffrons plustost toutes choses que declinions de sa saincte parolle. Et encores, à ce que le courage ne nous faille, sainct Paul nous picque d'un autre aiguillon : c'est que nous avons esté achetez par Christ si cherement que luy a cousté nostre redemption, afin que ne nous adonnions serfs aux mauvaises cupiditez des hommes; beaucoup moins à leur impiété. »

Autres ouvrages français de Calvin. — Ce sont là de nobles sentiments, exprimés dans une très belle langue. Il faut ajouter qu'on se ferait une trop favorable idée de son talent d'écrivain si l'on croyait que toute l'œuvre française de Calvin est écrite dans ce style, à la fois si simple et si fort. On extrairait sans peine quelques belles pages de ses abondants *commentaires* sur divers livres de l'Ancien et du Nouveau Testament; mais, en général, ces commentaires, remplis de redites (quelle qu'en soit d'ailleurs l'importance théologique) semblent ajouter peu de chose à ce que l'auteur avait dit, dans l'*Institution*, avec plus de précision et de brièveté. Le *Traité des reliques*, souvent réimprimé, ne mérite pas sa célébrité ; nous avons déjà dit que les facéties dont il est plein sont médiocrement plaisantes et ennuient le lecteur par leur nombre et leur monotonie. Quoi qu'en aient pensé plusieurs critiques genevois, Calvin n'avait pas d'esprit, au moins dans le sens où nous entendons ce mot-là en France. Ce n'est pas à dire qu'il n'eût pas souvent de la finesse et du trait. Ces qualités ne manquent pas dans l'*Excuse aux Nicodémites* qu'il nomme ainsi en souvenir de ce disciple timide qui visitait le Christ seulement de nuit, par respect humain ; les *Nicodémites* sont les tièdes, nombreux partout, même à Genève ; et Calvin en fait la revue avec une singulière perspicacité. Il y a les honteux qui croient dans leur cœur, mais, en public, rougissent de l'Évangile ; il y a les délicats (que nous appelons aujourd'hui les *dilettantes*), qui aiment seulement l'Évangile comme un texte merveilleux qui se prête au raffinement psychologique, au « ragoût spirituel », comme dira le xviie siècle ; d'ailleurs ces gens-là vivent à leur aise ; leur piété est chose de lectures et de conversation. Il y a les philosophes, qui pèsent le pour et le contre, et ne se décident pas à choisir ; contents d'avoir comparé. Dans cette classe, Calvin met « quasi tous les gens de lettres », avouant ainsi franchement (avec plus de franchise que n'en ont montré la plupart de ses disciples) que la Réforme n'a rien à voir avec la Renaissance, sauf par rencontre et par accident ; car elles diffèrent tout à fait par leur principe et par leur but. Il faut lire (dans le traité *De scandalis*, 1550) de quel ton Calvin anathématise la Renaissance quand elle ne se met pas purement au service de la Réforme[1]. Déjà, dans une lettre d'octobre 1533, il avait demandé la condamnation de ce livre obscène, *Pantagruel*. Dans le traité des *Scandales*, il nomme ensemble Rabelais, Des Périers, Govéa, qui, ayant d'abord goûté l'Évangile, ont ensuite été frappés de la même cécité que les impies. Pourquoi, sinon

---

1. « Tout le monde sait le mépris superbe qu'Agrippa de Nettesheim, Servet, Dolet ont toujours fait de l'Évangile, comme de vulgaires cyclopes qu'ils étaient. Ils sont tombés à ce degré de démence et de fureur, non seulement de vomir d'exécrables blasphèmes contre le Fils de Dieu, mais de se mettre eux-mêmes à l'égal des chiens et des porcs quant à la vie de l'âme. D'autres, comme Rabelais, Des Périers et Govéa, après avoir goûté à l'Évangile, ont été frappés du même aveuglement. Pourquoi cela ? Si ce n'est par ce qu'ils avaient commencé par jouer et rire avec ce sacré gage de la vie éternelle. »

pour avoir profané « ce gage sacré de la vie éternelle par leur rire et leurs plaisanteries? »

Enfin les plus nombreux (et peut-être les moins coupables) des tièdes, ce sont ceux qu'il appelle les « marchands » et les « simples gens »; de qui l'esprit un peu court ne saisit pas bien la religion; pourvu qu'ils gagnent de l'argent, et qu'ils aient ce qu'il leur faut pour le corps, ces gens-là trouvent que tout va bien et souhaiteraient qu'on ne changeât rien à Genève. Hélas! dans tous les siècles et dans toutes les Églises, cette variété de « nicodémites » est fort nombreuse.

Dans l'œuvre française de Calvin les sermons forment la partie non la plus célèbre, mais la plus étendue. La réforme calviniste réduisait (ou peu s'en faut) le culte public au sermon. En revanche elle développait infiniment l'usage de la prédication. Un ministre réformé, au xvie siècle, est avant tout prédicateur. Calvin donna l'exemple à Genève en prêchant presque tous les jours. On a conservé de lui plus de deux mille sermons, qui longtemps sont restés inédits, sauf un petit nombre. La publication générale des sermons de Calvin, entreprise de nos jours, n'est pas encore achevée.

Dans de telles conditions, le prédicateur, nécessairement, préparait peu le fond, improvisait entièrement la forme. Calvin n'écrivait rien, non pas même un plan; tous ses sermons ont été recueillis, d'une façon plus ou moins exacte, par ses auditeurs assidus; l'un d'eux, Denis Raguenier, se distingua surtout par son zèle et sa fidélité. La parole lente et un peu essoufflée du maître rendait la tâche plus facile aux secrétaires.

Une prédication aussi abondante a besoin d'être soutenue constamment par un texte doctrinal. Calvin s'appuie sans cesse sur la Bible (Ancien et Nouveau Testament); et tous ses sermons, rapportés directement à un chapitre du livre, en sont, avant tout, le commentaire. Dans le sermon catholique, le texte, bref et isolé, est plutôt l'épigraphe du discours qu'il n'en est vraiment la matière. Mais dans le sermon calviniste, le texte est assez étendu pour servir vraiment comme de base à tout le développement.

Le commentaire est à la fois, ou tour à tour, dogmatique et moral. La doctrine occupe une place considérable, et certainement la plus grande; mais l'application morale n'est point négligée; elle a un caractère pratique souvent très marqué, et ne dédaigne pas de descendre aux humbles détails. Une prédication aussi fréquente ne pouvait manquer à devenir souvent familière [1].

Aucune préoccupation d'art ou de règle ne gêne ou contraint l'orateur : l'exorde est court et se réduit à une simple entrée en matière. La péroraison se résume en une conclusion. Aucun plan régulier n'est suivi dans le discours dont les parties se suivent par l'enchaînement naturel des pensées du prédicateur, sans qu'on puisse y trouver un ordre logique et rigoureux. Non qu'il dédaignât en principe ces qualités; quatre sermons revus et publiés par Calvin lui-même sont au contraire très logiquement composés. Mais l'abondance et la rapidité de la prédication journalière lui imposaient une autre méthode, plus simple et plus familière.

Les qualités et les défauts de Calvin, dans cette éloquence improvisée, sont d'ailleurs à peu près les mêmes que dans cette *Institution de la religion chrétienne* dont certaines parties au moins furent si travaillées. Clarté, précision, vigueur, abondance de faits, d'idées, d'arguments; voilà pour les qualités. Elles suffisaient, paraît-il, au XVIe siècle; puisque l'effet produit fut immense, bien que la prestance, la voix, le geste fissent entièrement défaut à l'orateur; mais ce qui lui manque le plus, à notre sens, c'est l'onction. Qu'il a peu retenu de cette tendresse qui déborde dans l'Évangile! qu'il attire peu vers ce Christ, qu'il prêche avec tant d'ardeur! Au reste, tel qu'il fut, il voulut l'être. Jamais homme n'a aussi complètement conformé son œuvre à sa volonté. Ses plus grands admirateurs conviennent qu'il y a chez lui comme un arrière-goût d'amertume. Mais n'a-t-il pas écrit : « Il ne faut pas craindre de remonstrer aigrement les vices et pechez des hommes? »

On a publié le recueil des lettres françaises de Calvin. On ne s'attend pas à y trouver les qualités propres à l'écrivain épistolaire; Cicéron, Bussy-Rabutin, Mme de Sévigné, Voltaire ou

---

[1]. On trouve aussi dans les sermons de Calvin des rudesses, des familiarités satiriques qui rappellent singulièrement Maillard ou Menot, ces derniers prédicateurs du moyen âge.

Joseph de Maistre écrivent tout autrement les lettres. Calvin ne se départ jamais d'une certaine monotomie qui répugne tout à fait au genre ; mais il faut lui rendre ce témoignage que dans ses lettres encore moins qu'ailleurs, il a cherché à plaire ; surtout à la postérité. Le recueil nous intéresse par de tout autres mérites. Et d'abord il nous aide à mieux comprendre l'importance du rôle que l'homme a joué. En lisant ces missives, adressées à vingt églises dispersées par toute la France, et hors de France, Genève, Neuchâtel, Lausanne, Chambéry, Aix, Montpellier, Nîmes, Valence, Lyon, Montélimar, Loudun, Poitiers, Angers, Paris, Meaux, Dieppe, Anvers, Metz, Strasbourg, Francfort, Wesel, et bien d'autres, qui toutes regardent vers lui, et attendent ses lettres comme un ordre et ses conseils comme on attend la lumière, pour marcher et pour agir, on comprend mieux comment Calvin put être appelé, sans emphase, le Pape de Genève. *Tout protestant est pape, une Bible à la main*, dit Voltaire. Il n'eût pas écrit ce vers célèbre s'il eût habité Ferney, près de Genève, deux siècles plus tôt.

Les lettres à des grands, rois ou princes régnants, princes du sang, ministres d'État, offrent un intérêt analogue et nous font mesurer jusqu'où s'est étendue l'influence de Calvin ; parmi ses illustres correspondants (le roi d'Angleterre ; le duc de Somerset, protecteur d'Angleterre ; le roi et la reine de Navarre ; la duchesse de Ferrare ; le duc de Wurtemberg ; le prince de Condé ; le duc de Longueville ; l'amiral de Coligny), la plupart, il est vrai, sont déjà passés à la Réforme, ou y inclinent ; mais enfin ces puissants ne sont pas touchés que de leur foi ; ils ont leur dignité, leur orgueil, leurs intérêts à ménager ; ce ne sont pas ces modestes ouailles qu'on endoctrine du haut de la chaire ; ils sont loin de Genève, et, semble-t-il, ont moins besoin de Calvin que Calvin n'a besoin d'eux. Il faut d'autant plus lui rendre cette justice qu'il ne les flatte jamais et maintient haut et ferme, sur leurs têtes, la majesté de l'Évangile. Nulle concession ; il se sert d'eux, mais ne les sert pas, et toutefois leur respect ne se dément jamais envers ce petit docteur malingre, qui les exhorte de si loin et souvent les malmène.

Beaucoup de lettres sont adressées à des prisonniers qui souffraient pour leur foi dans les prisons de France, et dont plusieurs attendaient le dernier supplice[1]. Les exhortations que leur envoie Calvin pour les conjurer de ne pas faiblir, ni devant la torture, ni devant la mort, sont d'un bel et ferme accent, et toutefois ne nous touchent point comme il semble qu'elles devraient faire. Je pense bien qu'il n'eût pas manqué de courage s'il eût été appelé, lui aussi, à sceller de son sang sa croyance. Mais est-on tenu à la même fermeté devant les souffrances des autres? Dans ces exhortations suprêmes, souvent très nobles, je l'ai dit, jamais Calvin ne s'apitoie, jamais il ne s'attendrit[2]. Dur à lui-même, il est dur aux autres, juste autant, ni plus ni moins, et ne veut ni être plaint ni plaindre. Je n'examine pas en lui le réformateur; je n'ai pas qualité pour juger le théologien; je juge l'homme. Il eut certaines parties d'un grand homme; mais, pour être tout à fait un grand homme, il lui a manqué la pitié des misères humaines. Il reçut des dons singuliers, mais il n'avait pas « le don des larmes ». Et si c'était le lieu, on montrerait le profond rapport qui est entre sa doctrine sur la prédestination et son caractère. Calvin n'est pas le seul docteur qui ait cru et enseigné la prédestination, mais il annonce ce dogme avec un accent de triomphe et presque de joie qui est très particulier.

La langue et le style de Calvin. — L'émancipation de la langue française au XVIe siècle, le droit reconnu à l'idiome vulgaire de traiter toutes les matières, même celles que le latin s'était si longtemps réservées, ce ne sont pas là, quoi qu'on ait dit, des conquêtes dues uniquement à la Réforme, et ce n'est pas Calvin qui a fait inscrire dans l'édit de Villers-Cotterets, en août 1539, les deux célèbres articles qui enjoignaient aux tribunaux de parler français en France[3]. Dix ans plus tard, Joachim

---

1. Voir Pasquier, *Recherches de la France*, liv. VIII, chap. LV. « Nous vismes quelquefois nos prisons regorger des pauvres gens abusez, les quels sans entrecesse il exhortoit, consoloit, confirmoit par lettres, et ne manquoit de messagers auxquels les portes estoient ouvertes, nonobstant quelques diligences que les geoliers apportassent au contraire. »
2. Lire la lettre (7 mars 1553) aux prisonniers de Lyon (édit. Bonnet, I, 371). Ils attendaient la mort et la reçurent même avant l'arrivée de cette lettre. Calvin, qui sait ces circonstances, essaye encore de se servir d'eux et fait appel à leur témoignage pour combattre « un petit moqueur de Dieu » qui s'est élevé contre lui à Genève.
3. Articles 110 et 111 : « Nous voulons que tous arrêts... et autres quelconques actes de justice, ou qui en dépendent, soient prononcés, enregistrés, et délivrés aux parties *en langage maternel français* et non autrement. »

du Bellay, qui, comme toute la Pléiade, fut immuablement catholique, ne se moquait pas moins pour cela des « venerables Druydes » (les théologiens) qui, pour mieux nous imposer, « ne craignent rien tant que le secret de leurs mysteres soit decouvert au vulgaire[1] ». Et tout son livre est écrit pour avancer et démontrer que désormais la langue française est suffisante à tout exprimer. Mais, cette réserve faite, il demeure certain que les réformés ont beaucoup contribué à « l'illustration » et à « l'amplification » de la prose française. La nécessité les y engagea. Dès le premier jour, ils voulurent en appeler de leur querelle à l'opinion publique et durent ouvrir à tous l'accès aux discussions théologiques. Dès lors, c'est en français qu'il fallut écrire, parler, prêcher. La Bible fut traduite en français, non pour la première fois, mais pour la première fois cette traduction des Livres Saints fut répandue avec profusion. C'est de même en français que la Bible fut commentée; c'est en français qu'on attaqua Rome et qu'on se défendit contre elle dans une multitude de traités gros ou courts, sérieux ou plaisants. Le latin fut réservé aux ouvrages qui s'adressaient à toute l'Europe, non aux seuls réformés français. Enfin la doctrine réformée faisait une obligation rigoureuse de la lecture de la Bible, et, l'imposant comme un devoir à tous, devait nécessairement l'autoriser dans la langue vulgaire. C'est la première fois qu'un texte écrit en français prenait aux yeux de la foule une valeur religieuse et sacrée. Il n'est pas douteux que la langue vulgaire en ait reçu un accroissement d'importance et de dignité, qui la rendit plus considérable d'abord aux yeux des réformés, peu à peu aux yeux de tous.

Le style de Calvin est à l'image de son esprit, offrant les mêmes qualités et les mêmes lacunes. Nul prosateur français, jusqu'à lui, n'a si peu raconté, n'a autant raisonné. Toute pensée, tout sentiment, toute observation chez Calvin se tourne en raisonnement. Cette forme de son esprit déterminera la forme de son style : il sera net, sobre, précis, bien conduit, bien enchaîné; animé au besoin, quand la véhémence de la passion excite l'écrivain; mais, pour ainsi dire, *à froid*. Il n'est

---

1. *Défense et Illustration de la langue française*, 1re partie, chap. x.

jamais imagé, coloré; il est pauvre en métaphores; il est absolument sans poésie. Dans les pages qu'on a lues plus haut, il y a beaucoup d'éloquence, il n'y a point de chaleur. Voici un passage remarquable que j'extrais de l'*Institution* pour examiner de plus près les procédés du style de Calvin[1]. « Quand nous voyons aux escrivains payens ceste admirable lumiere de verité, laquelle apparoit en leurs livres, cela nous doit admonester que la nature de l'homme, combien qu'elle soit descheute de son integrité et fort corrompue, ne laisse point toutesfois d'estre ornee de beaucoup de dons de Dieu... Pourrons nous nier que les anciens Jurisconsultes n'aient eu grande clairté de prudence, en constituant un si bon ordre et une police si equitable! Dirons nous que les philosophes aient esté aveugles, tant en considerant les secrets de nature si diligemment qu'en les escrivant avec tel artifice? Dirons nous que ceux qui nous ont enseigné l'art de disputer, qui est la maniere de parler avec raison, n'ayent eu nul entendement? Dirons nous que ceux qui ont inventé la medecine ont esté insensez? Des autres disciplines penserons nous que ce soyent folies? Mais au contraire nous ne pourrons lire les livres qui ont esté escrits de toutes ces matières sans nous esmerveiller... Or si le Seigneur a voulu que les iniques et infideles nous servent à entendre la Physique, Dialectique et autres disciplines, il nous faut user d'eux en cela, de peur que nostre negligence ne soit punie si nous mesprisons les dons de Dieu là où ils nous sont offerts. »

Je n'ai pas choisi cette page au hasard pour la citer ici : au contraire, il était intéressant de montrer comment Calvin comprenait, goûtait et admirait les anciens, et de faire voir en même temps où se limitait cette admiration, entièrement subordonnée à l'utilité qu'en pouvaient tirer les chrétiens, en vue d'éclairer leur foi en développant leur esprit. Ces lignes sont d'un savant homme, qui reconnaît le mérite des anciens, et leur rend volontiers justice. Au reste il les admire sans joie et les estime sans amour : nul trace de ce plaisir d'art et de cette jouissance délicate que tant d'autres, moins savants que Calvin, trouvaient dans le même temps à lire Homère ou Platon,

---

1. *Institution*; Genève, Beroud, 1888 (p. 125).

Cicéron ou Virgile. De tous les sentiments, celui de l'art fut le plus entièrement inconnu à cette froide intelligence [1].

Il n'en est que plus singulier que Calvin, en écrivant, ait eu souvent les parties, sinon d'un grand artiste, au moins d'un grand écrivain. Qu'on relise attentivement cette page qui, choisie par nous dans l'*Institution chrétienne* pour les idées qu'elle exprime, n'offre d'ailleurs rien de rare et d'exceptionnel, quant au style, rien qui ne se retrouve aussi bien dans cent passages du même livre. Qu'on étudie de près cette langue : on en verra nettement les rares qualités. N'y faut-il pas louer d'abord la suite serrée des arguments, la sage disposition des parties, bien groupées autour de l'idée principale, qu'elles regardent pour ainsi dire en l'éclairant? Les deux vérités plus générales sont simplement affirmées, au commencement et à la fin du discours ; mais les arguments particuliers sont présentés entre l'une et l'autre, sous une forme interrogative qui les rend plus vifs et plus pénétrants. L'énumération est un des procédés dont Calvin se sert le mieux et le plus fréquemment. Venons au vocabulaire, pour louer la simplicité des mots que choisit l'écrivain ; dans un sujet où beaucoup d'autres se seraient laissés aller à jeter quelques fleurs, ou à élever la voix avec quelque emphase, il est sobre et nu, ne recherche que des mots précis, dédaigne les mots colorés ou pittoresques, et (comme le veut Fénelon) « se sert de la parole, comme un homme modeste de son habit, pour se couvrir ». Est-ce parce qu'elle est simple, que cette langue a si peu vieilli? Après trois siècles et demi passés, nous lisons aisément Calvin, plus aisément que nous ne faisons Montaigne, qui écrivait quarante années après Calvin. Parmi trois cent vingt mots que renferme cette page, c'est à peine si trois ou quatre ont vieilli : *admonester, artifice* (au sens d'art) ; *clarté de prudence*, qui vaut mieux que notre « lumineuse sagesse ». Quant à la syntaxe, quoiqu'un peu plus lente que la nôtre, et plus amie d'une phrase qui se déploie, et des tours périodiques, elle reste, pour nous-mêmes, parfaitement claire et intelligible, grâce à la netteté des constructions. Bien

---

1. Voilà pourquoi il lui coûte si peu d'interdire aux arts la représentation figurée de Dieu et des anges ; et même il déconseillait celle du Christ, de la Vierge et des saints, décourageant ainsi l'art religieux.

plus, quoique sa phrase périodique soit au fond toute latine, il sait bien que le génie des deux langues n'est pas tout à fait le même; ni surtout leurs ressources, la nôtre étant pauvre en relatifs, et manquant de flexions casuelles : aussi prend-il soin de n'embarrasser point sa période française de trop longues incises, comme on en trouve encore, cent ans plus tard, dans Descartes. Calvin, par la syntaxe, est en avance sur Descartes. Mais d'où vient cette parfaite possession de la langue française chez un homme qui, dans les écoles, ne l'avait pas plus cultivée qu'on ne faisait de son temps; qui plus tard ne semble pas avoir eu jamais le loisir de s'y appliquer avec suite, au milieu des occupations innombrables et des traverses de sa carrière; qui, enfin, écrivit en latin plus souvent qu'en français, et toute sa vie vécut avec les écrivains latins (non certes les plus purs et les mieux disants)? Peut-être ici touchons-nous au secret de l'excellent français qu'écrivit Calvin : son art fut de dégager de la langue mère (qu'il savait à merveille) le français qu'elle renfermait, pour ainsi dire, en puissance et virtuellement. Sa phrase française est une admirable transposition de la phrase latine; le français que parle Calvin n'est pas un produit naturel, et comme une évolution et une phase nouvelle du français du moyen âge; il est repris directement (par delà la vieille langue d'oïl, chère à Rabelais, vive encore chez Montaigne); repris à la source première de la latinité classique. Mais avec un art, tout instinctif, et d'autant plus sûr, il ne francise le latin que dans la mesure où les Français (du moins lettrés et instruits, car il n'écrit pas, à vrai dire, pour le peuple) peuvent comprendre cette langue; tout à fait simple, mais non tout à fait naturelle. Il en résulte qu'en parlant latin en français (bien plus que ne fit jamais Ronsard) Calvin trouve le moyen de n'être jamais pédant (ce que fut Ronsard trop souvent); et sa langue, en partie factice, du moins tout à fait différente de la langue parlée, ne paraît jamais affectée; et, en effet, elle ne l'est pas.

Non que Calvin ait ignoré qu'il possédait à un si haut point l'art de bien écrire, mais nous ne lui reprocherons pas d'avoir su qu'il écrivait bien, et d'en avoir été satisfait. Il n'est pas d'écrivain sans un certain goût du beau langage; il suffit que ce goût soit bon. Bossuet raconte que Westphal, luthérien, ayant appelé un jour Calvin déclamateur : « Il a beau faire, dit Calvin, jamais il ne le persuadera à personne, et tout le monde sait combien je sais presser un argument, et combien est précise la brièveté avec laquelle j'écris [1]. » Et Bossuet, non sans quelque impatience, mais avec sa sincérité ordinaire, rend ce témoignage à Calvin : « Donnons-lui donc, puisqu'il le veut tant, cette gloire d'avoir aussi bien écrit qu'homme de son siècle; mettons-le même, si l'on veut, au-dessus de Luther; car encore que Luther eût quelque chose de plus original et de plus vif, Calvin, inférieur par le génie, semblait l'avoir emporté par l'étude. Luther triomphait de vive voix; mais la plume de Calvin était plus correcte, surtout en latin; et son style, *qui était plus triste*, était aussi plus suivi et plus châtié. » Il dit (un peu plus haut) : « Calvin raisonnait plus conséquemment que Luther. »

Tous ces mots sont justes, et Bossuet, avec une extrême sagacité, a caractérisé par une seule expression le plus grave défaut du style de Calvin; il est *triste*. — « Quoi! dira-t-on, et quel besoin avait-il d'être gai? et dans les sujets qu'il traite, où voit-on lieu de rire et de plaisanter? » Mais c'est justement là le point faible par où Calvin donne prise à de trop justes reproches : c'est qu'il veut trop souvent *s'égayer*, plaisanter aux dépens de ses adversaires, achever par la raillerie ce qu'il a commencé par le raisonnement. Il y échoue complètement : il est, nous l'avons dit, lourd et froid quand il plaisante, et tout de suite injurieux; et dans l'injure qu'il prodigue il n'a ni esprit ni verve; les noms outrageants qu'il inflige à tous ceux qu'il n'aime pas, sont ramassés au hasard dans le vocabulaire de la rue; pas un ne porte; pas un n'est bien trouvé pour la circonstance. Mais ce n'est pas seulement dans l'ironie que le coloris lui fait défaut. Il est presque partout, je ne dis pas *monotone* (ce serait oublier qu'il est souvent éloquent), mais *monochrome*. Ni la richesse de la nature, ni la vivacité des passions humaines ne se sont jamais reflétées dans son style : il a essayé quelque part de prouver Dieu par la beauté de l'univers : la page est faible et traînante. Des admirateurs de Calvin ont quelquefois réclamé contre le jugement de Bossuet. Ils ont

---

1. Cf. *Institution*, p. 4 : « Je n'ayme point d'extravaguer (sortir du sujet) ne user de longue prolixité. »

dit : « Calvin est sérieux, il est grave, il est austère, si l'on veut ; mais il n'est pas *triste*. Il est trop animé, trop pressant, trop passionné pour qu'on puisse le trouver triste. » Mais c'est mal comprendre la pensée de Bossuet, et le mot qu'il emploie avec tant de précision, comme Bossuet emploie tous les mots. Ce qui s'oppose à la tristesse, ce n'est pas la vivacité : c'est la détente, c'est la sérénité ; toutes choses qu'on ne trouve jamais dans Calvin. Je ne sais pas si l'homme a ri quelquefois, mais son style jamais ne sourit ; non pas même lorsqu'il raille, car son âpre sarcasme est toujours sans gaieté.

Et, malgré ces lacunes, il est un très grand écrivain ; et, certainement, quoiqu'il se soit fort peu soucié de style et de littérature, il a exercé une très sensible influence sur la littérature et sur le style. La gravité, qui est sa marque (je laisse de côté les écarts de sa plume, quand elle se fait injurieuse), la fermeté, la logique pressante, la lucidité, l'art de déduire avec une précision serrée, l'art de conclure avec une netteté vigoureuse, toutes ces qualités du style de Calvin, rares et presque inconnues chez les prosateurs qui l'ont précédé, se retrouveront après lui chez des écrivains d'esprit et d'opinions très opposés, qui souvent sont ses adversaires sur le terrain des doctrines, mais qui procèdent de lui, peut-être sans le savoir, quant à leur langue et quant à leur manière de raisonner, d'exposer et de convaincre. Et ce n'est pas un paradoxe de prétendre que le meilleur disciple de Calvin, au XVIIe siècle, ne fut pas un calviniste, mais un prédicateur catholique, de la Société de Jésus ; grand orateur, mais encore plus logicien et raisonneur, Bourdaloue.

Les écrivains religieux de la Réforme. — Après Calvin nous devons nommer plusieurs écrivains religieux réformés qui exercèrent aussi une grande influence, qui écrivirent avec talent et avec succès pour la défense de leurs idées ; une place leur appartient dans l'histoire de la langue et de la littérature française ; mais cette place est modeste : ils sont tous très inférieurs à l'auteur de l'*Institution de la religion chrétienne*.

Guillaume Farel était né, près de Gap, en 1489 (vingt ans avant Calvin). Il étudia à Paris, où Lefèvre d'Étaples l'initia aux idées de réforme religieuse. Lefèvre d'Étaples (né en 1455) pourrait être appelé le premier fondateur de la Réforme, avant

Luther, avant Zwinglé, avant Calvin. Dès 1512, dans ses *Commentaires sur les Épîtres de saint Paul* (écrits en latin), il énonçait tous les principes essentiels de la foi réformée. De 1523 à 1528 il traduisit la Bible en langue vulgaire. La protection déclarée de François Ier, qui lui avait confié l'éducation de son troisième fils, Charles (mort en 1545), permit à Lefèvre d'Étaples d'exposer et de propager ses idées, modérées dans la forme, radicales dans le fond, sans être inquiété sérieusement, jusqu'à sa mort (1537).

Le plus ardent de ses disciples, Farel, après ses études achevées, enseigna quelque temps au collège du Cardinal-Lemoine, puis vécut à Meaux près de l'évêque Briçonnet, qui était à demi luthérien. Bientôt on commença de sévir contre les hérétiques : Farel se retira en Suisse. Il prêcha d'abord la réforme à Bâle, mais il se heurtait à Érasme, de plus en plus déclaré contre les nouveautés religieuses. Érasme avait combattu l'Église, plus ou moins directement, jusqu'à l'avènement de Luther, qu'il accueillit d'abord avec faveur; mais quand il vit où Luther en voulait venir, Érasme revint sur ses pas et combattit Luther. Érasme, en effet, c'est l'humanisme pur; c'est la Renaissance se suffisant à elle-même, et regardant comme son principal ennemi celui qui menace de plus près sa chère liberté. Le jour où l'humanisme crut voir que la Réforme était moins libérale encore que Rome, il déserta (Érasme en tête) la cause des Réformés et fit, en grande majorité, une paix telle quelle avec l'Église.

Farel, expulsé de Bâle (1524), vint à Strasbourg, où il obtint plus de succès. Il passa cinq ans en Suisse, dans diverses villes, et arriva à Genève en 1532; il y reçut Calvin en 1536, et ce fut lui qui l'y retint, devinant chez ce jeune homme une énergie égale à la sienne et un génie supérieur. Tous deux furent chassés ensemble en 1538; mais Calvin revint seul en 1541. Farel demeura toujours l'ami et l'admirateur de Calvin; mais, peut-être pour ne pas soumettre cette amitié à une trop difficile épreuve, il se fixa à Neuchâtel. C'est là qu'il mourut le 13 septembre 1565 (un an après Calvin), à l'âge de soixante-seize ans. Homme énergique, violent même [1], et d'hu-

---

1. Six semaines avant la mort de Servet, il écrivait à Calvin pour demander

meur difficile, mais doué d'une volonté tenace et d'une persévérance infatigable, Farel, par ses qualités et par ses défauts, exerça une grande influence et servit beaucoup à sa cause. Ses innombrables sermons, improvisés, non recueillis, sont perdus. Ses livres, mal écrits, dans un style obscur et diffus, n'ont aucune valeur littéraire. C'est un homme d'action, qui se servit de la parole comme d'autres de leur bras ou de leur épée; mais il ne fut jamais ni un écrivain ni un orateur [1], et n'y prétendit pas.

Pierre Viret, né à Orbe (canton de Vaud), en 1511, converti par Farel, assistant de Calvin à Genève, plus tard chef de la réforme à Lausanne, intéresse non seulement l'histoire religieuse par l'activité de sa prédication, mais l'histoire littéraire par certaines formes de son talent; il eut de la verve et de l'esprit, non du plus fin, ni du plus délicat; mais c'est un moraliste satirique, souvent rempli de trait, et dont le trait porte juste : d'ailleurs aigri, mécontent, même de ses amis, qu'il maltraite presque autant que ses adversaires, et plus spirituellement, car il les connaît mieux. Mais il écrit médiocrement; il ne put jamais dépouiller entièrement le patois natal, où il trouvait de la grâce et du piquant. Peu soucieux du style comme presque tous les réformés de ce siècle, il composa trop vite, et ne sut ni ne voulut se borner. Aussi, sauf quelques morceaux qu'on cite encore, son œuvre, trop prolixe, est vieillie ou morte [2]. Après quelques années d'une vie errante (on le voit tour à tour à Genève, à Nîmes, à Paris, à Montpellier, à Lyon, à Orange, en Béarn), il mourut en 1571 (vers l'âge de soixante ans), à Orthez, où l'avait attiré Jeanne d'Albret, reine de Navarre [3].

Viret, esprit très ouvert, et, pour un siècle passionné, assez clairvoyant, saisissait finement certaines choses qui avaient

---

avec instance la condamnation de l'hérétique. Il conjurait Calvin de ne pas énerver la répression en adoucissant la rigueur du supplice : « Il faut agir, disait-il, de manière à ce que personne ne songe plus à publier de nouvelles doctrines et à tout ébranler impunément. »

1. Toutefois ses discours improvisés avaient une grande action sur les auditoires populaires.

2. Son principal ouvrage est les *Disputations chrestiennes en manière de devis* (ou *Dialogues du désordre qui est à présent au monde*), 1544-1545. — *Le monde à l'empire* (Genève, 1561) fut souvent réimprimé. Tous les pâmphlets de Viret, usés par leur popularité même, sont devenus très rares.

3. Voir A. Sayous, *Études sur les écrivains français de la Réformation*, t. I, p. 204.

échappé à l'esprit plus entier de Calvin ; il constate quelque part que plusieurs de ces humanistes qui avaient adhéré d'abord à la Réforme la dépassent peu à peu et tournent à l'athéisme : « Plusieurs de ceux qui font profession des bonnes lettres et de la philosophie humaine, et qui sont même souventes fois estimés des plus savants et des plus aigus et des plus subtils esprits, sont non seulement infectés de cet exsecrable atheïsme, mais aussi en font profession et en tiennent escole; par quoi nous sommes venus eu un temps auquel il y a danger que nous n'ayons plus de peine à combattre avec tels monstres qu'avec les superstitieux et idolatres, si Dieu n'y pourvoit [1]. » Dans le même ouvrage, il distingue les *déistes* des *athées*, distinction que son temps ne faisait pas, que Pascal ne fait guère encore, que Rousseau, le premier, fit accepter en fondant sa « religion naturelle ». — « J'ai entendu, dit Viret, qu'il y en a de cette bande qui s'appellent *déistes*, d'un mot tout nouveau, lequel ils veulent opposer à *athéistes*. Car ils veulent donner à entendre qu'ils ne sont pas du tout sans Dieu... Mais de Jesus-Christ ils ne savent que c'est. » Calvin, tout entier à ses grandes luttes (d'inégale importance) contre Rome ou contre Castellion et Wesphal, n'a pas si bien vu que Viret à quelle indifférence radicale pourrait bien aboutir un jour, dans tous les partis, l'inévitable réaction contre « la fureur de dogmatiser ».

Le rôle de Théodore de Bèze[2] dans l'histoire du protestantisme a été considérable; mais notre langue lui doit peu de chose : tous ses écrits sont en latin, sauf une tragédie d'*Abraham sacrifiant*, qui, malgré le titre, est une pièce dans le goût des anciens mystères (sauf un emploi plus retenu de l'élément

---

1. *Instruction chrétienne*, t. II, *Épître aux fidèles de Montpellier*.
2. Théodore de Bèze, né à Vézelay (14 juin 1519); élevé à Orléans, puis à Bourges, auprès de Melchior Wolmar; après une jeunesse assez licencieuse, converti à la Réforme, s'enfuit à Genève (1548). Il professa neuf ans à Lausanne où il écrivit (1554) le célèbre traité *De hæreticis a civili magistratu puniendis*. Adjoint à Calvin en 1558, il assista au colloque de Poissy, en 1560, et dirigea les affaires de la Réforme pendant la première guerre civile. Après la mort de Calvin (1564), il lui succéda, et, pendant quarante-deux ans, fut jusqu'à sa mort (13 oct. 1605) le chef des réformés français. Ses œuvres latines comprennent les *Juvenilia*, poésies latines assez licencieuses qui lui furent reprochées; deux autres recueils de poésies latines : les *Sylves* et les *Poemata*; de nombreux travaux d'exégèse sur les deux Testaments; le traité *De hæreticis* mentionné plus haut; un petit traité de la prononciation du français, très précieux pour l'histoire de la langue au XVIᵉ siècle; la *Vie de Calvin*; les *Icones* (biographies des réformateurs), etc.

comique; la paraphrase des *Psaumes*, pour compléter celle que Marot avait laissée inachevée (c'est une œuvre sans aucune valeur poétique); enfin l'*Histoire ecclésiastique des églises réformées au royaume de France* (de 1521 à 1563), ouvrage mal composé, sans plan, sans proportion; d'ailleurs le premier tiers seulement paraît appartenir à Bèze; le reste fut compilé par le ministre Jean des Gallards. Au milieu de ce fatras, on trouve des traits heureux, des observations profondes; mais l'auteur ne sait ni composer ni écrire. Comme orateur et prédicateur, Théodore de Bèze a joui d'un très grand prestige, mais il fut de ces parleurs dont le talent tient à la personne et ne lui survit pas. Il avait une superbe prestance, « l'air d'un roi », dit Scaliger. Je ne sais trop pourquoi il a conservé dans l'histoire la réputation d'un personnage doux, modéré, prudent, presque accommodant. L'examen des faits ne confirme pas cette renommée. Il était plus entier que Calvin lui-même; au colloque de Poissy, lorsqu'on lui offrit de porter remède à tous les abus du clergé, il se déroba, ne craignant rien plus qu'une demi-réforme. Il repoussait avec une sorte d'horreur ceux qu'il appelle les « moyenneurs », les hommes de paix et de transaction qui auraient voulu que la France eût le droit de rester catholique, les calvinistes se contentant du droit de pratiquer librement leur culte.

Philippe du Plessis, seigneur de Mornay[1], fidèle compagnon de Henri IV, pendant la guerre civile, et chef incontesté de l'Église réformée de France depuis la paix religieuse proclamée par l'Édit de Nantes jusqu'à sa mort (1623), fut regardé de son vivant comme un très grand homme et mériterait de n'être pas aujourd'hui si oublié. Il a trop écrit, et de trop gros livres, où la part d'originalité personnelle qui était en lui se trouve malheureusement noyée dans un amas de choses banales qui sont à tout le monde. Les *Discours de la vie et de la mort* (1576) sont paraphrasés des moralistes latins et des Pères de l'Église. Le *Traité de l'Église* (1578), le *Traité de la vérité de la religion chrétienne* (1580), le livre sur l'*Institution, usage et doctrine de l'Eucharistie* (1598), le *Mystère d'iniquité*[2] (1611), les

---

1. Né à Buhy dans le Vexin français, en 1549; mort à la Forêt-sur-Sèvre en 1623.
2. *C'est-à-dire l'histoire de la Papauté*, dit le titre.

Discours et Méditations chrétiennes sur quatre psaumes du prophète David (1619-1624), sont des ouvrages diffus et inégaux, qu'on ne lit plus sans fatigue, mais qui toutefois renferment beaucoup de passages éloquents et des traits vigoureux [1].

Il fut jusqu'à la fin un polémiste ardent, parfois même injurieux, comme le seul titre de ce livre : *Le Mystère d'iniquité* suffit à le montrer. Mieux inspiré dans le *Traité de la vérité de la religion chrétienne*, Du Plessis-Mornay y défendait le christianisme, sans distinction de sectes, contre tant d'ennemis communs à toutes, qui renient non seulement Jésus-Christ, mais Dieu même, du moins la Providence. C'était sagement prévoir qu'au lendemain des fureurs civiles un immense besoin de repos, un immense dégoût des querelles jetterait les hommes invinciblement vers l'indifférence et le scepticisme. Montaigne allait les aider à redescendre cette pente aisée; Montaigne, chrétien peut-être au fond, à sa façon, mais d'un christianisme tiède, beaucoup moins contagieux que son scepticisme.

Ni Farel, ni Viret, ni Théodore de Bèze, ni Du Plessis-Mornay, ni Marnix de Sainte-Aldegonde [2] n'ont laissé un seul ouvrage durable, et qui compte encore aujourd'hui dans l'histoire de la littérature française. Ils eurent une action considérable, due à leurs talents et aux circonstances; mais leurs ouvrages, longs ou courts (et la plupart sont trop longs), ne sont rien de plus que des écrits polémiques, d'un intérêt et d'une portée tout éphémère. On cite à la vérité des écrits polémiques dont la valeur a survécu aux circonstances qui les avaient fait naître; mais de tels chefs-d'œuvre sont très rares. Leurs auteurs ont eu assez de génie pour élever l'expression de leurs idées et de leurs passions particulières à un assez haut degré d'éloquence et de généralité pour frapper, retenir et captiver les générations suivantes. Parmi les écrivains religieux de la Réforme française au XVIᵉ siècle, Calvin seul a eu cette fortune.

---

1. Les *Mémoires de Duplessis-Mornay*, publiés après sa mort, sont une compilation sans valeur littéraire, mais qui intéresse l'histoire des guerres de religion.
2. Né à Bruxelles en 1538; longtemps célèbre par son *Tableau des différends de la religion* (1598), ouvrage à demi théologique, à demi satirique, que Bayle admirait encore un siècle plus tard.

II. — Saint François de Sales.

Jusqu'aux dernières années du xvie siècle, la littérature religieuse des catholiques français fut assurément inférieure à celle des protestants. Non seulement ils n'avaient rien à opposer au grand nom de Calvin, mais même à ses seconds, à Bèze, à Du Plessis-Mornay — si ce n'est un Gentian Hervet, un Claude de Saintes, un Feuardent, un Cheffontaine, un Despense, — controversistes violents ou prolixes, non sans talent, mais sans méthode et sans art, chez qui l'ingéniosité ne se montrait que par éclairs et l'éloquence que par bouffées [1]. « Les Huguenots écrivent mieux que nous », disait, avec toute raison, Blaise de Monluc. Grâce à saint François de Sales cette infériorité disparut.

La jeunesse de saint François de Sales. Son éducation séculière et humaniste. — A ce rôle d'apôtre littéraire du catholicisme dans une société qui se faisait de plus en plus cultivée, François de Sales avait été tout particulièrement préparé par son éducation. Né dans une famille noble et riche de la Savoie, d'un père qui s'était distingué par ses services diplomatiques et militaires, François-Bonaventure de Sales [2] eut l'instruction d'un gentilhomme du premier rang. Sans doute — on le sait assez par ses pieux biographes — la vocation ecclésiastique de « ce béni enfant », qui dès le berceau « semblait un petit ange », s'annonça de très bonne heure, mais elle n'empêcha point ses parents, à qui elle agréait peu, de l'élever, à tout événement, en vue de ces honneurs du siècle qu'ils avaient lieu de rêver pour lui. Le jeune homme reçut donc une culture plus variée de beaucoup et plus prolongée que celle dont on se fût contenté s'il eût été destiné dès l'abord, irrévocablement, à être « d'Église ».

Au sortir du collège de Clermont [3], à Paris — où son père l'avait envoyé en 1581 terminer ses humanités, — il dut aller

---

1. Cf., sur la controverse au xvi-xviie siècle, mon ouvrage sur *Bossuet historien du Protestantisme*, p. 5 et suiv.
2. Né à Sales, près d'Annecy, le 21 juin 1567 (ou peut-être 1566). Mort en 1622.
3. Voir, pour les faits rappelés ici, la *Vie de saint François de Sales*, par l'abbé Hamon, ainsi que l'Introduction générale et les Notices particulières de l'édition

faire son droit (de 1588 ou 1589 à 1592) à Padoue, où l'enseignement de Guido Panciroli, entre autres professeurs célèbres, attirait alors des étudiants de toute l'Europe. Là, en même temps qu'il obtenait le grade de docteur en droit romain et en droit canon (1591), il continuait ses études théologiques commencées à Paris; il se familiarisait avec les langues italienne et espagnole, — qu'il saura parler et écrire comme tous les gens du monde au xvii° siècle; — il s'initiait à l'histoire naturelle et à la médecine, — dont se piquaient tous ceux du xvi°. — A son retour en Savoie, le désir de son père l'obligea de se faire recevoir avocat au sénat de Chambéry, et François de Sales (ou plutôt le seigneur de Villaroget, nom qu'il avait dû prendre) était déjà dans sa vingt-sixième année que son stage involontaire dans le monde durait encore. Ce ne fut qu'en mai 1592 que son père lui laissa prendre les ordres.

Il y avait en François de Sales — comme sans doute chez la plupart des jeunes gens des dernières générations du xvi° siècle, qui recueillaient les fruits de la Renaissance — un vif amour des choses de l'esprit [1]. A Paris, où il avait passé « le meilleur âge de ses études », il avait, semble-t-il, subi fortement l'impression du généreux spectacle qu'offrait ce foyer de science. Externe au collège des Jésuites, il en avait profité pour suivre encore certains cours du Collège de France : celui d'hébreu, par exemple, que Génebrard y professait. Plus tard il entretenait avec enthousiasme ses maîtres de Padoue de cette belle Université parisienne « où tout retentissait d'arguments, où les toits mêmes et les murailles semblaient philosopher [2] ». Humaniste, helléniste, — tel Agrippa

---

des *Œuvres de saint François de Sales* publiée par les soins des religieuses de la Visitation d'Annecy. Nous désignons nos références à cette édition, qui, malheureusement, n'en est encore (juin 1896) qu'au sixième volume, par le nom du savant éditeur, le R. Dom Mackey, O. S. B. Pour les autres éditions citées, voir ci-dessous la Bibliographie, p. 404-405.

1. Quelques témoignages se sont retrouvés, parmi les papiers de saint François de Sales, des studieuses occupations de sa jeunesse : des *notes de théologie* dont parle l'enquête *de non cultu* de 1648, et des « Essais sur l'Ethique », dont il reste deux volumes mss portant les dates de 1585 et 1586. Ce sont des analyses ou extraits d'Aristote et des autres philosophes païens sur la morale, complétés et corrigés par des citations de l'Ecriture et des Pères. (Voir D. Mackey, t. I, p. 42.)

2. « *In hac humanioribus litteris primo operam navavi sedulus, tum universæ, philosophiæ, eo faciliori negotio ac uberiore fructu quod philosophiæ ac theologiæ schola ita illi sit, addicta, ut ejus tecta propemodum ac parietes philosophari velle videantur.* » Vie de saint François de Sales, par Charles-Auguste de Sales, liv. Ier.

d'Aubigné, — il était familier de bonne heure avec Aristote, Platon, Épictète et Plutarque, comme avec Cicéron, Virgile et Sénèque. Rien de plus cicéronien que son commerce de lettres latines avec le « sénateur » Antoine Favre, de Chambéry : Sadolet ou Bembo en eussent signé les périodes harmonieuses et larges. Et l'expression chaleureuse, mais toujours curieusement travaillée, de l'affection des deux jeunes gens se mêle dans ces lettres, — qu'ils composaient, ils l'avouent eux-mêmes, avec soin, — des réminiscences les plus doctes.

Nourri de l'antiquité, il paraît encore très informé de la littérature contemporaine. Il possède au mieux Montaigne, alors dans sa « fraîche nouveauté », et que goûtait tant Du Perron. Il va chercher plus d'une fois, et ne songe point à s'en cacher, dans les *Essais* de ce « docte profane », des arguments en faveur des thèses catholiques. — Nul cavalier de bonne maison, vers 1690, qui n'eût lu la *Diana enamorada* de Jorge de Montemayor : François de Sales, dans les écrits de sa jeunesse, en fera d'assez fréquentes citations. De même il insère jusque dans son *Traité de l'Amour de Dieu* des vers — des vers sacrés, il est vrai — de Desportes. Au besoin il en fera lui-même et traduira en rimes françaises ses citations de poètes anciens. Enfin il ne renonce pas, même après son entrée dans les ordres, à s'occuper de droit; il « demande à la théologie la permission d'y vaquer » par instants, et il donne un gage du goût durable qu'il avait pris à cette étude en rédigeant, de 1598 environ à 1605 [1], le commentaire — purement théologique, il est vrai — du *premier titre du Code* savoyard compilé par son ami Antoine Favre.

Les influences religieuses. La mission du Chablais. — Détourné cependant, par une attraction plus forte, de ce siècle dont il avait fait si largement l'apprentissage, François de Sales n'alla point demander à l'Église ce que lui demandent souvent les natures délicates que l'appel mystique a touchées : la retraite et le repos. Si c'était sous ce jour que parfois, peut-être, sa chasteté d'étudiant dévot avait pu rêver la vie religieuse, on peut assurer hardiment que le directeur de conscience

---

1. Ed. D. Mackey; I, p. L.

qu'il eut à Padoue la lui fit considérer sous un aspect différent. Ce directeur était un jésuite italien, le P. Antoine Possevin, l'un des plus distingués et des plus actifs parmi les continuateurs d'Ignace de Loyola. Érudit, prédicateur en outre et diplomate [1], il orienta sans doute l'âme exquise et passionnée qui s'offrait à sa conduite, non pas vers la contemplation monastique, mais vers le sacerdoce militant.

Et certes, la besogne ne manquait pas aux ouvriers, dans la situation que le schisme protestant venait de faire à l'église catholique. Soit par la plume, soit par la parole, soit par les actes, on n'avait que le choix des tâches urgentes.

De tous les divers emplois offerts aux bonnes volontés catholiques, le relèvement des mœurs et de la discipline cléricale semble avoir été celui qui, d'abord [2], tenta le plus le jeune homme dont l'austérité morale s'était énergiquement affirmée, on le sait, dans les épreuves de la vie mondaine. Mais les difficultés délicates de cet apostolat du clergé, que l'Oratoire allait bientôt aborder en France avec la force d'une congrégation, furent sans doute une des causes qui détournèrent François de Sales vers l'apostolat extérieur des dissidents.

Il y avait des Réformés tout près de lui, dans les états mêmes du duc de Savoie. Le Chablais, que ce prince venait d'arracher, après une lutte acharnée, à la domination des gens de Berne, était tout protestant, et devait le rester, aux termes des traités. Mais le duc souhaitait trop d'y affermir son pouvoir pour ne pas essayer d'y rétablir le catholicisme. Un premier envoyé de Claude de Granier, évêque d'Annecy, ne tarda pas à battre en retraite devant l'hostilité déclarée des habitants. Le prélat dut lui chercher un remplaçant, et ce fut, raconte Auguste de Sales, dans une réunion solennelle de son clergé qu'il demanda un volontaire. François de Sales seul s'offrit.

Il ne semble pas que le succès répondit à l'enthousiasme du

---

1. Envoyé du pape Grégoire XIII dans plusieurs cours de l'Europe, le P. Antoine Possevin avait travaillé avec succès à rétablir le catholicisme dans les vallées du Piémont. Auteur d'une *Bibliotheca sacra* et d'un *Apparatus sacer*, il a laissé également une *Description de l'État des Moscovites*.

2. Voir la harangue inédite aux chanoines de Genève donnée par M. Gaberel, *Encyclopédie des sciences religieuses*, art. FRANÇOIS DE SALES, p. 294.

jeune missionnaire. Il rencontra dans les populations du Chablais une opposition parfois menaçante pour sa vie, et d'ordinaire — ce qui le touchait plus, — indifférente à ses efforts. Au bout de vingt-sept mois d'efforts persévérants, il était obligé d'avouer au duc de Savoie, « qu'il avait semé entre les épines et les pierres » et que, sauf le retour de *deux* notables du pays [1] à la foi catholique, « ce n'était pas un trop grand cas des autres [2] ». Il est probable que ce résultat ne fut pas sans effet sur ses dispositions. Il était parti plein de confiance dans les moyens purement spirituels. Il avait commencé par refuser la force armée que le baron d'Hermance tenait à son service. Mais devant une obstination inattendue, il trouva bientôt que le pouvoir séculier n'intervenait pas suffisamment [3]. Consulté par le duc, en septembre 1596, il engageait Charles-Emmanuel non seulement à ordonner aux bourgeois par lettres expresses de « se laisser instruire » — « douce violence, ajoute-t-il, qui les contraindra de subir *librement* le joug de votre saint zèle, » — mais encore « à priver de toute sorte d'offices ceux qui persisteraient dans leur créance [4] ». Appelé à Turin la même année, il continua de pousser le prince « à chasser les pasteurs, à remplacer les maîtres d'école protestants par des jésuites, à priver les hérétiques des emplois publics », et à « se montrer fort libéral envers les nouveaux catholiques [5] ». Il ne resta donc pas étranger à cet édit du 5 octobre 1598, qui fut, dans le Chablais, une sorte de « révocation de l'Édit de Nantes ». Sans doute, au moment où le duc lui-même vint à Thonon pour chasser les opiniâtres qui refuseraient d'abjurer, l'humanité de saint François de Sales le porta à intervenir [6], mais ses lettres [7], peu après, témoignent qu'il jugeait préférable en somme pour les récalcitrants « d'être exilés de leur patrie terrestre, s'ils devaient acheter à ce prix de ne pas l'être du paradis ». — Que ces procédés répugnassent

---

1. Le baron d'Avrilly et l'avocat Poncet.
2. Lettre de 1596 au duc de Savoie citée par Gaberel, art. FRANÇOIS DE SALES dans l'*Encyclopédie des sciences religieuses*.
3. Lettre du président Favre à François de Sales, 1596, dans Migne, t. V, col. 323.
4. *Lettres*, Migne, t. V, col. 343-344.
5. Gaberel, *loc. cit.*; Hamon, *ouvr. cité*, t. II, p. 203 et suiv.
6. Sainte-Beuve, *Port-Royal*, t. I, p. 262.
7. *Lettres inéd.*, éd. Datta, I, 246-248.

à un esprit élevé, trop clairvoyant pour ne pas suspecter la solidité de conversions obtenues « par le bruit des bombes et des arquebuses [1] » ou par l'intimidation morale, on voudrait le croire; mais si, dans des instants de libéralisme plus large, saint François de Sales a pu dire ce mot, rappelé par Bayle à son éloge [2], qu'on peut être « fort bon catholique et fort mauvais chrétien », il est difficile de penser, — à voir comment il s'associa aux odieuses contraintes d'une propagande indiscrète, — qu'il eût jamais admis qu'on pût être bon chrétien sans être catholique. Par là encore François de Sales fut de son temps.

Le voyage à Paris de 1602. Le courant contemporain vers le mysticisme. — Heureusement du reste ces besognes, où il était si difficile jadis aux âmes les plus intelligentes et les plus douces de se dégager de leur milieu, ne devaient plus reparaître qu'à titre accidentel dans sa vie. Le voyage qu'il fit à Paris en 1602 l'engagea dans une autre et meilleure voie. Très fêté, en sa qualité de « convertisseur » des abords de Genève, François de Sales dut à sa campagne du Chablais de prendre de la société parisienne une connaissance plus approfondie. Or, parmi les efforts divers que tentait alors l'élite du clergé français pour opposer à la Réformation protestante une « contre-réformation » catholique, le mysticisme exerçait une action silencieuse, mais efficace. Mme Acarie et Pierre de Bérulle sont restés dans l'histoire religieuse de la France les seuls représentants connus de ce mouvement, mais la direction en était partagée avec eux par beaucoup d'autres « spirituels » oubliés aujourd'hui : Beaucousin, Gallemard, Duval, Soulfour, Brétigny [3]. Dans ce milieu sainte Thérèse était en grande vogue; on traduisait à l'envi ses livres ascétiques; on répandait parmi les fidèles l'idée d'une piété plus affectueuse, plus active, et le goût des « exercices » par lesquels l'âme croyante multiplie ses rapports avec Dieu, arrive à se rendre sensible sa présence, à vivre d'une vie « surnaturelle ». Mais plus le succès de ces renouveautés était

---

1. Lettre à l'archevêque de Bari, 19 février 1597, Migne, t. V, col. 351.
2. *Dict.*, art. Louis XI, note Z.
3. D. Mackey, Introd. du t. III, p. vii.

PORTRAIT DE SAINT-FRANÇOIS DE SALES

GRAVURE DE LÉONARD GAULTIER

Bibl. Nat., Cabinet des Estampes, Ed. 12

grand, et plus ardent, au sortir d'un siècle de troubles, l'appétit de la société française pour ces pacifiantes douceurs, — plus aussi la sagesse des ecclésiastiques veillait à ce que cet élan fût surveillé. Le rôle du « directeur », — différent, on le sait, du confesseur à qui l'on n'avait à demander que l'administration du sacrement de pénitence, — grandissait par cela même. Et les âmes cherchaient partout des conseillers.

Saint François de Sales directeur de conscience. — Élève du père Possevin, qui lui-même avait été un des partisans les plus fervents de sainte Thérèse [1], François de Sales ne pouvait échapper, pendant son séjour à Paris, aux consultations des aspirants à la dévotion. Il y répondit avec tant de succès que les confiances lui affluèrent [2] et qu'il reconnut là sa vraie vocation. Et de fait, du « directeur » idéal il avait toutes les qualités : — la dévotion chaleureuse, et même raffinée, unie au bon sens actif et pratique ; la netteté d'esprit et la clairvoyance d'une impitoyable psychologie alliée aux enthousiasmes de l'extase ; une confiance abandonnée et familière qui tempérait les rigueurs d'une autorité très décisive ; — mais par-dessus tout un ardent amour des âmes où s'épanchaient toutes les effusions d'une nature foncièrement « affective ».

C'est à cette œuvre de la « direction » qu'à partir de 1602 toutes les formes de son activité furent spécialement consacrées. Sa correspondance, qui est considérable [3] — dix-huit cents lettres environ, encore que nous ne l'ayons pas tout entière, — est, pour les deux tiers au moins, une correspondance de pure direction [4]. Les livres qu'il fait paraître, à partir de 1602, ne sont plus consacrés qu'aux matières de la vie spirituelle ; ils ne sont que la rédaction à l'usage du public de ses principes

---

1. D. Mackey, Introd. du t. III, p. xxv.
2. Saint François de Sales eut avec Mme Acarie des entretiens fréquents, où il déclarait avoir gagné beaucoup de lumières spirituelles (cf. Hamon, t. I, p. 397 et suiv.). Sur ses rapports avec la famille des Arnauld, voir Sainte-Beuve, *Port-Royal*, t. I, p. 176-178, 196, 206. — Cf. plus loin la mention du traité qu'il fit, probablement alors, à Paris pour une religieuse qu'il dirigeait.
3. On la trouve dans les tomes IV, VI et IX de l'édition des *OEuvres de saint François de Sales et de Mme de Chantal* de la collection Migne.
4. Les principales correspondantes de saint François de Sales furent, — avec Mme de Chantal, — Rose Bourgeois, abbesse du Puy-d'Orbe ; la présidente Brulart ; Mme de Charmoisy, Mlle de Villars, Mme de Blonay, Mme de Bréchard et plusieurs autres religieuses de la Visitation ; la mère Angélique Arnauld, etc.

et de ses méthodes dans la conduite des âmes. Enfin la fondation de l'Ordre de la Visitation [1] n'est elle-même que le résultat de son expérience de directeur. Que ce soit Mme de Chantal ou lui qui en ait eu la première idée, il est toujours certain que c'est en recevant les confidences et en étudiant l'état moral d'un certain nombre de femmes, surtout de femmes du monde, qu'il forma le dessein d'ouvrir aux âmes désireuses « de se retirer de la presse de ce siècle », un asile, d'où « nulle grande âpreté » de discipline physique ne pût éloigner les complexions faibles ou délicates [2].

Non pas sans doute qu'évêque [3], François de Sales négligeât les autres devoirs de sa charge. Mais malgré tout, son occupation dominante, capitale et visiblement favorite, c'est la direction. Au milieu d'une foule d'occupations, et aussi en dépit des critiques qui le blâment, il se consacre par-dessus tout à enseigner et à consoler les âmes qui se sont remises entre ses mains, aussi bien celles qui étaient demeurées dans le monde que les filles de la Visitation d'Annecy et des autres maisons de l'ordre. Il ne croit point perdre son temps, ni compromettre sa dignité, à ce soin, non plus qu'à revoir et à perfectionner les éditions nouvelles de ses ouvrages de spiritualité. N'était-ce pas eux qui étendaient et transportaient au loin son influence?

Si en effet, dans les derniers temps de sa vie, la situation morale de l'évêque de Genève est considérable, non seulement en France, mais en Europe [4]; — si, dès 1610, saint François de Sales pouvait, comme l'Apôtre, dire de lui-même, sans vanité : « Je ne suis plus de ce pays, mais du monde, et je fais état de n'avoir nulle habitation que dans le sein de l'Église [5] », — il ne le devait pas à une autre cause qu'à ce prestige de maître des âmes. Quoique estimé au plus haut point des Papes qui gouvernèrent alors l'Église, — en particulier de Clément VIII et de Paul V, — quoique lié d'amitié avec les

---

1. En 1610.
2. *Constitution pour les sœurs religieuses de la Visitation.*
3. Prévôt du chapitre de Genève en 1593, coadjuteur, en 1598, de l'évêque de Genève (qui, chassé de cette ville par la Réforme, résidait avec le chapitre à Annecy), François de Sales devint évêque, par la mort de Claude de Granier, en 1602.
4. Voir plus loin, p. 398.
5. Lettre à Mme de Chantal, 9 août 1610, *Lett. inéd.*, Datta, t. II, p. 53.

chefs de l'Église gallicane, les Du Perron et les Bérulle ; — quoique admiré de Henri IV qui chercha plusieurs fois à l'attirer en France et à lui confier un rôle éminent, saint François de Sales n'avait point profité des occasions qui lui étaient ainsi fournies d'agir sur les affaires de l'Église universelle.

Il s'était peu à peu retiré de la controverse contre les Protestants, où il y avait pourtant moyen, pour un théologien qui fût un orateur et un écrivain tout ensemble, de s'ériger quasi en Père de l'Église.

Appelé à donner son avis dans l'affaire si retentissante alors d'Edmond Richer, et dans les querelles de l'Université et des Jésuites, il s'était contenté de jouer, dans l'ombre, un rôle effacé de conciliateur [1].

Invité enfin, par le pape Paul V, à délibérer sur ces matières de la grâce qui commençaient à passionner l'opinion du monde religieux en attendant qu'elles troublassent même le monde politique, il avait décliné, avec esprit, cet honneur dangereux, disant qu' « il valait beaucoup mieux s'attacher à faire un bon usage de la grâce que d'en former des disputes ».

Il avait conscience que sa véritable originalité, son rôle efficace, sa « besogne propre » était la direction spirituelle.

Et à tel point que c'était à elle qu'il voulait consacrer les derniers efforts d'une activité à bout de forces et trop distraite par mille autres soins. On sait le rêve qu'il avait fait pour ses derniers jours, rêve charmant d'un mystique qui fut un poète. Il avait comploté, avec un confident, de « se retirer en solitude [2], en un lieu fort propre, dévot et agréable, sur le rivage du beau lac d'Annecy. Au haut d'une croupe voisine, sur un tertre égal et fort doux, environné de bonnes vignes et de bons plants, accompagné de fontaines bien claires, il y avait une vieille chapelle dédiée à Dieu sous le nom d'un saint fort renommé en cette contrée... Ce lieu élevé était exempt et des vapeurs et des humidités qui incommodent ordinairement les vallées, et à un air fort pur et salutaire, joignait une des plus belles vues et l'aspect le plus diversifié qu'il était possible de désirer... » C'est là que le saint avait souhaité de vieillir, mais non pas seule-

---

1. Cf. T. Perrens, *L'Église et l'État sous Henri IV*, t. II.
2. Camus, *Esprit du B. saint François de Sales*, t. II, p. 27 et suiv.

ment, notons-le, pour, « après avoir tant d'années vaqué » à la vie active, donner le reste de ses jours à la vie contemplative. Il avait un autre dessein : « Il disait quelquefois à ce bon prieur à qui il avait confié cet ouvrage et qui nous en a raconté l'histoire : « Monsieur le Prieur, quand nous serons en notre ermi« tage, nous y jouirons d'un saint loisir *pour y tracer, à la gloire* « *de Dieu et à l'instruction des âmes, ce qu'il y a plus de trente* « *ans que je roule dans mon esprit et dont je me suis servi dans* « *mes prédications, mes instructions et méditations particulières...* » Ainsi il ne désirait le repos que pour continuer, consolider et propager cette œuvre de domination spirituelle dont il sentait bien avoir trouvé la méthode mystérieuse dans cette tendresse captivante et persuasive, capable encore de nouvelles effusions et ambitieuse de plus de conquêtes [1].

Revenons maintenant sur les différents écrits dont nous avons marqué, d'une façon générale, la place dans sa vie.

Les ouvrages de controverse contre les Protestants. — Les deux plus importants ouvrages de controverse de saint François de Sales — les *Controverses* et la *Défense de l'Étendard de la Sainte Croix* — sont sortis l'un et l'autre de cette mission du Chablais qui fut le premier grand événement de sa vie ecclésiastique. C'est en janvier 1595, peu de mois après son arrivée dans le pays à convertir, qu'il commença, tout en prêchant, à rédiger des « feuilles », destinées à être mises sous les yeux des protestants qui se refusaient à venir entendre le prédicateur, en même temps qu'à instruire plus précisément ceux que sa parole avait pu ébranler. Saint François de Sales se proposait de les livrer à la publicité, car il en avait revu et corrigé le recueil. Mais le manuscrit ne vit le jour qu'en 1672 [2].

La *Défense de l'Étendard de la Sainte Croix* rappelle la fin de cette même mission dans la Savoie protestante. A propos de l'érection d'une croix commémorative du rétablissement de la religion catholique, François de Sales avait fait distribuer parmi la foule des « placards » imprimés, où le culte de la croix était

---

1. Saint François de Sales mourut à Lyon, au retour d'un voyage à Avignon, le 28 décembre 1622.
2. D. Mackey, Introd. du t. I, p. CVII et suiv., CXII.

sommairement expliqué. Un ministre genevois, Antoine de la Faye, disciple et ami de Théodore de Bèze, s'empressa de réfuter cet écrit [1]. La réplique de François de Sales est le traité qui nous reste [2].

En quelques points, ces deux ouvrages se distinguent heureusement des innombrables écrits polémiques, si médiocres et si indigestes, de la fin du xvie siècle.

D'abord, par le ton même de la discussion. Certes François de Sales ne va pas jusqu'à s'interdire tout à fait les mots désobligeants : il ne se privera point, dans l'*Étendard de la Croix*, d'appeler le livre auquel il répond un « amas d'inepties et e mensonges [3] », et parfois même la raillerie descendra chez lui un peu plus bas que ne le souhaiterait le bon goût, mais ces écarts sont rares. Sa « nature » — François de Sales le dit lui-même [4] et on l'en croira sans peine — « n'était point tournée à ce biais », et les manuscrits nous prouvent qu'il s'étudiait consciencieusement à corriger l'âcreté du premier jet [5]. « Je n'ai voulu user d'aucunes injures ni invectives mordantes, et si mon adversaire se fût nommé [6], peut-être me fussé-je contraint à quelque peu plus de respect » encore. Voilà des scrupules de courtoisie que l'on chercherait en vain, je crois, chez Feuardent comme chez Calvin.

Le second point par où François de Sales est en avance sur la génération de controversistes à laquelle il appartient [7], c'est la décision avec laquelle il prétend tout prouver par la seule Écriture, et satisfaire en cela aux exigences des protestants. « Voici où je me réduis : les ministres ne veulent combattre qu'avec l'Écriture ; je le veux. Ils ne veulent de l'Écriture que les parties qu'il leur plaît ; je m'y accorde [8]. » En quoi il s'avance, on le voit, aussi hardiment que, plus tard, son disciple Camus [9], ou

---

1. *Brief traité de la vertu de la Croix et de la manière de l'honorer.*
2. D. Mackey, Introd. du t. II. — Elle parut en 1600.
3. T. II, éd. de D. Mackey, p. 19.
4. T. II, p. 27.
5. Variantes publiées par D. Mackey. — Dans la première rédaction, le traité d'Antoine de la Faye était un « amas de mensonges, calomnies et blasphèmes, qu'il a jetés sans aucune disposition dans son traité comme dans un égout ».
6. La réponse de La Faye aux placards sur le culte de la croix était anonyme.
7. Cf. plus haut, p. 355 et n. 1.
8. T. I, éd. de D. Mackey, p. 346-347.
9. Auteur d'un *Avoisinement des protestants à l'Église romaine* (1640). Cf. *Bossuet historien du protestantisme*, p. 12, n. 3, et p. 9-13.

Brachet de la Milletière et François Véron, traitant la dispute suivant les vues expéditives de Richelieu.

François de Sales paraît aussi comprendre déjà qu'il faut simplifier la dispute si l'on veut qu'elle soit plus efficace. Je veux bien qu'il soit encore trop porté, comme la majorité des théologiens de son temps, à la controverse encyclopédique ; qu'il ait, comme eux, la fiévreuse ambition de tout dire, de tout renverser ou de tout défendre à la fois. Mais pourtant son livre décèle une tendance à plus de discrétion et d'unité. Il appuie, spécialement, sur la question du schisme, et au regard, spécialement, des protestants. Il avait, au moins confusément, l'idée d'un ordre de bataille moins dispersé, d'un effort plus précis et d'une controverse simplifiée.

Mais où il retarde, au contraire, sur son temps, c'est quand il s'agit de mettre, comme il convient dans de certains sujets, l'érudition au service de la théologie. Ce n'était pas par des textes tirés de l'Écriture que l'on pouvait le mieux défendre le culte catholique de la Croix ; c'était en recherchant soigneusement, dans les monuments de l'Église chrétienne primitive, des témoignages certains de l'existence de ce culte. Or l'enquête de François de Sales ne semble pas avoir apporté sur cette matière de lumières nouvelles. Son érudition n'est guère que celle du moyen âge. Il est plus jaloux d'entasser un grand nombre de preuves telles quelles, que d'en établir un nombre suffisant de valables ou d'en découvrir d'inédites. Il ne choisit point. Il admet les preuves contestables sans scrupule. Et sans doute on a pu dire, pour l'excuser [1], que la plupart des témoignages aujourd'hui rejetés par la critique étaient acceptés alors par les théologiens des deux partis ; il n'en est pas moins vrai, cependant, que l'attention commençait à se porter de ce côté, comme le prouve parfois la contre-réplique de La Faye [2].

Le fait est que François de Sales ne tient pas ces exactitudes pour importantes. Les solides travailleurs catholiques du commencement du xviie siècle — Sirmond, Petau — n'ont pas encore paru. L'évêque de Genève est humaniste, il n'est pas érudit.

---

[1]. D. Mackey, Intr. du t. II, p. xx-xxi.
[2]. *Réplique chrétienne à la réponse de M. François de Sales* (Genève), 1604, où La Faye signale la fausse indication de certains passages des Pères.

Ce qui lui plaît le plus, et où les théologiens, aujourd'hui même [1], trouvent qu'il excelle, c'est la dialectique. Et là aussi, sa façon de penser porte un peu trop la marque d'un temps où les subtilités formelles d'une scolastique contentieuse n'étaient pas détrônées.

Ce mélange de tendances contradictoires, encore mal fondues, qu'offrent les livres de controverse de saint François de Sales, — ouvrages qui, du reste, appartiennent au temps de sa jeunesse, — ne permet pas de les égaler à d'autres parties de son œuvre.

Les Sermons. — J'en dirai autant des sermons, si tant est que l'on puisse apprécier avec sécurité cette partie de son œuvre, dont le texte est incertain [2].

C'est en 1641, dans la deuxième édition de ses Œuvres complètes, qu'ils parurent pour la première fois, par les soins du commandeur de Sillery, son ami [3] et celui de Mme de Chantal. Mais dès le milieu du xviie siècle cette édition ne satisfaisait pas les admirateurs ou les dévots du saint [4]. « Les sermons imprimés sous le nom du bienheureux », écrivait, dès 1657, l'évêque d'Évreux, Henri de Maupas, dans sa *Vie de saint François de Sales*, « ne sont point les productions de sa plume, ni les ouvages de son esprit. Diverses personnes se sont mêlées d'en ramasser quelques fragments..., et les ayant accommodés selon leur sens, on n'y découvre plus les lumières de son esprit, ni le fond de son éminente doctrine, ni les agréables figures de son éloquence, ni les puissants attraits de sa dévotion [5].... »

Ces défiances de Henri de Maupas, la critique moderne ne peut que les partager en les aggravant. Car, d'abord, la manière dont la plupart des discours de saint François de Sales nous ont été conservés offre des garanties d'exactitude médiocres. Ils ne furent pas notés par les auditeurs, ou plutôt par les

---

1. D. Mackey, Intr. du t. II, p. xxi.
2. Le seul discours de saint François de Sales imprimé de son vivant (1602) est l'*Oraison funèbre sur le trespas de tres haut et très illustre prince Emmanuel de Lorraine, duc de Mercœur et de Penthièvre,...* prononcée en la grande église de *Nostre Dame de Paris.*
3. Mort au cours de l'impression, le 30 septembre 1640.
4. Cf. *Œuvres de saint François de Sales*, éd. de D. Mackey, t. I, p. lxxxvi et suiv.; éd. Migne, t. IV, col. 643-646.
5. Dans l'éd. Migne, *loc. cit.*

auditrices du saint, pendant qu'il parlait, mais « après qu'il les avait prononcés [1] ». Or si heureuse que fût la mémoire de la mère Agnès de la Roche, qui, du reste, ne fut pas le seul rédacteur des sermons, il est toujours difficile d'admettre qu'elle pût « réciter mot à mot ce que le prélat avait prêché plusieurs jours auparavant [2] ». Pour d'autres discours, en bien petit nombre du reste, les premiers éditeurs de saint François de Sales eurent des manuscrits [3]. Mais là encore quelle fut la mesure de leur exactitude? Nous savons trop combien les idées du xviie et même du xviiie siècle étaient sur ce point accommodantes, et combien peu l'on se faisait de scrupule de « corriger », de « parfaire » ou d' « embellir ». Les aveux de Mme de Chantal[4] sont d'ailleurs inquiétants. Elle non plus, elle n'était pas contente de l'édition de 1641, mais pourquoi? Elle y trouvait des « fautes », c'est-à-dire des « redites et autres choses inutiles » ; elle regrette que la maladie de M. de Sillery, mort au cours de l'impression, ne lui ait pas permis « de bien examiner » ces sermons : apparemment, qu'il n'ait pas pu les arranger assez. J'ajoute que la tentation d'infidélité devait être encore plus spécieuse pour les éditeurs de saint François de Sales qu'elle ne le fut plus tard pour ceux d'autres prédicateurs. Préoccupés de poursuivre la canonisation du prélat qu'ils avaient aimé, ils pouvaient croire faire œuvre pie en remaniant les œuvres de leur « saint » de la façon la plus propre, suivant eux, à servir, au double point de vue du fond et de la forme, les intérêts de sa gloire posthume [5].

Quoi qu'il en soit, il est difficile, dans l'état présent des sermons [6], de trouver que saint François de Sales sermonnaire se

---

1. *Épitre dédic.*, en tête de l'édit. de 1643, donnée par Mme de Chantal.
2. Lettre de Mme de Chantal sur la mort de la mère Agnès.
3. Les manuscrits de sermons complets étaient très rares dès le xviie siècle. « Ce ne sont presque tous que des mémoires et des projets de sermons, sur lesquels ce bienheureux Père dressait des discours parfaits et entiers lorsqu'il commençait à vaquer à ce saint exercice de la prédication. » (*Épitre* citée.)
4. Préface de l'Édition des Sermons de 1663.
5. L'édition que Mme de Chantal fit faire, et qui parut en 1643, présente des changements qui « ne sont pas toujours des améliorations » (D. Mackey, I, p. lxxxvii-lxxxviii) et dont le motif paraît être uniquement son goût et son sentiment personnel.
6. Qui n'est heureusement que provisoire. L'édition des religieuses de la Visitation d'Annecy nous donnera sans doute prochainement des éclaircissements (qui sont insuffisants dans les deux travaux de l'abbé Lezat, *La Prédication sous Henri IV*, p. 224-225, et de l'abbé Sauvage, *Saint François de Sales prédicateur*, Introd., p. 12-15, et Append., p. 259).

distingue très notablement des hommes de son temps par sa pratique de l'éloquence sacrée.

Je ne dis pas par ses idées sur cette éloquence. Il exprima sa conception théorique des obligations littéraires du prédicateur chrétien dans ce traité sur « la vraie manière de prêcher[1] », qu'il adressa, en 1604, à André Frémiot, archevêque de Bourges, frère de Mme de Chantal. Et cette petite rhétorique familière à l'usage d'un ami aurait assurément rendu service dans les séminaires. N'admettre que des idées chrétiennes, tirées de l'Évangile ou des Pères ou des Vies des saints ; ne se servir des histoires profanes que « comme l'on fait des champignons, pour seulement réveiller l'appétit », et en les expurgeant avec soin ; n'user « des fables des poètes, ou point du tout, ou si peu que rien » ; — interpréter les paroles de l'Évangile, autant que possible, naïvement et clairement, *apposite dilucideque* ; — éviter dans la chaire les discussions doctorales et les controverses scolastiques ; — quand on interprète allégoriquement l'Écriture, ne pas affirmer que les choses de l'Ancien Testament ont été expressément et providentiellement les « figures » de celles dont on parle, mais se borner à les rapprocher par manière de comparaison ; — voilà, pour le fond, de fort bons conseils, et encore meilleurs du temps des Valladier et des Pierre de Besse. Quant à la forme, saint François de Sales n'est pas moins en avance sur son époque lorsqu'il « forclot » non seulement « les plaisanteries et sobriquets », mais les grandes périodes et parenthèses où au lieu de raconter naïvement l'histoire édifiante du sacrifice d'Abraham, un pédant décrira « les beautés d'Isaac, l'épée tranchante du père, l'enceinte du lieu du sacrifice ». De même il requiert un « langage clair, net et naïf, sans ostentation de mots grecs, hébreux, nouveaux et courtisans ». Et tout cela est excellent.

Malheureusement les sermons qui nous restent de lui, — même à choisir dans le recueil ceux qui paraissent le plus authentiques [2], — ne sont pas trop conformes à l'idéal qu'il trace dans son *Traité*.

Lui aussi il sacrifie aux enjolivements mignards, chers aux

1. Éd. Migne, t. IV, col. 647-696.
2. L'abbé Lezat en donne une liste (ouvr. cité, passage cité).

prédicateurs comme aux poètes courtisans d'alors. Et ce bel esprit va parfois jusqu'à la « facétie ». — Lui aussi, il coule son sermon dans ces moules compliqués, machines à surprises, où l'on jugeait alors élégant d'estropier la pensée. — Lui aussi, il s'ingénie, sur les faits de l'Ancien ou du Nouveau Testament, à « découvrir » des gloses qu'il est difficile de trouver « claires et naïves ». — Lui aussi, enfin, il a de ces étalages d'érudition sacrée, — que pourtant il conseillait sensément à l'archevêque de Bourges de s'interdire [1]. Enfin l'on s'étonne d'avoir à regretter souvent chez lui des qualités dont pourtant il semblait comprendre tout le prix : par exemple de cette ordonnance méthodique du discours, claire et nettement accusée, si commode à celui qui parle, si utile à ceux qui écoutent [2]. Ses plans sont plus d'une fois très lâches; les propositions énoncées au début ne déterminent point le cours du développement; des textes nouveaux, évoqués par des associations d'idées souvent trop faciles, viennent se jeter à la traverse du discours, dont ils font une encyclopédie bigarrée plus qu'une thèse une et continue.

Est-ce à dire que la simplicité soit constamment absente de ces sermons, dans la forme, telle quelle, où ils nous sont parvenus? Non, et parfois il s'y rencontre des passages dignes de cette belle formule qu'il avait donnée d'une parole vraiment évangélique : « *ut affectuose eloquaris et devote, simpliciter [et] candide* : parler affectionnément et dévotement, simplement et candidement [3] »? Ceci, sur le vrai « honneur du chrétien », est simple et fort : « Certes, nous sommes en un siècle où le monde est si rempli d'orgueil que si l'on demande à un gentilhomme *qui il est*, il prendra tellement cette demande au point d'honneur que, pour en avoir raison, il s'ira misérablement faire couper la gorge sur le pré. Mais s'il veut montrer sa noblesse, il doit répondre comme Notre Seigneur aux disciples de saint Jean : Dites ce que vous avez vu et entendu; dites que vous avez vu un homme humble, doux, cordial, protecteur des veuves, père des orphelins, charitable et débonnaire envers ses sujets.

---

1. Voir en particulier les sermons XLVIII, LIII, etc., éd. Migne.
2. *Traité de la Prédication*, dans Migne, IV, col. 678 et 690.
3. On a du reste un peu abusé de cette phrase qui, dans le contexte, paraît s'appliquer plutôt à la prononciation du discours qu'au style.

Si vous avez vu et entendu cela, dites assurément que vous avez vu un gentilhomme... Ce sont nos bonnes œuvres qui nous font être ce que nous sommes, et c'est par icelles que nous devons être reconnus et estimés [1]. » Mais il semble — toujours dans la mesure, bien entendu, où l'on peut hasarder, sur des textes incertains, des généralisations peu précises — que les passages de cette sorte soient peut-être plus fréquents dans les sermons recueillis par les religieuses de la Visitation d'Annecy que dans ceux qu'on nous dit transcrits sur les manuscrits de l'auteur. Ce langage d'une fermeté simple, l'évêque de Genève osait sans doute le parler plutôt devant ces auditoires intimes ou provinciaux que devant les publics parisiens et cultivés. Aussi bien était-ce ceux-là qu'il préférait [2]. Où il se sentait, évidemment, le plus à l'aise, c'était dans ces catéchismes de la cathédrale d'Annecy, qu'il faisait avec tant de gaîté familière [3], ou dans ces homélies aux campagnards, du ton et du succès desquelles il était lui-même naïvement enchanté : « Je prêche si joliment mon gré en ce lieu, je dis je ne sais quoi que ces bonnes gens entendent si bien que quasi ils me répondraient volontiers [4] ! »

Assurément, cette familiarité qui, au besoin, ne dédaignait pas de se faire triviale, n'eût pas convenu au Louvre ou même à Saint-Jean-de-Grève, et pas plus dans ce Paris, dont la bourgeoisie devenait lettrée et précieuse, qu'à cette cour de Henri IV ou de Louis XIII que Malherbe et Catherine de Vivonne guindaient au « grand goût ». Et le principe de saint François de Sales, c'est qu'il faut « avoir la considération des esprits de ce siècle..., regarder en quel âge on écrit » ou l'on parle...

Toutefois sans aller jusqu'à un sans-façon déplacé en ces milieux, il y avait sans doute possibilité de réagir contre la domination du bel esprit dans la chaire, et de chercher, entre la simplicité du curé de campagne et le raffinement de l'abbé de cour, un moyen terme — celui qui fut trouvé plus tard. — Cette nouveauté-là, il ne paraît pas, par les sermons qui nous restent de saint François de Sales, qu'il en ait été l'initiateur. Il l'a

---

1. Sermon pour le 2ᵉ dim. de l'Avent.
2. Lettre CXXI des éditions à Mᵐᵉ de Chantal; lettre à Mᵐᵉ de Chantal du 24 déc. 1618. Sainte Chantal, *Œuv.*, éd. Migne, t. I, col. 1177-1178.
3. Lettre du 11 févr. 1607 à Mᵐᵉ de Chantal, *Lett. inéd.*, Datta, t. II, p. 9.
4. *Lett. inéd.*, Datta, II, p. 305 (lettre du 7 mars 1606 à Mᵐᵉ de Chantal).

entrevue sans doute, mais il n'a pas donné l'exemple. Tantôt il a trop sacrifié aux « délectations » à la mode, non pas, cela va sans dire, par vanité personnelle et désir de l'applaudissement [1], mais pour se faire bien venir, en flattant leur manie, d'auditeurs dégoûtés. D'autre part, il se peut que dans ses allocutions familières dans les couvents ou dans les provinces, parfois même à Paris, peut-être [2], en ces sermons qu'il multipliait, on le sait [3], avec trop de prodigalité pour avoir le temps de les préparer, il donnât dans l'excès contraire; là il a pu être, quelquefois, le missionnaire aride et nu selon le cœur de saint Vincent de Paul. Mais on ne peut dire qu'entre ces deux directions opposées il ait trouvé la voie intermédiaire où pouvaient se concilier l'art et la simplicité, le sédintéressement religieux et le soin littéraire. Il n'a pas été l'orateur chrétien, que cinquante ans après Bossuet et Bourdaloue, et, autour d'eux, plusieurs autres prédicateurs de marque, réaliseront. Saint François de Sales sermonnaire, comme saint François de Sales controversiste, est plutôt un homme de transition qu'un novateur.

Les ouvrages mystiques. — Le Traité de l'Amour de Dieu. — Où son talent d'écrivain est le plus original et le plus éminent, c'est dans l'expression de ces idées et de ces sentiments mystiques dont la propagande fut pour lui une occupation si bien appropriée à sa nature. Parmi les ouvrages de ce genre [4] qui nous restent de lui — l'*Introduction à la vie*

---

1. Déposition de l'abbé de Mouxy, dans Hamon, t. II, p. 419.
2. Cf. l'anecdote racontée par le P. Binet (dans Hamon, t. II, p. 202). — « N'êtes-vous pas étonné, disait-il (saint François de Sales) à un de ses amis, de voir tous ces bons Parisiens venir m'entendre, moi qui ai la langue si épaisse, les conceptions si basses, les sermons si plats? — Pensez-vous, lui répondit ce digne ami, que ce soient les belles paroles qu'ils cherchent en vous? Il leur suffit de vous voir en chaire; votre cœur parle par vos yeux et votre bouche; ils ne vous verraient faire qu'une courte prière, ils seraient contents. Vos paroles communes, embrasées du feu de la charité, percent les cœurs et les attendrissent, etc. » Cf., en faisant la part de la modestie, les détails que S. François de Sales donne sur sa façon de prêcher, Collot, *Abrégé de l'Esprit de S. F. de S.*, part. I, chap. XIX.
3. Cf. Collot, *Abrégé de l'Esprit de S. F. de S.*, part. III, chap. v; Hamon, t. II, p. 203-204; et l'anecdote racontée par le P. Binet, citée par le P. Sommervogel, *Études religieuses*, 4ᵉ Sér., t. I, p. 354. Dans son premier voyage à Paris, saint François de Sales prêcha, dit-on, un sermon tous les deux jours; dans son second séjour, qui dura environ un an (1618-1619), il monta, paraît-il, trois cent soixante fois en chaire.
4. Quelques autres écrits de mysticité se trouvent répandus dans les éditions complètes de saint François de Sales; notons seulement, dans les volumes de la

dévote, le *Traité de l'Amour de Dieu*, les *Lettres* et les *Entretiens spirituels*, — il faut faire une place à part, et la première, au *Traité de l'Amour de Dieu*. C'est, en effet, dans ce livre, le plus étendu et le plus ample qui soit sorti de la plume de saint François de Sales, que nous trouvons l'idée centrale et génératrice de son mysticisme.

Il y travailla longtemps, — depuis 1607, ce semble, jusqu'en 1616[1]. — Cette « histoire de la Sainte *Charité* », comme il l'appelle[2], histoire admirable d'une « sainte » dont le monde n'a point encore ouï parler, lui était une distraction. Quand j'y repense, écrit-il à Mme de Chantal, c'est « pour me récréer, pour filer, aussi bien que vous, ma quenouille ». En 1609, une lettre de lui à l'archevêque de Vienne nous montre que le plan ne s'en dessinait encore que modeste. Ce « livret » sur l'amour de Dieu serait « pour en montrer la pratique », non pas « pour en traiter spéculativement ». Mais peu à peu, « à travers plusieurs rédactions successives et amplifiées », le dessein primitif s'agrandit, le but s'élève. Et sous la forme définitive, publiée en 1616, le « livret » nous apparaît comme un vrai traité doctrinal plein à la fois d'érudition[3] et d'idées personnelles.

Les fondements naturels de la « charité » envers Dieu sont ce que d'abord saint François de Sales en établit. Ses premiers chapitres sont une psychologie. « Toutes les facultés de l'âme sont gouvernées par la volonté », mais celle-ci « a une si grande convenance avec le bien que, tout aussitôt qu'elle l'aperçoit, elle se tourne de son côté pour se complaire en icelui, comme en son objet très agréable[4] ». C'est-à-dire qu'elle-même est gouvernée par l'amour. Or « si tôt que l'homme pense un peu atten-

---

collection Migne (édit. des Œuv. comp. de S. Fr. de Sales et de Ste Chantal), t. III : des opuscules de spiritualité, en particulier un commentaire du *Cantique des Cantiques*, et des *Exercices* pour la messe, la confession, la communion, etc.; t. V : les *Avis aux supérieures de la maison de la Visitation de Paris*, les *Constitutions* et le *Directoire de l'ordre de la Visitation*; t. VI : mélanges de théologie ascétique (p. 1-85).

1. D. Mackey, Introd. du t. IV.
2. Dans une lettre à Mme de Chantal, 11 févr. 1607.
3. Les auteurs dont le *Traité de l'Amour de Dieu* témoigne une lecture assidue sont (d'après dom Mackey, *loco cit.*) saint Augustin, saint Grégoire de Nazianze, saint Jean Chrysostome, saint Denys l'Aréopagite, saint Bernard, saint François d'Assise, sainte Thérèse, l'auteur du *Combat spirituel*, Louis de Grenade, Louis de Léon, Jean de Jésus-Marie, saint Bonaventure, Cassien, Gerson, le P. Bernard Rossignoli, etc.
4. Éd. de D. Mackey, t. IV, p. 40.

tivement à la divinité, il sent, par une certaine douce émotion du cœur [1] », qu'il y a une convenance secrète entre lui et elle. Donc c'est à l'origine par un mouvement spontané, par une « inclination naturelle », que l'âme se porte vers son créateur pour s'unir avec lui [2]. Puis l'affection de Dieu lui-même pour l'homme, manifestée d'une façon si « abondante, surabondante et magnifique [3] » par la Rédemption, chef-d'œuvre de sa Providence, devient une raison nouvelle de la « génération » en nous de ce « divin amour ». Fondé dans le chrétien par la foi, continué par l'espérance, aidé par la pénitence, il s'achève par « la très sainte charité ». Par elle « nous aimons Dieu pour l'amour de lui-même en considération de sa bonté très souverainement aimable [4] »; elle est un « amour d'amitié, une amitié [de dilection, une dilection de préférence;... elle est comme un soleil en toute l'âme pour l'embellir, en toutes les facultés spirituelles pour les perfectionner, en toutes les puissances » de notre être « pour les modérer », mais elle réside en la volonté comme en son siège [5]. »

Cette introduction de philosophie à la fois humaine et chrétienne tient les deux premiers livres, — les deux plus longs. — Les deux suivants [6] renferment le « discours » général, d'une part du « progrès et perfection de l'amour jusqu'à la vision béatifique »; — d'autre part, de la « décadence et ruine » de cet amour en l'âme terrestre, par suite des victoires de la tentation, des défaites de la volonté, et des mystérieux abandons de la grâce.

Le détail descriptif des « principaux exercices de l'amour sacré en l'oraison », l'itinéraire des étapes suivies (*méditation* simple, *contemplation*, *liquéfaction* en Dieu, *ravissement*, *mort d'amour*), la peinture des impressions intenses et délicieuses produites par la jouissance de Dieu dans l'âme aimante remplissent le milieu de l'ouvrage [7], et nous montrent ce qui, dans le mariage mystique, peut être appelé la part de Dieu [8]. De

---

1. Éd. de D. Mackey, t. IV, p. 74.
2. *Tr. de l'Amour de Dieu*, éd. de D. Mackey, liv. I, chap. i à xviii.
3. *Ibid.*, p. 102.
4. *Ibid.*, p. 163.
5. *Ibid.*, p. 165. — Liv. II, chap. i à xxii.
6. Liv. III et IV.
7. Liv. V, VI, VII.
8. Cf. l'analyse de D. Mackey, *Introduction* citée.

quelle façon maintenant l'âme admise à cette union surnaturelle peut payer de retour le divin amant, et lui rendre « complaisance pour complaisance [1] » : la suite — livres VIII et IX — le met en lumière. Voici l'effet de cette « complaisance » sainte : « transformer notre volonté en celle de la Majesté céleste. » Tantôt un certain amour, dit *de conformité*, unit notre vouloir à celui de Dieu « qu'il nous signifie par ses commandements, conseils et inspirations [2] ». Tantôt « l'amour *de soumission* [3] » nous asservit « à son bon plaisir », encore que manifesté à nous par des voies beaucoup moins claires et moins indulgentes, et nous revêt, en face de ses décrets, quels qu'en puissent être la sévérité et le mystère, d'une indifférence « héroïque ». Alors le cœur est « un cœur sans choix », la volonté, « une volonté morte », pareille à « une boule de cire entre les mains de Dieu [4] ».

Et certes, à ce degré d'idéalisme surhumain, il semble que l'ascension mystique soit à son comble, et aussi l'ouvrage de saint François de Sales à son terme. Le *Traité de l'Amour de Dieu* ne pourrait-il pas, comme on l'a dit [5], se terminer ici ? Non, car le chrétien mystique est encore un être réel et terrestre. Même dans le cloître, il vit en société. Il a des devoirs et envers lui-même et envers les autres. Et saint François de Sales lui rappelle longuement [6], avant de finir, que le commandement d'aimer Dieu sur toutes choses n'exclut point d' « aimer encore plusieurs choses avec Dieu [7] », et que la charité sacrée, si elle transfigure toutes les vertus et parfois même [8] y supplée, les suscite aussi et les suppose.

Telle est, en abrégé, la doctrine dont le *Traité de l'Amour de Dieu* offre l'explication extraordinairement riche et minutieuse. Recueillons seulement les principes qui, exprimés ou sous-entendus, l'inspirent et la soutiennent.

Premièrement, la « très sainte charité », c'est-à-dire la forme

---

1. Éd. de D. Mackey, t. V, p. 59-60.
2. Liv. VIII.
3. Liv. IX.
4. Édit. citée, p. 121, 122, 125, 143, 149, etc.
5. D. Mackey, Introd. du t. IV, p. xxi.
6. Liv. X et XI.
7. T. V, p. 171.
8. Édit. citée, t. V, p. 263.

éminente de l'amour divin, est une conséquence logique, philosophique, *naturelle*, de l'essence même de la Volonté et de l'Amour. — Secondement, étant donné le christianisme, et cette Rédemption qui est une avance prévenante faite par Dieu à l'humanité, la « très sainte charité » est un *devoir*. — Mais « ce divin commandement de l'amour », encore qu'il tende au ciel, « est toutefois donné aux fidèles de ce monde [1] ». Tout en dirigeant à Dieu « sur toutes choses » notre puissance d'aimer [2], la « très sainte charité » ne l'épuise point. Elle n'interdit pas d'aimer autre chose en Dieu, ou Dieu à travers autre chose. Elle produit l'amour [3] de « nos frères et compagnons ». Et ainsi elle est *désirable à tous*. — Elle est, enfin, *possible à tous* Soit que l'on considère sa raison d'être métaphysique et psychologique à la fois : désir impérieux et inné de la Volonté de s'unir avec le Bien ; — soit que l'on regarde son aboutissement suprême : l'obéissance poussée jusqu'à la résignation et la résignation jusqu'à l'indifférence, — c'est toujours la Volonté, la maîtrise de l'homme sur soi, l'activité énergique et librement directrice d'elle-même qui est en scène pour y jouer le rôle principal. Si l'Amour gouverne la Volonté, la Volonté a aussi domination sur lui [4] ; si l'Amour tue la Volonté en l'homme, cette immolation même a pour condition un acte de cette Volonté qui « *ne peut jamais mourir* [5] ».

Et donc cet amour passionné de Dieu, — qui est raisonnable, étant donnée la nature ; qui est un devoir, étant supposé le christianisme ; et qui est désirable même aux personnes du monde, vu son hospitalière fécondité, — est aussi accessible à tous, puisque la Volonté en est l'agent indispensable et perpétuellement requis.

L'Introduction à la Vie dévote. — Les Entretiens spirituels. — La Correspondance. — Le *Traité de l'Amour de Dieu* « n'est pas, nous l'avons dit, un manuel de direction intérieure ». Quelques points relatifs aux formes les plus hautes de « l'oraison mentale » y sont traités, et les principes de la vie

---

1. T. V, p. 169.
2. P. 171-184.
3. P. 204.
4. Liv. I, chap. IV, t. IV de l'éd. de D. Mackey, p. 32-34.
5. T. V, p. 149.

parfaite indiqués ; mais c'est accidentellement, pour ainsi dire, « que l'auteur en déduit des conclusions pratiques [1] ». Ces conclusions pratiques, il les faut chercher, soit dans les *Entretiens*, soit dans la *Correspondance*, soit surtout dans l'ouvrage qu'il fit paraître en 1608, l'*Introduction à la vie dévote*.

On sait que ce livre célèbre est issu précisément de l'une des « directions » d'âmes que l'évêque de Genève menait parallèlement. En 1607, pendant un carême qu'il prêchait à Annecy [2], Mme de Charmoisy, ancienne demoiselle d'honneur de la duchesse douairière de Guise, épouse d'un gentilhomme du duc de Nemours, ambassadeur du duc de Savoie, désira « se donner à Dieu plus complètement ». François de Sales, qui de loin surveillait déjà depuis quatre ans cette « belle âme », s'empressa, sur sa demande, de seconder ses desseins. Pour elle il compose un « mémorial » des vertus « plus propres à une femme mariée ». Il lui donne des « documents » pour faire « l'oraison mentale ». Quand, au bout d'un an de pieux apprentissage, elle renouvelle le propos qu'elle a formé d'une vie plus recueillie, il lui « dresse », à cette intention, des « exercices » particuliers. Menacée, sur ces entrefaites, de retourner à la cour, elle s'effraie : il la munit, en guise de viatique, d' « avis par écrit » qui étaient de vrais « traités de matière spirituelle », disait plus tard le fils de « Philothée ». Aussi lorsque le père jésuite Fourier, à qui Mme de Charmoisy avait communiqué ces « avis », supplie l'évêque de Genève de publier « ce trésor de dévotion », le dossier de la conduite spirituelle de Philothée formait déjà la matière d'un juste volume. François de Sales n'eut qu'à le revoir « hâtivement », et à « l'accommoder de quelques petits agencements », pour lesquels il se servit peut-être d'un « traité » sur la paix de l'âme composé par lui, dès 1602, à Paris, pour une religieuse. C'est ainsi que l'*Introduction à la vie dévote* se trouva faite en

---

1. Cf. D. Mackey, Introd. citée, t. IV, p. xxii, et le Livre XII, dernier du *Traité de l'amour de Dieu*.
2. Cf. les textes cités par dom Mackey, t. III, Préface, p. viii-xviii, c'est-à-dire : les lettres de saint François de Sales à l'archevêque de Vienne, 1609 ; à Mme Brulart, 8 juin 1606 ; à Mme de Chantal, 3 mars et 4 juillet 1608 ; à la mère Bourgeois, abbesse du Puy d'Orbe, 1603 ; — lettre du P. Fourier, 25 mars 1608 ; — dépositions de Mme de Charmoisy et de Henri de Charmoisy, son fils, dans le procès de canonisation ; — *Vie de saint François de Sales*, par Henri de Sales. — Voir aussi Jules Vuy, *La Philothée de saint François de Sales, vie de madame de Charmoisy*, 2 vol., dont un de *Pièces justificatives*, 1878-79.

un an sans que l'auteur eût presque à s'en mêler. Jamais livre ne fut plus un livre vécu [1].

Bientôt, il est vrai, le succès l'obligea de s'attacher à son œuvre. De 1609 à 1619, il en soigne lui-même quatre éditions nouvelles [2], toutes corrigées, et — comme le « livret » avait été trouvé trop sobre par ses admirateurs mêmes — augmentées. Saint François de Sales l'enrichit notamment de « plusieurs chapitres et choses notables, » empruntés par lui aux enseignements qu'il avait adressés à Mme de Chantal. Il y supprime, en revanche, plusieurs passages, que du reste il rétablira par la suite [3]; il modifie le nombre et l'ordre des parties; il revoit le style, en s'efforçant, surtout, de faire disparaître ce qui se rapportait d'une façon trop exclusive aux dispositions particulières de Mme de Charmoisy et à son caractère; il tâche de faire de « Philothée » le type large et compréhensif de la « personne du monde » en général. L'édition de 1619, la dernière revue par l'évêque de Genève, représente la forme définitive du plus travaillé de ses ouvrages.

Il est évident que les *Lettres* ne présentent plus déjà le même degré d'authenticité. Publiées pour la première fois en 1625 [4], elles le furent sans doute par des éditeurs enthousiastes [5]; mais un examen sérieux des manuscrits autographes [6] subsistants pourrait seul nous assurer que leur respect pour le texte était égal à leur admiration pour l'auteur. Quant aux *Entretiens* de

---

[1]. On trouvera cette première forme de l'*Introduction à la Vie dévote* reproduite, par Dom Mackey, à la suite de l'édition définitive, dans l'édition des Visitandines d'Annecy, t. III.

[2]. Voir D. Mackey, édit. citée, t. III, *Introduction*.

[3]. Le seul chapitre de la première édition qui n'ait point été conservé est le xxviie de la 2e partie (une vingtaine de lignes sur les *Injures*).

[4]. Cette première édition ne contenait que 529 lettres; celle de 1641, 533. Cf. plus haut, p. 361.

[5]. L'image vivante des perfections du bienheureux aurait risqué de rester cachée « si la plume, tirée de l'aile de quelque Séraphin, le trahissant innocemment dans les missives que je mets entre vos mains, ne l'eût dépeint avec tant de naïveté sur le papier ». Lettre-préface de Louis de Sales *à l'illustrissime et révérendissime J. F. de Sales, évêque et prince de Genève*, au devant de l'édition de 1641.

[6]. C'est un travail qui n'a point été fait dans les éditions successives et augmentées de la Correspondance de saint François de Sales, données en 1641, 1758, 1817, 1821, etc. Les éditions Blaise et Vivès sont particulièrement incorrectes pour cette partie des œuvres de saint François de Sales. Les fautes visibles y fourmillent. Ici encore il faut compter sur la diligence et la critique éclairée des éditeurs nouveaux. De même pour la détermination des dates et la désignation des correspondants.

saint François de Sales avec les religieuses de la Visitation, principalement au couvent d'Annecy [1], et recueillis par elles, ils donnent évidemment lieu aux mêmes réserves que les *Sermons*. Et c'est dommage. On ne sait jamais, quand on les cite, si l'on ne cite pas Mme de Chantal, le père Binet [2], ou les premières religieuses de la Visitation — plutôt que saint François de Sales.

Les préceptes de vie spirituelle de saint François de Sales : un mystique moraliste. — Toutefois en tenant, à l'occasion, le compte qu'il convient de ces réserves, les *Entretiens* peuvent servir, avec les *Lettres* et l'*Introduction à la vie dévote*, à nous montrer, sur le fait et en exercice, cette direction spirituelle dont le *Traité de l'Amour de Dieu* contenait seulement les raisons intimes et les principes spéculatifs. Non pas sans doute qu'on prétende ici de suivre pas à pas la pratique, si curieuse pourtant, de cette conduite des âmes. Il suffira d'en dégager un fait qui intéresse à la fois l'histoire de la littérature et celle de la pensée en France : je veux dire la presque identité des préceptes ou des conseils de saint François de Sales, quelles que soient les personnes auxquelles il s'adresse, hommes ou femmes, religieuses ou femmes du monde.

En ce qui concerne d'abord les exercices ascétiques, aux uns comme aux autres il prescrit les mêmes choses. Point d'actes spéciaux pour les personnes en religion, point de particularités ésotériques ni de privilèges d'initiés. Les *Entretiens* ou les *Lettres* à l'adresse des religieuses n'indiquent, en fait de « moyens » spirituels, rien qui ne soit aussi dans l'*Introduction à la vie dévote* [3].

De même quant aux dispositions de l'âme que saint François de Sales s'applique à faire naître ou à développer, on ne peut qu'être frappé de la façon dont il se répète. Même indulgence à la fois et même sévérité.

Même sévérité dans l'exhortation incessante à la lutte contre le péché et la nature corrompue. Sur cette nécessité indispensable de l'effort moral, jamais rigoriste ne fut plus insistant

---

1. Principalement de juin 1610 à octobre 1612 (éd. de D. Mackey, *Introd*, t. VI, p. viii); mais aussi à Paris en 1619, à Lyon en 1622.
2. Provincial de la Compagnie de Jésus qui aida Mme de Chantal à publier, en 1629, une édition expurgée des *Entretiens*, pour remplacer l'édition subreptice imprimée en 1628 à Tournon par Pierre Drobet, libraire à Lyon.
3. Voir, pour l'oraison mentale, les p. 93, 94, 95, 99, etc. de l'éd. de D. Mackey.

que saint François de Sales. Qu'on ne parle point de sa « dévotion aisée », si l'on comprend par là qu'il tende à faire fléchir la dureté chrétienne. La dévotion n'est point pour lui un repos, mais un combat. Combat surtout spirituel, il est vrai. Cette mortification est surtout celle de l'âme[1]. La mortification « extérieure », il ne l'interdit pas sans doute, et pas plus à Philothée, qui vit dans le monde, qu'aux Visitandines ; il approuve le jeûne, le travail, voire la « discipline » qui « est bonne contre la tristesse[2] », qui « a une merveilleuse vertu pour réveiller l'appétit de la dévotion[3] » et que les « gens mariés » eux-mêmes ou les « délicates complexions » peuvent employer « avec l'avis du discret confesseur, aux jours signalés de la pénitence ». Toutefois ce n'est pas tant, selon saint François de Sales, le corps qu'il faut persécuter, que l'âme. Pourquoi s'en prendre à lui, et non à elle ? « Cet homme voit que souvent il tombe au péché de luxure... Ah ! félonne chair, dit-il, ah ! corps déloyal ! Tu m'as trahi. Et le voilà incontinent à grands coups sur cette chair. O pauvre âme ! Si ta chair pouvait parler, comme l'ânesse de Balaam, elle te dirait : Pourquoi me frappes-tu, misérable ? C'est toi qui es la criminelle[4]. » Ainsi laissons le corps un peu tranquille. Soignons-le même, et soyons bons pour lui. N'est-il pas la matière de notre mérite[5] ? Et son bon état ne contribue-t-il pas à la vigueur de notre vertu ? Ce n'est pas seulement quand il est « trop nourri[6] » qu'il est sujet aux défaillances ; c'est quand il est « trop abattu » : cela « le rend désespéré en son mésaise ». Et ce n'est pas seulement à Philothée qu'il ordonnera, dans ses « dégoûts, stérilités et sécheresses » de « revigorer le corps par quelque sorte de légitime allègement et récréation[7] » ; ce n'est pas seulement à cette « dame » qu'il recommandera de ne pas faire son grand examen de conscience annuel « à genoux »[8] ; c'est à la mère de Chantal que sont adressées ces prescriptions hygiéniques : « Reposez-vous convenablement et vous diver-

1. Éd. de D. Mackey, t. VI, p. 49.
2. *Ibid.*, t. III, p. 315.
3. *Ibid.*, t. III, p. 220.
4. *Ibid.*, t. III, p. 221.
5. *Ibid.*, t. III, p. 349.
6. *Ibid.*, t. III, p. 218.
7. *Ibid.*, t. III, p. 336.
8. *Ibid.*, t. III, p. 344.

tissez le plus doucement que vous pourrez ; prenez bien souvent des raisins un peu amollis au vin et eau chaude [1] » ; — et c'est dans la préface des *Règles et Constitutions* de la Visitation qu'il raille, hardiment, ces femmes qui « constituent la sainteté en l'austérité et entreprennent plus aisément de priver leurs estomacs de viandes que leurs cœurs de leur propre volonté [2] ».

Les autres principaux articles de la méthode de vie spirituelle de saint François de Sales sont, pareillement, communs à toutes ses dirigées. A toutes, il dicte sa prescription maîtresse : bon sens, calme, confiance. — Pas d'attachement pharisaïque aux pratiques extérieures : « Allez tout bellement aux exercices de l'intérieur... Ne vous chargez pas d'aller [en pèlerinage] à Saint-Claude, à pied : portez-y votre cœur bien fervent, et, soit à pied, soit à cheval, ne doutez point que Dieu ne le regarde et que saint Claude ne le favorise [3]. » — Pas d'appréhensions superflues ni de terreurs paniques à l'idée des péchés possibles : « Regardez devant vous et ne regardez pas à ces dangers que vous voyez de loin... Il vous semble que ce soient des armées ; ce ne sont que des saules ébranchés [4]. » — Pas de scrupules imaginaires : il y a grande différence entre « sentir la tentation et y consentir [5] ». La « délectation » même, que la tentation souvent traîne avec elle, peut bien n'être point un péché, car « nous avons deux parties en notre âme, l'une inférieure et l'autre supérieure », et chacune « fait son cas à part » : il n'y a faute que si le cœur s'y complaît et que la volonté l'accueille. — Point de résistances superflues contre ces « tentations menues, de vanité, de soupçon, de jalousie, d'amourettes, et semblables tricheries, qui, comme mouches et moucherons, viennent tantôt nous piquer sur la joue, tantôt sur le nez » ; le meilleur est « de ne s'en pas tourmenter [6] ». Ne donnons pas de « coups en l'air ». — Point d' « empressement », de prétentions d'atteindre à la sainteté « du premier coup [7] », d'ardeurs inquiètes et précipitées : « Vous êtes « l'oi-

---

1. *Lett. inéd.*, Datta, t. II, p. 160.
2. *Lett. inéd.*, éd. Blaise, p. 11.
3. *Lett. inéd.*, Datta, t. I, p. 319 (20 mai 1606).
4. Lettre DCLXXVIII (éd. Béthune).
5. *Introd. à la vie dévote*, éd. de D. Mackey, p. 204, 294 302 3 3
6. *Introd. à la vie dévote*, p. 307.
7. *Entret. spirituels*, p. 257.

seau attaché sur la perche ; ne vous débattez point, ne vous empressez point pour voler; ayez patience que vous ayez des ailes [1]... » — Point de tension laborieuse, peineuse, dans les exercices de la dévotion. Sans doute après cet examen annuel, diligent et rigoureux, que saint François de Sales ordonne à Philothée, il est bon que le fruit de ces méditations réfléchies pénètre le cœur, mais « néanmoins que ce soit sans effort d'esprit ni de corps [2] ». — En tout temps, du reste, point trop de retours sur soi. « Examinons notre conscience », mais sans « trop de curiosité ». « Après avoir fidèlement considéré nos déportements, si nous trouvons la cause du mal en nous, il en faut remercier Dieu... Si, au contraire, vous ne voyez rien en particulier qui vous semble avoir causé cette sécheresse, ne vous amusez point à une plus curieuse recherche [3]. » « Ne regardez plus ni à droite ni à gauche;... ne regardez pas pour vous amuser,... pour vous embarrasser et entortiller votre esprit de considérations desquelles vous ne sauriez vous démêler [4]. » — En somme, dit une lettre à Mme de Chantal, souvent citée; « tenez votre cœur au large, ma fille; vivez joyeuse et courageuse »; et dans l'*Introduction à la vie dévote* il y a deux chapitres sur ce précepte qu' « il faut avoir », en tout et toujours, « l'esprit juste et raisonnable ». La dévote à l'abri du cloître n'entend pas une autre doctrine que la dévote restée dans sa maison.

A peine si l'on peut relever parfois des nuances appréciables. Avec les femmes du monde, que leur rang et leurs occupations obligent, saint François de Sales aura quelques complaisances spéciales. Il permettra les parures, les parfums, la poudre, le bal même ; il passera l'éponge plus aisément sur ces défaillances involontaires et parfois inconscientes que l'Église nomme « péchés véniels [5] »; il fera enfin quelques concessions visibles pour les allécher à la dévotion par les mêmes innocents artifices [6] qu'un Montaigne voulait qu'on employât à insinuer la sagesse. — Aux

1. *Lett. inéd.*, Datta, I, p. 297 (à Mme de Chantal).
2. *Introd. à la vie dévote*, p. 362.
3. *Introd. à la vie dévote*, p. 327.
4. *Lett. inéd.*, Datta, t. I, p. 302-303 (à Mme de Chantal). Cf. *Entretiens*, p. 217.
5. *Introd. à la vie dév.*, p. 65, 251-253, etc. *Lettr. inéd.*, Datta, t. II, p. 198-199; et *passim alibi*.
6. *Introd. à la vie dévote*, p. 355.

religieuses, par contre, pour qui la vertu consiste, pour une si grande part, dans la seule « oraison », et qui ne doivent pas avoir le regret de cette vie active qu'elles ont quittée, il laissera entrevoir, encore que discrètement [1], la suppression hypothétique du « mérite » dans le service de Dieu et il leur parlera plus volontiers de l'absorption de toutes les vertus spéciales dans l'unique, qui les contient toutes, la charité [2]; — à ces âmes qui peuvent « vaquer », sans distraction, au retranchement complet des moindres mouvements du « sens propre », il révélera que la déférence absolue aux volontés de Dieu pourrait aller, le cas échéant, chez la créature, jusqu'à *ne pas désirer* de s'unir à son créateur. Et tandis qu'il entretient, avant tout et surtout, Philothée de « patience », de « résignation » et de « douceur », il insistera, devant les Visitandines, sur l'*indifférence* absolue de l'âme sainte, sa complète *désappropriation*, son entière *nudité* [3]. Mais, à part ces quelques points, qui n'ont pas à leur place l'importance que plus tard leur attribueront les Quiétistes [4], il n'y a pas de différence de nature, et il y en a de degrés à peine, entre la manière dont il entend la direction des religieuses et celle des femmes demeurées dans la société.

Et ceci encore est à noter dans les écrits de direction de saint François de Sales : quel soin il prend de bien établir que les « douceurs » et les « tendresses » ne sont nullement indispensables à l'âme dévote en intention et en train de se rapprocher de Dieu.

Sans doute il savoure autant que personne ces consolations de l'amour divin, tellement préférables à toutes « les plus excellentes récréations du monde », que « qui en a goûté tient tout le reste pour du fiel ou de l'absinthe ». Et il plaint de tout son cœur [5] la pauvre âme qui se morfond dans la « sécheresse » et la « stérilité spirituelle ».

Mais il ne veut point pourtant qu'on s'exagère ni le malheur de ce dénûment ni la valeur des satisfactions contraires. Elles seraient notre perte si nous n'en sortions « plus humbles,

---

1. *Entret. spirituels*, t. VI de l'éd. de D. Mackey, p. 428.
2. *Ibid.*, p. 92. — Cf. l'*Introd.* de D. Mackey, p. XLV, etc.
3. *Ibid.*, p. 384, et tout l'*Entretien* VIᵉ. Cf. *Lett. inéd.*, Datta, II, p. 22.
4. Cf. plus loin, p. 401-402.
4. *Entret. spirituels*, etc., p. 325.

patients, traitables, charitables, compatissants, plus fervents à mortifier nos concupiscences, plus diligents à bien faire [1] ».

Et quant aux « aridités et mélancolies », qui se rencontrent souvent en la vie spirituelle, elles sont peut-être une faveur suréminente de la bonté divine. « Nos actions sont comme les roses » : fraîches, « elles ont plus de grâce », sèches « elles ont plus d'odeur et de force [2] ».

Mais, on le voit, s'il ne donne qu'une importance secondaire aux savoureuses voluptés de l'âme dévote, c'est qu'il réserve la part principale à la volonté, — soit qu'elle s'exerce, d'une façon positive, à faire pour l'amour de Dieu le bien que Dieu veut, à cultiver toutes les vertus, toutes estimables, même les plus petites [3] ; — soit que travaillant au contraire, dans un sens négatif, si je puis dire, elle s'évertue contre elle-même, et cherche, comme dernière vertu et suprême hommage à son auteur, à se détacher de toute inclination et de toute préférence ; — toujours agissante, en tout cas, fût-ce pour se détruire, et demeurant toujours au premier plan de la vie mystique. Pour être à Dieu, l'essentiel est de le vouloir. La volonté de la perfection est la condition nécessaire et presque suffisante pour avoir le droit d'y aspirer et l'espoir légitime d'y atteindre. Même l'impuissance de l'esprit, — l'incapacité, par exemple, à la méditation et à l'oraison, — ne sauraient tenir une âme à la porte du cloître [4]. La dévotion achevée n'est pas tant « sensible » que « forte et généreuse [5] ». Elle est bien moins une émotion qu'un acte. — Assurément il y a là, dans la spiritualité de saint François de Sales, une pratique et une doctrine contraires aux impulsions de sa nature si foncièrement tendre, si pleine de sensibilité, si plantureuse en affections. Il y a là une réaction de l'idée et du système contre le tempérament. Et l'on peut, sans trop de témérité, voir déjà ici une victoire de cette « Raison » qui deviendra de plus en plus, au XVIIe siècle, la régulatrice de l'imagination et du cœur, et la reine de la piété comme celle de la pensée.

1. *Entret. spirit.*, etc., p. 323, 324.
2. *Ibid.*, p. 330.
3. Voir, par exemple, sur l'*affabilité*, les *Entretiens spirituels*, éd. de D. Mackey, t. VI, p. 453.
4. *Lett. inéd.*, Datta, t. II, p. 85 (lettre du 22 août 1612).
5. *Introd. à la vie dévote*, p. 289-292 (4e partie, chap. 1); *Entret. spirit.*, p. 13, 14, et D. Mackey, Introd. au t. VI, p. XXX-XXXI.

Le style : abondance, — pittoresque, — art et simplicité. — Ce qui, dans la façon d'écrire de saint François de Sales, frappe d'abord, je crois, et le plus, un lecteur non prévenu, c'est l'*abondance*.

Avec les auteurs plus modernes, qui lors même qu'ils ne sont pas concis, visent à l'être, si vous avez mal compris, il faut revenir sur vos pas et relire; point d'autre ressource. Avec saint François de Sales, n'ayez crainte; laissez-vous aller. L'idée vous suit, complaisante, et se représente à vous l'instant d'après, sous une nouvelle figure. Agile et féconde, elle rebondit plus d'une fois sur elle-même, et, en repartant de plus belle, pousse des développements nouveaux. Maintes fois une première phrase, très claire et suggestive d'idées implicites, faciles à suppléer, pourrait suffire. Mais saint François de Sales n'y consent pas. Il la démembre, isole chacun des éléments qu'elle renfermait, plante en terre chacune de ces boutures qui provigne à son tour et se développe pour son propre compte [1].

Et sans doute, disons-le tout de suite, on est reconnaissant à l'auteur de sa générosité d'explications et de détails, et l'on prend plaisir à voir naître et renaître cette végétation touffue; mais on a aussi quelque peu, après surtout une heure de lecture, une sensation fâcheuse. Telles ces forêts des contes de fées, merveilleuses de fruits et de fleurs, mais qui s'allongeaient impitoyablement sous les pas du voyageur ravi d'abord, puis éperdu.

D'autant que, dans chaque phrase, on a, de même, tour à tour le plaisir et l'impatience d'être comblé.

Une armée d'adjectifs vient au secours de l'abstraction des substantifs; mais le substantif même ou le verbe ne sont jamais uniques; ils ont, toujours, un second qui développe ou qui restreint leur signification et enfonce en nous l'idée, par un coup supplémentaire.

Ce n'est pas, pourtant, à bien y regarder, que cette exubérance soit creuse. Si les redoublements de *mots* ne sauraient toujours se justifier, et si bien souvent l'on ne voit pas la nécessité ou même l'utilité de ces itérations de synonymes [2], du moins les *phrases* qui s'ajoutent les unes aux autres ajoutent

---

1. Cf. *Introd. à la vie dévote* (4º part., chap. 1), p. 289-292.
2. Les exemples abondent, t. I (éd. de D. Mackey), p. 119 : « les cloaques *et*

presque toujours quelque chose à la pensée. C'est de l'analyse, de la méditation attentive, minutieuse au besoin, que provient d'ordinaire, chez saint François de Sales, l'abondance des paroles. Le creusement patient de l'idée, tournée, retournée, et fouillée en tous sens, est la première cause de cette fécondité de l'expression.

Le désir d'être compris en est assurément une autre. Il y a une chose qu'il ne faudrait jamais oublier, et qu'il serait bon parfois de mieux connaître, dans l'étude des œuvres littéraires du passé : c'est le public auquel elles s'adressaient, et quelle en était, à telle ou telle date, la qualité. Or à la fin du xvi° siècle et au commencement de xvii°, si tout ce que l'histoire nous apprend du peu d'éducation de la noblesse de ce temps et de la grossièreté de la bourgeoisie, est exact, le niveau des lecteurs ne devait pas être fort élevé. Sans doute la société cultivée était en train de se former et il fallait déjà compter avec elle ; mais l'humanisme classique n'avait pas encore eu le temps de se propager largement dans les générations nouvelles ; les collèges des Jésuites se fondaient ; l'Université se réorganisait à peine, et vers 1610 la culture d'esprit n'était évidemment pas encore assez générale [1], pour qu'un auteur de cette époque n'eût pas le devoir de condescendre à l'intelligence encore peu exercée, à la réceptivité encore lente de l'immense majorité des esprits contemporains. Pour un écrivain désireux d'agir sur ses lecteurs, — et l'on sait si saint François de Sales eut cette ambition de propagande, — il ne fallait jamais, dans la forme, perdre de vue les préoccupations de clarté que peuvent avoir aujourd'hui un vulgarisateur ou un pédagogue [2].

---

voieries, non les jardins *et vergers* » ; t. III, p. 328 : « ne point s'affectionner *et attacher* au désir » ; t. III, p. 207 : « présages certains *et indubitables* ;... privautés *et faveurs* inciviles ; yeux simples *et pudiques* ; caresses pures *et franches* » ; t. III, p. 32 : « la vive *et forte* appréhension du grand mal que le péché nous apporte, par le moyen de laquelle nous entrons en une *profonde et véhémente* contrition » ; t. IV, p. 122 : « elle *verse toujours et répand* sans cesse ses sacrées inspirations » ; t. IV, p. 198 : « la possession de la chose désirée est agréable *et délicieuse* » ; t. V, p. 255 : « à notre propre avantage *et commodité* » ; t. V, p. 111 : « la suavité, *débonnaireté et clémence* divines ».

1. *Introd. à la vie dévote*, 1608, *Tr. de l'amour de Dieu*, 1616.
2. Voir sur l'amour de saint François de Sales pour la clarté, et comme quoi, selon lui, un « facile débit avec une médiocre suffisance » est préférable à une science profonde incapable de s'exprimer, Collot, *Abrégé de l'Esprit de saint François de Sales*, éd. Blaise, p. 104 ; et la Préface du *Tr. de l'amour de Dieu* sur la différence du style de cet ouvrage et de ceux qu'il a faits précédemment.

C'est surtout dans l'emploi qu'il fait, sciemment et volontairement, des comparaisons et des métaphores que s'aperçoit ce principe de son style.

Il serait puéril de nier que son genre d'esprit ne fût pour beaucoup dans cet usage constant de ce qu'il appelle les « similitudes », surtout de celles qui sont tirées des choses ou des êtres réels. La sensibilité de l'imagination s'allie assez habituellement à celle du cœur. Né et grandi au milieu des aspects de la nature alpestre, il en a de bonne heure goûté fortement les impressions, — un peu plus, du reste, à ce qu'il semble, celles de la campagne riante et cultivée que celles de la montagne. — On ne peut glorifier avec plus d'enthousiasme qu'il ne le fait dans une lettre de sa jeunesse [1] « le très charmant spectacle de jardins abondamment fleuris, le délice de s'y promener à travers les fleurs, d'aspirer les souffles de l'air chargés de parfums très doux... » Et comme une vie active et voyageuse renouvelait sans cesse cette récolte d'impressions de la nature, la forme de ses pensées même les plus abstraites devait s'en ressentir. Hormis Descartes, quel est le penseur sur les méditations de qui n'ait pas agi la hantise inévitable des objets matériels au milieu desquels il méditait?

Mais saint François de Sales modifie ces objets en les regardant. S'ils s'imposent à sa pensée, sa pensée les transfigure. Les choses de la nature qui successivement se présentent à ses yeux ou se représentent à son souvenir, il y cherche une signification morale, il l'y trouve, — il l'y met au besoin. — Il a ce sens du « symbole », que les lettrés modernes, du moins en France, n'ont guère connu, avant les grands lyriques de notre siècle [2] : « Quand on lui parlait de bâtiments, de peintures, de musiques, de chasse, d'oiseaux, de plantes, de jardinages, de fleurs,... il eût souhaité que de toutes ces occupations ceux qui s'y appliquaient se fussent servis comme d'autant d'escaliers mystiques pour s'élever à Dieu, et [il] en enseignait les industries par son exemple, tirant de toutes ces choses autant d'élévations d'esprit. — Si on lui montrait de beaux ver-

---

1. *Lett. inéd.*, Datta, t. I, p. 45 (lettre latine de 1594 à Antoine Favre).
2. Sainte-Beuve (*Port-Royal*, t. III, p. 104) le rapproche avec raison de Lamartine. Cf. même ouvrage, t. I, p. 208.

gers, remplis de plantes, bien alignés : « Nous sommes, disait-il, « l'agriculture et le labourage de Dieu... » — Quand on le menait dans un jardin : « Quand donc celui de notre âme [disait-il] « sera-t-il semé de fleurs et de fruits, dressé, nettoyé et poli, « quand sera-t-il clos et fermé à tout ce qui déplaît au jardi- « nier céleste? » — A la vue des fontaines : « Quand aurons- « nous dans nos cœurs des sources d'eaux vives rejaillissantes « à la vie éternelle?... » — A l'aspect d'une belle vallée : [Les terres], disait-il, [y] sont agréables et fertiles, et les eaux y coulent : c'est ainsi que les eaux de la grâce céleste coulent dans les âmes humbles et laissent sécher les têtes des montagnes... Ainsi, mes sœurs, — termine Camus [1], son disciple et ami, — il voyait Dieu en toutes choses et toutes choses en Dieu. »

De là cette conversation pittoresque dont tous ses biographes contemporains gardèrent un souvenir charmé. Et certes, quand on en recueille la trace à travers ce livre de Camus, qui est si vraiment « l'Esprit » de François de Sales ; — quand on y voit avec quelle aisance toujours prête et toujours fraîche l'image fleurissait sur les lèvres du saint, apportant une couleur à l'idée, un agrément à la raison, un sourire à la sévérité, dans les plus solennelles comme dans les plus communes circonstances [2], — on n'est pas tenté de s'étonner qu'en écrivant aussi, saint François de Sales ne pût pas ne pas laisser déborder cette imagination, à la fois active et pleine, qui, tout naïvement, attachait aux conceptions abstraites un corps vivant, en même temps qu'elle dégageait des réalités vivantes un sens moral.

Et cependant il y a là, soit qu'il parle, soit qu'il écrive, autre chose encore que l'écoulement forcé d'une richesse de nature. Il y a un propos délibéré. Il y a le dessein d'atteindre plus sûrement ces intelligences de ses contemporains, desquelles il connaît la moyenne valeur. Il y a l'application de cette maxime, que « les *exemples* ont une merveilleuse force », les *similitudes*

---

1. *L'Esprit du B. François de Sales*, t. II, p. 109-112.
2. « Je me souviens que moi étant un jour malade à toute extrémité, ce bienheureux vint pour me consoler et m'assister au passage de la mort, et me dit que je misse ma tête sous le pied de la croix et que je me tinsse là *comme une petite lézarde* pour recevoir l'efficace du sang précieux qui en découlait. » Déposition de sainte Françoise de Chantal, *Œuvres*, éd. Migne, t. I, col. 1125.

« une efficace incroyable à bien éclairer l'entendement » comme à émouvoir la volonté [1].

Et voilà pourquoi il développe et féconde, par l'exercice, par un entraînement méthodique, cette imagination dont le don inné est en lui si abondant. Il prend garde aux vieilles métaphores qui traînent, défraîchies, dans le langage ; il les nettoie, les ouvre, et de leur coque séchée fait sortir un bouquet imprévu. « Les affections et les passions de nos âmes, nous les devons connaître *par leurs fruits* [2] » : c'est le mot bien connu de saint Mathieu [3], image courante, et à force de circuler, usée. Il la ramasse et la développe : « Nos cœurs sont des *arbres*, les affections et passions sont leurs *branches*, leurs œuvres ou actions sont les *fruits*, etc. » Ailleurs [4] c'est du sens primitif d'*anoblir* ou *ennoblir* qu'il profite : « Les actions indifférentes, étant employées (par la piété), deviennent *nobles*... Ce droit d'*ennoblir* les actions, lesquelles d'elles-mêmes seraient *roturières* et indifférentes, appartient à la religion comme à la *princesse* des vertus. » Et souvent l'image, — que le mot, venu d'abord et spontanément sous la plume, a évoquée, — devient tout un tableau : « Vous semble-t-il point, demande-t-il à Philothée [5], que votre cœur se tourne du côté de Dieu, et en quelque sorte lui *va au devant* ? » Et il poursuit : « Si le mari d'une femme revient de loin, tout aussitôt que cette femme s'aperçoit de son retour et qu'elle sent sa voix, quoiqu'elle soit embarrassée d'affaire et retenue par quelque violente considération emmy la presse, si est-ce que son cœur n'est pas retenu, mais abandonne les autres pensées pour penser à ce mari venu. Il en prend de même des âmes qui aiment bien Dieu, etc. » C'est, on le voit, l'ampleur de la comparaison homérique, mais avec l'intention toujours présente, toujours rappelée, d'éclairer l'entendement de l'auditeur ou du lecteur.

Et comme la parole parlée a plus de chance d'être mal saisie que la parole écrite, de là vient que l'on trouverait sans doute

---

1. *Sur la vraie manière de prêcher*, éd. Migne, t. IV, col. 671-674.
2. *Introd. à la vie dévote*, éd. de D. Mackey, p. 322-323.
3. VII, 16.
4. *Défense de l'Étendard de la Croix*, éd. de D. Mackey, p. 212. Cf. *Controverses*, éd. de D. Mackey, p. 69.
   Introd. à la vie dévote, éd. de D. Mackey, p. 346-347.

plus de comparaisons encore dans les sermons de saint François de Sales que dans ses livres. A en juger[1] par les discours qui nous restent, il devait en chaire multiplier les *similitudes*[2] sans compter. Veut-il donner à ceux qui l'écoutent le sentiment de l'excès de bonté de Jésus, sauvant, trop généreusement, le genre humain, puisqu'il se donne lui-même? Ce seront successivement cinq ou six exemples : un gentilhomme magnifique, qui, « saisi de l'amour d'une damoiselle », achète pour elle un bijou qu'il ne marchande pas ; un mari dévoué qui, pour guérir sa « chère moitié » de la peste, offre au médecin, possesseur du remède, « cent écus de tablettes qui ne valent pas trois sols » ; un cavalier passionné, qui dépense pour son cheval malade vingt fois la valeur de la bête ; une dame qui, pour nourrir délicatement le petit chien qu'elle aime, fait tuer plusieurs moutons d'un prix bien supérieur au roquet...

Dans les ouvrages écrits, les comparaisons, moins nombreuses peut-être et mieux choisies[3], sont encore très fréquentes, et jusque dans les sujets les plus sérieux. Et ce n'est pas que la plume de saint François de Sales fût incapable d'exprimer d'une façon abstraite les choses abstraites. Il a eu, plus d'une fois, et même dès ses débuts[4], mais surtout dans le *Traité de l'amour de Dieu*[5], la phrase substantielle et sévère d'un écrivain penseur. Cependant l'image ou vient se glisser à la fin, ou ne se fait pas longtemps attendre après ces passages d'austère vigueur. En quoi, du reste, il ne faut voir qu'une conséquence logique du principe de saint François de Sales : les choses délicates et élevées ne sont-elles pas celles qui ont le plus besoin du secours de l'imagination? Lorsque, dans le *Traité de l'amour de Dieu*, il explique les secrets de la tendresse mutuelle du créateur et de la créature, il ne craindra pas de les éclaircir par la comparaison de l'âme humaine soit avec « une aimable princesse » qu'un grand roi,

---

1. Voir plus haut, p. 367-368.
2. Voir entre autres le *Sermon pour la veille de Noël* des éditions.
3. D. Mackey, Introd. du t. IV. p. LXXVIII.
4. Dans les *Controverses* et la *Défense de l'Étendard de la Croix*. Voir éd. de D. Mackey, t. I, p. 76-77, 356 ; t. II, p. 165, 210, 345.
5. Voir les quatre premiers livres de ce *Traité*.

qui l'aime, soulage et ranime dans sa « pâmoison[1] », soit avec le « perdreau » qui, couvé par une perdrix étrangère, court, au premier appel, retrouver sa vraie mère[2]. Aussi sensiblement matérialisée, il n'est point d'idée, si relevée soit-elle, qui ne puisse descendre en l'esprit le plus humble, et s'y fixer[3].

Et c'est enfin cette préoccupation de se rendre, aussi parfaitement que possible, intelligible, qui détermine le plus souvent le genre des comparaisons de saint François de Sales. Neuf fois sur dix, c'est aux objets matériels, spécialement à ceux de la campagne[4], — auxquels le grand monde lui-même était moins étranger alors qu'il ne devait l'être plus tard, — qu'il emprunte ces similitudes. Et quand c'est des choses morales qu'il les tire, les particularités de la vie commune, les actions familières à chacun les lui fournissent à l'ordinaire[5].

Que toujours, maintenant, un goût impeccable inspire ces rapprochements matériels ou moraux : pour y compter, il faudrait méconnaître la fatalité des influences ambiantes et demander à saint François de Sales d'avoir été plus incorruptible que Malherbe. Parmi ces « similitudes », il en est, d'abord, beaucoup d'inutiles. Dans ce chapitre où il montre fort joliment que l'amour-propre nous fait user, pour nous et pour autrui, de deux poids et de deux mesures, que viennent faire les « deux cœurs » des « perdrix de Paphlagonie »? Ce souvenir bizarre n'ajoute rien à la netteté de l'idée, loin de là. Mais c'est que saint François de Sales aime la comparaison tellement qu'il l'emploie même quand elle doit avoir pour effet de faire ressortir

1. *Tr. de l'amour de Dieu*, même édition, t. I, p. 174-175.
2. *Ibid.*, p. 78-79.
3. Cf. sur le rôle de l'imagination dans l'oraison, au moins pour les commençants, *Introd. à la vie dévote*, éd. de D. Mackey, p. 78-79.
4. Cf. *Intr. à la vie dévote*, éd. de D. Mackey, p. 291, 292, 293, 300, 313, 318, 319, 327, 329, 339, 351, 353, etc., la *pluie* légère de l'été, qui mouille sans pénétrer la terre; — les *palmiers* « de nos contrées »; — les comètes et les planètes; — les *oiseaux* pris dans les filets, les oiseaux en train de voler, les colombes, les poules, les perdrix; — les *abeilles*, mœurs de leurs petits « moucherons »; les abeilles surprises par le vent; les abeilles au printemps; leur miel; — la glace d'un miroir; — le mécanisme d'une horloge; — la façon dont on ranime une personne évanouie; — le goût du sucre dans la bouche; etc.
5. Cf. *Introd. à la vie dévote*, éd. de D. Mackey, p. 295, 324, 326, 339, 346, 351, 358, etc., une mère qui pour amadouer son enfant lui met des dragées en la bouche; — une femme courant au devant de son mari; — une femme enceinte préparant la layette de l'enfant attendu; — un musicien pinçant tour à tour les cordes de son luth pour l'accorder; — une jeune femme qu'un méchant essaie de séduire; etc.

non pas la ressemblance, mais la différence de deux choses. « Les mariniers, qui voguent à l'aspect et conduite des étoiles, ne vont pas au ciel pour cela, mais en terre ; aussi ne visent-ils pas au ciel sinon pour chercher la terre ; *au contraire*, les chrétiens ne respirant qu'au ciel, regardent parfois aux choses d'ici-bas, mais ce n'est pas pour aller à la terre, mais pour aller au ciel[1]. » Mais alors l'exemple de ces « mariniers » est de luxe...

— Ailleurs le parallèle se prolonge à l'excès. Tout un *Entretien spirituel*[2] est consacré à établir une correspondance minutieuse entre les qualités de l'âme religieuse et les « propriétés des colombes ». — Trop souvent encore, la comparaison est empruntée, comme celle que nous citions tout à l'heure, non pas à l'expérience personnelle de saint François de Sales, mais à ses lectures. Pareil en ceci à la plupart des écrivains d'alors, saint François de Sales, nourri des anciens[3], recueille « leurs paroles d'or » avec une piété qui manque trop de critique. Il se peut bien que parfois il en doute ; mais quoi ! « en chose indifférente », il ne pense pas devoir se « mettre en peine pour s'assurer de la vérité[4] ». Il puise donc à pleines mains, de même que Montaigne, dans les polygraphes et les compilateurs latins, dans Pline l'Ancien surtout, dont l'*Histoire naturelle* était alors le livre de chevet des doctes[5] ; dans Aristote, dont la Renaissance n'avait pas, tant s'en faut, ruiné l'autorité ; dans Varron[6], très estimé et très publié au xvie siècle, enfin dans les ouvrages tout récents alors où Pierre André Mattioli[7] avait entassé une foule de notions plus ou moins fabuleuses sur lesquelles devaient raisonner longtemps encore les naturalistes et les médecins.

C'est de là[8] que saint François de Sales tire ces comparaisons

---

1. *Déf. de l'Étendard de la Croix*, éd. de D. Mackey, p. 235.
2. Le septième.
3. Cf. plus haut, p. 356.
4. Dissert. sur les vertus cardinales, citée par D. Mackey, Introd. du t. IV, p. LXXIX, n. 2.
5. Plus de cinquante éditions de Pline l'Ancien datent du xvie siècle.
6. Le *Traité de la langue latine* avait été déjà imprimé plus de trente fois avant 1600 ; son *Traité d'agriculture*, une quinzaine de fois.
7. (1500-1577). Voir principalement ses *Commentarii in sex libros Dioscoridis*, 1554, publiés en italien dès 1544, plusieurs fois réédités, et traduits en allemand par Joachim Camerarius, en français par Du Pinet et Desmoulins, etc.
8. Le monastère de la Visitation de Westburg on Trim en Angleterre possède un ms. inédit de 52 pages, uniquement rempli d'extraits de ce genre (D. Mackey, Introd. du t. III, p. XXXIV, n. 1).

extraordinaires qu'on lui a souvent reprochées : — l'herbe *scythique*, dont ceux qui l'ont en la bouche « reçoivent une si extrême douceur qu'ils ne sentent ni faim ni soif [1] », — les vertus extraordinaires des éléphants, que Juste Lipse d'ailleurs venait de célébrer [2]; — les propriétés odorantes que prend l'épine *aspalathus* [3] dès qu'elle est touchée par l'arc-en-ciel; etc. Pédantismes, assurément, et où saint François de Sales se complaisait sans doute; mais que peut-être il prodiguait un peu plus dans ses ouvrages savants pour satisfaire aux goûts de cette « société polie » encore novice, plus avide d'éruditions que difficile sur la qualité de celles qu'on lui offrait, et qui se pâmait, à Paris, aux sermons de Valladier et de Coton.

Ce qui est bien sûr, c'est que ces travers ne sont pas assez forts et choquants pour altérer l'impression d'ensemble que produit le style de saint François de Sales : — impression de naturel et de simplicité captivante, impression analogue, avec moins de piquant et avec plus de fraîcheur [4] et d'onction, à celle des *Essais* de Montaigne. — Ce sont surtout, on le sait, les lettres de saint François de Sales qui possèdent ce charme naïf. On n'a qu'à les ouvrir à toute page pour y cueillir de ces mots dans lesquels la délicatesse de l'idée et la chaleur du sentiment ont passé toutes entières et sans que rien s'en soit perdu en route. Seuls, Henri IV et Mme de Sévigné ont eu autant de bonheurs d'expression; encore chez celle-ci semble-t-il un peu trop parfois qu'ils aient été cherchés. Dirai-je que saint François de Sales les rencontra toujours sans le moindre effort? Ce serait téméraire. Je sais bien que — comme Montaigne encore — il se défend avec quelque insistance d'apporter du soin à sa prose. Même dans ses ouvrages composés, il nous prévient [5] qu'il « ne fait pas profession d'être écrivain », et plus d'une fois il allègue

---

1. *Introd. à la vie dévote*, éd. de D. Mackey, p. 321-322.
2. *Introd. à la vie dévote*, éd. de D. Mackey, p. 277. Cf. l'Épître de Juste Lipse, *de Elephantis*, à la suite de l'*Elephantographia curiosa* de P. de Hartenfeltz, 1723. Cf. Bayle, *Dict. crit.*, art. BARBE, qui se rappelle malignement le passage de saint François de Sales.
3. *Tr. de l'amour de Dieu*, éd. de D. Mackey, t. IV, p. 104.
4. Avec « un certain vermeil riant », dit Sainte-Beuve (*Port-Royal*, t. I, p. 339), qui s'est amusé plus d'une fois à définir avec sa souplesse et son ingéniosité habituelle le charme de saint François de Sales.
5. Préface du *Traité de l'amour de Dieu*; cf. lettre du 16 sept. 1609 à Charles-Emmanuel Ier, duc de Savoie, et les lettres LXIII (éd. Béthune), 13 oct. 1604; LXX, 21 mai 1605; etc.

soit, trop modestement, « la pesanteur de son esprit », soit, plus spécieusement, « la condition de sa vie exposée au service et à l'abord de plusieurs [1] ». Mais il y a là une de ces coquetteries qu'affectaient volontiers au XVIᵉ siècle les gentilshommes auteurs. Les recherches récentes [2] nous prouvent, d'abord, que ses livres proprement dits étaient soigneusement revus, non seulement quant au fond, mais quant à la forme. Les variantes y attestent, non seulement la conscience du penseur qui éclaire et qui précise, mais le scrupule, quelque peu surérogatoire, de l'artiste, qui appelle à la place d'un mot terne un mot plus coloré, qui change l'ordre de sa phrase pour en dégager l'allure ou en accroître l'harmonie [3]. Il y a plus. Ses lettres, elles-mêmes, étaient parfois [4] revues et corrigées avec un souci discret, mais coquet, de l'effet à produire [5]. Peu importe du reste ; l'essentiel est que le travail, insensible, s'ajoute à la nature sans lui peser. Or c'est le privilège de saint François de Sales.

Et d'ailleurs l'étude, lorsqu'étude il y a, est plus qu'amplement contre-balancée chez lui par une tendance visible à la familiarité dans l'expression. Il est vrai que cette familiarité nous déconcerte parfois, et qu'en face de certaines simplicités un peu osées nous avons un premier mouvement d'hésitation classique. « Vous me dites, madame, qu'en quelque *sauce* que Dieu vous mette, ce vous est tout un... *C'est un mot de merveilles* », s'écrie saint François de Sales [6], et il s'en empare. « Or sus vous savez bien *en quelle sauce* Dieu vous a mise, en quel état et condition, etc. » Cela est dans une lettre ; mais ceci est dans la *Vie dévote* [7] : « Entre toutes nos sécheresses et stérilités, ne perdons point courage ; multiplions nos bonnes œuvres, et ne pouvant présenter à notre cher époux des *confi-*

---

1. Cf., sur sa manière de prêcher, éd. Migne, t. IV, col. 655-658, et plus haut, p. 372.
2. Voir l'édition critique de D. Mackey.
3. Cf., par exemple, *Défense de l'Étendard de la croix*, éd. de D. Mackey, t. II, p. 235 et var. *o*.
4. Parfois, car souvent il est visible qu'il écrit vraiment « sans loisir », « sans haleine », et « par une impétuosité d'esprit » (*Lettres inéd.*, éd. Datta, CCLXIV; *Corresp.*, éd. Béthune, DCLXXI, DCCCLXXXII).
5. Voir un art. du P. Sommervogel, dans les *Études religieuses*, 4ᵉ série, t. I, p. 356.
6. Lettre DCLXIX (éd. Béthune) à une femme mariée.
7. Éd. de D. Mackey, p. 329. Cf. *ibid.*, p. 290 : « On crie au ventre. » Ou encore la bonté de Dieu comparée (*ibid.*, p. 335) a la prévoyance d'une nourrice qui « met du miel sur le bout de son tetin ».

tures liquides, présentons lui en de *solides*. » Et ceci dans le *Traité de l'amour de Dieu* [1] : « Le plaisir que l'on a en la chose est un certain *fourrier* qui *fourre* dans le cœur aimant les qualités de la chose qui plaît. » Sans compter que cette familiarité des images, suggérées ou même complètement évoquées, va en plus d'un lieu, jusqu'à des précisions réalistes, effarouchantes aux pudeurs modernes [2]. Rappelons-nous du moins qu'elles ne l'étaient point du temps de saint François de Sales, et que l' « honnête homme » et même « l'honnête dame » de l'an 1600 croyait pouvoir entendre des propos, — même en chaire, — et lire des livres, dans lesquels toutes choses étaient appelées de tous leurs noms.

La même observation s'impose, aussi, assurément, au sujet de l'esprit et de la grâce de saint François de Sales, qui sont les derniers traits de son style qu'il convient de noter. Que cet esprit ne soit, et souvent, du « bel esprit », que cette grâce ne verse, fréquemment, dans la mièvrerie, on ne saurait le nier. Et ici encore, il est bon de se souvenir des tendances sociales et littéraires de l'époque Louis XIII de laquelle saint François de Sales, intermédiaire entre deux siècles, participe [3], tout autant qu'il tient de l'époque de Brantôme, de Desportes et de Montaigne. Il n'est que juste d'avoir présente à l'esprit, en lisant l'*Introduction à la vie dévote*, cette influence italienne, qu'assurément un écrivain savoyard devait subir encore plus qu'un parisien. — Mais je voudrais bien cependant que l'on n'insistât pas trop sur cette cause, et que l'on ne prît pas toujours au sérieux les afféteries et les gentillesses de mots d'un auteur, dont l'esprit, après tout, est autrement pur et sain, dont la verve est autrement passionnée, vigoureuse, — j'allais dire même, d'un mot qu'il affectionne et au sens où il l'emploie, « gaillarde », — que celle de ces alambiqués convaincus, de ces professionnels du marinisme qui, entre 1580 et 1630, foisonnèrent. Je ne suis pas assez sûr que chez saint François de Sales il y ait toujours préméditation, ou tout au moins adhésion du goût aux subtilités de mauvais aloi qu'il commet. Quelquefois, sans

---

1 Éd. de D. Mackey, t. V, p. 61.
2. *Lettres inédites*, éd. Datta, t. I, p. 296; *Introd. à la vie dévote*, éd. de D. Mackey, p. 294, 297.
3. Cf., sur ce point, Sainte-Beuve, *Port-Royal*, t. I, p. 240.

nul doute, il faut passer condamnation : le soin avec lequel est établie telle antithèse le prouve : « Ma très chère fille [1], dites-moi, le doux Jésus ne naquit-il pas au *cœur du froid*? Et pourquoi ne demeurerait-il pas aussi au *froid du cœur*? » Mais ailleurs je me demande, tantôt si ce n'est pas par une sorte de charité littéraire qu'il se met à l'unisson de ses correspondantes, tantôt si tout le premier il ne s'est pas amusé, sous cape, de ces bravoures et de ces fanfreluches. Il y a deux choses qu'il faut avoir présentes quand on lit saint François de Sales : premièrement que — comme je le disais tout à l'heure — ses écrits sont une conversation prolongée; — et puis qu'après tout, il était méridional et gai. Je passerais volontiers au compte de la bonne humeur facétieuse d'une âme sereine un certain nombre de ces cliquetis de mots, de ces antithèses subtiles, de ces hyperboles hautes en couleur. Il convient qu'on ne les juge pas comme on les jugerait chez Arnauld ou chez Bossuet. Lisez-les comme elles furent probablement écrites, — avec un sourire.

L'influence de saint François de Sales en France. — Ces qualités distinctives et saillantes du style de saint François de Sales, — l'*humour*, la familiarité, le pittoresque, — on sait de reste qu'elles ne furent guère celles des prosateurs du XVIIe siècle, dont les préférences, dès l'abord, se tournèrent vers une forme autrement majestueuse, portant la livrée sévère de la raison, et n'admettant guère d'autre parure à la pensée que le manteau décoratif de cette éloquence « bien empanachée [2] » dont l'auteur de *Philothée* se raillait doucement.

Sans doute, saint François de Sales eut des imitateurs, mais plutôt maladroits et compromettants. Tel ce Camus, évêque de Belley [3], qui, dans ses romans comme dans ses sermons et dans ses ouvrages théologiques, copiait, en l'exagérant, le maître que son principal mérite est de nous avoir raconté. Là [4] où saint François de Sales, préoccupé de la nécessité d'allier la sagesse à l'amour, rêve gentiment de donner à la *colombe* un peu de la

---

1. Lettre DCLXVI, à une dame (éd. Béthune, p. 475).
2. Mot cité par Sainte-Beuve, *Port-Royal*, t. I, p. 238.
3. 1582-1653. Voir, sur lui, H. Rigault, Préface d'une réédition (1853) du roman de Camus, *Palombe ou la Femme honorable*; Sainte-Beuve, *Port-Royal*, t. I, et l'abbé Boulas, thèse française consacrée à la vie et aux romans de Camus.
4. *Entretiens spirituels.*

prudence du *serpent*, Camus renchérira en invoquant à ce propos [1]
« le *Bacchus* de la fable, élevé par plusieurs *nymphes*, pour montrer qu'il faut corriger la fureur du *vin* par beaucoup d'*eau* ».
L'auteur de la *Vie dévote*, rappelant à ses filles de la Visitation le rôle qu'elles ont à remplir parmi le monde, leur disait [2] que la « divine Bonté les avait choisies » pour s'en aller « répandant partout, comme parfumières ou parfumeuses » les attirantes odeurs des vertus : — l'auteur de *Palombe* leur déclarera que « leurs maisons sont autant de *cassolettes* et elles-mêmes autant de *pastilles* [3] ». Il est vrai qu'à côté de ce disciple un peu burlesque, on pourrait peut-être indiquer chez quelques autres auteurs, plus dignes de considération, l'émulation secrète des grâces et de la suavité de saint François de Sales ; — chez Honoré d'Urfé, par exemple, qui connut l'évêque de Genève en Savoie et qui fut son ami; chez Voiture lui-même. Notons encore que saint Vincent de Paul le proposait — avec saint Jean Chrysostome — comme modèle aux prédicateurs populaires qu'il voulait former [4].

Mais il n'en reste pas moins, tout compte fait, que dès la première moitié du XVIIe siècle, les écrivains caractéristiques et dirigeants ne sont plus dans le courant de saint François de Sales. Quand le sixième fils de ce président Favre, — l'ami intime, le « frère » d'élection du saint, — quand le sieur de Vaugelas composera ses *Remarques sur la langue française*, ce n'est point de l'*Introduction à la vie dévote* ni du *Traité de l'amour de Dieu* qu'il tirera les exemples du bon usage et du style noble.

La seule façon, à l'égard de la forme littéraire, dont saint François de Sales ait dû (car nous en sommes réduits, en ceci, à des conjectures) agir sur les auteurs du XVIIe siècle, c'est en leur montrant que la théologie elle-même était capable d'une expression artistique.

Sans doute Calvin l'avait prouvé déjà dans son *Institution chrétienne* [5]; mais l'exemple n'avait guère profité, nous l'avons dit, aux théologiens catholiques. Saint François de Sales fut le

---

1. *L'Esprit du B. François de Sales*, t. IV, p. 99.
2. *VIe Entretien spirituel*.
3. *L'Esprit du B. François de Sales*, t. III, p. 265.
4. Dom Mackey, Introd. du t. IV, p. LXXIX.
5. Cf. G. Lanson, *Hist. de la litt. française*, 3e édit., p. 259-262.

premier, avec le cardinal Du Perron et Coeffeteau [1], à laïciser, si je puis dire, la théologie [2]; à la rendre accessible, populaire, intéressante pour les « honnêtes gens » que des idées claires en beau style commençaient à intéresser [3].

Mais c'est plutôt à l'égard des idées et des sentiments, que saint François de Sales exerça sans doute, sur l'esprit français, au moins dans le début du xviie siècle, une très considérable influence.

Quels étaient, vers 1615, sa réputation et son crédit, j'ai déjà pu l'indiquer en passant [4]. En Allemagne, on parlait de l'évêque de Genève comme d'un saint Jérôme, d'un saint Ambroise ou d'un saint Augustin [5]; en France, il était tellement chéri et révéré que son suzerain, le duc de Savoie, s'en effrayait [6]. Paris, Lyon, Douai, Bordeaux, Toulouse réimprimaient à l'envi ses ouvrages. A Toulouse, dit un témoin oculaire [7], « les écrits de ce serviteur de Dieu étaient en si grande estime que les mar-

---

1. Jacques Davy DU PERRON, né en 1556 à Berne, de parents calvinistes d'une ancienne famille normande. Son père était pasteur et médecin. Humaniste, lui aussi, et érudit à la façon encyclopédique du xvie siècle, il fit à Paris des conférences publiques de philosophie et de mathématique. Lecteur de Henri III, il fut, sous Henri IV, ambassadeur, archevêque, cardinal. Président de la Bibliothèque du roi, il eut une certaine influence sur le mouvement littéraire de son temps. Pour ses poésies, voir ci-dessus, p. 251. PRINCIPAUX OUVRAGES EN PROSE : *Oraison funèbre de Ronsard*, 1586. — *Réplique à la réponse de quelques ministres touchant leur vocation*, 1597. — *Examen du livre du s[r] Du Plessis [Mornay] contre la Messe*, 1617. — *Réplique à la réponse du sérénissime Roi de la grand Bretagne [Jacques Ier]*, 1620. — *Traité de l'Eucharistie*, 1622. — *Les Diverses Œuvres de l'ill[mo] cardinal du Perron*, 1622. — *Les Ambassades et Négociations*, 1623. — Il était mort en 1618. Chacun de ces écrits a été plusieurs fois réimprimé ainsi que les œuvres complètes. Cf. l'abbé Féret, *Le cardinal du Perron, orateur, controversiste, écrivain*, 1877.

Nicolas COËFFETEAU, né en 1574 à Saint-Calais, mort en 1623; dominicain; devenu à la fin de sa vie évêque de Marseille. Orateur, on n'a de lui que son oraison funèbre de Henri IV. Théologien, il écrivit surtout, comme Du Perron, contre Du Plessis-Mornay et le roi Jacques Ier (de 1604 à 1620) et traduisit en français plusieurs ouvrages de dévotion d'auteurs italiens. Moraliste, il publia (1615) les *Tableaux des passions humaines*. Son ouvrage principal, — celui où Vaugelas, qui le considérait comme étant avec Amyot un des « deux grands maîtres de notre langue », prend le plus souvent ses exemples, — c'est l'*Histoire romaine... depuis le commencement de l'empire d'Auguste jusqu'à Constantin*, avec une traduction de l'*Epitome* de Florus (1621). Cf. l'abbé Urbain, *Un fondateur de la prose française, Nicolas Coëffeteau*, 1893.

2. Cf. Nisard, *Histoire de la litt. française*, t. I, p. 493 et suiv.

3. Avant les écrivains de Port-Royal, ils montraient, suivant le mot de Pascal, que l'on peut « parler de tout, même de théologie ». *Pensées*, éd. Havet, art. VII, 28.

4. Cf. plus haut, p. 362.

5. D. Mackey, Introd. du t. IV, p. xxviii.

6. En 1610 et 1616, par exemple. Cf. Hamon, *Vie de saint François de Sales*, t. I, 609 et suiv.; *Lett. inéd.*, Datta, t. II, p. 59 et suiv., p. 153 et suiv.

7. Voir les textes recueillis par D. Mackey, Intr. du t. III, p. xxvi-xxvi, Cf. les Introd. des tomes I, II, IV, VI.

chands libraires étaient en peine d'en tenir pour ceux qui en demandaient ». Dès 1616, saint Vincent de Paul, dans son *Règlement des Confréries de la Charité*, prescrivait aux ecclésiastiques la lecture quotidienne de la *Vie dévote*. Et déjà le grand public lui-même adoptait *Philothée*, qui, rapport d'un contemporain, valait à ses yeux « les Vies des saints et le *Gerson*[1] ».

Ce qu'il y trouvait, deux contemporains d'esprit fort différent nous le disent clairement. Ici c'est l'indépendant Pierre de l'Estoile[2] qui, en quelques lignes, exprime l'impression faite par le livre le plus connu de saint François de Sales sur l'esprit d'un bourgeois parisien. « Des choses superstitieuses », il en trouve encore, certes, étant quelque peu « libertin », dans ce nouvel écrit de l'évêque de Genève ; mais combien en revanche « de bonnes choses, saintes et vraiment dévotieuses, pleines de grande consolation et édification », qui ont « fort agréé » à son rationalisme gallican. — Là c'est Vaugelas qui, en termes d'une précision clairvoyante, loue saint François de Sales d'avoir « le premier *apprivoisé la dévotion* en la rendant *aisée et familière pour toutes sortes de personnes*, de quelque qualité et condition qu'elles soient [3] ». L'*Introduction à la vie dévote*, ajoute-t-il, a paru remplir une place « jusqu'alors demeurée vide ».

Si maintenant, à l'action produite au grand jour par les livres de l'évêque de Genève, on ajoute l'influence, latente mais étendue et ramifiée, si je puis dire, de sa correspondance ; si l'on tient compte de ce fait que les correspondants principaux de saint François de Sales étaient des femmes, et que ses idées avaient ainsi à leur service un genre de propagande qui fut, de tout temps, le plus ardent et le plus efficace ; — on admettra, je pense, sans difficulté, que saint François de Sales mérite, dans l'histoire des idées religieuses en France, une place plus grande que celle que l'on a coutume de lui attribuer.

Mais bientôt, à son influence allait en succéder une autre, celle du jansénisme de Port-Royal. C'est à partir de 1630 environ que commence à s'étendre sur la société française, sur les cou-

---

1. *L'Imitation de Jésus-Christ*.
2. *Mém.-Journ.*, éd. Monmerqué et P. Paris, févr. 1610.
3. Déposit. de Vaugelas dans le Procès de Béatification, cité par D. Mackey, Introd. du t. III, p. xxxi.

vents, sur le clergé, sur les femmes, sur la cour, l'esprit de l'abbé de Saint-Cyran et de la mère Angélique Arnauld. Et cet esprit-là n'était plus celui de l'évêque de Genève. Peut-être avait-il pu s'en apercevoir déjà, dans ces entretiens et cette correspondance que la future abbesse de Port-Royal eut avec lui, de 1618 environ jusqu'à sa mort [1], où la mère Angélique portait sans cesse l'attention alarmée de son zèle puritain sur les désordres visibles ou les plaies intimes de l'Église, tandis que le doux saint estimait qu'il n'y avait pas lieu d'en provoquer ni d'en désirer pour le moment une réformation radicale, qui n'eût été qu'un scandale inutile. Cette prudence, Duvergier de Hauranne lui-même la partageait alors [2], mais on sait qu'elle ne devait pas inspirer longtemps les disciples de Jansénius. Et nul doute que saint François de Sales, tout clairvoyant et tout affligé qu'il fût, lui aussi, des « maux » et des « iniquités » de l'Église, — auxquels il avait essayé plus d'une fois de porter discrètement des remèdes, si je puis dire, locaux [3], — n'eût pris parti, s'il eût vécu en 1640, pour Richelieu et pour le père Joseph contre l'abbé de Saint-Cyran.

D'autant qu'il y aurait eu entre Port-Royal et lui d'autres dissentiments profonds. Sans entrer ici dans un détail inopportun, il est sûr que saint François de Sales ni n'attribuait aux controverses de la prédestination et de la grâce la même importance maîtresse que les Jansénistes, ni ne résolvait de la même façon qu'eux, lorsqu'il s'expliquait sur ces matières, les problèmes du choix des élus, du secours divin et de la liberté humaine.

Or ce fut, on le sait, l'esprit du Jansénisme qui de 1635 environ jusque vers 1690, domina dans la société française, j'entends surtout dans le monde cultivé. Il est donc évident que, pendant cette période, l'influence de saint François de Sales fut éclipsée. Non pas qu'elle dut disparaître entièrement de la vie religieuse de la France. Ce qui l'entretint, ce fut, sans doute, d'abord les soins que prirent l'ordre de la Visitation et

---

1. Voir, sur ce point, Sainte-Beuve, *Port-Royal*, t. I, p. 211.
2. Sainte-Beuve, *ibid*.
3. Voir, sur son rôle de réformateur du clergé et spécialement de l'ordre monastique en France et en Savoie. sa vie par l'abbé Hamon.

ses amis, souvent illustres [1], pour obtenir successivement de Rome la béatification et la canonisation de l'évêque de Genève [2] ; — puis, la sympathie des Jésuites pour un penseur chrétien dont les tendances et la méthode pratique avaient, on a pu l'observer en passant, de l'affinité avec les leurs [3]. J'ajoute que, même dans la société polie, quelques irréguliers, quelques libres esprits, rétifs aux rigueurs jansénistes, conservaient pour saint François de Sales une dévotion clandestine, et préféraient, comme Bussy-Rabutin [4], se « sauver » avec lui « par de plus beaux chemins » que les âpres sentiers « du Port-Royal ». Mais il n'en est pas moins vrai que, même au moment où le Pape accordait sa canonisation à la France, le crédit et la notoriété de l'auteur de la *Vie dévote* avaient beaucoup baissé. Je n'en veux pour preuve que le panégyrique de lui prononcé par Bossuet, à une date [5] où il n'était pas encore aussi lié qu'il devait l'être plus tard avec l'école janséniste ; — discours banal où l'éloge précis du docteur français est remplacé le plus souvent par des généralités étrangères au sujet. — Bossuet, selon toute apparence, ne connaît de son héros que l'*Introduction à la vie dévote*, et il ne paraît pas souhaiter pour le moment d'en connaître autre chose.

Trente ans après, il devait être obligé, pourtant, de se familiariser davantage avec les écrits de saint François de Sales. On sait que la question du quiétisme remit en lumière les théories de l'évêque de Genève. Fénelon et Mme Guyon allèrent chercher dans les *Entretiens spirituels* et le *Traité de l'amour de Dieu* des justifications de leur sentiment sur le désintéressement absolu du « pur amour [6] ». Et Fénelon, sans doute, d'autant plus volontiers, qu'il y avait plus d'une affinité de

---

1. Par exemple, Henriette de France, reine d'Angleterre.
2. Voir, dans l'édit. Migne, t. I, l'histoire de ces démarches laborieuses et quelques pièces du procès. Les premières démarches officielles datent de 1624 ; la béatification eut lieu en 1661 ; la canonisation en 1665.
3. Cf. Bourdaloue (*Panég. de saint François de Sales*) : « Je puis dire, sans blesser le respect que je dois à d'autres écrivains, qu'après les Saintes Écritures il n'y a point d'ouvrages qui aient plus entretenu la piété parmi les fidèles que ceux de ce saint évêque. »
4. Lettre du 14 mai 1677 à Mme de Sévigné.
5. En 1662 ou 1661, selon l'abbé Lebarq, *OEuvres oratoires de Bossuet*, t. IV.
6. Voir Gosselin, *Histoire de Fénelon* ; éd. Migne des *OEuvres* de saint François de Sales, t. VI, col. 245 et suiv. ; Crouslé, *Fénelon et Bossuet*, 1895.

caractère ¹, plus d'une ressemblance de doctrine entre François de Sales et lui. Bossuet, à son tour, essaya de tirer à sa cause le docteur français, récemment canonisé, ce qui ne l'empêcha pas du reste, chemin faisant, de censurer chez lui quelques opinions qui lui paraissaient des erreurs d'après l'idée qu'il se faisait de la doctrine catholique orthodoxe. Auquel des deux adversaires saint François de Sales était-il favorable? Les théologiens ², comme les historiens ³ modernes, jugent que, dans le fond et hormis quelques exagérations s'expliquant par des cas particuliers, les enseignements de saint François de Sales autorisaient beaucoup moins les témérités de l'idéalisme raffiné de Fénelon que les circonspections de l'ascétisme rationnel de Bossuet.

De fait, telle est bien, nous l'avons vu, l'impression qui se dégage, et de ce *Traité de l'amour de Dieu* qui est comme le *Discours de la méthode* du mysticisme de saint François de Sales, et de cette *Introduction à la vie dévote*, qui en est le manuel appliqué. Dans la spéculation dogmatique comme dans le précepte pratique, ce qui l'inspire et le règle, en dépit des ardeurs de sa sensibilité et des essors de son imagination, c'est la raison, cette raison, très hardie en la métaphysique, mais très soucieuse des réalités, que le xvii⁰ siècle devait faire régner dans les choses religieuses comme dans la philosophie, dans la poésie et dans les arts. Cette raison, saint François de Sales l'a implantée le premier dans la théologie mystique du catholicisme gallican, — comme Calvin l'avait introduite dans la théologie dogmatique et morale de la Réforme, comme Montaigne l'avait installée dans la morale laïque. — Et c'est par là que, comme l'auteur de l'*Institution chrétienne* et celui des *Essais*, l'auteur de la *Vie dévote* est bien un des authentiques préparateurs de notre grande époque classique.

1. Sainte-Beuve (*Lundis*, t. X) rapproche saint François de Sales de Fénelon comme de Bernardin de Saint-Pierre et de Lamartine. Cf., en particulier, p. 26 (éd. de 1855).
2. D. Mackey, article de la « doctrine » dans l'*Introduction générale* aux OEuvres de Saint François de Sales; et les Introductions particulières du t. II (*Vie dévote*); du t. IV (*Tr. de l'Amour de Dieu*), spécial. p. LXI-LXXI du t. VI (*Entretiens spirituels*).
3. Crouslé, *Fénelon et Bossuet*, t. II, p. 22, 71, 96, 120, 124, 243, 255-258, 481-483. — Cf. ci-dessus, p. 383.

BIBLIOGRAPHIE

I. — CALVIN

Une édition complète des œuvres de Calvin est en cours de publication : *Joannis Calvini opera quæ supersunt omnia*, par **Baum, Cunitz** et **Reuss** (*Brunsvigæ apud Schwetschke*), 50 volumes in-4 ont déjà paru ; l'édition n'est pas achevée.

La seule édition dite complète (très incomplète en réalité) était, jusqu'ici, celle d'Amsterdam : *Calvini opera omnia*, Amstelodami, J.-J. Schipper, 1671, 9 vol. in-fol. — La première édition (latine) de l'*Institution* fut donnée à Bâle en 1536 :

Christianæ Religionis Institutio, totam fere pietatis summam, et quidquid est in doctrina salutis cognitu necessarium complectens, omnibus pietatis studiosis lectu dignissimum opus, ac recens editum. Præfatio ad christianissimum regem Franciæ, qua hic ei liber pro confessione fidei affertur, Joanne Calvino Noviodunensi autore. Basileæ, MDXXXVI, in-8, 514 p. A la fin : Basileæ per Thomam Platterii et Balthasarem Lasium, mense martio, anno MDXXXVI.

Dix éditions latines ont paru du vivant de Calvin ; la deuxième à Strasbourg (1539) ; la dernière à Genève (1561).

La première édition française fut donnée à Genève (1541), traduite par Calvin sur la deuxième latine : « *Institution de la religion chrestienne en laquelle est comprinse une somme de piété... composée en latin par J. Calvin, et translatée en français par luy mesme. Avec la préface adressée au tres chrestien Roy de France, François, premier de ce nom : par laquelle ce present livre luy est offert pour confession de Foy.* 822 p. in-8. Quinze éditions françaises furent données du vivant de Calvin ; la dernière en 1564. L'ouvrage, qui ne comprenait que 6 chapitres dans la première édition, en renferme 80 dans la dernière.

Les *lettres françaises* de Calvin ont été publiées par **Jules Bonnet**, Paris, Meyrueis, 1854, 2 vol. in-8.

Une édition (incomplète) des œuvres françaises de Calvin a été donnée par le bibliophile Jacob, à Paris (Gosselin, 1842, in-12) sous ce titre : *Œuvres françaises de J. Calvin, recueillies pour la première fois, précédées de sa vie par Th. de Bèze et d'une notice bibliographique.* — Parmi les témoignages contemporains les plus importants à consulter sur Calvin sont : la *Vie de Calvin*, écrite par **Théodore de Bèze**, et l'*Histoire de la naissance, progrès et décadence de l'hérésie de ce siècle*, par **Florimond de Ræmond** (Paris, 1605). Toute la bibliographie relative à l'histoire de Calvin se trouve d'ailleurs rassemblée dans le tome XXI de l'édition des œuvres donnée par **Baum, Cunitz** et **Reuss**.

Dans l'*Histoire des Variations* de Bossuet, le livre IX est tout entier consacré à Calvin.

A consulter, parmi les ouvrages qui n'ont pas étudié spécialement dans Calvin, le théologien :

A. Sayous, *Études littéraires sur les écrivains français de la Réformation*, 2e édit., Paris, 1854, 2 vol. in-12. — **F. Bungener**, *Calvin, sa vie, son œuvre et ses écrits*, Paris et Genève, 1862, in-12. — **F. Guizot**, *Les vies de quatre grands chrétiens français*, I. Saint Louis ; II. Calvin, Paris, 1873, in-8 (t. I). — **Pierson** (**A.**), *Nieuwe Studien over Calvijn*, Amsterdam, 1881-82, 2 vol. in-8. — **Martin** (**Paul**), *Un Directeur spirituel au XVIe siècle, étude sur la correspondance de Calvin*, Montauban, 1886, in-8. — **Cornelius** (**C.-A.**), *Die Verbannung Calvins aus Genf ; Die Rückkehr Calvins nach Genf*,

Münich, 1886-8-9, 4 vol. in-4. — **Bez (Georges)**, *Les luttes religieuses en France et Calvin d'après sa correspondance*, Toulouse, 1887, in-8. — **Lefranc (Abel)**, *La jeunesse de Calvin*, Paris, in-8, 1888. — **Pasquet (Ed.)**, *Essai sur la prédication de Calvin*, Genève, Richter, 1888, in-8. — **Watier (Albert)**, *Calvin prédicateur*, Genève, 1889, in-8. — **Rambert (Eugène)**, *Études littéraires sur Calvin*, Lausanne, 1890, in-8. — **Faguet (Emile)**, *Seizième siècle* (article CALVIN), Paris, 1894, in-12. — **Cruvellier (Albert)**, *Étude sur la prédication de Calvin*, Montauban, 1895, in-8.

Sur les écrivains de la Réforme : — **Chenevière (Ch.)**, *Farel, Froment, Viret, réformateurs religieux au XVIe siècle*, Genève, 1835, in-8. — **Goguel**, *Histoire de Guillaume Farel*, Neuchâtel, 1873. — **Pénissou**, *Treize années du ministère de Farel (1523-1536)*, Montauban, 1883, in-8. — **Bevan (F.)**, *Vie de Guillaume Farel*, Lausanne, 1885, in-8. — **Buisson (Ferdinand)**, *Sébastien Castellion, sa vie et son œuvre*, Paris, 1891, in-8. — Sur tous les personnages de la Réforme française, consulter : **Haag et Bordier**, *La France Protestante*, 2e édition (les tomes I à VI ont paru). Sur Mornay (Du Plessis-) et Viret, consulter la 1re édition donnée par les frères Haag, Paris, t. VII et IX (1857-9).

II. — SAINT FRANÇOIS DE SALES

A. **Œuvres complètes**, publiées pour la première fois sous ce titre : *Les Œuvres de Messire François de Sales, Evesque et Prince de Geneve, d'heureuse et saincte Memoire, Fondateur de l'Ordre de Nostre Dame de la Visitation : cy devant separement publiees....... Edition nouvelle* (SIC, encore qu'il n'y ait aucune trace d'édition complète antérieure ; cf. D. Mackey, I, p. LXXXVI, n. 2) *reveüe et plus exactement corrigée que les precedentes....... A Tolose, par Pierre Bosc et Arnault Colomiez*, MDCXXXVII (1 vol. in-f°). — L'édition préparée par le commandeur de Sillery (voir plus haut, p. 367), de concert avec Sainte Chantal, ne parut qu'ensuite « à Paris, chez Arnould Cottinet.... Jean Roger.... et Thomas Lozet.... MDCXXXXI » (2 vol. in-f°). — Les éditions modernes les plus connues et les plus commodes sont celles de **Blaise**, Paris, 1821 et 1833, 16 volumes in-8, plus 6 volumes de supplément dont trois de lettres inédites, une sans nom d'éditeur, et les deux autres publiées par le chevalier **Datta** ; — celle de **Vivès**, Paris, 1856-1858, 12 volumes in-8 ; — celle de **Migne**, Paris, 1861-1862, conjointement avec les œuvres de Sainte Chantal, 9 volumes gr. in-8 (les écrits de Saint François de Sales sont dans les volumes I à VI, et dans le volume IX). On peut consulter aussi l'édition du libraire **Béthune**, Paris, 1836, mais qui n'ajoute rien de nouveau. — En cours de publication : *Œuvres de Saint François de Sales, évêque de Genève et docteur de l'Église, édition complète d'après les autographes et les éditions originales, enrichie de nombreuses pièces inédites..... publiées.... par les soins des religieuses de la Visitation du Ier monastère d'Annecy*, Annecy, 1892-1895 (tomes I à VI, contenant les *Controverses*, la *Defense de l'Estendart de la Croix*, l'*Introduction à la Vie dévote*, le *Traité de l'Amour de Dieu*, les *Entretiens*. Restent à publier les *Sermons*, les *Lettres* et les *Opuscules* divers). Les commentaires, introductions et préfaces sont dus à Dom **B. Mackey**, bénédictin.

B. **Ouvrages séparés**. Voir, pour les premières éditions, ci-dessus, p. 364, 365, 367, 372, 373, 377, 378, et les introductions spéciales des six premiers volumes de l'édition de **D. Mackey**. Parmi les nombreuses éditions de l'*Introduction à la Vie dévote*, noter celle de **Silvestre de Sacy**, 1855, 2 vol., avec une intéressante notice.

C. **Ouvrages relatifs à Saint François de Sales**. — J.-P.

Camus, évêque de Belley, *L'Esprit du bienheureux François de Sales*, 1639 et suiv., 6 vol. in-8; rare; réimprimé dans l'édition Migne. — Édition abrégée, publiée en 1727 par **Pierre Collet**, réimprimée dans l'édition Blaise. — **Charles-Auguste de Sales**, *Histoire du bienheureux F. de S.*, écrite d'abord en latin, parue à Lyon en 1634, réimprimée en 1857, 2 vol. in-8. — *Autres vies du Saint*, par le P. **Louis de la Rivière** (1624); Dom **Jean Goulu** (ou Jean de Saint-François); **H. de Maupas**, évêque du Puy, etc. — A consulter surtout : les *Œuvres* de Mme de **Chantal** et les *Vies des quatre premières Mères de l'Ordre de la Visitation*, par la mère de **Chaugy**, 1659.

Parmi les très nombreuses biographies de notre siècle, noter celles de **J. P. Gaberel**, 1856; de **J. Pérennès**, 1864 et 1875; et surtout de l'abbé **Hamon** (souvent réimprimée depuis 1867, actuellement à sa 7° édition), 2 vol. in-8; — pour l'étude littéraire et critique : **Sainte-Beuve**, *Port-Royal* (passim); et *Lundis*, t. VII, édit. de 1853, p. 266-286; — **A. Sayous**, *Hist. de la Littérature française à l'étranger*, 1853; — **P. Jacquinet**, *Les Prédicateurs du XVII° siècle avant Bossuet*, 2° édit., 1885; l'abbé **Lezat**, *La Prédication sous Henri IV*, 1871; l'abbé **Sauvage**, *Saint François de Sales prédicateur*; **Alvin**, *Saint François de Sales apôtre de la liberté religieuse et de la raison*, 1870. — Pour le milieu : **Révérend du Mesnil**, *Le Président Favre, Vaugelas et leur famille*, 1870; **Jules Vüy**, *La Philothée de Saint François de Sales*, 2 vol. in-12, 1877.

CHAPITRE VIII

LES MORALISTES

Montaigne, La Boétie, Charron, Du Vair [1].

Montaigne et son siècle. — Quand on considère la vie et l'œuvre de Montaigne à leur date dans l'histoire, on est dès l'abord frappé de bien des contrastes. Seul ou presque seul de son siècle, Montaigne se recueille et renonce à l'action tandis que ses contemporains sont saisis au contraire du besoin d'agir. Personne alors ne manque de décision et, plutôt que de paraître irrésolu, chacun pousse aux extrêmes ses déterminations. Montaigne doute et proclame son doute parmi ces gens convaincus et prompts. Il ne se lasse de dire que l'homme est un être bien changeant, d'humeur bien variable, de conviction bien chancelante. En un temps qui se soucie assez peu de l'individualité humaine, il fait entendre que cette individualité a droit cependant à quelques égards. S'il montre que chaque homme est un abrégé des qualités et des défauts de l'humanité, il laisse entrevoir aussi ce qui le distingue de ses semblables. Spécifier de la sorte le caractère particulier de chaque individu, n'était-ce pas marquer par là son rang dans l'espèce? Démontrer, d'autre part, que l'individu est l'abrégé de l'espèce, n'était-ce pas réclamer pour l'homme une portion des droits de l'humanité? Telle est l'impression qui se dégage, peut-être vague et flottante,

---

[1]. Par M. Paul Bonnefon, bibliothécaire à l'Arsenal.

PORTRAIT DE MICHEL DE MONTAIGNE
GRAVURE D'AUGUSTIN DE S^T-AUBIN
D'après la peinture originale conservée au château de Montaigne

d'un premier examen de la vie de Montaigne et de l'étude de son œuvre. Par son exemple, il fait respecter le droit qu'a chacun de vivre à sa guise, de se conduire suivant ses propres convictions, sans prendre parti pour aucune coterie. Dans ses écrits il établit aussi le droit de penser librement et le respect que mérite l'opinion d'autrui. Sans doute la variété des exemples pris partout qu'il apporte à l'appui de sa thèse rend souvent ses conclusions incertaines; Montaigne se perd ou semble se perdre parmi les éléments qu'il assemble pour confirmer son jugement. Le dessein demeure pourtant visible. La diversité des opinions qu'il rapproche de la sorte conduit Montaigne à être moins convaincu qu'on ne l'est autour de lui; il le déclare et c'est un mérite de savoir douter et de le dire quand tout le monde pèche au contraire par un excès de dogmatisme et de certitude. Cela met Montaigne à part dans son siècle. Nous allons essayer de déterminer quelle place il y tient, et, en examinant sa vie si intimement mêlée à ses écrits, nous nous efforcerons de marquer le sens de son œuvre et d'apprécier la portée de son action.

I. — *Vie de Montaigne (1533-1580).*

Sa famille. Sa naissance. — Michel Eyquem de Montaigne naquit le mercredi 28 février 1533, « entre onze heures et midi », comme il nous l'apprend lui-même, au château de Montaigne, sur les confins du Périgord et du Bordelais. Son père, Pierre Eyquem de Montaigne, descendait d'une honorable famille de négociants de Bordeaux, tandis que sa mère, Antoinette de Louppes, était issue d'une famille d'origine juive, les Lopès, qui d'Espagne était venue se fixer dans le midi de la France.

« Les miens se sont autresfois surnommez Eyquem », a dit Montaigne, et son affirmation n'est pas exacte. Ce n'est pas *surnommés* qu'il eût fallu dire, mais bien *nommés*, car Eyquem était en réalité le nom patronymique et Michel est le premier qui abandonna ce « surnom », lorsque, devenu chef de la famille, il adopta le nom qu'il devait illustrer. Nous pouvons aujourd'hui préciser la date avec certitude, grâce aux recherches qui ont été faites sur les origines de la famille Eyquem.

Ce qu'on sait de positif sur les ascendants de Michel de Montaigne remonte à son arrière-grand-père, Ramon Eyquem, au commencement du xve siècle. Auparavant il semble seulement résulter de plusieurs titres qu'au xive siècle, sous la domination anglaise en Guyenne, les Eyquem étaient déjà une riche famille bourgeoise de la petite ville de Saint-Macaire, sur la Garonne. Elle possédait un grand nombre de fiefs dans les paroisses du voisinage, dont l'un fut sans doute le célèbre Château-Yquem, à Sauternes, qui vraisemblablement leur doit son nom. C'est à Ramon Eyquem, né en 1402, à son activité ou à ses héritages, que remonte l'opulence des Eyquem. Michel le reconnaît formellement : « Tout ce qu'il y a de ses dons (de la fortune) chez nous, il y est avant moy et au delà de cent ans. » Ramon Eyquem sut se faire une situation considérable dans le négoce bordelais et, par là, contribua grandement à la prospérité de sa famille. C'est lui, « honorable homme Ramon Eyquem, marchand et bourgeois de Bordeaux », qui acquit, par acte du 10 octobre 1477, la maison noble de Montaigne dont le nom devait plus tard primer le sien. Pour le moment, lorsqu'elle passait ainsi entre les mains des Eyquem, cette maison noble n'était qu'une petite seigneurie. Situé à quelques kilomètres de la rive droite de la Dordogne, dans le département actuel de ce nom, mais sur la limite qui le sépare de celui de la Gironde, juché sur un tertre élevé dont la petite rivière la Lidoire baigne les pieds, Montaigne était un arrière-fief qui dépendait, pour la justice et pour l'hommage, de la baronnie de Montravel. Depuis l'an 1300, cette dernière seigneurie faisait elle-même partie de la mense épiscopale de Bordeaux, et c'est à l'archevêque de cette ville que le propriétaire de Montaigne devait l'hommage comme tenancier d'un arrière-fief.

Moins d'un an après l'acquisition de Montaigne, Ramon Eyquem mourait (11 juin 1478), laissant à ses enfants une situation florissante et cette petite seigneurie qui ne pouvait que rehausser son patrimoine. Celle-ci passa, selon les règles, aux mains de l'aîné des fils, Grimon Eyquem (né vers 1450, mort en 1519), qui, négociant comme son père, semble avoir eu à un degré plus grand encore le sens du commerce et se plaisait assurément plus dans son comptoir de Bordeaux que dans sa terre de Montaigne. Michel exagère donc et se trompe lorsqu'il écrit : « C'est le lieu de ma naissance et de la plupart de mes ancestres ; ils y ont mis leur affection et leur nom. » Son père fut le seul de ses « ancêtres » qui vit le jour à Montaigne, et, si les autres ascendants y mirent un peu de leur affection, ils ne purent pas y naître et n'y portèrent certainement pas leur nom.

Avec Pierre Eyquem de Montaigne le rang social de la famille se hausse encore. Le père avait été marchand et avait continué d'assurer la fortune des siens ; l'aîné des fils sera soldat et commencera la notoriété de sa race, tandis que ses frères, abandonnant eux aussi le négoce héréditaire familial, deviendront hommes d'église ou hommes de loi. Esprit aventureux et corps robuste, Pierre Eyquem, né à Montaigne le 29 septembre 1495, embrassa le métier des armes et alla faire la guerre en Italie, qui était alors le champ clos où se donnait libre cours l'ardeur de la noblesse française. Ce séjour à l'armée ne fut pas sans éclat et dura plusieurs années. C'est précisément « sur le chemin de son retour d'Italie » que Pierre Eyquem se maria, à l'âge de trente-trois ans. Sa jeune femme — nous l'avons dit — était d'origine juive ; peut-être faut-il faire remonter à cet atavisme quelques-uns des traits dominants du rejeton qui allait naître de cette union : la prudence de l'expression, la souplesse de la pensée, la facilité d'assimilation et aussi une certaine humeur cosmopolite et vagabonde.

Désormais Pierre Eyquem désirait vivre en seigneur de Montaigne. Il avait rapporté de ses campagnes en Italie la considération particulière qui s'attache au courage guerrier : sa noblesse était consacrée par sa vaillance ; quoi qu'en dise Scaliger, elle ne sentait plus le hareng. Aussitôt après son retour, ses concitoyens bordelais le nommèrent aux charges municipales, et, durant vingt-cinq ans, Pierre Eyquem franchit successivement tous les degrés de ces honneurs. En 1544, il fut élu ainsi maire de Bordeaux et conserva ces fonctions pendant deux années consécutives, en des temps particulièrement difficiles. Michel nous dit que son père prit ses devoirs trop à cœur, négligeant ses propres affaires et le soin de sa santé pour les intérêts de la ville qui l'avait choisi, jusqu'à oublier « le doux air de sa maison » pour séjourner en ville. Pierre Eyquem se plut cependant à embellir ce lieu où il était venu au monde. C'est lui qui fit de Montaigne un domaine important et choyé; il réédifia la demeure, arrondit le bien, orna le séjour, comme s'il eût voulu embellir le cadre où le génie de son fils allait s'épanouir.

Sa jeunesse et son éducation. — Né aux champs, Michel de Montaigne y passa ses premières années et y reçut sa première éducation. Il nous a fait connaître lui-même quelle fut cette éducation, imaginée par son père, qui était homme d'initiative, sur les conseils de quelques savants. Les cours des collèges se faisant alors en latin, ces hommes doctes pensaient que le temps passé à apprendre cette langue aux écoliers était la cause pour laquelle ils ne pouvaient atteindre « à la perfection de science des anciens Grecs et Romains ». Cette raison convainquit Pierre Eyquem, que la nouveauté n'effrayait pas, et, rêvant pour son fils « une forme d'institution exquise », il le confia à un pédagogue allemand, sans doute nommé Horstanus, qu'il fit venir tout exprès et payait chèrement pour ne parler que latin à l'enfant, qu'on lui « donna en charge » aussitôt sorti de nourrice. La chose n'était pas malaisée pour le précepteur, « du tout ignorant en nostre langue et très bien versé en la latine », de sorte que le jeune élève apprit sans contrainte à parler en latin aussi bien que son maître le savait. Comme on le voit, Pierre Eyquem avait innové la méthode si souvent employée de nos jours pour accoutumer un enfant à parler une langue étrangère. Le procédé donna d'ailleurs des résultats satisfaisants, car lorsque Michel de Montaigne entra, vers l'âge de six ans et demi, au collège de Guyenne, il avait son latin « si prest et à main » que les maîtres eux-mêmes craignaient de l'aborder.

L'établissement dans lequel le nouvel écolier allait passer sept années de sa jeunesse, menant de la septième jusqu'à la rhétorique la suite ininterrompue de ses études de grammaire, était un des plus célèbres du temps. Sous la direction d'André de Gouvéa, pédagogue excellent que Montaigne a pu appeler sans exagération « le plus grand principal de France », le collège de Guyenne était devenu un ardent foyer d'instruction. Des maîtres habiles y enseignaient : Mathurin Cordier, Georges Buchanan, Élie Vinet, Guillaume Guérente, Nicolas de Grouchy. L'enseignement de la langue et de la littérature latines y faisait le fond des exercices, car, là comme partout ailleurs, savoir parler et écrire le latin semble alors le meilleur résultat d'une éducation soignée. L'étude du grec est, par contre, très sommaire et très rapide, sans travail effectif, comme l'est aussi celle de l'histoire. Et, dans une ville de négoce telle que Bordeaux, l'enseignement des mathématiques est nul ; on ne songe pas à apprendre à compter aux enfants, tandis qu'on leur dévoile tous les secrets de la syntaxe latine.

Les défauts d'un pareil système sautent aux yeux ; personne ne s'en plaint pourtant et ne trouve à redire à ce que les élèves ne cessent de commenter Cicéron, et seulement Cicéron, depuis le commencement jusqu'à la fin de leurs études. C'est à un semblable exercice que Montaigne prit cette culture cicéronienne qu'il garda toute sa vie, en dépit qu'il en eût. Quelle autre impression retira-t-il de la vie du collège ? L'enfant s'était assoupli difficilement à la discipline en commun. Accoutumé à la liberté et au grand air, il se pliait mal à la contrainte des leçons et des cours, non qu'il fût mauvais élève, mais nonchalant et paresseux. Son esprit, un peu lourd, ne savait pas s'appliquer aux besognes imposées et tracées ; comme il l'a reconnu, le danger n'était pas qu'il fît mal, mais qu'il ne fît rien. Voici comment il évita cet écueil. Les écoliers, qu'ils fussent internes ou qu'ils habitassent au dehors, avaient, en outre des professeurs dont ils suivaient les leçons, des précepteurs particuliers. Montaigne les appelle des précepteurs domestiques, des précepteurs de chambre ; le règlement les désigne sous le nom de pédagogues. Leur action sur l'élève était incessante. Hors des heures de classes, les écoliers se retiraient dans leur chambre, les collèges d'alors n'ayant pas, comme les nôtres, de salles d'études. Là, réunis par petits groupes, les enfants travaillaient, préparant leurs devoirs ou apprenant leurs leçons, sous la surveillance d'un précepteur particulier. Parfois celui-ci était le principal ou les maîtres eux-mêmes, car, pour augmenter leurs revenus, le principal et les maîtres prenaient chez eux des pensionnaires dont ils s'occupaient spécialement et dont ils dirigeaient plus particulièrement les travaux. Le plus souvent, des pédagogues, uniquement chargés de cette besogne, veillaient à ce que quelques élèves qui leur étaient confiés suivissent les recommandations des professeurs. Ces auxiliaires n'avaient pas grand savoir et leurs façons étaient trop brusques. Montaigne assurément eut à souffrir de leur rudesse, car il y fait allusion. C'est aussi un précepteur, « homme d'entendement », qui secoua la torpeur de l'enfant, car le rôle de ces pédagogues pouvait être, à l'occasion, aussi utile que funeste. Par la suite même de ses études, Michel, âgé de sept ou huit ans, était arrivé à traduire Ovide; — au collège de Guyenne on en expliquait un fragment dans la classe de cinquième. — Cette lecture l'enchanta, le ravit. Séduit par les visions d'une imagination riante, l'écolier prit goût aux fantaisies du poète. Son précepteur devina le parti qu'il pouvait tirer d'un semblable stimulant. Il sut donner à Ovide l'attrait du fruit défendu, et l'enfant, saisi d'une belle ardeur, se passionna pour la poésie latine. Des *Métamorphoses* qui l'avaient si fort charmé il passa sans débrider à Virgile et à l'*Énéide*, puis à Térence, à Plaute, même aux comédies italiennes, « leurré toujours par la douceur du sujet ». L'étincelle avait jailli, et maintenant, grâce au bon sens du pédagogue, la flamme échauffait cette nature indolente. « S'il eust été si fol de couper ce traict, dit Montaigne de son précepteur, j'estime que je n'eusse rapporté du collège que la haine des livres, comme fait quasi toute notre noblesse. »

L'apathie de Montaigne trouva également un stimulant dans les exercices dramatiques dont les régents du collège usaient comme moyens d'éducation. La plupart des maîtres composaient de petites pièces, farces, moralités ou sotties, destinées à égayer ces jeux scéniques; d'autres se haussaient même jusqu'à la tragédie et Montaigne nous confesse qu'il fut un de leurs interprètes. « J'ay soutenu, dit-il, les premiers personnages ès tragédies latines de Buchanan, de Guérente et de Muret qui se représentèrent en nostre collège de Guyenne avec dignité. » Et il ajoute qu'à cette besogne on le tenait pour « maistre ouvrier ». Toutefois n'exagérons rien. Certes on ne saurait prétendre que la *Médée* d'Euripide traduite par Buchanan ait produit sur le jeune Montaigne l'effet que l'original grec fit sur Henri Estienne, encore enfant, lui aussi. Montaigne ne fut guère l'homme des coups de foudre, sa nature nonchalante ne paraît pas avoir éprouvé de pareils enthousiasmes, même dans sa jeunesse. Le goût du théâtre contribua seulement à éveiller sa curiosité et provoqua sans doute aussi cet amour de l'histoire qui devait croître encore avec l'âge.

Quand Montaigne quitta le collège, il avait donc profité d'une façon satisfaisante des notions qu'on lui avait enseignées. Connaissant mal le grec, qui était peu étudié, il avait approfondi au contraire la littérature et l'histoire de Rome, dont il goûtait l'esprit. Ses études de grammaire étaient achevées, et, s'il n'en avait pas retiré tout le fruit désirable par suite de l'étroitesse des méthodes d'enseignement alors en vigueur, il se montre injuste lorsque plus tard il déclare ne trouver aucun avantage à mettre en ligne de compte. Son désir d'apprendre, tout au moins, était éveillé. Dans quel sens allait-il se donner carrière? Aucun renseignement précis ne vient nous l'indiquer. J'estime, pour ma part, que Montaigne, alors âgé de treize ans, dut continuer ses études à Bordeaux, à la Faculté des arts, en s'adonnant quelque temps à la logique et à la dialectique. Moins prospère que le collège de Guyenne, qui lui donnait asile, la Faculté des arts de Bordeaux offrait cependant à ses auditeurs un enseignement qui n'était pas sans mérite. C'est là sans doute que Montaigne, suivant la marche régulière de son instruction, trouva pour la première fois Marc-Antoine de Muret, fort jeune lui aussi, trop jeune pour que son action ait pu se faire sentir sur son élève.

Montaigne jurisconsulte et magistrat. — On n'est pas mieux renseigné sur les études juridiques de Montaigne. Suivit-il les cours de la Faculté de droit civil de Bordeaux, qui était assurément l'une des branches les moins florissantes de l'Université de cette ville? Alla-t-il au contraire à Toulouse, comme on le pense généralement, acquérir dans un milieu intellectuel plus vivant les notions nouvelles dont il avait besoin? Toujours est-il qu'il se plongea « jusqu'aux oreilles » dans l'étude du droit, non par goût, mais par nécessité, et qu'il prit ses grades, car peu après nous le voyons figurer parmi les membres de la cour des aides, établie à Périgueux, puis supprimée, et incorporée enfin, non sans difficultés, au parlement de Bordeaux. Dès son entrée dans la magistrature, Montaigne semble avoir été édifié sur le compte des gens de robe de son temps. Les moyens dilatoires employés pour empêcher l'installation des nouveaux venus, les mesquines questions de préséance auxquelles lui-même fut mêlé, durent lasser sa patience sans provoquer l'amour de la procédure. La première fois qu'on trouve le nom de Montaigne mentionné sur les registres de la cour, c'est pour un congé. N'était-ce pas faire débuter une magistrature comme elle devait s'écouler, volontiers en dehors et souvent loin du palais? En septembre 1559, Montaigne est absent. Pour quelle raison? On l'ignore; on sait seulement qu'il vint à Paris et qu'il suivit même jusqu'à Bar-le-Duc le roi qui conduisait en Lorraine sa sœur Claude, mariée à Charles III de Lorraine. Nouvelle absence à la fin de 1561. Porteur d'une missive du parlement de Bordeaux, Montaigne se rend encore à Paris, y séjourne assez longtemps pour venir faire profession de catholique devant le parlement de cette ville, le 12 juin 1562, et accompagne ensuite le roi au siège de Rouen. Montaigne n'a pas manqué d'enregistrer dans les *Essais* un fait dont il fut le témoin alors et qui le frappa vivement : je veux parler de la rencontre de trois indigènes brésiliens. Je ne sais pour quelle raison Montaigne prolongeait ainsi son absence; il est bien évident cependant que, si aucune attache directe ne le retenait à la cour du roi de France, il s'efforce d'y demeurer et essaie d'y faire figure. Jeune encore, ambitieux sans doute, la charge dont il est revêtu dans un parlement de province ne lui suffit pas : il rêve autre chose assurément, un poste plus en vue où ses facultés puissent se développer à l'aise. Montaigne n'obtint pas cette situation ou peut-être son humeur ne s'accommoda pas de ce qu'il fallait faire pour l'obtenir, car il se décida à rentrer à Bordeaux comme il en était parti, moins soucieux que jamais de son office de magistrat.

En aucun temps Montaigne ne fut un conseiller modèle. Entré au parlement pour des raisons de convenances, il n'avait ni le goût de sa profession ni le désir d'y marquer sa place. Il accepta sans ardeur les devoirs de sa charge : les rapports qu'il eut à faire sont, en effet, rares, et écrits d'un style peu précis, peu juridique. Il ne trouve pas, d'ailleurs, dans l'exercice de sa magistrature l'emploi de ses facultés naturelles, et, d'autre part, il manque des dons du magistrat, car il ne sait ni haranguer, ni déduire son opinion de conclusions serrées et logiques, ni prendre une détermination rapide et nette. Tel, plus tard, Montesquieu, égaré lui aussi dans le même parlement. Les habitudes du palais semblent mesquines à Montaigne et rabaissant les gens de loi. Comme un dessinateur crayonne au passage les types qu'il coudoie, Montaigne emploie les longues heures de l'audience à saisir et à noter les travers des collègues assis auprès de lui. On retrouve dans les *Essais* d'amusants croquis pris ainsi sur le vif. Parfois même l'ironie devient cruelle : « Tel, s'écrie un jour Montaigne, condamne les hommes à mourir pour des crimes qu'il n'estime point fautes. » Cela ne fut d'ailleurs jamais son cas; il a soin de nous en avertir : « Lorsque l'occasion m'a convié aux condamnations criminelles, dit-il, j'ai plustost manqué à la justice. »

Montaigne cependant se trouvait dans son milieu social au parlement, recruté pour la plus grande partie dans la bourgeoisie et dans le haut négoce bordelais. Déjà il y avait des parents; bientôt il allait y compter des amis. C'est là en effet que Montaigne rencontra La Boétie. Né à Sarlat, au cœur du Périgord, le mardi 1er novembre 1530, celui-ci était donc de deux ans plus âgé que Michel de Montaigne. Il était aussi plus ancien au parlement, dans lequel il avait été admis, avec dispenses, le 17 mai 1554, à vingt-trois ans et demi. Déjà La Boétie commençait à jouir parmi ses collègues de l'estime qui s'attache au caractère et au savoir. On n'ignorait pas qu'il était l'auteur généreux et éloquent du *Discours de la servitude volontaire* et cette noble inspiration n'était pas pour écarter les sympathies. Montaigne, qui avait lu *le Contr'un*, souhaitait vivement connaître La Boétie. « Nous nous embrassions par nos noms, dit-il, et à nostre première rencontre, qui fut par hasard en une grande fête et compagnie de ville, nous nous trouvasmes si près, si connus, si obligés entre nous, que rien dès lors ne nous fut si proche que l'un à l'autre. » Ainsi débuta cette liaison étroite, cette intimité de tous les instants que Montaigne lui-même ne peut expliquer sinon par ce mot touchant : « Parce que c'estait luy, parce que c'estait moy! »

La Boétie et Montaigne. — Il convient néanmoins de marquer les divergences de nature des deux amis. A l'encontre de Montaigne, La Boétie est un humaniste et un juriste. Le cri poussé par lui « à l'honneur de la liberté » contre les tyrans, est-il autre chose qu'un ressouvenir de la pensée antique, une invocation juvénile au droit exhumé? Dans quelles circonstances La Boétie laissa-t-il échapper cette éloquente invective? On ne saurait le préciser, car Montaigne, si exact d'ordinaire quand il s'agit de son ami, donne deux dates au *Contr'un*. Après avoir écrit que ce discours avait été composé par La Boétie à l'âge de dix-huit ans, c'est-à-dire au moins en 1548, Montaigne se ravisa et écrivit seize, craignant sans doute que la postérité ne prît trop à la lettre les témérités de l'auteur et ne les jugeât trop sévèrement. L'excuse est généreuse, mais il semble que Montaigne l'ait poussée trop loin, car les faits le contredisent et nous savons que le *Contr'un*, s'il fut composé dans l'extrême jeunesse de La Boétie, fut revu plus tard par un esprit moins adolescent. La retouche, tout au moins, est incontestable. La Boétie parle, dans son œuvre, de Ronsard, de Baïf, de Du Bellay, qui ont « fait tout à neuf » notre poésie française. Or l'action de la Pléiade ne commença à se faire sentir qu'après 1549, après la mise au jour de la *Deffence et illustration de la langue françoise*, le manifeste et le signal de la nouvelle école : suivant le mot si pittoresquement exact de Sainte-Beuve, cette date est précise comme celle d'une insurrection. La Boétie ne pouvait s'exprimer comme il l'a fait sur le compte des trois poètes qu'après l'apparition des odes de Ronsard en 1550 et 1552, de celles de Du Bellay dans le recueil de 1550 et des *Amours* de Baïf en 1552. C'est aussi environ à cette époque (1552) que Ronsard conçut le projet de cette *Franciade*, mentionnée également par La Boétie et qui ne devait commencer à paraître que vingt ans après. Tout cela indique donc clairement qu'un La Boétie de vingt-deux à vingt-quatre ans a revu tout au moins et retouché l'œuvre du « garçon de seize ans » dont parle Montaigne.

Or, si La Boétie ne faisait pas encore partie du parlement de

Bordeaux, il se préparait alors à y entrer en étudiant le droit à l'université d'Orléans, qui était un centre de libre examen, de recherche indépendante. C'est là qu'il obtint son diplôme de licencié en droit civil, le 23 septembre 1553, tandis que des maîtres de mérite divers y enseignaient, parmi lesquels brillait surtout l'infortuné Anne Du Bourg. Nature ardente, inquiète, passionnée, Du Bourg avait une grande action sur ses élèves, sachant faire passer chez ceux qui l'écoutaient les convictions qu'il ressentait lui-même, les convertir aux vérités que la réflexion lui faisait entrevoir et que sa raison acceptait. Est-il inadmissible de croire, après cela, que La Boétie se soit échauffé à un semblable voisinage, qu'à ce contact l'amour de l'antiquité et le culte du droit l'aient embrasé comme ils dévoraient l'âme enthousiaste du maître? Est-il téméraire de chercher dans *le Contr'un* l'influence de Du Bourg, agité en tous sens par le besoin d'innovation et de progrès, catholique encore, mais incertain, ébranlé dans son obéissance et dans sa foi, de voir enfin dans les paroles véhémentes de l'élève un écho durable de l'enseignement du maître?

Montaigne a raison cependant d'insister pour que l'avenir considère surtout le *Discours de la servitude volontaire* comme une œuvre de jeunesse. De même que la sincérité de La Boétie éclate, pour ainsi dire, à chaque mot, son inexpérience ne cesse de se montrer dans les incertitudes de la pensée, et dans le manque de logique du plan. *Le Contr'un* n'est assurément pas le fruit de la méditation et de la raison; c'est une poussée vigoureuse d'une âme ardente, traitant « par manière d'exercitation » un « sujet vulgaire et tracassé en mille endroits des livres ». L'inspiration est loin d'être nouvelle; des contemporains même de La Boétie en ont tiré des accents émus, mais d'une chaleur moins communicative que ne l'étaient ceux de cet adolescent enthousiaste. En amassant ces lieux communs, La Boétie a su leur donner l'ampleur précise et simple de la forme, il a su les faire siens par la franchise comme par l'éloquence de l'expression. Mais son *Discours* ne contient ni la cohésion d'un système qui peut s'appliquer à la pratique des événements, ni même la leçon historique propre à guider la société moderne. Si l'on en croit Tallemant des Réaux, le cardinal de Richelieu voulut lire cet opuscule si vanté par Montaigne. Il fallut quelque temps pour le trouver, car personne dans l'entourage ne le possédait ou ne se souciait de montrer qu'il le possédait. Enfin, un libraire se décida à le procurer au cardinal. Celui-ci dut sourire des hardiesses du jeune homme et traiter d'utopies ses aspirations indéterminées. *Le Contr'un*, en effet, manque de base logique : La Boétie a omis de distinguer l'obéissance de la servitude et de déterminer par là ce qui sépare le pouvoir légitime de la tyrannie. Son siècle, à la vérité, faisait comme lui, car s'il traça toujours une démarcation entre le monarque et le tyran, il précisa fort peu où commence l'autorité de l'un et l'arbitraire de l'autre. Cette confusion, qui fut le défaut à peu près unanime des écrivains politiques du temps, embarrasse la marche du raisonnement de La Boétie, et, après de superbes tirades, des envolées en plein ciel de la liberté, *le Contr'un* s'achève sans conclure. Je me trompe : La Boétie, en finissant, émet une illusion naïve. Il semble croire que l'homme pourrait vivre dans l'état de nature, sans société et sans gouvernement, et laisse entrevoir que cette situation serait pleine de bonheur pour l'humanité. A des maux qu'il a dépeints avec tant de vigueur, La Boétie n'a su trouver qu'un remède puéril, et son *Contr'un* apparaît, à travers la distance, comme un de ces torses antiques, aux lignes pures et sveltes, que le temps a décapités et privés de leur base.

Dans le *Discours de la servitude volontaire* tout est antique en effet : la forme, l'inspiration, les pensées. La forme a cette beauté sobre et nette qui caractérise l'art de la Grèce. Au dire de Montaigne, c'est une lecture de Plutarque qui inspira cette amplification oratoire ; il se peut, et les sentiments en sont si austères, que nul penseur ancien ne les désavouerait. La passion qui y domine est cet amour ardent de la liberté qui fait parfois les Harmodius et les Thraséas, mais tempéré ici par le respect de la justice, et on y retrouve ce culte de la fraternité qui honorait la morale stoïcienne. Comme tous ses contemporains, La Boétie s'est livré à l'étude des lettres antiques avec une imprudence irréfléchie. Comme eux, il ne se doutait guère, en agitant les cendres du passé, que cette exhumation troublerait le présent. Mais la comparaison fut inévitable, et nous savons maintenant combien elle devait être défavorable, à tant d'égards, à l'organisation de la France d'alors. L'intention du jeune homme n'était pas d'attaquer l'ordre de choses établi. Il excepte formellement le roi de France de ses raisonnements, en des termes qui sont empreints de déférence et de respect. Les événements furent plus puissants que ses propres intentions. Il en arriva ce qui advint pour la Renaissance elle-même. *Le Contr'un* ne fut pas longtemps considéré comme une dissertation spéculative. Bientôt on en faisait application à la pratique. La Boétie devint, sans le vouloir, l'auxiliaire des passions, des discussions politiques, et son éloquence, sa sincérité furent des armes nouvelles aux mains des partis.

La Boétie au parlement. — L'éclair qui illumina de la sorte l'âme de La Boétie fut aussi court qu'il avait été brillant. Bientôt l'amour ardent du jeune homme pour la liberté se transformait en un amour plus sage de la justice et de l'équité, de la modération et de la tolérance, qui guida les pas de l'homme devenu magistrat. La jeunesse de La Boétie avait connu tout ensemble les passions du cœur et celles de l'esprit ; mais, de même qu'il renonça bien vite aux séductions du plaisir pour contracter une union paisible et assortie avec Marguerite de Carle, de même, bientôt rassis et rasséréné, il s'efforça de contribuer par le libéral accomplissement des obligations de sa charge à la réalisation du rêve généreux qu'il avait fait un instant. La Boétie n'abandonna pas davantage l'étude des lettres latines et grecques, dont le culte avait fait jaillir son éloquence et son enthousiasme ; mais là encore, sa verve est assagie et n'évoque plus fiévreusement les fantômes du passé. Il traduit en français quelques ouvrages de Xénophon et de Plutarque, mettant toute sa sagacité de philologue et son savoir d'érudit à établir un texte aussi pur qu'il l'entrevoit et qu'il souhaite de le rendre. Et maintenant, quand La Boétie veut exprimer ses sentiments personnels, ses impressions particulières, il compose des vers français ou des vers latins. Montaigne estime les vers français de son ami « charnus, pleins et moelleux », et trouve aussi les sonnets écrits par La Boétie après son mariage empreints de « je ne sçay quelle froideur maritale », tandis que ceux qui les avaient précédés étaient « gaillards, enjoués, vifs, bouillants ». Mais si La Boétie exprime assez fréquemment en vers les joies et les tristesses de son cœur, il n'en saurait résulter qu'il fut poète : sa muse, au contraire, manque d'aisance, est indécise et gauche. Elle ne trouve toute sa liberté d'allures que dans le vers latin, dont La Boétie se sert plus volontiers pour exprimer ses pensées sérieuses, les émotions qui lui tiennent le plus au cœur. Là, le mot est toujours propre et la langue sobre; l'idée y garde une agilité qu'elle n'a pas dans le vers français, elle y atteint un degré de précision remarquable même en un temps où l'on compte nombre d'ouvriers fort habiles à manier le vers latin. Mais l'agrément et la distinction de ces poésies latines ne sont pas leurs seuls mérites; elles ont encore pour nous l'avantage particulier de nous faire connaître quelques coins de l'âme du jeune poète et de préciser plusieurs traits de son caractère; c'est là qu'il faut aller chercher des renseignements sur sa vraie nature morale et essayer de découvrir les secrets de l'intimité qui unit La Boétie à Montaigne.

Magistrat, La Boétie accepte avec empressement les devoirs de sa charge; il ne s'y dérobe pas, comme Montaigne, car il a toutes les qualité de l'homme de robe : le bon sens, la décision, la droiture d'esprit. Devoirs à l'intérieur ou devoirs à l'extérieur, il les remplit tous avec la même conscience scrupuleuse. Tantôt (24 septembre 1561) La Boétie accompagne à Agen M. de Burie, lieutenant général du roi en Guyenne, pour l'aider à y rétablir l'ordre troublé par les huguenots, et il contribue à mettre ceux-ci hors du couvent des Jacobins qu'ils détenaient injustement. Une autre fois (décembre 1562), dans des conjonctures plus graves encore, alors que les Réformés menaçaient la tranquillité même de Bordeaux, on voit La Boétie désigné avec onze de ses collègues, pour commander chacun cent hommes, équipés par le parlement, de concert avec les jurats pour faire face aux agresseurs. Le jeune conseiller remplit encore, à l'intérieur de la cour, des missions aussi délicates. C'est La Boétie que L'Hospital choisit pour expliquer ses sentiments au parlement de Bordeaux lorsque celui-ci se refusa à enregistrer l'édit de Romorantin comme trop imbu d'un esprit nouveau de tolérance. Le chancelier profita d'un pareil intermédiaire pour faire savoir aux magistrats bordelais « de bien aviser, de ne point irriter le mal par la rigueur, ni aussi de l'augmenter par la licence ». Profondes paroles dont La Boétie comprenait la justesse mieux que personne. Aussi, quand L'Hospital, persistant davantage dans cette politique, inspira peu après le fameux édit de janvier 1562, La Boétie ne fut pas le dernier à l'approuver. Au dire de Montaigne, il avait composé « quelques Mémoires de nos troubles sur l'édit de janvier 1562 »; mais celui-ci, trouvant à ces réflexions « la façon trop délicate et mignarde pour les abandonner au grossier et pesant air d'une si mal plaisante saison », n'osa pas les mettre au jour. Cette abstention est regrettable, et l'avenir a perdu à ce scrupule le document qui pouvait le mieux lui faire connaître l'état d'âme de La Boétie magistrat, devenu par raison impartial et tolérant.

Tel fut le rôle de La Boétie au parlement tandis qu'il y siégeait à côté de Montaigne. Comme on le voit, il diffère assez sensiblement de celui de Montaigne lui-même. La diversité des deux natures s'y montre clairement. Homme du devoir, La Boétie parvient, malgré son âge peu avancé, à se faire estimer de ses collègues et à faire apprécier comme il convient les mérites de son caractère et de son savoir. On n'hésite pas à le charger de missions particulières, persuadé que sa prudence saura les conduire à bien, et lui-même ne s'y épargne pas. Sa réputation se répand ainsi au dehors et il acquiert un bon renom d'humaniste comme il avait acquis un renom de magistrat. Lié avec les poètes alors en vogue, avec J.-A. de Baïf et avec Jean Dorat tout au moins, La Boétie devient encore le correspondant d'un philologue bien fait pour comprendre la valeur d'une semblable amitié et qui le prisait fort, Jules-César Scaliger. Tous ces témoignages d'estime un peu grave allaient bien à l'esprit mûri du jeune conseiller. Aussi quand Montaigne rencontra ce collègue à peine plus âgé que lui, mais déjà considéré, « ayant acquis plus de vraie réputation en ce rang-là que nul autre avant lui » et promettant plus encore, en même temps qu'il ressentait une sympathie très vive, il éprouva la déférence due à un caractère droit, ferme et sûr de lui-même. Dans l'intimité qui s'en suivit, La Boétie garda sur son compagnon cette autorité que donne, avec l'âge, la maturité du jugement. Volontiers moraliste, il sentait les défauts de son ami et les stimulait doucement, tandis que Montaigne semble au contraire s'être laissé guidé par cette sagesse supérieure. Toutes ces nuances se retrouvent bien nettes dans les pièces de vers latins adressées par La Boétie à Montaigne : l'affection inquiète de La Boétie y revit; on y entend un écho de ses appréhensions. Il redoute que Montaigne, dont l'âme est droite, mais faible, ne se laisse entraîner hors du devoir délibérément accepté. Il réchauffe cette tiédeur, il montre la noblesse d'un idéal poursuivi, il vante surtout le bonheur des vertus domestiques et convie Montaigne à les pratiquer. Ce sont là des conseils dont il ne faudrait pas exagérer la portée. On ne saurait y voir d'application trop directe. Il convient seulement de signaler cette tendance générale pour mieux apprécier une amitié que le temps a immortalisée.

Les dernières années de Montaigne au parlement et ses premières publications. — Rien ne faisait présager que ces années de bonheur seraient si peu nombreuses, car l'avenir était ouvert aux jeunes gens. Brusquement ce lien vint à se rompre et La Boétie fut emporté dans la fleur de son âge. Le 8 août 1563, il ressentait les premières attaques du mal qui devait le terrasser. Pensant que l'air de la campagne pourrait le remettre, il voulut quitter Bordeaux et se rendre en Médoc. Mais la douleur fut la plus forte et le malade dut s'arrêter à quelques kilomètres, au logis de Richard de Lestonnac, son collègue au parlement et le beau-frère de Michel de Montaigne. C'est là que La Boétie allait mourir. « Son flux de sang et ses tranchées qui l'affaiblissoient encore plus croissoient d'heure à autre », et il fut pris d'une défaillance suivie d'une syncope prolongée. Tout espoir de guérison l'abandonna alors. Il cessa de s'abuser sur son état présent et en considéra l'issue avec courage. Le samedi 14 août, il fit son testament et mit en ordre la dévolution de ses biens, pour ne plus s'occuper que des affaires de sa conscience et philosopher jusqu'au dernier moment. Domptant les soubresauts d'une chair jeune qui s'effare devant l'anéantissement prochain, La Boétie vit approcher la mort sans peine comme sans forfanterie; il l'attendait, ainsi qu'il le disait lui-même, « gaillard et de pied coi », et devisa avec tous jusqu'à la fin. Montaigne nous a laissé un admirable récit de ces derniers instants, et je ne sais, dans notre langue, nulles pages remplies d'une douleur plus touchante et plus vraie. C'est la mort du sage dans toute la sérénité de sa foi en l'infini. On entend encore, après trois siècles, les propos que La Boétie tenait à chacun avant l'heure suprême; on traverse toutes les inquiétudes qu'éprouvèrent ceux qui l'entouraient en attendant le fatal dénouement. Cependant le malade s'affaiblit peu à peu. Tout à coup il semble se remettre : son visage n'est plus exsangue et sa faiblesse est moins grande. Nous nous prenons à espérer. Erreur trompeuse. Comme un flambeau prêt à s'éteindre jette un dernier éclat, la vie s'enfuit dans un effort suprême et c'est ainsi qu'expira, le mercredi 18 août 1563, vers les trois heures du matin, celui qu'on a pu nommer un grand homme de bien.

Cette disparition si prématurée semble faire le vide dans le cœur de Montaigne et dans son esprit; privé de ce compagnon si cher, il regarde la vie « comme une nuit obscure et ennuyeuse ». Ce qui le charmait jadis l'ennuie maintenant : « nous estions à moitié de tout, dit-il, il me semble que je lui desrobe sa part ». Il avait perdu tout ensemble un confident et un appui, et maintenant que tout lui manquait, il allait se détacher de plus en plus du parlement où l'absence de l'ami si tendrement chéri se faisait trop cruellement sentir. Désormais Montaigne ne cherche plus qu'une occasion honorable de quitter le palais. Mais, souhaitant sans doute de trouver dans une union assortie le bonheur qu'il venait de demander à l'amitié, il prit femme auparavant. Le 27 septembre 1565, il épousait par raison Françoise de La Chassaigne, fille d'un de ses collègues du parlement. C'était une compagne telle que la pouvait souhaiter Montaigne, dévouée, discrète, avisée, sachant rester dans la pénombre de la gloire de son mari, sans le troubler ni s'imposer à lui, faisant seulement sentir son influence par le soin de lui éviter les tracas de l'administration domestique.

C'eût été la félicité parfaite si Montaigne, moins de trois ans après, n'eût perdu son père. Par ce décès, qui blessa cruellement son cœur, Michel devenait le chef de la famille et du nom. Il pouvait maintenant renoncer à la magistrature, qu'il quitta en effet en juillet 1570, en cédant sa charge à Florimond de Raymond. Libre alors de toute entrave officielle, Montaigne ne se croyait pourtant pas le droit de vivre à sa guise avant de payer quelques dettes de gratitude qu'il pensait avoir contractées. Son premier soin fut donc de réaliser un vœu de son père. Celui-ci avait jadis reçu du philologue Pierre Bunel, pour prix de son hospitalité à Montaigne, un livre de Raymond de Sebonde, qui avait laissé quelque réputation de science à l'université de Toulouse, où Bunel lui-même enseigna. Sous le titre de *Theologia naturalis, sive liber creaturarum*, c'était un essai de démonstration rationnelle, par la méthode de saint Thomas, de l'existence de Dieu et de la nécessité de la foi. Pierre Eyquem lut ce traité et y prit goût; sur les derniers temps de sa vie, ayant rencontré le volume, il demanda à son fils de le mettre en français. Michel le fit volontiers, car il n'avait rien à refuser « au meilleur père qui fut oncques », et Sebonde n'était rébarbatif qu'en apparence. En écartant sa forme scolastique on rencontrait bien vite un esprit varié, d'un dogmatisme indulgent, d'une érudition facile, un théologien humain, plus descriptif que démonstratif, moralisant à la Plutarque. Au fur et à mesure qu'il avançait, son traducteur trouvait « belles les imaginations de cet auteur, la contexture de son ouvrage bien tissue et son dessein plein de piété ». Le copiste s'attarda-t-il trop aux grâces du modèle? Toujours est-il que la traduction ne parut qu'au début de 1569, quelques mois après la mort de Pierre Eyquem.

Certes, ce n'était pas encore le temps où, sous prétexte de défendre un philosophe qu'on n'attaquait guère, Montaigne songerait à écrire l'apologie de Sebonde et, pour le protéger, saperait tous les autres systèmes philosophiques. Aujourd'hui il se préoccupe seulement de rendre fidèlement les mérites de son auteur : la clarté, la netteté. La version est exacte, souvent heureuse; c'est une tâche à laquelle l'ouvrier s'est tenu avec conscience, et il a fini par s'y plaire. Le style est limpide, précis et élégant à la fois. Montaigne est déjà maître de sa langue; il peut écrire désormais, car il connaît les règles de cet art, autant qu'on les pouvait connaître alors. Mais il n'a pas encore les audaces que plus tard il ne redoutera pas. Il respecte son auteur, le suit aussi bien que possible. Marchant sur les traces d'autrui, il ne sait pas trouver sa propre allure, comme il le saura dans la suite. On chercherait à peu près vainement dans sa traduction quelqu'une de ces tournures heureuses, plus hardies qu'exactes, qui rendent l'esprit sans trop prendre garde à la lettre de l'expression. Montaigne ne se permet pas encore de semblables libertés. Pour le moment, ses visées sont plus modestes et son style perd en charme personnel ce que sa version gagne en conscience. Mais il a toujours l'effort aisé, et déjà l'on peut voir poindre, dans la variété des tournures, des images, dans les changements de tons, la souplesse d'une imagination alerte et d'un génie facile.

Pas plus qu'il n'avait oublié son père, Montaigne n'oublia La Boétie, qui lui avait légué, en mourant, ses papiers et ses livres. Puisque le temps avait manqué au jeune homme pour donner à ses contemporains une juste idée de sa valeur, le survivant pensait avec raison qu'il lui appartenait, à lui qui l'avait si complètement connu et aimé, de mettre en pleine lumière les mérites de l'ami défunt. Montaigne rassembla donc ce qui était sorti de la plume de La Boétie, prenant tout, « vert et sec », comme il le dit, sans choisir et sans trier. Mais ceci doit s'entendre seulement des écrits littéraires de La Boétie, de ses vers, de ses traductions; car Montaigne, redoutant de voir la prose de son ami servir de ferment de discorde, ne mit au jour ni le *Discours de la servitude volontaire* ni les *Mémoires de nos troubles sur l'édit de janvier 1562*. A la fin de 1571, il publia en un mince volume la traduction de l'*Économique* de Xénophon que La Boétie avait faite sous le titre agréablement archaïque de *la Mesnagerie*, les versions moins importantes de deux petits traités de Plutarque et aussi des vers latins peu nombreux, mais d'un mérite évident. Le public n'eut qu'un peu plus tard les vers français de La Boétie, imprimés séparément dans une plaquette plus mince encore. Chacun de ces opuscules est précédé d'une dédicace à quelque personnage en vue, dans laquelle Montaigne essaie de rendre justice à la mémoire de l'ami absent. Après avoir rempli son devoir de la sorte, après avoir payé sa dette à La Boétie comme il l'avait précédemment payée à son père, Montaigne pouvait sans regret venir goûter le repos qu'il s'était ménagé; l'âme désormais tranquille, le cœur satisfait, il se retira dans sa demeure pour réfléchir et méditer.

II. — *Les Essais.*

Origines des Essais. — Comme la vie organique, la vie de la pensée ne prend consistance qu'après une série de transformations obscures, lentes, confuses, dont ne se rend même pas compte celui qui y obéit. Qui saurait dire tout le travail d'enfantement d'une âme? qui pourrait retracer les états primitifs que traverse l'existence avant de s'épanouir en son complet développement? L'œil du critique s'efforce pourtant de saisir ces embryons intellectuels, comme le microscope du savant cherche à pénétrer le mystère des organismes rudimentaires. Il essaie de déterminer la pensée première autour de laquelle les autres sont venues se grouper, comment et en quel temps elle s'est produite, toutes questions délicates et obscures.

Les origines des *Essais* sont cachées, elles aussi, et malaisées à découvrir. S'il est facile de fixer les dates de la composition de l'œuvre, il l'est bien moins de dire de quel sentiment elle procède et quelles circonstances l'inspirèrent. Elle prit naissance et se forma durant la période de calme que Montaigne s'était ménagée à lui-même et qui s'étend de 1571 à 1580, c'est-à-dire jusqu'à la publication du livre. En renonçant ainsi aux charges de la vie publique et en se réservant un long repos à l'âge où, d'ordinaire, l'activité humaine trouve le mieux à s'employer, Montaigne ne se dissimulait pas la portée de sa détermination ni l'influence qu'elle aurait sur le reste de sa propre existence. Devant vivre désormais aux champs et loin de l'agitation, il voulait, d'une part, se consacrer à l'administration du très important domaine qu'il avait hérité de son père; d'autre part, curieux d'apprendre, il voulait s'abandonner à la méditation studieuse tandis que son esprit était assez dispos pour en tirer profit. Comme on le voit, les soucis du gentilhomme campagnard semblent, au début, aller de front avec les aspirations du penseur. Montaigne lui-même le laisse entendre clairement : « L'an du Christ [1571] à l'âge de trente-huit ans, la veille des calendes de mars, anniversaire de sa naissance, Michel de Montaigne, ennuyé depuis longtemps déjà de l'esclavage de la cour du parlement et des charges publiques, se sentant encore dispos, vint à part se reposer sur le sein des doctes vierges, dans le calme et la sécurité ; il y franchira les jours qui lui restent à vivre ; espérant que le destin lui permettra de parfaire cette habitation, ces douces retraites paternelles, il les a consacrées à sa liberté, à sa tranquillité et à ses loisirs. » Ainsi se parle-t-il à lui-même un peu prétentieusement, en style lapidaire, dans une inscription latine qu'il s'empresse de faire mettre sur la paroi de son cabinet, pour fixer le souvenir d'un acte en apparence assez anodin, mais qui allait avoir une grande influence sur sa destinée.

Montaigne ne pratiqua pas cette double résolution avec la même persévérance ni avec le même bonheur. Certes, il eût été heureux, se modelant sur son père qui avait si utilement géré le domaine familial, d'administrer attentivement ses biens et il s'y mit sans retard, plein de bonne volonté. Mais cet effort louable coûtait trop à la nature de Montaigne et il demeura stérile : jamais Montaigne ne put prêter une attention soutenue aux choses de son intérieur, aux mille soucis de sa gestion domestique. Propriétaire sans conviction, réduit à vivre aux champs pour ne pas compromettre son patrimoine par une humeur dépensière, il laissa à quelqu'un de plus clairvoyant que lui, apparemment à sa femme, la conduite matérielle des intérêts de la famille, et, s'abandonnant tout entier à ses goûts, il mit son repos à profit pour lire et pour s'analyser.

Ainsi confiné chez lui, Montaigne s'empressa de se ménager une retraite plus intime encore, dans laquelle il pouvait s'abstraire de sa famille même, comme il s'était retranché du monde. Il choisit pour en faire son séjour de prédilection une tour séparée du reste du logis, et qui avait été jusqu'à ce jour le lieu le plus inutile de la maison. C'est là qu'il s'isolait, passant « la pluspart des jours de sa vie », et « la pluspart des heures du jour », sauf l'hiver. Il en fit le « siège » de sa « domination », et parvint « à soustraire ce seul coin à la communauté et conjugale, et filiale, et civile ». Retiré dans son cabinet qui dominait le domaine, le propriétaire pouvait suivre encore de l'œil les allées et venues de ses gens. « Je suis sur l'entrée et vois sous moy mon jardin, ma basse-cour, ma cour et, dans la pluspart, des membres de ma maison. » Il gardait l'illusion de pouvoir « tout d'une main » commander à son ménage. C'était plus qu'il ne fallait pour apaiser les soucis du gentilhomme campagnard. Les apparences sauvées de la sorte, désormais en règle avec ses scrupules, le philosophe médita tout à son aise, puisqu'il lui suffisait d'un regard jeté à l'une des fenêtres pour savoir si les besognes étaient accomplies et les gens à leur place.

La bibliothèque de Montaigne. — L'inutilité de ce local l'a sauvegardé encore après que Montaigne eut disparu et, tandis que le château se transformait selon les besoins de nouveaux habitants, la tour où les *Essais* furent composés restait la même, veuve, hélas! des livres qui la peuplaient jadis, gardant pourtant, dans sa nudité, le souvenir vivant de celui qui y demeura. Toujours elle est placée sur la porte d'entrée, à l'angle ouest de la face méridionale du carré que forment les communs et la maison d'habitation. Comme au temps de Montaigne, le rez-de-chaussée est occupé par une chapelle. Un escalier en colimaçon conduit au premier étage, à la grande chambre où le philosophe couchait parfois « pour estre seul »; un réduit permettait d'y entendre la messe. Au-dessus se trouvait la « librairie » et le cabinet de travail, c'est-à-dire les endroits que Montaigne affectionnait le plus et qu'il se plut le mieux à embellir. La salle qui contenait les livres est circulaire; seul le tuyau de la cheminée du premier étage, qui la traverse, en interrompt la circonférence, et c'est là, à cette surface plane, que Montaigne adossait son fauteuil et sa table. On l'imagine aisément embrassant du regard ses livres « rangés sur des pupitres à cinq degrés tout à l'environ ». Ils étaient près d'un millier, dont une centaine consacrés aux épistolaires et la plupart reliés en vélin blanc. Le possesseur pouvait donc déclarer sans exagération que sa « librairie » était belle « entre les librairies de village ». Là se trouvaient réunis tous les ouvrages auxquels le solitaire venait puiser, ceux que la tendresse de La Boétie lui avait laissés, comme ceux que Montaigne lui-même avait acquis, car il se montrait fort soucieux de garnir les rayons de sa retraite pour mieux orner ensuite son esprit. Et, sur la frise de la bibliothèque, planant sur ce lieu d'étude qu'elle consacrait à l'amitié, une inscription touchante redisait les mérites de l'absent toujours regretté, pour le faire revivre sans cesse au souvenir du survivant.

Quand, fatigué d'une lecture trop prolongée, Montaigne levait les yeux au plafond et se perdait en rêveries, il trouvait encore sur les solives une matière nouvelle à ses réflexions. Là, en effet, Montaigne avait fait tracer au pinceau des sentences latines ou grecques, et maintenant elles se détachent en noir sur la couleur du bois. On en retrouve ainsi cinquante-quatre, inscrites sur quarante-six solives et deux poutres transversales. La plupart ont passé depuis dans les *Essais*, notamment dans l'*Apologie de Raymond de Sebonde*. Resserrées en une phrase et parfois en un mot, comme elles le sont ici, les pensées ordinaires de Montaigne apparaissent plus clairement et on distingue mieux les règles de conduite qui le guidaient à travers ses investigations. Le plus grand nombre de ces sentences a été cueilli dans l'*Ecclésiaste*, dont la sagesse désabusée enchante Montaigne, ou dans les *Épîtres* de saint Paul, dans Stobée ou dans Sextus Empiricus. Le reste est pris un peu partout, au hasard des lectures. Il s'en dégage bien l'impression du scepticisme métaphysique que professait Montaigne. Qui peut se vanter de connaître l'au-delà des choses, et pourquoi chercher à soulever un voile impénétrable à tous les yeux? Jouissons du présent sans trop nous occuper de l'avenir, qui ne nous appartient pas. L'homme n'est qu'un vase d'argile, de la cendre, une ombre; il passe et ne laisse pas plus de trace que le vent. Pourquoi donc s'enorgueillit-il? pourquoi veut-il connaître tout, puisque sa nature est bornée, son ignorance incurable, et qu'il ne saura jamais expliquer ce qu'il voit? D'ailleurs, chaque raison a une raison contraire. Ne nous embarrassons donc pas de vaines méditations. Ne soyons ni plus curieux ni plus sages qu'il ne convient. Soyons sages avec sobriété; ayons le sentiment de nos défaillances et ne cherchons pas à sortir de notre sphère bornée. Attendons l'heure dernière sans la désirer ni la craindre, et, en l'attendant, guidons notre vie sur la coutume et sur nos sens. Ne nous prononçons pas trop, car les apparences sont trompeuses et l'homme ne perçoit que des apparences. Le parti le plus sage est d'examiner tout sans pencher d'aucun côté, de prendre pour devise une balance, comme Montaigne l'avait fait, avec, en exergue, quelque prudente interrogation. Telle est la grave leçon qu'enseigne même aujourd'hui la contemplation de ces solives.

Par un contraste voulu, Montaigne avait fait orner de façon plus plaisante à l'œil le petit cabinet « assez poli », joint à sa bibliothèque et « capable à recevoir du feu pour l'hiver ». Les parois en étaient revêtues de peintures éclatantes que le temps a plus qu'à moitié effacées. Ce sont des scènes mythologiques empruntées aux *Métamorphoses* d'Ovide, des épisodes cynégétiques ou guerriers. Une allégorie plus personnelle indique mieux les sentiments de celui qui s'était réfugié là : deux vaisseaux sont battus par la tempête en pleine mer, et des naufragés nagent vers le rivage où s'aperçoit un temple de Neptune. Une légende entourait ce tableau. Ce qu'on en peut lire laisse deviner que Montaigne, en le choisissant, songeait à Horace et à son ode à Pyrrha. Lui aussi, après s'y être aventuré, avait renoncé aux agitations, aux dangers; désormais hors de portée de l'orage, il pouvait s'écrier : « Je n'y ay plus que perdre. »

Les livres de Montaigne. — Éloigné de la fréquentation des gens du dehors, Montaigne avait à sa portée la fréquentation de ceux qui sont disparus en nous laissant le secret de leur pensée. D'un coup d'œil il pouvait embrasser, rangés autour de lui, les volumes qui devaient servir à stimuler ses réflexions. Que ne peuplent-ils encore une solitude qu'ils faisaient si animée? Mais ils l'ont depuis longtemps désertée. On verrait sur ces rayons toutes les œuvres dont les fragments, choisis par Montaigne avec le flair du génie, forment maintenant l'éblouissante mosaïque des *Essais*. A peine quelques-unes de ces reliques sont-elles parvenues jusqu'à nous, portant en tête la glorieuse signature de celui qui les mania, un peu plus d'une soixantaine sur le millier de volumes que Montaigne se vantait d'avoir, et ce petit nombre d'épaves peut nous donner une idée juste, en abrégé, de la bibliothèque du philosophe. Les auteurs latins y dominent — trente-deux ont été sauvés, et cette proportion de près de la moitié semble bien exprimer la mesure exacte de leur nombre parmi les livres de Montaigne; — n'était-ce pas de Rome, en effet, et de sa littérature que le solitaire tirait le meilleur de sa nourriture intellectuelle? La plus grande partie des écrivains latins figuraient donc sous ses yeux, depuis Cicéron qu'il pratiqua tant au collège de Guyenne et qu'il citait ensuite sans l'aimer, jusqu'à Sénèque dont il trouvait les *Épîtres* si profitables. Beaucoup de poètes y seraient, à la suite de Virgile, jusqu'à Claudien et Ausone : Lucrèce, Catulle et Horace, qui tinrent le premier rang après Virgile, « le maistre de chœur »; Lucain, que Montaigne tout d'abord préféra à Virgile et qu'il continua à pratiquer « pour sa valeur propre et vérité de ses opinions et jugements »; Juvénal, Martial et Perse. Les historiens, eux, y seraient au complet, de Tite-Live à Quinte-Curce et à Tacite, bien que Montaigne ne lût celui-ci que plus tard, et, dans le nombre, César et Salluste auraient une place à part. Quant aux auteurs grecs, ils étaient moins abondants; non que le philosophe fût incapable de comprendre leur langage, mais il ne l'entendait pas assez pour le saisir à la volée, et, s'il aimait à savourer directement les auteurs qui lui agréaient, parfois aussi il se faisait lire à haute voix les livres qui fatiguaient sa vue et dont il ne voulait pas suivre de trop près le détail. Quelle qu'ait pu être la connaissance que Montaigne avait du grec — pour ma part, je crois qu'elle était fort suffisante pour lui permettre d'agir autrement, — il ne semble pas que d'ordinaire Montaigne puisât directement aux sources de la Grèce. L'intelligence de la beauté hellénique lui manqua, car il ne la perçut guère qu'au travers d'un voile plus ou moins transparent et dans des œuvres où elle ne resplendissait pas de tout son éclat. Montaigne préférait la netteté de la pensée aux grâces du style : il s'attachait donc volontiers aux ouvrages qui lui fournissaient matière à réflexion par les traits ou par les observations qu'ils rapportaient. Après Plutarque et Xénophon, qui symbolisaient à ses yeux la fine fleur du génie de la Grèce, il se délectait aux récits de Diogène Laërce. Combien il regrettait que celui-ci n'eût pas eu des continuateurs et des imitateurs! Il en souhaitait « une douzaine », et peut-être, au prix de ces compilateurs, eût-il fait bon marché des écrivains qui se souciaient plus de charmer que d'instruire. Ces écrivains-là, il les lisait sans les fréquenter; il les pratiquait surtout par fragments, dans les anthologies qui donnent les extraits les plus ingénieux de leurs œuvres, qui cueillent et groupent les plus beaux fruits de leur inspiration. C'est là que très souvent Montaigne vint faire son choix : dans le *Florilegium* de Stobée comme dans les *Vies* de Diogène Laërce il prit bien des sentences, bien des traits qu'il enchâssa ensuite dans son propre ouvrage.

Les modernes eux aussi avaient leur place, fort inégale, suivant que Montaigne les appréciait. Il rend justice aux Français ses contemporains : les poètes surtout lui agréent, Marot et Saint-Gelais, Ronsard et Du Bellay, qu'il goûte sans réserve, quoique les poètes latins d'alors lui semblent avoir bien du charme. Il éprouve moins d'attrait pour les prosateurs et trouve Rabelais « simplement plaisant », plaçant fort arbitrairement son œuvre entre le *Décaméron* de Boccace et les *Baisers* de Jean Second. Au contraire, les Italiens le ravissent. Comme tout son siècle, Montaigne était séduit par l'âme italienne, si complexe en même temps et si attirante. En Italie, la tradition latine s'était conservée à travers les temps; la race demeurait en communion intime et constante avec l'antiquité. Quel attrait pour un esprit qui admirait par-dessus tout la civilisation latine ! Mais il y avait encore, au delà des Alpes, la liberté de l'esprit individuel et un état social qui laissait s'épanouir la vie publique et le génie national. Ce sont ces conditions qui frappèrent surtout Montaigne et dont il recherchait les effets dans les œuvres des littérateurs.

L'imagination des poètes d'outre-monts échauffe Montaigne, mais ne sait pas le retenir. Toutes ses sympathies vont aux recueils épistolaires que publiaient alors les Italiens, « grands imprimeurs de lettres ». Il les recherche curieusement, car il croit voir, dans l'âme de chaque écrivain, un lambeau de l'âme nationale en même temps que s'affirme l'individualité de la pensée. A côté, Montaigne laisse une place aussi grande à d'autres livres qui complétaient ceux-ci et dont l'Italie paraissait avoir le monopole : ces manuels du parfait gentilhomme, de l'homme de cour tel que le concevait la mode, qui réglaient les belles manières et donnaient tour à le la conversation. Montaigne se complaît à ces façons, bien qu'elles lui semblent trop raffinées, mais les apparences ne le trompent pas : il sait que si les dehors sont charmants, la conscience demeure corrompue et cynique. La vie de l'Italie est ainsi faite : politique ou morale, tout y a deux aspects, l'un extérieur et brillant, l'autre intime et louche. Et nulle part cette dualité ne se reflète mieux que dans les œuvres des écrivains : d'une part, ceux qui enseignent la science des vertus d'apparat; d'autre part, ceux qui dévoilent le secret d'une diplomatie cauteleuse; les historiens et les théoriciens de l'élégance mondaine. C'est pour cela que Montaigne réunissait ces éléments divers sur ses rayons. L'histoire était, pour lui, la passion favorite, le sujet ordinaire de ses investigations, et nul pays plus que l'Italie ne lui fournissait ample matière à cet égard. L'histoire s'y était renouvelée en même temps que la poésie et le roman. Depuis lors, elle s'était singulièrement perfectionnée dans ce milieu si affiné, si propre à l'analyse des passions. Aussi les historiens italiens abondaient-ils dans la bibliothèque de Montaigne, mettant à portée du philosophe le secours de leur psychologie avisée et pénétrante.

La curiosité de Montaigne. — Tel était le cadre des réflexions de Montaigne, l'horizon que fixait son regard de penseur. Au demeurant, n'est-ce pas aussi l'horizon de tout son siècle, qui ne sut guère voir au delà des livres que l'antiquité lui avait légués? Livres grecs, livres latins et parfois livres italiens, n'est-ce pas là que chacun allait chercher ses impressions et ses pensées? Les plus maladroitement respectueux s'efforçaient d'y prendre même la forme. Montaigne fut plus habile et se garda d'une telle erreur. Aussi instruit que son siècle, il sut mieux que personne mettre en œuvre les livres qu'il avait lus. Au lieu de prendre « vert et sec », de piller sans discernement, il choisit ce qui lui parut de bon aloi, s'en empara et l'enchâssa dans sa propre prose avec le tact d'un artiste. Cet artifice peut donner de prime abord au plus personnel des livres un aspect bien emprunté. Mais c'est tour de bonne guerre. Nul ne réclamerait en effet si le madré philosophe laissait aux anciens la responsabilité de ce qu'ils avaient pensé et dit avant lui, et tel, croyant atteindre l'auteur des *Essais*, donnerait une nasarde à Cicéron ou à Sénèque, tant Montaigne les avait accommodés à sa façon.

A la différence aussi des Français de son temps, dont la curiosité d'ordinaire ne franchissait guère que les Alpes et qui estimaient l'Italie le seul pays au delà des frontières vraiment digne d'être étudié, l'attention de Montaigne était à la fois plus générale et plus profonde. C'est un des traits notables de sa nature que le désir de connaître en détail l'histoire et l'humeur des peuples étrangers. On peut affirmer que sa bibliothèque contenait tout ce qui avait paru alors de plus propre à satisfaire cette curiosité. Historiens ou chroniqueurs, il les avait assemblés tous, demandant aux uns la raison des événements, aux autres le récit consciencieux des faits. Car Montaigne — et c'est encore là un des traits de son caractère qu'il convient de marquer le plus nettement, — s'il lisait tout ou à peu près, ne lisait pas tout de la même manière. Les livres dont il ne croyait pas pouvoir tirer d'enseignement, il les lisait sans grande attention; tant mieux s'il restait ensuite dans son esprit quelque profit d'un commerce dont il n'avait rien attendu. Au contraire, son attention se concentrait sur les ouvrages dont il voulait tirer parti; pour ceux-ci, il consacrait tout le temps nécessaire à leur lecture, il les annotait, les résumait en quelques traits saillants. Soulignant les passages heureux ou analysant les observations neuves, rien ne lui échappait alors, et il s'assimilait la moelle ainsi extraite de ces œuvres favorites.

Ses lectures amenèrent Montaigne à s'analyser. — Montaigne fut, de la sorte, sinon l'homme d'un seul livre, l'homme de beaucoup moins de livres qu'on ne le supposerait à voir le nombre de ceux dont il était entouré. Quand il jugeait l'ouvrage d'importance, le lecteur n'en voulait rien laisser perdre, l'analysait et l'appréciait ligne à ligne, soumettait tout à l'intensité de son observation et de sa critique. On peut surprendre ce travail sur le fait, grâce à l'exemplaire des *Commentaires* de César que Montaigne a annoté en le lisant et qui, sauvé aujourd'hui, fait partie du cabinet de Chantilly. Montaigne pratiqua longtemps César et consacra près de cinq mois à l'examen de son œuvre. Commencée le 25 février 1578 par les trois livres de la *Guerre civile*, cette lecture s'acheva le 21 juillet de la même année par la *Guerre des Gaules*. Plus de six cents notes inégalement réparties sur les marges des trois cent trente-six pages du livre attestent le soin apporté; et, à la fin du volume, au verso d'un des derniers feuillets qu'il occupe tout entier, un jugement d'ensemble sur César est écrit par Montaigne d'une main rapide, sous le coup de l'impression que cette lecture avait faite en lui. Dans cette première vue générale, un seul côté de la nature de César frappe Montaigne : le mérite de l'historien. L'homme de guerre reste au second plan, à peine apprécié. Plus tard, au contraire, en reprenant dans son livre le portrait de César, Montaigne, dont le regard sera plus net et l'esprit plus dégagé, insistera sur les deux faces du génie du grand homme : dans son admiration, le général semblera même l'emporter sur l'écrivain. Montaigne retouchera, pour les accentuer, bien des traits qu'il avait seulement indiqués dans sa première ébauche ; il précisera bien des aspects à peine entrevus de cette physionomie multiple. Montaigne alors aura trouvé son vrai point de vue. Il ne se dissimulera ni les vices de César ni les lâchetés de sa politique ; il ira jusqu'à le traiter de « brigand ». Malgré tout, le César analysé dans les *Essais* sera bien le même que celui que Montaigne avait d'abord essayé de fixer sur les gardes de son propre exemplaire des *Commentaires*. La plupart des lignes du premier portrait sont demeurées dans le second, mieux marquées et plus fermes. D'abord César était vu de trop près pour que l'œil du lecteur n'éprouvât pas quelque confusion. Avec le recul, l'ensemble se détache, et chaque détail prend sa valeur véritable. C'est pour cela qu'il est instructif de comparer les deux points de vue, de rechercher dans l'ébauche primitive l'expression non altérée des sentiments originels, de retrouver dans le dernier tracé ce que le temps a mieux défini et achevé. Dans la note manuscrite on surprend le prime saut d'une appréciation qui se répand pour elle-même avec l'ardeur de la nouveauté ; plus tard, au contraire, la pensée est mûre, complète, et l'on n'y retrouve les premiers éléments qu'assagis et précisés.

C'est là l'étape de début de la pensée de Montaigne : avant de la confier au public, il la fixe pour lui-même et la couche dans sa vérité native sur le volume même qui la provoqua. Montaigne acquiert ainsi insensiblement la conscience de ses propres forces ; suivant une de ses comparaisons, on croit le voir « voleter et sauteler » de livre en livre « comme de branche en branche, ne se fiant à ses ailes que pour une bien courte traverse, et prendre pied à chaque bout de champ, de peur que l'haleine et la force lui faille ». Il est même à peu près certain qu'il s'essaya de bonne heure de la sorte et avant d'avoir pris le parti de se retirer de la vie active. Nous connaissons par lui les réflexions qu'il avait écrites à la suite de ses exemplaires de Guichardin, de Commines et des *Mémoires* de Du Bellay; elles datent très vraisemblablement des dernières années de magistrature de Montaigne. Elles sont précieuses puisqu'elles nous font connaître l'état d'esprit du philosophe au moment où il débute dans son œuvre. Les annotations de l'exemplaire de César le sont autant puisqu'elles nous permettent de saisir le sentiment du lecteur dans sa première expression. Combien pourtant le seraient davantage les remarques dont Montaigne devait couvrir ses livres de chevet, si on avait eu la bonne fortune d'en conserver quelqu'un! A vrai dire, César ne fut jamais un des auteurs préférés de Montaigne, bien que celui-ci pense qu'on doive étudier le Romain « non pour la science de l'histoire seulement, mais pour lui-même, tant il a de perfection et d'excellence par-dessus tous les autres, quoique Salluste soit du nombre ». Cicéron, Sénèque ou Plutarque agréaient bien davantage à Montaigne; sans cesse il recourait à leurs ouvrages comme à un fonds inépuisable de réflexions et de traits. Si nous possédions les exemplaires de leurs livres qui servirent aux lectures de Montaigne, on pourrait affirmer que la connaissance des *Essais* en serait singulièrement éclairée; on saisirait d'un regard plus assuré la genèse et les développements de l'œuvre.

Le danger n'était donc pas que, lisant et tirant un aussi bon parti de ses lectures, Montaigne n'écrivît pas à son tour, mais comment il écrirait et comment se traduirait l'activité de sa pensée. Le nombre était restreint des sujets qu'il pouvait traiter dans sa solitude. Emploierait-il ses journées à composer quelque vaste corps d'histoire universelle? Il en avait tous les éléments sous la main, mais ce n'était pas ainsi qu'il entendait que l'histoire fût « le vrai gibier de son estude ». Se laisserait-il plutôt aller à écrire l'histoire de son temps? Certes nul ne le pouvait faire avec plus d'impartialité que Montaigne, dominant, pour ainsi dire, du haut de son isolement les passions des partis et des sectes. Sa retraite n'était pas assez absolue pour qu'il n'entendît pas gronder les orages aux alentours ni le philosophe assez détaché du monde pour n'y pas paraître quand le devoir le commandait : témoin cette démarche dont le duc de Montpensier chargea Montaigne, en des jours particulièrement difficiles, auprès du parlement de Bordeaux et dont l'envoyé se tira à son honneur (11 mai 1574). Montaigne ne voulut pas davantage s'attarder à débrouiller les agitations de ses contemporains, et « pour la gloire de Salluste », il ne l'eût pas entrepris. Il préféra s'étudier et dire leurs vérités aux autres en ayant l'air de les dire à soi-même. De la sorte, qui pourrait lui en vouloir?

Indécisions du début. — Mais ce dessein ne se présenta pas à son esprit ainsi tout tracé. Il ne prit corps qu'insensiblement. De son gré, Montaigne eût choisi le genre épistolaire « pour publier ses verves », et cette opinion est, tout ensemble, judicieuse et pleine de goût. Qui peut mieux qu'une lettre rendre les impressions les plus intimes de celui qui écrit? On ne saurait faire un reproche à quelqu'un de trop nous entretenir de lui-même, puisque la lettre familière a pour objet avoué de nous parler de celui qui l'envoie. Montaigne ne l'ignorait pas et le ton négligé du genre épistolaire lui plaisait singulièrement. Déjà il s'y était essayé et se piquait d'y réussir. En tête de chacun des opuscules de La Boétie, il avait placé des épîtres dédicatoires dans lesquelles se montre toute l'originalité de l'écrivain; la lettre qui raconte la mort de La Boétie est même un pur chef-d'œuvre de sentiment et d'émotion. Mais à quel correspondant adresser les confidences qu'il se disposait à faire? Montaigne n'avait personne parmi ses amis à qui il pût se découvrir de la sorte. Ah! si une fin prématurée n'avait pas pris La Boétie! Fallait-il maintenant simuler un confident imaginaire? Le procédé eût trop refroidi le style et la confession de l'écrivain. Mais quand les circonstances le lui permirent, Montaigne ne manqua pas de donner à son œuvre le caractère qu'il avait tout d'abord rêvé pour elle, et quelques chapitres des *Essais* conservent encore cette forme de lettres, notamment le chapitre de *l'Institution des enfants* (1580, I, 26), dédié à la comtesse de Gurson; celui de *l'Affection des pères aux enfants* (1580, II, 8), dédié à Mme d'Estissac, ou même cette célèbre *Apologie de Raymond de Sebonde* (1580, II, 12), composée, dit-on, pour Marguerite de Valois. Ces divers chapitres ont-ils été remaniés pour les mettre en harmonie avec l'ensemble du livre? Toujours est-il qu'ils ne diffèrent pas sensiblement des autres, de ce qui précède et de ce qui suit.

Il était nécessaire, avant d'apprécier les *Essais* eux-mêmes, de déterminer de notre mieux les lectures de Montaigne et la façon dont il se les assimila, afin de faire le départ de ce qui est propre à l'auteur et de ce qui lui est étranger. Si le tissu de l'œuvre a été tréam par une main habile, les fils qui le composent ne sont ni de même provenance ni de même qualité, et plus l'ouvrier a été expert, plus il convient d'en suivre de près le travail. Montaigne paraît croire qu'il est lui-même la seule matière de son livre. Dès le début, il en prévient le lecteur, comme il répondait aux compliments du roi de France : « Il faut donc que je plaise à Votre Majesté, puisque mon livre lui est agréable, car il ne contient autre chose qu'un discours de ma vie et de mes actions. » Mais ceci est plus avisé qu'exact. Sans doute on trouve dans les *Essais* les « conditions » et les « humeurs » de l'auteur, ses « imperfections » et sa « forme naïve » ; on y trouve aussi autre chose et on l'y trouve dès l'abord.

En effet Montaigne ne commença pas par l'analyse de soi-même : il ne pénétra en lui qu'indirectement, par une voie détournée. Il reconnaît sans peine que ses premiers *Essais* « sentent à l'étranger ». C'est vrai, un simple coup d'œil suffit pour montrer ce qu'ils ont d'impersonnel, de général, de pris ailleurs. Ce sont des commentaires un peu vagues, banals parfois, sur un événement notable trouvé dans quelque historien : trop absorbé par le souvenir de ses lectures, Montaigne ne regarde en soi qu'à la dérobée et se peint de profil, non de face. Il évite de se mettre en scène ou le fait timidement. « Considérant la conduite et la besogne d'un peintre que j'ay, il m'à pris envie de l'ensuivre. Il choisit le plus noble endroit et milieu de chaque paroi pour y loger un tableau élaboré de toute sa suffisance, et, le vide tout autour, il le remplit de grotesques, n'ayant grâce qu'en la variété et estrangeté. » La comparaison n'est pas si défectueuse qu'on le pourrait croire. Ici, l'origine du tableau, c'est quelque sentence, quelque trait emprunté à un autre — ancien ou moderne, — et les principaux épisodes de la scène sont tirés du même fonds. Pour assembler le tout, Montaigne a mis la bonne grâce de son esprit et le charme de son style. Mais, comme il arrive parfois à ces tapisseries aux sujets ambitieux qui pâlissent tandis que leur bordure ne perd rien de sa fraîcheur, le premier dessin de l'œuvre s'est insensiblement effacé et, au contraire, les ornements accessoires ont été chaque jour goûtés davantage pour leur finesse et leur variété. Il est vrai que Montaigne, guidé par quelque prescience et sans doute aussi par le sentiment de ses contemporains, ne cessait d'ajouter à son livre des passages nouveaux dont le moindre prix n'était pas de faire connaître de mieux en mieux l'intimité de leur auteur.

Les Essais étudient l'homme en général. — L'objet avoué des méditations de Montaigne, celui qu'il assigne lui-même à ses recherches, « c'est la connoissance de l'homme en général ». Et comme l'homme est essentiellement « ondoyant et divers », l'enquête à laquelle Montaigne se livre est extrêmement variée : il tend à considérer l'homme dans tous ses états et dans toutes ses situations, policé et sauvage, héroïque ou médiocre. Toutes ses observations, toutes ses lectures se rapportent à ce sujet immense, et Montaigne ne fera rien pour le circonscrire, préférant en parcourir sans cesse les détails qu'en fixer les limites. Il prendra de toutes parts ses éléments d'information, car sa connaissance des hommes n'était ni bien vaste ni bien profonde quand il eut ainsi, vers quarante ans, la fantaisie de se cloîtrer. Il n'avait pas manié de grandes affaires; il n'avait pas davantage pris part à de difficiles négociations, et si, comme il l'avoue, il se consolait en faisant des *Essais* de n'avoir pu faire des *effets*, rien ne permet de croire qu'il en ait longtemps ni beaucoup souffert. Plus détaché que désabusé, pourrait-on dire de lui en retournant un mot célèbre, il lui manquait cette clairvoyance qui devine les mobiles les plus secrets des actions humaines et que donnent le sentiment d'une ambition déçue, la conscience d'un génie méconnu. Montaigne ne paraît avoir jamais eu une telle confiance en lui-même : en étudiant l'homme, il ne dressera pas son propre piédestal pour mieux étaler aux yeux des autres les mécomptes de sa vanité. La curiosité seule le guide, une curiosité aimable, inépuisable, toujours en éveil, nullement ténébreuse en ses visées ; Montaigne prendra un vif plaisir à l'exciter sans cesse sans la satisfaire jamais et s'il prolonge outre mesure son enquête, c'est autant parce qu'il est embarrassé de conclure que pour faire durer ce plaisir plus longtemps.

La preuve en est aussi en ce que Montaigne, au début, cherche surtout dans les livres cette connaissance de l'homme qu'il désirait acquérir ; un esprit chagrin ou mécontent eût procédé tout autrement. Plus tard, à la vérité, il ne manquera pas d'y ajouter le fruit de ses observations personnelles et aussi le résultat de son analyse intime ; dès l'abord, il ne se voit, pour ainsi dire, qu'au travers d'un prisme et ne se reconnaît qu'à l'aide du secours étranger qu'il demande à ses livres. Les historiens fournissent à Montaigne le récit extérieur des événements et parfois, quand ils sont excellents, des vues sur leur enchaînement ou sur leurs auteurs. Mais les philosophes stimulent ses pensées et, en instruisant son inexpérience, éveillent ses réflexions. Il ne les suit cependant pas tous indistinctement : il choisit et veut à ses guides une conduite déterminée. Pour lui, il écoute la philosophie quand elle s'applique à l'étude de l'homme, « où est, dit-il, sa plus juste et laborieuse besogne » ; Mais, « quand elle perd son temps dans le ciel », quand les penseurs s'égarent dans les nuages de leurs conceptions, Montaigne trouve cette prétention téméraire et n'apprécie pas le résultat. En d'autres termes, Montaigne fait deux parts dans la philosophie, dont il admet l'une et rejette l'autre : il admet l'étude de l'homme, l'analyse psychologique, dont il fait dépendre la morale, assez sommaire, telle qu'il la conçoit ; il rit, au contraire, de la métaphysique et de ses spéculations. Non seulement il se moque des « dogmes » des métaphysiciens, mais encore il ne croit pas même à leur sincérité, considère leurs efforts comme un pur exercice intellectuel et s'étonne qu'ils aient pu donner au public « pour argent comptant » toutes leurs rêveries.

Les inspirations de Montaigne : Sénèque et Plutarque. — Les goûts de Montaigne le portent donc naturellement vers la lecture des moralistes et il s'attarde en la compagnie de ceux qui lui donnent des leçons de modération et de bon sens. Dans les lettres sacrées le génie pratique de saint Paul lui plaît; il est séduit par la sagesse désabusée de *Ecclésiaste*. Parmi les profanes, il admire Socrate, parce que « c'est lui qui ramena du ciel où elle perdoit son temps la sagesse humaine pour la rendre à l'homme, où est sa plus juste et laborieuse besogne », et que par son propre exemple il « a fait grand service à l'humaine nature de montrer combien elle peut d'elle-mesme ». Montaigne côtoie Platon et Aristote sans saisir la grâce souple du premier ni l'ampleur solide du second. Cicéron l'arrête davantage, bien qu'il trouve que ses raisonnements sont à côté du sujet et « tournent autour du pot ». Montaigne ne s'attarde véritablement qu'aux ouvrages de Sénèque et à ceux de Plutarque. Il ne se lasse pas de les lire et s'efforce de s'assimiler leur substance, non qu'il juge l'un ou l'autre auteur plus grand que Platon ou même que Cicéron, mais parce que leur manière lui plaît davantage, qu'il goûte mieux leurs propos. Sénèque et Plutarque traitent la philosophie comme Montaigne le souhaite; développant un point de morale dans une lettre ou dans un court traité, ils épuisent leur sujet en quelques pages; sans qu'il soit besoin, pour les suivre jusqu'au bout, d'un grand effort d'attention et sans perdre le temps à des prolégomènes. Aussi Montaigne les affectionne-t-il particulièrement l'un et l'autre. Dans ses petits traités, dans ses lettres, qui sont, aux yeux de Montaigne, « la plus belle partie de ses écrits et la plus profitable », Sénèque ne se montre pas comme un philosophe de profession qui tient école, mais bien comme un sage exerçant une influence étendue, une sorte de confesseur laïque consulté sur des cas de conscience qu'il discute et résout à sa façon. Donnant à des personnes assez diverses des conseils à suivre, Sénèque devait être clair et pratique : il ne pouvait se perdre dans un dogmatisme qui eût été hors de raison. C'est pour cela qu'il plaît à Montaigne; il le séduit par la variété de ses aperçus, par la souplesse de sa méthode, qui se plie si bien aux besoins de chacun. Grand connaisseur du cœur humain, Sénèque sait en comprendre les faiblesses et proportionner les secours à chaque cas. Il ne prêche pas une morale abstraite, il formule des règles de conduite. Sa correspondance n'est qu'une suite de consultations. Elle devait retenir Montaigne par ce sentiment du devoir possible. Pour n'éloigner personne, Sénèque donne à la vertu un tour aisé, aimable ; il ne demande pas les renoncements héroïques, les sacrifices hors de portée. Sa sagesse est pleine d'accommodements et il n'expose pas les dogmes de l'école dans toute leur rigueur. Aussi Montaigne ne s'effrayait pas d'un stoïcisme atténué de la sorte ; il lui agréait d'être vertueux à si bon compte. D'autre part, Plutarque, depuis qu'Amyot l'avait traduit, apportait bien des renseignements à Montaigne, qui trouvait ainsi sous sa main le résumé de l'antiquité tout entière : l'histoire ancienne, dans les *Vies parallèles* ; dans les *Œuvres morales*, les philosophies et les mœurs de jadis. Venu tard, à la fin du monde païen, Plutarque a rassemblé et coordonné les résultats de la sagesse grecque et romaine ; il est, pour ainsi dire, le greffier de cette longue enquête. Historien et moraliste, il touche à tout avec la liberté d'allures d'un esprit très personnel ; ses histoires comme ses petits traités moraux sont tout ensemble une mine inépuisable de faits et un riche répertoire de réflexions justes, de pensées ingénieuses, dites souvent incidemment, mais toujours avec bon sens et à propos. Aussi combien Montaigne aimait à revenir à Plutarque : sa curiosité y trouvait presque une nourriture à sa faim, et il passait de l'historien au moraliste avec la satisfaction de pouvoir apaiser ici et là son ardeur d'apprendre. Contenu dans l'expression de ses idées, calme dans ses opinions, Plutarque enseigna à Montaigne à garder la liberté et l'indépendance de son jugement et lui montra comment, en des temps troublés, on évite le présent en remontant vers le passé. De Sénèque au contraire Montaigne tira un autre profit ; il apprit à accepter le présent sans récriminer, à se plier aux circonstances sans révoltes stériles, parce que l'homme s'agite en vain devant la loi immuable de sa nature.

L'homme peint par Montaigne. — Quel portrait de l'homme se dégage de tous ces éléments divers? A vrai dire, aucune figure nettement dessinée ne se détache sur un fond déterminé où chaque détail concourt à faire valoir l'ensemble. L'homme étant fort mobile par nature, son peintre s'en autorise pour essayer de le saisir dans ses positions les plus diverses, car la curiosité de Montaigne est tout au moins égale à la diversité du modèle. On trouve beaucoup d'esquisses vues d'un regard pénétrant et enlevées d'un crayon sûr ; pas de toile d'ensemble où le dessin de l'œuvre apparaît tout entier, développé à point et mis en son jour véritable. Montaigne n'a guère vu le type général de l'espèce ; il a, en revanche, étudié le plus d'individus qu'il a pu ; mais les liens qui rattachent les individus entre eux, les éléments communs qui déterminent la nature humaine lui échappent trop souvent. Ce n'est pas ainsi que procèdent l'histoire ou la sociologie, essayant de résumer en un exemplaire la variété des formes, ramenant à un caractère ou à un trait la diversité des civilisations ou des races. Montaigne est un naturaliste sans prétentions, qui se plaît à ses observations de chaque jour, sans trop se soucier de celles de la veille ou du lendemain ; plus il étudie et plus l'individualisme lui paraît être le fond de toutes choses. Il s'attarde à chaque phénomène, admirant comment l'ordre de l'univers amène des combinaisons sans cesse différentes. Il se défend d'établir entre elles des affinités qu'elles ne sauraient avoir. Le *genus homo* lui échappe ainsi ; il ne personnifie pas cette donnée d'histoire naturelle, il se garde surtout de l'idéaliser, préférant nombrer toutes les contradictions de l'homme que l'ériger en puissance supérieure, digne de respect et de tendresse parce qu'elle cimente en une solidarité factice des besoins contradictoires et des instincts ennemis.

Pourtant, si Montaigne saisit mal les éléments constitutifs de la nature humaine, si le sens des évolutions de l'humanité lui échappe, il essaie de tirer quelque enseignement de la variété même de ses informations. Volontiers, il eût dit, avec un illustre moderne, que l'homme est « borné dans sa nature, infini dans ses vœux » ; mais il eût ajouté aussitôt que les bornes de cette nature ne sont rien moins que fixes et qu'elles varient étrangement. Non seulement les individus diffèrent entre eux, mais chaque individu diffère sans cesse avec lui-même. Plaisante créature qui, à peine capable de se connaître elle-même, est tourmentée du désir de pénétrer des secrets tout à fait hors de sa portée ! C'est pour le détourner d'un projet aussi téméraire que Montaigne ne fait grâce à l'homme d'aucune de ses inconséquences ou de ses lacunes. En lui montrant tout ce qui lui manque pour se juger avec certitude, Montaigne espère lui enlever la pensée indiscrète et superflue de sonder ce que nul œil humain n'a sondé jamais. Montaigne n'y réussit pas. En dépit des témoignages de sa faiblesse entassés avec une trop visible complaisance, l'homme ne renonce pas aisément à la témérité qui le pousse vers le mystère, car il n'est pas dans sa nature de rester indifférent devant les problèmes qui pressent de toutes parts son esprit, et, dussent les questions demeurer toujours insolubles, on ne saurait l'empêcher d'en chercher la solution ou d'y suppléer en attendant.

Le doute de Montaigne. — Au contraire, Montaigne enseigne avec succès à se résoudre à ignorer. Loin d'être un état douloureux de l'âme, le doute est pour lui son état ordinaire, une sorte de crépuscule psychologique plein d'une grâce indécise et qu'il aime à prolonger parce qu'il y est à l'aise, indépendant et détaché. A cet égard, l'exemple de Montaigne est contagieux, car « les hommes sont tourmentés par les opinions qu'ils ont des choses, non par les choses mesmes ». Leur montrer que le mystère n'a rien de terrible et qu'on peut regarder l'inconnu sans effroi, en se résignant à ne pas le comprendre, c'est donc leur enlever la cause des angoisses les plus vaines et les plus chimériques. Bien plus, un esprit pondéré et prudent doit trouver la sagesse — Montaigne en est la preuve — dans le sentiment de son incertitude, car l'âme « sera d'autant plus en équilibre, d'autant plus esloignée des désirs immodérés et des actions violentes, qu'elle sera mieux instruite de sa propre ignorance, de sa foiblesse et du néant de tout ce qui agite les hommes ». Et il arrive ainsi qu'un livre qui semblait devoir être le manuel du scepticisme est devenu, suivant la belle remarque de Prévost-Paradol, « une perpétuelle leçon de tempérance et de modération, puisque toute opinion extrême y est combattue et qu'on y sent partout le besoin d'être équitable ».

Tel est le scepticisme de Montaigne, scepticisme intellectuel fait de modération et de bon sens. C'est le doute prudent de quelqu'un qui a beaucoup lu — trop lu — et qu'effraie, comme Fontenelle, la certitude qu'il rencontre autour de lui. Si Montaigne suspend son jugement, ce n'est ni pour décourager ni pour encourager les bonnes volontés, car la négation systématique n'est que l'envers de la crédulité. Il réserve son opinion parce qu'il n'a nulle hâte de se prononcer, et qu'il ne lui coûte pas le moins du monde de rester indéfiniment dans l'incertitude, en continuant son enquête sans impatience et sans résultat. C'est le fruit naturel des lectures de Montaigne : il s'y complaît et les prolonge pour se donner à lui-même le facile plaisir de les opposer l'une à l'autre. A trop voir tour à tour le pour et le contre, à force de trouver des effets contraires produits par une même cause, on arrive aisément à dire avec Sextus Empiricus : Πάντι λόγῳ λόγος ἴσος ἀντίκειται. « Il n'y a nulle raison qui n'en ait une contraire, dit le plus sage parti des philosophes. » Au milieu de ces contradictions, on ne se prononce pas : « Cela peut être et cela peut ne pas être », ἐνδέχεται καὶ οὐκ ἐνδέχεται. Le doute augmente et s'affirme : « Il n'est non plus ainsi qu'ainsi ou que ni l'un ni l'autre. » On dit : « Que sais-je ? » et on prend pour emblème une balance dont les plateaux ne penchent d'aucun côté. C'est la route suivie par Montaigne. La diversité des opinions philosophiques qu'il rencontrait chemin faisant le poussa au scepticisme, comme l'inanité des querelles théologiques, la cruauté des dissensions religieuses qui se déchaînaient sous ses yeux, le rendirent tolérant. Perdu au milieu de l'étrangeté des discussions spéculatives, isolé au sein des passions de son temps, Montaigne sentit l'impuissance de ses forces. Son esprit voyait nettement la stérilité de toutes ces agitations. Dans le calme de sa pensée, il rêvait la paix de la patrie, le repos des consciences, tout un idéal de fraternité et de justice, auquel quelques esprits d'élite crurent seuls alors avec lui. Mais, devant la démence générale, il manqua d'énergie. Oubliant qu'il est beau de lutter seul, de succomber pour une cause sans espoir, Montaigne perdit courage avant de combattre, et, regardant de loin la mêlée, il sourit ironiquement.

Montaigne royaliste et catholique. — Sceptique, Montaigne l'est surtout en ceci, qu'après avoir douté de tout il n'eut pas assez foi en lui-même pour y établir, comme Descartes, le fondement de la certitude ou, comme Kant, les bases du devoir. Sur les questions que la vie pose même aux esprits les plus détachés, Montaigne s'en tient volontiers à la coutume, cette « maistresse d'école » puissante et commode. Républicain d'imagination, comme bien des hommes de son temps, et, comme eux, rêveur, parfois généreusement utopiste, il est en pratique un royaliste loyal, s'attachant à l'ordre de choses établi autant par souci de son repos que par dégoût des nouveautés. Quand il examine de près les conditions de son siècle, Montaigne n'est pas éloigné de trouver que tout est au mieux en France, du moins pour les gentilshommes, les gens de son état. Il le déclare et s'en montre satisfait. « A la vérité, nos lois sont libres assez, et le poids de la souveraineté ne touche un gentilhomme françois à peine deux fois en sa vie; la sujétion essentielle et effectuelle ne regarde d'entre nous que ceux qui s'y convient et qui aiment à s'honorer et enrichir par tel service : car qui se veut tapir en son foyer et sait conduire sa maison sans querelle et sans procès, il est aussi libre que le duc de Venise. » Quant aux autres de ses contemporains, les humbles, ceux qui l'entourent aux champs, Montaigne les plaint, les admire, parle avec une éloquence sobre de leurs maux et de leur courage et prend auprès d'eux des leçons de résignation; mais c'est là un cri du cœur, sans écho, sincère assurément et profondément humain, qu'arrache au philosophe déjà vieillissant le spectacle des dangers courus en commun et avec plus de constance par ces voisins illettrés que par le sage armé de patience et de méditation. Quoi qu'ils fassent, ces pauvres gens pourront-ils jamais goûter la liberté telle que l'entend Montaigne, c'est-à-dire le loisir pour chacun de vivre à sa guise? Homme d'observation dont les facultés d'action se sont relâchées pendant son long repos replié sur lui-même, Montaigne se récuse quand il lui faudrait appliquer son idéal aux besoins de son temps. Il les voit certes, et nettement, mais les remèdes l'effraient et d'ailleurs il n'est pas assuré de leur efficacité pour en recommander l'application. Il fuit les innovations, parce que « telle peinture de police seroit de mise en un nouveau monde; mais nous prenons un monde déjà fait et formé à certaines coutumes ». A ceux que cette considération n'arrêterait pas et qui, malgré cela, prétendraient réformer quelque chose, Montaigne assure par avance que le hasard y aura plus de part qu'eux. « La société des hommes se tient et se coud à quelque prix que ce soit; en quelque assiette qu'on les couche, ils s'appilent et se rangent en se remuant et s'entassant, comme des corps mal unis qu'on empoche sans ordre trouvent d'eux-mêmes la façon de se joindre et emplacer les uns parmi les autres, souvent mieux que l'art ne les eust su disposer.... La nécessité compose les hommes et les assemble : cette coutume fortuite se forme après en lois. »

Il en est de même pour la religion. Catholique, Montaigne le fut dans la pratique de la vie comme il fut royaliste, par loyalisme et par amour du repos. « Quelque apparence qu'il y ait en la nouvelleté, je ne change pas aisément, de peur que j'ay de perdre au change; et puisque je ne suis pas capable de choisir, je prends le choix d'autrui, et me tiens en l'assiette où Dieu m'a mis : autrement je ne me saurois garder de rouler sans cesse. Ainsi me suis-je, par la grasce de Dieu, conservé entier, sans agitation et trouble de conscience, aux anciennes créances de notre religion, au travers de tant de sectes et de divisions que notre siècle a produites. » Pourtant on ne sauroit prétendre que Montaigne ait jamais été un philosophe chrétien. Laissant à la théologie le soin de mettre sa conscience en paix avec l'insondable, il s'accommode de telle sorte avec les dogmes catholiques que sa liberté de penseur n'ait pas à en souffrir. La croyance qui domine en lui est un déisme un peu vague, mais surtout tolérant. Sa conviction ne s'arrête pas aux formes : elle monte plus haut et considère l'idée plutôt que l'expression dont on la revêt. En 1580, dans la première édition des *Essais*, Montaigne insérait ce passage, remarquable par la modération de la pensée et qui paraît résumer ses propres sentiments : « De toutes les opinions humaines et anciennes touchant la religion, celle-là me semble avoir eu plus de vraisemblance et plus d'excuse, qui reconnoissoit Dieu comme une puissance incompréhensible, origine et conservatrice de toutes choses, toute bonté, toute perfection, recevant et prenant en bonne part l'honneur et la révérence que les humains lui rendoient, sous quelque visage et en quelque manière que ce fust : car les déités auxquelles l'homme, de sa propre invention, a voulu donner une forme, elles sont injurieuses, pleines d'erreur et d'impiété. Voilà pourquoi, de toutes les religions que saint Paul trouve en crédit à Athènes, celle qu'ils avoient dédiée à une Divinité cachée et inconnue lui semble la plus excusable. » Nul ne savait mieux que Montaigne ce que le nom de saint Paul venait faire à la fin de son raisonnement. On prêtait si communément alors aux livres saints des opinions étranges, on justifiait avec eux tant d'actes subversifs, qu'il faut se réjouir de voir ici l'autorité de saint Paul couvrir et faire passer le langage de la saine raison. C'est une précaution qu'il ne faut pas perdre de vue en lisant les *Essais*, mais qu'on ne saurait reprocher à quelqu'un qui voulait défendre sa façon de penser jusqu'au feu *exclusivement*.

But principal des Essais. — Ces idées générales sont l'essence même des *Essais*; on les retrouve plus ou moins nettement dans toutes les parties du livre, mais c'est dans le célèbre chapitre de l'*Apologie de Sebonde* qu'on les peut saisir le plus aisément. Là est le cœur de l'œuvre : « c'est de là, suivant l'expression de Prévost-Paradol, que part ce flot puissant qui se divise en mille rameaux, pour porter jusqu'aux extrémités du tissu vivant des *Essais* la même sève et la même pensée. » Là, au travers des restrictions que la prudence commandait à un esprit naturellement réservé, on sait sûrement les véritables opinions du philosophe sur l'homme et sur sa faiblesse. Écoutons-le les exposer lui-même : « Si me faut-il voir enfin s'il est en la puissance de l'homme de trouver ce qu'il cherche, et si cette queste qu'il y a employée depuis tant de siècles l'a enrichi de quelque nouvelle force et de quelque vérité solide. Je crois qu'il me confessera, s'il parle en conscience, que tout l'acquest qu'il a retiré d'une si longue poursuite, c'est d'avoir appris à reconnoitre sa vilité et sa foiblesse. L'ignorance qui estoit naturellement en nous, nous l'avons, par longue estude, confirmée et avérée. Il est advenu aux gens véritablement savants ce qui advient aux épis de blés : ils vont s'eslevant et se haussant la teste droite et fière tant qu'ils sont vides; mais, quand ils sont pleins et grossis de grain en leur maturité, ils commencent à s'humilier et à baisser les cornes. Pareillement, les hommes ayant tout essayé et tout sondé, n'ayant trouvé en tout cet amas de science et provision de tant de choses diverses rien de massif et de ferme et rien que vanité, ils ont renoncé à leur présomption et reconnu leur condition naturelle. » Suivant Montaigne, le savoir conduit donc à l'ignorance ; bien que nous ne devions pas oublier que « l'ignorance qui se sait, qui se juge et qui se condamne, ce n'est pas la vraie ignorance; pour l'être il faut qu'elle s'ignore soi-même ». Mais Montaigne aurait dû ajouter que l'ignorance du savant est méthodique; si celui-ci se résout à ignorer, ce n'est qu'un délai qu'il supporte, remettant à des temps futurs le soin de trouver la réponse qu'il ne saurait utilement chercher. Au contraire, l'ignorance que Montaigne découvre dans la nature humaine est définitive et incurable, parce qu'elle en est le fondement; les vérités de la métaphysique sont à jamais inaccessibles à l'homme et sans prétendre les comprendre de lui-même il doit en demander l'explication à quelque autorité supérieure, « à la foi chrétienne, non à la vertu stoïque ». Ainsi finit ce chapitre, par une confession de foi. L'homme est amené devant les autels du christianisme et contraint à ployer les genoux, non certes par la poigne brutale d'un Pascal qui le meurtrit et qui l'écrase, mais par une main circonspecte et prudente, sachant tirer respectueusement comme il convient sa « bonnetade » à Dieu et qui, après avoir rempli ses devoirs de la sorte, reprend aussitôt la plume pour la besogne accoutumée.

Cette tâche que Montaigne lui-même avait fixée à son travail solitaire était de chercher et de rassembler les preuves de ses propres allégations : « les idées que je m'estois faites naturellement de l'homme, dit-il, je les ay establies et fortifiées par l'autorité d'autrui et par les sains exemples des anciens, auxquels je me suis rencontré conforme en jugement ». C'est en effet la sagesse de l'antiquité qui éclate de toutes parts dans son livre, à peine tempérée par un souvenir discret du christianisme. Montaigne en recueille partout les principes et les exemples, sans hâte, à la vérité, car le propre de l'homme étant la variété et mobilité d'humeur, il importe de confirmer cette impression par la variété des faits et mobilité des règles. L'esprit de système manque à ce moraliste, analysant pour analyser, décrivant pour décrire et séduit surtout par le détail qui le charme et le retient outre mesure. A lire les *Essais*, l'homme semble même trop « ondoyant » et trop « divers »; il paraît trop plein de bigarrures, notées sans qu'un fil discret les rattache entre elles et les rapproche pour les expliquer. Montaigne n'est pas un observateur pénétrant qui découvre un important ressort caché des actions humaines et le fait jouer à sa guise. Il n'analyse pas davantage un travers, un défaut, un vice, en poussant jusqu'au bout la minutie de son examen et en groupant avec méthode ce qu'il a remarqué. Montaigne voit les choses de moins près : il s'égare et marque d'un trait heureux ce qu'il rencontre, chemin faisant. Comme dans la composition de son livre, la fantaisie a une large part dans sa façon d'observer; elle l'entraîne de-ci de-là, un peu au hasard, et sans qu'il soit toujours facile de le suivre; mais que d'ingénieuses trouvailles en route, et agréablement présentées! Toutes, il est vrai, ne sont pas du même aloi, car le plaisir de la découverte enlève parfois à Montaigne la notion exacte du prix des choses. Il faut savoir couper court à la curiosité oiseuse, elle est malsaine en bien des points. On ne peut sonder les bassesses que pour en chercher le remède; en les étalant, il faut les flétrir ou les guérir. Et Montaigne n'y a pas songé.

Montaigne se peint en peignant l'homme. — C'est de la sorte, en cherchant autrui, pour ainsi dire, que Montaigne se découvrit lui-même; le contact avec la pensée des autres donna un corps à la sienne propre, l'observation de l'homme en général le mit sur la voie de sa propre observation. Les livres, en effet, ne pouvaient guère lui fournir d'éléments d'information que sur les types extrêmes de la nature humaine, les excellents ou les pires, car l'histoire les étudie volontiers. Au contraire, la région moyenne de l'humanité lui échappe ainsi, à moins qu'il ne prenne le parti de l'étudier lui-même sur ses contemporains ou, mieux encore, de l'analyser en s'analysant. Telle est l'origine du « sot projet qu'il a de se peindre » et ce qui l'excuse mieux que tout. Ainsi que M. Émile Faguet en a très justement fait la remarque, « comme projet ce serait peut-être sot, comme pièce dans l'ensemble de son projet c'est essentiel ». Là est aussi le trait le plus caractéristique de la physionomie de Montaigne, celui qui le distingue le mieux des écrivains dont on serait le plus tenté de le rapprocher. A l'inverse de J.-J. Rousseau, dont on compare si souvent les *Confessions* aux *Essais*, Montaigne n'est nullement préoccupé de ce que son individualité a de personnel et d'unique. Convaincu que « chaque homme porte la forme de l'humaine condition », il s'analyse pour trouver en soi les éléments constitutifs de la nature humaine et aussi parce qu'aucun sujet d'étude n'est plus à sa portée. S'il se peint tel qu'il se voit, c'est que le lecteur pourrait trop aisément juger de la sincérité de l'écrivain en le rapprochant de sa propre personnalité.

De là vient aussi que Montaigne reste familier, abordable, dans sa solitude, parce qu'elle n'a rien d'absolu et qu'il ne cesse de se comparer à autrui, non pour s'amender, il est vrai, mais pour se juger plus sainement. Tant s'en faut que ce soit l'isolement douloureux d'un esprit blessé qui se replie sur lui-même. C'est la paisible retraite d'un homme qui veut s'abandonner à une aimable paresse intellectuelle pour ne pas suivre de trop près les discordes de ses contemporains. Bien qu'elle moralise, cette solitude n'est ni ascétique ni mystique. Rien ne ressemble moins à la solitude du chrétien qui médite à l'écart et s'entretient avec sa conscience. En s'enfermant chez lui, Montaigne renonce moins que personne à ce que Bossuet appellera plus tard « la vie des sens », pour s'occuper exclusivement de « la vie de l'honneur ». S'il recherche les erreurs de ses sens, ce n'est pas pour les corriger. Tel qu'il est, Montaigne se plaît à lui-même et ne songe pas à s'amender, car il ne rougit pas de défaillances qui lui agréent et qu'il avoue avec candeur, sans repentir. Il sait que, par l'essence même de sa nature, l'homme est sujet à l'erreur; pourquoi se lamenter alors de chutes inévitables? Montaigne aime à se perdre en de continuels examens de conscience, parce que la curiosité de son esprit trouve son plaisir à cette perpétuelle analyse. Il suit heure à heure ses faiblesses et les note, non pour en tirer une règle de conduite, mais sans autre motif que la satisfaction de les reconnaître. Ce n'est pas un Marc-Aurèle avançant chaque jour dans la perfection morale, parce que chaque jour il impose un but précis à ses efforts. Chez Montaigne, le progrès moral est nul, parce que l'effort lui déplaît. Pour être maître de son âme, Marc-Aurèle ne la laisse pas errer en de vagues méditations. Bien au contraire, Montaigne adore les contemplations indéterminées, où la pensée se perd à l'aventure, et il a retiré un profit suffisant de sa rêverie, s'il en a suivi les détours. Si, par surcroît, il constate l'inanité de notre pauvre nature, il le constate et en sourit, sans se soucier davantage de réagir et de s'améliorer.

La pondération de Montaigne. — De cet ensemble de qualités diverses il résulte que Montaigne a tracé le portrait de l'homme tout en se peignant : chacun croit se reconnaître en lui, mais, de fait, il reste lui-même et ne ressemble qu'à lui-même. D'autres avant lui sont plus grands, dans leurs mérites ou dans leurs défauts, Rabelais par exemple ; aucun ne résume et ne symbolise mieux le caractère français. Les *Essais* sont le premier exemplaire vraiment complet des qualités de notre race. On les trouve ailleurs assurément, et bien avant, plus vives peut-être et plus brillantes, mais isolées, disséminées et sans cohésion. Là, elles sont en leur place, au complet, se répondent et se font valoir l'une l'autre. En Montaigne, le Gascon forme le fond primitif ; il en a les saillies prime-sautières, les surprises, les ressauts ; son style se coupe brusquement, se perd en digressions qui l'amusent. Ces tendances natives sont visibles surtout dans la première édition des *Essais*, quand l'auteur est content de lui, que sa santé est régulière, son esprit clair et rapide. Mais toujours elles furent tempérées par un bon sens général, le bon sens français. Au-dessus du Gascon, turbulent par nature, se montre le Français, qui modère l'autre, fait entrer dans l'ordre son exubérance. La malice de Montaigne est grande, mais elle ne s'exerce pas à faux : il raille ce qui doit être raillé. Sa pensée gambade, mais les bonds en sont gracieux et point extravagants. Si la mémoire se déverse parfois trop abondamment, si la verve s'abandonne avec trop de liberté, la mesure d'ordinaire ne fait défaut ni dans l'idée ni dans l'expression. Sous un abandon apparent qui semble l'entraîner sans qu'il y résiste, Montaigne au contraire ne perd de vue ni où il va, ni comme il y va. On a pu écrire avec raison que s'il est l'homme de France qui sait le moins ce qu'il va dire, il est celui qui sait le mieux ce qu'il dit.

Certes, il était malaisé de demeurer ainsi en équilibre en un temps si porté aux extrêmes, et la pondération est le trait le plus caractéristique de l'humeur de Montaigne. Elle domine partout dans sa vie comme dans son œuvre. D'autres écrivains avant lui avaient étudié l'homme, mais la fantaisie se mêle trop à leur étude, comme pour Rabelais; la théologie gâte leur philosophie, comme pour Calvin. Aucun n'avait encore fait cette analyse avec une impartialité si voulue et si soutenue. Le mérite de Montaigne fut de s'y tenir et, en dehors de tout système, de chercher la vérité avec les libres allures d'un esprit indépendant. Il n'est l'homme d'aucun préjugé ni d'aucune passion, pas même celle des belles-lettres, car il faisait partie de cette seconde période de la Renaissance qui ne se laissait plus éblouir par les lettres anciennes sans en juger la splendeur. Dès l'abord, l'éloquence antique avait, comme un vin généreux, grisé les esprits et leur enlevait la libre possession d'eux-mêmes. Plus tard, on voulut que l'étude fût profitable et on l'entreprit avec plus de discernement : on ne goûta plus sans comparer. Tel est Montaigne : il s'affranchit avec les anciens, et n'accepte pas sans contrôle ce qu'ils ont dit avant lui. C'est l'éveil de l'esprit critique, et, bien que trop souvent, dans les *Essais*, comparaison ne soit pas raison, comparer c'est essayer de comprendre et réfléchir avant de s'assimiler. Montaigne l'entendait si bien qu'il choisit, pour apprécier les autres, la mesure qui était la plus à sa portée. Ses prédécesseurs dans l'étude de l'homme, Rabelais et Calvin par exemple, manquaient d'un juste terme de comparaison; aussi l'œuvre de Rabelais est-elle trop désordonnée et celle de Calvin ne respecte pas assez la liberté humaine. En se choisissant soi-même comme étiage des autres, Montaigne pouvait passer pour prétentieux, mais il n'aurait su trouver mesure plus à sa taille. Tant vaudrait l'homme, tant vaudrait l'œuvre; cette fois l'ouvrier était de génie : l'œuvre le fut. Montaigne ne se méprit pas sur lui-même, il s'analysa si judicieusement, qu'en se décrivant il donna les traits essentiels de l'homme de son temps et de tous les temps.

Première forme des Essais. — Pour paraître donner plus de sincérité à sa parole, Montaigne affecte même de ne prêter aucune attention au style ni à la composition de son œuvre; c'est la vérité prise sur le vif, car l'auteur nous prévient charitablement qu'il n'a jamais voulu faire métier d'écrire et qu'il est moins faiseur de livres que de toute autre besogne. Faut-il prendre au mot la déclaration? Pareille confiance se justifierait peut-être pour le texte primitif des *Essais*, et encore serait-il bon d'y apporter quelques restrictions. Alors, en effet, les ornements étrangers le surchargent moins, et la pensée de Montaigne se dérobe moins sous les emprunts à autrui. Plus qu'ailleurs, elle se montre dans son complet abandon. Elle est hardie dans l'expression, elle a le ton haut et résolu de celui qui s'émancipe. Plus tard, au contraire, elle baissera la voix, comme on la baisse pour dire des choses graves dont on sait la portée. Pour le moment, c'est l'humeur un peu cavalière du gentilhomme qui domine. En revisant son livre, en le complétant comme il le fera dans l'intervalle de chaque édition nouvelle, Montaigne y mettra plus de désordre apparent, et aussi plus de mystère. Sa pensée deviendra spéculativement plus hardie; par contre, elle usera de bien des atténuations qui lui étaient inconnues tout d'abord. L'homme a vieilli et l'écrivain s'est révélé. D'une part, le philosophe connaît mieux la matière dont il traite pour l'avoir plus longtemps observée, et s'abandonne parfois à des confidences plus intimes; d'autre part, l'écrivain a appris le secret de son art et il en sait les artifices. Au début, Montaigne laisse courir sa plume, écrivant ce qu'elle veut, comme elle veut l'écrire; si l'écrivain existe, il ne s'est pas encore découvert. Il ne se pique pas outre mesure de correction, et peu lui importe que le gascon se mêle à son français. Mais, en cheminant, Montaigne trouve un à un tous les secrets de cet art, qu'il pratiquait naturellement, sans le posséder. Et, comme il goûte la gloire de l'écrivain, il veut aussi en avoir les mérites. Sans doute, le culte de la forme ne domina jamais entièrement Montaigne, et c'est un aveu qu'il eût malaisément laissé échapper. Chaque jour, néanmoins, Montaigne s'attache davantage à son style. Il efface maintenant ces gasconnismes qui ne le choquaient pas jadis, et, chose remarquable, il s'efforce désormais d'obtenir artificiellement ce naturel auquel il arrivait d'instinct. Il sait le prix d'un mot, d'une phrase bien frappée; il n'ignore pas le charme d'une image en sa place; il en use. Maître de son art, réglant sa nature, il est maintenant un écrivain consommé.

Le style de Montaigne. — Le style! voilà bien l'éternelle grâce de cet esprit toujours jeune, la magie la plus séduisante de cet enchanteur! Son observation est à fleur de peau et sa philosophie manque de nouveauté. Il en recueille les éléments de toutes parts. Mais ce qu'il prend aux autres, Montaigne le fait sien par le charme si personnel de l'expression. « Quelqu'un pourroit dire de moy, remarque-t-il lui-même, que j'ay seulement fait ici un amas de fleurs estrangères, n'y ayant fourni du mien que le filet à les lier. » Qui tiendrait pareil langage serait bien injuste. Il faudrait noter tout au moins en même temps le talent de l'artiste, qui sait si bien choisir les couleurs et les grouper. Malgré cela, la comparaison ne saurait être exacte. Bouquet est synonyme d'éphémère, et les fleurs assemblées dans les *Essais* sont toujours éclatantes de fraîcheur. Ce n'est pas l'image d'un bouquet destiné à se flétrir bientôt que cette lecture éveille; elle évoque au contraire la vision souriante d'un continuel printemps. Montaigne ne coupe pas les fleurs qu'il a choisies; il les cueille avec l'attention d'un homme expert. D'ordinaire, ainsi transplantées, elles se fanent et périssent loin du sol qui les vit naître. Montaigne leur offre un riche terroir et une culture appropriée : en les faisant changer de climat, il sait aussi changer de soins. Il ne les transporte pas d'une main brutale, mais s'efforce de les accommoder au pays qui va les recevoir. Loin d'être un bouquet de fleurs desséchées, sans couleur et sans odeur, à force d'avoir passé de livres en livres, les *Essais* sont un parterre de fleurs vivantes, colorées, odorantes, affinées par la culture, qui ont gardé leur première saveur et doivent à des soins nouveaux un parfum plus pénétrant.

Parterre bien varié assurément, car Montaigne aime la diversité. Il voudrait saisir les infinis changements de l'être et s'efforce de les exprimer. Au physique, Montaigne se vante d'avoir la vue longue et perçante. Il n'en est rien au moral. Son œil s'attache à la multiplicité du détail, qu'il scrute et veut décrire. Il n'a pas d'horizon étendu, mais rien n'échappe à son œil dans l'ensemble qu'il embrasse. Aussi son style est-il en une perpétuelle nuance pour suivre de plus près la continuelle mobilité des choses. Les images succèdent aux images, ne cessant pas plus que la vie ne cesse de couler. Si Montaigne n'a pas su dégager de loi qui régisse ces changements, comme il les a tous suivis curieusement, comme il en a noté et rendu tous les reflets! C'est ainsi qu'il plaît et nous instruit. Il nous charme par la grâce d'un style sans cesse en mouvement, plein de trouvailles exquises et d'images gracieuses qui renouvellent les sujets les plus divers. Puis, quand il a fini de caqueter, musant après les historiettes et battant les buissons de toutes parts, il résume en un trait heureux quelque vérité qui nous éclaire brusquement et nous fait voir en nous. L'adage est-il toujours neuf? Qu'importe! Il perdrait davantage à être moins piquant. Le tour original de l'expression, voilà en effet ce qui donne la saveur à la pensée de Montaigne et une justesse nouvelle à son bon sens. D'autres sont plus pénétrants; nul n'est plus judicieux ni mieux avisé. Sa sagesse est courte, mais elle plaît, retient et éclaire. Un grain de malice l'anime. Pour exposer ses idées, Montaigne sait les parer de toutes les ressources de son esprit. Tantôt l'expression est pleine de naturel, tantôt l'image étincelle et ravit le regard. Personne ne mit jamais plus de séduction au service de sa raison. Mais l'art se cache si bien qu'on l'en croirait absent. La pensée semble couler de source, comme le style, aussi limpide, aussi naïve que lui. Naïf, le mot a souvent été appliqué à Montaigne, et cette candeur apparente lui a valu bien des amis qu'un peu plus de malice eût éloignés. Naïf, rien n'est plus faux pourtant, si on entend par là le laisser-aller d'un esprit qui s'ignore, la franchise naturelle d'une pensée qui se livre sans réticence et sans détour. Montaigne, au contraire, choisit ce qu'il veut dire et comme il veut le dire, et rien n'est mieux calculé que l'abandon de ses confidences ou la grâce de son maintien.

La leçon des Essais. — Mais, encore une fois, ces précautions se trouvaient de mise en un temps où quiconque n'était avec personne risquait d'être contre tout le monde. C'était une nouveauté hardie, malgré les apparences, de prôner de toute façon l'individualité humaine dans un siècle qui s'en souciait si peu et qui passait sans débrider de la réaction de Calvin à la contre-réaction d'Ignace de Loyola. L'homme alors ne pouvait guère être que l'instrument d'une idée et il lui était plus facile d'agir sans raisonner que de raisonner sans agir. Si donc on se permettait de raisonner de tout, et sans conclure, il fallait déployer bien de la dextérité, car cette abstention était par elle-même la plus dure des conclusions : on renvoyait ainsi dos à dos les parties, en leur laissant entendre qu'aucune d'elles n'avait raison, et sûrement par ce moyen on mécontentait tout le monde. Montaigne le sentait apparemment et, pour mieux faire prendre les leçons de sa sagesse, il déploya toutes les ressources de son esprit. Bien que défectueuses à certains égards, sa vie, si calme au milieu du trouble des partis, sa doctrine, si prudente au milieu des affirmations téméraires, sont un enseignement élevé, comme le seront plus tard, et malgré leurs énormes faiblesses, la doctrine et la vie de Voltaire. A l'heure où Montaigne comprit la vanité des agitations de ses contemporains, peu de gens s'en étaient rendu compte, mais la conviction allait croissant et le plus grand nombre devait finir par le reconnaître. Cette notion des choses possibles est très caractéristique chez Montaigne. Nous la retrouvons chez Henri IV, et nous savons combien tous deux s'entendaient sur ce point. Pour l'un comme pour l'autre c'est un trait de nature : tenir la balance égale entre les opinions philosophiques est aussi méritoire qu'apaiser un à un les partis ; savoir s'abstenir quand tout le monde affirme est aussi louable que désarmer les dissensions. Le doute de Montaigne égale la tolérance de Henri IV ; le « Que sais-je ? » du philosophe est aussi profond et aussi juste, à cette heure, que le mot de l'homme d'État : « Paris vaut bien une messe. ». C'est l'affirmation qu'en ce monde, où le relatif domine, il ne faut pas se croire le seul et l'infaillible détenteur de la vérité. Tous deux sont arrivés à cette conclusion par la même voie : ils ont vu sans se leurrer les passions de leurs contemporains ; ils n'ont été dupes ni des autres ni d'eux-mêmes, et, s'analysant avec justesse, ils ont su juger les hommes et comprendre leurs vrais besoins.

III. — *Vie de Montaigne (1580-1592).*

Montaigne en voyage. — Les *Essais* parurent à Bordeaux pour la première fois, vers le mois de mars 1580, en deux volumes d'inégale grosseur et inégalement compacts. Autant pour se reposer de la composition de son livre et de l'impression, qui avait duré environ une année, que pour donner à sa curiosité une matière plus ample et plus vivante, Montaigne se mit aussitôt à voyager. Il vient d'abord à Paris faire les honneurs de son livre, puis, étendant singulièrement son itinéraire, il se rend en Allemagne, en Suisse, en Italie. Sa longue retraite lui a permis de faire des économies et il peut maintenant ne pas trop marchander son plaisir. Parti de Montaigne le 22 juin 1580, il devait n'y rentrer qu'assez longtemps après, le 30 novembre 1581. Nous savons par lui-même quelles furent les étapes de cette longue chevauchée, car Montaigne tenait un journal de route qui, retrouvé au siècle dernier, a été alors mis au jour. Mais il importe assez peu de connaître les péripéties du voyage, fort calme, à la vérité, en dépit des incertitudes d'un tel déplacement fait à une pareille époque. Il est surtout intéressant de saisir sur le vif l'humeur du voyageur, et Montaigne voyage comme il écrit : on ne devine pas où le conduira sa fantaisie, mais en quelque endroit qu'il aille ou qu'il s'arrête, il voit bien ce qu'il voit et le décrit comme il le voit.

Ainsi que Sainte-Beuve en a déjà fait la remarque, le *Journal* du voyage de Montaigne n'a rien de curieux littérairement parlant; mais moralement, et pour la connaissance de l'homme, il est plein d'intérêt. Je le crois aussi de grand secours pour la psychologie de l'écrivain. Dicté ou écrit par Montaigne, ce récit me paraît représenter assez exactement ce que dut être le premier jet de la composition des *Essais*, que leur auteur écrivit aussi ou dicta alternativement. Avant d'être apaisée et clarifiée, la verve de Montaigne devait se répandre, j'imagine, comme elle fait dans son *Journal*, entraînant avec elle bien des éléments étrangers qu'elle éliminera plus tard. Emporté par sa curiosité, Montaigne prend en note tout ce qui le frappe, pour choisir ensuite et faire le triage de son butin. Je ne sais si je m'abuse, mais il me semble que, dans ces remarques ainsi prises, l'écrivain se trahit autant que le voyageur, et, dans les éditions postérieures des *Essais*, nous retrouverons en « place marchande » nombre de réflexions que l'auteur a tirées de ses brouillons pour les intercaler dans son œuvre, comme il y insérait les jugements inscrits d'abord sur les gardes de ses livres.

Le voyageur, lui, est charmant : appliqué à tout voir et à tout comprendre, il voyage pour le plaisir de voyager. Ce perpétuel changement le ravit et il voudrait toujours aller de l'avant, tant son esprit est en éveil et son désir d'apprendre insatiable. Tout l'intéresse, parce qu'il n'ignore pas que tout spectacle porte en soi un enseignement pour qui sait l'en tirer. Aussi il s'efforce de ne rien laisser échapper, il voit tout avec un grand souci d'impartialité. Il se prête aux usages des pays qu'il traverse, afin de mieux saisir l'humeur des habitants. Ce qui le frappe le plus et ce qu'il note surtout ce sont les traits particuliers, les petits faits, les menus incidents de la vie quotidienne. Il saisit tout bien vite, tant l'œil est accoutumé à l'analyse, et il mentionne curieusement sur ses tablettes les détails qu'il a ainsi observés. Son *Journal* de voyage, c'est l'album de l'artiste en route : on y trouve tous les croquis, les ébauches incohérentes, pris et notés au hasard des rencontres. Ne demandez pas à ces essais de la réflexion et de l'esprit de suite ; ils ne vous donneront que la justesse du coup d'œil et la prestesse de la main. Plus tard l'auteur y choisira ce qu'il voudra terminer. Pour le moment c'est un recueil de photographies instantanées, hommes ou choses, gestes ou paysages, saisies comme il convient par le regard le plus amoureux du détail qui fut jamais; sans doute cette comparaison étonnerait Montaigne : elle ne saurait le fâcher.

Ainsi alerte et dispos, Montaigne gagna la Lorraine et l'Alsace, se dirigea ensuite vers la Suisse, puis, remontant au nord, traversa la Bavière et redescendit sur le Tyrol. L'itinéraire n'avait rien de direct et gauchissait souvent, Montaigne estimant plus qu'un autre que tout chemin mène à Rome, où il tendait. Si ses compagnons de route n'y eussent pas trouvé d'inconvénients, il les eût conduits plus loin encore, vers la Pologne ou vers la Grèce, quitte à revenir plus tard au but proposé. Il y a dans le *Journal* une page bien caractéristique à cet égard et qui peint sur nature ce voyageur inlassable, ne se plaignant jamais de ses douleurs de reins, qu'il soumettait cependant à un singulier régime, partant avec joie chaque matin en quête de sensations nouvelles. Mais il n'est plaisir qui ne finisse, et, navré de n'avoir pas vu le Danube ainsi que tant d'autres choses qu'il se promettait, Montaigne pénétrait en Italie par Trente et par Venise. Désormais, en dépit qu'il en eût, le voyageur se dirigera aussi directement qu'il le pourra vers le terme principal de ses chevauchées, à savoir Rome et les bains della Villa, mêlant dans ses préoccupations, comme ils l'avaient été fréquemment au cours de la route, les soucis de sa santé et ceux de son instruction.

Montaigne à Rome. — A Rome, la curiosité de Montaigne n'est plus en sa fleur; sans avoir jamais vu la ville auparavant, il s'y trouve presque en pays familier, tant il sait les phases de son histoire. Au début du voyage, en traversant des régions ignorées, dont il ne soupçonnait pas les usages, tout cet inconnu entrevu au passage le transporte, l'excite, le grise légèrement. A Rome, le sentiment est plus profond et plus calme; c'est l'admiration, mêlée de regrets, pour cette ville unique, la plus grande qu'ait portée la terre, si imposante par les restes d'un passé puissant. Écoutez Montaigne parler de Rome. Tout d'abord il essaie de comparer la Rome d'alors au Paris contemporain. Il tente de rapprocher ces deux cités, lorsqu'il est tout fraîchement débarqué dans l'une d'elles, mais plus tard, quand il aura appris à mieux apprécier Rome, il la laissera à son rang de ville éternelle. Un incident le contraint à étudier Rome de plus près. A son arrivée, il avait pris un guide français; voici que, pour des raisons diverses, celui-ci abandonne le voyageur. Montaigne se pique au jeu : il se met lui-même à l'ouvrage et visite la ville sans aucun secours étranger; bientôt il est de force à en remontrer aux *ciceroni* les plus habiles. Désormais il connaît Rome et il l'apprécie. Après de nombreux examens des ruines, après des heures passées dans l'observation de ces témoins muets des autres âges, il sent toute la grandeur de Rome et il essaie de l'exprimer dans une page qui est un digne hommage à la gloire du lieu.

Mais ni les hauts souvenirs dont la ville était pleine, ni les discussions avec le *maëstro del sacro palazzo* sur l'orthodoxie des *Essais*, ni même le titre pompeux de citoyen romain octroyé à l'étranger d'assez bonne grâce, ne pouvaient supprimer les souffrances physiques de Montaigne, s'ils pouvaient les lui faire oublier. Il est malade, et son humeur s'en ressent. Force lui est donc d'aller demander aux bains della Villa le soulagement qu'il en espère. Le récit du séjour de Montaigne aux bains n'est plus que le récit de son traitement. Plaignons le pauvre grand homme et ne nous attardons pas. Aussi bien un nouveau contretemps le menace. En effet, Montaigne se trouvait aux bains lorsque, le 7 septembre 1581 au matin, on lui remit des lettres de M. du Tauzin, écrites de Bordeaux, le 2 août précédent, et lui annonçant que, la veille, il avait été élu maire par le corps de ville. Certes, il était bien loin de s'attendre à un pareil honneur, qu'il n'avait pas brigué et auquel il voulait tenter de se soustraire. Pour le moment, ce choix venait à la traverse des projets du voyageur. Cinq jours après, Montaigne quittait les eaux et, descendant vers le sud, il se dirigeait par Sienne et Viterbe, vers Rome, où il arriva le dimanche 1er octobre. Son séjour y fut de courte durée, car il y avait trouvé la lettre par laquelle les jurats de Bordeaux lui notifiaient officiellement son élection et le priaient de venir sans retard auprès d'eux. Abandonnant donc la pensée qu'il avait eue de visiter l'extrémité méridionale de l'Italie, Montaigne laisse Rome au bout de quinze jours, employés à préparer ce départ définitif, et regagne la France. Un mois et demi après, il était de retour dans son château.

La mairie de Montaigne. — Comment Montaigne allait-il remplir les fonctions dont il avait été investi si inopinément? Peut-être eut-il un instant la pensée de s'y soustraire, malgré tout; mais le roi de France lui-même était intervenu et avait manifesté le désir de voir le nouveau maire « faire le dû et service » de la charge qui lui incombait. En ce cas, l'hésitation n'était plus permise. D'ailleurs tout le monde souriait à sa bienvenue, et là est le motif du choix qui l'avait désigné pendant son éloignement. Henri III était content de laisser à la tête de l'édilité bordelaise un homme calme et prudent, dont la fidélité lui était bien connue et qui succéderait au bouillant maréchal de Biron. Henri de Navarre, ne perdant pas de vue ses propres intérêts, n'était pas moins aise de trouver comme premier magistrat d'une ville aussi importante un écrivain qui lui était assurément fort sympathique, mais dont la vigilance, plus accoutumée à lire qu'à épier, pourrait peut-être s'assoupir au moment opportun. Enfin, le corps de ville lui-même, heureux d'éliminer le maréchal de Biron, était flatté par surcroît d'être présidé par un enfant de Bordeaux et saluait avec plaisir sa renommée grandissante.

Montaigne accepta donc l'office qu'on lui offrait, mais il prévint ceux qui l'avaient élu de ne pas trop attendre de lui et de ne pas trop lui demander. Il se prêtait seulement à ses concitoyens, réservant tout entier pour lui-même ce *moi* qu'il analysait si complaisamment. De plus, les fonctions de maire, qui étaient devenues en fait beaucoup plus honorifiques qu'actives, furent alors tout particulièrement calmes. Le vent était à la conciliation des partis, et le maréchal de Matignon, qui avait succédé à Biron comme lieutenant général du roi en Guyenne, n'était pas homme à exciter les passions dans son gouvernement. Si bien que, deux ans après, le 1er août 1583, les pouvoirs de Montaigne comme maire arrivant à expiration, il fut renouvelé dans sa charge, ainsi que cela se produisait parfois. Son amour du repos avait été mis à une moins rude épreuve qu'il le redoutait; aussi accepta-t-il sans contrainte cette seconde marque de la confiance de ses concitoyens.

Mais la période qui s'ouvrait ainsi pour Montaigne fut plus agitée que la précédente. L'administration intérieure de la cité, à laquelle le maire n'avait pris part jusque-là qu'assez indirectement, devint bientôt plus absorbante, et le philosophe dut lui consacrer des instants de jour en jour plus nombreux. Les partis, eux aussi, commençaient à remuer davantage et le roi de Navarre ne manquait pas de s'agiter. Prenant prétexte de représailles à tirer des mauvais procédés du roi de France, le Béarnais s'empare de Mont-de-Marsan par un coup de main. Mais il ne se souciait pas que cette audacieuse détermination le brouillât tout à fait avec Henri III et, choisissant Montaigne pour confident, il lui faisait écrire lettres sur lettres par la plume de Duplessis-Mornay pour l'assurer de ses intentions pacifiques. Cette fois-ci les choses n'allèrent pas aussi loin qu'elles auraient pu aller. Montaigne eut donc quelques loisirs, et, pendant qu'il se trouvait ainsi aux champs, le roi de Navarre lui-même vint l'y visiter, pour témoigner sans doute par une démarche gracieuse de la reconnaissance qu'il conservait de ces bons offices. Très fier de cet événement, Montaigne n'a pas manqué d'en noter le souvenir dans ses *Éphémérides*; il remarque complaisamment que le prince resta deux jours à Montaigne, servi par les gens du philosophe, « sans aucun de ses officiers », qu'il « n'y souffrit ni essai ni couvert », c'est-à-dire ni essai préalable des aliments ni couvert personnel, et dormit dans le propre lit du maître de céans.

La fin de la mairie de Montaigne. — La situation ne devint véritablement délicate et troublée que lorsque la mort du duc d'Anjou fit du roi de Navarre l'héritier présomptif du trône de France. La Ligue commença alors à s'agiter pour écarter un prince huguenot auquel elle ne voulait pas avoir à obéir. De plus, à ces discordes politiques s'ajoutaient, en Guyenne, des difficultés suscitées par la reine Marguerite, l'épouse méprisée du Béarnais. Montaigne, comme Matignon, sut manœuvrer fort habilement à travers ces dangers, de façon à bien servir le roi de France, sans mécontenter le roi de Navarre, qui pouvait être le maître de demain et qui, par surcroît, était un maître fort souhaitable. Matignon avait arrêté net les progrès de la Ligue à Bordeaux en mettant son chef, le baron de Vaillac, gouverneur du Château-Trompette, dans l'impossibilité de rien tenter, et Montaigne n'avait pas nui à cette initiative. Mais le maréchal ne pouvait toujours demeurer à Bordeaux; il lui fallait surveiller la province et, pendant ces absences, le maire devait, en ville, parer à l'imprévu. Montaigne s'en acquittait de son mieux, soit qu'il fallût montrer aux esprits échauffés une confiance sans apparence d'inquiétude, soit qu'il fallût déployer un courage plus actif. A la fin de mai 1585, Matignon étant absent pour réprimer les incartades de Marguerite de Navarre, la charge à peu près entière de l'autorité pesait, à Bordeaux, sur Montaigne, et les temps étaient particulièrement agités. Montaigne se montra à la hauteur de son devoir, quoique désireux de se voir délivré au plus vite d'une aussi lourde responsabilité. « Il n'est jour qu'on ne me donne cinquante alarmes bien pressantes, écrivait-il à Matignon. Nous vous supplions très humblement vous en venir, incontinent que vos affaires le pourront permettre. J'ay passé toutes les nuits ou par la ville, en armes, ou hors la ville sur le port.... Il n'a été jour que je n'aye esté au Chasteau-Trompette. »

La seconde et dernière mairie de Montaigne prenait fin le

31 juillet de cette année et elle allait s'achever sur cette conduite si vigilante, si un fléau naturel n'était venu encore se joindre au désordre des passions civiles. Une de ces épidémies foudroyantes comme il en surgissait à peu près périodiquement éclata tout à coup dans Bordeaux. A mesure que la contagion devenait plus violente, les rares habitants qui étaient demeurés à Bordeaux s'enfuyaient ailleurs, et aucune mesure n'était assez puissante pour les y retenir. C'est alors que finit la mairie de Montaigne, et lui-même était absent, sans doute pour conduire sa famille en lieu sain. L'avant-veille du jour où son successeur allait être désigné, il écrivit aux jurats pour leur demander si sa présence était nécessaire et il leur disait : « Je n'espargnerai ni la vie ni autre chose pour vostre service et je vous laisserai à juger si celui que je vous puis faire par ma présence à la prochaine eslection vaut que je me hasarde d'aller en la ville, vu le mauvais estat en quoy elle est. » Et, prêt à tout événement si on l'appelait, Montaigne s'était approché le plus qu'il avait pu. On lui a fait un crime de n'être pas allé plus loin et de n'être pas entré courageusement dans la ville désolée. Des écrivains fort experts sur le courage d'autrui ont condamné cette abstention, plus sévères en cela que les contemporains eux-mêmes dont aucun n'a reproché à Montaigne d'avoir failli à son devoir. Si la conduite de Montaigne manqua d'héroïsme, elle ne manqua pas d'honnêteté. Il ne crut pas que cette charge finissante lui demandât encore le sacrifice de sa vie et pensa que d'autres devoirs plus impérieux lui restaient à remplir. Peut-on l'accuser de n'avoir pas été un héros? Hélas ! ceux-ci sont toujours rares. Honorons-les avec respect quand l'histoire en garde le souvenir, mais ne prétendons pas juger tout le monde à leur aune : trop de gens y perdraient qui sont impitoyables pour Montaigne. Fils, époux, père, lui était-il donc interdit de songer aux personnes attachées à son sort? Jadis, quand il était jeune et que ces liens ne l'enchaînaient pas tous, Montaigne avait considéré la mort en face et elle ne l'avait point effrayé. C'était auprès du lit où La Boétie agonisait, frappé par un mal contagieux, et Montaigne ajoute simplement : « Je ne l'abandonnay plus. »

Le troisième livre des Essais. — Au reste, le fléau devint plus terrible encore et, décimant la province, il menaça

Montaigne dans ses plus chères affections. Retiré aux champs, celui-ci regardait la consternation se répandre autour de lui, et dès que les temps devinrent moins sombres il s'empressa de demander à la méditation et à la lecture la quiétude d'esprit qu'elles lui avaient donnée jadis si libéralement. Revenant à sa chère solitude avec l'allégresse de celui qui retourne à ses plaisirs préférés, il se reprit à feuilleter ses livres avec avidité. C'est alors qu'il découvrit Tacite, dont il se mit à « courre d'un fil » toute l'histoire, tant elle lui plut. Puis, stimulé comme autrefois par ces émotions inespérées, évoquant dans son isolement ses souvenirs de voyage, ou méditant les leçons nouvelles que la vie lui avait données, il ajouta à son œuvre de notables accroissements et la refondit en partie, durant la période de calme qui s'étend des derniers mois de 1585, c'est-à-dire lorsque la peste cessa de ravager le pays, jusqu'aux premiers mois de 1588, quand il se décida à livrer de nouveau son manuscrit à l'imprimeur pour le mettre au jour sous sa deuxième forme. La modification que Montaigne fit alors subir aux Essais est double : reprenant, d'une part, ce qu'il en avait déjà fait paraître, il l'étend et l'augmente ; d'autre part, il ajoute un troisième livre entièrement nouveau aux deux livres qui avaient été imprimés déjà.

Telles sont les conditions matérielles qui distinguent l'édition des Essais donnée en 1588, chez L'Angelier, de celles qui la précédèrent ou de celles qui la suivirent : c'est une étape nécessaire dans l'histoire de l'œuvre, entre ce qu'elle était à son origine et ce qu'elle devint après la mort de Montaigne. Cette édition sert grandement aussi à la connaissance de l'auteur. Celui-ci l'a augmentée de confidences, de révélations, qui parfois rompent la pensée et l'attardent, mais qui toujours parlent de sa personne avec plus d'abandon et d'intimité. « La faveur publique m'a donné un peu plus de hardiesse », reconnaît-il. Désormais il prendra donc avec ses lecteurs des familiarités qu'il ne se fût pas permises auparavant. C'est là un des attraits de ces fragments joints aux chapitres déjà publiés, et de ce troisième livre, ce « troisiesme allongeail » de la « peinture » de Montaigne. Il a écrit de sa besogne : « J'ajoute, mais je ne corrige pas. » C'est tout à fait vrai pour ce qui touche à son analyse intime. C'est exact aussi s'il entend par là qu'il n'atténue point les opinions précédemment émises et qu'il n'essaie pas de rattraper les confidences déjà faites. Loin d'affaiblir sa pensée, les morceaux divers qu'il soude à son œuvre la renforcent et l'appuient de témoignages nouveaux. Le raisonnement est plus éparpillé et la conclusion s'en dégage moins clairement tout d'abord, mais on ne tarde pas à reconnaître que, dans toutes ces précautions de pure forme, la dose de malice a été doublée et le trait est plus vigoureux que jamais.

Montaigne et la Ligue. — Quand son ouvrage fut ainsi remanié, Montaigne vint à Paris le faire imprimer et, environ quatre mois après, les *Essais* étaient publiés sous leur seconde forme. On était alors aux jours les plus mauvais de la Ligue, et le philosophe en fit l'expérience à ses dépens, car, prisonnier des factieux, il fut mené à la Bastille et dut y passer quelques heures. L'incarcération heureusement ne fut ni longue ni grave, bien que Montaigne souffrît de la goutte, et lui-même prit assez gaillardement sa mésaventure. Mais il ne s'attarda pas à Paris, où rien ne le retenait. L'enthousiasme de Mlle de Gournay, qui venait de le déclarer à son « père d'alliance », sut l'amener d'abord en Picardie; puis Montaigne se rendit en curieux aux États de Blois, où il retrouva quelques amis, de Thou et Étienne Pasquier. Si leurs doctes entretiens pouvaient distraire un instant Montaigne des préoccupations de l'heure présente, les événements l'y ramenaient bien vite, car ils se précipitaient et la situation s'aggravait de plus en plus, par l'assassinat des Guises d'abord, et par le meurtre de Henri III, qui ne tarda pas à y répondre. Il est vrai que cet acte criminel donnait la couronne à Henri de Navarre, et Montaigne, qui avait vu le prince à l'œuvre, s'en réjouissait. « J'ay, de tout temps, lui écrivit-il, regardé en vous cette mesme fortune où vous estes, et vous peut souvenir que, lors mesme qu'il m'en falloit confesser à mon curé, je ne laissois de voir aucunement de bon œil vos succès; à présent avec plus de raison et de liberté, je les embrasse de pleine affection. »

Le nouvel Henri IV eût souhaité grouper toutes les bonnes volontés autour de lui et fit des avances à Montaigne pour l'y attirer. Mais le philosophe ne crut pas devoir accéder à ce

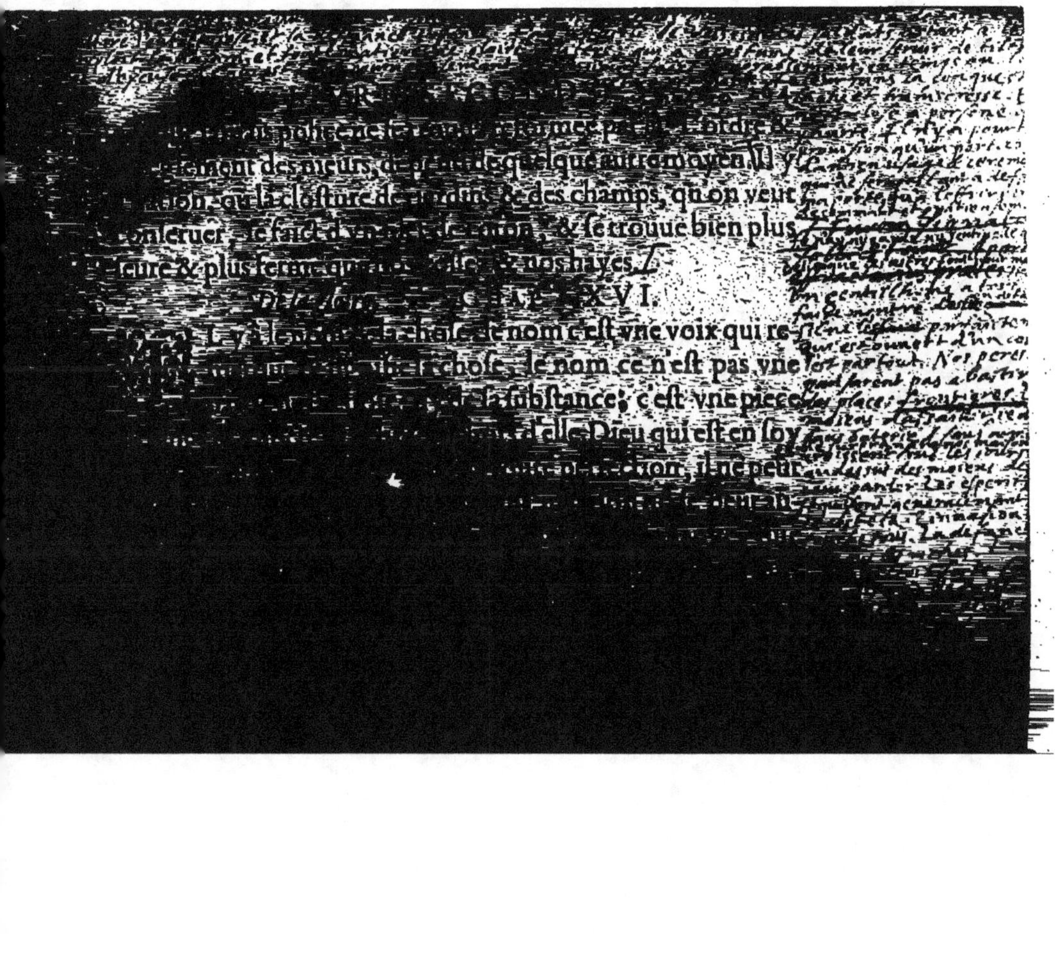

UNE PAGE DES « ESSAIS » (Édition de 1588)
AVEC ANNOTATIONS AUTOGRAPHES DE MONTAIGNE
Bibliothèque municipale de Bordeaux

désir, si flatteur qu'il pût être. « Je n'ay jamais reçeu bien quelconque de la libéralité des rois, répondait-il, non sans fierté, aux offres du prince, non plus que demandé ni mérité, et n'ay reçeu nul paiement des pas que j'ay employés à leur service, desquels Votre Majesté a eu en partie connoissance. Ce que j'ay fait pour ses prédécesseurs, je le ferai encore beaucoup plus volontiers pour elle. Je suis, Sire, aussi riche que je me souhaite. » Mais renonçant aux concours actifs, comme il renonçait aux longs espoirs, Montaigne se contenta de suivre de ses vœux et de sa sympathie ce roi sans royaume dans la lutte qu'il engageait avec la Fortune pour conquérir la France.

Dernière revision des Essais. — Afin d'échapper aux maux qu'il devait à « la libéralité des ans », Montaigne se réfugia encore une fois dans la réflexion solitaire et dans l'étude. Comme au temps où sa santé était plus prospère, il se remet à feuilleter les livres et à méditer, espérant que cette paisible occupation donnera quelque répit à ses douleurs. Encore une fois aussi Montaigne reprend son propre livre, en couvre les marges d'additions, le refait par endroits et y insère ce que lui ont suggéré de nouvelles observations. Plus que toute autre cette besogne l'amuse et il y prend un malicieux plaisir, s'efforçant de voiler sa pensée par des circonlocutions, de dépister le lecteur par les incidences qu'il multiplie, s'attardant surtout à parler de lui, ainsi que les vieillards aiment à faire. Certes, l'apparition des *Essais* tels que leur auteur les avait publiés quelques années auparavant, en 1588, fut pour celui-ci un grand et légitime succès littéraire. Pourtant la critique commençait son œuvre. Elle trouvait que Montaigne, sous l'apparente désinvolture avec laquelle il se traite, se complaisait beaucoup à entretenir les autres de lui-même. « Qui auroit rayé tous les passages qu'il parle de lui ou de sa famille, dit Pasquier, son œuvre seroit raccourcie d'un quart, à bonne mesure, spécialement en son troisiesme livre, qui semble estre une histoire de ses mœurs et de ses actions. » Si Montaigne entendit ce reproche, il n'en fit pas son profit. Loin de restreindre ce qu'il nous apprend de lui-même, il l'augmente au contraire ; dès qu'il trouve un coin négligé, il l'explore et le met en lumière ; il recommence sa propre peinture et l'étend sans se soucier autrement que le tableau y perde en unité. Il cherche à disperser les traits, à les éparpiller sous des ornements extérieurs qui les surchargent et les déforment. Il disjoint ses raisonnements, coupe le fil de ses déductions, en y intercalant des remarques étrangères; la pensée primitive se morcèle ainsi et se désagrège. Est-ce l'effet de la vieillesse ou dessein calculé? Sans doute, si la mort avait permis à Montaigne de mettre la dernière main à son œuvre ainsi comprise, beaucoup de ces défaillances auraient disparu; mais, telles qu'elles sont, ces superfluités masquent parfois si bien l'intention de l'auteur, qu'il est besoin de recourir aux précédentes éditions pour la saisir.

Son livre est devenu pour Montaigne une sorte de tapisserie de Pénélope, qu'il ne défait certes pas, car il retranche peu, mais dont il relâche les mailles, y travaillant toujours sans l'achever jamais. A cette occupation les heures du déclin passent, moins longues et moins vides, et le philosophe, sentant moins la douleur, voit d'un œil plus calme croître en lui ces ombres sans cesse grandissantes qui obscurcissent lentement le soir de la vie. C'est ainsi que la mort le prit, et il finit comme un croyant. Les contemporains sont unanimes pour l'affirmer. Il le pouvait sans se dédire, car jamais il n'avait abandonné la religion de ses pères, s'en tenant toujours à ce que la religion lui enseignait être le devoir. Si l'on en croit Pasquier, qui n'y assista pas, cette mort fut même édifiante. Selon lui, Montaigne fit dire la messe dans sa chambre, et, comme le prêtre arrivait à l'élévation, le mourant expira dans un dernier acte de foi.

Édition posthume des Essais. — Montaigne à jamais disparu, sa femme et sa fille se préoccupèrent aussitôt qu'elles le purent de donner au public les additions que l'auteur insérait dans son œuvre en vue d'une nouvelle édition; sans être définitives, elles étaient cependant conformes aux dernières volontés de l'écrivain. Il existe encore un manuscrit tout entier de la main de Montaigne qui permet de juger ce labeur que la mort interrompit. C'est un exemplaire des *Essais* de l'édition de 1588, dont les marges sont couvertes d'additions de l'auteur et conservé maintenant à la bibliothèque de Bordeaux. Tel qu'il est, ce précieux volume montre parfaitement comment Montaigne revoyait son œuvre lorsque sa dernière heure vint à sonner; on y sent à chaque ligne le soin apporté à cette revision. Encore n'est-ce pas là le résultat complet des suprêmes corrections de l'écrivain; celui-ci écrivit en outre, sans doute sur des feuilles volantes qui ne nous sont point parvenues, soit une première rédaction de quelques passages de son livre, soit une version nouvelle, et ainsi s'expliquent les variantes peu nombreuses qu'on peut relever entre le texte manuscrit que nous possédons et celui qui a été imprimé. Assurément l'exemplaire de Bordeaux contient en original la plus grande partie des additions nouvelles. Grâce à lui, on sait fort bien, en tout cas, à quelle besogne de revision Montaigne se livre, quoi qu'il lui en coûte, ne négligeant rien, jusqu'aux recommandations typographiques, avec l'intention évidente de faire disparaître ce qui lui semble défectueux. Montaigne simplifie l'orthographe, à laquelle il attache plus d'importance qu'il n'en a l'air, et, dans un avis à l'imprimeur qu'on lit en tête du manuscrit, il résume sommairement les règles qu'il veut suivre désormais. Au point de vue du style, il coupe ses phrases, bannissant chaque jour davantage les longues périodes cicéroniennes, hachant, au contraire, son style, à l'exemple de Sénèque; sous sa plume les virgules se changent en deux points, et ceux-ci deviennent des points simples, qui marquent plus fréquemment la fin de la phrase. Montaigne, qui n'était pas grammairien, le devient presque, à passer ainsi son propre ouvrage au crible. Et toutes ces corrections si minutieuses — mots changés ou phrases mo'ifiées — sont faites d'une écriture sinon naturellement lisible, du moins volontairement soignée.

Pour livrer utilement ce texte nouveau à l'impression, il fallait commencer par se reconnaître parmi les papiers de Montaigne. C'est ce que fit sa veuve, en laissant au poète bordelais Pierre de Brach le soin de collationner les manuscrits du défunt, d'établir le texte qui deviendrait définitif au milieu des rédactions diverses qu'avait pu laisser l'auteur. Sur cette base ainsi disposée, l'affection filiale de Mlle de Gournay allait asseoir l'édifice de l'édition de 1595. Préparée par Pierre de Brach sur les papiers mêmes de Montaigne, aussitôt après la mort de celui-ci, surveillée par Mlle de Gournay avec une vigilance soutenue, elle offre donc toutes les garanties désirables de sincérité, et son autorité ne peut être mise en doute. On ne saurait dire pourtant qu'elle représente la pensée définitive de Montaigne. Nous avons déjà fait la remarque que cette pensée n'était pas encore fixée avec certitude quand la mort surprit le philosophe. La grande préoccupation des exécuteurs des dernières volontés de Montaigne devait être de suivre son œuvre, bien qu'indécise par endroits, et de la donner au public telle qu'ils l'avaient reçue. Le respect s'imposait alors, scrupuleux, absolu, et nous devons un triple hommage à Mme de Montaigne, à Pierre de Brach et à Mlle de Gournay pour ne s'en être jamais départis [1].

1. En résumé, le texte des *Essais* a passé par trois étapes successives, représentées par les éditions originales de 1580, de 1588 et de 1595.

1° En 1580, Montaigne publie la première édition de son ouvrage, ne contenant que deux livres, à Bordeaux, chez Simon Millanges (2 vol. in-8. Premier volume : 4 feuillets préliminaires et 496 pages de texte, mais la numérotation est fautive; le privilège est daté du 9 mai 1579. — Deuxième volume : 2 feuillets préliminaires, 650 pages de texte et 2 pages d'errata). Le texte de cette première édition a été reproduit, sauf quelques légères variantes, dans la seconde édition également publiée à Bordeaux par Millanges, en 1582 (1 vol. in-8, de 4 feuillets préliminaires et de 806 pages de texte).

2° En 1588, Montaigne réimprime les deux livres de son ouvrage déjà publiés, en les remaniant et les accroissant, et y ajoute un troisième livre inédit (Paris, Abel L'Angelier, 1 vol. in-4, de 4 feuillets préliminaires et de 496 pages, chiffrées inexactement).

3° En 1595, trois ans après la mort de l'auteur, la famille de Montaigne, secondée par le poète Pierre de Brach et par Mlle de Gournay, publiait, comme le disait le titre, une « édition nouvelle trouvée après le décès de l'auteur et augmentée par lui d'un tiers plus qu'aux précédentes impressions ». (Paris, Abel L'Angelier ou Michel Sonnius, 1 vol. in-folio, de 12 feuillets préliminaires, 523 pages de texte pour les deux premiers livres, plus 231 pages chiffrées séparément pour le troisième.)

Pour donner tous les aspects successifs de la pensée de l'écrivain, une édition des *Essais* devrait donc reproduire simultanément toutes les variantes et modifications de ces trois éditions originales. Pareil travail n'a pas encore été fait. On peut y suppléer, en partie, en consultant : 1° la réimpression de MM. Dezeimeris et Barckhausen qui prend le texte de 1580 pour base et donne les variantes de 1582 (Bordeaux, 1870, 2 vol. in-8); — 2° pour le texte de 1588, soit l'édition de MM. Motheau et Jouaust avec préface de M. de Sacy (Paris, Jouaust, 1873, 4 vol. in-8), soit une autre édition, également publiée par MM. Motheau et Jouaust et plus abordable, qui donne avec le texte de 1588 pour base, les variantes de 1595 (Paris, Jouaust, 1886, 7 vol. in-16 elzévirien); — 3° l'édition de MM. Courbet et Royer (Paris, Lemerre, 1872, 4 vol. in-8) qui reproduit fidèlement le texte de 1595 et contient, en outre, toutes les lettres écrites par Montaigne actuellement connues.

Enfin, il existe à la bibliothèque municipale de Bordeaux un précieux exemplaire des *Essais* (édition de 1588), couvert de nombreuses notes autographes de Montaigne. Ces annotations diffèrent en plusieurs endroits, et parfois très notablement, du texte donné en 1595, dans l'édition posthume des *Essais*. Quelques éditeurs modernes ont cru devoir recourir uniquement au texte de cet exemplaire manuscrit et en ont fait la base de leur publication; nous citerons Naigeon (Paris, Didot, 1802, 4 vol. in-8), Desoër de l'Aulnaye (Paris, 1818, 4 vol. in-18), Amaury-Duval (Paris, 1820, 6 vol. in-8). Aucune de ces éditions n'offre des garanties suffisantes de fidélité.

Cette tâche particulièrement cordiale convenait bien à l'enthousiasme affectueux de Mlle de Gournay. La docte fille avait donné à Montaigne sa dernière illusion : grâce à elle le philosophe expirant savait que sa mémoire serait entretenue par un culte pieux et que son œuvre serait soignée par des mains aussi expertes que dévouées. Je doute qu'il eût regardé d'un tel œil, s'il avait pu le prévoir, l'usage que Pierre Charron allait faire de sa philosophie. Montaigne avait entretenu les rapports de courtoisie avec Charron, ils avaient fait échange de bons procédés, mais rien ne prouve qu'il ait jamais considéré ce prêtre d'allures assez fantasques comme un disciple et comme un continuateur. Trop de dissemblances naturelles les séparaient pour cela.

IV. — *Charron. Du Vair.*

Les débuts de Charron. — Né en 1541 et l'un des vingt-cinq enfants d'un libraire parisien, Pierre Charron fit ses études de droit, prit ses grades et s'inscrivit au barreau; puis, renonçant à la procédure, il entra dans les ordres et se livra à la prédication. Il obtint ainsi assez de succès pour que ses contemporains le regardassent comme un grand orateur de la chaire et pour qu'un évêque voulût l'amener avec lui dans un diocèse de la Guyenne. Alors commença pour Charron une vie de chevalier errant de la théologie et des pérégrinations qui l'entraînèrent tour à tour, sous des prétextes divers, dans la plupart des églises cathédrales du sud-ouest de la France. Une pareille existence, coupée sans cesse par des déplacements et consacrée tout entière à la parole publique, diffère grandement, comme on le voit, de la retraite de Montaigne et de ses méditations solitaires. Il y a plus. Si Charron vint, plus tard, au doute raisonneur et « cathédrant », on peut dire qu'il y vint de loin. En effet, Charron dut traverser auparavant une crise morale et, s'il donna quelque champ libre à sa raison, ce ne fut qu'après avoir essayé de l'abîmer dans l'ascétisme. A la vérité, cette anxiété n'a laissé aucune trace dans l'œuvre assez terne et un peu pédante de

Charron, pas plus que son style clair, mais sans chaleur, ne trahit les mouvements de sa pensée. Charron n'en connut pas moins divers orages qui troublèrent son âme assez fort pour qu'il souhaitât entrer dans quelque ordre religieux, les Célestins ou les Chartreux. C'est l'époque la plus agitée de la vie de Charron. Il ne craint pas alors de se mêler aux agitations publiques et, sous la poussée de son prosélytisme, prêche pour la Ligue, à Angers, assez violemment pour qu'on lui ôte la parole. Il fait tous ses efforts ensuite pour embrasser la vie monastique, mais aucun des ordres auxquels il s'adresse ne veut l'accueillir et chacun prétexte son âge trop avancé qui le rend impropre aux rigueurs de la vie du cloître. Déçu dans ses espérances, Charron reprend alors le chemin de Bordeaux, et c'est alors qu'il semble avoir vécu le plus près de Montaigne et le mieux compris ses leçons.

A cette fréquentation, Charron se résigna assez aisément à n'avoir pu être moine. Aux approches de la vieillesse, il découvrit, à côté du renoncement du religieux anéantissant dans sa foi son esprit et sa chair, une sagesse plus sereine et plus humaine, faite de la modération des désirs, dirigeant la raison sans la supprimer et regardant sans trouble l'inconnu. Montaigne avait tout naturellement trouvé l'expression de cette sagesse, porté qu'il était vers elle par la pondération de son humeur et de ses sens. Au contraire, Charron, plus mal en équilibre, n'y venait qu'après bien des détours, après avoir cherché ailleurs cet apaisement vers lequel il tendait. Il en résulte que sa sagesse sera toujours un peu agitée comme sa vie, plus raisonneuse que calme, essayant plutôt de convaincre par la dialectique que de convertir par l'exemple. Ce n'est nullement ainsi que procède Montaigne, qui agit inversement sur les esprits : ici, peu ou point de système, mais une existence tellement d'accord avec la théorie, qu'elle en est la personnification la meilleure qu'on puisse souhaiter; là, au contraire, un luxe de règles et de démonstrations un peu fatigantes, des comparaisons et des syllogismes plus lourds que probants. La différence est grande, comme on voit; elle mérite qu'on la signale.

Charron écrivain. — C'est alors aussi, sur le tard, que Charron se mit à écrire, et ce changement vaut encore qu'on le mentionne. Renonçant à la parole, ou tout au moins n'y ayant plus exclusivement recours, Charron crut devoir défendre le catholicisme par la plume comme il l'avait soutenu par ses sermons. Mais les procédés d'argumentation changent, et il n'est pas impossible que le calme du raisonnement réfléchi succédant aux agitations de la chaire et aux exagérations de la dialectique oratoire n'ait pas peu contribué à apaiser l'homme et à lui montrer la voie plus unie qu'il allait suivre désormais jusqu'au bout. Pourtant, Charron devenu philosophe reste orateur par bien des côtés : il l'est en cela qu'il ne répugne pas assez à l'à-peu-près, ne pesant exactement ni la valeur des termes, ni la portée des preuves, exagérant ou affaiblissant tour à tour les objections et les réfutations. Si la plume fut, pour ainsi dire, le balancier de sa pensée et en régla l'allure, cette règle n'est ni uniforme ni invariable et on sent que celui qui l'applique s'en est servi un peu trop tard. Encore Charron ne se découvrit-il écrivain que de biais et par raccroc, l'expérience qu'il tenta à cette occasion n'ayant été avouée que parce qu'elle réussit.

Le premier livre que Charron publia, en 1593, parut sous le voile de l'anonyme et avait pour titre *les Trois Vérités*. C'était une démonstration de la nécessité d'une religion, qui ne pouvait être que le christianisme et même le catholicisme. Toute une partie, la plus importante aux yeux de l'auteur, était dirigée contre les Huguenots fort hésitants après la conversion de Henri IV. C'est elle qui fit le succès du livre que son auteur s'empressa d'avouer et qui eut plusieurs éditions successives en peu de temps. Au contraire, la partie de son ouvrage dans laquelle Charron développe la nécessité d'une religion à l'encontre des athées montre plus à nu la véritable nature de son esprit. A prendre les choses en gros, c'est ce que Sebonde avait prétendu faire, et c'est aussi ce que Montaigne, poursuivant le projet de son prédécesseur, avait essayé de faire à son tour : démontrer en face de la faiblesse de la raison humaine la convenance d'une doctrine supérieure suppléant à notre infirmité. Mais si Montaigne avait sapé avec entente les bases de la raison, il n'avait rien reconstruit sur le terrain ainsi préparé ; pour toute conclusion, il se contente de s'incliner devant le christianisme, de tirer une de ces *bonnetades* dont il n'est pas avare.

Charron va plus loin : il se complaît moins à la critique de l'homme qu'il ne tend à la démonstration de la nécessité de la foi. Marchant ici sur les traces de Montaigne traducteur et apologiste de Raymond de Sebonde, et allant plus de l'avant, Charron débute dans la carrière d'écrivain par un traité de théologie naturelle, sorte d'acte de foi mitigé par l'examen de la raison. Mais la différence des deux intelligences s'accuse bien vite. Ici Charron prétend faire avant tout œuvre de théologien et non de philosophe; le piquant est qu'un prêtre, appelé, comme il l'était par ses fonctions mêmes, à enseigner la doctrine par des arguments fondés sur l'autorité, ait aussi volontiers recours au témoignage des sens et de la raison.

Le traité de la Sagesse. — Quelques années plus tard, à Cahors où il était chanoine théologal, Charron écrivit un autre livre d'allure plus indépendante et de portée plus longue qui devait rendre son nom célèbre; c'est le traité *de la Sagesse*. Renonçant aux préceptes religieux et à la foi, Charron voulait maintenant tracer le portrait de la sagesse purement humaine, en dégager les traits et les leçons, et, bien que le tableau fût austère et trop symétrique, il plut grandement à ceux qui le virent. On ne saurait l'oublier, en effet, cette sagesse humaine dont Charron cherche ici à déterminer les conditions et dont le scepticisme est la base la plus sûre parce qu'elle est fondée sur l'exacte connaissance de l'homme, n'est qu'un état préparatoire, une sorte d'acheminement vers une sagesse supérieure, procédant de la révélation et de la foi, ou tout au moins un état qui, s'il n'implique pas nécessairement la foi, n'implique pas davantage l'incrédulité. Dans la pensée de l'auteur, ce nouveau livre devait apprendre à bien vivre, comme *les Trois Vérités* montraient à bien croire. Dans *la Sagesse*, le dernier en date de ces deux ouvrages, celui qui nous paraît au contraire maintenant contenir la préface de la doctrine, le philosophe montre l'incapacité de l'homme à saisir la vérité pure parce qu'elle est au-dessus de ses facultés et qu'elle « loge dans le sein de Dieu ». Pourtant, et malgré tout, il ne saurait y avoir de vraie théologie sans l'étude de l'homme, car « l'homme est l'échelle de la divinité, et c'est en soi-même qu'il trouve plus de marques et de traits de Dieu qu'en tout le reste ». Aussi Charron assoit-il sa propre théologie sur cette étude capitale, et s'il analyse l'homme, c'est autant pour connaître sa faiblesse que pour apprendre à connaître Dieu. Telle est la filière des idées de Charron ; l'un des dangers, parmi bien d'autres, fut que la partie philosophique de ce système ayant eu beaucoup plus d'action que la partie théologique, on négligea l'autre. C'est ce qui explique pourquoi Charron est si obstinément regardé comme le continuateur de Montaigne.

Ceci est vrai surtout de la psychologie de Charron, et *la Sagesse* n'est, à cet égard, que la coordination des *Essais*. Charron bâtit une théorie là où Montaigne avait apporté seulement des matériaux artistement taillés, laissant à chacun le soin de les édifier à sa guise. Charron resserre les *Essais*, les condense, veut en faire découler des conclusions précises devant lesquelles son maître tout au moins a hésité. C'était d'abord une maladresse, puisqu'elle faisait cesser le charme d'un désordre plus apparent que réel. C'était aussi une imprudence, car les défauts du système, ainsi mis en relief, allaient devenir bien plus évidents. On ne conçoit guère, en effet, le scepticisme que souriant ou douloureux : il faut que le doute, « doutant même s'il doute », soit, comme celui de Montaigne, l'oreiller de repos d'une tête bien faite, ou qu'effrayé par le vide qu'il sent autour de lui, comme celui de Pascal, il s'élance à corps perdu vers la certitude là où il pense la trouver. Le doute de Charron est entre les deux et tient de l'un et de l'autre : aussi paisible que celui de Montaigne, mais « cathédrant et dogmatisant, » il cherche à conduire les hommes au même but que celui de Pascal, par des chemins nettement dessinés, nullement raboteux ou embroussaillés, car les incertitudes qui agitèrent sa propre vie ne se font point ressentir dans son livre. Charron — et ce n'est pas là sa moindre inconséquence — représente comme transitoire et préliminaire un état qu'il décrit avec émotion comme procurant cette tranquilité d'âme, cette *perfection* et ce *bonheur*, ce *paix et peu* qui forme, dit-il, une *harmonie très mélodieuse*. Pourquoi, s'il en est ainsi, se demande-t-on involontairement, quitter une telle retraite et abandonner un pareil repos? Et d'autre part, si le scepticisme n'est qu'une étape pour aller ailleurs, pourquoi le parer avec tant de complaisance? Mais Charron n'y regarde pas de si près.

La philosophie de Charron. — C'est à l'aide de ce doute, moins indépendant de la croyance religieuse qu'on ne le croit d'ordinaire, que Charron va édifier le fondement de sa sagesse et de sa morale; car, si la parole de Dieu peut seule donner la foi religieuse, il est possible d'acquérir par des moyens purement humains la sagesse philosophique et de déterminer les règles d'une morale détachée de tout dogme. Là est le mérite le plus nouveau de *la Sagesse* : elle présenta aux esprits éclairés de ce temps un système coordonné de conduite qui fit vite fortune. A la vérité, ce système n'est pas trop relevé : l'indifférence en matière de religion et de sentiment, voilà à peu près à quoi il aboutit, le tout exposé avec une sécheresse dogmatique qui semble encore le rétrécir et le resserrer. Ce n'était cependant pas un mince mérite qu'essayer de réconcilier les partis dans une philosophie purement morale, et, laissant les divergences sur le dogme, tenter que les esprits les plus élevés, protestants ou catholiques, s'entendissent au moins pour pratiquer une vertu abordable, tolérante et large. Ainsi comprise, la conception de *la Sagesse* a le tort de ne s'adresser qu'à un petit nombre; elle n'est pas moins en progrès sur les mœurs ordinaires du siècle, et quiconque s'y serait conformé alors eût dépassé en valeur morale la plupart de ses contemporains.

C'est ce qui fit le succès de son livre; c'est par là aussi qu'on l'attaqua. Aussitôt qu'elle eut vu le jour, *la Sagesse* fut lue avidement. Elle souleva aussi les protestations des docteurs catholiques, et Charron s'en aperçut de reste quand il s'agit d'obtenir l'approbation ecclésiastique pour une seconde édition. L'auteur s'était vanté d'endormir ces défiances à l'aide de quelques concessions de détail. Il n'en fut rien et la Sorbonne ne désarma pas. La divergence était plus profonde que Charron ne l'imaginait. Une religion ne saurait accepter, sans une sorte d'amoindrissement, une *capitis diminutio maxima*, qu'on détache ainsi d'elle-même, de son enseignement, toute la morale, et qu'on l'impose à l'aide d'arguments purement humains. Il ne pouvait que déplaire au catholicisme de voir ainsi accepter communément comme suffisante et efficace, sur la parole d'un ecclésiastique, une morale basée sur le simple déisme et échafaudée par les moyens de la logique humaine. Aussi la Sorbonne se montra-t-elle intraitable. En vain Charron multiplia-t-il les atténuations et les explications; en vain mit-il sous presse en même temps un recueil de *Discours chrétiens* où la raison du philosophe était singulièrement tenue en bride par le savoir du théologien. Les tracasseries n'en persistèrent pas moins. Elles troublèrent les dernières années de Charron à Condom, où il était fixé comme chanoine et où il s'était ménagé une agréable retraite. Elles redoublèrent à Paris, où il vint essayer de les surmonter lui-même, et brusquement l'apoplexie le foudroya en pleine rue, le dimanche 16 novembre 1603.

Il s'en faut que ce que Charron avait mis dans ce livre qui fit tant de bruit fût également original. La plupart des choses qu'il y disait avaient été dites par d'autres, et très souvent mieux. Son travail avait été de les coordonner, de les *repenser* et de leur donner une teinte uniforme qui convenait à cette sagesse un peu terne. C'était un mérite en un temps qui se piquait déjà de logique et de bel arrangement. C'est ainsi que Charron supplanta Montaigne, qu'il avait mis au pillage, dans l'estime des « honnêtes » gens. Ce que Charron rapportait des passions, il l'avait également pris à Du Vair, car lui-même déclarait qu'il ne connaissait personne qui les dépeignît plus « naïvement et richement » que Du Vair « en ses petits livrets moraux ». Cela contribua beaucoup aussi à faire reléguer Du Vair à un rang qui n'était pas le sien. Mais cette déchéance devint bien vite irrémédiable; comment se serait-on mis à relire Du Vair quand déjà on ne lisait plus Charron?

Vie de Du Vair. — Et pourtant Du Vair a droit à plus d'estime : magistrat éminent, orateur éloquent, moraliste élevé, politique avisé, son caractère et son talent peuvent, à bien des égards, servir de modèles. Né à Paris, le 7 mars 1556, il embrassa l'état ecclésiastique, mais, à l'encontre de Charron, il délaissait bientôt les études théologiques pour le barreau et, en 1584, fut pourvu d'une charge de conseiller au parlement de Paris. Là, en un temps où il était plus difficile encore de connaître son devoir que de le remplir, Du Vair sut le dégager avec discernement et l'exécuter avec courage. Il se rangea résolument parmi les modérés de cette assemblée, dans ce parti des Politiques qui combattit également, quand il le fallut, l'esprit de fanatisme et l'esprit de sédition. Son intervention fut alors méritoire et eut les meilleurs effets. Député aux États de la Ligue, en 1593, où il représentait la magistrature, il s'opposa notamment avec vigueur aux intrigues des Espagnols qui prétendaient faire proclamer leur infante reine de France, au détriment de Henri IV. Du Vair fut bien inspiré à cette occasion et prononça un discours éloquent, abondant en arguments précis et nets, sur le maintien de la loi salique, qui convainquit l'assemblée et sauva la monarchie. Et le lendemain, 29 juin 1593, le premier président Lemaistre, suivi de vingt conseillers, venait signifier à Mayenne, dans des remontrances restées célèbres, l'arrêt du parlement qui gardait le pays d'une mainmise de l'étranger. C'était le temps où la *Ménippée* faisait presque autant en faveur du nouveau roi de France que sa vaillance personnelle et ses éclatants faits d'armes. Certes on ne saurait méconnaître de quel précieux secours sont, en France, pour les bonnes comme pour les mauvaises causes, l'esprit et la verve malicieuse. Henri IV pensa apparemment que l'éloquence et la saine raison, bien que d'un effet plus restreint, n'avaient pas dû lui nuire, dans l'espèce, en faisant triompher le droit et la légalité, car il n'oublia pas le service que Du Vair lui rendit à cette occasion.

Celui-ci obtint d'abord les fonctions de maître des requêtes de l'hôtel du roi, puis fut chargé de diverses missions de confiance à Marseille, alors mal réduite à l'obéissance, et en Angleterre auprès d'Élisabeth, qu'il parvint à déterminer à s'unir avec la France contre l'Espagne. Enfin, Henri IV nomma Du Vair au poste de premier président du parlement de Provence, à Aix, et le docte magistrat eut bientôt réuni autour de lui une véritable cour de poètes et de lettrés provinciaux qu'il soutenait de son amitié et de ses conseils. C'est là que la régente Marie de Médicis le vint prendre pour l'élever à la magistrature suprême de garde des sceaux. Mais il semble que Du Vair ne fût pas fait, par ses qualités mêmes, pour être placé aussi haut; il brilla moins au premier rang qu'il avait brillé ailleurs. Mal disposé à se prêter aux intrigues de cour, il fut en butte aux attaques des envieux, dut résigner les sceaux sans regret, puis les reprendre sans enthousiasme, sur les instances de Louis XIII. Il les avait encore quand il mourut à Tonneins, le 3 août 1621, emporté par une maladie épidémique dont il contracta le germe au siège de Clairac où il avait accompagné le roi. C'est ainsi qu'appartenant à la fin du xvi° siècle par ses écrits, Du Vair est au contraire du xvii° par son rôle politique.

Du Vair orateur et écrivain. — Telle est, en ses traits principaux, l'existence officielle de Du Vair. Agissant comme un sage qu'il était, l'homme public eut toujours soin de se ménager à lui-même, au milieu de ses occupations professionnelles, des travaux plus studieux et plus conformes à ses goûts. Loin d'en souffrir, la réputation du magistrat et du politique n'a eu qu'à gagner à celle du philosophe et de l'écrivain. Nous venons de dire de quel poids fut en faveur de Henri IV l'éloquence de Du Vair. On ne saurait manquer de rappeler en outre le discours qu'il prononça au parlement après les barricades ni son exhortation à la paix. Orateur entraînant quand il en était besoin, le plus souvent serré et vigoureux, Du Vair était plus à l'aise encore dans l'éloquence officielle dont l'ampleur convenait à son langage et à son esprit. Ses harangues de Marseille ou d'Aix sont des morceaux d'une belle ordonnance, d'une inspiration élevée, sévères sans lourdeur, et graves sans emphase. Soutenues par le débit et par l'action, elles devaient produire un grand effet qui se devine encore dans les périodes savantes de leur prose, et on conçoit que les contemporains aient regardé l'orateur comme un des maîtres de l'éloquence judiciaire ou politique.

Du Vair prêchait ainsi d'exemple pour essayer d'ennoblir l'art de la parole et de tirer ceux qui la pratiquaient des sentiers rebattus où ils se tenaient trop complaisamment. Joignant les principes à ses propres leçons, il composa aussi un traité théorique sur l'éloquence, en lui donnant ce titre significatif : *De l'éloquence françoise et des raisons pourquoi elle est restée si basse*. L'auteur en effet n'est pas tendre pour les orateurs de son siècle et on ne saurait dire qu'il a tort lorsqu'on a parcouru leurs œuvres. Quand il compare ceux d'alors à ceux de l'antiquité, il les juge sainement et avec mesure, par des considérations qu'on ne peut qu'accepter aujourd'hui. Pour fournir de véritables modèles à suivre, Du Vair ajoute à son propre ouvrage quelques traductions des harangues de l'antiquité qu'il juge les plus dignes d'exciter l'émulation; ce sont la Milonienne de Cicéron et les deux discours pour et contre la couronne de Démosthène et d'Eschine. Comme la plupart des traductions qui parurent à cette époque, celles-ci visent moins à être des copies exactes qu'élégantes et polies; le langage en est pur et harmonieux, bien qu'il n'égale peut-être pas la pureté du style de Coeffeteau dans sa traduction de Florus. Mais les versions de Du Vair ont un autre mérite : faites par un orateur expert, elles laissent transparaître les qualités de l'original, et c'est assurément ce que le traducteur se proposait le plus.

Du Vair moraliste. — Du Vair est encore un moraliste élevé. Son œuvre est, à cet égard, considérable et mérite de retenir l'attention. Elle se compose de trois traités principaux : l'un, qui est communément placé parmi les *Traités de piété*, a pour titre *la Sainte philosophie*; les deux autres, rangés parmi les *Traités philosophiques*, sont intitulés *la Philosophie morale des stoïques* et *de la Constance et consolation ès calamités publiques*. Cette trilogie se complète mutuellement et l'on peut dégager d'un trait le caractère propre à chacun des ouvrages qui la composent. *La Philosophie morale des stoïques* a surtout une valeur historique et rétrospective; c'est l'exposé de la doctrine de l'école de Zénon telle que Du Vair l'entend. Le traité *de la Constance et consolation ès calamités publiques* est au contraire l'application de cette doctrine que l'auteur fait à soi-même; de son étude spéculative, le philosophe avait su tirer un enseignement qu'il était prêt à mettre en pratique quand la nécessité le commandait. Enfin, *la Sainte philosophie* nous montre cette sagesse qui semblait purement humaine remontant plus haut encore et découlant de la religion. Comme on le voit, c'est à peu près la route suivie par Charron, à cette différence toutefois que Du Vair n'est pas de ceux qui nient la raison tout en ne prétendant agir que par elle. On a dit justement qu'il offrait à son siècle un Zénon chrétien, comme Balzac ferait pour le suivant un Socrate chrétien. Aussi bien ce n'est pas la seule analogie qu'il ait avec Balzac. Si nous avions à faire l'histoire des idées morales de Du Vair, il conviendrait d'en pousser plus avant l'analyse. Ajoutons seulement, pour mieux marquer les points principaux, qu'en étudiant la doctrine stoïcienne, Du

Vair se préoccupe seulement de dégager pour l'homme, dans sa vie terrestre, les règles d'une morale élevée mais purement humaine; il se contente de prendre la raison pour juge de l'inanité des passions et de montrer que l'intérêt présent de l'homme est de s'y soustraire par la sagesse. Élargissant au contraire son ambition dans son traité de *la Sainte philosophie,* il l'étend aussi loin que le lui permettent les bornes de la théologie : la raison devient alors un simple auxiliaire de la foi et celle-ci est chargée d'assurer le bonheur de l'homme non seulement dans ce monde, mais aussi dans un monde meilleur. La philosophie s'allie ainsi à la religion dans un mélange intime qui fait le caractère propre des sentiments de Du Vair.

Ce système est exposé avec une ampleur élégante qui rehausse encore les vues du philosophe. Cette noblesse du style et de l'inspiration s'épanouit surtout dans le troisième traité de Du Vair, celui qu'il composa durant le siège de Paris en 1589 et qu'il intitula : *de la Constance et consolation ès calamités publi ques.* Ce sont des entretiens sur le malheur des temps et trois amis, que l'auteur nomme un peu trop archaïquement Mirsa, Linus et Orphée, échangent entre eux leurs patriotiques alarmes. Là Du Vair semble avoir plus mis de lui-même, de sa constance stoïcienne et de sa résignation chrétienne. C'est là surtout qu'un lecteur de maintenant est le mieux assuré d'apprendre à connaître cette âme, avec ses élans de fermeté et d'éloquence. Un souffle d'émotion sereine passe à travers ces pages, toutes pleines de la science de l'érudit et animées par la conscience de l'homme de cœur. Si le spectacle des calamités qui troublent alors la patrie et auxquelles il assiste n'abat pas Du Vair, c'est qu'il a appris dans l'histoire le récit d'autres malheurs et qu'il est accoutumé à juger de haut les changements des choses humaines. On a dit que le tableau qu'il avait tracé des révolutions des empires, se succédant les unes aux autres pour conduire le genre humain au but marqué par la Providence, était comme une ébauche du *Discours sur l'histoire universelle.* Assurément c'est beaucoup dire; mais il semble que cela ne soit pas trop.

Le style de Du Vair. — Il en est autrement quand on prétend rapprocher Du Vair en politique de Richelieu et en philosophie de Descartes. Ce double voisinage ne peut qu'être nuisible à celui au profit duquel on veut le tenter. Mais faut-il aller jusqu'à déclarer, à l'exemple de Sainte-Beuve, qu'en Du Vair « tout est connu et connu de toute éternité » et que « son style marche toujours dans sa toge »? Ici, Sainte-Beuve est injuste pour Du Vair à l'avantage de Balzac. Celui-là fut l'un des premiers artisans de la réforme de notre prose dont celui-ci fut plus tard le meilleur ouvrier. S'il ne s'en suit pas qu'on doive mettre leur mérite sur la même ligne, on ne saurait pas plus nier les efforts de l'un pour exagérer d'autant ceux de l'autre. Assurément Du Vair ne fut un novateur ni en philosophie ni en style. Il sut cependant prêcher un exemple salutaire en mettant et en gardant dans son style un nombre et une cadence mal observés jusqu'alors, en donnant à sa pensée une allure mesurée et sage, le plus souvent éloquente, parfois monotone, grave toujours, qui séduit l'esprit par sa gravité même et le convainc par l'harmonie qui s'établit naturellement entre la conception et l'expression. Certes, les audaces mènent plus rapidement à la victoire; il est permis de croire qu'elles peuvent y conduire moins sûrement. Si une voix bien posée soulève moins d'enthousiasme et éveille moins d'écho que le chant du clairon, elle plaît mieux pourtant à des oreilles qu'ont déchirées jusqu'alors le cri des discordes civiles et la clameur des partis.

L'influence de Du Vair sur la poésie de son temps ne fut pas moindre, et elle a été récemment mise hors de conteste avec une grande pénétration. Tandis qu'il se trouvait en Provence, à Marseille ou à Aix, le philosophe rencontra Malherbe, et bientôt s'établirent entre eux des liens étroits, faits de bienveillance d'une part, faits, au contraire, de déférence de la part du futur réformateur. Celui-ci trouvait « qu'il n'y avait pas de meilleur écrivain dans notre langue que M. Du Vair ». De là à accepter ses avis il n'y avait qu'un pas, et il fut certainement franchi. Quelques-unes des pièces composées par Malherbe à cette époque en conservent la trace visible. Quand on les rapproche de certaines pages de Du Vair qui virent le jour dans les mêmes circonstances, on est frappé de l'analogie de l'inspiration, du tour de la pensée, et de la ressemblance de certaines expressions, qui montrent que les deux auteurs ont puisé à une source commune, ou plutôt que les conseils de l'un n'ont sans doute pas manqué à l'autre. D'ailleurs en concevant la poésie telle qu'il la concevait et en essayant de l'exprimer comme il la concevait, Malherbe mettait seulement en pratique des idées exposées par Du Vair lui-même dans son traité de l'*Éloquence*. Le théoricien vantait là ce que le poète allait tenter de rendre, en étendant aux vers des règles primitivement posées pour la prose oratoire. Mais la distance n'était pas assez grande pour qu'elle ne pût être aisément franchie. Des rimeurs obscurs furent frappés, comme Malherbe, combien la langue de Du Vair était propre pour les vers, et ils s'essayèrent à la transposer de la sorte. Il ne saurait donc être surprenant que Malherbe, doué comme il l'était du sens critique, ait vu tout ce qu'il pouvait tirer de la théorie et des exemples du prosateur et se soit à son tour mis à l'œuvre sur ses traces. Ce n'est pas le moindre titre de la carrière de Du Vair ni le trait le moins frappant de son existence. Il fait ainsi la liaison entre le siècle qui finit et celui qui commence. C'est en l'indiquant qu'il convient d'achever de juger ce penseur éminent, dont l'originalité la plus vraie fut l'accord harmonieux d'un talent élevé et d'un caractère noble, et dont la sagesse clôt aussi dignement les visées morales du XVIe siècle que son style annonce et laisse entrevoir les aspirations du XVIIe.

BIBLIOGRAPHIE

Montaigne. I. LES OUVRAGES ET LES ÉDITIONS. — Parmi les éditions des *Essais* intéressantes à divers titres, nous citerons les suivantes, en outre de celles que nous avons déjà mentionnées : 1598, in-8 (seconde édition donnée par Mlle de Gournay); — 1611, in-8 (c'est la première qui contienne l'indication des auteurs cités); — 1635, in-folio, enrichie à la marge des noms des auteurs cités et de la version de leurs passages, mise à la fin de chaque chapitre (ces deux éditions ont également été données par les soins de Mlle de Gournay); — 1724 (Londres, 3 vol. in-4), 1725 (Paris, 3 vol. in-4), 1727 (Genève, 5 vol. in-12), 1739 (Londres, 6 vol. in-12), 1745 (Londres, 7 vol. in-12), toutes ces éditions ont été données par Coste et sont encore utiles à consulter; — 1783 (Paris, Bastien, 3 vol. in-8); — 1818 (Paris, Lefèvre, 5 vol. in-8), publiée par Éloi Johanneau; — 1826 (Paris, Lefèvre, 5 vol. in-8), avec des notes de J.-V. Le Clerc, qui ont fait, depuis lors, le fond du commentaire des éditeurs postérieurs; — 1837 (œuvres de Montaigne dans le *Panthéon littéraire* de Buchon, 1 vol. in-4, avec une notice bibliographique du Dr Payen, qui, bien qu'ancienne, rend encore des services); — 1854, édition Louandre, réimprimée fréquemment depuis lors (Paris, Charpentier, 4 vol. in-12); — 1865 (avec les notes de J.-V. Le Clerc et une étude de Prévost-Paradol. Plusieurs fois réimprimée aussi. Paris, Garnier, 4 vol. in-8).

Les ouvrages de Montaigne autres que les *Essais* sont sa traduction de Raymond de Sebonde et son Journal de voyage en Allemagne et en Italie. *La théologie naturelle de Raymond Sebon, docteur excellent entre les modernes, en laquelle par l'ordre de nature est démontrée la vérité de la foy chrestienne et catholique, traduite nouvellement de latin en françois*, a vu le jour pour la première fois en 1569 (Paris, Gilles Gourbin ou Michel Sonnius, in-8). Elle a été réimprimée en 1581, en 1603, en 1605, en 1611 et en 1641. Quant au *Journal de voyage de Michel de Montaigne en Italie par la Suisse et l'Allemagne, en 1580 et 1581*, il a été publié pour la première fois par Meusnier de Querlon, d'après le manuscrit original trouvé par le chanoine Prunis au château de Montaigne (Rome et Paris, 1774, 1 vol. in-4, ou 3 vol. in-12). On ignore ce que le manuscrit est devenu depuis lors. L'édition la plus récente en a été donnée par le professeur Alessandro d'Ancona, avec des notes, sous ce titre : *L'Italia alla fine del secolo XVI°, giornale del viaggio di Michele de Montaigne in Italia nel 1580 e 1581* (Citta di Castello, 1889, petit in-8).

II. LA VIE, LE CARACTÈRE, LE GÉNIE. — Les principaux ouvrages à consulter sur Montaigne, sa vie ou son œuvre, sont les suivants : *Archives historiques du département de la Gironde*, 1859-1895, 30 vol. in-4, *passim* (se continue). — [Ant. **Arnauld** et **P. Nicole**], *La logique ou l'art de penser*, 1662, in-12 (3ᵉ part., chap. 20). — **Bayle-Saint-John**, *Montaigne the essayist, a biography*, London, 1858, 2 vol. in-8 (longue analyse et extraits de ce livre dans la *Revue britannique*, février, mars et avril 1859). — **Bérenger** (Guillaume), *Response à plusieurs injures et railleries écrites contre Michel seigneur de Montaigne, dans un livre intitulé : la Logique ou l'art de penser*, Rouen, 1667, in-12. — **Bigorie de Laschamps**, *Michel de Montaigne* (2ᵉ édition), Paris, 1860, in-18. — **Eugène Bimbenet**, *Les Essais de Montaigne dans leurs rapports avec la législation moderne*, Orléans, 1864, in-8. — **Paul Bonnefon**, *Montaigne, l'homme et l'œuvre*, Paris, 1893, in-4, gravures et fac-similés (réimprimé dans *Montaigne et ses amis*, Paris, 1897, 2 vol. in-16), et *Bibliothèque de Montaigne* (dans *Revue d'histoire littéraire de la France*, 1895, p. 313). — **Gustave Brunet**, *Les Essais de Michel de Montaigne, leçons inédites*, Paris, 1844, in-8. — **Cuvillier-Fleury**, *Du César de Montaigne* (*Bulletin du bibliophile*, mars 1856). — **Dom Devienne**, *Éloge historique de Michel de Montaigne et dissertation sur sa religion*, Paris, 1775, in-8. — **Reinhold Dezeimeris**, *Recherches sur l'auteur des épitaphes de Montaigne*, Bordeaux 1861, in-8, et *Recherches sur la recension du texte posthume des Essais*, Bordeaux, 1866, in-8. — **René Doumic**, *Études sur la littérature française*, 1ʳᵉ série, Paris, 1896, in-16. — **Léon Dumont**, *La morale de Montaigne*, Paris, 1866, in-8. — **R.-W. Emerson**, *Representative men, seven lectures*, London, 1850, in-8 (l'étude sur Montaigne a été traduite par Hédouin, dans la *Revue de Paris*, 1ᵉʳ septembre 1856; par Pierre de Boulogne, *Les représentants de l'humanité*, 1863, in-8; par Izoulet, *Les sur-humains*, 1896, in-12). — **Mᵐᵉ veuve Jules Favre**, *Montaigne moraliste et pédagogue*, Paris, 1887, in-12. — **Emile Faguet**, *Seizième siècle, études littéraires*, Paris, 1894, in-12. — **Léon Feugère**, *Caractères et portraits littéraires du XVIᵉ siècle*, Paris, 1859, 2 vol. in-8. — **Feuillet de Conches**, *Causeries d'un curieux*, Paris, 1863, 3 vol. in-8. — **E. Galy** et **L. Lapeyre**, *Montaigne chez lui : visite de deux amis à son château*, Périgueux, 1861, in-8; et *Le fauteuil de Montaigne*, Périgueux, 1863, in-8. — **Pierre Gauthiez**, *Études sur le XVIᵉ siècle*, Paris, 1893, in-12. — **F. Glauning**. *Essai sur les archaïsmes syntactiques de Montaigne* (dans les *Archives* de Herrig, t. XLIX, 1872). — Vicomte **Alexis de Gourgues**, *Réflexions sur la vie et le caractère de Montaigne, publiées à l'occasion d'un manuscrit d'éphémérides de sa famille*, Bordeaux, 1856, in-8. — **Alphonse Grün**, *La vie publique de Montaigne*, Paris, 1855, in-8. — **Guillaume Guizot**, *Opinions de Montaigne sur les lois de son temps* (*Revue des cours littéraires*, 1865-1866). — Le Dr **Constantin James**, *Montaigne, ses voyages aux eaux minérales en 1580 et 1581*, Paris, 1859, in-8. — **Maxime Lanusse**, *Montaigne*, Paris, 1895, in-8. — J. **Lapaume**, *Le tombeau de Michel Montaigne*, Rennes, 1859, in-8. — **Malebranche**, *Recherche de la vérité*, Paris, 1675 (liv. II, partie III, chap. v). — **Th. Malvezin**, *Michel de Montaigne, son origine et sa famille*, Bordeaux, 1875, in-8 ; et *Notes sur la maison d'habitation de Michel de Montaigne à Bordeaux*, Bordeaux, 1889, in-8. — L. **Manchon**, *De la constitution du texte des Essais* (dans l'opuscule posthume intitulé : *Léon Manchon, 14 janvier 1859-20 mars 1886*, Laval, 1886, in-8). — E. **Moët**, *Des opinions et des jugements littéraires de Montaigne*, Paris, 1849, in-8. — **Pascal**, *Entretien avec M. de Saci sur Épictète et Montaigne* (*Revue d'histoire littéraire de la France*, 1895, p. 372), et *Pensées*, passim. — Le Dr **J.-F. Payen**, *Documents inédits ou peu connus sur Montaigne*, Paris, 1847, in-8 ; *Nouveaux documents inédits ou peu connus sur Montaigne*, Paris, 1850, in-8 ; *Documents inédits sur Montaigne*, n° 3, Paris, 1855, in-8 ; *Recherches sur Montaigne, documents inédits*, n° 4, Paris, 1856, in-8 ; *Recherches sur Michel Montaigne, correspondance relative à sa mort* (*Bulletin du bibliophile*, 1862, p. 1292). — **Prévost-Paradol**, *Les moralistes français*, Paris, 1890 (7° édition), in-12. — **Eugène Réaume**, *Les prosateurs français du XVIe siècle*, Paris, 1869, in-8. — **Sainte-Beuve**, *Tableau historique et critique de la poésie française et du théâtre français au XVIe siècle*, Paris, 1828, in-8 ; *Port-Royal*, Paris, 1878, in-12 (4e édition, liv. III, chap. II et III) ; *Causeries du lundi*, Paris, 1853, in-12 (t. IV, *Nouveaux documents sur Montaigne recueillis par le Dr Payen*) ; *Nouveaux Lundis*, Paris, 1864, in-12 (t. II, *Montaigne en voyage*, et t. VI, *Montaigne maire de Bordeaux*). — **Saint-Marc Girardin**, *Tableau de la littérature française au XVIe siècle*, Paris, 1862, in-8. — **Saintsbury**, Introduction à la réimpression des *Essais* de Montaigne, traduits en anglais par Florio, Londres, 1892-1893, 3 vol. in-8. — **Paul Stapfer**, *Montaigne*, Paris, 1895, in-16 ; *La famille et les amis de Montaigne, causeries autour du sujet*, Paris, 1896, in-12. — **Villemain**, *Éloge de Montaigne*, Paris, 1812, in-8 ; et aussi *Journal des savants*, juillet et octobre 1855. — **Vinet**, *Moralistes des XVIe et XVIIe siècles*, Paris, 1859, in-8. — **Eugène Voizard**, *Étude sur la langue de Montaigne*, Paris, 1885, in-8.

Il y a une bibliographie des travaux concernant Montaigne, antérieurs à *1865*, dans le t. IV, p. 445-457, de l'édition des *Essais* publiée chez Garnier avec des notes de J.-V. Le Clerc. Le Dr Payen avait formé une collection très importante de documents sur Montaigne : éditions, ouvrages s'y rapportant, portraits, notes, etc. Cette collection se trouve actuellement conservée à la Bibliothèque nationale et l'inventaire qui en a été dressé par Gabriel Richou abonde en renseignements bibliographiques : *Inventaire de la collection des ouvrages et documents réunis par le Dr J.-F. Payen et J. Bastide sur Michel de Montaigne, suivi de lettres inédites de Françoise de La Chassaigne* (veuve de Montaigne, Paris, 1878, in-8).

La Boétie. — Les opuscules de La Boétie ont été publiés par Montaigne, en 1571, sauf le *Discours de la servitude volontaire* et un autre traité qui semble avoir eu pour titre *Mémoires de nos troubles sur l'édit de janvier 1562* ; ce dernier ouvrage ne nous est pas parvenu et est sans doute perdu. Le premier volume publié par Montaigne contenait : *La mesnagerie de Xénophon, les Règles de mariage de Plutarque, Lettre de consolation de*

Plutarque à sa femme, le tout traduit de Grec en François par feu M. Estienne de La Boétie, Conseiller du Roy en sa court de Parlement à Bordeaux. Ensemble quelques vers Latins et François de son invention. Item un Discours sur la mort dudit Seigneur de La Boétie par M. de Montaigne (Paris, Federic Morel, 1571, petit in-8, de 131 ff. chiffrés). L'achevé d'imprimer est du 24 novembre 1570. Bien que les vers français soient mentionnés sur le titre, ils ne figurent pas dans ce volume et ne virent le jour que quelque temps après dans un opuscule séparé : *Vers françois de feu Estienne de La Boétie, conseiller du Roy en sa court de Parlement à Bordeaux* (Paris, Federic Morel, 1571, petit in-8, de 19 ff. chiffrés et 1 f. blanc). Vingt-neuf sonnets de La Boétie ont été insérés aussi par Montaigne dans les *Essais* (1580, l. I, chap. XXIX).

Quant au *Discours de la servitude volontaire*, il fut tout d'abord publié sans nom d'auteur et par fragments dans le *Réveille-matin des François* (1574, in-8, 2ᵉ dialogue). Peu de temps après on l'intercalait en entier, mais sans nom d'auteur, dans les *Mémoires de l'estat de France sous Charles IX* (1576, in-8, 3ᵉ volume). Coste fut le premier des éditeurs des *Essais* qui ait joint à l'œuvre de Montaigne l'opuscule de La Boétie (Genève, 1727). Depuis lors, le *Discours de la servitude volontaire* a fait le plus souvent partie des éditions des *Essais*, dont il semblait être l'appendice nécessaire. Les éditions séparées les plus utiles à consulter sont celles de La Mennais (Paris, 1835, in-8) ; — du Dʳ Payen, à la suite de sa notice sur La Boétie (Paris, 1853, in-8) ; — de D. Jouaust (Paris, 1872, petit in-8).

Les œuvres de La Boétie ont été réunies et publiées par Léon Feugère (Paris, 1846, in-12) et par Paul Bonnefon (Paris et Bordeaux, 1892, in-4 ; cette édition, avec notice biographique, notes, variantes et index, contient l'indication bibliographique des ouvrages de La Boétie et des travaux qui le concernent).

On peut consulter sur la Boétie : l'abbé **Audierne**, *Un mot sur La Boétie, sa famille et la prononciation de son nom*, Sarlat, 1875, in-8. — **Guillaume Colletet**, *Vies des poètes bordelais et périgourdins*, publiées par **Ph. Tamizey de Larroque**, Paris et Bordeaux, 1873, in-8. — **François Combes**, *Essai sur les idées politiques de Montaigne et de La Boétie*, Bordeaux, 1882, in-4. — **Albert Desjardins**, *Les moralistes français au XVIᵉ siècle*, Paris, 1870, in-8. — **Reinhold Dezeimeris**, *Remarques et corrections d'Estienne de La Boétie sur le traité de Plutarque intitulé* De l'Amour, Bordeaux, 1868, in-8. — **Léon Feugère**, *Étienne de La Boétie, l'ami de Montaigne*, Paris, 1845, in-8 ; (cette étude a été insérée dans les *Caractères et portraits littéraires du XVIᵉ siècle* par le même auteur ; 1859). — **Francisque Habasque**, *Un magistrat au XVIᵉ siècle, Estienne de La Boétie*, Agen, 1876, in-8. — Le Dʳ **J.-F. Payen**, *Notice bio-bibliographique sur La Boétie*, Paris, 1853, in-8. — **Sainte-Beuve**, *Causeries du lundi* (Paris, 1855, in-12 ; t. IX, *Étienne de La Boétie*, à propos des travaux de Feugère et du Dʳ Payen).

Charron. — Les ouvrages de Charron sont : 1º *Les trois vérités contre tous athées, idolâtres, juifs, mahométans, hérétiques et schismatiques* (1ʳᵉ édition, sans nom d'auteur ; Bordeaux, Millanges. 1593, in-8 ; — la 2ᵉ édition, Bordeaux, 1595, in-8, est signée et contient un « advertissement et bref examen sur la réponse faicte à la troisième vérité ») ; — 2º *De la Sagesse, livres trois* (Bordeaux, 1601, in-8, de 772 p. La seconde édition, Paris, 1604, est corrigée et amendée ; la 3ᵉ, Paris, 1607, reproduit les variantes des deux premières). Cet ouvrage a été réimprimé depuis lors, notamment par les Elzevier (1646, 1656, etc.), Bastien (Paris, 1783, in-8), Amaury-Duval (Paris, 1826, 3 vol. in-8), et Lefèvre (Paris, 1836, in-8) ; — 3º les *Discours chrestiens* (Paris, 1604, in-8), dont quelques-uns avaient déjà paru à Bordeaux dès 1600.

Les œuvres de Charron ont été réunies en un volume in-4 (Paris, 1635).

A consulter : **Lucien Auvray**, *Lettres de P. Charron à G.-M. de La Rochemaillet* (dans la *Revue d'histoire littéraire de la France*, 1894, p. 308). — **Bayle**, *Dictionnaire historique et critique*, v° Charron (5° éd., 1734, in-f°). — **Paul Bonnefon**, *Pierre Charron, sa vie et ses écrits* (dans les *Comptes rendus de l'Académie des sciences morales*, 1896, p. 438; réimprimé dans *Montaigne et ses amis*, t. II, p. 213). — [**Pierre Chanet**], *Considérations sur la Sagesse de Charron*, Paris, 1643, in-8. — **La Rochemaillet**, *Éloge de Charron* (en tête de *la Sagesse*, éd. de 1607, et de la plupart des éditions subséquentes). — **Lezat**, *La prédication sous Henri IV*, Paris, 1871, in-8. — Marquis de **Luchet**, *Analyse raisonnée de la Sagesse de Charron*, Amsterdam, 1763, 2 vol. in-12. — **Ernest Mourin**, *La Réforme et la Ligue en Anjou* (2° édition, 1888, in-12). — **Sainte-Beuve**, *Causeries du lundi* (Paris, 1855, t. XI, *Pierre Charron*).

Du Vair. — Les opuscules de Du Vair sont trop nombreux et leurs éditions trop diverses pour qu'on puisse les énumérer ici. On en trouvera une liste suffisante dans la notice que le P. Niceron a consacrée à Du Vair (*Mémoires pour servir à l'histoire des hommes illustres dans la république des lettres*, Paris, 1745, in-8, t. XLIII, p. 114). Nous indiquerons seulement la première édition du traité *De l'éloquence françoise et des raisons pourquoi elle est demeurée si basse* (Paris, L'Angelier, 1595, petit in-12).

Les œuvres de Du Vair ont été réunies dans diverses éditions (Rouen, 1612, in-8; — Cologne, 1617, in-8; — Paris, 1619, in-f°). L'édition de Paris, 1641 (Séb. Cramoisy, in-folio), est la plus complète et la plus utile à consulter.

Principaux ouvrages concernant Du Vair : **Paul Andral**, *Éloge de Guillaume du Vair*, Paris, 1854, in-8. — *Bibliothèque universelle de Genève*, 1839, t. XX et XXI. — **Ferdinand Brunot**, *La doctrine de Malherbe d'après son commentaire sur Desportes*, Paris, 1891, in-8. — **E. Cougny**, *Guillaume du Vair*, Paris, 1857, in-8. — **Louis Milante**, *Éloge de Guillaume du Vair*, Marseille, 1865, in-8. — **George Reynaud**, *Guillaume du Vair, premier président du Parlement de Provence*, Aix, 1873, in-8. — **C.-A. Sapey**, *Essai sur la vie et les ouvrages de Guillaume du Vair* (Paris, 1847, in-8; réimprimé dans *Études biographiques pour servir à l'histoire de l'ancienne magistrature française*, Paris, 1858, in-8). — **Tamizey de Larroque**, *Lettres inédites de Guillaume du Vair* (Paris, 1873, in-8; extrait de la *Revue de Marseille et de Provence*).

CHAPITRE IX

LES ÉCRIVAINS SCIENTIFIQUES

Bernard Palissy. — Ambroise Paré. — Olivier de Serres [1].

Utilité de l'étude littéraire des écrivains scientifiques. — La critique littéraire s'attache volontiers aux écrivains d'imagination, à ceux qui, tirant d'eux-mêmes la matière et la forme de leurs œuvres, font ainsi valoir la double maîtrise de l'inventeur et de l'ouvrier. Elle néglige davantage les écrivains d'observation, ceux qui, frappés par quelques phénomènes extérieurs, les analysent et les exposent. Dans certains cas pourtant il est aussi instructif d'étudier ceux-ci que ceux-là. Quand il compose son œuvre, l'auteur passe, en créant, de la conception à l'expression. Au contraire, le lecteur — et par conséquent le critique, — pour juger l'ouvrage et la pensée qui l'inspira, remonte de l'expression à la conception. C'est une marche inverse et il se peut, qu'en refaisant ainsi le chemin au rebours, le lecteur n'aboutisse pas au point même d'où l'auteur était parti.

Cet inconvénient se produit dans l'appréciation des œuvres de pure imagination : le critique ne peut alors découvrir les conceptions premières de l'auteur que par ce que celui-ci en a dit. Les termes indispensables font défaut pour établir une comparaison absolument exacte, et on ne saurait évaluer qu'approxi-

[1]. Par M. Paul Bonnefon, bibliothécaire à l'Arsenal.

mativement l'écart entre la pensée de l'écrivain et l'expression de cette pensée. Au contraire, pour les œuvres d'observation, il est permis de contrôler ce que l'auteur a vu, ce qu'il a compris, ce qu'il a exposé. Le point de départ étant fixe ainsi que le point d'arrivée, on peut suivre les évolutions de l'écrivain et déterminer, s'il s'éloigne de la route, comment son esprit l'a égaré. La critique se précise et, appliquée de la sorte, elle fournit des éléments fermes d'information.

Ces considérations sont de mise en tête d'un chapitre consacré exclusivement à l'étude de la littérature scientifique d'une période telle que le XVI° siècle, alors que la prose française était en pleine formation. Bien entendu, il ne saurait être question ici de tracer par étapes les progrès de la science, mais bien d'indiquer comment les découvertes en furent portées à la connaissance du public et d'analyser les écrivains qui crurent devoir s'adresser à la France dans la langue qui était la sienne. Comment la prose française, faite maintenant de clarté et de précision, alors, au contraire, tourmentée et verbeuse, finit-elle par se clarifier et par s'assagir? Si la marche suivie a été tout autre pour la poésie que pour la prose, c'est que les conditions n'étaient pas les mêmes. La réforme poétique s'est faite brusquement, sous la férule brutale de Malherbe, montrant à tous la vraie voie et les y poussant par la rudesse plus que par la persuasion. C'est presque un coup d'état contre l'ordre de choses accepté et établi. Par sa poétique et par sa syntaxe, Ronsard est, en effet, plus compliqué que Marot. Quelle que fût la justesse de ses visées et la valeur de ses conquêtes, la Pléiade voulut trop prendre, elle dévoya la langue des vers et la fausse route s'accentuait en se prolongeant. La brusque intervention de Malherbe fit la part de ce qu'il fallait garder ou rejeter et remit les choses en bon chemin. Pour la prose, au contraire, nul changement de front soudain : l'évolution fut longue, normale, presque raisonnée. Les chefs de file l'exécutèrent d'eux-mêmes, tout d'abord, régulièrement, et la marche en avant se trouva tracée ainsi. L'invention verbale de Rabelais, bien que moindre qu'on ne le croit, est assurément plus grande que celle de Montaigne, son lexique plus verbeux, sa syntaxe plus touffue. Plus tard même on fut bien vite frappé du manque de cohésion du

langage de Montaigne et on lui faisait le reproche d'être trop
« épais en figures », alors qu'on ne l'adressait pas encore, bien
que plus mérité, à Ronsard ou à Du Bartas, ce Ronsard provincial. D'elle-même la prose française prenait conscience de
son véritable rôle et s'y préparait graduellement. Aussi, au
terme de l'évolution, on trouve Du Vair ou Coëffeteau, au lieu
d'y voir figurer Malherbe.

Mais à côté de cette raison principale, il convient de faire
place à une autre moins élevée et d'ordre plus général. L'action
des *poetæ minores* fut nulle dans la formation de la langue poétique. Qu'ils fussent du groupe de Marot ou qu'ils appartinssent
à la Pléiade, ils suivirent docilement leur chef de file, lui
empruntèrent ses façons de sentir et la manière de les exprimer.
Au contraire, les prosateurs de marque furent nombreux et leur
influence fut importante. Si leur mérite ne fut pas assez grand
pour les pousser au premier rang, il suffit cependant à frapper
d'un cachet personnel le style qui fut le leur. Jamais la langue
française ne vit en plus grande abondance ces écrivains qu'on
pourrait appeler des écrivains de circonstance, ceux auxquels
l'occasion mit la plume à la main parce qu'ils avaient quelques
exploits ou quelques traversées à raconter, quelques observations ou quelques découvertes à exposer. Et jamais, à aucune
époque de notre histoire littéraire, ces ouvriers inexpérimentés
ne surent tirer plus de ressources, et plus neuves, d'un outil
maniable et souple, bien que l'usage n'en fût pas encore nettement défini. L'examen des auteurs de mémoires ou des voyageurs sert grandement à s'en convaincre, moins cependant que
l'étude des écrivains qu'on est convenu de nommer scientifiques.
C'était le temps où l'empirisme du moyen âge faisait place à
l'observation directe et le syllogisme était chassé par l'interprétation des faits. Cette méthode, qui était la bonne, devait donner
à la science sa véritable direction. Elle ne fut pas non plus sans
influence sur la langue. Les plus grands des savants de ce
temps étaient des ignorants qui durent conquérir le savoir eux-mêmes, « avec les dents », comme le dit Palissy. Il leur fallut
écrire en français et former à leur usage une langue qui n'avait
pas encore servi à cela, comme ils créaient aussi leur outillage
scientifique. Ils la firent claire, nette, précise bien que redon-

dante encore, pareille à leur esprit. Nous pouvons contrôler maintenant comment ils observaient et comment ils rendaient ce qu'ils avaient vu. Ce contrôle a été appliqué aux œuvres de quelques-uns et a donné les meilleurs résultats. S'il était étendu à tous, il permettrait de fixer avec une singulière assurance le rôle de la littérature scientifique dans la formation de la prose française. D'ores et déjà on peut affirmer que ce rôle fut considérable et que, quand les observateurs furent précis et exacts, ils surent parfaitement s'exprimer, trouvant alors des termes de comparaison frappants, des expressions propres à rendre les moindres détails de leur pensée, un style technique qui va droit au but. Lorsque l'objet à décrire est net et bien défini dans l'esprit qui le considère, le langage devient de même net et défini ; il ne s'attarde en circonlocutions que lorsque l'imagination de l'auteur se perd en des visées plus hautes et plus nébuleuses, où la raison se guide mal, donnant ainsi par avance la confirmation du célèbre aphorisme : ce qui se conçoit bien s'énonce clairement.

Cette remarque ne s'applique jusqu'ici qu'aux écrivains et aux savants d'observation. On peut l'étendre plus justement encore aux sciences exactes. Les mathématiciens qui écrivaient alors en français surent être parfaitement clairs et concis. Le xvie siècle ne fut pas le siècle de la spécialisation. Lorsque les esprits s'étaient adonnés à une sorte d'études, ils ne se croyaient pas interdit de l'abandonner désormais. Beaucoup d'entre eux touchèrent à tout et sont intéressants à considérer sous leurs divers points de vue. Par exemple, le poète Jacques Peletier, du Mans, exposait en même temps les principes de l'art poétique et ceux de l'arithmétique, de la géométrie et même de l'algèbre. Si on l'examine successivement sous ces aspects différents, on se convaincra bien vite qu'il a su parfaitement exprimer ses conceptions les plus exactes et que son style a pris au contact de l'esprit géométrique une netteté concise qu'il n'a pas ailleurs. Poète médiocre, conteur déjà supérieur, Peletier est, comme vulgarisateur scientifique, digne qu'on le considère pour la précision de son style et de l'exposition de ses vues. Dans l'explication de bien des problèmes ou de théorèmes faite par des mathématiciens d'alors, il n'y aurait rien à changer maintenant, au point de vue de la langue, qui moule heureusement les formes de la pensée quand elles sont arrêtées. D'autres exemples pourraient servir encore à le démontrer. Abel Foulon, l'inventeur de l'holomètre, tandis qu'il exposait le secret de sa découverte, s'efforçait de traduire Perse en vers français. Pour s'attacher ainsi à un auteur obscur, comme on l'a dit, mais serré et pressant, il fallait forcer sa langue à la concision de l'original et la croire capable de rigueur. Blaise de Vigenère, le savant polygraphe, se livrait aussi à des travaux scientifiques et découvrait l'acide benzoïque. On peut assurer que son style, prolixe et confus d'ordinaire, a su trouver alors plus de fermeté dans l'expression. Assurément tout cela n'est pas suffisant pour faire place à ces écrivains dans une histoire de la littérature en France. Il me semble cependant qu'il n'était pas inutile de prononcer leurs noms. Ils jalonnent la route et marquent les étapes qui doivent nous conduire aux grands écrivains, à ceux qui surent voir et parler avec netteté, à ceux qui furent à la fois clairs, précis et personnels dans leur langage comme dans leur observation.

I. — *Bernard Palissy*.

Les premiers travaux. — La biographie de Bernard Palissy, comme celle de quelques-uns de ses contemporains, débute par une double incertitude. Quand et où naquit-il? On ne saurait le dire sûrement. Une indication d'Agrippa d'Aubigné, un coreligionnaire et un voisin de Palissy, reporterait à 1499 la date de naissance de celui-ci. Au contraire, La Croix du Maine fait entendre que le potier vit le jour vers 1520, tandis que Pierre de L'Estoile, qui fréquenta Palissy et signa le privilège de son second ouvrage, indique 1510. C'est là un moyen terme entre les deux chiffres extrêmes; aussi les historiens les plus autorisés de Palissy s'y sont tenus. Mais était-il Agenais ou Saintongeois? Tout ce qu'on sait de précis à ce sujet, c'est que La Croix du Maine déclare Palissy « natif du diocèse d'Agen en Aquitaine », — fait confirmé peu après par un autre contemporain, Philibert Mareschal, sieur de La Roche, — et que Palissy lui-même appelle par deux fois la Saintonge seulement « le pays de son habitation ». Tout ceci peut donc faire croire que Palissy, né ailleurs qu'en Saintonge, où il s'était fixé, avait sans doute vu le jour en Agenais. Prétendre affirmer davantage n'est que présomption, et tous les arguments dont on a usé jusqu'ici en faveur de telle ou telle opinion n'ont d'autre valeur que celle d'hypothèses plus ou moins ingénieuses.

La première profession de Palissy fut, comme il le dit, « l'art de peinture et de vitrerie ». On n'en saurait conclure pourtant qu'il rendait tout à fait les mêmes services que nos modernes vitriers. Alors, « les vitriers — c'est Palissy qui parle — faisoyent les figures ès vitreaux des temples ». Ils étaient proprement des peintres-verriers et c'est à cette besogne plus relevée, la confection des vitraux de couleur, que l'artisan dut s'employer surtout, et prendre quelques-uns de ces germes d'art qui allaient si bien s'épanouir plus tard. Mais si le métier était honorable, il n'était guère lucratif, surtout à cette époque où il ne donnait pas de « quoy payer les subsides des princes ». Palissy fut contraint de demander de nouvelles ressources à une autre occupation, « la pourtraiture », c'est-à-dire le levé des plans. Arpenteur, géomètre, vraisemblablement tout en restant verrier, Palissy acquit ainsi quelque réputation et quelque avantage : il était expert dans les procès fonciers et, après qu'un édit du roi François Ier eut ordonné la confection d'une sorte de cadastre des marais salants pour percevoir la gabelle, c'est Palissy qu'on finit par charger de ce travail, et il s'en tira à son honneur.

Palissy en Saintonge. — Comme on le voit, Palissy était alors en Saintonge, et il s'y était fixé d'assez bonne heure, semble-t-il, dans la petite ville de Saintes. Mais quand y vint-il et pour quelle raison? Qui le sait? Pareille en cela à l'existence de la foule dans laquelle elle était confondue et dont les humbles et persévérants efforts n'ont pas laissé de traces dans les souvenirs des hommes, la vie du rude travailleur s'est écoulée sans marquer toutes les étapes qu'il nous plairait maintenant de relever. Cette vie fut surtout une vie intérieure, faite de la lutte opiniâtre d'une foi sans faiblesse contre une mauvaise fortune qui ne cesse guère que pour recommencer. On ne peut connaître ces labeurs, ces angoisses, ces drames intimes que par ce qu'en a dit celui qui en a souffert. Et d'abord, le premier mal qui pesa sur l'artisan, c'est l'ignorance, l'ignorance fille de la pauvreté. Il lui fallut acquérir cette science dont il manquait et qu'il désirait tant posséder : « Elle se donne à qui la cherche », s'est écrié noblement Palissy, et il se mit à s'instruire avec une ardeur sans égale, saisissant des lambeaux de savoir, comme il le dit, « avec les dents ». Mais Palissy était homme à s'emparer de force de ces connaissances qu'il convoitait et dont l'enseignement des maîtres n'avait pu lui ménager l'accès. Surtout il observa la nature, essayant de lire dans ce grand livre ouvert à tous les yeux, ce qui s'offrait à ses propres regards.

Quand ses occupations professionnelles l'amènent le long de l'Océan, c'est la mer qu'il étudie, avec ses mouvements divers, ses envahissements et ses reculs. Son esprit judicieux saisit les phénomènes éternels, s'y attache et essaie de les expliquer à sa façon. La côte n'a pas de secrets pour Palissy et le pays santon revit dans ses livres tel qu'il est encore maintenant. Les terrains abandonnés par les eaux retiennent surtout son attention et la présence de coquillages fossiles dans certains bancs de pierre le préoccupe vivement. Il entrevoit la véritable nature des fossiles et pose nettement en principe que nulle pierre ne saurait « prendre forme de coquille ni d'autre animal si l'original mesme n'a basti sa forme » ; mais sa prescience ne va pas jusqu'à deviner que ce sont là des dépôts de la mer ni que la configuration des continents ait pu changer et que les eaux aient jamais transgressé les limites que la parole de Dieu leur assigna en les créant. Tel est Palissy, mélange d'esprit critique et de croyant aveugle, devançant étrangement son siècle à bien des égards, marchant, à d'autres, étroitement avec lui.

Palissy et la Réforme. — En effet, lorsque la Réforme apparut en Saintonge, Palissy en embrassa les doctrines avec l'enthousiasme d'un homme que les nouveautés n'effrayaient pas et la ténacité de quelqu'un qui ne se rebutait guère aux difficultés. Sa vie était cependant bien remplie par le labeur quotidien. A Saintes, où il résidait, le travailleur s'occupait tout le jour pour nourrir sa famille chargée d'enfants : lui-même nous apprend qu'il avait « ordinairement deux enfants aux nourrices » et les devoirs du père étaient lourds, quoique des deuils nombreux fussent venus diminuer sa postérité. Retiré dans une tour des fortifications de Saintes, dont on a pu identifier l'emplacement à l'aide d'un raisonnement très ingénieux, Palissy s'y livrait à ses divers métiers. Puis, la journée achevée, journée de dur labeur pour cet opiniâtre que la fatigue n'arrêtait pas, il descendait respirer l'air frais du soir. « Pour me recréer, dit-il, je me pourmenois le long des aubarées, et en me pourmenant sous la couverture d'icelles, j'entendois un peu murmurer les eaux du ruisseau qui passoit au pied des dites aubarées, et d'autre part, j'entendois la voix des oiseaux qui estoient sur les dits aubiers. » Palissy avait aussi un jardin qui lui agréait fort et où il aimait à se reposer. « Je n'ai, dit-il encore, en ce monde, trouvé une plus grande delectation que d'avoir un beau jardin. » Là, tandis que son corps reposait, sa pensée rêvait des projets réalisables peut-être un jour. « Puisque nous sommes sur le propos des honnestes delices et plaisirs, déclare-t-il au début de la *Recepte véritable*, je te puis asseurer qu'il y a plusieurs jours que j'ay commencé à tracasser d'un costé et d'autre, pour trouver quelque lieu montueux, propre et convenable pour édifier un jardin pour me retirer et recréer mon esprit en temps des divorces, pestes, épidimies et autres tribulations, desquelles nous sommes à ce jourd'huy grandement troublez. » Si le sens de l'observation s'affine ainsi chez Palissy au contact de la nature, le style y prend je ne sais quelle saveur de bon aloi qui se trahit sous la forme un peu rude du langage.

Ces dernières paroles laissent percer un regret : on y sent que cette vie de travail et sans doute de misère fut traversée par quelqu'un de ces orages qui troublaient alors les existences les plus humbles. Les doctrines de Luther et de Calvin avaient fait leur apparition en Saintonge, prêchées secrètement par quelques moines défroqués venus d'Allemagne, et Palissy fut un des premiers à embrasser la cause de la « réformation chrétienne ». Grâce à lui, son rôle dans ces luttes religieuses nous est connu, car il a pris soin de raconter lui-même l'origine et le développement des croyances nouvelles dans le « pays de son habitation ». C'est d'abord le récit de la captivité du « prêcheur » de Saint-Denis-d'Oléron et du supplice de ses compagnons. Palissy en fut le témoin, et ce qu'il en rapporte est plein de sympathie pour ces novateurs qui s'assemblaient en cachette et « qui tacitement et avec crainte détractoient de la papauté ». Ces adeptes nourrissaient en secret leur foi en attendant que l'occasion s'offrît de la confesser publiquement. Si l'on en croit Palissy, cette occasion ne se présenta pour lui que dix ans après; mais peut-être laissa-t-il entrevoir dès lors des sentiments qui devaient être soigneusement tenus cachés, car il semble qu'entre temps il dut effectuer quelques voyages qui eurent autant d'influence sur ses idées scientifiques que sur ses convictions religieuses.

Les voyages et le retour en Saintonge. — C'est vers le midi de la France qu'il dirigea ses pas, et il descendit jusqu'aux Pyrénées. « Il n'y a pas longtemps, dit Palissy dans son premier traité, que j'estois au pays de Biard (Béarn) et Bigorre. » Chemin faisant, il traversa la Guyenne, remarquant le sol tremblant du bec d'Ambez, observa le mascaret de la Dordogne, parcourut l'Agenais, le Quercy, l'Armagnac, où il vit pour la première fois cette marne dont la nature et l'emploi devaient tant l'occuper et, pénétrant dans « le pays devers Toloze », abordait ainsi une région où il séjourna assez longuement si l'on prend à la lettre une phrase du second traité de Palissy : « Je me suis tenu quelques années à Tarbes, principale ville de Bigorre. » La pérégrination avait été longue, mais, comme on voit, elle ne fut pas inutile, puisqu'elle mit le voyageur en contact avec une nature plus variée. Ajoutons à ces pays le Poitou, que Palissy avait visité déjà à diverses reprises, la Bretagne et la Touraine, où il paraît s'être engagé, et nous saurons quelles pouvaient être, à cette époque, les connaissances géographiques de l'artisan saintongeais et les termes de comparaison dont il disposait pour essayer son jugement.

Pourquoi Palissy s'éloigna-t-il ainsi de son logis ordinaire? Le plus récent de ses biographes, M. Ernest Dupuy, a supposé fort ingénieusement, en rapprochant certains textes, que maître Bernard avait bien pu être appelé par le roi de Navarre Henri II, fort soucieux d'instruire ses sujets aux bonnes méthodes de culture et de leur procurer « tous moyens pour les enrichir et les retirer d'oisiveté ». Il n'est pas téméraire non plus de penser que Palissy ne fut pas mécontent de respirer, dans les états de

PORTRAIT DE BERNARD PALISSY

D'après une miniature sur vélin conservée au musée de Cluny

ce prince, un air plus tolérant que celui de la Saintonge. Sa foi en fut vivifiée, comme son savoir se trouva bien de toutes les notions nouvelles que lui fournissaient des régions fort différentes de celles qu'il connaissait déjà. Et, au retour dans son pays accoutumé, on peut dire qu'il y apportait des croyances plus fermes et un sentiment plus assuré de confiance en lui-même.

La Réforme elle aussi avait fait des progrès en Saintonge. Un ami de Palissy, Philibert Hamelin, tour à tour imprimeur à Genève et ministre à Arvert, en fut le principal ouvrier. Mais son zèle finit par le perdre et on l'emprisonna à Saintes. Ce fut alors que Palissy n'hésita pas à le réclamer. « Je prins la hardiesse, dit-il, combien que les jours fussent périlleux en ce temps-là, d'aller remonstrer à six des principaux juges et magistrats de cette ville de Saintes qu'ils avoyent emprisonné un prophète ou ange de Dieu, envoyé pour annoncer sa parole,... leur assurant qu'il y avoit onze ans que je cognoissois ledit Philibert Hamelin d'une si sainte vie, qu'il me sembloit que les autres hommes estoyent diables au regard de lui. »

Cet acte de courage ne sauva pas Hamelin, qu'on brûla à Bordeaux, le 18 avril 1557, mais il ne perdit pas Palissy. Pourtant celui-ci ne se cachait guère, et il semble qu'en l'absence d'un représentant plus autorisé, c'est lui qui se mit à prêcher les doctrines nouvelles à la petite communauté de Saintes. Celle-ci d'ailleurs croissait rapidement, grâce à l'esprit pacifique du pasteur Claude de la Boissière, grâce surtout à la tolérance que les pouvoirs publics accordaient aux huguenots. C'était le temps où les doctrines politiques du chancelier de l'Hospital commençaient à se faire jour et où l'on s'efforçait de vaincre par la douceur un mal que les persécutions n'avaient fait qu'aggraver. Si on croyait Palissy sur parole, ce temps aurait été, à Saintes et dans la région, une époque de paix merveilleuse et de félicité presque paradisiaque. A vrai dire, là comme ailleurs, les réformés surent mal profiter des bonnes dispositions à leur endroit, et, devenus intolérants et pillards à leur tour, ils amenèrent bien vite une réaction violente contre eux, dont Palissy faillit être la victime.

La recherche d'un art nouveau. — Lorsqu'il vit que les choses tournaient de la sorte, Palissy essaya de se tenir à l'écart : « Je me retiray, dit-il, secrettement en ma maison pour ne voir les meurtres, reniemens et détroussemens qui se faisoyent ès lieux champestres ». Mais les catholiques ne lui eurent pas grand gré de cette abstention, et, dès qu'ils furent maîtres de la ville de Saintes, ils s'empressèrent de se saisir de Palissy et décidèrent de détruire les travaux auxquels il s'occupait : « Mes hayneux, dit-il encore, soudain que je fus prisonnier, firent ouverture et lieu public de partie de mon hastelier et avoient conclu en leur maison de ville de jeter mon hastelier à bas. » C'est le seigneur de Pons et sa femme, Anne de Parthenay, qui eurent assez de crédit auprès des énergumènes pour empêcher la réalisation de leur stupide dessein. Quant à Palissy lui-même, bien que le duc de Montpensier, commandant en chef des armées catholiques, lui eût donné un sauf-conduit, bien que le seigneur de Burie, le seigneur de Jarnac et le seigneur de Pons eussent tenté de le délivrer, on l'envoya « de nuit à Bordeaux, par voies obliques », pour attendre que son procès fût fait par le parlement.

C'est le connétable de Montmorency qui fit élargir le prisonnier et employa « la reine mère pour le tirer hors des mains de ses ennemis mortels et capitaux ». Palissy travaillait en effet pour le connétable lorsque tous ces événements se produisirent, et son atelier avait été en partie « érigé » aux dépens de son protecteur. Cet atelier qui tenait tant au cœur de Palissy abritait les essais d'un art nouveau auquel celui-ci se livrait avec une ardeur sans relâche et qui devait illustrer son nom : la recherche des émaux et la confection des « rustiques figulines ». Palissy a raconté lui-même comment la vue d'une coupe émaillée le transporta au point de donner à son activité une direction tout autre. « Sçache, dit-il à son lecteur, qu'il y a vingt-cinq ans passés — ceci est imprimé en 1580 — qu'il me fust montré une coupe de terre tournée et esmaillée d'une telle beauté que dès lors j'entray en dispute avec ma propre pensée. » Mais si l'apprenti émailleur narre volontiers par le menu tous ses déboires, s'il les dramatise même au besoin, il est loin de nous donner sur cette évolution de ses travaux tous les renseignements que nous voudrions savoir, d'en analyser la genèse comme nous le souhaiterions.

Quelle était cette coupe fameuse? Un émail allemand? une maïolique italienne? ou, tout simplement, une faïence française, de celles dites d'Oiron ou de Saint-Porchaire? On a beaucoup disserté à ce sujet sans arriver à un résultat positif. Dans quelles circonstances Palissy la vit-il et à quelle date précise de sa vie? Autres incertitudes qu'on n'est pas parvenu à lever. Nous savons seulement que l'impression produite par cet objet d'art fut profonde et qu'en révélant à Palissy une forme inconnue de la beauté plastique, elle lui inspira le désir d'arriver à égaler une pareille œuvre, sinon à la parfaire et à la surpasser. Presque toutes les connaissances faisaient défaut à Palissy pour se diriger sainement dans la voie nouvelle où il s'engageait. Il s'applique aussitôt à les acquérir, comme il s'ingénia à construire de ses mains les instruments de travail nécessaires à ses essais. Lui-même nous a dit, peut-être avec trop de complaisance, toute cette besogne pénible : les débuts longs et douloureux, les tentatives infructueuses, trop hardies, l'ivresse des demi-succès, l'abattement des mécomptes, l'âpre désir de réussir malgré tout. Le dénuement augmente chaque jour. Qu'importe à cette âme énergique, qui ne faiblit un instant que pour mieux se raidir ensuite? Tout entier à son idée, ses souffrances physiques ne l'atteignent pas, et celles de ses proches le touchent sans le convaincre. « J'estois en une telle angoisse que je ne sçaurois dire, confesse-t-il, car j'estois tout tari et desseiché à cause du labeur et de la chaleur du fourneau ; il y avoit plus d'un mois que ma chemise n'avoit seiché sur moy ; encore pour me consoler on se moquoit de moy, et mesme ceux qui me devoient secourir alloient crier par la ville que je faisois brusler le plancher : et par tel moyen l'on me faisoit perdre mon crédit et m'estimoit-on estre fol. » Écoutons-le encore faire le récit de quelques autres de ses déboires : « J'ay esté plusieurs années que n'ayant rien de quoy faire couvrir mes fourneaux, j'estois toutes les nuits à la mercy des pluyes et vents, sans avoir aucun secours, aide ni consolation, sinon des chats-huants qui chantoyent d'un costé et les chiens qui hurloyent de l'autre ; parfois il se levoit des vents et tempestes qui souffloyent de telle sorte le dessus et le dessouz de mes fourneaux que j'estois contraint quitter là tout, avec perte de mon labeur, et me suis trouvé plusieurs fois qu'ayant tout quitté, n'ayant rien de sec sur moy, à cause des pluies qui estoyent tombées, je m'en allois coucher à la mi-nuit ou au point du jour, accoustré de telle sorte comme un homme que l'on auroit traîné par tous les bourbiers de la ville; et en m'en allant ainsi retirer, j'allois bricollant sans chandelle et tombant d'un côté et d'autre, comme un homme qui seroit ivre de vin, rempli de grandes tristesses; d'autant qu'après avoir longtemps travaillé je voyois mon labeur perdu. Or, en me retirant ainsi souillé et trempé, je trouvois en ma chambre une seconde persécution pire que la première, qui me fait à présent esmerveiller que je ne suis consumé de tristesse. » Ce véritable supplice dura pourtant plusieurs années. « Bref, j'ay ainsi batelé l'espace de quinze ou seize ans : quand j'avois appris à me donner garde d'un danger, il m'en survenoit un autre lequel je n'eusse jamais pensé. »

Le premier livre de Palissy. — Il semble que cette période de douloureux tâtonnements fût achevée lorsque l'arrivée des catholiques à Saintes interrompit si brusquement les travaux de Palissy. A peu près maître de ses procédés, celui-ci obtenait déjà des résultats que ses contemporains appréciaient, bien qu'ils ne le satisfissent pas lui-même. Comme on l'a vu, il travaillait alors pour le connétable de Montmorency, qui, venu en Saintonge pour châtier les troubles de la gabelle, put juger *de visu* du mérite des ouvrages de Palissy et les encouragea. Mieux installé dans une tour des remparts de la ville, grâce à ce précieux patronage, celui-ci s'occupait à la fabrication d'ornements pour le château d'Ecouen, possédé par le connétable. Sans doute, l'orage une fois passé sans de trop grands dommages à sa personne, Palissy vint se préoccuper de l'état de son œuvre, car on voit l' « architecteur et inventeur des grotes figulines de Monseigneur le Connétable » figurer sur une quittance datée de Saintes, le 1er février 1564. Mais, entre temps, maître Bernard avait publié à La Rochelle, un livre fort important qui résumait ses idées et ses tentatives et dont nous reproduirons textuellement le titre, malgré sa longueur, parce qu'il donne une idée assez juste de l'état d'esprit de son auteur : *Recepte véritable par laquelle tous les hommes de la France pourront apprendre à multiplier et augmenter leurs thre-*

sors. Item, *ceux qui n'ont jamais eu cognoissance des lettres pourront apprendre une philosophie necessaire a tous les habitans de la terre*. Item, *en ce livre est contenu le dessein d'un jardin autant délectable et d'utile invention qu'il en fut oncques veu.* Item, *le dessein et ordonnance d'une ville de forteresse, le plus imprenable qu'homme ouyt jamais parler, composé par maistre Bernard Palissy, ouvrier de terre, et inventeur des rustiques figulines du Roy et de monseigneur le duc de Montmorency, pair et connétable de France, demeurant en la ville de Saintes* (A la Rochelle, de l'imprimerie de Barthélemy Berton, 1563).

On voit par ce simple énoncé ce que Palissy prétendait mettre dans son livre. On y découvre aussi quelques traits de son caractère : la confiance en soi et en ses trouvailles, cette assurance orgueilleuse commune aux inventeurs de tous les temps. Mais on a voulu voir aussi sur ce frontispice une allusion à la propre misère de Palissy qui ne s'y trouve pas. Une vignette y représente un enfant dont le bras est garni d'ailes et qui s'efforce vainement d'enlever un fardeau trop lourd. Une devise dit en exergue : « Pauvreté empêche les bons esprits de parvenir. » Tout ceci convenait trop bien à Palissy pour qu'on ne lui en fît pas une application saisissante. Par malheur Palissy n'y est pour rien. Cette devise est celle de son imprimeur et, en l'adoptant, B. Berton ne l'a pas inventée. Quant au livre lui-même, c'était bien l'image exacte de ce qui se pressait dans cette tête en travail, mélange d'idées ingénieuses et neuves et de rêveries utopiques, amalgame d'esprit critique et de foi, de convictions raisonnées et de chimères. Palissy avait voulu s'y mettre tout entier, et il semble qu'il y ait réussi. L'ouvrage est écrit en forme de dialogue, au fil des idées de l'auteur, qui se suivent sans enchaînement rigoureux, dans un désordre apparent qui n'est pas sans charme, bien qu'il fatigue l'esprit du lecteur. Palissy y parle de tout ou à peu près et émet sur tout des réflexions nettes, très souvent justes et profondes individuellement, quoique mal rattachées les unes aux autres. Nous savons ainsi ce qu'il pense de l'agriculture et des procédés agricoles d'alors, comment il explique quelques problèmes de l'histoire naturelle et de la chimie ; trop fréquemment l'erreur y côtoie la vérité ; mais celle-ci, quand elle se produit, est singulièrement personnelle et méritoire : quand il préconise les engrais agricoles et explique leur rôle, notamment, Palissy est génial, et il faut le considérer à cet égard comme le précurseur direct de Lavoisier et de Liebig. Mais ce que cette première publication contient de général nous intéresse moins ici que ce qu'elle nous apprend sur son auteur. Déjà nous y avons recueilli des renseignements sur le développement de la Réforme en Saintonge. A côté, se trouve encore une partie plus personnelle et traitée avec une chaleur plus communicative et plus entraînante. C'est la description du *jardin délectable* que Palissy rêvait de réaliser. Là il plaide *pro domo*; aussi met-il dans son langage toutes les ressources de son imagination et de son savoir, dans l'espoir que quelque grand seigneur séduit par ces inventions lui donnera les moyens de les exécuter.

Palissy à Paris. — Parmi tout ce qui doit embellir ce jardin que Palissy décrit avec une complaisance émue, il convient de remarquer surtout qu'il y aura neuf cabinets ornés d'ouvrages en terre cuite et émaillée. L'inventeur eut-il jamais le loisir de réaliser totalement ce dessein, et, si par hasard il trouva quelque Mécène pour en faire les frais, vint-il à bout d'une entreprise où la chimère se mêlait tant à la réalité? Il y a de grandes raisons d'en douter, car l'esprit de Palissy était encore mal en équilibre et ses trouvailles l'avaient un peu grisé, à preuve le plan d'une forteresse idéale qui termine son livre. Ce qui est plus assuré, c'est que le connétable de Montmorency le chargea d'édifier pour Écouen un de ces cabinets rustiques tels que ceux qui devaient orner le *jardin délectable*. Et ce haut patronage en amena bientôt un autre plus haut encore. Le roi et la reine mère séjournèrent à La Rochelle en septembre 1565, deux ans après l'apparition de l'ouvrage de Palissy. Catherine de Médicis avait déjà rendu un signalé service à l'auteur, qui l'en remercie en tête de son livre. Sans doute elle voulut lui être agréable encore une fois. Toujours est-il que Palissy reçut la commande d'une grotte « pour la reine en son palais à Paris » et cette grotte était « commencée » en 1570, ainsi que nous l'apprend un compte de cette date. L'artiste était alors fixé à Paris et, l'année suivante, il demeurait au faubourg Saint-Honoré. Par malheur, la grotte du connétable n'a laissé aucune trace et celle de Catherine de Médicis ne nous est connue que très imparfaitement, bien qu'on ait trouvé un croquis du temps qui semble en donner l'aspect, un devis qui peut avec plus de vraisemblance être considéré comme authentique et plusieurs fragments de poterie émaillée, mis au jour en deux endroits, dans la cour du Louvre et aux Tuileries, dans les fondements de la salle des États. Mais il n'est pas impossible de se faire une idée exacte de ce que devaient être alors les procédés de Palissy et la nature de ses œuvres. Certaine fontaine rustique, formée d'un rocher chargé de grenouilles qui laissent tomber l'eau sur d'autres animaux ou sur des plantes reproduits en relief tout à l'entour, n'est évidemment qu'une réduction des travaux plus considérables auxquels Palissy s'occupait dans les jardins des Tuileries ou dans ceux d'Ecouen. C'est la période la moins tourmentée de la vie de Palissy et celle qui sans doute fut la plus féconde. La protection des grands lui paraissait assurée et il était alors maître de son art. Après de longs efforts, il avait su le rendre propre à toutes sortes de travaux bien personnels, moins amples que les grottes dont il a été question, plus répandus aussi et plus nombreux : plats, vases, récipients ou plaques en relief. Sans prétendre dresser une classification qui ne saurait avoir rien de rigoureux, on peut distinguer dans les œuvres de Palissy celles où les éléments rustiques prédominent et celles où les ornements champêtres ne sont qu'un accessoire et accompagnent une scène ou un groupe d'une tout autre allure. Les unes procèdent apparemment de la première manière de l'artiste et furent fabriquées sans doute à l'époque dont nous parlons. Leur réalisme est un peu trop naïf et leur ornementation trop chargée; le modelage des objets est presque mécanique, la coloration sombre et pauvre. Les autres, au contraire, marquent un progrès réel vers un art plus élevé, plus éclatant, plus simple et plus élégant. L'émail y tient la plus large place, exquis maintenant et inimitable, singulièrement harmonieux de tons et juste d'exécution. Si bien que, pour résumer l'évolution artistique de l'émailleur, on peut dire avec M. Dupuy : « Pendant que le genre rustique se réduit peu à peu dans l'œuvre de Palissy jusqu'à ne plus laisser, sur certaines pièces, que des traces, l'émail jaspé prend une importance de plus en plus grande, et, sans quitter les parties cachées de la pièce, il sert habituellement, il suffit quelquefois, à la décoration des parties apparentes. »

Nouveaux voyages. — Palissy conférencier. — Les persécutions religieuses vinrent encore une fois interrompre l'activité de cette production. Palissy était domicilié à Paris lors de la Saint-Barthélemy et il échappa au massacre. C'est tout ce qu'on en sait. Mais il dut quitter la ville et se résoudre à voyager. Palissy, qui avait poussé ses recherches de savant dans les contrées qui avoisinent Paris, la Brie, la Champagne, la Picardie, fut contraint de s'éloigner jusque dans les Ardennes et d'y séjourner assez longtemps, si l'on en juge par les nombreuses observations qu'il en rapporta, protégé alors contre le fanatisme catholique par le protestantisme du duc de Bouillon. Cette pérégrination, poursuivie jusque dans le pays de Liège, ne fut pas inutile aux connaissances scientifiques de Palissy; mais on ne saurait dire que ses œuvres artistiques en aient retiré quelque profit. Et lorsque, les passions étant apaisées, Palissy put, peu de temps après, rentrer à Paris, l'émailleur n'y trouva plus les mêmes hautes protections. Dès 1575, sa grotte du jardin des Tuileries était abandonnée et en partie ruinée, et, si la confection de travaux moins importants lui restait encore, il ne semble pas qu'elle pût suffire à tous ses besoins, car on le vit alors demander d'autres ressources à des leçons publiques dans lesquelles il exposait ses doctrines scientifiques et montrait ses collections d'histoire naturelle. « Je m'avisay, dit Palissy, de faire mettre des affiches par les carrefours de Paris, afin d'assembler les plus doctes médecins et autres, auxquels je promettois monstrer en trois leçons tout ce que j'avois connu des fontaines, pierres, métaux et autres natures; et, afin qu'il ne s'y trouvast que des plus doctes et des plus curieux, je mis en mes affiches que nul n'y entreroit qu'il ne baillast un écu à l'entrée desdites leçons, et cela faisois-je en partie pour voir si par le moyen de mes auditeurs je pourrois tirer quelque contradiction, qui eust plus d'asseurance de vérité que non pas les preuves que je mettois en avant. » Il est vraisemblable que la gêne du conférencier avait plus de part à cette mesure que celui-ci ne veut l'avouer. Toujours est-il que ces leçons publiques eurent des succès : commencées pendant « le caresme de l'an mil cinq cent septante cinq », elles continuèrent l'année suivante. Elles furent suivies par un auditoire assez nombreux, qu'il est très facile de reconstituer presque en entier, car Palissy a pris soin de conserver les noms de trente-quatre des plus notables de ceux qui les fréquentèrent.

Le second livre de Palissy. — Palissy exposait ainsi ses théories scientifiques et, pour les appuyer, il montrait en public les échantillons d'histoire naturelle qui les lui avaient inspirées. Il n'est pas malaisé de retrouver le fond de ces doctrines dans le nouvel ouvrage que Palissy allait mettre sous presse et qui devait voir le jour en 1580, de même qu'il est facile de reconstituer le titre des leçons d'après le titre même du livre. Le voici intégralement : *Discours admirables de la nature des eaux et fontaines tant naturelles qu'artificielles, des métaux, des sels et salines, des pierres, des terres, du feu et des esmaux, avec plusieurs autres excellens secrets des choses naturelles, plus un traité de la marne fort utile et nécessaire pour ceux qui se meslent de l'agriculture, le tout dressé par dialogues esquels sont introduits la Théorique et la Practique, par Bernard Palissy, inventeur des Rustiques Figulines du Roy et de la Reyne sa mère* (A Paris, chez Martin le jeune, à l'enseigne du Serpent, devant le collège de Cambrai, 1580). Écrit en forme de dialogue, comme le premier ouvrage de Palissy, entre *Théorique* qui représente surtout les traditions erronées, puisées dans les livres, et *Pratique*, qui est la voix de la propre expérience de l'auteur et des doctrines qu'il croit justes, celui-ci est plus rempli encore que l'autre et montre mieux la personnalité complexe de l'homme qui le composa. C'est là qu'on peut étudier avec le plus de profit le savant et l'écrivain.

Ainsi qu'on vient de le voir par l'énoncé même du titre, il y a beaucoup de choses, et le plus souvent fort disparates, dans le livre de Palissy. Nous avons déjà fait de notables emprunts à la partie qui traite des émaux, car l'artiste y donne, sinon le secret de ses travaux, du moins le détail des tribulations endurées pour trouver ce secret. On a fait un reproche à Palissy d'un pareil silence, et on n'a pas eu tort. Il n'y a pas d'autre raison pour l'expliquer que l'état d'esprit même de Palissy : c'était un inventeur dans toute la force du terme, très heureux assurément qu'on admirât ce qu'il avait trouvé, mais ne désirant nullement divulguer ce qui lui avait coûté tant de peine. Lui qui expose volontiers ses idées les plus contestables et les défend sans en démordre, promettant quatre écus à qui les démentira, il cache avec soin ses expériences les plus convaincantes et ses découvertes les plus assurées. L'œuvre du savant est, en effet, chez Palissy, très mêlée et très contestable : à côté de remarques géniales se trouvent des hypothèses hasardées et insoutenables. Observateur profond, expérimentateur sagace, Palissy est un théoricien trop hardi, généralisateur téméraire et impatient de conclure. Sans doute, il serait déraisonnable d'oublier qu'en avance sur son siècle à bien des égards Palissy ne pouvait faire en tout abstraction de son temps, et ses défauts sont ceux de ses contemporains, moins apparents encore et atténués. Nous ne saurions ici pousser plus loin cette analyse ni énumérer toutes les idées nouvelles qui sortirent de ce puissant cerveau. Elles sont trop nombreuses et trop importantes, et c'est à bon droit que les physiciens, les chimistes et les géologues considèrent de nos jours Palissy comme un de leurs ancêtres les plus certains et les plus glorieux.

Le savoir de Palissy. — Il est hors de doute que Palissy n'a pas tiré des livres ce que les siens contiennent de meilleur. La partie la plus vraie de sa « philosophie naturelle » lui vient de ses observations propres, comme ses explications les plus justes sont celles que sa raison lui suggère ou que son intuition lui propose. Il avait d'ailleurs assez peu lu et il semble qu'il en ait gardé quelque désillusion, apparemment parce que l'insuffisance de son instruction première ne mit pas à sa portée les auteurs dont il eût pu tirer le plus de profit. C'est surtout dans les dix-sept années qui séparent la publication de ses deux ouvrages que s'est faite l'éducation intellectuelle de Palissy, et, ignorant comme il l'était du latin et du grec, il ne manqua sans doute pas de lire les livres écrits ou traduits en français entre ces deux dates. Le potier cite souvent les saintes écritures parmi ses propres réflexions, et en particulier les *Psaumes* dont l'un, le psaume cent quatrième, lui inspira même son projet de *Jardin délectable*. Parmi les auteurs de l'antiquité profane, il n'en connut guère qui l'aidèrent dans ses travaux. Aristote lui échappait et il le mentionne d'une plume assez dédaigneuse. Si Pline put lui être plus familier, il ne semble pas qu'il en ait tiré beaucoup de chose. Seul Vitruve est cité parfois dans les ouvrages de Palissy, et traité avec quelque considération, moindre cependant que celle qui eût convenu. Palissy pratiqua davantage les philosophes hermétiques du moyen âge, mais cette époque n'avait pas pour lui une acception bien déterminée et il n'en apprit presque rien. Si l'on s'en tient aux résultats acquis, deux noms — des noms de contemporains — doivent seulement être retenus : celui de Pierre Belon et celui de Cardan. Novateur lui aussi, à sa manière, et aussi investigateur que Palissy, Belon a fourni à ce dernier plusieurs observations qui n'ont pas été superflues. Quant à Cardan, si Palissy déclare l'avoir étudié, peut-être ne confesse-t-il pas assez ce qu'il lui doit : quelques idées qui purent agir sur lui, même à son insu. Mais il n'est pas téméraire d'affirmer que Palissy ne demanda guère aux lectures assez rares qu'il dut faire que la confirmation de ses propres observations. Comme la genèse de son art, celle de sa science fut laborieuse et solitaire. Il en résulte un savoir singulièrement personnel, où se reflète encore l'image de cet homme tenace avec ses traits heurtés et nets.

Son style. — C'est toujours cette préparation indépendante qui donne au langage de Palissy un accent si pénétrant. Formé hors de la connaissance de l'antiquité classique et loin de la tradition que la Renaissance et l'humanisme avaient fait prévaloir, le style de l'artisan devenu écrivain par la seule force de son génie n'en est que plus instructif à analyser. De même qu'il lui fallut construire de ses propres mains les fours qui devaient abriter ses travaux, de même, pour en exposer les résultats au public, il lui fallut préparer pour son propre usage une langue capable d'exposer et de faire entendre ce qu'il avait conçu et exécuté. Le langage du temps manquait de clarté et de précision pour cela et les quelques termes scientifiques en cours avaient une acception si vague qu'elle ne pouvait qu'embarrasser. Le premier soin de Palissy est donc de définir exactement les termes qu'il se propose d'employer. Son exposition y gagnera en clarté, et son argumentation en vigueur. Aussi sa prose, parfois tortueuse et pénible, comme la parole d'un ouvrier dégrossi trop tard, est toujours appropriée au sujet. Brève et lumineuse lorsqu'elle expose, elle devient, quand la passion l'échauffe, étrangement vivante et colorée. Car, si Palissy a gardé dans son style quelque chose de la gaucherie du paysan, il en a la vigueur de sentiment et d'expression, qui mêle heureusement le charme du parler populaire à l'exposition scientifique et égaie d'une image naturelle et plaisante la précision parfois aride du récit.

Comme Léonard de Vinci, avec lequel il a bien des traits communs, Palissy regarde en artiste le monde qu'il analyse en savant. Rustique, nul ne le fut plus que lui. Il l'était par métier, pourrait-on dire, et l'observation directe de la nature, loin d'en affaiblir l'impression sur lui, l'affine au contraire et l'accroît. Palissy s'efforce bien visiblement de parler le langage d'un savant, mais sa science met en usage un bien moins grand nombre de termes nouveaux que ne le fait la seule fantaisie d'un Rabelais. Son vocabulaire est normal et sa syntaxe aussi; l'esprit scientifique de l'écrivain se fait jour plutôt dans le choix des mots et leur définition exacte que dans la constitution d'un lexique nouveau. La fantaisie, elle, se montre dans l'emploi de telle locution prime-sautière qui accompagne l'expression technique et la fait passer. En étudiant ainsi de près la langue de Palissy, M. Dupuy a même cru y découvrir une habitude particulière à son auteur et en a fait la remarque : « Cette habitude, dit-il, consiste à unir le mot populaire et le mot savant, comme pour les éclairer l'un par l'autre. » Ainsi présentée, la remarque est trop absolue. Ce n'est pas là une particularité caractéristique de Palissy, et on n'y saurait voir un cas isolé. C'est bien plutôt une simple redondance habituelle à plusieurs écrivains, et en particulier à Montaigne, dans les œuvres de qui il ne serait pas malaisé d'en retrouver des exemples typiques et nombreux. Aussi bien, la comparaison, si on la faisait sur ce point, amènererait d'autres rapprochements entre ces deux écrivains, nourris dans la même région, quoique en des milieux fort différents, expressifs l'un et l'autre dans leur verve ingénieuse et vive. La prose de Palissy, comme sa propre personnalité, est plus forte et plus drue, moins habile aussi et moins riante. Sa longue et laborieuse expérience lui a fourni tant de termes de comparaison que les images naissent naturellement sous sa plume, neuves, familières et brusques, pleines de justesse et d'attrait. Il a gardé de son éducation populaire le goût des termes expressifs du pays, l'amour des proverbes, des dictons alertes et vigoureux. Les gasconismes et les santonismes abondent également dans les ouvrages du potier. Ce mélange trop bien dosé peut déconcerter sans doute ceux qui prétendent découvrir la véritable patrie d'origine de Palissy aux menues particularités de son langage. Qu'importe le terroir si la saveur en est pénétrante et saine et garde encore pour nous un arrière-goût qui nous charme toujours?

Les dernières années de Palissy. Sa fin. — On perd la trace de Palissy après qu'il eut exposé ses idées dans un ouvrage aussi copieux que les *Discours admirables*. Nous savons seulement que ses dernières années furent assombries par des déboires comme l'avaient été ses débuts. Le succès qui avait souri un moment à ses efforts n'avait pas tardé à faire défaut, et la misère revint sur les pas de l'adversité. Quand et comment Palissy est-il mort? On ne peut pas le dire avec certitude. Un passage bien connu du *Journal* de L'Estoile nous apprend qu'il est mort à la Bastille. Plus tard, Agrippa d'Aubigné est revenu à diverses reprises sur cette mort et a montré dans trois endroits de ses œuvres Palissy proche de sa fin ayant un entretien des plus dramatiques avec le roi Henri III, qui se serait rendu dans la prison pour le presser d'abjurer le protestantisme. Cette mise en scène semble bien factice et faite pour donner de l'intérêt au récit plus que pour rapporter fidèlement les véritables circonstances du trépas, si lamentable pourtant, de maître Bernard. Il est hors de conteste que Palissy, enfermé à la Bastille, y « mourut de misère, nécessité et mauvais traitement », suivant l'expression de L'Estoile, qui aima « ce bon vieillard » et l'avait « soulagé en sa nécessité ». Bussy, gouverneur de la prison, fit, dit-on, traîner le cadavre sur les remparts, comme celui d' « un chien qu'il était ». Ainsi périt, victime de ses convictions, à une date qu'on n'a pas pu préciser encore, en 1589 ou 1590, cet homme courageux que l'adversité n'avait jamais pu abattre. La suprême détresse de Palissy, terminant sa vie comme elle avait commencé, a été aux yeux de la postérité une raison de plus d'honorer son labeur si énergique et de rendre enfin justice à son génie si mal compris de son temps.

II. — Les sciences naturelles : Pierre Belon. La chirurgie : Ambroise Paré.

Pierre Belon. — Tandis que le génie de Palissy s'exerçait à la fois et si puissamment sur tant de points divers, d'autres ouvriers, moins bien doués et moins personnels, travaillèrent avec autant d'ardeur à faire avancer la science en d'autres directions. Si l'étude de la nature avait passionné Palissy, on peut dire que ce qu'il cherchait surtout dans cette observation c'étaient les éléments d'une philosophie générale, et son regard ne s'est pas posé aussi volontiers sur toutes sortes de phénomènes. L'analyse des forces physiques le retient principalement et il se complaît aux métamorphoses géologiques, à l'étude de la matière inerte. D'autres, au contraire, se préoccuperont surtout de l'être vivant, de sa structure et de son organisme, en observeront les éléments constitutifs et essayeront de les déterminer avec précision. Les noms de ces investigateurs contemporains de Palissy doivent figurer justement dans une histoire du développement des sciences. On ne saurait les prononcer dans une histoire de la littérature française, car la plupart écrivirent leurs ouvrages en latin. Le seul qu'il convienne de ne pas oublier ici est celui du Manceau Pierre Belon (1517-1564). En effet, si Belon employa fréquemment, pour exprimer ses idées, la langue qui passait alors pour être celle du savoir, il se servit aussi souvent du français, et son style précis, clair, bien que lourd parfois et manquant de relief, mérite assurément de retenir un instant l'attention sur l'écrivain.

Comme savant, Belon a des idées originales et justes, notamment en anatomie comparée. Il voyagea beaucoup, grâce à la générosité de quelques protecteurs, visita ainsi les principaux états européens et poussa jusqu'en Grèce, en Asie et en Égypte. A son retour, il publia en français la relation scientifique de son

voyage, intéressante et bien informée, plus pleine d'observations
que d'impressions. Nous avons déjà vu que Palissy y prit quelques faits. Si l'on joint à ce récit un ouvrage sur la nature des
poissons, un autre plus important sur celle des oiseaux et une
dissertation sur la culture et la « manière d'affranchir et apprivoiser les arbres sauvages », on aura la liste complète des
ouvrages français de Belon. L'idée la plus ingénieuse et la plus
hardie qui s'en dégage n'a pas manqué d'être remarquée par les
partisans modernes de l'évolution. Belon intitula un chapitre de
son premier livre sur l'histoire naturelle du dauphin : « Que
l'anatomie du cerveau du dauphin convient en toutes ses parties
avec celui de l'homme ». Et ailleurs, en tête de son *Histoire de
la nature des oiseaux* (1555), Belon représente un squelette
d'oiseau et un squelette humain, et il indique par les mêmes
lettres les parties qui, selon lui, se correspondent dans les deux
squelettes. Tous ces rapprochements sont assurément d'une
observation sagace. Ils ne frappèrent pas alors l'esprit des lecteurs comme ils frappent les nôtres, pas plus, du reste, que les
principes énoncés par Palissy n'eurent, à l'origine, toute leur
portée scientifique. Les contemporains étaient trop mal préparés
à ces nouveautés pour en saisir la vérité durable. Il faut ajouter
encore que la langue de Belon, précise et nette comme son
esprit, pittoresque parfois, souvent déclamatoire aussi, manque
de cette heureuse audace qui séduit et convainc à la fois, éclaire
et ravit tout ensemble par la justesse du terme unie à la grâce
de l'expression et de l'image.

Ambroise Paré. — Si Ambroise Paré, compatriote de
Belon, est plus populaire que celui-ci, c'est sans doute à la
supériorité de son style qu'il le doit; c'est aussi à la nature
même de ses occupations. Ses études, moins spéculatives, cherchaient à pénétrer les secrets de l'anatomie humaine et de la
chirurgie, et le public y était trop directement intéressé pour
ne pas accorder plus de renommée à l'homme et plus de considération à son œuvre. En somme, Paré tenta de faire dans les
parties de la science où son activité se donna carrière ce que
la plupart des savants essayaient de faire alors pour les travaux
particuliers auxquels se livra leur savoir spécial : remplacer,
comme on l'a dit, le syllogisme par l'observation directe des

faits et en tirer des conclusions pratiques qui, intelligemment généralisées, pouvaient devenir une méthode et une règle. Paré comprit-il très nettement toute l'étendue de ce principe? Toujours est-il qu'il ne se lassa jamais d'observer et qu'il exposa les résultats de ses recherches avec conscience et avec talent. L'enfance de Paré, comme celle de Palissy, fut négligée. « Je ne veux m'arroger, dit-il lui-même, que j'aie lu Galien parlant grec ou latin : car n'a plu à Dieu tant faire de grâce à ma jeunesse qu'elle ait été en l'une ou l'autre langue instituée. » Cette ignorance obligea donc Paré à écrire tous ses ouvrages en français. Quelques savantasses s'en scandalisèrent. Mais son action fut plus directe et plus grande et son style dut à cela de garder quelque chose de la sève populaire et du vrai parler national.

Ce n'est, au reste, pas le seul point de contact de Paré avec Palissy. Né sans doute à quelques mois de distance de ce dernier, vers 1510, au Bourg-Hersent, près de Laval, Paré fut tout à fait le contemporain du potier, puisqu'il mourut en 1590, peu de temps après Palissy. Il est certain, en outre, que leur longue existence ne se côtoya pas ainsi sans se rencontrer, car Paré fut au nombre des auditeurs de Palissy. Ils étaient d'ailleurs bien faits pour se comprendre et s'apprécier l'un l'autre. Mais là s'arrête le rapprochement. Si les débuts furent laborieux pour Paré, la vie ne tarda pas à lui devenir clémente. Jeune, il entra comme apprenti chez un barbier, à Laval ou à Angers, et apprit les éléments d'un métier qui n'était ni sans profit ni sans mérite. Au XVIe siècle, non seulement les barbiers rasaient, mais encore ils saignaient et pratiquaient les besognes subalternes de la chirurgie. Pour exercer ces fonctions assez relevées il fallait un examen et un diplôme préalables. Avant de subir cette épreuve, Paré vint à l'Hôtel-Dieu de Paris, où il demeura trois ou quatre ans en qualité de compagnon chirurgien. Il s'y trouvait certainement en 1533. Puis il suivit, en 1537, comme chirurgien attaché à sa personne, le sieur de Montejan, qui marchait contre les Impériaux en Provence et en Piémont.

Les campagnes de Paré. — Paré ne rentra à Paris qu'à la mort de son protecteur, au commencement de 1539. Il s'empressa de passer les examens nécessaires pour être incorporé dans la communauté des barbiers, et les ayant subis avec succès, il repartit bientôt après, à la suite de René de Rohan, pour Perpignan, que les Espagnols occupaient. Cette campagne n'ayant pas été fructueuse pour les armes françaises, Paré accompagna son protecteur en Bretagne et en Hainaut contre de nouveaux ennemis, toujours en quête lui-même d'observations justes sur les blessures produites par les armes à feu. Car ses investigations s'étaient portées alors sur cette partie de la chirurgie, qu'il essayait d'étudier avec précision pour y introduire des procédés rationnels. Il en rapporta les éléments de son premier ouvrage sur la *Méthode de traicter les playes faictes par hacquebutes et aultres bastons à feu*. Publié en 1545, ce livre contient des innovations heureuses, comme celle de soigner les blessures avec un onguent au lieu de les cautériser avec l'huile bouillante et aussi un procédé très simple pour rechercher les projectiles dans le corps des blessés. Cette théorie devait mettre Paré en vue, d'autant que la pratique y répondait et le succès obtenu grâce à elle en recommanda l'efficacité. La cure la plus célèbre obtenue alors par Paré fut sans contredit celle de la terrible blessure reçue à la face par François de Lorraine, duc de Guise, durant le siège de Boulogne. Le duc de Guise en guérit, mais son visage garda une large cicatrice qui lui valut, comme on sait, le surnom de Balafré. La moindre innovation du chirurgien n'était pas davantage de s'exprimer dans son ouvrage simplement et clairement, sans citations intempestives et sans digressions oiseuses. Paré se contentait d'exposer les faits, qu'il racontait d'ailleurs soigneusement par le menu, tels qu'il les avait observés, et en tirant quelques conclusions très précises avec la netteté de l'expérience et l'assurance de la conviction. Chacun pouvait comprendre son langage, comme chacun pouvait juger du bien fondé de son traitement.

Paré chirurgien. — Ce premier livre fut bientôt suivi de beaucoup d'autres, écrits avec la même méthode et qui eurent le même accueil. Ce fut d'abord un traité d'anatomie, pour lequel Paré fit de nombreuses dissections. Puis, partageant sa vie entre les travaux du laboratoire, les études de la chirurgie d'armée et le souci d'une clientèle déjà florissante, on le voit tantôt à la ville et tantôt dans les camps, tantôt opérant et tantôt exposant les résultats de ses opérations. Les temps étaient trop troublés pour que le barbier pût se livrer tranquillement à l'exercice d'un métier dont il avait singulièrement élargi les limites. Pourtant, dans un moment de calme, Paré, déjà praticien renommé et auteur de plusieurs découvertes universellement appréciées, trouva le moyen de changer son titre actuel contre celui de chirurgien et de passer les examens nécessaires pour cela. Le 18 août 1554, il demanda tout à coup — *ex abrupto*, disent les registres du Collège de chirurgie [1], — à être admis à subir les épreuves du baccalauréat en chirurgie. Le 23 du même mois, le candidat subit donc une épreuve préparatoire sur la théorie et la pratique de la profession chirurgicale, et, ayant été reconnu assez capable pour cela, il fut autorisé à passer, le 27, l'examen de bachelier à l'hôpital des pauvres. Paré faillit être refusé, parce que ses réponses parurent faibles et faites dans un mauvais latin : *quo in loco questionibus et chirurgicis problematibus illi objectis debiliter et sermone satis barbaro et corrupto respondit*. Il fut admis néanmoins, mais sous la condition expresse qu'il s'adonnerait davantage à l'étude de la chirurgie et à celle du latin : *receptus fuit eâ etiam lege et conditione quod invicem* (?) *in linguâ latinâ, tum etiam in chirurgiâ utenti et docenti paritis frequentissimè versabitur*. Le 1er octobre suivant, Paré présenta sa supplique pour l'acte de licence, qu'il subit le 8 du même mois, et, là encore, il ne fut admis — les registres l'assurent — que par considération pour le roi qui le protégeait. Enfin, le 5 novembre suivant, les maîtres en chirurgie assemblés désignèrent l'un d'eux, le chirurgien Étienne de La Rivière, pour remettre à Paré, trois semaines après, le bonnet de docteur. Cette cérémonie n'eut lieu que le 17 décembre, et, le lendemain, le nouveau docteur dut prendre l'engagement traditionnel de se conformer aux statuts de la corporation. Nous avons tenu à mentionner ici toutes les étapes de l'obtention de ce grade et à citer quelques lambeaux de ce latin barbare qu'on reprochait à Paré de négliger. Vingt-trois ans plus tard, un pamphlet anonyme dirigé contre lui rappelait encore ces cir-

---

1. Les originaux de ces registres n'ont pas été conservés, mais les extraits concernant Paré ont été transcrits, au XVIIIe siècle, par le chirurgien Bernard Peyrilhe, dans le tome III, manuscrit et inédit, de son *Histoire de la chirurgie*, actuellement gardée à la bibliothèque de l'Académie de médecine. Ces extraits ont été publiés par le D^r Le Paulmier dans son livre sur Paré (p. 43-49).

constances avec aigreur. La chose semblerait incroyable si on ne savait combien le monde médical se modifie lentement et de quelles railleries cruelles Molière put cribler, un siècle après Paré, l'esprit de routine et la suffisance grotesque des Purgons et des Fleurants de son temps.

Caractère de Paré. — Pourtant lorsque Paré sollicitait de la sorte son admission dans le corps des chirurgiens et l'obtenait à grand'peine, sa réputation de praticien était solidement établie et répandue jusque chez les ennemis des armes françaises. Il avait fait de nombreuses campagnes, et chacune d'elles avait apporté quelque amélioration à sa méthode de traitement, quelque progrès manifeste dans la bonne voie, si bien qu'il était inscrit depuis deux ans déjà au rang des chirurgiens ordinaires du roi. En 1552, Paré se trouve dans l'Est, où il a accompagné son protecteur M. de Rohan. Au siège de Damvilliers, en juin de cette année, le chirurgien tenta pour la première fois de faire la ligature des artères et des veines, après une amputation, au lieu d'employer le cautère. Cette innovation lui réussit pleinement et elle constitue maintenant le plus beau titre de Paré à la reconnaissance de la postérité. Puis, à la fin de cette même année, il pénètre dans Metz assiégé par le duc d'Albe, pour y porter aux soldats du roi de France quelques médicaments et les secours de son art. Paré a pris soin de raconter lui-même, et parfois avec beaucoup de verve, les affaires auxquelles il assista et les aventures qui lui survinrent. Aucunes pages de cette sorte d'autobiographie ne sont plus vivantes et mieux senties que celles que Paré consacre à ce siège mémorable. Si les assiégés étaient en butte à bien des maux, les assiégeants eux aussi souffraient grandement du froid et de la famine. Paré décrit avec un enjouement narquois les épreuves des ennemis; ce passage, d'une ironie un peu forcée, donne quelque idée du style de l'écrivain et de son humeur à la guerre. Il nous peint gaillardement les soldats de l'empereur couchant dans deux pieds de neige, à ciel ouvert, avec « une couverture toute semée d'étoiles luisantes et brillantes, plus claires que fin or. Et tous les jours avoient draps blancs, et logés à l'enseigne de la lune, et faisoient bonne chère quand ils avoient de quoi... Et ne leur falloit nul peigne pour détacher le duvet et la plume de contre leurs barbes et leurs cheveux, et trouvoient toujours nappe blanche, perdant bons repas par faute de viande. » Cette gaieté semble peut-être un peu factice et paraît sonner faux : on ne saurait oublier que celui qui écrit ainsi est tout ensemble chirurgien et soldat, deux professions qui n'ont jamais prédisposé beaucoup à la sensiblerie. D'ailleurs, Paré devient plus grave quand il décrit les souffrances de ses propres compatriotes et le courage de leur défense désespérée. Son langage, sans cesser d'être vif et coloré, parfois plaisant, prend un accent de mélancolie plus pénétrant et plus sincère. Sous l'énergique impulsion du duc de Guise, les Français enfermés dans Metz étaient bien résolus à braver jusqu'au bout la misère et la faim avant de se rendre à la discrétion de l'ennemi. Déjà on avait rationné les vivres pour ne pas en manquer tout à fait, et nos soldats quittaient la table avec appétit, « de peur, dit Paré avec bonne humeur, qu'ils fussent sujets à prendre médecine ». On songeait même aux nourritures extraordinaires qui sont le suprême ressource des affamés, « les ânes, mulets et chevaux, chiens, chats et rats, voire nos bottes et collets et autres cuirs qu'on eust pu amollir et fricasser ». Chacun avait son rôle dans le combat : les hommes aux remparts, les femmes dans les maisons, qu'elles barricaderaient, ou dans les rues, qu'elles dépaveraient, si l'ennemi venait à s'emparer de la ville. Chaque édifice, chaque carrefour était mis en état de défense — une défense désespérée, — mais tout cela n'eût pas été, comme le dit Paré, « sans faire beaucoup de femmes veuves et d'orphelins ». Par bonheur les assiégés n'eurent pas à en venir à ces résolutions dernières, car l'empereur, voyant la peste dans son camp et redoutant de ne pas pouvoir prendre une ville qui se défendait ainsi, se décida à lever le blocus.

Son style. Ses œuvres complètes. — Comme on le voit aux quelques traits empruntés à sa narration, le pittoresque ne fait défaut à Paré, lorsqu'il raconte, ni dans l'expression ni dans l'image. Sous une certaine gaucherie d'aspect général, son style garde une saveur prime-sautière qui n'est pas sans charme, et la fantaisie se montre vite lorsqu'elle est de mise. On retrouvera les mêmes qualités d'entrain dans le récit du siège de Hesdin, où Paré était enfermé l'année suivante. Mais là il

fallut capituler et le chirurgien fut fait prisonnier. Un moment
il voulut feindre, et, sous un déguisement qui lui donnait l'air
d'un « ramonneur de cheminées », passer pour un personnage
sans importance. Lui-même trahit son savoir-faire en diverses
circonstances et il n'y eut bientôt plus moyen de dissimuler.
Le duc de Savoie tenta alors d'attacher à sa personne un praticien aussi remarquable. Offres ou menaces, rien ne put
décider Paré à servir l'ennemi, et libéré peu après sans rançon
pour prix d'une guérison inespérée, c'est alors qu'il songea à
acquérir le titre de docteur en chirurgie et qu'il reprit la plume
pour de nouveaux livres. Revenant à ses études sur l'anatomie
humaine, il complète ses précédents travaux et en tire un
ouvrage plus étendu. La monographie consacrée aux fractures
du crâne et aux plaies de la tête, qu'il fit paraître ensuite, lui
avait été bien évidemment inspirée par l'accident survenu à
Henri II et auquel la chirurgie contemporaine ne sut pas trouver
de remède. La revision et l'amélioration des livres antérieurs,
l'exposition de quelques idées nouvelles semblent avoir occupé
Paré alors principalement. Les livres avaient du succès — plusieurs éditions consécutives en témoignent; — les idées se
répandaient aisément grâce au langage intelligible de l'auteur, à
son exposition précise, sans lourdeur, si peu pédante, avec ses
réflexions et ses récits. Il ne manquait plus guère à la gloire de
Paré que de marquer, dans un ouvrage d'ensemble, la relation
de ses observations entre elles, de tirer le sens général de
ses découvertes et de tracer le plan de sa méthode. Il le fit
dans un gros livre, qui parut en 1564 sous le titre de *Dix
livres de chirurgie avec le magasin des instruments nécessaires à icelle*. C'était un traité de la matière aussi complet que
les études de l'auteur permettaient de le faire, et, en rassemblant ses travaux, en les coordonnant ainsi avec des expériences
nouvelles, Paré mettait le sceau à sa renommée de savant,
comme il appuyait de preuves plus considérables sa réputation
d'écrivain.

Ce n'est pas à dire que Paré pût alors se livrer exclusivement
à l'exposé et à la paisible pratique de son art sur une clientèle
déjà fort nombreuse. Les malheurs des temps conduisirent souvent encore son activité sur les champs de bataille. Avec les

successeurs de Henri II, les discordes civiles avaient remplacé la guerre étrangère, mais la lutte n'en était pas moins acharnée ni moins meurtrière pour cela. Au siège de Rouen, en 1562, Paré soigna Antoine, roi de Navarre, blessé mortellement d'un coup d'arquebuse. Lui-même y échappa à un grand danger, car « quelques uns qui le haïssoient à mort pour la religion » essayèrent de l'empoisonner. Peu de temps après, le premier chirurgien du roi accompagnait son maître dans un voyage à travers la France entière, qui dura plus d'un an. Ce long déplacement ne fut pas inutile à Paré, car il lui fournit les éléments d'un nouveau livre sur la peste. Puis, quand la guerre se rallume, le chirurgien militaire va donner ses soins aux blessés de Moncontour, ce qui amène un autre voyage dans le Hainaut. Le comte de Mansfeld, gouverneur de Luxembourg, qui se trouvait au nombre des blessés, ayant été guéri grâce aux soins de Paré, cette cure fit grand bruit dans les Pays-Bas espagnols et un grand seigneur de la région, le marquis d'Havré, sollicita du roi de France l'envoi de son premier chirurgien pour traiter une fracture qu'on ne pouvait parvenir à réduire. Paré fut autorisé à entreprendre ce traitement, qui réussit à merveille, et son séjour en Flandres fut pour lui un triomphe, dont il a complaisamment relaté tous les incidents. Accueilli avec enthousiasme à Mons, à Bruxelles, à Malines et à Anvers, on le traite avec des égards qu'il n'a pas omis de rapporter. Son action était énorme et sa personne universellement considérée. Faut-il s'étonner, après cela, si, lorsque la Saint-Barthélemy éclata, Paré fut épargné, comme le prétend la tradition, caché par le roi lui-même en souvenir de ses bons offices? Les offices rendus par le chirurgien étaient, en effet, de ceux qu'on peut payer d'un pareil procédé, et mieux que tout autre un roi valétudinaire devait en sentir tout le prix [1]. Quoi qu'il en soit, Paré, comme Palissy, échappa à la tourmente qui emporta tant de leurs coreligionnaires, et, l'orage passé, il eut encore de nombreuses années à consacrer au progrès de son art.

---

1. La religion de Paré est controversée : les uns, Malgaigne et Jal, le regardent comme catholique; d'autres, Bordier et le D^r Le Paulmier, le croient protestant. Cette dernière opinion semble la plus vraisemblable. Il est, en tout cas, hors de doute que Paré, tout entier à ses recherches scientifiques, resta toujours assez indifférent aux divisions religieuses de son temps.

La vieillesse de Paré. — Paré occupa son activité vieillissante comme il avait employé sa jeunesse et son âge mûr : à reprendre ses livres, à les reviser, à les accroître. La guerre, d'ailleurs, lui laissait plus de répit; après le drame auquel il n'avait pas succombé, les passions s'agitaient plus sourdement, sinon moins fiévreusement. Un an après la Saint-Barthélemy, Paré, rassemblant le corps de sa doctrine, publiait ses œuvres en un énorme in-folio. Groupés en vingt livres, les travaux du chirurgien y étaient au complet, mis au point et augmentés d'observations nouvelles. Une semblable publication ne pouvait pas passer inaperçue, et, de fait, si on en juge par le nombre des éditions successives qui en ont été faites — quatre en dix ans, — elle eut un grand retentissement. La Faculté de médecine s'émut de ce livre et s'opposa à sa vente. A vrai dire, les chirurgiens parisiens avaient toujours vu la réputation de Paré d'un fort mauvais œil et cherché à l'entraver chaque fois que l'occasion s'en présenta. Pourquoi les médecins venaient-ils maintenant à la recousse? Et pourquoi leur mauvaise humeur éclatait-elle si ouvertement? On a dit que le principal reproche fait à Paré était celui d'avoir exposé trop librement, *en français*, quelques secrets naturels dans ses travaux sur la génération. S'il en fut ainsi, c'était prêter beaucoup de portée à quelques passages dont la bonhomie eût dû sauver les traits risqués et qui, d'ailleurs, se trouvaient en leur place.

Mais il y avait surtout la jalousie de voir un savant envahissant traiter des questions de médecine avec l'audace d'un libre génie qui ne recule pas devant les nouveautés. Bref, la Faculté demandait que les œuvres de Paré, « homme très imprudent et sans aucun savoir », lui fussent soumises et fussent approuvées par elle avant de voir le jour. Le débat ainsi soulevé fut long et vif, mais Paré se défendit vaillamment. Il riposta par un mémoire très pertinent « aux calomnies d'aucuns médecins touchant ses œuvres », et, plaçant la querelle sur son véritable terrain, il montra qu'on avait incriminé ses ouvrages « non pour autre raison que pour ce qu'ils sont mis en notre langue vulgaire, et à en termes fort intelligibles. Car ceux-là craignoient qu'un chascun de ceux ès mains desquels tels livres parviendroient, s'estimant assez garni de conseil pour se gouverner en ses maladies, ne daignast les appeler. » On ne sait pas au juste comment finit le procès ni à laquelle des deux parties le Parlement donna gain de cause. Il est vraisemblable qu'elles s'arrangèrent, car le volume fut mis en vente et eut du succès. Et lorsque, quatre ans après, une nouvelle édition en fut nécessaire, la Faculté donna l'autorisation d'imprimer assez dédaigneusement, mais sans récriminer. Pour enlever sans doute à ses adversaires le bénéfice de leurs griefs, Paré se décida même à laisser traduire ses œuvres en latin. La traduction était anonyme, mais elle passait pour l'œuvre d'un élève favori de Paré, le chirurgien Jacques Guillemeau, qui la fit évidemment sous les yeux de son maître. Les médecins prirent encore fort mal la chose : ils assuraient qu'un chirurgien n'était pas capable de mener à bien pareille besogne et qu'elle était due sans doute à quelqu'un des leurs. Peut-être avaient-ils raison, mais tous leurs arguments n'arrêtèrent pas la vogue des œuvres de leur ennemi. Accueillies aussi favorablement sous cette forme qu'elles l'avaient été sous la première, elles pénétrèrent davantage dans les pays étrangers, grâce au latin, si répandu alors dans le monde savant.

L'âge de Paré commençait à être trop avancé pour qu'il pût se livrer toujours à la pratique active de son art et le perfectionner par des recherches nouvelles. D'ailleurs une clientèle abondante et rémunératrice lui avait fait des avantages qui lui permettaient le repos. La réédition de ses livres et la défense de ses idées paraissent avoir été alors les principales de ses occupations. Au reste, ces idées, bien que généralement acceptées, trouvaient encore des contradicteurs. C'est pour répondre à quelqu'un qui mettait en doute l'efficacité de la ligature des artères que Paré écrivit sa propre apologie et raconta ses diverses campagnes, en y relatant les opérations chirurgicales qu'il avait faites. Sans doute encore le vieillard trouvait du plaisir à se reporter ainsi en imagination vers les années les plus occupées et les plus fécondes de son labeur. Le public y a gagné une œuvre vive, très personnelle, qui a grandement contribué à la réputation de Paré comme écrivain. Dans ses œuvres scientifiques, le style du chirurgien est clair, précis, topique, alerte à l'occasion, et neuf, plein de vérité, surtout de force, mais manque ordinairement de fantaisie. Au contraire, là où l'auteur se met en scène, comme partout où il se défend directement, lui ou son œuvre, son langage est nerveux, fertile en saillies, en images et en tours heureux qui animent le récit et le colorent, lui donnent une teinte personnelle et sentie. Si Paré s'en était tenu à l'exposition de ses seuls travaux de science, nous aurions eu un écrivain diligent et probe, soucieux d'éclairer et de convaincre, racontant avec conscience et dissertant avec logique, mais nous n'aurions pas eu les quelques pages intimes, fortes de convictions et d'impressions, qui méritent par le bon aloi de leur prose d'être relues encore et goûtées. Indépendant d'allures dans ses récits comme il l'avait été toute sa vie dans ses libres investigations, Paré s'est trouvé écrivain comme il se fit savant, en suivant la pente de ses instincts naturels, en s'y abandonnant avec sincérité. Les troubles de la Ligue vinrent assombrir ses derniers jours, car son grand âge ne lui permit pas de quitter Paris, et il dut assister aux misères de ces temps néfastes. Paré blâmait ces folies d'énergumènes fratricides et disait hautement son sentiment. Son voisin Pierre de L'Estoile lui en rend le témoignage : « Il avoit toujours parlé et parloit librement pour la paix et pour le bien du peuple, ce qui le faisoit autant aimer des bons comme mal vouloir et haïr des méchants, le nombre desquels surpassoit de beaucoup l'autre, principalement à Paris, où les mutins avoient toute l'autorité. » C'est bien ainsi qu'on aime à voir finir cet homme de bien, loyal et courageux jusqu'au bout, proclamant la vérité, même à l'émeute triomphante, ce qui n'est pas la manière la moins dangereuse de la confesser. Paré s'éteignit le jeudi 20 décembre 1590, à l'âge de quatre-vingts ans, dit L'Estoile, dans son logis du quai des Grands-Augustins, importante demeure que lui avaient valu plus de cinquante ans de travail, laissant à ceux qui l'avaient connu le souvenir d'un homme aussi honnête que docte.

III. — *L'agriculture : Olivier de Serres.*

L'économie domestique. — Le souffle de la Renaissance qui ranima tant de branches de la science au xvi⁰ siècle, vivifia aussi l'agriculture et l'économie rurale, *le ménage des champs*, comme on disait alors, ou *la mesnagerie*. Mais de toutes les applications de l'activité humaine, celle-ci est assurément celle qui se ressent le plus de l'état de la société. Nulle n'eut donc à souffrir davantage des agitations et des troubles du temps. Son développement en fut retardé et on peut dire qu'elle ne s'épanouit complètement que lorsque, les esprits étant assagis et les passions calmées, les institutions politiques et sociales retrouvèrent leur fonctionnement normal. Cette période de bien-être correspond en partie au règne de Henri IV. Ce fut alors aussi que l'économie rurale, après avoir longtemps souffert, se prit, comme la France entière, à espérer et à agir. L'agriculture avait eu, il est vrai, quelques velléités de relèvement, au commencement du siècle, et elle fut relativement prospère durant toute la première moitié, quoique les procédés de culture fussent restés les mêmes qu'au moyen âge. Mais les guerres civiles qui suivirent l'avènement des derniers Valois en arrêtèrent l'essor en ruinant successivement toutes les provinces de la France. Le pays était trop bouleversé pour que le propriétaire rural s'abandonnât avec confiance au soin des récoltes que tant de *picoreurs* pouvaient lui enlever. De plus, les savants ne s'étaient guère essayés à secouer la routine agricole et à joindre à l'expérience ancienne la leçon d'observations nouvelles et plus directes. Ceux qu'intéressait l'amélioration de la terre ne s'abandonnaient qu'à des tentatives restreintes et cherchaient mal à faire des prosélytes. Belon s'en tenait aux jardins de l'évêque du Mans pour ses essais d'acclimatation des plantes exotiques et y obtenait, dans une proportion restreinte, des résultats qu'il souhaitait plus éclatants et plus répandus. Antoine Mizauld exposait en latin les conseils de son expérience horticole, les laissant ainsi hors de portée du plus grand nombre. Surtout il manquait à tous ces efforts individuels une pensée d'ensemble pour les diriger, et les diriger vers le but véritable. Seul Palissy, qui a jeté, chemin faisant, dans ses livres, tant d'aperçus nouveaux et parfois géniaux, proclamait aussi qu'il y a une science agricole et que la terre veut être cultivée avec « philosophie ». Mais cette déclaration si sensée, perdue au milieu de beaucoup d'autres, ne venait pas à son heure et ne tombait pas en des esprits préparés à la recevoir et à la pratiquer.

C'est à Olivier de Serres qu'appartient l'honneur d'avoir donné cette impulsion et marqué cette voie. S'il vint tardivement, il arriva à son heure, au moment où Henri IV, après avoir apaisé le pays et calmé les esprits, cherchait à reconstituer la fortune publique affaiblie par tant de souffrances prolongées. Sans doute cet apaisement fut long à se produire entièrement; mais dès que le roi de Navarre fut parvenu au trône de France, il ne cessa de le hâter par tous les moyens, en abaissant les tailles, en contribuant au desséchement des marais, en encourageant l'application de la science à l'agriculture par la création de jardins des plantes à Paris et à Montpellier, et surtout en inspirant aux populations des campagnes le sentiment de leur sécurité et l'ardeur au travail. Cette persévérance du roi ne se démentit pas dans l'exécution d'un plan auquel Sully avait aussi sa part. Olivier de Serres y collabora à son tour en propageant, par son livre, le goût et la méthode de la culture agricole, et en mettant à la portée des autres les résultats d'une expérience consommée.

Olivier de Serres. — Né à Villeneuve-de-Berg, dans le Vivarais, vers 1539, d'une famille de hobereaux huguenots, Olivier de Serres — ou plutôt des Serres, comme il signait lui-même — était le frère aîné de Jean de Serres, le futur pasteur et historiographe de France. Ayant perdu son père de bonne heure, il devint chef de famille et se maria à vingt ans. Son domaine patrimonial du Pradel, qu'il devait cultiver, était fort important. Pour le soigner avec plus de compétence, le jeune propriétaire se mit à étudier les ouvrages d'agriculture et à observer lui-même les principaux phénomènes champêtres. C'est ainsi qu'il passa la plus grande partie des époques troublées, moins paisiblement pourtant qu'il ne l'a dit. Fort dévoué aux doctrines protestantes, Olivier de Serres paraît ne pas s'être désintéressé tout à fait des luttes religieuses dont son pays fut le théâtre. Lui-même avait obtenu un grade dans la hiérarchie de l'église réformée, le diaconat. Une fois, comme sa ville natale manquait de pasteur et que le consistoire de Nîmes ne pouvait lui en fournir, ses coreligionnaires députèrent Olivier à Genève pour en obtenir un, et il a raconté qu'il se rendit à cet effet au logis de Calvin. On a retrouvé le compte authentique des dépenses faites à cette occasion par le voyageur. Quelques écrivains contemporains ont prétendu, en outre, que le rôle d'Olivier de Serres n'avait pas toujours été aussi pacifique, ni même aussi honorable, car les passions religieuses se sont donné carrière de nos jours autour de ce grand nom et ont cherché à en ternir la renommée.

On l'a accusé de s'être approprié le prix de la vente d'un dépôt à lui confié ; mais il est prouvé qu'il avait, sur sa ville natale, qui lui avait remis ce dépôt, une créance supérieure au prix de la vente. On l'a accusé aussi d'être rentré en armes avec les huguenots dans cette même ville, au moyen d'un stratagème. Mais l'histoire des guerres civiles est remplie de faits analogues et rien n'autorise à rendre Olivier de Serres responsable des sanglants excès qui suivirent la victoire des protestants. D'ailleurs, s'il put se mêler un instant, les armes à la main, aux discordes intestines — et la chose est fort vraisemblable, — il est certain qu'il ne persévéra pas longtemps dans cette voie.

Olivier de Serres aux champs. — A l'agitation de la vie du partisan il préférait l'existence calme des champs, et il se mit bien vite à la culture de son beau domaine du Pradel. C'est là qu'il vécut de 1573 à 1600, étudiant à fond tout ce qui avait trait à l'agronomie. Aucun événement notable ne viendra plus traverser cette vie retirée de gentilhomme campagnard. On croit qu'il voyagea ; assurément il vint à Paris, mais il n'est pas certain qu'il ait visité les pays étrangers, l'Allemagne, l'Italie et l'Espagne, comme pourraient le faire croire quelques passages de ses écrits. Son patrimoine avait toutes ses affections ; il le soignait avec intelligence et l'embellissait avec goût. Au dire de quelques contemporains, il en fit un véritable lieu de délices, qu'on remarquait tout particulièrement au milieu d'une nature sauvage et agreste. Vergers, jardins, vignes, viviers, ombrages, l'utile s'y mêlait à l'agréable, et Olivier de Serres, en aménageant ainsi son bien, avait acquis un savoir agricole universel et complet. Il vivait pour ainsi dire jour à jour, page à page, le livre qu'il devait publier bientôt. Écoutons-le nous dire comment son œuvre a pris corps : « Durant ce misérable temps-là à quoi eussé-je pu mieux employer mon esprit qu'à rechercher ce qui est de mon humeur? Soit donc que la paix nous donnast quelques relasches, soit que la guerre, par diverses rechutes, m'imposast la nécessité de garder une maison, et que les calamités publiques me fissent chercher quelque remède contre l'ennui, trompant le temps, j'ai trouvé un singulier contentement, après la doctrine salutaire de mon âme, en la lecture des livres de l'agriculture, à laquelle j'ai de surcroist ajouté le jugement de ma propre expérience. » Cet ouvrage qui réunissait de la sorte les propres remarques de l'auteur à ce qu'il tenait des anciens parut en 1600 ; il avait pour titre *le Théâtre d'agriculture et mesnage des champs* et était dédié au roi.

Le Théâtre d'agriculture. — Le livre venait si bien au moment favorable que Henri IV, dit-on, se le faisait apporter chaque jour après dîner et le lisait pendant une demi-heure. C'était une encyclopédie de la science agricole, fruit d'une pratique longue et réfléchie, exposée avec autant d'agrément que de conscience, et qui trouva auprès du public aussi bon accueil qu'auprès du prince, car ce gros volume eut huit éditions en dix-neuf ans, jusqu'à la mort de son auteur. Technique et bien informé, l'ouvrage mêlait utilement les préceptes de l'agronomie antique aux conseils d'une expérience journalière. Traduits par une plume habile, Caton, Columelle, Varron, Virgile ou Pline donnaient une autorité pleine de saveur à un sujet rajeuni par la justesse et la profondeur d'observations directes comme par la fraîcheur d'un style gracieux et naïf. Mais ce qui pénètre surtout l'esprit à la lecture des œuvres d'O. de Serres, c'est l'accent de gravité noble, austère, religieuse, qui s'en exhale toujours. A la contemplation assidue de la nature, à l'examen de sa grandeur toujours renouvelée et de sa pérennité incessamment jeune, le langage a pris un caractère recueilli, presque biblique en sa simplicité émue. Relisez ce passage de la conclusion qui semble dominer tout l'ouvrage et en marque l'inspiration : « La connoissance des biens que Dieu nous donne est voirement le plus important article de notre mesnage; moyennant lequel nous mesnagerons gaiement, tant pour l'utilité que pour l'honneur, guerdon de ceux qui font bien leurs affaires. Et de là adviendra à notre père de famille ce contentement que de trouver sa maison plus agréable et sa femme plus belle et son vin meilleur que ce de l'autrui. » Ne semble-t-il pas retrouver, sous une bonhomie plus piquante, la haute sagesse d'un patriarche, jointe à l'honnêteté tolérante et affable d'un sincère croyant?

L'écrivain. — Le style d'Olivier de Serres est personnel, mais calme, comme son esprit. La douceur de cette vie aux champs, sans autres occupations que le retour périodique des travaux agricoles, transparaît sous ce langage souriant et apaisé, qui a perdu les soubresauts du langage de jadis. Plus de saillies heureuses, mais hardies, de ces trouvailles prime-sautières qui révèlent l'ardeur d'un instinct mal réglé, de ces images qui attirent le regard et le retiennent par quelque audace piquante. Les esprits se sont apaisés avec les troubles du pays, et, en prenant plus pleinement possession d'eux-mêmes, ils ont acquis d'autres façons de sentir et de s'exprimer. La prose française s'assagit, comme tout le reste. La trame du style d'Olivier de Serres est plus uniforme qu'elle ne l'eût été s'il avait écrit son livre moins avant dans sa vie. Elle est tissée d'une main experte qui sait assortir les couleurs sans relâcher les fils. Le dessin est sobre, harmonieux, vraiment pittoresque par le souci du détail ingénieux et charmant. De même qu'il a su fondre et rapprocher sans heurts, dans une vaste composition d'ensemble, les traits pris par lui au savoir antique qu'il aimait tant à méditer dans ses promenades, « un livre au poing, tenant l'œil sur ses gens et affaires », de même, sous la plume d'Olivier de Serres, la remarque technique et vécue se confond heureusement avec la réflexion familière et morale, l'observation porte avec elle tout le fruit de son enseignement. Les juges compétents assurent que l'agronome, en Olivier de Serres, est de premier ordre; mais il est permis d'ajouter que sa pensée serait moins goûtée si elle était moins claire, moins précise et moins élégante. La malicieuse ironie qui l'égaie n'enlève rien au bon sens et la leçon ne perd rien à se faire doucement enjouée et familière. L'agriculture telle que la conçoit Olivier de Serres a des formes opulentes et grasses, elle est pleine de santé et de belle humeur, d'entrain jovial, avec une pointe de philosophie railleuse. Chacun des chapitres de son ouvrage, avec l'assortiment de ses couleurs riantes, a l'air de quelque tapisserie, encore chaude de ton bien que fanée, reproduisant les cartons d'un Rubens. Ici et là, l'inspiration est la même, dans sa fécondité plantureuse; il y règne le même calme et on y sent la même exubérance de vie, rendue par le même talent puissant et conscient de soi. Il n'est pas jusqu'aux ornements mythologiques dont l'écrivain aime à surcharger son style qui ne le rapprochent encore du peintre : l'un et l'autre mêlent volontiers aux beautés naturelles quelques attributs empruntés à la mode du temps. Mais ceci n'enlève rien au sentiment vrai des choses, et sert à marquer la vraie date du livre et celle du tableau.

Mort d'Olivier de Serres. — Après avoir ainsi mis au jour cet ouvrage considérable, Olivier de Serres vécut encore près de vingt ans, retiré au Pradel, jouissant de la gloire qu'avait value à sa vieillesse ce *Théâtre d'agriculture*, donnant ses soins aux éditions qui s'en succédèrent. Il continua à mener, malgré la renommée, cette vie de gentilhomme campagnard, à la fois simple et occupée, et à perfectionner ce domaine qui avait ses plus chères affections. L'agronome avait doté son pays d'une culture nouvelle, celle du mûrier, et il se préoccupait tout particulièrement de cette source de revenus pour la région. Il s'efforçait de la défendre par tous les moyens et de propager l'industrie dont on lui était redevable, la *cueillette de la soie*. Jusqu'à son dernier souffle, le Pradel resta surtout l'objet de ses améliorations et de ses embellissements. Olivier de Serres mourut le 2 juillet 1619, et, par malheur, les nouvelles guerres religieuses qui survinrent peu de temps après lui ne respectèrent pas ce domaine qui devait être révéré par tous comme le berceau de l'agriculture moderne. Aujourd'hui, la nature a retrouvé sa sérénité et le souvenir, aidé de l'imagination, peut reconstituer ce que le temps a enlevé au tableau. C'est toujours, dans la solennité d'un paysage un peu triste, le même coin de terre cultivé avec délices, recueilli dans la paix des champs, fécondé par de saines traditions de travail et de savoir.

Le commerce sous Henri IV. — L'encouragement du commerce avec l'étranger devait aller de pair avec le souci de l'agriculture dans la pensée de Henri IV. Mais le relèvement du commerce et de l'industrie de la France fut moins rapide que celui de son agriculture. Deux hommes cette fois-ci se partagent le mérite d'y avoir contribué en y collaborant par leurs écrits. Mais aucun d'eux n'a atteint à la gloire d'Olivier de Serres comme écrivain. Le premier, Barthélemy de Laffemas, était un simple tailleur qui exposa dans nombre de brochures bien des vues justes et des idées ingénieuses, dites en un style qui n'est pas sans saveur. Le second, Antoine de Montchrétien, nature plus puissante et plus complexe, sera étudié dans une autre partie de cet ouvrage, et il suffit de prononcer son nom ici pour le mettre à son rang dans l'évolution des idées économiques de son temps.

BIBLIOGRAPHIE

BERNARD PALISSY. — Nous avons déjà reproduit ci-dessus entièrement les titres assez longs des deux ouvrages de Palissy : le *Recepte véritable* (1563) et les *Discours admirables* (1580). Nous nous bornerons donc à indiquer ici les éditions des œuvres de l'illustre artisan qui ont été données par Faujas de Saint-Fond et Gobet, Paris, 1777, in-4; par Paul-Antoine Cap, Paris, 1844, in-12; par Anatole France, Paris, 1880, in-8; par Benjamin Fillon, Niort, 1888, 2 vol. in-8; cette dernière édition est précédée d'une notice historique, bibliographique et iconologique, par Louis Audiat.

Les principaux ouvrages à consulter sur la vie et les travaux de Palissy sont : Louis **Audiat**, *Bernard Palissy, étude sur sa vie et ses travaux*, Paris, 1888, in-12. — **A. Brongniart**, *Traité des arts céramiques*, Paris, 1854, 2ᵉ édition, 2 vol. in-8 et atlas. — **Philippe Burty**, *Les artistes célèbres : Bernard Palissy*, Paris, 1886, gr. in-8. — **Delange** et **Borneman**, *Monographie de l'œuvre de Bernard Palissy*, Paris, 1862, gr. in-folio. — **Ernest Dupuy**, *Bernard Palissy, l'homme, l'artiste, le savant, l'écrivain*, Paris, 1894, in-12. — **Benjamin Fillon**, *Lettres écrites de la Vendée à M. Anatole de Montaiglon*, Paris, 1861, in-8, et *L'art de terre chez les Poitevins*, Niort, 1864, grand in-4. — **Édouard Garnier**, *Histoire de l'art céramique*, Tours, 1882, in-8. — Les frères **Haag**, *La France protestante* (1ʳᵉ et 2ᵉ éditions, 1857 et 1877, Palissy et Hamelin). — **A. Jacquemart**, *Le* *merveilles de la céramique*, Paris, 1866-69, 3 vol. in-12. — **Henry Morley**, *Palissy the potter*, Londres, 1869, in-8, 3° édition. — **Clément de Ris**, *Notice des faïences françaises*, Paris, 1875, in-12. — **Teinturier**, *Les terres émaillées de Bernard Palissy*, Paris, 1863, in-8.

AMBROISE PARÉ. — On trouvera l'énumération bibliographique des divers ouvrages de Paré, trop longue pour avoir sa place ici, dans l'édition de ses œuvres par le Dr Malgaigne. De son vivant, Paré mit en lumière trois éditions de ses œuvres (Paris, 1575, in-folio; 1579, in-folio; 1585, in-folio). Elles ont été fréquemment réimprimées après sa mort. La dernière en date des éditions des *Œuvres* de Paré est la plus utile à consulter; elle a été publiée, en 1840, par les soins du chirurgien J.-F. Malgaigne, en trois volumes grand in-8.

On peut consulter sur Ambroise Paré : Dr **A. Faucon**, *Ambroise Paré chirurgien d'armée*, Amiens, 1876, in-8. — **B. Hauréau**, *Histoire littéraire du Maine*, t. IX, Paris, 1876, in-12. — D^r **Le Paulmier**, *Ambroise Paré d'après de nouveaux documents découverts aux Archives nationales et des papiers de famille*, Paris, 1885, in-8. — **C. Perdrix**, *Notices historiques sur Ambroise Paré et Dupuytren*, Paris, 1836, in-8. — Le baron **Richerand**, *Ambroise Paré* (sans lieu ni date, in-8). — **Ambroise Willaume**, *Recherches biographiques, historiques et médicales sur Ambroise Paré*, Epernay, 1837, in-8.

OLIVIER DE SERRES. — L'ouvrage d'Olivier de Serres vit le jour pour la première fois en 1600 sous ce titre : *Le Théâtre d'Agriculture et Mesnage des champs d'Olivier de Serres, seigneur du Pradel*, Paris, Jamet Métayer, in-folio de 18 feuillets non chiffrés, et 1005 pages de texte. Auparavant l'auteur avait publié séparément, comme « eschantillon », son chapitre sur *La cueillette de la soye par la nourriture des vers qui la font* (Paris, Jamet Métayer, 1599, petit in-8, de 6 feuillets non chiffrés et 117 pages de texte; c'est le chapitre XV du cinquième « lieu » du *Théâtre*). Un peu plus tard, il publia encore séparément *La seconde richesse du Meurier-blanc* (Paris, Abraham Saugrain, 1603, petit in-8, de 28 p.), qui forme le chapitre XVI du cinquième « lieu » de l'édition du *Théâtre* de 1603.

Le *Théâtre d'agriculture* eut encore cinq éditions du vivant de son auteur (Paris, 1603, in-4; 1605, in-4; 1608, in-4; Genève, 1611, in-8; Paris, 1615, in-4). Il a été fréquemment réimprimé depuis. L'édition la plus récente et la plus utile à consulter date déjà de près d'un siècle (*Le Théâtre d'agriculture..... Nouvelle édition conforme au texte, augmentée des notes et d'un vocabulaire, publiée par la Société d'agriculture du département de la Seine*, Paris, 1804-1805, 2 vol. in-4 avec portraits et figures).

Ouvrages à consulter sur Olivier de Serres : **Henri Baudrillart**, *Gentilshommes ruraux de la France* (Paris, 1894, in-8, et *Revue des Deux Mondes*, 15 octobre 1890 : *Olivier de Serres, son rôle dans les guerres de religion*). — L'abbé **Chenivesse**, *Olivier de Serres et les massacres du 2 mars 1573*, Valence, 1889, in-8. — **Anacharsis Combes**, *Olivier de Serres et le Théâtre d'agriculture, Jacques Vanière et le Prædium rusticum, 1590-1720, étude agronomique*, Castres, 1876, in-16. — Le comte de **Falloux**, *Études et souvenirs*, Paris, 1885, in-8. — **Reisnes**, *Olivier de Serres, sa vie et ses travaux, ses écrits*, Privas, 1858, in-8. — **Henry Vaschalde**, *Olivier de Serres, seigneur du Pradel, sa vie et ses travaux, documents inédits*, Paris, 1886, in-8, illustré de portraits, gravures et fac-similé. — **Léon Védel**, *Olivier de Serres et le Pradel*, Privas, 1882, in-8. — **Eugène Villard**, *Olivier de Serres et son œuvre*, Paris, 1872, in-8.

CHAPITRE X

AUTEURS DE MÉMOIRES; HISTORIENS ÉCRIVAINS POLITIQUES [1]

Chaque siècle, observé dans le recul des temps, se détache sur le passé avec sa physionomie propre ; mais rarement les traits en furent marqués avec plus de netteté que pour le xvie. L'action, le mouvement, la vie y éclatent dans tous les sens par poussées vigoureuses, et le caractère des hommes mis en valeur par des influences nouvelles s'y montre avec un relief plus accusé et plus saisissant. L'action attache à la vie ; qui a longtemps et fortement agi résiste malaisément à la tentation de se raconter lui-même, pour se prolonger dans la mémoire des hommes ; dire ce que l'on fit est encore une forme de l'action. Il est donc naturel que le xvie siècle se distingue par une abondante floraison de Mémoires. L'esprit de la Renaissance, qui pénètre à leur insu jusqu'aux hommes d'action les plus rudes, les dispose à rendre hommage à la vertu des lettres ; si peu auteurs qu'ils nous apparaissent, ils savent pourtant qu'on se survit surtout par les lettres ou grâce à elles ; et les récits de ces existences bruyantes et passionnées vont se multipliant. La Réforme elle-même favorise ce mouvement ; chez ses partisans et ses adversaires, par l'exaltation des sentiments, elle a fourni une abondante matière à la glorification ou au repentir.

[1]. Par M. J. de Crozals, professeur à la faculté des lettres de l'Université de Grenoble.

Mais, à côté des Mémoires, l'histoire proprement dite retrouve ses titres et s'essaye à reprendre les grandes traditions antiques. Les modèles en sont étudiés avec passion et c'est dans la langue même de Tite Live que sera tenté le plus remarquable essai d'histoire moderne. En présence de la royauté qui se transforme, des partis qui vont à l'assaut du pouvoir suprême, des luttes de classes et de personnes, l'étude de la métaphysique politique devait tenter plus d'un esprit. Ici encore, l'exemple de l'antiquité fit sentir son influence : comme elle avait tout discuté, agité, formulé, des choses de l'État, on se prit comme elle de la passion des systèmes et de la discussion ; on voulut aller au fond des choses, et la violence des passions religieuses s'ajoutant à cette curiosité intellectuelle, l'étude des questions politiques fût aisément devenue révolutionnaire. Le patriotisme vint heureusement au secours du bon sens public ; et, au terme d'un siècle qui avait parlé très haut de la forme républicaine, le plus considérable des écrits politiques qu'il ait produits, la Satyre Ménipée, prépare ou affermit la royauté nationale.

I. — Les auteurs de Mémoires.

Mémoires militaires et chevaleresques : Guillaume de Villeneuve ; Robert de la Mark, seigneur de Fleurange. — Au xve siècle, deux influences opposées se disputent le monde européen occidental : l'esprit politique représenté par les souverains qui fondent la royauté moderne ; l'esprit chevaleresque, dernier et brillant vestige de l'âge féodal. L'œuvre de Commines procède tout entière de l'esprit politique ; mais l'illustre écrivain homme d'État ne fait point de disciples. Le xvie siècle paraît tout d'abord recevoir en héritage de l'âge précédent l'esprit chevaleresque seul ; et, dans l'ordre des Mémoires, les premières œuvres qu'il produira en seront pénétrées. Les mœurs témoigneront longtemps encore de l'influence chevaleresque, et la littérature en gardera, pendant la première moitié du siècle, la trace profonde. Mais la chevalerie, déjà frappée au cœur par les transformations politiques et militaires de Charles VII et de Louis XI, va faire place à la bravoure disciplinée d'une aristocratie soumise à la royauté. La différence est grande de Duguesclin et de Boucicaut à Fleurange et à Bayart.

Par la date de leur composition, c'est à la fin du xvᵉ siècle (1495) que se rattachent les Mémoires de Guillaume de Villeneuve, conseiller et maître d'hôtel du roi Charles VIII; mais par les conditions dans lesquelles ils furent composés, la matière du récit et l'allure générale du style, ils font déjà songer aux Mémoires de Fleurange. Prisonnier dans la grosse tour du Château Neuf de Naples après la rentrée en France de Charles VIII, Villeneuve écrit « pour éviter oisiveté ». De même, quelque trente ans plus tard, Fleurange, prisonnier dans la citadelle de l'Écluse (1525), « pour passer son temps plus légèrement et n'estre oiseux ». Mêlé de très près, et non sans honneur, aux faits les plus marquants de l'expédition française en Italie, Villeneuve pouvait tirer des choses seules leur intérêt et leur dignité; mais il n'est pas exempt de pédanterie, et son petit prologue inspiré des souvenirs de l'histoire romaine ne devait pas être à ses yeux le plus méchant morceau de son livre. Tout autre est Robert de la Mark, seigneur de Fleurange et de Sedan [1]. Il ne donne à l'histoire ancienne qu'un rapide souvenir pour rattacher à « un ancien romain » la lignée de la Marche. A cela près, ce sont bien les souvenirs personnels les plus précis et les plus vivants qui s'offrent seuls à l'esprit du prisonnier du Château de l'Écluse. Il revoit et reproduit avec une merveilleuse netteté les premiers faits de son enfance, cette vie de roman d'aventure qui fut la sienne; son arrivée à la cour du roi Louis XII, et comment le prince ne voulut point de sitôt l'envoyer à la guerre, de peur que ses jambes d'enfant « ne lui faillissent en chemin »; son éducation en commun avec M. d'Angoulême; sa première guerre au delà des monts trois mois après son mariage. Ce rapide ouvrage, où la variété des aventures ne laisse jamais languir l'intérêt, est écrit d'une plume alerte et non sans art; un sûr instinct a guidé l'auteur dans le travail dif-

---

1. *Histoire des choses mémorables advenues du reigne de Louis XII et François I, en France, Italie, Allemagne et ès Pays-Bas, depuis l'an 1499 jusqu'en l'an 1521, mise par escript par Robert de la Mark, seigneur de Fleurange et de Sedan, mareschal de France.*

ficile de mêler au récit d'une existence particulière les grands faits d'ordre général qui sont l'histoire. Le récit de l'entrevue de François Ier et du roi d'Angleterre Henri VIII au Camp du drap d'or peut être offert comme un modèle. Mais les pages consacrées à Marignan sont, dans le récit comme dans le souvenir de l'Adventureux, le point où se concentrent lumière, passion, orgueil de bien faire consacré par la victoire. Le héros principal est le roi, comme il convient; l'action se presse, se déroule, se mêle autour de lui, sans que les personnages secondaires lui soient sacrifiés. C'est dans le triomphe de son maître que Fleurange enveloppe son propre succès; il fut sacré chevalier sur le champ de bataille, à la fin de l'action, par François Ier.

Cet héroïque gentilhomme, écrivain par accident, doit avoir sa place dans l'histoire des lettres. Français par le patriotisme et le courage, il le fut aussi par le tour aisé de sa phrase, la rapidité pittoresque de son récit, la probité de son témoignage. N'oublions pas un dernier trait : il écrivit en prison, sans préparation, sans notes. Il fit une évocation du passé; sa mémoire fidèle et son imagination émue servirent son désir et enchantèrent son ennui. Ce n'est pas une faculté médiocre de pouvoir, à un long intervalle, se représenter et reproduire le passé dans sa précision intime et vivante. Fleurange a écrit comme il a vécu, vivement, avec spontanéité, vaillance et bonne grâce.

Le nom de François Ier, qui rayonne dans les récits de Fleurange, appelle celui de Louise de Savoie. Si la vigueur de la personnalité, la mâle simplicité du style, peuvent mériter à des notes intimes les honneurs du voisinage avec de véritables œuvres littéraires, le *Journal* de Louise de Savoie n'est pas indigne d'une mention. L'amour et l'orgueil maternels ont rarement éclaté avec des accords plus pénétrants et une allégresse plus triomphante que dans le Journal de cette femme, à qui, « en la fleur de sa jeunesse, Humilité tint compagnie et que jamais Patience n'abandonna ».

Histoire du gentil seigneur de Bayart. — L'honneur de rappeler quelques-uns des mérites de Joinville revient à l'auteur anonyme de l'*Histoire du gentil seigneur de Bayart*. Il s'est caché sous le titre de *Loyal serviteur*. Compatriote du héros dauphinois, et (on n'en peut douter) témoin de sa vie et compagnon de ses hauts faits, le *Loyal Serviteur* [1] écrivit au lendemain de la mort de Bayart. La première édition de son livre est sans doute de 1524. Bayart était tombé cette année même à la retraite de Romagnano.

Si le premier mérite des mémoires est qu'on n'y sente pas œuvre d'homme de lettres, l'histoire du gentil seigneur de Bayart est un modèle du genre. L'auteur s'est supprimé lui-même : « Je, qui, sans autrement me nommer [2]... » Il y a deux manières de s'effacer : taire son nom, et ne rien laisser deviner de soi-même à travers le récit des événements. Le Loyal Serviteur les a pratiquées l'une et l'autre. Il n'a ni vanité d'auteur, immunité merveilleuse en tout temps, ni pédantisme littéraire, chose rare au sien. A peine trouve-t-on une trace de ce défaut, et combien légère ! en deux endroits : le Prologue, et le passage relatif à la mort d'Anne de Bretagne. A l'exemple des « hommes coustumiers d'escripre hystoires et cronicques », il veut dédier son œuvre ; et il « l'attribue » aux trois États du royaume, parce que « touchant l'Église ne s'en est jamais trouvé ung plus obéissant (que Bayart) ; quant à l'estat de noblesse ung plus deffensible, et à l'estat de labour, ung plus piteux ne secourable ». A propos de la gentille reine, le travers est plus sensible encore : « Qui vouldrait ses vertus et sa vie descripre comme elle a mérité, il fauldrait que Dieu fist ressusciter Cicero pour le latin et maistre Jehan de Meung pour le français. » (Ch. 58.) Ces taches sont légères ; et cette vanité du futur tabellion ne se trahit plus nulle part.

Le héros et l'historien sont si bien adaptés l'un à l'autre qu'on chercherait en vain lequel a le mieux servi son inséparable. Le type à étudier était d'espèce rare. Bayart avait toutes les vertus de la chevalerie ; mais là n'est point son originalité. C'est par tout ce qu'il a ajouté à la chevalerie qu'il a mérité de vivre dans la mémoire des hommes, et on ne donne pas sa vraie mesure en l'appelant le *chevalier*. Son vrai titre d'honneur fut de mettre la forme féodale du courage et des vertus militaires au service d'une cause générale, le patriotisme national. L'art

---

1. On a de bonnes raisons de croire que le *Loyal Serviteur* fut un gentilhomme dauphinois, du nom de Jacques de Mailles, qui échangea, après la mort de Bayart, la vie de soldat pour la tranquille existence de tabellion.
2. *Prologue de l'acteur.*

de son historien a rendu la vie au personnage, que l'on suit d'année en année, de la première enfance à la pleine maturité de l'âge; il se développe sous nos yeux. Rien ne s'interpose entre le lecteur et les événements : la langue, simple, naïve, paraît en harmonie avec les faits, à un degré tel qu'on ne les imagine pas autrement racontés.

« Tout vieux roman qu'il est, disait Brantôme, il ne parle point mal et en aussi bons mots et termes qu'il est possible. » Il y a mieux à louer encore que la grâce et la simplicité du style : en plus d'un endroit, le Loyal Serviteur arrive à la perfection du récit et ouvre la source des émotions les plus profondes : la scène du départ de Bayart enfant (ch. 2), celle de la mort du chevalier (ch. 64 et 65), peuvent être mises en parallèle avec les meilleurs modèles de notre littérature narrative. Dans ce drame d'une vie chevaleresque, l'élément comique ne fait pas défaut : l'histoire des cent écus de l'abbé d'Esnay (ch. 7) est contée avec beaucoup d'agrément. Partout l'allure du récit est rapide et animée; rien de languissant dans les formes ni de morose dans le ton. Bayart fut un héros de bonne humeur, et ce trait bien français de son caractère se retrouve dans son histoire, définie à bon droit, peut-être par son auteur lui-même, la « très joyeuse, plaisante et récréative ».

Au sortir de cette lecture, on trouve ternes et languissants les Mémoires de Guillaume du Bellay relatifs au règne de François Ier, ceux de Michel de Castelnau, même ceux de Jean de Mergey, de François de Guise et du prince de Condé. Précieux à consulter pour l'histoire de l'époque dont ils furent les témoins, ils n'offrent, ni pour le style ni pour la peinture des mœurs, aucun de ces mérites qui font de l'historiographe un écrivain.

C'est ici qu'il conviendrait de placer les *Mémoires* si souvent cités du maréchal de Vieilleville, dont on a fait honneur pendant si longtemps à son secrétaire, Vincent Carloix, et que tous les historiens ont utilisés et tenus pour authentiques. Ils paraissent avoir été écrits par un habile faussaire, homme d'Église, jésuite peut-être, très versé dans les choses ecclésiastiques, peu au fait des habitudes de la cour, assez mal renseigné même sur les faits importants de la vie du maréchal. L'auteur s'est visiblement inspiré du récit du *Loyal Serviteur*;

mais il lui a laissé une chose qui ne se prend pas : le charme dans la naïveté. En dépit de réels mérites qui le mettent en bonne place parmi les écrivains d'ordre moyen, son œuvre n'avait mérité de durer que pour l'avantage des historiens de profession ; et la critique contemporaine vient de la dépouiller de ce privilège [1].

Les commentaires de Blaise de Monluc. — Avec Monluc, il semble que, soudainement, nous changeons de monde et de mœurs ; nous changeons à coup sûr de méthode et de style. De tous les écrivains dont les mémoires nous ont occupés jusqu'ici, il serait malaisé de dire à quelle province chacun appartint et quel coin de la France l'avait produit. Le plus caractérisé de tous, Bayart n'est pas plus Dauphinois que Lorrain ou Franc-Comtois ; et la naïveté de son historien ne sent pas le terroir. Monluc au contraire nous découvre quelque chose de tout à fait nouveau et d'imprévu ; par lui, le Midi gascon fait son entrée éclatante dans la littérature mémorialiste ; nous voyons naître, s'enfler et rouler un de ces affluents régionaux qui vont grossir le grand courant des lettres françaises.

Les Monluc étaient bons gentilhommes, en plein Armagnac, sur ce plateau que balayent tour à tour le vent du nord et le vent d'Espagne, où la bravoure est monnaie courante, où la vantardise paraît honnête et bien portée, où la démangeaison est également vive de faire et de dire. Noblesse et pauvreté allaient de compagnie dans la gentilhommière de Sainte-Gemme, où Blaise de Monluc naquit en 1502, entre Fleurance et Condom. La famille était nombreuse, les rentes maigres ; l'administration du bien, malhabile ; Monluc, qui eût porté la vanité de la richesse avec la même aisance que toutes les autres, est forcé d'avouer que son père était « assez en nécessité pour n'avoir pas grands moyens de l'aider » [2] (I, 105). L'humeur guerrière de son temps ouvrit devant lui « l'espérance des biens et honneurs » (I, 41). A dix-sept ans, il passa les monts et commença à guerroyer. Les camps le gardèrent plus de cinquante années, on l'y vit monter

---

[1]. C'est M. Ch. Marchand, professeur aux facultés catholiques d'Angers, qui a tout récemment découvert l'imposture de l'auteur des *Mémoires de Vieilleville*.
[2]. Les indications de passages renvoient à l'édition de la *Société d'histoire de France*.

de grade en grade. La cour ne le connut guère ; son humeur irascible, prompte à s'échauffer et à s'échapper en ripostes ou en coups d'épée, le rendait d'un commerce peu aimable. Il s'essaya, vainement, aux manières contraintes et galantes : « Je fus toute ma vie mal propre pour ce métier (de courtisan); je suis trop franc et trop libre; aussi y trouvai-je fort peu d'acquest » (I, 131). Ses longs services, parfois éclatants, eurent leur récompense; en 1574, il fut fait maréchal de France. Ce suprême honneur ranima son ardeur militaire : « Si Dieu me prête vie, encore je ne sais que je ferai » (III, 538). La pensée d'une retraite au prieuré de Sarracolin traverse son esprit; mais alors même, le repos est lourd à cette nature faite pour l'action; jusqu'à la fin, il resta l'homme qui avait dit : « Les jours de paix m'étaient années » (I, 131).

Agir pour dépenser un trop-plein d'énergie et pousser sa fortune, voilà Monluc; « ne pouvant, cette âme généreuse, dit son premier éditeur, Florimond de Rémond, entre le lict et le cercueil trouver de repos ». La guerre ne l'avait pas épargné; son bras droit excepté, aucune partie de son corps n'était restée sans blessure; son bras gauche, dans une seule journée, avait été brisé en quatre endroits; il boitait très bas, à la suite d'un coup de feu; enfin, à l'assaut de Rabastens, une arquebusade lui enleva la moitié du visage; il avait alors soixante-huit ans. De ce jour, il ne parut plus qu'avec un masque de velours; le touret de nez de M. de Monluc et *lou nase de Rabastens* furent un moment célèbres.

Pourquoi et comment Monluc a écrit. — Le mépris qu'un tel homme devait avoir pour les écritures, on le devine. Dans le plein de l'âge, il railla fort un jour François de Guise : « Au diable ses écritures ! Il semble qu'il veuille épargner ses secrétaires; c'est dommage qu'il n'est greffier au Parlement! » (II, 259.) Mais il avait trop d'esprit pour ne pas comprendre que, sans les lettres, les grands capitaines eux-mêmes ne seraient pas sûrs de l'immortalité. L'exemple de César, « le plus grand homme qui jamais ait été au monde », lui montrait la voie; il occupa deux années de sa vieillesse à dicter ses souvenirs.

C'est bien mal connaître l'homme, de le croire capable d'avoir pris des notes au jour le jour et fait le greffier toute sa vie. A ces imaginations ardentes, possédées d'un seul objet, la mémoire suffit; elle a de merveilleuses ressources de résurrection. Quand un détail lui échappe, ce n'est pas sa négligence de notateur, mais sa mémoire seule qu'il accuse. « Je voudrais avoir donné beaucoup et m'en ressouvenir », dit-il à propos de la défense des dames de Sienne. « Je voudrais avoir donné le meilleur cheval que j'ai et l'avoir (ce chant en l'honneur de la France) pour le mettre ici. » (II, 56.) De cette mémoire si pleine, et ordinairement si sûre, s'épanchent d'abondants récits, animés de la verve du conteur. Un Gascon, et qui parle au lieu d'écrire; un Gascon « naturellement soldat », mais aussi « glorieux » : voilà un premier élément, fourni par les conditions de la rédaction et le caractère de l'homme. Il en est un autre, tiré de l'objet même de la rédaction.

Si Monluc raconte sa vie, c'est qu'il en croit le récit utile aux autres. Il la laisse comme un enseignement aux capitaines qui viendront après lui : « Les capitaines qui liront ma vie y verront des choses desquelles ils se pourront aider... C'est à vous, capitaines, mes compagnons à qui principalement il (ce livre) s'adresse; vous en pourrez peut-être tirer du profit. » (I, 26, 28.) Pendant qu'il dicte, il a constamment sous les yeux cette couronne de disciples imaginaires, attentifs à ses paroles, à ses gestes; il les voit, il suit sur leur visage l'émotion de son propre récit, il s'anime à leur contact. Venant d'un homme que la modestie n'étouffe pas, ce récit ne peut manquer d'être un plaidoyer; mais comme la matière est belle, et l'avocat profondément convaincu, ce plaidoyer arrive naturellement à l'éloquence.

C'est en effet le caractère propre des *Commentaires*; un large courant oratoire les traverse et les anime. La vie y est partout, avec son mouvement, ses alternatives de banalité et de pittoresque, ses éclaircies de grandeur. Comme il est arrivé deux fois dans sa vie à Monluc de jouer un rôle considérable, dans le conseil du roi avant Cérisoles et au siège de Sienne, le récit de ces événements prend dans les *Commentaires* une ampleur et un relief surprenants. Les conseils aux capitaines sur la défense des places sont parmi les plus éloquentes pages que le XVI° siècle nous ait laissées. La profondeur et la sincérité de l'accent les ont gardées de vieillir; Monluc a dit vrai; son existence, ainsi présentée, peut servir encore les âges futurs.

Cette perfection dans l'art de peindre, ce don de tout animer, peuvent très bien s'allier à une certaine médiocrité d'esprit; et ce fut le cas de Monluc. Les choses de la guerre à part, il ne faut pas lui demander de comprendre les grands événements auxquels il se trouve mêlé; sa philosophie des guerres d'Italie est d'un enfant (I, 43); son inintelligence des choses religieuses n'est pas moindre; c'est elle qu'il faut accuser, plutôt que sa cruauté, des sauvages exécutions dont le souvenir charge son nom. Il lui reste du moins d'avoir été loyal soldat, loyal sujet; sa tendresse pour le roi Henri II est touchante, et le songe dans lequel il vit par avance la mort de ce prince (II, 325) fait penser à la vision que Joinville eut un jour de son bon roi.

Les *Commentaires* n'en restent pas moins un livre unique : « Ce n'est pas un livre pour les gens de savoir », a écrit Monluc (I, 28). Florimond de Rémond explique bien ce mot : « On y remarquera la différence qu'il y a d'une histoire qui est composée par un homme oiseux, nourri mollement et délicatement dans la poussière des livres et des études à celle qui est écrite par un vieux capitaine et soldat, élevé dans la poussière des armées et des batailles. » Le style de Monluc est essentiellement de ceux dont Montaigne a dit : « Tel sur le papier qu'à la bouche, un parler succulent et nerveux,... déréglé, décousu et hardi. » Si la phrase traîne parfois dans des longueurs, dont l'auteur s'impatiente tout le premier, elle est illuminée d'images éclatantes, et relevée, à chaque pas, d'expressions trouvées. La correction est le moindre souci de Monluc; mais il faut, coûte que coûte, que l'émotion de son âme passe dans son style. Il est de ceux qui ont préparé le droit de cité dans la langue française à plus d'un gasconisme; il n'a pas craint de jeter çà et là quelques phrases de pur gascon dans son récit : « Et que le gascon y arrive, eût-il dit volontiers avec Montaigne, si le français n'y peut aller! »

Homme d'action comme Monluc, Gaspard de Saux, seigneur de Tavannes, fut animé des mêmes passions politiques et religieuses, et ses notes, reprises plus tard par son fils, ardent ligueur et courtisan inquiet, font revivre un type curieux de violent et de fanatique; mais l'intérêt n'y est pas également répandu et les mérites de l'écrivain ne s'y font voir que par endroits, jamais à un degré éminent.

Les discours politiques et militaires de La Noue. — On ne fait pas à La Noue une part suffisante de justice en lui assignant sa place parmi les seuls mémorialistes. Il y a mieux et plus en lui; le souci des choses morales l'occupe beaucoup plus que le désir de sauver de l'oubli l'histoire de son temps et de sa propre vie. Il est, lui aussi, de ces vaillants hommes d'action que, seuls, les loisirs forcés de la captivité ont improvisés écrivains. Retenu pendant plus de cinq années dans la forteresse de Limbourg, il refit son éducation, lut et annota Plutarque, commenta Guichardin et écrivit ses *Discours politiques et militaires*. On a dit justement que le titre complet devrait être *Discours moraux, politiques et militaires*; car les préoccupations morales sont partout, jusque dans les questions d'ordre technique. Le cadre de l'ouvrage permettait à l'auteur de faire à son gré le tour des connaissances humaines, des questions et des choses : la religion, la morale, l'état de la France, la réforme de la Société française, la politique étrangère, l'art militaire, tout y est touché, étudié ou approfondi. Tout ce que la vie et les livres lui ont apporté d'expérience, inspiré de réflexions, il le fixe pour son propre profit dans ces études, qui le consolent de la solitude, de la maladie et de mainte autre infortune. Il a servi l'histoire à un double titre, en lui offrant la fidèle image d'une des plus nobles âmes de son temps, en insérant dans ses Discours son témoignage sur les faits contemporains. Sur vingt-six Discours, un seul, le XXVIe, est une page d'histoire proprement dite; on y suit les événements de l'Édit de janvier 1562 à la paix de 1570. Ça et là, dans le Ier et le IIe discours, quelques passages relatifs à l'état de la France.

Le titre du XXVIe discours est lui-même significatif : *Observations sur plusieurs choses advenues aux trois premiers troubles, avec la vraie déclaration de la plupart d'icelles*. La personnalité de l'auteur s'efface entièrement; il n'y a plus rien ici du *moi* envahissant des *Commentaires*. La Noue avait pourtant pris aux faits une part souvent importante; il avait été successivement le second de d'Andelot, puis de l'Amiral. Mais cette âme rare, qui, dans un âge de fanatisme, s'était élevée sans effort à la tolérance, atteignait sans peine à l'impartialité; et c'est une façon de l'outrager que de se faire à soi-même une part immodérée dans des succès auxquels tant concourent. Au-dessus des partis La Noue entrevoit l'image de la patrie; la modération habite dans son âme pacifiée; il parle presque sur le même ton du duc de Guise et de l'Amiral, et son respect du vrai l'entraîne parfois à marquer plus fortement les fautes de son parti que celles du parti contraire. L'accent de son petit livre est une nouveauté dans ce temps, où la passion régnait en souveraine maîtresse; et s'il est resté un précieux document, toujours cité, pour le détail des faits, c'est aussi un document d'un prix infini, parce qu'il nous révèle une âme.

La Noue a en outre plus d'une des qualités de l'écrivain. Il a tout d'abord ce souci de l'ordre et de la méthode dans le développement de la pensée, mérite rare de son temps; alors, en effet, le bouillonnement des idées et des connaissances semble exclure la discipline. On a pu soumettre à un plan rigoureux de démonstration tel Discours de La Noue et découvrir le soin avec lequel la pensée en avait été étudiée par avance. Cette méthode exclut la prolixité du style, mais non le mouvement et la vivacité même. Elle peut même favoriser à certains moments l'éloquence, en prévenant l'éparpillement de l'émotion et de la pensée. Le nom de *Discours* indique bien le ton de l'œuvre; on devine à côté de l'auteur l'interlocuteur invisible auquel il s'adresse. Le récent historien de La Noue, M. Hauser, l'a vengé heureusement des critiques qui réclamaient pour Du Fresne-Canaye, son éditeur, le mérite d'avoir *écrit* les *Discours*; il a trouvé dans la correspondance du prisonnier de Limbourg de nouvelles preuves que son style était capable, en même temps que de gravité et de force, de souplesse, d'élégance, et même de bel air [1].

L'œuvre de Brantôme. — Il n'y a qu'opposition entre La Noue et Brantôme; autant la vie du premier fut sérieuse et pénétrée de l'idée du devoir, autant celle du second fut frivole et livrée en proie au plaisir. Par ce côté même il fut bien de son

---

1. Hauser, *Sur l'authenticité des discours de La Noue.* (*Revue historique*, nov.-déc. 1893.)

temps ; il en représente un aspect ; il en reste le témoin autorisé et indiscret. L'œuvre de Brantôme n'est que l'écho de sa vie. Né dans une famille de gentilshommes périgourdins, Pierre de Bourdeille passe ses premières années à la cour de Navarre ; il étudie à Paris et à Poitiers ; il refuse d'entrer dans l'Église, mais il accepte une abbaye. Ce galant aïeul des *petits-collets* du xviiie siècle, abbé commendataire de Brantôme à l'âge de seize ans, fait en voyageant l'apprentissage des armes et des plaisirs. L'Italie et l'Espagne lui deviennent familières ; il connaît bien la France ; il pousse jusqu'à Malte et peu s'en faut qu'il n'aille même en Hongrie. Il est courtisan ; mais, dépité contre Henri III qui lui a refusé une faveur, il pratique surtout la « chambre de la Reyne, qui lui faisait cet honneur de l'aimer, de ses filles, des dames, des princesses et des princes ». Au premier rang de ses affections de courtisan, il plaçait la seconde reine de Navarre, femme de Henri IV.

Infirme pendant quatre années à la suite d'une chute, il se retire dans son château de Richemond. Il avait quarante ans passés. D'humeur grondeuse pour le présent, il se retourne avec complaisance vers les souvenirs de sa vie si animée et si joyeuse ; les joyeusetés l'attirent d'abord, et il commence par écrire ses *Dames galantes*. De proche en proche, il fait revivre les *Grands capitaines* français et étrangers, les *Dames illustres* ; il touche, au gré de ses souvenirs et de ses lectures, aux sujets les plus divers. Cette tâche d'écrivain paraît l'avoir occupé une vingtaine d'années, de 1584 à 1604 ; il avait au plus haut degré le souci de la perfection et de la conservation de son œuvre ; ses récits ont été sans relâche revus, corrigés, augmentés par lui-même. Quand il disait des artistes littéraires : « Ils ont les deux choses, la belle matière et l'art, et moi je n'ai que la matière », on peut le soupçonner de n'avoir pas été tout à fait sincère. Ce condottiere et ce galant courtisan avait aussi de l'homme de lettres ; il se trahit par son amour pour sa bibliothèque, qu'il ne voulait pas voir dispersée après sa mort. Ses livres étaient ses collaborateurs et il leur empruntait de quoi étendre, préciser ou varier ses souvenirs. Quand on se préoccupe par avance du sort de ses ouvrages et de la beauté de l'édition, on peut malaisément se dire soucieux de la seule vérité et indifférent à la renommée de littérateur. Les lignes suivantes sont significatives : « Je veux, et en charge expressément mes héritiers, héritières de faire imprimer mes livres que j'ai faits et composés de mon esprit et invention; tous très bien corrigés avec une grande peine et un long temps... Je veux que la dite impression en soit en belle et grande lettre et grand volume, pour mieux paraître... Aussi prendre garde que l'imprimeur n'entreprenne ni suppose autre nom que le mien, comme cela se fait; autrement je serais frustré de ma peine et de la gloire qui m'est due. »

L'œuvre de Brantôme est intermédiaire entre les mémoires et les chroniques. Bien qu'il ne se raconte pas lui-même, sa personne se découvre ou se devine en mille endroits ; il est mêlé à la plupart des choses qu'il raconte et on le voit s'agiter, se faufiler, prêter l'oreille et ouvrir l'œil dans les scènes de bataille, d'intrigues de cour et d'amour. C'est même sous le titre de *Mémoires* que l'œuvre entière devait tout d'abord se présenter. Par l'intense curiosité qui l'anime, l'impuissance ou le mépris des grandes compositions historiques, l'ardeur à tout recueillir sans la passion de vérifier exactement ou de contrôler les témoignages, Brantôme se rapproche beaucoup des chroniqueurs. On l'a souvent comparé à Froissart; il a fait, comme lui, non pas une enquête sur son temps, une simple recherche des curiosités de son temps; mais ils diffèrent profondément par leurs tendances. Où le premier est animé par sa passion des beaux faits d'armes, des exploits chevaleresques, par son admiration pour la société aristocratique de l'Europe chrétienne, où il s'applique à tenir école de vertus sociales et de valeur, le second paraît n'obéir qu'à une curiosité sans but, et trop souvent malsaine. Sa vanité de Gascon, sa légèreté, sa hâblerie même en font un témoin suspect qu'il faut toujours tenir sous le contrôle; mais on mesure aisément la grandeur du vide qui se ferait dans nos connaissances sur le xvie siècle si nous ne l'avions pas. Comme il est indifférent au bon ou au mauvais, à ce qui est honteux comme à ce qui est honorable, il recueille tout, avec une secrète préférence pour l'intime détail que chacun eût voulu tenir secret. Aussi trouve-t-on Brantôme au détour de chaque avenue du siècle; bon nombre de gens commettent la faute de ne voir le xvi⁰ siècle qu'à travers son œuvre ; il est certain toutefois qu'on ne l'a pas entièrement vu, si on ne l'a vu avec lui.

Cet anecdotier ne fut pas toujours incapable de s'élever au ton de l'histoire. Son patriotisme, qui fut sincère, bien qu'il ait connu des défaillances, lui a inspiré plus d'une belle page. Chose enfin digne de remarque : il n'est parvenu à produire quelque chose d'excellent que lorsque sa partialité et sa reconnaissance l'ont amené à arranger la vérité à sa façon ; comme il lui est arrivé pour Marie Stuart et Marguerite de Navarre.

La langue de Brantôme est chargée de provincialismes périgourdins ; elle sent son cru, comme celle de Monluc ; mais elle n'a pas le relief et le pittoresque de celle-ci. Son style a l'abondance et le naturel ; il lui manque la variété et ce grain plus serré que donne une pensée forte. Il est chargé de redites qui sentent la négligence. Brantôme ne voulut jamais connaître la gêne d'une composition rigoureuse, asservie à un plan ; il est l'homme des digressions et des incidentes ; comme il ne veut rien laisser perdre de ce qui se présente à son esprit, il s'échappe à tout moment dans les directions les plus diverses ; la tenue de son style s'en ressent. Tel qu'il est, s'il ne mérite pas une place au premier rang des écrivains de son temps, il est en position honorable parmi ceux du second ordre.

Son grand désir d'être imprimé « en belle lettre » après sa mort fut trompé. Les scrupules de sa nièce, son héritière, laissèrent enfouis dans une malle ses sept volumes couverts de vélin ou de velours de différentes couleurs, et ils y restèrent jusqu'en 1665. Cependant l'indiscrétion avait servi ce grand indiscret avant l'heure de la publication définitive, et des copies fragmentaires avaient circulé de main en main. L'ancêtre littéraire de Tallemant et de Bussy dut faire pénitence plus d'un demi-siècle[1] avant de trouver cet imprimeur auquel il avait tant pensé.

Les Mémoires-Journaux de Pierre de l'Estoile. — Un frère en curiosité, un émule dans la recherche de l'inédit et du nouveau, Pierre de l'Estoile l'est pour Brantôme. Ces deux hommes sont contemporains (le premier étant mort en 1611, le second,

---

1. Brantôme mourut le 15 juillet 1614.

en 1614); et plus encore que Brantôme, l'Estoile a été le témoin volontaire de son temps; il y a dans la vie de Brantôme une large part faite à l'action; rien de semblable chez l'Estoile. Né d'une famille de jurisconsultes et de magistrats, il paya, comme étudiant à Bourges, la dette obligée aux études de droit; plus tard il acheta la charge de grand audiencier de la chancellerie, qui donnait le titre de secrétaire du roi. Mais la grande affaire paraît avoir été pour lui de profiter de sa charge pour mieux voir et mieux entendre, pour être au centre de tout. Il avait le génie du collectionneur : vieux livres, manuscrits, pamphlets, chansons, placards, tout le tentait; comme on le savait friand et bon payeur, les pièces curieuses ne lui firent jamais défaut. En 1607, il avait une collection de 1210 pièces rares. Quand il fut forcé de vendre sa charge pour réparer les brèches de sa fortune, il voua décidément tous ses loisirs à la chronique. A peu près indifférent en religion dans une époque de troubles religieux et trop indépendant pour se faire le prisonnier d'un parti, l'Estoile était bien préparé à voir juste; sa modération ne s'échauffa qu'en deux ou trois circonstances, en faveur de la cause nationale, représentée par le roi de Navarre. Il était donc de cœur avec les sages et les vrais patriotes; son témoignage dans les grandes questions où la fortune du pays était engagée est toujours d'un Français.

Mais ce qui frappe surtout en lui, c'est qu'il est avant tout curieux; et sa curiosité est désintéressée. Il n'écrit pas pour gagner le renom d'auteur; il a mis en tête de ses manuscrits : *Mihi, non aliis.* Il dit quelque part : « J'écris seulement pour passer mon temps, et non le faire passer aux autres, auxquels je conseillerai toujours de le mieux employer qu'en telles *fadèzes.* » En tête de son journal de Henri III, comme épigraphe, il a écrit ces lignes : « Il est aussi peu en la puissance de toute la faculté terrienne d'engarder la liberté française de parler, comme d'enfouir le soleil en terre ou l'enfermer dedans un trou. » Ces mots lui conviennent; il est bien le représentant de la liberté française ainsi entendue. Ce Parisien, amoureux de Paris, pouvait se flatter de le voir à une heure choisie à souhait pour un curieux : Henri III, la Ligue, Henri IV; quelle variété dans le tragique, le bouffon, le grand même! La royauté avilie et remise en honneur, la France ruinée et restaurée, Paris en proie aux factions et s'agitant dans une expérience démoniaque de république, les fureurs des Seize, le déchaînement des prédicateurs, l'Estoile a tout vu et tout fixé dans ses cahiers. Il a très heureusement défini son œuvre le *Magasin de mes curiosités*. Il y renferme le soir, pour en jouir, tout ce qu'il a recueilli le matin, dans la rue, au sermon, dans les foules, partout où il y a quelque chose à voir, à observer. Cette enquête au jour le jour est d'un prix inestimable pour l'histoire; elle ne lui fournit pas seulement de précieux éléments de vérité, mais ces dehors pittoresques qui replacent dans leur milieu choses et personnages; elle lui conserve ces mots qui peignent, une attitude prise sur le vif, un geste, tout le réel de la vie passée. L'Estoile a servi plus que tout autre la mémoire de Henri IV par son attention à nous conserver les anecdotes où se révélait cette nature prime-sautière, cet esprit si prompt et si sûr, cette ironie sans malice, cette bonté gardée de son propre excès par un grain de scepticisme. Les juges les plus sévères s'accordent aujourd'hui à louer la moralité de l'Estoile comme historien, et à reconnaître dans sa vie cette unité nécessaire des actes et des principes. Il s'est peint lui-même, non sans agrément, et avec un accent de sincérité, quand il dit : « En ces registres, on me verra tout un et tel que je suis; mon naturel au jour, mon âme libre et toute mienne, accoutumée à se conduire à sa mode, non toutefois méchante ni maligne, mais trop portée à une vaine curiosité et liberté (dont je suis marri), de laquelle toutefois qui me voudrait retrancher ferait tort à ma santé et à ma vie; parce que, où je suis contraint je ne vaux rien, étant extrêmement libre, et par nature et par art. » L'Estoile n'est pas de ces écrivains qui marquent de leur empreinte la langue de leur temps; il ne manque pourtant ni de vivacité, ni de pittoresque; il a, par endroits, une façon de dire les choses qui est bien à lui; il sait peindre un tableau d'ensemble, faire vivre une foule, mettre en relief un personnage. Par sa façon de voir et de dire, il se détache très nettement lui-même de la grande foule des curieux.

Les Mémoires de Marguerite de Valois. — Ce n'est pas la sincérité qu'il faut attendre de Marguerite de Valois; elle n'écrit pas en simple curieuse, mais en avocat; elle n'a pas pour but d'observer et de raconter ; sans se l'avouer peut-être à elle-même, elle fait le plaidoyer de sa propre vie. C'est déjà une habileté de sa part de dire : « Je tracerai mes Mémoires, à qui je ne donnerai plus glorieux nom, bien qu'ils méritassent celui d'histoire pour la vérité qui y est contenue nuement et sans ornement aucun, ne m'en estimant pas capable. » On a coutume de répéter que Marguerite n'a écrit que par accident ; vers 1594, Brantôme retiré de la cour depuis dix ans, mais resté fidèle à la maison des Valois, écrivit en son honneur son « Discours de la reyne de France et de Navarre, fille unique maintenant restée de la noble maison de France ». Il louait sa beauté, son esprit, sa fierté, jetait des fleurs sur sa vie, et donnait satisfaction, en la célébrant, aux plus sincères sentiments d'admiration. Marguerite, retirée depuis 1587 au château d'Usson, en Auvergne, feint de n'écrire que pour lui répondre ; elle désire rectifier çà et là quelques erreurs. N'est-elle pas celle « qui le peut mieux savoir et qui a plus d'intérêt à la vérité de la description » ? Elle eut le temps de méditer sa réponse ; car des indices certains, fournis par le texte même, permettent d'affirmer que les Mémoires furent écrits vers 1597 ou 1598. C'est l'époque où s'agitait la grande question du divorce ; Marguerite ne songeait-elle pas à offrir de sa personne et de sa vie cette image habilement arrangée, au moment où allait se jouer la dernière scène de sa tragi-comédie conjugale ? on peut le supposer. Remarquons d'ailleurs qu'à un certain moment, sans raison apparente, la plume lui tombe des mains ; son récit s'arrête en 1582, après l'histoire de l'amour de Fosseuse, qu'elle a galamment arrangée pour se faire honneur. La dernière phrase est comme un aveu d'espérance : « Voyant que le Roi mon mari commençait à me montrer plus d'amitié. » Après cela, plus rien ; Marguerite a survécu plus de dix-sept années, sans que le désir d'achever son œuvre l'ait reprise. Risque-t-on de s'égarer en voyant dans ses Mémoires un essai de justification offert à l'heure opportune, laissé inachevé quand il est devenu sans objet ?

« Cette œuvre d'une après-dînée ira vers vous, dit-elle à Brantôme ; comme le petit ours, lourde masse et difforme, pour y recevoir sa formation.... Il reste l'œuvre de cinq ou six autres journées. » On peut juger par là de l'importance relative de l'œuvre telle que Marguerite l'avait conçue et du prix de ce qui nous a été refusé.

Mais ce qui reste est de telle qualité qu'il suffit à classer ces Mémoires parmi les petits chefs-d'œuvre de la littérature historique. Ils ont leur vérité à eux, et la vérité de l'espèce la plus rare; non pas l'exactitude minutieuse des faits que le plus sot chroniqueur peut donner, mais la mise en pleine lumière d'une âme qui se trahit elle-même en s'analysant. Marguerite était de cette race des Valois à laquelle la nature dispensa si libéralement les dons de l'esprit; son éducation, livrée aux femmes, pendant ces années douteuses qui précédèrent les grands troubles civils, avait été médiocrement soignée; mais plus tard, au Louvre, où elle était comme prisonnière, à Usson, dans son volontaire exil, une abondante lecture dirigée au hasard et dans tous les sens, acheva en elle l'œuvre de la vie. Son esprit, déjà exercé par l'intrigue, se polit et s'affina; Plutarque, la Bible, Du Bellay, Rabelais et Homère, sans oublier Brantôme et les romans de chevalerie, furent ses seconds éducateurs.

Si elle est Valois, elle est aussi Médicis. Dès qu'elle a mordu à l'intrigue politique, elle ne veut plus lâcher prise. Elle avait seize ans à peine quand son frère d'Anjou, enveloppant et cajoleur, voulut en faire l'instrument de son ambition et lui confia ce ministère de flatterie et d'espionnage auprès de la reine mère : « Ces paroles firent ressentir à mon âme ce qu'elle n'avait jamais ressenti, un contentement si démesuré qu'il me semblait que tous les plaisirs que j'avais eus jusqu'alors n'étaient que l'ombre de ce bien. » Lorsque Anjou lui retire sa confiance, elle se donne à son frère d'Alençon; elle intrigue pour le faire roi des Pays-Bas; elle intrigue pour son mari, le roi de Navarre, et parfois contre lui. Comme elle a beaucoup à cacher dans sa vie, comme elle est surveillée, trahie et trahissant, elle a besoin de toutes les ressources de son esprit pour connaître les gens, les flatter ou les corrompre, les attacher à sa fortune ou les remettre à leur place. Sa vie entière est une école d'analyse et de psychologie. Le jour venu où, pour son propre compte, elle aura besoin d'écrire ce que fut sa vie, on ne trouvera chez elle aucune trace de l'inexpérience de la débutante; sans effort et du premier coup, elle atteindra presque à la perfection.

PORTRAIT DE MARGUERITE DE VALOIS

D'après un crayon dont l'original est conservé
à la Bibliothèque Nationale (Cabinet des Estampes)

Il ne faut pas lui demander ce qu'elle n'a pas voulu donner : une page de l'histoire générale de son temps : c'est elle-même qu'elle raconte, et elle seule ; les autres, dans leurs rapports avec elle. De tout ce qu'avait produit jusqu'alors la littérature mémorialiste, rien n'est plus complètement une autobiographie ; de ce trait personnel et féminin, elle a profondément marqué son œuvre.

Marguerite a, au plus haut degré, l'instinct du style, ce guide sûr qui, d'un mot, met en valeur les idées et peint les personnes. Dans ce rapide écrit les personnages vivent et se meuvent ; on voit les intrigues de Catherine, on sent le poids de sa domination domestique, on respire ce fumet de fausseté qu'exhalait Henri III. Le triomphant voyage de Marguerite à Spa est un épisode qui touche à la perfection. La langue est élégante, souple, précise ; un peu sèche, mais toujours claire ; la phrase ne se perd pas dans de pénibles longueurs ; elle a l'allure aisée et rapide d'une conversation entre gens de cour.

Les Lettres de Marguerite offrent les mêmes mérites, en raccourci ; où elle triomphe, c'est quand elle a besoin de flatter ; sa correspondance avec la vieille duchesse d'Uzès, qu'elle appelait « ma Sibille », est pleine d'enseignement : on y voit sans doute l'extrême limite où pouvait atteindre chez elle une affection, et l'incomparable gentillesse avec laquelle cet esprit, toujours maître de soi, savait déguiser l'égoïsme. Marguerite de Valois aura plus d'une héritière dans notre littérature ; elle figure, chronologiquement, parmi les premières femmes françaises qui ont vraiment écrit ; à considérer l'avancement de la langue, on peut déclarer qu'elle n'est inférieure à aucune de celles qui l'ont suivie.

Les Royales Œconomies de Sully. — Entre Marguerite de Valois et Sully tout est contraste : la dignité de la vie, le sérieux des services, l'esprit naturel, le talent littéraire. La matière de l'œuvre est toute différente aussi. Il ne s'agit ici que des grands intérêts du pays, de son relèvement, de ses ressources. L'homme qui avait pris une si large part à l'œuvre de réparation de Henri IV pouvait céder au désir de la raconter. La retraite l'avait pris, malgré lui, en pleine force, à cinquante ans ; il devait se survivre trente ans encore, voir son œuvre d'abord compromise, puis reprise et achevée par d'autres mains. La rédaction de ses Mémoires fut la consolation de ce long ennui, une assurance prise contre l'oubli de la postérité.

Richelieu en a fait déjà la remarque : Sully n'était pas de « ceux qui possèdent le cœur des hommes, mais de ceux qui les contraignent par leur autorité ». Tel il apparaît encore dans son œuvre : grand seigneur, ami de l'apparat, plein de l'idée de ses grands services. Le titre qu'il donna primitivement à son œuvre est significatif : « *Mémoires des sages et royales OEconomies d'État, domestiques, politiques et militaires de Henri le Grand, l'exemplaire des rois, le prince des vertus, des armes et des lois, et le père en effet de tous ses peuples français; et des servitudes utiles, obéissances convenables, et administrations loyales de Maximilien de Béthune, l'un des plus confidents familiers et utiles soldats et serviteurs du grand Mars des Français; dédiés à la France, à tous les bons soldats et tous peuples français.*

Certes voilà une affiche plutôt qu'un titre, et on y sent un peu trop la préoccupation de se faire valoir. Ce n'est pas une main légère qui a écrit ces lignes, ni un esprit sans vanité qui les a dictées.

Sully a donné en outre un exemple peut-être unique de procédé de composition : il n'a ni écrit, ni dicté ses Mémoires ; il se fait renvoyer l'écho de ses propres souvenirs par ses quatre secrétaires; il se fait raconter sa vie « à quatre encensoirs », a dit Sainte-Beuve : « Il assiste sous le dais et prête l'oreille;... le lecteur est là derrière, qui écoute, comme il peut. » Il y a donc toujours quelqu'un entre le lecteur et le héros des Mémoires; les rapports ne sont qu'indirects, et on s'impatiente par instants d'être, d'un bout à l'autre, compté pour rien. Un critique a fait honneur à Sully du mérite d'avoir ainsi ôté « le moi qui est haïssable ». Il nous semble au contraire que le moi transparaît plus éclatant dans cet artifice, et qu'il y perd cet air de familiarité et d'abandon qui le rend parfois aimable. Faut-il croire qu'il était ainsi plus aisé d'en user librement avec ses souvenirs? Il est vraiment singulier de paraître apprendre d'un tiers l'intime de ses propres pensées. Ce procédé est au plus haut degré l'ennemi de l'art d'écrire. Sully a gâté par là bien des scènes d'un haut intérêt, où la vie est à moitié éteinte par ce *vous* substitué au *je*. Ce sont précisément les plus intimes, les conversations avec Henri IV, les amicales gronderies, les résistances respectueusement maussades ; il nous fâche de sentir un tiers importun dans ces scènes, qui ne se ressemblent plus à elles-mêmes sans l'intimité du tête-à-tête. Il est aisé de voir tout ce que les Mémoires de Sully gagnent à la lecture dans l'édition de 1814, où le style direct a été rétabli.

C'est un grand reproche, au point de vue littéraire, que tout le mauvais de cette œuvre tienne à la forme sous laquelle les choses sont présentées ; et que tout ce qu'il y a de bon vienne du fond même des choses. Il y a beaucoup de confusion dans la distribution des matières ; les choses militaires, politiques, domestiques, ne sont ni tout à fait séparées et mises en leur vraie place, ni rapprochées à propos. Les maximes y apparaissent comme le condiment nécessaire d'une pareille œuvre ; mais au lieu de les disséminer çà et là, on les sert par moments en bloc, comme par acquit de conscience. L'art est resté étranger à cette rédaction.

Il y avait pourtant la matière d'une belle œuvre, et Sully l'avait préparée de longue main. Dès sa jeunesse, il avait pris des notes sur les événements de son temps ; plus tard il recueillit en grand nombre des pièces utiles ; il y ajouta ses propres réflexions sur le gouvernement. Ce n'est donc pas une œuvre de hasard ; et même avant sa disgrâce, il devait entrer dans les vues de Sully de laisser un monument de sa vie. Il n'est pas ce qu'il eût fallu pour classer l'auteur parmi les écrivains ; mais l'importance de la période historique qui s'y reflète, le caractère du roi qui en est l'âme, lui assureront toujours un intérêt historique considérable. L'occasion était belle d'écrire un chef-d'œuvre dans ce domaine mixte des lettres pures et de l'histoire.

II. — Historiens et hommes d'État.

Agrippa d'Aubigné : sa Vie à ses enfants. — L'œuvre d'Agrippa d'Aubigné dispense de chercher dans un artifice de style la transition entre les auteurs de mémoires et les historiens. D'Aubigné fut en même temps, ou du moins il eut l'ambition d'être l'un et l'autre; contrairement à ce qui arrive d'ordinaire, les Mémoires ne furent pas la grande affaire de sa vie; ils en furent plutôt le tardif accident. La rédaction de son *Histoire universelle* l'occupa longtemps; et cette œuvre tient dans sa vie une place considérable. C'est au déclin de l'âge, après avoir achevé son *Histoire universelle*, qu'il écrit sa *Vie à ses enfants*, dont le titre seul dit assez le but et l'esprit. Le récit de sa propre existence était sans doute mêlé à ces événements qui constituent l'*Histoire universelle*, mais elle y était comme perdue et privée de personnalité. Il la dégage et l'offre en raccourci, avec un relief plus accusé. Mais il y a toujours entre les deux œuvres un étroit rapport et comme une incessante communication. Tantôt l'histoire universelle développe ce qui est simplement indiqué dans la *Vie*; tantôt la *Vie* jettera un jour plus vif sur quelques recoins du grand ouvrage. Ces soudures entre les deux productions d'ordre divers ont été voulues et préparées par l'auteur lui même : « en mesme temps que le sieur de Savignac fit l'entreprise que vous voyez escrite au premier tome de son Histoire, livre 5, ch. 16 (p. 14) [1] — vous voyez sa prise de Pons à la fin du 24e ch. du 5e livre. » (P. 16.) On pourrait multiplier les exemples. D'Aubigné écrit sa Vie avec son *Histoire universelle* sous les yeux, pour établir exactement la concordance, mettre bien en leur place les faits particuliers. Mais l'accent des deux ouvrages est tout différent. Sa *Vie* est heureusement définie par le titre même; l'homme y apparaît tel qu'il fut, avec ses passions, ses vivacités, ses petitesses; mais il ne fait aucun effort pour dissimuler les petitesses de ses meilleurs amis. Plus d'une particularité que l'histoire passe sous silence nous est révélée par cet indiscret témoin; le Henri IV de la *Vie* n'est pas tout à fait le Henri IV de l'*Histoire universelle*, bien qu'à tout prendre, ils soient vrais l'un et l'autre, considérés sous un jour différent. C'est là que l'affectueuse complaisance de Henri IV pour d'Aubigné prend les façons d'une camaraderie souvent grondeuse, parfois jalouse et mal endurante. L'auteur a toujours le beau rôle dans ses

---

[1]. Les renvois pour sa *Vie à ses enfants* visent l'édition publiée chez Lemerre par MM. Réaume et de Caussade.

rapports avec le roi ; il lui sauve la vie plus d'une fois, et l'honneur dans une circonstance décisive (Projet de mariage avec la comtesse de Guiches, p. 62). Il s'accuse lui-même de « rustique liberté », et nous en donne maint exemple. L'humeur de Henri IV, qui ne s'échappa jamais qu'en reparties, nous paraît plus d'une fois justifiée par les allures de ce gênant ami, qui avait toujours une raison à la bouche, le marché en main et dont l'esprit peu souple était incapable de suivre, dans son admirable développement, la politique du roi.

L'Histoire universelle. — Si nous n'avions que la *Vie* pour juger Henri IV, ce serait grand dommage ; on peut dire que le dommage serait le même pour d'Aubigné s'il n'avait pas écrit l'*Histoire universelle*. Ce qu'il devait y avoir de plus difficile à pratiquer pour une âme violente comme la sienne, l'impartialité, il fait le plus louable effort pour y atteindre. Il a en effet une idée très haute de la dignité de l'histoire, et il la distingue soigneusement des Mémoires. C'est dans la préface de son *Histoire universelle* qu'il traite cette question de méthode ; d'une part, ces ouvrages dans lesquels « la porte passée, vous ne trouverez que des enfileures de mémoires, receus de tous venants, dictez par leurs intérests ; la recherche des actions particulières, indignes de lumière publique » ; de l'autre, l'histoire, c'est-à-dire le récit et la peinture des « actions généralles, desquelles elle doit prendre ses mouvements et mutations [1] » (1, 2).

« Connaissez-vous le président Janin? demanda un jour Henri IV à d'Aubigné. C'est celuy sur la cervelle duquel toutes les affaires de la Ligue se reposaient. » (Sa *Vie*, p. 76.) Il semble que le rêve de Henri IV eût été de voir l'histoire de son règne écrite par le calviniste d'Aubigné et par l'ancien ligueur Janin, l'un racontant les faits de guerre et de parti ; l'autre exposant les choses d'État et de conseil. Il est certain que le roi fut l'inspirateur du projet de l'Histoire universelle ; plus tard il changea d'avis et retira ses encouragements, puis rendit sa faveur. Henri IV est à l'origine de l'œuvre ; il en est l'âme et le centre.

Le titre de l'ouvrage pourrait tromper ; il ne s'agit en effet

---

1. Ces renvois pour l'*Histoire universelle* visent l'édition publiée pour la Société de l'histoire de France par le baron de Ruble.

dans l'œuvre de d'Aubigné que de l'histoire particulière d'une époque, que l'on pourrait appeler « le temps de Henri IV ». L'histoire étrangère est introduite à la dérobée, à la fin de chaque livre, sous la rubrique : *l'État d'Orient;* — *État du midi;* — *des Affaires d'Occident...*, etc. Il y a donc un essai d'élargissement du cadre; le vrai titre, encore que bien long, pourrait être : « Histoire du temps de Henri le Grand, avec une vue rapide de l'histoire des principaux états de l'Europe à la même époque [1]. »

C'est du moins le vœu de l'auteur; mais, en dépit de son vouloir, cette œuvre n'est-elle pas avant tout l'histoire du parti calviniste, incarné dans un homme supérieur, grandissant avec lui, et dont la destinée est d'être anéanti dans son triomphe? L'ouvrage se termine à la fin du XVIe siècle et à l'Édit de Nantes, dont la haute valeur morale et politique n'est pas estimée à son prix. « Avant la couronne escheüe, (Henri) a eu quatre personnes à soustenir : celle de Henri, celle du roi de Navarre, puis après du successeur de la couronne et enfin du protecteur des Églises réformées. » (*Préface*, I, 13.) C'est la vraie matière de l'Histoire universelle, et le roi de France reste presque en bordure. De la période de la grande tranquillité de la France, s'il ne dit rien, c'est qu'elle est trop, à son gré, « le repos de Capue ». S'il n'a point traité cette partie du règne, ce n'est pas seulement parce qu'il a été « moins souvent auprès de Sa Majesté » : mais surtout parce que le calvinisme nobiliaire et militaire dont il est le type et l'historien a fini son rôle. Rien n'eût empêché d'Aubigné de pousser plus loin; il a vu se fermer le règne du roi son ami. Les trois tomes de son histoire se sont succédé en 1616, 1618 et 1620. Mais, à son insu même, la passion qui anima toute sa vie a fixé son cadre; il prend plus d'intérêt aux affaires de la secte et du parti qu'à celles de l'État et à la grandeur du roi de Navarre qu'à celle du roi de France.

Il est merveilleux que son impartialité n'ait pas fléchi davantage dans ces conditions singulières. Un jésuite lui a rendu cette justice « qu'il faisait seulement parler les choses », sans

---

1. « Pour ce qu'un prince belliqueux, par exemples, par émulations et plus par contagion d'affaires, esbranle tout ce qui atteint sa renommée, ou comme un astre incline par aspects le reste de l'univers, j'ai osé généraliser mon histoire, m'attachant avec expressitude aux choses plus proches de temps et de lieu, aux éloignées plus légèrement. » (Préface, I, 15.)

dire aucune parole injurieuse ; il met lui-même quelque coquetterie à faire remarquer, qu'à propos de la Saint-Barthélemy, il n'a prononcé ni le mot *cruauté*, ni le terme pourtant bien adouci de *rigueur*. Il juge Henri III avec la sérénité de l'histoire, et quand il met en parallèle Henri IV et Mayenne, ce n'est point pour le second un trop grand désavantage. On ne se douterait pas, à le lire, que la même plume a écrit l'*Histoire universelle*, la *Confession de Sancy* et les *Tragiques*. Mérite plus grand encore : il fait taire ses rancunes privées comme sa passion religieuse, et rien ne survit des misérables dissentiments qui l'avaient parfois éloigné de Henri IV. Il veut « planter » sur le tombeau de ce prince, « deux colonnes, non de tuffe venteuse que la lune et l'hyver puissent geler, mais d'un marbre de vérité de qui le temps ne void la fin » (I, 16).

Il y a sans doute bien de l'inexpérience encore dans le plan général de l'ouvrage ; une recherche extrême de la symétrie ; chaque tome se divisant en cinq livres, chaque livre se terminant par un traité de paix, ou, quand la paix fait défaut, par quelque édit ou trêve qui y ressemble. On sent trop tout ce qu'il y a d'arbitraire dans cette classification et d'artificiel dans cette belle ordonnance. L'historien n'a pas assez dominé son sujet pour établir entre les parties diverses cette harmonie qui pouvait sortir des choses mêmes.

Mais à côté de ces imperfections, que de mérites, et d'un ordre supérieur ! Tout d'abord, la préparation laborieuse des matériaux. « Il n'y a province en France où nous n'ayons fait voyager », dit-il dans un appendice au second tome. Il s'adresse aux fils et héritiers des capitaines jadis en renom ; il cherche à se renseigner sur les simples soldats eux-mêmes. Son enquête n'est pas toujours fructueuse ; mais la conscience la plus droite l'a inspirée. Il est curieux comme un chroniqueur ; mais la curiosité, qui rend parfois peu difficile sur le choix des preuves, est disciplinée chez lui par la conscience de l'historien. Sainte-Beuve trouve en d'Aubigné « quelque chose d'un Froissard passionné ».

La passion, elle circule dans l'œuvre entière, elle anime tout. Elle donne à certaines scènes une grandeur admirable ; le réveil du roi de Navarre s'arrachant aux plaisirs où la reine mère s'était promis de l'énerver, l'entretien de l'amiral de Coligny et de sa femme, le tableau du camp du roi après la mort de Henri III sont cités à bon droit comme des chefs-d'œuvre de composition et de narration historique. Si le ton ne se soutient pas également, les beautés éclatent partout; le style a des lueurs imprévues qui éclairent, même là où il est le plus terne, le fond des faits.

D'Aubigné reproche quelque part[1] à de Thou la longueur de ses harangues, et il déclare que lui-même s'en est fait « chiche », parce que l'historien ne saurait jamais affirmer « qu'il n'y ait rien du sien ». Il ne s'est pourtant pas fait faute d'user de cet élément de vie, pour traduire ses propres sentiments ou des sentiments dont il était sûr. Ces passages sont au nombre des plus curieux; on y sent, plus que partout ailleurs, « l'homme de lettre et l'homme de guerre »; la forme du développement, le balancement des preuves, la réponse aux objections trahissent le souvenir des maîtres de l'antiquité; et ce n'est pas une des moindres singularités de ce grand ouvrage que l'alliance de mérites qui nous font découvrir chez le même homme le héros des guerres civiles et l'académicien de Baïf, le partisan et le lettré, le sectaire et le bel esprit. Contrairement à ce qu'on a dit de l'œuvre de Monluc, l'*Histoire universelle* de d'Aubigné est, par moments, quelque peu « livresque ».

L'époque qui a fourni la matière de l'*Histoire universelle* devait inspirer d'autres écrivains; elle était trop pleine de faits, animée de trop de passions, agitée d'intérêts trop divers pour ne pas tenter le talent ou la conscience de ceux qui en avaient été témoins. C'est parmi les témoins de bonne foi qu'il convient de ranger Palma-Cayet; sa *Chronologie novennaire*, qui comprend les neuf années écoulées de l'avènement de Henri IV à la paix de Vervins (1589-1598), et sa *Chronologie septennaire* (1598-1604) sont des œuvres historiques dignes d'estime, où les mérites littéraires ne se révèlent nulle part. C'est une compilation utile, où la personnalité de l'auteur apparaît tout au plus çà et là, dans la bonhomie avec laquelle il reproduit d'originales anecdotes de la vie de Henri IV.

---

1. Préface, I, 6.

L' « Histoire de mon temps » de Jacques-Auguste de Thou. — C'est aussi de l'émotion profonde produite par les événements contemporains que jaillit dans l'esprit de Jacques-Auguste de Thou le projet d'écrire l'histoire de son temps. Quand il vit le sang français couler dans les rues de Paris et le corps de Coligny attaché au gibet, il se sentit appelé à l'honneur de venger la conscience publique en remplissant son ministère de vérité. Nul mieux que lui ne comprit jamais tout ce qu'il y a de grandeur dans un semblable dessein, ce qu'il exige de labeur et de recherches, de vigueur d'esprit et de force d'âme; nul ne mit en lieu plus honorable la dignité de l'histoire.

L'éducation avait préparé ce ferme caractère dès le berceau; son père, Christophe de Thou, était un de ces magistrats éclairés et courageux dont la vie est un exemple. L'enfant grandit dans ce cadre austère d'une famille de robe, où la simplicité laborieuse de l'existence et l'indépendance des caractères avaient quelque chose de sacerdotal. Dans ce milieu, aucune dissonance ne troublait l'harmonie des exemples bienfaisants : les deux oncles de l'enfant, Augustin et Nicolas, étaient l'un magistrat irréprochable, l'autre prélat éclairé. L'âme de l'enfant avait pris son pli, quand il reçut dans les universités le substantiel enseignement des Cujas, des Hotman, des Scaliger. Il connut le monde et les affaires à Rome, où il accompagna Paul de Foix et Arnault d'Ossat, envoyés comme ambassadeurs, et sa précoce expérience lui valut, avant l'âge de vingt-cinq ans, une mission diplomatique en Flandre et aux Pays-Bas. De retour à Paris, il obtint un siège de conseiller au Parlement de Paris. Il y devint président à mortier; ce fut le grand regret de sa vie de voir donner à un autre la charge de premier président occupée jadis par son père. Il avait eu la faveur de deux rois, Henri III et Henri IV; il assista aux conférences théologiques de Suresnes et de Fontainebleau; il fut un des quatre rédacteurs de l'édit de Nantes. Témoin des luttes religieuses, il hésita peut-être un moment entre les deux confessions; l'austérité protestante avait de l'attrait pour ces fiers caractères de magistrats, et il n'est pas impossible qu'il ait connu ces incertitudes auxquelles tant de nobles esprits étaient en proie. Mais il y avait dans le calvinisme des tendances républicaines qui lui paraissaient une atteinte aux droits de la royauté. Il plaçait très haut, immédiatement après le culte de Dieu, le culte de la patrie, et il ne séparait pas la patrie de l'idée royale. Il resta donc catholique par patriotisme; mais il avait rôdé, en curieux ami, autour de la secte, il en avait fait le tour; il en connaissait les hommes et les doctrines; il avait pour elle, à défaut d'une pleine adhésion de l'esprit, cette sympathie qui rend facile la justice. Dieu, le roi, la vérité, tels furent, dès sa jeunesse, les points fixes vers lesquels s'orienta son âme. « J'ai toujours été Français et serviteur des rois, et de ceux de la maison royale (écrivait-il le 10 février 1605), et non jamais pensionnaire ni partisan d'autres. Tout ce qui leur a été contraire a été contraire à mon affection. »

Un tel esprit, naturellement ferme et droit, familier avec les procédés de l'enquête judiciaire, devait déployer dans la préparation d'une œuvre historique un luxe d'informations et de recherches. Il interroge les témoins des événements; il visite la France et les divers pays de l'Europe, recueillant partout les souvenirs et les documents. Il instruit un procès, et grossit son dossier : mémoires d'État, instructions des ministres, pièces diplomatiques, lettres, témoignages oraux, il recueille, recherche, classe et conserve tout. On n'apporta jamais plus de conscience dans la préparation de ce ministère de vérité. « Cette œuvre est écrite.... pour représenter *historiquement*, c'est-à-dire avec la vérité, comme les choses se sont passées. »

De Thou commença à écrire en 1583. L'*Histoire de mon temps* (*Historia mei temporis*) prend le récit des événements en 1544 et le continue jusqu'en 1607. Elle est divisée en 138 livres. L'ouvrage est resté inachevé; la mort a surpris l'auteur en plein labeur. Il entrait évidemment dans son plan de raconter tout le règne de Henri IV, qui seul, par ses résultats, donnait à l'ensemble de la période étudiée l'unité de pensée et la conclusion. Le vrai sujet de l'ouvrage est en effet la lutte soutenue par la Réforme pour conquérir la liberté de conscience; et la cour de Rome ne se méprit point sur les vraies tendances libérales de l'auteur quand elle proscrivit son livre et le mit à l'index (1609).

Le plan général de l'ouvrage a une ampleur inusitée; l'auteur y fait entrer, à côté de l'histoire générale, toute une série d'histoires particulières qui font revivre dans sa variété l'époque contemporaine. C'est en vain que d'Aubigné écrit : « Plusieurs ont pour désagréable la trop courageuse recherche des hommes de lettres de son temps » (*Préface*, p. 5). C'était une nouveauté et un mérite d'associer à l'histoire politique et militaire l'histoire littéraire; ce panégyrique des savants et des écrivains contemporains n'a pas seulement la nature d'un document; il est, à lui seul, un signe de l'importance nouvelle que prenaient dans la société du xvie siècle les choses de l'esprit et ceux qui en représentaient la dignité.

De Thou a fait un tort infini à son œuvre et il a réduit sa propre renommée en écrivant son histoire en latin. Il s'est trop complètement asservi à ces maîtres dont il ambitionnait de partager la gloire, Tite Live, Salluste, Tacite. Il a eu l'illusion que cette fraternité de langage lui serait une sauvegarde contre l'oubli; et sans doute ce fut tout d'abord un avantage, qui permit à l' « Histoire de mon temps » de se répandre dans l'Europe entière et de trouver partout accès. Mais ce principe d'universalité s'est tourné depuis en cause d'oubli : de Thou porte la peine de son latinisme renforcé qui a détourné de lui le lecteur français. Il n'a pas agi sur le développement de la langue; et cette œuvre considérable d'un puissant esprit ne tient pas dans notre histoire littéraire la place à laquelle elle aurait eu légitimement droit.

Il y a plus encore : la langue latine a été pour l'historien de la tolérance religieuse une cause intrinsèque d'infériorité; une langue morte ne peut reproduire exactement, dans leur souplesse et leur variété, les pensées des générations nouvelles, emportées vers un autre idéal, agitées de passions, de désirs, de besoins qui furent inconnus à l'âge précédent. Le fanatisme, la tolérance, les querelles théologiques, les questions de politique étrangère devaient subir une sorte de travestissement pour être mis en latin. Comment accommoder aux grandes allures de la période latine le ton familier d'un discours de Henri IV et les saillies de sa verve gasconne? On a quelque peine à retrouver, avec leur vraie physionomie, le *Connétable* sous le *Magister equitum* et le *Maréchal de France* sous le *Tribunus equitum*. Ce doit être pour les lettres françaises un éternel regret que l'aberration de ce noble esprit, trahissant par le choix malheureux de l'instrument les espérances que son temps avait mises en lui.

D'Aubigné a rendu à de Thou (dont l'*Histoire* avait paru plus de dix ans avant qu'il publiât son premier volume) un témoignage significatif. Alors déjà l'Allemagne reprochait à la France la frivolité de ses productions; elle lui refusait le don de produire ces œuvres fortes qui réclament une rare constance dans le labeur et mettent en valeur les plus solides qualités de l'esprit. Aux yeux de d'Aubigné, de Thou est le vengeur de toute une race; ce sera le tour de l'Allemagne à nous envier un tel créateur. « La France n'a jamais produit un esprit puissant comme cettui-là, pour opposer aux étrangers, et surtout aux Allemands, nous reprochant qu'il soit bien en français quelque chose subtile et délicate, mais jamais d'œuvre où il paraisse force pour supporter un labeur, équanimité pour estre pareil à soi-même, ni un puissant et solide jugement. Toutes ces choses sont tellement accomplies en cet auteur sans pareil, que nous requérons maintenant en eux ce qu'eux autrefois en nous. » (*Préface*, p. 6.)

Premier essai d'une histoire de France : Girard du Haillan. — Bernard de Girard, sieur du Haillan, avait commencé à écrire près de vingt ans avant le président de Thou; nous ne l'avons pas mis à son rang chronologique, parce que le caractère de son œuvre le rattache plutôt aux écrivains de l'âge postérieur. Tandis que d'Aubigné et de Thou bornent leur ambition à se faire les historiens de leur temps, du Haillan ne recule pas devant le grandiose dessein d'écrire l'histoire même de la France. Il y a de l'originalité et de la hardiesse dans le plan de son œuvre; comme il est insensible à la véritable poésie des temps antiques, que la sécheresse des chroniqueurs le rebute et que la couleur locale n'est à ses yeux que barbarie, il se range du parti de ceux qui veulent tout ennoblir, donner à tous les personnages un même air de dignité, une tenue noble, une livrée décente. Du Haillan n'est pas l'inventeur du genre; au début du siècle, le Véronais Paul Émile, amené en France à la suite de Louis XII, y avait pris l'emploi de « faiseur d'histoire pour les français » : *Gallis condimus historias*. Il avait accommodé au goût antique, en langue latine, les Grandes Chroniques, donné aux faits un développement raisonnable, sinon vrai, aux grands personnages un tour uniformément romain, et répandu sur la masse générale de nos annales un air de civilisation, de mesure et de dignité. L'histoire se borne pour lui au récit de la vie politique, au mouvement des révolutions, des victoires et des défaites. Du Haillan est l'élève direct de Paul Émile; selon lui « l'histoire ne doit traiter que les affaires d'État ». Il est insensible à tout ce qui fait le charme des naïfs récits des chroniques; il croit rétablir la vérité en modernisant uniformément les personnages, en leur infligeant avec une impitoyable égalité les mêmes mœurs, le même costume, le même esprit politique, celui de son propre temps modifié par la culture de la Renaissance. Les discours d'apparat attribués aux principaux personnages sont un des instruments de cette funeste transformation.

L'idée était fausse, et l'auteur ne mit à son service qu'un talent médiocre. Son œuvre marque néanmoins un premier effort pour « substituer l'histoire à la chronique », présenter dans un développement régulier et logique l'ensemble des faits. Il fallait, pour réussir dans une œuvre semblable, ce rare mélange d'érudition et d'art qui s'est rencontré chez quelques-uns de nos historiens modernes, cette intelligence du passé, faite de sympathie, née d'un long commerce avec les documents, les anciens textes, les naïfs récits, les légendes. L'échec de Du Haillan dans cette tentative n'en reste pas moins honorable. Pourquoi faut-il qu'il ait fait école et que sa lignée se soit continuée, par Mézeray, Daniel, et l'abbé Velly, jusqu'à Anquetil?

Du Haillan eut du moins de l'historien la conscience qui veut acheter la vérité au prix du travail. Nommé historiographe de France en 1571 et chargé par Charles IX et Catherine de Médicis de la rude tâche « d'écrire en langage français l'histoire des rois de France », il jeta sa vie entière et sa fortune dans cette œuvre immense. « Le premier, dit d'Aubigné, il a porté le faix et les frais des recherches de tous côtés. » Il y a de la grandeur dans ce sacrifice, et la page dans laquelle du Haillan se montre aux prises avec l'énorme labeur qu'il a entrepris [1], a quelque chose de l'accent d'Augustin Thierry s'immolant lui-

---

1. *Épître au roi Henri troisième.*

même sur l'autel de l'histoire. Du Haillan mourut la même année que Henri IV; il ne put conduire son œuvre jusqu'au règne de ce prince.

A un rang inférieur, on doit citer l'ancien ligueur Pierre Mathieu, qui écrivit en 1606 une *Histoire de France* (1598-1604), et le dominicain Coëffeteau, auteur longtemps célèbre d'une *Histoire Romaine* qui fit autorité jusqu'à Rollin. On découvre chez ces deux auteurs le souci du style; ils sont de la période de transformation du xvie siècle; on sent déjà, à les lire, que le xviie siècle est commencé.

Les lettres de D'Ossat et les négociations de Jeannin. — Si l'histoire littéraire refusait une place aux auteurs dont personne ne lit plus les œuvres et qui n'ont trouvé un refuge que dans la bibliothèque des érudits, il faudrait passer sous silence le cardinal d'Ossat et le président Jeannin. Ce serait pourtant déni de justice. Ils eurent l'un et l'autre une place considérable dans leur temps, et ils travaillèrent avec succès, sans en faire métier, au progrès de la langue. Les *Lettres* de d'Ossat, dont Fénelon parlait, après un siècle, avec une estime singulière, et les *Négociations* du président Jeannin sont restées jusqu'aux approches de la Révolution le manuel des diplomates et des hommes d'État. Les *Négociations* de Jeannin ont gardé plus longtemps que les *Lettres* un intérêt d'actualité; comme elles se rapportaient aux affaires de ces Provinces-Unies dont la grandeur, œuvre de la France, fut souvent menaçante pour elle, on y revenait pour leur objet même, sinon pour leur mérite littéraire; tandis que les *Lettres*, ne visant que les négociations avec Rome, parurent plutôt démodées, quand Rome eut perdu, dans les grandes questions de politique européenne, le rôle prépondérant qu'elle avait tenu sous la Ligue et au début du règne de Henri IV. En revanche les *Lettres* se défendirent mieux par les mérites du style. Il faut accorder à d'Ossat d'avoir donné à la langue des grandes affaires une clarté et une précision inconnues avant lui, d'avoir fait tomber les barrières qui séparaient la diplomatie et les lettres. Grâce à lui, le public comprit que l'art de trouver pour ces délicates affaires de la diplomatie le langage qui leur convenait était de qualité rare, et que c'était déjà un premier avantage politique de faire pénétrer dans le compte rendu des négociations la clarté, la logique de l'esprit français. D'Ossat a préparé, pour une part d'homme, le succès de la langue française, devenue, un siècle après sa mort, l'organe officiel de la diplomatie; sous sa plume elle a déjà cet air de probité qui est le premier mérite en ces sortes d'affaires, cette lumineuse clarté qui ne laisse rien de trouble dans les stipulations des intéressés. Un des éditeurs du cardinal d'Ossat louait en lui « ce style signifiant, qui représente les choses aussi clairement comme si elles étaient présentes, avec une telle abondance de raisons, jusques aux moindres, que le jugement de ceux qui doivent travailler dans les affaires est tellement préparé et nettoyé de toutes sortes de difficultés qu'il est aisé d'y prendre de bonnes résolutions. Par cette sorte d'écrits, on donne l'âme à l'histoire. Certes il faut avouer qu'il importe peu de savoir la fin des affaires et des traités, si on ne sait les raisons et les causes de leur conclusion [1]. » Cette histoire ainsi présentée et comprise, à la moderne, est alors une nouveauté; et le nom du cardinal d'Ossat rappelle cette heureuse tentative.

Henri IV écrivain. — Le talent d'écrire n'est point le privilège de ceux qui en font métier, et il arrive que la gloire littéraire couronne ceux qui paraissent s'en être le moins souciés. C'est le cas de Henri IV : il fut écrivain sans le savoir, sans y prétendre, par le jeu naturel d'un esprit net, rapide, sincère. Le recueil de ses *Lettres missives* appartient à l'histoire littéraire comme à l'histoire politique de son temps.

La variété des sujets traités y est infinie, comme le détail même de la vie de ce prince qui avait joué tant de personnages et subi tant d'épreuves. Guerre, sièges, batailles, chasse, amour, diplomatie, tout s'y trouve mêlé, au hasard des faits et des sentiments. C'est une notation rapide de tous les moments d'une existence appliquée à mille soins divers, mais que cette variété n'épuisait pas. Ces lettres n'étaient écrites que pour un objet précis : correspondre avec un absent. La préoccupation d'un lecteur étranger n'y est nulle part. Aussi offrent-elles, à un degré peut-être unique dans la littérature épistolaire, cette qualité du parfait naturel. Il n'y a personne entre le royal écri-

---

1. Édition de 1643.

vain et son interlocuteur; personne ne doit l'entendre. Il est donc tout lui-même et son esprit se livre en toute franchise.

D'Aubigné a loué chez Henri IV « une vivacité et promptitude merveilleuse et par delà le commun ». Dans une conversation, il devinait avant que la phrase fût achevée, et le commencement d'un discours lui en découvrait la suite, au grand étonnement des assistants. Comme il voit vite et bien, le mot juste se présente naturellement à son esprit; la phrase est rapide et concise, parce qu'elle va sans détour à son objet qui est vu nettement, qu'aucun nuage ne dérobe. La clarté persiste toujours, même quand la hâte d'écrire embrouille la phrase d'incidentes; on voit toujours ce qu'on veut et où on va, comme dans un entretien où les phrases mal faites ne sont pas toujours les moins claires.

Bien voir, dire rapidement sont les premières conditions d'un récit bien fait : Henri IV excelle dans l'art de raconter. Il dit en peu de mots : et comme il met en leur lieu et en bonne lumière choses et personnes, la narration a aisément un air achevé. Elle est souvent relevée d'une pointe de cet esprit familier à Henri IV, où une franche gaieté et une ironie sans malice se mêlent naturellement et sans prétention.

Accommoder le ton d'une lettre et au sujet traité et au caractère de celui qui doit la recevoir, voilà un précepte élémentaire, mais d'une application malaisée. On a pu écrire de Henri IV : « On retrouverait aisément le caractère de chaque correspondant d'après le ton des lettres qu'il reçoit [1]. » Le sexe, l'âge, le rang, tout se reconnaît aisément. La langue elle-même et l'allure du style se modifient avec l'objet. S'agit-il de graves intérêts? Le rapide parler de l'entretien familier fait place à la phrase longue, balancée, prudente; le royal écrivain trouve sans y songer la période et le nombre.

Henri IV fut donc vraiment écrivain par ce droit que tout esprit vigoureux et net prend sur la langue dont il se sert pour traduire une pensée qui vaut la peine d'être dite. Il le fut d'une façon inconsciente; non par dédain, mais parce qu'il avait d'autres soucis. Il aimait les lettres et se montrait attentif au mérite des

---

1. E. Yung, *Henri IV écrivain*, p. 213.

écrivains. Par son influence et sur les écrivains et sur le tour nouveau donné aux idées de son époque, par le bienfaisant rayonnement de l'ordre en tout, Henri IV a sa place d'honneur dans l'histoire littéraire de son temps.

III. — *Les écrivains politiques.*

La Boétie : l'éloquence en français au service de lieux communs antiques. — C'est seulement dans la seconde partie du xvie siècle que l'on voit paraître d'abord avec mesure, puis pulluler dans une prodigieuse variété, les écrits que l'on peut ranger sous la dénomination commune d'écrits politiques. Le régime du bon plaisir, un moment déguisé sous les grâces brillantes de François Ier, prépara les esprits à l'examen, disposa les volontés à la résistance; quand les premiers excès du régime en démasquèrent les dangers, d'éloquentes protestations ne se firent pas attendre. C'est à ce moment précis, avant le déchaînement des passions religieuses et le premier signal des bouleversements politiques, que La Boétie jeta son retentissant coup de clairon.

Étienne de la Boétie, né à Sarlat en 1530, avait dix-huit ans quand les rigueurs royales, servies par la férocité du connétable de Montmorency, ensanglantèrent la Guyenne et firent de Bordeaux une ville conquise. S'il faut en croire de Thou, ce spectacle échauffa la verve du jeune homme, et le *Discours de la servitude volontaire* jaillit, d'un trait, de cette âme indignée. Œuvre de passion et de jeunesse, voilà son vrai caractère. Montaigne n'y cherchait sans doute pas autre chose que la passion et le beau langage, quand il constatait en ces termes la propagation clandestine de ce petit traité : « Il court piéça es mains de gens d'entendement, non sans bien grande et méritée recommandation; car il est gentil et plein, ce qu'il est possible. » (*Essais*, I, 27.) Plus tard cet éloquent factum se trouva servir à merveille les passions de parti; les protestants s'en firent une arme, le confisquèrent à leur profit et le publièrent en 1576, dans un de leurs recueils, *Mémoires de l'Estat de France sous Charles Neu-*

viesme. La Boétie était mort treize ans auparavant, et peut-être s'il eût vécu, « affectionné » comme il l'était « au repos de son pays, ennemy des remuements et nouvelletés de son temps », se fût-il prêté malaisément à l'usage que les partis firent de son œuvre [1]. De ses divers écrits, le seul qu'on lise encore, celui qui a fondé sa renommée, n'eût peut-être jamais été publié par lui-même; et, s'il faut en croire Montaigne, La Boétie « ne le vit oncques depuis qu'il lui échappa ». Le *Discours de la servitude volontaire* ne peut donc pas donner la vraie mesure de l'homme; il n'y faut chercher ni système politique, ni vues de gouvernement; ce délicat esprit, formé dans le commerce de l'antiquité, ce traducteur ingénieux et savant des *Œconomiques* d'Aristote et de la *Mesnagerie* de Xénophon aurait pu demander aux grands auteurs de la Grèce ou de Rome une inspiration plus précise en matière de gouvernement. Pour être juste envers un homme dont la mort prématurée mit en deuil tant d'espérances, il faut donc ne chercher dans son œuvre que ce qu'il voulut y mettre; et en deux endroits différents, Montaigne nous paraît l'avoir défini avec autant de vérité que de bonheur : « Ce subject fut traitté par luy en son enfance par manière d'exercitation seulement, comme subject vulgaire et tracassé en mille endroits des livres... » — « Il l'escrivit en manière d'essay en sa première jeunesse, à l'honneur de la liberté contre les tyrans. » (I, 27.)

L'auteur lui-même, dès les premières lignes, circonscrit son sujet et s'interdit toute ambition de pensée systématique. Il écarte « cette question tant pourmenée, asscavoir si les autres façons de républiques sont meilleures que la monarchie ». Ce sera peut-être la matière d'un traité à part « pour un autre temps ». On a bien nommé ces pages en les appelant un Discours; ce n'est pas une œuvre de doctrine, mais un jet de passion.

Un tel livre défie l'analyse; mais il est aisé de surprendre le secret de sa composition. Supposez une âme généreuse, exaltée par la lecture de Plutarque, dont les instincts libres et fiers trouvent aisé et naturel tout ce que l'on raconte de l'héroïsme

---

1. Combien il était lecteur peu fervent de la Bible, on en jugera par la phrase suivante : « Du quel peuple d'Israël je ne lis jamais l'histoire que je n'en aie trop grand dépit, quasi jusque à devenir inhumain, pour me réjouir de tant de maux qui leur advinrent. »

antique ; placez-la en regard d'un acte de despotisme sanglant, et mettez au service de son indignation, en pleine fougue de l'âge, une langue colorée, souple, nerveuse, à demi latine par l'allure, qui se prête à merveille à mouler les beaux lieux communs de l'antiquité : dans quelques heures d'éloquente improvisation, le *Discours de la servitude volontaire* sera au point. Dans l'esprit de La Boétie, comme dans celui de Montaigne, bruit incessamment dans une confusion sonore l'essaim des grands noms de l'antiquité; des temps homériques à l'empire romain, d'Hercule, de Salmonée et d'Ulysse à Commode et à Caracalla ils s'offrent à la pensée dans un pêle-mêle capricieux comme le hasard des souvenirs. Nous les revoyons tous, dans cette galerie où la fantaisie seule donne des rangs, Miltiade, Léonide, Thémistocle, Denys, Pisistrate, Mithridate, Xercès et Daire, Lycurgue, Caton l'Utican, Sylla, Aristogiton, Harmode, Brute le vieux; nous en passons, et non des moindres. Ce qui serait aujourd'hui fatras et pédantisme avait pour ces esprits du XVIe siècle, enivrés de leurs classiques, un charme inexprimable. Ils jouissaient passionnément de ces souvenirs et ils savaient qu'une élite de lecteurs en jouirait avec eux. L'heure était à l'antiquité, aux sentiments et aux actions héroïques sous la forme antique.

Dans ce moule antique, La Boétie ne jette pas un sentiment que l'antiquité n'ait connu et exprimé : le prix infini de la liberté naturelle, la douceur de l'ingénuité, la vaillance que la liberté met au cœur de ceux qui la défendent, l'horreur de la tyrannie, l'isolement moral où la tyrannie plonge celui qu'elle dégrade. Plutarque, et toute l'antiquité que Plutarque a réalisée en types, se reconnaîtrait dans ces pages. Mais il est un passage significatif où l'homme de la Renaissance et le dévôt des belles-lettres se retrouvent et s'affirment : les plus grands ennemis de la tyrannie « ce sont ceux qui ayant la teste d'eux mêmes bien faite, l'ont encore polie par l'étude et le savoir ».

Malgré tout, ce petit livre a mérité sa fortune; son originalité n'est pas dans les idées, mais dans l'accent. Pour la première fois peut-être la prose française traduisait avec éloquence ces sentiments chers aux aristocraties antiques et dont les lettrés seuls pouvaient goûter le charme et subir l'action. Par lui, la fierté des belles âmes nées libres trouva un accent populaire et fit de nombreux prosélytes. Cette déclamation avait alors un accent de nouveauté qu'elle a perdu; c'est par là qu'elle enchanta les esprits de la fin du xvie siècle. Ces beaux lieux communs furent longtemps le bréviaire de plus d'un noble cœur. La *Servitude volontaire* a gardé pour nous le mérite d'une langue excellente, souple, animée, souvent ingénieuse dans ses tours et ses trouvailles, qui assure à l'auteur un rang honorable près de son immortel ami, Montaigne.

L'érudition au service des passions politiques. Premiers essais de science politique : François Hotman et Hubert Languet. — Les protestants, qui avaient pris de force La Boétie, devaient avoir leurs théoriciens politiques vraiment à eux : François Hotman et Hubert Languet furent ces hommes. Ils ont eu l'un et l'autre cette même fortune d'agir puissamment sur leur temps par des moyens d'ordinaire limités, l'érudition du jurisconsulte et du théologien; et de s'être fait, par des œuvres écrites en latin, une place et un nom dans l'histoire des lettres françaises.

Né à Paris le 23 août 1524, d'une famille originaire de Silésie, François Hotman eut un rêve de jeunesse : réaliser l'idéal des grands jurisconsultes romains : « Être l'oracle de tous les citoyens, et se tenir prêt à leur découvrir en toute question le juste et l'honnête. » Il était déjà célèbre comme professeur à vingt-deux ans. C'est alors qu'il adopta les idées de Calvin, et qu'il commença de ville en ville une odyssée de misère. Lausanne, Bâle, Strasbourg, Valence, Bourges le reçurent tour à tour. La Saint-Barthélemy le chassa de France. A ce sanglant coup d'État il répondit par un coup d'État d'opinion : ce fut la *Gaule franque*.

L'ouvrage parut en latin sous le titre étrange de *Franco-Gallia*, en 1573. Il fut immédiatement traduit en français (1574). Dans la pensée de l'auteur, « c'est un livre de grande importance pour reconquérir notre gouvernement et rendre à notre France son assiette et son repos ». Il y a deux méthodes très diverses pour qui prétend diriger les idées politiques d'un temps : on peut se réclamer de la philosophie ou de l'histoire, invoquer les principes de la science politique ou les traditions. Hotman suit la seconde voie. Il emprunte à la seule érudition toutes ses armes ; au lieu de chercher si la constitution politique de la France est conforme à la justice et au droit, il se préoccupe uniquement de montrer qu'elle n'est pas conforme à la coutume nationale. L'érudition d'Hotman, remarquable pour son temps, n'eût pas sauvé son livre de l'oubli ; il dut à d'autres mérites sa grande fortune. Tout d'abord, c'était la première fois que l'érudition devenait une arme de guerre et, par ses allures de polémique, se faisait toute à tous. Ces questions, réservées jusqu'alors aux hommes d'étude, étaient jetées en appât à la curiosité de chacun ; on y découvrait un intérêt inattendu et des rapports, jusque-là non soupçonnés, avec la réalité de chaque jour. Dans un temps calme et sous un roi sage, un tel livre fût passé inaperçu ; il reçut des circonstances une importance exceptionnelle et il réagit fortement sur ces circonstances mêmes. Non seulement la France entière apprenait d'Hotman le vrai nom du régime politique dont elle souffrait : le despotisme ; mais elle entendait proclamer le remède à ce mal : l'insurrection. Le peuple a-t-il le droit de se révolter contre l'autorité du roi ? Oui ; et ce droit n'admet pas de prescription. A la sainteté du droit s'ajoute la puissance du fait : qu'est donc la Guerre du Bien public, contre Louis XI, sinon l'exercice de ce droit à l'insurrection et une dernière manifestation de la constitution séculaire de la Gaule franque ? Une érudition, très variée, très pure et, dans son principe, désintéressée, un sentiment très vif de la dignité nationale, une indignation de protestant contre les scandales politiques et privés de la cour des Valois, l'éloquence d'une âme droite s'exhalant dans une langue simple et pleine de force : tels sont les éléments du succès de cette œuvre, aujourd'hui morte, mais dont les dernières palpitations se sont éteintes très peu de temps avant la Révolution de 1789.

Nouveauté de la doctrine de Languet ; première théorie du contrat social. — L'inspiration protestante est sensible dans un autre ouvrage de la même époque, le *Vindiciæ contra tyrannos*, qui parut en 1579 sous le pseudonyme de Junius Brutus, et que la critique a restitué à son véritable auteur, Hubert Languet, protestant français établi en Allemagne. Hotman cherche ses autorités dans les chroniques, Languet remonte jusqu'à la Bible; l'un prend pour type un peuple gallofranc imaginaire, l'autre, le peuple d'Israël.

La différence est plus profonde encore : tandis que le livre d'Hotman s'applique aux conditions politiques d'un seul peuple et fonde sa constitution légitime sur ses traditions et son histoire, Hubert Languet étudie les rapports des peuples et des rois en dehors de toute application particulière, dans leur essence théorique. Il veut atteindre ce fond solide et immuable du droit sur lequel tout repose. Avec lui se manifeste la première tentative d'une philosophie de la politique. De la philosophie, il s'efforcera d'imiter l'universalité et d'atteindre la certitude. L'objet et la méthode de son livre sont clairement indiqués dès les premières pages : il met en présence le pouvoir des princes et le droit des sujets; il veut ramener leurs rapports à des principes évidents et tracer les limites exactes dans lesquelles ils doivent se renfermer. La méthode géométrique lui paraît avoir seule assez de rigueur pour de semblables problèmes.

L'idée que l'on doit se faire de la souveraineté, la source d'où on la dérive, telles sont deux questions essentielles devant lesquelles Languet ne recule pas. Avec lui, pour la première fois, intervient cette idée, réservée deux siècles plus tard à une retentissante fortune, l'idée du contrat. Non pas un contrat direct entre le peuple et le roi, mais un contrat de troisième main, comme par ricochet, devant les stipulations duquel intervient, pour le solenniser et le consacrer, Dieu lui-même. Par ces attaches divines, Languet rappelle, au moment même où il va les rompre, les traditions du moyen âge; le souvenir du Dieu d'Israël contractant avec son peuple découvre le protestant.

A l'origine de la société politique, telle que l'Écriture nous la révèle, il y a un double contrat : un contrat général entre Dieu, le roi et le peuple, un contrat particulier entre le peuple et le roi. La nouvelle loi continue l'ancienne; mais le contrat n'est pas rompu; il vaut sous le règne de l'Évangile, comme sous celui de la Bible; les rois païens eux-mêmes tirent à leur insu de ce même principe leur légitimité; comme Dieu gouverne les volontés des hommes et dispose du sort, c'est encore lui qui contracte, par cette voie indirecte, quand le prince est nommé par le suffrage du peuple ou désigné par le sort.

De cette métaphysique, Languet fait découler avec hardiesse, comme conséquences pratiques, le droit des sujets à la résistance, le droit à l'insurrection, le droit d'intervention, pour défendre les sujets opprimés d'un mauvais prince. Le contrat du peuple avec Dieu prime le contrat du peuple avec le roi; un conflit vient-il à s'élever, le peuple se délie lui-même vis-à-vis du roi pour garder sa fidélité à Dieu. Mais qui dégagera l'opinion de cette masse confuse du peuple, si redoutable dans ses emportements, si prompte à l'erreur? Les grands et les magistrats.

Tel est, dans son dessin général, ce livre original et puissant, dans lequel l'éloquence jaillit de l'extrême concentration de la pensée et qui devait exercer, à la fin du xvi° siècle, une influence profonde. Le résultat auquel tendaient les pamphlets politiques par la violence et par la haine, il l'atteignit plus sûrement par un effort de raison. Par lui on apprit que les obscurités où se réfugiaient les questions politiques pouvaient être dissipées et que la région mystérieuse où tout pouvoir humain prend sa source n'était pas inaccessible. On vit se dresser en face du droit des rois, le droit des peuples; et on se rendit compte qu'il était possible d'appliquer au droit public des principes de contrat, de stipulation, et de garanties jusqu'alors réservés au droit privé. La passion publique s'attacha à ces problèmes; et, comme tout ouvrage qui agit puissamment sur une société relève des lettres, le domaine de la littérature s'enrichit d'une nouvelle province, la science politique.

Les « Six livres de la République », de Jean Bodin. — Le monument de cette science au xvi° siècle devait être le grand ouvrage de Jean Bodin, qui a pour titre *Les six Livres de la République*. Bodin, comme Hotman, avait commencé par l'étude du droit; et ses premiers travaux, écrits en latin, avaient pour objet le droit romain.

Mais, aux environs de la trentième année, sa pensée se détourne vers des études plus larges, et, en 1566, à l'âge de trente-six ans, il publie son traité intitulé : *Methodus ad facilem historiarum cognitionem*, premier essai de philosophie du droit et de philosophie de l'histoire. Hardiment dégagé des lisières du droit romain, il affirme la notion d'un droit universel, d'un droit idéal, dont les codes ne sont que l'expression multiple;

élargissant jusqu'aux extrêmes limites de l'humanité le champ de son expérience, il veut que tous les peuples apportent leur contingent d'expérience et de lumières ; aux Romains, type alors réputé parfait, il veut adjoindre Perses, Grecs, Égyptiens, Hébreux, Allemands. L'histoire éclairera la jurisprudence ; car, « c'est dans l'histoire qu'est contenue la meilleure partie du droit universel ; c'est d'elle que nous pouvons apprendre les mœurs des nations, les fondements de l'État, ses développements, ses formes, ses révolutions et sa fin... La première utilité de l'histoire est de servir à la politique. » — « La philosophie mourrait d'inanition au milieu de ses préceptes, dit-il dans son préambule, si elle ne les vivifiait par l'histoire. » Ajoutons que, sans l'histoire, la politique manquerait de solides fondements et de principes ; et nous aurons mis en lumière l'idée maîtresse de la *République*.

C'est en 1576 que ce grand ouvrage vit le jour. On peut imaginer un philosophe combinant un système politique en dehors de toute préoccupation contemporaine et se désintéressant de son temps ; mais tel n'est pas le cas de Bodin. Il vit dans une époque troublée, où la notion du gouvernement est obscurcie par les passions de parti, faussée par les vices des princes. « Puisque la conservation des royaumes et des empires, dit-il dans sa dédicace à monseigneur du Faur, seigneur de Pibrac, dépend, après Dieu, des bons princes et sages gouverneurs, c'est bien raison que chacun leur assiste, soit à maintenir leur puissance, soit à exécuter leurs saintes lois, soit à ployer leurs sujets par dits et écrits qui puissent réussir au bien commun de tous en général et de chacun en particulier... C'est pourquoi de ma part, ne pouvant rien mieux, j'ai entrepris le discours de la République, et en langue populaire, tant pour ce que les sources de la langue latine sont presque taries, que pour être mieux entendu de tous Français naturels. »

Bodin a lu Aristote, mais il est plutôt disposé à le corriger qu'à le suivre servilement. Cet effort d'indépendance éclate dès les premières lignes, dans la définition même de la République. Aristote avait dit que la République est « une société d'hommes assemblés pour bien et heureusement vivre ». Bodin ouvre son ouvrage par ces mots : « La République est un droit gouvernement de plusieurs ménages et de ce qui leur est commun, avec puissance souveraine. » Il paraît trouver quelque chose de corrupteur dans cette déclaration, que le bonheur de la société peut être proposé comme un but; il voit tel cas où la vertu « n'a point d'ennemi plus capital » que la bonne fortune. Poussant à l'extrême le parallèle entre les conditions de « vraie félicité d'une République et d'un homme seul », il déclare « que ce peuple-là jouit du souverain bien quand il a ce but devant les yeux, de s'exercer en la contemplation de choses naturelles, humaines et divines, en rapportant la louange de tout au grand Prince de nature » (liv. I, ch. 1). La justice, la contemplation, voilà un accent nouveau; mais Aristote avait dit plus simplement : « bien vivre », avant « heureusement vivre », mettant dans leur subordination nécessaire ces deux éléments de la vie sociale : la vertu et le bonheur.

Le « droit gouvernement » de la République s'élabore tout d'abord dans la famille. « La famille bien conduite est la vraie image de la République, et la puissance domestique est semblable à la puissance souveraine. Le droit gouvernement de la maison est le vrai modèle du gouvernement de la République. » Aussi Bodin établit-il solidement dans la famille le principe d'autorité; il ne recule pas devant le pouvoir despotique du père, regrettant presque le droit de vie et de mort des codes antiques.

Mais cette autorité, d'où procède-t-elle? Naturelle dans la famille, elle ne l'est pas dans la République. Le choix seul peut l'y introduire et l'y établir. Sous le nom de souveraineté, elle est un des éléments essentiels de la République. Bodin définit la souveraineté, la puissance absolue et perpétuelle. La puissance déléguée pour un temps limité, fût-elle absolue, n'est pas la souveraineté. Consuls, dictateurs, décemvirs ne sont pas souverains. La vraie marque de la souveraineté est « la puissance de donner loi à tous en général et à chacun en particulier, sans le consentement de plus grand, ni de pareil, ni de moindre que soi ». De là découle le droit de faire la paix et la guerre, de nommer les grands officiers, de juger en dernier ressort, de battre monnaie, de lever des impôts, de faire grâce. Ces droits n'appartiennent pas seulement à un roi, mais à tout souverain, roi, peuple ou aristocratie : le souverain peut être, suivant le mot d'Aristote, un, plusieurs ou tous. Il y a donc trois sortes de souverainetés ou républiques : la Monarchie, l'État populaire, l'État aristocratique.

La Monarchie elle-même peut être de trois sortes : « La Monarchie royale ou légitime est celle où les sujets obéissent aux lois du monarque, et le monarque aux lois de nature ; demeurant la liberté naturelle et propriété des biens aux sujets. La Monarchie seigneuriale est celle où le prince est fait seigneur des biens et des personnes par le droit des armes et de bonne guerre, gouvernant ses sujets comme le père de famille ses esclaves. La Monarchie tyrannique est où le monarque, méprisant les lois de nature, abuse des personnes libres comme d'esclaves et des biens des sujets comme des siens » (liv. II, ch. II). La France est le type de la Monarchie royale ; c'est-à-dire de ce gouvernement dans lequel l'absolutisme est tempéré par les lois divines et naturelles, réglé par les lois « qui concernent l'établissement du royaume » ; contenu par les contrats. Puisque la Monarchie royale, ou légitime, laisse la propriété des biens aux sujets, l'impôt ne doit pas être levé sans leur consentement.

La portée de l'œuvre de Bodin. — Il y a bien de l'incohérence dans ce système ; et on ne voit pas aisément le rôle des États généraux et du Parlement en regard d'un souverain dont la parole est comme un oracle. Mais là n'est pas pour le lecteur d'aujourd'hui l'intérêt de l'ouvrage. Il importe peu à l'histoire littéraire que Bodin ait ou non réussi à trouver le fond sur lequel repose le droit royal, ou qu'il ait préparé des théories commodes à tel ou tel parti. Vrai ou faux, son système n'en est pas moins un prodigieux effort pour concilier la politique et le droit ; son livre, une œuvre de bonne foi et une entreprise hardie pour ouvrir à tous ceux qui pensent et qui lisent le sanctuaire des choses de l'État. Une sèche analyse trahit toujours les auteurs qu'elle prétend faire connaître ; Bodin perd plus qu'un autre peut-être à être ainsi résumé. Car son savoir est immense, sa lecture prodigieuse, sa mémoire toujours prête ; et son art est extrême à disposer les faits que lui fournit l'histoire ou les arguments que lui prête le droit. Par lui, certains problèmes, et des plus hauts, agités seulement dans les conseils des hommes d'État ou de loi, étaient proposés à la curiosité de tous, discutés à la grande lumière du forum : la théorie des révolutions, la justice, la sûreté intérieure et les alliances, la neutralité, les impôts et les finances, les monnaies, l'instruction publique. Le grand organisme de la chose publique était pour la première fois démonté sous les yeux du lecteur français, étudié dans chacun de ses rouages. La vie morale, comme la vie matérielle des peuples, et leurs rapports, et les lois de leurs rapports, tout cela devenait matière d'études ; mieux encore, objet de science. Car l'esprit philosophique de Bodin excellait à coordonner les idées en système et à donner aux créations de sa pensée des airs de réalité. La partie économique de son œuvre a moins vieilli peut-être que la partie politique ; c'était aussi sans doute l'élément le plus nouveau de l'œuvre. Le moyen âge n'avait jamais perdu de vue les grandes questions sur la nature du pouvoir et les rapports de ses divers organes ; les faits de l'ordre économique l'avaient moins intéressé ; il n'en avait pas recherché les lois ; il lui avait manqué surtout de saisir l'étroite dépendance de ces questions et de reproduire, dans la théorie, les communications intimes qui les unissent.

On a discuté si Bodin fut libéral ou absolutiste, sans songer à l'inanité de ces querelles, à l'impossibilité de bien établir le débat. Mais avant de conclure, on se souviendra que, le premier entre les modernes, il s'est élevé contre l'esclavage. Ce n'était pas, aux vi[e] siècle, une question d'école : « La découverte de l'Amérique, dit-il, fut une occasion de renouer les servitudes par tout le monde. » Et la protestation de Bodin faisait plus que de secouer les préjugés ; elle menaçait d'innombrables intérêts. Il assiste à l'origine de l'esclavage et flétrit la cruelle pitié qui épargne le prisonnier pour le réduire à l'état de chose. L'esclavage est universel ; mais un fait ne saurait-il être à la fois universel et illégitime ? Le droit, l'intérêt même condamnent cette monstrueuse institution. Montesquieu n'a eu, sur ce point, qu'à recommencer Bodin. Son esprit mesuré, jusque dans des revendications révolutionnaires, ne veut pas d'un affranchissement en masse ; il croit à l'énergie modératrice du travail : il faut, « devant les affranchir, leur enseigner quelque métier ».

Après avoir considéré dans leur complexité tous les rapports de la vie sociale, Bodin ne sépare pas l'homme du milieu où il vit. C'est pour notre époque le premier titre d'honneur de Bodin d'avoir écrit sa théorie des climats. Dans cette voie, il avait plus d'un guide : les médecins philosophes, les historiens géographes avaient marqué dès l'antiquité l'influence du climat sur la constitution physique et le caractère moral des peuples. Platon et Aristote avaient imposé au législateur l'obligation de reconnaître et d'observer ces différences; l'idée était indiquée. Bodin devait lui donner un admirable développement.

Cette question est de premier ordre, car elle intéresse la liberté et la moralité humaine. Il faut, pour l'aborder, ne point avoir la superstition de la liberté, au point de la déclarer supérieure à tout et souverainement indépendante; mais il convient d'en maintenir les droits légitimes pour ne pas la perdre dans un panthéisme funeste. Bodin voit le péril et il sait l'éviter. S'il prend plaisir à étaler l'infinie variété des influences auxquelles l'homme est soumis, il n'oublie jamais que la nature humaine subsiste essentiellement une et identique. On lui a reproché pourtant d'être entraîné quelquefois par l'étendue et l'impartialité de sa pensée; et, à force de chercher les raisons du fait, de justifier ce qu'il explique. Montesquieu a rendu à Bodin le meilleur des témoignages en lui empruntant la plupart de ses idées et jusqu'à ses exemples.

Cette vaste enquête sur la science politique était le digne produit d'un siècle qui avait agité tant de problèmes, ébranlé tant d'institutions, bouleversé tant d'intérêts, et qui avait, pour tout réorganiser, une foi absolue dans la vertu toute-puissante de la science.

Antoine de Montchrétien; le Traicté de l'œconomie politique. — « Œconomie politique », le mot est nouveau, comme la chose; et assez heureusement choisi pour mériter de rester attaché à une des grandes divisions des études humaines. Ce premier ancêtre des économistes modernes ne paraît d'abord préparé à ce rôle ni par ses premiers essais, ni par son humeur. Le mystère plane encore sur les origines d'Antoine de Montchrestien; il naquit vraisemblablement en 1575 ou 1576. Son père, pharmacien à Falaise, le laissa orphelin en bas âge. L'enfant, « d'esprit actif », grandit (au collège de Caen peut-être) dans la société de gentilshommes dont il prit les façons, les goûts et les ambitions. On le verra plus tard se forger une noblesse imaginaire et inventer un fief de Vateville dont il prendra le nom.

Il a des duels, des aventures d'amour; et se marie avec une veuve, « damoiselle de bonne maison ». A vingt-cinq ans (en 1604), il a publié les tragédies qui suffiraient à lui faire un nom.

Cette première partie de sa vie, pleine de péripéties et marquée d'efforts en tout sens pour s'ouvrir un chemin vers la fortune et vers la gloire, paraît pourtant calme et réglée au prix de la seconde, qui est traversée des plus étranges et des plus funestes incidents. Pour échapper aux suites d'un duel malheureux, il passe en Angleterre en 1602; le spectacle de l'activité industrielle et commerciale de ce pays frappe vivement cet esprit curieux et actif; il visite la Hollande, admire ses ateliers, y trouve des modèles qu'il n'oubliera pas; le détail de la vie économique de ces grands foyers de travail séduit son esprit; il éveille aussi dans son cœur un sentiment nouveau, le patriotisme, qui veut fonder sur les solides assises du travail et de la paix la grandeur de son pays. De retour en France, vers la fin du règne de Henri IV, il fait la théorie de ce qu'il a observé; son *Traicté d'Œconomie politique*, dédié à Louis XIII et à Marie de Médicis, paraît en 1615. Puis il veut faire une application de ses théories et s'improvise grand industriel. Ses manufactures d'Ousonne-sur-Loire, près de Châtillon-sur-Loire, acclimatèrent un moment dans l'Orléanais le travail de l'acier. Ses affaires durent prospérer; car on voit Montchrétien en 1617 e 1619 s'occuper à Rouen de l'armement d'un navire.

Cette prospérité sombra dans une aventure politique. Cet homme, sur les vraies croyances duquel la critique est encore mal fixée, se laissa entraîner en 1621 dans l'échauffourée politico-religieuse de Henri de Rohan; le dépit d'être méconnu, le ressentiment de calomnies méprisables plutôt que le fanatisme religieux, le jetèrent dans une série d'épreuves au termes desquelles il trouva la mort dans un guet-apens.

Comme plus tard à Montesquieu et à Voltaire, le séjour à l'étranger porta bonheur à Montchrétien. La Hollande le charma et lui inspira pour son propre pays de grandes ambitions. « Ce pays est un miracle d'industrie. Jamais État n'a tant fait en si peu de temps, jamais des princes si faibles, si obscurs n'ont eu de si hauts, si clairs et si soudains progrès. Si je voulais laisser à la postérité un tableau de l'utilité du commerce, je décrirais ici, d'un côté, les villes d'Amsterdam et de Middelbourg en l'état qu'elles étaient il y a vingt-cinq ans, et de l'autre celui auquel elles sont maintenant, grosses de peuples, comblées de marchandises, pleines d'or et d'argent. »

Le livre de Montchrétien parut en 1615. L'auteur n'avait rien négligé de ce qui pouvait en assurer le succès, ni la dédicace au roi ou à la reine mère, ni les sacrifices inévitables au goût du jour, et l'intervention trop fréquente en un tel sujet de l'histoire sacrée et profane, des grands noms de l'antiquité. C'est la marque du temps et la date de l'ouvrage.

Mais Montchrétien composa la substance même de son œuvre d'éléments tout à fait nouveaux, dont l'originalité déconcerta même de bons esprits et nuisit à sa popularité. Malherbe parle du traité de Montchrétien avec un dédain mal dissimulé. L'œuvre nouvelle sera vengée par l'estime de Richelieu.

Elle avait pourtant, semble-t-il, cette condition du succès, de venir à son heure. Au sortir des guerres civiles, la France sentait en elle cette poussée de vie qui préparait un grand siècle. Ce multiple effort dans toutes les voies du travail et de la richesse, Montchrétien eut l'ambition de le discipliner et de le conduire. Sans appareil dogmatique, sans formule, en conservant à son œuvre la libre allure de la vie et la vivacité de l'observation directe, il définit heureusement l'objet de son étude, qu'il appelle « la mesnagerie des nécessités et charges publiques ». La force et la richesse d'un État dérivent d'une triple source : les manufactures, le commerce, la navigation, et c'est la division même de son traité. « L'heur des hommes consiste principalement dans la richesse et la richesse dans le travail. » — « La nature nous donne l'estre; le bien estre, nous le tenons en partie de la discipline, en partie de l'art. » — « La vie et le travail sont inséparablement conjoints. »

Il appartient aux économistes de juger, à la lumière de l'expérience de notre âge, les doctrines de Montchrétien; on peut dire d'un mot que Richelieu et Colbert n'en connurent point d'autres. Dans l'histoire des lettres françaises, ce n'est pas un mince mérite d'avoir trouvé pour une matière nouvelle une forme d'exposition qui la fît entrer dans le commerce général des esprits et d'avoir exprimé en beau langage les plus patriotiques conseils. La grandeur de la France est partout présente dans l'œuvre de Montchrétien ; il est des pages sur le commerce et l'expansion de la France où l'éloquence la plus vigoureuse éclate naturellement ; on oublie aisément, après en avoir subi l'attrait, une certaine recherche de la fausse élégance, un reste de pédantisme, un bariolage mythologique qui rappellent le XVIe siècle ; mais le plus souvent, par la fermeté et la simplicité du style comme par le tour de la pensée et de l'ambition, Montchrétien est bien un homme et un auteur du XVIIe.

La Satyre Ménippée. — Il est des œuvres qui se prêtent malaisément à une classification par genre. La *Satyre Ménippée* est du nombre. Elle est sans doute d'ordre politique, mais en la mettant dans le voisinage de livres qui furent l'œuvre de théoriciens et de penseurs plus que de lettrés, on ne doit pas oublier que les auteurs de la *Ménippée* furent avant tout, non des politiques de carrière ou de doctrine, mais des lettrés. Ils furent des lettrés patriotes ; et cela les met à part, eux et leur œuvre. En outre, tandis que les ouvrages d'ordre politique ne s'adressent qu'à un groupe de lecteurs choisis et ne servent à la culture générale qu'après une lente diffusion de leurs doctrines et au moyen d'intermédiaires, la *Ménippée* eut avec les pures œuvres littéraires un trait significatif de ressemblance : elle agit directement sur la grande masse des lecteurs et fut comprise d'eux ; elle fit, comme instantanément, de plusieurs milliers d'hommes les collaborateurs de la cause qu'elle défendait ; elle parut et resta œuvre vivante, et elle a mérité de durer après les tragiques circonstances qui avaient été le prétexte de sa composition.

C'est en effet la marque originale de la *Ménippée* d'être peut-être dans notre littérature le seul ouvrage inspiré par la politique d'une époque qui ait été consacré chef-d'œuvre. Après l'avoir lue et relue, on ne peut conserver aucun doute sur un point essentiel : les auteurs ne se préoccupèrent à aucun moment que de l'effet utile à produire : ramener l'opinion publique égarée, couper de dangereuses trames, démasquer les ennemis de l'ordre public et de la patrie, tuer par le ridicule ceux que les efforts d'une politique laborieuse n'avaient pu encore abattre. Leur désintéressement littéraire paraît avoir été absolu ; ils ont tendu avant tout à l'action. Aussi est-il arrivé que leur écrit de circonstance, chef-d'œuvre comme par surcroît, est la seule production de notre littérature qui soit en même temps un acte politique de premier ordre.

Il fallait, pour tenter cette expérience, autant de clairvoyance que de courage. Nous sommes trop portés à croire, en voyant la seconde partie du règne « miraculeux » de Henri IV, qu'une sorte de fatalité l'avait conduit heureusement à travers tous les périls et que sa fortune ne pouvait être ravie ni à lui-même ni à la France. Même après sa conversion, le tumulte des passions politiques était extrême ; on peut voir dans l'Estoile quel prodigieux amas de préjugés se dressait comme un obstacle entre Paris et lui, avec quelle lenteur la partie la plus saine de cette population éprouvée par quatre ans de siège revenait au bon sens, à la tolérance, au patriotisme. La grande lutte de Henri IV et de la Ligue avait été soutenue intrépidement de part et d'autre devant l'opinion publique ; et, comme le dit heureusement Augustin Thierry « cette opinion en était à la fois le juge et le prix ». Prêter à Henri IV, à l'heure décisive où les derniers coups se pressent et se font plus redoutables, l'appui de l'opinion, c'était un service signalé ; il y avait une égale clairvoyance à discerner la vraie cause à défendre et à choisir entre mille l'arme la plus puissante avec laquelle elle pouvait être défendue.

Les auteurs de la Ménippée. — A mesure que la Ligue s'usait, le zèle fanatique qui avait égaré Paris presque tout entier se retirait peu à peu des parties éclairées de la population et descendait, pour s'y concentrer, dans les classes inférieures. La bourgeoisie revint la première à la santé ; c'est à cette classe qu'appartenaient les auteurs de la *Ménippée*. Malgré le soin qu'ils ont mis à se cacher pour qu'aucune personnalité, aucune ombre de vanité littéraire ne s'interposât entre l'œuvre et le public, on sait qu'ils furent au nombre de six : Pierre Leroy, que l'on croit avoir été l'instigateur de l'œuvre commune, chanoine de Rouen, secrétaire du cardinal de Bourbon ; le peu que nous savons de sa vie et de son caractère se réduit presque au bel éloge qu'en a fait De Thou : « *Vir bonus et a factione summe alienus* » ; la modération politique dans un homme d'Église, chose rare dans ce temps de désordre moral ; — Jacques Gillot, conseiller clerc au Parlement, sorte de Mécène bourgeois, dont la maison hospitalière s'ouvrait aux poètes comme Desportes, aux érudits comme Scaliger, curieux et fureteur, ami de l'anecdote, plus capable d'exciter que de produire ; ami sûr, faisant avec bonne grâce les honneurs de sa bibliothèque et de sa table ; — Nicolas Rapin, gentilhomme poitevin, lieutenant de robe courte dans la prévôté de Paris, bonne épée et plume aiguisée ; il avait combattu à Ivry pour Henri IV ; — Jean Passerat, professeur au Collège de France, amoureux de linguistique et de poésie, de scolies et d'épigrammes, étrange composé de « Varron et de Lucien », altéré comme un héros de Rabelais, bon vivant et critique grincheux ; — Florent Chrestien, le premier précepteur de Henri IV, partisan toujours fidèle de son oublieux élève ; — Pierre Pithou, un des plus nobles représentants de cette classe des grands érudits, chez lesquels la science fortifiait l'indépendance de l'esprit, patriote autant que savant ; il a laissé de lui dans son testament ce témoignage : « *Patriam unice dilexi.* » Si l'on veut enfin atteindre au chiffre sacré de la Pléiade, on peut ajouter à ces six noms celui de Gilles Durant, avocat, rimeur facétieux et satirique, auteur de la complainte sur le *Trépas de l'âne ligueur*.

Ces auteurs, qu'ils soient d'Église, de robe ou d'épée, n'en sont pas moins, par leur éducation intellectuelle, les représentants de cette bourgeoisie dans les rangs de laquelle se sont réfugiés alors le bon sens en religion et en politique, la modération, le loyalisme qui deviendra bientôt passion royale. La *Ménippée*, cette chose singulière à tant de titres, se trouve être un des rares exemples de chef-d'œuvre par collaboration. Ce procédé de composition littéraire, l'association des talents, l'élaboration en commun du plan d'une œuvre, n'aboutit le plus souvent qu'au médiocre ; cette arithmétique de l'addition des talents ne produit pas dans l'ordre des lettres ses ordinaires effets. Ici, au contraire, la collaboration a gardé toutes les vertus de l'inspiration jaillissant en un seul jet d'un même esprit; et ce cas, peut-être unique, veut être noté. Ce n'est pas seulement une collaboration d'individus, mais la fleur du génie de provinces diverses : Paris offre l'hospitalité chez Gillot, un Bourguignon; la Normandie prête Pierre Leroy; le Poitou, Nicolas Rapin; Orléans, Florent Chrestien; l'Auvergne, Gilles Durant; enfin la malicieuse Champagne se réserve la plus belle part avec Passerat et Pithou. Gardons-nous de penser que Paris n'a rien fourni à l'œuvre commune; d'abord, la passion qui a tout fondu et lié, mais une passion contenue et mesurée, qui ne choque jamais le goût; puis, avec le cadre et la matière des événements, l'esprit léger de satire et le ferme bon sens qui sont la marque de son génie. La tradition veut que la chambre où la Ménippée a été écrite, chez Gillot, quai des Orfèvres, ait vu naître, quelque quarante ans plus tard, Nicolas Boileau. L'enfant aurait reçu dès son berceau, de la bienfaisante contagion des murs même, cette ironie légère sans scepticisme et cette libre allure de l'esprit gouverné par la raison, qui est la marque même de l'esprit parisien.

Pourquoi faut-il qu'au lieu d'admirer sans réserve la manifestation spontanée d'un patriotisme clairvoyant, quelques partisans attardés de la Ligue aient voulu ne voir dans la *Ménippée* qu'une œuvre de sectaires? — Réplique, disait-on volontiers, des huguenots aux catholiques! — Ceux des auteurs de la *Ménippée* qui traversèrent le calvinisme en sortirent à une heure où leur conversion ne pouvait plus être soupçonnée d'être une capitulation; la dictée de leur conscience fut sincère et désintéressée : Chrestien, en pleine Ligue, avant l'avènement de Henri IV; Pithou, quelques mois après la Saint-Barthélemy. On chercherait d'ailleurs vainement dans la *Ménippée* cette âpreté de sectaire et cette sécheresse biblique qui est alors la marque des pamphlets huguenots. Dérobons donc hardiment cette œuvre à la jalousie des églises rivales et rendons-la à la grande cause du seul parti national.

On s'accorde à croire que la *Ménippée* naquit sous le toit hospitalier de Gillot. Comment? on ne saurait le dire avec une précision rigoureuse, mais on peut aisément imaginer la scène. Cinq amis, unis par le goût commun des lettres, se réunissent quotidiennement chez Gillot. Ce sont des hommes d'âge mûr; ils sont à ce moment de la vie où les approches de la vieillesse apportent un renouveau d'expérience et de sagesse sans éteindre la verve ni détacher encore des choses. La situation de la France est tragique; la division est partout; l'étranger est presque le maître de Paris; il aspire à le devenir de la France. Ces hommes de lettres, qui aiment leur pays d'un amour très élevé, ne peuvent se distraire de ce spectacle; ils s'entretiennent des choses de la politique, de ses tristesses, de ses périls. Comme ils sont en même temps gens d'esprit, ils saisissent à la volée les ridicules des gens, le grotesque tragique des situations; entre deux propos graves, ils s'en égayent et se vengent de leur tristesse par la raillerie, le sarcasme, l'éloquence. Une *Ménippée* irrégulière, sans ordre, sans plan, toute de hasard et de verve, jaillit spontanément de leurs libres et sincères propos. Un moment vient enfin, où l'un d'eux (lequel? peut-être Pierre Leroy) jettera ce mot : « Écrivons. » Et la *Ménippée* coule comme d'elle-même de ces esprits où elle a bouillonné dans la verve des conversations familières. Le plus profond secret fut gardé sur les conditions de la collaboration; et ce n'est pas un des moindres mérites de cette œuvre que l'absence complète de vanité d'auteur, dont elle est l'exemple. Chacun prend plaisir à s'absorber et à se perdre dans cet anonymat qui va devenir, pour la curiosité publique, un attrait de plus. C'est seulement au cours du xviie siècle que la lumière commença à se faire sur ce mystère; aussi l'attribution des différentes parties n'a-t-elle pas une absolue authenticité. On s'accorde pourtant à faire le partage de la façon suivante : Leroy aurait eu l'idée première et proposé le plan; la harangue du Légat serait de Gillot; celle du cardinal de Pelvé, de Florent Chrestien; Rapin aurait écrit celle de M. de Lyon et du recteur Rose; Pithou, celle de d'Aubray. Les vers seraient de Passerat et de Rapin. Gilles Durant aurait pour sa part la complainte sur « l'âne ligueur ».

La *Satyre Ménippée* courut longtemps sous le manteau avant d'être imprimée; peut-être, dès la conférence de Suresnes (29 avril 1593) et dans cette période où le succès d'un pamphlet politique s'aiguise par le mystère même, sa bienfaisante influence commença à s'exercer. Cependant, sur ce point encore on ne peut rien affirmer; il ne manque pas d'auteurs pour soutenir que la Ménippée se révéla seulement par la première édition qui en fut faite à Tours, après le sacre de Henri IV.

Le succès fut des plus vifs, et en quelques semaines quatre éditions s'épuisèrent. Le fond et la forme de l'œuvre y avaient une égale part : on trouvait là cette satisfaction rare du rire sain qui soulage la conscience et détend l'esprit.

Le plan de la Ménippée. — Plus que nous, mille fois, les contemporains jouissaient de cet étrange « mystère »; ils y retrouvaient comme le cadre de ces spectacles dramatiques à la fois bouffons et moraux qui faisaient leurs délices. On a ingénieusement retrouvé dans la vertu du Catholicon le *cry* qui ouvre la fête dramatique; dans l'abrégé des États et la revue des pièces de tapisserie la *montre* préliminaire. Chacun avait encore la pratique familière de ces farces touffues, et en retrouvait aisément l'appareil dans la Satyre. Toutes les allusions portaient; il n'était point besoin de glose pour provoquer et justifier le rire. Une bonne part de ces avantages est perdue pour nous; il faut de l'érudition pour tout comprendre, une véritable initiation pour ne rien perdre de ces malices jetées à la volée. La *Ménippée* n'est donc plus pour nous ce qu'elle était pour la génération contemporaine; mais la liste de ses pertes est désormais fermée; elle n'a plus rien à craindre du temps; et ce qu'il lui a ravi n'est rien au prix de ce qui lui a été conservé.

Malgré la variété du ton, l'unité d'inspiration éclate dans la *Ménippée*. Les bouffonneries du début n'ont pour objet que de rehausser, par le contraste, le sérieux de l'œuvre maîtresse, la harangue de d'Aubray, et de tuer l'un après l'autre par le ridicule, les représentants de toutes les causes hostiles. On divise parfois la *Ménippée* en trois parties : 1° Le préambule (*Vertu du catholicon, Les pièces de tapisserie, De l'ordre tenu pour les séances*); 2° Les harangues; 3° Une manière d'épilogue (*Épître du sieur d'Engoulevent*, les *Épigrammes*, le *Regret funèbre*). Cette division, toute matérielle et extérieure au sujet, ne rend pas compte de l'importance relative des parties. Mettons à part les scènes du préambule, qui préparent et engagent l'action. Venons aux harangues mêmes. Ici le partage se fait de lui-même : d'une part, les harangues d'exécution, celles de ces victimes de la justice nationale, qui s'immolent elles-mêmes, font leur propre procès, soit en paroles, soit en action; de l'autre, la harangue de d'Aubray, seule, s'offrant comme un tout, formant à elle seule contrepoids à toutes les autres, et par son développement, et par sa gravité, et par l'accent de son inspiration. A chacune des harangues antérieures, on voit un parti paraître et s'effondrer; quand le sieur de Rieux a fini « sa concion militaire », rien ne reste debout, ni les prétentions des Guises, ni le prestige du légat, ni l'autorité des cardinaux, prélats et recteurs, ni les revendications de la noblesse. Sur ce terrain savamment déblayé, le Tiers fait son entrée.

Tout converge vers ce point central de l'œuvre, la harangue de d'Aubray. Quand on a pénétré ce secret de la composition, bien des critiques s'effacent. On a blâmé son excessive longueur; mais, qu'on y songe, cette harangue fait le grand effort de la preuve; elle est, après l'ironie et la farce, le plaidoyer substantiel, lumineux, éloquent. L'historique des intrigues de la maison des Guises, que l'on trouve long aujourd'hui, ne devait pas paraître tel aux contemporains. Pour les uns, les faits étaient connus dans le détail, et c'était un régal de les voir étalés en pleine lumière; pour les autres, il devait y avoir tout le piquant d'une révélation inattendue et le frisson du grand péril auquel on venait d'échapper. S'il paraît y avoir trop pour notre goût d'aujourd'hui, à supprimer ces prétendues longueurs, il n'y aurait plus eu assez pour les besoins du temps et le succès de la campagne entreprise. Ce morceau, qui fait longueur, était la partie maîtresse, le morceau qui doit faire la preuve, la pièce à conviction. Nous ne voyons guère à supprimer que le complaisant épisode du siège de Jérusalem et le tribut de citations payé à l'histoire romaine; c'est la marque du temps.

Et certes, il reste assez encore pour notre admiration. Nous sommes la postérité, qui a beaucoup oublié du détail des faits; pour elle l'allusion tombe le plus souvent inerte, l'ironie a perdu de sa saveur; elle n'a plus de goût que pour les beautés d'ordre universel. Elles abondent dans la harangue de d'Aubray; l'éloquence la plus forte s'y donne carrière : « O Paris, qui n'es plus Paris... » Et toutes les pages qui suivent : « O feste mémorable des barricades, que tes féries et tes octaves sont longues !... » « Ha ! monsieur le légat, vous êtes découvert, le voile est levé !... » et le cri inspiré d'Isaïe, que Fénelon reprendra plus tard : « O que ceux ont les pieds beaux qui portent la paix et annoncent le salut et sauveté du peuple ! »

Le jugement de ce tiers État, au nom duquel parle d'Aubray, est aussi droit que ses passions sont généreuses. Jamais, depuis l'époque de saint Louis, l'accord de la royauté et du peuple n'avait été marqué de caractères aussi nets, aussi profonds, et c'est avec raison que le saint roi est rappelé : « jetton droit et verdoyant du tige de Saint Loys. » Dans ce roi qui personnifie la France, libre à la fois vis-à-vis de l'étranger et du pape, tout est aimable et semble légitime, jusqu'aux faiblesses de la passion que le culte populaire s'ingénie à justifier. Un âge nouveau s'annonce et va commencer ; la *Ménippée*, qui la prépare, est une date dans notre histoire nationale aussi bien que dans notre histoire littéraire. La Ligue est terrassée ; et à l'exemple des vainqueurs des temps antiques, les auteurs de la *Ménippée* ont semé à pleines mains le sel sur ses ruines, pour l'empêcher de renaître.

Dans l'ordre littéraire, les destinées de la *Ménippée* sont désormais fixées. Elle ne perdra plus rien de ses mérites ; le temps, qui a peu mordu sur elle, n'a fait qu'émousser quelques traits, éteindre des allusions ; ce qui reste n'a plus rien à craindre ; on goûtera en France ce merveilleux pamphlet aussi longtemps que vivra le culte des lettres et de la patrie ; sa fortune ne se séparera pas de celle de la langue qu'il a contribué à fixer.

BIBLIOGRAPHIE

I

Textes. — Le texte des différents auteurs de Mémoires étudiés ici se trouve dans les collections suivantes :
Buchon (Paris, 1824-1829), 47 vol. in-8. — **Petitot** (Paris, 1819-1829), 31 vol. in-8. — **Michaud** et **Poujoulat** (1830-1839), 32 vol. in-8. — On trouvera en outre les renseignements biographiques et bibliographiques sur les mémorialistes du XVIᵉ siècle dans : **Franklin**, *Les sources de l'his-*

toire de France, Paris, 1876, table alphabétique. — **Monod**, *Bibliographie de l'histoire de France*, Paris, 1888, 2ᵉ partie, ch. v, p. 238 à 298.

Éditions isolées. — Nous indiquons seulement les plus importantes. — *La très joyeuse, plaisante et récréactive histoire du gentil seigneur de Bayart*, composée par le **Loyal Serviteur**; publiée peut-être avec nom d'auteur (**Jacques de Mailles** gentilhomme), dès 1524 ; — publiée en 1878, pour la Société de l'histoire de France, par J. Roman. — *Commentaire de messire* **Blaise de Monluc**, édité pour la première fois par Florimond de Rémond (Bordeaux, in-fol., 1592). — *Commentaires de* **Blaise de Monluc**, publiés de 1864 à 1867 pour la Société de l'histoire de France par M. Alphonse de Ruble, 3 vol. (Les vol. IV et V renferment les *Lettres* de Monluc.) — **La Noue**, *Discours politiques et militaires*, Bâle, in-8, 1587. — *Œuvres complètes* de **Pierre de Bourdeilles**, seigneur de **Brantôme**, publiées pour la Société de l'histoire de France, par Ludovic Lalanne; 11 vol. (1864-1882); reste le XIIᵉ vol. qui n'a pas paru : biographie et bibliographie. — *Mémoires-Journaux* de **Pierre de L'Estoile**, édités par Brunet, Champollion, etc., 11 vol. in-8 (1875-1883). — *Mémoires et Lettres* de **Marguerite de Valois**, édit. pour la Société de l'hist. de France, par Guessard, 1 vol., 1842. — *Mémoires des sages et royales Œconomies d'Estat*, etc., de **Maximilien de Béthune**; les deux premiers vol. imprimés au château de Sully, en 1638 ; les deux derniers à Paris, en 1662.

Ouvrages critiques. — Caboche, *Les Mémoires et l'histoire en France*, 2 vol. in-8, 1862. — Saint-Marc Girardin, *Tableau de la littérature française au XVIᵉ siècle*, 1 vol. in-12, 1868. — **J. Jolly**, *Hist. du mouvement intellectuel au XVIᵉ siècle et pendant la première moitié du XVIIᵉ s.*, 2 vol., 1860. — **E. Réaume**, *Les prosateurs français du XVIᵉ siècle*, Paris, 1869. — Sainte-Beuve, *Monluc* (*Causeries du lundi*, XI; trois articles). — **A. Normand**, *Monluc* (Collection des Classiques populaires). — **Ch. Marchand**, *Le maréchal Fr. de Scépeaux de Vieilleville et ses Mémoires*; Paris, 1893. — **H. Hauser**, *François de La Noue*, 1892. — **H. Hauser**, *Sur l'authenticité des Discours de La Noue* (*Revue historique*, nov.-déc. 1893). — **L. Pingaud**, *Brantôme historien* (*Revue des questions historiques*, janvier 1876). — Sainte-Beuve, *Marguerite de Valois* (*Causeries du lundi*, VI). — **Perrens**, *Mémoire critique sur l'auteur et la composition des Œconomies royales* (*Séances et travaux de l'Acad. des sciences morales et polit.*, 1871, p. 119 à 156 et 546 à 570). — **Sainte-Beuve**, *Sully* (*Causeries du lundi*, VIII, 3 articles). — **Desclozeaux**, *Observations sur les Œconomies royales* (*Revue historique*, 1893). — **Pfister**, *Les Œconomies royales de Sully* (*Revue historique*, 1ᵉʳ article, mars-avril 1894).

II

Textes. — *Histoire universelle*, de l'an 1550 jusqu'à la fin du XVIᵉ siècle, par **Agrippa d'Aubigné**, 3 vol. in-fol., 1616-1620. — Le même ouvrage, publié pour la Société de l'histoire de France par M. A. de Ruble (1886 à 1893), 7 vol. seulement ont paru. Le septième, publié en 1893, s'arrête à l'année 1588. — *Œuvres complètes* de **Th. A. d'Aubigné**, éditées par MM. Réaume et Caussade, 6 vol., 1873 et suiv. — **Jac. Augusti Thuani** *Historiæ sui temporis libri* CXXXVIII (1ʳᵉ partie, 1546 à 1560, parue en 1604; 2ᵉ p., 1560 à 1572, parue en 1606; 3ᵉ p., 1572 à 1574, parue en 1607; 4ᵉ p., 1574 à 1584, parue en 1608; 5ᵉ p., de 1584 à 1607, publiée après la mort de l'auteur en 1620). Édition de Londres, de 1733, en 7 vol. in-fol. — *Histoire générale des rois de France, contenant les choses mémorables advenues tant au royaume de France qu'aux provinces étrangères* *sous la domination des Français, depuis Pharamond jusqu'à Charles VII inclusivement*, écrite par **Bernard de Gérard**, seigneur du **Haillan** (1576). — *Lettres de l'illustrissime et révérendissime cardinal* **d'Ossat**, évêque de Bayeux, *contenant tout ce qui s'est passé à Rome en sa négociation, comme protecteur de la France durant le règne de Henry le Grand*, in-fol., 1624. — *Négociations* du président **Jeannin**, in-fol., 1656. — *Recueil des lettres missives* de **Henri IV**, éditées par Berger de Xivrey, pour la Collection des documents inédits de l'histoire de France, 11 vol., 1843-76.

Ouvrages critiques. — **Aug. Thierry**, *Dix ans d'études historiques* (Notes sur quatorze historiens antérieurs à Mézeray). — **Sainte-Beuve**, *Causeries du lundi*, X, deux articles sur Agrippa d'Aubigné. — *Ibid.*, XI, deux articles sur Henri IV. — **E. Yung**, *Henri IV écrivain*, 1 vol., 1855.

III

Textes. — **Étienne de la Boétie**, *Discours de la servitude volontaire, ou le Contre un*; imprimé pour la première fois à Middelbourg, en 1576, au IIIe vol. des *Mémoires de l'Estat de France sous Charles neuviesme*. — *Œuvres complètes* d'**Étienne de la Boétie**, éditées par Paul Bonnefon, avec eaux-fortes de Leo Drouyn, Bordeaux et Paris, 1892, in-4. — **Hotoman**, *Franco-Gallia, sive tractatus isagogicus de regimine regum Galliæ et de jure successionis*, 1573. — *La Gaule française*, trad. française par Simon Goulard, Cologne, 1574. — *Vindiciæ contra tyrannos, sive de principis in populum populique in principem legitima potestate*, **Stephano Junio Bruto**, *Celtâ auctore*, 1574, trad. en français (1581) par Fr. Estienne, sous le titre : *De la puissance légitime du prince sur le peuple et du peuple sur le prince*. — *Les six livres de la République* de **Jean Bodin**, Angevin, publiés pour la première fois à Paris, in-fol., 1576; trad. en latin par l'auteur en 1586. — **La Satyre Ménippée**, édition de Tours, probablement de 1594, par Janet Métayer, imprimeur. — Édition de Ratisbonne, 1726, 3 vol. in-12. — *Id.*, de Ch. Read, 1876, de Charles Labitte, 1880. — **Montchrétien**, *Traicté de l'Economie politique*, Rouen, 1615, in-4. — *Traicté de l'Œconomie politique dédié au Roy et à la Reine Mère*, par **Antoine de Montchrétien**, sieur de Vateville. A Rouen, chez Jean Osmond; privilège daté de 1615. — *Traicté de l'Œconomie politique...*, etc., réimprimé (sauf quelques coupures) par M. Funck-Brentano, avec une importante introduction et des notes (Paris, Plon, 1889).

Ouvrages critiques. — **Prévost-Paradol**, *Étude sur les moralistes français* (La Boétie). — **Aug. Thierry**, *Considérations sur l'histoire de France* (art. sur Hotman). — **Sayous**, *Études littéraires sur les écrivains français de la Réformation*, 2e édition, 2 vol., 1881. — **R. Dareste**, Deux articles sur *Hotman* (*Revue historique*, t. II, p. 1 et 367). — **Baudrillart**, *Jean Bodin et son temps*, 1 vol. 1853. — **Paul Janet**, *Hist. de la science politique*, 3e édit., t. II, liv. III, ch. III. — **Lenient**, *La satire en France au XVIe siècle*, liv. III, ch. VIII. — *Procès-verbaux des États généraux de 1593*, publiés par M. A. Bernard, dans la *Collection des Documents inédits*, 1842.

CHAPITRE XI

LES ÉRUDITS ET LES TRADUCTEURS

Amyot, Henri Estienne, Pasquier [1].

I. — L'érudition à la fin du XVIe siècle.

En apparence, les circonstances n'ont jamais été chez nous plus défavorables à l'érudition qu'au xvie siècle ni plus favorables qu'au xviie. Car les Valois aimaient la science, mais les périls continuels de la guerre étrangère d'abord, de la guerre civile plus tard ne laissaient, semble-t-il, ni au gouvernement le loisir de la protéger, ni aux sujets la sécurité indispensable pour l'acquérir; d'ailleurs les esprits graves, même dans la communion qui formait la pluralité, tremblaient non seulement pour leur fortune et leur vie, mais pour leur foi que le caprice de souverains versatiles ou la victoire décisive d'un capitaine pouvait tout à coup les sommer d'abjurer. Au xviie siècle, au contraire, le triomphe complet du pouvoir royal et du catholicisme remplace un reste précaire de liberté par une tranquillité à peine interrompue, et les hommes qui gouvernent la France sont assez sûrs de leur autorité, de leur génie et de l'admiration publique pour avoir tous les jours, comme Louis XIV le disait à Boileau, un quart d'heure à donner aux doctes esprits. Les récompenses ne manquent pas plus sous les Bourbons que sous

---

[1]. Par M. Ch. Dejob, maître de conférences à la Faculté des Lettres de l'Université de Paris.

la dynastie précédente pour les érudits : Huet devient évêque d'Avranches comme Amyot l'avait été d'Auxerre, et Colbert veut que les philologues aient, comme les hommes de lettres, leur académie. L'antiquité reste en honneur; c'est une honte que d'ignorer ses chefs-d'œuvre et c'est folie que de prétendre les surpasser.

Pourtant il est visible que si le xviie siècle respectait la science, il ne s'enthousiasmait plus pour elle. Content d'une instruction solide, il accordait aux érudits une silencieuse estime, qui dut leur paraître bien froide auprès des applaudissements que le monde lettré prodiguait cent ans plus tôt à leurs prédécesseurs. Il leur refusait même quelquefois ce modeste encouragement; car La Bruyère engageait tout lecteur à commenter pour son propre usage ses auteurs favoris et à constater que les hommes de métier avaient plus souvent encombré qu'enrichi les bibliothèques; la tâche des exégètes semblait si irrévocablement terminée que Bossuet, qui a toute sa vie lu, cité et interprété l'Écriture, ne prenait pas la peine d'apprendre l'hébreu; Malebranche poursuivait l'érudition de ses sarcasmes et ne traitait pas avec beaucoup plus d'égards une classe de savants dont les titres semblaient plus indéniables encore, j'entends les historiens; et il faut bien croire que son irrévérence s'accordait secrètement avec la disposition générale, puisque quelques pages de Saint-Evremond et un discours de Bossuet composent seuls tout ce que les penseurs du temps nous ont laissé dans ce genre, dont le domaine est aujourd'hui si étendu et si cultivé; d'ordinaire on abandonnait alors l'histoire aux talents laborieux dont la capacité se bornait à recueillir des faits et à démêler les documents authentiques d'avec les apocryphes. La raison en est qu'au fond ce siècle, malgré son attachement à ce qui avait survécu du passé, se souciait médiocrement du passé en général. Les adversaires mêmes des partisans des modernes n'entendaient demander aux anciens que quelques leçons de goût et de style; ils étaient trop profondément chrétiens, ils se sentaient trop pleins de force et de vie pour leur demander autre chose. Un vers d'Ovide aurait pu leur servir de devise :

Laudamus veteres, sed nostris vivimus annis.

Jamais génération n'a été plus de son temps et de son pays que cette époque à qui on refuse parfois l'originalité. Ils n'étaient ni orgueilleux ni étroits; car ils se comparaient sans cesse à un idéal de perfection et avouaient naïvement leurs défauts; mais ce qu'ils savaient du passé leur paraissait suffire amplement pour assurer le progrès de l'avenir. Cette persuasion gagnait jusqu'aux érudits, puisque l'on peut remarquer que tous ceux d'entre eux qui ont laissé un nom firent porter leurs recherches sur des temps relativement modernes et sur l'histoire de la France. Qu'est-ce en effet par exemple sous Louis XIV que les auteurs de la collection *ad usum Delphini* auprès des Mabillon, des Baluze, des Du Cange? On répète toujours que Boileau ignorait notre littérature du moyen âge : mais on oublie que par contre c'est le moyen âge et non l'antiquité qu'éclairent alors les plus distingués de nos savants. Et qu'on ne voie point là un caprice de paléographes! En réalité ces laborieux ancêtres de notre école des Chartes comprennent le vœu de leur temps, qui, sans se l'avouer, regardait de haut la civilisation antique.

Au contraire, le siècle précédent mettait en première ligne l'étude de cette civilisation, ou plutôt la restitution des chefs-d'œuvre qui l'avaient illustrée; car bien que, évidemment plus curieux que son successeur, il ait fondé l'épigraphie, c'était déjà moins à la pensée antique qu'à l'art antique qu'il s'intéressait; il voulait simplement apprendre à écrire et se chargeait de penser pour lui-même; ceux-là furent bien peu nombreux que la lecture des sceptiques anciens gagna au déisme ou à l'indifférence; c'est la foi religieuse bien plus que les souvenirs de l'antiquité qui inspirait les factums républicains ou régicides, puisqu'ils partaient des rangs huguenots ou des rangs catholiques, suivant que le pouvoir d'opprimer les consciences semblait devoir rester aux catholiques ou passer aux huguenots. Toutefois ces textes latins et grecs, où dès lors on cherchait seulement des leçons de composition et de style, il fallait les retrouver, les déchiffrer, les traduire; il fallait réunir le fonds de connaissances indispensables pour en faciliter la lecture. De plus, l'ambition du génie moderne ayant grandi plus vite que ses forces, il sentait vivement la supériorité des auteurs ressuscités la veille et le besoin de les copier longtemps pour apprendre à composer d'original. Cent ans après, tous ces auteurs *lui souriront encore d'une fraîche nouveauté*; mais, devenu plus mûr, il les comprendra d'âme à âme, sans l'aide d'interprètes de profession; d'ailleurs la vie, l'usage du monde lui fourniront autant de lumières que les livres, et l'on entendra Molière déclarer qu'il n'a plus besoin d'éplucher Ménandre, Térence et Plaute. Enfin le long jeûne de science imposé par le moyen âge avait donné aux hommes de la Renaissance un appétit de savoir qui ressemble à la voracité des héros de Rabelais; ils se jetèrent donc dans une débauche de curiosité; puis la lassitude ramena la sobriété. Sans doute on ne revint pas à l'excessive frugalité de la scolastique, mais on se contenta presque de l'étude, au reste substantielle entre toutes, des passions et des devoirs de l'homme; de même qu'il y eut un intervalle entre la découverte de l'Amérique et celle de l'extrême Océanie, de même les érudits, naguères si heureux explorateurs de l'antiquité, n'entreprirent plus hardiment les voyages au long cours. L'humeur aventureuse fit place à l'humeur casanière; le métier de commentateur, qui était une profession de cape et d'épée au temps où l'humaniste courait de ville en ville, de controverse en controverse, devint une carrière paisible; on s'y disputa encore à certains jours, mais le public, au lieu de s'intéresser à ces querelles, s'en moqua; ce même public qui se passionne pour et contre Port-Royal trouve surprenant et ridicule de voir des annotateurs croiser le fer par métaphore. Le caractère de la profession avait changé; on n'y jouissait plus devant l'opinion des mêmes privilèges, parce qu'on n'y apportait plus, on n'y inspirait plus les mêmes espérances.

Mais déjà sur la fin du xvie siècle on pouvait apercevoir que la science pure ne captivait plus autant les esprits ou ne les exaltait plus autant qu'au début de la Renaissance. Après Rabelais qui prescrivait aux jeunes gens de ne rien ignorer, Montaigne arriva qui leur défendit de tout savoir. On pourrait s'imaginer que cette divergence tient uniquement à la différence de leur génie : quelques remarques vont prouver le contraire.

Observons d'abord que, des trois érudits qui vont nous occuper, un seul a été professeur public, et encore à ses débuts, puisque Amyot, après avoir quitté l'Université de Bourges, n'a plus eu pour élèves que deux fils de roi. A partir de ce moment le titre de professeur perd pour longtemps la séduction qu'il avait exercée pendant le moyen âge et la Renaissance; les maîtres donneront silencieusement, obscurément, leurs leçons dans les collèges et les universités; comme c'est dans les conversations d'un monde à la fois élégant et sérieux que l'on acquerra la véritable éducation, la célébrité va passer des professeurs aux causeurs. Ensuite, dans la première partie de la Renaissance, la science produisait tour à tour sur la plupart de ses adeptes deux effets contradictoires; car elle les emplissait à certains jours d'une confiance provocante, les jetait dans les disputes politiques ou religieuses où elle leur promettait la victoire, et, à d'autres moments, les ramenait à elle et leur faisait oublier tous les soucis de l'heure présente, les enfermait dans le commentaire de leurs vieux manuscrits; au fond, elle régnait toujours sur leur esprit; et quelque objet qu'elle désignât à leur activité, elle leur persuadait qu'elle avait la clef de tous les mystères, et que, pareille à la sagesse des stoïciens, elle mettait le monde aux pieds de ses disciples. Maintenant, au contraire, les érudits vont se diviser en trois classes : les uns abjurent déjà la prétention de trancher les querelles qui divisent le monde; les autres, encore mêlés à ces querelles sanglantes, n'ont plus pour la science le respect qui interdit de changer une dissertation en un pamphlet; d'autres enfin, sans l'asservir à leur malice, l'enchaînent à l'obligation d'enseigner le patriotisme et le bon sens.

II. — Jacques Amyot (1513-1593).

Amyot, son caractère. — La première de ces trois classes trouve son représentant naturel dans Amyot [1]. Le traducteur de Plutarque est par son caractère un savant à la

---

[1]. Jacques Amyot, né à Melun en 1513, se fit domestique d'écoliers riches pour pouvoir étudier, fut précepteur, professeur à l'université de Bourges : traduisit successivement du grec *Théagène et Chariclée* d'Héliodore (1547, et d'après un meilleur texte, 1559), sept livres de Diodore de Sicile (1554), *Daphnis et Chloé* de Longus (anonyme, 1559), les *Vies des hommes illustres* de Plutarque (1559) et les *Œuvres morales* du même (1572), figura un instant au concile de Trente,

mode du xviie siècle. Par sa modestie, son amour de la paix, ses mœurs pures, il ressemble à Daniel Huet, à André Dacier. A la vérité, sa vie est semée de plus d'incidents, sa biographie est plus chargée d'épisodes romanesques, parce que le temps le voulait ainsi. Un écolier à qui sa mère envoie un pain chaque semaine de Melun à Paris par les bateliers de la Seine et qui n'a pour éclairer ses veilles que la lueur de quelques charbons, un érudit qu'on charge de soutenir non sans péril dans un concile les droits de la France, un évêque que ses diocésains et son chapitre obligent à présenter son apologie lors du meurtre des Guises, à solliciter des autorités ecclésiastiques son absolution, voilà des circonstances qu'on ne rencontre guère sous Louis XIV dans la vie d'un lettré ou d'un prélat. Mais remarquons le soin avec lequel Amyot se dérobe à la fortune qui veut le mettre en évidence. Sa mission diplomatique avait en somme tourné à son honneur, puisqu'il réussit à faire écouter la lecture d'une lettre royale dont la seule suscription avait blessé l'assemblée et failli faire jeter le porteur en prison; c'était là un titre à une nouvelle mission; or, loin de prendre goût au métier d'ambassadeur, il ne voulait même pas qu'on louât la manière dont il avait conduit son unique ambassade : « Je filais le plus doux que je pouvais, dit-il en la racontant, me sentant si mal, et assez pour me faire mettre en prison si j'eusse un peu trop avant parlé. » Tout son mérite aurait consisté, d'après lui, à lire la lettre royale qu'il ouvrait pour la première fois avec autant d'action oratoire que s'il avait eu deux mois pour préparer son débit : « Je croy qu'il n'y eust personne en toute la compagnie qui en perdist un seul mot s'il n'estoit sourd, de sorte que si ma commission ne gisoit qu'à présenter les lettres du roy, je pense y avoir amplement satisfait. » Une autre tentation vient le solliciter : précepteur de deux princes, il voit successivement ses élèves monter sur le trône sous les noms de Charles IX et de Henri III; mais, s'il se laisse faire grand aumônier de France, abbé des Roches, de Saint-Corneil de Compiègne, évêque d'Auxerre, il n'essaie jamais d'employer au

---

fut précepteur des futurs Charles IX et Henri III, devint grand aumônier de la couronne, commandeur du Saint-Esprit, évêque d'Auxerre, poste dans lequel il éprouva sur la fin de sa vie de grandes tribulations. Mourut en 1593.

PORTRAIT DE JACQUES AMYOT
GRAVURE DE LÉONARD GAULTIER
Bibl. Nat., Cabinet des Estampes, Ed. 12

profit de son influence l'inaltérable affection de ses élèves couronnés. Moins fortement trempé que L'Hôpital, il aurait du moins pu prétendre à une sorte de ministère de la littérature, qu'il eût géré à l'approbation universelle : il ne voulut pas : non qu'il méritât le qualificatif que déclinait Horace :

> Dissimulator opis propriæ, sibi commodus uni,

car il fit nommer Lambin et Martin Akakia professeurs au Collège de France et procura à Frédéric Morel, le jeune fils de l'imprimeur du roi, la survivance du titre paternel; mais, à la différence de Budé, de Lascaris, il pensait sans doute comme Pascal que, même dans ce qui ne touche pas à la politique, il faut laisser aux princes l'initiative des règlements généraux et se borner à faire aux individus le bien que l'on peut [1].

Par où Amyot se rapproche des hommes du siècle suivant. — Il se rapproche encore de l'âge suivant par la nature de ses travaux. Certes, cent ans plus tard, un homme de son talent n'aurait point passé sa vie dans le métier de traducteur, même avec la certitude de l'illustrer; Molière, Boileau, Racine, La Bruyère, Fénelon s'y adonnaient à leurs moments perdus, comme pour obtenir des anciens par un solennel hommage la permission de rivaliser avec eux, puis ils se hâtaient de revenir à leurs compositions originales. Mais Amyot leur ressemble en ce qu'il aime mieux faire œuvre d'art qu'œuvre de science. Plus versé qu'eux dans la langue grecque, plus soucieux surtout de remonter jusqu'au texte authentique, il fouillait les bibliothèques italiennes avec un zèle que récompensa la découverte de plusieurs livres de Diodore de Sicile et d'un nouveau manuscrit d'Héliodore; toutefois, entre toutes les manières dont on pratiquait alors l'étude de l'antiquité, il a choisi la plus littéraire, l'exercice de la traduction. En effet, la critique appliquée telle que nous l'entendons aujourd'hui n'existait pas; un esprit délicat pouvait écrire une page pénétrante sur un auteur ancien, mais, cette page écrite, il n'avait plus rien à dire parce qu'on n'avait pas encore aperçu les relations multiples de la littérature avec la philosophie et l'histoire; quant à la critique théorique telle

---

[1]. Voir dans la Vie de Pascal par sa sœur comment il reprenait les siens quand ils se permettaient de chercher les moyens généraux de soulager la misère.

que les anciens l'avaient pratiquée, on ne se sentait pas encore capable de refaire le *De oratore* ou le *Gorgias* : tout au plus essayait-on de paraphraser Horace ou Aristote. Aussi les admirateurs de l'antiquité se bornaient-ils le plus souvent à éditer, à commenter ses auteurs, à disserter sur ses deux idiomes classiques, ou sur ses usages. Amyot se rangea du côté des traducteurs, et parmi eux il choisit pour véritables confrères ceux qui traduisaient dans leur langue maternelle. Or traduire, surtout dans sa propre langue, ce n'est pas seulement savoir, comprendre, expliquer, c'est écrire. Le xviie siècle en était si convaincu qu'il tenait une bonne traduction pour un titre suffisant aux plus hautes distinctions littéraires. Si donc Amyot n'a presque jamais écrit d'original, il a du moins passé sa vie dans un travail qui met en jeu toutes les qualités de la plume.

Le fait est d'autant plus remarquable qu'il semblait né pour la carrière d'érudit. Son énergique amour du travail, la fonction de professeur qu'il avait remplie durant douze années à Bourges, donnant deux leçons par jour, l'une de latin, l'autre de grec, paraissaient l'y destiner. Aussi est-il autrement savant que quelques traducteurs fort connus de son temps ; il ne traduit pas les auteurs grecs comme Claude de Seyssel [1], comme Pierre Saliat, sur des versions latines, mais sur le texte grec ; il passe les Alpes pour chercher des manuscrits inédits et sait en découvrir ; jusqu'à sa mort, il recueille des leçons nouvelles pour améliorer ses traductions. Mais la traduction reste pour lui le but suprême ; l'idée ne lui viendra pas de mettre en œuvre les matériaux que lui fournit Plutarque, soit pour écrire l'histoire de l'antiquité, soit pour exposer les principes de la morale païenne. Il ne tient même pas à nous donner de Plutarque un portrait absolument fidèle : des deux hommes qu'il y avait

---

[1]. Seyssel, né à Aix en Savoie, vers 1450, mort à Turin en 1520, chargé par Louis XII des fonctions d'ambassadeur et de conseiller d'État, fut aussi évêque de Marseille, archevêque de Turin. Il a publié des ouvrages d'histoire et de polémique religieuse. Ses traductions ne parurent qu'après sa mort : *Thucydide* en 1527, la *Cyropédie* en 1529, quelques livres de *Diodore* en 1530, *Appien* en 1546, *Eusèbe et ses continuateurs* en 1553-4, *Justin*. On voit par ses préfaces qu'il avait commencé par *Justin* et fini par *Thucydide*. Il traduisait sur des versions latines ; Jean Lascaris avait mis pour lui en latin les trois livres de *Diodore* qu'il a donnés en français et l'aida aussi pour *Appien*. — Pour *Saliat*, sur lequel nous reviendrons, voir la préface mise en tête de l'édition de 1865 de sa traduction d'*Hérodote*.

dans l'écrivain de Chéronée, le sophiste et le sage à la fois ferme, fin et naïf, il a merveilleusement ressuscité le deuxième, mais il a fait disparaître le premier. Il est vrai que le sens critique était alors peu développé et que les érudits auraient été fort embarrassés à définir, surtout à reproduire les caractères du style de leurs auteurs; Étienne Dolet, dans sa *Manière de bien traduire d'une langue dans l'autre* (1540), ne leur en faisait pas une obligation; bien entendre la langue de l'auteur et la sienne propre, ne pas s'asservir aux mots, aux constructions du texte, s'interdire les termes qui ne sont pas d'un usage courant, soigner l'harmonie, à cela se bornaient pour lui les devoirs d'un bon interprète. Mais sur la nécessité de bien saisir la pensée du texte il n'y avait pas plus de doute alors qu'aujourd'hui. Or, sur ce point, Amyot, quoique fort supérieur à ses devanciers, n'a pas fait absolument tout ce qu'il aurait pu; il a manqué le sens en bien des endroits où un contemporain de Turnèbe et de Henri Estienne aurait dû le trouver. Sans en croire les détracteurs qui prétendaient compter ses contresens par milliers, il faut bien reconnaître que les hellénistes du temps n'avaient pas tort d'avertir Montaigne qu'en un assez grand nombre d'endroits Plutarque ne parlait pas comme on le faisait parler.

Une preuve plus décisive encore qu'Amyot ne tenait pas à la gloire de l'érudit est dans l'usage qu'il fit de sa découverte de plusieurs livres de Diodore : il les traduisit, mais ne les publia pas. Voilà certes une conduite caractéristique chez un savant du xvie siècle! Avoir la curiosité, la patience, le flair sans lesquels on n'a guère la main heureuse, apprécier l'importance du document qu'on a la bonne chance de lire le premier et ne pas en mettre immédiatement le texte sous les yeux des savants! Cette détermination d'Amyot frappe d'autant plus qu'il n'est pas de ces érudits qu'on accuse à tort ou à raison de renverser un encrier sur les fragments qu'ils découvrent pour être sûrs qu'on ne les chicanera pas sur la manière de les lire. Il n'a pas l'orgueil de croire que sa traduction dispense à tout jamais de recourir à l'original; mais la besogne d'érudit ne lui sourit pas.

Ajoutons qu'il ressemble aux contemporains de Louis XIV par sa longue fidélité à un écrivain de choix. Car, s'il est vrai qu'un janséniste même lisait beaucoup d'autres auteurs que saint Augustin, chacun au xvii° siècle revenait avec prédilection à quelques livres qui l'avaient particulièrement touché. Or, tandis que Seyssel, le protégé de Louis XII, partageait ses services entre Thucydide, Xénophon, Diodore, Justin, Appien, et que les autres traducteurs de son temps n'étaient pas moins volages, Amyot s'est donné presque tout entier à Plutarque, puisque sa traduction des *Vies*, commencée sous François Ier, n'a paru qu'en 1559, celle des *Œuvres morales* seulement en 1572, et puisque en 1595 on introduisait encore dans une réimpression des retouches apportées par lui à son travail. Sa traduction de deux romans grecs n'avait été qu'un prélude; celle d'une partie de Diodore lui fut, pour ainsi dire, imposée par la bonne fortune qu'il eut d'en retrouver des fragments ignorés; quant à ses autres traductions, il ne les publia pas : c'étaient peut-être à ses yeux des infidélités dont Plutarque lui demanderait compte un jour et qu'il ne voulait pas ébruiter.

Sa préférence pour Plutarque est également significative. Voltaire, qui a rétréci les principes littéraires de ses devanciers, prétendait que quatre siècles comptaient seuls dans l'histoire et que le reste ne valait la peine d'être raconté qu'à cause des innombrables exemples de sottise qu'il fournissait à la raison enfin déniaisée. Sans aller jusqu'à ce dédain, le siècle de Louis XIV réduisait volontiers la vie du genre humain à celle des grands hommes. La lente transformation des empires, le pénible progrès de la civilisation, le vaste et complexe tableau des forces qui composent un peuple l'intéressaient peu; trop grave pour supprimer dans les annales du monde les parties arides, il les apprenait une fois pour toutes avec plus de conscience que de curiosité [1], mais il se complaisait aux grands noms, aux grands caractères, aux événements à jamais fameux, De là son goût pour la tragédie qui fut alors la forme vraiment nationale et populaire de l'histoire. Il est vrai que, comme il est impossible de présenter toujours au public les mêmes héros, nos tragiques allèrent plus d'une fois chercher leurs personnages dans des époques et des nations mal connues, mais c'était pour

---

1. En effet, lorsque nous disions plus haut que l'opinion publique au xvii° siècle aimait mieux voir les érudits porter leurs efforts sur l'histoire de la vieille France que sur celle de l'antiquité, cela ne signifiait pas qu'elle prît un vif plaisir à les suivre dans ces périodes à demi barbares.

faire d'eux les symboles de quelque grande idée essentielle à l'intelligence des faits capitaux : par exemple, Corneille agrandissait, épurait l'âme de Nicomède pour incarner dans cet obscur petit prince de Bithynie la résistance des nations à la tactique envahissante de Rome. Plutarque, qui, dans le passé, ne cherchait que les âmes singulières, traitait donc l'histoire à la façon dont le xvii° siècle, trop sensé d'ailleurs pour ériger sa préférence en théorie, la goûtait davantage. Dans la génération d'Amyot, les libres esprits commençaient à penser ainsi, puisque, comme on l'a remarqué, c'est dans ses traductions que Montaigne est allé chercher la moitié de sa science. Aussi bien, il faut avouer que le xvii° siècle, en ramenant l'histoire aux proportions de la psychologie individuelle, suivait la pente du goût national. La vieille prédilection de nos pères pour les Mémoires le prouve. Or les biographies de Plutarque sont comme des Mémoires composés sur les héros de l'antiquité par un invisible témoin de leur vie.

Par où Amyot appartient à son temps. — Ces biographies venaient, au reste, à l'heure convenable. En effet, rédigées par un esprit dont la culture avait développé la pénétration naturelle, elles allaient aider le siècle à progresser dans l'observation intérieure, qui devait offrir bientôt un dédommagement aux âmes désabusées des vastes projets. Rabelais n'aurait pas eu la patience d'analyser un caractère : Ronsard ne s'en était pas soucié davantage. L'art d'étudier les hommes s'était assurément perfectionné depuis Joinville, mais d'une façon toute pratique. Nos rois l'avaient employé pour sortir de leurs embarras. Mais l'art n'avait pas encore profité de ce progrès. Nul auteur de Mémoires n'avait encore à cet égard dépassé le bon sénéchal de Champagne. Il est curieux de voir qu'Agrippa d'Aubigné, avec toute sa finesse, Monluc, si habile à manier soldats et capitaines, ne se donnent jamais dans leurs écrits le plaisir des portraits dessinés à loisir, auquel le siècle suivant trouvera tant d'attrait. Si Amyot n'avait pas traduit Plutarque, Montaigne même eût peut-être observé avec moins de sagacité.

L'œuvre d'Amyot venait encore à son heure, parce qu'elle flattait le siècle dans son amour pour la gloire, d'un côté en lui offrant de nombreux modèles d'héroïsme, d'un autre en attestant que l'immortalité est acquise à l'héroïsme. Le souci de l'opinion présente, le désir de vivre dans la postérité avaient été excités par les événements merveilleux qui depuis le milieu du xvᵉ siècle avaient frappé les imaginations. On l'avait vu par la crainte qu'avait réussi à inspirer un personnage médiocre mais assez hardi pour prétendre ouvertement disposer de la réputation des princes : ducs, rois, empereurs, avaient courtisé l'Arétin comme s'il avait eu l'esprit de l'Arioste, d'Érasme ou de Muret. Des soldats qu'on aurait crus absorbés dans des campagnes d'une stratégie assez élémentaire, Monluc, Aubigné, caressaient perpétuellement l'espérance d'une éternelle renommée. Plutarque, par la bouche d'Amyot, promettait que leur espérance ne serait pas trompée.

Ces observations ne s'appliquent guères moins aux *Œuvres morales* qu'aux *Vies* de Plutarque, puisque Plutarque mêle sans cesse dans ses livres les réflexions et les anecdotes. Même sans l'assaisonnement des exemples historiques, ses conseils tantôt mâles, tantôt affectueux, auraient trouvé un bon accueil; car, ainsi qu'on l'a fait remarquer, nos aïeux ne se lassaient pas des recueils d'apophtegmes en vers et en prose. Si les païens avaient assez aimé ce genre d'ouvrages pour leur pardonner un défaut qu'ils ne toléraient guère, le manque de composition, comment des chrétiens ne les eussent-ils pas aimés? A plus forte raison, comment n'auraient-ils pas dévoré des traités de morale tour à tour éloquents et familiers, à une époque où tout le monde parlait de réforme, où le protestantisme était né, non pas seulement de la prétention d'épurer la foi, mais de celle d'épurer les mœurs, où les catholiques avaient fini par s'apercevoir que leur Église n'avait chance de sauver ses dogmes qu'en sacrifiant ses abus?

Amyot se rattache donc à son époque autrement encore que par son érudition. Il est également probable que, s'il eût vécu cent ans plus tard, un homme aussi réglé dans ses mœurs n'eût pas traduit, même pour un début de jeunesse, *Daphnis et Chloé*; il n'aurait pas cru que l'adoucissement de quelques traits particulièrement vifs lui donnât le droit de publier une œuvre où une fausse ingénuité ne déguise pas la licence. Son admiration même pour Plutarque eût été plus tempérée; car les contemporains de Racine et de Boileau, qui jugeaient aussi sévèrement la morale de l'antiquité qu'ils admiraient passionnément son esthétique, fort différente pourtant, si l'on y regarde bien, de la leur, n'eussent pas proposé sans réserve les héros et les principes du sage de Chéronée à l'imitation du monde. Sans doute un Bossuet, un Fénelon rendaient justice dans des élans de sympathie passagère à l'énergique amour de la liberté qui avait animé Rome et Athènes, et il ne serait pas difficile de prouver que les évêques qui ont écrit le *Discours sur l'histoire universelle* et la *Lettre sur les occupations de l'Académie* se fussent moins effrayés des cris du Forum que le parlementaire qui a écrit l'*Esprit des lois*. Cependant la dureté, la grossièreté, la turbulence des mœurs antiques éloignaient le xvii° siècle d'accueillir avec une complète faveur les modèles proposés par Plutarque. La philosophie même de Plutarque, toute charmante, toute séduisante qu'elle est, ne lui eût pas imposé. On sait en effet avec quel soin jaloux il s'appliquait à établir l'infériorité, l'inanité de la morale païenne. Ce n'est pas seulement Bossuet qui, après saint Augustin, déclarait Socrate et Marc Aurèle privés, comme Scipion et Alexandre, de la connaissance de Dieu et exclus de son royaume éternel ; c'était l'admirateur le plus ingénu de l'antiquité, Rollin, qui, dans son *Traité des études*, exigeait qu'on humiliât perpétuellement la sagesse païenne devant la vertu chrétienne. Le siècle précédent, quoique profondément chrétien, n'osait pas, en général, juger dédaigneusement la civilisation antique, d'abord parce qu'il ne se sentait assez fier de lui ni dans l'ordre littéraire, ni dans l'ordre politique, ensuite parce que son imagination prévalait quelquefois sur son bon sens, enfin, parce que, à la suite de la révolte de l'esprit et de la chair, qui avait éclaté contre l'Église, il courait dans tout le monde chrétien un souffle d'émancipation qui rapprochait par instants les âmes de l'état antérieur à celui du règne de la grâce.

Assurément Amyot, âme pure et conscience délicate, était pénétré des obligations que lui imposait son titre d'évêque ; il avait fait venir de Paris un docteur de Sorbonne pour approfondir avec lui la théologie ; il lisait assidûment les Pères et finit, dit-on, par savoir presque par cœur la Somme de saint Thomas ;

il affirme qu'il détermina le chapelain de Henri III à refuser l'absolution à son maître après l'assassinat des princes lorrains; après la mort de Henri III, il entra, moitié de gré, moitié de force, dans la Ligue, et déclarait les Politiques plus coupables encore que les huguenots dans l'appui qu'ils prêtaient à Henr de Navarre. Comme tous les traducteurs de son temps, il se souvenait de temps à autre que la morale des plus sages païens demeurait bien inférieure à celle du Christ; mais, comme eux, il ne s'arrêtait pas sur cette pensée. On a pu signaler de curieux rapports entre les préambules qu'il a placés en tête des deux recueils de Plutarque et la préface du *Discours sur l'histoire universelle*; mais c'est seulement dans l'affirmation que l'histoire est encore plus utile aux princes qu'aux particuliers et que la Providence conduit les destinées des empires, qu'il se rencontre avec Bossuet. L'antiquité lui impose, et il n'ose pas trop songer à la supériorité que le christianisme lui donne sur elle.

III. — *Henri Estienne (1528-1598).*

Henri Estienne, sa profession, son caractère. — Il n'en est pas moins évident que le paisible Amyot tranche plus sur son siècle que l'impétueux Henri Estienne [1].

A elle seule, la fidélité de Henri Estienne à son état est bien du temps. En effet ce que nous disions plus haut du professorat s'applique également au métier d'imprimeur, qui, lui aussi, du moins en France, pour un motif analogue et pour une égale durée de temps, va entrer dans une période d'obscurité; les

---

1. Henri Estienne naquit du célèbre imprimeur Robert Estienne en 1528. Elève de Danès, Tusan, Adr. Turnèbe, il accrut par trois ans de séjour en Italie sa précoce érudition, rejoignit en 1551 à Genève sa famille, qui s'y était réfugiée pour professer librement le protestantisme; ne cessa pas d'ailleurs de voyager beaucoup et de revenir en France avec prédilection. Cent soixante-dix ouvrages en diverses langues d'auteurs profanes ou religieux sont sortis de ses presses. Son *Thesaurus linguæ Græcæ*, que la maison Didot a réédité de nos jours, parut en 1572. Outre de savants travaux relatifs à l'antiquité, il a publié : *Traité de la conformité du langage françois avec le grec* (1565), *Apologie pour Hérodote* (1566), *Dialogues du nouveau français italianisé* (1578), *Précellence du langage français* (1579). On lui a aussi attribué un *Discours merveilleux de la vie, actions et déportements de Catherine de Médicis* (1574). Il mourut, plutôt ruiné qu'enrichi par ses travaux, en 1598.

Estienne attendront deux cents ans que les Didot leur succèdent, et l'avènement des Didot coïncidera avec l'ouverture des brillants cours du Lycée où La Harpe restituera à l'enseignement le don de s'imposer à l'attention publique. Dans l'intervalle, c'est la profession de libraire, fort peu en vue au xvi° siècle, qui fera seule parler d'elle : Barbin, Michallet occupent dans l'histoire littéraire une place fort modeste assurément, mais plus grande toutefois que celle qu'y tiennent les typographes de leur temps. La raison en est qu'à l'époque de Henri Estienne l'imprimerie était encore dans tout l'éclat de sa nouveauté : on se faisait gloire d'exercer une profession qui venait d'assurer du jour au lendemain la conservation et la diffusion des lumières; l'imprimeur était, dans l'opinion générale, un savant, un artiste, le libraire un simple marchand de qui ni le typographe ni l'auteur ne se souciaient beaucoup, attendu que ni l'un ni l'autre ne songeaient à vivre des ouvrages sortis de leurs plumes ou de leurs presses. Il y avait bien sans doute alors parmi les imprimeurs des ignorants qui achetaient et vantaient des gloses sans valeur, des avares qui s'autorisaient de leur incompétence pour ne pas se procurer des manuscrits dont l'emploi eût amélioré leurs éditions sans élever à leur profit le prix du volume; Henri Estienne nous le rappellerait au besoin; car il est fort jaloux de l'honneur de sa corporation; mais le public ne s'arrêtait pas au nom de ces spéculateurs : pour lui, la profession d'imprimeur se personnifiait dans les Alde, dans les Estienne et n'inspirait qu'une reconnaissante admiration. Il faut dire que la faveur des rois, éblouis comme tout le monde par la découverte de Gutenberg, aidait parfois au désintéressement des imprimeurs et que les auteurs, étant pour la plupart pourvus d'une chaire ou d'un bénéfice, n'attendaient pas après le débit de leurs livres. Au xvii° siècle, l'imprimeur, un peu blasé sur la merveille d'une invention qui remonte à près de cent cinquante ans, ne se contente plus des alternatives d'aisance et de gêne dont les Alde et les Estienne s'étaient accommodés; il entend que son état le nourrisse; il faut donc que, dans le cas toujours fréquent où l'auteur ne peut faire les frais de l'impression, un libraire confiant avance la somme. Le libraire devient ainsi le banquier de la littérature; il la traite suivant son caractère, en Mécène ou en usurier; elle le ruine ou elle l'enrichit; mais, aussi longtemps qu'il tient boutique ouverte, il prononce sur les manuscrits qu'on lui offre timidement un arrêt aussi redouté que celui que la critique prononce sur les volumes. A la vérité, au XVIᵉ siècle comme plus tard, un imprimeur ne se croyait pas tenu d'imprimer tout ce qu'on lui présentait; mais, comme alors les ouvrages appartenaient plutôt à l'érudition qu'à la littérature pure, des débutants, élèves, collaborateurs ou correspondants de fameux érudits, ou protes attachés à quelque imprimerie célèbre, trouvaient sans peine un garant de leur mérite. Mais, quand la production littéraire se composa surtout de romans, de poèmes en langue vulgaire, c'est-à-dire d'œuvres qui, si peu originales qu'on les suppose, sont plutôt nées sous l'influence d'un maître que sous ses auspices, le débutant se présenta seul devant le libraire, qui jugea sans appel de son talent.

L'éducation, la précocité de Henri Estienne sont également de son siècle. Nous ne décrirons pas après cent autres l'intérieur de cette famille où la science, comme la profession d'imprimeur, était héréditaire, où tout le monde, jusqu'aux femmes et aux ouvriers, parlait latin; nous ne dépeindrons pas les doctes amusements qui inspirèrent au jeune Henri la passion du grec; nous ne répéterons pas qu'à l'âge de quatorze ans il aidait son père dans ses travaux, qu'un an après il partait pour visiter les coins inconnus des bibliothèques d'Italie. On nous permettra même de renvoyer aux bibliographies pour l'énumération des travaux qui l'ont mis au rang des humanistes les plus infatigables et les plus pénétrants. Nous nous bornerons à un seul mot sur son œuvre capitale, son *Thesaurus linguæ græcæ*, et ce mot nous l'emprunterons à Passow : « Parmi les diverses qualités d'Estienne, on sent surtout cette marche ferme, ces belles proportions qu'il sait si bien observer partout entre le trop et le trop peu. » Les Didot ont fait le plus bel éloge de cet admirable monument, quand ils ont reconnu qu'après trois siècles d'études ultérieures ce qu'on avait de mieux à faire c'était de revenir au *Thesaurus* d'Estienne, sauf à le compléter; il est vrai qu'ils ont modifié le plan par la substitution de l'ordre alphabétique à l'ordre méthodique; mais en leur donnant raison, les savants reconnaissent que le plan primitif, moins commode pour le lecteur, était plus hardi et plus propre à faire sentir l'incomparable richesse de la langue grecque. Aussi bien, si l'on voulait mesurer le mérite de l'ouvrage, il faudrait commencer par faire voir la déplorable faiblesse des livres analogues que le public avait eus jusque-là entre les mains, de ces compilations où le lexicographe enregistrait naïvement des barbarismes formés par la juxtaposition de deux mots trop rapprochés dans de mauvaises éditions; il faudrait citer les accumulations indigestes de tous les sens qu'un vocable avait ou était censé avoir; il faudrait d'autre part comparer le *Thesaurus* grec de Henri Estienne avec le *Thesaurus* latin de son père. Laissons donc de côté sa science et arrivons à sa personne.

Le premier trait de caractère qu'on attribue à un érudit est la suite dans la volonté, puisque son œuvre est avant tout le fruit d'une longue patience. Il a donc fallu que le siècle commençât à prendre des libertés à l'égard de la science pour qu'un homme aussi passionné pour elle que Henri Estienne ait porté dans ses études, je ne dis pas autant de variété, mais autant de mobilité. Certes, s'il avait passé sa vie à former des projets, il n'aurait rien laissé de durable; le *Thesaurus* à lui seul coûta d'énormes recherches, et non seulement il y travailla longtemps avant de le publier, mais il y a travaillé jusqu'à sa mort, puisqu'on a eu la bonne fortune de retrouver de nos jours les additions dont il voulait l'enrichir. Mais, sans insister sur ce fait que son œuvre principale est un dictionnaire, c'est-à-dire une œuvre qui suppose bien un plan, mais non une application suivie, on remarquera qu'une bonne partie de ses ouvrages se compose d'esquisses auxquelles les digressions seules donnent les proportions de volumes. La plupart des livres qu'il a publiés en français furent, de son aveu, de vastes ébauches sur lesquelles il se proposait de revenir et sur lesquelles il ne revint pas. La mobilité qui les lui fit oublier explique aussi en partie ses digressions; car il n'était pas de ces savants dont l'esprit confus autant que vigoureux s'écarte fréquemment de son objet parce qu'il cesse de le voir; son intelligence est fort nette, mais fort capricieuse. Qu'il ait à plusieurs reprises ressenti un désir de déplacement, cela lui est commun avec beaucoup d'érudits de son temps; encore ces érudits sont-ils d'ordinaire des célibataires sans attaches de cœur et de devoir dans aucun lieu, tandis qu'Estienne marié trois fois, père de quatorze enfants, très affectionné aux siens, semblait fait pour une vie plus sédentaire; mais son esprit aimait autant le changement que son corps.

Un grain de vanité entretient cette mobilité d'esprit. Estienne en effet n'est pas naïvement et grossièrement orgueilleux comme quelques érudits de son temps, mais il éprouve le besoin d'occuper le plus souvent possible le public de lui; pour bien des raisons dont les unes l'honorent et dont les autres honorent son siècle, il ne s'avise pas pour y réussir de tous les moyens qu'inventera Voltaire : son artifice fort simple consiste dans la multiplicité de ses productions et dans la confidence qu'il nous fait du peu de temps qu'il y a mis; c'est ainsi qu'il nous dira tantôt que quinze jours, tantôt que trois mois ont suffi pour écrire la *Précellence de la langue française*, qu'il a rédigé la *Conformité du français avec le grec* à mesure qu'on l'imprimait. Il faut malheureusement en croire ces déclarations. L'inquiétude d'esprit qui le travaillait a fini par triompher de sa gaîté; son gendre Casaubon en fait foi. Le motif en est qu'il manquait à Henri Estienne l'appui sur lequel se reposaient la plupart de ses contemporains, de fortes croyances. Sans doute une foi sereine et fixe était rare parmi ses coreligionnaires du xvie siècle; les protestants étaient alors si pénétrés du principe de la Réforme, que, quand il ne leur arrivait pas de se demander anxieusement comme Luther si leur schisme était légitime, ils se demandaient avec non moins d'angoisse s'ils avaient suffisamment rompu avec Rome. Mais une ardente piété les soutenait dans leurs incertitudes, et en général ceux mêmes à qui une pétulance exubérante, une irascibilité de mauvais ton prêtaient parfois le langage le moins édifiant s'élevaient tout à coup vers Dieu de l'élan le plus sincère. Estienne n'était pas sceptique, quoi que certains aient pu penser : la manière dont il a mentionné le suicide de Bonaventure Des Périers, *auteur du détestable livre appelé* Cymbalum Mundi, se tuant pour échapper à ses remords [1] marque assez son peu de sympathie pour les âmes

---

1. *Apologie pour Hérodote*, p. 105 du 1er volume dans l'édition Ristelhuber.

dégagées de toute croyance; mais son cœur, sinon son esprit, avait cessé d'être chrétien. Rabelais, le père de Panurge et de Jean des Entommeures, est beaucoup plus souvent religieux que l'homme que les catholiques appelaient le Pantagruel de Genève, et Genève ne s'y est pas trompée. On a voulu nier qu'elle ait pris ombrage de l'*Apologie pour Hérodote*, où de fait il verse à pleines mains le ridicule sur les doctrines et les mœurs des catholiques; mais, parmi les vingt-quatre questions qu'elle lui posa quand il fut emprisonné pour avoir publié sans autorisation une défense de son livre, plusieurs prouvent qu'un certain nombre de passages l'avaient choquée; d'ailleurs elle avait exigé qu'il y changeât vingt-huit feuillets.

Part de scepticisme chez H. Estienne. — Est-ce en effet un homme attaché de cœur à la Réforme que celui qui, sept ans après la Saint-Barthélemy, dédie la *Précellence* à Henri III, qui s'exprime en termes affectueux pour la personne de l'ancien duc d'Anjou, et qui trouve l'occasion bien choisie pour déclarer que le prestige de l'éloquence s'accroît chez les princes de la vénération et de la reconnaissance que leurs fonctions inspirent? Des sentiments si monarchiques surprennent un peu, à une pareille date, chez un calviniste français. Je sais bien qu'au fond les théories politiques du xvie siècle n'étaient qu'un refuge pour la foi persécutée ou un prétexte pour l'intolérance triomphante; mais en 1579 les Huguenots n'espéraient pas encore qu'un des leurs monterait sur le trône de France. Dira-t-on que la dédicace de la *Précellence* s'explique par des motifs de circonstances, qu'il faut chercher les vrais sentiments d'Estienne dans le *Discours merveilleux de la vie, actions et déportements de la reine Catherine de Médicis*? Mais on soupçonnait depuis longtemps que ce *Discours*, désavoué dans la préface de la *Précellence*, n'était pas de lui; et **M.** Sayous, dans ses *Études sur les écrivains français de la Réformation*, confirme ce soupçon par des réflexions convaincantes. Aussi bien, à examiner dans l'ensemble l'œuvre de Henri Estienne, on voit que les débats sanglants qui passionnèrent tout le monde autour de lui le touchèrent assez peu; on a spirituellement appelé sa dissertation sur le latin de Juste Lipse un manifeste contre les Turcs; mais les fréquentes digressions de ses ouvrages ne l'amènent presque jamais à parler de la liberté religieuse ou civile.

Objectera-t-on l'*Apologie pour Hérodote*? Mais ce n'est pas véritablement l'esprit sectaire qui en a inspiré les sarcasmes; car, si le clergé y est fort maltraité, il n'y paraît, pour ainsi dire, qu'à sa place, ou, si l'on aime mieux, à son tour; les marchands, les juges n'y sont pas plus ménagés. Ce n'est pas non plus la sévérité chrétienne qui a dicté l'ouvrage; car les abus qu'il retrace l'amusent manifestement plus qu'ils ne le courroucent. Il cède à un goût qu'on ne s'attend guère à rencontrer chez un savant, le goût de la médisance et du scandale. Nul pourtant n'a été moins méchant que lui : quoiqu'il eût de légitimes griefs contre plusieurs personnes, il s'est montré d'ordinaire généreux et bon envers les individus [1]. Il est même touchant de voir qu'à une époque où érudits et théologiens mêlaient l'injure aux arguments, et où le triomphe de la politesse et du bon goût consistait à changer la grossièreté en impertinence, il s'appliquait d'ordinaire à ne point désigner les auteurs dont il lui fallait relever les bévues. Mais, en épargnant les particuliers, il n'a nul égard pour l'humanité en général; il ne voit en elle qu'une inépuisable matière de divertissement, et chez lui la satire n'est pas comme chez Érasme l'involontaire conclusion d'une étude approfondie de nos travers; elle ne se tempère pas plus par la remarque qu'après tout nos défauts contribuent quelquefois à notre bonheur qu'elle ne s'échauffe par la pensée qu'ils préparent notre damnation. Assurément il saurait, s'il en prenait la peine, démêler par lui-même les nuances des ridicules, mais il est plus pressé d'en rire de confiance que de les observer. Voilà pourquoi il allait tout aussi volontiers prendre ses exemples chez Bandello, Boccace, le Pogge, la reine de Navarre que chez Menot, Maillard et Barletta; tout conteur, dès qu'il dépose contre la vertu des femmes, des moines, des marchands, acquérait à ses yeux l'autorité d'un historien. Ne tirons pas argument de la grossièreté qu'il portait quelquefois dans la raillerie, puisque, s'il rapproche longuement les pourceaux et les moines,

---

[1]. Voir le ton affectueux dont il parle dans son *Pseudo-Cicero* de plusieurs savants, Italiens de naissance ou d'adoption, dont le moindre tort envers lui et ses coreligionnaires était d'avoir rompu par peur toute communication avec les Réformés.

le goût du temps le comportait; il rapporte lui-même ailleurs un brocard de François Iᵉʳ qui ne marque pas plus de délicatesse. Mais les gaillardises sont plus graves. Quand il veut que l'on croie et que l'on approuve que jadis à Babylone la seule forme autorisée du mariage ait été une vente simultanée des filles nubiles où l'argent payé par les acquéreurs des belles servait à doter la laideur, quand il interprète d'une façon égrillarde des légendes naïves [1], il avoue simplicement tenir moins à nous corriger qu'à nous divertir.

Son amour pour le naturel. — Il n'y a guère qu'un défaut qu'il ait sincèrement combattu, l'affectation dans le langage et dans le costume. Lorsque les courtisans s'approprient l'attirail de la coquetterie féminine ou estropient le français sous prétexte qu'ils savent estropier l'italien, sa verve railleuse n'a plus l'allure maligne de la médisance en bonne fortune. Par son amour du naturel il annonce nos grands écrivains du xviiᵉ siècle. Sans doute ceux-ci comprendront mieux que le naturel n'a tout son prix que s'il est l'enveloppe transparente d'un fond solide de qualités et qu'il nous faut épurer notre cœur en même temps que réformer nos habits ou notre diction. Mais corriger les dehors de l'homme, c'est préparer la correction de son for intérieur. Henri Estienne est peut-être le premier par la date des écrivains qui ont entrepris avec hardiesse, avec persévérance, de guérir l'esprit français d'un défaut. Les satiriques qui l'ont précédé s'en prenaient tour à tour à différents travers; qui oserait dire par exemple contre quel vice déterminé Rabelais a écrit son roman? Cela ne veut pas dire que les écrivains qui avaient précédé Estienne fussent des esprits légers. Néanmoins il faut noter la persistance presque exclusive avec laquelle il a combattu l'affectation en général et l'influence de l'Italie en particulier; car ce n'est pas seulement dans les *Dialogues du nouveau langage français italianisé* qu'il a raillé l'engouement pour tout ce qui venait de la péninsule, c'est dans tous ses ouvrages français y compris l'*Apologie pour Hérodote*. Or cette constance dans la lutte contre un

---

1. Voir la p. 28 du 1ᵉʳ vol. dans l'édition Ristelhuber et le chap. xxxiv. Le mot ci-dessus visé de François Iᵉʳ est à la p. 278 du 2ᵉ vol. des *Dialogues du nouveau langage français italianisé* dans l'édition donnée également par M. Ristelhuber.

travers précis, surtout quand on la rencontre chez un esprit essentiellement mobile, est encore un signe que le xviie siècle approche. Si parfois en effet on a taxé d'étroitesse les contemporains de Louis XIV, la cause en est dans le soin avec lequel ils délimitaient l'objet de leurs efforts, chacun selon la mesure de ses forces et tous selon les besoins prédominants de leur époque. Sainte-Beuve opposait un jour le missionnaire jésuite qui baptise à la fois des milliers de sauvages qu'il s'imagine avoir convertis en une heure de prédication et le confesseur janséniste qui pendant des années fait le siège d'une âme rebelle et finit par y établir victorieusement la vertu sur les ruines des passions. L'estime publique au xviie siècle allait à ceux que leur talent n'abuse pas sur la lente efficacité de toute parole humaine. Estienne, dont l'activité se dispersait si aisément, a eu toutefois, pour ce qui touche à un travers de sa génération, la ténacité d'un Malherbe et d'un Boileau. Il semble que la nature ne lui prêtait cette qualité que pour l'usage tout spécial qu'il en faisait. En fait, il la devait à son patriotisme.

Son patriotisme ne ressemble pas, on le devine, à celui des écrivains du xve ou du xviie siècle à qui la profession d'auteur ne faisait pas oublier que la grandeur d'un peuple consiste surtout dans sa puissance et dans sa richesse. Henri Estienne n'était pas assez grave pour être vivement frappé des souffrances du paysan ou de l'envahissement du royaume. Son patriotisme, comme celui de Voltaire, s'attachait à notre littérature, ou plutôt, car en lui le philologue prime le lettré, à notre langue.

Ce n'était pas alors chose commune qu'un humaniste français passionné pour l'idiome national. Au contraire, en Italie, peut-être parce que l'humanisme y avait eu Pétrarque pour promoteur, nombre de beaux esprits partageaient leur temps entre les langues antiques et la langue vulgaire[1]. Estienne, qui connaissait tout ce qu'ils avaient écrit sur l'excellence de l'italien et sur le mérite comparatif de ses dialectes, prit sans doute dans ces traités l'envie d'en composer de pareils, et l'on vit l'homme qui dans sa traduction latine d'Anacréon rivalisait

---

1. Citons seulement Ange Politien, Sannazar et Bembo. Chez nous c'est à peine si quelques humanistes de métier, tels que Dolet, Ramus, avaient donné avant H. Estienne un peu d'attention à notre langue.

d'élégance avec son modèle, lire curieusement tout ce qu'on connaissait alors de notre vieille littérature. Il ne cite guère à la vérité, outre les sermonnaires du xve siècle, que nos chroniqueurs, le *Roman de la Rose*, *Pathelin*, Villon ; mais ses lectures ne se bornaient pas là puisqu'il fait dire de lui, dans les *Dialogues*, par Philausone, qu'il étudiait nos vieux auteurs aussi bien manuscrits qu'imprimés. De plus, il étudiait nos patois. On pense bien qu'il ne procédait pas à ces recherches avec la lourdeur d'un pédant ou avec la frivolité d'un petit esprit. M. Émile Egger a loué la finesse des aperçus semés dans ses *Hypomneses de gallica lingua*. En effet, si Estienne, au lieu d'y justifier son assertion que Paris est la métropole non pas seument de la France, mais du français, se jette dans des remarques sur la manière dont nos mots ont été tirés du latin, ces remarques sont fort curieuses. Il possédait une aptitude singulière pour cette science de l'étymologie qui ne s'est définitivement constituée que dans notre siècle, témoin la liste placée à la fin du *Traité de la conformité du langage français avec le grec*, où d'ordinaire les étymologies douteuses ne sont présentées que comme des conjectures d'autres savants auxquelles il propose d'en substituer de plus vraisemblables. Il avait acquis ce tact par la pratique de nos anciens auteurs, près de qui, suivant une excellente observation jetée dans ses Dialogues, il faut apprendre l'histoire et la bonne forme des mots. Il avait deviné les procédés de filiation et de comparaison que Littré devait magistralement exposer deux cent cinquante ans plus tard ; il se donnait le plaisir de les appliquer à notre langue même dans des écrits comme le *De latinitate falso suspecta*, où on le croirait exclusivement occupé du latin. L'étude du langage populaire l'avait d'autre part prémuni contre le goût naissant pour une délicatesse trop dédaigneuse. « Si en quelque chose, disait-il avant Malherbe, la raison se trouvoit estre du costé des crocheteurs, voire des bergers, quant au langage, et non pas des courtisans, il faudroit qu'ils (les courtisans) passassent condamnation [1]. » Un admirateur de Ronsard devait céder quelquefois à la tentative de recommander les mots artificiellement composés à l'imi-

---

[1]. Voir p. 233-234 et 264 du 2e vol. des *Dialogues*, édition précitée.

tation du grec, mais il est habituellement plus avisé et parfois même il inclinerait plutôt à réduire qu'à grossir notre vocabulaire, puisque dans la préface de la *Conformité* il déclare que notre langue possède un si grand nombre de mots « qu'elle n'en peult sçavoir le compte et qu'il luy en reste non seulement assez mais plus qu'il ne luy en fault ». Du moins il évite d'ordinaire les excès des réformateurs de son temps : « N'en déplaise à messieurs de la Pléiade, dit-il dans ses Dialogues, Marot connaissait bien le naturel de notre langue. » Aussi, dans les moments où il admet la nécessité de mots nouveaux, il veut que notre idiome se les emprunte à lui-même, c'est-à-dire que la technologie vienne au secours de la langue générale, que les termes de la vénerie, de la fauconnerie par exemple passent dans l'usage courant. Quant aux emprunts à l'étranger, il montre à propos des proverbes quelle précaution ils exigent.

Parti pris et malice qu'il mêle à l'érudition. — Malheureusement, de même qu'il a le tort de mettre tout l'honneur de la France dans celui de sa langue, il a le tort de nous sacrifier cavalièrement les nations étrangères. Ici encore il ressemble à Voltaire et non pas à Boileau; car le fameux mot sur le clinquant du Tasse ne signifie en aucune façon que toute la *Jérusalem délivrée* fût pour Boileau du clinquant; pressé d'en finir avec les imitateurs de Marini, convaincu d'ailleurs, comme l'ont presque toujours été dans chaque nation les écrivains classiques, de la supériorité du génie national, l'auteur de l'*Art poétique* n'aurait pourtant jamais signé les longues boutades, les longs pamphlets qu'Estienne improvisait à la gloire de notre langue. Ce sont en effet de bien fragiles échafaudages, à les regarder dans l'ensemble, que ces dissertations, ces dialogues où il la glorifie; les vues ingénieuses y abondent, la thèse générale n'y supporte pas l'examen. En cela, ce n'est plus à Voltaire, c'est à Jean-Jacques qu'Estienne ressemble. Il est très vrai que notre langue compte parmi les plus belles qu'on ait jamais parlées et qu'à certains égards elle emporte la palme; mais il est puéril de lui immoler toutes les autres. Elle offre de curieux rapprochements avec le grec : mais établir entre les deux idiomes une conformité presque absolue, c'est soutenir un paradoxe que plusieurs savants d'autres pays ont reproduit à l'honneur de leur langue maternelle avec tout autant d'apparence et tout aussi peu de fondement. Sa critique de l'italien appelle à chaque pas la réfutation, au point qu'un appréciateur sévère n'hésiterait qu'entre les deux qualifications de déloyale ou d'enfantine; car, non seulement il a deux poids et deux mesures, condamnant ou approuvant un même fait grammatical suivant qu'il s'agit des Italiens ou de nous; mais que dire d'un mode de discussion qui consiste à les taxer de plagiat pour tout mot, toute locution qui ressemble à un mot, à une locution de notre langue par une même altération d'un radical latin, par une commune origine germanique? Nos ancêtres avaient des oreilles pour entendre mal les mots latins et tudesques, un gosier pour les répéter de travers, mais où a-t-il vu que la nature refusait les mêmes organes aux Italiens du haut moyen âge, et de ce qu'un vocable est chez nous d'un usage immémorial, s'ensuit-il qu'un vocable italien qui sonne à peu près de la même manière en soit issu? Tous ces traités d'Estienne sentent plutôt l'avocat que le savant.

Si l'auteur était un érudit vulgaire ou si Estienne les avait resserrés dans les bornes de courtes brochures, nous n'aurions pas le droit d'en induire que le respect de l'érudition baissait en France à la fin du xvie siècle. Il ne faudrait même pas confondre les préoccupations d'Estienne avec celles d'Érasme qui, tout en prêchant l'étude de l'antiquité, voulait qu'on traitât sans scrupule le latin comme une langue vivante et qu'on accommodât hardiment cet idiome universel au tour d'esprit des peuples modernes : Estienne n'avait point tort de vouloir qu'on ne se défiât pas aveuglément des expressions qui se rapprochent fort du français; il montrait dans Plaute de fréquents exemples de ces conformités; il affirmait que Cicéron, s'il avait eu à exprimer les idées de Tite Live, de César, de Pline, aurait souvent employé les mêmes locutions, sans pour cela reconnaître aux modernes le droit d'altérer le génie du latin. Mais c'est sa longue complaisance pour le paradoxe qui nous paraît décisive. Quand un homme jette des trésors de science et de pénétration dans des gageures interminables, il est bien clair que la philologie n'est souvent plus pour lui qu'une arme de combat. Non que de propos délibéré Henri Estienne déguisât un pamphlet en traité. Il avait été nourri de trop fortes études pour ne pas commencer chacun de ses livres avec l'intention d'approfondir sa matière. Ainsi, il est manifeste que celui de tous ses livres où il abandonne le plus complètement son sujet pour lancer des brocards et conter des anecdotes, l'*Apologie pour Hérodote*, est parti d'une pensée, non seulement juste, mais vraiment scientifique : il voulait montrer qu'en histoire la vraisemblance, variant selon les temps et les lieux, n'est pas un signe infaillible de vérité, et que d'ailleurs l'incorrigible folie des hommes reproduit souvent sous nos yeux des faits que nous prétendions renvoyer aux légendes [1]. Seulement, pour traiter cette question admirablement posée, la science était encore trop peu avancée ; on ne connaissait pas suffisamment l'Orient. Tandis qu'Estienne médite, des historiettes récentes lui reviennent en mémoire et le présent lui fait oublier le passé dont il s'agissait. En effet, dès que le présent trouve l'accès de l'esprit d'Estienne, il l'envahit tout entier. Cet homme qui, des deux grandes passions de son siècle, la passion religieuse et la passion politique, n'a partagé la première que par occasion et n'a nullement partagé la seconde, a pourtant passé une part très notable de sa vie à écouter, à regarder, non pas en psychologue qui veut aller jusqu'au fond des caractères, mais en satirique qui se plaît à recueillir des traits de sottise, bien que, comme Voltaire, il s'aperçoive qu'en somme le monde progresse, ou que du moins il sache que son siècle l'emporte par le bien-être et la culture sur le siècle précédent [2]. Dans les conversations du foyer, sur les grands chemins et dans les auberges, il a rassemblé une étonnante provision de brocards, de faits piquants ou scandaleux, sans parler des locutions curieuses qu'il aime à transcrire et à expliquer. Tous ces souvenirs le guettent au passage et le retiennent si longtemps qu'il finit par oublier pourquoi il s'est mis en route. Rien de si vide par exemple que le troisième chapitre de l'*Apologie pour Hérodote* : au lieu d'y chercher un accord équitable entre les flatteurs et les détracteurs des siècles passés, il commente

---

1. Voir son *Avis au lecteur*, les p. 347 et suiv. du 1er vol. dans l'édition précitée et le xixe chap.
2. Voir le xxviiie chap. de l'*Apologie pour Hérodote*.

les dictons anciens ou modernes qu'ont inspirés leurs exagérations, puis termine par des histoires de table d'hôte qui n'ont aucun rapport avec le débat. D'autre part, dans la polémique, sa malice se plaît à impatienter plutôt qu'à convaincre ses adversaires; aussi les mauvais arguments lui paraissent-ils presque meilleurs que les bons. Voilà comment, sans perdre l'amour de la science, il en perd souvent le respect.

IV. — *Étienne Pasquier (1529-1615).*

Pasquier, son esprit ferme et judicieux. — Le caractère serein de Pasquier contraste avec le caractère inquiet de Henri Estienne [1]. Pasquier a vu de plus près les guerres civiles; il a pris par la parole et par la plume une part plus active aux événements; le sort ne lui a pas épargné les plus amers chagrins de la vie domestique, puisqu'il a survécu à des êtres tendrement aimés, sa femme et plusieurs de ses enfants. Il n'en a pas moins conservé jusqu'à la fin son calme et son enjouement, puisque le 30 août 1615, à quatre-vingt-six ans et quelques heures avant de rendre le dernier soupir, il compose encore des vers, *ne voulant pas du tout que sa jeunesse meure.* Était-ce donc une de ces âmes fortes que Sénèque croyait nées exprès pour se mesurer avec la fortune ou une de ces âmes insouciantes qui résistent à tout parce qu'elles ne souffrent de rien ? Non : c'était un père affectueux autant que ferme, qui entendait maintenir chez lui et chez les autres l'autorité paternelle, mais qui s'en servait pour inculquer à ses enfants des sentiments d'honneur et de vaillance, pour les préserver des conséquences de l'étourderie juvénile. Les lettres qu'il leur écrivait prouvent que si trois de ses enfants firent bravement leur

---

[1]. Étienne Pasquier naquit à Paris en 1529 et y mourut en 1615; étudia à Paris, à Toulouse, à Bologne, composa divers ouvrages légers de fond dont il réimprima plus tard une partie sous le titre de *La Jeunesse de Pasquier*; commença en 1560 à publier ses *Recherches de la France*; fut mis en lumière par le plaidoyer qu'il prononça en 1564 pour l'Université contre les Jésuites; fut délégué aux Grands Jours de Poitiers et de Troyes; soutint, comme avocat général à la Cour des comptes, les droits de Henri III aux seconds Etats de Blois. Son *Catéchisme des Jésuites* est de 1602. Loisel a intitulé *Pasquier* son Dialogue des avocats du Parlement de Paris.

devoir dans les armées, si un d'eux se fit tuer au siège de Meung-sur-Loire plutôt que d'abandonner une tour dont tous les autres défenseurs s'étaient déjà rendus, c'était lui qui avait nourri en eux cette fidélité au devoir ; il avait le droit d'assurer son fils Pierre que s'il venait se faire soigner à la maison paternelle d'une maladie contractée dans le service, les calomniateurs seuls imputeraient cette maladie à la peur des coups : « Grâce à Dieu, disait-il, ny vous ny vos frères n'avez jamais appris ceste leçon. » Mais, quand il le fallait, son affection n'en était pas moins tendre et habile. Un de ses fils se jeta par coup de tête dans un couvent et menaçait de prendre le froc : rien de touchant comme la lettre à la fois pieuse et adroite par laquelle Pasquier adjure le correcteur des Minimes d'éprouver la vocation du jeune homme, de lui faire comprendre qu'il doit tout d'abord convaincre son père que Dieu l'appelle véritablement à lui, afin de recevoir avant de quitter le monde une bénédiction partie du fond du cœur : « Les bénédictions que nous donnons à nos enfants ne dépendent point seulement d'un signe de la croix que nous faisons dessus eux quand ils prennent congé de nous. Ce signe n'est qu'une image extérieure du bon vouloir que nous leur portons intérieurement dans nos âmes par lequel nous les licentions avec dévotes prières à Dieu qu'il luy plaise de les conduire. Et quant aux malédictions, encore que nous ne maudissions nos enfants, si est-ce qu'un maltalent conçu, je ne dirai point justement, mais avec une simple couleur, contre eux, est un malheureux prognostic de leurs événements futurs [1]. »

La fermeté chez lui ne provenait donc pas d'une âme froide et sèche ; mais d'un côté il était plus véritablement religieux qu'Estienne et d'un autre il était du nombre des hommes qui ne se donnent jamais tout entiers à un seul des objets dignes de leur attachement. Très pénétré de ses devoirs publics et privés, il les accomplissait sans sécheresse comme sans peur ; toutefois il s'appliquait à demeurer toujours maître de lui-même et dans

---

1. Sur les relations de Pasquier avec ses fils, voir au XVI° livre de ses lettres (édition de 1619) une lettre à M. de Cluseau et une lettre au capitaine de la Ferlandière, Pierre Pasquier, et dans le XI° livre la lettre au même capitaine et une lettre à Pierre-Jean Canart. Cf. une lettre de ce XI° livre à Airault dont le fils avait également cédé à une fantaisie monastique ; voir aussi dans la correspondance de Nicolas Pasquier (Paris, 1623) les lettres adressées à son père, notamment p. 97 sqq. et 361 sqq.

la libre jouissance de ses facultés; durant les batailles de la vie, quand il croyait avoir mérité la victoire, il ne se laissait pas accabler par le chagrin de la défaite et se croyait en droit d'arrêter de préférence sa pensée sur ce qui pouvait la divertir; il la reportait, suivant le cas, de la France sur sa famille, de sa famille sur la France, et, si des deux parts il trouvait des sujets d'affliction, il se consolait dans le travail.

La finesse de son esprit pratique l'aidait à demeurer de sens rassis dans les épreuves. Les gens avisés résistent mieux que les autres à la douleur parce que leur pensée toujours agissante, toujours tournée vers l'avenir, ne peut ni demeurer dans la stupeur ni s'enfermer dans un souvenir. Chaque instant leur apporte une matière de réflexions nouvelles, c'est-à-dire une distraction qui n'est pas seulement pour eux un amusement, mais un devoir; car ils cherchent ce que la situation commande, soit à eux, soit à d'autres, et leurs attachements les plus sincères ne parviennent ni à accaparer ni à fausser leur esprit. En voici deux exemples assez curieux. Nous rappellerons bientôt que deux fois les commissions extraordinaires que le Parlement envoyait parfois dans les provinces furent pour lui l'occasion de succès littéraires qui le flattèrent beaucoup : il n'en estimait pas moins qu'il y avait peut-être pour le bien public plus d'inconvénients que d'avantages à déployer cet appareil de justice au fort de la guerre civile, qu'il y avait plus de témérité que de sagesse à le diriger tout d'abord contre les coupables les plus titrés, à rechercher des crimes qu'un intervalle de dix ou douze ans avait presque effacés de la mémoire des victimes; il s'apercevait que souvent ces commissaires qui se croyaient libres de prévention parce qu'ils arrivaient de loin se laissaient circonvenir par les suggestions de leur entourage momentané. Les mercuriales des procureurs généraux, ces pièces d'éloquence si goûtées jadis et où souvent l'âme de nos vieux parlementaires s'est exprimée avec tant de candeur ou d'énergie, ne lui paraissaient pas non plus offrir pour le redressement des mœurs une garantie bien efficace, dépourvues qu'elles étaient des conséquences qui suivaient à Rome la réprobation des censeurs[1]. On voit combien peu il par-

---

1. Voir sa lettre du IIIe livre au conseiller Molé sur les Grands Jours de Clermont, et celle du XIe livre à Jacque de la Guesle.

tageait le faible qui porte les honnêtes gens d'esprit moins délié à exagérer l'importance du corps où ils figurent avec honneur; ce n'est pas lui qui aurait dit après la prise de la Bastille le mot d'un respectable magistrat : « Vous verrez que tout ceci finira par un arrêt du Parlement. » Il est vrai que, quand Pasquier a cessé d'être simple avocat, il est plutôt entré dans la magistrature debout que dans la magistrature assise et que sa première profession en obligeant à jouer tour à tour toute sorte de personnages, en mettant aux prises avec les juges, est de celles qui ne préservent que trop d'un excès de confiance dans la justice humaine en particulier et dans le dogmatisme en général. Mais chez Pasquier le chrétien et le citoyen priment l'avocat : seulement il tient à la basoche par sa gaîté et sa malice; c'est un esprit qui veut et sait demeurer libre, et voilà pourquoi il semble que son âme ne garde pas trace des blessures de la vie.

En quoi il annonce l'âge à venir. — Ce genre de sérénité n'est pas ce qui le rapproche des hommes du xviie siècle, car, outre qu'à toute époque il est moins commun que l'égoïsme et que la sensibilité douloureuse entre lesquels il tient le milieu, les contemporains de Louis XIV ressentaient plus profondément les épreuves que Dieu leur envoyait, et c'est de lui seul qu'ils recevaient leur consolation. Pasquier leur ressemble, non par le fond de son âme, mais par la direction de son esprit.

En effet, ses divertissements littéraires qui forment une partie notable de ses œuvres, ressemblent fort à ceux de l'hôtel de Rambouillet. Sans doute son *Monophile*, ses *Lettres amoureuses*, ses *Colloques d'amour*, ses *Ordonnances d'amour* se rattachent à une tradition qui date du moyen âge et même de l'antiquité : transporter dans la poésie le rébus, l'anagramme, composer des vers où chaque mot a une syllabe de plus que le précédent, d'autres où la première syllabe de chaque mot est le nom d'une note de musique, imiter le bruit du tonnerre par des onomatopées, c'était aussi se livrer à des jeux depuis longtemps à la mode. Mais, comme la société avait changé depuis le temps des cours d'amour et que les beaux esprits, au lieu d'être accidentellement réunis dans un château, vivaient en relations quotidiennes, ces doctes bagatelles provoquaient alors plus d'applaudissements et de répliques. A quatre-vingt-un ans, en 1610, Pasquier a réimprimé la plupart des compositions de vers et de prose où il s'était égayé; le titre du recueil, *La Jeunesse de Pasquier*, ne doit pas nous faire illusion : il avait cinquante ans quand il chanta la puce qu'il avait un jour aperçue, à l'époque des Grands Jours de Poitiers, sur le sein de Mlle des Roches, savante fille d'une savante mère chez qui, après les séances, on venait se délasser; et le sujet ne paraissait pas plus vain aux autres qu'à lui-même puisqu'aussitôt il inspira d'autres versificateurs au point d'occuper plus de cent pages dans le recueil précité où Pasquier insère généreusement les pièces de ses émules. Quatre ans plus tard, il fit encore assaut avec nombre de poètes et de prosateurs à propos d'un portrait de lui où on n'avait pas mis ses mains, et voici en quels termes il remerciait le Grand Prieur qui lui avait envoyé à cette occasion trois quatrains, dont un de lui, un de Malherbe et un en italien de Mazzei : « Je ne pensois pas que l'on deust donner de si fortes aisles à ma main qu'elle eust peu prendre son vol jusques à vous ny que vous lui en voulussiez donner pour la faire voler jusques au ciel. » On reconnaît le ton et le monde des précieuses. Toute la différence est que Pasquier badine en style plus égrillard que Voiture, à qui pourtant il échappe encore de fort libres saillies : on n'est pas impunément du siècle de Rabelais.

Dans ses travaux sérieux comme dans ses amusements, Pasquier annonce l'âge qui va venir. Il croit, comme les contemporains de Louis XIV, qu'il faut passer par l'école de l'antiquité, mais ne pas s'y enfermer. Il soutient dans une lettre à Turnèbe qu'on doit écrire en français, non en latin : « Notre langue, dit-il, ne fut jamais nécessiteuse, mais nous usons d'icelle ainsi que l'avaricieux d'un trésor caché et ne voulons le mettre en œuvre », tandis qu'en Allemagne, en Angleterre, en Écosse « il ne se trouve maison noble qui n'ait précepteur pour instruire ses enfants en notre langue française ». Il blâmait Loisel de multiplier les citations latines. Sans doute la Pléiade tenait le même langage, mais elle diminuait le crédit, la portée de son conseil par l'abus qu'elle faisait de la mythologie; elle empruntait trop souvent dans ses pièces les plus soignées sa pensée, sinon ses mots, aux anciens. Pasquier était plus près d'apercevoir la différence du génie antique et du génie moderne ; ainsi, dans un chapitre destiné à prouver par des exemples que notre poésie peut admettre les vers rythmés, il finissait par déclarer que ce serait au prix du sacrifice de nos rimes féminines, desquelles dépendait l'harmonie de notre versification. Il n'aurait pas raillé aussi spirituellement que Montaigne les *longueries d'apprêt* de Cicéron, mais, au lieu d'en accuser comme lui la vanité de l'auteur, il s'en prenait aux exigences *d'un peuple qui se repaissait de paroles* et obligeait ses hommes d'État à un long stage chez les rhéteurs pour apprendre les ressources d'un art qu'on ne déployait jamais trop complaisamment pour son plaisir. De là *plusieurs frivoles superfluités* dans les chefs-d'œuvre oratoires : « On demande en nos plaidoyers plus de nerfs et moins de chair [1]. » Dans une lettre fort judicieuse à Brisson, il exposait les nombreuses divergences du droit romain et du droit français sur l'article des successions et des testaments, démêlait très nettement que le principe du premier était le respect du droit de l'individu sur sa propriété, et le principe du deuxième la conservation du bien familial, et concluait qu'il ne faut pas rapprocher témérairement nos coutumes de la législation romaine.

C'est même ce sage principe qui forme sa marque distinctive comme jurisconsulte ; car alors l'enthousiasme pour l'antiquité égarait les légistes comme les poètes, comme les traducteurs ; un pédantisme quelquefois aussi naïf, souvent moins désintéressé, toujours plus dangereux que celui de Ronsard, entraînait les juristes à interpréter les lois modernes par le Digeste, c'est-à-dire par une législation fondée sur l'esclavage et sur un despotisme que le monde n'a heureusement pas revu depuis les Césars. Une jolie scène de *Gœtz de Berlichingen* peint la fatuité, l'égoïsme de ces doctes flatteurs des princes, et un récent historien de la Réforme, feu Janssen, a montré avec autant de vigueur que d'érudition combien les paysans d'Allemagne ont souffert de leurs théories. Pasquier avait profondément étudié le droit romain ; mais il était préservé contre la manie de le copier par une conviction qu'il laisse paraître dans son *Pour-*

---

1. *Lettre au conseiller Turnebus*, XI° livre.

parler de la Loi, c'est que, si l'homme discerne les principes essentiels de la justice, il n'est pas de code qui, dans le détail, ne fasse place aux préjugés nationaux. Il prétendait donc non pas seulement comprendre, mais juger le droit romain. Comme Cujas, il en cherchait assidûment l'explication dans l'histoire, mais il n'aurait pas, comme Cujas, souhaité d'oublier le droit moderne pour mieux se pénétrer de la législation romaine. Il ne demandait pour ainsi dire à celle-ci que l'art de la perfectionner. Comme les praticiens italiens du XIII° et du XIV° siècle, il se piquait, non de la restaurer, mais de l'accommoder aux besoins d'une société renouvelée par l'Évangile, ou plutôt c'est à nos coutumes mêmes qu'il demandait l'esprit de notre législation. Sans nier qu'elles eussent besoin d'une revision, puisqu'en 1580 il fut au nombre des avocats désignés pour réformer la Coutume de Paris, il les opposait fièrement à la compilation de Justinien. Tel est en effet l'objet du commentaire des Institutes qu'il dicta vers 1609 à deux de ses petits-fils, et dont un juge compétent, M. Charles Giraud, a loué comme il convient l'agrément et la solidité; on trouverait malaisément, en effet, un tableau plus clair et plus intéressant des relations légales à la fin du XVI° siècle. On n'y rencontre pas seulement d'ailleurs, avec des anecdotes empruntées aux souvenirs de l'auteur, une piquante exposition des devoirs et des droits attachés à chaque état, mais la ferme volonté d'un Français et d'un chrétien de ne pas renoncer aux progrès de la civilisation. L'attachement de Pasquier pour une philosophie supérieure à celle du paganisme, autant que sa pénétration et sa droiture naturelles, explique la sûreté avec laquelle il se débrouille dans les cas difficiles, comme on peut le voir dans une remarquable lettre où il refuse à l'héritier d'un mari une action juridique sur les mœurs de la veuve; il reconnaît que le plus grand intérêt d'une femme est qu'on veille sur son honneur, parce que la perte de ce bien suprême la rend *esclave des plus petits, ores qu'elle feust princesse*, tandis que si elle le conserve, *elle triomphe des princes, jaçoit que pauvre et petite*, mais il ne veut pas que sous prétexte de la protéger on la livre aux calomnies de la cupidité[1]. Certes, il n'anticipait pas

---

1. Lettre à M. de Fonsomme, au III° livre.

sur nos réformateurs du xviii⁰ siècle ; il acceptait sans protester tous ceux des abus traditionnels qu'on subissait autour de lui sans mot dire, le servage, la torture, l'interdiction de la chasse aux manants, l'étrange droit de faire payer les dettes d'une ville récalcitrante par celui de ses habitants qui tombait entre les mains des créanciers [1] ; mais si ce n'était pas un promoteur de progrès, c'était du moins un partisan résolu des progrès accomplis ou ébauchés par d'autres.

Ses Recherches de la France. — Aussi, en matière d'antiquités, goûtait-il surtout l'antiquité nationale. Ses *Recherches de la France* composent son ouvrage capital. Cet ouvrage est d'un érudit qui aime à remonter à l'origine des choses, d'un parlementaire qui aime à recueillir la tradition des corps constitués : à la différence de Henri Estienne qui, en histoire, dès qu'il ne s'occupe plus des anciens, n'envisage guère que les hommes de sa génération, Pasquier s'arrête très volontiers sur des époques fort antérieures à la sienne ; mais c'est le passé de sa patrie qui seul le passionne, et la France ne consiste pas pour lui dans la langue française, qu'il aime pourtant comme Estienne, jusque dans ses dialectes, et dont il veut faire aimer les vieux monuments à Ronsard : elle consiste dans la nation française ; il veut retrouver la suite de nos usages et de nos institutions, le souvenir de nos prospérités et de nos souffrances. Sur un sujet qui lui tient tant au cœur, il n'est pas toujours impartial : on ne lui accordera pas que les sacrifices humains des Gaulois, qu'ils fussent ou non destinés à les aguerrir par la vue du sang, « partaient d'un cœur généreux ». Mais, malgré son enthousiasme pour notre patrie, il incline plutôt à nous mettre en garde contre les flatteries de nos panégyristes. A la vérité, il n'y a pas grand mérite, quand on se donne pour historien, à émettre un doute sur la généalogie qui nous rattache à Hector, quoique ce scepticisme avoué sur le fondement de la *Franciade* honore un écrivain qui s'écriait : « En Ronsard, je ne fais presque nul triage : tout y est bon [2]. » Mais il fallait un

---

1. Voir son *Commentaire des Institutes de Justinien*, liv. I, chap. xxvi-xvii ; II, chap. xiv et xxii ; IV, chap. xviii. Dans ce dernier chapitre, il propose pourtant quelques améliorations pour la procédure criminelle.
2. *Recherches*, liv. I, chap. xiv, et livre VII, chap. vi.

jugement très droit pour n'être pas ébloui par des paradoxes qu'appuyait la science, la réputation de Henri Estienne, et qu'autour de lui on était fort disposé à recevoir : Pasquier sut pourtant nous faire entendre, sans manquer aux égards dus à une surprenante érudition, qu'il ne croyait pas aux innombrables emprunts que notre langue aurait faits au grec; tout en se moquant de ceux qui habillaient à la française des mots italiens, il conseillait d'accepter des italianismes consacrés par l'usage; quand il entre dans la comparaison fréquemment traitée de la littérature italienne avec la nôtre et qu'il donne à certains morceaux de la Pléiade l'avantage sur des morceaux analogues de Bembo et d'Arioste, on serait tenté de lui répondre que, fondé ou non, ce jugement n'empêche pas le *Roland furieux* d'éclipser tous nos poèmes du XVI° siècle, mais il fallait alors une grande rectitude d'esprit pour conclure ainsi : « Chaque langue a ses propriétés naïves et belles manières de parler...; les langues n'anoblissent pas nos plumes, mais au contraire les belles plumes donnent la vie aux langues vulgaires [1]. »

Ses origines politiques et son patriotisme. — En politique, Pasquier se prononçait beaucoup plus librement qu'un sujet de Louis XIV sur la conduite des rois, mais déjà il s'abstenait de tout débat théorique sur la constitution du gouvernement. Pourtant quoique ce fût à la morale seule qu'il demandât la garantie du droit de chacun, il ne la réclamait pas pour cela moins nettement. Il combattait surtout un principe alors triomphant, la raison d'État. Il ne veut pas plus, son *Pourparler des princes* le montre, d'un roi capucin que d'un roi bel esprit; mais il veut un roi juste. Par exemple, il soutenait que les crimes dont Clovis attendait l'éternité de sa dynastie, ont fini par retomber sur elle : « Ce qui fut pour lui exécuté contre les princes Clodionistes fut un grand coup d'État, et ce qui advint à Pépin (qui supplanta la race de Clovis), un grand coup du ciel : belle leçon certes à tous les princes pour leur enseigner de ne pas séparer les affaires de l'État d'avec celles de Dieu. » C'était là, d'après lui, un plus grand miracle que tous ceux *dont nos moines ont gratifié la mémoire de notre Clovis*,

---

1. *Recherches*, liv. VIII, chap. II; liv. VIII, chap. VIII. L'acceptation des italianismes consacrés est dans une de ses lettres.

lesquels d'ailleurs ne doivent point être rejetés, car Dieu fait ses miracles en vue des peuples et non en vue des rois : « Nous sommes les jetons des rois qu'ils font valoir plus ou moins comme il leur plaît, et les rois sont les jetons de Dieu. » Et il montrait l'accumulation des faveurs divines sur Charles Martel, Pépin, Charlemagne, des châtiments célestes sur Louis le Débonnaire, Charles le Chauve et Louis le Bègue, ajoutant que Charlemagne avait commencé à préparer la ruine de sa maison en dépouillant les fils de son frère, en se livrant à l'inconduite pendant les dernières années de sa vie [1]. Il comprenait déjà l'histoire, je ne dirai pas à la façon de Bossuet, qui entre plus avant quand il le veut dans le génie de la politique, mais à la façon de Guez de Balzac; plus curieux que lui, en sa qualité d'avocat, du détail de l'administration, il considère l'histoire, quand il s'élève au-dessus des faits, comme une leçon perpétuelle que Dieu donne au monde. S'il s'interdit par prudence de pousser ses recherches jusqu'aux événements contemporains, si, dans des lettres écrites au jour le jour pendant les démêlés des Guises et de Henri III, il garde une extrême réserve et fait même ressortir la modération du Balafré dans la journée des Barricades, il avait nettement visé, dans son *Pourparler des princes*, les abus fiscaux de son époque; et, dans ses *Recherches*, il se prononce explicitement sur la question la plus brûlante de son temps, celle de la tolérance. Sans colère, mais avec une douce franchise, il désapprouve formellement les guerres de religion; il déclare que les croisades furent stériles pour la propagation de la foi, qu'elles ont produit surtout de mauvais résultats et applique en propres termes le même jugement aux guerres entre protestants et catholiques. Il estime que le temps fera justice de l'erreur, que bannir la simonie serait tuer à bref délai l'hérésie, qu'une paix quelconque, même sous un gouvernement tyrannique, vaut mieux qu'une guerre civile; il conçoit que d'autres préfèrent, par zèle religieux, le recours aux armes, mais demande la permission de préférer la paix [2].

Quand les philosophes du xviiie siècle préconisaient la tolérance,

---

1. *Recherches*, liv. V, chap. i et xxix.
2. Voir le xxvie chap. du VIe livre des *Recherches* et une lettre au président Brulart.

ils obéissaient à deux sentiments : le respect de la liberté de pensée et le respect de la vie humaine. Les droits et les souffrances de l'humanité touchaient moins Pasquier que les droits et les souffrances de sa patrie. C'était pour la France qu'il aimait la paix, et, dans l'intolérance, il détestait surtout l'ingérance de la cour de Rome; il se fût peut-être encore résigné à voir frapper les hérétiques, puisqu'un mot de lui semble absoudre la Saint-Barthélemy [1], si la pensée que le Vatican donnerait des ordres aux Tuileries ne l'avait révolté. Il ne faut pas voir un pur hasard dans la circonstance qu'il a prononcé son plaidoyer le plus célèbre au nom de l'Université de Paris contre les jésuites : durant les trente années qui suivirent, il prépara, par ses lectures et celles de ses amis, un catéchisme qu'il publia contre eux; et après sa mort, les pamphlétaires de la Compagnie de Jésus continuèrent les représailles dont M. Lenient a suivi l'histoire dans un amusant passage de *la Satire en France au XVIe siècle*. Beaucoup moins philanthrope que gallican, les bornes mises par le concile de Constance à l'autorité des papes lui font relater sans observation le supplice de Jean Huss. De même, quoique sincèrement catholique, on devine qu'il aime surtout dans le catholicisme le libre choix de la pluralité des Français. Il n'approuverait pas un roi de France qui se ferait huguenot, bien que la façon dont il loue Clovis d'avoir pris la religion de son peuple prouve qu'il ne chicanera pas sur ses motifs le roi de France qui, de huguenot, se fera catholique; mais il est beaucoup plus accommodant quand il s'agit du catholicisme à l'étranger; car sa sympathie pour Marie Stuart ne l'empêche pas d'émettre cette réflexion sagace que la mort de l'infortunée reine pouvait seule accomplir son désir de voir l'Angleterre et l'Écosse réunies sous l'autorité de son fils et celui des Anglais de vivre dans la communion qu'ils venaient d'adopter.

Il ne faudrait pas d'ailleurs croire que Pasquier ait choisi le plus volumineux et le plus savant de ses ouvrages pour y cacher les conseils de tolérance et de vertu qu'il donnait aux gouver-

---

[1]. Dans une lettre à l'avocat Coignet, il dit que *Paris a toujours servi de tombeau à ses ennemis*, et en donne pour preuve, entre autres, le terrible événement de 1572.

nements. En 1561, il a publiquement déconseillé la persécution religieuse dans son *Exhortation aux princes et seigneurs du conseil privé du roi*. Encore ne s'y borna-t-il pas à demander pour les protestants la liberté de conscience; il demandait pour eux du premier coup la liberté de culte, faisant observer d'une part qu'ils comptaient dans leurs rangs la pluralité des hommes marquants de toutes les conditions, et d'autre part que la liberté de conscience sans la liberté de culte conduit nécessairement au scepticisme; à ceux qui prétendaient que l'autorité royale reposait sur l'unité religieuse de la France, il répondait par l'exemple du sultan des Turcs également obéi de toutes les sectes qu'il tolère, et il déclarait que celui qui déchaînerait la guerre civile *pour l'honneur de son Dieu* prouverait par là que *son Dieu était une ambition particulière*. Enfin, s'il n'a jamais disserté sur les limites du pouvoir monarchique, il a, quoique dévoué serviteur de Henri III et de Henri IV [1], et malgré son titre d'avocat du roi, combattu leurs empiétements. Un jour que Henri III voulait faire accepter au Parlement la création de nouveaux offices de judicature et qu'il avait envoyé, pour intimider la Cour, le cardinal de Vendôme et cinq seigneurs du conseil d'État, Pasquier prit la parole pour déclarer que les avocats du roi étaient plus spécialement que les autres qualifiés de gens du roi, et que précisément pour cette raison ils devaient ne consulter que leur conscience sur le bien de son service; que les lois n'étaient exécutoires en France qu'après la vérification des cours souveraines, comme le prouvait la mission du cardinal; que c'était en déférant à cette règle que sous les règnes précédents les rois avaient amené les peuples à une docilité sans réserve : « Maintenant qu'on les contraint (les cours souveraines) tantost par commandemens absolus, tantost par la présence du roy ou des princes de son sang, sans recueillir les voix et opinions des juges, tout aussitôt se sont les affaires de nostre France desliées et la désobéissance logée au cœur des sujets, de manière que là où nos roys commandoient avecque

---

[1]. Bourgeois de Paris, il savait gré à Henri III de sa prédilection pour la capitale; on peut rapprocher à cet égard un passage de la lettre précitée à Coignet d'un passage de la harangue de d'Aubray, et à ce propos étudier comment le sentiment monarchique se renforce de Pasquier à la *Satyre Ménippée* et de la *Ménippée* à Malherbe.

une baguette à leurs sujets, maintenant, il faut que je le dise à mon grand regret, ils n'y peuvent bonnement commander avec deux ou trois armées. » Puis, comme après ce discours un président avait demandé au cardinal s'il ne laisserait pas l'assemblée voter, et, sur une réponse négative, avait répliqué que dès lors la présence des magistrats n'était pas nécessaire et avait quitté la salle avec presque tous ses confrères, Pasquier, prenant à part le cardinal, le supplia de vouloir bien écouter le conseil d'une barbe grise et de ne plus accepter de commissions dommageables pour l'intérêt public : à quoi le jeune prélat, qui valait mieux que le rôle qu'on lui faisait jouer, répondit que c'était la première fois qu'il avait accepté une pareille entremise et que ce serait aussi la dernière [1]. L'indépendance de Pasquier a, ce jour-là, remporté le plus beau succès, celui de réveiller une conscience endormie. Il déploya la même hardiesse quand, par un expédient plus lucratif encore, Henri III projeta de vendre à perpétuité tous les emplois civils et militaires, et cette fois les magistrats, qui de nouveau lui avaient donné raison, furent un instant frappés d'interdit. Jusque dans sa vieillesse et sous un roi qu'il adorait, il combattit dans une lettre à Duplessis-Mornay un dessein de Henri IV qui, en démembrant la Cour des comptes, eût affaibli au profit du fisc l'autorité d'un contrôle nécessaire. Il ne me semble donc pas juste de dire avec M. de Brémond d'Ars que Pasquier croyait à tort être un Gaulois et n'était dans son fond qu'un Gallo-Romain, c'est-à-dire *un Romain de paix et de jouissance, un Romain déchu et content*, et que seule l'étude de l'antiquité l'avait élevé au-dessus de son égoïsme naturel [2]. Pasquier a été ce qu'il disait être, un Français.

Il faut seulement regretter que, comme les plus sages de ses contemporains, il ait renoncé à chercher ailleurs que dans la

---

1. Lettre à M. de Sainte-Marthe au XIIe livre. Voir aussi dans son *Commentaire des Institutes*, liv. II, chap. xx, le plaisir avec lequel il montre comment la clairvoyante et courageuse sollicitude du Parlement empêcha Charles IX de dissiper le produit de la vente des terrains vagues qui appartenaient à la couronne.

2. Voir le trop spirituel article *Un Gaulois de la Renaissance* (Revue des Deux Mondes, 1er mai 1888) : la pensée générale en est que le gros de notre nation ne descend ni des vieux Gaulois ni des Francs, mais des Gallo-Romains définis comme on vient de le voir, et qu'il a fallu que la Renaissance élevât nos esprits et nos cœurs, vu que jusque-là les grands sentiments ne se rencontraient que parmi les nobles.

conscience des rois une garantie contre leurs caprices. Sur ce point, la liberté, la causticité même de son jugement, aida à l'égarer. Les États généraux, disait-il, n'avaient jamais servi qu'à tirer de l'argent de la nation : une fois les contributions extraordinaires votées, le gouvernement avait toujours éludé les promesses dont il les avait payées d'avance; donc les États généraux ne servaient à rien. Conclusions funestes! Sans doute, toute garantie légale peut devenir vaine dans des circonstances données; mais ce n'est pas une raison pour ne pas en réclamer. Le contrôle des États généraux n'avait été peu efficace que parce que tel est le sort des droits qu'on exerce à des intervalles trop grands. Mais, dès la fin du XVIᵉ siècle, les hommes les plus indépendants par leur caractère partageaient le scepticisme de Pasquier à cet égard; les uns, comme Malherbe, prêchaient, par amour de la paix, une obéissance illimitée; les autres, comme Agrippa d'Aubigné, comptaient plutôt pour limiter le pouvoir des rois sur un retour à l'anarchie féodale. Mais il faut dire pour la défense de Pasquier que l'absolutisme royal n'aurait pas produit toutes ses conséquences si l'élite dont il faisait partie avait pu transmettre aux générations ultérieures le courage respectueux mais ferme qu'elle avait souvent opposé à des velléités dangereuses de la couronne. Le malheur est que l'absolutisme une fois définitivement constitué, ce courage tend à s'user chez les sujets, jusqu'au jour où il renaît sous la forme de la révolte.

V. — *Valeur littéraire d'Amyot, de H. Estienne et de Pasquier.*

Le style chez Amyot, Estienne, Pasquier. — Essayons maintenant de marquer en quelques mots le mérite respectif de ces trois hommes.

Le plus pénétrant est sans contredit Henri Estienne. Non seulement sa science est plus étendue que celle des deux autres parce qu'il a lu et voyagé davantage, non seulement ses paradoxes mêmes marquent un esprit plus inventif, mais l'abondance de ses aperçus, la malice de ses remarques témoignent d'une perspicacité supérieure ; il devine beaucoup plus souvent les méthodes de l'avenir, il pressent bien plus souvent les découvertes de la postérité.

La part de Pasquier est le bon sens. Le bon sens n'est malheureusement pas le bon goût : on ne peut guère louer le sens littéraire d'un homme qui ne trouvait presque rien à reprendre dans Ronsard, qui employait toute une page à comparer Christophe de Thou avec Agathocle, Polycrate, Enguerrand de Marigny, Dragut, etc. Mais, dans tout ce qui touche à la morale, à la politique pratique, Pasquier est aussi judicieux qu'un lecteur de Port-Royal et de Boileau. Il n'est pas profond, parce qu'à cette époque on ne pouvait être à la fois profond et impeccablement sensé; comme la raison n'avait pas appris à se discipliner, elle s'égarait dans la fantaisie dès qu'elle sentait sa vigueur; ce n'est pas seulement le fougueux Rabelais au xvie siècle, mais aussi le fin Montaigne qui sème l'erreur à côté de la vérité; les exagérations de Jean-Jacques sont toutes en germe dans le philosophe périgourdin. Pasquier s'arrête donc le plus souvent à la surface des choses, témoin sa lettre sur les *Essais* et, ce qui est plus significatif encore, sa lettre à M. de Basmaison, avocat qui voulait acheter une charge de judicature : Pasquier, qui fait là l'éloge de la profession qu'il a aimée toute sa vie, ne rencontre qu'un seul trait précis : « Si vostre estat estoit vénal, il y a tel qui en voudroit bailler trois ou quatre fois plus d'argent que de l'office que vous souhaitez. » Mais c'est un beau titre au respect des hommes, surtout à un moment où l'esprit de parti troublait les consciences les plus généreuses, que de ne s'être presque jamais trompé dans les questions qui intéressent l'honneur et le bonheur de la famille et de la patrie.

Amyot l'emporte à son tour pour le talent d'écrivain. Il peut sembler surprenant que celui de nos trois auteurs qui a le moins pensé ait mieux écrit que les autres et l'on inclinerait plutôt à croire que le style d'Estienne mérite l'éclatant éloge qu'en a fait Silvestre de Saci : « Il faudra toujours remonter là quand on voudra bien parler et bien rire....... Je ne connais pas de style plus net, plus vif, plus gai que celui de H. Estienne...

Montaigne ne l'emporte que par l'art et par le profond calcul de sa naïveté. » Mais le délicat et pieux académicien cédait évidemment, quand il écrivait ces lignes, au plaisir d'affirmer qu'il ne s'effarouchait pas de l'*Apologie pour Hérodote*. Rapprocher Estienne de Montaigne, qui est toute grâce et toute imagination, ce n'est pas le louer, c'est l'écraser. Une insupportable diffusion gâte les qualités de sa plume; il a beaucoup d'esprit en latin et en français, mais dans les deux langues il ne sait ni choisir, ni abréger, ni composer; quand ce n'est pas l'abondance des souvenirs qui engendre la prolixité dans ses Dialogues, c'est une recherche mal comprise du naturel. Sa verve satirique même s'émousse souvent parce qu'il ne prend pas le temps de l'aiguiser; par exemple dans ses écrits contre les cicéroniens il le cède pour le persiflage spirituel, non seulement à Érasme, mais à Muret, qu'il n'égale que par la pureté et l'aisance de son latin. En somme il faut du courage pour le lire jusqu'au bout. Louons donc autant qu'on le voudra l'agrément, le mordant qui recommandent beaucoup de ses pages. mais ne laissons pas ignorer que l'ensemble de chacun de ses ouvrages fatigue bien plus qu'il n'amuse. Sous cette réserve, nous citerons volontiers la demi-page suivante, presque digne de La Fontaine et de Voltaire pour sa spirituelle élégance : « Je viens à cette partie d'oraison qu'on nomme les verbes, c'est-à-dire à montrer que les Italiens n'ont pas moins faict leur proufit de nostre langage ici que là[1]; encore que là ils ayent fouillé par tout, voire jusques à nous prendre une touaille (de quoy ils ont faict *una tovaglia*) et emmener une lavandière déguisée en *lavandaja* pour la pouvoir faire laver quand elle serait sale. Il semble qu'ils se devoient contenter de cela; mais ils ont bien faict davantage; car, au lieu qu'on dit

---

1. *Là* veut dire : dans les substantifs. Ce passage est tiré de la *Précellence*, p. 304 de l'édition précitée. Parmi les autres morceaux bien venus, nous renverrons aux pages où Philausone, dans les *Dialogues*, expose ironiquement l'art de faire croire à une richesse imaginaire, aux très amusants chapitres XXII et XXIX de l'*Apologie pour Hérodote* sur la gourmandise et l'ignorance des ecclésiastiques. Tout le monde connaît le passage caustique où il concède que certains termes doivent en effet être empruntés à l'italien parce que les vices qu'ils désignent forment le patrimoine de l'Italie; dans le même genre, on peut lire dans les *Dialogues du français italianisé* le morceau sur les courtisans qui croient avoir *leurs privilèges à part, leurs dispenses à part, leur paradis à part*, et qui vivent dans une complète ignorance de ce que le ciel attend d'eux, car autrement, *pour un monastère de filles repenties, on en aurait dix de courtisans repentis.*

ordinairement de ceux qui n'ont rien laissé qu'ils ont emporté jusque au chien et au chat, nous voyons qu'eux n'ont pas quitté leur part de nos rats et de nos souris, les déguisant en *ratti* et *sorici*, sans considérer qu'en nostre souris nous abusons du mot latin *sorices*. »

Même quand il n'est pas trop long, Estienne est parfois un peu lourd. Pasquier donne plus encore dans ce dernier défaut. Le badinage sent l'effort chez lui comme chez Balzac, que nous avons déjà cité à son propos, et en outre sent l'école. Son talent de parole ne s'élève pas d'ordinaire au-dessus de la médiocrité. Il est quelquefois touchant, surtout habile et ferme, mais la vigueur et l'éclat lui font défaut. A en juger par l'estime que ses contemporains professaient pour lui, par la chaleur de son action oratoire, par la force de ses convictions, la nature l'avait peut-être doué pour l'éloquence; mais il ignorait qu'une longue méditation donne seule à l'ensemble d'une œuvre un tour oratoire; il ne connaissait que le genre de travail par lequel on réunit et on ordonne les idées et celui par lequel on polit une rédaction improvisée. Le véritable orateur est l'homme qui après avoir distribué ses pensées dans un ordre satisfaisant pour son intelligence, les contemple à loisir et leur laisse le temps d'enflammer sa sensibilité, de lui suggérer des mouvements que n'inspirerait jamais la revision la plus patiente d'une élucubration trop hâtive. Pasquier n'en savait rien, et c'est pourquoi ses meilleurs plaidoyers sont plus intéressants pour l'histoire que pour la littérature [1]. Il réussit mieux dans la verve malicieuse, par exemple lorsqu'au septième chapitre du deuxième livre des *Recherches* il raille, à tort d'ailleurs, la joie et la fierté que toute convocation des États généraux inspire aux Français. On a dit avec raison qu'avant Pascal il a imaginé le type du jésuite tout fier des artifices de sa Compagnie. Il y a par endroits beaucoup d'agrément et de dialectique dans le Catéchisme où il le met en scène. L'historiette d'Ignace de Loyola, de sa mule et du mécréant narquois est fort bien contée : Ignace, n'ayant pu avoir le dessus dans la discussion, veut l'avoir à la pointe de l'épée; l'incrédule s'enfuit, Ignace pique sa mule et le pour-

---

[1]. On lira cependant avec intérêt la judicieuse étude qu'en a faite M. Froment dans son ouvrage sur notre ancien barreau.

suit, mais un scrupule le prend ; arrivé à un carrefour, il laisse le choix du chemin à sa monture ; celle-ci se trompe ; il le sait, mais interprète l'erreur comme un avertissement du ciel : « Dieu quelquefois, dit Pasquier, fait donner aux faux prophètes advis par leurs bestes, comme nous lisons de l'âne de Balaam et de cette mule d'Ignace. » Mais l'ouvrage est interminable et inégal. Pasquier ne savait pas plus qu'Estienne à quel prix on devient un bon écrivain.

Raison de la supériorité d'Amyot. — La supériorité d'Amyot à cet égard tient au rôle modeste qu'il a choisi. En effet l'obligation de mesurer à peu près le développement d'une idée sur la phrase d'un écrivain qui possédait à fond son art, la nécessité de réfléchir longtemps sur l'idée, puisque c'est l'idée d'un autre et qu'elle est exprimée dans une langue étrangère, dans une langue morte, ont fait pour lui ce que les préceptes de Malherbe et de Boileau firent pour les auteurs originaux du xviie siècle. Il pouvait bien introduire dans sa traduction ici un peu de redondance, là une glose, mais, tenu en laisse par son texte, il ne pouvait tomber ni dans les digressions ni dans la diffusion. Il avait forcément le loisir de ramasser toutes les ressources de sa plume pour lutter avec le texte. Engagé d'honneur par sa profession d'interprète à être compris de tous, il s'est interdit les néologismes savants et éphémères que les autres écrivains employaient de propos délibéré ou par inadvertance. On peut sourire de ses anachronismes d'expression : *prescher* et *monter en chaire*, à propos de Démosthène, les *communes* pour dire la plèbe, la *marche d'Ancône* pour le Picénum, la *cour de Philippe*, *Messieurs*, voilà des termes qui ne sentent pas leur helléniste, mais qui témoignent de la ferme volonté d'écrire dans la langue de tout le monde et non dans celle que les doctes seuls entendent. Aussi la langue d'Amyot a pu vieillir, mais son style est resté jeune parce qu'il était vivant, et qu'en matière de style ce qui a été vivant ne meurt jamais [1].

1. Il est si vrai que l'exercice de la traduction était alors particulièrement favorable, que, de nos jours M. Eugène Talbot a réimprimé (1865) l'Hérodote de Pierre Saliat, d'accord avec M. Émile Egger pour y retrouver quelques-unes des grâces d'Amyot. (Cette traduction avait paru en 1556 ; on l'avait réimprimée en 1575 ; P.-L. Courier, qui traduisit en langage du xvie siècle les premiers chapitres d'Hérodote, ne la connaissait pas.) Saliat, qui fut secrétaire d'Odet de Châtillon, a publié quelques autres ouvrages de diverse nature ; il ne manquait

On pourrait toutefois craindre que la charmante naïveté d'Amyot, jointe à son humeur pacifique, ne le disposât pas suffisamment à rendre les grandes scènes de l'histoire avec la vigueur de pinceau qu'elles demandent. Mais, par bonheur, il appartient à un siècle si énergique que ceux mêmes qui avaient alors le moins de fougue dans le caractère en avaient dans l'imagination et dans le style, témoin le paisible Montaigne, qui à l'occasion célèbre les *défaites triomphantes* dans un style que Lebrun-Pindare n'aura qu'à paraphraser pour chanter le *Vengeur* à la satisfaction des conventionnels. On a dit que les guerres de religion répandirent, si je peux m'exprimer ainsi, le courage dans les chaumières : à la vue des sacrifices que la foi inspirait chaque jour aux petits et aux grands, les hommes mêmes de qui les circonstances ne réclamaient pas ces sacrifices concevaient la plus vive admiration pour l'héroïsme. Pasquier, nous le disions tout à l'heure, enseignait du fond de son cabinet d'avocat et de lettré la valeur militaire à ses enfants, et la lettre qu'il a écrite sur les Commentaires de Monluc prouve qu'il ne goûtait pas moins que Henri IV ce *bréviaire du soldat*. Une pareille admiration pour la vaillance, un pareil mépris pour la lâcheté se marquent dans les traductions du bon Amyot. Il y avait d'ailleurs alors dans toutes les nations une surabondance de sève qui donnait souvent aux traductions une saveur particulière : on sait ce qu'a été celle de la Bible par Luther pour la langue allemande ; en Italie même, où l'affaissement des croyances n'entraînait pas encore l'affaiblissement de la pensée, les traductions d'Annibal Caro, de Davanzati se plaçaient au rang des bons écrits. Ainsi s'explique le succès d'Amyot, si indépendant de la mode que le xviie siècle lui a été aussi favorable que le nôtre. Aussi, comme à défaut d'idées originales la nature lui avait donné une physionomie originale, qui d'ailleurs rappelait assez celle de Plutarque, il a tracé un portrait qui ressemble fort suffisamment à son modèle et qui ressemble admirablement à lui-même.

pas d'esprit; dans sa dédicace à Henri II, il amène adroitement l'éloge du roi par la nécessité d'expliquer le retard qu'il a mis à imprimer son travail; il ne voulait pas, dit-il, déranger le roi pendant la campagne militaire; il présente habilement la glorification de la politique qui, en aidant les princes de l'Empire contre l'empereur, nous a valu les Trois-Evêchés; son style est mâle et respire le patriotisme; il est moins exclusivement qu'Amyot, qu'il n'égale pas, l'élève des auteurs qu'il a traduits; mais enfin lui aussi il a gagné dans leur commerce.

Si la philosophie de Descartes et la poétique de nos classiques prouvent que tout l'effort de leur temps consistait à se replier sur soi-même pour mieux approfondir les vérités qui importent davantage, l'obsession du temps présent qui dispute Estienne à l'amour de l'antiquité, le sens pratique de Pasquier, la leçon involontaire par laquelle Amyot enseigne le premier à nos écrivains l'art de se borner, nous apprennent qu'ils commençaient à entrevoir l'idéal du grand siècle.

VI. — *Jean de Nostredame et Claude Fauchet.*

L'étude de la vieille littérature française au XVIe siècle. — Au contraire, quelques-uns de nos érudits, parmi ceux mêmes dont la curiosité se portait vers l'histoire nationale, s'enfermaient dans le passé de notre littérature sans autre dessein que de le connaître. Il nous faut en effet dire un mot de deux investigateurs de notre vieille poésie qui essayèrent d'en fixer le souvenir, comme s'ils avaient pressenti que la France allait s'appliquer avec succès à l'oublier. A vrai dire, ces curieux ne s'isolaient point par là de leur génération, quelque occupée qu'elle fût de son présent et de son avenir. Car, sans parler de Henri Estienne, la Pléiade, malgré tout son désir de ne pas marcher sur les errements de Marot, aimait trop profondément la France pour honnir ses anciens poètes : Joachim du Bellay, dans son fameux manifeste, les mentionne avec égard; Vauquelin de la Fresnaye parle d'eux avec assez d'exactitude. Néanmoins Ronsard et ses amis ne lisaient guère nos anciens auteurs parce qu'ils sentaient bien l'insuffisance de tels maîtres pour mûrir le génie national. Au contraire, deux hommes essayèrent alors de ramener l'intérêt public sur notre poésie du moyen âge, qu'ils aimaient pour elle-même.

Jean de Nostredame. — L'un était Jean de Nostredame, procureur au parlement d'Aix et frère du célèbre astrologue Michel. Il avait réuni une vaste collection d'ouvrages relatifs à la poésie provençale, poètes, biographes, etc., qu'on lui pilla en partie dans les troubles de 1562, et il déplorait qu'autour de lui on se souciât fort peu de recueillir les documents qui foisonnaient dans les bibliothèques des couvents et dans les archives des maisons nobles, dont jadis chacune, dit-il, possédait un registre des hauts faits accomplis par ses membres à la suite des comtes de Provence devenus rois de Naples et de Jérusalem. A l'aide de sa bibliothèque, il avait composé des Mémoires sur l'histoire de la Provence de 1080 à 1494, qu'il ne publia pas; mais il en tira les *Vies des plus célèbres et anciens poètes provençaux*, qu'il dédia en 1575 à la reine de France. Pour ce dernier ouvrage, il n'avait pas seulement reçu les encouragements de quelques amateurs d'histoire locale, comme Rémond de Soliers, dont on a un livre posthume sur les antiquités de Marseille : il avait été surtout déterminé à l'entreprendre par l'unanimité avec laquelle l'Italie, alors dans tout l'éclat de sa réputation littéraire, confessait ses obligations poétiques envers nos troubadours ; il ne connaissait pas seulement cette unanimité par le témoignage du gentilhomme de Gênes, du jurisconsulte de Massa qui avaient reçu la confidence de ses travaux : Bembo, Sperone Speroni (qu'il appelle l'Esperon Esperoin), Lodovico Dolce, tous les critiques italiens en un mot, après Dante et Pétrarque, la lui avaient apprise. Il en eut de plus, après coup, une preuve fort agréable, puisque l'année même où parut son volume on en publia une traduction italienne, qu'on réimprima à Rome en 1722. C'était une conséquence inattendue de l'italianisme que cette tentative de résurrection d'une partie de notre poésie du moyen âge. Malheureusement, Jean de Nostredame, qui avait d'abord rédigé son ouvrage en provençal, écrivait fort lourdement le français et manquait de critique ; il ne sut pas démêler les vérités et les fables dans les traditions qu'il rapportait.

Claude Fauchet. — L'autre explorateur du moyen âge, Claude Fauchet [1], n'était pas un médiéviste beaucoup plus savant ; mais il avait la pénétration refusée à Jean de Nostredame. Augustin Thierry l'a loué avec raison d'avoir compris dans ses *Antiquités gauloises et françaises* (1579-1599) la

---

1. Il naquit à Paris en 1530 et mourut en 1601. Durant les guerres d'Italie, il porta plusieurs fois en France les messages de notre ambassadeur de Rome, le cardinal de Tournon, puis devint premier président de la Cour des monnaies.

haute valeur de Grégoire de Tours pour qui veut connaître les mœurs de l'époque mérovingienne. Son *Recueil de l'origine de la langue et poésie française, rime et romans, plus les noms et sommaires des œuvres de cent vingt-sept poètes vivant avant l'an 1300* (1581), offre dans sa deuxième partie un catalogue raisonné qui n'a plus aujourd'hui de valeur scientifique. Mais Fauchet n'est pas seulement un curieux qui gémit de voir vendre les vieux manuscrits aux relieurs, qui un jour sauve un Chrestien de Troyes, qui sait, comme Jean de Nostredame, dont il connaît l'ouvrage, ce que les classiques italiens ont emprunté à nos anciens auteurs. C'est un esprit sagace. Il devine, par exemple, que les romans de chevalerie, tels que ses contemporains les lisent, ne sont que des remaniements d'anciens ouvrages. La première partie de son livre abonde en vues justes sur l'histoire des langues. Dans des matières si peu éclaircies alors, il sait douter : il voit bien que rien ne prouve que l'hébreu soit la langue la plus ancienne ; il discute avec finesse les arguments de ceux qui croyaient aisé de retrouver l'idiome des Gaulois ; il refuse avec raison d'en voir des vestiges dans tout mot français que le latin n'explique pas. Il comprend que l'Église a contribué à faire de la langue qu'elle avait adoptée la base du français, que le partage des États de Louis le Débonnaire entre ses enfants a hâté la formation des idiomes modernes.

Assurément l'appel que Jean de Nostredame et Fauchet adressaient à leurs contemporains ne fut guère écouté. Il faudra encore attendre longtemps avant que nos bénédictins y répondent en entamant avec leur lenteur consciencieuse l'*Histoire littéraire de la France*. Mais la tentative de ces deux auteurs achève de montrer avec quelle largeur les savants de ce siècle entendaient la gloire de leur patrie, puisqu'il s'en trouvait parmi eux pour essayer de prévenir l'injuste dédain dont l'enthousiasme pour l'antiquité et pour l'heure présente menaçait notre vieille littérature. Ceux mêmes de leurs confrères en érudition qu'ils ne convainquirent pas avaient eux aussi, à leur façon, l'intelligence large. Ils ne croyaient ni que la gloire littéraire suffit à un peuple, ni que l'antiquité eût à tout jamais le privilège de la perfection. Ils étaient profondément imbus de l'esprit national, de nos traditions politiques et morales; divisés sur le dogme, mais tous également fiers de la place que la France avait occupée jusque-là dans le monde et gardiens jaloux de la pureté de son langage, ils avaient foi dans son avenir. Amyot, Henri Estienne, Pasquier n'avaient dans leur fond rien du pédant; et qui sait si ce n'est pas une des raisons pour lesquelles leurs admirateurs portèrent quelquefois le pédantisme dans l'éloquence et dans la poésie? Des têtes plus faibles s'enivraient du vin de la science en le leur voyant si bien porter. Mais l'ivresse se dissipera; et le siècle qui va venir recueillera un double héritage : un trésor de connaissances et une noble confiance dans le génie de la nation.

BIBLIOGRAPHIE

Amyot. — *Les amours pastorales de Daphnis et Chloé*, traduites en français par Jacques Amyot, Paris, Vinc. Sertenas, 1559, petit in-8. — *Vies des hommes illustres de Plutarque*, trad. par Amyot, Paris, Michel Vascosan, 1559, gr. in-folio. — La première réimpression des *Vies*, ibid., 1565-1572, 4 tomes en 2 vol. in-folio.
Parmi les éditions modernes du *Plutarque* d'Amyot, voir celle de Didot, 1818-1821, 25 vol. in-8.
J.-J. **Ampère**, *Anciens auteurs français : Jacques Amyot*, dans la *Revue des Deux Mondes* du 1er juin 1841. — **Auguste de Blignières**, *Essai sur Amyot et les traducteurs français du XVIe siècle*, Paris, 1851, in-8. (Cf. les articles de M. de **Champagny** dans le *Correspondant* d'octobre 1851 et de M. **Patin** dans le *Journal des savants* de janvier 1850.)

Henri Estienne. — *Traité de la conformité du langage françois avec le grec*, s. l. n. d., petit in-8 (Genève, vers 1565). — *Projet du livre intitulé : de la Précellence du langage françois*, Paris, Mamert Patisson, 1579, petit in-8. Edit. **Feugère**, 1850 et 1853; édit. **E. Huguet**, 1896. — *Deux Dialogues du langage françois italianisé*, Genève, 1578, petit in-8. Edit. **Ristelhuber**, 2 vol. in-8, 1883. — *Introduction au traité de la conformité des merveilles anciennes avec les modernes ou traité préparatoire à l'Apologie pour Hérodote*, 1566, petit in-8. Edit. **Ristelhuber**, 2 vol. in-8, 1879.
Léon Feugère, *Essai sur la vie et les ouvrages de Henri Estienne, suivi d'une étude sur Scévole de Sainte-Marthe*, Paris, 1853, in-12. — **Ant.-Aug. Renouard**, *Annales de l'imprimerie des Estienne*, 2e édit., Paris, J. Renouard, 1843, in-4. (Cf. les articles de M. **Magnin** dans le *Journal des savants* de novembre 1840 et janvier 1841.) — **Firmin-Didot**, *Observations littéraires et typographiques sur H. Estienne*, 1826.
Ch. Lenient, *La satire en France, ou la littérature militante au XVIe siècle*, 2e édit., Paris, Hachette, 1878, 2 vol. in-12. — **Sayous**, *Études littéraires sur les écrivains français de la Réformation*, t. II, 2e édit., Paris, 1881, 2 vol. in-12.
M. Louis Clément, professeur au lycée de Versailles, achève en ce moment une thèse sur Henri Estienne.

PASQUIER. — L'édition des *Œuvres* de Pasquier publiée à Amsterdam (Trévoux) en 1723, 2 vol. in-fol., avec les lettres de son fils Nicolas, contient l'essentiel. — La *Jeunesse d'Etienne Pasquier* parut chez Petitpas en 1610 ; le *Catéchisme des Jésuites*, à Villefranche, chez Guill. Garnier, en 1602; le 1er livre des *Recherches de la France*, avec le *Pourparler du prince*, à Paris, chez Longis et Le Manguier, en 1560; la première édition complète de cet ouvrage, est celle de Paris, Petitpas, 1621, in-folio. La première édition des *Lettres* de Pasquier est de 1586 ; la plus complète est celle de Paris, Petitpas, 1619, 3 vol. in-8. Quant à ses autres ouvrages et aux pamphlets composés pour ou contre lui, voir le *Manuel du libraire* de Brunet.

Léon Feugère, *Essai sur la vie et les ouvrages d'Étienne Pasquier*, suivi d'une bibliographie de ses ouvrages, en tête des *Œuvres choisies de Pasquier*, Paris, Firmin Didot, 1849, 2 vol. gr. in-18. — **Charles Giraud**, *Notice sur Etienne Pasquier*, en tête de l'ouvrage posthume de Pasquier intitulé : *Interprétation des Institutes de Justinian*, Paris, Videcoq aîné et A. Durand, 1847. — **Henri Baudrillart**, *Étienne Pasquier écrivain politique* (*Séances et travaux de l'Académie des sciences morales et politiques*, août 1863). — **Sainte-Beuve**, *Causeries du lundi*, t. III. — **Ch. Lenient**, *op. cit.*

Œuvres de CLAUDE FAUCHET. Paris, 1610, in-4.

CHAPITRE XII

LA LANGUE AU XVIᵉ SIÈCLE [1]

Considérations générales. — Dès le xivᵉ siècle, nous l'avons vu, le français était entré dans une nouvelle voie et avait commencé à subir profondément l'influence des savants. Pendant le xvᵉ, cette influence ne cessa de s'accroître. Il semblait même que ceux des écrivains qui savaient peu de latin ne s'en appliquaient que plus ardemment à l'écorcher. Néanmoins, il s'en faut bien que l'évolution du français ait perdu au xvᵉ siècle son caractère populaire et spontané. Le travail instinctif des masses est accompagné, quelquefois contrarié par le travail des « savants »; celui-ci ne domine et n'étouffe encore pas l'autre. La raison principale en est, je crois, dans la situation respective du latin et du français, qui dure toujours. Le premier garde encore à peu près intact le privilège d'être la langue littéraire et scientifique, le second est toujours tenu à un rang inférieur. Le nombre de ceux qui le considèrent comme capable de devenir un instrument de haute culture est toujours restreint. Par suite les expériences d'écrivains pour perfectionner cet instrument restent encore dispersées et intermittentes.

Au contraire, au xviᵉ siècle, l'idée de cette hiérarchie des langues se déracine un peu partout; des hommes supérieurs

---

[1]. Par M. Ferdinand Brunot, maître de conférences à la Faculté des lettres de l'Université de Paris.

paraissent qui, sans nier la suprématie du latin, dont le culte au contraire se renouvelle et se réchauffe, veulent, pour diverses raisons, politiques, sociales, religieuses, scientifiques, tirer leur « vulgaire » de l'obscurité et, comme dit l'un d'eux, le « magnifier ». Or il ne leur semble pas, au moins pendant la première période, que, tel qu'il est, le français puisse suffire à son rôle nouveau de langue littéraire et scientifique; et alors toutes sortes d'efforts, souvent divergents, se portent sur lui, afin de le mettre à la hauteur de la situation à laquelle on l'appelle. Suivant moi toute l'histoire de notre idiome au xvi° siècle est là. Il continue bien alors sa vie spontanée, que rien jamais n'interrompt, mais les petits événements qui la marquent disparaissent dans les troubles que causent des tentatives systématiques, souvent violentes, pour le transformer.

De là les divisions qui suivent. J'essaierai de montrer d'abord comment le français pénétra, au lieu et place du latin dans les différentes sciences, puis ce qu'on tenta pour l'enrichir, en développant son vocabulaire, pour le fixer, en lui faisant une grammaire, enfin pour le simplifier, en lui donnant une orthographe rationnelle.

I. — *La lutte avec le latin.*

L'idée de mettre les sciences en français était, malgré tous les préjugés, si naturelle, qu'elle devait venir, et qu'elle vint en effet très anciennement, soit aux savants eux-mêmes, soit à ceux qui, par leur situation, pouvaient se rendre compte des bienfaits qui naîtraient d'une vulgarisation un peu étendue des connaissances. Sous Charles V, dont la protection, nous l'avons vu, était acquise, même aux tentatives de ce genre qui devaient avoir pour conséquence unique une amélioration intellectuelle et morale de ses sujets, des efforts considérables avaient été faits, tels, bien entendu, que le temps les permettait.

Mais les événements avaient depuis lors si cruellement détourné vers d'autres besoins les préoccupations générales, que, malgré la bonne volonté de plusieurs autres rois, au temps où l'imprimerie se répandit, les œuvres de vraie science en français étaient encore peu nombreuses. L'instrument de vulgarisation était trouvé, les livres faisaient défaut, l'idée même qu'il y avait nécessité d'en grossir le nombre n'avait pas mûri. Ce fut aux hommes nés à la fin du xve et au commencement du xvie siècle de comprendre l'importance du travail et de le fournir.

Il semble *a priori* étrange que pareille époque ait fait pareille tâche, et qu'il se soit trouvé des hommes pour l'entreprendre, alors que la Renaissance, dans tout son premier éclat, semblait devoir détourner vers les seuls anciens l'admiration de ceux qui pensaient. Mais Thurot a déjà très bien résolu cette apparente contradiction, et finement montré comment le culte du latin, chez ceux qui l'ont eu le plus exclusif, a indirectement servi les progrès du français.

En effet, les efforts qu'ils firent pour restituer la langue latine dans sa pureté antique, contribuèrent, en la purifiant, à l'abolir comme langue vivante. Elle n'avait pu se maintenir dans l'usage quotidien qu'à condition de se plier aussi aux besoins quotidiens, d'accepter quelques solécismes usuels et surtout une multitude de barbarismes, que le travail de la pensée moderne et l'usage même de la vie faisaient naître. Les lui interdire, lui imposer la circonlocution avec les mots du Ier siècle, c'était la tuer. Il se fit bien, malgré les puristes à outrance, un composé du latin de divers auteurs, mais la direction n'en était pas moins donnée : on cherchait l'élégance, on perdit la commodité. La vraie langue des Romains, Tacite vînt-il à l'appui de Cicéron, ne pouvait pas, sans de véritables tours de force, traduire la pensée du xvie siècle.

En second lieu, l'admiration de l'antiquité, chez beaucoup des contemporains de François Ier, ne put rester platonique, et se compliqua d'un désir de partager à tous le trésor qu'on possédait, afin de transformer le monde en l'humanisant. « Travailler au bien public, au profit et à l'utilité de tous », cette intention généreuse s'affirme dans les préfaces sous cent formes différentes. Admettons qu'elle ne fût pas tout à fait pure, elle existait, très réelle et très vraie chez beaucoup, et c'est par elle en partie que s'explique cette ardeur du mouvement de la Renaissance, qui a été, somme toute, moins une découverte qu'une diffusion de l'antiquité ; or, pour faire connaître les arts et disciplines des anciens, il n'y avait que deux moyens : ou bien enseigner à tous les langues savantes, ou bien mettre à la portée de tous, dans une langue connue, les arts et les disciplines. Je ne doute pas que quelques pédants n'aient espéré appliquer la première de ces deux méthodes. Mais l'ignorance où l'on était, en dehors du monde des clercs, même dans la noblesse et à la cour, et où l'on continua, au moins en partie, à demeurer, nous le verrons, suffisait à dissiper l'illusion. Il ne restait plus dès lors, bon gré mal gré, qu'à employer le français. Cela avait des inconvénients sans doute, dont un des plus graves était de classer l'auteur parmi les indoctes, et de marquer sa science, quelle qu'elle fût, d'une note d'infériorité. Mais en revanche le livre français courait la chance d'aller à un public plus considérable.

Et c'est là, sans doute, la raison pour laquelle des libraires comme Jean de Tournes avaient transformé leur imprimerie en un véritable office de traductions. A dire vrai, l'extension de l'imprimerie devait avoir pour conséquence fatale l'adoption d'une langue encore plus connue que ne l'était le latin : il lui fallait faire tôt ou tard, si les ateliers ne voulaient pas chômer, des livres qui allassent à tout le public qui savait lire.

Aussi une question comme celle qui nous occupe devrait-elle être étudiée simultanément dans divers pays à la fois, ainsi du reste que toutes les questions qui concernent la littérature de ce XVIe siècle, essentiellement cosmopolite. A la considérer comme purement française, non seulement on la rapetisse, mais on risque d'attribuer à la France une indépendance à l'égard de la tradition plus grande et plus spontanée qu'elle ne l'a eue. Les langues vulgaires ont eu des champions, même dans les pays où elles ont mis le plus de temps à s'affranchir, tel en Allemagne Jean Trithème, qui appartient autant au XVe siècle qu'au XVIe [1].

Mais c'est l'Italie surtout qui se trouvait en tête du mouve-

---

[1]. Trithème, dont, on le sait, l'érudition passait pour prodigieuse, avait exposé ses idées à Bouelles, et le bon chanoine en était resté si scandalisé qu'il a cru devoir faire juges de cette hérésie les lecteurs de son *Liber de differentia vulgarium linguarum*, H. Est., 1533. Voir c. 50 : « Nam cum quadam die in familiari collocutione, oborta casu esset vulgaribus de linguis sermocinatio : tum rem supra vires polliceri Tritemius non erubuit, qui Germanicam linguam et confictis a se characteribus exculturum, et sufficientibus regulis instructurum, nec non Latinæ tandem linguæ parem se effecturum spopondit : adeò (aiebat), ut docti quidem viri in disciplinarum et scientiarum traditionibus nihilo dedignarentur illius commoditate et adminiculo uti. »

ment. Une admirable production littéraire, qui avait commencé avec Dante, pour continuer par Pétrarque et Boccace, avait montré quelle variété de qualités des esprits supérieurs pouvaient donner à la langue vulgaire. La valeur de l'outil forgé par Dante éclatait dans des œuvres immortelles, et ce sont là des arguments qui s'imposent avec une autre autorité que les raisonnements abstraits les mieux conduits. Je ne saurais, on le comprend, suivre ici les polémiques qui s'engagèrent entre les partisans et les adversaires du latin outre monts. Je voulais marquer seulement, qu'ici comme en bien d'autres choses, l'Italie fut l'initiatrice ; c'est à son exemple que les Français durent, suivant la jolie expression de Peletier du Mans, de « sentir leur cœur plus grand que leurs peres n'auoient fait oncq ».

Dans ces conditions, les idées de ceux qui, en France, ont mené campagne en faveur du français, perdent, sans aucun doute, beaucoup de leur originalité, mais rien de leur intérêt. J'ai donc essayé, dans les pages qui suivent, de dessiner à grands traits l'histoire des victoires que notre langue a remportées sur le latin pendant cette période décisive, c'est-à-dire de marquer quand et sous quelle impulsion elle a commencé à être adoptée dans chaque branche des connaissances humaines. On verra — et c'est là ce qui complique extraordinairement cette étude — que, si à certains moments la poussée semble générale, à y regarder de près, les époques de succès varient considérablement d'une science à l'autre. A la fin du siècle il s'en faut bien que le français ait pris également possession définitive de toutes.

J'ai conscience que dans ces recherches, où je n'avais point de guide, beaucoup de noms et de livres ont dû m'échapper. J'aurai l'air d'en avoir omis bien plus encore, quoique je les aie vus et connus. C'est que, pour faire cette histoire complète, il faudrait mentionner à leur date, chacun des ouvrages français qui ont paru, et étudier leur influence. Ce n'est pas ce travail colossal, qui devra être fait un jour, que j'ai voulu entreprendre.

Dans la masse du XVIe siècle, j'ai essayé de choisir — témérairement, comme on choisit toujours — les hommes et les œuvres qui me semblaient avoir eu, dans le progrès que j'étudie, le plus d'influence. Les indications que je donne ne suffiraient pas, je le sais, pour l'histoire de chaque science ; réunies, elles expliqueront, j'espère, le mouvement général d'idées réformatrices que, dans l'histoire littéraire, certains gardent encore la gloire d'avoir seuls représentées et presque inventées.

Les grands obstacles. *1° L'École.* — Il n'est pas tout à fait exact de dire, comme cela a été répété souvent, que le français était totalement exclu, au XVIe siècle, des collèges de l'Université. Ce n'est pas non plus, comme on l'a soutenu, Mathurin Cordier qui lui a fait la petite place qu'il occupait [1], c'est la nécessité même de l'enseignement. Quicherat a montré que Cordier avait été précédé dans cette voie. Nous avons des ouvrages pédagogiques très anciens où entre le français; ainsi la *Maniere de tourner en langue francoyse les verbes Actifz, Passifz, Gerondifz, Supins et Participes; item les verbes Impersonnelz, ayans termination actiue ou passiue, avec le verbe substantif nomme sum*, qui parut d'abord sans nom d'auteur ni date, à divers endroits, mais qui est due à Robert Estienne. Toutefois ces livres mêmes suffisent à montrer quel était le rôle de la langue vulgaire dans les collèges; dans celui de Rob. Estienne les formes françaises sont, il est vrai, réunies, mais pour faire sentir à l'élève la valeur et le sens des formes latines. La grammaire française est le moyen, non le but de l'enseignement. On le sent mieux encore, en parcourant le livre de pédagogie élémentaire que Robert Estienne a intitulé [2] : LES DÉCLINAISONS DES NOMS *et verbes, que doibuent scauoir entierement par cœur les enfans, ausquels on veult bailler entree a la langue Latine....* La dernière partie, savoir : LA MANIERE D'EXERCER LES *enfans a decliner les Noms et les Verbes* est particulièrement significative. Si, en passant, il y est recommandé de bien prononcer et de bien écrire le français, autant que le latin, si on demande à l'écolier de pouvoir traduire sans hésiter une forme latine qu'on lui cite, pendant qu'on donne à son voisin une forme française à tourner en latin, c'est pour les mettre tous deux, une fois pour toutes, en possession complète de la grammaire usuelle du latin, et qu'ainsi, définitivement accoutumés et instruits, ils puissent « aller plus outre », en

---

1. Massebieau, *Les Colloques scolaires...* Paris, 1878, p. 223.
2. A Paris, de l'Imprim. de Rob. Estienne, imprimeur du Roy, 1549. A. P. (septembre). (Les conjugaisons étudiées sont celles des verbes latins : *amo, doceo, lego, audio*; des anomaux : *eo, volo, nolo, fero, fio*. Cela seul suffit à éclairer sur les intentions de l'auteur.)

latin, s'entend [1]. Quand le français a rendu les services qu'on attendait de lui, et que l'enfant n'est plus « si rude ni abécédaire »; on l'abandonne; ses premières années faites, l'élève, hors la classe comme dans la classe, ne doit plus avoir d'autre langue. C'était une obligation générale dans les collèges de parler latin [2]; les pédagogues les plus libéraux, comme Cordier, conseillaient bien aux maîtres d'user, pour l'imposer, plus de la persuasion que de la violence; ils en arrivaient même à proposer de suspendre quelques instants par jour cette règle salutaire, mais c'était afin que le reste du temps on s'y conformât avec plus de bonne volonté. Quant à l'abandonner, personne n'eût proposé cette folie. Il ne faut pas oublier en effet que la possession du latin était le but principal, on pourrait presque dire unique des premières études : *Latine loqui, piè vivere*, c'était tout un programme de vie : la piété ouvrait le ciel, le latin assurait l'entrée des sciences divines et humaines; il donnait commerce avec tout ce qu'il y a de bien, de sage et de noble sur la terre.

Il semble, quand on lit dans Montaigne le récit de ses premières années [3], qu'on est en présence d'un cas exceptionnel. Mais

---

1. Je n'ai pas à m'étendre sur cette question. Je rappelle seulement que les livres cités plus haut ne sont pas les seuls du genre. Il existe des grammaires bilingues : *Ælii Donati de octo orationis partibus libellus. Des huict parties d'oraison*; Parisiis, ex officina Matthaei Davidis, via Amygdalina, 1546. Il y en a de toutes françaises : *les Principes et premiers elementz de la langue Latine, par lesquelz tous ieunes enfants seront facilement introduictz a la congnoissance d'icelle*. Parisiis, apud Mauricium de Porta, 1544.
2. Du Boulay a raconté dans son *Hist. Universitatis*, III, 126, qu'un papetier, harangué en latin par le Recteur, qui lui faisait des reproches sur ses fournitures, fut cité devant le Parlement pour avoir riposté en disant : « Parlez français, je vous répondrai. » (Cf. Compayré, *Hist. des doct. de l'éduc.*, I, 137.)
3. « Tant y a que l'expedient que mon pere y trouua, ce fut que, iustement au partir de la nourrice, il me donna en charge a un Alleman, qui depuis est mort fameux medecin en France, du tout ignorant de nostre langue et tresbien versé en la Latine. Cetuy-cy, qu'on auoit faict venir expres et qui estoit bien cherement gagé, m'auoit continuellement entre les bras. Il en eut aussi auec luy deux autres, moindres en sçauoir, pour m'accompagner et seruir, et soulager le premier; ceux-cy ne m'entretenoient d'autre langue que Latine. Quant au reste de sa maison, c'estoit une regle inviolable, que ny luy mesme, ny ma mere, ny valet, ny chambriere ne parloint en ma compagnie qu'autant de mots de Latin que chacun auoit apris pour iargonner auec moy. C'est merueille du fruict que chacun y fit : mon pere et ma mere y apprindrent assez de Latin pour l'entendre, et en acquirent a suffisance pour s'en seruir a la nécessité, comme firent aussi les autres domestiques qui estoient plus attachés a mon seruice. Somme, nous nous latinizâmes tant qu'il en regorgea iusques a nos villages tout au tour, ou il y a encores, et ont pris pied par l'usage plusieurs appellations Latines d'artisans et d'utils. Quant a moy, i'auois plus de six ans

seuls, les moyens employés par son père pour faire de lui un bon Latin, étaient nouveaux. Henri Estienne a été élevé à peu près dans les mêmes conditions que Montaigne. Dans la maison de Robert, qui a excité par là la verve poétique de Daurat, femmes, servantes, clients, enfants, le petit Paul et la tante Catherine, tout « l'essaim de la ruche laborieuse » s'entretenait chaque jour « dans le langage de Plaute et de Térence ». Et si peu de familles atteignaient à ce résultat, c'était du moins là un idéal, que les pédagogues leur proposaient. Seule, la mère était admise, et pour cause, à parler à ses enfants la langue maternelle [1]. Mais un écolier soucieux de ses progrès devait se borner là, et éviter de parler longuement aux domestiques, incapables de lui répondre autrement qu'en leur vulgaire.

Que nombre de familles n'aient ni pu ni même voulu, quand elles le pouvaient, se plier à cette discipline des régents, c'est chose qui se devine de soi-même. De l'aveu même de Cordier, malgré le fouet, malgré la censure publique, à laquelle on s'exposait, au même titre que si on eût manqué la messe, les enfants savaient trouver des cachettes (*latibula*), où ils pouvaient parler de ces mille riens à l'échange desquels la majesté du latin risquait de se compromettre.

Toutefois, quels qu'aient pu être ces écarts, la règle qui imposait le latin resta debout, et les réformes de l'époque de Henri IV ne changèrent rien sur ce point aux anciens statuts [2]. Comment eût-on renoncé à la tradition, quand les champions les plus ardents du relèvement de l'instruction générale en étaient à protester contre l'abandon des langues anciennes? Ainsi P. Boulenger est un esprit des plus modernes; il eût compté, de nos jours, parmi les propagateurs de l'instruction

---

auant que i'entendisse non plus de françois ou de Perigordin que d'Arabesque... Si, par essay, on me vouloit donner un theme a la mode des colleges; on le donne aux autres en François, mais a moy, il me le falloit donner en mauuais Latin pour le tourner en bon. » (Mont., *Ess.*, I, ch. xxvi.). — Dans cette citation, comme dans celles qui suivent, j'ai gardé l'*u* (= *v*) du xvie siècle dans le corps des mots. Au commencement des mots j'ai écrit uniformément *u* pour *u*, et *v* pour *v*.

1. Cordier, *De corr. sermon. emendatione*, 1533, Pref. : « (pueros) pudeat vel cum ipsis matribus uti lingua vernacula. » Cf. IV, 10, et II, 44.

2. « Nemo scholasticorum in Collegio lingua vernacula loquatur, sed Latinus sermo eis sit usitatus et familiaris. » (*Statut. Acad. et Univers. Parisiensis*, art. xvi, 3 sept. 1599.)

obligatoire; le discours où il s'est plaint de l'abandon des études et de l'oubli où on laissait tomber l'édit du roi concernant l'instruction gratuite des enfants pauvres, est resté célèbre ; néanmoins Boulenger n'a pas imaginé un instant que cette instruction pût se faire sans latin; il proteste même contre l'idée qu'on puisse tenter quelque chose en ce sens [1], et essayer de constituer une littérature scientifique française ou une encyclopédie de traductions. Suivant lui, tout cela resterait incompréhensible aux hommes sans latin.

Aucune initiative ne vint non plus du côté des adversaires des universités ; les collèges des jésuites étaient à peu près aussi fermés à la langue vulgaire que les autres [2].

Et il ne faudrait pas croire que les professeurs de la Faculté des arts aient été les plus entêtés de leur latin. La Faculté de décret, la Faculté de théologie, dont nous aurons suffisamment à reparler, n'y était pas moins attachées. Quant à la Faculté de médecine, elle considérait, elle aussi, que la médecine devait, à tout prix, rester fermée aux profanes ; la Faculté de Paris en donna une preuve comique dans le procès qu'elle fit à un empirique, Roch Baillif de la Rivière, qui se réclamait de Paracelse [3]. Appelée à examiner les doctrines de cet imposteur, la commission des six délégués, nommée par elle, refusa de discuter des théories expri-

---

1. P. Boulenger, *De utilitate quæ ad populum Gallicum rediret, si sanctè Regis edictum servaretur, De adhibendis in singulis Galliæ oppidis præceptoribus, à quibus gratuitò egentiores adolescentuli ingenuis artibus erudirentur*. Paris, Fed. Morel, 1566. P. 9, v°, l'auteur s'élève contre ceux qui croient le français suffisant : « Satis id habentes, si vel animi cogitata sermone vernaculo utcumque scribere norint, vel quæ materna lingua ab aliis scripta fuerint, legere queant, non secus ac si supervacanea non solùm esset, sed teneris etiam mentibus exitialis et damnosa Latinarum et Græcarum literarum cognitio. » Cf. 11, v°, et 12 r° : « Quod ergo adfertur de iis quæ in nostram linguam conversa fuere, non est tanti ponderis aut momenti, ut propterea linguarum studium statim abiicere debeamus, cum nec artes quas circa sermonis artificium versari diximus, nec altiores disciplinæ, in Gallicam linguam traductæ adhuc fuerint : quas, etiam si vernacula lingua conscriptæ essent, nunquam tamen intellectu consequerentur, qui ab ineunte ætate aut Latinis aut Græcis literis imbuti non fuerunt. »

2. « Latine loquendi usus severe in primis custodiatur, iis scholis exceptis, in quibus discipuli latine nesciunt, ita ut omnibus quæ ad scholam pertinent, nunquam liceat uti patrio sermone : eamque ob rem latine perpetuo magister loquatur. » (*Ratio studiorum*, éd. Tournon, 1603, p. 121.)

« Domi linguæ latinæ usum inter scholasticos diligenter conservandum curet Rector; ab hac autem latine loquendi lege non eximantur, nisi vacationum dies et recreationis horæ. » (*Ibid.*, 27.)

3. Le Doyen Rousselet avait obtenu l'autorisation de poursuivre cette « peste » qu'il comparait à Luther, et voulait renvoyer chez les Turcs, le 7 oct. 1578. (Voir Reg. mss. de la Fac., VIII, 107 v°, Bib. de la Fac. de médecine de Paris.)

mées en français, estimant *a priori*[1] qu'un homme qui ne savait pas le latin, et n'avait pu lire par conséquent ni Hippocrate, ni Galien, ni Avicenne, était incapable de guérir. Alors, dans une scène digne de Molière, « le grand Sénat, dont toutes les écoles de France, d'Italie, d'Espagne, et d'Allemagne, au dire des plaignants, attendaient l'arrêt », dut avant tout se transformer en commission de régents, et demander à l'inculpé, d'abord un thème oral, puis, sur son refus, un exercice écrit de latinité[2].

---

1. Voir : *Vray discours des interrogatoires faicts en la presence de MM. de la Cour de Parlement, par les Drs. Regents en la Faculté de Medecine...., à Roc le Baillif, surnommé La Riuiere, sur certains poincts de sa doctrine*, Paris, L'Huillier, rue Saint-Jacques. A l'Oliuier. Auec priuilège.

Interrogé le 19 juin « en la maison de Mgr le President de Morsan le 19 juin, l'autre à sa requeste en plein Parlement deuant tous MM. de la Cour. Au premier examen, la plus grand part de l'apres-disnee fut consommee en ce different, qu'iceluy proteste qu'il ne peut parler Latin. Les Medecins au contraire disent, qu'ils ne doiuent ny ne peuuent examiner de la Medecine en langue vulgaire. Luy remonstre, que les maladies ne se guerissent ny en Latin ny en Grec : que c'est assez que la chose soit entendue, et les remedes cogneuz. Davantage, que luy est Medecin François, et qu'Auicenne a escrit en sa langue, Hippocrates et Galien en la leur. Au contraire les Medecins remonstrent, qu'il est impossible qu'il soit Medecin, qu'il n'ait passé par les premieres lettres et escholes. Outre que cest homme se dit docteur à Caen (qui est une falsité digne de punition, comme il a esté acertainé par les Docteurs de Caen à la requeste de Madame de Rohan) et pource qu'un Docteur examinant un qui se dit Docteur ne le peult examiner en François : principalement estant question d'introduire ou reietter la doctrine de Paracelse par le iugement d'un si grand Senat, duquel toutes les Escholes de France, Italie, Espaigne, Allemaigne, attendent l'Arrest. Dauantage, qu'il n'est possible, que n'entendant la langue Latine, il ait leu Hippocrates, Galien, Auicenne et autres bons autheurs Grecs, Arabes et Latins, desquels la milliesme partie n'est tournee en François. »

2. « En ce debat Messieurs de la Cour luy remonstrent, qu'il parle Latin tel qu'il voudra et pourra, qu'il sera excusé. Luy coulpable de son ignorance, de rechef dit, qu'il y a long temps qu'il n'a veu ses liures : qu'il y a quatorze mois qu'il est à Paris empesche à ses affaires. Quelqu'un des Docteurs, pour plus euidemment monstrer l'ignorance dudict La Riuiere, luy demande qu'il dise en Latin : Il y a quatorze mois que ie suis en ceste ville. Il faict du sourd. Mais estant pressé, il dit qu'il escriroit bien en Latin, mais qu'il ne peut parler. Alors les Docteurs, sans preiudice du reste de l'Examen, demandent qu'il responde par escrit en Latin sur le champ à la premiere question qui luy sera faicte. Il ne peult reculer. Et pour ce la premiere question est telle : *Qui fieri possit ut Paracelsus ab Hipp. et Galeno nihil dissentiat, cum Paracelsus eos sæpe ludibrio habeat, seseque hujus tam reconditæ doctrinæ authorem esse scribat.* Alors iceluy La Riuiere prend la plume, attentif comme ces petits enfans qui font leur theme, remet en sa memoire quelque Latin de Paracelse, qu'il sçait par cœur, et escrit : *Paracelsus non differt à veteris Medicis. Nam Hippocrates in libro de veteri medicina non dicit sanguis bilis esse principia*, etc. Voila le Latin de La Riuiere, que ie pense qu'on trouueroit encore escrit de sa main »... *Recueil des deux examens faicts par cinq de Mess. de la faculté de Medicine contre Roc Baillyf, surnommé la Riuiere*, p. 17 et s., Bibl. Maz^{ne} 29 121.

On peut consulter sur ce grave procès, dont les débats durèrent quatre jours, les registres mss. de la Faculté, VIII, 128 et suiv. René Chopin parla deux jours pour Hippocrate et Galien, et Roch Baillif de la Rivière fut condamné à être banni du ressort du Parlement. L'avocat du roi était Barnabé Brisson ; il fit sur l'antique médecine et son père Hippocrate une harangue si goûtée, que la

La première protestation qui, à ma connaissance, se soit élevée contre cette domination exclusive du latin dans les écoles, est celle que Jean Bodin, le célèbre jurisconsulte, a placée dans son discours aux consuls de Toulouse sur l'instruction de la jeunesse, en 1559. Non seulement, il estime que c'est une qualité pour un maître de bien savoir sa propre langue (p. 38 v°), mais tout en reconnaissant les avantages du latin, qui sert de langue commune aux lettrés de toutes les nations, il ose dire qu'il y aurait une économie énorme de travail et de temps à étudier les sciences en langue maternelle, comme ont fait les Anciens, comme les Italiens commencent à le faire; et il avance hardiment que le français peut y suffire, étant assez riche non seulement pour vêtir, mais pour orner les disciplines [1], qu'on doit donc s'exercer à écrire et à parler en français, comme en grec et en latin.

Dans cette seconde moitié du siècle, plusieurs des professeurs du Collège royal appliquèrent cette idée hardie, et Ramus, d'abord [2], puis sur son conseil, dit-on, le mathématicien Forcadel [3], au grand scandale de quelques-uns, mais visiblement

---

Faculté enthousiasmée lui vota une reconnaissance éternelle, et s'engagea solennellement, « quoi qu'il lui arrivât, à lui, à sa femme, à ses enfants, et aux enfants de ses enfants, des maux qui atteignent l'homme, quel que fût celui des docteurs qu'il appelât, quel que fût le nombre de ceux qu'il manderait, lui ou les siens, à le soigner à perpétuité, avec diligence, affection, et gratuitement. »

1. Voir Bodin, *De instituenda iu rep. iuventute oratio*, Tolosæ. 1559, ex off. P. Putei, 43 v°... « Fateor equidem magnum aliquid ac præclarum futurum, si apud nos, ut iam apud Italos fieri cœptum est, artes ac scientię lingua vernacula doceantur; ut quemadmodum utrique, et Græci quæ ab Ægyptiis, et Latini, quæ à Græcis didicerant, sua lingua maluerunt quam peregrina profiteri, ut se tanto, ac tam graui discendarum linguarum, quæ maiorem ac meliorem ætatis nostræ partem requirunt, onere subleuarent : nos consimiliter quæ ab illis accepimus, lingua Gallica, quæ satis, auguror, diuitiarum, non modo ad vestiendas, sed etiam ad exornandas scientias, habitura est, conemur exprimere. » Cf. 44 v°.

2. Daurat disait de lui :
..... francice docere
De regis solitum, nefas, cathedra.

3. Dans son *Arithmetique entiere et abregee* (Paris, Ch. Perier, rue Saint-Jean de Beauuais, au Bellerophon, 1565), Forcadel a inséré en tête du IV° livre (p. 145) une préface à Aubert de Poitiers, avocat au Parlement de Paris, où il dit nettement qu'il suivit en cela le conseil de cet Aubert. Le passage est en tout cas intéressant, parce que le fait qui nous occupe s'y trouve attesté : « Vous me mistes en si bon train que par votre seule opinion i'entreprins de lire les Mathematiques publiquement en nostre langue, ce que personne n'auoit encores faict au parauant. Et combien que plusieurs en fussent mal contens, les uns par une enuie toute aperte sans autre occasion, les autres par ce qu'ils trouuoyent mauuaise ma maniere de lire en vulgaire, si est-ce que vous me consolastes si bien en toutes mes incertitudes, que pour cela ie ne laissay de continuer

avec la tolérance du roi, puisque, malgré cette rupture avec l'usage, celui-ci n'hésita pas à inscrire Forcadel au nombre de ses lecteurs.

Un des professeurs royaux, Louis Le Roy, qui a été, à un moment donné, le conseiller et le représentant de la couronne, s'aventura même plus loin encore. Dans un discours solennel, sorte de leçon d'ouverture, qu'il fit imprimer, et que nous avons conservé, il osa justifier son dessein d' « user du naturel et vulgaire du païs, pour y traitter les matieres d'Estat qui s'offrent en la lecture de Demosthene », et institua une comparaison des langues « appelees doctes et grammatiques », et des langues vulgaires. Après avoir célébré l'utilité des premières, auxquelles il fait, comme on pouvait s'y attendre d'après l'époque et les circonstances, une belle et large part[1], cette dette payée, se sentant libre, il s'élève contre ceux qui veulent s'arrêter aux langues anciennes, quelque élégantes et utiles qu'elles puissent être, et surtout contre ceux qui, une fois adonnés à cette étude, la poussent si loin et l'embrassent avec tant d'affection qu'ils négligent, pour une érudition superflue, les choses autrement sûres et importantes de la vie contemporaine : « N'est-ce point grand erreur, dit-il, que d'employer tant d'annees aux langues

---

mon entreprinse l'espace de neuf annees entieres. Et pour m'y fortifier, vous me fistes connoistre à plusieurs bons seigneurs, desquelz les connoissances peu à peu m'en auroyent apporté tant d'autres, que finablement avec leur bon secours, il auroit plu à la maiesté du Roy me receuoir au nombre de ses lecteurs. » (12 juill. 1565.) Il était déjà lecteur en 1564. Voir le 1ᵉʳ livre des *Éléments d'Euclide*.

1. « Il semble donc que par grace singuliere de la Prouidence diuine se trouuent auiourd'huy, presque en tout le monde, aucunes Langues appelees Doctes et Grammatiques communes à plusieurs païs, esquelles sont traictez les affaires de la religion, et les arts : les autres propres de chacune nation, qu'on nomme Vulgaires ou Maternelles, seruantes à la conference commune des personnes, et aux commerces ordinaires. Car il est bien conuenable y en auoir de reseruees pour les mysteres sacrez, et pour les sciences de haute, difficile et subtile speculation : lesquelles ne doiuent estre indifferemment maniees par toutes personnes : autrement, rendues trop communes viendroient à mespris. Et faut soigneusement garder telles langues doctes et communes à maintes nations : à fin qu'elles ne soient delaissees ou oubliees. Dont viendroit grande obscurité aux disciplines qui y sont escrites, confusion au monde, et ignorance aux hommes. »... L'auteur parle ensuite de l'arabe et du grec, comme langues religieuses, et ajoute :

« Certes ce seroit grand mechef et peché de laisser perdre ceste langue : d'autant qu'elle est diffuse en plusieurs peuples, et qu'en icelle sont traictees presque toutes disciplines; ioinct qu'elle est riche assez, et embellie de plusieurs escrits excellents, et de linres exquis, douce en pronunciation, et pleine de grauité, non rude et aspre comme quelques autres. (*Deux oraisons françoises prononcees auant la lecture de Demosthene*, Paris, Fed. Morel, 1576, p. 3 et 4.)

anciennes, comme lon a accoustumé de faire, et consommer le temps à apprendre les mots, qui deuroit estre donné à la cognoissance des choses, ausquelles lon n'a plus ny le moyen ny le loisir de vacquer? N'est-ce follie, à l'occasion de ces langues, s'addonner et affectionner tant à l'antiquité, recherchant si curieusement les vieilles superstitions, et actions? ou espluchant vieils exemplaires, que communement lon gaste de plus en plus en les cuidant corriger, et laisser en arriere la cognoissance de sa religion, et affaires du païs et temps où l'on est viuant? Qu'est-ce autre chose que d'abuser de l'estude et des lettres, demandans claire lumiere, où n'y a qu'obscures tenebres? et essayans entendre choses, qui proufitent plus, ignorees que sceuës, si-tant est que se puissent sçauoir, estans en si long espace de temps tant alterez, et changez tous affaires humains? Quand cesserons nous de prendre l'herbe pour le bled? la fleur pour le fruict? l'escorce pour le bois? Il y en a qui sçauent la genealogie des anciens dieux pretendus, leurs noms, cultures, oracles, pouoirs, et ne leurent jamais en la saincte escriture. Comment se gouuernoient entierement Athenes, Lacedemone, Carthage, Persé, Ægypte, Macedoine, Parthie : discourans de l'Areopage, de l'Ephorie, des Comices Romains : et n'entendent rien au conseil de France, maniement des Finances, ordre des Parlemens. Ce n'est donc assez pour se rendre parfaictement sçauant et vrayement utile à son païs et gouuernement, que de s'arrester seulement aux langues anciennes, et ès curiositez en dependantes, ains conuient aussi trauailler ès modernes, usitees auiourd'huy entre les hommes, et cognoistre les affaires du temps present. » J'ai tenu à citer ces paroles éloquentes, qui ont été récitées, l'auteur le dit positivement, du haut d'une chaire d'État, avant février 1576, et qu'il a fallu tant d'années pour voir triompher des préjugés de la plus « grande Université de l'Europe ».

Cependant, même au Collège de France, il faut bien le dire, l'indépendance d'esprit de quelques-uns ne changea rien à la routine. Il n'y a pas là-dessus de texte positif, mais, comme le remarque très bien M. Lefranc, si l'habitude d'enseigner en français se fût généralisée dans le Collège, ses adversaires, si nombreux et si haineux, n'eussent pas manqué d'attaquer pareille nouveauté, et personne n'en parle[1]. Là aussi, sauf quelques exceptions, le latin continua à régner exclusivement.

Cet état de choses inspirait tout naturellement à la population des écoles, hautes et basses, le sentiment que le français était un idiome inférieur, non seulement inculte, mais indigne d'être cultivé, impropre à exprimer avec une précision et une abondance suffisantes les choses qui n'étaient pas de la vie commune.

Et si l'on songe que cette manière de penser devenait, par suite de l'éducation, celle de toute l'élite intellectuelle du pays, on mesure quelle hardiesse il a fallu pour s'en dégager. Assurément le français trouvait d'autres obstacles devant lui, aucun plus formidable que la tradition des universités. Par suite de leur influence, se servir du langage vulgaire, c'était, aux yeux des lettrés, se reconnaître en quelque sorte soi-même comme d'un rang et d'une science inférieurs, pour dire le mot, se déclasser.

2º *L'Église.* — On a fait plusieurs fois à Calvin l'honneur de le considérer comme ayant eu le premier l'idée d'écrire en français un traité de théologie, et d'avoir compris avant personne que seule la langue vulgaire pouvait porter la doctrine de l'Église réformée à travers la masse des fidèles illettrés. En effet, la traduction de l'*Institutio religionis christianæ* fut publiée cinq ans à peine après le texte, en 1541, et il semble bien, quoique l'auteur ne s'en explique pas, qu'après avoir voulu donner aux hommes de tous les pays un corps de doctrine, avec les arguments qui servaient à le défendre — ce qui ne se pouvait faire qu'en latin, — il ait tout de suite pensé à mettre le même livre à la portée de tous, en Suisse et en France, en le traduisant, de façon à populariser la propagande et à étendre la révolution. Grâce à la situation prise par Calvin, grâce aussi à sa valeur propre, l'*Institution*, écrite dans une langue si voisine de notre langue scientifique qu'elle semble avancer de cent ans sur la plupart des ouvrages contemporains, eut un immense retentissement, et il est hors de doute que la nécessité de répondre et à Calvin et aux autres protestants dans un

---

1. Abel Lefranc, *Histoire du Collège de France*, 142. Les programmes n'y sont faits en français que depuis 1791, (Id., *ibid.*, 364.)

idiome qui fût, comme le leur, compris de tous, contribua puissamment à faire accepter le français, même des théologiens catholiques [1]. Des pamphlets raillent et injurient, et par là suffisent souvent à l'esprit populaire. Mais la situation grave où était l'Église imposait de discuter aussi, et en langue intelligible. Du Perron et François de Sales le firent, après d'autres moins importants. Et l'exemple suffit, venu de si haut, non pas pour que la théologie parlât désormais français en France — elle ne s'y est jamais résignée complètement — mais pour qu'il y eût au moins une littérature théologique.

Étant donnée l'importance de ces discussions, jusqu'au xviie et même au xviiie siècle, étant donné surtout le rang que la théologie occupait parmi les sciences, dont elle était la reine plutôt que la première, les autres, les « humaines », demeurant indistinctement basses et abjectes auprès d'elle, la conquête était de nature à faire gagner au français plus qu'aucune autre en élévation.

Mais présentée ainsi, l'histoire des rapports entre le français et l'Église n'est ni assez complète ni assez longue. Le débat ne commence pas avec Calvin, il lui est antérieur. Il ne porte pas sur le seul point de savoir si le français devait être ou non la langue de la théologie, mais s'il serait d'une manière générale la langue de la religion, des prières, des offices et de l'Écriture elle-même.

On a vu, dans le premier volume de cette histoire, quelle place tiennent dans la littérature du moyen âge les écrits religieux en français. C'est par des Vies de saints qu'elle s'ouvre, c'est une décision de concile qui reconnaît pour la première fois publiquement l'existence du roman. Néanmoins tout le monde sait que la langue officielle des clercs, et celle de l'Église de France, était le latin, qui en avait même pris le nom, qu'il porte souvent, de *clerquois*. Si dans les sermons, les homélies, les catéchismes, en général dans toute l'œuvre de propagande, et morale et religieuse, il cédait souvent sa place au parler vulgaire, en revanche il demeurait seul admis dans les prières, les

---

[1]. P. Doré a écrit en français son *Anti-Calvin*. — Cl. de Saintes s'excuse encore de se servir de la langue vulgaire dans sa *Declaration d'aucuns atheismes de Calvin et de Beze* (1563).

offices, la collation des sacrements, bref dans la liturgie tout entière ; en outre, il était seul en possession du privilège de traduire les Écritures.

Ce n'est pas à dire qu'il n'y ait pas eu de Bible française au moyen âge[1]. Mais, malgré les traductions partielles du XIIe siècle, malgré la version complète des Écritures de l'époque de saint Louis, malgré les adaptations de Guyart Desmoulins, de Raoul de Presles, et, au XVe siècle, de Jean de Rély, on peut dire que durant toute cette époque de foi ardente, le fondement de la doctrine chrétienne ne fut connu qu'indirectement, et dans un texte faussé.

Ce résultat surprenant s'explique par l'attitude du pouvoir ecclésiastique, qui, de crainte d'hérésie, s'appliqua de bonne heure à empêcher la vulgarisation des textes sacrés. Déjà en 1170, lorsque le chef des « pauvres de Lyon », Pierre Valdo, voulut faire traduire l'Écriture pour les ignorants, les persécutions d'Innocent III avaient arrêté cet effort, et quoique le pape, dans une lettre à l'évêque et au chapitre de Metz, admît que le désir de comprendre la Sainte Écriture n'avait rien que de louable, il était facile de comprendre ce qu'il voulait dire en ajoutant qu'il avait été sagement « décrété dans la loi divine que toute bête qui toucherait à la montagne sainte devait être lapidée », et que « ceux qui ne voudraient pas obéir librement apprendraient à se soumettre malgré eux ». Le concile de Toulouse, en 1229, fut plus net encore : il interdit aux laïques de posséder aucun livre du Nouveau comme de l'Ancien Testament, et ne fit exception que pour le Psautier, le Bréviaire des offices et les Heures de la Vierge, mais à condition qu'ils fussent en latin, tout livre de ce genre demeurant prohibé s'il était en langue vulgaire. A Tarragone (1234), cette décision fut complétée par l'ordre donné de remettre tous les livres romans dans un délai de huit jours à l'évêque, chargé de les brûler, sous peine de suspicion d'hérésie.

Ces décisions firent autorité, et de semblables prohibitions furent opposées non seulement aux suspects et aux hérétiques, comme Wiclef et Jean Huss, mais aux églises soumises et fidèles. En France, le pieux et savant Gerson, qui a écrit exprès

---

1. Voir S. Berger, *La Bible française au moyen âge* ; Paris, Imp. nat., 1884.

pour les pauvres gens, se prononçait encore pour que le monde laïque se contentât d'extraits moraux et historiques, tant le préjugé était puissant et enraciné. H. Estienne n'a donc rien exagéré pour le fond, quand il a dit (*Apol. pour Hérodote*, éd. Ristelhuber, II, 151 et 153, ch. 30) « qu'il se falloit autant cacher pour lire en une Bible traduite en langue vulgaire, comme on se cache pour faire de la fausse monnoye ou quelque autre meschanceté encore plus grande ».

Toutefois, dès les premières années du xvie siècle, une bonne partie de ceux qui voulaient une réforme de l'Église, et qui prétendaient la tirer de l'état d'abaissement où les mœurs indignes du clergé, le développement effrayant de la superstition l'avaient précipitée, jugèrent que le salut était dans le retour à l'Écriture, qui devait redevenir la base de la croyance et du culte. Dans ces vues ils demandèrent d'abord que, déchargée des interprétations, elle fût étudiée dans les textes authentiques, grec et hébreu. Ensuite il leur parut de toute nécessité, pour qu'elle pût servir aux peuples de règle et d'étude, qu'elle leur fût donnée partout, traduite dans leur langue. Aussi vit-on les réformateurs, des plus hardis, comme Luther, aux plus timides, comme Briçonnet, admettre ce principe ou l'appliquer. Ce fut, je crois, Érasme qui le proclama le plus haut, et qui du premier coup alla le plus loin. Dès 1515, avant Luther, dans son *Enarratio primi Psalmi*, se dégageant de ses préjugés d'humaniste, il soutenait que la doctrine de Jésus pouvait être comprise du peuple comme des théologiens, et que ceux-ci ne le privaient de cette lecture que pour se réserver le rôle d'oracles, ou empêcher qu'on ne comparât leur vie aux principes que leur maître avait posés. Dans une préface célèbre, mise en tête de la Paraphrase de saint Mathieu, il revint à ce sujet [1] : « Pourquoi paraît-il inconvenant, s'écrie-t-il, que quelqu'un prononce l'Évangile dans cette langue, où il est né et qu'il comprend : le Français en français, le Breton en breton, le Germain en germanique, l'Indien en indien? Ce qui me paraît bien plus inconvenant, ou mieux, ridicule, c'est que des gens sans instruction et des femmes, ainsi que des perroquets, marmottent leurs

---

1. *Opera omnia*, Lugd. Bat., 1706, VII. Erasmus Pio Lectori.

Psaumes et leur Oraison dominicale en latin, alors qu'ils ne comprennent pas ce qu'ils prononcent. Pour moi, d'accord avec saint Jérôme, je me féliciterais plutôt de la gloire de la croix, je considérerais le résultat comme particulièrement magnifique et triomphal, si toutes les langues, toutes les races la célébraient, si le laboureur, au manche de la charrue, chantait en sa langue quelque couplet des psaumes mystiques, si le tisserand, devant son métier, modulait quelque passage de l'Évangile, soulageant ainsi son travail, que le patron, appuyé à son gouvernail, en fredonnât un morceau, qu'enfin, pendant que la mère de famille est assise à sa quenouille, une camarade ou une parente lui en lût à haute voix des fragments. »

On sait comment en Allemagne, Luther, qui était loin d'être un adversaire du latin, prit en main la question. Non seulement il profita de sa réclusion forcée dans son Pathmos pour donner de la Bible cette version allemande (sept. 1522) qui joua un si grand rôle dans l'unification de la langue; non seulement il catéchisa et professa en allemand ses nouvelles doctrines, expliquant en langue vulgaire dogmes, mystères et sacrements, mais, après quelques hésitations, il instituait le culte en allemand.

En France, un mouvement semblable, quoique moins important, se produisit. En 1523, le 8 juin, parut, chez le libraire Simon de Colines, le Nouveau Testament traduit par Lefèvre d'Étaples, afin que « ung chascun qui a congnoissance de la langue gallicane et non point du latin », en un mot « les simples membres du corps de Jesus-Christ, ayant ce en leur langue, puissent estre aussi certains de la verité euangelique comme ceulx qui l'ont en latin ». Dans une éloquente préface Lefèvre justifiait son dessein. « Vous ne scauriez croire, écrit-il, un mois après, le 6 juillet, à Farel, depuis le iour où le Nouveau Testament en françois a paru, de quelle ardeur Dieu anime les esprits des simples, en diuers lieux, pour receuoir la Parole…. Tous les dimanches, l'epistre et l'euangile sont lus au peuple en la langue vulgaire. » En effet, à Meaux, sur l'autorisation de l'évêque Briçonnet, qui, plus tard, fut pris de peur et recula, au point de devenir persécuteur, au sermon et à l'homélie sur le texté latin était substituée une lecture, avec une interprétation que tous pouvaient suivre, des exemplaires étant gratuitement distribués aux pauvres. A Paris même, un docteur de Sorbonne, Caroli, lut de la même manière l'*Épître aux Romains* en l'église Saint-Paul [1].

Or, ni Briçonnet ni Lefèvre d'Étaples n'ont été, comme on sait, des réformés véritables, mais seulement des réformistes. Au reste, le roi lui-même approuvait cette innovation; c'était sur son commandement qu'on avait mis sous presse les Évangiles [2].

Dans le groupe des réformés proprement dits, la thèse de Luther et sa pratique devaient nécessairement être reprises en faveur de la langue vulgaire. En effet, le fougueux Farel, dont la vie n'a été qu'une prédication menée de ville en ville, à travers mille oppositions et mille dangers, en dehors de quelques controverses avec les docteurs, ne pouvait se servir que du français pour entraîner ces masses populaires que sa parole ardente soulevait jusqu'à les précipiter vers les églises « au sac des idoles et des images ». Il donna un traité sur l'Oraison dominicale (Bâle, août 1524), et les articles de la foi contenus au *Credo*, « auec familiere exposition de tous deux pour les simples », convaincu que si on eût observé cette règle, « iamais si grandes tenebres ne fussent aduenues, car on prieroit le Pere en soy, es cieulx, en esperit et en verite ».

A cette date la cause eut ses premiers martyrs. Ce n'est pas le lieu de reprendre l'histoire du plus connu, Louis de Berquin [3]. Il importe, au moins, de rappeler qu'une des accusations portées contre lui était qu'il avait traduit la phrase célèbre

---

[1]. Herminjard, *Coresp. des réformateurs*, I, *pass.*, cité par Berger, *La Bible au XVIe siècle*, p. 39.

[2]. Il nous est parvenu un petit livret : *Les choses contenues en ce present liure Epistres et Euangiles pour les cinquante deux semaines de l'an commenceans au premier dimanche de l'auent. — Apres chascune Epistre et Euangile, briefue exhortation selon l'intelligence d'icelle*. Un exemplaire de cet opuscule rarissime m'a été montré à la Bibliothèque de l'histoire du protestantisme français par le savant et complaisant bibliothécaire M. Weiss. Il y en a eu quatre éditions. Aucune n'est datée. Mais l'œuvre est certainement de Lefèvre d'Étaples, et vient du groupe de Meaux.

[3]. Le curé de Condé-sur-Sarthe, Étienne Lecourt, avait hasardé que la Sainte Écriture avait été longtemps cachée sous le latin, et qu'il fallait que chacun eût des livres en français; il monta à son tour sur le bûcher, à Rouen, le 11 déc. 1533. Un reproche analogue fut fait plus tard à Dolet, qui avait imprimé un « Brief discours de la republique françoyse desirant la lecture des liures de la Saincte Escripture luy estre loysible en sa langue vulgaire », et répandu les Épîtres et Évangiles de Lefèvre d'Étaples, les Psaumes et le Nouveau Testament en français.

d'Érasme sur « les brebis de Dieu jusque là mal instruites par la négligence des pasteurs, qui les doiuent instruire de prier en langue qu'ils entendent, et non pas seulement de barboter des lèvres sans rien entendre ».

Quelques années après, à l'exemple de Luther, Farel institua une véritable liturgie, avec un manuel des sacrements de baptême et de mariage, une déclaration de la cène, etc., dans sa *Maniere et fasson que l'on tient es lieux que Dieu de sa grace a visitez*, première règle du culte en langue vulgaire.

En même temps, le cousin de Calvin, Olivetan, soutenu, comme le dit un naïf distique, par les Vaudois, peuple évangélique, travaille à mettre « en publique » le trésor des saints livres, et, le 4 juin 1535, il est en mesure de dédier l'œuvre entière, à « sa paourctte petite Eglise, a qui rien on ne presente [1] ». Faite pour « ses freres », avec une simplicité et une conscience touchantes, la version d'Olivetan devait cependant porter au delà des frontières du petit peuple qui l'avait fait exécuter. Sinon elle n'eût pas été accompagnée d'une préface de Calvin, adressée à tous les Césars, rois, princes et nations soumises à l'autorité de Jésus-Christ; j'ajoute même qu'elle n'eût pas été en français, mais en dialecte du pays. La vérité doit être que le translateur avait visé plus loin, au delà des cantons vaudois, et de la Suisse elle-même. C'est pour cela que le français avait été adopté, pour cela aussi que le traducteur s'était appliqué, en se tenant au courant des seuls travaux qui eussent encore paru, ceux de Sylvius et de Bouelles, à se faire une langue régulière, pour cela encore qu'il avait fait effort afin d'éviter les mots savants, inintelligibles au peuple illettré. Il s'était même demandé quelle orthographe il convenait d'adopter, et de pareilles préoccupations étaient alors peu communes. Je ne sais si on se tromperait beaucoup, en y retrouvant l'influence directrice de Calvin, préoccupé de préparer au mieux l'instrument indispensable de la Réforme, et de donner à la Bible réformée ces qualités merveilleuses de clarté, qu'il apportait lui-même dans ses écrits. En tout cas, il a voulu présenter lui-même au monde l'œuvre nouvelle, et revendiquer le droit qu'elle supposait

---

1. Cette Bible est connue sous le nom de *Bible de Serrières*, l'imprimeur P. de Wingle (Pierrot Picard), un Français réfugié, étant installé dans cette localité.

de faire parler Dieu en langue vulgaire. Sa préface n'est qu'un long plaidoyer en ce sens, où tantôt il démontre, tantôt il attaque, suivant sa manière ordinaire, citant ici saint Jérôme et Eusèbe, là accusant ses adversaires de fuir la lumière pour éviter de découvrir leurs trafics et leurs bacchanales.

Dans ces conditions, la protestation que j'élevais au commencement de ce chapitre ne va pas à nier les services que Calvin a rendus à la langue française. Il fallait seulement marquer qu'il n'a fait que reprendre et soutenir une cause qui, avant lui, avait eu en Suisse et en France ses apôtres. Mais, cette réserve faite, il est juste d'ajouter qu'il a plus fait que personne pour cette cause, soit par son œuvre propre, soit en provoquant des travaux complétant les siens. Si bien qu'on peut arrêter à lui cette histoire. Longtemps les protestants auront à reprendre le procès, comme les autres, mais désormais la tradition est faite chez eux, et la doctrine fixée. A partir de 1550, la langue française est invariablement la langue de leur Église dans les pays de langue française.

Du côté des catholiques, la résistance fut rendue plus acharnée encore par les progrès de l'hérésie. L'ère des concessions, qui avait semblé parfois s'ouvrir, fut close. La Sorbonne surtout, même avant qu'elle eût avec elle le roi converti à la peur, ne se lassa pas de condamner, aidée dans son œuvre de prohibition par le Parlement. Tantôt c'est la Bible de Lefèvre d'Étaples, dont elle ordonne au Parlement de voter la disparition, tantôt les Heures d'un nommé Mère Sotte, « soy disant heraut d'armes du duc de Lorraine » (sans doute Gringoire). Le samedi 26 août 1525, tous les maîtres réunis, elle prononce à ce propos que, s'en tenant aux conclusions prises depuis longtemps sur la matière, elle considérait qu'il n'était « ni expédient ni utile à la république chrétienne, et même, étant données les circonstances, qu'il était plutôt pernicieux d'autoriser l'apparition, non seulement de ces heures, mais des traductions totales ou partielles de la Bible, et que celles qui existaient déjà devraient bien plutôt être supprimées que tolérées ».

Le 3 octobre, le Parlement faisait arrêter trois des prédicateurs de Meaux, et citer à comparaître devant les commissaires du pape : un avocat, un curé, Lefèvre d'Étaples et Briçonnet. L'année suivante c'était le tour d'Érasme d'être censuré. Le

17 décembre 1527, cinq propositions sur ce sujet, dont plusieurs prises à la préface de l'Évangile de saint Mathieu, que j'ai citée plus haut, et que les théologiens de Louvain avaient laissé passer, étaient condamnées par la Faculté, d'accord ici avec les inquisiteurs espagnols.

Au reste, la Sorbonne n'était pas seule à mener campagne. De toutes parts, des décisions étaient prises et des discussions entamées, en si grand nombre que les livres qui les contiennent ont pu être réunis en un véritable *corpus*. Le plus célèbre est celui du cardinal polonais Hosius, mais en France même le P. Rotier [1], des Frères prêcheurs, inquisiteur de Toulouse; Ambroise Catharinus, des Frères prêcheurs de Sens [2]; Lizet, le célèbre président du Parlement [3]; Poncet, bénédictin de Melun [4], écrivirent tout spécialement sur la question. D'autres, comme le cardinal Bellarmin [5], s'en sont seulement expliqués à propos d'autres sujets.

Chez tous la réprobation est unanime, et les arguments à peu près identiques. On essaie de prouver, à grand renfort de sophismes et de contresens, que si les Écritures ont été rédigées en hébreu, en grec et en latin, ce n'était nullement pour qu'elles fussent comprises des gens parlant hébreu, grec, ou latin; que les apôtres ont bien ordonné d'enseigner aux peuples la Sainte Écriture, mais en l'interprétant, non en la lisant; une lecture pure et simple, par des hommes sans instruction qui croyaient comprendre, ayant été la source de la plupart des hérésies. La lettre tue, dit-on, trois espèces de gens : les juifs, les hérétiques et les laïques ignorants. En ce qui concerne le culte, on n'est pas embarrassé de prouver que la prière vraiment efficace est celle qu'on ne comprend pas.

1. *De non vertenda Scriptura Sacra in vulgarem linguam, deque occidente litera et viuificante spiritu dissertatio* : Edita per R. P. Fr. Spiritum Roterum, ordinis Prædicatorum, sacræ theologiæ Professorem, Hæreticæque prauitatis Inquisitorem Tolosanum, Christ. Regi Francorum Henrico dicata. — Tolosæ, ap. Ioannem Dembat et Ioannem Chasot, MDXLVIII, in-4.
2. *Quæstio an expediat Scripturas in maternas linguas transferri* dans : *Collectio quorumdam grauium authorum qui ex professo, vel ex occasione sacrae scripturae.. in vulgarem linguam translationes damnarunt.* Paris, Ant. Vitré, 1661.
3. *Petri Lizetii jurisconsulti de sacris utriusque instrumenti Libris in vulgare eloquium minime vertendis rudique plebi haudquaquam inuulgandis, Dialogus. lb.*
4. *Discours de l'aduis donné au R. Pere en Dieu Messire P. de Gondy, euesque de Paris, sur la proposition qu'il fit aux theologiens touchant la traduction de la Bible en langaige vulgaire*, 1578.
5. *De Verbo Dei*, 1599, cap. xv, cf. *Disputationes*, lib. II, c. 32, I, cap. II.

Ceux des théologiens qui veulent bien descendre de ces hauteurs philosophiques à de simples arguments grammaticaux font ressortir naturellement l'infériorité du français par rapport aux langues anciennes. Les défauts qu'ils lui reprochent sont l'instabilité — et ici ils se rencontrent avec nombre d'auteurs profanes et les protestants eux-mêmes, — la pauvreté, et le manque de majesté [1]. On ne sera pas étonné qu'un de ces dédaigneux soit ce Lizet, dont les prétentions à la latinité ont été si cruellement raillées dans l'épître de Passavant. On le sera plus de trouver Montaigne [2] dans les mêmes rangs. Toutefois, ce n'est pas seulement dans ses *Essais* que ce sceptique s'est prononcé en faveur de ceux que la profanation par divulgation des chants sacrés effrayait. Au parlement où il siégeait, on décida de faire saisir les exemplaires des *Psaumes* (1556). Cette répression impitoyable redoubla, quand à un roi réservé en succéda un autre qui pria simplement la Faculté de délibérer ce que de raison. Elle durait encore à la fin du siècle, car il finit pour la Sorbonne sur un procès relatif à cette question, celui de René Benoît, qui ne se termina que le 2 avril 1598.

Le concile de Trente donna à peu près pleinement raison aux docteurs. Parmi les règles publiées par Pie V, trois mois après la séparation du concile, et accompagnées d'un index des livres prohibés, deux touchent à cette question. D'après elles, les ver-

---

1. V. Roteri o. c., p. 52 : « Lingua enim vernacula et popularis ieiuna est et inops, nominum et verborum, quibus pro grauitate, dignitate, puritateque respondere valeat tribus illis nobilibus longius, non absque mysterio in triumphali crucis tropheo affixis. Quarum Hebræa sanctitate, Græca facundia, Latina grauitate pollet. His enim duntaxat vocibus et verbis prædita est lingua vulgaris, quibus res infimæ, usibus popularibus accommodatæ enuntiantur. Ad inuisibilia vero, solo fidei spiritu agnoscibilia, mutila est ineptaque.... Si enim libri ciuilis prudentiæ Galeni medici, Philosophicorum, Historicorumque (in quibus nil, nisi sensibile tritum quotidianisque usibus dicatum tractatur) a nonnullis in vulgarem sermonem traducti, habiti sunt contemptui, visique fuere obscuriores vulgariter quam latine loquentes, quomodo scripturas non humano, sed diuino spiritu afflatas, res super omnes sensus eleuatas, et vix angelorum lingua enunciabiles referentes, lingua vulgaris depressa, ac sterilis, pro dignitate et gratia proferre poterit! »

2. « Ce n'est pas sans grande raison, ce me semble, que l'Eglise catholique defend l'usage promiscue, temeraire et indiscret des sainctes et diuines chansons que le sainct-Esprit a dicté en Dauid. Il ne faut mesler Dieu en noz actions qu'auecque reuerence et attention pleine d'honneur et de respect. Cète vois est trop diuine pour n'auoir d'autre usage que d'exercer les poulmons, et plaire a nos oreilles : c'est de la conscience qu'elle doit estre produicte et non pas de la langue. Ce n'est pas raison qu'on permette qu'un garson de boutique, parmy ses vains et friuoles pensemens, s'en entretienne et s'en ioue. » (*Ess.*, I, 56.)

sions hérétiques du Nouveau Testament ne doivent être lues par personne, celles de l'Ancien peuvent être permises par l'évêque aux hommes pieux et instruits. Quant aux traductions approuvées, la lecture en étant en général plus nuisible qu'utile, elles ne peuvent être lues que sur une autorisation écrite donnée aux laïques, dont on sait de façon certaine que cet exercice ne fera qu'augmenter leur foi et leur piété. Encore ce régime parut-il trop libéral par ce temps de troubles; et Clément VIII retira la permission, la même année où il donnait l'absolution à Henri IV (17 oct. 1595).

Ainsi, au seuil du xviie siècle, la division restait très nette. L'Église catholique subissait la langue vulgaire, là où elle ne pouvait l'écarter; elle entendait même s'en servir, comme elle a toujours fait des langues vulgaires, pour des missions de propagande orale ou écrite. Mais elle l'excluait du culte proprement dit, et surtout elle ne s'était pas résolue à comprendre officiellement, parmi les livres d'édification, la Bible elle-même. Cette interdiction de vulgariser en France ce qui est devenu ailleurs le livre par excellence a eu certainement de graves conséquences, non seulement pour le développement de notre idiome, mais pour le développement moral de la nation même.

L'influence royale. — Si le français trouvait de si redoutables adversaires, en revanche, de Louis XII à Henri III, il fut appuyé, avec plus ou moins de force, mais de façon à peu près constante, par la royauté. On ferait un livre entier avec les préfaces ou même les fragments de préfaces, dans lesquels les auteurs les plus divers, poètes et grammairiens, médecins et historiens, conteurs et philosophes, remercient François Ier, Henri II, Charles IX, Henri III du soin qu'ils prennent d'enrichir la langue française. Sebilet et Du Bellay, Des Periers et Amyot, Heroet et Henri Estienne, s'accordent dans leurs éloges. Qu'il faille rabattre quelque chose de ces compliments entassés, quiconque connaît le ton des morceaux auxquels je fais allusion le sait par avance.

Ce n'est pas, quoi qu'en dise un contemporain, du nom de François que notre langue a pris le nom de française. Il n'en est pas moins vrai qu'il y a, sous l'enflure de ces phrases, un fait réel, que l'histoire de la littérature a depuis longtemps mis en lumière : la royauté a protégé et aidé le progrès des lettres françaises. Ni François Ier, ni aucun de ses successeurs immédiats n'a institué un professeur de français ; il y eut du moins dès 1543 un imprimeur royal de français, ce qui était aussi un progrès, le seul peut-être que l'époque comportât. On récompensait ceux qui publiaient en français : traducteurs et écrivains originaux. Il arrivait même qu'on suscitait leur initiative, et que leur travail était commandé par un ordre exprès de la royauté.

Et je ne fais pas seulement allusion à des livres comme ceux de Du Haillan, l'histoire des rois de France pouvant être considérée comme un véritable instrument de propagande politique. Bien avant cette date des ordres analogues furent adressés à toutes sortes d'écrivains. La rédaction même de certains privilèges leur était comme une sorte d'invitation générale. Ainsi je citerai celui qui fut donné par Henri II à Guy de Bruès pour ses *Dialogues contre les nouueaux Academiciens*, le 30 août 1556 [1], où la chancellerie, d'ordinaire plus sèche, insère la phrase suivante : « Nous, desirans singulierement ceste route ouuerte par ledict de Brues (faisant grand deuoir de rendre la philosophie domestique et familiere a noz subiects en leur langue mesmes) estre suiuie par les autres bons et excellens esperits de nostre royaume, et par iceux petit a petit estre aconduite de la Grece et du païs des Latins en ces marches.... »

Le goût personnel que plusieurs d'entre les derniers Valois, à l'imitation des princes italiens, ont professé pour la poésie, et en général pour les lettres françaises, s'accuse là très nettement ; il est certain qu'un François Ier a aimé les beaux vers, comme il aimait les jolies femmes, les beaux châteaux et les grandes œuvres des artistes ; il est vrai aussi que Henri III a pris plaisir à faire alterner avec les conversations de ses mignons des discussions académiques sur les meilleures espèces de vertus. Mais à voir toute une suite de maîtres de tempéraments très divers persévérer avec tant de fermeté dans la même conduite, on se demande si cette rare constance s'explique suffisamment par l'impulsion une fois donnée, ou par l'identité des penchants et des modes qui ont régné, au XVIe siècle, à la cour de France.

---

1. Paris, Cavellat, 1557.

Il semble que les rois ont compris aussi la nécessité d'élever et d'arracher à leur ignorance traditionnelle les grands qui les entouraient, soit afin d'augmenter l'éclat et l'agrément de leur cour, soit dans l'intention plus sérieuse de développer l'intelligence de ceux qui étaient les conseillers et les agents de la royauté, et même d'une manière plus générale, l'esprit public.

Or, à cette époque, comme à la nôtre, l'instruction était réputée une condition essentielle de capacité. Dans les esprits comme dans la formule de la chancellerie, sens, suffisance et littérature allaient ensemble. Ceux qui n'étaient pas clercs étaient à peu près sans culture, toutes sortes de témoignages l'attestent, et surtout ils ignoraient le latin [1]. On ne pouvait dès lors songer à donner une éducation en cette langue à ceux d'entre eux qui avaient passé l'âge des études. On prit le seul parti possible, celui de leur faire des livres en français.

L'honneur de l'avoir conseillé revient à Claude de Seyssel, un des hommes les plus considérables de l'époque de Louis XII [2]. Mêlé activement aux événements du temps, c'était un conseiller véritable, qui traduisait Trogue Pompée au roi pour lui épargner l'ennui de n'avoir, à son retour de la guerre, à lire que de fades apologies, qui lui donnait Diodore pour le faire souvenir de l'instabilité et imperfection des choses mondaines. L'absence d'œuvres utiles en français le préoccupait visiblement ; afin de donner l'exemple, et de faire que les leçons de l'histoire cessassent d'être perdues pour les nobles et les autres « qui s'appliquent souuent plus aux sciences que les nobles », il se soumit lui-même pendant de longues années au dur labeur

---

1. En 1527, Jacques Colin, dans la préface du Thucydide de Seyssel, dit formellement que « le roy estime les langues estrangeres peu connues parmi la noblesse de son royaume ». En 1537, Saliat traduit la Civilité d'Érasme, en donnant pour raison que « les gros seigneurs » eux-mêmes ont été rebutés par le latin trop élégant de l'humaniste de Rotterdam. Flave Végèce est, pour des causes analogues, mis en français, en 1536, à l'usage des futurs chevaliers et chefs de guerre, qui n'ont pas le latin à commandement. Et on pourrait citer et citer encore. Peletier du Mans s'est ingénié dans un « entre-deux » de son *Dialogue de l'orthographe* (p. 130) à expliquer comment les gentilshommes de son temps (la grace à Dieu et au tres chrestien Roy François) s'étaient instruits au point que quelques-uns étaient l'ébahissement des gens de robe. Mais la masse continuait à croire à la contradiction nécessaire entre l'étude des sciences et l'apprentissage de la vie qui convenait à un gentilhomme. Vers la fin du siècle, nombreux étaient toujours ceux qui se montraient rebelles au latin. Blaise de Vigenère fait pour eux son *César* (1582), Guy Le Fèvre de la Boderie leur donne les traités philosophiques de Cicéron (1581), etc.

2. Voir Dufayard, *De Claudii Seisselii vita et operibus*, Paris, 1892, in-8.

CLAUDE DE SEYSSEL PRÉSENTE AU ROI LOUIS XII
SA TRADUCTION DE JUSTIN

Bibl. Nat., Mss. Fds. français, 715, F° 9 (R°)

de faire passer Justin, Sénèque, Rufin, Appien, Xénophon, Diodore et Thucydide en français, s'aidant pour comprendre les originaux grecs du secours de « son ami Lascaris ». Cette œuvre énorme était déjà un exemple, mais Seyssel l'a éclairée en outre des conseils les plus nets et les plus fermes, et dès 1509, dans une de ces préfaces qui, mêlées de morale et de politique, font penser à Bossuet, il a posé en principe qu'il fallait que ceux qui n'ont aucune notice de la langue latine pussent entendre « plusieurs choses bonnes et hautes, soit en la Saincte Escriture, en Philosophie morale, en Medecine ou en Histoire », bref, qu'il était nécessaire — le mot est à noter, il est là pour la première fois peut-être, sous cette forme savante — de constituer une « licterature [1] en françois ». Qu'ils aient obéi à ces suggestions, ou à leur propre instinct, il paraît incontestable en tout cas que les rois ont voulu faciliter et étendre l'instruction de leurs sujets par ce moyen. Ils ont voulu, suivant l'expression de Jacques Colin, qui, sur l'ordre de François Ier, publiait en 1527 le Thucydide de Seyssel, que les grandes œuvres fussent mises « comme sur ung perron, dont elles fussent veues de toutes parts ».

J'ai émis ailleurs l'hypothèse que peut-être ils avaient eu des vues encore plus profondes, et une arrière-pensée plus intéressante pour l'histoire de la formation de l'unité française [2]. En effet, le même Seyssel, dont je parlais plus haut, instruit par l'expérience de son séjour en Italie, où il fut un des principaux agents de l'influence française, en était arrivé à deviner l'action que la diffusion de la langue pouvait avoir pour assurer nos conquêtes au delà des monts. Et en présentant à Louis XII son Justin, il y avait joint un très remarquable prologue, où par de grands exemples il s'efforçait de montrer au roi ce qu'une politique avisée pouvait tirer de ce moyen : « Qu'ont fait le peuple et les princes romains quand ils tenoient la monarchie du monde et qu'ils taschoyent a la perpetuer et rendre eternelle? Ils n'ont trouue autre moyen plus certain ne plus seur que de magnifier, enrichir et sublimer leur langue latine, qui, du commencement de leur empire, estoit bien maigre et bien

---

1. Le moyen âge disait *lettreüre*.
2. Voir F. Brunot, *Un projet d'enrichir, magnifier et publier la langue françoise en 1509*, dans la *Rev. d'hist. litt.*, I, p. 27.

rude, et apres, de la communiquer aux païs et prouinces et peuples par eux conquis, ensemble leurs lois Romaines couchees en icelle. » Et après avoir exposé par quel travail le latin fut rendu à peu près aussi parfait que le grec, rappelant ensuite l'exemple de Guillaume de Normandie, il engage le roi à conformer sa politique à celle de ces « illustres conquereurs », à faire « enrichir et magnifier » sa langue française. Déjà en Astisane et dans le Piémont, où elle est usuelle, son influence a été telle, que les gens « ne sont pas grandement differens de la forme de viure de France ». Ailleurs on commence à s'entendre sans truchement, et de la sorte « s'adaptent les Italiens, aux habillemens et maniere de viure de France ». Si l'on persévère « par continuation sera quasi tout une mesme façon » ou, comme nous dirions en langage moderne, l'assimilation sera complète.

Comme tout le monde sait, le 10 août 1539, l'ordonnance de Villers-Cotterets sur la réforme de la justice stipulait, dans ses articles 110 et 111, que tous les actes et opérations de justice se feraient désormais en français[1]. Il se peut qu'il n'y ait entre la décision prise par François Ier et les conseils de Seyssel aucune relation, même indirecte, de cause à effet. Seyssel était mort depuis 1520, et ses propositions étaient peut-être depuis longtemps oubliées. Toutefois j'ai peine à croire qu'aucune idée politique n'inspirait pareille mesure. Pas n'est besoin de réfuter l'interprétation vulgaire, d'après laquelle elle serait due à un caprice du roi lettré, indigné des *debotamus* et *debotavimus* du célèbre président P. Lizet. Il est difficile aussi de s'en tenir aux motifs allégués dans l'ordonnance même, qui invoque le besoin de clarté dans les discussions et les jugements. Si cette raison eût été la vraie, comment ordonnait-on l'abandon des parlers

---

1. « Et afin, dit le texte, qu'il n'y ait cause de douter sur l'intelligence desdits arrests, nous voulons et ordonnons qu'ils soient faits et escrits si clairement, qu'il n'y ait ne puisse auoir aucune ambiguïté ou incertitude, ne lieu à demander interpretation.

« Et pour ce que de telles choses sont souuent aduenues sur l'intelligence des mots latins contenus esdits arrests, nous voulons d'ores en auant que tous arrests, ensemble toutes autres procedures, soient de nos cours souueraines et autres subalternes et inférieures, soient de registres, enquestes, contrats, commissions, sentences, testaments, et autres quelconques actes et exploicts de iustice, ou qui en dependent, soient prononcez, enregistrez et delivrez aux parties en langaige maternel françois et non autrement. »

dialectaux? Pour les plaideurs de toute une partie du royaume, le français n'était pas moins une langue savante que le latin et on le leur imposait sans réserve, même au criminel, contrairement aux tolérances des ordonnances antérieures; or aucune réclamation n'y put rien changer [1].

Il est plus probable qu'on avait compris dans les conseils du roi que l'intérêt de l'État commandait l'unification de la langue, celle-ci devant faciliter l'unification de la justice, de l'administration et du royaume. L'idée était vraisemblablement depuis longtemps à l'état confus dans les esprits, puisque la chancellerie avait renoncé à toute autre langue, et que le rêve d'une loi unique en français avait déjà hanté Louis XI et peut-être Philippe le Long [2]. Mais désormais elle s'était précisée assez pour qu'on en voulût poser le principe dans la première des grandes ordonnances législatives, ébauche du code unique qui devait s'élaborer peu à peu. Quoi qu'il en soit, le pas décisif était fait; la langue était « hors de page », il y avait une langue d'État.

Ce n'est pas à dire que d'un coup le français devint la langue du droit; dans les Universités on continua de l'enseigner en latin. Les livres aussi restèrent longtemps en latin; des jurisconsultes continuèrent même à discuter la question; mais ces résistances sont sans intérêt. Par l'ordre du roi, le français entrait partout où était la vraie vie juridique; le reste importait peu. Désormais, et ce n'est pas là une des moindres conséquences de la réforme, il se développa dans le monde judiciaire un goût

---

1. « Quant a ces crieries que vous allegues, ce seroit le mesme qu'il aduint du temps du grand Roy Francois, quand il commanda par toute la France de plaider en langue Francoise. Il y eut alors de merueilleuses complainctes, de sorte que la Prouence enuoya ses deputes par deuers sa maiesté, pour remonstrer ces grans inconueniens que vous dictes. Mais ce gentil esprit de Roy, les delayans de mois en mois, et leur faisant entendre par son Chancellier qu'il ne prenoit point plaisir douir parler en aultre langue quen la sienne, leur donna occasion daprendre songneusment le Francois : puis quelque temps apres ils exposerent leur charge en harangue Frācoyse. Lors ce fut une risee de ces orateurs qui estoient venus pour combatre la langue Francoyse, et neantmoins par ce combat l'auoient aprise, et par effect auoient monstre que puisquelle estoit si aysee aux personnes daage, comme ils estoient, quelle seroit encores plus facile aux ieunes gens, et qu'il estoit bien seant, combien que le langaige demeurast a la populasse, neantmoins que les hommes plus notables estans en charge publicque eussent, comme en robbe, ainsi en parolle quelque præeminence sur leurs inferieurs. » (Ramus, *Gram.*, 49 et 50, 1572.)

2. Commines, *Mém.*, VI, 6. On dit que Philippe le Long avait déjà eu cette idée. Loisel, *Dial. des avoc.*, éd. Dupin, 1818, p. 231.

très vif des lettres françaises ; notre langue, pendant un certain temps au moins, profita grandement des soins qu'on eut d'elle dans le monde des Parlements, des recherches qu'on lui consacra, et même de l'usage qu'on en fit.

Les premiers manifestes. — Ronsard lui-même eût déjà voulu savoir quels furent « les premiers qui oserent abandonner la langue des Anciens pour honorer celle de leur païs », car il jugeait qu'ils avaient été « veritablement bons enfans, et non ingrats citoyens », qu'ils étaient « dignes d'estre couronnez sur une statue publique, et que d'age en age » on fît « une perpetuelle memoire d'eux et de leurs vertus » [1]. Sur l'un de ces piédestaux on met généralement le libraire Geoffroy Tory [2], de Bourges. l'auteur du *Champfleury*. Je ne veux pas disputer à Tory une gloire à laquelle il tenait tant. Sans doute il n'est pas exact qu'il ait montré le premier le rôle des langues vulgaires, ce qui précède l'a déjà fait voir. Son livre n'est pas consacré tout entier à ce sujet ; une part, et une grande part, y concerne l'art typographique ; mais la question de l'emploi du français dans les sciences n'y est pas moins traitée avant toute autre, en tête du livre, avec intelligence et avec chaleur.

C'est en 1529 que parut le *Champfleury*, mais l'auteur, s'il faut l'en croire, en avait, dès 1523, « en fantasiant en son lict », conçu le projet. Jugeant que les Romains « auoient eu domination sur la plus grande partie du monde, et auoient plus prosperé et obtenu de victoires par leur langue que par leur lance », il souhaitait que les François en « peussent autant faire, non pas pour estre tyrans et roys sur tous », mais qu' « en ayant leur langue bien reiglee, ils peussent rediger et mettre bonnes sciences et arts en memoire et par escript », au lieu de « mandier et prendre quasi furtiuement des Grecz et des Latins » ce que l'on veut savoir des sciences (4 v°). Ce n'est

---

1. Ed. Blanchemain, VII, 323.
2. Tory, né vers 1480, fut sans doute élève, à Bourges, de Dives (de Ricke), alla en Italie, et revint se fixer à Paris en 1505. Il reçut en 1530 le titre d'imprimeur du roi et de 25e libraire de l'Université de Paris. On lui doit la modification du caractère typographique, différentes améliorations dans l'orthographe (voir plus loin), une traduction de la *Table de Cebes*, de l'*Économique* de Xénophon (1531), de la *Politique* de Plutarque (1532), de la *Mouche* de Lucien (1533) et une édition de l'*Adolescence Clémentine* (4e éd., 1533). (Voir Aug. Bernard, *Geoffroy Tory*, Paris, Tross, 1865.)

pas qu'il s'agisse de « contemner les langues hebraique, greque et latine », mais seulement de « cheminer plus seurement en sa voye domestique, c'estadire escripre en francois, comme Francois que nous sommes (12 r°) ».

Tory est trop modeste pour se proposer lui-même en exemple. Né « de petitz et humbles parens, poure de biens caduques », il est content seulement d'être « le premier petit indice a exciter quelque noble esperit qui se euertura davantage (1 v°) ». Déjà Estienne de la Roche, natif de Lyon sur le Rhosne, Ch. Bouille (Tory se trompe ici singulièrement sur les sentiments de ce Bouelles), ont donné l'exemple, l'un dans une Arithmétique, l'autre dans une Géométrie. Et le dernier y a si bien réussi, qu'il « semble y auoir autant fructifie et acquis d'immortalite de son nom, qu'il a en tous ses autres liures et œuures latins qu'il a faicts studieusement ». Fort de ce succès, Tory appelle à l'œuvre les « deuotz amateurs de bonnes lettres », il demande à Dieu d'en susciter, aux nobles seigneurs de leur « proposer gages et beaux dons ». Il se rend compte qu'on peut objecter à ces grands projets que la langue vulgaire est encore trop pauvre, trop changeante et dépourvue de règles ; mais les langues anciennes aussi ont été primitivement dans cet état, avant qu'on eût « prins peine et mis diligence a les reduyre et mettre a certaine reigle (4 v°) ». Il suffira de cultiver la nôtre comme ils ont fait les leurs, en écartant d'abord ceux qui « la corrompent et diffament, plaisanteurs, escumeurs de latin et jargonneurs » ; en lui donnant ensuite des règles de prononcer et bien parler. Ce sera la tâche de « quelque noble Priscian, quelque Donat ou quelque Quintilien françois, qui naistra de bref, au plaisir de Dieu, s'il n'est desia tout edifie. » En tout cas, n'en déplaise à ceux qui croient « que la langue françoise ne soit assez bonne ni assez elegante », sans attendre les réformes qu'il espère, qu'il appelle et qu'il commence, Tory affirme courageusement que la matière est ample et féconde, et que ni Ennius ni Plaute n'ont travaillé sur une plus riche : « Notre langue est une des plus belles et gracieuses de toutes les langues humaines (24 r°) ».

Tory se fait évidemment illusion sur les arguments qu'il a donnés pour le démontrer. Les textes de Pomponius Mela,

Juvénal, et Lucien, qu'il cite, n'ont rien à voir aux débats (3 r°). Mais il n'en a pas moins cette persuasion, et il voudrait la faire partager à ceux « qui escriroient beaucop de bonnes choses s'ilz pensoient les pouuoir bien faire en grec ou latin, et qui s'en deportent de paour de y faire incongruyte ou autre vice (24 r°) ». Il espère même amener à cette manière de voir ceux qui, comme lui, ont prouvé qu'ils sont capables de se servir du latin, en leur montrant qu'il faut qu' « auec les gens de bonnes lettres le peuple commun puisse user des liures (1 r°) ».

Ainsi Tory comprend et indique les deux progrès essentiels qui étaient à faire, savoir : augmenter la production intellectuelle, en appelant tous ceux qui pensaient, quelle que fût leur langue, à y concourir, et répandre cette production, en la mettant à la portée de tous ceux qui savaient lire. Il est dès lors certain que son livre, malgré la forme enfantine qu'il a par endroits, mérite de rester en tête de la liste des plaidoyers écrits en faveur du français. Il n'en était point jusque-là qui eût montré si nettement la double manière de décorer ou d'enluminer — les deux mots y sont — la langue française, d'abord par un travail grammatical intérieur, en la réglant et la polissant, ensuite par une production littéraire, en composant dans cette langue de bons et beaux livres.

La médecine. — C'était dans l'ordre des sciences humaines la plus élevée en dignité ; on considérait volontiers que la philosophie, l'astronomie, l'alchimie, ou pour mieux dire tous les arts mécaniques étaient inventés pour soutenir cette « pratique de la philosophie naturelle sur le corps humain », suivant la définition de Laurent Joubert. En fait, ces prétentions se justifiaient par le rôle que jouaient les médecins dans le mouvement scientifique. On peut dire qu'en France comme ailleurs, au xvi° siècle, ils l'ont conduit ; les grands savants en histoire naturelle comme en mathématiques, en physique comme en philosophie, sont des médecins. La médecine prétend à cette époque être au sommet des sciences. Elle est plus encore au centre. La conquête était donc de première importance. Ce qui la prépara de la manière la plus efficace, c'est que le français était en possession indiscutée de deux arts que les médecins du xvi° siècle rejetaient bien loin au-dessous du leur, mais qui n y touchaient pas moins de très près : la pharmacie et la chirurgie.

La Chirurgie. — Dès la fin du xv° siècle, on voit se créer, à Montpellier et à Paris, des cours destinés aux chirurgiens et aux barbiers, et comme ceux-ci sont ignorants des langues anciennes, l'enseignement qui leur est donné doit être, au moins en grande partie, en langue vulgaire. Toutefois, à Paris au moins, l'institution de ces cours semble surtout avoir été une machine de guerre contre les chirurgiens, avec lesquels la Faculté avait de sérieux démêlés. Après chaque trêve, la suppression des lectures aux barbiers est décidée, et quand enfin, en 1515, les chirurgiens sont reconnus comme étudiants de l'Université, quand leur confrérie de Saint-Cosme s'élève à la dignité de collège, le latin semble appelé à y prendre dans l'enseignement presque la même place qu'à la Faculté de médecine. Ce n'est pas de la Faculté de Paris que devait partir le mouvement.

A Montpellier, les choses semblent s'être passées d'autre sorte. Au premier professeur Gryphis succéda Falcon, qui publia en 1515 des Commentaires de chirurgie en français. Déjà, les presses de Lyon avaient fait paraître plusieurs éditions françaises du grand ouvrage du moyen âge, le *Guidon* de Guy de Chauliac, et de quelques autres traités anciens. Symphorien Champier donna un nouveau *Guidon* en 1503, et bientôt il semble que les deux villes soient associées pour travailler aux mêmes progrès, Montpellier fournit les hommes, Lyon leur ouvre son collège et ses imprimeries.

Je ne dois pas passer sur le nom de ce Champier, bien qu'il fût par ses ouvrages si divers un homme tout latin, sans marquer qu'à cette première époque il osa, un des premiers, affirmer hautement « qu'il n'estoit pas inconuenient ny de merueille sy ung Francoys lequel nentend latin, suyuant Guydon, Gordon ou Salicet, ou bien de Vigo, soit plus expert en cyrurgie que ung Italien bien latin, lequel n'aura sy bien practique ny sy bien estudie les docteurs latins, que le Frācoys qui aura tres bien estudie son Guydon, Lāphrā et Salicet, et aura praticqué plusieurs annees en cyrurgie [1] ». Sans doute Champier préfère que

---

[1]. *Les lunectes des Cyrurgiēs et Barbiers auquelles sont demōstrees les reigles et ordonnances et la voye par lesquelles se doybuent reigler les bons Cyrurgiens les-*

le chirurgien, dont il dresse l'Institution, sache la grammaire et au moins le latin. Mais il en fait si peu une condition indispensable de mérite, qu'au chapitre suivant il explique au prix de quelles lectures le jeune chirurgien pourra se passer du latin.

Et sa conviction qu'on pouvait ainsi devenir maître, voire docteur, était telle, qu'il arriva un jour à en convaincre toute une université. C'était après la victoire du roi contre les « Elveciens dicts Soyces ». Sacré chevalier par le duc de Lorraine, Champier suivit son maître à Pavie, où les docteurs l' « aggregarent en leur college ». Mgr de Guyse y était venu, accompagné d'un chirurgien picard, nommé Hyppolite d'Aultreppe, qui pria Champier de le passer docteur en chirurgie. Celui-ci osa soumettre à ses nouveaux collègues cette demande, quelque exorbitante qu'elle fût, d'Aultreppe ne sachant pas le latin. Rendez-vous fut pris pour la Saint-Thomas, et comme il y avait de vives résistances, Champier demanda à ses nouveaux collègues, si au cas où Galien, Avicenne, Isaac israélitique, et Galapt de Balda reviendraient à la vie, ils ne pourraient obtenir la couronne doctorale, faute de savoir le latin [1]. De semblables arguments

queux veullent viure selon dieu et la religion creslienne. Compose par mesire Symphorien Campese chevallier et docteur regēt de l'uniuersite de Pauie, seigneur de la Fauerge, premier medecin de monsieur le Duc de Lorrayne, et de Bart. Lyon, P. Mareschal, à la suite du *Myrouel des appothicaires.* Bib. Mazar. Rés. 29045.

1. « Alors se leuast ung tresque scauant et docte docteur, nomme Mattheus de Curte, lequel, a ceste heure, a la premiere cheere en medecine a Padoe, et dict : Messire Campese : Nous esmerueillions tous, Messieurs de ceste uniuersite, de ce que nous auez faict assembler icy en si gros nombre. Et puis nous presentes ung homme de toust sans lectre, quil ne scait ny entend latin, et semble que vous moques ou ioues des docteurs, lesqueulx vous ont fait gros honneur et donne priuilege, que ne fust oncque faict en ceste uniuersite. Alors moy bien doulāt et desplaisāt de tel reprouche luy respondis en latin, car en francoys ne me eust pas bien entendu : Monsieur mon frere et collegue, ie ne vous veux demander que une petite question, et me auoir respondu seray tresque contemps de vous, et est telle. Ie boute le cas que Galien et Auicenne et Isaac Israeliticque, ou bien Galapt de Balda fussent de present en vie, et Galien, pour le bruict et excellence de vostre uniuersite, vint a Pauie pour prendre la Lauree couronne, ou bien degre de docteur, et Avicenne vint auec luy de Arabie, et Isaac de Palestine ou Iudee, et Galapt de Mesopotamie, je vous demande si Messieurs de l'uniuersite les passeroyent docteurs, et deburoyent auoir la Lauree couronne ou doctoralle. Alors respondit Cursius que oùy, et que telz personnaiges n'estoyent a refuser. Alors ie repliquay : Galien estoyt Grec, et Asiatique, naprint oncque la langue latine. Auicenne estoyt Arabe et ne lentendoyt pas. Isaac estoyt Israellitique, fils Adoctis du roy de Arabie nomme Salomon, et Galapt estoyt de Mesopotamie ou Perse, et tous estoyent ignoras et ignorans la langue latine, mais ilz estoient tres scauans medecins. La langue nest pas cause de la doctrine, car en tous langaiges se peult science acquerre et apprendre. Et par raison semblable, cestuy Hyppolite Daultreppe et Frācoys Pycardz, lesqueulx communement sont scauans

LA LUTTE AVEC LE LATIN   673

l'ayant nécessairement emporté, Champier servit d'interprète, et la thèse fut passée. Comme le lui dit à la fin de la séance un des docteurs, Mattheus Curtius, c'était là « chose qui n'auoit oncq este veue en ceste uniuersite fameuse, ni en aucune autre », et on comprend que ceux qui vinrent après Champier se soient

dont sont a present Jacobus Faber, et Carolus Bouilus, par leurs liuers (sic) renommes et fames. Se Hyppolite a estudie plusieurs ans en l'uniuersité de Montpellier, soubs tresscauans docteurs, et a practique en Cyrurgie, bien xx ans ou plus, en plusieurs prouinces, et est tres scauant et expert en cyrurgie et Cyrurgien de prince; sy doncques Auiceñe, arabe, venoit a vous avec sa langue barbare et arabique, series contrainctz, sy le vouliez interroguer, que ce fust par truchement et interpreteur. Or boutes le cas que Hyppolite soit Auiceñe, interroges le en Cyrurgie, tãt practique que theoricque, et sy ne scait a vous aultres Messieurs, respondre en vraye cyrurgiē, repellez le, ne le passes docteur, mais le rēuoyez apprendre sa cyrurgie ou bien en latin ou aultres langues.

« Alors se leuast Franciscus de Bobio, lequel auoit la premiere cheire en medecine et quatre cens ducaz de gaige, et dict en latin : Seigneur Campese, sil est ainsy come l'auez dict, et quil (sic) scauamment il responde a messieurs, nous sommes contemps le passer docteur, et que soyez interpreteur des deulx parties et truchemēt. Alors ie me lieue et remerciay tous messieurs de leur bon vouloir. Et si feis une orayson en la louange de Cyrurgie, et puis ie dictz a Hyppolite : lieue toy, Hyppolite, et remercie messieurs de leur bon vouloir, et toy prepare a bien te deffendre, car oncques Hector ne se deffendist mieulx de Achilles, ne le noble Baiard a Naplez de Alonce espagnol, quil te fault a ceste heure deffendre; car ceulx n'auoyent a soy deffendre corporellement que d'ung homme, mais a ceste foys te fault deffendre spirituellement, et par science acquise de plus de vingtz Achilles. Alors cōmāceast Rusticus, ung de mes singuliers amys, arguer contre Hyppolite tresque subtillement. Ie interpretay audict Hyppolite largument, auquel il respondit tresque bien, la ou tous les docteurs se esmerueillerent. Il replicque. Hyppolite respond encoure mieulx, dont Antonius Rusticus fust tres contēpt. Apres disputast Franciscus Bobius tres subtillement et plus philosophallement que medicinellement, dont Hyppolite fust pour le commācemēt rauis et estonne, mais moy, cōme interpretateur, luy declaray largument, auquel il respondict tresque bien; mais de Bobio qui n'entendoit pas la respōce francoyse de Hyppolite dict haultement: Il n'est possible, seigneur Cāpese, que il aye faicte la responce telle a mon argument comme le me donnez entendre, car hōme qui n'entend latin et oncque ne ouyt philosophie ne peult faire ny donner telle responce. Alors ie luy respondz : seigneur Bobius, Druydes, les anciens philosophes frācoys, desquelx parle Cesar en son sixieme de ces cōmētaires, n'entendoyent point latin et sy respondoient a tous aultres, de quelque region qu'ilz fussent. Hyppocras n'estoit pas logicien et respondit a tous les argumens des Abderites, et a tous ceulx de Demochritus, philosophe tres grand. A ce fust contempt Bobius; tous les aultres arguerent, auxqueulx respondict tres bien. Sur le dernier, Mattheus Curtius, tresque scauant docteur, se leuast et dict en latin : Seigneur Campese, tu doys moult aymer ceste uniuersite et le present colliege, car tu as obtenu d'icelluy deux choses que oncques furent faictes en ceste uniuersite, la premiere, que toy, qui es Francoys, as obtenu du colliege que tu as este aggregue du nombre des docteurs et du colliege de Pauie, cōme si tu estoys ne a Pauie, laquelle chose ne fust oncque faicte en ceste uniuersite. Et monsieur de Bobio, Antonius Rusticus, ne le furent oncques du colliege, nisi tanquam forenses et extranei. Le second preuillege que ceste uniuersite vous a ouctroye, ce que, a vostre requeste, ilz ont passe ung docteur en Cyrurgie qui n'entend ny ouyt iamais grammaire latine, laquelle chose ne fust oncque veheue en ceste uniuersite fameuse. Alors me leuay et feis une orayson latine, par laquelle ie remerciay tous messieurs les docteurs de l'uniuersite de l'honneur et plaisir qu'ilz m'auoyent faictz... Alors fust faictz Hyppolite docteur en Cyrurgie. »

souvenus d'un pareil précédent, et des doctrines hardies sur lesquelles il s'était fondé.

A partir de 1530 commencent à paraître, à Lyon, des traductions importantes : *la Pratique de Vigo avec les Aphorismes et Canons de Chirurgie* (par Nic. Godin), *la Chirurgie de Paul d'Egine* (par Tolet), etc. Mais l'homme qui, sans conteste, paraît avoir tenu la tête du mouvement est J. Canappe, docteur en médecine de Montpellier et professeur de chirurgie à Lyon. Dès 1538, dans l'édition qu'il a donnée du *Guidon* en français, il montre déjà qu'il se soucie de ceux « qui n'ont estudie aux lettres latines » et, coup sur coup, il donne à ses étudiants les livres nécessaires : d'abord une anatomie traduite de Louis Vaise, puis, en 1541, l'*Anatomie des os du corps humain* de Galien, déclarant qu'il s'occupe peu « de messieurs les archiatres, et des querelles que si souuent ils lui ont obiectees ». A ce livre en succède presque immédiatement un autre sur le *Mouvement des muscles*. Canappe donne encore le *Prologue et chapitre singulier* de Chauliac; bref, en moins de dix ans toute une littérature chirurgicale est née de ce fécond enseignement, et le libraire Jean de Tournes peut faire en 1552 un véritable Manuel [1].

Canappe n'est pas, au dire des spécialistes, un chirurgien de premier ordre; il a été surtout un vulgarisateur; toutefois, il est incontestablement un esprit hardi, dédaigneux des préjugés et des routines; il traduit les anciens, mais sans croire à leur infaillibilité, « n'y ayant ne Socrates, ne Platon, ne autres qu'on doiue approuuer sinon que leurs doctrines soient vraies ». Ainsi, fermement attaché à l'idée de progrès, il s'emporte contre ceux qui par « auarice ou insatiable cupidite » prétendent « cacher la science et mettre la lumiere dessoubs un muy ». Lui, « il a la clef », et il veut faire entrer les autres. Parmi les plus grands services qu'il estime pouvoir rendre, il compte celui de donner des connaissances anatomiques à ceux qui ne sont aucunement « instituez es langues ». Il déclare net, et je ne sais si personne l'a dit alors avec la même force, que « l'art de medecine et chirurgie ne gist pas du tout aux langues, car cest tout ung de

---

1. *Opuscules de diuers autheurs medecins, redigez ensemble pour le proufit et utilite des chirurgiens.* (Tolet a été ici le collaborateur de Canappe.)

lentendre en Grec ou Latin ou Arabic ou Francoys, ou (si tu veulx) en Breton Bretonant, pourueu qu'on lentende bien. Iouxte la sentence de Cornelius Celsus, lequel dict que les maladies ne sont pas gueries par eloquence, mais par remedes [1]. »

Cette idée est si chère à Canappe, que c'est par elle qu'il ferme son petit livre du *Mouvement des muscles*. En tête déjà, les « doctes » pouvaient lire toute une profession de foi, en latin celle-là, adressée, sous forme d'épître, à Guillaume Rondelet, le professeur de Montpellier. Dès les premiers mots, les termes sont si vifs qu'ils annoncent un manifeste, et cette lettre en est un. A l'expression alors courante : *latinitate donare*, Canappe ose opposer l'expression, inouïe pour l'époque : *gallicitate donare*. On lui a reproché de desservir les vieux maîtres; il affirme dès la première phrase que les vulgariser c'est les servir. Toute la suite répond à ce début. « Pourquoi, dit-il, aller chercher une langue étrangère et quitter la nôtre [2]? Non que je sois assez sot pour prétendre rabaisser les vrais savants en grec et latin; je ne veux que demander que chacun écrive en la langue qu'il connaît bien. Dioscoride, Galien ont su le latin, Cicéron le grec; ni l'un, ni l'autre n'en ont pour cela abandonné leur propre idiome. Mais, dit-on, la Grèce nous surpasse dans tous les genres. Il lui était facile vraiment de vaincre des gens qui n'opposent aucune résistance. Je voudrais, poursuit-il, prendre la défense de la nation française, et soutenir qu'il y a, parmi les nôtres, dans ce siècle, une masse d'hommes, qui en tout genre de science ne le cèdent point aux étrangers, et je prie de croire que je parle ici en dehors de tout patriotisme et en toute indépendance; une

---

1. *Du mouuement des muscles*. Paris, Denys Janot, 1541, 67 r°-68 r°.
2. Joannes Canapaeus Gulielmo Rondeleto Monspessulano Medico, S. Falso queruntur nonnulli nostre etatis medici, Rondelete charis. quod libros aliquot Galleni *Gallicitate* (si ut aliis suam Latinitatem, aut Patavinitatem, Hispanitatemve, ita nobis vocabulum hoc innovare liceat) *donauerimus*. Cuius ego laboris primus author non extiti, quando priores me viri non indocti hoc prestiterunt neque citra successum : quorum alter secundum artis curatorie librum ad Glauconem, alter tertium methodi therapeutice ad Hieronem Gallice jam reddiderat. Nam contra reputando, neque commodius aliud, neque prestabilius invenies, quam si eo sermone utamur qui nobis notus est. Cur enim alienam, ac peregrinam sectabimur linguam, ut nostram deseramus? Si quidem permultos novi (ut ingenue fatear), qui ubi vix tria vocabula aut Grece aut Latine didicerant, Demosthenem ipsum, vel Ciceronem sibi posthabendos (nescio qua temeritate) censerēt... Non sum tamen adeo hebeti, stupidove ingenio, ut Grece. aut Latine doctos infamare velim : sed hortari potius, ut, quam quisque linguam exacte norit, in ea se exerceat.

masse qui sont capables d'énoncer leurs sentiments dans leur langue avec politesse, de les écrire, les disposer, les éclaircir, et d'attirer par un charme étonnant les auditeurs et les lecteurs, non moins certes que les étrangers. Il y a en abondance de ces gens, tant dans le parlement de Paris que dans les autres villes de France. J'ai voulu établir une fois qu'il n'y a rien que notre langue ne puisse exprimer avec propriété, netteté et élégance. »

Tout ce long morceau, qui serait à citer, où Canappe parle à la fois comme Platon et comme Calvin, est daté de Lyon, calendes de mars 1541. Il n'a pas passé inaperçu. C'est en effet dans la traduction de Canappe que Paré a lu Galien.

Y a-t-il pris sa hardiesse en face des préjugés séculaires? C'est lui, en tout cas, qui semble avoir eu l'honneur de faire admettre à Paris qu'un homme sans lettres était capable de faire progresser la science et la pratique; car, malgré des adversaires acharnés, les créations de son génie finirent par être universellement reconnues, et aucun plaidoyer ne valait cette démonstration. Je n'ai pas à insister ici sur l'œuvre de cet homme illustre; je rappellerai seulement qu'il n'a jamais prétendu, quoi qu'on en ait dit, se donner les airs d'un Latin, par l'abondance des citations antiques ou des mots écorchés, semés dans ses ouvrages. Tout au contraire, dans un des premiers, la *Briefue collection de l'administration anatomique*[1], il a dit nettement : « Ie ne veux m'arroger que i'aye leu Galien parlant grec ou latin, car n'a pleu a Dieu tant faire de grace a ma ieunesse, qu'elle aye este en l'une et l'autre langue instituee. » S'il y eut à sa thèse (1554) une comédie instituée pour lui donner un air de latinité, ainsi que le raconte un pamphlet contemporain, elle fut organisée par les juges, et subie, non demandée par le candidat. D'un bout à l'autre de sa vie il demeura fidèle à sa langue maternelle, accusant même de manquer « d'humanité » ceux qui condamnaient les interprétations françaises, « au moyen desquelles plusieurs malades et patients pouuoient estre mieux et plus seurement secourus ». Quand le recueil de ses œuvres dut paraître, on insista pour qu'elles fussent en latin, en alléguant fallacieuse-

---

1. *La Briefue collection de l'Administration anatomique...* Composee par Ambroise Paré, maistre Barbier chirurgien, Paris, 1550, Guill. Cavellat. (Un des seuls exemplaires connus se trouve à la Mazarine, Rés. 29707.)

ment le plaisir des étrangers. Paré, déjouant le subterfuge, déclara au roi qu'il ne s'opposait pas à ce que d'autres les fissent latines, et montrassent ainsi « qu'il n'y a espece de sçauoir sous le Ciel qui ne soit auec dexterité manié et declaré auec perfection en ce royaume ». On essaya aussi de soutenir que vulgariser l'art, c'était l'exposer à être « tenu a mespris »; il répondit, avec son maître Canappe, qu'il y avait là bien plutôt de quoi le magnifier et honorer[1]. La Faculté, impuissante à le convaincre, le poursuivit, mêlant à d'autres griefs celui-là, que Paré avait écrit en français, contre toute tradition et tout respect de son art. Il ne céda pas non plus devant les menaces, considérant « que chaque langue est propre a traicter les arts et a les donner a entendre ». Son *Traite sur la peste* (1568) parut donc en français, comme avait paru la *Methode de traicter les playes, faictes par harquebutes* (1545).

Il est inutile, dans une revue rapide comme celle que je fais ici, de poursuivre plus loin cette histoire. Aux raisons qui avaient déterminé Paré s'ajoutait maintenant son propre exemple; aussi vit-on se multiplier les livres de chirurgie écrits en langue française. C'est en français que Le Paulmier, l'élève de Fernel et l'adversaire de Paré, traita de la *Nature et curation des playes de pistolle, harquebouse, et autres bastons a feu*[2], que Dalechamps, autre adversaire, donna sa *Chirurgie*[3], afin de servir « ceux qui seroient reboutés pour n'auoir esté nourris aux lettres anciennes. » C'est en français encore que Francon écrivit son ouvrage capital sur les hernies (1561). Et on pourrait citer une

---

1. « Ie demanderois volontiers si la Philosophie d'Aristote, la Medecine du diuin Hyppocrates, et de Galien, ont esté obscurcies et amoindries, pour auoir esté traduictes de Grec en Latin, ou en langage Arrabic, ainsi que firent Auerrhoës, Æphadius et autres Arabes soigneux de leur Republique? Auicenne Prince de la Medecine Arabique, n'a-il pas traduit plusieurs liures de Galien en son iargon, au moyen dequoy la Medecine a esté decoree en son pays d'Arabie? Pourquoy semblablement ne me sera il permis d'escrire en ma langue Françoise, laquelle est autant noble que nulle autre estrangere?

Ie n'ay voulu aussi l'escrire en autre langage, que le vulgaire d'une autre nation, ne voulant estre de ces curieux, et par trop superstitieux, qui veulent cabaliser les arts et les serrer sous les loix de quelque langue particuliere, en tant que i'ay appris, que les sciences sont composees de choses, non de paroles, et que les sciences sont de l'essence, les paroles, pour exprimer et signifier. » (*Œuures*, Paris, Buon, in-f°, 1607; *Au lecteur*.)

2. Paris, Guil. Niuerd, 1569. Dans une épître dédicatoire, il éprouve cependant le besoin de s'en excuser.

3. Lyon, Guil. Rouille, 1569.

foule de noms moins considérables : Pierre Bertrand, Vallambert, Malésieux, François Martel, Siméon de Provanchères, etc. Deux d'entre eux sont à mettre à part, ceux de Rousset et de Guillemeau, tous deux élèves de Paré, et très importants dans l'histoire de l'obstétrique.

La pharmacie. — Ce n'est pas ici le lieu de rappeler l'histoire de la pharmacie; tout le monde sait qu'apothicaires et épiciers avaient longtemps fait partie d'une corporation unique; ils venaient seulement d'être séparés; et de leurs origines modestes les premiers retenaient encore ce caractère essentiel, de n'être latins à aucun degré. La chose paraît au premier abord surprenante, quand aujourd'hui les boutiques de ces mêmes apothicaires restent le dernier asile du latin vaincu. Mais, de fait, la latinité générale de la corporation ne s'est jamais beaucoup élevée au-dessus de la possibilité de lire les ordonnances, le formulaire et les étiquettes. Au XVIe siècle, c'est à peine si elle en était là.

Symphorien Champier, après avoir essayé de redresser les erreurs ordinaires [1] des apothicaires en les signalant en latin, met ensuite son livre en français. D'autres, moins bienveillants, s'égaient des méprises qui se commettent dans les officines. Sébastien Colin, dans son célèbre pamphlet « sur les abus et tromperies des apothicaires », rapporte sur leur ignorance de cruelles anecdotes, affirmant qu'ils ne tiennent pas à recevoir des hommes bons latins, connussent-ils bien les simples, eussent-ils étudié trois ans sous Monsieur Sylvius, et qu'ils leur préfèrent ceux, fussent-ils « pastissiers, qui sauent bien batre les espices et faire des cornetz de papier », entendez des cornets médiocrement creux, et qui tiennent peu de marchandise [2].

Dans sa réplique à Lisset Benancio, Braillier n'entreprit pas de défendre les capacités grammaticales de ses confrères; il répondit qu'on pouvait parler de tout, même de médecine et d'apothicairerie en français, et posa la règle qu'il valait mieux

---

1. Voir *le Myrouel des Apothicaires et Pharmacopoles par lequel est démonstré comment appothiquaires communement errent en plusieurs simples medicines contre l'intention des Grectz.* Lyon; Pierre Mareschal, 1532, réimprimé par M. Dorveaux. Paris, Welter, 1895. Voir p. 23 et 52 de la réimpression.
2. Voir la *Declaration des abus et tromperies que font les apothicaires,* composee par maistre Lisset Benancio (anagr. de Sébastien Colin), Lyon, Mich. Jove, 1557, feuille E, v, 3.

« estudier chacun en sa langue, que d'emprunter le langage des estrangers ». Dans sa riposte hardie, il alla même jusqu'à dire qu'il était fort dangereux de borner la médecine à l'étude des traités anciens, et de médeciner avec les drogues des Grecs et des Arabes des hommes qui avaient une tout autre complexion, et qui n'étaient ni nés ni élevés dans le même climat[1].

On devine ce qui devait arriver en présence de résistances aussi vives : les traités latins passèrent en français. Le *Jardin de Santé* avait été imprimé dès le xvᵉ siècle. Dès 1555, Barthélemy Aneau avait traduit le *Tresor des remedes secrets* d'Évonime Philiastre[2]. Six ans après, Jean de Tournes, étendant à la pharmacie ce qu'il avait commencé pour la chirurgie, publiait un livre autrement important, l'édition française du Manuel de Dusseau[3]. C'était un traité élémentaire, mais néanmoins une véritable « theorique ». Une double préface l'introduisait auprès des lecteurs. La première en latin, adressée à tous les professeurs de l'art Apollinique et aux plus habiles des pharmaciens, était assez timide, mais la seconde, où l'exemple de Canappe est cité, respire l'enthousiasme de celui-ci, et peut-être aussi l'ardeur de Jean de Tournes, éditeur des deux livres. En 1572, Houel, qui fut un classique, donna, il est vrai, ses deux livres de pharmacie en latin[4], mais, à la même époque, André Caille publiait successi-

1. Voir *Declaration des abus et ignorances des medecins...* composé par Pierre Braillier, marchand apothicaire de Lyon, pour reponce contre Lisset Benancio, medecin, 1ᵉʳ janv. 1557. (Reprod. dans les Œuvres de Palissy par Cap, 389 et suiv., Paris, 1844.)
2. B. Aneau, *Tresor des remedes secretz par Euonime Philiatre. Livre Physic, Medical, Alchymic, et Dispensatif de toutes substantiales liqueurs, et appareils de vins de diverses saueurs, necessaire a toutes gens, principalement a medecins, chirurgiens et apothicaires*, Lyon, Balth. Arnoullet, 1555, Av. priv.
3. *Enchirid, ou manipul des miropoles, sommairement traduit et commenté suiuant le texte Latin*, par M. Michel Dusseau, Apothicaire, iadis Garde-iuré de l'Apothicairerie de Paris : pour les inerudits et tyroncles dudit estat, en forme de theorique; Lion, J. de Tournes, 1561.
Nous auons entreprins, dit le traducteur, de traduire ce traicté en vulgaire, non pour nous exalter en aucune maniere, ne mespriser autruy : mais seulemēt pour grace et en faueur des rudes et nouueaux de nostre art. Considerant que tous, ne plusieurs n'ont eu, ou peu auoir l'opportunité de la langue Latine. Aucuns pour l'indigence ou parcité de leurs parens. Les autres pour leur negligence et propre follie de ieunesse : lesquels toutefois estant ià auancez en ladite art, et quasi en aage parfait, n'est besoin renuoyer aux champs garder les brebis, ou rapprendre autre moyen de viure. Ains ne reste que leur donner viandes propres à leurs machoires, c'estadire, une certaine et familiere exposition à eux facile de comprendre. Ce que esperons faire et poursuiure, par le moyen de la presente traduction. » (L'auteur continue, en citant Champier et Canappe, et en s'appuyant sur leur exemple.)
4. On a aussi de lui des traités français, en particulier *Traité de la theriaque*

vement le *Guidon des apothicaires* de Valerius Cordus (Lyon, Est. Michel, 1572), et le *Jardin medicinal* de Mizaud (Jean Lertout, 1578); Dariot écrivait sur la *preparation des medicaments* (1582). Bref, nous savons par Laurent Joubert que si les formules restaient latines, si elles passèrent, sous cette forme, dans le Codex, la corporation ne s'était pas convertie et que les écrivains qui voulaient se faire entendre de tous, devaient se résoudre « à rendre, en une langue connue, toutes les parties de leur art [1] ».

La médecine proprement dite. — Les livres français, dont je viens de parler jusqu'ici, destinés surtout aux indoctes, pharmaciens et chirurgiens, ouvraient à la langue française des parties essentielles de l'art médical : la pharmacie, l'anatomie, la physiologie. Une partie de la forteresse était emportée. Quelques-uns en sacrifiaient volontiers d'autres encore : d'abord la séméiotique, ou étude des symptômes. Nous en avons la preuve dans l'apparition du livre de J. Eusèbe : *La science du poulx. Le meilleur et plus certain moyen de iuger des maladies* (Lyon, J. Saugrain, 1568.) Que ce fût l'auteur lui-même, professeur à Montpellier, ou, comme il le dit, l'archevêque de Lyon, Antoine Dalbon, qui ait eu l'intelligence de s'en rendre compte, en tout cas, il est dit fort sagement dans ce livre qu'il serait utile que le public, les chirurgiens et apothicaires, pussent « auoir la connoissance des causes et signes des maladies, pour en aider le medecin, ou luy en escrire en son absence, et que

---

et mithridat contenant plusieurs questions generales et particulieres... pour le profit et utilite de ceux qui font profession de la Pharmacie, et aussi fort propre à ceux qui sont amateurs de la Medecine. Paris, J. de Bordeaux, 1573.

[1] Voir la *Pharmacopee de Laur. Joubert, ensemble les Annotations de J. Paul Zangmaister. Le tout de nouueau mis en françois* (Lyon, Ant. de Harsy, 1588) : « Ie suis contraint de deplorer un autre mal qui n'est que trop commun, assauoir que les Apoticaires pour la pluspart se font à croire qu'ils sont dispensez de scauoir la langue Latine, et par ce moyen ne peuuent entendre les bons auteurs qui ont escrit de leur art, et qui ont en diuers lieux enseigné tout ce qui est necessaire à un bon Apoticaire. De remedier à ce mal, en leur persuadant d'aprendre la langue Latine, il est impossible, car chacun allegue ses raisons, et la pluspart se contente de faire comme les autres. Il semble donc bien qu'il n'y a point d'autre remede, sinon de leur rendre toutes les parties de cest art en la propre langue qui leur est bien cogneue. » Cf. encore : *Les fleurs du liure des vertus des herbes par Macer Floride.* Rouen, 1588. Après l'épitre très curieuse, se trouve une explication en vers des termes médicaux :

> Alors que l'herbe et suc dessus le mal tu mets,
> Selon les medecins un *cataplasme* fais :
> Mais la pure onction du suc, c'est *epitheme*, etc.

nul mal ne pourroit s'ensuyure, si ces parties de medecine estoyent traictees en langue vulgaire, comme aussi la physiologie et conseruation de santé ».

A dire vrai, cette dernière science, que nous appellerions l'hygiène, n'avait pu depuis longtemps rester en possession exclusive des médecins; les maladies contagieuses avaient rendu nécessaire un peu partout la création de bureaux spéciaux, et obligé aussi le public à faire connaissance avec quelques règles essentielles concernant la toilette, l'habitation, le *regimen*[1]. On ne pouvait lui donner utilement ces règles qu'en français. Aussi les traductions et les ouvrages originaux sont-ils, dès 1530, assez nombreux sur la matière. Un régent de la Faculté de Paris, André Lefournier, tout en s'excusant, ouvre un des premiers la voie[2]. Messire Desdier de Montpellier traduit *le Livre d'hoñeste volupte*; Antoine Pierre, de Narbonne, le *Regimen sanitatis* (1544); J. Goeurot, le *Traicte de l'Entretenement de sante*, par Prosper Calanius (1550); Arn. Pasquet, les *Sept Dialogues de Pictorius, traictans la maniere de contregarder la sante* (1557); Massé, le traité de Galien *Des choses nutritiues* (1552); A. Valgelas, le *Commentaire de la conseruation de sante et prolongation de vie* de Jérôme de Monteux (1559). Un anonyme donne un *Regime de viure* (1561); Vallambert imprime ses *Cinq* remarquables *liures de la maniere de nourrir et gouuerner les enfans dez leur naissance*[3]. Bref, il y a là toute une littérature, dans laquelle on voit même se glisser la poésie didactique.

Il ne restait plus possible de préserver que la thérapeutique ou « curatiue »; c'est là ce qu'eussent voulu même des hommes d'esprit ouvert, comme Eusèbe; mais c'était chose extrêmement difficile, le développement de certaines maladies au XVIᵉ siècle

---

1. On ne dit *regime* que dans la deuxième moitié du siècle; ainsi Blancherose écrit un : *Salutifere et utile conseil auec un regimen aux tres dangereuses maladies ayant cours...*, Lyon, 1531. Gérard, dans ses *Trois premiers liures de la santé*, n'ose pas employer *diete*, « que les Grecs nous ont effrontement desrobé, comme assez d'autres qui nous feroient grand besoin ».

2. *La decoration d'humaine nature et aornement des Dames, ou est montree la maniere et receptes pour faire sauons, pommes, poudres et eaues delicieuses et odorantes pour lauer et nettoyer tant le corps que les habillemens*; Paris, J. Saint-Denys et Jehan Longis, 1530 (Bib. Sorbonne, I, s, IV, 6). L'auteur dit dans sa dédicace : « Nec sermone metiaris quia Gallica lingua promitur opus. »

3. Poitiers, Marnef et Bouchetz frères, 1565. Dans une préface très orgueilleuse, l'auteur déclare que cette œuvre est la première de ce genre en langage français, et que du reste elle tient son rang à part.

nécessitant une large diffusion des méthodes curatives. Et je ne fais point seulement allusion ici au mal de Naples, mais à la lèpre, qui durait encore, et surtout à la peste, qui avait fini par devenir à peu près endémique dans la plus grande partie de la France, et y exerçait des ravages terribles. C'est en français que Bocellin écrivit sur la lèpre [1], et que Thierry de Héry donna son ouvrage capital sur le mal que Fracastor venait de nommer [2]. Mais c'est à propos de la peste surtout que les traités se multiplièrent, prônant certaines précautions ou certains remèdes. Il y en a déjà plusieurs avant 1520 [3]. A partir de 1530, on en voit éclore dans toutes les villes où on imprime [4]. Ce qui est ici à noter, c'est que, devant le besoin, des hommes comme Gourmelen, doyen de la Faculté de Paris, se rendent eux-mêmes à la nécessité de se faire comprendre, et détachent un livre en français du reste de leur œuvre, toute latine [5].

Or, premièrement, ces sujets, n'étaient pas délimités si strictement qu'on ne pût joindre à l'étude de la peste, par exemple, celle d'autres maladies, épidémiques ou non. C'est ce qui arriva plusieurs fois. Pierre André traita *de la peste* et en même temps *de la disenterie* [6]. En outre tous ces livres montraient la voie. Si le français suffisait à exposer la cure de certaines maladies, pourquoi n'eût-il pas convenu pour d'autres ? Il devait arriver qu'on rencontrât quelques audacieux, décidés à faire le dernier pas.

---

1. *Practique sur la matiere de la contagieuse maladie de lepre*; Lyon, Mace Bonhomme, 1540, in-4.
2. *La methode curatoire de la maladie venerienne*, Paris, 1552.
3. Par exemple celui de Bunel : *OEuure excellente et a chascun desirant de peste se preseruer tres utile*, Tholo e, 1513, in-4.
4. Je citerai : Sim. Nerault, *Le Flagice de peste*; Poitiers, Jaq. Bouchet, 1530, in-8; — J. Liébaut, *Le tresor et remede de la vraye guerison de la peste*; Lyon, Benoist, 1545; — Ant. d'Emery, *Antidote ou remede contre la peste*; Paris, Gal. du Pré, 1545; — Og. Ferrier, *Remedes preseruatifs et curatifs de peste*; Tholose Guyon Boudeuille, in-16, et Lyon, J. de Tournes, 1548, in-8; — Franç. Chappuis, *Sommaire contenant certains et vrays remedes contre la peste*; Geneve, 1548, in-8; — Ben. Textor, *De la maniere de se preseruer de la pestilence et d'en guerir*; Lyon, J. de Tournes, 1551, in-8; — Mich. Nostradamus, *Le remede tres utile contre la peste*; Paris, Guil. Niuerd, 1561, in-8 ; — Ant. Mizaud, *Singuliers secrets et secours contre la peste*; Paris, Math. Breuille, 1562, in-8 ; — P. André, *Traicte de la peste*; Poitiers, Nic. l'Ogerois, 1563; — Franç. Valleriole, *Traicte de la peste*; Lyon, Ant. Gryphius, 1566, in-16; — Amb. Paré, *Traicte de la Peste*, 1568; — Cl. Fabri, *Paradoxes de la cure de la Peste* ; Paris, Nic. Chesneau, 1568; — Nicolas de Nancel, *Discours tres ample de la peste*; Paris, ibid., 1581, in-8 ; — Joubert, *Traicte de la Peste*, trad. par Guil. des Innocens; Paris, Jean Lertour, 1581, in-8; etc.
5. *Aduertissement et conseil à MM. de Paris tant pour se preseruer de la peste comme aussi pour nettoyer la ville*; Paris, Nic. Chesneau, 1581.
6. Poitiers, Nic. l'Ogerois, 1563, in-8.

Aussi, aux traductions des vieux recueils de Maître Albert, de Bernard de Gordon, d'Arnaud de Villeneuve, viennent timidement et peu à peu s'ajouter quelques traités, spéciaux ou non, en français ; Paradin traduit : *la Methode ou briefue introduction pour paruenir a la connaissance de la vraye et solide medecine* ; de Fouchs (Lyon, 1552) ; Claude Martin, les *Six principaux liures de la therapeutique* de Galien (1554) ; J. Lyege donne une *Raison de viure pour toutes fieures* (1557) ; Guillaume Chrestian commence la série de ses traductions. Un anonyme (Jean Goy) met en français le *Thresor de medicine tant theorique que pratique* de Fouchs (Paris, Nic. Peletier, 1560). Mais à dire vrai, même en continuant l'énumération jusqu'au seuil du xvii° siècle, la liste qu'on pourrait dresser ne serait ni bien longue, ni composée d'ouvrages bien importants. Deux surtout méritent d'être retenus, l'un de Sébastien Colin, l'autre de Laurent Joubert.

Le premier contient un véritable manifeste, tel qu'on ne devait guère l'attendre de son auteur, car Sébastien Colin n'est autre, comme on se le rappelle, que ce Lisset Benancio qui attaquait si vivement l'ignorance grammaticale des pharmaciens, et se plaignait que le Poitou fût rempli de médecins « indoctes et Thessaliques, qui s'estoient contentez de pratiquer sous quelques resueurs Arabistes[1] ». Il démontre ici encore, à grand renfort de latin, voire de grec, que nul ne peut aspirer à la science, qu'en commençant par l'étude des langues. Mais il n'en pose pas moins comme légitime et nécessaire de donner au peuple des recettes éprouvées dont il a le plus grand besoin. Dans toute la longue préface, par laquelle il justifie son dessein, ce qu'il faut considérer, c'est moins les arguments — presque tous empruntés à Canappe et à Paré — que le ton sur lequel il les présente[2]. Quelque pédant qu'il ait été, le grec dont il affecte de farcir

---

1. Lisset, *Abus*, feuille D, 1 v°.
2. Sébastien Colin, *L'ordre et regime qu'on doit garder et tenir en la cure des fieures* ; Poitiers, Enguilbert de Marnef, 1558. Préface du 8 nov. 1557 : « ..... Pour faire bref ie scai bien qu'aucuns ne trouueront bonne nostre entreprise, disans qu'il ne falloit point traicter telle matiere en langue vulgaire, et que par ce moien la medecine en est vilipendée, et tenuë en mespris : Ce qui est le contraire, car ce que i'en ay faict, est plustost pour la magnifier, decorer, et honorer... Et faut qu'ils entendent, que les sciences tant plus elles sont cognues de plusieurs, tant plus elles sont louees : veu que science et vertu n'ont pas plus grand ennemi qu'ignorance. Dauantage ie leur demanderois volontiers, la philosophie d'Aristote, la medecine d'Hippocrates et Galien, ont-elles esté obscursies et amoindries pour auoir esté traduittes en Latin ou en langage Arabic?..... qui

jusqu'à ses épîtres ne l'a pas empêché de voir l'utilité qu'il y avait à vulgariser les sciences. Il en paraît bien convaincu, et si la pensée est souvent empruntée, il semble bien que Colin l'ait faite sienne par l'ardeur, l'emportement même qu'il a mis à défendre sa cause. Je ne sache personne en effet qui ait osé envoyer se purger aux Anticyres ceux qui croyaient tout perdu, et criaient comme Judas à la trahison, en voyant divulguer l'art. Je ne sache non plus personne qui ait eu la présence d'esprit de déclarer qu'il était beaucoup plus difficile de composer en vulgaire qu'en latin, attendu qu'il y manquait les « anciens noms des plantes, des parties du corps, de la forme des remedes ». C'était un argument nouveau, et bien fait pour étonner les pédants.

Laurent Joubert est assez connu ; on recherche encore comme une curiosité bibliographique son livre de début, le *Traicté des causes du ris et tous ses accidents*[1]. Au XVIe siècle, l'homme et ses livres furent célèbres[2]. Dans une lettre à Gui du Faur de Pibrac[3], Joubert semble avoir assez bien caractérisé sa vie, partagée entre deux tâches, l'une de science pure et d'instruction — elle est résumée dans son œuvre latine, — l'autre de vulgarisation — de là son œuvre française.

L'ouvrage incontestablement le plus considérable que renferme cette dernière est le livre intitulé : *Erreurs populaires et propos vulgaires touchant la medecine et le regime de santé*, qui parut pour la première fois à Bordeaux, en 1578, chez Millanges. Ce recueil eut un succès énorme ; imprimé en six mois à Paris, à Lyon et à Avignon, il devint néanmoins si rare, que bientôt l'auteur fut obligé d'en donner une nouvelle édition augmentée, qu'une suite vint encore compléter en 1580[4].

Cette seconde édition est pour nous beaucoup plus intéressante que la première, parce qu'elle nous montre comment l'ouvrage

---

seront doncques ceus de bon iugement, voire omnilingues, ou cognoissans toutes langues, qui ne soubhaittent bien lire mesme science en diuers langage? voire quant elles seroient escrites en Breton Bretonant? »

1. Lyon, J. de Tournes, 1560, in-8.

2. Joubert, né en 1529, fit sa médecine à Montpellier (1550), y devint docteur (1558), reçut le titre de médecin de Henri II en 1579, et fut chancelier de l'Université de Montpellier. Il mourut le 21 oct. 1583. Outre le *Traicté du ris* et les *Erreurs populaires*, Joubert a écrit en français une *Pharmacopee*, soi-disant traduite et commentée par Zangmaister, Lyon, 1581 ; un *Traicté des Arcbusades* ; plus, *Epitome de la therapeutique*, Lyon. J. de Tournes, 1574, etc.

3. *Erreurs populaires*, p. 18.

4. Cette suite a paru chez Abel Langelier, à Paris.

avait fait scandale, et qu'elle nous fait connaître les objections diverses qu'il avait soulevées. Les amateurs de vertu, au dire de Louis Bertravan, qui fait l'apologie de son maître, l'avaient d'abord accusé d'avoir dédié son livre, qui traitait de matières très délicates, à la reine de Navarre. Que Joubert eût été en cela maladroit, ou qu'il ait pu se croire autorisé par l'exemple d'une reine, auteur de contes, « qui ne sentoient pas moins son caresme-prenant », c'est une querelle dans laquelle nous n'avons pas à entrer, et que Joubert fit cesser en supprimant le nom de Marguerite des éditions postérieures.

Mais ce dont se plaignaient plus encore les avocats de la décence, c'était qu'on eût scandalisé le lecteur même, et à ce propos se posait une question très spéciale, mais fondamentale. La nature des sujets médicaux supportait-elle qu'on les traitât en une langue intelligible à tous? Le latin seul devait-il braver l'honnêteté? Joubert accepta que son imprimeur prît les moyens les plus enfantins pour avertir les lecteurs des passages scabreux[1], mais il se refusa à retrancher certains développements délicats : « les chasseurs ne vident pas le gibier qu'ils veulent offrir ». Puis, non content de se justifier par des exemples, et celui de la Bible elle-même, de faire remarquer qu'il avait évité les mots propres, il posa hardiment la thèse, que les mots propres « ne puent pas », et qu'on parlait bien par mots propres en hébreu, grec et latin; qu'au reste ce n'est pas là ce qui corrompt la jeunesse, mais « les liures d'amour (poesies ou prose), et les contes (soit histoires ou fables) des mechans tours qu'ont fait les fames a leurs maris ». Paré lui-même, attaqué sur ce même sujet, ne sut pas répondre si ferme et si bien, se contentant d'invoquer des précédents, et d'alléguer qu'il s'était adressé aux étudiants seuls.

Cette première question débattue, *quasi in limine litis*, une autre se posait, moins haute en apparence, mais aussi moins abstraite; on s'était effrayé, non plus du danger que courait l'honnêteté bravée, mais la corporation des médecins eux-mêmes, si on se mettait « a diuulguer leur art au peuple, et a luy faire entendre ce dont les medecins se veulent et doiuent

---

[1]. Il marque d'un astérisque ceux que les mariés seuls doivent lire (p. 56).

preualoir ¹ ». Il y avait danger qu'il en voulût « abuser, sçachant plus qu'il ne lui appartient », et qu'il prétendît désormais contester avec les médecins « presque tous les poincts de la medecine ». Cabral fit à ces craintes, au nom du maître, une longue réponse qui mériterait d'être rapportée tout entière. Comme elles avaient été exprimées à Joubert sans animosité, et en manière d'avis, sans doute par des confrères, l'apologiste débute par toutes sortes de concessions. Il fait remarquer qu'on ne semble pas avoir bien vu les intentions de l'auteur, et qu'un homme dans sa situation n'a pu songer à profaner l'art, ni à violer le serment qu'il faisait prêter en qualité de chancelier, qu'il ne dévoile rien, mais corrige des doctrines fausses déjà répandues ².

Toutefois, après, ces assurances sophistiques données, Cabral en arrive à soutenir le principe : qu'il est légitime et louable d'apprendre au peuple, comme on a commencé à le faire, à se préserver des maladies et même à en guérir quelques-unes. Cabral considère, et on ne peut douter ici qu'il n'interprète fidèlement la pensée de Joubert, qu'on n'a pas plus le droit d'accaparer ces secrets médicaux, qu'on ne l'eût eu de garder pour soi l'art de faire le pain et le vin.

Et ce qui démontre qu'il n'éprouve, quoi qu'il en dise, aucun scrupule à répandre les connaissances, même les plus hautes, c'est qu'il rappelle, en s'y associant, les plaintes qu'on fait des théologiens, qui se réservent l'Écriture à eux seuls, et privent le commun de la pâture spirituelle ³.

1. Voir Epistre apologetique à Ant. de Clermont, baron de Montoison, par Barthélemy Cabral (*Err. popul.*, 2ᵉ part.).
2. « M. Joubert sçait tres bien que les misteres ou secrets de la Medecine et les principaux points de l'art (propos obscurs et d'importance) ne doiuent estre communiquez ou descouuerts aux prophanes. Ainsi nomme-il en quelque lieu, tous ceux qui ne sont iurez et assermentez en l'eschole de medecine : suiuant le sacré serment d'Hippocras, lequel il ensuit iournellement, en faisant iurer tous les ans un grand nombre d'escholiers, qui veulent ouyr les leçons en l'Uniuersité de Montpellier, ou y prendre aucuns degrez. Luy qui en est chancelier et iuge, auquel l'estroicte obseruation des loix et statuts est en singuliere recommandation (si onques elle fust a aucun de ses predecesseurs) n'ha garde de faillir en cela. Aussi n'est-ce pas diuulguer ou enseigner la Medecine aux prophanes, q̃ de les instruire a biẽ faire ce qu'ils fõt, et de leur expliquer ce qu'ils sçauent sans intelligence, par maniere de dire. »
3. « .... Et puis? qui pourra trouuer mauuais que chacun en particulier sçache entretenir sa santé, pour n'auoir tant souuent besoin du medecin? Dira-on que M. Charles Estienne, et apres luy M. Ian Liebault, son gendre, personnes tres doctes et humaines, ayent mal faict d'escrire en François leur *Maison rustique*, où il y a beaucoup de remedes familiers, et qu'on dict usuels, non seulement à conseruer la santé ou se preseruer de plusieurs maladies, ains

Ainsi il me paraît hors de doute que Joubert a pensé sur ce sujet avec une grande liberté d'esprit, et s'est élevé bien au-dessus de ses contemporains. Il a même été plus hardi qu'il ne voulait le laisser paraître, comme le prouvent différentes autres publications de lui : son petit manuel de thérapeutique, ses paradoxes sur la révulsion, etc. Il ne s'agit plus là, en effet, simplement de chirurgie, de pharmacopée ni d'hygiène, mais des arcanes mêmes du métier. Toutefois Joubert n'a pas été immédiatement suivi. On vit bien des paracelsistes, comme Roch Baillif de la Rivière, suivre l'exemple de leur maître, et rompre avec le latin. Mais j'ai dit ailleurs quelles mesures on prit pour s'opposer à la dangereuse invasion de la médecine chimique. Baillif eut des émules, le gros de l'armée des médecins demeura fidèle aux dieux qu'un impie avait osé brûler, et aussi à leurs prophètes. Le latin barbarisque, dont parle Champier, resta en usage ; il faudra au siècle suivant le rire de Molière pour achever la déroute des docteurs. Autour de 1600 ils tenaient encore bon.

Les sciences mathématiques. *Arithmétique et géométrie.* — A lire Geoffroy Tory, qui ne trouve à citer comme livre de science en français que l'Arithmétique d'Estienne de la Roche, dit Villefranche [1], et la Géométrie de Charles de Bouelles [2], on serait tenté de croire que c'est par la mathématique que le français a pénétré dans la science. Il n'en est rien. L'Arithmétique de Villefranche, comme presque toutes celles qui l'ont suivie, parmi lesquelles je citerai celles de Boissière [3], Peletier

---

aussi d'en guerir plusieurs ? Ainsi le liure intitulé *Thresor des pauures*, est bien veu et receu de tous. Ainsi la belle œuure de M. Simon de Valambert, touchant la nourriture et maladies des enfans : et plusieurs autres semblables, qui ne sont qu'en langage François. Au contraire, il seroit de besoin, que tout ce dont le peuple est capable, concernant sa santé, fut en langue vulgaire, pour son profit ; sans luy enuier ce bien, qui est d'une Enuie totalement ennemie du genre humain. »

1. Je n'ai vu de ce livre que l'édition intitulée *Arismetique et Geometrie*, à Lyon, Gilles et Jacques Huguetan, 1538, in-f°.
2. Le livre auquel Tory fait allusion est *L'art et science de Geometrie auec les figures sur chascune reigle, par lesquelles on peut facilement comprendre ladite science*. Paris, Henri Estienne, 1514, in-4. Je ne l'ai pas rencontré, mais dans *La Geometrie pratique*, composée par le noble philosophe, maistre Ch. de Bouelles, et nouuellement par luy reueue, augmentée et grandement enrichie, Paris, Hier. de Marnef et Guill. Cavellat, 1566, Bouelles laisse voir que c'est moins de son plein gré que pour obéir au désir des praticiens, qu'il a adopté le français, qu'il n'estimait guère. Voir la préface, datée de Noyon, nov. 1542.
3. Dès le commencement du siècle on avait traduit celle de Jean de Lortie (Lor-

du Mans [1], Cathalan [2], P. de Savonne [3], La Tayssonière [4], Jean Trenchant [5], Chauvet [6], Fustel [7], est avant tout un livre pratique, traitant moins « de la science du nombre que de la pratique des affaires. » On y trouve pêle-mêle des règles relatives au change des monnaies, aux réductions des mesures les unes aux autres, le régime des foires, des calculs faits; bref ce sont en général des livres de « marchands, financiers, tresoriers, receveurs, affineurs » plutôt que d'étudiants. C'est ce qui explique que Lyon en ait tant imprimé.

La géométrie française est également tout élémentaire. C'est pour des ouvriers et des artisans que de Bouelles avait écrit la sienne, et s'était commis à employer la langue vulgaire [8]. Les rares manuels qu'on rencontre ensuite sont du même ordre.

On trouve de même des traités de perspective, et d'architecture civile ou de fortification en français [9]. Il est visible que la science appliquée, s'adressant à un public qui n'est pas latin, est obligée de se faire française de bonne heure. Mais la science pure reste à peu près fidèle au latin. C'est en latin que Goupil, Budéon, Fernel, Oronce Finé, que Peletier du Mans et Ramus eux-mêmes disputent de la quadrature du cercle et de l'angle de contingence.

Toutefois, vers le milieu du siècle, quelques symptômes font pressentir que, là aussi, le règne exclusif du latin est menacé de finir. C'est d'abord une page de Peletier du Mans, qui tout en restant, comme je l'ai dit, fidèle à son latin, quand il parlait des

tega). Elle fut imprimée par Baland le 23 oct. 1545 (privilège du 11 janvier 1514) sous ce titre : *OEuure tres subtile et profitable de l'art et science d'aristmetique : et geometrie translate nouuellement d'espaignol en francoys...*
Celle de Boissière est intitulée : *L'art d'Arythmetique contenant toute dimension singuliere et commode tant pour l'art militaire que autres calculations.* Paris, Amet Brière, 1554, in-4.

1. Peletier du Mans, *L'arithmetique departie en quatre liures.* Lyon, J. de Tournes, 1554, in-8.
2. *Arithmetique et maniere d'apprendre a chiffrer*..... Lyon, Th. Payan, 1555.
3. *Arithmetique.* Paris, Nic. du Chemin, 1565.
4. *Compost arithmetical,* Lyon, Ben. Rigaud, 1567. *Briefue arithmetique.* Ib., 1570, in-16. *Les principaux fondemens d'arithmetique,* Ib., 1571.
5. *Arithmetique : Ensemble un discours des changes...* Lyon, M. Jore, 1571, in-8.
6. *Les Institutions d'arithmetique,* Paris, Hierosme de Marnef, 1578, in-8.
7. *L'arithmetique abregee conioincte a l'unité des nombres.* Paris, 1588, in-f°.
8. *La Practique de Geometrie avec l'usage du Quarré geometrique;* Paris, Gille Gourbin, 1575, in-4.
9. Il y en a déjà un bilingue en 1509 : J. Viatoris, *De artificiali perspectiva.* Tulli, in-f° (Bibliothèque Mazarine, 4720 f.); le texte est accompagné d'une traduction interlinéaire.

lignes et des nombres, entrevoit cependant que rien ne serait pour le français d'une utilité plus grande à conquérir, que le royaume de ces sciences, où « la vérité est manifeste, infaillible et constante ». « Pansez, ajoute-t-il, quelḝ immortalite eḽs pourroęt aporter a une languḝ, i etans redigeḝs en bonnḝ e vreyḝ metodḝ[1]. » Combien ces vues, inspirées, du reste, de l'histoire de la science arabe, étaient pénétrantes et hardies, on le voit assez, sans qu'il soit besoin d'y insister : rêver de donner l'éternité au français, en l'attachant à une œuvre d'une vérité éternelle, était d'un homme qui pensait.

Est. Forcadel eut le courage de mettre l'idée en pratique, non seulement dans son enseignement, mais dans ses livres. J'ai déjà eu l'occasion de dire qu'il osa lire en français au Collège royal; en outre il donna toute une série de traductions des anciens : Archimède, Euclide, Proclus, ou des modernes, comme Oronce Finé; ses propres traités sur l'arithmétique sont aussi en français[2]. Nul doute qu'il n'eût entraîné quelques disciples, s'il ne fût mort assez tôt, peu après Ramus. On vit bien se produire quelques essais; Gosselin traduisit l'arithmétique de Tartaglia[3], Simon Stevin donna à la suite de son Arithmétique des éléments d'Algèbre[4] (1585), mais en somme le français avait si peu pris pied dans la haute spéculation, que l'œuvre du grand Viete, le seul homme que la France du XVIe siècle puisse opposer aux Cardan et aux Tartaglia, est en latin, et Viete n'est mort qu'en 1603.

L'astronomie. La cosmographie, la géographie. — Il ne semble pas qu'il y ait de science plus éloignée de la vie pratique que l'astronomie; il y en avait peu au contraire qui y fût plus intimement mêlée, au XVIe siècle. D'abord elle avait, comme la chiromancie et toutes les autres méthodes de divination, le privilège de parler à l'homme de son avenir, c'est-à-dire de ce qu'il désire le plus connaître; c'était elle qui apprenait à distin-

---

1. *Dial. de l'orthogr.*, 2e livre, p. 76, éd. J. de Tournes, 1560.
2. *Arithmetique*; Paris, Guil. Cavellat, 1556, in-4. *Second liure de l'Arithmetique*, ibid., 1557, in-4. *Troisieme liure*, ibid., 1558, in-4. *Arithmetique entiere et abbregee*; Paris, Ch. Perier, 1565, in-4. *Arithmetique par les gects*, Paris, Cavellat, 1559, in-8.
3. *L'arithmetique traduicte d'Italien auec toutes les demonstrations mathematiques*, Paris, Gilles Beys, in-8.
4. *L'Arithmetique, contenant les computations des nombres arithmetiques ou vulgaires : aussi l'Algebre avec les eynations de cinq quantitez*, Leyde, Plantin, 1585.

guer les aspects des astres et leurs influences, qui lisait les présages contenus dans les comètes, les éclipses, et, malgré les railleries de Rabelais et de quelques autres, la foi en ces méthodes demeurait encore presque entière. Il suffit pour s'en convaincre de rappeler le succès de Nostradamus (1555). Ses prédictions sont en français, autant qu'on peut appeler français son grimoire barbouillé de mots sibyllins. Il en est ainsi de la plupart de ses rivaux[1] : qu'ils annoncent ou contremandent le « décès du monde », ils adoptent le plus souvent la langue à l'aide de laquelle ils peuvent le mieux frapper les imaginations. Ils acceptent même de discuter en vulgaire pour ou contre les principes de la science, sur sa valeur et sa légitimité. Il y a au XVIe siècle toute une littérature astrologique en français[2].

En second lieu l'astronomie, même ramenée à son but véritable, comportait des applications diverses aux calculs de l'horlogiographie, et surtout à la navigation. La pratique des instruments, tels que l'astrolabe, l'anneau astronomique, le compas, était nécessaire à nombre de gens ignorants des lettres anciennes. Aussi compte-t-on de nombreux ouvrages et opuscules, destinés à vulgariser ces connaissances essentielles[3].

---

1. G. de Chevalier, *Le decez ou fin du monde*; Paris, Rob. le Fizelier, 1584, in-4. Cl. du Verdier, *Discours, contre ceux qui par les grandes conionctions des Planetes, qui se doiuent faire, ont voulu predire la fin du monde*; Lyon, Barth. Honorat, 1583.

2. Je citerai : Turrel, *Le Periode, c'est-a-dire la fin du monde.... Fatale preuision par les astres*, Lyon, 1531. — Ogier Ferrier, *Iugemens Astronomiques sur les natiuitez*, Lyon, J. de Tournes, 1550, in-8. — Ant. Couillard, *Les propheties, ou entre autres choses il demonstre que Dieu sans autre ayde regit et gouuerne toute la machine, et peut seul, non pas les hommes, iuger des choses futures*; Paris, Ant. le Clerc, 1556, in-8. — *Ses contredicts aux faulses et abbusifues propheties de Nostradamus...* Paris, Ch. L'Angelier, 1560, in-8. — Leger Bontemps, *Narration contre la vanité et abus d'aucuns plus que trop fondez en l'astrologie iudiciaire et deuineresse*; Lyon, Ben. Rigaud, 1558, in-16. — Cl. Dariot, *Introduction au iugement des Astres. Auec un traicté des elections propres pour le commencement des choses*; Lyon, Maur. Le Roy, 1558, in-4. — Pontus de Tyard, *Mantice ou discours de la verité de diuination par Astrologie*, Lyon, J. de Tournes, 1558. — Mizaud, *Les louanges, antiquitez et excellences d'Astrologie*, Paris, Th. Richard, 1563, in-8. — *Secrets de la lune, opuscule non moins plaisant que utile sur le particulier consent et manifest accord de plusieurs choses du monde auec la Lune, comme du Soleil, du sexe feminin, de certaines bestes.....* Paris, 1571, in-8. *Harmonie des corps celestes et humains*, trad. par Jean de Montlyard, Lyon, Ben. Rigaud, 1580. — Jean de la Taille, *La Geomance abregee pour scauoir les choses passees, presentes et futures*, Paris, Luc. Breyer, 1574, in-4.

3. Focard, *Paraphrase de l'Astrolabe. La Sphere, l'Astrolabe. Le miroir du monde.....* Lyon, J. de Tournes, 1546, in-8. — Dominic Jacquinot: *L'usaige de l'Astrolabe, auec un traicté de la Sphere*, Paris, Jehan Barbé, 1545, in-8. — Bassantin, *Paraphrase et amplification de l'usaige de l'Astrolabe....* Lyon, J. de Tournes, 1555, in-8.

Il en est de même en ce qui concerne la géographie, alors confondue dans la cosmographie. Des guides, des itinéraires, des cartes en français paraissent de bonne heure [1].

Mais les études théoriques elles-mêmes sur le monde ont visiblement excité assez d'intérêt pour qu'on tentât de les répandre, et de faire qu'aucuns, suivant le mot du traducteur de Sacrobosco, ne pussent plus « s'excuser de l'étude de tant belles sciences, comme ils font, quand elles sont écrites en latin ».

Le mouvement semble s'accuser surtout aux environs de 1550. Elie Vinet traduit en 1544 la *Sphère* de Proclus ; Goupil, en 1550, celle de Piccolomini ; en 1551 paraît en édition française celle d'Oronce Finé [2] ; en 1552, celle de Münster, dont Belleforest devait tirer son célèbre ouvrage : *la Cosmographie universelle* (1575). En 1556, Cl. de Boissière fait encore passer en français les *Principes d'Astronomie et Cosmographie* de Gemma Frison [3]. En même temps on voit se multiplier des exposés géographiques proprement dits, généraux ou particuliers. Antoine du Moulin donne sous le titre de *Recueil de diverses histoires touchant la situation de toutes regions et pays*, un livre de Jean Boem (1544). J. Temporal, sous le nom d'*Historiale description de l'Afrique*, rassemble une série de voyages (1556), etc.

Et il est visible que si certains de ces livres n'ont d'autre objet que de satisfaire la curiosité du public, quelques-uns s'inspirent d'une idée plus haute. Je citerai particulièrement les *Institutions astronomiques* de J.-P. de Mesmes [4]. Dans un proème, qui suit la dédicace, visiblement inspiré par l'enthousiasme de Ronsard, De Mesmes traite la question de langue, presque comme

---

1. *La Guide des chemins de France*, par Charles Estienne, Paris, 1552. — *Les voyages de plusieurs endroits de la France en forme d'itinéraire et les fleuves de ce royaume*, par Charles Estienne, docteur en médecine. Paris, 1553. Lacroix du Maine nous a même conservé le titre d'un livre de cet ordre, bien antérieur : *Calculation, description et geographie verifiee du royaume de France, tant du tour, du large que du long d'iceluy, dechiffree par le menu iusques aux arpents et pas de terre en iceluy compris..... le tout calcule et somme par maistre Loys Boulenger, très expert geometrien et astronome*; imprime à Lyon, 1525. (L'ouvrage est perdu.)
2. *La sphere du monde proprement dicte Cosmographie, composee nouuellement en François*; Paris, Mich. Vascosan, in-4.
3. Paris, Cavellat, 1556, in-8.
4. *Les Institutions astronomiques contenans les principaux fondemens et premieres causes des cours et mouuemens celestes, avec la totale reuolution du Ciel*; Paris, Mich. Vascosan, 1557. Le livre est dédié à M. de Roissy de Mesmes, conseiller du Roy.

Estienne et comme Montaigne, en montrant autant d'enthousiasme que l'un pour sa nation, en exprimant les idées de l'autre sur les causes de l'infériorité des modernes, obligés à perdre leur jeunesse à l'étude des mots, au lieu de s'adonner aux longues et continuelles observations « ou gisent les sciences speculatiues [1] ».

Je ne serais point étonné que parmi les géographes, quelques-uns aient pensé à peu près comme De Mesmes, au moins sur le dernier point. Car si certains voyageurs avaient été partagés entre le désir de faire connaître leurs découvertes au monde entier, en les écrivant en latin, et le dégoût d'abandonner pour ce travail d'école quelques instants de vie active et utile [2], d'autres se sont montrés plus dédaigneux du soin de se faire connaître, et plus soucieux des choses que des mots. Un des plus hardis en ce genre est Thévet, qui, dans sa *Cosmographie uniuerselle*, demande ironiquement aux géographes de cabinet, occupés à ressasser les anciens, « si la nature s'est tellement astrainte et assuiettie a leurs dits, qu'il ne lui fust plus loisible de changer a l'avenir les choses dont ils auraient fait mention. » Pourquoi alors Pline ne s'est-il pas tu, puisque Strabon l'avait précédé [3]?

La philosophie. — La philosophie n'était pas pour les hommes du XVIᵉ siècle ce qu'elle est pour nous. Elle embrassait, outre ce que nous appelons proprement philosophie, l'ensemble de l'étude de la nature, ce qui fait aujourd'hui l'objet de la physique, de la chimie, de la météorologie, des sciences naturelles. En 1595 encore, paraissait une *Physique françoise*, par M. J. de

---

1. « Ie voy desia la poësie et l'histoire Francoise hors de page : les deux philosophies, moralle et naturelle, sortãs de nourrice : et les mathematiques en leurs naissances. O bon Dieu, faictes moy la grace de les voir une fois toutes hors de tutelle et d'aage, et (ce que plus ie desire) vrayes et bonnes Francoises.. Lors (comme i'espere) les bons esprits Francois ne consumeront plus la meilleure partie de leurs premiers ans à parler et escrire disertement en Grec et Latin, cõme ilz font auiourdhuy : car preuoyans la vie des hommes estre de peu de duree, les arts et sciences longues, difficiles à comprendre, et plus difficiles à practiquer et mettre en usage par les lettres estrangieres, ilz les apprendront en Francois sur la verdeur de leurs aages, et les obserueront à mesure que la raison, le iugement et l'aage croistront. Par ainsi les sciences speculatiues viendront à leur poinct parfaict, et mesmement la celeste doctrine, qui gist totalement en longues et continuelles obseruations. »

2. Sans parler des récits traduits, comme ceux de Vespuce, il y en a d'originaux en français : J. Cartier, *Brief recit de la nauigation faicte es isles de Canada*, Paris, 1545 (Mazarine 51757, Réserve).

3. Voir la *Cosmographie uniuerselle*, Préface; Paris, Pierre l'Huillier, 1575, in-fº. On a de Thévet les *Singularitez de la France antarctique, autrement nommee Amerique*, Paris, 1558; et *Cosmographie de Leuant*, Lyon, J. de Tournes et Guil. Gazeau, 1556, in-4.

Champaignac, à laquelle était joint un *Traicté de l'immortalité de l'ame* [1]. Ce rapprochement n'était pour étonner personne alors [2]. C'étaient deux morceaux, détachés d'un ensemble qui devait contenir logique, physique, éthique et métaphysique; l'auteur ne pouvant pas « se delivrer des deux dernieres parties » avait détaché des fragments. Un Palissy a été à la fois physicien, chimiste, géologue, minéralogiste. Aussi les divisions qui suivent ont-elles quelque chose de tout à fait artificiel.

La chimie. — Elle continue encore, pendant tout le XVI° siècle, à chercher la transmutation des métaux et la réalisation du grand œuvre, et pour s'ouvrir à tous ceux qui convoitent d'y réussir elle met ses secrets en français. Le pape Jean XXII, Augurell, Bacon [3], etc., ont été traduits avant 1560. Et leurs imitateurs Bern. de Trevisan, Vigenère, Denis Zecaire, le plus célèbre d'entre eux, se servent également de la langue vulgaire, ou, pour mieux dire, de la langue conventionnelle qu'on s'était faite dans ce monde spécial, langue dont le français fournissait la matière, mais dont une convention allégorique permettait seule d'interpréter les mots [4]. De la sorte les initiés pouvaient « boire à la fontaine de science », mais le public en restait éloigné [5]. C'était précisément ce qu'ordonnait la tradition des anciens; on communiquait sans profaner.

La vieille science, quoique vivement attaquée, poussa un nouveau et vivace rejeton, quand l'alchimiste Paracelse eut imaginé d'appliquer à la médecine les préparations chimiques, et fondé ainsi la chimie médicale. Or, Paracelse ne savait pas le latin et faisait à Bâle ses cours en allemand. Ceux qui introduisirent

---

1. Bordeaux, Millanges, 1595.
2. Certaines expressions restées dans la langue rappellent de quoi s'occupaient les anciens philosophes, ainsi *pierre philosophale.*
3. Jean XXII (pape), *L'elixir des philosophes, autrement l'art transmutatoire des metaux.* Lyon, Macé Bonhomme, 1557, in-8. — Augurell, *Trois liures de la facture de l'or.* Lyon, Guil. Rouille, 1541, in-16. — Roger Bacon, *Le miroir d'Alquimie,* traduict par un gentilhomme du Dauphiné (Jac. Girard de Tournus); Lyon, Macé Bonhomme, 1557, in-8.
4. Bern. de Trevisan, *Philosophie des metaux,* 1568; D. Zécaire, *Opuscule tres excellent de la vraye Philosophie naturelle des metaux;* Anvers, Guil. Sylvius 1568, in-8.
5. Zécaire, *o. c.,* 5. « En la tierce et derniere partie ie declareray la practique, de telle sorte qu'elle sera cachee aux ignorans, et monstree comme au doigt aux vrays enfans de la science.... » « Il est defendu par l'ordonnance diuine de publier notre science, en termes telz qu'ilz soient entenduz du commun. » (*Ib.,* 10. Cf. p. 6.).

ses doctrines ne pouvaient, sans renier le maître qui avait brûlé Hippocrate et Galien, donner en latin l'*Antidotaire spagyrique*, et expliquer les vertus des trois principes. Mais, malgré les débats de la fin du siècle, c'est plus tard que doivent s'engager les polémiques entre l'ancienne et la nouvelle médication.

Quant à la chimie proprement dite, elle eut en France, au XVIe siècle, pour créateur et pour représentant principal un homme qui n'était « ne grec, ne Hebrieu, ne Poëte, ne Rhetoricien, ains un simple artisan bien pouurement instruit aux lettres » : Bernard Palissy. Pendant un certain temps cette ignorance le faisait même douter de la portée et de la valeur de ses découvertes. « I'eusse este fort aise, nous dit-il lui-même, d'entendre le Latin, et lire les liures des dits philosophes, pour apprendre des uns et contredire aux autres » (*OEuvres*, éd. Cap., p. 269).

Plus tard, il commença à parler de toute la tradition avec un dédain assez dégagé. Ayant de quoi « clore la bouche à ceux qui demandoient comme il estoit possible qu'un homme pust scauoir quelque chose et parler des effects naturels sans auoir veu les liures latins des philosophes », assuré de conuaincre quiconque « voudroit prendre la peine de venir voir son cabinet », il n'hésita plus à « aduertir ses lecteurs qu'ils se donnassent de garde de enyurer leur esprit de sciences escriptes aux cabinets par une théorique imaginatiue, ou crochetee de quelques liures escrits par imagination de ceux qui n'ont rien practiqué » (*Ib.*, p. 132-133). Toutefois ni ces paroles hardies, ni l'exemple de Palissy n'eurent le retentissement qu'ils eussent pu avoir. Les progrès qu'il a fait faire à la chimie pratique et théorique restèrent obscurs, comme l'homme lui-même. Il eut l'envergure d'un Paré, il n'en eut pas l'influence.

La physique. — Elle est presque toute latine encore. Cependant les livres des anciens, qui faisaient le fonds des connaissances, passent en français d'assez bonne heure. Le *Traité du monde* d'Aristote est traduit par Meigret en 1541 et par Saliat en 1543; l'*Histoire naturelle* de Pline, par Meigret en 1552, et par du Pinet en 1562. Les *Problemes* d'Alexandre d'Aphrodisée, mêlés aussi de physique et de médecine, sont faits français en 1555 par Heret[1]. Les ouvrages importants des modernes,

---

1. Paris, Guil. Guillard. Voir : Aux lecteurs, p. 105.

de Cardan, de Lemnius, de Bruccioli, etc., furent aussi mis en langue vulgaire « bien que les choses de la philosophie naturelle ne s'y peussent aisement traiter, n'ayant iamais que bien peu este escrites en ceste langue [1] ».

L'honneur d'avoir donné un des premiers livres originaux revient à Symphorien Champier, dont nous avons déjà parlé, et qui a été un des plus remarquables polygraphes de son temps. Mais, en général, ces livres sont sans aucune importance. L'*Academie francoise* de La Primaudaye, avec ses *Suites*, forme un recueil volumineux, mais dépourvu d'intérêt et de nouveauté [2]. Le *Discours* de Du Perron, dont je parle ailleurs, est un mélange illisible de logomachie métaphysique et de physique proprement dite ; le *Discours* de Meigret *de la Creation du monde, et d'un seul createur par raisons naturelles*, est clairement écrit, mais sans portée [3]. Le *Traicté de la verité des causes et effects des divers cours, mouuements, flux, reflux, et saleure de la mer Oceane* de Duret appartient déjà au xviie siècle [4]. Bref, celui qu'il faudrait citer ici encore, comme en chimie, c'est Palissy, auquel l'hydrostatique doit ses premiers principes, qui a vu les causes de l'arc-en-ciel, la porosité des corps, deviné l'attraction. Je ne reviendrai pas sur ce qui en a été dit plus haut.

Je dois cependant signaler encore qu'une tentative a été faite avant 1600 pour donner au public une encyclopédie des sciences physiques. Fr. de Fougerolles entreprit de traduire l'ouvrage que Bodin avait écrit en latin sous le titre de *Theatre de la nature*. Le livre parut en 1597 chez Jean Pillehotte, à Lyon. Il constituait visiblement encore une nouveauté, car le traducteur prit soin dans une longue préface, non seulement de donner en garantie les noms de ceux qui l'avaient sollicité, mais de justifier leur désir par les arguments ordinaires, et les exemples de Galien, Plutarque, Celse et Cicéron, que nous avons vus tant de fois cités.

Les sciences naturelles. — Ici le xvie siècle a marqué une rénovation complète de la science. Tout en commentant

---

1. Lyon, Guil. Rouille, 1556.
2. *Academie françoise.* Paris, Guil. Chaudière, 1577, in-f°. *Suite...* Ibid., 1580, in-f°. Troisième tome, Jaq. Chouet, 1594, in-8.
3. Paris, André Wechel, 1554, in-4.
4. Paris, Jacq. Bezé, 1600, in-8.

et en traduisant Pline, Plutarque ou Dioscoride, les savants s'appliquaient à l'observation directe des choses. Par cette méthode, Palissy ouvrit à la géologie de nouvelles et fécondes hypothèses, par exemple celle qui expliquait les dépôts d'animaux fossiles ; il donna aussi sur les terrains des études approfondies, qui commençaient à éclaircir le problème de la constitution des différents sols, de la nature des pierres, etc. Mais il resta longtemps à peu près seul à cultiver ce champ.

Au contraire, en botanique et en zoologie, plusieurs hommes considérables se firent un nom aujourd'hui encore illustre. Quelques-uns sont étrangers : Fouchs, Gessner, Du Jardin, mais la France compte Ruel, Rondelet, et surtout le créateur de la zoologie, Pierre Belon. Il serait faux de prétendre qu'aucun de ceux-là ait témoigné nettement de son désir de voir la science parler exclusivement français ; tout au contraire Belon a exposé l'utilité d'une langue internationale [1]. Et tous trois ont fait paraître tout ou partie de leur œuvre en latin. Toutefois ils ne se sont nullement montrés dédaigneux de la langue vulgaire, et lui ont même fait une place plus ou moins grande.

D'abord ils se rendaient visiblement compte que toute étude botanique ou zoologique devait être précédée d'une identification des plantes et des animaux, et des noms différents qu'ils portaient dans les différentes langues. Aussi Ruel [2], dans son importante compilation sur les plantes, faisait-il, dès 1539, une place aux noms français. Concession peu importante, je le reconnais, puisque des étrangers, comme Gessner, la feront aussi [3], et qu'elle était inspirée par les intérêts de la science, nullement par le souci de la langue même. Mais il y a d'autres

---

1. Voir les *Portraits d'oyseaux, animaux...* Paris, Guil. Cavellat, 1557.
2. Voir *In Ruellium de Stirpibus epitome, cui accesserunt volatilium, gressibilium. piscium, et placentarum, magis frequentium apud Gallias nomina*, per Leodegarium a Quercu. Parisiis, ap. Joh. Lodoicum Tiletanum, 1539. Il traduit un nombre appréciable de mots : *hioscyamos* = jusquiame ; *halimum* = blancheputain ; *hesperis* = giroflee ; *heptaphyllon* = tormentille, etc.
3. *Catalogus plantarum latinè, græcè, germanicè et gallicè*, Zurich. Le titre même est en quatre langues. Il y a des lacunes un peu déconcertantes. Ainsi *ornus* n'a pas de correspondant français. Le nom français est parfois latinisé. Gessner renvoie souvent à Ruel. Cf. *Commentaires très excellens de l'hystoire des plantes, composez premierement en latin par Leonarth Fousch, medecin....* Paris, Jacques Gazeau, 1549. (Privilège du 7 juillet 1547.) Chaque chapitre commence par une étude du nom, souvent accompagnée de considérations étymologiques.

faits à citer. Rondelet avait publié en latin son *Histoire des poissons*. Ce fut lui-même qui poussa Laurent Joubert à la mettre en français [1]. Enfin Belon ne resta pas toujours fidèle au latin. Plusieurs de ses livres parurent, presque simultanément, en latin et en français [2], quelquefois en français d'abord ou en français seulement; ainsi l'*Histoire naturelle des estranges poissons marins* (Paris, 1551, in-4); les *Obseruations de plusieurs singularitez... trouuees en Grece, Asie, Egypte* (Paris, Cavellat, 1555), traduites plus tard par L'Écluse; l'*Histoire de la nature des oyseaux*, 1555, in-f°, par Ben. Prevost; les *Remonstrances sur le default du labour et culture des plantes*, Paris, Cavellat, 1558 (traduites aussi en latin par L'Écluse).

On chercherait vainement dans ces divers ouvrages une préface retentissante. L'auteur n'a visiblement aucune tendresse pour la science de ceux qui décrivent sans connaître, « semblables aux chantres de vieilles chansons, qui ne chantent que par usage, sans auoir la science de musique ». Il parle sévèrement de l'opinion vulgaire, qui tient un homme pour savant, à condition « qu'il sçache un peu de Grec, de Latin ou d'Hebrieu »; mais c'est très brièvement, et nulle part, que je sache, il ne se prononce sur la question de savoir si l'on devrait employer la langue vulgaire. Une seule fois il fait allusion à son désir de rendre service à la nation, en lui donnant des livres français; c'est dans la préface du récit de son voyage en Orient. Mais ces quelques lignes, très réservées, le paraissent encore plus quand on les rapproche du début de cette même préface, employé à féliciter le cardinal de Tournon de sa connaissance des langues [3].

---

[1]. Lyon, Macé Bonhomme, 1558. Tous les noms sont en français dans la traduction : *barbote, cancre, esperlan, lauaret, loup d'estang, moule, perche, plie, raine, saumon, scolopendre, silure, truite, umble cheualier, veron.*

[2]. Le *De Aquatilibus* avait paru en 1553; il fut traduit en 1555 sous le titre d'*Histoire des poissons* et sous deux autres encore.

[3]. Voir les *Obseruations de plusieurs singularitez*; Paris, Corrozet, 1553. « A Mgr. le Cardinal de Tournon... D'autre part, afin que nostre nation qui sçait quelle affection vous portes à l'utilité publique, se sente aucunement du fruict de ceste mienne peregrination, dont vous estes autheur : et qu'un bien est d'autant plus louable, qu'il est plus commun : i'ai traicté ceste mienne obseruation en nostre uulgaire François, et redigé en trois liures, le plus fidèlement qu'il m'ha esté possible; n'usant d'autre artifice ou elegance d'oraison, sinon d'une forme simple, narrant les choses au vray ainsi que les ay trouuées es pays estranges : rendant à chascune son appellation Françoise, ou il m'ha esté possible de luy trouuer un nom vulgaire. »

Toutefois, ce qui valait mieux que des épîtres, c'étaient ici les livres mêmes. Encore que l'*Histoire de la nature des oyseaux* n'eût été mise en français qu'en attendant l'édition latine, elle n'en existait pas moins, et l'apparition d'un traité français d'ornithologie, qui, deux siècles après, devait encore être consulté par Buffon, était un progrès réel pour la langue.

La philosophie morale et métaphysique. — Le Roy, le grand traducteur dont j'ai déjà eu à parler, qui a le premier osé traiter de politique en français dans une chaire royale, a revendiqué aussi l'honneur d'avoir le premier écrit dans cette même langue un ouvrage de métaphysique[1]. C'était une illusion. Depuis trente ans un certain nombre de versions avaient commencé à faire connaître la morale, et aussi la philosophie de Lucien, Plutarque, et même Platon. Si en effet l'*Hipparchus* de ce dernier roulait sur la « conuoitise de l'homme, touchant le gain et augmentation des biens mondains », l'*Axiochus*, qu'on lui attribuait, s'élevait jusqu'à la discussion de l'immortalité de l'âme, et Dolet avait traduit en même temps les deux dialogues, à la suite de son *Second Enfer*. Simon Silvius, dit de la Haye, avait traduit à son tour le commentaire du *Banquet*, donné par Ficin (1546), Philibert du Val le *Criton* (1547), François Hotman l'*Apologie de Socrate* (1548). Pontus de Tyard se trompait donc aussi, quand, dans son *Second Curieux* (1557), il estimait à son tour être le premier, « n'y ayant personne qui l'eust precedé en philosophie, et de ceste façon ». La longue apologie qu'il a mise en tête de son ouvrage, et qui n'est qu'un résumé agréable des espérances et des propositions avancées par tant d'autres, arrivait trop tard[2].

On peut admettre qu'il n'a pas connu le *Cymbalum mundi*, ou que, l'ayant lu, il n'a pas découvert, comme les théologiens, le sens profond et caché de ces facéties, ou enfin qu'elles lui ont paru, même sérieusement interprétées, viser plutôt la religion que la philosophie. Mais, même en écartant Des Periers, Tyard avait eu un autre prédécesseur dans Ramus. C'est en 1556 que

---

1. *Phedon*, à Paris, Seb. Nivelle, 1553. Il estime dans sa préface que « le labeur a esté grand a traitter premierement en la langue françoise ces matieres hautes, obscures, et esloignees de l'intelligence commune des hommes ».
2. Pontus de Tyard. Extrait du *Second curieux*, 1557. M. Marty-Laveaux a donné ce morceau dans son édition des poésies de P. de T., p. 234.

celui-ci avait fait paraître sa *Dialectique*, voulant, « à l'exemple et imitation des bons escholiers rendre sa leçon à la patrie, en laquelle il auoit esté engendré et esleué, et lui declairer en sa langue et intelligence vulgaire le fruict de son estude [1] ». On sait la place que tint ce livre d'un révolutionnaire devenu, malgré toutes les oppositions, une sorte de classique. C'est la première manifestation d'une pensée à laquelle Ramus resta fidèle toute sa vie, celle de « faire retourner les arts liberaux de Grece et d'Italie en Gaule ». La mort seule l'empêcha d' « apprendre a parler françois a la Rhetorique, Dialectique, Arithmetique, Geometrie, Musique, Astrologie, Physique, Ethique, Politique ».

A défaut de sa *Dialectique*, qui, à elle seule, le prouverait, puisque, dès 1556, il y avait hardiment répudié la langue comme les idées des docteurs, les conseils qu'il donnait à Forcadel d'enseigner en français les mathématiques, le regret qu'il exprimait à l'Hospital et à Cujas, dans ses *Scholæ mathematicæ* (1567 ; livre II, fin) « que les Français n'eussent que des myriades de lois rédigées dans une langue étrangère », prouvent bien qu'il avait vu depuis longtemps, et dans toute son étendue, l'œuvre à accomplir, et, s'il la plaçait sous le couvert de l'initiative royale, c'était surtout, j'imagine, pour rappeler aux Majestés qu'un si grand bien « n'estoit pas moins digne de leur ambition, que le bonheur d'amplifier leurs monarchies de grandes conquestes et dominations ».

On sait, et on verra dans cette histoire que, peu à peu, l'exemple de cet hétérodoxe commença d'être suivi, mais avec quelles hésitations ! L'obscur traducteur de Pierre Coustau, Lanteaume de Romieu, ose à peine donner les *narrations philosophiques*, craignant les objections qu'on avait faites à Cicéron [2] ! et

---

1. En Avignon, Barth. Bonhomme, 1556. Préf., p. 10. Dans sa Grammaire, à chaque instant, il est traité des qualités de la langue fr. Voir p. 39. « Ie sens mon cueur fort esiouy d'entendre que nostre France soit si elegante au pris des nations que nous estimons les plus facondes du monde, et au regard desquelles nous iugeons nostre patrie comme sauuaige et agreste. » Cf. p. 40. « Ceste prolation est ung aultre argument de la suauite de nostre langue. » Cf. p. 54. « Langue, dy-ie, louable sur toutes langues pour son excellente beauté et doulceur. »

2. *Le Pegme de Pierre Coustau, avec les narrations philosophiques*, mis de Latin en Francoys par Lanteaume de Romieu, gentilhomme d'Arles. Lyon, Macé Bonhomme, 1560. Au. priuilège.

« Au Lecteur Salut. Il fut un tems, ami lecteur, que ie pensois auoir assez fait, t'ayant baillé en notre langue les vers Latins de l'auteur : laissant les Narrations Philosophiques en un tems de plus grand loisir. Et me métois deuant les

Montaigne redoute de confier sa pensée à un langage, qu'il trouve suffisamment « gracieux, delicat et abondant, mais non pas maniant et vigoreux suffisamment, qui succombe ordinairement à une puissante conception », et qu'on sent « languir et flechir sous soi », pour peu qu'on « aille tendu [1] ». Il n'est pas impossible que d'autres aient eu un scrupule d'autre espèce, analogue à celui des théologiens, et n'aient craint de dévoiler au public des secrets dont il pourrait abuser. On en retrouve encore l'écho dans l'*Organe* de Du Fresne, qui se défend d'avoir livré au vulgaire un outil dangereux.

En tout cas le mouvement fut lent, et la philosophie française de la fin du XVIe siècle compta plus de traductions que d'œuvres originales. La disette dont parle un contemporain [2] continua, tandis que le langage latin « acheuoit de se remplir jusqu'aux bords ». Il faut arriver jusqu'au terme de la période, pour y rencontrer l'œuvre magistrale de Du Vair. Le traité de *la Sagesse* de Charron commençait seulement à s'imprimer en 1600. En réalité, malgré des esprits hardis, l'affranchissement de la pensée et de la forme scolastique restait à compléter.

L'histoire. — J'ai déjà eu l'occasion de dire que le premier apologiste de notre langue au XVIe siècle était un historien. A parler vrai, cela est peu surprenant. L'histoire à cette époque était surtout considérée comme une leçon de morale et de politique. Pour aller à ceux qui pouvaient en profiter, cette leçon devait se faire française, car, je l'ai dit, le grand nombre de ceux qui étaient mêlés aux affaires étaient incapables de l'entendre dans une autre langue. Dès lors, qu'ils y fussent poussés par les princes et les grands seigneurs, ou qu'ils s'y portassent d'eux-mêmes, les écrivains d'annales, de mémoires, d'histoires proprement dites, devaient être enclins à délaisser la langue des clercs. Ajoutons tout de suite que l'exemple n'était plus à donner, grâce

---

yeux ce que plusieurs obietoient à Ciceron, quãd il s'efforçoit de traitter en sa langue, et quasi donner la bourgoisie de Romme à la philosophie, qui de l'age de ses peres auoit pris et sa naissance et son entretien en Grece : luy alleguans que ceus qui sauoient en Grec ne liroient ses liures, pource qu'ilz aymeroient trop mieux chercher les fonteines : et d'autre part qui ne seroit versé en ladite langue, ne toucheroit point à ce qu'il ne pourroit entendre sans la langue et discipline des Grecs. »

1. Montaigne, *Ess.*, l. III, c. 5. Cf. l. II, c. 17.
2. Voir P. Breslay, *L'Anthologie ou Recueil de plusieurs discours notables*; Paris, 1574. Dédicace à M. l'abbé de Saint-Serge.

à toute une longue suite de chroniqueurs, dont le dernier, Commines, était bien connu, même avant d'être imprimé.

Ces raisons expliquent, je crois, sans que j'y insiste, en même temps comment, depuis le temps de Seyssel et de Lemaire de Belges, les livres d'histoire, originaux ou traduits, se multiplièrent, et pourquoi on trouve si rarement un auteur qui prenne la peine de justifier son dessein. Il paraissait visiblement tout naturel « de françoisement escrire que par les ancestres auoit esté françoisement, c'est-à-dire courageusement entrepris, vertueusement geré, et heureusement accomply ». Et Du Haillan s'étonne d'être le premier qui ait osé ou voulu écrire en sa langue une histoire véritable de ses rois et de sa nation, tant ce dessein lui semblait devoir venir naturellement à tant « d'excellents esprits » qui savaient bien écrire, et possédaient tout un trésor de documents [1].

Ce n'est pas à dire que les historiens s'abstiennent absolument de ces déclamations ou de ces plaidoyers, comme nous en avons relevé ailleurs. Amyot, en présentant au roi son Plutarque (1559), n'a-t-il pas dit son mot sur l'utilité qu'apporteraient tant de « bons et beaux livres », et félicité le roi que ses sujets reçussent en si grand nombre ces « outils de sapience » sans être obligés de se travailler pour apprendre « les nobles anciennes langues », qui coûtent beaucoup de temps et de peine [2]? Deux de ses successeurs ont mis en tête de leurs œuvres de véritables discours, diversement remarquables. Le premier est Anthoine Fumée, qui, après avoir donné les raisons qui lui ont fait choisir son sujet, termine sa préface, en essayant de contenter « ceux qui estiment le papier perdu escrit en nostre vulgaire, et qui croient dangereux de se restreindre a un païs, ou on court danger de ne pas trouuer de lecteurs [3] ». Il estime tout au con-

---

1. Voir l'*Histoire de France*, par Bernard de Girard, seigneur du Haillan; Paris, 1576, in-f°, Préface.
2. Amyot, *Les vies des hommes illustres Grecs et Romains*.... Au trespuissant et treschrestien Roy de France, Henry deuxieme.
3. « Reste à contenter ceux qui estiment le papier perdu escrit en nostre vulgaire, ne reputans nostre langage capable de receuoir quelque bonne discipline, mesmes que peu de gens s'amusent à lire si peu de liures que nous auons, et qu'il est plus honorable, quand on le sçait faire, d'escrire en Grec et en Latin, pour mettre son labeur aux yeux de toutes les nations, entre lesquelles n'y a faute d'hommes qui entendent ces langues, que se restraindre à un seul païs, et en danger de ne trouuer personne qui en face compte. Si ces inconueniens estoient fort à craindre, i'appelleroy au secours plusieurs gens

traire, que les lettres françaises ont repris tout leur honneur, et qu'on ne risque plus d'être mal accompagné à une si belle poursuite. Il y a de l'esprit et de la malice dans plusieurs des arguments qu'il donne, mais ce qui met ce plaidoyer d'historien à part, c'est qu'il est historique, qu'il esquisse même, en quelques mots, le passé de notre langue.

Celui de N. Vignier est plus banal. Il est visible que c'est l'exemple d'Amyot qui l'a déterminé à mettre en français ses Fastes des anciens Hébreux, Grecs et Romains, et dans toute sa longue préface il n'y a rien de bien original [1]. Mais je voulais signaler tout au moins cet exemple d'un homme convaincu que non seulement l'histoire ancienne, mais l'érudition relative aux anciens se pouvait exprimer en langue vulgaire. Après Vignier, c'est Lancelot de la Popelinière, qui fait précéder son *Amiral*, d'un long, mais curieux avant-discours, pour montrer que le devoir du « bon patriot », est d'enrichir et faire connaître à toutes les nations, si possible, le langage de son pays naturel. Malheu-

doctes, et de grande reputation, lesquels ont mieux aymé faire parler les Grecs et les Latins en François, qu'eux estans François, encores qu'ils eussent toutes les parties requises pour imiter les anciens, se mettre au rang des Grecs et Latins. Ie priroy de mon costé ceux qui auec un heureux succez ont deriué en leurs vers toutes les fontaines des delices de Pindare, Anacreon, Tibulle, Catulle, Ouide : ie reprendroy ce que Ciceron disoit en mesme cause contre ceux qui ne faisoint cas que des lettres grecques. I'allegueroy Sceuola se mocquant d'Albutie, qui aymoit mieux estre appellé Grec, que Romain ou Sabin. Si ce Sceuola eust esté François, il eust trouué noz predecesseurs fort ridicules, lesquels ont faict sentir leurs armes en tant de païs, et combatu tant de nations, mais tousiours se sont reduicts à la façon, à la coustume, à la langue de ceux qu'ils auoient vaincus... Et entre nous il n'y a aucun liure en notre langue que du tems de Philippe Auguste, et depuis, et ceux que nous auons ne contiennent que les histoires de leur siecle, dont encore le langage a esté corrigé par ceux qui, pensans bien faire, nous ont osté tout ce que nous auions d'ancien. Depuis la guerre des Anglois, nostre langue deuint plus polie, et print grand accroissement : finablement Charles cinquiesme surnommé le Sage, feit traduire, à ce que l'on dit, la plus grande partie des bons autheurs Latins, et par mesme moyen les vieux Romans furent mis en prose, que ie voudroy que l'on eust laissez en leur vieille rime, pource que les fables et mensonges seroint plus tolerables en ceste forme de Poësie, et si pourrions recognoistre quelque vieux mots, que la frequentation du Latin et vulgaire Italien nous a faict quitter. Ie croy que si les hommes lors eussent eu le sçauoir et intelligence des langues, qu'ils eussent rendu la nostre si florissante, que lon n'y eust peu rien adiouster. Mais quasi par tout le monde les tenebres d'ignorance estoient si espesses, qu'ils meritent pardon, s'ils n'ont entierement satisfaict à leur entreprise, qui a esté quasi acheuée au tems heureux de noz peres, où les lettres ont par tout repris leur honneur, et y a eu tant d'escriuains en nostre langue, qu'il ne faut craindre d'estre mal accompagné à une si belle poursuite. »

1. Voir *les Fastes des anciens Hebreux, Grecs et Romains, auec un traicté de l'an et des mois, ou est amplement discouru sur la signification et diuersité d'iceux entre les anciens et modernes*, par N. Vignier, historiographe du Roy, Paris, Ab. l'Angelier, 1588.

ment l'auteur n'apporte à la défense de sa proposition que des phrases verbeuses, et par endroits prétentieuses, sans ajouter ni une idée ni une image — ce qui est plus commun — à celles du maître dont il s'est inspiré [1].

Et c'était le temps cependant où tout le terrain conquis allait être reperdu, on sait comment. De Thou ne crut pas le français digne de supporter ni capable de répandre l'histoire monumentale dont il avait conçu le plan, et ce fut le latin qu'il adopta, ravissant ainsi à sa langue un des chefs-d'œuvre sur lesquels elle eût pu s'appuyer, et risquant de lui arracher un genre où, sans prétendre régner encore, elle avait du moins fait ses preuves [2].

Les érudits. — Évidemment ce n'est point parmi les érudits qu'il faut chercher les partisans du français. L'humanisme du xvie siècle est tout naturellement exclusif, en France comme ailleurs. Il est inutile ici d'entasser des noms, il suffit de rappeler les opinions de ceux qui donnaient le branle, par exemple du grand Budé, la lumière du siècle, un de ceux dont les docteurs ne prononçaient le nom qu'en portant par révérence la main à leur bonnet. Il avait l'esprit trop ouvert pour se refuser à reconnaître quelques avantages que le français avait sur le latin [3], mais dans l'ensemble, il n'estimait pas qu'on pût le comparer aux langues antiques, ni l'appliquer à aucune œuvre sérieuse. A la vérité, il semble avoir fait sur ses vieux jours une grande concession aux adversaires, en s'en servant dans le livre qu'il avait préparé sur l'*Institution du prince*, et qui parut après sa mort [4]. Mais il faudrait savoir si un désir plus puissant que ses partis pris ne l'a pas contraint en cette circonstance. Il travaillait sur

---

1. Voir *l'Amiral de France, et par occasion, de celuy des autres nations, tant vieiles que nouuelles*, par le Sr de la Popellinière. Paris, Thomas Périer, 1584
2. Sainte-Marthe, qui partageait les idées de De Thou, ne s'explique pas que Vignier ait sacrifié au désir de servir une noblesse ignorante de son propre intérêt, et se soit résigné à n'être lu que dans son pays. Voir dans *Hist. de la maison de Luxembourg*, Paris, Thiboust, 1617, l'extrait des *Eloges* cité dans l'*Eloge de Vignier*.
3. Voir Budeus, *De philologia*, lib. poster., p. 72 c. in *Lucubr. var.*; Basil., apud Nic. Episcopium Junior. MDLVII. « Est ita ut dicis Here, inquam, sed non si in uniuersum lingua Romana elegantior esse et uberior nostra à me dicta est, ideo non in quibusdam nostra felicior est et Latina et Græca : ut in hac ipsa arte (venatoria) describenda et explananda, in qua certe tam beata et dives est prope nostra, quàm græca in tractanda philosophia. »
4. L'*Institution du Prince* a été publiée par Mre Jean de Luxembourg, abbé d'Iury, imprimée à l'Arriuour, abbaye dudict seigneur, par Me Nicole Paris, 1547.

la demande de François Ier, et la gêne où il se plaint d'être par suite de son ignorance de la diction française, fait soupçonner qu'il s'était déterminé à se mettre dans cet embarras moins par goût que sous des inspirations toutes-puissantes [1]. Au reste dans le livre même, il a pris sa revanche; à vingt endroits, il revient à l'éloge des langues anciennes, seules dignes de la politique et de l'histoire [2], seules capables de développer les dons de nature et de faire l'homme éloquent [3].

Toutefois il y eut des défections dans le camp des hellénistes et des latinistes. Dolet, après avoir travaillé, comme il le dit au commencement de ses *Epistres familieres*, pour acquérir « los et bruict dans la langue latine, ne se voulut efforcer moins a se faire renommer en la sienne maternelle francoyse ». Et pour cela il projetait, outre les travaux originaux, de traduire et imprimer « tous aultres bons liures, qu'il cognoistroit sortir de bonne forge, latine ou italienne, soit autheurs antiques ou modernes [4] ». Fortifié par l'exemple des Italiens et des anciens eux-mêmes, il s'était appliqué à cultiver sa langue, et à composer des traités techniques : dictionnaire, grammaire, orthographe, etc. [5], malheureusement perdus aujourd'hui. En envoyant, en 1542, l'un d'entre eux à Mgr de Langei, il s'ouvre à lui de ses projets, et, soutenu plus qu'effrayé par la grandeur de la

---

1. Epistre lim., p. 3. Cf. à la fin du livre, p. 204 : « En laquelle ie suis bien peu exercité, pour auoir plus donné de diligence, a apprendre les bonnes lettres, que a sçauoir curieusement parler celle, qui m'est naturelle et maternelle. »

2. « Les faictz, et dictz notables ont trop plus d'elegance, d'auctorité, de venusteté, et de maiesté, et de grace persuasiue proferés en langue Grecque, ou Latine, et se disent par plus grande signifiance et efficace, et reuerence des grandes sentences, ou notables, qu'ils ne font a nostre langue francoyse, ainsi qu'il est tout notoire entre ceulx qui ont cōgnoissance suffisante desdictes langues. »

3. Voir p. 89 : « Laquelle faculté de bien dire, avec la liberalité de Nature (qui est aysee à estre rendue docile) procede (sans nul doubte) de multitude de science : Scauoir est, des Langues lettrees, ou excellence d'entendement instruict par Nature ingenieuse et par grande experience. Laquelle (en langue maternelle) ne pourroit en partie supplier la faculté de doctrine desdictes Lettres. » Cf. p. 94. Le latin même ne suffit pas. Cf. encore au chap. 4, p. 14, l'éloge de la langue grecque, etc.

4. Cité par Christie, *Est. Dolet*, p. 345 de la trad. française.

5. Dans la Préface de *la Man. de bien traduire*, Dolet dit : « Depuis six ans, i'ay composé en nostre langage ung OEuure intitulé *l'Orateur Francoys*, duquel œuure les traictés sont telz : *La grammaire, L'orthographe, Les accents, La punctuation, La prononciation, L'origine d'aulcunes dictions, La maniere de bien traduire d'une langue en aultre, L'Art oratoire, L'Art poëtique*. Mais pour ce... que ledict OEuure est de grande importance, et qu'il y eschet ung grand labeur, sçauoir et extreme iugement, i'en differeray la publication (pour ne le precipiter) iusques à deux, ou troys ans. »

tâche, il en parle avec l'enthousiasme d'un Du Bellay, au point qu'on ne reconnaîtrait plus dans ce transfuge le dévot des anciens, qui devait mourir pour un passage de Platon [1].

Muret n'était pas tout à fait aussi hardi, et, dans la Préface de son édition de Térence, il s'est plaint de ceux qui préféraient les langues modernes au latin [2]. Mais néanmoins il en était venu à confesser que la nécessité d'apprendre les langues mortes était pour les modernes une cause d'infériorité [3]. Il y a plus. Lui-même avait sacrifié aux Muses françaises, et fait des vers pieux, que Goudimel mettait en musique. Enfin, il avait associé son effort à celui des novateurs, et fait aux œuvres de Ronsard l'honneur de les accompagner d'un docte commentaire [4].

Je ne citerai plus qu'un nom, mais c'est un des plus grands du XVIe siècle, — celui de Henri Estienne. L'illustre auteur du *Thesaurus* professait pour l'antiquité une affection non seulement profonde, mais singulièrement active. Il montra néanmoins qu'elle ne comportait pas nécessairement comme corollaire le mépris de l'idiome maternel. Évidemment, cet idiome ne saurait être mis au rang de la langue grecque. Elle est « la reine des langues, et si la perfection se doibt cercher en aucune, c'est en ceste-la qu'elle se trouuera [5] ». Mais du moins la nôtre a, en commun avec cette souveraine, une foule de mots et de tours. Tout l'ouvrage de la *Conformité* est fait pour le montrer. Et la conclusion d'Estienne est celle-ci : « la langue françoise, pour approcher plus pres de celle qui a acquis la perfection, doibt estre estimee excellente par dessus les autres. » Les rapprochements d'Estienne sont parfois faux, sa manière de raisonner elle-même plus que contestable; le fait n'en reste pas moins significatif, il préfère sans ambages le français au latin, qu'il

---

1. Voir Est. Dolet (Lyon, chez Dolet, 1542) : *La maniere de bien traduire d'une langue en aultre....* A Mgr de Langei. Cf. l'*Épistre au Roy* en tête du *Second Enfer*.
2. Voir Dejob, *Marc-Antoine Muret*, p. 103.
3. Dejob, *Ib.*, p. 327.
4. On pourrait rapprocher encore Vulteius. Celui-là est si latin que jusqu'à ces dernières années on a ignoré qu'il s'appelait Jean Visagier. Et cependant, dans ses Épigrammes, il reproche à Danès de ne pas s'intéresser au français :

« Tres linguas laudas, Graecam, Hæbream atque Latinam,
 Cur non tam Gallo Gallica lingua placet? »
(I, p. 47, éd. 1536.)

5. *Conform.*, Préf., éd. Feugère, p. 18.

attaque souvent en détail [1], qu'il place, considéré dans son ensemble, au troisième rang, avec l'italien et l'espagnol derrière lui.

H. Estienne nous conduit, par une transition toute naturelle, aux érudits, qui ont fait du français même l'objet de leurs recherches. Les travaux étymologiques, qui depuis le deuxième tiers du siècle allaient se multipliant, et les études dogmatiques qui furent consacrées à notre idiome sont une preuve suffisante qu'il s'imposait de plus en plus à l'attention [2].

Chez beaucoup de ces érudits, le goût d'étudier notre langue repose sur le désir de la servir. C'est très sensible chez Meigret, quoiqu'il ne s'en explique que brièvement [3], chez Pillot, chez Ramus, chez Abel Mathieu. Ce dernier est un homme sans valeur, et qui eût pu s'appliquer sa propre phrase : « Nous parlons tous, mais tous ne sçauons pas bien de quoy nous parlons », mais ses protestations emphatiques méritent pourtant d'être retenues, comme témoignage des idées qui commençaient à dominer.

Parmi les étymologistes, je dois rappeler avant tous Fauchet, dont il a été question antérieurement, et Estienne Pasquier. Non seulement celui-ci a témoigné par ses *Recherches de la France*, l'intérêt qu'il prenait à la langue à laquelle il a consacré son huitième livre, mais longtemps auparavant, il disputait à ce sujet avec Turnèbe, dans une lettre qui est tout un plaidoyer [4]. La fermeté qu'il y montre en refusant de croire « sa langue plus legere et plus faible que les anciennes, sinon de quelques grains », et de l'abandonner pour une si minime infériorité, le mettent en bon rang dans la liste de ses défenseurs.

Arts poétiques et poètes. — Rhétoriques. — Orateurs. — M. Roy a publié récemment [5] une curieuse lettre de

---

1. Voir *Conform.*, p. 127, 157, 159, etc.
2. Il ne faudrait pas croire toutefois que le fait d'avoir porté de ce côté son observation implique nécessairement chez un écrivain l'estime de notre idiome. Budé, dont nous venons de voir les sentiments, a fait maintes fois de l'étymologie; Bouelles en a fait aussi, et il a écrit pour démontrer l'incurable barbarie du français. Hotman semble également avoir été tout latin, quoiqu'il ait curieusement établi la part de l'allemand dans nos origines, etc.
3. *Gram.*, p. 2 : « Or ęt il ꝗe notre lang' ęt aojourdhuy si ęnrichie par la profęssion ę experience dę' langes Latin' ę Gręcꝗe, q'il n'ęt poı̃t d'art, ne sięnꝗe si difficil' ę subtile ne męme cete tant haote theolojie (ꝗoę q'ęlle luy soęt deffęndúe, pourtant la peine de la coulpe d'aotruy) dôt ęlle ne puysse tręter amplemęnt ę ęlegammęnt. »
4. C'est la 2ᵉ lettre du livre I, t. II, p. 3, des *Œuvres*, éd. d'Amsterdam, 1723.
5. *Revue d'Histoire littéraire*, II, 233.

Jacques de Beaune, qui montre à quel point, avant qu'on eût parlé de Ronsard et de son école, le public, suivant une jolie expression de Des Autels, « prenoit plaisir à voir nostre poësie laisser ces plumes folles, et deuenir druc pour s'enuoler par l'Uniuers auecques la grecque et latine ». Et l'auteur, qui n'était pas un écrivain de profession, ne doute pas de la valeur de notre langue; il la croit susceptible d'être réglée, fixée, la compare sans hésiter aux anciennes, auxquelles il la trouve supérieure en harmonie, et égale en grâce, capable, partant, de devenir l'organe d'une littérature « que la plus loingtaine posterité sera chere d'entendre, cognoistre et imiter, et par aduanture d'autres nations sera recherchee et requise, comme les faictz desdictz Romains et Grecz ont esté par infinies autres nations estimez ».

A l'occasion de cette lettre, M. Roy a montré comment la *Deffence et Illustration*, quelque allure prophétique et révolutionnaire qu'elle affectât, ne contenait en somme sur la langue française que des idées déjà exprimées et presque reçues. Cette manière de voir est, à mon sens, la bonne. Tout ce qui précède l'a déjà prouvé. Il est vrai qu'en ce qui concerne la poésie, peu de déclarations avaient été faites. M. Roy n'en a trouvé qu'une, de Peletier du Mans, et elle ne prouve pas grand'chose à elle seule, car le recueil dont elle est tirée est de 1547 (privilège du 1er septembre), et s'il y a au feuillet 82 une « ode contre un poete qui n'escriuoit qu'en latin », il y en a plus loin une de Ronsard. Les deux hommes étaient donc à ce moment en relations et en commerce de vers. Peletier du Mans, tout en imprimant le premier, aurait pu, par suite, n'être ici qu'un reflet de son ami.

On trouverait cependant mieux dans son œuvre. En effet, dès 1545 [1], il a publié une déclaration très importante, très complète, où les idées chères à Du Bellay sont non seulement exprimées en général, mais appliquées à la poésie même, et cette déclaration, où l'on retrouvera nombre des expressions de la *Deffence*, est en tête d'une traduction de l'*Art poétique* [2].

---

1. Je doute que cette épître signée se trouve dans l'édition anonyme de 1541, que je n'ai toutefois pas vue. Si elle s'y trouvait, mon raisonnement n'en serait que fortifié.

2. Voir Iacques Peletier du Mans, *L'Art poetique d'Horace*, recognue par l'auteur depuis la premiere impression. Paris, Vascosan, MDXLV. « A TRES VERTUEUX ET

Une hypothèse se présente, il est vrai, à savoir que les relations de Peletier et de Ronsard avaient déjà pu commencer en 1544. Mais qu'on pense où en était alors Ronsard! Qu'il fît des vers à Cassandre, soit, mais il est bien improbable qu'à vingt ans, sans amis encore, sans avoir eu les leçons de Daurat, en un mot sans être formé, il ait eu son plan d'avenir tout

NOBLE HOMME CRETOF LE PEROT, ... JACQUES PELETIER, Salut... La principalle raison et plus apparente, a mon iugement, qui nous ote le merite de vrai hoñeur, est le mepris et contennement de notre langue natiue, laquelle nous laissons arriere pour entretenir la langue Greque et la langue Latine, consumans tout notre tēps en l'exercice d'icelles. Au moien dequoi nous en voions plusieurs, autrement tres-ingenieux et doctes, lesquelz pour telle inusitation et nonchaloir commettent erreurs lours et insupportables, nō pas en parler quotidien seulement, mais aussi en composition Françoise : si bien qu'ilz semblent prendre plaisir expres a oublier leur propre et principal langage. Je seroie a bon droit estimé impudent calomniateur, et pour vrai depourueu de sens comun, si ie vouloie deprimer ces deux tāt celebres et hoñorables lāgues Latine et Greque, ausquelles sans controuerse, et singulierement a la Greque, nous deuons toute la congnoissance des disciplines, et la meilleure part des choses memorables du tēps passé. Et tant suis loing de telle intentiō, que ie soutiens estre impossible propremēt parler ni correctement ecrire notre langue sans aquisition de toutes deux : ou bien, affin que ne soie trop rigoreux estimateur des choses, de la Latine pour le moins.... Mais ie veux bien dire qu'a une langue peregrine il ne faut faire si grand honneur que de la requeillir et priser, pour regetter et contenner la sienne domestique. l'ai pour mes garens les anciens Rōmains, lesquelz bien qu'ilz eussent en singuliere recommandation la langue Greque, toutesfois apres i avoir emploié un etude certain, se retiroint a leur enseigne, et s'appliquoint a illustrer et enrichir leur demaine (sic) hereditaire redigeans les preceptes philosophiques non en autre langage que le leur propre, et demeurans contens d'entendre la langue aquisitiue. Et tellement exploiterent en leur entreprise, que Ciceron prince d'eloquence Rōmaine se vāte que la Philosophie qu'ilz auoint empruntee des Grecz, est plus ornémēt et copieusemēt ecritte en Latin qu'en Grec.... I'ai mesmemēt pour mes auteurs Petrarque et Bocace, deux hommes iadis de grande erudition et sauoir, lesquelz ont voulu faire temoignage de leur doctrine en ecriuāt en leur Touscan. Autant en est des souuerains poetes Dante, Sannazar, aussi Italiens : lesquelz biē qu'ilz fussent parfondement appris en langue Latine, ont eu neantmoins ce iugement qu'il vaut mieux exceller en une fonction, pourueu que de soi mesme soit honneste, digne d'homme liberal, qu'en l'abandonnant estre seulement mediocre en un autre, bien que plus estimable.... Mais quant a ceux qui totalement se vouent et adoñent a une langue peregrine (i'entens peregrine pour le respect de la domestique) il me semble qu'il ne leur est possible d'atteindre a celle naïue perfection des anciens nō plus qu'a l'art d'exprimer Nature : quelque ressemblance qu'il i pretende. Partant ne puis non grandement louer plusieurs nobles espriz de nostre temps, lesquelz se sont etudiez a faire valoir notre langue Françoise, laquelle n'a pas long temps comēnca a s'anoblir par le moiē des Illustratiōs de Gaule et singularitez de Troie, composees par Ian le Maire de Belges, excellent historiographe François, et digne d'estre leu plus que nul qui ait ecrit ci dauant. Et maintenant elle prend un tres beau et riche accroissement sous notre tres chretiē roi Francois, lequel par sa liberalité roialle en faueur des Muses s'efforce de faire renaitre celui secle tres heureux, auquel souz Auguste et Mecenas a Romme florissoint Virgile, Horace, Ovide, Tibulle, et autres Poetes Latins : tellement qu'a voir la fleur ou ell'est de present, il faut croire pour tout seur que, si on procede tousiours si bien, nous la vòirrons de brief en bonne maturité, de sorte qu'elle suppeditera la langue Italienne et Espagnole, d'autant que les Francois en religion et bonnes meurs surpassent les autres nations.

fait; on ne voit pas non plus de quelle autorité il l'eût imposé, ni pour quelle raison il eût chargé Peletier d'en révéler une partie des années à l'avance, sans aucun bénéfice pour les futurs réformateurs. Non, il est beaucoup plus vraisemblable que Peletier a tout simplement devancé la Pléiade. Il se trouve dans le cas de Pontus de Tyard. L'un et l'autre avaient été, sous différents rapports, des précurseurs. Pour ne pas le laisser trop apercevoir, quand on les rencontra sur la route, on les prit comme compagnons, sans les compter positivement dans le groupe, mais en y ménageant une place que personne n'occupait fixement, et que chacun d'eux pouvait croire sienne.

En tout cas, le raisonnement qui précède fût-il inexact, y aurait-il eu entente entre Ronsard et Peletier, l'originalité des revendications de Du Bellay en faveur de la langue française n'en est pas moins à peu près nulle. En effet, si on considère son plaidoyer en général, il vient après vingt autres. Si on l'applique plus spécialement à la poésie, il manque de portée, et n'était nullement nécessaire.

Ce que le lecteur a pu voir dans les précédents volumes, du développement des différents genres poétiques au Moyen Age, me dispense d'insister. Au commencement du xvi° siècle, le français n'avait plus à pénétrer dans aucun de ceux qui existaient, il s'y était fait sa place depuis longtemps. Épopées et chansons, mystères et farces, satires et contes, conceptions pieuses ou profanes, graves ou légères, il avait tout traduit et tout exprimé. De même pour l'éloquence. Si la tradition des harangues latines se perpétuait, depuis longtemps aussi les assemblées, les tribunaux, les églises avaient retenti de paroles françaises. Il n'y avait donc point de révolution à faire. De là, sans doute, l'absence de manifestes. Héroet [1], Des Periers [2] suivent avec un intérêt visible le progrès du français dans les sciences; le dernier essaie même de contribuer à lui acquérir une nouvelle province, en collaborant avec Olivetan [3]. Nulle part cependant il n'a eu l'idée de

---

1. Voir dans les *Opuscules d'amour de divins poetes*, Lyon; J. de Tournes, 1547, p. 73, l'envoi de la traduction de l'*Androgyne* à François Ier.
2. Voir éd. Lacour, I, p. 178, la pièce : *Pour Marot absent contre Sagon*.
3. M. Chennevière, dans sa thèse sur Bonaventure Desperiers, Paris, 1885, a montré (p. 25) que *Eutychus Deper*, qui figure dans la célèbre Bible, et qui a

revendiquer pour les poètes le droit de se servir d'une langue dont Marot et la reine de Navarre avaient suffisamment montré qu'on pouvait tirer parti. Scève lui-même, tout novateur qu'il fût — et on ne peut nier que celui-là n'ait eu connaissance qu'il fallait élever la Muse française au-dessus des sujets et des phrases vulgaires, — a imité le silence de ses contemporains.

Cette unanimité est significative. Si la démonstration n'est nulle part, c'est, à mon sens, parce que personne n'estimait plus guère qu'elle dût être faite. Je reconnais que, sur ce terrain, un pas restait à franchir. L'idée qu'une œuvre poétique ou oratoire écrite en latin était supérieure, n'était point morte. Le préjugé que la poésie française était un simple passe-temps subsistait. Il y avait à l'élever au-dessus d'elle-même, et à lui gagner, après l'affection, la considération publique; mais depuis Marot, depuis Scève, et même depuis Jean de Meun, quelle que fût la platitude prétentieuse où les Molinet et les Bouchet l'avaient fait tomber, la restauration de la poésie pouvait coûter un grand effort, elle n'exigeait plus le moindre coup d'audace. On ne hasarde rien quand on a devant soi des *classiques*, et le mot avait déjà été dit, en 1548. Comme le remarque très bien le Quintil Censeur, « qui dit deffence implique attaque », et personne n'attaquait.

Mais Du Bellay et les siens, en particulier Ronsard, qui fut probablement son collaborateur, eurent l'habileté de se poser, comme le font si souvent poètes et artistes, en prophètes d'un art non encore vu; et, allant jusqu'au bout de l'audace, de prétendre non seulement qu'ils renouvelaient, mais qu'ils créaient de toutes pièces. Quoiqu'ils n'osassent au fond qu'une demi-émancipation, substituant à l'esclavage de la traduction le servage de l'imitation[1], ils présentèrent si bien leurs emprunts comme des conquêtes, cachèrent la simplicité de leur dessein sous des phrases si enthousiastes et si sonores, que les contemporains s'y trompèrent, et que la postérité même s'y est méprise[2].

dressé les tables pour « l'interpretation des propres noms et mots ebrieux, chaldeens, grecs et latins », n'est autre que l'illustre auteur du *Cymbalum mundi*, à cette époque huguenot. Il a célébré cette translation de l'Ecriture dans une pièce de vers latins.

[1]. « Le poete doit lire les bons et *classiques* poetes francois, comme sont entre les vieuz Alain Chartier et Jan de Meun. » (*Art poet*. Paris, Corrozet, 1548, f° 47, r°.)

[2]. Comparer les théories très hardies de Des Autels, qui repousse cette imitation des anciens (*Replique contre Meigret*, p. 58) : « En premier lieu ie ne suis pas

Je n'ai pas ici à exposer les idées littéraires de cet Art poétique déguisé qui s'appelle la *Deffence et Illustration* ; je ne voudrais la considérer que comme une œuvre d'apologétique ; et sous ce rapport, il faut bien le reconnaître, au risque de passer pour trop sévère, elle est à peu près dénuée de valeur. La position prise par les réformateurs est en partie cause de ce résultat. En feignant qu'aucune œuvre ou presque aucune n'avait paru avant eux, ils se condamnaient à présenter la langue seulement comme riche en espérances, à affirmer qu'elle pourrait, entre bonnes mains, à l'avenir, acquérir telles ou telles qualités, sans pouvoir prouver par des exemples qu'elle les avait déjà [1].

Quoi qu'il en soit, voici à peu près, sommairement résumée, l'argumentation de Du Bellay, telle qu'on peut l'extraire de ses chapitres incohérents. Ce qu'il veut démontrer, « c'est qu'il se deuroit faire, à l'auenir, qu'on peust parler de toute chose, par tout le monde, et en toute langue [2] ». A voir le soin jaloux avec lequel certains doctes gardent le divin trésor des sciences, il lui souvient « des reliques qu'on voit par une petite vitre », et qu'il n'est pas permis de toucher avec la main.

Or parmi les langues vulgaires, la française est telle qu'aucun sujet ne doit lui être interdit : les philosophes, historiens, médecins, poètes, orateurs grecs et latins ont appris à parler français. Les Saintes Lettres également. C'est donc sotte arrogance et témérité, de croire que la philosophie est un faix d'autres

---

de l'auis de ceux, qui ne pensent point que le François puisse faire chose digne de l'immortalité de son inuention, sans l'imitation d'autrui : si c'est imiter desrober un sonnet tout entier d'Arioste, ou de Petrarque, ou une Ode d'Horace, ou ilz n'ont point de propriété, mais comme miserables emphyteotaires reconnoissent tout tenir auecques redeuance des seigneurs directz, et ne different en rien des translateurs qu'ilz mesprisent tant, sinon en ce qu'ilz laissent ou changent ce qu'il leur plait : quelque immodeste plus librement diroit ce qu'ilz ne peuuent traduire.... Qui l'empeschera (nostre poete françois) de faire sortir de la France, chose que ny l'arrogante Grece, ny la curieuse Romme, ny la studieuse Italie n'auoient encores veu ? » Suit toute une réfutation de la *Deffence*.

1. Le *Quintil* a déjà bien vu ce défaut (voir à la suite de la *Def.*, éd. Person, 194): « Tu ne faitz autre chose par tout l'œuure : mesme au second liure que nous induire à Greciser, et Latiniser, en Francoys vituperant tousiours nostre forme de poësie comme vile, et populaire, attribuant à iceux toutes les vertus, et louanges de bien dire, et bien escrire, et par comparaison d'iceux monstres la pauureté de nostre langue, sans y remedier nullement et sans l'enrichir d'un seul mot, d'une seule vertu, né bref de rien, sinon que de promesse et d'espoir, disant qu'elle pourra estre, qu'elle viendra, qu'elle sera : etc. Mais quoy ? quand et comment ? Est-ce la defense, et illustration, ou plustot offense et denigration ? »

2. I, 10, p. 85, P. Cf. p. 81. « Je croy qu'à un chacun sa langue puysse competemment communiquer toute doctrine. »

épaules (p. 81), et que notre vulgaire est incapable de toutes bonnes lettres et érudition (p. 51). Tout au contraire « la bonne destinee Francoyse » amènera un temps où le Royaume « obtiendra à son tour les resnes de la Monarchie, » et où « nostre Langue, qui commence encor'à ieter ses racines, sortira de terre, et s'eleuera en telle hauteur, et grosseur, qu'elle se poura egaler aux mesmes Grecz et Romains » (p. 59).

Ce qui légitime ces grandes espérances, c'est que Dieu « a donné pour Loy inuiolable à toute chose cré[é]e de ne durer perpetuellement, mais passer sans fin d'un Etat en l'autre (p. 78) ». Il n'est donc pas douteux que, par longue et diligente imitation, on ne puisse succéder aux anciens dans les arts, comme en politique. Cela ne veut pas dire qu'il faille abandonner l'étude de leurs langues, qui sont « necessaires à celui qui veut faire œuure excellent, au moins la latine. » Mais parce qu'on les a apprises, il faut se garder de dépriser la sienne (p. 89).

Il est temps que les Français écrivent dans la leur, ils le doivent. C'est d'abord leur intérêt propre (153 et passim). En vain un auteur espère, en se servant du latin, être entendu en plus de lieux; « comme la fumée qui, sort grosse au commencement, peu à peu s'euanouist parmy le grand espace de l'Air, il se perd, ou pour estre opprimé de l'infinie multitude des autres plus renommez, il demeure quasi en silence, et obscurité » (p. 157). On ne saurait, en effet, espérer égaler les anciens en leur langue, illusion fatale dont il faudrait se guérir! à peine a-t-on appris leurs mots que le meilleur de l'âge est passé. Et que pense-t-on faire ensuite, en se rompant la tête à transcrire un Virgile et un Cicéron? bâtissant des poëmes avec les hémistiches de l'un et des proses avec les sentences de l'autre (90 et 91)? Le plus souvent, au lieu de s'être illustré parmi les siens, on est l'objet de leur mépris, les indoctes ne vous comprenant pas, les doctes mesurant toute votre impuissance (p. 90)[1]. Ensuite il y a là une obligation envers la patrie (p. 99). C'est en illustrant leur langage que les Romains ont défendu leur république de l'injure du temps. Et « celuy qui fait renaitre Aristophane et

---

1. Du Bellay a l'air de rétracter quelque chose de ces doctrines si absolues, dans la préface de la deuxième édition de l'*Olive*.

faint si bien le nez de Lucian », lisez Rabelais, a donné en les imitant un bel exemple (p. 159).

La seconde partie du raisonnement de Du Bellay consiste à montrer que ce qu'il demande est possible. La raison la plus générale qu'il en donne, en vérité assez philosophique, est que toutes les langues sont égales en valeur, et ne diffèrent que par la culture dont elles sont l'objet. Les anciennes ont été primitivement dans le cas de la nôtre, personne ne saurait soutenir le contraire, et c'est l'industrie des Homère, des Démosthène, des Virgile et des Cicéron, qui les a élevées au point de perfection où nous les connaissons. La nôtre ne souffre que de la négligence de nos majeurs, qui ayant en plus grande recommendation le bien faire que le bien dire, nous l'ont laissée « si pauure et nue, qu'elle a besoing des plumes d'autruy » (p. 56).

C'est ici qu'on attendrait du panégyriste quelques vues nettes sur les qualités précises de la langue qu'il prétend « illustrer », mais, chaque fois qu'il arrive à ce point, il se dérobe : au lieu de prouver qu'elle peut fructifier après avoir fleuri, car elle ne souffre point de défaut de nature, et est aussi apte qu'une autre à engendrer, il abandonne son idée pour cette image, et s'en tire par une comparaison avec une plante sauvage, qu'on a laissée enveillir sous les ronces qui lui faisaient ombre (p. 57). Il affirme que, malgré le nom de barbares qu'on nous a donné, notre langue ne l'est pas (p. 55). Elle n'est pas non plus vile et abjecte (p. 60). Mais, on le sait, amas d'épithètes, mauvaises louanges.

La seule qualité positive que ce poète trouve à vanter dans le français, c'est une naturelle douceur, égale à celle des langues étrangères (p. 77); car je ne veux pas compter comme un éloge le compliment qu'il lui fait, qu'elle serait aussi difficile à écrire qu'une autre langue, si on ne pouvait plus l'apprendre que d'après les œuvres écrites (p. 94). Faut-il donc citer l'étrange passage où est appréciée la structure grammaticale de la langue française ? « Elle se decline si non par les Noms, Pronoms, et Participes, pour le moins par les Verbes en tous leurs Tens, Modes et Personnes. Et si elle n'est si curieusement reiglee, ou plus tost liee et gehinnee en ses autres parties, aussi n'ha elle point tant d'Hetheroclites et Anomaux, monstres etranges de la Greque et de la Latine » (p. 75).

En vérité, Du Bellay eût bien fait d'aller consulter Meigret avant d'écrire ces quelques lignes qui témoignent de tant d'ignorance ou de légèreté. Il était si peu préparé, il faut bien le reconnaître, à faire un panégyrique de détail, qu'il n'a rien trouvé de précis ni de juste pour assurer la base même sur laquelle il argumentait.

Certes, on ne saurait demander à un poète de raisonner en ces matières comme Henri Estienne; il faut bien constater cependant que dans ce manifeste retentissant, il n'y a pas sur les vertus si fort vantées de notre langage dix lignes judicieuses telles, que je ne dis pas un grammairien, mais un homme de bon sens et de goût eût pu les écrire.

Le *Quintil Horatian*, très pédant, mais beaucoup moins sot qu'on ne l'a dit quelquefois, a fort bien vu le vide de cette prétendue argumentation. « En tout ton liure, dit-il à Du Bellay, n'y a un seul chapitre, non pas une seule sentence, monstrant quelque vertu, lustre, ornement, ou louange de nostre langue Françoyse, combien qu'elle n'en soit degarnie non plus que les autres, à qui le sçait bien congnoistre » (p. 195). « Soubz couleur, et promesse de la defendre, tu la despoilles, et destruytz, sans l'enrichir d'une seule syllabe, qui soit à elle propre et conuenante » (p. 197); tu ressembles à « celuy qui cerche son asne et est monté dessus » (p. 194). Au lieu de voir ses qualités propres, tu extravagues « en la ciuilité des mœurs, loix, equité, et magnanimité des courages françoys, et commemoration de leurs gestes. Desquelles choses n'est icy question », car « elles ne font rien a la langue estre dicte barbare ou non barbare » (p. 193).

Quant à lui, Quintil, non seulement il n'a pas attendu la *Deffence* pour penser qu'il pouvait y avoir de bons poètes français, mais il estime même que la condition qu'on leur y impose d'être à moitié grecs et latins n'est qu'une entrave, car sans ces langues « n'ont pas laissé aucuns d'estre tres bons Poëtes et par aduenture plus naïfz que les Græcaniseurs, Latiniseurs, Italianiseurs en francoys, lesquelz a bon droict on appelle Peregrineurs » (p. 202). On voit par ces paroles sur quel terrain se plaçaient les adversaires de la Pléiade. Ce n'était pas la hardiesse qu'ils reprochaient à ses prétendues revendications, mais l'excès de leur timidité.

Dans ces conditions, il devient superflu de relever longuement les déclarations analogues, dont l'école de Ronsard a un peu abusé. On connaît la préface de la *Franciade* et la prière du poète aux Français, où il s'indigne de les voir abandonner le langage de leur pays pour vouloir déterrer « ie ne scay quelle cendre des anciens ». Il qualifie cette erreur de crime de lèse majesté, et les supplie « de prendre pitié comme bons enfants, de leur mere naturelle ». Plutôt, dit-il, que de « recoudre et rabobiner de vieilles rapetasseries de Virgile et de Ciceron », plutôt que d'amasser des fleurs qu'on flaire un instant, puis dont on ne tient pas plus compte que d'un bouquet fané, mieux vaudrait à tout prendre « comme un bon bourgeois ou citoyen, rechercher et faire un lexicon des vieils mots d'*Artus*, *Lancelot* et *Gauvain*, ou commenter le Romant de *la Rose* » ! Il y a dans tout ce morceau de l'éloquence, de la verve, de l'esprit, pas un argument ou une idée que nous n'ayons vus dans Du Bellay [1].

Pontus de Tyard n'est pas plus original. Du passage du *Solitaire premier*, où le dialogue porte sur le sujet de la poésie française, il n'y a rien à citer, sinon que l'auteur, dans son langage précieux, mêle bien imprudemment cette cause à une autre : celle du développement de « l'esprit logé en delicat corps feminin ». Comme Pasithée, plus prudente, en avertit son interlocuteur, « se faire fort à la fois pour la suffisance de l'esprit feminin et du langage françois, tous deux tant peu estimez d'un grand nombre de ceux qui se font nommer sages, qu'ils r'enuoyent le premier à la contemplation du contour d'un fuseau et l'autre à la narration d'un conte, qu'ils appellent des quenouilles », c'était s'exposer à « auoir la guerre à ces frons armez de sourcils mal piteux ». Mais l'auteur continue ailleurs son « erreur amoureuse » et n'insiste pas sur cette matière délicate [2].

Après les maîtres, toute la foule des disciples reprend en

---

1. Voir Préf. de la *Franciade*, dans Ronsard, Œuvres, Blanchemain, III, 34. Comp. l'ode de Du Bellay à Marguerite, Œuvres, éd. Marty-Laveaux, I, 241.
2. *Solitaire premier* (1552), dans les Œuvres poétiques, éd. Marty-Laveaux, p. 227.

chœur leur chanson [1], jusqu'à Fontaine, qui, rallié à l'École, si jamais il en a été l'adversaire, se fait le défenseur de la poésie française [2].

Les prosateurs sont beaucoup plus sobres; je signalerai cependant parmi eux Antoine Fouquelin de Chauny, dont la *Rhetorique* est précédée d'une remarquable préface « a tres illustre princesse, madame Marie, Royne d'Ecosse [3] ». Dégagé de la sotte superstition et commune ignorance du temps passé, et « voyant plusieurs nobles esprits s'estre adonnez d'un commun accord et (par maniere de dire) auoir prêté le serment », il a volontiers suivi leur enseigne « en si honéte et loüable entreprinse, » et sous l'inspiration, avec l'aide aussi d'Omer Talon, il a accommodé au français les préceptes de rhétorique, en laissant ceux qui « sembloient repugner » à sa langue, en « adioutant aussi ce qu'elle auoit de propre et particulier [4] ». Lui aussi veut pour sa part dégager la France du joug des langues étrangères.

De tout ce fatras de redites, il importe de distinguer seulement une ou deux pages, parce qu'elles montrent non seulement comment l'idée gagnait de proche en proche, mais à quel point les esprits s'enhardissaient. Ainsi Jacques Tahureau, le poète mort jeune, a laissé une *Oraison au roy de la grandeur de son regne et de l'excellence de la langue francoyse* [5], où, après avoir suivi d'abord les erres de ses maîtres, il s'aventure bien au delà d'eux : la sonorité et la richesse du français lui paraissent incomparables, bien supérieures à celles du latin, et même du grec [6].

---

1. Je ne reparle plus de Peletier du Mans, qui a cependant repris la question, dans son *Art poetique*, Lyon, J. de Tournes, 1555, p. 36. Bien entendu, Vauquelin, le théoricien attardé de l'école, y revient aussi dans son *Art poetique*. (Voir livre I, éd. Travers, p. 61.)
2. *Les Ruisseaux de Fontaine*; Lyon, Thib. Payan, 1555, p. 98 et 101. Cf. Cl. de Buttet, *Œuvres poetiques*, Lyon, Scheuring, 1877 ; l'Auteur au Lecteur, xxxv; Gerard-Marie Imbert, *Premiere partie des sonets exoteriques*, Bordeaux, Millanges, 1578, son. xxxvi; J. Godard, *La Fontaine de Gentilly*, Paris, Est. Prevosteau, 1595, in-8, p. 31, etc.
3. Paris, André Wechel, 1557.
4. Comparer dans la *Rhetorique* de P. de Courcelle, Paris, Seb. Nivelle, 1557, une Epigramme latine liminaire.
5. A Paris, chez la veufue Maurice de la Porte, 1555. Voir p. 5 v° et suiv.
6. « Quoy que telz importuns « degorgeurs de latin en veillent iaper, au contraire allegans pour fortifier leur opinion ie ne scay combien de manieres de parler Latines que nous ne sçaurions rendre mot pour mot en nôtre langue, pour vn trait de cette sorte qu'ilz métront en ieu, il est aisé de leur en alleguer vne infinité d'autres en Françoys qu'il est impossible de rendre en la langue Latine

Il est visible qu'à ce moment tout le monde se sent plus ou moins entraîné; j'ai pris des exemples parmi les hardis; on en trouverait de non moins probants chez les timides. Scévole de Sainte-Marthe gardait encore les préjugés du début du siècle. Il ne croyait guère qu'on pût écrire en français, sans « y mesler des choses des gentiles et vertueuses Dames, auxquelles conuient principalement la lecture de tels escrits »[1], et toutefois, pris de la contagion, il publie ses vers français au milieu des latins. Il ne sait même plus se défendre de donner en passant l'éloge obligé à ceux « dont l'industrie est dediee a l'embellissement et illustration de leur langue ».

En somme, dans les œuvres d'imagination, à la fin du siècle, la victoire du français est complète. Qu'on consulte le facétieux Tabourot[2] ou le grave Du Vair[3], l'opinion est la même, le sentiment s'est répandu qu'on ne pouvait se créer un style propre qu'en français. Le latin n'est pas éliminé; comment l'eût-il été quand Du Bellay lui-même se jouait à s'en servir encore?[4] mais l'ancienne proportion est renversée dans les œuvres; ce n'est plus à lui qu'on s'adresse le plus souvent.

L'honneur de ce succès revient en grande partie à la Pléiade, pour laquelle je ne voudrais pas paraître injuste. Ses apologies manquaient de précision, mais ses vers ont provoqué dans toute la France un élan d'enthousiasme. Or, c'était là le meilleur appui que des poètes pussent donner à la cause qu'ils défendaient. Pour faire triompher une idée, en poésie comme en art, mieux vaut

---

aueques la mesme grace qu'ilz ont en la nôtre : Ce que ie di de la langue Latine je l'entés aussi bien dire de la langue Grecque et toute autre telle que ces opiniatres langars voudrōt haut-louer par dessus la Francoyse : Iamais langue n'exprima mieux les conceptions de l'esprit que fait la nôtre ; Iamais langue ne fut plus douce à l'oreille et plus coulante que la Francoyse : Iamais langue n'eut les termes plus propres que nous auons en Francoys, et diray d'auantage que iamais la langue Grecque ni Latine ne furent si riches ni tant abondantes en mots qu'est la nôtre, ce qui se pourroyt aisement prouuer par dix mille choses inuentees que nous avons au-iourd'hui, châcune aueeques ses mots et termes propres, dont les Grecz ni les Latins n'ouirent iamais seulement parler » (f° 6 r°).

1. Voir *Discours* à la suite des *Œuvres*.
2. Dans la préface des *Bigarrures*, Tabourot parle des gens qui « veulent acquerir reputation d'estre bien sages en Grec et Latin, et grands sots en François : pour aller comme coquins, emprunter des bribes estrangeres, et ne sçauoir dequoy trouuer à viure dans le pays ».
3. Voir le *Traicté de l'Eloquence* dans Du Vair, *Œuvres*, Paris, Ab. l'Angelier, 1606, in-8, II, 47.
4. Voir *Ioach. Bellaii Andini poematum lib. IV, quibus continentur elegiæ...* Paris, ap. Fed. Morel, 1558. En tête : « Cur intermissis gallicis latine scribat. »

un exemple qu'une théorie. Celui que donna Ronsard ne fut pas complet, mais il était néanmoins assez beau pour que le concert d'éloges empêchât d'entendre les critiques. Et dès lors on se précipita dans la voie, derrière lui. Si bien que, quand l'heure du retour en arrière eut sonné, et qu'on vit les défauts du système, un résultat considérable était acquis; on blâma les auteurs, on ne s'en prit pas à l'instrument qu'ils avaient manié. Malherbe eut beau trouver tout mauvais dans Ronsard, il ne fit pas porter la responsabilité de ses fautes à la langue. Il y songeait même si peu, que, copiant presque Du Bellay, il déclarait que si Virgile et Horace revenaient au monde et voyaient la pauvreté des poètes latins modernes, des Bourbon et des Sirmond, ils leur « bailleroient le fouet ».

II. — *Histoire intérieure.*
A. *Tentatives des savants pour cultiver la langue.*

Efforts pour constituer une grammaire[1]. *A l'étranger.* — Nous avons vu la littérature grammaticale naître en Angleterre au XIVe siècle; pendant longtemps, si le nombre des livres de ce genre s'accrut un peu, le niveau ne s'en éleva guère, et on peut dire qu'au commencement du XVIe siècle, il n'y avait pas encore, à proprement parler, de grammaire française. A la fin, au contraire, il en était né un assez grand nombre, en latin, en français et en langues étrangères.

C'est en Angleterre, en Allemagne et en Hollande surtout, qu'on les vit se multiplier. Pendant que les Wynken de Worde, les Pinson, les Meurier, les Estienne Colas, les Du Vivier, continuaient, à l'usage de leurs nationaux, la tradition des manuels

---

1. Voir les indications bibliographiques dans Stengel, *Chronologisches Verzeichnis französischer Grammatiken vom Ende des 14ten bis zum Ausgange des 18ten Jahrhunderts*..... Oppeln, 1890. Ce recueil, très utile, est en général très exact. Pour la période qui nous occupe, je n'y vois guère à signaler qu'une erreur positive : le n° 15 : de Trou, *Linguæ gallicæ janua*, est de 1656, non de 1556.
On observera toutefois que l'ouvrage n'indique que les grammaires proprement dites. Il existe un très grand nombre de livres relatifs à la langue, dictionnaires, traités, ou même des grammaires fragmentaires, qui n'ont pu y trouver place. D'après le plan de l'auteur, un traité de prononciation, comme celui de De Bèze, devait se trouver éliminé. Il y a aussi quelques oublis.

pratiques et sommaires, des étrangers ou des Français établis au dehors, dont quelques-uns au moins méritent d'être nommés ici, composaient des recueils importants, et qui soutiennent la comparaison avec les meilleurs livres publiés en France, quand ils ne les dépassent pas.

L'ouvrage le plus connu est celui de Palsgrave, « Angloys natif de Londres et gradue de Paris », qui a été réimprimé dans les *Documents inédits de l'histoire de France*, en même temps que celui de son rival Du Wez, un Français, celui-ci, devenu précepteur du prince Arthur et de Madame Marie († 1535). Leur date même, à défaut d'autre mérite, signalerait de pareils ouvrages à l'attention, puisque Palsgrave écrivait en 1530, que Du Wez, s'il n'a publié son *Introduction* qu'en 1532, avait, auparavant, publié d'autres travaux grammaticaux, aujourd'hui perdus. Ces deux auteurs sont donc les devanciers de notre premier grammairien, Dubois. L'*Esclarcissement* de Palsgrave a le grave défaut d'être mal composé, le troisième livre, surajouté, reprenant le second, chapitre par chapitre, pour le compléter; mais si, passant condamnation sur ce point, on prend la peine de réunir les matériaux qui sont épars dans toute l'œuvre, on s'aperçoit sans peine qu'elle est celle d'un homme qui connaît à fond notre idiome, qui a du jugement, et une observation très précise [1]. De longues tables, parmi lesquelles il faut signaler surtout celle des verbes avec leurs principales formes, qui comprend 372 pages de la réimpression de Génin, fournissent des répertoires de formes qui devaient être très précieux pour les contemporains, et qui sont encore pour nous d'un haut intérêt.

Derrière Palsgrave, il est difficile de citer quelqu'un qui le vaille. Je rappellerai cependant Jean Garnier, dont l'*Institutio gallicæ linguæ*, écrite pour la jeunesse allemande et dédiée aux jeunes princes de Hesse, parut à Genève en 1558. Quarante ans plus tard, Serreius de Badonviller publiait en latin, à Strasbourg, un manuel très important, si souvent réédité qu'il fallut l'apparition des *Remarques* de Vaugelas, à partir de laquelle la

---

[1]. Voir, par exemple, p. 355, quand on doit employer *ce* ou *il* neutre : *c'est à moi*, ou *il est bon*; p. 367, où Palsgrave note que *septante, octante, nonante* sont populaires; p. 406, où il dit que la négation se sous-entend dans l'interrogation : *t'ai-je point vu?* etc.

tion de la grammaire française fut profondément modifiée, pour qu'on cessât de le réimprimer périodiquement.

M. Stengel, l'auteur du catalogue que je citais plus haut, a annoncé une histoire de la grammaire française, qui replacera tous ces livres et les autres, qu'il a énumérés, à leur rang, et établira les rapports entre eux. Je ne saurais m'y attarder ici, sans sortir de mon sujet. On constate en effet que les meilleurs n'ont eu presque aucune influence sur l'histoire intérieure de la langue même. Ramus est si peu familier avec eux qu'il appelle Garnier, le seul qu'il nomme, Jean *Grenier*, et Palsgrave semble ne lui avoir pas été connu. Or il était un des théoriciens français les mieux informés. La vérité est que, dans l'état où était la science grammaticale, et avec l'incertitude de l'usage, Garnier, Palsgrave et leurs pareils avaient à apprendre du public lettré français, ils n'avaient pas qualité pour lui enseigner [1].

De toute cette floraison d'une littérature grammaticale, il importe cependant de retenir une indication précieuse pour l'histoire extérieure du français : c'est qu'elle suppose une diffusion très grande de notre idiome dans les pays étrangers. On est tout étonné parfois d'entendre les auteurs, autour de 1550, Peletier du Mans [2], Pasquier [3], Pillot [4], d'autres encore, parler du français comme d'une langue généralement apprise et connue, non seulement en Angleterre, où, nous l'avons dit, la tradition ne s'était jamais interrompue, mais dans le nord, en pays germanique. Quand Peletier et Pillot, plus tard Ramus [5], confessent nettement

---

1. On verra dans les *Hypomneses de gallica lingua* de H. Estienne, les critiques adressées à trois des principaux de ces ouvrages étrangers, p. 198 et suiv. Du Wez contestait déjà à ceux qui n'étaient pas natifs de France la compétence nécessaire pour composer des règles infaillibles (*Prol.*, p. 894, éd. Génin).

2. *Dialogues de l'orth.*, p. 60 : « E outre cela ancorés, le rénom, la conuersacion, l'aliance e qui n'ęt à omętre, la trafique qu'ont les Françoęs auęq toutęs nacions, randęt la Langué non seulęmant désirable, męs aussi necesserę a tous peuplęs. On set qu'au païs d'Artoęs e de Flandręs, iz tienęt tousjours l'usancę de la Langué e i pledęt leurs causęs, e i font leurs ecrituręs e proceduręs an Françoęs. An Anglęterrę, aumoins antré les Princęs e an leurs Cours, iz parlęt Françoęs an tous leurs propos. An Espagné, on i parlé ordineręmant Françoęs es lieus les plus celebręs, einsi qué pęùt bien sauoęr le signeur Ian Martin qui à eté an tous les deus païs. An la Court de l'Ampereur, einsi qué sauęt ceus qui s'i sont trouuęz priuémant e longuémant, on n'usé, pour le plus, d'autre langagé qué Françoęs. Qué diré je de l'Italie ? ou la Langué Françoęsé ęt toutę communę, non seulęmant pour la frequentacion des Françoęs, męs ancorés pour la grace, beauté et facilite ? »

3. *Œuvres*, t. II, let. II, 5 c. (lettre de 1552).

4. Pillot, *Gramm.*, 1550, Préf.

5. Ramus, *Grammaire*, éd. 1572, Préf.

leur espérance de voir le français passer au nombre des langues doctes qu'on étudiera en Europe, comme le grec et le latin, ces visées paraissent au prime abord prétentieuses et injustifiées. En réalité elles se justifiaient par des faits, le développement des grammaires à l'usage des étrangers en fournit une des meilleures preuves [1]. Il ne faudrait pas en tirer ce qu'elle ne contient pas, et croire qu'on peut mesurer le succès de notre langue dans un pays au nombre des manuels qui y ont été faits pour l'enseigner, ce qui serait absurde [2]: l'apparition en Allemagne et dans les Pays-Bas d'une série d'ouvrages de ce genre n'en est pas moins très significative : elle éclaire les boutades sur la valeur comparée des idiomes, qu'on prête à Charles-Quint.

En France. — Le développement de la littérature grammaticale fut également rapide, et c'est là un fait très important, qui intéresse au plus haut point l'histoire de notre langue.

Diverses idées animaient ceux qui y ont travaillé, mais principalement le sentiment profond, que la langue avait besoin d'une règle, si elle devait s'élever à de nouvelles destinées. Ramus dit nettement que ce qui manquait aux François, c'était ce pourquoi nous magnifions la langue grecque et latine, c'est-à-dire la loi de bien parler. (*Gram.*, Préf., p. 5, 1562). Ce désir de règle s'explique d'abord par l'esprit pédantesque de l'époque, qui n'attribuait de valeur aux choses, qu'autant qu'elles avaient mérité d'être l'objet d'un art et d'une discipline. Ainsi Geoffroy Tory s'efforce de démontrer que notre langue est

1. Le texte le plus important que je connaisse sur la matière est celui de Mellema, dans l'épitre dédicatoire aux magistrats de Harlem, qui précède son Dictionnaire flamand-français (1591), et qui a été déjà citée par Thurot (*Hist. de la Pron. fr.*, I, xiv.) : « La tresnoble et tresparfaite langue Françoise, laquelle di-je (maugré que m'en sçaura l'Italienne), regne et s'use pour la plus communne, la plus facile, voire la plus accomplie de toutes autres en la chrestienté, laquelle a grande affinité avec la Grecque, mais surtout avec la Latine. Que si nous en voulons juger sans passion, il nous faudra confesser que tous les Flamengs, avec leurs seize provinces nomméez le Pays bas, s'en servent quasi comme les Valons et François mesmes, és marchez, és foires, és cours, les paysans en assez grand nombre, les citoyens et les marchands pour la plus part, les gentils-hommes : brief les parlements et secretaries, le clergé avec les estudiens... Puis grande partie d'Alemaigne, du pays de Levant, de Mascovie, de Pologne, d'Angleterre et d'Ecosse usent de ladite langue. Le mesme se fait en Italie en maints endroicts, mesmement en Insubria, Piedmont et Lombardia, sans que je di de la Turquie et d'Egypte, comme à Caffa, à Pera, à Tripoli Asiatique, à Aleppo et à Alcaire ou Alexandrine. »

2. Ainsi nous savons qu'en Italie le français était assez communément entendu, et on ne signale pas de grammaire avant celle du Napolitain Scipio Lentulus (1589).

aussi facile a régler et à mettre en bon ordre, que fut jadis la langue grecque [1]. Dolet a la même conviction [2]. J. de Beaune soutient à son tour qu'on la peut rédiger par règles, et « que le bien parler se peult congnoistre et separer du faulx », que par conséquent le français ne « se peut dire ou estimer barbare [3]. » Et Du Bellay, avec de mauvaises raisons, appuie la même idée « qu'elle n'est tant irreguliere qu'on veut dire »; si des gens ingénieux entreprennent de la réduire en art [4].

Rien d'étonnant dès lors que « les Varrons », qui s'en sentaient capables, se soient appliqués à lui donner cette règle qui manquait à sa dignité, et devait la relever aux yeux des doctes, en montrant que la matière ne manquait point, et que seul l'ouvrier avait tardé jusque-là.

Mais plusieurs passages d'auteurs accusent un autre souci. On connaît et on a souvent cité le mot de Montaigne : « l'escris mon liure à peu d'hommes et à peu d'annees. Si c'eust esté une matière de duree, il l'eust fallu commettre à un langage plus ferme. Selon la variation continuelle qui a suiuy le nostre iusques à cette heure, qui peult esperer que sa forme presente soit en usage d'icy à cinquante ans ? il escoule touts les iours de nos mains ; et depuis que ie vis, s'est alteré de moitié. Nous disons qu'il est asture parfaict : autant en dict du sien chasque siecle. Ie n'ay garde de l'en tenir là, tant qu'il fuyra et s'ira difformant comme il faict. » (*Essais*, III, 9). Nombre d'autres écrivains avaient éprouvé avant lui les mêmes craintes, et les partisans du latin ne manquaient pas de s'en servir, comme d'un argument et d'une menace envers ceux qui voulaient passer à la langue vulgaire [5].

Il faut dire que les faits justifiaient ces prévisions. Nombre de gens au XVIᵉ siècle connaissaient les vieux « exemplaires des romans écrits a la main », et se rendaient compte des bouleversements subis depuis le temps où « l's se mettait à tort et à travers devant les mots ». Ils voyaient qu'on était non seulement obligé de rajeunir Joinville, Villehardouin ou Guy de Chauliac, pour

---

1. *Champfleury*, fol. v, et III, vº.
2. Voyez la *Maniere de bien traduire*. A Mgr de Langei (1542).
3. Roy, art. cité p. 242.
4. *Def.*, I, 9, p. 75, P.
5. Voyez. G. Tory, *Champfleury*, xxv, Des Autels, *Rep. à Meigret*, 20-21.

les publier, mais que des auteurs beaucoup plus récents, Antoine de la Salle, Villon, avaient dû être remis en nouveau angage.

Un des seuls moyens de remédier à ce grave défaut paraissait être de fixer une règle. Sans doute des esprits aiguisés comme Meigret ne se faisaient pas illusion sur la valeur de ce moyen; ils savaient, autrement que pour avoir répété des vers d'Horace, que la grammaire a un principe muable, puisqu'elle repose sur l'usage, lequel change ainsi que les inventions et fantaisies des hommes le veulent [1]. Il n'en est pas moins vrai qu'on espérait, en général, ralentir au moins le mouvement par cet obstacle. Et la tentative, qui eût semblé prématurée auparavant, paraissait au contraire devoir réussir désormais, la langue étant sinon venue au point de son excellence, du moins approchant fort de son but [2].

En fait, du reste, le principe était juste. Une fois la notion de la correction éveillée dans les esprits, une fois nés des livres qui devaient la représenter, la distribuer en formules et l'appliquer à des exemples, il était vraisemblable que la valeur de la règle s'augmenterait peu à peu. Par là par conséquent l'écoulement dont se plaignait Montaigne devait être ralenti, et, dans la mesure où cela est possible, arrêté. Ronsard, en encourageant Meigret, soumettait d'avance ses successeurs à Malherbe.

De fait, il a accepté, lui aussi, cette subordination. Sans doute on relèverait dans ses œuvres beaucoup de hardiesses grammaticales, dans ses manifestes des emportements attendus contre les entraves des règles. Il a dit formellement que le poète doit être « porté de fureur et d'art, sans toutesfois se soucier beaucoup des reigles de grammaire. » Mais, même là, il n'ose affirmer qu'il ne doit point s'en soucier du tout [3]. Pourquoi? Est-ce parce que Sebilet avait promis une grammaire française? La Pléiade voulut-elle se montrer aussi grammaticale que l'école

---

1. *Repl. contre G. des Aotels*, 25.
2. Peletier du Mans, *Dial. de l'orth.*, 87.
3. Préf. de la *Franc.*, III, 8. Ronsard y recommande de faire servir l'adjectif d'adverbe, comme *ilz combattent obstinez* (Cf. Du Bellay, *Def.*, p. 140). Ce latinisme se trouve déjà fréquemment chez Lemaire de Belges; il recommande d'employer l'infinitif substantivement (Cf. Du Bellay, *Def*, p. 140). Mais des expressions comme son *bel aller, mon larmoyer*, eussent été très naturelles dans la vieille langue. Les véritables licences sont donc à chercher ailleurs.

adverse [1]? Je crois plutôt ici à des raisons générales. Il semble, je l'ai dit ailleurs, que Ronsard avait aperçu à quels excès menait le dédain complet de la syntaxe. Trouvant des commodités et de la grâce à l'inversion, il n'en était pas moins résolu à dire : *Le roy alla coucher de Paris à Orléans*, et non pas : *à Orléans de Paris le roy coucher alla* [2], comme Scève le fait si souvent. Il « tient aussi pour certain que rien ne défigure tant les vers que les articles delaissez », ou « l'oubli des pronoms primitifz, comme *je, tu* [3]. » Tout en taisant le nom d'un devancier qu'il respectait, il met ses disciples en garde contre ces fautes, que notre langue « ne peut porter, non plus que le latin un solecisme ».

C'est ce dernier mot qu'il importe surtout de retenir. Ronsard dans la Préface que je citais plus haut en a employé un autre, qui caractérise bien aussi sa pensée : « Je suis d'auis, dit-il, de permettre quelque licence à nos poetes françois, pourueu qu'elle soit rarement prise. » Ce terme de *licence* montre bien le progrès déjà fait ; pour qu'il y ait des *licences*, il faut qu'il y ait une règle.

La grammaire française écrite, considérée comme code du langage, s'annonçait donc avec un bel avenir. L'idée de la rédiger n'était pas éclose dans le cerveau de quelque pédant. On peut dire que des écrivains, les uns l'acceptaient tout au moins comme un besoin, tandis que les autres la désiraient comme un appui, et aussi une sauvegarde. [4]

---

1. Il ne faut pas oublier que Marot a donné une règle des participes, classique au XVIe siècle.
2. III, 26.
3. VII, 329.
4. Le seul des latineurs qui, à ma connaissance, ait essayé à cette époque de démontrer que le beau projet de régulariser le français n'était qu'un rêve, est Ch. Bouelles, chanoine de Noyon. Il publia, chez Robert Estienne, en 1533, trois petits traités institulés : *Liber de differentia vulgarium linguarum, et Gallici sermonis varietate. Quæ voces apud Gallos sint factitiæ et arbitrariæ, vel barbaræ : quæ item ab origine Latina manarint. De hallucinatione Gallicanorum nominum*. Je n'ai pas à m'occuper ici des deux derniers : le troisième est un recueil d'observations d'onomastique topographique ; le second un petit dictionnaire étymologique du français, le premier, semble-t-il, qui ait paru. Quant au traité qui ouvre le livre, c'est bien, comme le titre l'indique, une étude sur les différences des parlers vulgaires et la variété de la langue française. Après en avoir déterminé à peu près les limites, l'auteur essaie de mettre en évidence son instabilité et les inconséquences de l'usage, sitôt qu'on se déplace, si peu que ce soit, même d'un village à un autre. Prenant chacune des lettres latines, Bouelles en observe de son mieux les déformations contradictoires, ébauchant ainsi sans le savoir, les premiers éléments de la dialectologie française, mais, en revanche, très conscient de son but, qui est de montrer qu'on

Jacques Dubois. — Jacques Dubois, plus connu sous son nom latin de J. Silvius Ambianus (1478-1555), comme presque tous les grands savants de son époque, était médecin; comme eux aussi, il avait approfondi les langues anciennes, latin, grec, hébreu, et fait le tour de toutes les sciences [1]. Ainsi que Fernel, dont il fut le rival souvent heureux, il a toujours écrit comme il enseignait, en latin, et il est surprenant à première vue, bien qu'il ait été à Montpellier et ait pu y subir l'influence des idées nouvelles sur le rôle de la langue française dans l'enseignement scientifique, qu'il ait été le premier à tenter la grammaire d'un idiome dont il n'a jamais voulu se servir dans la lutte qu'il soutenait pour Galien. Quoi qu'il en soit, son ouvrage parut en 1531 (nouv. style, 1532), chez Rob. Estienne, sous le titre suivant : *Iacobi Syluii Ambia || ni in linguam gallicam || Isagωge, vnà cum eiusdem Grammatica Latino- || gallica, ex Hebraeis, Græcis et Latinis authoribus || Cum priuilegio || Parisiis, ex officina Roberti Stephani*. (Achevé d'imprimer le 7 des ides de janvier).

Il nous dit lui-même qu'il pensa d'abord en faire un délassement, et se reposer ainsi d'un travail acharné, que lui avait causé une révision, ou mieux une refonte du livre de son maître, « *De usu partium corporis humani* ». Mais, comme il avoue dès cette première phrase y avoir rencontré de très grandes difficultés, il est à croire qu'il eût abandonné son entreprise, si d'autres pensées ne l'eussent soutenu. Il est certain qu'il sentit, et c'était dans le milieu où il vivait, un mérite, qu'il y avait des lecteurs « studieux de la langue française, » et qu'il s'en trouvait même parmi les savants [2]; se mettant de ce nombre, il osa proclamer

---

ne peut rien fonder sur une terre meuble : La prononciation française n'est que confusion et erreur. Et toute tentative pour remédier à cet état de choses est vaine et condamnée d'avance à échouer. Il n'y a aucun idéal à chercher pour les langues vulgaires, en particulier pour la nôtre. Cette idée est si chère au cœur de Bouelles qu'il l'a mise en titre de deux de ses chapitres : le quarante-septième et le quarante-huitième, qui donnent vraiment la clef de son livre. Il est piquant de constater que, dans le temps même où cette campagne était menée, et pendant que le livre de Bouelles achevait de s'élaborer, le premier grammairien français, Jacques Dubois, presque un compatriote de Bouelles, mettait son livre sous la presse.

1. Le catalogue de ses ouvrages est dans les *Mémoires* de Nicéron, XXIX, p. 96. Ils ont été réunis sous le titre de *Jac. Sylvii Ambiani, Opera medica... Adjuncta est ejusdem Vita et Icon, opera et studio Renati Moræi, Doctoris Medici Parisiensis*. Geneva, 1630, f°. On trouvera dans cette Vie des renseignements très détaillés sur la naissance, la jeunesse et la carrière de Dubois, qui eut une autre célébrité que celle que lui fit son avarice, quoi qu'en dise Goujet.

2. « Mei laboris fructum non mediocrem fore video, ex magna etiam doctorum

qu'on ne pouvait pas toujours répéter des mots sans les avoir étudiés, comme des perroquets, et paraître étranger dans sa langue maternelle.

D'autre part, il crut reconnaître que le désordre de la langue vulgaire venait en grande partie de l'absence de règles. Nul n'ayant su jusque-là s'il en existait, ou du moins quelles elles étaient, n'y ayant rien d'écrit là-dessus, la confusion est extrême, dit-il, jusque dans la conjugaison. Mais cet état comporte un remède facile, car la langue française, en apparence gâtée et incohérente, est une et pure, et peut se lire et se comprendre presque avec la même pureté, la même précision, la même brièveté et la même facilité que les écrits les plus corrects, les plus purs et les mieux ordonnés de la latinité (p. 119.)

Cette conviction de Dubois suffirait à la rigueur pour faire comprendre comment il a songé à traiter de grammaire française; elle n'explique pas pourquoi il en a traité comme il l'a fait, ni les étrangetés de sa méthode et de son plan.

Son livre est composé de deux parties. Dans la première, l'*isagωge* (1-90), l'auteur étudie la nature des lettres, leur parenté mutuelle, qui leur permet d'être changées les unes pour les autres, les dix figures : prothèse, épenthèse, paragoge, aphérèse, etc., qui, en introduisant dans les mots des sons nouveaux, en en faisant disparaître d'autres, servent à les constituer. Ces principes posés il essaie de fixer des règles de transmutation des mots, tout en se rendant compte que ces règles ne font en somme que répéter en partie les théories et les exemples donnés à propos de la parenté des lettres. Quoiqu'il en soit de ce désordre, le caractère de tout ce traité initial est très net : c'est ce que nous appellerions une phonétique.

La deuxième partie est une grammaire, très incomplète, qui traite successivement des huit parties du discours : nom, pronom, verbe, adverbe, participe, conjonction, proposition et interjection, en en donnant les définitions et les formes. C'est ce que nous appellerions une morphologie (90-159). Mais il faut y

expectatione..... operæ pretium me facturum putaui. ...Non iniuria sermonem Gallicum excolere aggressus sum : ut posteris velut præluceam, ista limatius, copiosius et fœlicius tractaturis : ac nostræ ætatis hominibus animos excitem, ut horis saltem succisiuis, intermissa paululum linguarum exoticarum disquisitione tam solicita, sui sermonis rationem condiscant (*Ad Lect.*, p. 1 et suiv.).

regarder de plus près pour comprendre exactement l'agencement de l'ouvrage.

La grammaire de Dubois n'est pas une grammaire française, c'est une grammaire latino-française, ce qui ne veut dire ni grammaire du français rédigée en latin, ni grammaire simultanée du latin et du français, mais, si je comprends bien, grammaire du français rapporté au latin. C'est trop peu de dire que l'auteur compare sans cesse l'un à l'autre; il cherche dans le latin le type d'où le français est sorti et dont il doit toujours se rapprocher. On comprend dès lors ce que signifie cette phonétique qui précède. Elle suit exactement la même méthode que la grammaire, cherchant à montrer non seulement les mutations que les Français ont imposées aux lettres, mais les justifiant aussi souvent que cela est possible par des changements analogues, que les Latins eux-mêmes leur avaient fait subir[1].

Et dans l'ensemble de l'ouvrage, elle joue un rôle essentiel; pour bien dire, elle en est la base indispensable, puisqu'elle sert à établir par le détail la parenté des deux langues. Somme toute, la grammaire de Sylvius ainsi constituée est une grammaire — je n'ose pas dire historique — puisque l'auteur fait à peine une ou deux fois allusion au passé de la langue, mais une grammaire étymologique, et c'est de ce point de vue, il me semble, qu'il faut la comprendre et la juger.

Il est certain que, appréciées d'après les règles que nous suivons, et les résultats où nous sommes arrivés, les étymologies et les canons phonétiques de Sylvius nous paraissent téméraires et parfois enfantins. En admettant que *a* peut se changer non seulement en *e*, *ai*, *au*, comme cela arrive réellement dans *tel* (talis), *grain* (granum), *faux* (falsum), mais en *i* dans *vider* (vacuare), en *o* dans *toucher* (tangere), en *ou*, dans *ouvert* (apertum), toutes les dérivations, même les plus absurdes, sont

---

[1]. Ainsi les Latins changent :

b en *c* : *subcedo* = *succedo*. De même *cubare* = *coûcer*.
b en *g* : *subgero* = *suggero* — *jubilare* = *joügler*.
c en *g* : *seco* = *segmentum*, — *rodere* = *roger* ou *ronger*.
d en *c* : *adcedit* = *accidit* — *impedire* = *empescer*.
r en *s* : *valerius* = *valesius* — *pere* = *pese*.

possibles[1]. Et en effet Dubois, ouvrant la série des étymologistes qui ont fait à la science une réputation ridicule, en reçoit de tout à fait comiques[2]. Encore faut-il dire à sa décharge que l'exemple des grammairiens anciens l'a induit dans cette voie fâcheuse, qu'il a même eu parfois des doutes et des scrupules[3], qu'enfin l'idée qu'il avait eue d'appeler en témoignage les parlers de toute la France est une idée juste et féconde, une de celles dont est sortie la grammaire comparée et la philologie moderne[4]. Il entrevoit aussi la distinction des mots savants récents et des vieux mots populaires[5], enfin parfois, assez souvent même, au hasard je le veux bien, il rencontre juste, et les étymologies qu'il a données pour un très grand nombre de mots, dont quelques-uns assez difficiles, se sont trouvées exactes[6].

Le grand défaut de cette grammaire historique, c'est d'avoir été dans une certaine mesure pratique et théorique en même temps. En effet tous ces développements étymologiques nuisent à l'exposé de l'état de la langue, qui se trouve écourté et manque par bien des endroits. En outre, ce qui est plus grave, ils le faussent parfois complètement. En effet, pour Dubois, la conviction que le français est du latin déformé, est non seulement une opinion sur ses origines, mais une règle pour la manière de le

1. On regrette peu, dans ces conditions le grand *Etymologicum*, que Dubois se proposait de donner, dont il parle même, à quelques endroits, comme d'un travail presque accompli. Si ce traité a été terminé, il est resté inédit, et semble perdu. Celui de Bouelles n'est pas supérieur. Tous deux furent suivis, à peu de distance, par Guil. Postel, qui a fait un recueil des mots dérivés du grec dans son livre : *Linguarum duodecim characteribus differentium alphabetum*. Paris, Denys Lescuier; la préface est de 1538.
2. *Marcher* a *mercari* forte quia « impiger extremos currit mercator ad Indos ». Cf. p. 91 : « Nos ab horarum bonarum multitudine felicem *horosum heureus* vocamus »; p. 51 : « *insula*, isle. hinc *islandre* forte et à viris. » 37 : « *cælebs* à *cælestium* vita.
3. « Ne te mirari oportet quòd etyma quædam absurdiuscula (qualia tibi forte videbuntur nonnulla) tradidimus, quum multo absurdiora apud Probum, Marcellum, Varronem, Perottum, Calepinum, et alios Latinorum etymographos inuenias : ut interim Suidam, Hesychium, Etymologicum, cæterósque taceam » (Ad lectorem, p. 4, Cf. p. 53).
4. Il cite à chaque page le parler picard (p. 22, 88, 110, etc.), et parfois le bourguignon (p. 48, 135), le lorrain (p. 7), le normand (p. 24, 31, 127, 121, etc.), le lyonnais (p. 104), le wallon (p. 88). Il parle même, à plusieurs endroits, de l'usage en pays narbonnais et provençal (p. 135, 109, 132, 7, 64, 78).
5. Voir p. 7 : « Forte quod hæc haud ita pridem à doctis in usum Gallorum ex fonte vel Græco vel Latino inuecta sunt » (Cf. p. 16, 58).
6. L'origine des substantifs en *ee*, p. 78, est bien indiquée, de même pour la prothèse de *e* (p. 57), l'épenthèse dans *pouldre, gendre, epingle*. L'analyse des composés avec l'impératif est juste (p. 81 et 117). Enfin parmi les étymologies exactes, et difficiles, on peut citer celles de *tante, jour*.

restituer. Nombre d'expressions dans son livre trahissent cet état d'esprit, les formes françaises identiques aux latines sont les vraies (*vera*); les autres sont des inventions des Français (p. 129); ailleurs il dira qu'il ne reste que des « vestiges de la langue française », expressions étranges qui montrent quelle idée il se fait du langage contemporain, corruption qu'il s'agit de purifier. Au reste une phrase de sa préface, qui paraît vague, mais s'éclaire singulièrement par les vices mêmes de son livre, nous donne toute sa pensée. « J'aurai, dit-il, réalisé mon désir, si l'éclat naïf de la langue française, depuis longtemps presque détruit et terni par la rouille, se trouve quelque peu ravivé, et si, faisant une sorte de retour à son point de départ, elle recouvre une partie de sa pureté primitive, par le moyen des recherches que j'aurai faites de l'origine de ses mots dans l'hébreu, le grec et le latin, sources d'où notre parler est venu presque tout entier ».

Ce n'est pas à dire, bien entendu, que, d'un bout à l'autre, Sylvius rejette les formes françaises, pour adopter celles des Anciens; sous peine de renoncer à faire une grammaire française, il était contraint de s'arrêter en chemin, et il le fait avec bon sens sur une foule de points [1]. Il n'en reste pas moins vrai qu'il faut se souvenir toujours, si on veut comprendre sa grammaire, que l'idéal était pour lui dans un français, qui aurait été le moins irrégulier possible par rapport au latin.

Qu'on considère par exemple l'essai de restauration orthographique dont je parle plus loin. Et si de l'écriture nous descendons aux faits de langue eux-mêmes, les mêmes préoccupations expliquent encore la méthode de l'auteur. Qu'il ait à choisir entre plusieurs formes dialectales, ce n'est pas sur l'usage français qu'il se fonde, mais sur l'usage latin. On pourrait croire que c'est parce qu'il est Picard qu'il préfère *mi* à *moi* (p. 107); c'est seulement parce qu'à ses yeux, comme à ceux d'Érasme, les Picards ont retenu plus fidèlement la prononciation latine. Que *é*, pour *oi*, vienne de Normandie ou d'ailleurs, peu lui chaut, du moment que *estelle* rappelle mieux *stella* que *estoille*. Ce criterium là est le vrai. Les Parisiens ont

---

1. Tout d'un coup même, page 113, il interrompt une discussion avec de Nebrissa et Aldus en s'écriant : « Sed quo feror? grammatica Latina scribo, non Gallica. » A la page suivante, il signale comme des latinismes ceux qui disent *capesser*, *facesser*, *accerser*, de *capessere*, *facessere*, *accersere*.

beau s'égayer aux dépens de la prononciation des provinces; on parle bien quand on parle avec les Latins, *perfecte cum Latinis* [1] (p. 7).

Ailleurs la tendance est plus nette encore. Avec l'appui d'une forme parlée, Dubois se laisse aller à la tentation de faire rejoindre au français le type de la langue originelle, en faisant directement violence à l'usage reçu. Tantôt c'est le verbe *aimer*, dont il voudrait refaire toutes les personnes en *a*, *j'ame, tu ames* (p. 134); tantôt l'indéfini *quelque*, qu'il transformerait volontiers en *quesque*, à cause de *quisquis* (p. 143). Ailleurs c'est la règle d'accord des participes construits avec *avoir*, qu'il voudrait voir bouleverser suivant la syntaxe latine, espérant qu'avec un peu d'accoutumance on s'habituerait à dire *g'haï receuptes tes lettres*, d'après *habeo receptas tuas literas* [2]. Bref Dubois a donné là un mauvais exemple, qui n'a été que trop suivi. Mais à vrai dire, s'il n'eût pas ainsi conçu son livre, il est très douteux qu'il l'eût fait. Seul ce rattachement intime du français au latin pouvait ennoblir la tâche aux yeux de ce latiniste.

Drosai [3], dont je tiens à marquer ici le nom à sa date, n'est jamais cité parmi les grammairiens français, sans doute à cause du caractère de son livre, où il est traité successivement de grammaire latine, grecque, hébraïque et française. Le court abrégé qu'il a donné mérite cependant au moins d'être signalé. Pour tout ce qui est de la dérivation « des dictions hebraiques, greques et latines en dictions françoises », il renvoie à Sylvius (p. 154); il lui emprunte aussi sa classification des verbes (p. 138); pour le reste, il s'en remet trop souvent à ce qu'enseignera la pratique des auteurs. Mais, dans sa forme concise, le tableau de Drosai contient beaucoup de choses, et

---

1. Voir sur cette prononciation de *e* pour *oi* : *estelle, estoille*, prononciation normande, p. 21 et 130. Cf. : Les gens de Flandre disent très bien *bosc*, mieux que les Français qui en ont fait *bois* (p. 31); *end*, qui s'entend à Tournai pour *inde*, est meilleur que *en* (p. 84), etc.
2. P. 123-124. Thurot, *Hist. de la pron. franç.*, I, xxv, fait à Sylvius des reproches semblables à ceux que j'ai à lui faire ici.
3. *Grammaticæ quadrilinguis partitiones, in grátiam puerórum : autóre Ioánne Drosæo, in utróq; iúre doctóre illustríssimo*, Parisiis, *Ex officina Christiani Wecheli sub Scuto Basiliensi, in vico Iacobæo*. Anno M. D. XLIIII C. Pr. Reg. ad quadr. La Préface, adressée aux professeurs de la jeunesse, est datée de Caen, Ides de sept. 1542. Il est traité des lettres françaises, p. 13-16; des syllabes françaises et latines 25-30. La grammaire proprement dite commence à la page 133, sous ce titre : « Les Dictions de la langue françoise », et va jusqu'à la page 155.

des observations bien choisies et intéressantes. En outre, ce qui est remarquable, le voisinage des langues anciennes, s'il incite l'auteur à quelques rapprochements, ne l'embarrasse pas dans des théories fausses, mais lui fait souvent, au contraire, marquer avec beaucoup de netteté les caractères distinctifs de notre langue [1]. En somme, on regrette qu'avec ces qualités de méthode il n'ait pas donné la grammaire dont il parle [2].

Meigret. — Meigret avait depuis plusieurs années déjà exposé son système de réforme orthographique, lorsqu'il publia sa grammaire [3]. Il y reprend ses propositions, les complète et les justifie, mais ce n'est pas là son but principal. Il voyait, en effet, très nettement le rôle et l'utilité d'une grammaire, appelée à fixer l'usage et a résoudre les difficultés, comme la loi doit vider les différents entre les hommes (p. 86 r°). La base sur laquelle il prétend l'appuyer n'est plus la règle des anciens; sous ce rapport, il est en opposition directe avec son prédécesseur [4].

D'abord, à vrai dire, il est très mauvais étymologiste. Le phénomène de l'épenthèse d'un *d* dans *pondre* le trouve hésitant, et la dérivation de *aller* rapportée à l'hébreu *hallac* n'éveille, au contraire, en sa pensée aucun scrupule. Ailleurs, il ne doute aucunement que le complément de la négation *pas* ne soit emprunté au grec *pas* (f. 129 r°). D'autre part, dans son système orthographique, il avait proclamé que, les origines des mots fussent-elles avouées, elle ne devaient en rien commander leur forme. Pour être logique, et Meigret l'était, il

---

1. Drosai voit et note l'absence d'adjectifs français correspondant aux adjectifs latins en *eus* (133) - *lapideus*, *de pierre*; l'absence de neutres, de cas; l'existence de l'article défini; la substitution des infinitifs aux gérondifs (138); il distingue assez bien le passé simple, « temps de l'action jà piéça passée » du passé composé (139), etc.

2. P. 154 « Ie les hay toutesfois (les dictions consignificatiues, præpositions, aduerbes),.... mises en tables, tãt les Latines que Françoises en ma grammaire Françoise. »

3. Paris, Chrestien Wechel, 1550. Réimprimée par W. Foerster, Heilbronn, 1888. J'ai traduit dans ce chapitre l'orthographe de Meigret en orthographe moderne, pour ne pas trop dérouter mes lecteurs. Je garde l'orthographe authentique en note.

4. Le silence qu'il garde au sujet de l'*Isagωge* a pu faire supposer qu'il ne la connaissait pas. Je croirais plus volontiers qu'il a évité, lui qui changeait tant de choses, d'attaquer la grammaire étymologique, comme il attaquait l'orthographe étymologique. Mais dans plusieurs passages, particulièrement p. 103 v°, où il parle de ceux qui veulent refaire les formes du verbe *amer* au nom de je ne sais quelle « raçioçinaçion », c'est bien, il me semble, la théorie de Dubois qu'il réfute et sa méthode qu'il rejette, en choisissant un des exemples où son devancier l'avait appliquée de la manière la plus fâcheuse.

fallait admettre aussi que la grammaire ancienne était sans autorité sur la grammaire moderne.

Meigret montre à plusieurs reprises cette indépendance, qu'on était en droit d'attendre de lui. Ses maîtres sont bien Donat et Priscien, mais il ne leur emprunte que les notions générales, ou, parmi les autres, celles qui s'appliquent et conviennent à la grammaire française [1]. Quoique le latin ait un neutre, Meigret n'en reconnaît pas au français (f. 34 r°). Le verbe latin possède un gérondif et un supin; le français point, il y supplée par l'infinitif (f. 73 v°). Les adjectifs en *bundus* sont fréquents en latin, ils ne sont pas encore reçus en français (f. 33 v°). On disait en latin *litteras*, écrire d'après cela en français : *j'ey reçu vnes lettres*, chose que d'aucuns croient élégant, est au contraire rude et sans propos (37 v°).

Bref, pour ne point parler du vocabulaire, sur lequel nous aurons à revenir, Meigret est partout l'adversaire des grammairiens qui, d'un lien de filiation voudraient faire un lien de dépendance; et, dans un passage caractéristique, il a attaqué ces gens qui, « d'une telle inconsidération du pouvoir et de l'autorité de l'usage veulent asservir une langue à une autre », en montrant l'absurdité de leur « superstition » (104 r°) [2].

Il n'y a point d'autre règle du langage que l'usage. Meigret lui est tout à fait soumis. Au lieu que les règles qu'on fait de grammaire commandent à l'usage, au contraire les règles sont dressées sur l'usage et façon de parler, lesquels ont toute puissance, autorité et liberté (103 v°).

Meigret a même déjà la notion d'un bon et d'un mauvais usage; il n'ira pas chercher la langue chez le populaire, qui confond des mots comme *monition* et *amonition*, ni chez les

---

1. 26 v° « sans toutefoęs se prescrir' aocune loę contre l'uzaje de la prononçiaçion Frãçoęzę : come font pluzieurs, qi dizet nou' dussions dir'einsi suyuant lę regles Latines, ę Grecques : aóqels pour toute satisfaccion il faot repõdre, qe nou' deuons dire, come nou' dizons, puis qe jeneralement l'uzaje de parler la reçu einsi : car ç'ęt çeluy qi don' aothorité ao' vocables : De vręy il s'ęn ęt trouué, qi ont voulu dire q'il falloęt dire Aristotele, come s'il n'étoęt ęn la puissançę de l'uzaje d'ęmprunter çe qe bon luy a semblé du vocable Aristoteles, ę lęsser le demourant. » (Je conserve dans ces notes l'orthographe véritable de Meigret, que je n'ai pas cru pouvoir garder dans le texte même).

2. « Ie m'emęruelle bien q'il ne s'ęn treuue qelcun qi debatte *ey, as, a* : *auons, auez, ont* : vu qe nou' l'auõs trop etranjé de *habeo*, duqel on dit qe nou' l'auons tiré. Suyuant la superstiçion dę qels nou' dussions dire je habe, tu habes, il habe, habons, habez, il' habet. » (104 v°). Cf. Mathieu, *Deuis*, 1560, 4 v°.

paysans, qui ont des tours rustiques. Il note que des poètes emploient parfois une syntaxe à eux (59 v°), que la mode déforme des conjugaisons régulières (86 r°), en un mot il a l'idée très arrêtée que tout le monde ne parle pas bien, même à Paris, mais qu'au milieu de toutes ces contradictions, on peut démêler un langage courtisan, celui des gens « bien appris ». Aussi proclame-t-il à la face des latiniseurs, ou, comme il dit, des « François-Latins » qu'il y a une « congruité » (26 v°), et que, tout de même qu'ils ont scrupule de recevoir un vocable qui n'est pas dans Cicéron, le courtisan français n'a pas moins l'oreille malaisée à contenter, qu'une façon de parler propre est aussi désirée et aussi bien accueillie en langue française qu'en n'importe quelle autre (54 v°).

Avec ces scrupules, Meigret hésite plusieurs fois à trancher et à résoudre, de crainte de « forcer l'usage » (121 r°). Il mentionne souvent qu'il accepte deux manières de dire : *j'ai passé* et *je suis passé*, — *je laisserai* et *je lairrai* (93 v°). *Par-ci* sonne mieux à son oreille que *par-ici*, mais il ne veut pas condamner ce dernier (128 r°). Cette prudence dans la décision n'est pas timidité — Meigret avait montré qu'il savait être théoricien, — c'est sagesse et observation réfléchie des rapports de la grammaire et de l'usage. En orthographe on peut détruire et construire, en grammaire proprement dite on ne peut qu'observer, accepter et mettre en ordre [1].

Je ne prétends pas pour cela que la grammaire de Meigret soit un chef-d'œuvre. Il se sert avec bonheur des divisions des anciens, mais dans ces cadres tout faits il ne sait pas introduire la clarté. En outre, des défauts graves de composition éclatent à plusieurs endroits ; il y a des chapitres relativement peu importants, comme celui des noms de nombre, qui se prolongent démesurément ; d'autres, comme celui de la formation des noms (46 v°), qui sont complètement sacrifiés. A ces défauts de proportion s'ajoutent des confusions, des redites. Il a fait avec grande raison un chapitre de l'article (19 v°), mais il n'y traite que de *le*, *la*, et la plupart des observations qui se rap-

---

[1]. Il est juste d'ajouter que sur quelques points Meigret n'a pas été aussi prudent ; il a essayé par exemple de supprimer par raisonnement la tournure *c'est moi*, *c'est toi* (75 v°).

portent à *de, du, à, aux* sont rejetées dans le chapitre de la préposition, ou y sont reprises (119 v°).

Sur la doctrine, il serait facile de prendre Meigret en défaut; il ignorait tout de l'histoire de notre langue, même ce que plusieurs de ses contemporains savaient. Aussi se borne-t-il parfois à observer, quand il devrait expliquer [1], ou, ce qui est beaucoup plus grave, se fourvoie-t-il souvent quand il explique.

Enfin, il y a dans son livre une très grave lacune, la syntaxe manque, ou du moins, comme il le dit lui-même, il ne « la poursuit que par rencontres », c'est-à-dire qu'il y a çà et là, en très grand nombre, j'en conviens, des remarques et des règles, la plupart justes, mais aucun corps de doctrine.

Néanmoins, dans le livre de Meigret on rencontre déjà les éléments essentiels d'une grammaire française sérieuse, solide et complète. L'usage est observé en général non seulement avec fidélité, mais avec sagacité, par un esprit délicat, qui ne confond pas les faits, mais au contraire les analyse avec finesse. Le chapitre sur l'article est faible, mais les caractères du défini, de l'indéfini et des partitifs sont étudiés plus loin et assez bien démêlés (120 r° et sv.); les adjectifs possessifs sont distingués, suivant qu'ils « s'adjoignent ou non leur possédant » (60 r°); le déterminatif *ce* est mis à part des démonstratifs proprement dits, qui empiètent si souvent sur lui (54 r° et s.), le rôle de *y* pronom est esquissé, et même réglé avec pénétration pour certains cas difficiles (58 v°); les deux constructions du régime des verbes passifs avec *de* et *par* sont relevées et comparées sommairement (121 r°); la valeur différente des expressions formées avec *en* et un substantif, suivant qu'on y introduit ou non l'article, est marquée avec une grande exactitude (123 v°); l'importance des locutions adverbiales, telle que *à l'italienne*, *de vitesse*, si considérable en français, est soulignée (126 v°). Bref, sur tous ces points et nombre d'autres encore, où l'auteur n'était guidé par personne, il a fait preuve d'une netteté et d'une justesse d'esprit remarquables.

On s'est plusieurs fois égayé des essais qu'il a faits pour déterminer et noter les accents dans les phrases françaises, et

---

1. 118 v°. Il note les tours comme « la rue Saint Anthoine », « l'eglise Saint Paul », mais sans deviner la raison pourquoi on tait la préposition *de*.

écrire la musique des syllabes sur une portée; admettons qu'il a eu tort de recourir à l'invention de mots bizarres et démesurés, et qu'il eût fait sagement d'attendre pour en décrire les modulations, qu'il eût entendu : *la Constantineopoliteine megalopolitanizera.* Le désir de bâtir un système complet et cohérent l'a égaré ici comme souvent ailleurs [1]. Aussi bien était-il presque impossible qu'il arrivât à résoudre le problème, en se le posant dans cette complexité. Voir où s'élève la voix dans toutes sortes de combinaisons de monosyllabes, de nombre et de nature variable, était au-dessus des forces de n'importe quel observateur, dépourvu d'instruments. La nature même de l'accent d'acuité, tel qu'il était dans les langues anciennes, devait l'empêcher de s'attacher d'abord à l'accent d'intensité, le plus sensible en français, le seul qu'il eût quelque chance de distinguer. Il n'en est pas moins vrai que cet effort est le plus curieux et le plus pénétrant qu'on ait fait jusqu'à notre siècle, pour éclaircir cette matière obscure, et que la tentative de Meigret, tout infructueuse qu'elle ait été, pour « défricher cette doctrine », était digne de sa hardiesse.

Aussi bien, il est temps de le dire, Meigret voit souvent loin, parce qu'il ne se contente pas de noter et d'enregistrer, il désire pénétrer et expliquer les faits. Cet esprit de recherche est présent partout dans son livre. Nulle part cependant il n'a donné de résultats lus remarquables que dans le chapitre du verbe, où il n'y a presque aucune définition, qui ne soit commentée, et accompagnée de théories, parfois erronées, mais souvent justes et profondes. Assurément les efforts de Meigret sont souvent restés vains. Toute la logique qu'il déploie pour démontrer que la forme *aimé* dans *je me suis aimé, j'ai aimé les dames,* est un infinitif et non un participe passif (64 r° et s. 68 r° et s.) ne peut changer la nature de *aimé.* Or c'est là la clef de voûte de son système. Toutefois cet effort a conduit au moins l'auteur à des réflexions très justes, à la vue confuse mais assurée que dans : *j'ai aimé les dames, j'ai écrit unes lettres,* il y a autre chose que la réunion du verbe *avoir* et du participe passif, telle qu'elle est dans : *j'ai maison faite,* qu'il s'y trouve une forme verbale

---

[1]. On verra par exemple au chapitre des noms de nombre comment il reconstitue les séries incomplètes d'adjectifs en *uple* (42-43).

complexe, où *avoir* a perdu de son sens, où *aimé* de son côté a perdu sa construction passive, et que l'ensemble formé par ces deux mots a pris une nouvelle valeur temporelle. Ailleurs cette étude l'a mené plus loin encore, jusqu'à la solution d'une des questions les plus obscures de la grammaire française. On cherche encore aujourd'hui une formule nette qui rende compte de la double valeur des temps du passif français, et il y a quelques années seulement, MM. Clédat et Koschwitz échangeaient à ce sujet des observations. Il est certain que *l'homme est tué* et *la France est mal gouvernée* ne sont pas au même temps, quoique la forme verbale soit la même ; l'un marque l'état présent, sans plus, si bien qu'on traduirait le premier à l'actif par : *on a tué l'homme*, le second par : *on gouverne mal la France* ; en espagnol on emploierait dans le premier cas l'auxiliaire *estar*, en allemand *sein*, dans le second au contraire *ser*, en allemand *werden*.

Meigret a très bien vu cette différence essentielle. Il y a plus, il a vu même la seule manière dont elle s'expliquait, je veux dire par la signification des verbes. Les temps passifs de ceux qui marquent une action à terme fixe, comme *tuer, payer*, ont le sens accompli, et se rendraient à l'actif par des passés. Les autres verbes qui marquent une action susceptible de se continuer ou de se répéter indéfiniment, ont un présent passif, qui exprime vraiment le présent : *je suis aimé de Dieu*. D'autres sont capables de marquer une action à terme fixe, ou, au contraire, une action qui se continue indéfiniment, suivant le contexte : par exemple *battre*. Il suffit d'y ajouter un adverbe pour changer le sens. Comparez *je suis battu*, et *je suis battu tous les jours*. Le temps est tout autre [1].

M. Livet, frappé de la valeur de Meigret, l'a déjà appelé le fondateur de la grammaire française. Il mérite en effet doublement ce titre, si l'on veut entendre par là qu'il a fondé non seulement la grammaire de la langue française, mais la grammaire à la

---

[1]. Je croyais avoir trouvé par des observations toutes semblables la solution de cette difficulté, non encore entièrement résolue, et je me proposais même de l'exposer, lorsque, en relisant Meigret, j'ai trouvé mes idées indiquées assez nettement dans un des passages les plus originaux de son livre (101 v° et s.). La découverte ne m'eût pas fait grand honneur. Au contraire, elle lui en fait, à mon sens, un très grand, à lui, en montrant jusqu'où, sans guides, sans tradition, il a su s'élever par la seule puissance de l'observation et du raisonnement.

française. Presque au terme de son livre, il invoque la nature, en faveur de la construction de la phrase française, et se félicite de ce qu'on met en tête de la proposition les choses « qui tombent d'abord sous les sens de l'homme » (143 v°). Ce mélange de l'observation avec la logique qui la rehausse, la soutient et souvent aussi la fausse, annonce la *Grammaire générale*.

Pillot. — Pillot paraît d'abord devoir être laissé en dehors de la liste des grammairiens que je dresse ici. En effet, bien qu'il soit Français, étant né sans doute à Bar-sur-Seine, et qu'il ait fait imprimer son livre à Paris [1], en réalité il travaille surtout pour les étrangers; c'est même pour cette raison, et afin que l'ignorance du français n'empêchât point de se servir de son livre, qu'il l'a rédigé en latin, et non en français (*Préface*). Toutefois, Pillot espère aussi rendre service à ses compatriotes, son *Institutio* s'est répandue en France, comme le grand nombre des éditions françaises l'attestent; elle y a été lue, consultée, et peut-être apprise; l'écarter serait donc illogique et injuste.

La notoriété qu'ont faite à cette œuvre d'abord M. Loiseau, et ensuite M. Stengel, ne doit pas égarer sur les mérites réels de Pillot [2], qui ne saurait en aucune façon se comparer à Meigret. Son livre est un résumé très sec où, à chaque instant, des formules de prétérition remplacent l'exposé qu'on attend, renvoyant soit aux grammaires anciennes, soit à l'usage. Encore faut-il en retrancher toute la dernière partie, très considérable, celle qui traite des mots invariables; les exemples en sont, de l'aveu même de l'auteur, pris au Dictionnaire de Rob. Estienne. Le reste se compose d'un très bref exposé de la prononciation (1 à 7 r°), de courts chapitres sur les articles (7v°-8v°), le

---

1. *Gallicæ lin*‖*guæ Institutio,* ‖ *latino sermone con*‖*scripta.* Per Iohannem Pillotum ‖ Barrensem..... Parisiis. ‖ Ex officina Steph. Groulleau, in vico nouo D. Mariæ commorantis, sub intersignio ‖ S. Joannis Baptistæ ‖ 1550 (Musée pédagogique. Réserve, 44150).
On trouvera dans Stengel (*o. c.* n° 11; cf. p. 8) la liste des nombreuses réimpressions du traité de Pillot (1551, 1555, 1558, 1560, 1561, 1563, 1572, 1575, 1581, 1586, 1620, 1621, 1622, 1631, etc.) faites tant en France qu'à l'étranger. Je ne les ai pas vues toutes : mais une collation attentive de l'édition originale avec celle de 1581 (la dernière qu'ait revue l'auteur) m'a montré que le progrès de l'une à l'autre est absolument insignifiant (L'éd. de 1581 est au Mus. péd. Rés., 42793.)

2. Voir Loiseau, *Étude historique et philologique sur Jean Pillot....* Paris, Thorin, 1866. Pillot n'est pas le centre de cette étude, qui porte sur toute l'histoire de la grammaire au xvi° siècle, et même sur l'histoire antérieure ou postérieure de la langue. Cf. Stengel dans la *Zeitschrift für französische Sprache und Litteratur*, XII, 257.

nom substantif et adjectif (8 v°-14 r°), les pronoms (14 r°-20 r°), et enfin le verbe (20 r°-55 v°). Ce dernier est vraiment le cœur de l'ouvrage de Pillot. L'auteur avait promis de le donner très complet (p. 21 r°); il a tenu sa promesse. Les paradigmes des auxiliaires, puis des verbes en *er*, *ir*, *oir*, *re*, réguliers ou non; ceux des neutres et des anomaux, y sont donnés en détail, sous une forme claire et lisible.

Mais il ne faudrait chercher là ni des explications, ni aucune de ces théories pénétrantes, que l'ouvrage de Meigret présente en si grand nombre. Les formes des temps et des modes sont énumérées et classées, mais l'auteur se borne là; il n'est et ne veut être qu'un praticien ². Encore faut-il entendre que la pratique ne semble pas comprendre pour Pillot l'emploi correct des formes grammaticales. Il n'a pas eu l'idée, sauf quelques remarques isolées, de traiter de la syntaxe.

Toutefois, renfermé dans les limites que je viens de dire, son livre est un témoin sérieux à consulter sur l'état de la prononciation et de la morphologie à cette époque. Pillot latinise moins que d'autres ². Le grave défaut de son observation, mais c'est une qualité sous certains rapports, c'est qu'il a pour l'usage de la cour un culte exclusif; il estime que mieux vaut s'égarer avec elle, que bien parler avec les autres ³. Il y a donc lieu de se défier par endroits d'une prédilection si aveugle. M. Loiseau a déjà noté quelques oublis relatifs à la formation des participes passés, au passé antérieur, totalement négligé comme s'il n'eût pas existé; des erreurs aussi, la confusion de *le* relatif et de *le* article, la distinction purement imaginaire, d'un optatif et d'un subjonctif français, qu'on retrouve également dans Meigret.

Mais ces fautes sont, en somme, en petit nombre. Guidé par

---

2. « Multa velut definitiones vocabulorum artis prætermisi, tum quòd à reliquis grāmaticis peti possunt, tum quòd ad institutum nostrum (qui gallice loqui non definire docemus) nihil facere videbantur. » (Préface.).

2. On relèverait cependant des latinismes, comme *causa habendi* = *à cause d'avoir*! (23 v°).

3. « Hic tanta pollet authoritate ut præstet cum ea errare quam cum cæteris bene loqui, et satis sit allegare ipsa dixit » (13 v°). Aussi n'hésite-t-il pas à enregistrer les superlatifs en *issime*, qu'il y a entendus, sans les reprendre, comme l'avaient fait Dubois et Meigret (*Ibid.*); les formes de subjonctifs en *issions*, que d'autres jugeaient efféminées, obtiennent pour la même raison sa préférence, et ceux en *assions* (aymassions) sont qualifiées par lui de poitevins (28, r°).

les Latins et par ses devanciers [1], Pillot, dans la courte carrière qu'il voulait parcourir, risquait peu de se perdre. Il est arrivé en effet à son but, mais en donnant l'impression très nette qu'il n'eût pas pu aller beaucoup plus loin. C'est un esprit judicieux, sans profondeur. Le succès de son livre s'explique par la facilité, la netteté, la brièveté de l'exposition. Il n'avait ni la lourdeur de celui de Meigret, ni l'aspect rébarbatif d'une nouvelle orthographe; en outre il était écrit dans une langue internationale.

Robert Estienne. — La Grammaire de Robert Estienne [2] est très connue. Et le seul érudit qui ait eu la patience de suivre l'histoire de la philologie française à ses débuts, malgré quelques réserves, ne lui a point marchandé les éloges [3]. M. Livet était évidemment prévenu par la grande réputation du célèbre imprimeur, et il a été trompé par les rapprochements qu'il a multipliés d'un bout à l'autre de son chapitre entre le traité de Robert et ceux de Henri. Il y a chez le dernier tant de science, d'idées originales, souvent profondes, que l'ouvrage de son père gagnait singulièrement à être soutenu par les siens.

En fait la principale qualité qu'il faille reconnaître à cet ouvrage est une qualité tout extérieure et matérielle : il est bien imprimé, j'entends par là non seulement correct, mais clair, d'une disposition habile, qui contraste heureusement avec la lourdeur compacte et indigeste des pages de Meigret. Mais c'est là mérite d'imprimeur plus que de grammairien.

Quant à la doctrine, elle est des plus médiocres; non seulement le traité de Robert Estienne est un simple manuel, mais ce manuel est incomplet; et si les exemples sont justes et bien allégués en général, la science véritable est absente; les définitions, qui seules à peu près y représentent la pensée théorique, quand elles sont neuves, manquent de précision et de justesse.

En outre il n'y a dans tout cela que bien peu de chose qui appartienne à Robert Estienne. Non seulement on retrouve dans tout l'ouvrage les souvenirs très précis des grammaires latines,

---

1. L'auteur connaît Bouelles, Dolet, les opuscules de Robert Estienne, et les ouvrages de Meigret antérieurs à sa grammaire.
2. *Traicte de la grammaire françoise* (s. l.) Robert Estienne in-f° et in-8, 1557. Elle parut l'année suivante en latin, fut réimprimée en 1569 dans les deux langues, et encore en 1582, par son fils Henri, qui la joignit à ses *Hypomneses de Gallica lingua.*
3. *La Grammaire française au* xvi° *siècle,* 335.

ce qui ne serait pas un reproche, puisque l'auteur annonce lui-même qu'il a travaillé sur ces modèles, mais une très grande partie du traité n'est qu'un plagiat des deux prédécesseurs qu'il juge insuffisants dans sa Préface : Dubois et Meigret. M. Livet a déjà vu que Robert Estienne a copié sa seconde partie dans Sylvius, dont il ne fait que traduire les règles de la mutation des lettres [1]. La partie non étymologique n'est pas plus originale. Presque partout il suit Meigret, et en nombre d'endroits il le démarque, en changeant l'orthographe, parfois en résumant, souvent aussi en transcrivant mot pour mot des alinéas entiers. Plusieurs chapitres en fourniraient la preuve, mais l'ouvrage de Robert Estienne étant peu commun, je renverrai plus particulièrement au chapitre du verbe, que M. Livet a reproduit comme un échantillon de la manière de l'auteur, sans se douter de son origine suspecte, et qu'il sera facile de rapprocher du chapitre correspondant dans la réimpression de Meigret. Définitions des modes, des temps, distinctions des différentes formes, personnes et nombres, mots ou phrases cités en exemples, rapprochements avec le latin, classification des conjugaisons, ordre des paradigmes, tout à peu près dans cette étude des accidents du verbe est emprunté textuellement [3]. Estienne ne donne pas tout ce qu'il y a dans Meigret; il ne donne quasi rien qui n'y soit pas. Sa transcription a sur l'original l'avantage d'une simplicité plus grande, ses extraits sont plus nets, appropriés à un livre pratique, mais ce ne sont tout de même que des extraits.

Peut-être Estienne dépasse-t-il ici la mesure de la liberté que les gens du XVIe siècle, peu scrupuleux sur ce chapitre, s'arrogeaient en matière de propriété littéraire. Quelque jugement qu'on porte sur de pareils procédés d'appropriation, la constatation suffit à remettre le traité à sa vraie place. On peut estimer qu'il a été un résumé commode et utile; il demeure acquis en tout cas qu'il n'est qu'une compilation, à peu près sans intérêt dans l'histoire des recherches et de la science grammaticales.

---

1. H. Estienne, dans les *Hypomneses*, qui précèdent la Grammaire de Robert (p.111), excuse la médiocrité du travail sur le peu de temps dont l'auteur a pu disposer.
2. *La Grammaire au XVIe siècle*, 427 et suiv.
3. On peut s'en convaincre en comparant, à titre d'exemple Rob. Estienne, p. 33 avec Meigret, f° 69 v°, ou bien R. Est., p. 35 avec Meigret, f° 6 v°.

Ramus. — La première édition de la grammaire de Ramus parut à Paris, chez André Wechel, 1562, sans nom d'auteur, avec ce seul mot pour titre : *Gramerę* [1]. Bien que la matière, au dire de l'auteur lui-même, fût de riche et diverse étoffe, cent vingt-six pages de petit format et de gros caractères lui avaient suffi.

Les chapitres de ce petit volume sont nombreux, mais peu remplis, et l'ordre n'y est rigoureux qu'en apparence. En effet, en le feuilletant superficiellement, on pourrait se laisser prendre à cette belle ordonnance, qui, pour la première fois met à part « l'étymologie » (nous dirions la morphologie) et la syntaxe, et s'illusionner en voyant défiler ces titres : convenance des articles, convenance du comparatif, syntaxe de la défaillance des verbes [2], si un simple coup d'œil ne suffisait à montrer qu'on a là une esquisse hâtive et non un travail mûri. Infatigable producteur, qui semait les livres, comme d'autres les articles de journaux, Ramus a fait un pendant à ses autres grammaires, avec une hâte évidente. Il s'agissait d'en compléter la série; il a rédigé celle qui manquait en quelques heures, dit-il lui-même, mettons en quelques jours.

D'abord, en ce qui concerne l'invention et le choix des observations, le mérite de Ramus est en réalité assez modeste. Nombre d'entre elles en effet sont empruntées. Personne, que je sache, ne l'a signalé jusqu'ici, il n'en est pas moins vrai que Ramus a puisé, lui aussi, sans plus chercher, à pleines mains, dans

---

1. Cette édition est extrêmement rare. M. Livet ne l'avait pas connue. Le catalogue de Stengel n'en cite que deux exemplaires, appartenant l'un à la Bibliothèque nationale, l'autre à la Mazarine. Le second fait suite à un recueil de pièces, dont la plupart sont de Ramus; c'est la 7ᵉ pièce de l'ouvrage coté 22.331 (Réserve). Le premier porte la cote X 1200 dans le catalogue imprimé de la Bib. du Roi. J'ajoute que le Musée pédagogique a récemment acquis l'exemplaire qui a appartenu à Yéméniz, et qui y porte le n° 34776 Rés. C'est cet exemplaire que j'ai pu faire photographier (v. p. 773). Il contient 126 pages, plus une page d'errata.

2. Voici la division exacte de l'ouvrage : 1° de' letręs; 2° dę la form' e cantitę d'unę silabę; 3 du ton e apostrofę; 4 dę la notasion en espesę e figurę e dę la divizion du mot; 5 du nom; 6 du pronom; 7 du verbe e dę se' personęs; 8 de' partisipęs; 9 dę la premierę conjugezon; (ici cesse la numérotation); (10) Anomalię; (11) la sęcondę conjugezon; (12) Averbe; (13) Conjonxion; (14) Sintaxę; (15) Convenansę du nom avec lę nom; (16) Convenansę des articlęs; (17) Convenansę du comparatif; (18) Convenansę de' pronoms; (19) la convenansę du nom avec lę verbę; (20) la sintaxę dę la defalansę de' verbęs; (21) La sintaxę du verb' impersonel; (22) Figurę' comunęs au' noms e verbęs; (23) La sintaxę des averbęs prinsipalement de' prepozisions; (24) Sintaxę de' prepozisions avec le' pronoms; (25) La sintaxę de' posesifz femęnins e autręs; (26) La sintaxę de' conjonxions; (27) De' formę' dę l'orezon.

Meigret. Ramus transcrit moins franchement que Robert Estienne, mais il s'approprie sans plus de scrupule ; exemples, remarques, théories même, il prend son bien où il le trouve, se bornant à ajouter, surtout à retrancher deci delà, suivant qu'il le juge à propos. En voici la preuve :

Ramus, 87 : içęlui e iselę son' celcęfoes uzurpe' par le' pratisiés, pour Lę, La, Les, relatifz : comę, J'e acęte un çęval pour içęlui t'envoier : Mes nou' dizon' mieus, Pour tę l'envoier.

Meigret, 56 v° : Içęluy, ę içęlle, sont de męme sińificaçion qe il, luy, ę ęlle : de'qels toutefoes le courtizant n'uze pas comunemęnt : çę sont plutót relatifs vsurpez par lę' pratiçięns, pour lęqels nou' vzons de le, la, lęs, relatifs : la ou il, ou luy, ou ęlle, ne peuuet satisfęre : come pour, j'ey achepté vn cheual, pour içęluy t'ęnuoyer, nou' dirons mieus pour te l'ęnuoyer : combien qe içęluy, ę içęlle, remplisset mieus un papier.

88. Cę toutęfoes c' souvent prin' pour Lecęl : comę, J'eimę lę çęval cę vou m'ave' doné, Je prizę la męzon cę vou' m'ave' vendue.

57 v°. Nous vzons toutefoęs plus souuent de qe, ę de meilleur graçe.... de sorte qe nou' dizons aosi bien, je prize bien la męzon qe vou' m'auez vendu, ę mieus, qe laqęlle vou' m'auez vendu....

97. Toutęfoes se' posesifz avec lę verbę sustantif n'on' point d'articlę : comę, Sę livrę e' mien, tię, sien, Sętuisi e' mien, tien, sien. Faut excepter Sę et ā' supos : Car nou' nę dizon' point, S'e' mien, eins S'e' lę mien. Cant Mien, Tien, Sien, Notrę, Votrę, leur son' supos, ilz ont articlę : comę, s'il e' cestion dę nos enfans ję dire, le mien dort, lę tien somelę, lę sien court, lę notr' e' beau, lę votrę' e let. Cant ilz son' gouverne' par lę verbę, ilz n'on' poin' d'articlę : comę, J'e de' biens cę tu dis etrę tiens, cę Jan fet siens, cę nou' meintenon' notręs, cę vou' fetes' votręs...

59 r°. Ao regard de mien, tien, sien, posęssifs, il' ne sont gyeres sans lęs articles le, la, lęs, ao nominatif : si çę n'ęt aprés le vęrbe substantif, ayant pour surpozé le nom du possedé : come çę cheual ęt mien : ę çn sęmblabl' aprés lę' relatifs, il, qi, leqel : come il ęt mięn, c'ęt çęluy qi ęt tien, leqel ęt tien. Lę' demonstratifs aosi (fors çę) aueq le vęrbe substantif, leur ottet lęs articles : come çętuy çy ęt tien, ę çetuy la sien : męs nou' ne dizo' pas, ç'ęt tien, pour ç'ęt le tien. Finablemęnt (59 v°) toutes lę' foęs qę çęs possessifs gouuęrnet les vęrbes, il' reqieret lęs articles : come s'il ęt qestion de mon filz, je direy le mien dort, le tien somelę, le sien court. Męs qant ils sont gouuęrnez par lę vęrbes actifs, si le substantif ęt exprimé par aocun dęs relatifs, il' n'aoront point d'articles : come j'ey dę' biens qe tu attęns ętre tiens : aosi ne lę garderey je pas longemęnt miens : lę'qęls toutefoęs Pięrr' espere fęre siens...

On pourrait mener la comparaison d'un bout à l'autre de ce chapitre[1], et les rapports que je signale seraient mis hors de

---

1. Comparer sur les possessifs, Ramus, 83 ; Meigret, 59 r° ; — sur *même*, Ramus, 89 ; Meigret, 60 v° ; — sur *il* indéterminé, Ram., 98 ; Meigret, 56 r° ; — sur la première personne des verbes, Ramus, 92 ; Meigret, 53 v°, etc.

doute par toute une suite de rapprochements. La réapparition des erreurs commises par Meigret, relativement à certaines questions suffirait à faire une complète certitude [1].

Il est visible que Ramus s'est peu soucié d'apporter des matériaux nouveaux à l'étude de la langue française. C'est la méthode et non la matière qui le préoccupait. En effet, par un contraste, au premier aspect étrange, mais en réalité très facilement explicable, ce livre qui d'un côté manque d'originalité, pèche au contraire de l'autre par excès de nouveauté et de hardiesse.

Ainsi, au lieu d'admettre la division ordinaire des conjugaisons, il invente une division des verbes en deux classes : ceux qui ont la racine en *e*, et ceux qui l'ont en *i*; il se trouve ainsi amené à mettre dans la première, à côté de *aimer*, une multitude d'anomaux : *heir*, *seioer* (seoir), *netre* ou *nacir* (naître), *tere*, etc.; dans la seconde, à côté de *batir* (inchoatif), *dormir*, *dire*, *semondre*, *tenir*, etc. [2]. En outre, jugeant comme il l'a dit dans ses *Scholæ grammaticæ*, que la division du verbe par modes est chose superflue et sans fondement, il l'a supprimée dans sa Grammaire, en la remplaçant par une nouvelle et inacceptable classification des temps, où l'impératif *aime* n'est plus qu'un second futur, le subjonctif présent qu'un second présent, ainsi de suite [1]. Si j'ajoute que, sous prétexte de faire un livre à part de la syntaxe, Ramus y rejette la formation des temps composés, qui est pour lui, en français comme en latin, un fait de syntaxe, on devine ce que devient chez lui la théorie des formes verbales, une des plus essentielles cependant. Ailleurs, aux confusions qu'on reprochait à ses prédécesseurs, il en ajoute, par ses doctrines, de nouvelles. C'est ainsi que partant d'une définition fausse de l'adverbe, qu'il qualifie simplement de « mot sans nombre adjoint à un autre », il réunit sous ce chef l'adverbe, la préposition et l'interjection.

1. C'est ainsi que Ramus (94) condamne, après Meigret (75 v°), les tours *c'est moi, c'est nous*, pour *ce suis-je, ce sommes-nous*.
2. Ramus reconnait un premier présent (aime), un second (aime subj.); un premier prétérit (aimois), un second (aimerois), un troisième (aimasse); un premier futur (aimerai), un second (aime); voilà pour les formes personnelles. En outre le « perpétuel prezent » ajoute *r* à la racine (aimer), le « perpétuel préterit » est semblable à la première personne du « preteri' finit » (aimé = aimai). L' « infini, jérondif » est formé de la première personne du premier prétérit imparfait, en changeant la dernière syllabe en ant (aimant). Le participe actif est pris du gérondif, le participe passif du prétérit infini.

Ramus, comme on voit, n'a pas toujours réussi; il a du moins cherché à répandre des définitions et des classifications sinon nouvelles, au moins inusitées. De là sa division des mots en deux classes : suivant qu'ils sont, ou non, sujets au nombre; de là encore sa répartition des mots avec nombre en deux grandes catégories : les noms, qui sont des mots de nombre avec genre; les verbes, qui sont des mots de nombre avec temps[1]. Assurément, il y aurait beaucoup à dire sur ces définitions. Il n'en est pas moins vrai que c'est dans ces tentatives, bonnes ou mauvaises, qu'il faut chercher l'intérêt de l'œuvre de Ramus, en se gardant toutefois de croire que les doctrines ont été inventées tout exprès.

En fait, dans ce modeste essai, Ramus n'a fait que suivre des théories discutées par lui ailleurs, et à propos d'autres langues. Sa petite Grammaire française est surtout un travail d'application, l'auteur a pris hâtivement à autrui les matériaux qu'il n'avait pas tout prêts dans l'esprit, en même temps qu'il s'empruntait à lui-même la doctrine antérieurement établie.

La seconde édition de cette Grammaire est très supérieure à la première. D'abord la doctrine y semble plus mûrie, ou tout au moins plus fermement et plus nettement présentée sur bien des points. Ainsi dans l'édition de 1562, l'auteur s'était borné à dire qu'en syntaxe des enseignements étaient jusque là profitables, qu'ils expliquaient l'usage du langage reçu et approuvé, non qu'ils en pussent bâtir aucun par soi et par nouveaux exemples. (p. 77). En 1572 il précise très utilement à quel endroit il faut prendre cet usage, qu'on n'a pas le droit de changer. « Selon le iugement de Platon, Aristote, Varron, Ciceron, le peuple est souuerain seigneur de sa langue, et la tient comme vn fief de franc aleu, et nen doit recognoissance a aulcun seigneur. Lescolle de ceste doctrine n'est point es auditoires des professeurs Hebreus, Grecs et Latins en luniuersite de Paris comme pensent ces beaux etymologiseurs, elle est au Louure, au Palais, aux Halles, en Greue, a la place Maubert (30). » Dans la première édition, les pronoms personnels étaient énumérés sans aucune distinction des formes *je*, et *moi, tu, te* et *toi* (p. 47); dans la seconde la répartition en cas est faite, et même de manière beau-

---

1. Cf. *Scholægr.*, 110-111. Cette division sont du reste prise aux Anciens.

coup trop rigoureuse (p. 71). Le texte primitif donnait à peine deux pages d'une extrême confusion aux adverbes, prépositions et interjections réunies (p. 72). Si pour des raisons théoriques, la même confusion est maintenue, du moins les adverbes sont classés, et soigneusement, dans les anciens cadres. (p. 116 et s.) [1]

D'autre part des questions auparavant totalement laissées de côté sont cette fois étudiées : ainsi au chapitre 9 l'auteur a introduit une longue classification des noms en genre d'après leurs finales. Il n'y en avait pas trace dans son premier travail [2].

Enfin des corrections notables, portant ou sur des détails ou même sur des théories importantes ont été faites. Parmi les premières, je citerai la substitution de la forme *aimerent* à *aimarent*, seule indiquée dans la première édition; parmi les secondes, on peut remarquer un changement complet de doctrine au sujet des tours *c'est moi*, *c'est toi*, que Ramus, entraîné d'abord par Meigret, avait commencé par condamner, et la transformation du chapitre sur l'article.

Il faut bien le dire, plusieurs de ces améliorations, M. Livet l'a déjà noté pour l'une d'elles, ont peu coûté à Ramus. Il était fort au courant des travaux grammaticaux de son temps. En particulier la *Conformité du langaige françois avec le grec* a été mise par lui à profit largement. Le plus souvent Ramus résume en quelques lignes ce que H. Estienne développe en longs chapitres [4]; il se borne à signaler des rapprochements avec le grec qu'Estienne établit et discute; mais cette assimilation n'empêche pas de reconnaître l'origine de plusieurs des observations nouvelles, qui sont parmi les plus intéressantes [5].

---

1. *Grammaire* de P. de la Ramée, Lecteur du Roy en l'Vniuersite de Paris, A la Royne, mere du Roy. A Paris. De l'imprimerie d'André Wechel, 1572. C'est de cette édition que M. Livet a rendu compte dans son livre *la Grammaire française*, p. 177 et suiv. Je renvoie pour les détails, à sa fidèle analyse.

2. Cf. au chapitre 1 une longue dissertation, malheureusement assez faible, sur les origines de la langue; p. 134 des remarques intéressantes sur *le*, *les* relatifs, etc.

3. P. 168, cf. 1re édit., p. 94, Ramus ajoute : « Et si quelque Grammairiẽ vouloit despouiller nostre langue de tels ornemens, *Est-ce moy? Est-ce toy? C'est moy, c'est toy?* ce seroit cõme desgainer lespee luy tout seul a l'encontre de toute la France. » L'allusion au maître qu'il abandonne est évidente. Toutefois en général il garde ce qu'il avait emprunté.

4. Voir en particulier la théorie des pronoms personnels explétifs dans la *Conformité*, édit. Feugère, p. 80 et cf. Ramus, p. 139.

5. Voir en particulier sur les comparatifs *meilleur* et *plus meilleur*, la *Conformité*, p. 78; Ramus, p. 137; — sur la construction *luy troisiesme*, la *Conformité*,

Mais, quoi qu'il en soit de ces emprunts, tous les changements extérieurs ou intérieurs apportés par Ramus à son œuvre n'en dénaturent pas le caractère. Elle est étendue, refondue sur certains points, la figure même en est changée, l'auteur ayant fait à la coutume la concession d'imprimer la préface et toute la première partie en écriture ordinaire, le reste (à partir de la page 57) sur deux colonnes, dont l'une est la traduction graphique de l'autre. Ce n'en est pas moins le même livre, si on le regarde d'un peu haut. Car ni la division générale ni la distribution des matières par chapitres, telle que l'entraînaient les définitions fondamentales, ni ces définitions elles-mêmes ne sont changées. Dans ces dix ans le grammairien s'est perfectionné, mais le théoricien de la Grammaire ne s'est pas démenti.

Et de cela il résulte que la grammaire de Ramus, même revue et complétée[1], intéresse moins l'histoire de la langue française que l'histoire de la grammaire elle-même, par l'effort que l'auteur a fait pour sortir des vieux cadres et des théories où l'art de Priscien et de Donat semblait s'être immobilisé.

Antoine Cauchie. — Entre la première et la deuxième édition de Ramus avait paru la grammaire d'Antoine Cauchie (1570)[2]. Je ne saurais dire dans quelle mesure cet ouvrage, que Ramus cite a pu lui servir; je n'ai pas eu la première édition entre les mains. Dans la seconde[3], en tous cas, qui est plus commune, plusieurs chapitres, comme celui du genre des noms, ressemblent de fort près à ceux de Ramus. Mais je ne saurais dire lequel a pris à l'autre. Cauchie, on le voit par le premier titre de son travail, et aussi par différents passages de la seconde édi-

---

p. 97 et 99; Ramus, p. 143; — sur les articles, la *Conformité*, p. 124; Ramus, p. 130; — sur la locution populaire *les ceux*, la *Conformité*, p. 129; Ramus, p. 141, etc.

1. Ramus est loin d'être complet. Sa syntaxe ne touche pas à la syntaxe des propositions, elle ne donne pas une règle relative à l'emploi des modes. On ne peut pas même l'appeler une ébauche.

Il s'en faut aussi que la doctrine soit toujours sûre. Ainsi Ramus se montre favorable à l'affreux solécisme *je ferons, je dirons*, assez répandu de son temps, parce qu'il voit dans cette discordance des nombres un francisme à opposer à un atticisme (p. 164).

2. *Grammatica Gallica, suis in partibus absolutior quam ullus ante hunc diem ediderit*, Parisiis, Impensis Anthoni Lithostratei, in-8.

3. *Grammatica Gallica*, in III lib. distributa : ad Nicolaum à Buckwolden, et Franciscum Ranzovium, nobiles Holsatos. Cum Auctoris Epistola ad Martium Baræorium nobilem Danum, de sua Grammatica, et prosodia Gallicana. Antuerpiæ, Ap. Lucam Bellerum, MDLXXVI (Bib. Maz., 20389).

tion, était extrêmement satisfait de lui-même [1]. Et cependant il y aurait bien à dire sur son livre. Il blâme ceux qui appliquent à la grammaire française la méthode des anciens (p. 9), et tombe lui-même dans ce défaut, en imaginant un optatif (144), ou en conservant un véritable paradigme complet de déclinaison (84 bis) [2]. Il met avec raison ses élèves en garde contre des fautes qu'on fait dans les différentes provinces [3], et lui-même laisse passer des formes de Picardie, où il était né, ou même de vrais barbarismes [4]. Il commet aussi des erreurs inexplicables, comme lorsqu'il condamne le tour très français *celui-ci vous l'a dit*, en forçant la règle qui veut que *celui* n'entre pas en composition devant *qui*, et qu'on dise *celui qui se contente est riche* (99, cf. 107).

Toutefois son livre n'est pas sans intérêt, tant s'en faut. Malgré des fautes de disposition [5], il est clair et facile, avec sa répartition en trois livres : prononciation, étymologie, syntaxe. Il est aussi assez complet, malgré des lacunes [6]; et par la variété des remarques qu'il présente, d'un véritable intérêt pour nous. L'auteur descend à des détails que l'on n'est guère habitué à voir observer à cette époque. Quand l'ellipse du pronom sujet est-elle tolérable ou non [7] ? De quelles prépositions les divers adjectifs veulent-ils être suivis ? Il démêle assez finement quand un verbe est ou n'est pas auxiliaire, et donne sur ce que nous appelons aujourd'hui des semi-auxiliaires *rendre*, *devoir*, *aller*,

---

1. Voir p. 67, 238 140, 133.
2. A partir de la page 96, par suite d'une erreur typographique, les pages sont numérotées 77, 78, etc. jusqu'à ce qu'on revienne au chiffre 96. Je cite par 77 *bis*, 78 *bis* la seconde série de ces pages en double.
3. « *Cremir* usurpatur a rusticis, et iis quidem qui suum sermonem Romanum nominant (174). Cf. : Quod moneo ne cum Burgundionibus et aliis Galliæ populis erres : Illi enim sic loquuntur : *Si j'avoi d'argent j'acheteroi d'habitz* pro *si j'avoi de l'argent....* »
4. Je ne parle même pas de *nani* pour *non* (p. 232), qu'on trouve encore dans les grammaires, mais il donne comme exemple, p. 104 : J'ai beaucoup a *detouiller*. Il cite comme féminin normal, de *porc porque* de *loup*, *loupe* (77 *bis*). P. 239 il écrit *fronc* pour *front*.
5. On peut citer comme exemple le chapitre de la préposition, dont la syntaxe, quoique l'auteur y mêle celle des articles *au*, *de*, est réduite presque à rien, tout ayant été traité dans le chapitre correspondant de l'étymologie.
6. La question des temps du passif, si nettement posée par Meigret, est complètement laissée de côté. Il n'y a non plus aucune syntaxe des modes.
7. P. 263 et suiv. Le cas le plus intéressant de ceux que Cauchie examine est celui de deux propositions coordonnées. Qu'elles soient unies par une particule conjonctive ou disjonctive, il admet que le pronom sujet ne soit exprimé qu'une fois.

être, construits avec des participes présents, des remarques peu banales. Malgré les taches que j'ai signalées, il est assez rare que Cauchie se trompe sur le bon usage [1], il corrige même parfois heureusement ses prédécesseurs. Il y a plus ; quoique très mauvais étymologiste [2], il témoigne d'une certaine connaissance de la langue antérieure [3] et cite, quelquefois, en parvenant à les expliquer, un certain nombre d'archaïsmes [4]. Par un mérite contraire, il n'est point fermé aux nouveautés de son temps ; il essaie par exemple de donner un classement normal de ces composés si chers à Du Bellay et à Ronsard, qu'il loue discrètement ailleurs [5]. Bref, la Grammaire de Cauchie mérite une place honorable en tête de cette série, où les Maupas et les Oudin trouveront plus tard leur place ; elle n'a ni portée philosophique ni valeur dogmatique ; mais aux étrangers, pour qui elle est surtout faite, elle a pu rendre des services très appréciables.

H. Estienne. — On sera peut-être étonné de ne pas trouver, dans cette courte revue de ceux qui se sont efforcés de réduire le français en art, le nom illustre de Henri Estienne. En fait sa contribution est très importante, et on constituerait presque un traité avec les observations, les discussions, les théories qu'il a exposées un peu partout, mais surtout dans les *Dialogues du français italianisé*, la *Conformité du langage français avec le grec*, la *Précellence*, les *Hypomneses de gallica lingua* [6]. Pronon-

---

1. Ainsi, malgré Ramus, il écarte le solécisme *je ferons*, la forme *ils aimarent* (p. 160) ; il refuse de suivre le vulgaire, qui ne fait pas les accords de participes passés (145).
2. *Mon* vel *mont (a savoir mon) pro mont, latine maxime, quanquam duci videtur ex Græco* μὲν, *quod certe et quidem significat* (232).
3. Il connaît les vieux infinitifs en *ier* (p. 164) la forme *l'hom* pour *on* (190), *main* pour *le matin, preut* pour *premier* (238), *tenpres* (241), il parle du datif « dissimulé » *si Dieu plaist* (p. 284).
4. Il devine ainsi après bien des tâtonnements d'où peut venir *medius :* « *Conjectura est ex latinorum medius fidius promanasse. Aut tam a Græcorum* μὰ δία, *unde et neganter dicimus : medius non, medius nani aut nanin et media nani, etc. Quanquam fortasse haud absurde dixeris compositam vocem ex m'aist Dieu; etenim dicere solemus ce m'aist Dieu pro ainsi m'aide Dieu, vel à ce m'aide Dieu* (233-234).
5. P. 95 *bis* il distingue six catégories : 1° les mots du type de *désobéissance*; 2° ceux du type de *bienveillance*; 3° ceux du type de *sauvegarde*; 4° les adjectifs qu'on rencontre chez les poètes, tels que *doux amer, fière douce*; 5° les noms comme *gardemaison, boutefeu*; 6° enfin les noms tels que *embonpoint vapartout*. On remarquera combien cette division est judicieuse. Cf. p. 205 sur les verbes composés avec *entre*.
6. *Hypomneses de Gallica lingua, peregrinis eam discentibus necessariæ : quaedam verò ipsis etiam Gallis multum profuturæ.... Auctore Henr. Stephano : qui et Gallicam patris sui Grammaticen adjunxit...* MDLXXXII.

ciation, orthographe, étymologie, vocabulaire, morphologie, syntaxe, il a touché à tout, et malgré la hâte avec laquelle il composait, il a marqué à plusieurs endroits la finesse de son esprit et l'étendue de son savoir. On peut même dire que, si la passion d'hellénisme qui le hantait a égaré l'étymologiste, en revanche elle a quelquefois servi le grammairien, en appelant son attention sur des particularités de langue, que personne jusque-là n'avait étudiées.

Plusieurs chapitres des *Hypomneses*, celui qui concerne l'article (p. 185 et s.), celui qui est relatif à la place de l'adjectif épithète et aux changements de signification qu'entraîne le déplacement d'un des termes (p. 154), mais surtout celui où sont réunies douze observations sur l'usage et la syntaxe des pronoms, sont incontestablement les plus pénétrants qui aient été composés à cette époque sur la grammaire française.

Il est extrêmement regrettable qu'au lieu de réimprimer une version latine de la grammaire de son père, et de l'accompagner de ce recueil hétérogène d'observations de toutes sortes[1] qu'il a intitulées *Hypomneses de lingua gallica*, Estienne n'ait pas jugé à propos de reprendre ce qui était épars dans ses livres[2], pour le coordonner, le compléter, et donner « à la langue de sa patrie » qu'il aimait tant et qu'il a si ardemment défendue, la grammaire qui lui manquait. Il se rendait compte de la nécessité de cette publication. Toutefois il a cru avoir fait assez en donnant cette revision du livre de son père, dans une langue accessible à tous les lettrés, ou peut-être n'a-t-il pas eu le temps de faire mieux.

---

1. Le livre commence par un traité important mi de prononciation, mi de phonétique, p. 1-75. L'auteur étudie ensuite la quantité des syllabes, les lettres muettes, les syncopes et apocopes; puis les règles de transformation des mots latins en français; alors, après quelques pages sur les raisons qui empêchent de voir les dérivations des mots, il saute brusquement à la place de l'adjectif, rassemble toutes sortes de règles concernant les pronoms, ensuite l'article, examine quelques fautes qu'on fait à propos des verbes; enfin il termine par la critique de plusieurs œuvres, dont il ne nomme pas les auteurs.

2. M. Livet a fait à peu près ce travail, en rapprochant les livres de Robert et d'H. Estienne (*o. c.*, 335). Les index des éditions données par Feugère et Huguet de la *Precellence*, permettent d'y retrouver les observations grammaticales, fort peu nombreuses du reste. Il est regrettable que pareil index n'ait pas été fait pour la *Conformité*, qui en renferme beaucoup plus, ou, pour mieux dire, qui en est faite presque entièrement : (sur le genre neutre, I, 8; sur les cas, 33; sur l'emploi adverbial de l'adjectif, 85; sur la préposition, 98; sur les prétérits, 107, etc....)

Conclusion. — Considéré dans son ensemble, le travail grammatical du xvi⁰ siècle est donc incomplet : il n'aboutit à aucune œuvre ; il y a plus, en synthétisant toutes les règles et les remarques disséminées chez tant d'auteurs, on ne ferait pas la grammaire entière de la langue ; si nous ne la connaissions que par ses théoriciens, nous la connaîtrions mal sur certains points, nous ignorerions complètement ses usages sur d'autres ; nous reconstruirions à peu près le détail des propositions, nous serions incapables de rebâtir des phrases.

En outre le résultat principal qu'on s'était promis de cet effort était manqué. La fantaisie individuelle continuait à troubler le langage, et l'époque de Du Bartas et de Du Monin n'était pas, sous ce rapport, mieux rangée à des lois que celle de Scève et de Ronsard.

Mais si on n'était pas au but, il est visible que, sans que les contemporains peut-être en aient eu conscience, on s'en était rapproché. On n'avait pas encore le sentiment d'une règle inviolable, dominant l'écrivain, mais on avait déjà le sentiment d'une règle, existant en dehors de lui, à laquelle il pouvait se dérober par moments, à laquelle en général il devait obéir. Sans s'être codifiée dans un livre, cette règle s'était déjà déterminée et précisée dans son ensemble ; la notion d'un bon usage, fondée sur l'usage des gens instruits de Paris, se dégageait. Des œuvres considérables, surtout celles des grands prosateurs, certains des ouvrages grammaticaux dont je viens de parler, l'influence d'une cour où le roi lui-même était grammairien, avaient marqué assez fortement la direction pour que les troubles de la fin du siècle ne pussent plus la changer, mais rendissent au contraire plus vif le désir d'y revenir, et l'arrivée à Paris des Gascons d'Henri IV ne pouvait plus que contrarier passagèrement ces tendances vers l'ordre. Les barbares étaient destinés à réformer leur langage, non à corrompre celui de leurs interlocuteurs.

L'orthographe. — *Premiers essais de réforme.* — Geoffroy Tory, avait, dans son *Champfleury*, réclamé l'emploi des accents, de la cédille, de l'apostrophe [1], et mis ces réformes en pratique dans l'*Adolescence Clementine*, imprimée par lui le

---

1. P. 52 r°, 37 v°, 56 v°.

7 juin 1533. C'est la première tentative systématique, faite pour améliorer l'impression. Ses *Reigles generales de l'orthographe* sont perdues. Mais dans le cours de cette même année 1533, Jean Salomon admit ces signes nouveaux dans la *Briefue doctrine pour deuement escripre selon la propriete du langaige francoys* [1]. Dubois, après Tory, demanda quelques simplifications [2]. Il était en particulier l'adversaire de cette multiplication des *y* grecs, que la calligraphie, peut-être aussi, dit-on, le désir des scribes du Palais de gâter beaucoup de papier, avait développée. Le *g* après les nasales, particulièrement dans *ung*, lui paraissait déplacé, malgré la prétendue nécessité d'éviter la confusion entre *vn* et *vij* (sept). On sait qu'il est allé beaucoup plus loin, et qu'il a proposé un véritable système de graphie. Certaines inventions en sont visiblement inspirées du désir de distinguer dans l'écriture des sons distincts dans la prononciation. Mais d'autres proviennent comme je l'ai déjà dit, d'une superstition étymologique excessive. Ecrire *poisser* par un $\overset{ss}{c}$ pour rappeler *picare*, *lisons* par $\hat{g}$, à cause de *legimus*, ç'eût été, pour peu que le système s'étendît un peu, créer au français une écriture à deux lignes, française en bas, latine en haut.

Dolet n'est pas un révolutionnaire comme Sylvius. Néanmoins, il était, lui aussi, comme il le dit dans son *Traicté de l'accentuation françoise*, désireux de « reformer la maulvaise coustume d'escrire peu a peu » (p. 29). La mort ne lui laissa pas le temps de nous donner dans son *Orateur* sa pensée définitive. Du moins nous avons gardé les indications les plus importantes [3]. Nous n'usons pas tout à fait comme Dolet de tous les

---

1. Voyez Bernard, *Geoffroy Tory*, 2 éd. p. 176. La priorité du *Champfleury*, dont le privilège est du 5 sept. 1526, et qui a été commencé en 1523, est incontestable. Tory n'a pas eu le mérite d'inventer ces signes, mais l'idée de les introduire dans les imprimés.

2. Il existe un petit livre intitulé : « *Tresutile et cōpendieulx traicte de l'art et science dortographie Gallicane*..... » (A la fin Imprime a Paris pour Jehan Saït Denis, libraire.... En tête une épitre à Jacques d'Aoust, bailly d'Abbeville, 22 sept. 1529). M. Didot n'avait pu se le procurer. L'unique exemplaire qu'on connaisse appartenait à la collection Veinant; il était passé de là dans celle du comte de Lignerolles et a été vendu récemment, sans que j'aie pu en prendre connaissance.

3. *La maniere de bien traduire d'une langue en aultre D'advantage De la punctuation de la langue francoise plus Des accents d'ycelle*. Le tout faict par Estienne Dolet natif d'Orleans. A Lyon, chés Dolet mesme. MDXL. Avec privileige pour dix ans. Entre autres choses il propose de « signer *à* pour l'opposer à *a* (*habet*); de marquer *e* masculin d'un accent aigu : *volupté*, et au

signes qu'il a proposés, nous les avons du moins conservés. Il faut ajouter qu'il a contribué à régulariser l'emploi de l'apostrophe, qu'il connaît et approuve, et que d'autre part il s'est opposé à l'introduction d'un accent enclitique, que nous marquons, nous, par un trait d'union, qu'au XVIᵉ siècle on voulait figurer par : *fairas'tu cela*[1] ?

De bonne heure la question orthographique avait donc été posée, et elle préoccupait déjà plus ou moins, en dehors même des imprimeurs et des grammairiens, tous ceux qui avaient souci de faire du français une langue cultivée. On le voit bien aux hésitations d'Olivetan, qui cherche en vain une règle, balancé entre la prononciation, l'usage et l'étymologie[2], et qui suit les tentatives de J. Sylvius, espérant qu'on « prononcera en ceste matiere quelque arrest qui soit de tenue » (1535). J. de Beaune (V. *Revue d'hist. littér.*, 15 avril 1895, p. 242) fait aussi allusion à l'infériorité qui résulte pour notre langue des contradictions de l'orthographe, certains mots s'écrivant d'une sorte et se prononçant d'une autre, comme *escholle*, *escripre*, d'autres étant remplis de lettres grecques, etc.

Meigret. — C'est Louis Meigret qui a eu le mérite de voir l'importance du problème et de le poser dans son ensemble. Les livres ou opuscules qu'il a consacrés soit à la critique du système usuel et à l'exposition du sien propre, soit à la défense de ses idées, quand elles furent attaquées, sont nombreux[3].

---

pluriel *voluptés* au lieu de *voluptez*. Il demande un signe de conjonction ⌃ et un signe de séparation ⁑ (*pai⌃ra, poëte*).

1. Cf. Cauchie, *Gram. Gallica*, 1576, p. 57. « Adhibent oblongam lineam ad compositionis partes uniendas, et maxime cùm verbo tertiæ personæ singulari nomen adjicitur, ut : un *mouche-nez*... un *boute-feu, le porte-panier*... Nec usquam aptius usurpatur, quàm ubi duo nomina pro simplici termino et re una accepta copulat, veluti, *Gentil-homme*, pro eo quem nobilem nominamus. Verùm hæc et similia satius esset compositorum aliorum more scribi, quandoquidem pluralis formatio sit in posterioris partis terminatione, ut *un boutefeu, deux boutefeux*.

2. Il s'est « accomode au vulgaire le plus qu'il a peu : toutesfoys que icelle soit bien mal reiglee, desordonnee et sans arrest... Aucuns es motz qu'ilz voyent naistre du Latin, ou auoir aucune conuenance, y tiennent le plus de lettre de lorthographe Latine quils peuuent pour monstrer la noblesse et ancestre de la diction. Toutesfoys que a la prolation plusieurs de telles lettres ne se proferent point. Dautres ont escoute la prolation vulgaire et ont la reigle leur orthographe, non ayant esgard a la source Latine. Ie me suis attempere aux ungs et aux autres le plus que je l'ay peu, en ostant souventesfoys d'aucunes lettres que je veoye estre trop en la diction, et laornant d'aucunes que ie cognoissoye faire besoing : affin de monstrer parce l'origine de telle diction, laquelle autrement sembloit estre incogneue. »

3. *Traité touchant le commvn vsage de l'escriture Francoise, faict par*

Le menteur, ou l'in-
CREDVLE DE LVCIAN TRA-
duit de Grec en Fraçoes par Louis Meigret Lionoęs, aueq vne ecritture q'adrant a la pro-
laçion Françoęze: ę lęs re-
zons.

Aos Lęcteurs.

I vne nayue inclinaçion, ę prompt obeiſ-
ſançe de la naçiō Françoęze a la rezon ę
doctrine, ne m'euſſet eté conues par l'a-
męndemęnt continuęl ęn tous ars, ę ſięn-
ces: ę qe dauantaje. Le regręt du blame, ę reproches, qe
pluzieurs tāt dęs noutres, qe des etranjiers font juſte-
męnt, pour le troup euidęnt dezordre de noutr' ecritture françoęze ne m'eut eguyllonné, ę forçé d'y auoęr
egard, ie ne me fuſſe jamés trauaillé d'en debattre lęs
caozes: ne de ſubſeqęmmęnt inuęnter lęs moięns de la
reformer par le retabliſſemęnt d'une chacune lęttre ęn
ſa propre puiſſance, aueq vn allejemęnt de toutes ſęs
ſuperfluités. Or com'il ſoęt manifeſte, qe la perfecçiō,
ę epreuue de toutes doctrines ſoęt ęn l'experięçe, j'ey
finablemēt pris la hardieſſe de męttre ęn auāt la trāſ-
laçiō de çe petit trętté de Luçian intitulé Le męnteur,
ou l'incredule, ao qel j'ey fęt diliję̄ce de fęre qadrer
l'ecritture a la pronōciaçion Françoęze, me confiant
tant aos rezons inuinçibles qe j'ey deduites ao tretté

A ij de

Si on en croit une phrase de sa réponse à la réplique de des Autels (p. 48), il avait songé à constituer la nouvelle écriture dès 1530 environ, c'est-à-dire en même temps que Sylvius, dont on s'étonne moins dès lors qu'il n'ait pas cité le nom. Préoccupé du dommage que le désordre causait à la langue française aux yeux des étrangers (*Ment.*, p. 3), désireux aussi d'augmenter la facilité de la lecture, de procurer aux écrivains épargne de papier, de plume et de temps, il ne s'arrête point à des demi-mesures, que son tempérament semble du reste avoir peu comportées. A son gré, « nous escriuons ung langage qui n'est point en usage, et usons d'une langue qui n'a point d'usage d'escriture en France » (*Trait.*, 52 [1]). Au contraire l'écriture n'a qu'un rôle dans une langue bien faite : celui de traduire le langage parlé.

Dès le début de son traité (3), il pose avec une extrême netteté ce principe qui renferme toute la suite : « La letre est la note de l'element, et comme quasi une façon d'image d'une voix formee... Et que tout ainsi que tous corps composez des elemens sont resolubles en eux, et non en plus ny moins : Qu'aussi tous vocables sont resolubles es voix dont ilz sont composez. Parquoy il fault confesser que puis que les letres ne sont qu'images de voix, que l'escriture deura estre d'autant de letres que la prononciation requiert de voix : Et que si elle se treuue autre, elle est faulse, abusiue, et damnable. » Quintilien l'a dit déjà et c'est la raison même, « l'uzaje de l'ecritture branle soubs çeluy de la prononçiaçion ; les lęttres ont ęté inuęntees pour rapporter lęs

---

Loys Meigret Lyonnois : auquel est debattu des faultes et abus en la vraye et ancienne puissance des letres. Paris, 1542, in-4 (Sainte-Geneviève, Rés. X, 325 ; Bib. nat. Res. x, 910). Abréviation : *Trait.* Le même, 1545.

Le menteur, ou l'incredvle de Lucian traduit de Gręc en Frãçoęs par Louis Meigręt Lionoęs, aųęq vne ecritture ç'adrant à la prolation Françoęze : ę lęs ręzons. A Paris chés Christian Wechel ; à la rue sainct Jaques, à l'escu de Basle. MDXLVIII. Abréviation : *Ment.*

Defęnses de Louís Meigręt tovchant son Orthographíe Françoęze, contre lęs çęnsures ę calõnies de Glaumalis du Vezelet, ę de sęs adherans. A Paris chés Chrestien Wechel, à la rue sainct Jean de Beauuais, à l'enseigne du Cheual vollant. M. D. L. Abréviation : *Def.*

Reponse de Louís Meigręt a la dezesperée repliqę de Glaomalis de Vezelet, transformé ęn Gyllaome dęs Aotels. A Paris chés Chrestien Wechel, à la rue Sainct Jean de Beauuais, à l'enseigne du Cheual volant. M. D. LI. Abréviation : *Rep.*

La reponse de Louís Meigręt a l'Apolojíe de Jáqes Pelletier. Ib., M. D. L. Abréviation : *Rep. Ap.*

1. Je compte les pages, qui ne sont pas numérotées, à partir du proème, où je marque 1, et je suis strictement l'orthographe des différents textes.

voęs[1] ». Il ne s'agit d'être ni hébreu ni grec, ni latin, « il ne vous fault que la prononciation françoise, et sauoir la puissance des letres, sans vous amuser à l'orthographie des autres langues. (*Trait.*, 26). »

On comprend que, partant de cette doctrine toute rationnelle, Meigret découvre du coup tous les vices de l'orthographe de son temps, qui ont du reste subsisté, au moins en partie, dans la nôtre. Ces vices sont au nombre de trois : « diminution, superfluité, usurpation d'une letre pour autre ».

Diminution. C'est quand l'écriture « default d'une, ou de plusieurs letres, ex : *chef, cher*, esquelz indubitablement nous prononçons la diphthongue *ie*... » Mais « ce vice n'a pas tāt ancré en nostre escriture, qu'ont faict les deux ensuyuans[2] ».

Superfluité. C'est « quant elle est composée de plus de letres que ne requiert la pronōciacion : par ce que telle escriture donne occasion de faire faulse lecture, et de prononcer voix qui n'est point au vocable. C'est ung vice si grand en nostre langue françoise qu'il n'y a letre quasi en l'alphabeth dōt nous n'abusions quelquefois par superfluité[3] ». A, b, c, d, e, f, g, i, l, o, p, s, t, v, x, se rencontrent à chaque instant où on les pourrait supprimer. La clairvoyance du critique va ici plus loin qu'à la constatation même des faits ; il entrevoit que ces lettres superflues finiront par s'imposer à la prononciation et la dénaturer[4].

Usurpation d'une letre pour autre. « C'est, quant vne letre ou plusieurs vsurpent la puissance d'une autre, veu que c'est

---

1. *Ment.*, p. 6. Cf. : « Quant a moę je suis d'auis, qe tout deura ętr' ecrit, selon qe par la continue il sone, car l'uzaje dęs lęttres ęt de garder la vǫęs, ę qe com' un depǫ́s ęlles la ręndet aos lecteurs. » *Ibid.*, p. 5.
2. *Trait.*, p. 5. Un des exemples le plus souvent allégués est celui de *ayme il* pour *ayme-t-il*. De Bèze, dans son *Traité de la prononciation*, trouve encore qu'il serait ridicule d'écrire le *t*. Peletier du Mans n'ose pas faire soutenir à Dauron que cela serait nécessaire (*Dial. de l'orth.*, p. 126).
3. « Il y a superfluité de l'*a*, en *aorné*, du *b*, en *debuoir*, du *c* en infiniz vocables, comme *faict, parfaict, dict*. Du *d*, comme *aduis, aduerse*, de l'*e* en *battera, mettera*, de l'*f*, en *briefuemẽt*, du *g* comme *vng, besoing*, de l'*i* comme à *meilleur*, de l'*l* comme *default*, et autres infinis, de l'*o* comme en *œuure*, du *p*, comme *escripre, escript*, et autres infinis, de l'*s* comme en *estre, honneste*, et autres presques innombrables, du *t* comme en *et*, copulatiue, en *faicts, dicts, vents*, et en tous les pluriers du participe present, du *v* comme en la diphtongue *ou* qui n'est point françoise. Au regard d'*x* final, comme en *cheuaulx, loyaulx*, il n'est point françois. »
4. Voir ce qu'il dit *d'obvier*. *Trait.*, 34.

occasion de faire lecture d'une voix pour autre, et par consequence mauuaise, et faulse prononciation... » Nous corrompons ainsi « celle du *c*, qui ne deut estre employé qu'en semblable puissance que le *k*, duquel toutesfois nous vsons en son d's, comme en *façon, françois* ». (*Trait.*, p. 7.)

Il suffirait déjà des observations que je viens de résumer, pour montrer quelle est la sagacité de Meigret; elle ressort bien plus vivement encore, si on en rapproche les théories contraires, telles par exemple qu'on les trouve résumées par la bouche de Th. de Bèze, dans le Dialogue de Peletier du Mans, dont je parlerai plus loin.

On peut dire que du premier coup, Meigret a vu toutes les objections, et a réfuté par avance celles qui devaient lui être faites dans la suite, et qui sont encore répétées à ses successeurs. La première, celle-là un peu passée de mode, mais que les habitudes calligraphiques du xvie et du xviie siècle expliquent suffisamment, est que les vocables rehaussés de lettres qui montent ou descendent en dehors de la ligne ont plus belle apparence. (Pel. *Dial.*, p. 50) « Où est, dit avec raison Meigret (*Trait.*, p. 11), celuy qui ne blasmast le peinctre qui, entreprenant de pourtraire la face de quelqu'vng : feit en son pourtraict des cicatrices, ou autres marques notables qui ne fussent point au vif? »[1] (*Ibid.*).

Cette première défense n'est pas sérieuse. Mais ceux « auxquelz l'amendement des choses est ennuyeux et deplaisant » en ont d'autres; ils « ont de coustume de se remparer et fortifier, premierement de l'usage comme d'ung Bellouard imprenable, et hors de toutes batteries. Secondemēt ilz ont pour renfort, que pour marquer la differēce des vocables, il n'y a point de danger d'abuser d'aucunes letres. Tiercement ilz s'efforcent de defendre la superfluité des letres pour monstrer la derivaison, et source d'ung vocable tyré d'une autre langue : craignans à mon advis d'estre blasmez d'ingratitude, si autrement ils le faisoient. »

---

1. Cf. *ibid.*, 49. « Si nous voulons rechercher les choses au vray, nous trouuerons que la plus part de nous françois vsent de ceste superfluité de letres, et mesmement de *l, s, x*, plus pour parer leur escriture, que pour opinion qu'ilz ayent qu'elles y soïēt necesseres. Car les *ll* avecq les *ff* ouuées comme carpes seruēt de grand remplage en vne escriture, et donnent grand contentement aux yeux de celuy qui se paist de la seule figure des letres, sans auoir egard si la lecture pour laquelle elle est principalement inuētée en sera facile et aisée ».

En vérité, aucune de ces raisons n'a de poids. On invoque l'usage, mais l'usage qui a puissance « qazi tęlle qu'une loę » c'est celui qui est « joint a la ręzon ». (*Ment.*, p. 6). Celui qui est « sans ordre et sans ręzon » n'est pas l'usage, c'est l'abus. Or, cet abus ne peut etre mis en balance avec la raison, souveraine maîtresse en toutes choses ; quand nous lui obéissons, nous ne devons avoir « egard, ny à nous vsages, ny à ceux que nous tenons de tout temps, et qui semblent auoir esté de tout iamais : car la vertu et la rayson doyuent tout dompter [1] ».

On invoque d'une manière aussi vaine, le besoin de marquer les dérivaisons. On dit que « nous sommes tenuz d'escrire quelque marque de deriuaisons quant nous tyrons quelque vocable d'une autre langue, comme par vne maniere de reuerence et recognoissance du bien que nous auons receu en faisant tel emprunt (*Trait.*, 15-16). » Mais il n'y a aucun crime à ces emprunts, qui ressemblent à celui « qu'vng peuple fait des bonnes loix, et coustumes d'une autre nation. Parquoy il n'y a point de dommages : mais au contraire vng merueilleux gain de gloire, et honneur pour la langue de qui on fait l'emprunt (16) ». Aucun peuple ne s'en est privé et n'a songé pour cela à déformer son écriture. Il est juste de reconnaître ce qu'on doit au latin, quand l'occasion s'en présente, comme quand on fait une grammaire, mais non quand on écrit [2]. Au surplus, quand même nous nous y serions obligés, la convention « se pourroit maintenir nulle, comme qui est faicte contre les loix et ordonnances de bien escrire. » Or « il n'est point de bienfaict si grand qui puisse obliger à mal faire, ny faire chose sotte (17) ». Enfin si tant est que des lettres superflues doivent rester dans les mots français, pour témoigner de leur origine ancienne, il semble qu'alors « la loy deut estre generalle. Comment doncques nous excuserons nous en infiniz vocables, esquelz nous n'auons point mis de letre superflue? comme, *dire, ame, home, forme, figure*? » Pourquoi *dict, faict*, avec un c superflu, et *dy, dis, dit, dire, fait, faire*, qui viennent de *dico, dicis, dicere, facit, facere*? « Que dirons nous de ceux qui mettent des letres qui ne sont point à la sourse?

---

1. *Trait.*, p. 9. — Dauron dans les *Dial.* de Pelletier du Mans, attaque de même l'usage comme contraire à la raison, inconstant, et formé par des gens sans autorité (p. 82 et suiv.)
2. Cf. Pelletier du Mans, *Dial.*, 93.

comme qui escriuent *escripre*. Ie ne puis bonnement entendre, s'écrie Meigret, à quelle intention ilz mettent ce *p* (17-18) » [1].

Il restait à faire une dernière objection aux tenants de l'étymologie, c'est que les lettres, auxquelles ils tiennent si fort, n'ont jamais rien appris à personne. Meigret l'avait omise dans son traité, mais il n'a pas manqué de la faire ailleurs [2].

On dit aussi pour justifier les vices d'écriture — et ceci se répète couramment de notre temps — qu'il faut éviter les ambiguïtés, et mettre des différences entre des mots semblables. Mais alors « il faudroit vser de voix superflues en la prononciation ; d'autant que les escotans peuuent tumber par la semblance de plusieurs vocables au mesme inconuenient que fait le lecteur (*Trait.*, 13) ». En effet, dans la prononciation, et Meigret fait ici une remarque que la science contemporaine confirme, les mots sont en général immédiatement reconnus, avec leur sens véritable, quoiqu'ils aient des homophones. Dans cette phrase « *tu dis, tu fais en sorte, que tes dicts et tes faicts nous sont dix fois plus griefs, qu'vng fes*, où est la différence en la prolation *dis, dicts, dix*, de *fais, faicts, fes*? » il n'y en a aucune, et l'intelligence est parfaite. » Pourquoi ne distinguerions-nous pas en lisant ce que nous distinguons si facilement dans la conversation? Au reste, s'il est besoin de notes spéciales à certains mots, qu'on invente des signes diacritiques, des points, des lignes sur les mots, ou au-dessous, ainsi que bon semblera; en tous cas, il n'y a pas là de raison suffisante de troubler l'écriture (*Ment.*, p. 10).

Meigret ne recule même pas devant la perspective de changements ultérieurs à prévoir dans l'orthographe, quand la prononciation, qui en est la base, aura changé. « L'escriture deura changer de letres, ainsi que l'usage de la langue changera de voix, comme celle qui luy sert à representer son Image [3] (*Trait.*, 19). »

---

1. Cf. Pelletier *Dial.*, p. 116. Il cite *esgal, desduire*.
2. Une *s* superflue en *monstrer*, avertira-t-elle qu'il vient de *monstrare*? Si c'est cela, les « curieux de dérivaisons » feraient mieux d'imiter les rois qui donnent un insigne commun à tous leurs soldats. Une même marque générale suffirait pour tous les mots venus du latin. « Qant ao proufit, je l'estime aotant qe de tailler a çhacune pièçe de çharpenterie la premiere lettre du nom de la forés dõt ell' aora eté prinze. » (Meig., *Ment.*, 7.)
Dauron donne des arguments analogues dans Pelletier du Mans. *Dial.*, 89 et suiv. On trouvera p. 95 et suiv. quelques exemples piquants des excès des étymologistes.
3. Pelletier du Mans fait dire de même à Dauron « s'il auient que la langue se

Il a répondu ici au nom de la seule raison. Nous qui sommes à trois cents ans de distance, nous pourrions ajouter que l'adoption de son système, loin de nécessiter de fréquents changements d'orthographe, en eût au contraire entraîné fort peu, la prononciation ayant peu varié. Au reste, les changements, dûs à ces variations, n'ont pas pu tous, malgré le maintien du système traditionnel, être évités, et il s'y en est ajouté une foule d'autres, d'âge en âge, nécessités par le besoin, bon gré, mal gré ressenti, de mettre plus d'harmonie entre la langue écrite et la langue parlée, de sorte que la fixité dans le système de Meigret eût été incontestablement plus grande que dans celui de ses contradicteurs.

Il est incontestable que la partie critique de ce Traité d'écriture, si curieusement observée, si logiquement déduite, si sobrement appuyée, posait la question tellement bien, que nul depuis n'a trouvé grand'chose à ajouter à l'argumentation de Meigret. Il est regrettable que la partie constructive de son système n'ait pas été, un peu par la faute de la langue, un peu par sa faute à lui, aussi rigoureuse et aussi facile à défendre.

Les modifications proposées par Meigret peuvent se classer en trois catégories; ce sont :

A. *Des suppressions de lettres inutiles*; 1. Supprimer : *p*, *b*, *v*, qui ne se « rencontrent iames en la prononciation françoise auant *v* consonante ». Ecrire *recevoer, doiuent* (*Trait.*, 33).

2. *g* « en tous vocables, esquelz nous le faisons final, comme *vng, chacung, besoing* » (*Ibid.*, p. 43). Ecrire *un, chacun, besoin*.

3. *t* « dans *et*, où nous ne nous oserions auanturer de le prononcer, sans seruir de moquerie aux auditeurs » (*Ibid.*, 45).

t et *d* au pluriel des mots comme *renard, content*. Ecrire *renars, contans*. (*Ibid.*, 45 et 46).

4. *l*, que « nous escriuõs sans auoir egard qu'elle donne grãde oçccasion de faire vne lecture rude et de mauuaise grace : mais qu'elle pronõciation frãçoise seroit ce, si nous voulions proferer

changé an mieus : iz acõmoderont leur modę d'ecrirę a leur modę dę parler, commę nous aurons fęt a la notrę. (*Dial.* 87.)

1. Des Autels est ici d'accord avec Meigret; c'est un des seuls points. Il accorde que « la superfluité desraisonnable ne lui plait point » (*Rep. contre Meigret*, 55). Il reproche même à son adversaire de n'estre pas logique, en ne retranchant pas l'*h* inutile.

l, en *aultre, peult, eulx,... l* se change en *aos* au pluriel quant elle est letre finale des noms, de sorte que *cheual, royal, loyal*, et autres leurs semblables font *cheuaos, royaos, loyaos.* Et si croy bien qu'anciēnement on disoit *cheuals, royals, loyals* : mais depuis la prononciation a esté autre ; il fault aussi que l'usage d'escriture soit autre. » (*Ibid.*, 48-49).

5. *n*, dont nous abusons dans *ayment*, qu'il suffirait d'écrire *aymet*[1] (*Ibid.*, 51).

6. *s*, que l'on emploie pour traduire l'*e* ouvert : *estre, beste*, ou pour marquer les voyelles longues : *fist, allast*. Ecrire *etre*, etc. (*Ibid.*, 22-23).

7. *c*, dans *dict, faict*. Ecrire *dit, fait* (*Ibid.*, 18).

8. *p*, dans *escripre*. Ecrire *ęcrire* (*Ibid.*, 34).

9. *u* après *q*. Ecrire *qe, qi* (*Ibid.*, 38).

Enfin une des économies les plus nécessaires à faire est celle des finales qui ne s'entendent pas, savoir de l'*e* final, quand le mot qui suit commence par une voyelle, du *s*, quand le mot commence par une consonne [2].

B. *Des substitutions d'une lettre à une autre.*

α) Substitution d'une voyelle à une voyelle. — Meigret adopte ainsi *o* au lieu de *u* étymologique : *ombre, onde*, pour *vmbre, vnde* (*Trait.*, 25).

β) Substitution d'une voyelle simple à une diphtongue. 1. Au

---

1. Des Autels défend *ent* d'abord parce que *n* s'y entend « aussi bien que dans les adverbes » (?), en second lieu parce qu'il est nécessaire comme signe de la pluralité (*Rep. c. Meig.*, p. 29.).
2. « Quelques sauās homes ont si bien introduit l'apostrophe, qu'elle est ia receue en l'imprimerie, comme qui est biē necessere pour euiter superfluité de letres. » Mais Meigret se plaint de la voir restreinte aux seuls monosyllabes : « toutes les fois qu'en la pronōciation aucune letre finale se pert, l'Apostrophe est necessere en l'escriture pour denoter la collision, ou perte de la voyelle ou consonante. Et la ou nous ne vouldrions receuoir l'Apostrophe, ie dy qu'encores la letre ne doit point estre escrite. Cōme quant nous disons : *vne amye entiere ayme d'une perfecte amour*, non deuōs escrire *vn' amy' entier' aymé d'une perfet' amour*. Cela semble estrange, mais la faulte de bōne lecture ne viēdra que de l'imperfectiō du lisant, et nō pas de l'escriture. Quant aux cōsonantes, ie treuue que *lęs, dęs, ęs*, perdent *s*, quant le vocable ensuyuāt commence par consonante : nous deuons donc escrire : *lé compaignons de guerre ę'quelz l'ę capitaines ont faict de* (sic) *dons sont lę mieux agguerriz.* » (*Trait.*, p. 53 et s.).
3. Des Autels estime qu'avec ce système on fera des mots aussi longs que de Paris à Orléans : *madamoysel'amoureus'honest'encommenc'or'vn'estrang'entrepris' admirablement.* (*Rep. c. Meig.* p. 34).
Cauchie a pour l'apostrophe une admiration telle, qu'elle le porte aux pires injures contre ceux qui refusent d'en voir les beautés : « rerum ignari lutulentique sues, qui cum solis sordibus gaudeant » (*Gram.* p. 62).

lieu de *ai*, qui s'entend dans *aymant*, *hair*, mais non dans *mais*, *maistre*, ou il n'y « aucunes nouuelles de la diphthongue » (*Trait.*, 28) écrire *e* : *mes*, *parfet* [1].

2. au lieu de *ou*, « dont nous nous passerions bien » (*Ib.* p. 23), écrire *o* : *pouoir*, *corir*.

3. au lieu de *ea*, *eo*, « qui sont de fausses diphthongues » (*Ibid.*, p. 32), écrire simplement *a*, *o* : *gaja*, *gajons*. (V. plus loin au *j*. Cette proposition est une de celles qui ont été le plus attaquées.)

γ) Substitution d'une diphtongue à une diphtongue. 1. Dans *sainct*, *main*, où nous prononçons la diphtongue *ei*, tout ainsi qu'en *ceint*, *ceinture*, *peint*. Écrire *ei* : *meintenant*, *demein* (*Ibid.*, 28).

2. Dans *autant*, *cault*, *chauld*, « nous oyons distinctement *ao* » : « onques langue de François ne prononça en son langage *au* ». Écrire *ao* : *aotant*, *caot*, *chaod*. (*Ibid.*, 29) [2].

3. *oy* doit être réservé pour les cas où *y* est entre deux voyelles et y demeure voyelle (*Ibid.*, 27). Ailleurs il sonne comme *oé*. Il faudrait écrire *roe* et *royal*. De même *Pierre aymoet ceux qui l'aymoet*. (*Ibid.*, 29 et s.). « Il n'y a différence entre ces deux verbes, sinon que le premier à *e* ouuert femenin, et le dernier a l'*e* masculin qui demande vne prononciation lente, estant celle de l'autre fort soudaine. »

δ) Substitution de consonne à consonne. 1. *g*, toutes les fois qu'il a la valeur de *i* consonnante, devrait être remplacé par *i* long, *g* gardant le son dur. Ecrire *anje*, *linje*, *manjer*, et non *ange*, *linge*, *manger*. (*Ibid.*, 41) Cet *i* consonante devroit estre tenu un peu plus long.

2. *t* est corrompu, étant employé pour *s*, dans *manifestation*, *diction*. Ecrire dans le premier cas par un *ç*, *manifestaçion*, dans le second par une *x*, *dixion*. (*Ibid.*, 44).

---

1. « Diphthongue, en comprenant les triphthongues, est vng amas de plusieurs voyelles retenans leur son en vne seule syllabe, comme *ay*, en *aydant*, *eao*, en *beao*, *oy* en *moins*, etc... En nostre écriture nous en abusons en deux sortes, l'vne, en ce que nous écriuons vne diphthongue au lieu d'une simple voyelle, et l'autre en escriuant vne diphthongue pour autre (*Trait.*, 27-28). »
Des Autels accorde que *ai* fait double emploi avec *e*, mais qu'on n'en usera que raisonnablement, suivant l'étymologie et la conjugaison (*Rep.*, p. 41-42).

2. Des Autels repousse également *ao* et *ei*, le premier parce qu'on n'entend pas *a*, le second parce qu'on n'entend pas *i* (p. 37 et s.).

3. *s* tient abusivement la place de *z*, dans *disons, faisons*. Ecrire *persuazion, dizons*. (*Ibid.*, 46-47).

4. *z* est sans raison dans *aimez*, puisqu'on écrit *bontés*; *aymés* est aussi bon. (*Ibid.*).

ε) Substitution d'une consonne à un groupe de consonnes.

1. *x* final ne sert que de remplage; c'est un simple ornement. Nous devons écrire *cheuaos, royaos*. (*Ibid.*, 49 et 52.)

2. Emprunter des Espagnols ñ molle avec un trait plus long et une ligne couchée. Ecrire *Español*. (*Gramm.*, 13 v°.)

C. *Distinctions nouvelles des lettres.*

1. Il y a deux sortes d'*e*, *e* ouvert, *e* clos; *e* ouvert s'entend dans *mes, tes, mais, faicts, estre*. Meigret accepte d'abord non sans réserves de l'écrire par *é* (*Trait.*, p. 22), ensuite à partir du *Menteur*, il adopte ę, qu'il appelle crochu[1] et réserve l'accent pour marquer *e* long : *męmemęnt*.

2. *o* ouvert est rare; on pourroit donner un point au-dessus : *cȯr, mȯrt*. Cette idée, exprimée dans le *Traite* p. 25, n'a pas été reprise par Meigret.

3. *a* long est noté *á*, dans le *Menteur*, de même *ę́, é, í, ó, ú*[1] : *avizé, plutót, vie, mę́me, contrę́re, fantazie*.

4. *c* sonne tantôt *k*, tantôt *s*. Pour ôter cette confusion, Meigret adopte après Tory le « ç crochu des Hespaignols » dont on pourra user devant toutes voyelles (*Trait.* p. 36 : *annonçiaçion*.

5. *ch*, dans *cholere*, sonne comme *k*. Il ne devrait servir que pour *s* molle. L'inconvénient disparaîtrait, si un signe permettait de reconnaître le son chuintant. Meigret écrit donc ch̨ (*Ibid.*, 39) : *ch̨ieure, ch̨aleur*.

6. *ill* est mauvais pour écrire *meilleur*. Les « Hespaignols » en usent aussi, mais c'est faute de meilleur moyen ». Pourquoi pas *l* avec un point? Ecrire *ville, villageois*, mais *till'ac, bill'er*. (*Ibid.*, 49).

---

1. Cet ę n'était pas une nouveauté et se trouvait pour *ae*.
Pelletier approuve *e* crochu. Mais des Autels le trouve mal inventé; il aimerait mieux un *e* à point dessous. (p. 28.) Tous deux sont d'accord pour protester contre l'absence de distinction pour l'*e* muet, que des Autels appelle *imparfait*, et Peletier *sourd*.

1. Dauron, dans les Dialogues de Peletier du Mans, p. 106, discute la question des accents aigus sur les longues, auxquels il voudrait ajouter quelques accents graves sur les brèves. Cf. Pelletier lui-même (*Apologie à L. Meigr.*, 18).

En somme, voici l'alphabet de Meigret, tel, sauf la disposition, qu'il l'a donné lui-même dans la Préface du *Menteur* (p. 25):

a	a	ph	pe aspiré ou phe
ę	e ouuert	f	ef
é	e clous	u	u cõsonante ou u
i	i latin	c	ca latin
y	y grec	k	k grec
o	o	g	gamma
ou	ou clous	q	qu
u	u	ch	cha aspiré
j	je ou ji cõsonante	l	el
d	de	m	em
t	te	n	en
th	the aspiré	r	er
ç	se ou es	x,cs, cç	ix
s	es		
çh	es molle ou çhe mol		Il faut y ajouter :
z	zed	á, ę́, é, í, ó, ú voyelles longues	
b	be	ao	au
p	pe	oę	oï.

Il est certain que sur bien des points, même là où l'évolution de l'écriture ne lui a pas encore donné raison, Meigret avait vu juste. Substituer le *ç* au *t* dans dans *nation*, le *j* au *g*, dans *manger*; distinguer le groupe *ll* dans *village* du même groupe dans *cheville*, employer l'*x*, là où elle s'entend comme dans *diction*, non là où elle ne repose que sur une erreur graphique; c'étaient des idées justes et neuves, quoique nous en soyons encore, après environ trois siècles et demi, à en réclamer l'application. Sur d'autres questions, les propositions de Meigret ont fini, après bien des retards, par se faire adopter. Les consonnes étymologiques, ou en général superflues, s'en sont allées une à une : *ung, recepvoir, aultre, beste, haste* ont pris l'orthographe qu'il leur souhaitait.

Le défaut le plus grave de son système a été, je n'hésite pas à le dire, quelque paradoxal que cela puisse paraître, de ne pas innover assez. Dans les révolutions de l'a, b, c, comme dans les autres, la timidité n'est pas de mise, et Meigret, malgré son caractère entier, a eu des réserves. Il est certain qu'il a eu tort de ne pas aborder la grosse question de la graphie des nasales, mais il n'a fait que l'entrevoir. Au contraire il a vu d'autres améliorations, même peu difficiles à tenter, et il a reculé. Il n'a

---

1. Il est incomplet. Dans sa *Grammaire* f° 15 v°, Meigret s'enhardit à écrire *ll̃* pour *ll*, et *ñ* pour *gn*.

pas osé proposer *u* avec « un point ventral », pour distinguer *u* de *v*[1]. Il a éliminé des consonnes superflues, il n'a pas touché à l'*h* initiale ; il a adopté un ç, au lieu de prendre simplement *s* ; il y a plus, il n'a même pas osé supprimer le *k* et le *q* devenus inutiles par l'attribution d'une valeur unique au *c*. Ses inventions d'*ll* et de *çh* ne sont que des demi-mesures. En somme, il s'effraie trop tôt de sa propre audace, et, quoiqu'on puisse noter certains progrès d'un de ses livres à l'autre, il n'ose pousser jusqu'au bout, ajouter et couper dans l'alphabet même, comme il eût fallu le faire dans cette tentative héroïque[2]. Il s'embarrasse même d'une formule mauvaise, qui contredit son système, en prétendant rendre aux lettres leur valeur ancienne, ce qui devait nécessairement amener ses contradicteurs à sophistiquer sur la prononciation de l'*e* ou du *c* chez les Romains. Au contraire, dégagé de cet obstacle, s'il avait pris pour but, sans s'occuper du passé, de donner aux lettres, soit par des signes diacritiques, soit par l'adjonction de nouveaux caractères une valeur une et fixe, son système ne risquait pas plus pour cela d'aboutir à un échec, peut-être même eût-il tenté quelques hardis esprits — c'était le temps où ils s'élevaient en foule —, par sa logique et par sa simplicité.

Les adversaires du système. — Meigret, comme on sait, trouva deux adversaires principaux, l'un dans un jeune homme, Guillaume des Autels, l'autre dans un médecin que j'ai souvent nommé, Pelletier du Mans. Le premier libelle de des Autels, publié sous l'anagramme de Glaumalis du Vezelet, était, d'après ce que l'auteur déclare lui-même dans le second, une simple lettre à Philippe Lebrun, qui aurait été imprimée contre son aveu. L'excuse est trop banale au XVIe siècle pour être reçue sans preuves. Quoiqu'il en soit, la réplique qu'il a signée n'est guère supérieure à l'écrit soi-disant échappé de sa plume. Il est incontestable que Des Autels avait l'intelligence vive et pénétrante ;

---

1. *Ment.*, p. 12. Pelletier est plus timide encore (v. *Dial.*, p. 118). Cependant en Espagne Nebrixa, et en Italie le Trissin avaient le 1er en 1522, le second en 1524, soutenu la nécessité de distinguer l'*u* du *v*.
2. « Pluzieurs se pleñet de l'ecritture qe j'ey obserué (combien q'ęlle ne soęt pas du tout selon qe reqeroęt la rigeur de la prononçiaçion). » (*Gram.*, f° 10 v°.) Cf. : « pour aotant qe je sey qe toutes nouueaotés sont deplęzantes, qi ont qelqe chanjement de qelqe façon de vie tant soęt elles ręzõnables, ę qe le tęmps meurit toutes chozes, je m'en suis deporté pour çęt' heure. (*Ment.*, 15).

il le fait voir dans cet opuscule même, où plusieurs pages qu'on ne cite jamais, je ne sais pourquoi, expriment sur l'avenir de l'art nouveau et la nécessité de le dégager de l'imitation, comme la Pléiade prétendait le dégager de la traduction, des idées très hardies et peu communes. Ailleurs, Des Autels a osé se poser en adversaire de Maurice Scève et de l'école de l'obscurité ; Du Bellay lui-même ne l'osait pas ; mais ici, quoiqu'il annonce d'autres ouvrages du même genre, dont la perspective excite la verve railleuse de Meigret, il ne me paraît pas avoir mérité les éloges que M. Livet, un peu partial à l'égard du système, lui a accordés. Sur quelques points de détail et de faits il a raison, du moins en partie. Mais sur les principes, il témoigne vraiment d'un réel défaut de maturité. Quoiqu'il ait essayé, dans son second factum, de se reprendre et de rejeter son erreur sur une faute de typographie, il a réellement, Meigret le lui démontre sans peine, laissé échapper cette théorie inexcusable, que, contrairement à ceux qui « veulēt reigler l'escripture selon la prononciation, il sembleroit plus conuenant reigler la prononciation selō l'escripture : pource que la prononciation uzurpée de tout le peuple auquel le plus grand nombre est des idiots, et indoctes, est plus facile a corrompre que l'escripture propre aux gens scavants ». Il vaut mieux, dit-il, « prononcer tout ce qui est escript. »[1]

Ainsi, pour faire l'application du système, si on écrit *teste*, *beste*, pendant qu'on prononce *tete*, *bete*, c'est la prononciation qui est à blâmer ; il n'y a nulle superfluité en l'écriture, « veu mesmement que les autres langues vulgaires, Italienne et Espaignole prononçent l'*s* ». A ce compte, comme l'observe fort bien

---

1. Ce non-sens linguistique, inexcusable, même pour l'époque, est vertement relevé par Meigret : « Q'elle reponse pourroe͛ tu fe͛r' a vn peintre, qi... ne s'estimant pas moins sauant en son art, qe toe͛ en ton ecritture Françoeze », voudrait « corrijer nature com' ayant defal⁷y es orel⁷es de Gyl⁷aome pour les auoer fet trop courtes, e etroettes : e qe finalement il les te fit en son pourtret d'vne tell' auenu͛' e poel, qe le' port' vn âne rouje ? Qelle defense pourras tu amener, qe suiuant la meme loe͛ dont tu nou' veu' tous forçer a prononçer te͛' lettres superflues (q'onqes lange de bon Françoes ne prononça) qe tu ne doeues aosi charjer e enter en ta tete ces belles e amples orel⁷es d'Ane ? *Def.*, B. II, v°. »

H. Estienne, tout étymologiste qu'il est, signale au contraire le danger de cette prononciation des pindariseurs, qui fait rentrer dans la prononciation des lettres devenues muettes. (*Hypomn. de l. Gall.*, p. 2.)

Dans sa réplique, Des Autels dit que l'imprimeur a passé *ne* avant *prononcer*, p. 24 ; c'est une excuse d'écolier, que tout le passage dément.

Meigret, on devra aussi prononcer : *escripre, recepueur, doibvent, estoient*, et infinis autres vocables, aussi étranges.[1] »

Au reste, Des Autels lui-même, avec des idées aussi enfantines que celles dont je viens de parler, ne laisse pas, par une inconséquence singulière, de reconnaître qu'il y a bien à reprendre dans l'abus de la commune écriture (*Rep. c. Meigr.* 56). Malheureusement, il n'a dit ni à Meigret, ni à nous, sur quels points il croyait que la réforme dût porter. Ses opuscules sont donc plus intéressants par les renseignements qu'ils apportent sur l'histoire de la prononciation, que pour la réforme de l'orthographe.

Le petit livre de Pelletier (ou plutôt ici Peletier) du Mans n'a aucun titre belliqueux, tout au contraire[2]. Le ton de l'auteur est tout à fait autre que celui de Des Autels, et tel vraiment que le méritait l'œuvre sérieuse de Meigret. Il a pris grand plaisir à voir « restituer » notre écriture, et tout en proposant son système à lui, il s'accommode autant qu'il peut à celui de Meigret, ne voulant dédaigner de « tenir avec lui un chemin qui de soę n'etoęt que bon ». Mais il ne faudrait se tromper ni au titre, ni à l'exorde. La condescendance de Pelletier ne va pas très loin, et les critiques sont beaucoup plus nombreuses, dans ses quelques pages, que les éloges.

Sur le fond de la question, comme Pelletier le dit lui-même, il est d'accord avec Meigret, et il juge notre écriture avec la même sévérité, comme un vêtement dépenaillé, ou un déguisement qu'on croirait donné à la langue par dérision[3]. Le principe à

---

1. Meigret lui demande encore a ce propos (*Def.*, B. III, r°) si « lę' Françoęs sont tenuz de parler Gręc, Latin, Hespañol, ne Italien ?... Je m'emervęl*l*e que tu n'as dit *testa* : a celle fin qe tu gardasses du tout la prononçiaçion Italiene ».
2. *Apologie a Louis Meigręt Lionnoęs* (réimprimée dans le *Dialogue de l'ortografe e prononciacion françoęse departi an deus Liures*, Lyon, Jan de Tournęs, 1555). — Dédicace du 29 janvier 1550.
3. « I'ę, antrę autręs chosęs, pris grand plęsir a voęr la peinę quę tu prans a restituer notrę Ecriturę : laquelę, de fęt, ęt si corrompuę, e representę si peu cę qu'elę doęt representer, qu'on la peut ręsonnablemant comparer a unę robę de plusieurs piecęs mal raporteęs, eyant l'unę manchę longuę e largę, l'autrę courtę e etroętę : e les cartiers çan deuant derrierę, laquelę un perę balhę a son anfant, autręmant de bęlę talhę e bien proporcionnę de tous ses mambręs, ou par nonchaloęr, ou par chichetę, ou par contannemant, ou an sommę, par pourętę (p. 6). Certeinemant il i à fort long tans, e a peinę mę souuient il auoęr ù le jugęmant si jeunę, quę je n'ęę ù bien grand hontę, voęrę depit, de voęr unę telę Languę commę la Françoęsę, ętrę vetuę, męs plus tôt masqueę d'un habit si diformę (*ib.*). » Dans le *Dialogue* il montre d'une manière intéressante la supériorité de l'écriture espagnole, déjà marquée de ce temps-là, aujourd'hui éclatante (p. 112 et 113).

garder dans la réforme semble aussi le même aux yeux de Peletier ; tous deux visent « a un blanc, qui ęt dę raporter l'Ecriturę à la prolacion : c'ęt, dit-il avec raison à Meigret (9), notrę but, c'ęt notrę point, c'ęt notrę fin : sommę, c'ęt notrę uniuęrsęl acord[1]. »

Toutefois, malgré ces prémisses, ce censeur bienveillant trouve presque autant à reprendre soit dans les détails, soit dans les principes qu'un ennemi y eût trouvé. En fait, d'abord, il conteste sur bien des points que la prononciation figurée par Meigret soit la bonne, et on voit la portée de la critique, tombant sur un système dont l'observation rigoureuse de la prononciation était la seule base[2]. C'est une condamnation. Pelletier en arrive à dire au destinataire de cette singulière apologie que, si ses opinions étaient reçues, il aurait abouti à un résultat contraire à celui qu'il cherchait, et trouverait même le langage déguisé, en l'entendant prononcer tel qu'il l'avait écrit.

Sur les propositions proprement relatives à l'écriture, mêmes observations : on ne peut utilement noter les longues d'un accent, ou plutôt d'une apicule, que certains mots auraient alors sur chaque syllabe (p. 19). *Ou* est inséparable de notre vulgaire. *Au*, qu'il vaudrait mieux remplacer par *o*, que par *ao*, s'entend dans *cause*, aussi bien que dans *causa*, ou du moins il y sonne d'une manière si analogue, que cela ne saurait

---

1. Sur certains points aussi, ils tombent d'accord. Pelletier trouve aussi mauvaise que Meigret l'écriture de *maistre, paistre*, et « l'ç a keuę » du Moyen âge, dont Geoffroy Tory s'était déjà servi en latin, que Meigret propose, lui paraît très bien convenir pour ce son. Dans son Dialogue, Dauron, qui parle au nom de Pelletier, condamne, comme Meigret, le *t* de *et*, le *d* de *aduenir*, l's de *blasme, trosne* (p. 114) le *ch* de *charactère* (p. 112), l'*n* des verbes au pluriel (p. 128), le *t* final suivi de l's de flexion (p. 129), l'*u* etymologique de *umbre* pour *ombre* et le *x* de *gracieux* (p. 132); il accepte l'*y* grec, mais non avec l'abus qu'on en fait à la fin des mots (132); il écrit *ei, ey* dans *einsi, efreyant*; à *ph* il substitue souvent *f* : *filosophie*; à *t + i, ç :, descripcion*.

2. Il ne croit pas que l'*i* de *nacíon* soit long, les voyelles françaises étant toujours brèves les unes devant les autres, sauf devant *e* muet (p. 19). De même pour l'*u* de *puant* (p. 20); *alè, donnè*, ont la dernière syllabe brève (p. 21); *violet* n'est pas de deux syllabes; *veramant* ne peut être qu'une faute pour *vręmant* (p. 22); *cuę* ne peut pas se proférer par *u* tout nu, mais par la diphtongue *eu*; *naguęre, protręre*, n'ont pas d'*e* ouvert, ni long (p. 22); *bone, comode* ne se prononce pas par *o* simple, mais *bonne, commode* (p. 22); *troup, clous, nous* pour *trop, clos, noz*, et inversement *bot, óuert* pour *bout, ouuert*, sont des prononciations « de la Gaulę Narbonnoęsę, Lionnoęsę, et dę quelques androęz de l'Aquiteinę. » Meigret ne reconnaît que deux sortes d'*e*, l'*e* à queue, qui est ouvert, l'autre sans queue, qu'il fait servir à deux offices. Or il y a trois *e*, comme le montre le mot *defęre*. Ecrire *deduire pere* avec le même *e*, c'est défaillir, car l'un des deux est un *e* sourd. Peletier note *e* sourd par *ę*, empruntant cette lettre à quelques impressions. Voy. *Dial.*, p. 108-109.

causer aucune erreur, etc. L'introduction de l'apostrophe au lieu de l'*e* féminin à la fin des dictions n'est pas bonne, puisqu'il peut arriver qu'on s'arrête sur ces finales. Il n'y a pas d'intérêt à rendre unique la valeur de *c*, *g*, en les écrivant toujours avec la même valeur dure, devant *e* et *i* comme devant *a* et *o*. C'est bien là la vraie puissance de *c*, mais la nouveauté en serait odieuse. Malgré *aguiser*, où *gu* a sa valeur propre, mieux vaut laisser l'*u* dans *longueur*, *longue*, *guise*. *Qu* est reçu dans toutes les langues ; on pourrait le remplacer par *k* ; mieux vaut qu'on n'y touche pas pour cette heure. Bref la résistance porte sur la plupart des points qui tenaient à cœur à Meigret [1].

Il y a plus. Malgré les affirmations du début, les principes des deux réformateurs diffèrent radicalement. Ramener les lettres à leur naïve puissance, est une utopie aux yeux de Pelletier. Il y a en notre langue, qui malheureusement a pris, par nonchalance de nos aïeux, les lettres des Romains, « une manière de sons, qui ne se sauroęt exprimer par aucun assamblęmant ni eidę dę lętręs Latinęs ou Greques » (p. 9), par exemple la dernière syllabe de *hommę*, *fammę*, la première de *Iaqués*, *iambęs*, la dernière de *batalhę*. Pour les écrire il faut abuser de *e*, *i*, *l*. De même du *c* aspiré pour écrire *charité*, du *v* pour écrire *valet*, de *gn* pour écrire *gagner* [2].

Pour parvenir au but que l'on propose, il faudrait avoir des lettres nouvelles, et ce ne serait jamais fait. Notre Langue aurait perdu son usage, avant que nous pussions mettre telles nouveautés en la bonne grace des Français [3]. Meigret lui-même convient qu'une lettre peut avoir deux offices, comme le *s*, qui, final, sonne visiblement comme un *z*, quand il se lie à des mots commençant par une voyelle : Tous hommęs e fammęs ont a mourir (p. 12-13). Dès lors, il faut se borner à réformer

---

1. Sur d'autres points Peletier, d'accord avec Meigret pour critiquer, propose des solutions à lui : il emprunte *lh* aux Provençaux, Toulousains et Gascons, pour remplacer *ill* (v. *Dial.* 111) il laisse tomber le *t* devant *s* du pluriel, mais lui substitue un *z* : *moz*.

2. Peletier avait un moment pensé écrire *nh* comme *lh* ; il ne l'a pas osé.

3. Voy. *Dial.*, p. 118. Meigret dit lui-même : « Il ęt vrey qe ç'ęt bien le meilleur d'approçher le plus q'il sera possibl' ao' plus ezés ę comuns caracteres : affin de reléuer le lęcteur de peine : çe qe je pęns' auoęr fęt. » Toutefois, ajoute-t-il, « il ny a point de loę qi me force, ne toę ny aotre, a vne çerteine figure. » (Meigr., *Rép. à G. des Aotels*, 30).

seulement les abus qui causent erreur. Des mots comme *outil*, *sutil*, *ville*, *cheville*, *espris* (du verbe *éprendre*) et (*espriz* pluriel de *esprit*) s'écrivent de même sorte, bien qu'il y ait des différences manifestes entre leur prononciation : « Cę sont les moz, qui meritęt reformacion, non pas ceus qui s'ecriuęt d'unę sortę qui ęt tousjours samblablę a soę, e qui jamęs nę sę demant. Cę sont ceus quę nous dęuõs tascher a restituer. » (*Ibid.*)

Pelletier tout en visant aussi à une refonte, s'en défend; c'est un révolutionnaire honteux et timoré. Il l'avoue du reste très longuement à propos d'un détail (p. 18)[2]. Ainsi les principes qu'il affiche au début de son livre ne doivent pas faire illusion. Évidemment, il n'en est pas comme des Autels à attendre la réforme d'une « authorité » quelconque, il veut « s'entremettre de la faire », mais comme partout ailleurs, il apporte là son tempérament hésitant. Meigret le lui dit plaisamment dans sa Réplique, il veut aller au bois, et il a peur des feuilles.

Il en a même donné une preuve curieuse, en publiant, au lieu d'un livre de doctrine, un dialogue, où différents personnages, mais surtout de Bèze et Dauron défendent l'un l'usage, l'autre la réforme. La doctrine de ce dernier est celle de l'auteur. Mais on n'en sait rien positivement; l'opuscule est sans conclusion. De Bèze est parti après la première journée, les autres interlocuteurs se séparent, malgré une véhémente péroraison de Dauron, et rien ne se décide[3].

---

1. Les plus frappantes innovations de Pelletier du Mans, dans l'orthographe proprement dite sont la substitution de *a* à *e* dans la nasale *ent*, de *ei* à *ai* dans des mots comme *ainsi*, de *k* à *c* dans *keur*, etc., enfin la suppression d'un grand nombre de lettres étymologiques.
Quant à l'alphabet, il présente des nouveautés importantes. Les voyelles longues sont marquées d'un accent aigu, les brèves d'un grave : *málin, ęt, grés, óter, út; pouuoęr, assièt, sù*. — L'e ouvert est ä queue ę, l'e muet barré ę, la diphtongue *oi* s'écrit *oę*, le *c* est cédillé, *ll* mouillé est noté par *lh*; il est fait usage du trema ¨ *poësie*, et de l'apostrophe, *contr'opinion*.
Mais presque tous les anciens défauts subsistent : *j* et *g* concourent à rendre le *j*; *s, ss, ç* ont la même valeur; *k* alterne avec *c*, et *qu*; *g* avec *gu* (*figure, guerre*), *x*, avec *cc* (*ficcion, contraccion*); d'autre part un même signe garde deux valeurs : *gn* sonne comme *gn*, ou comme *ñ*; *s* est tantôt dure, tantôt sonore, avec le son de *z* (*joyeuse, occision*).

2. Il raconte dans son *Traité* même (p. 6) qu'étant sujet au vouloir et plaisir de l'évêque du Mans, René du Bellay, il n'avait pu lui faire trouver bonne sa mode d'écrire, et que pour cela il n'avait osé en publier sa fantaisie. Page 26, il ajoute qu'il n'a osé employer son système dans son *Arithmétique*, et ne l'appliquera que dans la réimpression de ses poésies.

3. Un autre des interlocuteurs est Denis Sauvage, qui promet « qu'il traitera de l'orthographie et autres parties de grammaire françoise. En attendant (dans

Destinée de la réforme. — Considérée comme décisive [1] pour le développement et la diffusion de la langue, cette querelle, pour futile qu'elle nous paraisse, eut un retentissement considérable dans tout le monde qui lisait ou qui écrivait. A dire vrai, c'est de ce monde que la solution dépendait, bien plus que des spécialistes. Il ne faut pas oublier que les polémiques coïncident avec l'apparition du manifeste de Du Bellay, et précèdent la magnifique éclosion de la Pléiade. Si elle eût été adoptée par ceux qui allaient devenir des demi-dieux, et portée dans toute la France par leurs œuvres, la réforme avait les plus grandes chances de succès; l'important, en effet, en ces matières, n'est pas seulement qu'une théorie soit énoncée, mais que des modèles se répandent et qu'un usage s'établisse.

Ronsard paraît avoir été très favorable à Meigret. Il ne faut pas oublier que Sebilet s'était prononcé contre les lettres superflues [2], et qu'en toutes choses il importait de faire mieux que lui. Ronsard répète la même condamnation dans son *Art poétique*.

Il adopte le *z* de Meigret, dans *choze, espouze*. Il déplore comme lui, la confusion du *k* et du *s* dans *c*; il trouve mauvais que *g* occupe « misérablement » la place de *i* consonne; il souhaite qu'on invente des lettres doubles à l'imitation des Espagnols, pour *ill* et *gn*. Bref il semble lui-même ne faire que remettre de « reformer la plus grand'part de nostre *a, b, c* ». Ces idées, qu'il exprimait en 1565, il les avait plus vives encore en 1550. Nous savons par Meigret que le grand poète lui a fait l'honneur de le consulter [3], après l'apparition de sa *Grammaire*. Son avertissement au lecteur des *Odes* nous montre à quel point l'impression faite par le réformateur avait été profonde. Ronsard le dépasse. Il supprime l'*y*, que Meigret n'avait « totalement raclé, comme il devoit »; le *ph*, pour lequel il ne faut

---

ses *Histoires de Paolo Jovio, Comois.....* traduictes de Latin en François et reveües pour la seconde édition par Denis Sauvage Signeur du Parc Champenois... Lion, Rouille, MDLVIII), il a introduit deux signes : la parenthesine ̓( )̓ et l'entreget ⁏ ;

1. Pasquier, Aneau, Sebilet, etc., y font allusion.
2. *Art. poet.* édit. 1573. p. 86 : « Tu n'y dois mettre lettre aucune qui ne se prononce ». Cf. *Rons.*, VII, 334. « Tu eviteras toute orthographie superflue et ne mettras aucunes lettres en tels mots si tu ne les proferes; au moins tu en useras le plus sobrement que tu pourras en attendant meilleure reformation. »
3. *Reponse a des Aotels*, p. 66.

autre note que notre *f*. S'il a laissé les autres diphtongues que *yeux*, « en leur vieille corruption, avecques insupportables entassemens de lettres, signe de nostre ignorance et de peu de jugement », c'est qu'il est satisfait d'avoir « deschargé son livre d'une partie de tel faix, attendant que nouveaux characteres seront forgez pour les syllabes *ll, gn, ch*, et autres. » Au reste il avait « deliberé suivre la plus grand' part des raisons de Louys Maigret, homme de sain et parfait jugement (qui a osé desiller les yeux pour voir l'abus de nostre escriture) ». Il en a été déconseillé, mais il ne s'est résigné que provisoirement, et assure qu'à la seconde impression « il ne fera si grand tort à sa langue que de laisser estrangler une telle verité sous couleur de vain abus[1] ».

Il n'est pas téméraire de supposer que, pour agir sur un homme aussi convaincu, il avait fallu des raisons puissantes, quelque chose comme le danger de compromettre le succès de la nouvelle école. Dans ces conditions on devine facilement de qui parle Ronsard, quand il attribue cette concession à « l'insistance de ses amis, plus soucieux de son bon renom que de la verité, lui peignant au devant des yeux le vulgaire, l'antiquité et l'opiniastre advis des plus celebres ignorans de son temps ». Cet ami est probablement Du Bellay. Il s'est excusé lui-même dans la *Défense*, et aussi dans la Préface de la seconde édition de l'*Olive*, par des raisons qui rappellent celles qu'on a données à Ronsard[2].

Si cette hypothèse est exacte, Du Bellay a vraiment rendu ce jour-là un mauvais service à la langue française. L'occasion était inespérée; c'était d'abord vraiment merveille que l'école qui professait de n'écrire que pour les doctes se rangeât à une manière d'écrire fondée sur la prononciation vulgaire, et qui abandonnait les traditions savantes. Ensuite il était peu vraisemblable qu'il se rencontrât désormais un Ronsard et un Meigret réunis dans une œuvre commune; enfin j'ajoute que, cette collaboration eût-elle été possible plus tard, les résultats en eussent

1. II, 15-17.
2. « Quand à l'Orthographe, i'ay plus suyuy le commun et antiq'vsaige, que la Raison, d'autant que cete nouuelle (mais legitime à mon iugement) façon d'ecrire est si mal receue en beaucoup de lieux que la nouueauté d'icelle eust peu rendre l'OEuure, non gueres de soy recommendable, mal plaisant, voyre contemptible aux Lecteurs ». (*Deffence*, Au lecteur, 164, P.) Cf. *Olive*, 2ᵉ édit. Préf

été moins certains. En 1550, les livres qu'un changement d'écriture eût fait paraître archaïques étaient en si petit nombre que le sacrifice en était encore possible. Au fur et à mesure que la littérature française s'est développée, ce qui a rendu de plus en plus difficile une réforme radicale, c'est l'impossibilité croissante de nous éloigner ainsi d'un coup de tout un trésor d'écrits qui composent encore la lecture non seulement des érudits, mais des hommes cultivés. Après la défection de Ronsard, Meigret était vaincu, et ses successeurs avec lui. Il abandonna lui-même sinon ses convictions, du moins son écriture [1].

Les successeurs de Meigret. — Il ne faudrait pas croire qu'une fois Meigret rangé à la commune opinion, la querelle orthographique se soit trouvée apaisée. La discussion une fois ouverte se continue après lui, ou sans lui, quand, découragé il a renoncé à la lutte. Sans doute, en 1555, la cacographie usuelle avait la victoire, mais cette victoire ne cessa plus jamais d'être disputée.

Je n'ai pas l'intention de suivre en détail l'histoire de ces discussions. Nous y reviendrons à d'autres moments décisifs. J'indiquerai seulement brièvement que, malgré la confusion apparente, il y a dans la suite du xvie siècle, trois grands partis en matière d'orthographe, entre lesquels des indécis ou des conciliants établissent des rapports, mais qui n'en sont pas moins nettement divisés. Ce sont, si l'on veut me permettre — ce qui a déjà été fait — d'emprunter les noms à la politique : les révolutionnaires, les progressistes et les conservateurs.

Si on consulte les livres imprimés, ce dernier groupe est évidemment le plus nombreux ; il a pour lui, comme en toute chose, non seulement les indifférents, les timides, tous ceux qui ont la superstition ou le respect du passé ou du présent, mais tous les auteurs qui ont peur de ne pas être lus, et — puissance bien plus considérable encore — tous les imprimeurs qui placent au-dessus de tout le souci de ne pas rebuter le lecteur. Ces derniers vont jusqu'à résister à la volonté formelle des écri-

[1]. Dans son *Discours touchant la creation du monde*, Paris, André Wechel, 1554, il dit : « Si le bastiment de l'escripture vous semble autre et different de la doctrine qu'autrefois ie mis en auant, blamez en l'imprimeur qui a preferé son gain a la raison, esperant le faire beaucoup plus grant et auoir plus prompte depesche de sa cacographie que de mon orthographie. » Dans sa traduction du traité de 1557 des *Proportions du corps humain* d'Albert Dürer, il n'y revient pas.

vains, et on voit des hommes de l'autorité de Laurent Joubert, quasi obligés de contraindre les libraires à s'écarter des coutumes reçues [1].

Toutefois, je ne voudrais pas présenter l'armée des fidèles de la vieille orthographe comme plus mal composée qu'elle ne l'était, ni comme inspirée seulement par des idées mesquines ou étroites. Il est certain que, tout à l'aile droite se trouvaient quelques sots, de ceux qui eussent volontiers écrit du français en grec ou en latin. De ce nombre était Périon [2]. Hanté d'hellénisme, le pauvre moine, comme l'appelle H. Estienne, eût volontiers obligé ses contemporains à écrire *tuer, oignon, jambe* sous la forme *thuer, onnyon, gambe,* qu'il adoptait lui-même, parce qu'il croyait ces mots venus de θύειν, κρομμυῶν, καμπή. Mais au centre, à côté de ces excentriques qui demandent une révolution en arrière, se trouvaient des hommes dont la science, et le jugement sont hors de conteste, comme Robert et Henri Estienne adversaires de la « maigre orthographe [3] ». Parmi les théoriciens qui ont soutenu la nécessité de maintenir la tradition, il faut citer d'abord A. Mathieu, toutefois sa pensée, souvent entortillée et obscure, est en outre très changeante [4], et il ne mérite guère qu'on s'y arrête. Au contraire, il est impossible de ne pas signaler là la présence de Théodore de Bèze, opposé presque à tout progrès, si du moins Peletier du Mans ne l'a pas trop calomnié, en le chargeant dans son dialogue de défendre la cause des étymologistes, et en lui faisant dire plutôt « plus que moins [5] ». A citer encore dans les mêmes rangs Estienne Pasquier [6], le jurisconsulte Papon.

---

1. Pelletier du Mans raconte des choses analogues à propos de l'impression de ses Poésies, dans son premier livre de l'orthographe (*Dial.*, p. 36-37). Des Autels lui-même déclare ne recevoir certaines superfluités que par force, en laissant faire aux imprimeurs à leur plaisir (*Rep. à Meigret*, 55).
2. *Joachimi Perionii benedictini cormœriaceni Dialogorum de linguæ gallicæ origine, ejusque cum græca cognatione, libri IV.* Parisiis, apud Sebastianum Niuellium, 1555.
3. Voyez Rob. Estienne *Grammaire* (p. 4) Cf. H. Estienne, *Hypomneses de l. gall.*, 79 et suiv.
4. V. *Sec devis*, 1560, p. 11, v°.
5. *Dial. de l'orth.* p. 73. De Bèze, dans son *Traité de la prononciation*, admet quelques réformes. Il blâme des lettres étymologiques : le *g* de *cognoistre*, le *c* de *auecques*; il est pour la distinction de l'*u* et du *v*, pour celle des différents *e*, etc. Toutefois dans la préface d'*Abraham sacrifiant*, paru en 1550, il avait attaqué violemment Meigret.
6. V. une longue lettre à Ramus, *liv.* III, let. 4.

La copulativę E, presedę les autrę' voielęs e toutę' cōsonęs: comę, Letręs e epitręs, Tu viédras e iras, jouer e çanter, fraper e blęser. Au dęmeurant de conjonxions, aucunę' presedę' la sentensę c'elę' conjoinęt: comę, Il e' bon, ausi et il saję, Si tu etudięs, tu sęra' savant : combien cę tu tę rompę' la tętę, tu nę saura' jame' rien : Il e' jour ou nuit'. L'ane' e' sęçę : parcoę le' maladię' nę sont a creindrę : Le' çirurjiens auront la vogę, pourtát cę le' vinęs ont adręsę. Aucunę' presedęt e suivęrs comę, Siseron e' saję, ausi et il elocent, il et ausi elocent : Il dort, doncęs il repozę ; il repozę do cęs.

Le' figurę' de' conjonxion.' latinę' sę treuvęt ausi e' Fransoezęs. Polisindeton e' can' la conjonxion e' doubleę. L'etę et, e çaut e sec : Il n'et ni froet, ni humidę:Ou boęs, ou va' t'en.

Asindeton et, can' la cõjonxion et oteę : comę, Tu veu' courir, jouer, sauter, danser, folatrer: Tu e' povrę, neanmoins orgileus: Veulę, non veulę, il i a catrę jours, pour lę plus sinc.

De' formę' dę l'orezon.

D. Rest' a dirę de' formę' dę l'orezon. P. Setę rest' et ausi du tou' semblabl' au latin, e a catrę prinsipalę' distinxiõs, virgulę, insis, membrę, periodę: Virgulę,

La copulativę E, preſedę les autrę' voielęs e toutę' cóſonęs: comę, Letręs e epitręs, Tu viédras e iras, jouer e çanter, fraper e bleſer. Au dęmeurant de' conjonxions, aucunę' preſedę' la ſentenſę c'elę' conjoinęt: comę, Il e' bon, auſi et il ſaję, Si tu etudięs, tu ſęra' ſavant : combien cę tu tę rompę' la tetę, tu nę ſaura' jame' rien ? Il e' jour ou nuit. L'ane' e' ſeçę: parcoę le' maladię' nę ſont a creindrę. Le' çirurjiens auront la vogę, pourtát cę le' vinęs ont adreſę. Aucunę' preſedęt e ſuivęt: comę, Siſeron e' ſaję, auſi et il elocent, il et auſi elocent. Il dort donc ęs il rępozę: il rępozę doc

SPÉCIMEN DE L'OR

FAC-SIMILE DES PAGES 121 &

Musée pédag

çęs.

Lę' figurę' de' conjonxion' latinę' sę treuvęt ausi e' Fransoezęs. Polisindeton e' can' la conjonxion e' doubleę. L'etę et, e caut e sec : Il n'et ni froet, ni humidę: Ou boęs, ou va t'en.

Asindeton et, can' la cõjonxion et oteę : comę, Tu veu' courir, jouer, sauter, danser, folatrer: Tu e' povrę, neanmoins orgileus: Veulę, non veulę, il i a catrę jours, pour lę plus sinc.

De' formę' dę l'orezon.

D. Rest' a dirę de' formę dę l'orezon. P. Setę rest' et ausi du tou' semblabl' au latin, e a catrę prinsipalę' distinxiõs, virgulę, insis, membrę, periodę: Virgulę,

A l'autre extrémité, parmi les réformateurs, de nouvelles et intéressantes tentatives se produisent successivement. Ramus apporte à juger les choses grammaticales la même liberté d'esprit qu'à examiner Aristote, et on devine, dans ces conditions ce qu'est sa conclusion [1]. J'ai parlé ailleurs de sa « Gramere ». L'orthographe qu'il y propose « en toute submission », marque un progrès réel encore sur celle de Meigret. Toute lettre non prononcée disparaît, les signes inutiles sont supprimés, les groupes de lettres destinés à exprimer un son unique écartés, et remplacés par un signe simple, les doubles significations des lettres réduites à une seule. Ramus arrive à ce résultat en créant pas mal de lettres nouvelles. Il admet ҽ pour e muet, e׳ pour e ouvert, ḷ pour l mouillée, ç pour ch, ꞃ pour n mouillée, ȣ pour ou, ѡ pour au, e׳ pour eu, j pour i consonne; v pour u consonne [2].

C'était trop pour réussir, trop peu pour réaliser le type de l'écriture phonétique. Les voyelles nasales sont encore représentées par des groupes; des diphtongues comme ei, des finales inutiles sont maintenues [3], etc. On ne s'explique pas non plus que Ramus, ayant à choisir des formes nouvelles, ne songe point à conformer ses inventions à celles de ses prédécesseurs, qui cadraient avec son système. Puisqu'il admettait l'e à queue, pourquoi lui attribuer une fonction différente de celle que Meigret avait proposée?

Baïf fut plus sage, et s'écarta peu du système de Ramus, sauf dans la notation des e [4]. Mais, quoique Ramus loue ses « viues et pregnantes persuasions », le poète des vers mesurés n'était pas capable de lui fournir l'appui que Ronsard eût fourni à Meigret. L'homme n'était point assez grand, ni l'occasion

---

1. Il a des pages entières qui pourraient être de Meigret, v. 29-34, éd. 1562.
2. Dans la première édition, Ramus n'imprime pas avec tous ses caractères. Dans la seconde, il commence par un chapitre en orthographe usuelle. Puis à partir de la page 57, il imprime à deux colonnes jusqu'à la fin.
En somme voici l'alphabet de Ramus, dans sa seconde édition (p. 36).
a, ѡ (= au), ҽ (= e), e (= é), e׳ (= è), e׳ (= eu), i, o; ȣ (= ou), u, s, ç (= ch), z, r, l, ḷ (= ll), m, n, ꞃ (= gn), j, v, f, h, t, d, k, g (= g dur), b, p, x (= ks, cs, gs). On remarquera que les voyelles n'ont pas d'accent, ce qui, sous le rapport de la rapidité de l'écriture, est un très grand avantage.
3. *rҽnoveʹlҽmȅt d'amȣr*, p. 161, éd. 1572 on en voit un exemple. Cf. p. 165 *porteront teʹmonaje*.
4. Baïf distingue un e (e bref), ė (e commun) ҽ (e long) : Ex. : *onҽteteʹ*. Mais il admet la nouvelle notation de ç, g, j, ḷ, ꞃ, ȣ, ѡ, s, v, e׳.
Voir le fac-similé du titre et de l'a, b, c, dans les *Evvres en rime* de Baïf

assez bonne. Il faut ajouter que Baïf acheva de la gâter en appliquant précisément son orthographe à ces vers mesurés à l'antique, où Ramus lui-même estimait que la quantité venait suivant les opinions de chacun. C'était beaucoup de nouveautés à la fois, et les moqueurs, malgré le sonnet liminaire, ne durent pas manquer [1].

Pourtant quelqu'un alla plus loin encore dans l'audace que Ramus [2] et les siens et quatre ans après les vers mesurés de Baïf on vit paraître un livre, écrit celui-là, suivant un système vraiment phonétique. L'auteur était un maître d'école de Marseille, Honorat Rambaud, qui, las sans doute « pour auoir fessé les enfans trente huict ans » à cause des difficultés de l'écriture, se décida à en proposer une refonte totale. Son livre a été publié à Lyon, par Jean de Tournes, sous le titre suivant : *La Declara-|| tion des abus || que lon commet || en escriuant, || Et le moyen de les euiter, et representer || nayuement les paroles : ce que iamais || homme n'a faict* (1578. Avec Privilège.) Mal composé, plein de redites et de lieux communs, ce livre n'en est pas moins très intéressant, d'abord par la pensée même qui l'a dicté. Au contraire de tous les doctes du temps, et de ceux qui ne se peuvent tenir de dire qu' « il y a trop de gents qui scauent lire et escrire », Rambaud pense vraiment à l'utilité générale « Etant de si basse et infime qualité, si foible et debile, ie n'ay peu, dit-il, allumer que ceste bien petite chandelle, et auec bien grande difficulté, laquelle ne peut pas rendre grand'clarté : vray est que pour petite qu'elle soit, plusieurs, s'il leur plait, y allumeront de grandes torches : ce que ie desire bien fort, à fin que tous, iusques aux laboureurs, bergiers, et porchiers, puissent claire-

---

publiées par M. Marty-Laveaux dans la collection de la Pléiade, V, 296. Les *Etrenes de poezie an vers mezures* sont de 1594. Aussi ne sait-on pas bien à quelles publications Ramus peut faire allusion dans sa Préface. Peut-être avait-il vu l'avertissement sur la prononciation française que le poète annonce dans la Préface de ses vers, et qu'on n'a pas retrouvé.

1. Ramus souhaitait en 1562, *Gram.* p. 36, que les poètes français s'adonnassent à faire leurs vers par mesure de syllabes longues et brèves, ce qui règlerait la quantité.

2. Antoine Cauchie est aussi un partisan des réformes, qu'il défend même avec violence. Voir *Gram. gall.*, 1576, p. 62 : « Nos autem Græcorum Latinorùmque exemplo accensi, literas scripturæ graues sine dubitatione repudiemus et e medio tollamus omnem in pingendo superstitionem. » Il n'adopte aucun des systèmes proposés, mais supprime radicalement la superfluité, écrit *maus* pour *maux*, en motivant cette orthographe (p. 79 *bis*).

Pour bien escrire faut auoir huiċt voyelles.

dix-huiċt lignes en ces que nous auons, y en cinq nommees voyelles, pource que par icelles sont representees cinq façons de crier: Mais nous crions en huiċt façons: & pource auons besoing de huiċt voyelles, si voyelles se doyuent nommer. Et par le passé lon en a vsé, selon que disent Quintilien & Antoine Nebrisse, mais par succession de temps s'en sont perdues trois: car **La vigne est mal cultiuee.** la vigne est si mal cultiuee, que les buissons y naissent, & les souches y meurent: C'est à dire qu'elon a adiousté à l'alphabet de lettres superflues & inutiles, comme sont k, ẏ, ẏ x, y, & ont laissé perdre lesdites trois voyelles, desquelles ne nous pouuons passer. Et pource sommes contraints abuser cent mille fois de ces trois

ment voir escrire, puis que tous en ont besoing » (p. 346). C'est jusqu'à l'alphabet que Rambaud fait remonter la cause du mal : suivant lui, alors qu'il renferme des signes superflus, *k*, *q*, *s*, *x*, *y*, il manque d'éléments nécessaires, tandis qu'un bon alphabet ne doit avoir ni superfluité, ni défaut (124). En réalité le français fait entendre 52 sons, 44 consonnes [1] et 8 voyelles. Il y a donc 34 lettres qui font défaut. On trouvera page 148 et suivantes la liste des nouveaux signes, et le fac-similé que nous donnons montrera sans plus d'explications de quelle nature est l'alphabet de Rambaud, où presque tout est renouvelé [2].

Entre Rambaud, et ceux qui demandaient à continuer d'aller « comme moutons accoustumés de porter la sonnaille », se trouvait, je l'ai dit, un tiers parti, de réformateurs progressifs, où les timorés touchent presque à Pasquier et à Bèze, dont les hardis seraient presque à mettre parmi les grands novateurs.

Garnier [3] se plaint amèrement à plusieurs endroits de son *Institution de la langue française* des lettres inutiles et se réjouit de leur suppression. Le poète Cl. de Taillemont est presque avec son compatriote Meigret, dont il admet du reste un certain nombre de propositions [4].

Laurent Joubert « ne change pas de lettres, ne les charge d'acsans, ne les marque de crocs, autremant que fait le commun ». Il retranche plus qu'il n'ajoute et simplifie, mais sa méthode est

---

1. Rambaud compte les groupes : *ble, bre, gle*, etc. Joubert « connaissoit fami lierement et aimoit extremement Rambaut ». Dans la seconde partie des *Erreurs populaires au fait de la medecine*, il déclare qu'on ne sauroit « assez estimer, tant est de bonne grace et preignant de raison le discours de ce bon homme ». (Cf. Annotacions sur l'orthographie à la suite du *Traité du ris*, p. 391.)

2. Il a eu le mérite en particulier de chercher un signe graphique de la nasalisation ; il emploie ℥ « pour commander de resonner comme un tonneau vuide apres qu'on l'a frappé, ou vne cloche ou bassin, ou une mouche à miel » (p. 170). C'est lui aussi qui le premier a recommandé, pour la commodité de la première instruction, d'appeler les lettres *fe, me*, etc., et non plus *effe, emme*, etc.

3. *Institutio gallicæ linguæ....* Marpurgi Hessorum, ap. J. Crispinum, 1558, in-8. Cf. Livet, *La Gram. et les grammairiens au* XVIe *siècle*, 272.

4. *La Tricarite*, plus quelques chants, an faveur de pluziers Damoézelles, par C. de Taillemont, Lyonoes, Lyon, J. Temporal, 1556, in-8. Avertissement. Taillemont admet des accents, graves pour les brèves, aigus ou circonflexes pour les longues. Il laisse au *g* le son dur, et le fait suivre d'une apostrophe pour lui donner la valeur de *j*. Il adopte l'ҿ barré de Pelletier pour les *e* muets ou atténués, supprime *u* après *q*, mais garde le *c* dur au lieu de *q* dans *cœur*. Cf. Texte, *Note sur la vie et les œuvres de Cl. de T. (Bulletin histor. et philol.*, 1894).

peu rigoureuse; ainsi il conservera l'*y* grec à la fin des mots, (*moy*) n'osant faire « des retranchements tout à un coup afin qu'ils ne soient trouvés si estranges ».

Dans cet entrecroisement de projets, rien de définitif ne parvint à prévaloir. Le XVIe siècle n'arrive nulle part à édifier un bâtiment durable. Il est vrai qu'aucun des siècles qui ont suivi n'a mieux réussi en cette matière.

On pourrait considérer comme des acquisitions de cette époque les accents, l'apostrophe, la cédille, mais l'usage n'en était aucunement régularisé. Il était visible aussi dans les imprimés de la fin du siècle que la superfétation des lettres étymologiques était condamnée à disparaître. Toutefois ces progrès restaient insignifiants à côté de ceux qu'on avait pu un instant se promettre. La création d'une orthographe rationnelle était à peu près définitivement compromise, et celle d'une orthographe unique, même erronée, n'était nullement assurée. On pouvait toujours compter, comme au temps du Quintil Censeur, des gens « suyvans le son, les autres l'vsage, les autres l'abus, autres leur opinion et volunté [2]. »

Développement du vocabulaire. — Horace avait dit :

Licuit semperque licebit
Signatum praesente nota producere verbum, etc.

Cet oracle, cent fois cité, eût suffi, en tout état de cause, avec les idées du XVIe siècle, pour que le droit au néologisme fût établi. Mais les circonstances devaient le rendre presque incontesté. On appelait le français à exprimer une foule d'idées et de notions nouvelles; il fallait qu'il en eût les moyens. Et il ne vint pour ainsi dire à l'esprit de personne de croire qu'il les possédât déjà. En fait, du reste, cela n'était pas, un très grand nombre de termes lui manquaient.

---

1. Il écrit *e* ouvert par *ȩ* et *æ* : *parfȩt, laequels*; o long par *ó*, au lieu de *os* : *tót*, admet la distinction du *j* et de l'*i*, de l'*u* et du *v*, note le *g* doux par *j* : *jans*; recommande le trait d'union; substitue le *c* au *t* dans *narracion*, rejette le *ç*; mais le transcrit par *s*, réduit *eu* à *u* (*sur, emu*). Les lettres étymologiques sont en partie supprimées (*pront, colere, sutil*). (Joubert, *Traité du ris*, Paris, Chesneau, 1579, p. 390, *Annotacions sur l'orthographie* de M. Joubert, par Christophle de Beau-Chatel. [Ce dernier est le neveu de l'auteur])
L'imprimeur s'excuse de ne pas être habitué à cette orthographe, dont il expose les principales nouveautés.
2. A la suite de la *Def.* éd. Pers., p. 189.

1° *Le néologisme dans la langue technique.* — Il était à peu près impossible qu'on n'excédât pas ici la mesure. En effet la nouveauté des mots donne, au moins au premier abord, une idée avantageuse de la nouveauté du fond. Déclarer qu'on pouvait s'en tenir, en général, au vocabulaire des prédécesseurs, quand on affirmait n'en avoir pas, eût été d'une modestie dont peu d'écrivains, en aucun temps, sont capables. Les savants du XVIᵉ siècle couraient déjà le risque de passer pour des indoctes, en se servant du français; n'y rien ajouter eût semblé impuissance plutôt que réserve. Enfin, comment des hommes qui ne faisaient pas de la langue leur étude particulière eussent-ils éprouvé des scrupules, alors que les théoriciens ne leur en donnaient point [1], mais tout au contraire semblaient considérer ce travail d'invention comme un bienfait pour la langue qu'il illustrait et amplifiait?

Quoi qu'il en soit de ces raisons, on pourrait citer toute une liste d'écrivains scientifiques, qui déclarent s'être fait un vocabulaire technique. Mais, chose significative, la plupart ne prennent pas la peine de s'en justifier; ou s'ils le font, c'est d'un mot très bref, qui affirme leur droit. On sent à cette brièveté même qu'ils le jugent hors de discussion. « Si le lecteur trouve mon maternel un peu rude, dit simplement de Mesme, en 1557, dans ses *Institutions astronomiques*, « nouvelle explication d'une science

1. Voir Du Bellay, *Deff. et ill.*, éd. Person, p. 125. Un des seuls qui aient parlé, d'une manière générale de la question, Pelletier du Mans, faisant la revue des richesses du français, estime qu'en termes de politique, de guerre, de mondanités, le français est la langue la plus copieuse du monde, mais que si les termes de palais, d'habillement, de cuisine y abondent, cette surabondance est compensée par une pauvreté très grande en termes techniques : ....« Si c'etoit ici le lieu, et s'il n'etoit plus qu'assez notoire, ie pourroie produire une infinité de noms d'Officiers de France tant Laiz qu'Ecclesiastiques : tant souuerains que subalternes : et plus encores de motz de Palais, qu'ilz appellent termes de prattique. De l'autre part, tant de noms de batons a feu, de longs bois, de couteaux : et en somme de toutes sortes d'armes. Pour le tiers, tant de sortes de draps de laine et de soye, d'habillemens longs et courtz a usage d'hommes et de femmes, avec leur affiquets, et les aminicules pour les border et enrichir, puis, tant de sortes de patisseries, de confitures et d'irritemens de gueule : ausquelz tous auons donné expresse imposition. Que plust a Dieu que nous eussions aussi bien et aussi tost trouué goust es lettres et disciplines. Nous ne serions maintenant en peine de forger nouueaux mots, ni d'emprunter les vocables purs Grecz et purs Latins, pour exprimer non seulement ce qui appartient aux sciences, mais encores a maintes autres matieres... Nous avons si grand'povreté de mots artisans que si nous en voulons parler, il nous faut vser de circonlocution pour dire ce que la langue Greque ou Latine dit en vn mot : ou bien nous sommes contrains d'usurper termes tous nouueaux deguisez. (*Aritmetique*, 1563, p. 48 : Proesme du tiers liure.

demande nouveaux termes[1] ». L'année suivante le chirurgien Vallambert, à propos du mot *indication*, pose toute la doctrine, du même ton d'affirmation nette et sèche, qui convient aux questions définitivement résolues : « Les medecins, dit-il (8v°), usent de ce mot, qui est propre à eux, et hors de l'vsage commun du vulgaire. Car il faut conceder à chacun estat et mestier certaine façon de parler, qui n'est pas commune aux autres. Les fauconniers ont certain langage, qui leur est propre : aussi ont les mariniers, les laboureurs, les soudats, les artisans, pareillement les philosophes et gens de lettres parlent de leurs sciences en autres termes que le commun peuple[2]. »

Et ce n'est pas seulement dans ce qu'on appelle aujourd'hui communément les sciences que règne cette persuasion. Antoine Fouquelin, qui traite de rhétorique[3], Claude Grujet, qui traduit les *Dialogues d'honneur* de Possevin[4] tiennent à peu près le langage des médecins. Lancelot de la Popelinière, qui est historien, et qui n'a pas, tant s'en faut, fait de l'histoire une science, n'en revendique pas moins à son tour les mêmes droits, quoique avec plus de diffusion, en homme moins sûr de son fait[5].

D'autres auteurs accompagnent leurs livres d'un glossaire ou de commentaires explicatifs. Et parmi ceux-là aussi, on rencontre non seulement des médecins, comme Colin, Joubert, le

---

1. Paris, Mich. Vascosan, 1557, f°. A la fin, excuse au lecteur.
2. Sim. Vallambert, *De la conduite du fait de chirurgie*, Paris, Vascosan, 1557, in-8. Cf. encore Galien, *Des choses nutritiues*, trad. Massé; J. de Monteux, *Commentaire de la conseruation de santé*, trad. par Cl. Valgelas. Lyon, 1559.
3. Voir la préface de ce livre déjà cité, 1557, f° 3 v° « Nous auons si grande indigence de noms et apellations propres, que non seulement toutes les especes, et parties de cét art, mais aussi l'art vniversel n'a encores peu rencontrer en sa langue un nom general, comprenant les actions et effetz de toutes ses parties : Ains est contraint d'vsurper céte apellation Grecque de Rhetorique, comme aussi préque tous les noms Grecz et Latins des Tropes et Figures ».
4. Paris, Jan Longis, 1557. Voir l'avertissement au lecteur : « Au regard de quelques mots, que lon pourra trouuer encores rudes pour ce temps en nostre languaige (comme *spontanement* pour *vouIontairement*, *agible* pour *faisable*, et autres de telle façon) les bien considerans apperceueront assez que ie les ay laissez telz, pour ne peruertir l'intencion de mon Auteur... »
5. *L'Histoire de France enrichie des plus notables occurances suruenues ez prouinces de l'Europe et pays voisins, soit en Paix soit en Guerre : tant pour le fait Séculier qu'Eclesiastic : depuis l'an 1550 iusques a ces temps* (sans nom d'auteur, ni de ville), 1581, 2 [vol. in-f° (Bib. Maz., 5916). Au tome I, se trouvent des *Advertissements necessaires*, esquels outre plusieurs auis des desseins de l'Auteur, sont au vray representez par I. D. F. B. R. C. F. Escuier. La théorie qui y est soutenue, relativement à la pauvreté du français en termes de guerre est curieuse à opposer aux doctrines de Henri Estienne.

traducteur de Vésale, mais jusqu'à des philosophes. Il y a un vocabulaire technique derrière la traduction de la *Philosophie d'Amour* de Léon Hebrieu, donnée par le sieur du Parc (1551).

Encore la masse des doctes ne prend-elle point de semblables précautions. Elle invente, naturalise et barbarise sans rien dire. Il n'est pour ainsi dire pas de livre traitant des sciences [1], et on sait tout ce qu'il faut entendre sous ce nom, de l'anatomie à la politique, de la civilité aux mathématiques, qui n'apporte son néologisme, ou, à défaut d'une création propre, n'en recueille au moins un certain nombre trouvés chez autrui.

Rapports de la langue technique et de la langue littéraire. — Il serait excessif de prétendre que la langue des hommes de science, dont nous venons de parler, n'était pas considérée au XVIe siècle comme une langue à part. Les savants eux-mêmes se réclament, dans leurs innovations, nous venons de le voir, des droits que leur créent les matières spéciales dont ils traitent. Les lettrés proprement dits leur reconnaissent aussi une liberté exceptionnelle dans le barbarisme. A dire vrai, la distinction fondamentale qui existe entre la langue technique et la langue courante avait donc commencé à être aperçue dès cette époque. L'une n'en devait pas moins pénétrer l'autre.

Quand Du Bellay déclare que les termes techniques seront comme hôtes et étrangers dans la cité, on se méprendrait en s'imaginant que le précepte a été suivi, même dans son école. Comment eût-il pu l'être d'un Tyard, d'un Peletier du Mans, d'un Grévin, qui étaient bien plus savants que poètes? Or combien d'hommes, dans cet heureux siècle, où « le rond des sciences » pouvait encore se parcourir, se sont trouvés dans le même cas! Par son œuvre, Rabelais est un conteur, mais par ses origines, par sa vie, où le classer, sinon parmi les hommes d'érudition, de science, et, pour reprendre l'ancienne expres-

---

[1]. Je dois cependant cependant citer la belle protestation de Jacques des Comtes de Vintemille, dont le respect pour l'usage est d'autant plus remarquable que l'auteur était d'origine étrangère. Voir dans l'*Histoire d'Herodian*, éd. de 1560, Advertissements et remonstrance aux censeurs de la langue françoise :

« ... Aucuns d'eux usent de termes, phrases, epithetes, et orthographes si estranges, qu'ils font comme une fricassee de mots de diuers pays, et gastent et corrompent la grace et naïfueté de la langue françoise. En quoy ie ne suis pas d'accord avec eulx... C'est ce que i'estime deuoir estre gardé principalement es traductions, et trouve bon d'escrire ainsi que ie parle, esperant que la France me recognoistra non pour hoste, mais pour enfant, et m'entendra sans truchement. »

sion, de philosophie? Aussi, dans le pêle-mêle de son prodigieux vocabulaire, le plus riche peut-être que jamais Français ait manié, quel est l'art dont sa fantaisie n'a pas semé les termes à profusion? Ainsi la confusion se fût faite d'elle-même par la quasi impossibilité où se trouvaient les hommes de faire deux parts en eux, et d'avoir, sans qu'aucune règle les y contraignît, un langage pour leurs écrits scientifiques, un autre pour leurs vers ou leurs discours ordinaires.

Mais les progrès même de la littérature, en particulier de la poésie, menaçaient encore cette division, déjà si peu établie. Au fur et à mesure qu'elle s'élevait au-dessus des « bagatelles », la poésie devait s'élever au-dessus du langage vulgaire. Et elle le fit, même avant les gens à système, sous l'effort des Tyard et des Scève. Sans parler du *Microcosme*, qui a paru assez tard pour qu'on puisse y retrouver des influences de la Pléiade, il est facile de signaler dans la *Délie* même, de la pure science. Quand on entend ce métaphysicien d'amour s'enivrer « de la delectation du concent de la diuine harmonie » de sa maîtresse, se plaindre de ne pas trouver de soulagement « dans la nuit refrigere a toute apre tristesse », on se rend compte que l'art poétique est pénétré par d'autres. C'est de la physique incompréhensible, mais de la physique pourtant, que ce début du 331e dizain :

> L'humidité, hydraule de mes yeulx,
> Vuyde tousiours par l'impie en l'oblique,
> L'y attrayant, pour air des vuydes lieux,
> Ces miens souspirs, qu'à suyure elle s'applique.

La Pléiade, ici comme ailleurs, condensa les idées ambiantes. Il faut reconnaître que le manifeste de l'école ne s'en explique que peu nettement. Mais Ronsard et les siens ont assez montré qu'il y avait parti à tirer non seulement des arts mécaniques, mais encore des arts libéraux. Ils ont voulu que le poète fréquentât ceux qui s'y adonnaient, afin que sa pensée se fortifiât et s'élargît au contact de toutes les belles et hautes connaissances. Ils ont voulu aussi que son langage s'enrichît à cette communication. Leur usage même, à défaut de textes, le démontrerait [1].

---

1. Voir dans la *Deffence*, édit. Person, p. 126, ce passage trop peu clair : « Nul,

Le néologisme dans la langue littéraire. — J'ai dit plus haut que les hommes de lettres proprement dits, loin de détourner les techniciens d'inventer des mots, les y encourageaient plutôt par leurs doctrines et par leurs exemples. Eux-mêmes, en effet, en partie pour d'autres raisons, prétendaient marcher dans cette voie. On connaît le mot de Ronsard (VI, 460, éd. M.-L.). « Plus nous aurons de mots en nostre langue, plus elle sera parfaitte ». Presque tous les écrivains du xvie siècle, avant et après lui, ont partagé cette dangereuse illusion, qui transformait le droit de s'aventurer soi-même dans des nouveautés en un pieux devoir à remplir envers la langue elle-même. Leur erreur a été acceptée comme un dogme, aveuglément par les uns, intentionnellement peut-être par d'autres, dont la paresse d'esprit et la vanité s'accommodaient fort bien de néologismes faciles à trouver et très utiles pour masquer le vide et la banalité de la pensée.

Des divergences de vues s'accusèrent, nous le verrons, en ce qui concernait les meilleurs moyens d'acquérir les richesses qui faisaient défaut. Sur la mesure à garder, on ne fut pas non plus d'accord : pendant que les uns poussaient l'audace à l'outrance, d'autres plus prudents, affectaient la modération ; ainsi, dès avant la Pléiade, l'exemple de Scève avait averti Sebilet que « l'asprete des mots nouveaux egratignoit les oreilles rondes [1] », et il conseille à son poète de la modestie et du tact. Nous trouverons chez Du Bellay et chez d'autres [2] de semblables réserves. Elle ne vont pas à ébranler le principe.

Le péril était personnel, l'intérêt paraissait général. On se consolait de l'échec possible avec le vieil axiome : *in magnis voluisse sat est.*

Il importe d'ajouter que parmi les écrivains, qui se trouvè-

---

s'il n'est vrayment du tout ignare, voire priué de Sens commun, ne doute point que les choses n'ayent premierement eté : puis apres les motz auoir eté inuentez pour les signifier : et par consequent aux nouuelles choses estre necessaire imposer nouueaux motz, principalement és Ars, dont l'vsaige n'est point encore commun, et vulgaire, ce, qui peut arriuer souvent a nostre Poëte, auquel sera necessaire emprunter beaucoup de choses non encor traitées en nostre Langue. » Mais il est dit ailleurs dans la *Deffense*, p. 119 : « O toy, qui es doué d'vne excellente felicité de Nature, instruict de tous bons Ars et Sciences, principalement Naturelles et Mathematiques... » Cf. p. 122 : « Que si quelqu'vn n'a du tout cete grande vigueur d'Esprit, cette parfaite intelligence des Disciplines... tienne pourtant le cours tel qu'il poura... »

1. Page 8 v°.
2. Voyez Meigret, édit. orig., 104, r°. (Cf. *Repl. contre Guil. des Aotels*, p. 23.)

rent à la tête du mouvement littéraire, plusieurs, et des plus grands, loin de réagir contre les tendances communes, contribuèrent à les affermir. Dans le genre de prose le plus libre, semblait-il, de toute préoccupation technique, Rabelais entassa la plus extraordinaire collection de mots nouveaux qu'homme ait jamais jetée dans un livre. Latin, grec, hébreu même, langues étrangères, argot, patois, il emprunte partout, à toutes mains; et en même temps il forge noms et mots, dérive, compose, pour plaisanter ou sérieusement; tous les procédés, populaires ou savants, lui sont bons. On se figure quelle influence a pu avoir pareil exemple, effrayant par certains côtés, séduisant par d'autres, sur tous ceux qui écrivaient.

En poésie les écoles se succédaient, bien dissemblables, mais sans qu'aucune renonçât au grand œuvre de l'élaboration du vocabulaire. C'est à peine si entre le pédantisme des grands rhétoriqueurs et la métaphysique de Scève, Marot avait marqué un arrêt. Comme on sait, Ronsard proclama hautement qu'il « prendra stile a part, sens a part, euvre a part »[1]. On trouvera exposé ailleurs le sens de ces paroles hautaines. Elles avaient, en ce qui concerne le langage, leur portée directe: Il n'était pas possible en effet, que dans ce style à part on ne comprît pas : langage à part. Dans le choix des paroles aussi, et avant tout même, il fallait fuir « la prochaineté du vulgaire ».

Une seule objection eût pu arrêter Ronsard, c'est qu'il risquait, par tant de nouveautés, de rebuter le lecteur. Mais loin de s'effrayer des résistances, dans la première témérité, on affecta de les braver, et de déclarer qu'on n'écrivait que pour les doctes, non pour les « idiots », « à l'exemple de celuy qui pour tous auditeurs ne demandoit que Platon[2] ».

L'idée d'une langue poétique, distincte de celle de la prose, entrevue seulement jusqu'alors, s'affermit et s'afficha. Il ne s'agissait pas seulement, comme pourraient le faire croire quelques passages de l'*Art poétique*, « de trier dans le thresor commun », en y cherchant les mots les plus expressifs ou les plus sonores. Cela était bien sans doute, mais le poète devait

1. *Œuvres*, Marty-Laveaux, II, 475.
2. Du Bellay, *Deff.*, édit. P. II, 10, p. 152.

avoir aussi ses mots à lui, différents de ceux de l'orateur. Pour y arriver, choisir ne suffisait pas, il fallait aussi créer.

Presque tout un chapitre de la *Défense* est consacré à cette théorie du néologisme (II, 6). Il a pour titre : *D'inuenter des Motz*. Les affirmations et les encouragements s'y succèdent : Seuls les procureurs et les avocats, enfermés dans leurs formules, sont contraints d'user des termes propres à leur profession, sans rien innover. Mais « vouloir oter la liberté à vn sçauant Homme, qui voudra enrichir sa Langue, d'vsurper quelquefois des Vocables non vulgaires, ce seroit retraindre notre Langaige, non encor'assez riche, soubz une trop plus rigoreuse Loy, que celle que les Grecz et Romains se sont donnée.... Ne crains donques, Poëte futur, d'innouer quelques termes, en vn long Poëme principalement, auecques modestie toutesfois, Analogie, et Iugement de l'Oreille, et ne te soucie qui le treuue bon ou mauuais : esperant que la Posterité l'approuuera, comme celle qui donne foy aux choses douteuses, lumiere aux obscures, nouueauté aux antiques, vsaige aux non accoutumées, et douceur aux apres, et rudes. » Il y a assurément dans cette page des conseils de sagesse, les réserves essentielles y sont faites, si l'on veut ; du Bellay ne recommande que d'user du néologisme, il engage même formellement à n'en pas abuser, mais d'un mot, et c'était, il faut 'en convenir, peu de ce mot, même net, pour balancer de longues tirades enthousiastes sur l'enrichissement de notre langue. Ronsard a cru fermement à la nécessité de développer l'idiome, il a eu, au moins au début, entière et complète la foi au néologisme :

> Ie vy que des François le langage trop bas
> A terre se trainoit sans ordre ny compas :
> Adonques pour hausser ma langue maternelle,
> Indonté du labeur, ie trauaillay pour elle,
> Ie fis des mots nouueaux, ie r'appelay les vieux,
> Si bien que son renom ie poussay iusqu'aux Cieux.
> Ie fys d'autre façon que n'auoyent les antiques
> Vocables composez et phrases poëtiques,
> Et mis la Poësie en tel ordre qu'apres
> Le François fut egal aux Romains et aux Grecs.

---

1. (V., 425.) Cf. Pelletier, *Art poét.*, 1555, p. 37. Du Bellay, *Epistre au seigneur I. de Morel*. OEuv. chois., B. de Fouquières, 155.

L'effet de paroles tombées de si haut fut immense. Il n'y eut poète en sa province — et tout le monde alors était poète — qui n'apportât « sa gentille invention ».

Toutefois, une assez vive opposition se manifesta, et, soit que Ronsard eût dépassé la mesure, soit que ses mots fussent mal choisis, plusieurs trouvèrent, comme dit la Pasithée de Pontus de Tyard, qu'ils ne pouvaient « recognoistre leur langue ainsi masquée et déguisée sous des accoustrements estranges », si on ne voulait pas estre entendu, mieux valait « ne rien escrire du tout[1] ». M. Marty-Laveaux, a très curieusement rassemblé les allusions à ces plaintes[2], et très bien montré qu'elles avaient amené Ronsard lui-même, malgré des affectations d'intransigeance, à abandonner ensuite sa première manière, du moins à beaucoup en rabattre. Nous n'avons pas les noms de tous ces opposants, des gens de cour sans doute, des dames peut-être en partie. Mais il est certain qu'il y eut aussi parmi eux plusieurs hommes de lettres, le Quintil d'abord, qui opposa à cette affectation prétentieuse, à cette idée de faire des vers comme les chants des Saliens, incompréhensibles aux prêtres même, l'exemple de Marot et les préceptes des anciens[3] ; après lui, Tahureau du Mans, proteste contre ceux « qui ne penseroyent pas auoyr rien faict de bon, si a tous propos ilz ne farcissoyent leurs liures d'une infinité de termes nouueaux, rudes et du tout eslongnez du vulgaire : se faisans par ce moyen et par autres telles quint'essences estimer grandz, seulement de ceux qui n'admirent rien plus, que ce qu'ilz entendent le moins[4] ». Voilà un blâme d'un disciple qui visait peut-être directement des camarades imprudents et maladroits, qui n'en atteignait pas moins plus haut, jusqu'aux maîtres eux-mêmes.

Les coups portèrent et Ronsard, assagi, se contenta bientôt de chanter son ancienne audace, mais sans y persister. Le second livre des *Amours* fut écrit avec une simplicité si différente du « beau style grave du premier », que le désir de montrer la souplesse de son talent n'explique pas suffisamment pareil changement. Ronsard a beau alléguer ce prétexte. Les

---

1. Tyard, *Poésies*, éd. Marty-Laveaux, p. 227, (*Solit. prem.*).
2. Voir la *Langue de la Pléiade*, I, Introduction, p. 9 et sv. et p. 45
3. Voir l'éd. citée, p. 194, 200 et 204.
4. *Premieres Poësies*, Poitiers, 1554, av. dernière page.

aveux qu'il fait ailleurs à Simon Nicolas, les regrets de Belleau montrent qu'en réalité il avait reculé, éclairé sur lui-même ou effrayé par les imitateurs [1].

Mais une partie au moins de ceux-ci continua à obéir à l'impulsion donnée. Et si dans le groupe de Desportes on se montra plus réservé, en revanche le néologisme trouva un nouveau et ardent théoricien dans Du Bartas. « Ie ne suis point, dit-il, de l'opinion de ceus qui estiment que nostre langue soit, il y a desia vingt ans, paruenue au comble de sa perfection; ains au contraire, ie croi qu'elle ne fait que sortir presque de son enfance. De sorte qu'on ne doit trouuer mal seant, qu'elle soit suiuant le conseil d'Horace enrichie, ou par l'adoption de certains termes estrangers, ou par l'heureuse inuention des nouueaus. » Et il défend un à un ses divers procédés, ses archaïsmes, ses dérivés, ses composés, s'appuyant non seulement sur la réserve dont il a fait preuve « en les epargnant », mais sur le principe même que toute cette richesse est nécessaire à la langue, si elle veut le disputer à ses rivales anciennes et modernes [2].

Je terminerai cette revue générale sur ce nom, qui est celui du dernier grand poète du siècle. La nécessité où il a été, lui aussi, de se défendre, prouve que le public résistait de plus en plus aux inventeurs de mots, quels qu'ils fussent. Mais il n'en est pas moins vrai que les idées de Ronsard, quoique en décadence à Paris, n'étaient pas mortes.

Montaigne avait tracé le vrai rôle des écrivains dans le développement de la langue, en disant [3] : « Le maniement et emploite des beaux espris donne pris à la langue; non pas l'innouant tant, comme la remplissant de plus vigoureux et diuers seruices, l'estirant et ployant : ils n'y aportent point des mots, mais ils enrichissent les leurs, appesantissent et enfoncent leur signification et leur usage, luy apprenent des mouuements inaccoustumés, mais prudemment et ingenieusement. Et combien peu cela soit donné à tous, il se voit par tant d'escriuains françois de ce siecle : ils sont assez hardis et desdaigneux, pour

---

1. M. Marty-Laveaux, qui a très bien déterminé ce mouvement, a cité les textes, (p. 12) en particulier le dernier (Ronsard, VI, 233).

1. *Brief aduertissement de G. de Saluste, Sr du Bartas, sur quelques points de sa Premiere et Seconde Semaine.* Paris, P. L'Huillier, 1584. 13 r° et s.

2. *Essais*, liv. III, 5. Édit. Motheau et Jouaust.

ne suyure la route commune ; mais faute d'inuention et de discretion les pert ; il ne s'y voit qu'une miserable affectation d'estrangeté, des desguisements froids et absurdes, qui, au lieu d'esleuer, abbattent la matiere : pourueu qu'ils se gorgiasent en la nouuelleté, il ne leur chaut de l'efficace ; pour saisir un nouueau mot, ils quittent l'ordinaire, souuent plus fort et plus nerueux. »

Mais cette critique si juste, si pénétrante venait trop tard. Au reste la fille adoptive de Montaigne elle-même ne la comprit pas, et pendant tout le début du siècle suivant, elle a lutté pour défendre — au nom même de ce père qu'elle aimait tant — la grosse méprise des écrivains du XVIᵉ siècle, qui a consisté jusqu'au bout à chercher l'originalité surtout dans la langue au lieu de la chercher dans le style.

Développement du fonds français. — *I. Mots dialectaux* [1] : Depuis plusieurs siècles, il était de règle et de bon ton chez les écrivains en langue vulgaire de s'appliquer à suivre l'usage de Paris ; Rabelais ouvre la série des écrivains qui, tout en conservant comme fonds de langue le français, vont chercher, loin d'éviter cela comme une faute, à y mêler quelques mots de terroir, dont ils croient pouvoir tirer un effet quelconque. Né en Touraine, ayant eu dans sa vie errante, l'occasion d'entendre parler divers patois, peut-être, avec son extraordinaire faculté linguistique, de les apprendre, il a trouvé là son bien, et l'a pris, comme partout ailleurs, sans nous rien dire de son intention, non toutefois sans nous avertir qu'il s'agissait d'emprunts conscients et voulus [2].

Que Ronsard ait ou non profité de l'exemple, en tous cas, dans ses *Odes* (1550), il n'hésita pas à employer des mots dialectaux, et, comme on le lui reprochait, il déclara sa manière de voir dans un *Suravertissement*, ajouté au volume [3] : « Depuis l'acheuement de mon liure, Lecteur, dit-il, i'ai entendu que nos consciencieus poëtes ont trouué mauuais de quoi ie parle (comme ils

---

1. Voir Lanusse, *De l'influence du dialecte Gascon sur la langue française...* Grenoble, 1893.
2. En effet, Rabelais explique plusieurs de ces mots dans la *Briefue declaration d'aucunes dictions plus obscures contenues au quatriesme livre.* (édit. Marty-Laveaux, III, 195, 197, 198, 199).
3. Voir Marty-Laveaux, *Lang. de la Pl.*, I, Introd. 29, et Rons., éd. M.-L. I, CXVI

disent) mon Vandomois... Tant s'en faut que ie refuze les vocables Picards, Angeuins, Tourangeaus, Mansseaus, lorsqu'ils expriment vn mot qui defaut en nostre François, que si i'auoi parlé le naïf dialecte de Vandomois, ie ne m'estimeroi bani pour cela d'éloquence des Muses, imitateur de tous les poëtes Grecs, qui ont ordinairement écrit en leurs liures le propre langage de leurs nations, mais par sur tous Theocrit qui se vante n'auoir iamais attiré une Muse étrangere en son païs. »

Cette doctrine ne pouvait manquer, en dehors de l'autorité qu'elle empruntait à l'exemple des Grecs, de rencontrer facilement des adhésions. A cette époque, il ne faut pas l'oublier, la littérature avait encore, en dehors de Paris, des représentants et des foyers. Or il n'est aucun écrivain, né dans une province, et familier avec son parler, qui n'ait, aujourd'hui encore, malgré l'ascendant de la langue d'école, éprouvé le désir de jeter au milieu d'un morceau qui s'y prête un de ces mots régionaux, qui se présentent à son imagination en même temps que l'idée même, et comme sa première traduction naturelle. La doctrine de Ronsard laissait croire que les mots, ainsi déplantés de leur sol et présentés à des étrangers, ne perdraient rien de leur charme, alors que tout au contraire ils risquaient de n'être même pas compris. Pareille erreur flattait trop bien l'instinct des « Gascons, Poicteuins, Normans, Manceaux, Lionnois », la plupart établis dans leur province, pour qu'ils ne s'y trompassent pas de grand cœur.

Il est bien vrai que, devant l'opposition, plus forte encore sur ce point que contre ses latinismes, Ronsard en rabattit bien vite[1]. M. Froger et M. Marty-Laveaux après lui, ont eu raison de le marquer. Mais on ne s'aperçut guère de cette évolution, car, en théorie du moins, rien ne fut changé à la doctrine, qu'on retrouve tout entière dans la Préface de la *Franciade* et l'*Abrégé de l'Art poétique*[2]. Il y a plus, les années semblaient y confirmer le maître davantage, à mesure qu'il s'éloignait plus de ses tentatives gréco-latines; « chacun iardin » continuait d'avoir à ses yeux « sa particuliere fleur. »

---

1. *Les premières poésies de Ronsard*, Mamers, G. Fleury et Dangin, 1892, p. 103. Cf. Marty-Laveaux, *o. c.*, p. 46.
2. Voir Rons., éd. Bl. VII, 321 : Cf. *Pref. Franc.* III, 34.

Aussi retrouvons-nous les mêmes idées, souvent amplifiées, chez tous ses disciples. Je n'en citerai que deux, un illustre, c'est Baïf, qui « de divers langage

> Picard, Parisien, Touranjau, Poiteuin,
> Normand, et Champenois *mella son* Angeuin ¹. »

un obscur, Filbert Bretin, qui supplie qu'on ne croie pas les mots bourguignons épars dans ses *Poésies amoureuses*, « laissez la par ignorance ou oubliance, alors qu'il les a mis à son escient, pour faire comme les autres poëtes de ce temps, et exalter sa langue maternelle ². » Le théoricien de l'école, souvent indiscipliné, Peletier du Mans, est tout à fait ici d'accord avec Ronsard, et, partant du même principe, que tous les dialectes sont Français puisqu'ils sont du pays du Roi, il trouve bon que les « mots païsans se mettet au poéme ». Faisant une revue rapide des patois, il propose même quelques exemples. Au Manceau il voudrait prendre *arrocher*, pour dire viser avec une pierre ou un bâton, comme *arrocher des noix ou des pommes*, *ancrucher*, qui signifie engager quelque chose entre les branches d'un arbre; au Poitevin *auier* pour *alumer*, *uces* pour *sourcils*; au Lyonnais *vifplant* pour *aubepin*; allant plus loin, il n'hésiterait même pas à s'adresser aux Provençaux et aux Gascons, auxquels on donnerait la marque française : *estruguer*, qui est « ce que les Latins diset *gratuler* », *cloqué* qui signifie une poule qui a des poussins, *companage*, qui équivaut à l'*opsonium* des Latins, c'est-à-dire tout ce qu'on met sur la table, hors le pain et le vin, sont sans équivalents en français propre. Et il termine en louant Desperiers d'avoir « amassé an ses *vandangés* » force mots provençaux ³.

Henri Estienne appuya à son tour cette théorie, jugeant que le français avait là un avantage sur l'italien, dont les dialectes sont moins riches, et ne peuvent « se mesler au toscan non plus que le fer avec l'or »; incapable d'autre part de trouver mal en français une fusion dont le grec avait donné l'exemple, il en vint à regretter presque la timidité de ses compatriotes (*Precel.*

---

1. Édit. Marty-Laveaux, I, vi. Au Roy.
2. Lyon, Ben. Rigaud, 1576. Aux lecteurs.
3. *Art poët.*, Iᵉʳ livre, p. 39.

éd. Hug., p. 168). Il admet qu'on aille chercher dans les provinces non seulement des proverbes (*Ib.*, p. 249), mais tous les mots et façons de parler qui s'y trouvent, sauf, pour ne pas bigarrer le langage, à les cuisiner à notre mode, « pour y trouver goust (*Conf.*, éd. Feug., p. 32-33) ». Aucune limite ne doit être marquée, les seuls confins où il faille se tenir sont ceux du royaume (*Precel.*, p. 170).

Notre langue, dit-il, est comme un homme riche, qui « n'ha pas seulement une belle maison et bien meublee en la ville, mais en ha aussi es champs, en diuers endroits, desquelles il fait cas, encore que le bastiment en soit moindre et moins exquis... pour s'y aller esbattre quand bon luy semble de changer d'air ». (*Ibid.*, p. 167). Et Estienne s'engage à ce sujet dans un long exposé, battant à son ordinaire les buissons, mêlant les observations justes aux erreurs, citant des termes de partout, le picard *cabochard*, l'orléanais *brode*, le savoyard *arer*, appelant non seulement le poète, mais celui qui écrit en prose à profiter de tant de ressources, où il trouvera le nécessaire et le superflu, c'est-à-dire non seulement les mots qui manquent, mais des synonymes, la possibilité de marquer des nuances de sens, d'obtenir des variétés de consonnance. Comme Estienne reprit cette doctrine jusque dans ses *Hypomneses* en 1582 [1], il n'est pas étonnant d'en trouver l'idée essentielle reproduite par des disciples attardés jusqu'au seuil du xviie siècle [2].

A voir pareille entente, on pourrait croire que le nombre des mots patois introduits dans les écrits du xvie siècle a été très considérable. L'influence gasconne seule, jusqu'à ce jour, a été étudiée dans son ensemble. De cette première enquête, menée avec une grande conscience par M. Lanusse, il résulte que ce dialecte, quelque favorables que lui fussent les circonstances, répandu dans les armées et à la cour, n'a pas pénétré très avant. Ceux qui ont gasconisé véritablement sont la plupart du temps

---

1. Voyez la Préface. M. Lanusse rappelle avec à propos (*Infl. du dial. gasc.*, p. 27) qu'Estienne dans *l'Apologie pour Hérodote*, comme s'il éprouvait quelque regret d'enlever sa grâce à l'histoire du curé de Pierrebuffière, en la mettant en français, a fini par la donner en « naïfs atticismes limosins ». On mesurera la valeur d'une expression telle qu'*atticismes limousins* sous la plume de cet helléniste.

2. Voir J. Godard, *la Fontaine de Gentilly*; Paris, Est. Prevosteau, 1595, in-8, p. 31. Cf. Vauquelin, *Art poétique*, I, 361 et II, 903.

de grands seigneurs, des soldats, qui ne savaient parler ou écrire correctement.

Or les provincialismes ainsi échappés aux auteurs ne peuvent entrer dans le calcul qui nous occupe, mais seulement ceux qui ont été mêlés de parti pris aux phrases françaises, et c'est un départ presque impossible à faire, chez les écrivains qui n'ont pas de doctrine connue à ce sujet, très difficile encore chez les autres [1].

Un autre embarras se présente quand il s'agit d'établir des listes. Il est bien évident qu'il faut en exclure des phrases tout entières, quelquefois des passages complets, que des conteurs comme Rabelais et Des Periers mettent en patois pour laisser à leur récit la saveur que lui donne le « courtisan du pays ». En francais, les gasconnades de Gratianauld, « natif de Saint-Sever [2] », la conversation de la bonne femme du Mans avec le cardinal de Luxembourg [3], les réponses des picquebœufs poitevins [4], la lettre au filz Micha [5], l'ébahissement des paysans rouergats devant leur faux médecin [6], perdraient grande part de leur grâce. Les auteurs nous le disent eux-mêmes : Ils voudraient raconter parfois en patois. Faute de le pouvoir, ils gardent au moins des phrases du crû, comme d'autres citent du latin, mais il n'y a chez eux aucune intention d'en faire entrer quoi que ce soit en français.

J'ajoute qu'il en est de même de certains mots isolés placés dans la bouche de personnages campagnards, ou employés en parlant des gens d'un pays, qui servent à donner la couleur « de Tours en Berry et de Bourges en Touraine ». Si Des Periers et Rabelais eussent pensé jeter dans le trésor commun des mots comme *caudelée*, *esclots*, ils ne les auraient pas présentés comme ils l'ont fait : « C'est une façon de bouillie, et l'ay ouy nommer (en Beausse) de la caudelee ». « Je veis qu'elle deschaussa un de ses esclos (nous les nommons sabotz) [7]. » Ailleurs l'excès

---

1. Comment savoir si l'auteur de la harangue d'Aubray, qui était de Troyes, a pris ou non à son parler, où elle est très fréquente, l'exclamation : *mais de belle!* très usuelle encore dans l'Est, mais qui se trouve aussi ailleurs au XVIe siècle ?
2. Rab., *Pantagr.*, III, chap. XLII.
3. Des Periers, *Nouv.*, XV, II, 71.
4. *Ibid.*, LXIX, II, 244 et LXX, II, 247.
5. *Ibid.*, LXXI, II, 248.
6. *Ibid.*, LIX, II, 208.
7. *Ibid.*, LXXII, II, 250. *Rab.*, liv. III, 17.

même des provincialismes avertit qu'on a affaire à une pièce de genre spécial. Ainsi la débauche de provençalismes, à laquelle se livre Des Periers dans son petit poème des *vendanges*[1] (I, 92), a été prise trop au sérieux par Pelletier. Si Des Périers eût voulu transplanter, il eût dispersé habilement ses emprunts, au lieu de les entasser tous en quelques vers :

>Ça, trincaires,
>Sommadaires,
>Trulaires et banastons,
>Carrageaires,
>Et prainssaires,
>Approchez vous et chantons,
>Dansons, saultons,
>Et gringottons.

Voilà déjà bien des réserves, et cependant elles ne suffiront pas encore à éviter les erreurs. Un chapitre voisin nous l'indiquera : au XVIe siècle on a cherché les mots archaïques, en même temps que les mots dialectaux. Or les dialectes conservent tous, à toutes les époques, des mots disparus du français propre. Dès lors on se demande souvent à laquelle des deux sources l'écrivain a puisé. Pour prendre un exemple, d'Aubigné dit que Ronsard recommandait *dougé* comme vieux mot[2]; mais Belleau note à propos d'un passage qu'il commente, que ce même mot est d'Anjou et de Vendômois. Lequel croire des deux disciples? et comment décider laquelle des deux qualités avait amené Ronsard à se servir de *dougé*? De même Baïf, Belleau, Ronsard ont employé *erner* (esrener = ereinter). Ils ont pu aussi bien le trouver dans les dialectes que dans les anciens romans.

Ceci posé, voici quelques exemples[3] :

---

1. La pièce est adressée à Alexis Jure, de Quiers en Piémont, dont le langage est sévèrement apprécié par Marot, I, 208. Il y a donc lieu d'être en grande défiance.
2. Voir Ronsard, édit. Marty-Laveaux, II, 142. Cf. le passage cité de d'Aubigné, *Avertiss. des Tragiques*.
3. Les exemples marqués *H. D. T.* sont pris aux fascicules parus jusqu'en mai 1896 du *Dictionnaire général* de MM. Hatzfeld, Darmesteter et Thomas, auquel MM. Delboulle et Godefroy ont fourni l'exemple le plus ancien qu'ils eussent relevé de chaque mot. *M.-L.* renvoie à la *Langue de la Pléiade* de M. Marty-Laveaux, t. I. G. signifie *Dictionnaire de l'ancienne langue française* de M. Godefroy. L. signifie Littré. Lan. signifie : Lanusse, *Dialecte gascon*. *Nagel* renvoie à un article de cet auteur dans l'*Archiv* de Herrig, LXI, 201, et suiv. On trouvera dans ces différents recueils les renvois précis et complets, lorsque j'ai été forcé de les abréger. Voici l'explication de quelques autres abréviations, qui pourraient être obscures :

792 LA LANGUE AU XVIᵉ SIÈCLE

Astelle = éclats de bois (Vendômois) [1], Rons., V, 28, Bl.; *besson* = jumeau (patois du Centre), Bell., I, 205, M.-L.; *bavasser* = bavarder (Gascogne), Mont., l. III, ch. 2, Lan.; *crier bihore* = crier au secours (Gascogne), Id., II, 37, *ibid.*; *caleil* = lampe (mot appartenant à la langue d'oc, peut-être au gascon), Rab., J., II, 126; *courée* = entrailles (Lyonnais?), Des Per., *Nouv.* XXXIV; *chapoter* = frapper, battre (Lyonnais), Rab., J., III, 12; *courget*, fouet (Vendômois), Baïf, II,, 126. M.-L.; *desconsoler* [2] (Gascogne), Mont., *Ess.*, III, 4, Lan.; *dronos* = coup (Anjou ou Languedoc), Rab., J., I, 100, Des Per., II, 215; *enouler* = ôter le noyau (Centre), Baïf, II, 41, M.-L.; *escarbilhat* =

Bacon, *Mir. d'Alq.* = *Le miroir d'Alquimie* de Rogier Bacon, traduit par un gentilhomme du Dauphiné, Lyon, Macé Bonhomme, 1557; et la suite : *Le liure des secrets d'Alquimie.* — Id., *Adm. pouv.* = *Admirable pouuoir et puissance de l'art et de nature*, trad. par J. Girard de Tournus; Macé Bonhomme, 1557. — Bail., *Conf.*, = Roch le Baillif, sieur de la Rivière, *Conformité de l'ancienne et moderne medecine d'Hippocrate a Paracelse*. Rennes, Michel Logeroy, 1592. — Id., *De l'hom.* = *Premier traicté de l'homme et son essentielle anatomie*; Paris, Abel l'Angelier, 1580. — Bou., *Geo.*, = Ch. de Bouelles, *Geometrie*, Paris, 1566. — Brant. = Brantôme, éd. Lalanne, Paris, Renouard, 1881 (avec un lexique). — Bugn., *Er.* — Phᵗ Bugnyon, *Erotasmes*, Lyon, Jean Temporal, 1557. — Col., *Ur.* = Colin, *L'ordre et regime qu'on doit garder et tenir en la cure des fieures, plus un Dialogue contenant les causes... des urines*; Poitiers, Eng. de Marnef, 1558. — Du Bart. = Du Bartas, *Œuvres*, Paris, P. Huel, 1583. — Houel = Houel, *Traité de la Theriaque et Mithridate*; Paris, J. de Bordeaux, 1573. — Houil., *Chir.* = *Trois livres de chirurgie*, par J. Houillier, Estampain, *translatés de latin en françois*; Paris, Chrest. Wechel, 1544. — Joub., *Err.*, = Laur., Joubert, *Erreurs populaires...* Bordeaux, Millanges, 1579. — Lisset, *Ab.*, = *Declaration des abuz et tromperies que font les apothicaires*, par Mᵉ Lisset Benancio; Lyon, Mich. Jove, 1557. — *Mar.* = Marot, *Œuvres complètes*, P. Jannet. — Paré, *Adm. an.*, = *La Briefue collection de l'administration anatomique...* par Mᵉ Ambroise Paré, Paris, 1550, Guill. Cavellat (Bibque Mazarine. Rés., 29,707). — Du Per., *Prem. disc.*, = *Premier discours tenu a la table du Roy...*, par J. Du Perron (Mazᵉ 14,164). — Pont. Ty., = Pontus de Tyard, *Erreurs amoureuses*, Lyon, 1555. — Rab. J. = Rabelais, *Œuvres*, P. Jannet. — Est. de la Roch., *Arism.*, = *Arismetique et Geometrie* de maistre Estienne de la Roche, dict Villefranche; Lyon, Huguetan, 1538. Rons., *Bl.* = Ronsard, éd. Blanchemain; Paris, 1867.

1. La désignation du nom de pays que je mets ici entre parenthèses ne signifie nullement qu'un mot appartient exclusivement à une province. Rares sont les cas où la forme du mot permet cette interprétation stricte. En fait *astelles*, par exemple, est un vieux mot, encore commun à une grande partie de la France. Sans parler des dialectes de l'Est et du Nord, qui donnent les formes *estelle*, *ételle* ou *étale*, distincte de celle que nous avons ici, *atelle* se dit en Normandie aussi bien que dans le Centre (V. God. Dicʳᵉ, v. *astelle*). Je le cote comme vendômois, parce qu'il existe dans cette partie de la France, et que c'est vraisemblablement là que Ronsard l'a pris. Chez Vauquelin il pourrait être normand. De même *versene* est signalé chez Baïf, III, 104 et 379, par M. Marty-Laveaux avec cette mention : *saintongeais*. Mais il demeure que *versene* a passé du vieux français dans tous les parlers du S.-O., de l'Aunis, du Poitou, de la Vendée, comme de la Saintonge, et qu'on le trouve en outre en Normandie. Il est saintongeois chez Baïf. Pour une raison analogue, *esclop* est toulousain chez Rabelais et des Periers, qui le désignent expressément comme étant de ce pays-là (*Pantagr.*. III. 17, et Des Per., II, 272).

Mais on sent combien les attributions, à défaut de déclaration précise des auteurs, deviennent périlleuses et arbitraires. Où Rabelais a-t-il pris *jau* (coq [II, 93, Jannet])? Certaines provinces, où le *g* est resté dur, sont exclues, mais il reste encore à choisir dans toute une partie de la France, qui va des Vosges au Poitou, en passant par la Champagne, le Bourbonnais, et le Berry. Dans des cas analogues, je me suis tenu sur une très grande réserve.

2. Ronsard a effacé ce mot qu'il avait employé, II, 181.

éveillé, enjoué (Gascogne, Languedoc), Noël du Fail, I, 49; Des Per., II, 195 [1]; *fenabregue* = alisier (Languedoc), Rab., J., III, 234; *ma figue* = ma foi (Provençal), Rab. J., III, 239; Des Per., II, 49; *fougon* = foyer (Provençal), Rab., J., III, 242; *hillot* = fils (Gascon), Marot, I, 195; Des Per., II, 273 [2]; *lancis* = la foudre (Languedoc, Provence?), Rab., J., III, 139; Des Per., II, 236; *maulubec* = peste, ulcère (Gascogne), Rab., J., I, 6; II, 9; III, 139; *martinet* = élève externe de collège (Lyonnais?), Des Per., II, 224 [3]; *matefaim* (Lyonnais), Rab., J., III, 142; *moucher* = se défendre des mouches (dial. du Centre), Rons., III, 105, M.-L.; *nuaux* = nuage (Vendômois), Rons., I, 179. M.-L.; *nettir* = nettoyer (Centre), Rab., J., III, 68; *oribus* = résine (Maine?), Rab., J., II, 8; *oulle* = marmite (Gascogne, Forez, Lyonnais?), Des Per., II, 148; *à passades* = par intermittence (Gascogne), Du Bartas, 1re sem. 3e jour, 109; *quitte* = même (gascon), Brant. II, 193. Lan; *revirade* = riposte (Gascogne?), Mont., III, 8. Lan.; *tupin* = pot de terre (Lyonnais), Des Per., I, 151; *veguade* = fois, coup (Gascogne, Provence?), Rab. J. I, 22; *serrer* = fermer (Provence?), Des Portes, *El.* II, 5; *veze* = cornemuse (poitevin), N. du Fail, II, 18.

On pourrait citer nombre d'autres exemples.

Toutefois il ne faudrait pas croire, comme on l'a dit avec exagération, qu'il se soit jamais agi de « rétablir la féodalité dans le langage, alors qu'elle disparaissait dans l'État ». H. Estienne lui-même a marqué qu'on ne devait pas aller trop loin, si on ne voulait troubler la pureté du français, et qu'il y avait des mesures à garder [4]. Pasquier reprochait déjà des abus à Montaigne [5], et dans sa lettre à M. de Querquifinien, ce qui est bien significatif aussi, il ne reproduisait les idées de Ronsard sur les autres langues de notre langue, et ne proposait d'emprunter au gascon le mot d'*escarbilhat*, qu'après avoir discuté sur l'endroit « ou il falloit puyser la vraye nayueté de nostre langue », et montré toutes sortes de scrupules sur la corruption du parler de la cour [6]. Chez les écrivains qui gasconisent le plus, la proportion des mots patois est infime. Même en admettant sans réserve tous ceux que signale M. Lanusse, il y en aurait une trentaine dans Montaigne.

Il y a plus. Pour que l'unité du français courût des risques,

---

1. Ce mot eut une grande fortune. Pasquier le trouvait à son gré, et il se répandit assez pour qu'on le retrouvât encore dans Scarron et dans divers Lexiques du xviie siècle.
2. *Hillot* a été très répandu.
3. Ce mot se disait ailleurs. Voir Noël du Fail, II, 14 et Pasquier, *Rech.*, liv. IX.
4. *Precell.*, p. 181.
5. Lettres, xviii, 1; II, p. 517.
6. Voir Pasquier, *Œuvres*, II, p. 45 *b*, lettr. xii.

il eût fallu tout au moins — sans parler des circonstances historiques — que la licence qu'on prenait d'enrichir le vocabulaire au moyen des dialectes provinciaux se compliquât d'une semblable audace en ce qui concernait la grammaire. Or il y a bien dans les textes des formes et des tours dialectaux, picards dans Dubois, gascons dans Montluc, mais en fort petit nombre, et on n'oserait soutenir que dans la plupart des cas les auteurs aient eu la pensée de les naturaliser en français. Je vois bien que Des Autels affirme « suiure l'usage de son païs, contre la coutume des autres François qu'il n'ignore pas [1] »; mais il s'agit là d'une question de prononciation de l'*h* muette, et en matière de prononciation, l'accord sur le meilleur usage était loin d'être complet. On a eu raison de rappeler que Montaigne, a de parti pris, malgré les observations de Pasquier, maintenu des incorrections dans son texte. Quand il en donne pour motif que « les imperfections qui sont en luy ordinaires et constantes, ce seroit trahison de les oster » [2], nul doute qu'il n'ait une arrière-pensée. M. Lanusse a raison de croire qu'il trouvait bonnes ses phrases, avec leur forme gasconne, et tenait à les conserver. Il ne croyait pas en ceux qui voulaient combattre l'usage par la grammaire, il l'a dit à plusieurs reprises et son fameux mot « que le gascon y arriue, si le françois n'y peut aller », n'est accompagné d'aucune réserve. C'est donc par simple déférence qu'il qualifie ses hardiesses d'imperfections. Mais en somme, ses provincialismes de syntaxe se réduisent, à l'analyse, à si peu de chose, qu'il n'est guère d'écrivains moins hardis en théorie, où on n'en puisse relever autant. En fait, chez presque tous ses contemporains, les gasconismes ou les normanismes qu'on cite sont des fautes, qui n'inquiétaient guère ceux qui les commettaient, je le veux bien, mais qui n'étaient pas non plus intentionnelles.

II. *Mots archaïques.* — Horace avait dit : *Multa renascentur quæ jam cecidere.* Tout le monde a vu par la *Deffence*, que la Pléiade a fait son profit de cet adage. A la fin du chapitre VI de la seconde partie, capital pour les questions de vocabulaire qui nous occupent, Du Bellay déclare que les mots antiques,

---

1. *Repl. cont. Meigret*, 43.
2. *Essais*, liv. III, chap. V. Cf. liv. I, 25.

introduits avec discrétion, ont dans les vers l'éclat des pierres précieuses, des reliques sur les croix, des joyaux dans les temples. Ronsard pensait de même, et a engagé à son tour ses disciples à « ne se faire conscience d'en user [1] ».

Mais, outre que l'idée première appartient à Horace, Ronsard ici encore avait été devancé. Geoffroy Tory avait extrait des vieux livres de « son bon frère » René Massé, toute une liste de termes et d'expressions, en indiquant qu'il y en avait mille autres encore « qu'on porroit bien dire » [2]. Des Essarts, dans sa traduction de l'*Amadis*, avait emprunté aux romans; il y avait même été par endroits assez hardi pour qu'Estienne déclarât ne pas pouvoir le suivre [3].

Quoi qu'il en soit, la Pléiade eut le mérite de recueillir la théorie, de l'appliquer, et, par son ascendant, de la faire accepter à un très grand nombre. Mathieu l'a développée avec sa prolixité ordinaire, surtout dans son dernier Devis [5]. Les paroles « patrimoniales, fussent-elles moisies ou iaulnes comme lard vieil » ont pour lui un charme particulier, il ne doute pas que les plus anciennes, une fois passées par « l'escoueure de l'usage, ne soient bien receues du peuple a qui on en feroit monstre ». Il louerait celui « qui prendroit la peine de chercher les plus doulces de l'ancienne langue et de les bailler a l'usage; vinssent-elles des Romans ou de quelques vieux registres ».

Henri Estienne vint à son tour montrer aux italianiseurs quelle richesse la langue possédait dans cet ancien fonds [6]. Il savait là-dessus les idées de Du Bellay, qu'il cite [7], et les approuvait. Le vieux langage, qu'il connaissait, lui paraissait, comme le sien paraîtra un siècle et demi plus tard à Fénelon, avoir quelque chose de hardi et de vif. Quoiqu'il y admire un peu tout, même des mots très peu remarquables, pour la raison qu'ils

---

1. Du Bell. *Deff.* édit. P., p. 129. Cf. Préf. *Franc.*, III, 32, édit. Blanch.; cf. l'epistre au seigneur J. de Morel, Ambrunois, en tête de *Deux livres de l'Eneide de Virgile...* trad. par Du Bellay, 1561.
2. *Au lecteur.*
3. *Precell.*, édit. Feugère, p. 207..
4. Cf. Claude de Buttet. (*L'auteur au lecteur*, éd. c., p. xxxvii).
5. Voir *Devis*, 1572, 6 v°, 15 v°, 16 r°, 17 r°.
6. *Precell.*, éd. Hug., 184 et suiv.
7. Quant à *cerue* pour une bische, Du Bellay en a usé (priant toutesfois ne trouuer mauuais ce mot; ne *endementiers* aussi pour *cependant*, pris semblablement du vieil langage). *Precell.*, édit. Huguet, p. 188.

étaient proches du latin, tels que *moult, cerue, selue, ancelle,* il est facile de démêler dans cette confuse dissertation, que son attention a été surtout éveillée par de jolis dérivés ou composés. Il admire les adjectifs en *in, ain,* qui permettent de traduire les épithètes latines en *eus* : *pourprin, marbrin,* les verbes en *oyer, borgnoyer, paumoyer, ombroyer, fabloyer, archoyer,* et les autres plus commodes encore, qu'on tirait du simple par l'addition simultanée d'un préfixe et d'un suffixe : *enflescher, enioncher, enherber, enuermer, esboucler*; il regrette les particules superlatives *per* et *outre* qui permettaient de dire *parlire,* et de rendre l'ὑπέρθυμος d'Homère par *outrepreux.* Il rappelle aussi avec raison que de jolis composés, tels que *feruestus, entroeil, addenter, passeuent* permettent seuls de lutter avec les passages des anciens, qui ont dit χαλκοχίτωνες, μεσόφρυον, *terram ore momordit,* θέειν ἀνέμοισιν ὅμοιοι. Aussi estime-t-il que si les dialectes sont comme les maisons des champs d'un homme riche, le vieux langage est pour lui comme le château de ses ancêtres, où, « encore que le bastiment en soit à la façon ancienne », il y trouve « quelques beaux membres », et pour cela « il ne le voudroit laisser du tout deshabité [1] » (p. 184 et s.).

L'effort ici a porté sur trois points : 1° conserver les mots qui vieillissaient; 2° en faire rentrer d'anciens dans l'usage; 3° les provigner.

1° Sur le premier point j'insisterai peu. On trouvera dans le livre de M. Marty-Laveaux, parmi les mots cités sous le titre *Archaïsmes,* un certain nombre d'anciens mots dont il devenait de plus en plus rare qu'on fît usage, ainsi que le montre le Dictionnaire de M. Godefroy, et que les poètes de la Pléiade ont voulu conserver. De ce nombre sont par exemple : *afonder* (aller au fond); *aherdre* (s'attacher à); *auoitre* (enfant adultérin); *amordre; antan; auier* (donner, prolonger la vie); *bienueigner* (accueillir avec bienveillance); *brehaing* (stérile); *coué* (qui a une queue); *deceuance; s'esbanoyer; escheuer* (esquiver); *esme* (estimation); *esmaïer; esmoyer* (émouvoir); *erre* (course, équipage, conduite, propos); *faitis; forbannir; gaber; iré* (irrité); *issir; meschance* (méchanceté, infortune); *nuisance; orendroit* (présen-

---

1. Cf. encore Pasquier, *Lett.,* OEuvr. II 47, et Noël du Fail, II 144.

tement); *paroir*; *raim* (rameau); *rancoeur* (rancune); *refraindre* (réfréner); *souef*; *souloir* (avoir coutume); *vergogner*. Dans leur école et au dehors, les mêmes mots et d'autres, qui étaient dans le même cas, se rencontrent. J'en ai dressé ailleurs toute une liste que Malherbe a barrés dans Desportes, les jugeant hors d'usage [1].

2° Les mots qui étaient véritablement obsolètes au xvi° siècle sont assez difficiles à séparer des précédents, les langues renfermant à toutes les époques des termes bien vivants qui, on ne sait pourquoi, ne se rencontrent pas dans les textes, ou n'y sont signalés que très rarement, et inversement les textes, les recueils surtout présentant des mots qui, en réalité, sont à peu près tombés en désuétude. Il est très délicat d'affirmer en certains cas qu'un mot est ou n'est plus aujourd'hui dans la langue; à plus forte raison quand on veut porter le même jugement sur un mot du xvi° siècle.

De la liste de vieux mots que M. Marty-Laveaux a extraits des écrivains de la Pléiade on peut cependant, je crois, considérer comme ayant vraiment été recherchés dans « les romans » — mais on sait qu'il faut entendre sous ce mot des écrits du xv° siècle aussi bien que des textes du moyen âge — ceux qui suivent :

adeulé [2] = triste, endolori, Rons., I, 210, M.-L.; *alenter* = retarder, alentir, Id., I, 86, *ibid.*; *aparager* = comparer, Baïf, III, 188, *ibid.*; *asproyer* = être après, piquant, Rons., IV, 412, *ibid*; *compaing*, Rons., V, 213, *ibid*; Rab., J., I, 21; *dehetter* = égayer, Baïf, II, 213 (cf. Marot, dans God.); *deparager* = mésallier, Baïf, III, 101 et 378, note, M.-L.; *desor* = désormais, Tahur., G., Baïf, I, 35, M.-L.; *ditier* = poème, Baïf, *Égl.*, XIV, G.; *se douleuser* = se désoler, Baïf, II, 459, M.-L.; *emmy* = parmi, Baïf, I, 33, *ibid.*; *endementiers* = cependant, Du Bel., I, 337, *ibid.* [3]; *épamer*, Baïf, I, 111, M.-L.; *gel*, Desportes, *Im. de l'Ar.*, mort de Rodomont; *gallées* = galères, Du Bel.,

---

1. Voir F. Brunot, *La doctrine de Malherbe*, Paris, 1891, 254 et suiv. Je citerai seulement ici : *benin, clameur, cuissot, gel, oppresse, prim, si que*, qui n'étaient pas dans Ronsard et *ains, bienheurer, chef, confort, duire, esmoy, greuer, guerdonner, liesse, or* (maintenant), *prouesse, virer*, qui se trouvent chez les écrivains de la Pléiade.
2. La forme régulière est *adoulé*, en raison de la règle : *douloir*, il *deult*. Ronsard avait la bonne volonté d'archaïser, mais pas plus que ses contemporains, il ne savait le vieux français.
3. « *Endementiers* avoit eu vogue jusques au temps de Jean Le Maire de Belges. car il en use fort souuent, pour ce que nous disons par une periphrase, *en ce pendant*. J. du Bellay, dans sa traduction du quart et sixiesme liures de Virgile le voulut remettre sus, mais il n'y peut jamais paruenir ». (Pasq. *Rech.*, VIII, (3.

I, 337, M.-L. [1]; *gestes* = actions, Du Bel., I, 8, *ibid.*; *isnel* = léger, Du Bel.; I, 46 [2], Baïf, II, 68, *ibid.*; *mehaigne* = perclus [3], Rons., III, 90, *ibid.*; *mire* = médecin, Rons., II, 411, M.-L.; *ô* [4] = avec, Rons., II, 302, *ibid.*; *pers* = bleu de diverses nuances, Rons., I, 337, Desp., *El.*, XIX; *plaier* = blesser [3], Rons., I, 34, *ibid.*; *tabourder* = faire du bruit, battre le tambour, Noël du Fail, I, 50, Baïf, III, 344, *ibid.*; *touiller* = salir, Baïf, III, 102 et 379, note 30, *ibid.*; *traitis* = joli, bien fait, Rons., I, 121, *ibid.*; *tretous*, Baïf, IV, 138, *ibid.*; Rab., J., I, 311.

Je crois inutile d'ajouter à cette liste. En fait, la tentative des archaïsants a complètement avorté. Des mots dont on a voulu prolonger la vie, presque aucun n'a vécu. Nous avons encore *affoler, anuiter, émoi, guigner, hideur, hocher, rancœur* et quelques autres; mais, ou bien ils ont vécu obscurément dans la langue, jusqu'à ce que notre siècle ait de nouveau essayé de les « dérouiller », ou bien ils se sont maintenus avec une partie seulement de leur sens, quelquefois hors du style noble, en un mot amoindris ou déchus.

3° C'est dans la Préface de la *Franciade* que Ronsard a, pour la première fois, appliqué aux mots le terme pittoresque de provignement. En donnant à ses disciples ce conseil : « Si les vieux mots abolis par l'usage ont laissé quelque reietton, comme les branches des arbres couppez se raieunissent de nouueaux drageons, tu le pourras prouigner, amender et cultiuer, afin qu'il se repeuple de nouueau ». Mais l'idée exprimée ici était ancienne dans l'école; non seulement elle est dans l'*Art poétique* (éd. M.-Lav., VI, 462); mais déjà dans la *Brève exposition de quelques passages du premier livre des Odes* (1550), et c'est là sans doute que Peletier du Mans l'avait trouvée [6].

Si on la prend telle qu'elle est présentée dans l'*Art poétique*, le seul endroit où elle soit exposée sans périphrase ni image, c'est, en somme, à peu près la théorie de la dérivation. « De

---

1. « I'ay usé de *galees* pour *galleres* », Du B., I, 337. Marty-Laveaux.
2. « I'ay usé de *isnel* pour *leger* », *Ibid.*
3. « Nos critiques se moqueront de ce vieil mot François, mais il les faut laisser caqueter. Au contraire, ie suis d'opinion que nous deuons retenir les vieux vocables significatifs, iusques à tant que l'usage en aura forgé d'autres nouueaux en leur place. » (Note de Ronsard.) Le poète a cependant enlevé le mot dans son édition de 1584.
4. « ô pour *auec*, vieil mot françois. » Rons. II, 302. Cf. VI, 457. « Ie te conseille d'vser de la lettre ô, marquée de ceste marque, pour signifier à la façon des anciens, comme *ô luy* pour *auecques luy*. » Cf. Noël du Fail, II, 156.
5. « Je vois Ronsard au 71ᵉ sonnet de sa *Cassandre* auoir introduit le mot de *player*... et ie ne voy point qu'il y ait grandement profité ». Pasq. *Let.*, XXII, 2.
6. Voir *Art poetique*, p. 37.

tous vocables, quels qu'ils soient, en usage ou hors d'usage, s'il reste encores quelque partie d'eux, soit en nom, verbe, aduerbe, ou participe, tu le pourras par bonne et certaine analogie faire croistre et multiplier [1]. » On aurait tort de chercher là grand secret; l'exemple même que donne Ronsard est très clair : « Puis que le nom de *verue* nous reste, tu pourras faire sur le nom le verbe *veruer*, et l'adverbe *veruement*; sur le nom d'*essoine*, *essoiner*, *essoinement*, et mille autre tels; et quand il n'y auroit que l'aduerbe, tu pourras faire le verbe et le participe librement et hardiment [2]. » Il s'agissait donc de trouver dans l'ancien vocabulaire, ce qui avait encore vie ou semblant de vie, et de lui appliquer les procédés ordinaires.

On pourrait relever un grand nombre d'essais tentés suivant cette méthode, surtout par Baïf : ainsi *forsenaison*, de *forsener* (Baïf, V, 54, M.-L.), *chaplis* de *chapler* (Du Bel., I, 125); *sacontement* = communication à l'oreille, de *saconter* (Baïf, *Passetemps*, 1573, l. III, f° 77, v°. G.); *engeance*, du vieux verbe *enger* (Baïf, IV, 159), et qui donne à son tour *engeancer* [3]. Tous ces exemples confirment mon observation. On s'est donc, il me semble, fait quelque illusion sur la méthode préconisée ici par Ronsard; appliquée aux mots hors d'usage, elle ne pouvait en général rien donner de viable, le suffixe ne pouvant être utilement enté sur un radical désormais vide de sens; appliquée aux mots vivants, c'était la méthode toute banale, que les ignorants comme les savants mettent d'instinct quotidiennement en usage.

III. Formation de mots nouveaux. — Malgré les bigarrures que les habitudes des écorcheurs de grec et de latin mettent dans les textes les plus purs, beaucoup d'entre eux présentent, même si on n'y considère que les néologismes, une proportion bien plus forte de mots français que de mots étrangers. C'est en particulier le cas pour Ronsard. Je voudrais que l'importance que je dois donner dans cette étude aux diverses méthodes

---

1. Édit. Blanchemain. VII, 335.
2. *Ibid.*, 336; Cf. III, 33.
3. C'est un des seuls rejetons qui aient vécu, se substituant à *enge*, qu'on trouvait encore dans Calvin, mais il est permis de supposer que c'est parce qu'il était déjà populaire; on trouve en effet *engeance* enregistré par Rob. Estienne, dès 1539.

d'emprunt ne trompât personne sur ce point. Les latinismes dont nous parlerons tiennent une grande place au xvi⁰ siècle, mais le reste est, somme toute, peu de chose, et italianismes, hispanismes, hellénismes même se perdent dans la masse drue et puissante des mots du terroir.

Je ne tenterai aucune énumération ; je me bornerai à l'énumération des procédés, en donnant chaque fois un ou deux spécimens des mots nouveaux.

1° *Dérivation impropre* : Elle donne presque exclusivement des substantifs :

a. tirés d'infinitifs [1], *le departir*, Rab., J., I, 175 ; *ton croire*, Sceve, *Del.*, xxxiv, p. 19 ; *le poursuyvre du cy*, Id., *ibid.*, lxxvi, p. 38 ; *un bransler de teste*, Rons., I, 142. Bl.

b. de participes : *commis*, Rob. Est., 1539, H. D. T. ; *dementi*, Mont., I, 22, *ibid.*

c. du thème verbal : *apprest*, Charriere, *Negoc. de la Fr. dans le Leuant*, I, 195, H. D. T. ; *debauche*, Calv., *Inst. chr.* L ; *entretien*, Amyot, *Eum.*, 6, H. D. T. ; *dispute*, Id., *Nicias*, 42, *ibid.* ; *piaffe*, Brant., III, 286.

d. d'adjectifs : *l'aigu de tes esclairs*, Sceve, *Del.*, lxxx, p. 40 ; *le resolu de mon intention*, *Ibid.*, ccclxxi, p. 169 [2] ; *l'obstiné de ma loyauté*, Pont. Tyard, *Err.*, 18 ; *le brun de ce teint*, Rons., I, 28, Bl. ; *le parfait de leur mieux*, Id., *ibid.*, 4 [3].

2° *Dérivation propre* [4] :

A. Substantifs : — en *age* : *esclauage*, Vigenere, H. D. T. ; *fleurage*, Baïf, *Po.*, 87, Nagel ; *ondage*, Baïf., *Œuvres*, 87 r°, 1573, G. ; — en *aille* : *creuailles*, Rab., J., V, 69 ; *garsaille*, Meschinot, *Lunettes*, 35 v°, G. ; *marmaille*, H. Est., *Nouv. lang. ital.*, 375, L. ; *menusaille*, Brant., II, 250 ; *repaissaille*, Rab., J. IV, 148 ; *soudardaille*, Brant., IX, 433 ; — en *ois* (*ais*) *beguois*, Des Per., *Nouv.*, XLV ; *Jargonnoys*, Rab., J. III, 93 ; *pensaroys*, Id., *ibid.* IV, 122 ; — en *aison* [5] : *enragézon* (= enrageaison), Baïf, II, 136, éd. Bl., — en *ance* [6] :

---

1. L'usage d'employer l'infinitif comme substantif est ancien dans la langue. Il semble que depuis le commencement du xvi⁰ siècle, il tend à se restreindre (Huguet *Synt. de Rab.*, 208) ; mais l'école de Scève le reprend, Du Bellay le recommande formellement (*Def.* ed. P. p. 140). Les Grammairiens l'enregistrent sans restriction.

2. Ce procédé, cher à Pétrarque, est très cher à Scève, chez qui il est d'application constante. Du Bellay l'a aussi repris et recommandé dans la *Deffence* (éd. P. p. 140) : « (Use) de l'adiectif substantiué, comme *le liquide des eaux, le vuyde de l'air, le fraiz des umbres, l'epes des forestz, l'enroué des cimballes*, pourueu que telle maniere de parler adioute quelque grace et vehemence. »

3. Cf. ces deux vers de la *Delie*, cxlvi :

En admirant le graue de l'honneur,
Qui en l'ouuert de ton front seigneurie.

4. L'ordre est celui des suffixes.

5. Ce suffixe, à cette époque s'ajoute surtout à des radicaux savants. Au reste, quoique Meigret (*Gram.* 31 v°), juge les mots en *aison* « véritablement de terminaison française », le suffixe savant *ation* prévaut déjà sur son concurrent.

6. Le suffixe savant *ence* fait dès le xvi⁰ siècle obstacle au développement de celui-ci ; la masse des mots en *ance* greffés sur des thèmes populaires est antérieure.

DÉVELOPPEMENT DU VOCABULAIRE

survivance, Carl., V, 29, L.; *clairvoyance*, Mont., II, 12, H. D. T.; — en *ard* : *cafard*, Thénaud, H. D. T.; *rithmart.*, N. Du Fail, I, 122; *poignard* (au lieu de *poignal*), Brant., III, 328; — en *aud* : *Dindenault*, Rab., J. IV, 46; *Grippeminaud*, Id., *ibid.*, V, 44; *mauricaud*, Brant., *Cap. fr.*, II. 59, L., — en *ement* : *assommement*, Rons., IV, 300, Bl.; *desgoutement*, Mont., *Ess.*, livre I, 54, G.; *hanicrochement* (de l'argot *hanicroche*), Rab., J. II, 68; — en *esse* : *brutesse*, Rons., Bl., II, 180; *delicatesse*, Pasquier, II. D. T.; *pilleresse*, Rons., I, 109, Bl; *prestesse*, Brant., VIII, 70; — en *eur* : *aspreur*, Philieul, Œuv. vulg. de Petrarque, 179, 1555, G.; *drogueur*, Rab., J. I, 89; *muguetteur*, Baïf, *le Brave*, III, 3, 1573, G.; *rempareur*, Rab., J. III, 14; — en *eté* : *huileuseté*, Du Perron, Premier disc., 253; *sereinité*, Brant., VIII, 37; — en *ie*, *erie* : *baliuernerie*, N. du Fail, 1548; *foresterie*, Vauquel., 1555, II, 45; *salauderie*, Brant., VII, 317; — en *ier*, *ière* : *moutonnier*, Rab., J., IV, 55; *pastenostrier*, Id. *ibid.*, IV, 241; *advocatiere*, Id. *ibid.*, VI, 14; *chascuniere*, Id. *ibid.*, II, 81; *tapinaudiere*, Id. *ibid*, V, 44; — en *ille* : *poinctille*, Brant., IV, 267, Mont., l. II, 10, G.; — en *in* : *observantin*, N. du Fail, I, 131; — en *isson* : *eblouisson*, Baïf, *Am.* 77, Nagel; *fleurisson*, Id., P., 38, *ibid.*; — en *oire*, *oir* : *balançoire*, Palsgrave, p. 282, II. D. T.; *decrotoire*, Rab., J.; IV, 134; — en *ure* : *enrichissure*, Baïf, *Am.*, 183, Nagel.

B. Adjectifs : — en *able* : *attrayable*, Baïf, *Poés. ch.*, 28, G.; *deplorable*[1], Malh., *Poés.*, 29, H. D. T.; *mourable*, Rons., V, 232, Bl.; — en *al*[2] : *geantal*, Amyot, *Diod.*, XI, 15, G.; *nuital*, Rons., II, 274, Bl.; — en *ard*, *art* : *leschar*, Rab., J. I, 182; *playdoyart*, Id., *ibid.*, III, 196; — en *astre* : *sourdastre*, Bouchet, *Serées*, XXI, 269, G.; en *asse* : *chaudasse*, Brant., IX, 156; — en *aut* : *sourdaut*, Dict., rimes, 1596[3]; — en *en*, *ien*, *ian* : *Dodoneen* Rons., Bl., IV, 348; *Asien*, Id., *ibid.*, II, 21; *palladian* Mar., II, 139; *hymenean*, Brant., IX, 92; — en *er*, *ier*, *ere*, *iere* : *bocager*, Rons., Bl., IV, 357; *ramager*, Id., *ibid.*, I, 14; *maillotinier*, Rab., J. IV, 150; *semencier*, Baïf, *Mimes*, fº 3, 1581, G.; *serpentier*, Rons., Bl. II. 347; *bletiere* (Ceres), Id. *ibid.*, I, 154; *soupiere* (troupe), Noel du Fail, II, 81; — en *eux*[4] : *arbreux*, Rons., Bl., VI, 126; *coquelineux*, Des Pér., *Devis*, IV, 25, t. II; *embuscheux*, Baïf, *Am.*, 1572, fº 28 vº, G.; *fascheux*, Marot, *Epigr.* 58, H. D. T.; *fameux*, 1552, Ch. Est., H. D. T.; *gemmeux*, Rons., Bl., *Am.*; I, 107; *tetineux*, Id., *ibid.*, IV, 341; — en *in* :[5] *aimantin*, Id., *Am.*, I, 14. *ibid.*; *ardoisin*, N. du Fail, I, 186; *geantin*, Rons., Bl., V, 57; *laurierin*, Baïf, *Po.* 41, Nagel; *pandorin*, Bugn., *Er.*, 73; *sandalin*, Id., *ibid.*, 19; — en *u* : *crespelu*, Rab., J. IV, 221; *fosselu* (marqué de fossettes), Rons., Bl. I, 28; *lippu*, Rob. Est., 1539, II. D. T.; *pommelu*, Rons., Bl., I, 135.

C. Verbes : — en *er* : *charruer*, Noël du Fail, II, 363; *deluger*, Sceve, *Del.*, I, p. 26; *escluuer*, Noël du F., I, 235, II, 34; Bugn., *Er.*, p. 11; *girouetter*, Scève, *Del.*, I, p. 5; *gruer*, Id., *ibid.*, XCIX, p. 48; *se harper*, Baïf, M.-L., II, 316; *larronner*, Rab., J., I, 96; *montagner* (lever ou s'élever en montagne), Rons., Bl. I, 80; *sourcer*, Id., *ibid.*, III, 260; *taluer*, Rab., J. II, 84; — en *asser* : *diablassant*, Noël du Fail, I, 190; — en *ailler* : *criailler*, Rons. *Fr.*, 1, H. D. T.; *rimailler*, Dict.

---

1. *deplorer*, qui sert de thème est en réalité un mot savant, mais vieux dans la langue.
2. *al* est un suffixe ancien, mais phonétiquement irrégulier, la vraie forme est *el*.
3. Godefroy cite un exemple antérieur de *sourdant*; il est probable qu'il faut y lire *sourdaut*.
4. Ce suffixe a été très employé dans l'école de Ronsard, mais la raison est qu'il était un des plus répandus partout : une seule phrase de Joubert le montrera : Diverses espèces de teigne : *teigne bournalière, figueuse, amedose, tertineuse, lupineuse, braneuse, et achoreuse*, *Err. pop.*, p. 335.
5. Il faut ajouter que la Pléiade a fait revivre tous ceux de ces adjectifs en *in* qui étaient anciens dans la langue : *argentin, ivoirin, marbrin, orin*; l'école de Lyon les affectionnait déjà. Cf. Meigret, *Gram.* 33 rº.

des rimes, 1596; *tirailler*, *Ib.*; — en *iller*, *petiller*, Du Bel., IV, 45 v°, L.; — en *oyer, poudroyer*, Rons., *Od.* III, 10, ed. 1584; *rosoyer*, Baïf, *Mimes*, II, f° 107 v°, G.; *vanoyer*, Rons., Bl. I, 389; — en *ir* [1] : *fruitir*, Baïf, *Poés. ch.*, p. 1, G.

D. Adverbes.

Alterement, Pont. de T., *Ér.*, III, 32; *artistement*, Castelnau, *Mem.*, 169, H. D. T., *celestement* [2], Bugn., *Er.*, XII, 16; *desgoutement*, Sceve, *Delie*, CCXXI; *feinctivement*, Bugn., *Er.* LX, 48; *reposamment*. Du Perr., 1er disc,, 21; *respondamment*, Id., *ibid.*, 68; *tacitement*, Pont de T., *Er.* II, 27, *tenacement*, Bugn., *Er.*, 34 [3].

E. Substantifs, Adjectifs, Verbes diminutifs.

Le XVIe siècle n'a pas inventé l'usage, ni même l'abus; toutefois certains poètes, comme il a été dit ailleurs, se sont laissés aller à des excès ridicules. Les théoriciens de la langue, loin de les retenir sur cette pente, ont donné sans observations la théorie de la formation de ces sortes de mots. Dubois avait commencé, Meigret (*Gram.*, p. 29, r°), puis ses imitateurs suivirent, et Henri Estienne renchérit encore [4]. Convaincu lui aussi que les diminutifs tiennent le premier lieu en mignardises, il s'efforça de prouver que nous « y pouuions faire tout ce que nous voulions, adioutans souvent diminution sur diminution. » *Les brebis camusettes, les arondelettes, les ruisselets argentelets*, ce qui est gracieux ou mièvre, il cite tout pêle-mêle, si bien qu'il me suffira, sans donner d'exemples, de renvoyer à son plaidoyer. Au reste il n'est que d'ouvrir Baïf ou Belleau pour trouver à satiété de ces « faultettes mignardelettes » [5].

Les plus nombreux sont ceux en *et, ette, elct, elette* (*ourselet*, Rons., Bl., IV, 113; *faultette*. Des Per., *Deuis*, XLVI, II. 182); mais on en forme aussi en *eau* (*enfanteau*, Mar., II, 74; *cappitayneau*, Brant., IV, 324); en *ot* (*chasserot*, Rons., Bl. II, 388); et en *on* : (*bestion*, Phil. de l'Orme, H. D. T., Noël du F., II, 100).

Les verbes sont la plupart en *oter* (*boursicoter*, Noël du Fail, *Eutrapel*, H. D. T.; *souspiroter*, Baïf, *Am.*, 68, *suçoter*, Rons., 498, L.).

---

1. Il y a un certain nombre de verbes en *ir* nouveaux au XVIe siècle, mais presque tous sont des composés, comme *apoltronnir, ensalaudir*, Brant., IX, 420. (Voir plus loin).
2. Le mot *celeste* est savant, mais ancien; *tacite* aussi est savant.
3. Les adverbes servent déjà chez les précieux du XVIe siècle à des antithèses curieuses : *ceste vie heureusement maudicte* (*Del.*, 69). Nous verrons ailleurs que Ronsard à l'adverbe substitue souvent l'adjectif.
4. Voir *Precellence*, éd. Huguet, p. 96; Pillot, les trouve très élégants (13 v°).
5. Ronsard lui-même en a abusé (II, 271) :

    Une avette sommeillant
    Dans le fond d'une fleurette
    Luy piqua la main tendrette...

3° *Composition par particules.*

Avec *a* : *aparessir*, Du Bel., *Mem.*, 1. VII, f° 234 r°, G. ; *apoltronnir*, Mont., III, 13, H. D. T. ; — avec *arriere* : *arriere-main*, Thierry, *Dict. fr. lat.*, 1564, H. D. T. ; *arriere-neveu*, Mont., I, 19, H. D. T. ; — avec *auant* : *auant-chien*, Rons., Bl. I, 70 ; *auant-ieu*, Id., *ibid.*, II, 127 ; — avec *bien* : *bien-chery*, Rons., Bl., VI, 135 ; *bien-germeux*, Id., *ibid.*, V, 231 ; *bienseance*, Rob. Est., 1539, H. D. T. ; — avec *con* : *comparoistre*, Id., *ibid.* ; — avec *contre* [1] : *contraccorder*, Du Bel., II, 10, Nagel ; *contre-respondre*, Rons., Bl. III, 299 ; — avec *de*, *des* : *decomposer*, Calv., *Inst.*, *chr.*, 213, L. ; *desgouster*, Rob. Est., 1539, H. D. T. ; *desordre*. Id., *ibid.* ; *deparesser*, Rons., Bl. VI, 48 ; *dereter*, Id., I, 123 ; — avec *e*, *es*: *ebranler*, Rob. Est., 1539, H. D. T. ; *euentail*, Amyot, *Ant.* 31, *ibid.* ; — avec *en* : *emparfumer*, Rons., Bl. I, 61 ; *embabiller*, Noël du Fail, II. 36 ; *eneauër*, Rons., Bl., I, 206 ; *enreter*, Id., *ibid.*, *Am.*, I, 82 ; — avec *entre* : *s'entrentendre*, Mont., *Ess.*, 1. II, 12, G. ; *entrevoir*, Marg. de Val., *Heptam.*, 76, H. D. T. ; *entrecourager*, Vigen., *Com. de Cesar*, 214, éd. 1576, G. ; — avec *mal* : *malrassis*, Rons., Bl. VI, 170 ; — avec *non* : *non-dit*, Id. *ibid.*, V, 240 [2] ; — avec *re* . *reblesser*, Id., *ibid.*, VII, 22 ; *restangner*, Sceve, *Del.*, LVIII, p. 40 ; — avec *sous* : *soussigner*, Saint-Gelais, 15. L. ; *sous-servir*, La Bod., *Liv. de la vie*, III, 12, 1581, G. ; *sous-dame*, Brant., IX, 549 ; — avec *sur* : *suraugmenter*, Bugn., *Er.*, 85 ; *surestimer*, d'Aubigné, *Hist.*, III, 354, L. ; *surnaistre*, Pont. de T., *Solit. prem.* 34, G. ; *surpayer*, Mont., II, 105, L. ; — avec *tres* : *tresluire*, J. de la Taille, *Blas. de la Marg.*, G.

4° *Composition proprement dite.*

A. Deux adjectifs, ou deux substantifs sont apposés : *diuin humain*, Bugn., *Er.*, 99 ; *humble-fier*, Rons., Bl., I, 68 ; *doux grief*, Sceve, *Del.*, LXXXVII, p. 43 ; *chaude seche*, *froide humide*, Du Bart., 51 v°, 2° j. ; *triple-un*, Id., 1re journ., p. 6 ; — *mere cite*, Id., *Jud.*, f° 347 ; *homme chien*. Id., 1re journ., p. 11 ; *Dieu messager*, Rons., Bl., V, 360.

B. Un substantif qualifié par un adjectif forme un adjectif composé : *pied vite* (Achille), Rons., Bl. V, 65 ; *front cornus*, Id., *ibid.*, VI, 372 ; *patepelue*, Rab., J., III, 65 ; *claire voix* (hérauts), Rons., Bl. III, 65.

C. Un adjectif pris adverbialement est joint à un verbe pour donner un verbe *doux-souflantes* (flûtes), Rons., II, 305 ; *marche-tard* (animal), Id., *ibid.* [3], VI, 65 ; — *aigu-tournoyant;* Id. *ibid.*, II, 79.

D. A un adjectif, un participe, un nom, est joint un substantif qui en dépend de telle façon que le rapport serait marqué par un cas oblique : *cuisse-né*, Rons., V, 235 ; *terre-nez* (géants), Id., *ibid.*, V, 237 ; *nuit-volant*, Baïf, *Po.*, 43 ; *cheure-nourri*, Id., *Vers mes.*, 2. Nagel [4].

E. Un verbe à l'impératif est suivi d'un régime, comme dans *cachecoul*=

---

1. Cette particule est, avec *entre*, une des plus employées au XVIe siècle.
2. Dès cette époque la particule *in* se développe aux dépens de *non* : on fait *ingardable* (Rons., Bl., V, 271) au lieu de *non-gardable*; *outre* semble mort. Cf. Est., *Prec.*, éd. Hug., 187.
3. Ce procédé, tel qu'il est appliqué dans les premiers exemples, où on est obligé de construire *front* comme un accusatif grec se rapportant à *cornus* : *cornus par le front*, n'est pas français.
4. Ces composés traduisent des mots grecs comme γαιηγενής, νυκτιπόλος, etc. Ils appartiennent presque exclusivement à Ronsard et à son école. Le vieux français connaissait quelques types comme *fervestu* que cite H. Estienne (*Précel.* 158), mais ce procédé de composition n'a jamais été répandu dans la langue. L'emploi qui en est fait ici est tout antique.

qui cache le cou (Rab., I, 47) : *chasse-peine* (l'or), Rons., Bl. V, 222 ; *desrobe-fleur* (auette), Id., *ibid.*, II, 146 ; *donne-vin* (été), Id., *ibid.*, V, 187 ; *mange-suiet* (Childéric) Id., *ibid.* III, 235 ; *oste-soif* (échanson). Id., *ibid.*, VI, 343 ; *porte-couronnes* (rois), Id., *ibid.*, VI, 158 ; *rase-terre* (vent), Id., VII, 119 ; *brise-grain* (moulin), Bart., 75 v°, 2° j. ; *donne-iour* (le char), Id., f° 84 v°. 2° j. ; *porte-laine* (mouton). Id., f° 47, 2° j. ; *tire-traits* (fils), Id., 11 v°, 1re j. ; *tirasse-coutre* (le bœuf), Bart., 3° s., f° 102 [1].

J'ai déjà eu l'occasion de parler de ce procédé. Il a donné au français un grand nombre de substantifs. Une des principales innovations linguistiques de Ronsard a été de chercher à faire de la sorte des adjectifs. Je ne sache pas que Scève se soit avisé de ce moyen. Au contraire, les adjectifs nouveaux se rencontrent en foule chez Ronsard, employés souvent avec un art véritable.

Du Bellay, Baïf, en ont fait grand usage [2] et pendant quelque temps ce fut à qui chercherait là l'équivalent de ces épithètes imagées qu'on enviait si fort à la poésie ancienne. Henri Estienne lui-même les a acceptées sans répugnance, en recommandant seulement d'en faire un emploi judicieux [3]. Toutefois les adjectifs composés ainsi étaient trop inusités pour ne pas choquer, et Du Bartas, qui les avait mis « un peu epais », il en convient lui-même, se vit contraint de les défendre. En 1596, on faisait un choix des plus beaux de ses œuvres [4], en 1610 ils étaient à peu près complètement condamnés [5], comme n'étant aucunement propres à notre langue.

5° *Formation irrégulière*. — Je ne pourrais sans chercher à déterminer des procédés là où il n'y a le plus souvent que fantaisie, essayer de réduire les mots qui en sont issus à des catégories ; je dois cependant signaler en passant le développement considérable de mots excentriques qu'on remarque au

---

1. Du Bartas entasse souvent ces mots en litanie :

> Le feu donne-clarte, porte-chaud, iette-flamme,
> Source de mouuement, chasse ordure, donne ame,
>   2° *Sem.*, f° 89.

2. Voir édit. Marty-Laveaux, I, 337, Pref. de deux livres de l'*Æneide*. Il cite pêle-mêle trois exemples fort différents : *pié-sonnant, porte loin, porte ciel*.
3. Voir *Précel.*, édit. Huguet, 158 et suiv.
4. Voir à la suite du *Dictionnaire des rimes* de 1596.
5. Deimier, *Acad. de l'art poétique*, 432. Cf. Balzac, II, 702. Un des ridicules de son Barbon est de croire que l'enthousiasme de la poésie française a cessé depuis qu'on ne dit plus : la *terre porte-moisson*, le *ciel porte-flambeaux*. Cf. à ce sujet Meunier, *Composés qui contiennent un verbe à un mode personnel en latin, en français, en italien et en espagnol*, Paris, 1875. On y trouvera des listes très complètes.

xvıᵉ siècle. Rabelais n'a pas inventé ces sortes de jeux, puisqu'avant *Pantagruel*, Tory se plaint avec vivacité des « plaisanteurs » dont les calembours déchiquètent le langage, autant que l'argot des jargonneurs le corrompt[1]. Mais il est certain que les exemples si nombreux où sa gaieté contorsionne les mots, ont séduit tous ceux qui après lui ont cultivé un genre analogue au sien. Ses *jeu n'est-ce*, et ses *janspill'hommes* ont été imités par d'autres rieurs. De même ses *desincornifistibuler* et *emburelucocquer*. Le danger n'était point grand : *esperruquancluzelubelouzerilelu, morderegrippipictabirofreluchamburelurecoquelurintimpanement* et leurs semblables avaient peu de chance d'entrer dans le lexique courant.

Il en est tout autrement des composés anomaux faits par redoublement de la première syllabe. On les croit généralement propres à Du Bartas. En fait cette idée de répéter l'initiale « pour augmenter la signification, ou représenter plus au vif la chose » n'est pas de lui, il l'a prise aux maîtres de la *Pléiade*; *ba-battre* est dans l'ode de Ronsard à Michel de l'Hospital; *flo-flotter* se lit ailleurs dans son œuvre (II, 429, M.-L.). Cet usage barbare, malgré d'illustres parrains, ne s'est néanmoins pas répandu.

Italianisme et hispanisme. — Toutes les recherches qui se poursuivent sur le développement de la culture française à l'époque de la Renaissance et pendant le siècle qui a suivi, aboutissent presque régulièrement à découvrir, chez ceux qui y ont pris une part marquée, quelque inspiration directe ou indirecte d'Italie.

On a pu voir dans l'histoire de la littérature qui précède ce que les écrivains les plus divers, depuis Crétin et Le Maire de Belges jusqu'à Régnier, les grands et les petits, Marot, Marguerite de Navarre, Rabelais, Des Périers, Bouchet, Magny, Scève, Ronsard, Baïf, Du Bellay, Jodelle, Pelletier, Ch. Fontaine, Pontus de Tyard, Desportes, Montaigne, Amyot, Du Bartas, etc., doivent aux modèles d'outremonts. Encore serait-ce singulièrement restreindre l'influence italienne que de la considérer comme purement littéraire. Les savants français n'ont pas

---

1. *Champfleury*, Avis au lecteur.

moins d'obligation envers les Cardan et les Tartaglia, les artistes envers le Rosso et le Primatice, que les poètes envers Pétrarque ou les conteurs envers Boccace. A dire vrai, tous ceux qui ont pensé, et écrit, ont été, pendant ces cent cinquante ans — qui plus qui moins, suivant les périodes — à l'école de nos voisins.

Or la plupart des modèles qu'on imitait s'étaient servis, non du latin, mais de leur vulgaire italien. Pétrarque humaniste avait sans doute une école, Pétrarque poète des *Rimes* en avait une aussi nombreuse. On apprenait la langue italienne pour avoir « la communication des bons auteurs italiques »; or, une fois qu'on a eu ainsi un contact prolongé avec les étrangers, il est bien difficile qu'on se retire complètement, comme le voulait Ronsard, sous son enseigne. Toutefois je ne voudrais pas ici forcer ma pensée; l'italien n'eut jamais sur les hommes de lettres un ascendant égal à celui du latin; c'était un parler vivant, qu'on ne pouvait partant mettre au rang des langues vénérables de l'antiquité. En outre, une jalousie nationale, qui parut de bonne heure, empêcha qu'on reconnût sa supériorité, et c'était la proclamer que de paraître lui devoir trop. La tendance à l'emprunt fut très sérieusement contrariée par le désir de ne pas avoir l'air trop barbares et trop pauvres.

Mais si ces pudeurs étaient de nature à arrêter des gens instruits, d'autres causes amenèrent un développement de l'italianisme auquel les écrivains ne pouvaient rien, car il eut lieu en dehors d'eux. On sait quel long séjour, souvent pacifique, les Français avaient fait en Italie; le contact entre les armées qu'ils y ont conduites et les populations a souvent été fort intime, et si nombre d'Italiens dans ces circonstances ont appris le français, de leur côté les Français — dont quantité étaient du Midi, et parlaient un idiome assez voisin de celui du Milanais — se teintèrent au moins d'italien. Le très grand nombre de mots relatifs à la guerre qui ont alors pris place dans notre vocabulaire fait voir assez que l'influence exercée sur nous de ce côté a été très considérable.

Enfin, comme si tout conspirait à ce moment à multiplier les contacts, à Lyon, dont l'imprimerie avait fait sinon le centre intellectuel du royaume, du moins un second Paris, des colonies italiennes, riches, prospères, lettrées, établies à demeure, une foule de marchands venus, grâce au privilège des foires franches, répandaient dès le commencement du siècle la culture et la langue italiennes. Quand la politique eut amené à Paris une reine de la famille des Médicis, et à sa suite toute une « petite Italie », ce fut au cœur même de la France que le mal — si c'était un mal — fut porté, et le langage, comme les habits, ne manqua pas de s'en ressentir.

On a pu essayer de marquer des phases ; M. Rathery en compte deux dans le xvie siècle, l'une qui va des origines à la fin du règne de François Ier, l'autre qui commence aux environs de 1550 et se prolonge pendant une trentaine d'années. A vrai dire, on remarque en effet des périodes où l'influence italienne s'accentue davantage, telle par exemple celle qui va de la régence de Catherine de Médicis (1560) à 1580 ; mais je ne crois pas qu'on puisse mettre à part cette vingtaine d'années ; Catherine était en France depuis 1533, et quoiqu'elle y ait longtemps joué un rôle effacé, son influence n'avait pas laissé dès l'origine de se faire sentir[1]. En outre, si on arrivait à fixer des dates précises à ces influences politiques, ces dates ne coïncideraient plus avec celles des influences littéraires. Souvent les unes s'accroissent quand les autres décroissent, de sorte que finalement, quelle que soit l'époque que l'on considère, des diverses sources qui nous ont versé l'italianisme, on en trouve toujours une au moins en activité à ce moment. Et il faut bien prendre garde que ce ne sont pas celles qui ont semblé couler torrentiellement, qui ont seules fécondé notre sol. A entendre les plaintes qui s'élèvent autour de 1570, on croirait que tout le monde italianise ; c'est la mode en effet, mais dans un certain monde seulement, à la cour ; l'engouement des courtisans dépasse toute mesure, excite de violentes réclamations, la trace que leurs affectations ont laissée dans le langage est considérable sans doute, et néanmoins l'époque antérieure, où la mode était moins bruyante et moins excessive, nous a laissé des italianismes en quantité aussi très notable.

Au xvie siècle, pour les raisons d'amour-propre que j'ai dites,

---

1. Voyez là-dessus d'excellentes pages de Bourciez, *Les mœurs polies et la littérature de cour*, Paris, 1886, p. 269 et suiv.

et pour d'autres encore, dont plusieurs étaient politiques et même religieuses[1], l'italianisme a eu beaucoup plus d'adversaires que de défenseurs. L'opposition commença de bonne heure; on la trouve marquée chez Bouchet, dans les *Litteræ obscurorum virorum*, chez Budé même, qui prononça un jour que l'engouement pour les choses d'outremonts devenait superstitieux : « *Gallia transalpinarum ipsa rerum plus quam et par et utile cupida* ».

Toutefois le débat ne fit naître à cette époque ni un livre ni un pamphlet de quelque importance. En effet, l'opuscule de Le Maire de Belges qu'on cite souvent, la *Concorde des deux langages*, est tout autre chose qu'un exposé littéraire et philologique. L'auteur a simplement pour but de faire cesser des querelles irritantes, et d'amener les deux langues « derivees et descendues d'ung mesme tronc et racine a viure et perseuerer ensemble en amoureuse concordance ». Son rêve serait visiblement de voir s'augmenter le nombre des hommes de France « qui frequentent les Itales et s'exercitent au langage toscan », d'autre part celui « des bons esperits italicques qui prisent et honorent la langue françoise ». Ces tentatives de conciliation, ont été inspirées par tout autre chose que des soucis d'ordre littéraire; c'est de la pure politique.

Au contraire, à l'époque de la Pléiade, les attaques se multiplient et se précisent. M. Marty-Laveaux[2] a cité les vers où Du Bellay d'abord, Jodelle ensuite (en 1552) ont raillé les termes alors nouveaux de *bravade*, *soldat*, *cargue*, *camisade*, longtemps avant que Ronsard, dans le testament littéraire dont j'ai déjà parlé, rapprochât les écorcheurs d'italien des écorcheurs de latin. Dans l'école adverse on n'était pas moins sévère. Le Quintil n'aimait guère « la singerie de la singerie italiane », et avant même d'aborder le premier chapitre du premier livre de la *Deffense*, il a trouvé occasion d'attaquer les corruptions italiques[3], et de marquer net son sentiment. Peletier du Mans, à propos de tout autre chose, se prononce à son tour contre les mendiants du bien des autres, qui font paraître la langue souf-

---

1. Voir de Maulde, *Louise de Savoie*, 266.
2. *Langue de la Pléiade*, p. 178.
3. Édit. Pers., 192. Cf. p. 202, 203, 204, 206, 212.

freteuse, en prétendant la revêtir toujours des plumes d'autrui[1]. Grévin, dans sa comédie des *Esbahis*, composée sur l'ordre de Henri II, mais qui ne fut jouée que le 16 février 1560, inséra une satire mordante d'un bravache italien, et si le valet qui le nargue y raille son allure de capitan, il ne s'y moque pas moins de son baragouin, qu'il contrefait.[2]

Quelques années après, en 1565, la vraie bataille s'annonçait dans la préface de *la Conformité du langage françois avec le grec* de Henri Estienne. Ce livre paraît destiné par son titre, et il est en effet consacré à démontrer tout autre chose que la possibilité pour le français de se passer d'emprunts italiens. Toutefois la conclusion dernière qu'Estienne tirait de la parenté de notre idiome et du grec aboutissait encore à la condamnation de la langue rivale. Car son raisonnement complet était le suivant : « Le français est la langue la plus voisine du grec ; or le grec est la reine de toutes les langues : donc la française est la seconde ». Si le syllogisme n'est pas posé ici en bonne et due forme, il le sera ailleurs. Estienne établira qu'il se déduit invinciblement de la majeure une fois démontrée[3].

Au reste, s'il ne tire pas de l'ensemble de son livre des conclusions immédiates sur la hiérarchie des langues, il nous expose nettement ce qu'il pense dès ce moment des « mauuais mesnagers, qui, pour auoir plustost faict, empruntent de leurs voisins ce qu'ils trouueroyent chez eux, s'ils vouloyent prendre la peine de le cercher »[4].

1. *Dial. de l'Orthogr.*, p. 104; 1555.
2. Voir *Anc. Th. franç.*, Jannet, 1855, IV, 314.
3. « Car tout-ainsi que quand une dame auroit acquis la reputation d'estre perfaicte et accomplie en tout ce qu'on appelle bonne grace, celle qui approcheroit le plus pres de ses façons auroit le second lieu : ainsi, ayant tenu pour confessé que la langue grecque est la plus gentile et de meilleure grace qu'aucune autre, et puis ayant monstré que le langage François ensuit les iolies, gentiles et gaillardes façons Grecques de plus pres qu'aucun autre : il me sembloit que ie pouuois faire seurement ma conclusion qu'il meritoit de tenir le second lieu entre tous les langages qui ont jamais esté et le premier entre ceux qui sont auiourd'huy. » (*Precel.*, édit. Huguet, 34.)
4. « Encores, s'écrie-t-il, faisons-nous souuent bien pis, quand nous laissons, sans sçauoir pourquoy, les mots qui sont de nostre creu, et que nous auons en main, pour nous seruir de ceux que nous auons ramassez d'ailleurs. Ie m'en rapporte à *manquer* et à son fils *manquement*, à *baster* et à sa fille *bastance*, et à ces autres beaux mots, *à l'improuiste, la premiere volte, grosse intrade, un grand escorne*. Car qui nous meut à dire *manquer* et *manquement*, plustost que *defaillir* et *default*? *baster* et *bastance*, plustost que *suffire* et *suffisance*? Pourquoi trouuons-nous plus beau *à l'improuiste*, que *au despourueu*? *la premiere volte* que *la premiere fois*? *grosse intrade* que *gros reuenu*? Qui fait que nous

La sortie est très vive, et l'indignation d'Estienne si grande que, mêlant une question de patriotisme au débat, il met déjà en avant ce mauvais argument, qu'en voyant les courtisans « emprunter d'Italie leurs termes de guerre, laissans leurs propres et anciens », on en viendra a penser « que la France ait appris l'art de la guerre en l'eschole de l'Italie [1] ». Dès ce moment on sent à l'âpreté de son ironie, à la violence de ses reproches, que si « personne de meilleur loisir » ne s'y applique, il reviendra à ce propos.

Et en effet, après une période de douze ans, il lança coup sur coup les *Deux dialogues du nouueau langage françois italianizé et autrement desguizé* (1578), et la *Precellence du langage françois* (1579) [2]. Le premier de ces livres s'attaque aux courtisans écorcheurs d'italien. Mélange hétérogène de doctrine et de satire, de pédantisme et d'esprit, comme presque tous les livres français d'Estienne, coupant la dispute philologique d'une anecdote, et appuyant la moquerie de considérations grammaticales, il peint, conte, caricature, invective, discute, et argumente tour à tour. On cite toujours l'amusante parodie du langage italianizé dans laquelle Jean Franchet, dit Philausone, gentilhomme Courtisanopolitois, expose aux lecteurs *tutti quanti* la rencontre dont le récit fait l'objet du livre. Il y a, au début, nombre d'autres morceaux de ce style [3]. Mais bientôt le ton change. Estienne, une fois le langage de Philausone connu, quitte cette manière de railler, renouvelée de l'écolier limousin, il prend un à un les

---

prenons plus de plaisir à dire : *il a receu un grand escorne*, qu'à dire *il a receu une grande honte* ou *diffame* ou *ignominie* ou *vitupere*, ou *opprobre*? » (*Conf.*, 22.)

1. Voir *Conformité*, Préf., p. 28 et suiv.

2. Le titre exact des dialogues est : *Deux dialogues du nouueau langage François, italianizé, et autrement desguizé, principalement entre les courtisans de ce temps : De plusieurs nouueautez, q̃ ont accompagné ceste nouueauté de langage : De quelques courtisanismes modernes, et De quelques singularitez courtisanesques*.

3. « I'ay bonnes iambes (de quoy Dieu soit ringratié), mais i'ay batu la strade desia tout ce matin, et n'estoit cela il me basteret l'anime d'accompagner vostre seigneurie partout où elle voudret... Sa maison est fort discoste, principalement pour un homme qui est desia un peu straque comme ie vous ay dict que i'estes. Toutesfois ie ne crain pas tant la fatigue du chemin, comme i'ay peur que nous ne le trouuions pas in case. Mais (pour iouer au plus seur) i'enuoiray mon ragasch, pour en sçauoir des nouuelles)... Prenons un autre chemin, de grace. Car ce seret une discortesie de passer par la contrade où est la case des dames que sçauez, sans y faire vne petite stanse, et toutesfois, ie ne suis pas maintenant bien acconche pour comparoir deuant elles. » *Dial.*, p. 44, édit. Liseux.

mots, les prononciations, les expressions de la cour, tous les barbarismes des « Romipètes », les analyse, et les examine avec une sévérité qui ne se lasse pas.

La verve ne manque pas dans les ripostes, ni l'esprit dans la discussion, mais celle-ci eût certainement gagné à être plus serrée. Le xvi⁶ siècle ne craignait pas les gros livres. Estienne a abusé ici de cette indulgence ; il s'égare volontairement à chaque instant dans des digressions et des redites, et semble moins que jamais se douter qu'il ferait plus piquant en faisant plus court. Singulier défaut chez un homme que des travaux écrasants laissaient à peine respirer ; il écrit comme on flâne !

Sa science se trompe aussi parfois. On pourrait discuter avec lui si certains mots qu'il considère comme des italianismes, *bal*, *coyon*, ne sont pas anciens dans le français, ou ne lui viennent pas de ses dialectes, si *vocable* est italien ou latin ; il est certain que *liste* est allemand, et non emprunté à l'italien *lista*, que *corporal* n'est qu'une corruption de *caporal*, et non une forme antérieure, etc. Mais en général Estienne, qui possédait à fond l'italien [1], voit juste et clair [2], de sorte que son livre — quoiqu'il faille se défier de l'imagination créatrice de l'auteur — demeure aujourd'hui encore le relevé le meilleur des farcissures, dont la mode de ce temps avait bigarré le langage.

La *Precellence* n'est que le projet d'une œuvre plus vaste, que le roi Henri III avait demandée à Henri Estienne, revenu en France, et qui ne parut jamais [3]. Ce livre ne répète nullement le précédent ; il le continue, encore bien différemment. En effet, considérant que l'engouement des « gaste-françois » venait en dernière analyse d'une admiration plus ou moins consciente que l'on professait pour la langue italienne elle-même, Henri Estienne voulut ruiner cette superstition. Jusque là les Italiens l'avaient entretenue, les Français, sans la subir tous, n'avaient

---

1. *Conform.*, p. 45.
2. Il est curieux cependant qu'on puisse lui-même le prendre en flagrant délit d'italianisme. Ne donne-t-il pas dans la *Precellence*, parmi les synonymes d'*avare* qu'il entasse pour prouver la richesse du français, le mot de *racle-denare* ; *racler* est français, mais *denare* n'a-t-il pas été influencé par l'italien *danaro* ?
3. Le titre exact porte : *Project du livre intitulé De la precellence du langage François* ; Paris, Mamert Patisson, imprimeur du Roy, 1579. Cf. l'épistre au Roy, début.

guère osé revendiquer que l'égalité avec eux. C'est encore le point où se tient Mathieu [1]. Mais Henri Estienne va plus loin, il ne se défend plus, il attaque, et prétend démontrer à l'honneur et au « proufit de sa nation, que la langue française surmonte toutes les vulgaires, et pourtant merite le titre de precellence ». Je renvoie le lecteur curieux de connaître son argumentation à son livre même, devenu, grâce à deux éditions modernes, tout à fait commun [2].

Dans l'ensemble elle est telle qu'on pouvait l'attendre, c'est-à-dire vaine au fond, les langues ne pouvant être estimées d'après une mesure commune, telle aussi qu'Estienne pouvait la faire, riche en observations justes et en même temps semée d'erreurs, qui proviennent non seulement des défauts de la méthode philologique du XVIe siècle, mais de la passion et du parti pris de l'auteur.

Dès le début, après s'être appuyé sur le témoignage de Brunetto Latino, que j'ai cité moi-même (16) [3], il allègue en faveur de sa thèse ces deux raisons singulières que « nous auons nos langues plus a deliure que les Italiens pour prononcer les mots grecs et latins que nous empruntons, sans les deprauer », puis que « nous auons un langage qui n'est point subiect à tels changemens qu'on voit auenir au leur, et à une telle incertitude. » (18 et s.) On ne saurait guère aller plus loin dans le paradoxe. Et cependant l'auteur se surpasse aussitôt, quand il aborde les points essentiels du débat. Il veut examiner successivement lequel des deux langages est le plus grave, lequel est le plus gentil et de meilleure grâce, lequel est le plus riche (37). Et comme il prétend ne rien céder, sur aucun point, il conteste à l'italien des avantages incontestables. Pour trouver l'équivalent

---

1. « La langue italienne a deux souueraines graces. L'une, de quoy son usage est assigné en un certain quartier du pays : ou les femmes et les enfans, les gens de ville et de village, les scauans et les ignorans parlent egalement, et de rondeur de bouche : sans difference. L'autre grace est, dequoy les mieux aprins du pays, et les plus grands personnages en scauoir luy ont fait l'honneur de la coucher sur le papier... de sorte que si elle se veult contenter de l'egalité, nous luy accorderons tresvolõtiers : si elle veult passer oultre, et auoir le pardessus, il faut aduiser à ses raisons. Et si elle nous presentoit pour ses tenans Machiauel, messire P. Bembe, Cardinal, Balthasard de Chastillon, l'Arioste, Iean Boccace, François Petrarque, et le Dantes, il seroit besoing d'auoir la voix bonne et forte, et les reins fermes pour soustenir contre eux. » *Devis* (1572) 1 v°, 2 r°.

2. Voir l'édition de Feugère, Paris, 1850, et celle de E. Huguet, Paris, 1896.

3. Les chiffres se rapportent à l'édition Huguet.

de l'accent mobile, il va chercher les différences de quantité, qui sont entre des mots comme *race* et *grâce*, *matin* et *mâtin*, soutient que le français se prête aux vers mesurés, que du reste les atones qui suivent l'accent dans les mots italiens sont une gêne, une cause d'irrégularité et de pesanteur, non un élément de gravité (38-46). Sur le chapitre de la gentillesse, mêmes prétentions (65-104). Les finales sonores en *o* et en *a*, loin d'être suivant lui la délectation de l'oreille délicate, lui semblent ennuyeuses par leur fastidieuse répétition; il n'est pas jusqu'aux diminutifs, qui « tiennent le premier lieu en mignardises », qu'il ne juge chez nous plus agréables et plus nombreux que chez nos rivaux. A propos de la richesse (p. 104-253) Estienne s'illusionne bien encore, par exemple dans la comparaison qu'il fait des mots, des expressions et des phrases, qui peuvent traduire le grec ἔμπειρος, ou des façons de parler concernant les devoirs des citoyens envers la chose publique. Du moins il connaît à merveille les ressources du français, et il met en belle lumière tout le trésor des expressions imagées, que notre langue doit à la chasse, aux métiers, à certains arts comme la politique. Il sait en outre où elle peut puiser ce qui lui manque, quelle réserve elle possède dans ses procédés de composition, dans ses dialectes et dans son passé. Tout cela ne prouve rien contre l'italien, mais jamais du moins, avant Estienne, on n'avait si bien ni si copieusement décrit les richesses de notre langue.

Malheureusement, quittant ce terrain solide, l'auteur s'égare dans d'absurdes revendications. Il prétend retrouver nos dépouilles dans une foule de mots italiens, *testa, gamba, miraviglia*, que les deux langues ont gardés du fonds commun du latin populaire. Cette partie, où Estienne se trompe presque partout, est la plus mauvaise de son livre. La fin ne le relève guère; ce n'est qu'un retour à son éternel plaintif au sujet des mots de guerre écorchés de l'italien.

Malgré toutes les réserves que j'ai dû faire, l'ensemble de la polémique d'Estienne a été redoutable. L'adversaire de l'italianisme était bien armé et frappait ferme, quelquefois à tort et à travers, mais même les coups qui ne portent pas ont leur effet dans la bataille. Depuis le « crime italien » de la Saint-Barthélemy une réaction très nette se manifestait contre les choses d'outremonts. En ce qui concerne le langage, Estienne a eu l'honneur d'être un des chefs ; et derrière lui on vit bientôt se produire d'autres protestations. L'année même où paraissait la *Precellence*, Laurent Joubert se plaignait à son tour de ce « barragouin, contrefait et composé des mots corrompus d'une part et d'autre, qui ne sont ja purs Français, ne Espagnols, ne Italiens [1]. Un peu plus tard Noël du Fail se faisait l'écho des mêmes plaintes dans ses *Contes et Discours d'Eutrapel*. Toutefois l'accalmie vint bientôt. Les circonstances politiques ayant changé, la mode italienne fut abandonnée, pour reprendre seulement plus tard et sous une forme qui devait beaucoup moins atteindre la langue. Celle-ci était sortie, comme dit H. Estienne, du mauvais passage.

B. *L'Hispanisme*. — Il s'en faut de beaucoup que l'influence de l'Espagne égale au xvie siècle celle de l'Italie. Ni en science ni en littérature les auteurs espagnols n'avaient été assez éminents pour trouver en France la foule d'imitateurs qu'y trouvèrent les Italiens, et assurer à leur langue un prestige semblable. D'autre part les relations entre les deux nations, tout en étant nombreuses, ne sauraient se comparer au commerce ininterrompu qui s'entretenait par-dessus les Alpes. L'une de nos voisines nous pénétrait seulement, pendant que l'autre nous envahissait [2].

L'Espagne prendra sa revanche plus tard, à la fin du xvie siècle, et au commencement du xviie ; mais à partir de 1605 la langue a été mise à une discipline très sévère, dont la règle principale est qu'il faut se contenter des mots indigènes. La mode espagnole sévira donc, quand la langue sera à peu près hors de ses atteintes ; pendant les deux premiers tiers du xvie siècle, il est visible qu'on éprouve à peine le besoin de se défendre de son ascendant.

On le voit bien à l'attitude que prennent vis-à-vis de la langue castillane les champions les plus ardents de la pureté du français. Mathieu en parle assez dédaigneusement ; » il lui semble, sous

---

1. *Dial. de la cacographie françoise* à la suite du *Traité du ris*, p. 383.
2. Voir sur *l'Espagne en France* l'excellent article de M. Morel Fatio, *Et. sur l'Espagne*, 1re série, I-108, 2e éd., 1895. Cf. Lanson, *Revue d'histoire littéraire de la France*, 1896, 45 et s.

correction, qu'elle sent encore le vieil ramage du pays ¹ ». Il ne la trouve pas « de grande estendue, pour discourir à tous propos et de toutes matieres », mais pauvre et stérile, « contente des façons du pays ». Estienne ne paraît pas plus alarmé. Il escarmouche bien ça et là contre l'espagnol, prétend exercer sur lui quelques reprises, lui redemander *manera*, *merced*, qu'il nous croit dérobés, avec quelques autres mots; mais en réalité les prétentions à la prééminence qu'il l'accuse d'afficher ne lui ont jamais paru, je crois, très sérieuses.² Chaque fois qu'il parle de « renger les Espaignols », c'est d'un mot bref, comme on parle d'une chose facile. Si l'engouement eût été comparable à celui qu'on montrait pour l'italien, ce « vrai françois » eût parlé d'un autre ton, et partagé un peu mieux ses coups.

En fait, ni les imitateurs ni les traducteurs même en général ne s'étaient laissés aller à beaucoup entrelarder leur français d'espagnol. Le livre le plus répandu de toute la littérature de nos voisins avait été le roman d'*Amadis*, et des Essars, qui a commencé à le traduire, est un écrivain relativement très pur, qui archaïse plus volontiers qu'il n'emprunte. Il cherche à adapter son langage à l'original, au lieu de transcrire celui-ci. Ce n'est pas à dire que tous les écrivains aient observé pareille réserve. Brantôme avait voyagé en Espagne, il avait accompagné les troupes de Philippe II, et il étalait volontiers à côté des termes italiens « le gentil parler espagnol », qu'il possédait aussi bien que son « franciman ». D'autres, sans y mettre cette jactance, se sont laissés aller; la guerre a mis en contact les deux peuples, et le résultat a été qu'un certain nombre d'hispanismes se sont glissés dans le français, quelques-uns y sont même demeurés³.

1. *Deuis*, 1572, 2 r°.
2. *Conform.*, p. 253 et sv.
3. Ronsard, dans la Préf. de la *Franciade*, veut qu'on apprenne l'espagnol comme l'italien; Du Bellay ne les sépare pas non plus.
Je ferai, avant de donner aucune liste, des réserves analogues à celles que j'ai faites un parlant des mots dialectaux. Il est d'abord souvent très difficile de savoir si un mot est français, ou provençal, ou espagnol ou italien. C'est le cas de certains mots en *ade*, une fois ce suffixe entré dans le français; de certains verbes même, comme *parangonner*, qui peut être aussi bien dérivé de *parangon*, déjà entré dans la langue que de *paranconare*. *Paragone* (espagnol) semble la forme primitive; *parangon* entre en français au XV° siècle (V. *Chansons*, éd. G. Paris, p. 104); *parangonner* est seulement du XVI° siècle. (*Rons.* I, 5 et 380, M.-L.) On hésite souvent tout au moins entre plusieurs de ces origines : rien dans la forme de *escamper* (le v. fr. dit *eschamper*) n'indique s'il est pris du provençal *escampar*, de l'espagnol *escampar*, ou de l'italien *scampare*. Et il est souvent

Je classerai ici, comme plus loin, pour le latin, les emprunts en diverses catégories [1] :

1° Expressions faites de mots français, mais rapprochés suivant un modèle italien ou espagnol.

Brantôme dit de la sorte *voir dire* pour *ouïr dire*, et nous savons par H. Estienne que plusieurs Italiens disaient *veder la messa* (II, 160). Comparez *estre en cervelle*, Brant., IV, 221 (= ital. *star' in cervello*). H. Estienne a poursuivi de ses moqueries un très grand nombre de ces phrases, imagées ou non : *Cela sera pour me faire entrer au paradis de mes désirs, il parle divinement bien, il a le diable au dos*, etc. [2].

Se mettre en mire est de la même façon construit sur l'espagnol *estar a la mira* (Brant., VII, 65 [3]).

2° Mots influencés dans leur forme.

a. Par l'italien : *balzan* (refait sur *balzano*), v. fr. *baucent*, Ol. de Serres, IV, 10, H. D. T.; *canaille* (*canaglia*), v. fr. *chiennaille*, Rob. Est., 1539, *ibid.*; *cattif* (*cattivo*), fr. pop. *chetif*, fr. sav. *captif*. H. E., *Dial.*, I, 39. Brant., I, 69; *caualerie* (*cavalleria*), v. fr. *cheualerie*, H. Est., *Dial.*, I, 26, 110, 292. La Boëtie, 172, L.; *courtesie* (*cortesia*), fr. *courtoisie*, H. Est., I, 43 [4]; *escars*

d'autant plus téméraire d'écarter les influences des dialectes de langue d'oc que dans bien des cas les intermédiaires qui nous ont apporté les mots nouveaux parlaient un dialecte de cette langue. En italianisant, ils gasconisaient encore.

Dans d'autres cas plus simples, on n'est pas moins embarrassé. Brantôme italianise et espagnolise. D'où lui vient son *escaller* VI, 142 (= *escalader*, v. fr. *escheler*)? de l'espagnol *escalar* ou de l'italien *scalare*? *Bancade* est passé chez Belleau (II, 22 M.-L.). Faut-il le rapporter à l'italien *bancata*, ou à l'espagnol *bancada*? La première hypothèse est la plus vraisemblable; mais il est dangereux en pareille matière de prononcer d'après des considérations générales.

Enfin on se trouve très empêché de décider si un mot est pris aux langues néo-latines ou au latin lui-même. *Case* était italien dans la bouche des courtisans, au dire d'Henri Estienne (*Dial.*, I, 45) ainsi que *caver, fastide, stomacher* (*se*) (*Ibid.* I, 3, 44, 49). Mais Rabelais (I, 241, M.-L.) a pu emprunter *alme* et *campana* d'*almus* et de *campana*, aussi bien que de l'italien *almo* et *campana*; *pedicant* est dans Ronsard, V, 338, M.-L. Faut-il y reconnaître l'italien *predicante*, ou le latin d'église *prædicans*, si usuel au xvi° siècle? On pourrait citer nombre de mots qui prêtent à semblables divergences de vues : *se iacter, lentitude, hortolan*.

1. J'écarte tout ce qui est de l'italien ou de l'espagnol pur, non francisé : *Aïme* (H. Est. *Dial.*, 1, 54); *andar vie* (N. du Fail, I, 175); *il me baste l'anime* (H. Est., *Dial.*, I, 44, 112, 139); *Madesi* (Id., *ibid.*, I, 45); *in fruttola* (Id. *ibid.*, I, 23); *in gambe*, (N. du Fail, II, 50); *martel in teste*, (H. Est. *Dial.*, I, 3, 44, 61, 112, 113); *mezze partie* (Brant., V, 214); *prime del monde* (Noël de Fail I, 74), tout en reconnaissant que des italianismes sont entrés tout crus dans le français : *opera, piano*, etc.

2. A relever celle-ci : « Ie me pris à fantasier en mon lict et mouuoir la roue de ma memoire » (H. Est., *Dial.*, II, 116). Elle est textuellement au début du *Champfleury* de Tory. Voir les *Dialogues*, II, *passim*.

3. Dans le même ordre d'idées, il faut ajouter que l'influence italienne ou espagnole rend l'emploi de certains mots plus fréquents; témoins; *seigneurie, baiser la main*, qui se retrouvent à chaque instant dans les compliments des courtisans.

4. A vrai dire, il ne s'agit ici que d'une différence de prononciation de *oi*, prononcé *e* par les courtisans.

scarso), fr. *eschars*, Brant., VIII, 23; *fauoregger (favoreggiare)*, fr. *favoriser*, H. Est., *Dial.*, I, 4; *ghirlande (ghirlanda)*, v. fr. *garlande*, Rons., I, 54, M.-L.; *inamouré (innamorato)*, fr. *enamouré*, H. Est., *Dial.*, I, 45; *misser*, fr. *messire*, Des Per., J. Deuis, XXIV, II, 110; *past (pasto)*, fr. *past* prononcé pât[1], Est., *Dial.*, I, 3. Brant., VI, 388; *pedestal (pedestallo)*, v. fr. *piedestal*. Du Bell., II, 281, M.-L.; *ragioner (ragionare)*, fr. *raisonner*, H. Est., *Dial.*, I, 3, 47; *tramontane (tramontana)*, v. fr. *tremontane*, Du Bel., I, 235, M.-L.

b. Par l'espagnol : *conquister* (refait sur *conquistar*), fr. *conquester*, Brant., I, 202; *galardon (galardon)*, fr. : *guerdon, guerredon*, Brant., *Dam. gal.*, 1ᵉʳ Disc. G.; *guiterre (guitarra)* « qu'on souloit nommer *guiterne* ». N. du Fail, I, 128.

3° Mots influencés dans leur sens :

a. Par l'italien : *creature* (d'après *creatura*) = homme soutenu « auancé en bien » par un autre, H. Est., *Dial.*, II, 103; *creé (creato)* = discipliné, élevé, Brant., III, 145; *se demander (si domandare)* = se nommer, Des Per., J. Deuis. XXII, II, 99; *degouster (degustare)* = goûter, Brant., IX, 492; *fermer (fermare)* = s'arrester, H. Est., *Dial.*, I, 45, cf. God.; *forestier (forestiere)* = étranger, Id., *ibid.*, I, 67, 96. Cf. God.; *liurer (livrare)* = delivrer, Brant., II, 176; *manche (mancia)* = pourboire, Rabel. J., III, 38; *passager (passagiere)* = passeur. Du Bel., III, 48 L., Brant., VI, 118.

b. Par l'espagnol : *brauesse* (d'après *bravezza*, furie, témérité[2]. Brant., II, 380; *muscle (muslo)* = cuisse, Id., I, 236; *romance (romance)* = chanson populaire, Id., VII, 162[3].

4° Mots empruntés directement :

a. Italiens[4] : *accort* = *accorto* (avisé), Baïf, IV, 96, M.-L.; cf. Pasq., *Rech.*, VIII, 3. H. Est., *Dial.*, I, 36, 110; *accortesse* = *accortezza*, Jod.. II, 78, M.-L.; *adoulorer* (s') = *addolorare*, Brant., IX, 573; *altesse* = *altezza*, Rons., VII, 322, H. D. T.; *arcade* = *arcata*, Dorat, 23, M.-L.; (h)*arquebuzade* = *archibuziata*, Belleau, II, 428, M.-L; *artisan* = *artigiano*, Rab., III, 1, H. D. T.; *assacin* = *assassino*, H. Est., *Apol.*, I, 353; *assassinateur* = *assassinatore*, Rab., *Pant.*, III, 2, H. D. T.; *bagatelle* = *bagatella*, Cotgr., *Dict.*; *baguette* = *bacchetta*, Mont., III, 284, L.; *balcon* = *balcone*, Ph. Delorme, *Arch.*, VIII, 20, H. D. T.; *baldachin* (baldaquin) = *baldacchino*, Rab., IV, 31, H. D. T.; *bancque* = *banca*, Rab., J., VI, 23; *bancqueroupte* = *banca rotta*, Id., *ibid.*, VI, 15; *barizel* = *barigello* (offic. de police), Brant., III, 43; *barque* = *barca*, J. Le Maire, H. D. T.; *baster* = *bastare*, Rab., III, 17, H. D. T. Noël du Fail, I, 105 (Cf. Est., *Dial.*, I, 3, 23, 49, 52); *batifoler*, de *battifolle*, Baïf, *Mimes*, H. D. T.; *becarre* = *bequadro*, Rab., III, 38, H. D. T.; *belvedere* = *belvedere*, J. Le Maire, H. D. T.; *bidet* = *bidetto* (pistolet de poche), Paré, IX,

---

1. Rabelais emploie *past* (I, 81). Est-ce la forme italienne ou la française?
2. L'espagnol et l'italien concourent à donner au mot *brave* deux sens différents : *joli, vaillant*.
3. Le latin agit de son côté sur certains mots romans; ainsi *cameriste*, venu de l'espagnol *camarista*, qui signifie originairement *camarade*, subit l'influence de *camera* = chambre.
4. Le XIVᵉ siècle avait déjà quelques mots italiens : *bandiere, brigade*, etc. Le XVᵉ en a sensiblement plus : *qualibre*, 1478, Delboulle, H. D. T.; Cf. Est. *Dial.*, I. 56; *Concet* = *concetto*, Ev. des Quen., H. D. T.; *citadin* = *cittadino*, Perceforest, IV, 3, L.; *estrade*, Monstrel. *Chron.*, 270, H. D. T.; Cf. Est. *Dial.*, I, 63, 64; *poste* = *posta* (guise) 1417, Ordon, X, 427, d. God. Cf. Est., *Dial.*, I, 66.; *usance* = *uzanza*, Comm., II, 7. L., Cf. Est. *Dial.*, I, 34, 44; Noël du Fail, I, 135.

préf., H. D. T.; *blanque* = *bianca*, Montaiglon, *Anc. poés. fr.*, III, 274, H. D. T.; Brant., IX, 222; *bosquet* = *boschetto*, R. Est., 1549, H. D. T.; *boucon* = *boccone* (morceau), Marot, V, 70; Brant., III, 245; *bouffon* = *buffone*, Marot, IV, 165. L; H. Est., *Dial.*, I, 71, 81; Jod., II, 218, M.-L.; *bourrache* (*bourrasque*) = *borrasca*, Rem. Bel., II, 252, H. D. T.; *brauade* = *brauata*, Noël du Fail, I, 81; *braue* = *bravo* (joli), Des Per., *Poés.* I, 58; *brauigant* = *braveggiante*, Brant., VII, 213; *brusq* = *brusco*, Rab., J., V, 116, H. D. T.; *buffe* = *buffa* (haut de la visière), Brant. III, 137; *bulletin* = *bullettino*, Marg. de Val. *Heptam.* 12, H. D. T.; *burler* (se) = *burlarsi*, H. Est., *Dial.*, I, 4, 206; *burlesque* = *burlesco*, Ménippée, I, 256, H. D. T.; *busc* = *busco*, Montaigl., *Anc. poés. fr.*, XIII, 50, H. D. T., Noël du Fail, I, 62; *cabinet* = *cabinetto*, texte de 1528 dans Gay, *Gloss. arch.* H. D. T.; *cabriole* = *capriola*. Mont., I, 25, H. D. T.; *cabron* = *cabrone* (peau de bouc), Brant., VI, 156; *cadence* = *cadenza*, Guill. Michel, 1540, H. D. T.; Dorat, 54, M.-L.; *cadene* = *cadena*, Jodel., II, 48, M.-L.; *cadre* = *quadro*, Rab., *Sciomach.*, H. D. T.; *caisson* = *cassone*, M. du Bellay, *Mem.*, 9, *Ibid.*; *calçon* = *calzone*, Est., *Dial.*, I, 184; *camisade* = *camiciata*, Rab., IV, 32, H. D. T.; *camisole* = *camiciola*, texte de 1547 dans Gay, *Gloss. arch.*, *Ibid.*; *camp* = *campo*, Marot, *Epitr.*, *Ibid.*; *caporal* = *caporale*, Rab., IV, 64, *Ibid.*; *caprice* = *capricio*, H. Est., *Dial.*, I, 50, 139, Brant., IX, 186; *carcasse* = *carcassa*, Rons., *Odes*, II, 17, H. D. T.; *caresse* = *carezza*, Rob. Est. 1549, *ibid.*; *cartiger* = *carteggiare* (manier des cartes, des livres), Brant., V, 155; *carnaual* = *carnevale*, Mel. de Saint-Gelais, II, 221, H. D. T; *carolle* = *carola*, Rab., J., 202; *carriere* = *carriera*, Amyot, *Philop.*, 31, H. D. T.; *carrosse* = *carroccia*, texte de 1574, Gay, *Gloss. Ibid.*; *cartel* = *cartello*, Carloix VIII, 20, *ibid.*; *cartouche* = *cartoccio*, Id., VI, 15, *ibid.*; *casemate* = *casamatta*, Rab. III, Prol., *ibid.*; *charlatan* = *ciarlatano*, Jodelle, II, 196, M.-L.; H. Est. *Dial.*, I, 70, 71, 81; *circonder* = *circondare*, Monluc, II, 450; *concert* = *concerto*, Pasq. *Rech.*, VIII, 3. H. D. T.; *contraste* = *contrasto*, Mont., II, 3, *ibid.*; *courtisane* = *cortigiana*, Cf. H. Est., *Dial.*, I, 91, 230; Du Bel., II, 374, M.-L.; *cuyrassine* = *corazzina*, Brant., VI, 327; *debolezze* = *debolezza*, Id., IX, 22; *descalse* = *discalcio* (déchaussé), Brant., X, 91; *disgrace* = *disgrazia*, 1564. Thierry, *Dict.*, H. D. T.; cf. Est., *Dial.*, I, 151; *disgracier* = *disgraziare*, Guéroult. *Chron. d. emp.* H. D. T.; cf. Est. *Dial.*, I, 150; *donc* = *donna*, Marot, I, 183, Noël du Fail, I, 50; *duellian* = *duellante*, Brant., VI, 303; *douche* = *doccia*, Mont., *Voyage*, G. Suppl*t*, H. D. T.; *embarrasser* = *imbarazzare*, Mont., I, 9, *ibid.*; *embuscade* = *imboscata*, Rob. Est., 1549, H. D. T., *ibid*; *enamouracher* (s') = *innamoracciarsi*, Brant., IX, 577; *encapricer* = *incappricciarsi*, Id., III, 12; *esbarbat* = *sbarbato* (imberbe), Id., I, 241; *escadron* = *squadrone*, J. Marot, *Voy. de Gênes*, H. D. T.; *escalade* = *scalata*, Haton, *Mém.* 1569. *Ibid.*; *escapade* = *scappata*, Mont., III, 9, *ibid.*; *escarcelle* = *scarsella*, H. Est., *Apologie*, II, 230, *ibid*; *escarpe* = *scarpa*, Le Plessis, *Eth. d'Arist.*, *ibid.*; *escorte* = *scorta*, M. Scève. God. Comp*t*, H. D. T., cf. Est., *Dial.*, I, 60; *espalier* = *spalliere*, O. de Serres, VI, 20, H. D. T.; *estacade* = *steccata*, Mont., III, 4, *Ibid.*; *estafier* = *staffiere*, Baïf, V, 114, M.-L. (Ce mot est blâmé par Mathieu en 1572, *Deuis*, 29 r°; cf. Est. *Dial.*, I, 23); *estaphilade* = *staffilata*, Jod., I, 72, M.-L.; H. Est. *Dial.*, II, 262; *estocade* = *stoccata*, Noël du Fail, I, 116; *escorne* = *scorno*, Brant., I, 228. Cf. H. Est. *Dial.*, I, 48, 130; II, 169; *estrette* = *stretta*, Brant., II, 259; Mont., livre I, 42; *extrapontin* = *strapontino*, Brant., V, 234; *façade* = *facciata*, Ph. Delorme, G. Compl*t*., H. D. T.; *faïence* = *faënza*, Journal de l'Estoile, G. Compl*t*., *ibid.*; *fantassin* = *fantaccino*, H. Est. *Nouv. lang.*, I, 344, *ibid.*; *fantesque* = *fantesca* (servante), Brant,, IX, 264; *faquin* = *facchino*, Rab., J., III, 180; *festin* = *festino*, Rob. Est., 1549, H. D. T.; *filtre* = *filtro*, Paré, XXVI, 10, *ibid.*; *forçat* =

DÉVELOPPEMENT DU VOCABULAIRE

forzato, 1548. Ordon. L.; *forfanterie* = *furfanteria*, Paré, XIX, 32, II. D. T., Cf. Livet, *Dict. de Molière*; *fougue* = *foga*, Mont., I, 48, H. D. T.; *fregate* = *fregata*, Rab., J., V, 53; *gabion* = *gabbione*, Montaigl., *Anc. poés. fr.*, IV, 62, H. D. T.; *gallere* = *galera*, Seyssel, H. D. T.; *garbe* = *garbo*, Rons., III, 227, M.-L., Cf. Est. *Dial.*, I, 3, 34, 49, Brant., VI, 212; *gazette* = *gazzetta*, d'Aub., *Epigr.*, *ibid.*; *goffe* = *goffo* (balourd), H. Est., *Dial.*, I, 36; *gondole* = *gondola*, Rab., Sciomach,, H. D. T.; *grabuge*, *garbuge* = *garbuglio*, Chol. Ap. din., 74, *ibid.*; *hostiere* = *osteria*, Rab., J., I, 8, Brant., IX, 82; *imperier* = *imperiare*, Brant., II, 39; *improuiste* (à l') = *all'improvista*, Rab., V, 20, H. D. T., Cf. Est., II, 259; *infanterie* = *infanteria*, Rons., VI, 340, M.-L., Noël du Fail, II, 100. Cf. Est., *Dial.*, I, 292; *inganné* = *ingannato*, Brant., II, 228; *intrade* = *intrata*, Id., V, 161; *jouanotte* = *giovanetta*, Id., IX, 262; *leggiadre* = *leggiadro*, Bugn., Er., 55; cf. Est., I, 49; *leste* = *lesto*, H. Est., *Dial.*, I, 49, 99; *mascarade* = *mascarata*, Jod., II, 299, M.-L.; *mascharé* = *mascherato*, Pont. de Ty., 203, *ibid.*; *matacin* = *mattacino*, Bouchet, *Serées*. I. L.; *mat* = *matto* (fou), Rab., J., III, 126; *menestre* = *menestra*, Belon, *Singular.*, I, 52, God., Cf. Est., *Dial.*, I, 61, 101; *mercadante* = *mercadante*, Du Bel., II, 254, M.-L., cf. Est., *Dial.*, I, 46; *modele* = *modello*, Rons., 287, L.; *monine* = *monnina* (guenon), Brant., VI, 197; *mousquette* = *moschetto* (mousquet), Rons., V, 32, 270, M.-L.; *nunce* = *nuntio*, Brant., IV, 294; *palemaille* = *palamaglio* (jeu), Rab., IV, 30, éd. 1553; *parapet* = *parapetto*, *Nouv. coutum. gén.*, I, 1114, L.; H. Est., *Prec.*, 351; *pardonnance* = *perdonanza*, Du Bel., II, 223, M.-L.; *parte* = *parte*, Brant., I, 347; *passager* = *passeggiare*, Du Bel., II, 391, M.-L.; *pauzade* = *posata*, Rons., V, 74, *ibid.*; *pedante* = *pedante*, Du Bel., II, 199, *ibid.*; cf. H. Est., *Dial.*, I, 47, 58, 101; *pedanterie* = *pedanteria*, Id., ib. I, 10; Jod., II, 319, M.-L.; *pedantesque* = *pedantesco*, Jod., II, 139, *ibid.*; *pennache* = *pennaccio*, Rab., J., VI, 32, 35; *pianelle* = *pianella* (mule, pantoufle), Baïf, IV, 193, M.-L.; *piller* = *pigliare*, Rons., I, 101, *ibid.*; *poltron* = *poltrone*, Du Bel., VI, 18 v°. Cf. H. Est., *Dial.*, I, 93, 101; *procache* = *procaccio* (messager), Brant., VII, 187; *recamé* = *recamato* (brodé), Rab., J., VI, 32; *reussir* = *riuscire*, H. Est., *Dial.*, I, 144; *risque* = *rischio*, Id., *ibid.*, I, 145; *salsifis* = *sassefrica*, O. de Serres, 531, L.; *sbire* = *sbirro*, Rab., J., III, 102; Du Bel., II, 389 et 562, M.-L.; *soldat* = *soldato*, Du Bel., II, 40, M.-L.; *sonnet* = *sonetto*, Id., *ib.*, I, 145; *spadassin* = *spadacino*, Rab., J., I, 115 (nom propre); H. Est., *Dial.*, I, 46; *stanse* = *stanza*, H. Est., *Dial.*, I, 3, 45; *strambot* = *strambotto*, La Tayssonnière [1]; *tortycolly* = *torticolli*, Rab., J., II, 157; *tradiment* = *tradimento*, Du Bel., II, 93, M.-L.; *traditeur* = *traditore*, Du Bel., I, 14 et 478, note II, *ibid.*; *valise* = *valigia* (esp. *balija*) d'Aub. *Foeneste*, III, 23, L. Cf. Mathieu, *Deuis*, 1572, 29 r°; *vicinance* = *vicinanza*, Brant., IV, 69; *volte* = *volta*, H. Est., *Dial.*, I, 38 (déjà dans Brun. Lat.) [2].

---

1. La Tayssonière écrit de ces sortes de poèmes, en « laissant au lecteur de les nommer autrement s'il lui plaît. »
2. Henri Estienne en cite beaucoup d'autres : *acconche* (= *acconcio*), *Dialogues*, Lis., 1, 45; *amoreuolesse* (= *amorevolezza*), Id., *ibid.*, II, 1; *balorderie* (= *balordia*), Id., *ibid.*, I, 3, 232; II, 245; *bugie* (= *bugia*), Id., *ibid.*, II, 277; *callizelles* (= *caleselle*), Id., *ibid.*, I, 46; *capité* (= *capitato*), Id., *ibid.*, I, 4, 113; *contrade* (= *contrada*), Id., *ibid.*, I, 45; *discoste* (= *discosto*), Id., *ibid.*, I, 45; Cf. Brant., IV, 134; *dismentiguer* (= *dismenticare*), Id., *ibid.*, I, 100, 118; *disturbe* (= *disturbo*), Id., *ibid.*, I, 47; *domestichesse* (= *domestichezza*), Id., *ibid.*, I, 4; *ferite* (= *ferita*), Id., *ibid.*, I, 35; *fogge* = (*foggia*), Id., *ibid.*, I, 54, 108; II, 245; *forfant* (= *furfante*), Id., *ibid.*, I, 101; *gofferie* (= *gofferia*), Id., *ibid.*, I, 3; II, 245; *s'imbater* (= *imbattersi*), Id., *ibid.*, I, 34, 47, 112; *imbratter* (= *imbrattare*), Id., *ibid.*, I, 51; *imparer* (= *imparare*), Id., *ibid.*, I, 35; (*il m'*)

B. Espagnols :

Bandolier = *bandolero*, Bon. Des Pér. *Nouv.*, 84, II. D. T.; *bandouliere* = *bandolera*, 1586. Delb. dans H. D. T.; *bastonnade* = *bastonada*, 1512, Thénaud, H. D. T.; *berne* = *bernia*, Rab., J., I, 188; *bisongnes* = *bisonos* (recrues), Brant., II, 385; *Sat. Men.*, Har. de d'Aubray; *bizarre* = *bizzarro*, H. Est., *Dial.*, I, 145, Brant.. I, 179 (on trouve aussi *bigearre*, Des Per. *Contes.* XXXV); *brac* = *braco* (camus), Brant., V, 136; *camarade* = *camarada*, Carl., VI, 46, II. D. T.; *cabirotade* = *capirotada*, Rab., IV, 59, *ibid.*; *casque* = *casco*, Gay, *Gloss.*, 1591, *ibid.*; *cassolette* = *cazoleta*, 1529, Id., *ibid.*; *caualcadour* = *cavalgador*, Rons., IV, 293, M.-L.; *centille* = *centella* (flammèche) Brant., VIII, 175; *depositer* = *depositar*, Brant., VII, 233; *desaffit* = *desafio*, Id., VII, 47; *diane* = *diana*, Rons., *El.* 28. H. D. T.; *escoutille* = *escotilla*, Rab., IV, 63, *ibid.*; *escamoter* = *escamotar*, Boaystuau, *Th. du Monde, ibid.*; *esterille* = *esteril* (stérile), Brant., VII, 33; *fanfaron* = *fanfarron*, Reg., *Sat.* 8; *habler* = *hablar*, De Changy, H. D. T.; Brant, IX, 717; *indalgo* = *hidalgo*, Rab.. I, 8, H. D. T.; *manople* = *manopla*, *Myst. de S. Did.* 104, G.; Vigen. *Com. de César, ib.*; *mochache* = *muchacho*, Brant., I, 32; *morrion* = *morrion*, Ord^{ce} du 12 déc. 1553, L.; Baïf, IV, 155, M.-L.; *mousse* = *mozo*, Rab., IV, 46, H. D. T.; *nombrer* = *nombrar* (nommer), Brant., IV, 6; *retirade* = *retirada* (retraite), Id., III, 62; *soldade* (à la) = *a la soldada*, Brant., I, 208; *terze* = *tercio* (régiment), *Id.*, I, 21; *toreon* = *torreon* (grosse tour) Id., III, 261; *vasquine* = *basquiña* (jupe), Rab., I, 56, H. D. T.; Rons., III, 357, M.-L.; *verdugade* = *verdugado*, Rons., I, 30, Baïf, I, 169, Bell., II, 366, M.-L.; *veillaquerie* = *vellaqueria* (coquinerie), Brant., VII, 16.

5° Mots formés à l'aide de suffixes étrangers :

Il est difficile de savoir dans quelle mesure l'italien, l'espagnol, et le provençal ont contribué à répandre en français le suffixe *ade*, qui leur appartient, sous les formes *ata* et *ada*, et qui originairement était représenté en français par *ée*. Il avait fait son entrée dans la langue d'oui dès le xive siècle, dans des mots comme *ambassade*; depuis lors on n'avait cessé d'en emprunter de ce type; au xvie siècle encore : *algarade* (esp. *algarada*) Bon. des Per., *Nouv.* 127, II. D. T.; *harpade* (gascon = *harpada*) Mont., II,

---

incresce (= *increscere*), Id., *ibid.*, I, 46; *indugier* (= *indugiare*), Id., *ibid.*, I, 4; (s') *inganner* (= *ingannarsi*), Id., *ibid.*, I, 4, 35; II, 258; *leggiadresse* (= *leggiadria*), Id., *ibid.*, II, 245; *mescoler* (= *mescolare*), Id., *ibid.*, I, 34; *noye* (= *noia*), Id., *ibid.*, I, 112; *poignelade* = *pugnalata*), Id., *ibid.*, I, 35, (*pugnade* est gascon); *ragasch* (= *ragazzo*), Id., *ibid.*, I, 45; *rinfresquer* (= *rinfrescare*), Id., *ibid.*, I, 4; *ringratier* (= *ringratiare*), Id., *ibid.*, I, 44; *riposte* (= *risposta*), Id., *ibid.*, I, 44; *saluatichesse* (= *salvatichezza*), Id., *ibid.*, I, 4; *sbigottit* (= *sbigottito*), Id., *ibid.*, I, 3, 4, 100, 118; *sgarbatement* (= *sgarbatamente*), Id., *ibid.*, I, 3; *signalé* (= *segnalato*), Id., *ibid.*, I, 101 Cf. Lanoue, dans Littré; *spaceger* (= *spasseggiare*), Id., *ibid.*, I, 3, 44. (Cf. *passeger* de *passeggiare*, Brant., VII, 85); *spurquesse* (= *sporchezza*), Id., *ibid.*, I, 51; *stenter* (= *stentare*), Id., *ibid.*, I, 147; II, 1. 277, 279; *strane* (= *strano*), Id., *ibid.*, I, 3, II, 2; *straque* (= *stracco*), Id., *ibid.*, I, 44, 45, 112; *voglie* (= *voglia*), Id., *ibid.*, I, 4.

1. L'espagnol avait fourni antérieurement un certain nombre de mots : *caban* = *gaban*, 1448 Gay, *Gloss. arch.*, H. D. T.; *caparaçon* = *caparazon*, 1498. God. Supp^t.; *mantelline* = *mantellina*. Commynes, *Mém.*, I, 8, God.; *meschite* = *mezquita* (mosquée). J. Lelong, J. Le Fevre, La Vieille, God.; *salade* = *celada*. Commynes, II, 12, L; *soubresaut* = *sobresalto*. Bouciq., I, 6. L.

ch. 37, *onglade* (ital. : *unghiata*) Bel., I, 70. M.-L., viennent, en compagnie de beaucoup d'autres, des trois sources indiquées. Rendu ainsi familier aux oreilles françaises, ce suffixe devient français dans le cours du XVIᵉ siècle et s'ajoute à des radicaux français, d'où *flechade* (Brant., IV, 133); *œillade* (Tyard, 179), M.-L.; *secouade* (Noël du Fail, II, 22), et une foule d'autres [1].

Esque commence à ce moment la même histoire : il s'introduit d'Italie en France à la suite de mots comme *arabesque*. Bart. An. 1555, *Tresor d'Euonime Philiastre*, H. D. T.; *grotesque*, Gay, *Gloss. arch.*, ibid.; *romanesque*, Du Bel. *Œuv. chois.*, p. 231; *turquesque*, Noël du Fail, II, 34. Mais ce n'est que plus tard que le suffixe se détachera de ces mots pour en former de tout français.

6° L'influence sur la grammaire.

Elle a été, quoi qu'on en ait dit, extrêmement faible. En ce qui concerne la prononciation, Thurot doute avec grande raison que de petits groupes de courtisans aient eu un rôle sérieux dans la transformation du son *oe* (*oi*) en *e*. Il est incontestable, Estienne le montre assez, qu'ils le faisaient entendre de la sorte, mais quelle action ont-ils pu exercer sur le développement phonétique général? Ils ont dit aussi *piasir* et *piume*, l'*l* du groupe *pl* ne s'est pas pour cela réduite à l'*i* italien.

Je ne crois pas non plus à certaines transformations de la syntaxe. Que le développement du réfléchi pour le passif ait été accéléré par l'influence de langues comme l'espagnol et l'italien, qui en font si grand usage, cela se peut, mais il avait commencé longtemps auparavant, sans aucune influence étrangère [2].

Pour les formes, c'est surtout dans l'introduction des superlatifs italiens en *issime* que je reconnaîtrais l'influence de la grammaire italienne. A dire vrai, on en trouve avant le XVIᵉ siècle, mais c'est à ce moment surtout qu'ils tendent à se répandre. Toutefois de bonne heure ils ont été employés par les écrivains ironiquement [3], en général au moins, et les grammairiens, Dubois, puis Meigret (28 v°), et Ramus (2ᵉ édition, p. 69) leur ont fait une opposition constante. Aussi ont-ils disparu, sauf de la hiérarchie ecclésiastique, où ils ont continué, —

---

1. Il est à noter que Ronsard croit encore utile de supprimer de ses premiers vers *tirade*, qu'il avait pris à l'italien *tirata* (*Am.* I, 53. M- L.). Il ne considère donc pas encore, semble-t-il, *ade*, comme apte à faire un substantif du mot français *tirer*.
2. Estienne signale d'autres tours italiens : le singulier pour le pluriel : *laver la main*, II, 156, etc.
3. *Verissime*, Rab., II, 120; M. L.; *perfectissime*, Id., I, 7. *scientissime*, Noël du Fail, I, 128; *beatissime*, Id., I, 54;

tout comme le titre de *Monseigneur*, qui paraissait si ridicule et si déplacé au début, — à être en usage, sans doute en raison des attaches toujours étroites qui unissent l'Église à l'Italie.

Le fonds savant : le grec et le latin dans la langue scientifique. — Quoique les écrivains scientifiques se soient fort exagéré l'indigence du français en termes techniques, il est certain qu'ils se sont trouvés en présence de difficultés réelles d'expression. Or le moyen le plus simple de satisfaire à leurs besoins, c'était de prendre les mots tout faits, là où ils étaient, c'est-à-dire dans les langues anciennes ; Du Bellay [1] leur donnait formellement le conseil de ne se pas contraindre, et d'user d'une pleine liberté, comme avaient fait les Latins.

Il y avait cependant une autre méthode, et la langue actuelle des mathématiques, où se rencontrent à la fois des mots aussi précis et aussi français que *masse* et *pesanteur*, montre qu'elle pouvait être féconde : c'était celle qui consistait à recueillir les termes de la langue usuelle, à leur donner par définition, quand il en était besoin, un sens déterminé, puis, quand il fallait créer, à s'adresser aux radicaux français et aux procédés de formation française. Pour donner un seul exemple : *estance*, qui serait aujourd'hui *étance*, et qui a été essayé au xvi° siècle, valait mieux que *entité*.

Cette méthode a trouvé son théoricien, malheureusement dans la personne d'un homme tout à fait inférieur, d'esprit changeant, d'intelligence médiocre, de style diffus : Abel Mathieu, de Chartres. Mathieu est l'Henri Estienne du latinisme. Je passe sur ses colères, je dois dire un mot de son système [2].

---

1. « Et ne les doit retarder (les fideles traducteurs), s'ilz rencontrent quelquefois des motz, qui ne peuuent estre receus en la famille Françoyse : veu que les Latins ne se sont point eforcez de traduyre tous les vocables Grecz., comme *rhetorique, musique, arithmetique, geometrie, phylosophie*, et quasi tous les noms des sciences, les noms des figures, des herbes, des maladies, la sphere, et ses parties, et generallement la plus grand'part des termes usitez aux sciences naturelles, et mathematiques. Ces mots la doncques seront en nostre Langue comme etrangers en une Cité : aux quelz toutesfois les Periphrazes seruiront de truchementz » (*Def.* Pers., p. 80). Voyez Peletier, du Mans, *Arithmetique*, Lyon, J. de Tournes, 1570, p. 142 Proeme du 3° livre.

2. Voir *Deuis de la langue francoise, fort exquis, et singulier*, faict et composé par A. M. sieur des Moystardieres; Paris, Vᵛᵉ Richard Breton, 1572. A. P. Dans mes citations, les numéros sans autre renvoi se réfèrent à cet ouvrage.

« Aucuns, dit-il en substance (f° 9), ont opinion... que le dommaine de la langue Françoise prend accroissement, authorité et grandeur, quād on y ioinct plusieurs parolles de langues estrangieres... de sorte, qu'ils s'efforcent de iour en iour de produire, et monstrer à la multitude sans lettres, les mots purement Grecs, et purement Latins. » Mais sans parler même d'autres bonnes raisons, « l'augmentation ou adionction d'une chose à l'autre doit estre de mesme parure, de mesme forme et nature... le bigarrement et la contrarieté des choses engendrent laydure... L'escriture [1] semble layde et desnouée : quant elle consiste de mots purs François en partie, et de mots purs Grecs, Latins, ou d'autres estrangers en partie... »

Puis, après avoir comparé à des malfaiteurs ceux qui prétendent s'enrichir ainsi en un jour du bien d'autrui, il revient à son raisonnement qu'il résume en un dilemme : « L'escriture Françoise doibt estre populaire, et facile à lire... Que si la multitude trouue les liaisons, et les clostures de l'escriture obscures, et les mots nouueaux, et estrangers... elle faschée reboutte le liure... et le iette derriere un coffre ou dessus un vieil aiz... Au regard des gens doctes..... encore que la memoire des mots Grecs et Latins les chatouillent aucunement..... toutesfois, ilz ne s'amusent pas à lire telles escritures. Ilz ayment beaucoup myeulx puyser aux fontaines qu'aux ruisseaux... Ce n'est pas parler auecques Homere, quand on parle auecqués Hessus, ou auecques Salel, ses truchemens es deux langues » (12 r°).

Dans sa jeunesse, quelque offusqué qu'il fût par des discours comme ceux de Nic. de Herberay des Essarts, et par ses mots estranges « dont le son estoit plus desplaisant à ses oreilles, que n'eust esté le son d'une cloche cassée » (14 r°), Mathieu avait, à l'exemple de Du Bellay, fait quelques concessions ; il admettait qu'on appropriât ces mots en les soumettant au goût du peuple, qui les ferait ensuite passer [2]. Mais le désordre jeté dans la langue par « ce million de termes » savants que chaque jour voyait introduire, en particulier par l'indiscrétion des médecins (8 r°), l'avait

---

1. On notera ce mot *écriture*, que plusieurs, en notre fin de siècle, emploient dans ce sens, croyant y trouver un néologisme élégant. Il est très fréquent dans Mathieu. M. Marty-Laveaux le signale dans Ronsard (VI, 312 de son édition).
2. *Deuis*, 1560, p. 33, r°.

conduit à poser pour les diverses disciplines des règles aussi strictes que pour le langage commun. Il faut, a-t-il dit, qu'elles deviennent françaises des pieds à la tête (8 v°). Et, pour donner l'exemple, il commence par abolir leurs noms savants : il demande que « l'autheur escriue en François de la maniere de mesurer la terre : de la cognoissance des estoilles : des figures : du poinct : de la ligne : du cercle : du coing : de la figure à trois, à quatre, ou à cinq coings : et d'autres semblables. En ce faisant : il parlera François : il amplifiera l'honneur de sa langue, et de son pays : et maintiendra les sentences et les grandeurs des disciplines en leur entier » (8v°-9). Le sage (lisez le philosophe) doit faire de Plato et d'Aristote des bourgeois de nos villes, qui n'aient plus « aucun traict de la Grece, sinon la face, c'est à dire la maiesté de sagesse » (8 r°) ; celui qui écrit de la divinité, entendez le théologien, doit se garder d'offrir les mots de ses écoles et de ses docteurs à la multitude, « sinon il perd la fin de son instruction et de son enseignement » (*ib.*). De grands exemples ont déjà montré comment on pouvait réussir « en espressurant les sentences de sa matiere » ; il suffit de rappeler Commines, Seissel, Amyot surtout, dont la vertu singulière et désirable par dessus tout sait joindre « le langage du commun et la liaison du docte » (17 r°).

Et Mathieu, faisant un retour sur lui-même, se reproche d'avoir usé des mots d'*elegie*, d'*hymne*, qu'il remplace respectivement par *complainte, chant à Dieu ou aux choses sainctes* (33 v°). Ailleurs il raye *antichambre*, « ineptement composé quand on peut faire *auant chambre*, et *contre chambre*, et un million de semblables noms » (30 r°). Ce n'est donc pas, on le voit à ce dernier exemple, par la périphrase seule, vraiment trop insuffisante, que Mathieu entend remplacer les mots écorchés, mais par d'autres mots « purs françois », anciens ou nouveaux. Il condamne à tort et à travers, il ne dégage pas la doctrine, mais, somme toute, il l'entrevoit, et c'est déjà un mérite.

Entre ces deux manières, quelques uns, pour divers motifs, choisirent celle de Mathieu. En tête de la liste, il faudrait citer les traducteurs protestants de l'Écriture, Olivetan et Castellion. C'était pour eux une nécessité de faire tout comprendre, puisque là était la raison d'être de leurs versions. Olivetan a fait un effort véritable pour écarter ce latin « dont le françois est meslé »[1], et il s'applique, sans y parvenir toujours, à user des mots du commun peuple, encore qu'ils ne soyent guères propres [1].

Castellion est allé plus loin encore, traduisant tout, inventant, quand les mots vulgaires lui manquaient, des termes nouveaux, mais français ceux-là, dont il est obligé de donner la liste en appendice, ne craignant pas de parler de *rogner* les cœurs et d'appeler la *cène* du Seigneur un *souper* [2].

L'effort le plus remarquable que je puisse signaler en ce genre est celui de Du Perron dans son *Premier discours tenu à la table du Roy*, sorte de traité de philosophie mi-naturelle, mi-spéculative. Dans ce livre, presque illisible par endroits à force de barbarie dans la phrase [3], l'auteur a cependant peiné pour éviter

1. Voir *Apologie du translateur* : « Au surplus ay estudie tant qu'il ma esté possible de madonner à ung commun patoys et plat langaige | fuyant toute affecterie de termes sauuaiges et emmasquez et non accoutumez, lésquelz sont escorchez du Latin. »
2. Voyez la « Declaracion » de certains mots : « E pour cête cause, au lieu d'user de mots grecs ou latins qui ne sont pas entendus du simple peuple, i'ai quelque fois usé des mots françois, quand i'en ai peu trouuer : sinon, i'en ai forgé sur les François par nécessité, e les ai forgés tels qu'on les pourra aisément entendre, quand on aura une fois oui que c'êt : comme seroit, ès sacrifices, ce mot *brulage*, lequel mot i'ai mis au lieu de *holocauste*, sachant qu'un idiot n'entend, ni ne peut de long tems entendre que veut dire *holocauste* : mais si on lui dit que *brulage* êt un sacrifice, auquel on brûle ce qu'on sacrifie, il retiendra bientôt ce mot, par la vertu du mot *brûler*, lequel il entend déia. Autant en dirai-ie de *flammage, déforfaire, volageur* e autres, déquels vous trouuerés un petit recueil à la fin de la Bible » (F. Buisson, *Seb. Castellion*, I, 323).
« ... Ceci (pense-ie bien) ne plaira pas à tous, principalement à gens de letres, qui sont tant accoutumés au grec e latin, qu'il leur semble que quand ils entendent un mot, chacun le doiue entendre. Mais il faut supporter e soulager les idiots, principalement en ce qui êt écrit pour eux en leur langage. »
3. Voyez par exemple, p. 332 : « De maniere que logeant à la pointe de ceste lumiere une chose coulouree, estante aucunement obiet de la lumiere, si qualité reale, agissante en elle auec quelque changement, de voyable seulement en puissance, la rendante voyable en effet, au gré d'Auempace, d'Auicenne et d'Alpharabe, sera toute ceste lumiere unie suiettiuement au parauant en l'air, obiettiuement dans elle receuë qui par elle voyable en effet, et non l'outreparoissant (diaphanum) : à quel aueu pourrat-on nier estre la lumiere accomplissement de l'outreparoissant, tenu l'outreparoissant en effet de l'heure qu'à trauers son espesseur actuellement on pourra voir, où qui neantmoins en tenebres void des choses lointaines par une obscure entremise d'air, en la lumiere, sans que la lumiere droite, ny reflechie doñe à luy, non veu de son œil le lumineux, son œil egaré mesme du renuoy, tenebreux suiuamment tel air, en sorte que rouant à bas ses yeux, il ne verra chose du monde : la veuë donques se faisante par un air obscur et tenebreux actuellement, tel air obscur et non enluminé sera diaphane actuellement : ny sera donques la lumiere accomplissement de l'outreparoissant, à mesme tiltre seulement des couleurs, où mesme non en ce que telles, ne les rendante couleurs en effet de couleurs en puissance coñe elles autrement diuisable en contraires especes : mais selon que de voyables seulement en puissance les rendante voyables en effet, ou les occasionnante produire actuellement des especes. »

d'écorcher les langues anciennes ; il emprunte bien quelquefois, et c'est à lui que revient, je crois, l'honneur d'avoir essayé ces mots d'*objectif* et de *subjectif*, que la philosophie contemporaine a repris à l'Allemagne.[1]. Mais en général il traduit les vocables latins de l'école par des équivalents français ou à peu près français, qu'il cherche ou qu'il invente, si besoin est, autant que possible d'après l'analogie de la langue, en en définissant le sens en manchettes. Il dira ainsi *accord de naturel* pour éviter *sympathie*, *differences auenantes* pour ne pas dire *accidentelles* (p. 139). Et il n'y a point de doute sur les motifs de sa réserve ; en rendant *alteritas* par *diuersité*, il ajoute : « ie ne l'ose autrement tourner, craignant la rudesse » (p. 21). Dans ce vocabulaire très curieux, je relève :

Auenamment = accidentaliter, p. 301 (*auenamment* dans la vieille langue signifie convenablement, gracieusement) ; des * *chacuns* [2] = individua, p. 83 ; * *aiance* = habitus, p. 9 ; * *contrassiegement* = ἀντιπερίστασις, p. 423 ; * *contrenaturel* = ἀντιπάθεια, p. 406 ; * *defautifs* = privativa, p. 9 ; *dixtantieme* = decupla, p. 234 ; *environnance* = ambitus superficierum, p. 67 ; * *estance* = entitas (qui « ne valant rien en latin, ecorché, deviendrait a peine bon en françois), p. 14 ; * *horscentrin* = excentricus, p. 306 ; *humectaison* = humectationem, p. 284 ; *ioignance* = adjacentia, p. 108 ; *massiveté* = mensura densitatis et raritatis, p. 92 ; *mesmeté* = identitas, p. 39 ; *nombreux* = calculator, p. 438 ; * *partelettes* cendreuses = particules, p. 396 ; * *rarefaites* = rarefactas, p. 265 ; *puissanciel* = potentialis, p. 164 ; *receveuse* = receptiva, p. 393 ; * *souslunier* = sublunaris, p. 272 ; * *sou-brulement* = ὑπέκκαυμα, p. 278 ; *relatifs de surmise et de soumise* = relativa superpositionis et suppositionis, p. 145 ; (mouvement) * *tremblotif* = oscillatio, p. 254.

Il faut bien le dire cependant, les savants aussi scrupuleux furent rares. Ce système des équivalents exigeait d'abord une trop grosse somme de travail et d'effort.

Il faut déjà savoir gré à ceux qui ont bien voulu n'abandonner le français qu'au moment où celui-ci leur faisait défaut ; ainsi à ce simple vétérinaire Jean Massé, qui, avant de recourir aux dictions grecques, qu'il se déclarait disposé à changer, si on lui fournissait une meilleure invention, avait réuni « les plus doctes de l'art » afin de pouvoir nommer les maladies ainsi que le vulgaire des maréchaux les nommait [3] ; au traducteur des « XX livres

---

1. Voir p. 254, 332 et suiv. : Ces mots sont sans historique dans Littré.
2. Je marque d'un astérisque ceux de ces mots que je crois inventés, et que je n'ai pas trouvés ailleurs.
3. Voir Jean Massé, *Art veterinaire*, 1563. Il a ajouté à son livre des *Annotations des dictions medicales plus difficiles*.

de Constantin Cœsar » qui, malgré « sa diligence » à chercher comment rendre les dictions Grecques [1], Latines et Arabiques de l'agriculture et de la médecine, ne s'est résigné à leur laisser leur forme ancienne que par peur de leur donner un nom nouveau, qui ne fût compris que de lui seul. Beaucoup y ont, comme eux, « grandement travaillé », sans cependant pouvoir se garder de latiniser ou de gréciser. La tentation était trop forte, et l'occasion trop fréquente. Un Meigret, un Du Pinet y succombent. Mathieu lui-même, et cela dans son réquisitoire contre les écorcheurs, emploie *salubre*, *suader*, *communicatiue*, *patriote* : d'autres encore.

Toutefois ce n'est ni inconsciemment [2] ni à contre-cœur que la masse des savants « despume la verbocination des anciens ». Par un dernier préjugé, ces écrivains qui abandonnent le latin croient encore honorer leur vulgaire, en la barbouillant d'un vernis latin et grec. J'ajoute que beaucoup ne sont pas fâchés par là de marquer, ce qu'ils prennent soin de rappeler dans leurs préfaces, qu'ils eussent pu aussi écrire dans la langue des doctes. On ne nie pas d'un coup sa noblesse.

Quant à ceux qui ne savaient que le latin de leurs mères, comme dit Des Periers, on peut croire qu'ils n'étaient pas les derniers à adopter ce langage bigarré qui sentait son docteur. Un Palissy avouait être sans lettres, mais Roch Baillif de la Rivière prétendait avoir ses degrés. J'ajoute que quelques-uns avaient gardé la préoccupation, tout en écrivant en français, de cacher l'art au vulgaire. Ces raisons expliquent comment le latin et le grec ont été de toutes parts écorchés sans pitié. C'est en vain que quelques sages, comme Dolet, ont conseillé d'y apporter une certaine mesure [3] : N'entends pas, dit-il au traducteur, — mais l'avis s'adressait auss à d'autres — que ie dye, que le traducteur s'abstiéñe totalement de mots, qui sont hors de l'usage commun : car on sçait bien que la langue Grecque, ou Latine

---

1. *Les XX liures de Constantin Cesar, ausquelz sont traictez les bons enseignemens d'agriculture* : traduicts en Francoys par M. Anthoine Pierre, Licentié en droict. De nouueau reueuz par le traducteur; Lyon, Thib. Payen, 1550.

2. On trouverait nombre de passages, où les savants eux-mêmes qualifient leur langage. Ainsi je citerai Sébast. Colin, *Ur.*, p. 11 : « J'ai cogneu des fleures... estre gueries sans qu'il apparust aucune subsidence, ou hypostase (si tu aimes mieux excorier le Grec, que le Latin). »

3. *Maniere de bien traduire*, p. 14.

est trop plus riche en dictions, que la Françoyse. Qui nous contraint souuent d'user de mots peu frequentés. Mais cela se doibt faire à l'extreme necessité. Ie sçay bien, en oultre, que aulcuns pourroient dire, que la plus part des dictions de la langue Françoyse est deriuee de la Latine, et que si noz Predecesseurs ont eu l'authorité de les mettre en usage, les modernes, et posterieurs en peuuent aultant faire. Tout cela se peult debattre entre babillarts : mais le meilleur est de suyure le comũn langage. » Dolet eût eu beau « traiter ce poinct plus amplement et auec plus grand'demonstration », comme il l'avait fait dans son « Orateur », ni lui ni personne ne pouvait arrêter le torrent.

Je dois ici mettre mon lecteur en garde contre une assertion hasardée de Darmesteter, qui ferait croire à la possibilité d'établir sinon une chronologie, du moins certaines dates fixes dans l'histoire de la terminologie savante. D'après lui, les mots grecs auraient fait d'abord une sorte de stage sous la forme latine. « Les dictionnaires de médecine du XVIe et du XVIIe siècle, dit-il, sont rédigés en latin et présentent une terminologie mi-partie latine, mi-partie grecque. Ambroise Paré, au XVIe siècle, fait seul exception; ses œuvres, écrites en français, contiennent un grand nombre de mots grecs; mais encore quelques-uns sont-ils reproduits sous la forme purement latine, donnés comme mots latins[1]. »

En réalité, d'abord les mots latins font souvent un stage comme les grecs avant de prendre la forme française. En second lieu la médecine ne fait pas en ceci exception parmi les sciences, ni Paré parmi les médecins. Des exemples mettront en lumière le premier point. Sur le second, M. Marty-Laveaux[2] a montré que dans toutes sortes d'écrits, des hésitations s'étaient produites, et que des mots grecs avaient été introduits dans des textes français sous forme latine ou même grecque, ce qui était une manière de les signaler comme étrangers. Budé s'est servi avec ces précautions d'*encyclopædia*, Rabelais de *misanthrôpos*, *demiourgon*, etc., Scève de *dictamnum*, Ronsard de *lexicon*, Du Bellay, dans la *Deffence* même, de *genius*[3].

1. *Création des mots nouveaux*, p. 231.
2. *Langue de la Pléiade*, p. 17 de l'Introduction.
3. Le Quintil (éd. P. 200) dit : « l'üniuerselle armature francoyse, qui est dite en Grec Panoplia ». Cf. Tyard, 115, Marty-Laveaux :

Tes beaux yeux, et ta douce parole
Du fol venin sont le *doricnion*!

Ensuite et surtout il ne faut pas croire que cette réserve est générale chez les médecins antérieurs à Paré. Il est vrai qu'on trouve quelques auteurs très scrupuleux sur ce point, comme Tagault. Dans son livre posthume des *Institutions chirurgiques* [1] les mots techniques sont en général sous forme latine, et entre crochets. Ce sont bien là les étrangers dans la cité, dont Du Bellay parlera la même année. Mais bien avant Paré on mélange formes françaises et anciennes ; Champier [2] en use déjà ainsi, et pour ne pas citer d'autre exemple, le propre maître de Paré, Canappe, dont il a fort bien pu s'inspirer [3]. Paré n'innove donc rien. Et dès cette époque, dans la grave querelle que fit naître entre pharmaciens et médecins le pamphlet de Sebastien Collin sur les abus et tromperies des apothicaires, l'un des adversaires reproche plusieurs fois à l'autre de « bigarrer sa parole d'entretaillures latines », et de « commettre de coup à quille toutes sortes de barbarie et de ridicules compositions de latin et de françois, comme en disant : apres levi ebullitione de oleum absynthii ». On voit que cette méthode de farcissure était déjà ridiculisée aux environs de 1550 [4].

Il importe toutefois de retenir le fait. Il explique que *sphincter*, *thorax*, *cubitus*, *index*, *radius*, *humerus*, *tetanos*, *duodenum*, *ilion*, *miserere*, *sternum*, *rectum*, *sacrum*, *scrotum*, *gluten*, etc., nous soient parvenus sous une forme non francisée.

Les mots savants dans la langue littéraire. 1° *Le latin.* — Les déclarations et les doctrines perdent ici à peu près toute importance, car il y a une contradiction perpétuelle entre la pratique des auteurs et leurs théories. En fait, tout le monde ou

---

1. Lyon, Guill. Rouille, 1549.
2. Chez Champier les mots latins dominent encore. On lit *allium* (32), *ambra* (45), *apium* (32), *bdellium* (29), *cantharides* (40), *dictamnon* (31), *eleborus* (47), *folium* (41), *hedera* (51), *lactuca* (42), *malabatrum* (41), *mandragora* (51), *petroselinum* (27, 32), *spica nardi* (42), *xylobalsamum* (28), *zuccarum* (46), Cependant on trouve *baulme* (27, 28, 29), *cynabre* (35), *gomme* (28), *mithridat* (25, 38), *therebentine* (28), *trochisques* (32), *vesces* (43), etc. Quelques-uns se lisent en deux langues : *rheu barbarum*, *rheubarbe* (29, 30) ; *iusquiamus*, *iusquiame* ; *moschus*, *musc* (42). (*Myrouel*).
3. Canappe cite, sous leur forme antique, souvent en les expliquant : *catalepsis* (c'est-à-dire retention) (*Muscles*, 50 r°), *condylus* (*Muscles*, 30), *cubitus* (*Ibid.*, 14 r°), *diarthrosis* (*Os*, 5 v°), *enarthrosis* (*Os*, 6), *epiphysis* (*Os*, 55 r°), *parencephalis* (*muscles*, 8), *phrenes* (*Ibid.*, 56 v°) *radius* (*Ibid.*, 21 v°), *sphincter* (*Ibid.*, 14 r°), *symphisis* (*Os*, 4), *synarthrosis* (*Os*, 5 v°), *synneurosis*, *syssarcosis* (*Os*, 7 v°), *ulna* (*Muscles*, 40 r°), etc.
4. Voir les *Articulations* de P. Brailler, *sur l'Apologie de J. Surreth*, medecin a Saint-Galmier, Lyon, 1558, p. 23.

presque tout le monde latinise. En principe chacun s'élève contre les latiniseurs. Il faut bien chercher pour rencontrer un auteur, qui professe que les mots empruntés à la source latine sont utiles ou ont bonne grâce. Peletier du Mans est presque seul à avoir euce courage et cette imprudence [1].

Dès le commencement du siècle — et les protestations remontent plus haut encore, — les vieux *arts de rhétorique* prononcent de sévères condamnations contre les excès des écorcheurs. Fabri répète la sentence. Geoffroy Tory, Rabelais, Des Periers les ont raillés [2]. Dolet les a qualifiés de « sottelets glorieux »; [3] Meigret a refusé de les suivre et d'asservir la grammaire française à la latine [4]. Ronsard a affirmé qu'il fallait rompre avec les devanciers, qui avaient sottement tiré des Romains une infinité de vocables étrangers, quand il y en a d'aussi bons dans leur langage [5]. Pasquier a fait de cette habitude et de la paresse d'esprit qu'elle suppose une critique très pénétrante [6]. Henri Estienne s'en est plaint à

1. « Un mot bien deduit du Latin aura bonne grace, an lui donnant la teinture Françoese. E ici je n'ose nommémant dire cete maniere de deriuacion, ni cetela : creignant de trop decouurir l'Art. Ie dirè bien que les Infinitiz an *ire* Latin, se peuuet meintefoes impunémant conuertir an *ir* Françoes : Comme de *vagire*, vagir : *ambire*, ambir : e les samblables, que l'homme d'esprit saura bien juger. Ie ne ferè dificulté d'user de Regnicoles, aprés Claude de Seissel an sa Preface au Roe Louïs, sus sa Traduccion des guerres Rommeines d'Apian : ni ancores de repulse, dont il à usé an quelque androet du Liure même : combien que nous puissions dire la repousse, plus Françoesemant » (*Art poetique*, p. 37.). Cf. p. 31 ce qu'il dit du cas spécial du traducteur.
2. « Quant escumeurs de latin disent : « Despumon la verbocination latiale, et transfreton la Sequane au dilucule et crepuscule, puis deambulon par les quadriuies et plateas de Lutèce, et comme verisimiles amorabundes captiuon la beniuolence de lomnigene et omniforme sexe feminin », me semble qu'ilz ne se moucquent seulement de leurs semblables, mais de leur mesme personne. (*Champfleury*. Cf. Pantagruel, II, 6.) Si Rabelais n'a pas pris à Tory cette phrase, qu'il reproduit presque sans y rien changer, dans l'histoire de l'écolier limousin, c'est qu'elle était déjà connue comme parodie du langage à la mode, et que tous deux l'ont empruntée aux historiettes courantes. Cf. Des Periers, *Nouv.* XIV : De l'aduocat qui parloit latin à sa chambriere.
3. *Accents de la l. fr.* f° 1.
4. *Grammaire*, 144 r°. Cf. 25 r° où il refuse d'accueillir les adjectifs en *ée*, tels que *ferrée*, *plombée*, avec le sens des latins en *eus*.
5. OEuvres, Blanchemain, vii, 334.
6. Voir Pasquier, *OEuvres*, II, let. xii, p. 48 B. « Et n'y a rien qui nous perde tant en cela; sinon que la plus part de nous, nourris dés nostre ieunesse, au Grec et Latin, ayans quelque asseurance de nostre suffisance, si nous ne trouuons mot apoinct, faisons d'une parole bonne, Latine, une tres-mauuaise en François : Ne nous aduisans pas que ceste pauureté ne prouient de la disette de nostre langage, ains de nous mesmes et de nostre paresse. » Dans la même lettre Pasquier oppose à cet abus l'usage, tel qu'il devrait être, modéré et judicieux.

son tour, effrayé de voir les femmes elles-mêmes se mêler d'égratigner ce pauvre latin, « faulte de luy scavoir pis faire [1] ». Bref, il n'est pas de thème plus rebattu.

Mais les phrases les plus indignées n'ont gardé personne ou presque personne de la faute qu'elles condamnaient. Rabelais le montre bien. N'a-t-il pas des pages entières que Pantagruel eût été fort embarrassé de comprendre s'il n'avait eu que son français? La Pléiade aussi, et Ronsard lui-même, furent loin d'échapper à cette contradiction. Sous prétexte de réagir contre le jugement de Boileau, évidemment excessif, on est allé trop loin depuis Egger. Malgré les fortes paroles par lesquelles Ronsard a condamné devant d'Aubigné *collauder*, et *contemner*, le premier a été employé dans son école, et on peut le dire, sur ses incitations. C'est sur le tard en effet, M. Marty-Laveaux l'a très bien vu, que la sagesse lui était venue. Il y a du latin, et en quantité notable, dans ses premières œuvres. On le constatera plus loin aux exemples : *ancelle, argutie, exceller, libertin, tabide, varie* et nombre d'autres latinismes, ont été probablement inventés par lui; une foule d'autres, encore peu répandus, ont été acceptés dans ses œuvres et vulgarisés ainsi.[2] Au reste le Quintil Censeur a déjà démêlé les vraies tendances de l'école, et pris Du Bellay en faute; il lui a signalé, avec raison, dans nombre de cas, qu'il écorchait le latin sans aucune pitié. Si du reste, on eût, dès ce moment, dans le groupe des nouveaux poètes, conçu le projet de réagir nettement contre les latiniseurs, comment dans le manifeste où on exhortait par des pages brûlantes au pillage des anciens, ne se trouve-t-il pas une phrase pour avertir qu'il ne s'agissait que des genres, des légendes, des images, des idées, non du langage? Il n'y a que ce conseil :

---

1. *Conformité*, éd. Feugère, p. 43.
2. Voir d'Aubigné, Avertissement des *Tragiques* : « Mes enfans (disait Ronsard) deffendez vostre mere de ceux qui veulent faire seruante une damoyselle de bonne maison. Il y a des vocables qui sont francois naturels, qui sentent le vieux, comme *dougé, tenue, empour, dorne, bauger, bouger*, et autres de telle sorte. Ie vous recommande par testament que vous ne laissiez point perdre ces vieux termes, que vous les employiez et deffendiez hardiment contre des maraux qui ne tiennent pas elegant ce qui n'est point escorché du latin et de l'italien, et qui aiment mieux dire *collauder, contemner, blasonner*, que *loüer, mespriser, blasmer* : tout cela est pour l'escholier limousin. » Il est à remarquer que ces trois mots « écorchés » sont dans Marot. Ronsard n'avait pas cependant, j'imagine, la prétention d'être plus pur Français que lui; c'est une simple coïncidence.
1. Edit. P., p. 129.

« Use de motz purement françoys[1]. » On est en droit de le trouver bien vague et bien sec dans un chapitre consacré tout entier à vanter le néologisme. Au reste, si on était tenté d'en forcer l'interprétation, on serait arrêté net par cet axiome posé alleurs : « Ce n'est point chose vicieuse, mais grandement louable, emprunter d'une langue etrangere les sentences et les motz, et les approprier à la sienne. » (I, 8, éd. P., p. 72.)

Il me paraît donc, comme à M. Marty-Laveaux, incontestable que, dans le premier enthousiasme tout au moins, Ronsard et les siens, tout en répudiant dès ce moment, je le veux bien, les excès ridicules de quelques grands rhétoriqueurs, se sont gardés d'enchaîner leur liberté, et de se priver d'une ressource si importante. Il était évidemment injuste de leur reprocher d'avoir donné l'exemple ; il ne paraît pas exact de se refuser à reconnaître qu'ils l'ont suivi.

La vérité est que d'un bout à l'autre du siècle, pendant tout le temps que dura, relativement au néologisme, l'état d'esprit que j'ai décrit plus haut, le latin fut le grand réservoir où chacun vint puiser. Avec ses mots voisins des nôtres, su et possédé comme il l'était dès l'enfance par ceux qui écrivaient, il ne pouvait manquer de s'insinuer dans leurs écrits, sitôt que le mot indigène manquait ou se faisait un peu attendre.

2° Le grec. — Bien souvent, dans les discussions des hommes du temps, grec et latin sont associés, comme on l'a pu voir. Toutefois il s'en faut de beaucoup que les grécaniseurs soient l'objet des mêmes invectives que les latiniseurs, et la raison en est toute simple, le danger sur ce point était beaucoup moins menaçant. Darmesteter l'a dit avec beaucoup de justesse : « c'est par la science plus que par la littérature que la terminologie grecque s'introduisit chez nous au xvie siècle. »

---

[1]. « Ce commandement (use de motz purement Francoys) est tres bon, mais tresmal obserué par toy Precèpteur, qui dis : *Vigiles* pour *veilles* ; *songer* pour *penser* ; *dirige* pour *adresse*, epithetes non *oysifz* pour *superflus* ; *pardonner* pour *espargner* ; *adopter* pour *receuoir* ; *liquide* pour *clair. Hiulque* pour *mal joinct* ; *religion* pour *obseruance* ; *thermes* pour *estuues* ; *fertiles* en larmes pour *abondant* ; *recuse* pour *refuse.* Le *manque flanc* pour le *costé gauche* ; *rasserener* pour *rendre serain* ; *buccinateur* pour *publieur* ; *intellect* pour *entendement* ; *aliene* pour *estrange* ; *molestie* pour *ennuy* ; *obliuieux* pour *oblieux* ; *sinueux* pour *courbe*, et *contourne*, et infiniz semblables que trop long serait à les nombrer. » (P. 209, édit. P.) Bien entendu, si Du Bellay eût riposté au Quintil, il eût pu, du reste, le reprendre à son tour d'avoir fait ce qu'il reprenait. Sa critique est bourrée de mots savants d'école.

Parmi les littérateurs proprement dits, ceux même qui ont possédé le grec — et les plaintes des hellénistes font assez voir qu'ils n'étaient pas très nombreux — se sont montrés assez réservés. Quel que pût être en effet l'ascendant des œuvres et de la langue, les esprits n'en étaient pas en général obsédés comme du latin. En outre, il faut bien en tenir compte, malgré les sophismes d'Estienne, la conformité entre les deux idiomes était beaucoup moins grande, ce qui augmentait d'autant la difficulté, quand il s'agissait d'adopter un mot dont la forme se prêtait mal, et dont le sens était impossible à deviner. Seule la tendresse de Délie pouvait comprendre que son amant était victime de réactions trop vives, en l'entendant se plaindre de

> Souffrir heureux doulce antiperistase [1].

Le péril grec n'a donc jamais été très considérable. Il faut avouer pourtant que l'influence de Ronsard n'a pas été sans l'accroître. Je ne répèterai point ici ce que j'ai dit plus haut de la distinction nécessaire qu'il faut faire entre les doctrines rassises, qu'il préconisait en 1575, et les aspirations du début. Ce n'est pas sans doute avec l'espérance de naturaliser à la fois *ocymore*, *dispotme*, *oligochronien* qu'il lançait la plainte célèbre [2] :

> Ah ! que ie suis marry que la Muse Françoise
> Ne peut dire ces mots comme fait la Gregeoise
> Ocymore, dispotme, oligochronien :
> Certes ie le dirois du sang Valesien.

Toutefois, comme le pense très justement M. Marty-Laveaux [3], ce n'était pas non plus pour marquer que semblables transplantations étaient impossibles; la note dont le poète accompagne ces vers dans l'édition de 1575 ne permet pas pareille interprétation : « Ces mots grecs, dit-il, seront trouuez fort nouueaux; mais d'autant que nostre langue ne pouuoit exprimer ma conception, i'ay esté forcé d'en user qui signifient une vie de petite durée. *Filosofie* et *mathematique* ont esté aussy estranges au commencement; mais l'usage les a par traict de temps adoulcis et rendus nostres. » Cette dernière phrase, et le rapprochement

---

1. Sceve, *Delie*, CCXCIII.
2. *Epitaphe de Marguerite de France*, V, 248, édit. Marty-Laveaux.
3. *La langue de la Pléiade*, I, Intr., p. 22.

qu'elle contient montrent avec certitude que Ronsard ne renonçait nullement à l'assimilation possible de certains mots grecs, ou faits d'éléments grecs.

Toutefois ce ne sont point les noms, mais, en sa qualité de poète, les épithètes qui lui faisaient envie, et c'est pour les trouver qu'il a grécanisé : Ses *Carpime*, *Euaste*, etc., viennent de là. Or, accolés à des noms de Dieux, c'étaient presque des noms propres, qui n'entraient pas dans la langue. Il reste donc acquis, qu'il n'a pas vraiment, comme Boileau l'avait prétendu, parlé grec en français. En ce qui concerne les mots, il a, en somme, fort peu héllénisé lui-même, et surtout il n'a pas été le maître de barbarismes que l'on s'était longtemps imaginé.

Je ne suis point arrivé, je l'avoue, à déterminer des phases bien nettes qui marqueraient la décadence ou le progrès de la création savante. Il est certain cependant que, si on considère la langue littéraire seule, le mal a plutôt été en décroissant, et que les pires barbares sont ceux du commencement du siècle, toute cette école des grands rhétoriqueurs dont le nom seul éveille justement des idées de futilité et de pédantisme. A l'époque d'Henri Estienne, il est certain que le pédantisme gréco-latin est en baisse, et que la mode néologique s'est tournée ailleurs. Toutefois, à chaque instant, l'intervention personnelle d'un écrivain vient troubler la marche de la langue. En poésie surtout, le va-et-vient est tel que le mot de marche ne convient plus : c'est une série de soubresauts.

Diverses classes d'emprunts savants. — Il y a diverses manières d'emprunter à une langue étrangère, différemment dangereuses pour le langage.

1° La première consiste à créer des expressions en rapprochant des termes que le latin unissait, mais que le français n'avait pas encore joints. Quand Desportes parle de *larges pleurs*, il imite incontestablement le *largos fletus* des Latins. Autant en fait Ronsard, quand il qualifie la vieillesse de *crue* à l'exemple de Virgile, qui a dit : *cruda deo viridisque senectus*. Le Quintil censeur reproche à Du Bellay d'employer l'expression d'un *sourcil stoïque* (p. 193); c'est la même hardiesse. On trouve dans les auteurs du XVIᵉ siècle une foule d'exemples analogues.

Mais ce latinisme-là, tout littéraire, est affaire de style plutôt que de langue.

2° Il arrive en second lieu que des éléments tout français sont combinés pour former des mots à l'antique.

De cette catégorie sont un certain nombre d'épithètes homériques, créées par les poètes de la Pléiade : le dieu *cheuvre pied* (Rons., Bl. IV, 58), Fils de Saturne, Roy, *tout oyant, tout-voyant* (Ib. V, 143). On pourrait retenir ici les mots de ce genre, qui par un côté sont anciens ; j'ai préféré les classer d'après les éléments qui les forment, et les rejeter par conséquent aux mots purement français.

3° Il arrive qu'un mot français est détourné de sa forme normale pour être rapproché du mot ancien, dont le jeu plus ou moins régulier des lois phonétiques l'avait éloigné. J'en donnerai pour exemples : *interrompre* refait sur *interrumpere*, qu'on substitue à *entrerompre*; *intentif* que Scève (*Delie* ccccxiv) écrit, d'après *intentus*, au lieu de dire *ententif*; *auare* pour *auer* (Du Bel., II, 15. M.-L.) *incarner*, pour *encharner* (Paré, VI, 16. Malgaigne).

Comparez : *caballin*, pour *cheualin*, Mar., I, 184; *equalité* pour *iuelté*, Mont., I, 87. L.; *hyoscyame* pour *iusquiame* (ὑοσκύαμος), Houil., *Chir.*, 25; *magistres*, pour *maistres* (magistros), Rab., J., I, 68; *sphere* pour *espere* (sphæra), Focard, *Paraph. de l'Astrol.*, titre ; *verecundie* pour *vergogne* (verecundia), Brant., IV, 11. On a vu au chapitre de l'orthographe un certain nombre de ces reformations.

4° Par un retour en arrière tout à fait semblable au précédent, un mot français, sans être modifié dans sa forme, reprend ou prend, sous l'influence du mot ancien correspondant, tout ou partie des significations de ce dernier. C'est de la sorte que Du Bellay dit *pardonner aux noms* (*Def. et ill.*, p. 206, éd. P.) dans le sens *d'épargner* (parcere), que Bugnyon emploie *immerité*, comme en latin *immeritus*, pour dire : *qui n'a pas mérité* [1].

Comparez : *gauche* = sinistrum (défavorable), Rons., Bl. I, 323 ; *estre veu* = videri (Du Bel. 107); *benefice* = beneficium (bienfait), Desp., *Diane*, I, procès; *durer* = durare (supporter), Id., *Masc. des chev. agités*; *mal oyr* = male audire (avoir mauvaise réputation), Joub., *Err.*, 12; *elargir* = elargiri (donner largement) Rons., II, 423.

5° On crée des mots tenant en partie du latin ou du grec ; et ceci peut se faire de deux sortes. En effet, dans certains cas, c'est le thème qui est français, et le procédé de dérivation ou de composition qu'on lui applique, qui est latin. Les adjectifs *viergeal* (Baïf, *Po.*, 254), *nuital* (*Ibid.*, 20) donnent l'exemple de cette manière de procéder.

De ce type sont les mots : *diabliculer* Rab., J., II, 178; *miraclificque* Id. III, 36, *artialiser* Mont., *Es.*, III, 5, *assassinat* Pasq. *Rech.*, VIII, 20; *billion* = bis + million Est. de la Roch., *blanchiment* O. de Serres, V, 8, *ibid.*; *Arism.*, f° 7, H. D. T, *crueliser* Noël du Fail, I, 235; *archicoupeur* Id., II, 176.

Ou bien, et c'est là de beaucoup le système le plus employé, le thème est savant, on le dérive ou on le compose à la mode française. *Iuncturable* (Lisset Benancio, *Abus*, 36 v°), *sonoreux* (Du Perron, *Prem. disc.*, 257), faits de *junctur* (a), *sonor* (us), plus les suffixes *able*, *eux*, sont des types de ce genre. Les exemples qu'on pourrait citer ici sont en très grand nombre. En voici quelques-uns [1].

Adjectifs : en *able* : *inhospitable*, J. Du Bel., *Odes*, VII, G.; — en *ant* : *odoriferant*, Houil., *Chir.*, 45; — en *ee* : *apollinee*, Sceve, *Del.*, CII; — en *el* : *complexionnel*, Baillif, *Conf.*, 78 v°; *elementel*, Id., *ibid.*; *perennel*, Rons., *Od.*, v, 282; — en *eux* : *aereux*, Du Per., *1er disc.*, 257; *butyreux*, Houil., *Chir.*, 17; *erugineux*, Col., *Ur.*, 50; *lacticineux*, Lisset, *Ab.*, 38 r°; — en *if* : *perspectif*, Rab., J. I, 39; *suppuratif*, Houil., *Chir.*, 142; — en *in* : *aquilin*, Rab., II, 16, H. D. T.

Substantifs : en *eur* : *depraueur*, Bugn., *Er.*, p. 51; — en *on* : *prurison*, Sceve, *Del.*, XCIX; en *ie* : *antipelargie*, Joub., *Err.*, 561; *cephalie*, Baill., *Conf.*, 92 v°; *doctorie*, Mar., I, 280.

Verbes : en *er* : *arbuster*, Belon, *Def. de labour*, 60; *desoppiler*, Rab., III, 2, H. D. T.; *faciliter*, Sceve, *Del.*, LXXIII; *horribler*, Rons., Bl., II, 27; *infecter*, Marot, *Metam.*, I, H. D. T.; Sceve, *Del.*, XV; *necessiter*, Bugn., *Er.*, 39; *violenter*, Id., *ibid.*, 12; *se vulguer*, Id., *ibid.*, p. 36; *zephirer*, Id., *ibid.*, p. 120; — en *fier* : *lubrifier*, Paré, *Adm. an.*, 10 r°; *sanguifier*, Id., *ibid.*, 16 r°; *chylifier*, Lisset, *Ab.*, 30 v°; — avec préfixes : *enthyrser*, Baïf, *Po.*, 124; *regurgiter*, Paré, *Adm. an.*, 17 r°; *postpouser*, Rab. J., IV, 176. Du Fail, I, 12; *symmetrier*, Marot, *Pref.*, éd. Lyon, 1544.

Adverbes : *celestement*, Pont. Ty., II, 24; *indubitablement*, Bail., *De l'hom.*, 32; *mammallement*, Rab., J., I, 26; *perpendiculairement*, Bouelles, *Geo.*, 7 v°; *prodigalement*, Bugn., *Er.*, 12; *tacitement*, Pont. Ty., II, 27.

6° On emprunte des mots tout faits [2].

---

1. L'ordre suivi est celui des suffixes. J'ai essayé de varier plus que de multiplier les exemples. Je donne des mots disparus aussi bien que des mots conservés. Le lecteur saura facilement distinguer les uns des autres.
2. Je me suis astreint dans ce qui suit à ne citer que des mots qui d'après les dépouillements des grands lexicographes contemporains : Littré, Godefroy, Delboulle (auxquels j'ai ajouté les résultats de mes propres lectures), sont considérés comme datant du xvi° siècle. Mais il faut bien se souvenir d'abord que dans l'état actuel des dépouillements, ces classements chronologiques sont absolument provisoires, et qu'on retrouvera plus tard nombre de ces mots avant l'époque où ils sont signalés. Inversément, il serait d'une mauvaise méthode de

A. Emprunts au *latin*.

abhorrir, Rob. Est. 1539, Sceve, *Del.*, XXVIII; *astrus*, J. Le Maire, III, 171, H. D. T; *acrimonie*, Paré, *Adm. an.*, 20 v°; *admixtion*, Bac., *Adm. p.*, 42; *adombrer*, Dorat, 27, M.-L.; *adstringent*, Houil., *Chir.*, p. 4; *amène*, J. Le Maire, *Ill. de G.*, II. D. T.; *angustie*, Paré, *Adm. an.*, 13 r°; *animant*, Du Bel., II, 221, M.-L.; *animeux*, Baill., *Tr. de l'h.*, 12 r°; *apostolat*, Calvin, *Inst. chr.*, IV, III, 4. H. D. T.; *apparat*, Noël du Fail, I, 96; *aquilin*, Rab., II, 16, H. D. T.; *are* (autel), Marot, I, 208; *argutie*, Rons., III, 525, H. D. T.; *asserer* (= attribuer), Rons., VI, 262, M.-L.; *assimiler*, Paré, *Intr.*, 8. H. D. T.; *cadauer*, J. Thier., *Dict. fr. latin*, II. D. T.; *captif*, Du Bel., *Ol.*, 13, *ibid.*, *carie*, Paré, XIV, 58, *ibid.*; *carnifique*, Paré, *Adm. an.*, 26 r°; *caruncules*, Joub., *Err.*, I, 59; *cartilages*, Paré, *Adm. an.*, 26 v°; *cesure*, Rons., *A. poét.* H. D. T.; *cerue*, Du Bel, I, 337, M.-L.; *classique*, Sibilet, *A. poét.*, 7 r°; *claviculaire*, Paré, *Adm. an.*, 38 r°; *coarcté*, Lisset, *Ab.*, 44 r°; *collauder*, Baïf, III, 304; *collution*, Lisset, *Ab.*, 5 r°; *colombe*, Marot, *Ep.* 13, H. D. T.; *colostre*, Joub., *Err.*, 473; *commuer*, Rob. Est., *Dict.* 1549, H. D. T.; *compatir*, Id., *ibid.*; *concilier*, Id., *ibid.*; *concours*, Amyot, Œuv. mor., *Cur.*, 22, *ibid.*; *concret*, Paré, XVIII, 4, *ibid.*; *conuulsion*, Rob. Est., 1549, *ibid.*, Joub, *Err.*, 66, Houel, 13 r°; *crassitude*, Col. *Ur.*, 41; *deliber*, Rons., III, 523, M.-L.; *depoulper*, Id., VI, 300, *ibid.*; *deprauation*, Am., Œuv. mor. préf., II. D. T.; *despection*, Chastell., *Chron. d. Bourg.*, III, 199, G.; *desuetude*, Le Caron, 1596, II. D. T; *deuouer*, Am. dans G. Supp^t. *ibid.*; *dexterité*, Macault, *Trad. Apoph. Er.*, *ibid.*; *dirriger*, Du Bel., I, 484, M.-L.; *disconuenir*, Rob. Est., 1549, II. D. T.; *dissident*, Tagault, G. Sup^t, *ibid.*; *diuaguer*, Postel, *Rep. des Turcs*, *ibid.*; *diuidende*, Pelet, *Arithm.*, 43, *ibid.*; *docile*, Rob. Est., 1549, *ibid.*; *docte*, Du Bel., 1, 55. M.-L.; *dulcorer*, Lisset, *Ab.*, 7 v°; *education*, Dassy, *Peregrin.*, H. D. T.; *effectif*, *Ep. de Henri VII a H. VIII*, 1512, *ibid.*; *elabourer*, Rab., I. *Prol. ibid.*; *elider*, Rob. Est., 1549, *ibid.*; *elocution*, Fabri, *Rhet.*. *ibid.*; *elogue*, Pasq. *Let.*, I, 558, *ibid.*; *emanation*, Vigenère 1587, *ibid.*; *enumeration*, Fabri, *Rhet.*, *ibid.*; *epistolaire*, Dolet, *Ep. fam. de Cicer.*, *ibid.*; *erosion*, Canappe, *Tabl. anat.*, *ibid.*; Lisset, *Ab.* 11 r°; *ere*, Grujet, *Div. leçons*, II. D. T.; *excauation*, du Pinet, *ibid.*; *exceller*, Rons., *Am.*, I, 163, *ibid.*; *exolution*, Houil., *Chir.*, 57; *exorable*, Calv., *Inst. chr.*, III, XX, 124,

croire qu'un Ronsard ou un Scève n'ont réellement innové que les mots qu'on ne trouve pas avant eux. J'ai déjà eu l'occasion de le dire, un latinisme est signalé dans Oresme, on le retrouve au xvi° siècle, il a été la plupart du temps réimporté, même quand on en rencontre quelques exemples entre les deux époques, si ces exemples ne sont pas très nombreux. Evidemment dans les vocabulaires techniques, des mots techniques se sont transmis obscurément comme *concentrique, irrationnel, incommensurable, intersection, quadrangle, équidistant, penultième* en mathématiques; *ablution, artificiel, calciner, congeler, putréfaction, sublimer, transmutation* en alchimie; *apéritif, dysurie, excarnifier, extirpé, lénitif, pustule, thérebentine, thorax, ulcération*, en médecine. Mais en revanche on pourrait citer une masse de cas où les auteurs du xvi° siècle ont pris ailleurs qu'à la tradition. Ce n'est pas dans Bersuire que Rabelais va chercher *pretorial* (III, 183, Jannet), ni dans l'*Histoire de Charles VII*, que Scève trouve *patrie* (*Delie*, XX). De l'un à autre texte, ce mot était si peu passé dans l'usage que le Quintil censeur le réprouve un peu plus tard chez Du Bellay comme un néologisme écorché du latin. *Culture* est cité en 1521 par le *Dictionnaire général*, et cependant Belon hésite à le prendre au latin, et le rend par le français *labour* (*Le deffaut du labour*, Préface.) La conclusion de ces observations est qu'en dehors des mots que le xvi° siècle a inventés, il faudrait, si l'on voulait mesurer exactement sa fécondité, tenir compte de tous ceux qu'il a ressuscités; la vraie vie d'un mot commence seulement du jour où il entre dans l'usage général.

H. D. T; *exorde*, Fabri, *Rhet.*, *ibid.*, et Joub., *Err.*, 150; *explication*, Vigenere, *Philostr.*, H. D. T.; *explicite*, du Perron, *Euchar.*, *ibid.*; *expurger*, Chrest., *Philaleth.*, 15 r°, *ibid.*; *exquisite*, Colin, *Ur.*, 42; *exsangue*, Canappe, H. D. T.; *extoller*, Cretin, *Ch. roy.*, 5 r°, G.; *exulceration*, Baillif, *Conf.*, 26; *exulcerer*, Rab., I, 13, H. D. T.; *exulter*, J. Le Maire, *ibid.*; *faciende*, Rab., IV, 21, *ibid.*; *facilité*, R. Est, 1549, *ibid.*; *fanatique*, Mont., II, 12. *Ibid.*; *fane*, Bugn. *Er.*, 36; *fatidique*, Oct. de Saint-Gel., H. D. T.; *febrile*, Paré, V, 19, *ibid.*; *fidele*, Rob. Est. 1539, H. D. T.; *floride*, Rons., III, 520, M.-L. et Rab., V, 9, 159, H. D. T.; *fortuit*, Rob. Est., 1549, *ibid.*; *frequentatif*, Meigret, *Gram.*, *ibid.*; et Rons. Bl., VII, 336; *fuligineux*, Paré. *Adm., anat.*, 36 v°; *funebre*, J. Le Maire, H. D. T.; Sceve, *Del.*, VII; *glandule*, Paré, I, 17; *gradation*, Fabri, *Rhetor.*, *ibid.*; *gratifier*, Des Periers, *Nouu.*, 123, *ibid.*; *gratuit*, Amyot, *OEuu. mor.*, Mauu. honte, 9, *ibid.*; *hesiter*, de Selve, *Vies de Plut.*, *ibid.*; *hiatus*, Fabri, *Rhet.*, *ibid.*; *honorifique*, Nic. de la Chesn., *ibid.*; *hyulque*, Du Bel., I, 52, M.-L.; *impetigine*, Baillif, *Conf.*, 89 v°; *impollu*, La paix faicte a Cambray, G.; *improspere*, Jod., I, 187, M.-L.; *indefatigable*, Belon, *Singular.*, 1559, G.; *indelebile*, Calv., *Inst. chr.* IV, 19, H. D. T.; *inguinal*, Houiller, *Chir..* 7; *inualide*, Rob. Est., 1549, H. D. T.; *iube*, Rab., J., III, 177; *iuiube*, Lisset, *Ab.*, 32 v°; *languide*, Houil., 4; *lanificque*, Rab., J., III, 235; *lascif*, J. Le Maire, H. D. T; *laudateur*, Rab., J., III, 15; *ligament*, Rab., IV, 30, H. D. T., et Paré, *Adm. an.*, 26 v°; *lineamens*, Rab., J., II, 51; Baillif, *De l'homme*, 22 v°; *lucifique*, Rab., J., II, 19; *macter*, Baïf, V, 56, M.-L.; *macule*, Calv., *Inst.*, 30, L. et Des Periers, *Poes.* 155. Chen.; *malaxer*, Houil., *Chir.*, 68; *malesuade*, Rab., J., V, 24; *maliuole*, J. Le Maire, *Illust.*, III, f° 4 v°; G.; *manes*, Rons., I, 86, M.-L.; *membrane*, Paré, *Adm. an.*, 19 v°; *mirande*, Noël du Fail, I, 261; *molestie*, Du Bel., I, 485. M.-L.; *muliebre*, Molinet, *Chron.*, VI, G.; *munitions*, Rab., J. IV, 20; *nodosité*, Paré, XIV, 17 L.; Baillif, *Conf.*, 94 v°; *nouenaire*, Est. de la Roche, *Arism.*, 150 v°; *nubileux*, Rab., J., III, 227; *numeral*, Id., *ibid.*, I, 81; *obturber*, Id., *ibid.*, III, 104; *obtus*, Paré, X, 21, L.; Bou., *Geom.*, 7 v°; *occiput*, Houiller, *Chir.*, 3; *oppugner*, Rab., J., III, 221; *orifice*, Paré, *Adm., an.*, 25 r°; *orque*, Du Bel., I, 140, M.-L.; *oscitation*, Baillif, *De l'hom.*, 24; *s'ostenter*, Bugn., *Er.*, 43; *pacifique*, Jod., II, 148, M.-L.; *pellucide*, Belleau, II, 158, *ibid.*; *pericliter*, Rab., J., V, 21; *permeable* (« pardonnez-moy ce mot »), Pont. Ty., 35, M.-L.; *pernicie*, Ant. du Moul., *Chirom.*, 1549, p. 3; *peroration*, La Ramee, *Dial.*, II, 16, G.; Mont., *Ess.*, I. I, ch. 58; *pestilent*, Houil., *Chir.*, 8; *petreux* (os), Rab., J., I, 153; *ponction*, Paré, VI, 12, L.; *potential*, Houil., *Chir.*, 13; *prescript*, Du Bel., I, 20, M.-L.; *pristin*, Houel, 11 r°; *progression*, Est. de la Roch., *Arism.*, f° 6; *promptuaire*, Des Per., *Deuis*, LXIII, 227. Chen.; *propage*, Bugn., *Er.*, 112; *prospectiue*, Sceve, *Del.*, LXXIII; *prostration*, Colin, *Ur.*, 24; *pubis*, Paré, *Adm. an.*, 8 v°; *pudique*, Sceve, *Del.*, CCCXIII; *pulueriser*, Paré, *Intr.*, 27, L.; et Bail., *De l'hom.*, 32; *quadrature*, Rab., J., IV, 160; *quotient*, De la Roch., *Arism.*, 13 v°; *rancide*, Houiller, *Chir.*, 16; *recurrent*, Paré, *Adm. an.*, 41 r°; *reiteration* Rab., J., III, 102; *retenter*, Du Bel., I, 341, M.-L.; *retrogradation*, Bail. *Conf.*, 38; *reuolu*, Du Bel., I, 156, M.-L.; *rusticité*, Rab. J., V, 75; *sacre* (= sacré), Sceve, *Del.*, XXI; Rab., J. II, 121; *sacrosancte*; Bugn., *Er.*, 54; *sanie*, Houiller, *Chir.*, 30; *sceleste*, Bugn., *Er.*, 20; *scope* (= scopa), Lisset, *Ab.*, 19 r°; *scripteur*, Rab., J., III, 94; *secteur*, Bou., *Geo.*, 51; *semestre*, Rons., III, 217; M.-L.; *serener*, Sceve, *Del.*, XLV; *sesquialtere*, De la Roch., *Ar.*, f° 3 [1]; *siccité*, Paré, XIII. 3. L. et Bacon, *Mir. d'Alq.*, 81; *silent*, Sceve, *Del.*, LXXV; *simulté*, Rab., J., IV, 20; *statuer*, Bugn., *Er.*, 116; *spinal*, Houil., *Chir.*, 3; *stillicide*, Lisset, *Ab.*, 48 r°; *structure*, Du Bel., I, 336, M.-L.; *subjicer*, Bugn., *Er.*, 10; *suffocation*, Bail., *Conf.*, 28; *sulphureux*,

1. Cf. *sesquiquarte, sesquitierce, sesquisexte*, Id., *ibid.*

Bail., *Conf.*, 37; *suture*, Canappe, *Os*, 9 r°; *syderal*, Rab., J., I, 38; *tabide*, Houil., *Chir.*, p. 30; Rons., VI, 475, M.-L.; *temulent*, Bugn., *Er.*, 60; *tenuité*, Col., Ur., 30, Paré, I, 11. L.; *testicule*, Paré, *Adm. an.*, 19 r°; *testifier*, Cl. Marot, 1731, I, 254. G.; *tetricité*, Des Per., *Deu.*, I, 12. Chen.; *titilacion*, Joub., *Err.*, 524; *torrefié*, Lisset, *Ab.*, 42 v°; *trituration*, Houel, p. 6; *triturer*, Bacon, *Mir. d'Alq.*, 71; *valetudinaire*, Joub., *Err.*, 122; *valuule*, Paré, *Adm. an.*, 37 r°; *vate*, Rons., IV. 359, M.-L.; *vehicule*, Bail., *Conf.*, 39 v°, Paré, *Intr.*, 6. L.; *vellication* Rab., J., III, 213; *vertigine*, Bail., *De l'hom.*, 44 r°; *vigilance*, Dorat, 35, M.-L.; *vint* (= vincit), Bugn., *Er.*, 84; *vitré*, Bugn., *Er.*, 19; *vulgue*, Rab., J., III, 179; *vulue*, Paré, *Adm. an.*, 24 v°.

B. Emprunts au *grec*.

1° Mots qui sont empruntés par l'intermédiaire du latin classique :
Académie (academia = Ἀκαδημία), Marot, I, 214; *cadmie* (cadmia = καδμεία), Houil., *Chir.*, 42; *disque* (discus = δίσκος), Guill. du Choul., 1556, H. D. T.; *egide* (aegis = αἰγίς), J. Le Maire, *Ill.*, *ibid.*; *embleme* (emblema = ἔμβλημα), Sceve, *Del.*, Privil.; *encyclie* (encyclios = ἐγκύκλιος), Bou., *Geo.*, 13 v°; *epiderme* (epidermis = ἐπιδερμίς), Paré, I, 2, H. D. T.; *epigramme* (epigramma = ἐπίγραμμα), Laz. de Baïf, M.-L.; *epilepsie* (epilepsia = ἐπιληψία), J. Meignan, *Hist. d. plantes*, H. D. T., Joub., *Err.*, 122; *epithalame* (epithalamium = ἐπιθαλάμιον), Cl. de Buttet, H. D. T.; *epithete* (epithetum = ἐπίθετον), Bouchet, *Chap. des princes*, *ibid.*; *hemistiche* (hemistichium = ἡμιστίχιον), Du Bel., *Def. et ill.*, *ibid.*; *hendecasyllabe* (hendecasyllabus = ἐνδεκασύλλαβος), Id., *ibid.*, I, 40, M.-L.; *heptagone* (heptagonus = ἑπτάγωνος), Bou., *Geo.*, 28 v°; *hexagone* (hexagonus = ἑξάγωνος), Id., *ibid.*, 9 v°, cf. Rab., I, 53, H. D. T.; *hydraulique* (hydraulicus = ὑδραυλικός), Bouchard dans Godef. Compl^t, *ibid.*; *hydragogue* (hydragogus = ὑδραγωγός), Paré, XVI, 12, *ibid.*; *hystericque* (hystericus = ὑστερικός), J. Grevin, *ibid.*; *hypothese* (hypothesis = ὑπόθεσις), Canappe, *Muscl.*, f° 33 r°; *isocèle* (isosceles = ἰσοσκελής), Bou., *Geo.*, 16; *lyrique* (lyricus = λυρικός), Du Bel., I, 175, M.-L.; *lytharge* (lethargus = λήθαργος), Houil., *Chir.*, 22; *magnes* (magnes = Μάγνης), Id., *ibid.*, 40; *malagme* (malagma = μάλαγμα), Id., *ibid.*, 63; *metamorphose* (metamorphosis = μεταμόρφωσις), Rab., *Briefue declar.*, H. D. T.; *Musagete* (musagetes = μουσαγέτης), Bugn., *Er.*, 18; *naumachie* (naumachia = ναυμαχία), Rab., J., VI, 26; *neoteric* (neotericus = νεωτερικός), Col., *Ur.*, 24; *orgie* (orgia = ὄργια), Rons. L.; *oxymel* (oxymeli = ὀξύμελι), Houil., *Chir.*, 67; *parallelogramme* (parallelogrammum = παραλληλόγραμμος), Bou., *Geo.*, 38 v°; *parotide* (parotis = παρωτίς), Houil., *Chir.*, 47; *peritoine* (peritonæum = περιτόναιον), Canappe, *Muscl.*, 14 r°; *periphraze* (periphrasis = περίφρασις), Du Bel., *Def.*, I, 22, M.-L.; *philologe* (philologus = φιλόλογος), Rab., J., I, 6; *phlebotomie* (phlebotomia = φλεβοτομία), Houil., *Chir.*, 1; *pithyocampe* (qui sont chenilles de pin, pityocampa = πιτυοκάμπη), Houil., *Chir.* 22; *proboscide* (proboscis = προβοσκίς), Jod., II, 272, M.-L; *rhombe* (rhombus = ῥόμβος) Bou., *Geo.*, 20 v°; *rhomboïde* (rhomboides = ῥομβοειδής), Paré, I, 8, L.; Rab., J., III, 226; *sandaraque* (sandaraca = σανδαράκη), Lisset, *Ab.*, 39 r°; *sciatic*, (sciaticus = ἰσχιαδικός), Houil., *Chir.*, 8; *spondyle* (spondyle = σπονδύλη), Paré, *Adm. an.*, 45 v°; *stratageme* (strategema = στρατήγημα), Rons., III, 524, M.-L.; *sympathie* (sympathia = συμπάθεια), Rab., III, ch. 4, Rons., Bl., I, 112, Joub., *Err.*, 522; *symmyste* (symmystes = συμμύστης), Joub., *Err.*, 55; *tetragone* (tetragonus = τετράγωνος), Est. de la Roch., *Arism.*, f° 154; *trachée* (trachia = τραχεῖα), Paré, *Adm. an.*, 42 v°; *trope* (tropus = τρόπος), Rons., III, 520, M.-L.; *tropicque* (tropicus = τροπικός), Rab., J., III, 236 [1].

---

1. A ces mots on pourrait en ajouter une foule d'autres : *Aconite, aegilop, amblygone, androgyne, antipathie, anodyn, apocope, apologie, apothéose, apo-*

2° Mots qui sont empruntés au grec soit directement soit par l'intermédiaire du bas-latin moderne :

acromion (ἀκρώμιον), Rab., J., I, 150 ; *acroamatic* (ἀκροαματικός), Bouchet, Serees, Préf., H. D. T. et Bail., *Conf.*, 10 ; *agathe* (ἀγαθός), Bugn., *Er.*, XI, 15 ; *anagramme* (ἀνάγραμμα), Dorat, 66, M.-L. ; *anodyn* (ἀνώδυνος), Houil., *Chir.*, 7 ; *anthrope* (ἄνθρωπος), Bugn., *Er.*, 84 ; *apathie* (ἀπάθεια), Rab., III, *Ded.*, H. D. T., Bugn., *Er.*, 50 ; *apocroustic* (ἀποκρουστικός = repulsif), Houil., *Chir.*, 1 ; *aponeurose* (ἀπονεύρωσις), Paré, I, 7, H. D. T. ; *apophyse* (ἀπόφυσις), Paré, I, 11, *ibid.* ; *apophtegme* (ἀπόφθεγμα), Rab., I, 27, *ibid.* ; *archipel* (ἀρχιπέλαγος), Rob. Est., 1539, *ibid.* ; *athée* (ἄθεος), Rons., V, 341, M.-L., H. Est., *N. lang. franç. ital.*, II, 214, H. D. T. ; *cacochyme* (κακόχυμος), Houil., *Chir.*, 1 ; *charite* (χάρις = grâce), Rons., I, 9, M.-L. ; *chiliandre* (χιλίανδρος), Rab., J., III, 236 ; *cotilidoine* (κοτυληδών), Paré, *Adm. an.*, 25 r° ; Rab., I, 6, H. D. T. ; *diarthrose* (διάρθρωσις), Paré, IV, 43, *ibid.* ; *diathese* (διάθεσις), Paré, III, 728, *ibid.* ; *engastrimythe* (ἐγγαστρίμυθος), Rab., J., III, 128 ; *enthousiasme* (ἐνθουσιασμός), P. de Ty., H. D. T. ; *epænon* (επαινος), Rab., J., IV, 224 ; *epigastre* (ἐπιγάστριος), Canappe, H. D. T. ; *episemasie* (ἐπισημασία), Rab., J., V, 102 ; *estiomene* (de ἑστιάω), Lisset, *Ab.*, 11 r° ; *gynecocratie* (γυναικοκρατία), J. Bod., *Rep.*, VI, 5, H. D. T. ; *homogene* (ὁμογένης), Piccol. *Sphere*, *ibid.* ; *homologue* (ὁμόλογος), Stevin, *Arithm.*, 66, *ibid.* ; *hygiène* (ὑγιεινά), Paré, *Intr.*, 3, *ibid.* ; *ichtyocolle* (ἰχθυόκολλα), Houil., *Chir.*, 9 ; *lambdoïde* (λαμβδοειδής), Canappe, *Os*, 9 r° ; *larynx* (λάρυγξ), Rab., II, 32, H. D. T. ; *leuce* (λεύκη), Rab., J., I, 43 ; *lipothymie* (λιποθυμία), Rab., J., III, 161. Cf. L. ; *lobbe* (λοβός), Paré, *Adm. an.*, 17 r°, *mesentere* (μεσεντέριον), 1546, Ch. Est., *Dissect.*, H. D. T. ; *metaphrene* (μετάφρενον), Rab., J., III, 176 ; Paré, *Adm. an.*, 45 v° ; *nosocome* (νοσοκόμος), Rab., J., I, 175 ; *œdeme* (οἴδημα), Houil., *Chir.*, 58 ; *omiomere* (ὁμοιομερής), Col., *Ur.*, 267 ; *opiate* (ὕπιον), Rab., *Prol.*, V, L. ; Lisset, *Ab.*, 62 v° ; *palingenesie* (παλιγγενεσία), Rab., J., 93 ; *pericarde* (περικάρδιος), Paré, *Adm. an.*, 41 r° ; *philostorgie* (φιλοστοργία) « comme les Grecs l'appellent », Est., *Dial.*, 143 ; *phrene* (φρήν), Rab., J., III, 176 ; *philaftie* (φιλαυτία), Marg. de Val. dans Brantôme, VIII, 210 ; *prosphonematique* (προςφωνηματικός), Du Bel., I, 222, M.-L. ; *sphacele* (σφάκελος), Paré, XVIII, 31, L. ; *sphagitides* (σφαγῖτις), *Adm. an.*, 38 r° ; *strobiline* (στροβίλινος), Houil., *Chir.*, 43 ; *symptôme* (σύμπτωμα), Brailler, *Art.*, p. 37[1] ; *synoche* (συνοχή), Lisset, *Ab.*, 19 v° ; *tetragramme* (τετράγραμμος), Pont. Ty., 54, M.-L. ; *thée* (θεά), Bugn., *Er.*, 20 ; *trapèze* (τραπέζιον), Bou., *Geo.*, 21 ; *ypothenuse* (ὑποτείνουσα), Est. de la Roch., *Arism.*, 152 ; *zoophyte* (ζωόφυτον), Paré, *Anim.*, 21, L. ; Rab., J., III, 49 [2].

7° Avec des éléments entièrement savants, on fait des mots que les langues anciennes n'ont pas connus. Ainsi du thème *gigant*, et du suffixe francisé mais non français *al* [3], Rabelais

---

strophe, archimandrite, astronome, axiome, balane, clinique, dogme, empyreme, épinicie, ethnique, exotique, ganglion, gelasin, géographie, gnomon, hectic, hermaphrodite, hyménée, isoplèvre, oxycrat, oxygone, phtiriase, schème, thalame, tragique, qui apparaissent dans les textes français du xvi° siècle, et qui étaient déjà passés en latin dans l'antiquité.

1. Le mot se trouve en latin, mais il est accompagné de cette phrase « comme ils grecisent en françois ».

2. Je ne puis pas ne pas rappeler que Estienne dans le livre III de la *Conformité*, et Trippault, dans son *Dictionnaire François Grec*, Orléans, Eloy Gibier, 1577, ont donné nombre de mots savants tirés du grec. Là ils se sont beaucoup moins fourvoyés que dans les étymologies de mots courants.

3. Le suffixe populaire venu de *alem* est *el*. Ex. : *mortel* (*mortalem*), *noel* (*natalem*).

forme *gigantal*, qui serait en latin *gigantalis*, mais qui n'existe pas dans cette langue (Rab., M.-L., I, 362). De même de *super* et *purgation* la médecine du xvi° siècle avait tiré *superpurgation* [1].

Ces mots commencent au xvi° siècle, à se rencontrer en nombre très considérable. En voici quelques-uns dans la masse :

1. Dérivés. A. *Adjectifs* : en *aire* : *iugulaire*, Paré, *Adm. an.*, 38 r° et Canappe dans H. D. T. ; *uretaire*, Paré, *Adm. an.*, 18 v° ; — en *al* : *fecal*, Paré, *Adm. an.*, 15 r° ; *humeral*, Canappe, *Tab. an.*, H. D. T. ; *humoral*, Paré, *Adm. an.*, 16 r° ; Des Per., *Deuis XC*, II, 297, Chen. ; *lactal*, Paré, *Adm. an.*, 31 r° ; *salival*, Id., *ibid.*, 20 r° ; — en *ande* : *honorande*, Id., *ibid.*, 11 ; *licentiande*, *Reglem. de la Fac.* 1534. G. ; — en *atoire*, *masticatoire*, Paré, *Adm. an.* 47 v° ; — en *ee. uthanatee*, Bugn., *Er.*, 67 ; — en *ian* : *Palladian*, Marot, II, 139 ; — en *ien* : *Apollonien*, Bugn., *Er.*, p. 115 ; *venerien*, Paré, *Adm. an.*, 20 r° ; — en *fique* : *neruifique*, Paré, *Adm. an.*, 26 r° ; — en *ique* : *pleonasmique*, Rab., J., III, 184 ; *symptomatique*, Paré, XX, 35. L. et Col. Ur., 179 ; — en *if, atif* : *carminatif*, Lisset, *Ab.*, 12 r° ; *detersif*, Houil., *Chir.*, 76 ; *initiatif*, Bou., Geo., 1566, p. 6 ; *oppilatif*, Houil., *Chir.*, 8 ; *repulsif*, Id., *ibid.*, 1, etc.

B. *Substantifs* : formés par dérivation impropre : *hydrographe* (de hydrographie), Or. Finé, *Sphere*, H. D. T. ; *hieroglyphe*, Chappuis, *Comm. hierogl.*, *ibid.*

Formés par adjonction de suffixes : en *ament*, *filament*, Rob. Est., 1539, *ibid.* ; Paré, *Adm. an.*, 14 r° ; — en *asmes*, *crotames* (sur ἔρως), Bugn., *Er.*, 118 ; — en *ation* : *albification*, Bacon, *Mir. d'Alq.*, 67 ; *cubication*, Bou., Geo., 49 v° ; *elucidation*, Palsgr., 1530, H. D. T. ; *mondification*, Bacon, *Mir. d'Alq.*, 17 ; *patrocination*, Rab., J., III, 147 ; *ramification*, Paré, *Adm. an.*, 25 r° ; *rubification*, Bacon, *Mir. d'Alq.*, 67 ; *symbolisation*, Rab., J., III, 33 ; — en *ature* : *deligature*, Houil., *Chir.*, 15 ; *lineature*, Heroet, *Parf. amye*, 1543. G. ; — en *isme* : *gallicisme*, H. Est., *Nouu. lang. fr. ital.*, II, 177, H. D. T. ; — en *iste* : *clisterizistes* [2] Lisset, *Ab.*, 24 r° ; *humaniste*, Gruget, *Lec., de P. Messie*, 1539, H. D. T. ; *fabuliste*, Guterry, *ibid.* ; — en *ité* : *anfractuosité*, Paré, *Adm. an.*, 10 r° ; *caducité*, Tabourot, *Bigar.*, H. D. T. ; *fauorité*, Bugn., *Er.*, p. 21 ; *labilité*, Mar., IV, 183 ; *oleagineité*, Bacon, *Adm. pouv.*, 67 ; *terrestreité*, Id., *Mir. d'Alq.*, 11 ; — en *eme* : *prolongeme*, Bou., Geo., 1566.

C. *Verbes* : formés avec *culer* : *torticuler*, Rab., J., II, 178 ; — avec *izer* : *cabalizer*, Des Per., *J. Deuis*, XIII, II, 64, Chen. ; *ciuiliser*, Mont., I, 24, H. D. T. ; *diaspermatiser*, Rab., J., III, 133 ; *eterniser*, Rons., *Am.*, I, 167, H. D. T. ; *familiariser*, Cholières, *Ap. din.*, 127, *ibid.* ; *formaliser*, Amyot, *Flam.*, 31, *ibid.* ; *franciser*, Des Per., *Nouu.*, 16, *ibid.* ; *naturaliser*, J. Thierry, *Dict.*, H. D. T.

2. Composés [3]. A. *Latins* : *intercostal*, Paré, *Adm. an.*, 31 r°, Chrestian,

---

1. Il importe de remarquer que beaucoup de ces mots ont été inventés pour le latin scientifique, et que c'est de là qu'ils ont passé en français. En ce cas les mots de cette catégorie ne sont pas essentiellement distincts de ceux du n° 6.

2. Dans ce même livre les apothicaires sont traités de *saphranistes* (p. 10), *quiproquoquistes* (16 r°), *reubarbaristes* (27 r°).

3. Des Periers s'est égayé de ces mots dont l'avocat abreuvait sa malheureuse servante *Pedisseque* (*Joyeux Deuis*, XIV, II, 66-69).

Philalethes, 31 r°, H. D. T.; *ferrementiporte*, Rab., J., V, 41; *frontispice*, G. Tory, Champfl., H. D. T.; *manutenence*, J. Le Maire, *Leg. des Ven.*, I. G.

B. *Grecs* : *anemophylace*, Rab., J., VI, 7; *nephrocatharticon*, Id., *ibid.*, II, 147; *pantheologie*, Id., *ibid.*, III, 95 ; *proterote*, Bugn., *Er.*, 3 ; *hysterotomotokie*, Guillemeau [1], titre.

8° On emprunte aux langues anciennes, non plus des mots, mais des formes, ou des tours grammaticaux.

Pour les formes il était impossible d'aller très loin, sous peine de renoncer totalement à être compris; il pouvait être question de rapprocher du latin les formes françaises qui s'y prêtaient, rien de plus. Ce sont ici les grammairiens, comme on l'a vu, qui semblent s'y être le mieux appliqués.

Il faudrait signaler cependant quelques autres essais, en particulier celui qui concerne les superlatifs en *isme*[2]. L'idée de tenter la restauration impossible des degrés des adjectifs avait vraiment séduit quelques-uns. On la trouve exposée par Peletier dans son *Art poetique*[3].

En ce qui concerne la syntaxe, le latinisme a eu une action très considérable, et il faudrait faire une revue de presque toute la grammaire pour montrer, soit les tours qui ont été empruntés, soit ceux qui étaient déjà de l'ancien français, mais que l'imitation des Latins a contribué à développer et à répandre. Toutefois, cette action commence bien avant le xvi° siècle, et les pires latiniseurs ici n'innovent presque rien, ils appliquent, quelquefois en les élargissant, les méthodes de leurs prédécesseurs.

Ainsi depuis longtemps, par réaction étymologique, certains noms tendaient à reprendre le genre qu'ils avaient en latin : dès le xvi° siècle les mots en *eur*, féminins en vieux français, retournaient au genre masculin : *erreur*, *horreur*, *humeur*. Le Maire

---

1. Une fois les mots savants grecs ou latins entrés dans la langue, ils se combinent avec des éléments hétérogènes, de façon à faire des mots hybrides, ni grecs, ni latins, ni français. Ex. : de *patriot*, grec πατριώτης : *compatriote* (Du Pinet, *Pline*, H. D. T.); de *cholera* = χολέρα : *cholera morbus*! (Houel, p. 12).

2. On a longtemps, d'après une méprise d'Est. Pasquier (*Rech.*, XXII, 2) chargé la mémoire de Baïf de cette témérité. En réalité Du Bellay et lui s'étaient amusés à parodier les latiniseurs. Il suffit de lire les premiers vers des sonnets qu'on cite pour s'en convaincre.

3. On sait que l'ancien français avait gardé quelques superlatifs de ce genre : *grandisme*, *altisme*, etc.

de Belges (*Prol. du 3ᵉ livre*), Rabelais (II, 416, M.-L.) font *erreur* masculin. On trouverait avec le même genre dans Pantagruel *ferueur, odeur, teneur* (I, 5, 6, II, 282).

L'adjectif prend, sous l'impulsion de Le Maire de Belges et surtout de Ronsard, un rôle adverbial, tel que le lui donnaient souvent les poètes latins. Ex : *Un soin horriblement* || *Claquant du bec et tresmoussant de l'aile,* || *Ronge, goulu, ma poitrine immortelle* (*Am.* l. 1, son. 13). *Pour n'avoir satisfait deuot a ses honneurs* (*Odes* I, 1) [1].

Le substantif lui-même accompagne le verbe d'une manière sensiblement analogue. Ronsard calque ainsi le *it comes* de Virgile : *Qui, compagnon, ses pas alloit suiuant* (III, 173, Bl.)

Ailleurs on voit ce substantif se rapporter sans l'intermédiaire d'aucune préposition à un adjectif ou un substantif, comme en grec les noms à l'accusatif dit de qualité, ainsi dans ces vers : *Et couronné la teste d'une branche* || *Diuin Muret, tu nous liras Catulle* (Id., VI, 176. *Ib.*) C'est le στεφανώμενος τὴν κεφαλήν transporté en français.

On trouve de nouveau la construction gréco-latine des compléments du comparatif avec *de* : *mieux de toi*, que Rabelais, Baïf substituent parfois au *que* devenu dès lors régulier. *Nul mieux de toi* (Du Bel., II, 419) [2].

Le pronom relatif prend un rôle synthétique, dont il avait été dépouillé au profit de constructions analytiques, faites de la conjonction *que* et d'un pronom personnel. Ex : *il est digne pour qui on face* (Mont. I, 50), *tel deuant qui vous n'osiez clocher* (Id. I, 38). Ces phrases, directement imitées du latin, et complètement étrangères à la vieille langue semblent, il est vrai, à peu près particulières à Montaigne.

Des verbes prennent un complément indirect avec *à* ou un complément direct, suivant qu'ils se rencontrent en latin avec le datif ou l'accusatif. *Prier, servir, contredire* se trouvent avec *à*

---

1. Du Bellay dit : « Use des noms pour les aduerbes, comme ilz combattent obtinez pour obstinéement : il vole leger, pour legerement. » (*Def.*, II, 9). Le tour est encore extrêmement fréquent chez Desportes et Régnier (Voyez Brunot, *La doctr. de Malh.*, p. 361).

2. On sait que ce tour s'est conservé avec les noms de nombre : plus *de* cent. Il se peut, comme il se trouve aussi dans Marot, que l'italien, l'ancien français aussi n'aient pas été étrangers à cette reprise.

au xv⁰ siècle. Rabelais emploie de même *secourir* (I, 130, M.-L.), *fauoriser* (II, 260), Calvin *assister*.

Quelquefois c'est sur le grec que se règle la syntaxe, ainsi chez Estienne et chez Rabelais. *Cesser du labeur* (Rab. II, 78) en est un exemple : *du* s'y justifie par le génitif grec παύεσθαι πόνου.

La proposition infinitive, déjà en grand usage au xiv⁰ et au xv⁰ siècles, en arrive au xvi⁰ à un tel développement qu'elle semble devoir reprendre tout le terrain qu'à l'époque de la décadence latine l'esprit d'analyse lui avait fait perdre. On l'emploie désormais avec presque tous les verbes, ceux qui signifient *dire, penser, croire,* comme ceux qui marquent désir ou volonté : Ex. : *Aristoteles maintient les paroles de Homere estre voltigeantes,* (Rab., II, 465, *ibid.*). *Végèce veut l'homme de guerre estre nourri aux champs* (Noel du Fail, *Prop. rust*, I, 8). *Celuy qui maintenant s'en pense estre adoré.* (Desportes, *Diu. Am.*, pl. 1).

Il faudrait ainsi examiner une à une chaque partie du discours. Mais pour voir quelle transformation la syntaxe a subie sous l'influence du latin, mieux vaudrait peut-être encore regarder l'aspect général de la phrase au xvi⁰ siècle. Les constructions absolues y abondent, très libres, et se rapportant à n'importe quel élément de la proposition, quelquefois sans appui d'aucune sorte : Scève ose écrire :

> Continuant toy, le bien de mon mal,
> A t'exercer, comme mal de mon bien :
> l'ay obserué. (*Delie*, LXV, 33).

Et ailleurs plus hardiment encore :

> Ton doulx venin, grace tienne, me fit
> Idolatrer en ta diuine image. (III, 1).

Ce sont là de vrais ablatifs. Au reste dans cette école, on ne semble pas se douter qu'il fallait des cas au latin pour lui permettre certains tours, et que le français, ne les ayant pas, ne saurait reproduire ces tours.

Cet oubli des différences essentielles entre les deux langues est sensible surtout dans la façon dont on se permet de ranger les mots, si on peut se servir de ce mot de ranger, à propos de pareil désordre. Rabelais, Ronsard font des inversions, mais telles que la vieille langue les avait connues. Dans le groupe lyonnais, non seulement on renverse l'ordre, on le bouleverse, en séparant les éléments que le génie du français tend de plus en plus à rapprocher : l'adjectif et le nom, la préposition et le verbe, la négation et le verbe. Ex. : *Pour non la fin à mon doulx mal prescrire.* (*Del.*, LXXVI, p. 38.) *Que pour aimer,* || *Dit-il, d'amer* || *Le cœur de Phidie supporte.* (Bugn. Er., 113). *Entre une grand' de dames legion.* (Id., XVIII, p. 15.)

Bref, on en arrive à des vers comme ceux-ci : *Est de Pallas du chef ingenieux,* || *Celestement, voulant Dieu, departie.* (Id., ibid., 68).

Il y a eu aussi un effort très visible pour modeler la période française sur le type ancien. J'ai déjà montré les écrivains du xɪvᵉ siècle s'y essayant. Leurs successeurs ont mis en œuvre toutes sortes de moyens dans la même intention. Le nouveau relatif à genre distincts *lequel, laquelle*, à la fois adjectif et pronom, leur a été en cela d'un secours particulier ; c'est grâce à lui que déjà au xvᵉ et plus encore au xvɪᵉ siècle, on apprit à souder lourdement, mais solidement, les propositions participiales, infinitives, conjonctionnelles, complétives, qu'il eût autrefois fallu construire à part : Exemple : « *Et y seroit aulcune occasion de patience, à l'exemple de celluy milourt Anglois, auquel estant faict commendement de mourir à son arbitraige, esleut mourir nayé dedans un tonneau de Maluesie.* » (Rab., II, 388, M.-L.) — « *Sous sa domination estoient peuples de diuers languaiges, pour esquelz respondre et parler luy conuenoit user de plusieurs truchemens.* » (Id., II, 97). — « *L'autre partie doit estre en beaucoup de pieces, les queles vouloir reduyre en un, seroit chose impossible.* » (Du Bel. Def. éd. P. 92). — « *Et me suys icy transporté, pour seulement te veoir, et conferer avec toy d'aulcuns passages de Philosophie, de Geomantie et de Caballe, lesquelz si tu me peulx souldre, ie me rends des à present ton esclave* (Rab., I, 307). Il n'est rien peut-être qui ait autant rapproché le style du xvᵉ et du xvɪᵉ siècles des modèles latins que ce *lequel*, élément essentiel de la nouvelle phrase, qui fournissait le moyen de rattacher les phrases elles-mêmes les unes aux autres dans l'ensemble d'un développement.

Je n'ai pas à examiner ici quel emploi les écrivains ont fait des ressources nouvelles qu'ils acquéraient et qui s'ajoutaient aux anciennes; semblable étude ressortit à l'histoire littéraire plutôt qu'à l'histoire grammaticale. Il y a peu à s'étonner qu'ils en aient abusé; toutefois il faut convenir que la langue écrite est sortie de leurs mains riche de tout ce qui pouvait être nécessaire pour tenter n'importe quel style.

B. *Développement spontané de la langue.*

J'ai posé en principe, au commencement de cette étude, que les changements survenus spontanément dans la langue au XVIe siècle étaient très inférieurs en importance aux changements que la culture y a apportés; je ne voudrais pas cependant laisser croire, en passant les premiers sous silence, qu'ils sont négligeables.

1° Prononciation. — Les modifications survenues dans la prononciation au XVIe siècle ont été de deux ordres, les uns passagers, les autres définitifs. Parmi les premiers je citerai cette transformation curieuse de l'*r* en *s* et quelquefois de l'*s* en *r* au milieu des mots, qui faisait dire d'une part *Pasis* au lieu de *Paris* et de l'autre *courin* au lieu de *cousin*. Cette confusion, qui s'explique par la nature de l'*r*, alors prononcé de la langue et non de la gorge comme aujourd'hui, se faisait couramment à Paris et dans la région du centre. Antérieure au XVIe siècle, elle a duré dans le peuple jusqu'aux environs de 1620; on sait qu'à cette époque elle a disparu sans laisser de trace dans le français proprement dit, sauf dans le mot *chaise*, forme corrompue de *chaire*, qui resta, en chassant la forme correcte de presque tous ses emplois.

Faut-il attribuer cette extinction totale d'une mode, très répandue au dire des témoins, à l'opposition que lui firent les grammairiens et les écrivains, qui l'empêchèrent de se propager en dehors du « mesme peuple » ? Ce serait en ce cas la première victoire de la règle [1]. Elle paraît bien invraisemblable, l'autorité n'ayant jamais guère pu, même à des époques où elle était autrement assurée en pareille matière, que contrarier des pendances générales, sans parvenir à les étouffer.

Quant aux changements définitifs, ils ont tous un caractère commun : c'est d'avoir tendu à la réduction de l'élément voyelle dans les mots. Ce sont particulièrement les sons doubles, qui ont été atteints. D'abord presque partout où deux voyelles se rencontraient encore : dans des noms comme *seel* (sceau), *roole*, la contraction s'est faite en une seule. En outre les triphtongues et diphtongues ont continué à se résoudre : *eau*, encore prononcé en triphtongue : *éau*, du temps d'Érasme, réduit le groupe *au* a un son très voisin de *o*, puis l'*e* s'assourdit, jusqu'au jour où il disparaîtra tout à fait (commencement du xviie siècle) [2]. La diphtongue *ei*, après s'être maintenue longtemps à l'état de diphtongue devant les nasales, passe à *é* (seigle = ségle), *eu* à *ö* et à *u* [3], *au* à *o* [4]; enfin *oi* (prononcée *oé*) est doublement atteinte : d'une part, dans quelques monosyllabes : *trois*, *fois*, *bois*, elle tend à prendre le son de *ïwa*, qu'elle a aujourd'hui là où elle s'est conservée ; de l'autre, dès 1570, la prononciation par *è* simple se substitue à l'ancienne prononciation en *oé* dans les imparfaits et conditionnels, les verbes en *oyer*, *oistre*, le subjonctif *sois*, les noms de peuples, *Anglois*, *François*, quelques noms communs, *aboi*, *courroye*, *esmoi*, des adjectifs : *courtois*, *foible*, *droit*, *roide*, etc. [5]. Des Autels, Pasquier, Ramus, Estienne ont en vain protesté ; l'*è* prévalut ; il s'entendait généralement aux environs de 1600.

1. Voir dans Thurot, *De la prononciation française depuis le commencement du xvie siècle*, Paris, Imp. Nat., 1883, II, 270. Y ajouter les épîtres plaisantes et paysannesques publiées par Montaiglon (*Recueil des poésies françaises des xve et xvie siècles*, V, p. 131):

> C'est au iardin ; mon pèze entry,
> D'auentuze me rencontry
> Auprès de vou, et si l'auoy
> Tousiou l'yeu desu votre voy,
> Laquelle me sembly depuy
> Aussy claize que l'iau de puy.

2. Thurot, *o. c.*, I, 434.
3. Id. *ibid.*, I, 443.
4. Id. *ibid.*, I, 424.
5. Id. *ibid.*, I, 352 et suiv.

En même temps la nasalisation se complète ; l'*i* et l'*u* de *un*, *vin*, ont cessé d'être purs, et tendent au xvi° siècle vers la prononciation qu'on leur donne aujourd'hui [1].

Enfin l'*e* féminin, diminuant toujours de valeur, commence à se supprimer fréquemment après une voyelle (*priuement*), entre *l* et *r*, ou bien devant comme après l'une ou l'autre de ces consonnes (*bourlet* = *bourrelet*; *surplis* = *surpelis*; *port'ra* = *portera*). Bref tout l'élément sonore des mots diminue, alors que par l'introduction des mots savants le nombre des consonnes s'augmente en masse. Il faut dire qu'en revanche, l'habitude de prononcer en les atténuant les consonnes finales devant une pause se perd dans le dernier tiers du siècle, ce qui constitue une sérieuse compensation. Toutefois, dans l'ensemble, il est visible que les changements de la prononciation au xvi° siècle ont achevé de faire perdre à la langue ces modulations, qui, au Moyen Age en faisaient vanter la douceur.

2° Lexique. — Pour le mouvement du lexique, il me paraît impossible ou à peu près de démêler les mots qui sont nés de la foule et dans la foule de ceux que les auteurs ont créés en gardant les procédés purement français : Rabelais avait pu entendre autour de lui nombre des mots de ce genre dont on lui attribue la création, parce qu'on les trouve pour la première fois dans son texte, et il en est ainsi de tous les auteurs qui nous présentent des néologismes formés « sur un patron deia reçeu du peuple. » Nous n'avons aucun moyen sûr de faire le départ. Je renvoie donc pour cette partie au chapitre de l'enrichissement de la langue, section I, en rappelant seulement que l'auteur qui emploie un mot ne doit nullement pour cela en être considéré comme le créateur.

J'en dirai autant en ce qui concerne les mots empruntés à l'Italie, parmi lesquels beaucoup ont été rapportés et répandus par les soldats, en dehors de toute influence livresque ou courtisanesque.

3° Grammaire. — En morphologie, l'évolution du xvi° siècle continue celle des siècles précédents, sans qu'aucune direction bien nouvelle soit prise par la langue. Elle n'a pas, à ma connaissance, de caractéristique bien nette. On peut remarquer que

---

1. Thurot. o. c., II, 477, 542.

les formes contractes de l'article, obéissant à la tendance qui s'était accusée depuis longtemps d'éliminer les formes contractes au profit des formes complètes, qui satisfaisaient mieux et l'analogie et l'esprit d'analyse, se laissent entamer à leur tour : *au*, *aux* restent, mais *ou* (= *en le*) disparaît presque, et *es* (= *en les*) vieillit sensiblement dans la seconde moitié du siècle.

La seconde déclinaison des adjectifs, à forme commune pour le masculin et le féminin, achève aussi de disparaître sous l'influence de l'analogie, le dernier adjectif qui ait gardé souvenir de son invariabilité primitive : *grand* ne subsistant plus sans adjonction d'*e* muet que dans des expressions toutes faites : *grand'salle*, *grand'route*, etc., et n'en pouvant, dès la deuxième moitié du siècle, plus sortir.

Dans les noms, même triomphe de l'analogie. Ainsi, au XVIe siècle, le pluriel des noms terminés en *l* mouillée, quoique intact aujourd'hui encore dans certaines séries, cesse d'obéir généralement à la règle phonétique *il* + *s* = *ls*, *us* (*ux*), qui en avait été la base : *travail* continue à faire *travaus* (*travaux*), mais *orgueils*, qui est la négation même de cette règle, se trouve dans Marot. Dans les pronoms enfin le système de la déclinaison, qui gardait un reste de vie, reçoit de nouvelles atteintes : *nully*, régime de *nul*, disparaît; on le trouve encore dans Rabelais, guère après lui; les démonstratifs, qui n'ont point gardé de cas, éliminent les formes qui leur étaient restées de ces anciens cas et qui faisaient double emploi. Au XVIe siècle, c'est le tour de *cil*, qui ne se maintient plus guère que devant un relatif, et encore y sent le « vieux et le rance »; *cestui* (je ne parle point du composé *cestuy-cy*, dont Balzac fera encore fréquemment usage), entre également en décadence; *icelui* et toute sa famille, remplacés par les formes surcomposées *celui-ci*, *celui-là* dans les seuls emplois qui le rendait nécessaire, se confine peu à peu dans la pratique, dont ils ne sortira bientôt plus.

La conjugaison subit de son côté des modifications importantes. D'abord il est visible que le pronom personnel devient un élément de plus en plus nécessaire à la distinction des personnes. On le voit non seulement à la régularité de son emploi — la langue écrite ne s'en passe plus que par licence, — mais même à la place qu'il occupe auprès du verbe, dont il tend à se séparer de moins en moins. Dans le même ordre d'idées, *que* se soude au subjonctif des propositions indépendantes, dont il devient une caractéristique presque indispensable. On pourrait rapporter à ce même esprit le développement des formes faites des auxiliaires : *estre naissant, aller pensant, rendre vieilli*, etc. Il me semble plutôt être de la langue littéraire. Mais ce n'est pas seulement l'esprit d'analyse qui triomphe; l'analogie s'étend également. A la première personne, l's de l'inchoative (*ie bastis*) est devenue régulière; on écrit encore quelquefois *je voy, je ren*, on prononce *ie vois, ie rens*; souvent aussi, par une confusion grossière, on substitue à la forme normale la première personne du pluriel. Au temps de Palsgrave, c'était l'usage général de dire : *i'allons bien, ie serons beau*, comme le font tant de dialectes aujourd'hui. Au parfait une assimilation dont on retrouve la trace jusque chez les grammairiens tend à confondre les parfaits des diverses conjugaisons; *je l'aimy*, et inversement *je cueillay*, sont des formes (surtout la première) assez répandues. Au subjonctif les vieilles formes en *ons, ez* de la première conjugaison *chantons, chantez*, en lutte depuis le XVe siècle avec les formes des conjugaisons voisines en *ions, iez*, sont définitivement abandonnées pour celles-ci à la fin du XVIe siècle; (en revanche les formes de l'imparfait en *issions* [*que nous chantissions*], encore très en faveur autour de 1550, retournent à la forme normale : *que nous chantassions*). Enfin la conjugaison inchoative, poursuivant ses progrès, embrasse de nouveaux verbes : *haïr*, qui fait *haïssant*, au lieu de *hayant*; *vestir*, dont on trouve un présent *je vestis*.

Parmi les mots invariables, un très grand nombre tombent peu à peu en désuétude; je citerai les adverbes *atant* (alors), *dont* (d'où), *ià, meshuy* (désormais), *moult, onques, ores* (maintenant), *pieça, tandis* (cependant); les prépositions *atout* (avec), *ensemble* (avec), *emmy, puis* (à peu près complètement remplacé par *depuis* dès le commencement du siècle); les conjonctions *ains, et ainçois* (mais), *adonc* (alors), *iaçoit que, ores que* (quoique), *parainsi, parquoi* (c'est pourquoi), *si que* (autant que, comme) *ne* (ni) [1].

---

[1]. Les livres sur la langue du XVIe siècle, suivant très légitimement une méthode inverse de celle que je prends ici, donnent toutes ces formes ou ces

D'autres mots invariables, sans être comme les précédents frappés à mort, sont du moins atteints : *en* commence à céder à *dans*; *si*, qui avait tant d'emplois divers dans la vieille langue, en perd une bonne part; la négation simple *ne* est si affaiblie que presque toujours on la fait suivre déjà de *pas*, et *point*.

En syntaxe, un des phénomènes généraux les plus caractéristiques de la langue du xvi° siècle, c'est une tendance déjà sensible à séparer les formes, quand les fonctions sont distinctes; par là s'annonce déjà la langue moderne. Dans cet ordre d'idées on voit les formes du déterminatif se séparer assez nettement de celles des démonstratifs, pour que les grammairiens en fassent une règle et imposent de dire *celui qui*, non *celui-là qui*, dans les cas où on n'a pas à insister sur l'objet montré; *chascun* était autrefois indifféremment pronom et adjectif, *chasque* prend, au xvi° siècle, l'un des deux rôles exclusivement; de même le superlatif relatif tend à devenir régulièrement distinct du comparatif, en se faisant précéder de l'article défini; ce n'est encore nulle part les strictes démarcations que l'époque grammaticale élèvera, mais le terrain se prépare.

On est un peu plus loin de l'époque suivante en ce qui concerne l'ellipse; la liberté au xvi° siècle reste encore très grande; toutefois, il importe de noter la régularité croissante avec laquelle on use du pronom personnel et de l'article. J'ai déjà parlé du premier; pour le second il est en progrès sous toutes ses formes : le partitif lui-même commence à se rencontrer beaucoup plus fréquemment; quant au défini, il devient si nécessaire, que les grammairiens se voient contraints de le reconnaître malgré leurs préjugés latins, et les poètes les plus fanfarons de liberté recommandent de ne pas l'omettre.

J'aurais dans le détail, beaucoup de nouveautés à signaler; ainsi *soi*, encore régulier au commencement du siècle auprès des participes ou des infinitifs, cède insensiblement la place à *se*, beaucoup plus fréquent dans Estienne, par exemple, que dans

---

mots avec des exemples du temps. Il est tout à fait exact qu'ils se rencontrent dans de nombreux textes, mais il ne faut pas en tirer la conclusion qu'ils sont encore en pleine vitalité à la fin du siècle; on le voit bien à l'attitude qu'on prend vis-à-vis d'eux à ce moment où la mode, au lieu d'être favorable à l'archaïsme, lui est hostile; on les déclare hors d'usage. Si pareille décision ne se fût pas fondée sur l'état réel de la langue parlée. il serait incompréhensible qu'elle eût pû être prononcée et surtout ratifiée.

Rabelais; d'une manière générale du reste le personnel continue à empiéter sur le réfléchi; *que*, sujet, pour *qui*, disparaît à peu près complètement; *quelque chose* devient un véritable pronom, dont le sens prévaut sur l'étymologie pour régler le genre; on se met à dire quelque chose *meilleur*, et non plus : *meilleure*; *uns* commence à ne plus s'employer au pluriel pour *des* : *uns Homere, Pindare*, se trouve encore, mais le tour : *uns moutons*, est déjà peu usité. Le verbe subit aussi quelques modifications importantes : la forme si lourde du passif le cède en beaucoup de cas à la forme pronominale; il nous en est resté la possibilité de dire : *je me nomme Pierre, la richesse s'acquiert peu à peu*, etc. Le xvie siècle allait beaucoup plus loin; il employait ce tour, assez rare en vieux français, mais déjà développé au xve siècle, avec une extrême liberté, et en laissant au verbe le complément du passif : Rabelais disait : *Un liure qui se vend par les bisouars et porte balles*. C'était aller droit à l'élimination du passif, qu'on relevait d'autre part par latinisme; il y eut un retour en arrière. Le participe présent tend à se fondre avec le gérondif, en ne prenant plus la marque du genre; parmi les modes, il semble que le subjonctif recule devant l'indicatif d'une part (après les verbes qui signifient : *penser, croire*), devant le conditionnel de l'autre, mais ici la syntaxe latine qui envahit les textes empêche de voir bien nettement la marche de la langue parlée. L'infinitif est très employé, soit comme verbe, soit comme nom; on le trouve construit d'une très remarquable façon, en guise de participe absolu, et sans aucune préposition, dans le même sens qu'il aurait, s'il était précédé de *avoir* : *Turrhenus, fils dudit Orthus, estre parti d'Asie la Mineure, arriua en Italie* (Le Maire de Belges, *Illust. de G.*, 42).

Mais il est inutile d'allonger la liste de ces menues observations qu'il faudrait, ou bien pouvoir exposer en détail, et ce livre ne le permet pas, ou réduire à des observations générales, et la nature même des faits s'y oppose.

Conclusion. — En somme, si on s'attache à rester dans l'ordre des phénomènes qui se produisent spontanément, on ne saurait aller très loin. Presque partout l'évolution normale a été sinon empêchée, au moins contrariée, sinon dirigée, au moins rectifiée par les grammairiens, et aussi par les écrivains. Admettons que Meigret et Ramus n'aient eu aucune action. Marot en a eu une, et il a fait une règle — il ne s'agit pas seulement, comme on voit, d'exemples contagieux, mais de prescriptions explicites — sur l'accord du participe, que tout le monde après lui a ressassée. Il est incontestable que là on tendait à la forme invariable : *la robe que j'ai acheté*. C'était le dernier terme de l'évolution logique du parfait *j'ai acheté*. En s'unifiant pour former une expression verbale unique, elle tendait nécessairement à prendre la syntaxe des formes verbales, savoir : à s'accorder avec son sujet et non avec son régime. Un poète est venu, avant les grammairiens, entraver cette marche régulière.

On pourrait citer une foule d'interventions aussi nettes ; à dire vrai, plusieurs mêmes se sont exercées à propos de quelques-unes des formes ou de quelques-uns des tours que je viens de citer : *j'avons été* est du nombre ; il n'est pas sorti du français du XVIIe siècle, il en a été exclu ; le tour *ce suis-je, c'es-tu, ce sommes-nous*, etc., passait de l'usage ; il y a été maintenu dans le pluriel *ce sont*, parce que les grammairiens l'ont voulu.

Je ne veux pas multiplier les exemples, mais j'ajoute que, pour mesurer l'influence troublante des savants, il serait tout à fait insuffisant de se reporter aux prescriptions des théoriciens, quels qu'ils soient. Bien autrement importante était la leçon qui se dégageait des livres de simple lecture. Ronsard a infiniment plus contribué à former la langue littéraire que Robert Estienne. Mais l'un et l'autre en travaillant sur la langue écrite, ont eu une influence énorme quoique indirecte, sur la langue parlée. En effet, il ne faut pas l'oublier, depuis le XVIe siècle, en France, c'est la langue parlée qui se modèle sur l'autre. Il en est résulté d'abord que sinon les petits mouvements, du moins les grandes secousses imprimées à la langue écrite, ont eu un certain retentissement dans la langue usuelle ; ensuite que là où les deux langues sont restées en désaccord, c'est moins l'état de la langue parlée qu'il nous importe de connaître, que celui de la langue écrite. Plusieurs maîtres, nous le verrons, ont bien professé qu'il fallait faire retourner le français à sa source véritable, que ceux qui voulaient l'apprendre devaient fréquenter les Halles et la place Maubert ; en réalité les doctrinaires eux-mêmes n'eussent pas voulu aller à cette école.

BIBLIOGRAPHIE

L'histoire de la rivalité du français et du latin, n'a pas jusqu'ici été écrite, que je sache. J'ai donné en note les références aux textes et aux livres originaux; je ne connais aucune étude à laquelle je puisse renvoyer mon lecteur.

L'histoire intérieure de la langue est mieux connue. On trouvera dans *le Seizième siècle en France* de **MM. Darmesteter** et **Hatzfeld**, un travail d'ensemble, sommaire, mais solide.

L'histoire des essais orthographiques a été ébauchée par **Firmin Didot** dans ses *Observations sur l'orthographe française*, Paris, 1868, 2º éd., et traitée plus complètement par **M. Livet**, dans le livre auquel j'ai souvent renvoyé : *La grammaire française et les grammairiens au XVIº siècle*, Paris, 1859.

Le même livre, celui de **M. Loiseau** sur J. Pillot, que j'ai cité p. 737, le catalogue bibliographique de **Stengel**, indiqué p. 718, et l'article du même auteur sur Pillot (V. p. 737) constituent à peu près tout ce que nous possédons sur l'histoire de la grammaire à cette époque.

L'histoire des enrichissements de la langue n'a pas été non plus jusqu'ici l'objet d'une étude générale. Je donnerai sans doute en note, dans la partie de ce travail où sera étudié le Dictionnaire de l'Académie, quelques indications sommaires sur les lexiques qui l'ont précédé. On peut se reporter en attendant, pour certains d'entre eux, à la thèse de doctorat de **M. Lanusse**, *De Joanne Nicotio philologo*, Gratianopoli, 1893, et à une dissertation de **M. Roderich Schwartze**, *Die Wörterbücher der französischen Sprache vor dem Erscheinen des Dictionnaire de l'Académie française, 1350-1694*, Iéna, 1875. On y trouvera la liste des principaux dictionnaires faits au XVIº siècle. Un dictionnaire moderne de la langue du XVIº siècle est encore à faire. Toutefois le complément du *Dictionnaire de l'ancienne langue française* de **M. Godefroy** renfermera les mots du XVIº siècle. S'il manque jusqu'ici un recueil général, et même un livre qui donne une vue d'ensemble du mouvement du Lexique, on peut du moins citer des études partielles, dont quelques-unes sont d'une très grande valeur :

Rathery, *Influence de l'Italie sur les lettres françaises*, Paris, 1853 (vieilli, mais non remplacé; une étude de **M. J.-L. Clément**, sur *H. Estienne grammairien français*, où la lutte contre l'italianisme sera étudiée à fond, est sous presse). — **De Blignières**, *Essai sur Amyot*, 1 vol., Paris, 1851. — **Lanusse**, *Influence du dialecte gascon sur la langue française*, Paris, 1893. — **Marty-Laveaux**, *La langue de la Pléiade*, Paris, 1896, t. I. — **Dor**, *Ronsardus quam habuerit vim ad linguam francogallicam excolendam*, Bonn, 1873, Diss. — **Nagel**, *Die Bildung und die Einführung neuer Wörter bei Baïf, unter gleichzeitiger Berücksichtigung derselben Erscheinung bei Ronsard, du Bellay und Remy Belleau* (Herrig's *Archiv*, LXI, 201 sv.). — **Mellerio**, *Lexique de Ronsard* (Bibl. elzévir., 1896). — **Frank** et **Chennevières**, *Lexique de Bonaventure des Périers*, Paris, 1888. Il existe en outre des Lexiques à la suite des éditions de différents auteurs. Voyez le Rabelais de Jannet, le Montaigne de Courbet et Royer, l'*Ancien Théâtre français* de la collection elzévirienne, le Brantôme de Lalanne, etc...

Pour la grammaire on consultera avec fruit, **Benoist**, *De la syntaxe* *française entre Palsgrave et Vaugelas*, Paris, 1877. — **Huguet**, *Étude sur la syntaxe de Rabelais comparée à celle des autres prosateurs*, Paris, 1894. — **Eckardt**, *Ueber Sprache und Grammatik Clement Marot's mit Berücksichtigung einiger anderer Schriftsteller des 16. Jahrhunderts* (Herrig's Archiv, XXIX). — **Glauning**, *Syntaktische Studien zu Marot*, Erlangen, 1873, Diss. — **Grosse**, *Syntaktische studien zu Jean Calvin*, Herrig's Archiv, LXI, 1879. — **Brunot**, *De Philiberti Bugnonii vita et eroticis versibus*, Lugduni, 1891. — **Lidforss**, *Observations sur l'usage syntaxique de Ronsard et de ses contemporains*, Stockholm, 1865. — **Marty-Laveaux**, *La langue de la Pléiade*, t. II (sous presse). — **Voizard**, *Étude sur la langue de Montaigne*, Paris, 1885. — **Glauning**, *Versuch über die syntaktischen Archaismen bei Montaigne* (Herrig's Archiv, XLIX). — **Haase**, *Zur Syntax R. Garniers* (*Franz. Studien*, V). — **Schüth**, *Studien zur Sprache d'Aubigné's*, Iéna, 1883.

ONT COLLABORÉ A CE VOLUME :

MM. **BONNEFON** (Paul), bibliothécaire à l'Arsenal.
  BOURCIEZ (Ed.), professeur à la Faculté des lettres de l'Université de Bordeaux.
  BRUNOT (Ferdinand), docteur ès lettres, maître de conférences à la Faculté des lettres de l'Université de Paris.
  CROZALS (J. de), professeur à la Faculté des lettres de l'Université de Grenoble.
  DEJOB (Charles), docteur ès lettres, maître de conférences à la Faculté des lettres de l'Université de Paris.
  MARTY-LAVEAUX (Ch.), membre du Comité des Travaux historiques.
  MORILLOT (Paul), professeur à la Faculté des lettres de l'Université de Grenoble.
  PELLISSIER (Georges), docteur ès lettres, professeur au lycée Janson de Sailly.
  PETIT DE JULLEVILLE (L.), professeur à la Faculté des lettres de l'Université de Paris.
  RÉBELLIAU (Alfred), docteur ès lettres, sous-bibliothécaire à l'Institut.
  RIGAL (E.), professeur à la Faculté des lettres de l'Université de Montpellier.

TABLE DES MATIÈRES

CHAPITRE I

LA RENAISSANCE

Par M. Petit de Julleville.

I, 1. — II, 7. — III, 13. — IV, 19. — V, 24.

CHAPITRE II

RABELAIS

Les conteurs au XVIe siècle.

Par M. Marty-Laveaux.

1. — Rabelais.

Notes biographiques, 29. — Les commentateurs, 37. — Les contemporains, 40. — Documents fournis par Rabelais, 42. — Rabelais moine, 46. — Rabelais médecin, 47. — Rabelais légiste, 49. — Rabelais érudit, 50.

II. — Profession de foi du curé de Meudon.

La religion et la science, 52. — La diplomatie et la politique, 55. — La paix et la guerre, 59. — Thélème. Le Pantagruélisme, 62. — L'amour et l'autorité paternelle, 65. — Le mariage, 67. — L'éducation de Gargantua, 68. — Rabelais défenseur de notre langue et de notre littérature, 72.

III. — Les Conteurs.

Nicolas de Troyes, 73. — L'Heptaméron, 74. — Bonaventure Des Periers. Noël du Fail, 76. — Jacques Tahureau. Nicolas de Cholières, 78. — Guillaume Bouchet. Béroalde de Verville, 79.

Bibliographie, 82.

CHAPITRE III

MAROT ET LA POÉSIE FRANÇAISE
De 1500 à 1550.

Par M. Ed. Bourciez.

I. — Les prédécesseurs de Marot.

Les grands rhétoriqueurs, 84. — Crétin et la poétique de Jean Fabri, 86. — Jean Le Maire de Belges, 88. — La poésie morale et les héritiers de Villon, 90.

II. — Clément Marot.

Jean Marot, 95. — Les débuts de Marot, 97. — Vie de Marot, 99. — La querelle avec Sagon; nouvelles persécutions, 102. — Caractère de Marot, 105. — L'œuvre de Marot : pièces allégoriques et influence de l'antiquité, 106. — Développement de son génie naturel; ses lacunes, 109. — Les tirades graves de Marot, et le choix à faire dans ses œuvres, 113. — Définition de son esprit et de son badinage, 115.

III. — Les successeurs de Marot.

L'école de Marot, 121. — Marguerite de Navarre : ses poésies mystiques, 123. — Les traductions et le retour à l'allégorie, 126. — Le Platonisme et l'école de Lyon, 128. — Melin de Saint-Gelais, 131. — Progrès de la versification, 133.

Bibliographie, 135.

CHAPITRE IV

RONSARD ET LA PLÉIADE

Par M. Georges Pellissier.

I. — Formation de la Pléiade.

Première jeunesse de Ronsard, 137. — Comment se forme la Pléiade, 140.

II. — Programme de la Pléiade.

« Défense » et « illustration » de la langue, 144. — D'écrire en français, 148. — L'imitation des anciens, 150. — La Pléiade et les traditions de la poésie nationale, 152. — Nouvelle conception de la poésie, 156. — Moyens d'illustrer la langue, 158. — 1° Vocabulaire, 159. — 2° Syntaxe, 163. — 3° Style poétique, 165. — 4° Versification, 169.

III. — Ronsard.

Première période de Ronsard. Première manière, 173. — Seconde manière, 178. — Ronsard élégiaque, 180. — Seconde période. Ronsard poète de cour et poète national, 183. — Ronsard épique, 186. — Troisième période, 190.

IV. — Du Bellay.

Les premiers recueils, 191. — Les *Antiquités de Rome*, 194. — Les *Regrets*, 197.

V. — Baïf et Belleau.

Jean-Antoine de Baïf, 204. — Remi Belleau, 207.

VI. — L'œuvre de la Pléiade.

L'œuvre de la Pléiade, 208.

Bibliographie, 213.

CHAPITRE V

LA POÉSIE APRÈS RONSARD

Par M. Paul Morillot.

La poésie en 1575 : deux courants, 214. — Du Bartas (1544-1590) : effort vers la haute poésie, 216. — *Judith*, 218. — Les *Semaines*, poème épique, religieux et scientifique, 219. — Fâcheuse réputation de Du Bartas, 222. — Agrippa d'Aubigné (1550-1630) : le soldat, l'apôtre, le savant, 225. — Vers de jeunesse, 227. — *La Création*, 229. — Les *Tragiques*, satire épique et lyrique, 230. — Beauté et chaos, 235. — Desportes (1546-1606) et les Valois, 237. — Poésie de cour, 238. — Poésie d'imitation : le pétrarquisme, 240. — Qualités charmantes de Desportes, 241. — Rapetissement de la poésie, 244. — Bertaut (1552-1611) : un sage, 245. — Galanteries et pointes : naissance du précieux, 246. — Poésie sentimentale, 248. — Poésie officielle, 249. — Indices du relèvement poétique, 250. — Du Perron (1556-1618) : un pur Normand, 251. — Vauquelin de la Fresnaye (1536-1608) : un brave homme, 253. — *Foresteries* et *Idillies*, 254. — Les *Satyres françoises*, 255. — L'*Art poétique* : acheminement vers une réforme, 256.

Bibliographie, 259.

CHAPITRE VI

LE THÉÂTRE DE LA RENAISSANCE

Par M. E. Rigal.

I. — La lutte entre le théâtre de la Renaissance et le théâtre du moyen âge.

Les précurseurs du théâtre de la Renaissance, 261. — Comment se sont produites devant le public les œuvres dramatiques de la Renaissance, 264.

II. — *La tragédie.*

De Jodelle à Jacques de La Taille, 269. — Les essais de conciliation entre le mystère et la tragédie, 276. — Les théoriciens de la tragédie : J.-C. Scaliger et Jean de La Taille, 279. — Jean de La Taille, poète tragique, 283. — Robert Garnier (1534-1590), 286. — Les deux premières manières de Garnier, 289. — Les *Juives*, 293. — Décadence de la tragédie, 295.

III. — *La Comédie.*

Première période : la comédie en vers, 297. — Deuxième période : la comédie en prose, 302. — Jean de La Taille, 303. — Larivey, 304. — Odet de Turnèbe et « la Célestine », 309. — François d'Amboise, 310. — Troisième période : encore la comédie en vers, décadence de la comédie, 310. — Caractère général de la comédie au XVIe siècle, 311.

IV. — *Le drame irrégulier et la pastorale.*

Bradamante, 312. — Le drame irrégulier, 315. — La pastorale, 316.
Bibliographie, 317.

CHAPITRE VII

THÉOLOGIENS ET PRÉDICATEURS

Calvin. — Farel, Viret, Th. de Bèze, Duplessis-Mornay. — Saint François de Sales. Le cardinal Du Perron.

Par MM. Petit de Julleville et Alfred Rébelliau.

I. — *Calvin.*

Vie de Calvin, 319. — L'œuvre politique et religieuse de Calvin, 322. — L'*Institution de la religion chrétienne*, 330. — La préface « au Roy de France », 332. — Plan de l'*Institution*, 336. — Autres ouvrages français de Calvin, 338. — La langue et le style de Calvin, 343. — Les écrivains religieux de la Réforme, 349.

II. — *Saint François de Sales.*

La jeunesse de saint François de Sales. Son éducation séculière et humaniste, 355. — Les influences religieuses. La mission du Chablais, 357. — Le voyage à Paris de 1602. Le courant contemporain vers le mysticisme, 360. — Saint François de Sales directeur de conscience, 361. — Les ouvrages de controverse contre les Protestants, 364. — Les sermons, 367. — Les ouvrages mystiques : le *Traité de l'Amour de Dieu*, 372. — L'*Introduction à la vie dévote*. Les *Entretiens spirituels*. La correspondance, 376. — Les préceptes de vie spirituelle de saint François de Sales : un mystique moraliste, 379. — Le style : abondance, pittoresque, art et simplicité, 385. — L'influence de saint François de Sales en France, 396.

Bibliographie, 403.

CHAPITRE VIII

LES MORALISTES

Montaigne. — La Boétie. — Charron. — Du Vair.

Par M. Paul Bonnefon.

Montaigne et son siècle, 406.

I. — Vie de Montaigne (1533 à 1580).

Sa famille. Sa naissance, 407. — Sa jeunesse et son éducation, 410. — Montaigne jurisconsulte et magistrat, 413. — La Boétie et Montaigne, 416. — La Boétie au Parlement, 419. — Les dernières années de Montaigne au Parlement et ses premières publications, 422.

II. — Les Essais.

Origine des Essais, 426. — La bibliothèque de Montaigne, 428. — Les livres de Montaigne, 430. — La curiosité de Montaigne, 433 — Ses lectures amenèrent Montaigne à s'analyser, 434. — Indécisions du début, 437. — Les Essais étudient l'homme en général, 439. — Les inspirations de Montaigne : Sénèque et Plutarque, 440. — L'homme peint par Montaigne, 442. — Le doute de Montaigne, 444. — Montaigne royaliste et catholique, 445. — But principal des Essais, 448. — Montaigne se peint en peignant l'homme, 450. — La pondération de Montaigne, 452. — Première forme des Essais, 453. — Le style de Montaigne, 454. — La leçon des Essais, 456.

III. — Vie de Montaigne (1580 à 1592).

Montaigne en voyage, 457. — Montaigne à Rome, 460. — La mairie de Montaigne, 461. — La fin de la mairie de Montaigne, 463. — Le troisième livre des Essais, 464. — Montaigne et la Ligue, 466. — Dernière revision des Essais, 467. — Édition posthume des Essais, 468.

IV. — Charron. — Du Vair.

Les débuts de Charron, 471. — Charron écrivain, 472. — Le traité *de la Sagesse*, 474. — La philosophie de Charron, 476. — Vie de Du Vair, 477. — Du Vair orateur et écrivain, 479. — Du Vair moraliste, 480. — Le style de Du Vair, 481.

Bibliographie, 483.

CHAPITRE IX

LES ÉCRIVAINS SCIENTIFIQUES

Bernard Palissy. — Ambroise Paré. — Olivier de Serres.

Par M. Paul Bonnefon.

Utilité de l'étude littéraire des écrivains scientifiques, 488.

I. — Bernard Palissy.

Les premiers travaux, 492. — Palissy en Saintonge, 493. — Palissy et la Réforme, 494. — Les voyages et le retour en Saintonge, 496. — La recherche d'un art nouveau, 497. — Le premier livre de Palissy, 500. —

Palissy à Paris, 502. — Nouveaux voyages. Palissy conférencier, 504. — Le second livre de Palissy, 505. — Le savoir de Palissy, 506. — Son style, 507. — Les dernières années de Palissy. Sa fin, 509.

II. — Les sciences naturelles : Pierre Belon. La Chirurgie : Ambroise Paré.

Pierre Belon, 510. — Ambroise Paré, 511. — Les campagnes de Paré, 512. — Paré chirurgien, 513. — Caractère de Paré, 515. — Son style. Ses œuvres complètes, 516. — La vieillesse de Paré, 519.

III. — L'agriculture : Olivier de Serres.

L'économie domestique, 522. — Olivier de Serres, 523. — Olivier de Serres aux champs, 524. — Le *Théâtre d'agriculture*, 525. — L'écrivain, 526. — Mort d'Olivier de Serres, 527. — Le commerce sous Henri IV, 528.

Bibliographie, 528.

CHAPITRE X

AUTEURS DE MÉMOIRES. HISTORIENS ÉCRIVAINS POLITIQUES

Par M. J. DE CROZALS.

I. — Les auteurs de Mémoires.

Mémoires militaires et chevaleresques : Guillaume de Villeneuve ; Robert de la Mark, seigneur de Fleurange, 531. — Histoire du gentil seigneur de Bayart, 533. — Les Commentaires de Blaise de Monluc, 536. — Pourquoi et comment Monluc a écrit, 537. — Les discours politiques et militaires de La Noue, 540. — L'œuvre de Brantôme, 541. — Les Mémoires-Journaux de Pierre de l'Estoile, 544. — Les Mémoires de Marguerite de Valois, 546. — Les *Royales Œconomies* de Sully, 549.

II. — Historiens et hommes d'État.

Agrippa d'Aubigné : sa *Vie à ses enfants*, 551. — *Histoire universelle*, 553. — L'*Histoire de mon temps* de Jacques-Auguste de Thou, 557. — Premier essai d'une histoire de France : Girard du Haillan, 560. — Les lettres de D'Ossat et les négociations de Jeannin, 562. — Henri IV écrivain, 563.

III. — Les écrivains politiques.

La Boétie : l'éloquence en français au service de lieux communs antiques, 565. — L'érudition au service des passions politiques. Premiers essais de science politique : François Hotman et Hubert Languet, 568. — Nouveauté de la doctrine de Languet ; première théorie du contrat social, 569. — Les *Six livres de la République*, de Jean Bodin, 571. — La portée de l'œuvre de Bodin, 574. — Antoine de Montchrétien ; le *Traicté de l'œconomie politique*, 576. — La *Satyre Ménippée*, 579. — Les auteurs de la *Ménippée*, 580. — Le plan de la *Ménippée*, 584.

Bibliographie, 586.

CHAPITRE XI

LES ERUDITS ET LES TRADUCTEURS

Amyot, Henri Estienne, Pasquier.

Par M. Ch. Dejob.

I. — L'érudition à la fin du XVI° siècle.

II. — Jacques Amyot (1513-1593).

Amyot, son caractère, 593. — Par où Amyot se rapproche des hommes du siècle suivant, 595. — Par où Amyot appartient à son temps, 599.

III. — Henri Estienne (1528-1598).

Henri Estienne, sa profession, son caractère, 602. — Part de scepticisme chez Henri Estienne, 607. — Son amour pour le naturel, 609. — Parti pris et malice qu'il mêle à l'érudition, 612.

IV. — Étienne Pasquier (1529-1615).

Pasquier, son esprit ferme et judicieux, 615. — En quoi il annonce l'âge à venir, 618. — Ses *Recherches de la France*, 622. — Ses origines politiques et son patriotisme, 623.

V. — Valeur littéraire d'Amyot, de H. Estienne et de Pasquier.

Le style chez Amyot, Estienne, Pasquier, 628. — Raison de la supériorité d'Amyot, 632.

VI. — Jean de Nostredame et Claude Fauchet.

L'étude de la vieille littérature française au XVI° siècle, 634. — Jean de Nostredame, 634. — Claude Fauchet, 635.
Bibliographie, 637.

CHAPITRE XII

LA LANGUE FRANÇAISE AU XVI° SIÈCLE

Par M. Ferdinand Brunot.

Considérations générales, 638.

I. — La lutte avec le latin.

Les grands obstacles : 1° L'école, 644; 2° L'Église, 652. — L'influence royale, 662. — Les premiers manifestes, 668. — La médecine, 670; La chirurgie, 671; La pharmacie, 678; La médecine proprement dite, 680. — Les sciences mathématiques. L'arithmétique et la géométrie, 687; L'astronomie, La cosmographie, La géographie, 680. — La philosophie, 692; La chimie, 693; La physique, 694; Les sciences naturelles, 695; La philosophie morale et métaphysique, 698. — L'histoire, 700. — Les érudits, 703. — Arts poétiques et poètes. Rhétoriques. Orateurs, 706.

II. — Histoire intérieure. A. Tentatives des savants pour cultiver la langue.

Efforts pour constituer une grammaire : 1° A l'étranger, 718; 2° En France, 721. — Jacques Dubois, 725. — Meigret, 731. — Pillot, 737. — Robert Estienne, 739. — Ramus, 741. — Antoine Cauchie, 746. — H. Estienne, 748. — Conclusion, 750. — *Tentative de réforme orthographique.* — Meigret, 752. — Les adversaires du système, 763. — Les successeurs de Meigret, 771. — *Développement du vocabulaire*, 776. — Rapports de la langue technique et de la langue littéraire, 779. — Le néologisme dans la langue littéraire, 781. — Développement du fonds français. I. Mots dialectaux, 786. — II. Mots archaïques, 794. — III. Formation de mots nouveaux, 799. — Italianisme et hispanisme, 805. — Le fonds savant : le grec et le latin dans la langue scientifique, 822. — Le grec et le latin dans la langue littéraire, A. Le latin, 829. — B. Le grec, 832. — Diverses classes d'emprunts, 834.

B. Développement spontané de la langue, 846.

TABLE DES PLANCHES

CONTENUES DANS LE TOME III

(Seizième siècle)

Pl. I.	— François Ier ouvrant a une foule aveugle et ignorante le temple du savoir.	
Pl. II.	— 1. Autographe de Rabelais. — 2. Portrait de Rabelais...	34-35
Pl. III.	— Portrait de Clément Marot.	104-105
Pl. IV.	— Un auteur présentant son livre a Marguerite de Navarre.	124-125
Pl. V.	— Frontispice de l'édition des Œuvres de Ronsard donnée chez Buon en 1609.	172-173
Pl. VI.	— Frontispice de l'édition des Œuvres de Ph. Desportes (Rouen, 1611).	240-241
Pl. VII.	— Scène du théâtre comique au XVIe siècle.	264-265
Pl. VIII.	— Scène du théâtre comique au XVIe siècle.	296-297
Pl. IX.	— Portrait de Calvin.	330-331
Pl. X.	— Portrait de saint François de Sales.	360-361
Pl. XI.	— Portrait de Michel de Montaigne.	406-407
Pl. XII.	— Une page des « Essais » (Édition de 1588).	466-467
Pl. XIII.	— Portrait de Bernard Palissy.	496-497
Pl. XIV.	— Portrait de Marguerite de Valois.	548-549
Pl. XV.	— Portrait de Jacques Amyot.	594-595
Pl. XVI.	— Claude de Seyssel présente au roi Louis XII sa traduction de Justin.	664-665
Pl. XVII.	— Spécimen de l'orthographe de Meigret.	752-753
Pl. XVIII.	— Spécimen de l'orthographe de Ramus.	772-773
Pl. XIX.	— Spécimen de l'orthographe de Honorat Rambaud.	774-775

Coulommiers. — Imp. Paul BRODARD.

www.ingramcontent.com/pod-product-compliance
Lightning Source LLC
Chambersburg PA
CBHW070851300426
44113CB00008B/799